Trailblazer
Winning Edge Series

भौतिकी

JEE MAIN

और सभी संयुक्त इंजिनियरिंग प्रवेश परीक्षा हेतु

सुन्दर सिंह

प्रकाशक
यूनीकॉर्न बुक्स

F-2/16, अंसारी रोड, दरियागंज, नई दिल्ली-110002
☎ 23275434, 23262683 • Fax: 011-23257790
E-mail: info@unicornbooks.in • *Website:* www.unicornbooks.in

शाखा : मुम्बई

23-25, जाओबा वाड़ी, ठाकुरद्वार, मुम्बई-401002
☎ 022-22010941, 022-22053387
E-mail: rapidex@bom5.vsnl.net.in

ISBN: 978-81-7806-301-0
भौतिकी JEE Main

संस्करण : 2014

मुद्रकः परम ऑफसेटर्स, ओखला, नई दिल्ली-110020

SYLLABUS

PHYSICS *for* UPSEE

Measurement: Dimensional analysis and error estimation, dimensional compatibility and significant figures.
Motion in one dimension: Average velocity, instantaneous velocity, one-dimensional motion with constant accelerations, freely falling bodies.
Laws of Motion: Force and inertia, Newton's laws of motion, and their significance.
Motion in two dimensions: Projectile motion, uniform circular motion, tangential and radial acceleration in curve-linear motion, relative motion and relative acceleration.
Work, Power and Energy: Work done by a constant and variable forces, kinetic and potential energy, power, Conservative and non-conservative forces, conservation of energy, gravitational energy, work energy theorem, potential energy stored in a spring.
Linear Momentum & Collisions: Linear momentum & impulse, conservation of linear momentum for two particle system, collisions, collision in one dimension, collision in two dimension, rocket propulsion.
Rotation of a Rigid Body About a Fixed Axis: Angular velocity and angular acceleration, rotational kinematics, rotational motion with constant angular acceleration relationship between angular and linear quantities, rotational energy, moment of inertia for a ring, rod, spherical shell, sphere and plane lamina, torque and angular acceleration, work and energy in rotational motion, rolling motion of a solid sphere and cylinder.
Gravitation: Gravitational field, Kepler's laws and motion of planets, planetary and satellite motion, geostationary satellite.
Oscillatory Motion: Harmonic motion, oscillatory motion of mass attached to a spring, kinetic & potential energy, Time Period of a simple pendulum, comparing simple and harmonic motion with uniform circular motion, forced oscillations, damped oscillations and resonance.
Mechanics of Solids and Fluids: States of matter, young's modulus, bulk modulus, shear modulus of rigidity, variations of pressure with depth, Buoyant forces and Archimedes principle, Pascal's law, Bernoulli's theorem and its application, surface energy, surface tension, angle of contact, capillary rise, coefficient of viscosity, viscous force, terminal velocity, Stoke's law, stream line motion, Reynold's numbers.
Heat and Thermodynamics: First law of thermodynamics, specific heat of an ideal gas at constant volume and constant pressure, relation between them, thermodynamics process (reversible, irreversible, isothermal, adiabatic), second law of thermodynamics, concept of entropy and concept of absolute scale, efficiency of a Carnot engine, thermal conductivity, Newton's law of cooling, black body radiation, Wien's displacement law, Stefan's law.
Wave: Wave motion, phase, amplitude and velocity of wave, newton's formula for longitudinal waves, propagation of sound waves in air, effect of temperature and pressure on velocity of sound, Laplace's correction, Principle of superposition, formation of standing waves, standing waves in strings and pipes, beats, Doppler's effect.
Electrostatics: Coulomb's law, electric field and potential due to point charge, dipole and its field along the axis and perpendicular to axis, electric flux, Gauss's theorem and its applications to find the field due to infinite sheet of charge, and inside the hallow conducting sphere, capacitance, parallel plate capacitor with air and dielectric medium between the Plates, series and parallel combination of capacitors, energy of a capacitor, displacement currents.
Current Electricity: Concept of free and bound electrons, drift velocity and mobility, electric current, Ohm's law, resistivity, conductivity, temperature dependency of resistance, resistance in series and parallel combination, Kirchoff's law and their application to network of resistances, principle of potentiometer, effect of temperature on resistance and its application.
Magnetic Effect of Current: Magnetic field due to current, Biot-Savart's law, magnetic field due to solenoid, motion of charge in a magnetic field, force on a current carrying conductors and torque on current loop in a magnetic field, magnetic flux, forces between two parallel current carrying conductors, moving coil galvanometer and its conversion into ammeter and voltmeter.
Magnetism in Matter: The magnetization of substance due to orbital and spin motions of electrons, magnetic moment of atoms, diamagnetism, paramagnetism, ferromagnetism, earth's magnetic field and its components and their measurement.
Electromagnetic induction: Induced e.m.f., Faraday's laws, Lenz's law, electromagnetic induction, self and mutual induction, B-H curve, hysisteresisloss and its importance, eddy currents.
Ray Optics and Optical Instruments: Sources of light, luminous intensity,luminous flux, illuminance, photometry, wave nature of light, Huygen's theory for propagation of light and rectilinear propagation of light, reflection of light , total internal reflection, reflection and refraction at spherical surfaces, focal length of a combination of lenses, spherical and chromatic aberration and their removal, refraction and dispersion of light due to a prism, simple and compound microscope, reflecting and refracting telescope, magnifying power and resolving power.
Wave Optics: Coherent and incoherent sources of light, interference, young's double slit experiment diffraction due to a single slit, linearly polarized light, Polaroid.
Modern Physics: Photo-electric equation, matter waves, quantization, Planck's hypothesis, Bohr's model of hydrogen atom and its spectra, ionisation potential, Rydberg constant, solar spectrum and Fraunhofer lines, fluorescence and phosphorescence, X-Rays and their productions, characteristic and continuous spectra. Nuclear Instability, radioactive decay laws, Emission of a, b, g rays, Mass defect, Mass Energy equivalence, Nuclear Fission, Nuclear Reactors, Nuclear Fusion. Classification of conductors, Insulators and semiconductors on the basis of energy bands in solids, PN junction, PN Diode, Junction Transistors, Transistor as an Amplifier and Oscillator.
Principles of Logic Gates (AND, OR and NOT) Analog vs Digital Communication, Difference between Radio and Television, Signal Propagation, Principle of LASER and MASER, Population Inversion, Spontaneous and Stimulated Emission.

PHYSICS *for* AIEEE

UNIT 1: PHYSICS AND MEASUREMENT

Physics, technology and society, S I units, Fundamental and derived units. Least count, accuracy and precision of measuring instruments, Errors in measurement, Dimensions of Physical quantities, dimensional analysis and its applications.

UNIT 2: KINEMATICS

Frame of reference. Motion in a straight line: Position-time graph, speed and velocity. Uniform and non-uniform motion, average speed and instantaneous velocity Uniformly accelerated motion, velocity-time, position-time graphs, relations for uniformly accelerated motion. Scalars and Vectors, Vector addition and Subtraction, Zero Vector, Scalar and Vector products, Unit Vector, Resolution of a Vector. Relative Velocity, Motion in a plane, Projectile Motion, Uniform Circular Motion.

UNIT 3: LAWS OF MOTION

Force and Inertia, Newton's First Law of motion; Momentum, Newton's Second Law of motion; Impulse; Newton's Third Law of motion. Law of conservation of linear momentum and its applications, Equilibrium of concurrent forces.

Static and Kinetic friction, laws of friction, rolling friction.

Dynamics of uniform circular motion: Centripetal force and its applications.

UNIT 4: WORK, ENERGY AND POWER

Work done by a constant force and a variable force; kinetic and potential energies, workenergy theorem, power.

Potential energy of a spring, conservation of mechanical energy, conservative and nonconservative forces; Elastic and inelastic collisions in one and two dimensions.

UNIT 5: ROTATIONAL MOTION

Centre of mass of a two-particle system, Centre of mass of a rigid body; Basic concepts of rotational motion; moment of a force, torque, angular momentum, conservation of angular momentum and its applications; moment of inertia, radius of gyration. Values of moments of inertia for simple geometrical objects, parallel and perpendicular axes theorems and their applications. Rigid body rotation, equations of rotational motion.

UNIT 6: GRAVITATION

The universal law of gravitation. Acceleration due to gravity and its variation with altitude and depth. Kepler's laws of planetary motion. Gravitational potential energy; gravitational potential. Escape velocity. Orbital velocity of a satellite. Geo-stationary satellites.

UNIT 7: PROPERTIES OF SOLIDS AND LIQUIDS

Elastic behaviour, Stress-strain relationship, Hooke's Law, Young's modulus, bulk modulus, modulus of rigidity. Pressure due to a fluid column; Pascal's law and its applications.

Viscosity, Stokes' law, terminal velocity, streamline and turbulent flow, Reynolds number. Bernoulli's principle and its applications. Surface energy and surface tension, angle of contact, application of surface tension -drops, bubbles and capillary rise. Heat, temperature, thermal expansion; specific heat capacity, calorimetry; change of state, latent heat. Heat transfer-conduction,convection and radiation,Newton'slaw ofcooling.

UNIT 8: THERMODYNAMICS

Thermal equilibrium, zeroth law of thermodynamics, concept of temperature. Heat, work and internal energy. First law of thermodynamics. Second law of thermodynamics: reversible and irreversible processes. Carnot engine and its efficiency.

UNIT 9: KINETIC THEORY OF GASES

Equation of state of a perfect gas, work doneon compressing a gas.Kinetic theory of gases -assumptions, concept of pressure. Kinetic energy and temperature: rms speed of gas molecules; Degrees of freedom, Law of equipartition of energy,applications to specific heat capacities of gases; Mean free path, Avogadro's number.

UNIT 10: OSCILLATIONS AND WAVES

Periodic motion -period, frequency, displacement as a function of time. Periodic functions. Simple harmonic motion (S.H.M.) and its equation; phase; oscillations of a spring -restoring force and force constant; energy in S.H.M. -kinetic and potential energies; Simple pendulum -derivation of expression for its time period; Free, forced and damped oscillations, resonance.

Wave motion. Longitudinal and transverse waves, speed of a wave. Displacement relation for a progressive wave. Principle of superposition of waves, reflection of waves, Standing waves in strings and organ pipes, fundamental mode and harmonics, Beats, Doppler effect in sound

UNIT 11: ELECTROSTATICS

Electric charges: Conservation of charge, Coulomb's law-forces between two point charges, forces between multiple charges; superposition principle and continuous charge distribution.

Electric field: Electric field due to a point charge, Electric field lines, Electric dipole, Electric field due to a dipole, Torque on a dipole in a uniform electric field.

Electric flux, Gauss's law and its applications to find field due to infinitely long uniformly charged straight wire, uniformly charged infinite plane sheet and uniformly charged thin spherical shell. Electric potential and its calculation for a point charge, electric dipole and system of charges; Equipotential surfaces, Electrical potential energy of a system of two point charges in an electrostatic field.

Conductors and insulators, Dielectrics and electric polarization, capacitor, combination of capacitors in series and in parallel, capacitance of a parallel plate capacitor with and without dielectric medium between the plates, Energy stored in a capacitor.

UNIT 12: CURRRENT ELECTRICITY

Electric current, Drift velocity, Ohm's law, Electrical resistance, Resistances of different materials, V-I characteristics of Ohmic and nonohmic conductors, Electrical energy and power, Electrical resistivity, Colour code for resistors; Series and parallel combinations of resistors; Temperature dependence of resistance.

Electric Cell and its Internal resistance, potential difference and emf of a cell, combination of cells in series and in parallel. Kirchhoff's laws and their applications. Wheatstone bridge, Metre bridge. Potentiometer -principle and its applications.

UNIT 13: MAGNETIC EFFECTS OF CURRENT AND MAGNETISM

Biot -Savart law and its application to current carrying circular loop. Ampere's law and its applications to infinitely long current carrying straight wire and solenoid. Force on a moving charge in uniform magnetic and electric fields.

Cyclotron. Force on a current-carrying conductor in a uniform magnetic field. Force between two parallel current-carrying conductors-definition of ampere. Torque experienced by a current loop in uniform magnetic field; Moving coil galvanometer, its current sensitivity and conversion to ammeter and voltmeter.

Current loop as a magnetic dipole and its magnetic dipole moment. Bar magnet as an equivalent solenoid, magnetic field lines; Earth's magnetic field and magnetic elements. Para-, dia-and ferro-magnetic substances.

Magnetic susceptibility and permeability, Hysteresis, Electromagnets and permanent magnets.

UNIT 14: ELECTROMAGNETIC INDUCTION AND ALTERNATING CURRENTS

Electromagnetic induction; Faraday's law, induced emf and current; Lenz's Law, Eddy currents. Self and mutual inductance. Alternating currents, peak and rms value of alternating current/ voltage; reactance and impedance; LCR series circuit, resonance; Quality factor, power in AC circuits, wattless current. AC generator and transformer.

UNIT 15: ELECTROMAGNETIC WAVES

Electromagnetic waves and their characteristics. Transverse nature of electromagnetic waves.

Electromagnetic spectrum (radio waves, microwaves, infrared, visible, ultraviolet, Xrays, gamma rays). Applications of e.m. waves.

UNIT 16: OPTICS

Reflection and refraction of light at plane and spherical surfaces, mirror formula, Total internal reflection and its applications, Deviation and Dispersion of light by a prism, Lens Formula, Magnification, Power of a Lens, Combination of thin lenses in contact, Microscope and Astronomical Telescope (reflecting and refracting) and their magnifying powers.

Wave optics: wavefront and Huygens' principle, Laws of reflection and refraction using Huygen's principle. Interference, Young's double slit experiment and expression for fringe width. Diffraction due to a single slit, width of central maximum. Resolving power of microscopes and astronomical telescopes, Polarisation, plane polarized light; Brewster's law, uses of plane polarized light and Polaroids.

UNIT 17: DUAL NATURE OF MATTER ANDRADIATION

Dual nature of radiation. Photoelectric effect, Hertz and Lenard's observations; Einstein's photoelectric equation; particle nature of light. Matter waves-wave nature of particle, de Broglie relation. Davisson-Germer experiment.

UNIT 18: ATOMS AND NUCLEI

Alpha-particle scattering experiment; Rutherford's model of atom; Bohr model, energy levels, hydrogen spectrum. Composition and size of nucleus, atomic masses, isotopes, isobars; isotones. Radioactivity-alpha, beta and gamma particles/rays and their properties; radioactive decay law. Mass-energy relation, mass defect; binding energy per nucleon and its variation with mass number, nuclear fission and fusion.

UNIT 19: ELECTRONIC DEVICES

Semiconductors; semiconductor diode: I-V characteristics in forward and reverse bias; diode as a rectifier; I-V characteristics of LED, photodiode, solar cell and Zener diode; Zener diode as a voltage regulator. Junction transistor, transistor action, characteristics of a transistor; transistor as an amplifier (common emitter configuration) and oscillator. Logic gates (OR, AND, NOT, NAND and NOR). Transistor as a switch.

UNIT 20: COMMUNICATION SYSTEMS

Propagation of electromagnetic waves in the atmosphere; Sky and space wave propagation, Need for modulation, Amplitude and Frequency Modulation, Bandwidth of signals, Bandwidth of Transmission medium, Basic Elements of a Communication System (Block Diagram only).

प्रकाशकीय

प्रस्तुत पुस्तक ट्रेलब्लेजर सीरीज के अन्तर्गत UPSEE/AIEEE के परीक्षार्थियों के लिए बनायी गयी एक पुस्तक है, जिसमें छात्रों को उक्त परीक्षा उत्तीर्ण करने के लिए आवश्यकतानुसार सभी बातें शामिल की गयी हैं।

इन पुस्तकों की सीरीज में, UPSEE/AIEEE की परीक्षा में जिस प्रकार के प्रश्न पूछे जाते हैं, उसके अनुसार ही सटीक संक्षिप्त किन्तु सम्पूर्ण पाठ्यक्रम का समावेश किया गया है।

इन विषयों की सीरीज के लेखकों ने, इस पुस्तक को अपने वर्षों के अध्यापन अनुभव, UPSEE/AIEEE और IIT के कोचिंग के लिए बनाये गये नोट्स तथा ट्यूटोरियल में पढ़ाये गये अनुभव के आधार पर तैयार किया है।

उक्त विशेषताओं के कारण यह पुस्तक UPSEE/AIEEE की परीक्षा में बैठने वाले छात्रों के लिए अत्यन्त उपयोगी, महत्त्वपूर्ण और परीक्षा में सफल बनाने वाली प्रमाणित होगी, ऐसा विश्वास है।

यह सीरीज बनाते समय इस बात का ध्यान रखा गया है कि पुस्तक में कोई त्रुटि न रहे, फिर भी प्रकाशक इस बात की कोई गारण्टी नहीं दे सकता कि इसमें कोई गलती नहीं रह गयी है। अतः किसी भी प्रकार के सुझाव व गलतियों की ओर संकेत व सुझाव आदि पाठकों, शिक्षकों व छात्रों की ओर से साभार आमन्त्रित हैं। हम उक्त सुझावों व त्रुटियों का सुधार अगले संस्करण में अवश्य करेंगे।

–प्रकाशक

अनुक्रम

—•—

अध्याय 1

मात्रक, विमीय विश्लेषण व प्रतिशत त्रुटि
(Unit, Dimensional Analysis and Percentange Error)

मूल इकाईयाँ और इकाई तन्त्र
(Fundamental (basic) Units and System of Units)

- भौतिक राशियों की वे इकाईयाँ जो एक दूसरे पर निर्भर नहीं करती, मूल इकाईयाँ कहलाती हैं।
- यांत्रिकी में लम्बाई की इकाई द्रव्यमान की इकाई तथा समय की इकाई, मूल इकाई हैं। इस प्रकार यांत्रिकी में इकाईयों की तीन पद्धतियाँ हैं।
  - **M.K.S. पद्धति :** इस पद्धति में लम्बाई की इकाई मीटर (m), द्रव्यमान की इकाई किग्रा (kg) तथा समय की इकाई सेकण्ड (s) है।
  - **C.G.S. पद्धति :** इस पद्धति में लम्बाई की इकाई सेमी (cm), द्रव्यमान की इकाई ग्राम (g) तथा समय की इकाई सेकण्ड (s) है।
  - **F.P.S. पद्धति :** इस पद्धति में लम्बाई की इकाई फुट (ft), द्रव्यमान की इकाई पोण्ड (p) तथा समय की इकाई सेकण्ड (s) है।

मानक अन्तर्राष्ट्रीय पद्धति (S.I. System)

- यह परिवर्तित MKS पद्धति है जो भौतिकी के सभी क्षेत्रों में कार्य करती है। इस पद्धति में सात मूल इकाईयाँ मीटर, किलोग्राम, सेकण्ड, केल्विन, ऐम्पियर, केण्डिला तथा दो पूरक इकाईयाँ रेडियन तथा स्टेरेडियन हैं।
- मूल इकाईयाँ, मूल मात्रक तथा उनके प्रतीक सारणी में दिये हैं –

	मूल राशि	मूल इकाई	प्रतीक
1.	लम्बाई	मीटर	m
2.	द्रव्यमान	किलोग्राम	kg
3.	समय	सेकण्ड	s
4.	ताप	केल्विन	K
5.	विद्युत धारा	ऐम्पियर	A
6.	ज्योति तीव्रता	केण्डिला	cd
7.	पदार्थ की मात्रा	मोल	mol

S.I. पद्धति में मीटर, किलोग्राम तथा सेकण्ड की परिभाषा
(Definitions of Metre, Kilogram and Second in S.I. System)

- **1 मीटर (m) :** एक मीटर प्रकाश द्वारा एक सेकण्ड के $\frac{1}{299,792,458}$ वें भाग में, निर्वात में चली गई दूरी है।
- **1 किलोग्राम (kg) :** एक किलोग्राम कार्बन-12 के 5.0188×10^{25} परमाणुओं का द्रव्यमान है।
- **1 सेकण्ड (s) :** एक सेकण्ड वह समय है जिसमें सीजियम-133 का परमाणु, परमाणु घड़ी में 919263170 कम्पन्न करता है।

कुछ प्रचलित इकाईयाँ (Some Frequently used Units)

1. **माइक्रोमीटर (μm) :** $1\ \mu m = 10^{-6}\ m$
2. **ऐंगस्ट्रोम :** $1\ (Å) = 10^{-10}\ m$
3. **ऐस्ट्रोनोमिकल इकाई (AU) :** यह पृथ्वी का सूर्य से माध्य दूरी के बराबर होती है।

   $1\ AU = 1.496 \times 10^{11}$ मीटर $= 1.5 \times 10^{11}$ मीटर
4. **प्रकाश वर्ष (Light Year) :** यह प्रकाश द्वारा निर्वात में एक वर्ष में दूरी है।

   1 प्रकाश वर्ष $= 365 \times 24 \times 60 \times 60 \times 3 \times 10^8$

   $= 9.45 \times 10^{15}$ मीटर
5. **पारसेक (Parsec) :**

   1 पारसेक $= 3.08 \times 10^{16}$ मीटर $= 3.26$ प्रकाश वर्ष
6. X-ray इकाई (XU) $= 1\ XU = 10^{-13}$ मीटर
7. 1 वायुमण्डल (atm) $= 1.013 \times 10^5$ Pa
8. 1 बार $= 10^5$ न्यूटन/मी^{2} $= 10^5$ Pa
9. 1 टोर = 1 पारे का एक मिलीग्राम = 133.3 Pa
10. 1 बार्न $= 10^{-28}$ मी^{2}
11. 1 अश्व शक्ति = 746 वॉट
12. 1 फुट = 0.3048 मीटर
13. 1 पोण्ड = 453 ग्राम = 0.453 किग्रा
14. 1 प्वॉजली (Pl) = 10 प्वाइस
15. 1 मीट्रिक टन = 10 कुन्तल = 1000 किग्रा
16. 1 चन्द्र शेखर लिमिट (CSL) $= 2.2\ M_s$, जहाँ M_s = सूर्य का द्रव्यमान है।
17. 1 शेक $= 10^{-8}$ सेकण्ड

विमीय संगतता (Dimensional Compatibility)

- भौतिक राशि की विमीय समीकरण $X = [M^aL^bT^c]$ होती है।
- विमीय विश्लेषण के निम्नलिखित उपयोग होते हैं –

1. एक पद्धति की राशि का दूसरी पद्धति की राशि में रुपान्तरण निम्न लिखित सूत्र द्वारा करते हैं

$$n_1 [u_1] = n_2[u_2]$$

$$n_2 = n_1\left[\frac{M_1}{M_2}\right]^a\left[\frac{L_1}{L_2}\right]^b\left[\frac{T_1}{T_2}\right]^c$$

इस समीकरण में प्रथम पद्धति का ज्ञान होता है और दूसरी का मान निकालना होता है।

2. किसी समीकरण की सत्यता की जाँच करना : यह समांगता के सिद्धान्त (principle of homogeneity) पर आधारित है। जिसके अनुसार प्रत्येक पद की विमा समान होनी चाहिए। अर्थात् समान विमा वाली राशियों को ही आपस में जोड़ा या घटाया जा सकता है।

3. विभिन्न भौतिक राशियों के बीच सम्बन्ध स्थापित करना : इसके लिए, माना एक भौतिक राशि (X) प्रयोगात्मक रूप से अन्य भौतिक राशियों p, q, r पर निर्भर करती है तो

$$X = kp^aq^br^c \quad ...(i)$$

जहाँ, a, b, c घातें हैं और k विमाहीन नियतांक है। इसके बाद दोनों पक्षों की विमायें लिखी जाती है और a, b, c के मानों की तुलना की जाती है और अन्त में इन मानों को समीकरण (i) में विस्थापित कर देते हैं।

विमीय विश्लेषण की सीमायें (Limitations of Dimensional Analysis)

1. यदि किसी भौतिक राशि की विमायें दी है तो वह अद्धितीय हो भी सकती है और नहीं भी। चूँकि अनेक भौतिक राशियों की एक विमा सम्भव है। जैसे कार्य, गतिज ऊर्जा, बल आघूर्ण सभी का विमीय सूत्र $[ML^2T^{-2}]$ है।
2. आँकिक नियतांक विमा रहित हैं जैसे π, 3 आदि।
3. यह विधि घातों वाले सूत्र को स्थापित करने में महत्वपूर्ण है। परन्तु इससे समीकरणों को स्थापित नहीं किया जा सकता। जैसे $T = K\sqrt{l/g}$ तो स्थापित की जा सकती है परन्तु $v^2 = u^2 + 2as$ नहीं।
4. यह विधि उन सम्बन्धों को स्थापित करने के लिए महत्वपूर्ण नहीं है जो तीन से अधिक भौतिक राशियों पर निर्भर करते हैं। अर्थात् $n > 3$, जैसे $T = K\sqrt{\frac{I}{mgl}}$ इस विधि से स्थापित नहीं किया जा सकता।
5. इस विधि द्वारा उन सम्बन्धों को स्थापित नहीं किया जा सकता जिसमें दो अलग भौतिक राशियों का एक ही विमीय सूत्र हो।

त्रुटि आकलन (Error Estimation)

- किसी आकलन की शुद्धता का मापन, मापक यन्त्र की अल्पतमांक द्वारा किया जाता है। आकलन में कई प्रकार की त्रुटियाँ सम्मिलित होती हैं। ये निम्नलिखित प्रकार की होती हैं –

1. नियत त्रुटि (Constant Errors) : यह त्रुटि विभिन्न प्रेक्षणों के आकलन में समान मात्रा की त्रुटि के कारण आती है। कुछ यन्त्रों के गलत मानकों के कारण भी यह त्रुटि आती है।

2. सममित त्रुटि (Systematic Errors) : वह त्रुटि जिसका सम्बन्ध किसी सममित नियम से होता है, सममित त्रुटि कहलाती है। इसके उदाहरण हैं – वर्नियर कैलिपर्स की शून्य त्रुटि, पेंचमापी की शून्य त्रुटि, प्रकाशिक बैंच की त्रुटि।

3. Random Errors : ये वे त्रुटियाँ हैं जो अज्ञात कारणों के कारण आती हैं। इस श्रेणी में आने वाली त्रुटियाँ प्रेक्षक के गलत निर्णय या मापन की सम्भावनाओं में परिवर्तन के कारण होती है।

- चित्र में दिखाया गया ग्राफ त्रुटि x और आवृत्ति n का ग्राफ है। इसे गौस का नियम या सामान्य नियम कहते हैं।

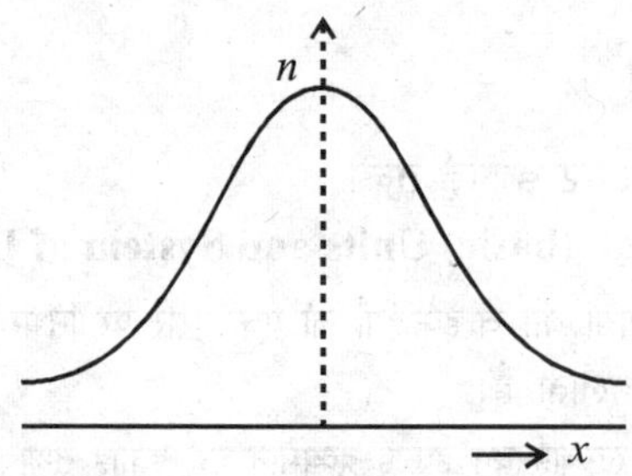

- इन त्रुटियों को प्रयोग को कई बार दोहराकर तथा प्रेक्षणों का अंकगणितीय औसत लेकर कम या समाप्त किया जा सकता है।
- **निरपेक्ष और आपेक्षित त्रुटियाँ (Absolute and Relative Errors):** माना एक भौतिक राशि का विभिन्न प्रकार से मापन $x_1, x_2, x_3 ... x_n$, किया गया तो मापन का अंकगणितीय औसत

$$\bar{x} = \frac{x_1 + x_2 + x_3 + ...x_n}{n} = \frac{\sum_{i=1}^{n} x_i}{n}$$

यह मापन का सत्य मान (True Value) कहलाता है।

निरपेक्ष त्रुटि = मापा गया मान (measured value) – सत्य मान

$$= x_i - \bar{x}$$

- **मध्य निरपेक्ष त्रुटि (Final Absolute Error/Mean Absolute Error) :**

$$\overline{\Delta x} = \frac{|\Delta x_1| + |\Delta x_2| + ... + |\Delta x_n|}{n} = \frac{\sum_i |\Delta x_i|}{n}$$

अंतिम परिणाम $= \bar{x} \pm \overline{\Delta x}$

- **सापेक्ष या भिन्नात्मक त्रुटि (Relative Error / Fractional Error):** निरपेक्ष त्रुटि के स्थान पर प्रायः सापेक्ष या भिन्नात्मक त्रुटि प्रयोग की जाती है, जो निरपेक्ष त्रुटि तथा औसत मान का अनुपात होता है। अर्थात्

$$\delta x_r = \frac{\overline{\Delta x}}{\bar{x}}$$

- **प्रतिशत त्रुटि (Percentage Error) :** सापेक्ष त्रुटि का प्रतिशत मान प्रतिशत त्रुटि कहलाती है।

$$\% \text{ त्रुटि} = \frac{\overline{\Delta x}}{\bar{x}} \times 100\%$$

त्रुटियों का संयोजन (Combination of Errors)

(i) योग तथा अन्तर में त्रुटि (Error in Sum and Difference) :

योग : माना $X=(a+b)$ एक राशि है। यदि Δa, a के मापन में त्रुटि हो तथा Δb, b के मापन में त्रुटि हो तो अधिकतम सम्भावित त्रुटि

$$\Delta X = \Delta a + \Delta b$$

$\therefore$ आपेक्षिक त्रुटि $\dfrac{\Delta X}{X} = \dfrac{\Delta a + \Delta b}{a+b}$

% त्रुटि $= \dfrac{\Delta X}{X}\times 100\% = \dfrac{\Delta a+\Delta b}{a+b}\times 100\%$

अन्तर : माना $X = a - b$

$\therefore$ सम्भावित त्रुटि $= \Delta a + \Delta b$

आपेक्षिक त्रुटि, $\dfrac{\Delta X}{X} = \dfrac{\Delta a + \Delta b}{a-b}$

% त्रुटि $= \dfrac{\Delta X}{X}\times 100\% = \dfrac{\Delta a+\Delta b}{a-b}\times 100\%$

(ii) गुणा तथा भाग में त्रुटि (Error in Multiplication and Division):

गुणा में : $X = ab$

दोनों पक्षों का log लेने पर, $\log X = \log a + \log b$

अवकलन करने पर $\dfrac{\Delta X}{X} = \dfrac{\Delta a}{a} + \dfrac{\Delta b}{b}$

आपेक्षिक त्रुटि $\dfrac{\Delta X}{X} = \dfrac{\Delta a}{a} + \dfrac{\Delta b}{b}$

% त्रुटि $= \dfrac{\Delta X}{X}\times 100\% = \left(\dfrac{\Delta a}{a}+\dfrac{\Delta b}{b}\right)\times 100\%$

भाग में, $X = \dfrac{a}{b}$

log लेने पर, $\log X = \log a - \log b$

अवकलन करने पर

$$\frac{\Delta X}{X} = \frac{\Delta a}{a} - \frac{\Delta b}{b}$$

अधिकतम त्रुटि

$$\frac{\Delta X}{X} = \frac{\Delta a}{a} + \frac{\Delta b}{b}$$

अधिकतम प्रतिशत त्रुटि

$$\frac{\Delta X}{X}\times 100\% = \left(\frac{\Delta a}{a}+\frac{\Delta b}{b}\right)\times 100\%$$

घात वाली राशि

$$X = a^n$$

log लेने पर, $\log X = n\log a$

अवकलन करने पर $\dfrac{\Delta X}{X} = n\dfrac{\Delta a}{a}$

% त्रुटि $= \dfrac{\Delta X}{X}\times 100\% = n\dfrac{\Delta a}{a}\times 100\%$

$\therefore$ त्रुटि राशि में त्रुटि की n गुना हो जाती है।

संयुग्मित गणना में त्रुटि

$$X = K\frac{a^\alpha b^\beta}{c^\gamma}$$

जहाँ, a, b, c राशियाँ है ; α, β, γ घाते हैं और K नियतांक है।

log लेने पर, $\log X = \log K + \log a^\alpha + \log b^\beta - \log c^\gamma$

$\log X = \log K + \alpha\log a + \beta\log b - \gamma\log c$

अवकलन करने पर $\dfrac{\Delta X}{X} = 0 + \alpha\dfrac{\Delta a}{a} + \beta\dfrac{\Delta b}{b} - \gamma\dfrac{\Delta c}{c}$

अधिकतम आपेक्षिक त्रुटि

$$\frac{\Delta X}{X} = \alpha\frac{\Delta a}{a} + \beta\frac{\Delta b}{b} + \gamma\frac{\Delta c}{c}$$

$\therefore$ प्रतिशत त्रुटि

$$\frac{\Delta X}{X}\times 100\% = \left(\alpha\frac{\Delta a}{a} + \beta\frac{\Delta b}{b} + \gamma\frac{\Delta c}{c}\right)\times 100\%$$

अत: त्रुटि निकालते समय

(i) घातें, गुणा में बदल जाती हैं।

(ii) गुणा तथा भाग, योग तथा अन्तर में परिवर्तित हो जाते हैं।

(iii) स्थिर मान स्थिर रहता है।

सार्थक अंक (Significant Figures)

- ये वे अंक होते हैं जिन पर किसी मापन की शुद्धता निर्भर करती है। इन अंकों द्वारा शुद्ध मापन का ज्ञान होता है। जितनी सार्थक अंकों की संख्या अधिक होगी, मापन उतना ही शुद्ध होगा।
- **नियम :**

1. सभी अशून्य अंक सार्थक होते हैं।

2. यदि शून्य, दो अशून्य अंकों की बीच आती है तो वह सार्थक होती है।

3. किसी अंक के बायें ओर आने वाली शून्य सार्थक नहीं होती। जैसे 000326 में 3 तीन सार्थक अंक है।

4. किसी अशून्य अंक के दांयी ओर आने वाली शून्य सार्थक होती है। जैसे, 326.00 में 5 सार्थक अंक है।

5. 3.26×10^5 में 3 सार्थक अंक है। यहाँ 10^5 को सार्थकता में नहीं लिया जायेगा।

अंकों को राउण्ड करना (Rounding of the Figures)

1. यदि छोड़ने वाला अंक 5 से कम है, तो इससे पहला अंक वैसा ही रहेगा और यदि यह 5 से अधिक है तो पहला अंक एक जुड़कर प्राप्त होगा। जैसे –

$4.3\underline{2}$, राउण्ड करने पर $= 4.3$

$4.3\underline{6}$, राउण्ड करने पर $= 4.4$

2. यदि छोड़ने वाला अंक 5 है तथा 5 के बाद शून्य के अतिरिक्त अन्य अंक है तो पहले वाले अंक में एक जुड़ जाता है।

जैसे- $4.3\underline{52}$ राउण्ड करने पर 4.4.

3. यदि छोड़ने वाला अंक 5 या 5 के बाद शून्य है तो पिछला अंक अपरिवर्तित रहता है यदि यह सम है और पिछला अंक 1 बढ़ जाता है यदि यह विषम है।

जैसे – $13.7\underline{500}$ राउण्ड करने पर 13.8

$13.6\underline{500}$ राउण्ड करने पर 13.6

महत्त्वपूर्ण तथ्य (Important Facts)

- नीचे दी गई सभी राशियाँ विमाहीन हैं -
कोण, ठोस कोण, विकृति, पाइसां अनुपात, आपेक्षिक घनत्व, आपेक्षिक विद्युतशीलता, अपवर्तनाँक, आपेक्षिक चुम्बकशीलता।
- दाब, प्रतिबल, प्रत्यास्था गुणाँक, ऊर्जा घनत्व का विमीय सूत्र $[ML^{-1}T^{2}]$ होता है।
- कार्य, यांत्रिक कार्य, ऊर्जा, गतिज ऊर्जा, स्थितिज ऊर्जा, बल आघूर्ण, ऊष्मा, Twisting couple per unit twist का विमीय सूत्र $[M^1L^2T^{-2}]$ होता है।
- एन्ट्रॉपी, गैस नियतांक, वोल्ट्समैन नियतांक तथा ऊष्मा धारिता का विमीय सूत्र एक ही होता है।
- आवृत्ति, कोणीय आवृत्ति, कोणीय वेग तथा वेग प्रवणता का विमीय सूत्र $[M^0L^0T^{-1}]$ होता है।
- L/R, $\sqrt{LC}$ तथा RC की विमायें समय के बराबर होती है।
- प्रकाश द्वारा एक वर्ष में चली गयी दूरी प्रकाश वर्ष कहलाती है।
एक प्रकाश वर्ष $= 9.46 \times 10^{15}$ मीटर
- 1 सौर वर्ष = 365.25 औसत सौर दिवस
- I^2Rt, $\frac{q^2}{C}$, $\frac{V^2}{R}t$, qV, CV^2 का बिमीय सूत्र $[ML^2T^{-2}]$ है।
- बल दाब में नहीं जोड़ा जा सकता, क्योंकि दोनों की विमायें अलग हैं। योग तथा अन्तर एक जैसे विमीय सूत्र वाली राशियों में ही सम्भव है।
- विमीय नियतांक वे राशियाँ हैं जिनका मान नियत होता है।
- $\frac{1}{\sqrt{\varepsilon_0\mu_0}}$ की विमा वेग के बराबर होती है,

क्योंकि $\frac{1}{\sqrt{\varepsilon_0\mu_0}} = c$ (प्रकाश का वेग)

- यदि किसी द्रव का CGS पद्धति में घनत्व x ग्राम/सेमी^{3} है तो SI पद्धति में इसका घनत्व $x \times 10^3$ किग्रा/मी^{3} होगा।
- प्रकाश वर्ष, घूर्णन त्रिज्या और तरंगदैर्ध्य का विमीय सूत्र $[M^0LT^0]$ है।
- त्वरण तथा गुरुत्वीय क्षेत्र तीव्रता का विमीय सूत्र $[M^0LT^{-2}]$ होता है।
- दो विभिन्न भौतिक राशियों की विमा व मानक समान हो सकते हैं, जैसे- ऊर्जा व बलाघूर्ण, दाब व प्रतिबल आदि।
- दोनों भौतिक राशियों की विमायें समान होने पर ही इनका योग व अन्तर लिया जा सकता है
- आवृत्ति, कोणीय आवृत्ति, कोणीय वेग तथा वेग प्रवणता की विमायें समान $[M^0L^0T^{-1}]$ होती हैं
- गुप्त उष्मा तथा गुरुत्व विभव की विमायें समान $[M^0L^2T^{-2}]$ होती हैं।
- ऊर्जा, कार्य, बल आघूर्ण तथा ऊष्मा की विमायें समान $[ML^2T^{-2}]$ होती हैं।
- प्लांक नियतांक तथा कोणीय संवेग की विमायें समान $[ML^2T^{-1}]$ होती हैं।
- दाब, तनाव, Modulii of elasticity की विमायें समान $[ML^{-1}T^{-2}]$ होती हैं।
- किसी प्रेरक के परिपथ से धारा प्रवाहित होने पर कार्य का मान $\frac{1}{2}LI^2$ हो तो LI^2 की विमा कार्य की विमा के बराबर होती है।
- वन्डरवाल गैस समीकरण में नियतांक a की विमा $[ML^5T^{-2}]$ तथा नियतांक b की विमा
- आवेग, संवेग की विमायें समान होती हैं।
- $R^{-1}C^{-1}$ की विमा $[M^0L^0T^{-1}]$ होती है।
- $\frac{R}{L}$ की विमा $[M^0L^0T^{-1}]$ होती है।
- LC की विमा $[M^0L^0T^{-2}]$ होती है।

अभ्यास के लिए प्रश्न

1. निम्न में से किस युग्म की विमाएँ समान हैं
(a) आवेग व संवेग (b) बल, संवेग व दाब
(c) दाब, प्रतिबल व बल (d) कार्य, शक्ति व शक्ति गुणांक

2. निम्न में से कौन समय का मात्रक नहीं है
(a) चान्द्र मास (b) प्रकाश वर्ष
(c) लीप वर्ष (d) माइक्रो सेकण्ड

3. गुप्त ऊष्मा का विमीय सूत्र है
(a) $[MLT^{-2}]$ (b) $[ML^2T^{-1}]$
(c) $[M^0L^2T^{-2}]$ (d) $[ML^2T^{-2}]$

4. कोणीय व रेखीय आघूर्ण के अनुपात की विमा है
(a) $[M^1L^2T^{-1}]$ (b) $[M^{-1}L^{-1}T^{-1}]$
(c) $[M^0L^1T^0]$ (d) $[M^1L^1T^{-1}]$

5. निम्न युग्मों में से किसी एक (या अधिक) राशि की विमायें समान हैं। इनकों पहचानिये
(a) बल का आघूर्ण और कार्य
(b) कोणीय संवेग और कार्य
(c) ऊर्जा और यंग-प्रत्यास्था गुणांक
(d) उपरोक्त में से कोई नहीं

6. L, C और R क्रमशः प्रेरकत्व, धारिता और प्रतिरोध की भौतिक राशियों को प्रदर्शित करते हैं, तब आवृत्ति के लिए इनका संयोजन होगा
(a) $\frac{1}{RC}$ (b) $\frac{2R}{L}$
(c) $\frac{R}{\sqrt{LC}}$ (d) $\frac{C}{L}$

7. स्वप्रेरकत्व गुणांक का विमीस सूत्र होता है

(a) $[ML^2T^{-2}A^{-2}]$ (b) $[MLT^{-2}A^{-1}]$
(c) $[ML^2T^2A^{-2}]$ (d) $[ML^2T^{-2}A^{-1}]$

8. वैद्युत द्विध्रुव की विमायें होती हैं
(a) [LI] (b) [LTI]
(c) $[LT^{-2}I]$ (d) $[MT^{-2}I]$

9. दिये गये समीकरण $x = \cos(\omega t + kx)$, में ω की विमायें होंगी
(a) $[M^0LT^{-1}]$ (b) $[M^0L^{-1}T^0]$
(c) $[M^0L^0T^{-1}]$ (d) $[M^0LT]$

10. स्वप्रेरण गुणांक की SI इकाई होती है
(a) $\frac{\text{वोल्ट मी.}}{\text{कूलॉम}}$ (b) $\frac{\text{न्यूटन मी.}}{\text{एम्पियर}}$
(c) $\frac{\text{न्यूटन से.}}{\text{कूलॉम ए.}}$ (d) $\frac{\text{जूल से.}}{\text{कूलॉम ए.}}$

11. PV की विमा किसके तुल्य है
(a) दाब की विमा के (b) आयतन की विमा के
(c) कार्य की विमा के (d) बल की विमा के

12. लक्स किस भौति राशि की इकाई है
(a) प्रदीप्ती घनत्व (b) ज्योति दक्षता
(c) ज्योति फलक्स (d) ज्योति तीव्रता

13. $M^{-1}L^{-2}T^3\theta^1$ किस राशि की विमा है
(a) दृढ़ता गुणांक (b) ऊष्मीय प्रतिरोध
(c) ऊष्मा चालकता गुणांक (d) श्यानता गुणांक

14. यदि $X = 3YZ^2$ सूत्र में X व Z की विमाएँ क्रमशः धारिता व चुम्बकीय प्रेरण की हो तो Y की विमा क्या होगी
(a) $M^{-3}L^{-2}T^{-4}A^{-4}$ (b) $M^{-3}L^{-2}T^{-8}A^{-4}$
(c) $M^{-3}L^{-2}T^8A^4$ (d) $M^{-3}L^{-2}T^4A^4$

15. विद्युत विभव की विमायें हैं
(a) $[ML^2T^{-2}Q^{-1}]$ (b) $[MLT^{-2}Q^{-1}]$
(c) $[ML^2T^{-1}Q]$ (d) $[ML^2T^{-2}Q]$

16. $\frac{e^2}{4\pi\varepsilon_0 hc}$ सूत्र, जहाँ e, ε_0, h व c क्रमशः वायु शून्य में इलेक्ट्रॉनिक आवेश, विद्युत प्रवाह क्षमता, प्लांक स्थिरांक व प्रकाश का वेग है, का परिणाम निम्न है
(a) $[M^0L^0T^0]$ (b) $[M^1L^0T^0]$
(c) $[M^0L^1T^0]$ (d) $[M^0L^0L^1]$

17. विद्युतशीलता की विमायें हैं
(a) $A^3M^{-1}L^{-3}T^4$ (b) $A^2M^{-1}L^{-3}T^0$
(c) $AM^{-1}L^{-3}T^4$ (d) $A^2M^0L^{-3}T^4$

18. बल्क प्रत्यास्थता (Bulk Modulus of Elasticity) का विमीय सूत्र है
(a) $M^1L^2T^{-2}$ (b) $M^1L^{-1}T^{-2}$
(c) $M^1L^{-2}T^{-2}$ (d) $M^1L^{-3}T^{-2}$

19. E, m, J व G क्रमशः ऊर्जा, द्रव्यमान, कोणीय संवेग व गुरुत्वीय नियतांक को प्रदर्शित करते हैं। तब EJ^2/m^5G^2 की विमा होगी
(a) समय (b) बल
(c) कोण (d) लम्बाई

20. एक विराम घड़ी (stop watch) का अल्पतमांक (least count) 1/5 सेकण्ड है। लोलक के 20 दोलनों का समय 25 सेकण्ड प्राप्त हुआ। समय की माप में न्यूनतम प्रतिशत त्रुटि होगी
(a) 1.8% (b) 8%
(c) 0.1% (d) 0.8%

21. निम्न में किसकी मात्रक ऊर्जा की है
(a) दाब व आयतन का गुणनफल
(b) विभव प्रवणता
(c) कार्य करने की दर
(d) वॉट

22. एक विराम घड़ी का अल्पतमांक 0.1 से है। लोलक के 20 दोलन का समय 20.0 सेकण्ड प्राप्त हुआ। आवर्त काल में % त्रुटि है
(a) 0.75% (b) 1.0%
(c) 0.25% (d) 0.5%

23. यदि L तथा R क्रमशः प्रेरकत्व तथा प्रतिरोध प्रदर्शित करते हैं तो निम्नलिखित में से कौन आवृत्ति की विमा दर्शाता है
(a) $\sqrt{(R/L)}$ (b) $\sqrt{(L/R)}$
(c) R/L (d) L/R

उत्तरमाला

1. (a)	**2.** (b)	**3.** (c)	**4.** (c)	**5.** (a)	**6.** (a)	**7.** (a)	**8.** (b)	**9.** (c)	**10.** (d)
11. (c)	**12.** (a)	**13.** (b)	**14.** (c)	**15.** (a)	**16.** (a)	**17.** (a)	**18.** (b)	**19.** (c)	**20.** (d)
21. (a)	**22.** (d)	**23.** (c)							

हल

1. (a) चूँकि आवेग = संवेग में परिवर्तन इसलिए आवेग व संवेग की विमाएँ समान हैं।

3. (c) गुप्त ऊष्मा = $\frac{\text{ऊर्जा (ऊष्मा)}}{\text{द्रव्यमान}} = \frac{[ML^2T^{-2}]}{[M]} = [M^0L^2T^{-2}]$

4. (c) कोणीय संवेग = mvr; रेणीय संवेग = mv

$\therefore$ कोणीय संवेग तथा रेखीय संवेग का अनुपात = $\frac{mvr}{mv} = r$

$\therefore$ कोणीय संवेग तथा रेखीय संवेग के अनुपात की विमा L^1 है।

5. (a) बल के आघूर्ण की विमा = $[ML^2T^{-2}]$
यही कार्य की विमा भी होती है।

चूँकि प्रकाश वर्ष की इकाई दूरी है,

अतः इसकी विमा [L] होगी। यही तरंगदैर्ध्य की विमा होती है।

6. (a) $\left[\frac{1}{RC}\right] = \frac{1}{[ML^2T^{-3}A^{-2}][M^{-1}T^{-2}T^4A^2]} = [T^{-1}]$

और $\left[\frac{R}{L}\right] = \frac{[ML^2T^{-3}A^{-2}]}{[MT^2T^{-2}A^{-2}]} = [T^{-1}]$

$\therefore \left[\frac{1}{\sqrt{LC}}\right] = \frac{1}{\sqrt{[ML^2T^{-2}A^{-2}][M^{-1}T^{-2}T^4A^2]}}$

$= [T^{-1}]$

7. (a) ऊर्जा $U = \frac{1}{2}LI^2$

या $L = \frac{2U}{I^2}$

$\therefore$ L की विमायें $= \frac{U}{I^2}$ की विमायें

$= \frac{ML^2T^{-2}}{A^2}$

$\therefore L$ का विमीय सूत्र $= [ML^2T^{-2}A^2]$

8. (b) $\because \vec{p} = q \times \vec{d}$

$\therefore \vec{p}$ की विमायें $= [LT] \times [L] = [LTI]$

9. (c) $\because x = \cos(\omega t + kx)$

यहाँ $(\omega t + kx)$ एक कोण है जिसकी विमायें होंगी $= [M^0L^0T^0]$

$\therefore \omega t$ की विमायें $= [M^0L^0T^{-0}]$

$\therefore \omega$ की विमायें $= [M^0L^0T^{-1}]$

10. (d) $W = \frac{LI^2}{2} \quad \therefore \quad L = \frac{2W}{I^2}$

$= \frac{\text{जूल}}{\text{ए.×ए.}} = \frac{\text{जूल से.}}{\text{एम्पियर कूलॉम}}$

14. (c) $3YZ^2$

X की विमा $= [C] = [M^{-1}L^{-2}T^{-4}A^2]$

Z की विमा $= [B] = [MT^{-2}A^{-1}]$

विमीय संमागता के सिद्धान्तानुसार

$M^{-1}L^{-2}T^{-4}A^2 = M^aL^bT^cA^d\,[ML^0T^{-2}A^{-1}]$

$-1 = 2 + a$

$-2 = b$

$4 = c - 4$

$2 = d - 2$

हल करने पर

$a = -3, b = -2, c = 8$ तथा $d = 4$ प्राप्त होते हैं।

15. (a) $V = \frac{W}{q}$

$[V] = \frac{[WL^2T^{-2}]}{[Q]} = [ML^2T^{-2}Q^{-1}]$

16. (a) e^2 की विमायें $= [Q^2]$ की विमायें $= [A^2T^2]$

$[\varepsilon_0] = [M^{-1}L^{-3}T^4A^2]$

$[h] = [ML^2T^{-1}]$

$[c] = [LT^{-1}]$

$\left[\frac{e^2}{4\pi\varepsilon_0 hc}\right] = \frac{A^2T^2}{[M^{-1}L^{-3}T^4A^2][ML^2T^{-1}][LT^{-1}]}$

$= [M^0L^0T^0]$

17. (a) हम जानते हैं कि

$\varepsilon_0 = \frac{q_1q_2}{F \times r^2}$

$\therefore$ ε_0 की विमा $= \frac{[AL]^2}{[MLT^{-2}][L^2]}$

$= A^3M^{-1}L^{-3}T^4$

18. (b) $K = \frac{\text{आयतन प्रतिबल}}{\text{आयतन विकृति}} = \frac{F/A}{v/V}$

$= \frac{MLT^{-2}}{L^2} = ML^{-1}T^{-2}$

19. (c) $E = [ML^2T^{-2}]$

$[J] = [ML^2T^{-1}]$ तथा $G = [M^{-1}L^3T^{-2}]$

$\therefore \left[\frac{EJ^2}{m^5G^2}\right] = \frac{[ML^2T^{-2}][ML^2T^{-1}]^2}{M^5[M^{-1}L^3T^{-2}]^2} = L^0$

21. (a) दाब × आयतन

$= \frac{\text{बल}}{\text{क्षेत्रफल}}$ × क्षेत्रफल × लम्बाई = कार्य = ऊर्जा

22. (d) $T = (20\text{ s}/20) = 1\text{ s}$

$\Delta T = \left(\frac{0.1}{20}\right) = 0.005\text{ s}$

$\therefore \frac{\Delta T}{T} = \frac{0.005}{1} = 0.005 \times 100\% = 0.5\%$

23. (c) $\left[\frac{R}{L}\right] = \frac{[ML^2T^{-3}A^{-2}]}{[ML^2T^{-2}A^{-2}]}$

$= [T^{-1}] =$ आवृत्ति

Previous Years' Problems

1. असमान विमाओं की भौतिक राशियाँ है

(a) बलाघूर्ण एवं कार्य (b) संवेग एवं प्लांक नियतांक

(c) प्रतिबल एवं यंग गुणांक (d) चाल एवं $(\mu_0\varepsilon_0)^{-\frac{1}{2}}$

[AIEEE 2003]

2. $\frac{1}{\mu_0\varepsilon_0}$ की विमा है (जहाँ प्रतीकों का सामान्य अर्थ है)

(a) $[L^{-1}T]$ (b) $[L^2T^2]$

(c) $[L^2T^{-2}]$ (d) $[LT^{-1}]$

[AIEEE 2003]

3. निम्न में से कौन-सी राशि श्यानता गुणांक की सही विमा को प्रदर्शित करती है?

(a) $[ML^{-1}T^{-2}]$ (b) $[MLT^{-1}]$

(c) $[ML^{-1}T^{-1}]$ (d) $[ML^{-2}T^{-2}]$

[AIEEE 2004]

4. निम्न में से कौन-सा युग्म विजातीय विमाओं से सम्बन्धित है?

(a) कोणीय संवेग एवं प्लांक नियतांक

(b) आवेग एवं संवेग

(c) जड़त्व आघूर्ण एवं बल आघूर्ण

(d) कार्य एवं बल आघूर्ण

[AIEEE 2005]

5. निम्न में से कौन-सा समूह भिन्न विमाओं को प्रदर्शित करता है?

(a) दाब, यंग गुणांक, प्रतिबल

(b) वि० वा० बल, विभवान्तर, विद्युत विभव

(c) ऊष्मा, कार्य, ऊर्जा

(d) द्विध्रुव आघूर्ण, विद्युत फ्लक्स, विद्युत क्षेत्र

[AIEEE 2005]

6. निम्न में से कौन-सी इकाई $\left[\frac{ML^2}{Q^2}\right]$ की विमा को निरूपित करती है। जहाँ Q विद्युत आवेश को प्रदर्शित करता है

(a) Wb/m^2 (b) हेनरी (H)

(c) H/m^2 (d) Wb

[AIEEE 2006]

7. अनुनाद नली में ध्वनि की चाल ज्ञात करने के प्रयोग में

(a) स्वरित्र द्विभुज की भुजाओं को ऊर्ध्वाधर समतल में रखा जाता है।

(b) स्वरित्र द्विभुज की भुजाओं को क्षैतिज तल में रखा जाता है।

(c) प्रेक्षित दो अनुनादों में से एक पर वायु स्तम्भ की लम्बाई वायु में ध्वनि की तरंगदैर्ध्य के समान होती है।

(d) प्रेक्षित दो अनुनादों में से एक पर वायु स्तम्भ की लम्बाई वायु में ध्वनि की तरंगदैर्ध्य की आधी होती है।

[AIEEE 2007]

8. चुम्बकीय क्षेत्र की विमाएँ M, L, T तथा C (कूलॉम) में हैं

(a) $[MLT^{-1}C^{-1}]$ (b) $[MT^{-2}C^{-2}]$

(c) $[MT^{-1}C^{-1}]$ (d) $[MT^{-2}C^{-1}]$

[AIEEE 2008]

9. एक प्रयोग में एक उपकरण द्वारा कोण मापने की आवश्यकता होती है। इस उपकरण में मुख्य पैमाने के 29 भाग वर्नियर पैमाने के 30 भागों के यथातथ संपाती है। यदि मुख्य पैमाने का लघुत्तम भाग आधे अंश (0.5°) के बराबर है, तब इस उपकरण का अल्पतमांक है

(a) आधा मिनट (b) एक अंश

(c) आधा अंश (d) एक मिनट

[AIEEE 2009]

10. संख्याओं 23.023, 0.0003 और 2.1×10^{-3} में सार्थक अंकों की क्रमशः संख्या है

(a) 5, 1, 2 (b) 5, 1, 5

(c) 5, 5, 2 (d) 5, 4, 2

[AIEEE 2010]

उत्तरमाला

1. (b) **2.** (c) **3.** (c) **4.** (c) **5.** (d) **6.** (b) **7.** (a) **8.** (c) **9.** (d) **10.** (a)

हल

1. (b) प्लांक नियतांक, $h = \text{J s}$

$$= [ML^2T^{-2}][T] = [ML^2T^{-1}]$$

संवेग $[p] = \text{kg} - \text{ms}^{-1}$

$$= [M][LT^{-1}] = [MLT^{-1}]$$

2. (c) हम जानते हैं कि $v = \frac{1}{\sqrt{\mu_0\varepsilon_0}}$

$$\Rightarrow \quad v^2 = \frac{1}{\mu_0\varepsilon_0} = [LT^{-1}]^2$$

$$\therefore \quad \frac{1}{\mu_0\varepsilon_0} = [L^2T^{-2}]$$

3. (c) न्यूटन का सूत्र $\eta = \frac{F}{A[\Delta v_x / \Delta z]}$

$$\eta = \frac{\text{बल की विमा}}{\text{क्षेत्रफल की विमा} \times \text{वेग प्रवणता की विमा}}$$

$$= \frac{[MLT^{-2}]}{[L^2][T^{-1}]} = [ML^{-1}T^{-1}]$$

4. (c) $I = mr^2$

$$[I] = [ML^2]$$

और $\vec{\tau}$ = बल का आघूर्ण

$$= \vec{r} \times \vec{F}$$

$$\therefore \quad \vec{\tau} = [L][MLT^{-2}] = [ML^2T^{-2}]$$

5. (d) द्विध्रुव आघूर्ण = आवेश × दूरी

विद्युत फ्लक्स = विद्युत क्षेत्र × क्षेत्रफल

6. (b) चुम्बकीय ऊर्जा $= \frac{1}{2}LI^2 = \frac{Lq^2}{2t^2}$ [L → प्रेरण : I → धारा]

ऊर्जा का विमीय सूत्र = $[ML^2T^{-2}]$

विमाओं की तुलना करने पर

$$[ML^2T^{-2}] = \text{हेनरी} \times \left[\frac{Q^2}{T^2}\right]$$

$$\Rightarrow \quad \text{हेनरी} = \left[\frac{ML^2}{Q^2}\right]$$

7. (a) अनुनाद अवस्था में वायु स्तम्भ की लम्बाई $\frac{\lambda}{4}$ के विषम पूर्णांक के गुणज के बराबर होता है।

8. (c) $F = qvB$ से, $[MLT^{-2}] = [C][LT^{-1}][B]$

$$\Rightarrow \quad B = [MT^{-1}C^{-1}]$$

9. (d) मुख्य पैमाने का 29 भाग, वर्नीयर पैमाने के 30 भाग पर संपाती है। अब वर्नीयर पैमाने का एक भाग

$$= \frac{30-29}{30} \times \text{मुख्य पैमाने का लघुत्तम भाग}$$

$$= \frac{1}{30} \times 0.5°$$

$$= \frac{1}{30} \times 0.5 \times 60 \text{ मिनट} = 1 \text{ मिनट}$$

10. (a) नियम 1. सभी अशून्य सार्थक होते है।

नियम 2. अशून्य अंकों के मध्य स्थित शून्य सार्थक होते हैं।

नियम 3. अशून्य अंकों के बायीं ओर स्थित शून्य असार्थक होते है।

संख्या 23.023 में सार्थक अंक 5 है। (1 व 2 प्रयुक्त करने पर)

संख्या 0.0003 में सार्थक अंक 1 है। (1, 2 व 3 प्रयुक्त करने पर)

संख्या 2.1×10^{-3} में सार्थक अंक 2 है। (1 प्रयुक्त करने पर)

□□□

अध्याय 2

सदिश विश्लेषण
(Vector Analysis)

सदिश राशियाँ (Vector Quantities)

- वे भौतिक राशियाँ जिन्हें निरूपित करने के लिए दिशा और परिमाण दोनों की आवश्यकता होती है, सदिश राशियाँ कहलाती हैं। जैसे- त्वरण, वेग, संवेग, बल।
- सदिश राशियों को एक तीर द्वारा निरूपित किया जाता है।

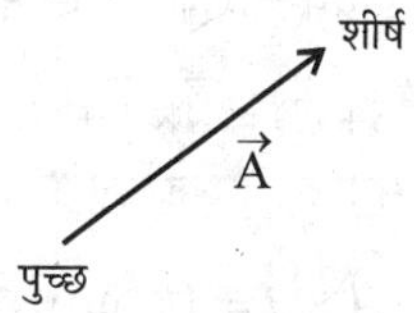

सीधी रेखा की लम्बाई राशि के परिमाण को निरूपित करती है तथा तीर का निशान राशि की दिशा को निरूपित करती है। सदिश राशि पुच्छ से प्रारम्भ होती है और शीर्ष पर समाप्त होती है। भौतिक राशि में, यदि दिशा और परिमाण दोनों हैं, तो भी उसका सदिश होना आवश्यक नहीं है। सदिश होने के लिए सदिश योग नियम (Vector Addtion Law) का पालन करना आवश्यक है। जैसे- बड़े कोण, विद्युत धारा।

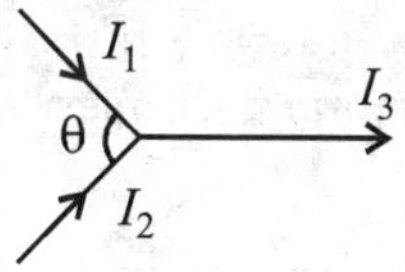

$$I_3 = I_1 + I_2$$

यहाँ वेक्टर योग नियम का पालन नहीं होता है।

अदिश राशियाँ (Scalar Quantities)

- वे भौतिक राशियाँ जिन्हें निरूपित करने के लिए केवल परिमाण की आवश्यकता होती है, दिशा की नहीं अदिश राशियाँ कहलाती हैं। जैसे- ऊर्जा, आयतन, चाल।

अनुपातिक राशियाँ (Ratio Quantities)

- ये दो भौतिक राशियों के अनुपात से बनती है। जैसे-

अपवर्तनाँक, $\mu = \frac{c}{v}$, कोण $\theta = \frac{\text{चाप}}{\text{त्रिज्या}}$

वेक्टर योग के नियम (Laws of Vector Addition)

- **क्रम-विनिमेय नियम (Commutative Law) :** वेक्टर योग क्रम विनिमेय होता है। जिसमें जोड़ते समय वेक्टर के क्रम को महत्व नहीं देते हैं।

$$\vec{A} + \vec{B} = \vec{B} + \vec{A}$$

- **साहचर्य नियम (Associative Law) :**

$$\vec{A} + (\vec{B} + \vec{C}) = (\vec{A} + \vec{B}) + \vec{C}$$

- **वितरण नियम (Distributive Law) :**

$$n(\vec{A} + \vec{B}) = n\vec{A} + n\vec{B}$$

$$(m+n)\vec{A} = m\vec{A} + n\vec{A}$$

दो सदिशों के योग तथा अन्तर का परिमाण सदैव $R \geq (A - B)$ व $R \leq (A + B)$ होगा।

मुख्य प्रकार के वेक्टर (Important Type of Vectors)

1. **इकाई सदिश (Unit Vector) :** यह किसी भौतिक राशि की दिशा को निरूपित करने के काम आता है। इससे भौतिक राशि के मान पर कोई प्रभाव नहीं पड़ता इसका सम्बन्ध केवल दिशा से है।

$$\hat{A} = \frac{\vec{A}}{|\vec{A}|}$$

$|\vec{A}|$, $\vec{A}$ का परिमाण है। $\hat{i}, \hat{j}, \hat{k}$, x, y तथा z अक्षों के अनुदिश इकाई वेक्टर हैं।

2. **स्थिति सदिश (Position Vector) :** यह तल या आकार में किसी बिन्दु को निरूपित करने के काम आता है।

$$\vec{r} = \hat{i}x + \hat{j}y + \hat{k}z$$

$$\hat{r} = \frac{\hat{i}x + \hat{j}y + \hat{k}z}{\sqrt{x^2 + y^2 + z^2}}$$

3. शून्य वेक्टर (Null Vector) : इसका परिमाण शून्य होता है। इसकी दिशा अनिश्चित होती है। यह वेक्टर समीकरणों को सन्तुलित करने के काम आता है।

$$\vec{A}+(-\vec{A})=\vec{0}$$

$$0\times(\vec{A})=\vec{0}$$

वेक्टर गुणन (Product of Vectors) :

1. सदिश राशि की अदिश राशि से गुणा (Multiplication of Vector Quantity by Scalar Quantity) : जब सदिश राशि की अदिश राशि से गुणा की जाती है तो परिणामी भी सदिश राशि होती है, जिसकी दिशा गुणा करने वाली राशि के अनुदिश होती है। जैसे जब वेग की गुणा द्रव्यमान से की जाती है तो प्राप्त राशि उसी दिशा में संवेग होती है।

$$\vec{P}=m\vec{V}$$

2. सदिश राशि को अदिश से भाग देना (Division of Vector Quantity by Scalar Quantity) : जब एक सदिश राशि को एक अदिश राशि से भाग दिया जाता है तो परिणामी एक सदिश होता है। जिसकी दिशा वही होती है। जैसे - जब बल को द्रव्यमान से भाग किया जाता है तो परिणामी त्वरण होता है।

$$\vec{a}=\frac{\vec{F}}{m}$$

3. अदिश गुणनफल (Scalar Product) : यदि दो सदिशों का गुणनफल एक अदिश राशि हो तब इसे अदिश गुणनफल कहते हैं तथा इसे $A\cdot B$ द्वारा लिखते हैं।

$$\vec{A}\cdot\vec{B}=A\,B\cos\theta$$

जहाँ, A, $\vec{A}$ का परिमाण है तथा B, $\vec{B}$ का परिमाण है। θ दोनों सदिशों के बीच का कोण है।

(a) जब $\theta=90°$, सदिशों का अदिश गुणन शून्य होगा।

यदि $\vec{A}$ और $\vec{B}$ एक दूसरे के लम्बवत् हैं तो

$$\vec{A}\cdot\vec{B}=AB\cos 90°=0$$

$$\hat{i}\cdot\hat{j}=\hat{j}\cdot\hat{k}=\hat{k}\cdot\hat{i}=0$$

(b) जब $\theta=0$, सदिशों का अदिश गुणन उनके परिमाणों के गुणनफलों के बराबर होगा।

$$\vec{A}\cdot\vec{A}=AA\cos 0°=A^2$$

$$\hat{i}\cdot\hat{i}=\hat{j}\cdot\hat{j}=\hat{k}\cdot\hat{k}=1$$

4. क्रॉस या सदिश गुणनफल (Cross or Vector Product) : दो सदिशों का सदिश गुणन उन सदिशों के परिमाणों के गुणनफल तथा बीच के कोण के पद के गुणनफल के बराबर होता है। सदिश गुणन एक सदिश राशि है जिसकी दिशा दोनों सदिशों के तल के लम्बवत् होती है। यदि $\vec{A}$ और $\vec{B}$ दो सदिश हैं तो उनका सदिश गुणनफल

$$\vec{C}=\vec{A}\times\vec{B}=AB\sin\theta\ \hat{n}$$

जहाँ, $\hat{n}$, $\vec{A}$ और $\vec{B}$ के तल के लम्बवत् वेक्टर हैं। $\hat{n}$ की दिशा दांये हाथ के पेंच नियम (right hand screw rule) द्वारा दी जाती है।

$$\vec{A}\times\vec{B}=\begin{vmatrix}\hat{i} & \hat{j} & \hat{k}\\ A_x & A_y & A_z\\ B_x & B_y & B_z\end{vmatrix}$$

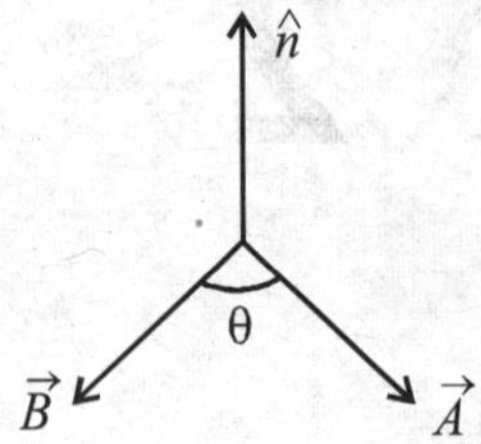

$$=\hat{i}\begin{vmatrix}A_y & A_z\\ B_y & B_z\end{vmatrix}-\hat{j}\begin{vmatrix}A_x & A_z\\ B_x & B_z\end{vmatrix}+\hat{k}\begin{vmatrix}A_x & A_y\\ B_x & B_y\end{vmatrix}$$

$\vec{A}\times\vec{B}$ में, $\hat{n}$ की दिशा तल के लम्बवत् अन्दर की ओर होगी। जबकि $\vec{B}\times\vec{A}$ में, $\hat{n}$ की दिशा तल के लम्बवत् बाहर की ओर होगी।

(a) यदि दो सदिश एक दूसरे के लम्बवत् हैं, उनका सदिश गुणनफल उनके परिमाणों के गुणनफल के बराबर होगा और दिशा दोनों सदिशों के लम्बवत् होगी।

(b) सदिश गुणनफल क्रम-विनिमेय नियम का पालन नहीं करता है। अर्थात्

$$\vec{A}\times\vec{B}\neq\vec{B}\times\vec{A}$$

(c) यह वितरण के नियम का पालन करता है।

$$\vec{A}\times(\vec{B}+\vec{C})=\vec{A}\times\vec{B}+\vec{A}\times\vec{C}$$

(d) यदि दो सदिश समान्तर हैं तो उनका सदिश गुणन शून्य होगा।

$$\vec{C}=\vec{A}\times\vec{B}=AB\sin 0=0$$

ध्यान दें

- बल आघूर्ण, स्थिति सदिश तथा बल का सदिश गुणनफल होता है।

$$\vec{\tau}=\vec{r}\times\vec{F}$$

- कोणीय संवेग, स्थिति सदिश तथा रेखीय संवेग का सदिश गुणनफल होता है।

$$\vec{L}=\vec{r}\times\vec{p}$$

- रेखीय वेग, कोणीय वेग तथा स्थिति सदिश का सदिश गुणनफल होता है।

$$\vec{v}=\vec{\omega}\times\vec{r}$$

- $\frac{1}{2}|\vec{A}\times\vec{B}|$, $\vec{A}$ तथा $\vec{B}$ से बने त्रिभुज के क्षेत्रफल को निरूपित करता है और $|\vec{A}\times\vec{B}|$, $\vec{A}$ तथा $\vec{B}$ से बने समान्तर चतुर्भुज के क्षेत्रफल को निरूपित करता है।

समान्तर चतुर्भज का नियम (Law of Parallelogram of Forces)

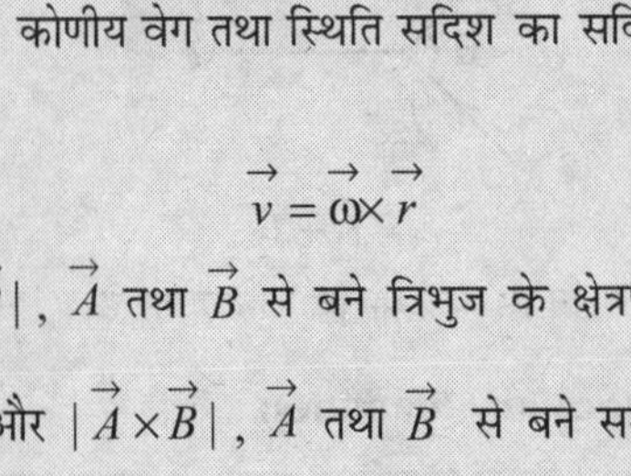

$$|R| = \sqrt{(A^2 + B^2 + 2AB\cos\theta)}$$

तथा $$\tan\alpha = \frac{B\sin\theta}{A + B\cos\theta}$$

ध्यान दें

- यदि $\theta = 0$, अर्थात् A और B एक ही दिशा में हैं।

$$|R| = A + B$$

- यदि $\theta = 90°$, अर्थात् A और B एक-दूसरे के लम्बवत् हैं।

$$|R| = \sqrt{A^2 + B^2}$$

तथा $$\tan\alpha = \frac{B}{A}$$

- यदि $\theta = 180°$, अर्थात् A और B एक-दूसरे के विपरीत दिशा में हैं।

$$|R| = A - B$$

- यदि A और B का परिमाण बराबर है, तब

$$|R| = 2A\cos\frac{\theta}{2}$$

सदिश योग का त्रिभुज नियम
(Triangular Law of Vector Addition)

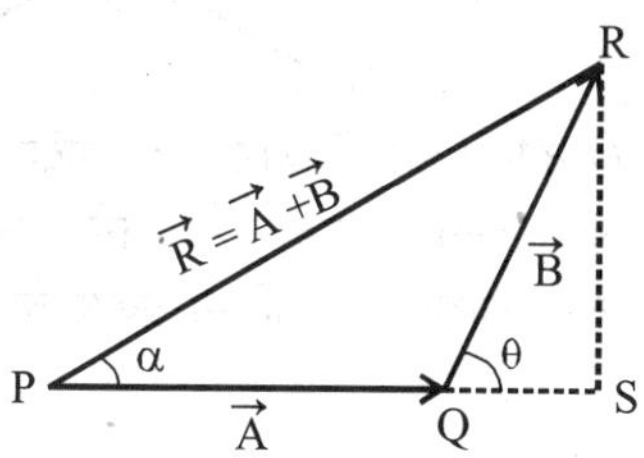

$$|R| = \sqrt{(A^2 + B^2 + 2AB\cos\theta)}$$

$$\tan\alpha = \frac{B\sin\theta}{A + B\cos\theta}$$

न्यूनतम रास्ते से नदी को पार करना
(Crossing of River along Shortest Path)

- नाव को न्यूनतम रास्ते से नदि पार करने के लिए A से गति प्रारम्भ करनी होगी। उसे AC दिशा में चलना होगा। उसका परिणामी वेग AB के अनुदिश होगा।

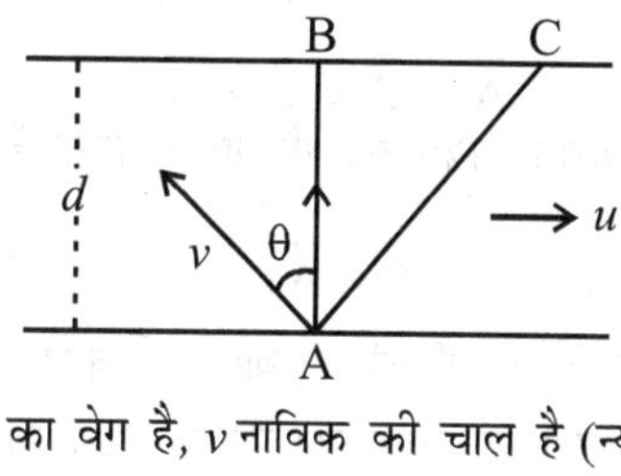

माना u नदि का वेग है, v नाविक की चाल है (न्यूनतम रास्ते से पार करने के लिए)

$$v\sin\theta = u$$

$$\therefore \quad t = \frac{d}{v\cos\theta} = \frac{d}{v\sqrt{1 - \frac{u^2}{v^2}}}$$

न्यूनतम समय में नदी पार करना
(To Cross the River in Shortest Time)

$$\theta = 0°, t_{min} = \frac{d}{v}$$

यहाँ दोनों C बिन्दु पर पहुँचेंगे

$$BC = \frac{du}{v}$$

महत्त्वपूर्ण तथ्य (Important Facts)

- जो भौतिक राशियाँ परिमाण तथा दिशा दोनों रखते हैं किन्तु सदिशों के योग के नियमों का पालन नहीं करते, उन्हें अदिश राशियाँ कहते हैं, जैसे - धारा।
- दो परस्पर लम्बवत् सदिशों का अदिश या डाट (·) गुणनफल शून्य होता है।
- दो सदिशों के सदिश गुणनफल व अदिश गुणनफल के परिमाण बराबर हो सकते हैं।
- यदि $(\vec{A} + \vec{B}) = (\vec{A} - \vec{B})$, तो दोनों सदिश एक दूसरे के लम्बवत् व परिमाण में बराबर होंगे।
- यदि दो सदिशों ($\vec{A}$ तथा $\vec{B}$) के योग तथा अन्तर परिमाण में परस्पर बराबर है

$$\vec{A} + \vec{B} = \vec{A} - \vec{A}$$

तब A और B परस्पर लम्बवत होंगे तथा $\vec{A} \cdot \vec{B} = 0$

- यदि दो सदिशों का योग तथा अन्तर परस्पर लम्बवत है तब

$$A = B$$

तथा $$(\vec{A} + \vec{B}) \cdot (\vec{A} - \vec{B}) = 0$$

- यदि $\vec{P} + \vec{Q} = \vec{R}$ तथा $P^2 + Q^2 = R^2$ हो तब $\vec{P}$ तथा $\vec{Q}$ परस्पर लम्बवत होंगे।
- यदि $\vec{P} + \vec{Q} = \vec{R}$ हो तब $\vec{Q}$ तथा $\vec{P}$ के बीच का कोण

$$\theta = \cos^{-1}\left(\frac{R^2 + Q^2 - P^2}{2RQ}\right)$$

- वेक्टर गुणन घूर्णन गति में प्रयोग किया जाता है या दो सदिशों का सदिश गुणन एक वेक्टर होता है।

$\therefore \quad \vec{C} = 15\hat{i} + 20\hat{j}.$

उदाहरण 8. मीटर/सेकण्ड के वेग से एक वस्तु क्षैतिज से 30° कोण बनाते हुए चल रही है। ऊर्ध्व और क्षैतिज के अनुदिश वेग के अवयव क्या होंगे?

हल– क्षैतिज के अनुदिश अवयव

$$v_x = 6\cos 30° = 6 \times \frac{\sqrt{3}}{2} = 3\sqrt{3} \text{ मीटर/सेकण्ड}$$

ऊर्ध्व के अनुदिश $\quad v_y = 6\sin 30°\, 6 \times \frac{1}{2} = 3$ मीटर/सेकण्ड

उदाहरण 9. एक कण पर दो बल क्रमशः 30 एवं 20 न्यूटन कार्य करते हैं। यदि दोनों के बीच का कोण 60° हो, तो परिणामी बल ज्ञात करें।

हल– $f_1 = 30$ न्यूटन $\quad f_2 = 20$ न्यूटन $\quad \theta = 60°, \quad R = ?$

$= (30)^2 + (20)^2 + 2 \times 20 \times 30 \times \cos 60°$

$$R^2 = 900 + 400 + 600 = 1900$$

अर्थात् $\quad R = 10\sqrt{19}$ न्यूटन

उदाहरण 10. रेलगाड़ी से लम्बवत् कूदकर एक उठाईगीर भगता है। यदि रेलगाड़ी की वेग 40 किमी/घण्टा हो और 1 उठाईगीर का वेग 6 मीटर/मिनट हो, तो बताइये उठाईगीर जीमन पर किस दिशा में गिरेगा?

हल– रेलगाड़ी का वेग, $v = \frac{40 \times 1000}{60}$ मीटर/मिनट

$$= \frac{2}{3} \times 1000 \text{ मीटर/मिनट}$$

उठाईगीर का वेग $u = 6$ मीटर/मिनट। यदि उठाईगीर जमीन पर गिरते वक्त रेलगाड़ी की वेग की दिशा से θ कोण बनायें,

तो, $\quad \tan\theta = \frac{u\sin\pi/2}{v + u\cos\pi/2}$

$$\tan\theta = \frac{6 \times 1}{\frac{2}{3} \times 1000 + 6 \times 0}$$

$$\theta = \tan^{-1}\frac{9}{1000}.$$

अभ्यास के लिए प्रश्न

1. दो सदिशों $\vec{P}$ व $\vec{Q}$ का परिमाण समान, 10 इकाई है। ये चित्रानुसार लगाये गये हैं। इन सदिशों का परिणाम होगा?

(a) $10\sqrt{2}$ इकाई (b) 10 इकाई
(c) 12 इकाई (d) उपरोक्त में से कोई नहीं

2. यदि $\vec{P} = P\cos\theta\hat{i} + P\sin\theta\,\hat{j}$, सदिश $\vec{P}$, $\vec{Q}$ के लम्बवत है, तो Q क्या होगा?

(a) $Q\cos\theta\hat{i} + Q\sin\theta\,\hat{j}$ (b) $Q\sin\theta\hat{i} + Q\cos\theta\,\hat{j}$
(c) $Q\cos\theta\hat{i} - Q\sin\theta\,\hat{j}$ (d) $Q\sin\theta\hat{i} - Q\cos\theta\,\hat{j}$

3. दो बलों के महत्तम व निम्नतम परिणामों का अनुपात 5 : 3 है, तो बलों के परिमाणों का अनुपात होगा ?

(a) 3 : 5 (b) 10 : 6
(c) 4 : 1 (d) उपरोक्त में से कोई नहीं

4. यदि समान परिमाण 4 इकाई के दो बल किसी बिन्दु पर इस प्रकार कार्यरत है, कि उनके बीच का कोण 120° है, तो दोनों सदिशों के योग का परिमाण व दिशा होगी?

(a) $2, \theta = \tan^{-1}(1.73)$ (b) $6, \theta = \tan^{-1}(0.73)$
(c) $4, \theta = \tan^{-1}(1.73)$ (d) $4, \theta = \tan^{-1}(0.73)$

5. यदि तीन बल $\vec{F_1} = 3\hat{i} - 4\hat{j} + 5\hat{k}, \vec{F_2} = -3\hat{i} + 4\hat{j}$ व $\vec{F_3} = -5\hat{k}$ एक वस्तु पर कार्यरत है, तो वस्तु पर लगने वाले परिणामी बल की दिशा है?

(a) y-अक्ष के अनुदिश (b) x-अक्ष के अनुदिश
(c) z-अक्ष के अनुदिश (d) ज्ञात नहीं की जा सकती

6. चार बिन्दुओं $A, B, C\,O\,D$ के स्थिति सदिश क्रमशः

$\vec{a} = (2\hat{i} + 3\hat{j} + 4\hat{k}), \quad \vec{b} = (3\hat{i} + 5\hat{j} + 7\hat{k}), \quad \vec{c} = (\hat{i} + 2\hat{j} + 3\hat{k}),$

$\vec{d} = (3\hat{i} + 6\hat{j} + 9\hat{k})$ हैं। सदिश $\vec{AB}$ व $\vec{CD}$ है।

(a) समरेखीय (b) समतलीय
(c) लम्बवत (d) उपरोक्त में से कोई नहीं

7. किसी कण का वेग $\vec{v} = 6\hat{i} + 2\hat{j} - 2\hat{k}$ है। इस कण के वेग v का $\vec{a} = \hat{i} + \hat{j} + \hat{k}$ के समान्तर घटक होगा?

(a) $\hat{i} + \hat{j} + \hat{k}$ (b) $6\hat{i} + 2\hat{j} - 2\hat{k}$
(c) $6\hat{i} + 2\hat{j} + 2\hat{k}$ (d) $2\hat{i} + 2\hat{j} + 2\hat{k}$

8. $\vec{a} = 3\hat{i} + \hat{j}$ व $\vec{b} = 2\hat{i} - \hat{j} - 5\hat{k}$ के लम्बवत एकांक सदिश होगा?

(a) $\pm\frac{3\hat{i} + \hat{j}}{\sqrt{11}}$ (b) $\pm\frac{(\hat{i} - 3\hat{j} + \hat{k})}{\sqrt{11}}$

(c) $\pm\frac{(2\hat{i}-\hat{j}-5\hat{k})}{\sqrt{30}}$ (d) उपरोक्त में से कोई नहीं

9. यदि सदिश $x\vec{a}-2\vec{b}+3\vec{c}, -2\vec{a}+y\vec{b}-4\vec{c}$ व $-z\vec{b}+2\vec{c}$ समतलीय हैं, जहाँ $\vec{a},\vec{b},\vec{c}$ एकांक सदिश हैं, तो:

(a) $4xy-3zx+3z=4$ (b) $xy-2zx+3z-4=0$
(c) $xy+3zx-3z=4$ (d) $2xy-2zx-3z-4=0$

10. एक बल $\vec{F}=(2\hat{i}+3\hat{j}-\hat{k})N$, किसी वस्तु जिसका स्थिति सदिश $\vec{r}=(6\hat{i}+3\hat{j}-2\hat{k})m$ पर कार्यरत है। मूल बिन्दु के परितः बल आघूर्ण है।

(a) $(\hat{i}+2\hat{j}+12\hat{k})N\text{-}m$ (b) $(3\hat{i}+12\hat{j}+\hat{k})N\text{-}m$
(c) $(3\hat{i}+2\hat{j}+12\hat{k})N\text{-}m$ (d) $(9\hat{i}+\hat{j}+7\hat{k})N\text{-}m$

11. एक व्यक्ति पूरब दिशा में 5 मी/से के वेग से जा रहा है। 10 सेकण्ड बाद वह उत्तर दिशा की ओर उसी वेग से जाता है। तब उसका त्वरण (मी/से^{2}) में होगा

(a) $\frac{1}{\sqrt{2}}$ S-W (b) $\frac{1}{\sqrt{2}}$ N-W
(c) $\frac{1}{\sqrt{2}}$ N-E (d) $\frac{1}{\sqrt{2}}$ N-S

12. संलग्न चित्र में, प्रदर्शित व्यवस्था में एक आयनित डोरी के सिरे P व Q ऊर्ध्वाधर नीचे की ओर एक समान चाल u से गतिमान हैं। घिरनी A तथा B स्थिर हैं। द्रव्यमान M की ऊपर की ओर चाल होगी–

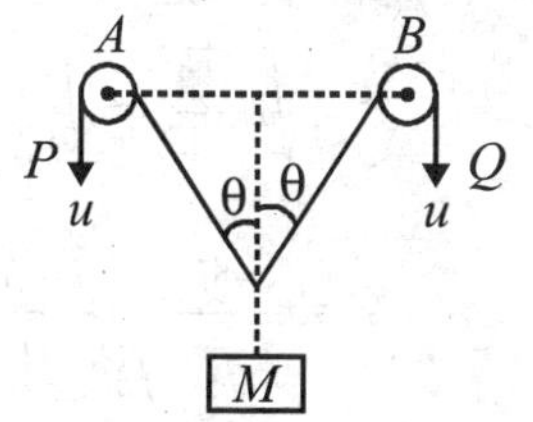

(a) $u/\sin\theta$ (b) $u\cos\theta$
(c) $u\sin\theta$ (d) $u/\cos\theta$

13. द्रव्यमान $m=5$ का एक कण $v=3\sqrt{2}$ की समान चाल से XOY तल में $y=x+4$ रेखा के अनुदिश गति कर रहा है। मूल बिन्दु के सापेक्ष कण का कोणीय संवेग है–

(a) $40\sqrt{2}$ मात्रक (b) 60 मात्रक
(c) शून्य (d) 7.5 मात्रक

14. एक पिण्ड का द्रव्यमान 7 किग्रा है। जिस पर दो बल क्रमशः $\vec{F_1}=16\hat{i}+12\hat{j}$ और $\vec{F_2}=12\hat{i}+9\hat{j}$ कार्य कर रहे हैं। ऐसी स्थिति में उस पिण्ड में उत्पन्न त्वरण होगा

(a) 5 मीटर/सेकण्ड^2 (b) 57 मीटर/सेकण्ड^2
(c) 2 मीटर/सेकण्ड^2 (d) 5/7 मीटर/सेकण्ड^2

15. एक व्यक्ति 30 मीटर उत्तर की ओर, फिर 30 मीटर पूर्व की ओर, और अन्त: $30\sqrt{2}$ मीटर दक्षिण-पश्चिमी दिशा में गति करता है। मूल बिन्दु से उस व्यक्ति का विस्थापन है।

(a) 10 मीटर पश्चिम की ओर (b) शून्य
(c) 10 मीटर उत्तर की ओर (d) 10 मीटर दक्षिण की ओर

16. असमान परिमाण के सदिशों के न्यूनतम संख्या जो शून्य सदिश दे सकते हैं–

(a) चार (b) चार से अधिक
(c) दो (d) तीन

17. यदि सदिश $2\hat{i}+3\hat{j}+8\hat{k}$ सदिश $4\hat{j}-4\hat{i}+\alpha\hat{k}$ के लम्बवत् हो, तो α का मान होगा–

(a) 1/2 (b) 1
(c) –1 (d) –1/2

18. दो सदिश $\vec{A}$ और $\vec{B}$ के बीच का कोण θ होने पर गुणनफल $(\vec{B}\times\vec{A})\cdot\vec{A}$ के समतुल्य होगा?

(a) $BA^2\cos\theta$ (b) $BA^2\sin\theta$
(c) 0 (d) $BA^2\sin\theta\cos\theta$

उत्तरमाला

1. (c)	**2.** (d)	**3.** (c)	**4.** (c)	**5.** (d)	**6.** (a)	**7.** (d)	**8.** (b)	**9.** (b)	**10.** (c)
11. (b)	**12.** (d)	**13.** (b)	**14.** (a)	**15.** (b)	**16.** (d)	**17.** (d)	**18.** (c)		

हल

3. (c) $\frac{A+B}{A-B}=\frac{5}{3}$

$$\frac{A+B}{A-B}+1=\frac{5}{3}+1$$

$$\frac{A+B+A-B}{A-B}=\frac{8}{3} \qquad \frac{2A}{A-B}=\frac{8}{3} \quad ...(i)$$

पुनः: $\frac{A+B}{A-B}-1=\frac{5}{3}-1 \quad \frac{A+B-A+B}{A-B}=\frac{2}{3}$

$$\frac{2B}{A-B}=\frac{2}{3} \quad ...(ii)$$

समीकरण (i) को समीकरण (ii) से भाग करने पर

$$\frac{2A}{A-B}\times\frac{A-B}{2B}=\frac{8}{3}\times\frac{3}{2} \Rightarrow \frac{A}{B}=\frac{4}{1}$$

$$A:B=4:1$$

4. (c) $|\vec{R}|=|\vec{a}+\vec{b}|$

$$=\sqrt{4^2+4^2+2(4)(4)\cos 120^\circ}$$

$$|\vec{R}|=4$$

माना, $\theta=(\vec{a}+\vec{b})$

द्वारा x-अक्ष के साथ बनाया गया कोण है।

$$\theta=\tan^{-1}\left(\frac{4\sin 120^\circ}{4+4\cos 120^\circ}\right)$$

$$=\left(\frac{3.464}{2}\right)=\tan^{-1}(1.73)$$

5. (d) $\vec{F}=\vec{F_1}+\vec{F_2}+\vec{F_3}$

$$=3\hat{i}-4\hat{j}+5\hat{k}-3\hat{i}+4\hat{j}-5\hat{k}=0$$

6. (a) $\vec{AB}=\vec{b}-\vec{a}=\hat{i}+2\hat{j}+3\hat{k}$

$$\vec{CD}=2\hat{i}+4\hat{j}+6\hat{k}$$

समरेखीयता की शर्त के अनुसार

$$\frac{a_1}{a_2}=\frac{b_1}{b_2}=\frac{c_1}{c_2}$$

$$\frac{1}{2}=\frac{1}{2}=\frac{1}{2}$$

7. (d) यदि सदिश समान्तर हैं, तो उनके एकांक सदिश एक-दूसरे के समान होंगे। $\vec{b}=\frac{(\vec{a}\cdot\vec{v})}{|\vec{a}|}\cdot\frac{\vec{a}}{|\vec{a}|}$

$$\therefore =\left\{\frac{(\hat{i}+\hat{j}+\hat{k})\cdot(6\hat{i}+2\hat{j}-2\hat{k})}{\sqrt{1^2+1^2+1^2}}\right\}\cdot\frac{(\hat{i}+\hat{j}+\hat{k})}{\sqrt{1^2+1^2+1^2}}$$

$$=\left(\frac{6+2-2}{3}\right)(\hat{i}+\hat{j}+\hat{k})=2\hat{i}+2\hat{j}+2\hat{k}$$

8. (b) लम्बवत दिशा में एकांक सदिश

$$\hat{n}=\pm\frac{\vec{a}\times\vec{b}}{|\vec{a}||\vec{b}|\sin\theta}$$

$$\vec{a}\times\vec{b}=\begin{vmatrix}\hat{i} & \hat{j} & \hat{k}\\ 3 & 1 & 0\\ 2 & -1 & -5\end{vmatrix}$$

$$=\hat{i}(-5-0)-\hat{j}(-15-0)+\hat{k}(-3-2)$$

$$=-5\hat{i}+15\hat{j}-5\hat{k}$$

$$|\vec{a}|=\sqrt{3^2+1^2}=\sqrt{10}$$

$$|\vec{b}|=\sqrt{(2)^2+(-1)^2+(-5)^2}=\sqrt{30}$$

$$\cos\theta=\frac{\vec{a}\cdot\vec{b}}{|\vec{a}||\vec{b}|}=\frac{6-1}{\sqrt{10}\sqrt{30}}$$

$$=\frac{5}{10\sqrt{3}}=\frac{1}{2\sqrt{3}}$$

$$\therefore \quad \sin\theta=\sqrt{1-\cos^2\theta}$$

$$=\sqrt{1-\frac{1}{12}}=\sqrt{\frac{11}{12}}=\frac{\sqrt{11}}{2\sqrt{3}}$$

$$\hat{n}=\pm\frac{-5\hat{i}+15\hat{j}-5\hat{k}}{\sqrt{10}\sqrt{30}\frac{\sqrt{11}}{2\sqrt{3}}}$$

$$=\pm\frac{-5(\hat{i}-3\hat{j}+\hat{k})}{10\sqrt{3}\frac{\sqrt{11}}{2\sqrt{3}}}$$

$$=\pm\left\{\frac{-(\hat{i}-3\hat{j}+\hat{k})}{\sqrt{11}}\right\}=\pm\frac{\hat{i}-3\hat{j}+\hat{k}}{\sqrt{11}}$$

9. (b) $\begin{vmatrix}x & -2 & 3\\ -2 & y & -4\\ 0 & -z & 2\end{vmatrix}=0$

$$\Rightarrow \quad x(2y-4z)+2(-4-0)+3(2z-0)=0$$

$$2xy-4zx-8+6z=0$$

$$xy-2zx-4+3z=0$$

10. (c) $\vec{\tau} = \vec{r} \times \vec{F} = \begin{vmatrix} \hat{i} & \hat{j} & \hat{k} \\ 6 & 3 & -2 \\ 2 & 3 & -1 \end{vmatrix}$

$= \hat{i}(-3+6) - \hat{j}(-6+4) + \hat{k}(18-6)$

$\therefore \quad \vec{\tau} = (3\hat{i} + 2\hat{j} + 12\hat{k}) N\text{-}m$

11. (b) चित्र देखो

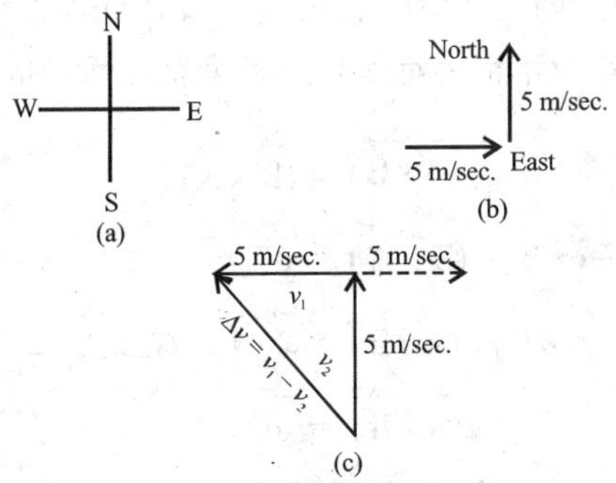

$\Delta v = \sqrt{[(25) + (25)]} = 5\sqrt{2}$

त्वरण $\quad a = \frac{\Delta v}{t} = \frac{5\sqrt{2}}{10} = \frac{1}{\sqrt{2}}$ मी/से^{2} (N-W)

12. (d) $x^2 = l^2 - a^2$

समय t के सापेक्ष अवकलन करने पर,

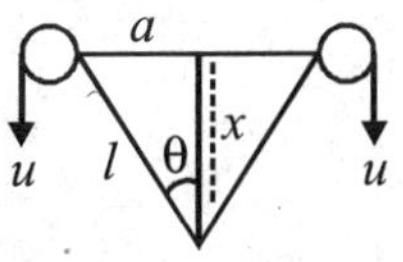

$2x\frac{dx}{dt} = 2l\frac{dl}{dt}$

यहाँ, $\quad \frac{dl}{dt} = u, \cos\theta = \frac{x}{l}$

अत: $\quad \frac{dx}{dt} = \frac{u}{\cos\theta}$

13. (b) लम्ब $\quad ON = \frac{4}{\sqrt{2}}$

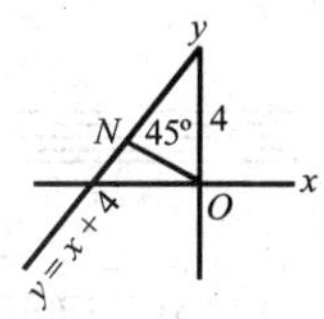

अत: कोणीय संवेग $= 5 \times 3\sqrt{2} \times \frac{4}{\sqrt{2}}$

$= 60$ मात्रक

14. (a) $\vec{a} = \frac{\vec{F_1} + \vec{F_2}}{m}$ से, $a = 5$ मीटर/सेकण्ड^2

16. (d) असमान परिमाण वाले कम से कम तीन समतलीय सदिश परिणामी के रूप में शून्य दे सकेंगे।

17. (d) $(2\hat{i} + 3\hat{j} + 8\hat{k}) \cdot (4\hat{j} - 4\hat{i} + \alpha\hat{k}) = 0$

$-8 + 12 + 8\alpha = 0$

$8\alpha = -4$

$\alpha = -1/2$

18. (c) $\vec{B} \times \vec{A} = |\vec{B}||\vec{A}| \sin\theta\, \hat{n}$

यदि $\quad \vec{B} \times \vec{A} = \vec{R}$ है।

तो $\vec{R}, \vec{B}$ व $\vec{A}$ के लम्बवत् होगा

तथा $\quad (\vec{B} \times \vec{A}) \cdot \vec{A} = 0.$

Previous Years' Problems

1. दो बल इस प्रकार हैं कि उनके परिणामों का योग 18 न्यूटन है व 12 न्यूटन का परिणामी बल, छोटे बल के लम्बवत् है। बलों के मान हैं–

(a) 12 न्यूटन, 6 न्यूटन (b) 12 न्यूटन, 6 न्यूटन

(c) 10 न्यूटन, 8 न्यूटन (d) 16 न्यूटन, 2 न्यूटन

[AIEEE 2002]

2. $\vec{v}$ वेग से गतिमान एक कण पर एक साथ तीन बल लगाये गये हैं। इन बलों के परिमाण और दिशा चित्र में दर्शाये गए त्रिभुज ABC की तीनों भुजाओं द्वारा प्रदर्शित किये गए हैं। कण का वेग–

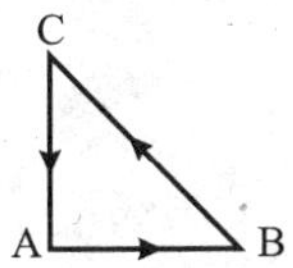

(a) $\vec{v}$ अपरिवर्तित रहेगा

(b) $\vec{v}$ वेग से कम होगा

(c) $\vec{v}$ वेग से अधिक होगा

(d) $\vec{BC}$ के अनुदिश लगे अधिकतम बल की दिशा में $|\vec{v}|$ के बराबर होगा।

[AIEEE 2003]

3. यदि $\vec{\mathbf{A}} \times \vec{\mathbf{B}} = \vec{\mathbf{B}} \times \vec{\mathbf{A}}$ हो, तो $\vec{\mathbf{A}}$ व $\vec{\mathbf{B}}$ के मध्य कोण होगा–

(a) π (b) $\frac{\pi}{3}$

(c) $\frac{\pi}{2}$ (d) $\frac{\pi}{4}$

[AIEEE 2004]

4. किसी कण पर कोई बल $\vec{\mathbf{F}} = (5\hat{i} + 3\hat{j} + 2\hat{k})$ N आरोपित किए जाने पर वह कण मूल बिन्दु से किसी बिन्दु $\vec{\mathbf{r}} = (2\hat{i} - \hat{j})$m पर विस्थापित हो जाता है, कण पर किया गया कार्य है–

(a) -7 J (b) $+13$ J

(c) $+10$ J (d) $+7$ J

[AIEEE 2004]

5. निर्देशांक निकाय के मूल बिन्दु O पर एक बल $-F\hat{\mathbf{k}}$ कार्य करता है। बिन्दु $(1, -1)$ पर बल-आघूर्ण है–

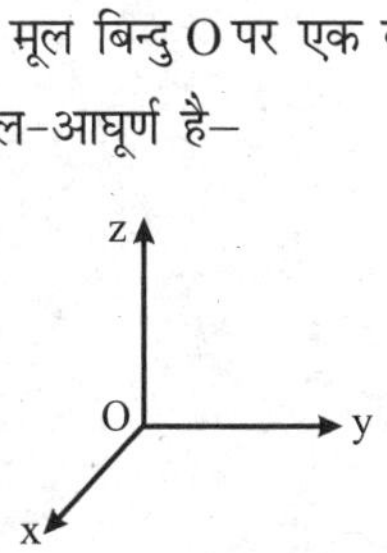

(a) -7 J (b) $+13$ J

(c) $+10$ J (d) -7 J

[AIEEE 2006]

उत्तरमाला

1. (b) **2.** (a) **3.** (a) **4.** (d) **5.** (b)

हल

1. (b) प्रश्नानुसार $A+B=18$ ...(i)

तथा $12=\sqrt{A^2+B^2+2AB\cos\theta}$ ...(ii)

$\because \quad \tan 90° = \dfrac{B\sin\theta}{A+B\cos\theta}$

$\therefore \quad \infty = \dfrac{B\sin\theta}{A+B\cos\theta}$

$\Rightarrow \quad A+B\cos\theta=0$

$\Rightarrow \quad B\cos\theta=-A$

$\therefore \quad 12=\sqrt{A^2+B^2+2A(-A)}$

$\Rightarrow \quad 144=A^2+B^2-2A^2$

$=B^2-A^2=(B+A)(B-A)$

$\Rightarrow \quad \dfrac{144}{(B+A)}=B-A$

$\Rightarrow \quad B-A=\dfrac{144}{18}$

$\Rightarrow \quad B-A=8$ ...(iii)

समी० (i) व (iii) को हल करने पर

$B=13$ न्यूटन

$A=5$ न्यूटन

2. (a) दिया है, कण का वेग $=\vec{v}$

हम जानते हैं कि जब तीन बल परिमाण व दिशा में त्रिभुज ABC की तीन भुजाओं द्वारा क्रम से पदर्शित किये जाते हैं तब कण के ऊपर लगा कुल बल (net force) शून्य होगा। अतः कण $\vec{v}$ वेग से ही गतिमान रहेगा और इसकी दिशा अपरिवर्तित रहेगी।

3. (a) $(\vec{\mathbf{A}}\times\vec{\mathbf{B}}) = (\vec{\mathbf{B}}\times\vec{\mathbf{A}})$

$\Rightarrow (\vec{\mathbf{A}}\times\vec{\mathbf{B}})-(\vec{\mathbf{B}}\times\vec{\mathbf{A}}) = \vec{\mathbf{0}}$

या $(\vec{\mathbf{A}}\times\vec{\mathbf{B}})+(\vec{\mathbf{A}}\times\vec{\mathbf{B}}) = \vec{\mathbf{0}}$ $[\because (\vec{\mathbf{B}}\times\vec{\mathbf{A}})=-(\vec{\mathbf{A}}\times\vec{\mathbf{B}})]$

या $2(\vec{\mathbf{A}}\times\vec{\mathbf{B}}) = \vec{\mathbf{0}}$

$\Rightarrow \quad 2AB\sin\theta=0$ या $\sin\theta=0$

$[\because |\vec{\mathbf{A}}|=A\neq 0, |\vec{\mathbf{B}}|=B\neq 0]$

$\Rightarrow \quad \theta=0 \text{ or } \pi$

4. (d) कण को विस्थापित करने में किया गया कार्य

$W=\vec{\mathbf{F}}\cdot\vec{\mathbf{r}}$

$=(5\hat{i}+3\hat{j}+2\hat{k})\cdot(2\hat{i}-\hat{j})$

$=5\times 2+3\times(-1)+2\times 0$

$=10-3$

$=7\text{ J}$

5. (b) $\vec{\tau} = \vec{\mathbf{r}}\times\vec{\mathbf{F}}$

$=(\hat{\mathbf{i}}-\hat{\mathbf{j}})\times(-F\hat{\mathbf{k}})$

$=F[(-\hat{\mathbf{i}}\times\hat{\mathbf{k}})+(\hat{\mathbf{j}}\times\hat{\mathbf{k}})]$

$=F[\hat{\mathbf{j}}+\hat{\mathbf{i}}]=F[\hat{\mathbf{i}}+\hat{\mathbf{j}}]$

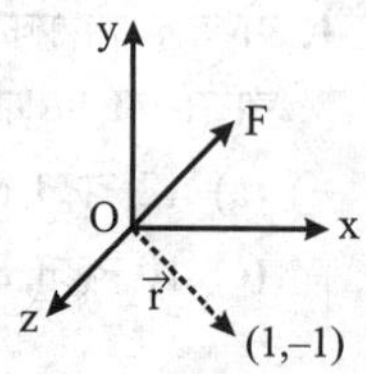

□□□

अध्याय
3

एक विमा में गति
(Motion in One Dimension)

एक समान गति तथा एक समान वेग

जब कोई वस्तु समान समय-अन्तराल में समान रूप से विस्थापित होती है तब माना जाता है कि वस्तु एक समान वेग से गतिमान है। इस प्रकार की गति में कोई त्वरण नहीं होता है तथा इस प्रकार की गति में कोई त्वरण नहीं होता है तथा इस प्रकार की गति में $v-t$ ग्राफ समय अक्ष के समानान्तर एक सरल रेखा है।

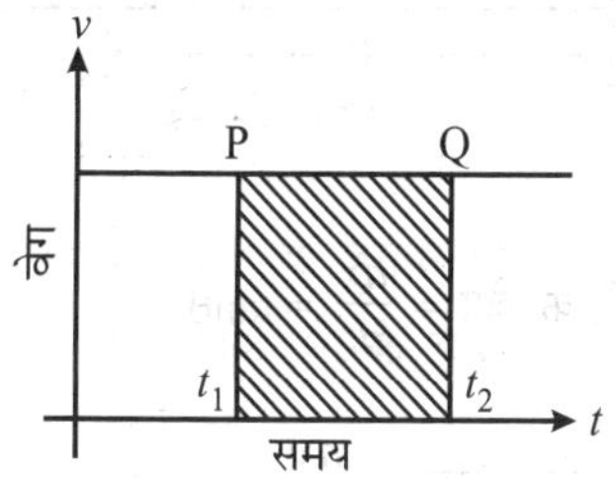

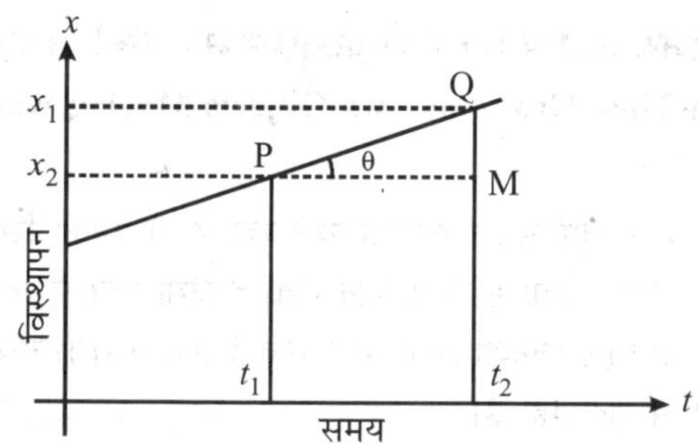

$v-t$ वक्र रेखा (curve) तथा समय अक्ष (time axis) के मध्य स्थिर क्षेत्रफल उस समय-अन्तराल में वस्तु के विस्थापन को प्रदर्शित करता है।

उपरोक्त वक्र रेखा में t_1 से t_2 समय-अन्तराल में वस्तु का विस्थापन = क्षेत्रफल PQt_1t_2

एक समान वेग से चल रही किसी वस्तु का समय-विस्थापन वक्र रेखाचित्र (2) में दर्शाया गया है।

रेखाचित्र द्वारा, समय अन्तराल (t_2-t_1) में, विस्थापन (x_2-x_1) को प्राप्त किया जा सकता है। इसके द्वारा इस अन्तराल में वेग को निम्न सूत्र से प्रदर्शित करते हैं–

$$V=\frac{x_2-x_1}{t_2-t_1} \quad \text{या} \quad V=\frac{QM}{PM}=\tan\theta = x-t \text{ रेखाचित्र का ढ़ाल}$$

इस प्रकार $x-t$ रेखाचित्र का ढाल (slope) वेग को प्रदर्शित करता है।

एक समान गति की गति समीकरण–

$$x(t)=x(0)+vt \qquad ...(i)$$

जहाँ $x(t)$ किसी क्षण t पर विस्थापन है तथा $x(0)$ समय $t=0$ पर विस्थपन है। t' समय के पश्चात्

$$x'=x(0)+\text{vt}' \qquad ...(ii)$$

$$\therefore \quad x'-x=\{x(0)+vt'\}-\{x(0)+vt\}$$

$$x'-x=v(t'-t) \text{ या } x'=x+v(t'-t) \qquad ...(iii)$$

यदि $x-x_0=S=$ वस्तु द्वारा t सेकण्ड में चलित दूरी प्रदर्शित करे, तब

$$S=vt \qquad ...(iv)$$

समीकरण (i), (ii), (iii) तथा (iv) द्वारा किसी एक समान चाल से गतिशील वस्तु के शुद्ध गति विज्ञान (kinematics) का विश्लेषण कर सकते हैं। एक समान गति के सम्बन्ध में निम्न मुख्य बिन्दुओं को याद रखना चाहिए–

(i) सामान्यत: विस्थापन, वस्तु द्वारा तय की गई दूरी के बराबर या कम हो सकता है लेकिन एक समान सरल रेखीय गति में वस्तु द्वारा तय की गई दूरी विस्थापन के बराबर होती है।

(ii) गति के दौरान वेग एक समान रहता है।

(iii) एक समान गति में, निर्देशांकों के मूल बिन्दु के बदलाव से वेग में कोई परिवर्तन नहीं होता।

(iv) एक समान वेग से चलने के लिए वस्तु को किसी बल की आवश्यकता नहीं होती।

(v) यदि वस्तु मूल बिन्दु (origin) के दायीं ओर की दिशा में चल रही है तो वेग धनात्मक है जबकि यदि वस्तु मूल बिन्दु के बायीं ओर को चल रही है तो वेग ऋणात्मक है।

(vi) तात्कालिक (instantaneous) वेग सदैव औसत वेग के बराबर होता है।

अधिकतम प्राप्त ऊँचाई $H = \frac{u^2}{2g}$

अधिकतम ऊँचाई प्राप्त करने में लगा समय $T = \frac{u}{g}$

☞ यदि एक वस्तु h ऊँचाई से मुक्त रूप से गिरती है $(a = +g, s = h)$

$$v = u + gt \qquad h = ut + \frac{1}{2}gt^2 \qquad v^2 = u^2 + 2gh$$

$$h_n = u + \frac{1}{2}g(2n-1)$$

☞ यदि कोई वस्तु नियत दूरी समान समय में अलग-अलग नियत वेगों v_1 तथा v_2 से तय करती है तो इसका माध्य वेग

$$v = \frac{v_1 + v_2}{2}$$

☞ यदि कोई वस्तु एक नियत दूरी v_1 वेग से प्रथम अर्द्ध समय में तथा v_2 वेग से द्वितीय अर्द्ध समय में तय करती है तो वस्तु का माध्य वेग

$$\frac{2}{v} = \frac{1}{v_1} + \frac{1}{v_2} = \frac{2v_1v_2}{v_1 + v_2} \Rightarrow \text{हरात्मक माध्य}$$

☞ वेग-समय ग्राफ द्वारा घिरा क्षेत्रफल दूरी/विस्थापन को निरूपित करता है

अर्थात्, $s = \Sigma v\, \Delta t = v - t$ ग्राफ द्वारा घिरा क्षेत्रफल

☞ त्वरण-समय ग्राफ द्वारा घिरा हुआ क्षेत्रफल वेग परिवर्तन को निरूपित करता है।

i.e., $\Delta v = \Sigma a\, \Delta t = a - t$ ग्राफ द्वारा घिरा क्षेत्रफल

☞ वेग तथा चाल दोनों की समान इकाईयाँ तथा विमायें होती हैं।

☞ बीजगणीतीय रूप से वेग धनात्मक, ऋणात्मक तथा शून्य हो सकता है।

☞ सामान्यत:, धनात्मक वेग का तात्पर्य है कि वस्तु मूल बिन्दु से दायीं ओर गतिमान है।

☞ एक समान त्वरित गति के लिए तत्कालिक त्वरण तथा औसत त्वरण (नियत समय के लिए) बराबर होता है।

☞ एक विमीय गति के लिए

(i) $v = u + at$

(ii) $v^2 = u^2 + 2gh$

(iii) $s = ut + \frac{1}{2}at^2$

(iv) $s = \left(\frac{v+u}{2}\right)t$

(v) $s_{nth} = u + \frac{a}{2}(2n-1)$

आंकिक उदाहरण

उदाहरण 1.

एक कण विराम अवस्था से गतिशील होने के पश्चात् 20 सेकण्ड तक स्थिर त्वरण अनुभव करता है। यदि कण पहले 10 सेकण्ड में s_1 दूरी तथा अगले 10 सेकण्ड में s_2 दूरी चलता है तो s_1 तथा s_1 के बीच क्या सम्बन्ध है?

हल : माना त्वरण $= a$, तब पहले 10 सेकण्ड में तय की गयी दूरी है-

$$S_1 = ut + (1/2)\,at^2 = 0 + (1/2) \times a \times 100 = 50\,a$$

अब, कण का गतिशील होने के 10 सेकण्ड बाद वेग है-

$$v = u + at \quad \text{या} \quad v = 0 + 10a$$

इसलिए अगले 10 सेकण्ड में चलित दूरी है।

$$s_2 = 10a \times 10 + (1/2) \times a \times 100 = 150a$$

इस प्रकार $\qquad \mathbf{s_2 = 3s_1}$

उदाहरण 2.

एक कार स्टेशन A से B तक 40 किमी घण्टा$^{-1}$ के वेग से गतिशील है तथा B से A तक 120 किमी घण्टा$^{-1}$ की गति से वापिस आती है। (i) दो स्टेशनों के बीच कार की औसत चाल कितनी होगी तथा (ii) एक पूरे चक्कर में औसत वेग क्या होगा?

हल : (i) माना कि दो स्टेशनों के बीच की दूरी d है, तब कार द्वारा एक चक्कर में कुल चलित दूरी $= d + d = 2d,$

सफर में लगा कुल समय $= \frac{d}{40} + \frac{d}{120} = \frac{d}{30}$

इस प्रकार, औसत चाल $= 2d \times \frac{30}{d} = 60$ किमी घण्टा$^{-1}$

(ii) एक पूरे चक्कर में कुल विस्थापन = शून्य

इस प्रकार, **औसत वेग = शून्य**

उदाहरण 3.

किसी गेंद को ऊर्ध्वाधरत: ऊपर की ओर फेंका गया है। गेंद मकान की छत, जो 100 मी. ऊँची है, पर पहुँचती है। इसी क्षण मकान की छत से एक दूसरी गेंद को ऊर्ध्वाधर नीचे की ओर गिराया जाता है। किस ऊँचाई तथा कितने समय बाद दोनों गेंद एक दूसरे को पास करेंगी?

हल: माना कि दोनों गेंद छत से h ऊँचाई पर या पृथ्वी से $(100 - h)$ ऊँचाई पर मिलती हैं। मान लें कि गेंदें t सेकण्ड बाद मिलती हैं। तब नीचे की ओर गतिशील गेंद के लिए

$$h = \frac{1}{2}gt^2 \qquad ...(i)$$

ऊपर की ओर गतिशील गेंद के लिए

$$100 - h = ut - \frac{1}{2}gt^2 \quad ...(ii)$$

जहाँ, u = ऊपर की दिशा में गेंद का प्रारंभिक वेग। चूँकि ऊपर की दिशा में गतिशील गेंद, 100 मी. ऊँचाई तक पहुँचती है, अत:

$$0 = u^2 - 2 \times 9.8 \times 100$$

या $\quad u = \sqrt{1960}$ मी./सेकण्ड

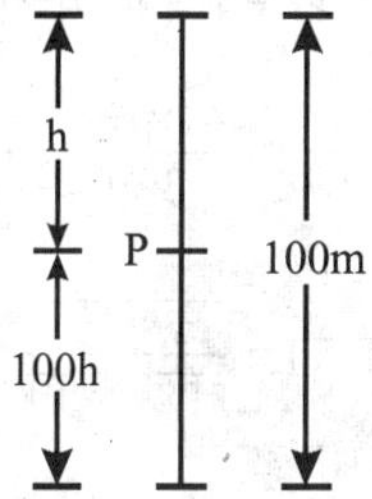

अब, h का मान समीकरण (1) से समीकरण (2) में रखने पर

$$100 - \frac{1}{2}gt^2 = ut - \frac{1}{2}gt^2$$

या $\quad t = \dfrac{100}{u}$

अब t का मान समीकरण (i) में रखने पर

$$h = \frac{1}{2} \times \frac{9.8 \times 100 \times 100}{1960} = 2.5 \text{ मी.}$$

इस प्रकार पृथ्वी से गेंदों के मिलने के स्थान की ऊँचाई

$= 100 - h = 75$ मी.

तथा वे t समय बाद मिलेंगी, $\boldsymbol{t = \dfrac{100}{\sqrt{1960}}}$ **सेकण्ड**

उदाहरण 4.

एक गुब्बारा ऊर्ध्वाधर ऊपर की ओर 12 मी/सेकण्ड के वेग से जा रहा है। किसी क्षण गुब्बारा पृथ्वी से 65 मी. की ऊँचाई पर है। यदि उसी क्षण उसमें से एक पैकेट (Packet) गिरता है तो पैकेट को पृथ्वी पर पहुँचने में कितना समय लगेगा ($g = 10$ मी/सेकण्ड^2)?

हल: $\quad h = -ut + \dfrac{1}{2}gt^2$

$$65 = -12t + 5t^2$$

या $\quad 5t^2 - 12t - 65 = 0$

या $\quad t = 5$ सेकण्ड

उदाहरण 5.

एक गेंद स्वतंत्रतापूर्वक 3.0 मी. की ऊँचाई से किसी पूर्ण प्रत्यास्थ प्लेट पर गिरती है। उस क्षण, $t = 0$ पर गेंद का वेग $u = 0$ है। गेंद की गति के लिए वेग-समय आरेख खींचिए। ($g = 9.8$ मी/सेकण्ड^2)

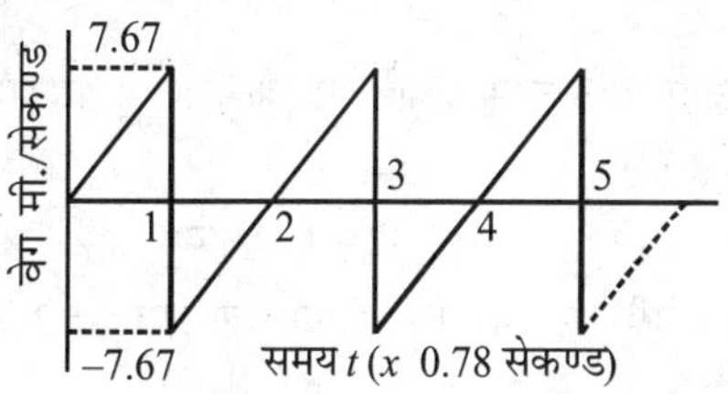

हल: प्रश्न के अनुसार

$$h = \frac{1}{2}gt^2 \qquad [\because u = 0]$$

$$\therefore \quad t = \sqrt{\frac{2h}{g}} = \sqrt{\frac{2 \times 3}{9.8}} = 0.78 \text{ सेकण्ड}$$

अब प्लेट पर टकराने से पूर्व गेंद का वेग, $v^2 = 7gh$

या $\quad v = \sqrt{(2 \times 9.8 \times 3.0)}$

$= 7.67$ मी/सेकण्ड

चूँकि प्लेट प्रत्यास्थ है, इसलिए गेंद व प्लेट की संघट्ट के दौरान ऊर्जा का कोई ह्रास नहीं होगा। इसलिए टकराने के बाद गेंद उसी वेग से वापस लौटेगी (केवल दिशा विपरीत होगी) और समान ऊँचाई h पर पहुँचेगी, फिर प्लेट पर गिरेगी तथा इसी प्रकार इस प्रक्रिया की बार-बार पुनरावत्ति होगी, जैसा कि $v - t$ आरेख में दिखाया गया है।

उदाहरण 6.

एक कण x-अक्ष के अनुदिश (along) इस प्रकार चलता है कि इसका x-निर्देशांक समय के साथ समीकरण $x = 2 - 5t + 6t^2$ के अनुसार बदलता है। कण का प्रारम्भिक वेग तथा त्वरण ज्ञात कीजिए।

हल: $\quad x = 2 - 5t + 6t^2$

t के सापेक्ष अवकलन (differentiate) करने पर प्राप्त होता है।

$$v = \frac{dx}{dt} = -5 + 6 \times 2 \times t \quad ...(i)$$

प्रारम्भिक वेग ज्ञात करने के लिए, $t = 0$ रखना होगा।

$v = -5$ मी/सेकण्ड

समीकरण का पुन: अवकलन करने पर त्वरण प्राप्त होता है,

अत: $\quad 'a' = \dfrac{dv}{dt} = 12$ मी/सेकण्ड

उदाहरण 7.

एक विद्युतीय ट्रेन की मीटर 1 मी/सेकण्ड^2 का त्वरण उत्पन्न करती है तथा ब्रेक (brakes) 3 मी/सेकण्ड^2 का मंदन (retardation) उत्पन्न कर सकते हैं। ट्रेन को दो स्टेशनों जिनके बीच की दूरी 1215 मी. है, के बीच एक फेरा (trip) लगाने में कम से कम कितना समय लगेगा?

हल: माना कि ब्रेक लगाने से पहले ट्रेन के त्वरण के दौरान प्राप्त अधिकतम वेग v है। तब

$$v = 0 + at_1 = 1 \times t_1 = t_1 \quad ...(i)$$

तथा इस समय में तय की दूरी

$$s_1 = 0 + \frac{1}{2}at_1^2 = \frac{t_1^2}{2} \quad ...(ii)$$

जहा t_1 इस यात्रा का समय है।

अब ब्रेक लगाने पर दूसरे स्टेशन पर ट्रेन t_2 समय में विराम अवस्था में आती है, तब

$$0 = v - 3t_2$$

समीकरण (i) से $0 = t_1 - 3t_2$ या $3t_2 = t_1 \quad ...(iii)$

ट्रेन द्वारा विराम अवस्था में आने से पहले तय की गई दूरी होगी

$$s_2 = vt_2 - \frac{1}{2} \times 3 \times t_2^2$$

या $$s_2 = t_1 t_2 - \frac{3t_2^2}{2}$$

समीकरण (iii) से $s_2 = 3t_2^2 - \frac{3t_2^2}{2} = \frac{3t_2^2}{2}$

अब $s_1 + s_2 = 1215$ मी.

$\therefore$ $$\frac{t_1^2}{2} + \frac{3t_2^2}{2} = 1215 \text{ मी.}$$

या $$\frac{9t_2^2}{2} + \frac{3t_2^2}{2} = 1215 \text{ मी.}$$

या $t_2^2 = \frac{1215}{6}$ या $t_2 = 14.2$ lsd.M

समीकरण (iii) से $t_1 = 14.2 \times 3 = 42.6$ सेकण्ड

$\therefore$ यात्रा का कुल समय = **56.8 सेकण्ड**

उदाहरण 8.

एक वस्तु किसी प्रारम्भिक वेग से तथा स्थिर त्वरण से प्रारम्भ होती है। वह 200 मी. की दूरी प्रथम 4 सेकण्ड में तय करता है तथा 220 मी. की दूरी अगले 2 सेकण्ड में। ज्ञात कीजिए कि वस्तु का प्रारम्भिक वेग और त्वरण क्या होगा तथा 7वें सेकण्ड में वस्तु का वेग क्या होगा?

हल: पहले 4 सेकण्ड में चलित दूरी,

$$200 = 4u + \frac{1}{2} \times a \times 4 \times 4,$$

$$50 = u + 2a \quad \text{...(i)}$$

6 सेकण्ड में चलित दूरी

$$420 = 6u + \frac{1}{2} \times a \times 6 \times 6$$

$$70 = u + 3a \quad \text{...(ii)}$$

समीकरण (ii) को समीकरण (i) में से घटाने पर प्राप्त होता है,

$$a = 20 \text{ मी/सेकण्ड}^2$$

इस मान को समीकरण (i) में रखकर, गणना से प्राप्त होता है,

$$u = 10 \text{ मी/सेकण्ड}$$

$\therefore$ 7वें सेकण्ड के अन्त में वेग,

$$v = u + at = 10 + 20 \times 7 = \mathbf{150 \text{ मी/सेकण्ड}}$$

उदाहरण 9.

सरल रेखा में चलता हुआ एक कण कुल दूरी का एक-तिहाई वेग v_0 से तय करता है। बाकी बची दूरी को आधे समय में v_1 वेग से तथा अगले आधे समय में v_2 वेग से तय करता है। संपूर्ण यात्रा के दौरान कण का औसत वेग ज्ञात कीजिए।

हल: माना कि पहली एक तिहाई दूरी तय करने में समय t_1 लगता है। तब

$t_1 = \frac{d}{3v_0}$ जहाँ d कुल यात्रा की दूरी है।

माना कि बाकी $\frac{2d}{3}$ दूरी को तय करने का समय = t_2, तब

$$\frac{2d}{3} = \frac{v_1 t_2}{2} + \frac{v_2 t_2}{2} = \frac{(v_1 + v_2)t_2}{2}$$

$$t_2 = \frac{4d}{3(v_1 + v_2)}$$

इस प्रकार कुल यात्रा को तय करने में लगा समय

$$\frac{d}{3v_0} + \frac{4d}{3(v_1 + v_2)} = \frac{d(v_1 + v_2 + 4v_0)}{3v_0(v_1 + v_2)}$$

इस प्रकार, औसत वेग = $\frac{\text{कुल दूरी}}{\text{कुल समय}}$

$$v = \frac{3dv_0(v_1 + v_2)}{d(v_1 + v_2 + 4v_0)}$$

$$\Rightarrow \quad \mathbf{v = \frac{3v_0(v_1 + v_2)}{(v_1 + v_2 + 4v_0)}}$$

उदाहरण 10.

एक समान त्वरण से गतिशील कण प्रथम 4 सेकण्ड समय अन्तराल में 24 मी. तथा दूसरे 4 सेकण्ड के अंतराल में 64 मी. दूरी तय करता है। गति करने वाले कण का प्रारम्भिक वेग u तथा त्वरण ज्ञात कीजिए।

हल: मान लें कि गति में प्रारम्भिक वेग u तथा त्वरण a है। तब पहले 4 सेकण्ड में

$$s_1 = ut + \frac{1}{2}at^2$$

या $$24 = 4u + 8a$$

या $$6 = u + 2a \quad \text{...(i)}$$

कुल समय 8 सेकण्ड में तय की गयी दूरी 88 मी. है। इसलिए

$$88 = 8u + 32a$$

या $$11 = u + 4a \quad \text{...(ii)}$$

समीकरण 2 तथा 1 को हल करने पर हमें प्राप्त होता है

$$\mathbf{a = 2.5 \text{ मी./सेकण्ड}^2, u = 1.0 \text{ मी./सेकण्ड}^2}$$

उदाहरण 11.

एक लिफ्ट अपने केबिन की ऊपरी धुरी से प्रारम्भ होकर 10 मी. सेकण्ड$^{-1}$ के स्थिर वेग से नीचे आती है। 4 सेकण्ड बाद एक लड़का धुरी के ऊपरी सिरे से एक पत्थर 30 मी. सेकण्ड$^{-1}$ की चाल से ऊर्ध्वाधर ऊपर की ओर फेंकता है। ज्ञात कीजिए कि कब और कहाँ पत्थर लिफ्ट से टकराता है? ($g = 10$ मी-सेकण्ड$^{-2}$)

हल: जब लड़का पत्थर फेंकता है तब लिफ्ट धुरी से $10 \times 4 = 40$ मी नीचे है।

धुरी से ऊपर अधिकतम ऊँचाई तक के लिए पत्थर द्वारा लिया समय

$$v = u - gt$$

या $0 = 30 - 10t$ या $t = 3$ सेकण्ड

पत्थर द्वारा धुरी तक लौटने में लिया गया समय = 3 सेकण्ड

पत्थर का वह वेग जब वह ऊपर जाकर धुरी तक वापिस लौटता है।

$= 30$ मी./सेकण्ड (प्रक्षेपण वेग)

जब पत्थर धुरी पर वापिस लौटता है तब लिफ्ट की स्थिति

$= 40$ मी. $+ (6 \times 10$ मी.)

$= 100$ मी (धुरी से)

माना कि पत्थर लिफ्ट से t समय बाद टकराता है। जब लिफ्ट धुरी से नीचे की ओर आती है तब लिफ्ट द्वारा तय की गयी दूरी $= 10 \times t$ मी.

इस प्रकार पत्थर को लिफ्ट से टकराने के लिए तय की गयी दूरी

$= (10t + 100)$ मी.

इस प्रकार पत्थर के लिए

$$(10t + 100) = 30t + \frac{1}{2}gt^2$$

$$5t^2 + 20t - 100 = 0$$

या $$t^2 + 4t - 20 = 0$$

$\therefore$ $$t = \frac{\pm 4 \pm \sqrt{16 + 80}}{2}$$ या $t = 2.9$ सेकण्ड

$\therefore$ प्रारम्भ से कुल समय जिसके बाद पत्थर लिफ्ट से टकराता है

$= 4 + 6 + 2.9 = 12.9$ सेकण्ड

(जब लिफ्ट नीचे की ओर आना शुरु करती है उसके 12.9 सेकण्ड पश्चात्)

वह कुल दूरी जब पत्थर लिफ्ट से टकराता है $=$ **129 मी.**, धुरी से नीचे।

उदाहरण 12.

एक पत्थर को मीनार की चोटी से स्वतंत्रतापूर्वक गिराया जाता है। गति के अन्तिम सेकण्ड में पत्थर मीनार की ऊँचाई का $\left[\frac{16}{25}\right]$ वाँ भाग तय करता है। मीनार की ऊँचाई कितनी होगी? ($g = 10$ मी/सेकण्ड^2)

हलः मान लें कि मीनार की ऊँचाई h है तथा पत्थर को जमीन तक पहुँचने में कुल समय t लगता है। तब tवें सेकण्ड में चलित दूरी है

$$s = u + (2t - 1)\frac{g}{2}$$

या $$\frac{16h}{25} = 0 + (2t - 1) \times \frac{10}{2}$$

या $$\frac{16h}{25} = 10t - 5$$

अब $$h = \frac{1}{2}gt^2 = 5t^2$$

h का मान समीकरण (i) में रखने पर हमें प्राप्त होता है

$$\frac{16 \times 5t^2}{25} = 10t - 5$$

$$16t^2 = 50t - 25$$

या $$16t^2 - 50t + 25 = 0$$

या $t = 2.5$ सेकण्ड

$\therefore$ $$h = \frac{1}{2}gt^2 = \mathbf{31.25\ मी.}$$

उदाहरण 13.

एक स्कूटर विराम अवस्था से चलना प्रारम्भ करता है। इसी समय एक कार एक समान वेग से चलती हुई स्कूटर से आगे निकल जाती है, दोनों एक ही दिशा में गतिशील हैं। दोनों के वेग-समय आरेख चित्र में प्रदर्शित हैं। आरेख से गणना करें–

(i) वह समय जब स्कूटर की चाल कार की चाल के समान होगी।

(ii) कार तथा स्कूटर द्वारा 18 सेकण्ड में चलित दूरी का अन्तर।

(iii) वह समय जब वे मिलते हैं

(iv) कार द्वारा चली वह दूरी जब वह स्कूटर से आगे निकलती है तथा वह समय जब स्कूटर कार से आगे निकलता है।

हलः

(i) जब दोनों वक्र परस्पर प्रतिच्छेदित करेंगे तो उस बिन्दु पर स्कूटर की चाल कर की चाल के समान होगी। अतः $t = 12$ सेकण्ड पर दोनों की चाल समान होगी।

(ii) कार द्वारा 18 सेकण्ड में चलित दूरी $=$ क्षेत्रफल OCDP $=$ OC $\times$ OP $= 40 \times 18 = 720$ मी

स्कूटर द्वारा 18 सेकण्ड में चलित दूरी $=$ त्रिभुज OAP का क्षेत्रफल

$$= \frac{1}{2}AP \times OP = \frac{1}{2} \times 60 \times 18$$

$= 540$ मी.

इस प्रकार दोनों द्वारा चलित में अन्तर $= (720 - 540)$ मी. $= 180$ मी.

(iii) माना कि t समय के बाद वे पुनः मिलते हैं, अतः इस समय में उनके द्वारा चलित दूरी बराबर होगी।

इस प्रकार क्षेत्रफल $CTSO =$ क्षेत्रफल $OARS =$ त्रिभुज OAP का क्षेत्रफल $+$ आयत $ARSP$ का क्षेत्रफल

$$OS \times OC = \frac{1}{2}OP \times AP + AP \times PS$$

$$t \times 40 = \frac{1}{2} \times 18 \times 60 + 60 \times (t - 18)$$

$$40t = 540 + 60t - 1080$$

$$20t = 540 \quad \text{या} \quad t = 27 \text{ सेकण्ड}$$

अतः स्कूटर कार से 27 सेकण्ड बाद आगे निकलेगा। इस समय में चलित दूरी

$= 40t = 40 \times 27$मी.

$=$ **1080 मी**

उदाहरण 14.

एक लिफ्ट (elevator) के भूतल (floor) तथा भीतरी छत (ceiling) के बीच की दूरी 2.7 मी. है तथा यह स्थिर त्वरण 1.2 मी/सेकण्ड^2 से ऊपर उठना शुरु करती है। चलने के बाद एक पेंच (bolt) का की भीतरी छत से नीचे गिरना प्रारम्भ हो जाता है। ज्ञात कीजिए–

(i) पेंच का स्वतंत्र रूप से गिरने का समय

(ii) लिफ्ट ऊपर उठाने वाले यंत्र की धुरी निर्देश तन्त्र (reference frame) के सापेक्ष (relative) पेंच का विस्थापन तथा चलित दूरी

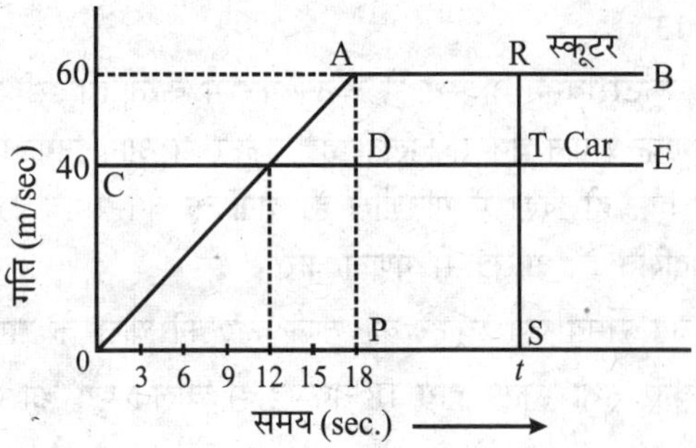

हलः

(i) लिफ्ट का आभासी ((apparent) त्वरण

$$(g+a) = (9.8+1.2) \text{ मी/सेकण्ड}^2$$

$$= 11.0 \text{ मी/सेकण्ड}^2$$

प्रारम्भ होने के 2.0 सेकण्ड बाद लिफ्ट का वेग

$$v = u + at$$

$$v = 0 + 1.2 \times 2 = 2.4 \text{ मी/सेकण्ड}$$

लिफ्ट के सापेक्ष बोल्ट के गिरने का प्रारम्भिक वेग = शून्य

बोल्ट के गिरने का समय, $t = \sqrt{\left(\frac{2s}{(g+a)}\right)}$

$$= \sqrt{\left(\frac{2 \times 2.7}{11}\right)} = \textbf{0.7 सेकण्ड}$$

(ii) धुरी के सापेक्ष लिफ्ट की प्रारम्भिक चाल = 2.4 मी/सेकण्ड, त्वरण $a = 1.2$ मी/सेकण्ड^2 तथा $t = 0.7$ सेकण्ड

तब $$s = ut + \frac{1}{2}at^2$$

$$= 2.4 \times 0.7 + \frac{1}{2} \times 1.2 \times 0.7 \times 0.7 = 1.974 \text{ मी.}$$

पेंच का धुरी के सापेक्ष विस्थापन

$$= (2.7 - 1.974) \text{ मी.} = \textbf{0.726 मी.}$$

अभ्यास के लिए प्रश्न

1. एक बस व जीप समान ऊर्जा से गतिशील है। इन दोनों पर ब्रेक आरोपित करके समान अवमंदक बल लगाया जाता है। विरामावस्था में आने से पूर्व उनके द्वारा तय की गई दूरियाँ होंगी

(a) जीप द्वारा अधिक

(b) बस द्वारा अधिक

(c) दोनों के द्वारा समान

(d) बस व जीव के द्रव्यमान पर निर्भर करेगा

2. विरामावस्था में चलने वाले कण पर 20 सेकण्ड तक समान त्वरण कार्य करता है। यदि कण प्रथम 10 सेकण्ड में d_1 दूरी तथा अंतिम 10 सेकण्ड में d_2 दूरी चलता हो तो

(a) $d_2 = 3d_1$ (b) $d_2 = 2d_1$

(c) $d_2 = \frac{d_1}{2}$ (d) $d_2 = d_1$

3. किसी गतिमान कण का $v - t$ वक्र सरल रेखा है इसलिए

(a) इसका वेग एक समान होगा

(b) इसके वेग व त्वरण असमान होंगे

(c) इसका त्वरण नियत होगा

(d) इसका विस्थापन शून्य होगा

4. एक गेंद को उर्ध्वाधर ऊपर की तरफ फेंका जाता है उसकी उड़ान के दौरान उसका वेग-समय $(v - t)$ वक्र होगा

(a)

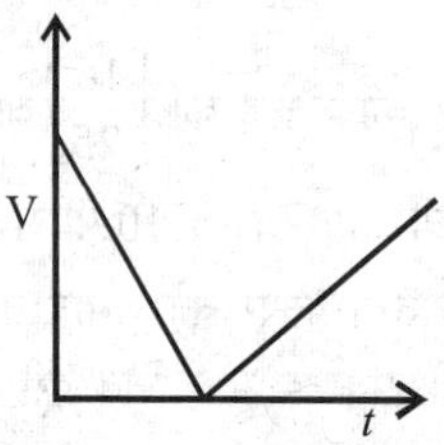

(b)

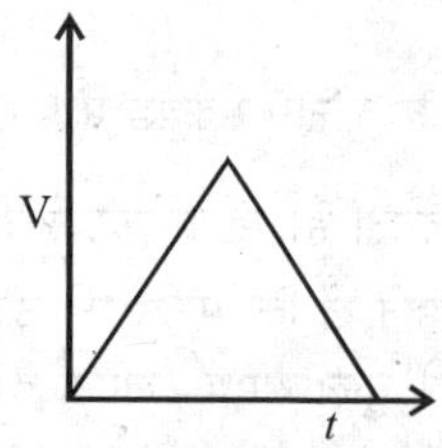

(c)

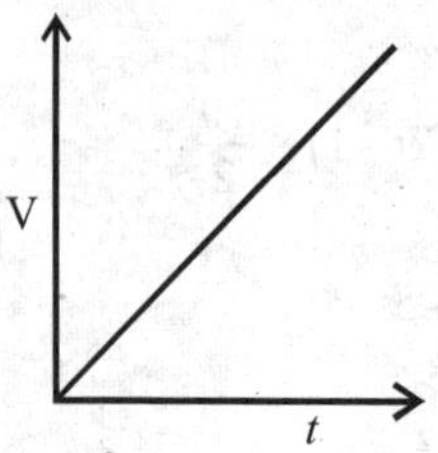

(d)

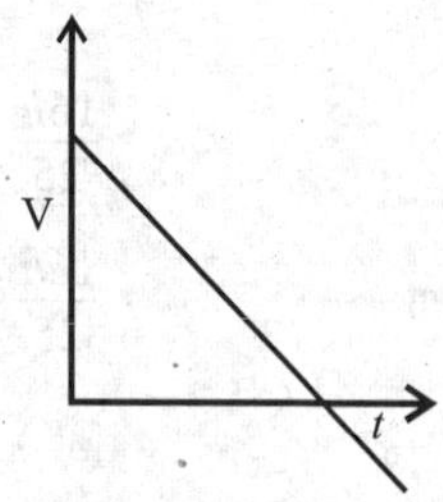

5. h ऊँचाई की मीनार की चोटी से शून्य प्रारम्भिक वेग से गिराई गई एक गेंद जमीन तल पर T सेकण्ड में पहुँचती है। $\frac{T}{2}$ सेकण्ड पश्चात् गेंद कहाँ थी?

(a) जमीन तल से $h/6$ मीटर की ऊँचाई पर

(b) जमीन तल से $h/4$ मीटर की ऊँचाई पर

(c) जमीन तल से $3h/4$ मीटर की ऊँचाई पर

(d) जमीन तल से $h/2$ मीटर की ऊँचाई पर

6. एक गेंद को 117.6 मी की ऊँचाई से गिराया जाता है। यदि गिरने के 2 सेकण्ड पश्चात् गुरुत्व समाप्त हो जाता है, तो जमीन तल तक पहुँचनें में लगा कुल समय होगा

(a) $5s$ (b) $7s$
(c) $3s$ (d) $9s$

7. एक समान त्वरण से गतिशील एक ट्रेन का इन्जन एक बिजली के खम्बे को u वेग से पर करता है तथा इसका अन्तिम डिब्बा इसे v वेग से पार करता है। ट्रेन का मध्य बिन्दु इस खम्बे को किस वेग से पार करेगा?

(a) $\frac{v^2+u^2}{2}$ (b) $\frac{v+u}{2}$
(c) $\sqrt{\frac{v^2-u^2}{2}}$ (d) $\sqrt{\frac{v^2+u^2}{2}}$

8. एक गेंद 144 सेमी ऊँचाई से गिरती है। पृथ्वी पर टकराने के पश्चात् वह पुनः 100 सेमी की ऊचाई तक जाती है। पृथ्वी पर टकराने से पूर्व तथा पश्चात् उसके संवेगों का अनुपात होगा

(a) 1.2 (b) 1.3
(c) 1.0 (d) 1.1

9. किसी ऊँचाई से एक वस्तु को धरातल की ओर छोड़ा जाता है। ठीक एक सेकण्ड़ बाद उसी ऊँचाई से किसी दूसरी वस्तु को छोड़ा जाता है। दूसरी वस्तु को छोड़े जाने के ठीक 2 सेकण्ड बाद दोनों वस्तुओं के मध्य दूरी होगी

(a) 19.6 मी (b) 24.5 मी
(c) 4.9 मी (d) 9.8 मी

10. दो स्थानों के बीच, पहली आधी दूरी में एक कार 40 किमी/घण्टा की चाल से तथा शेष आधी दूरी 60 किमी/घण्टा की चाल से चलती है। कार की औसत चाल होगी

(a) 50 किमी/घण्टा (b) 48 किमी/घण्टा
(c) 100 किमी/घण्टा (d) 55 किमी/घण्टा

11. गुरुत्व के अधीन गिरती किसी वस्तु द्वारा प्रथम, द्वितीय व तृतीय सेकण्ड में चली गयी दूरियों का अनुपात होगा

(a) $1:7:27$ (b) $1:2:3$
(c) $1:3:5$ (d) $1:2:3$

12. एक सरल रेखा के अनुदिश गति करते किसी कण का प्रारम्भिक वेग 10 मी/से व मंदन 2 मी/से^{2} है, कण द्वारा 5वें सेकण्ड में चली गयी दूरी होगी

(a) 1 मी (b) 50 मी
(c) 29 मी (d) 75 मी

13. एक वस्तु स्वतंत्रतापूर्वक नीचे की ओर गति कर रही है। यह अन्तिम सेकण्ड में इतनी दूरी तय करती है जितनी इसने प्रारम्भ के तीन सेकण्डों में की थी। वस्तु द्वारा पृथ्वी पर गिरने में लिया गया कुल समय है।

(a) 12 सेकण्ड (b) 7 सेकण्ड
(c) 5 सेकण्ड (d) 6 सेकण्ड

14. एक कण को इस प्रकार फेंका जाता है कि 2 व 10 सेकण्ड पर यह भूमि से समान ऊँचाई h पर होता है। h का मान है

(a) $3g$ (b) g
(c) $8g$ (d) $2g$

15. 0.5 किग्रा की एक गेंद 2 मी/से के वेग से गति कर रही है। इस पर x न्यूटन का बल 2 सेकण्ड के लिए लगाया जाता है। यदि इस बल के कारण वस्तु 3 मी/से वेग से चलने लगती है, तो x का मान है

(a) 3.5 न्यूटन (b) 8.25 न्यूटन
(c) 0.25 न्यूटन (d) 1.0 न्यूटन

16. जब कोई वस्तु गुरुत्व के अधीन गिरती है, तो इसका त्वरण निर्भर करता है

(a) पृथ्वी व वस्तु दोनों के द्रव्यमानों पर
(b) वस्तु के द्रव्यमान पर परन्तु पृथ्वी के द्रव्यमान पर नहीं
(c) पृथ्वी के द्रव्यमान पर
(d) वस्तु के भार पर

17. किसी कण का वेग-समय ग्राफ दर्शाया गया है। प्रथम चार सेकण्ड, में तय की गयी दूरी है

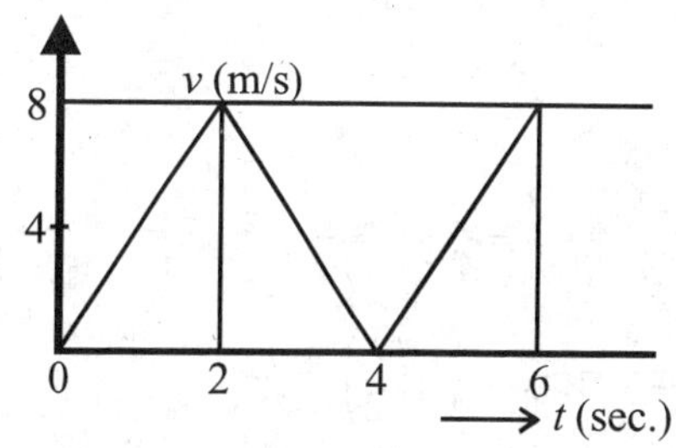

(a) 12 मी (b) 16 मी
(c) 20 मी (d) 24 मी

18. 12 मी/से के वेग से ऊपर जाता हुआ कोई गुब्बारा, जिस समय पृथ्वी से 65 मीटर की ऊँचाई पर है, से एक पत्थर गिराया जाता है, पत्थर को भूमि तक पहुँचने में कितना समय लगेगा?

(a) 5 सेकण्ड (b) 5.5 सेकण्ड
(c) 10 सेकण्ड (d) इनमें से कोई नहीं

19. समीकरण $y=ax^2+bx$ किसी कण के लिए समय t और दूरी x के बीच के सम्बन्ध को प्रदर्शित करता है, जहाँ a और b नियतांक हैं। कण का त्वरण है

(a) $-2av^3$ (b) $2av^2$
(c) $-2av^2$ (d) $2av^3$

20. 6 मी/से के वेग से गति करती हुई एक गेंद, एक समान स्थिर गेंद से टकराती है। टकराने के बाद हरेक गेंद अपनी गति की दिशा से 30° का कोण बनाकर गति करती है। टकराने के बाद गेंदों का वेग क्या होगा?

(a) $\sqrt{\frac{3}{2}}$ मी/से, $2\sqrt{3}$ मी/से (b) $\sqrt{3}$ मी/से, $\sqrt{3}$ मी/से
(c) 3 मी/से, $2\sqrt{3}$ मी/से (d) $2\sqrt{3}$ मी/से, $2\sqrt{3}$ मी/से

उत्तरमाला

1. (c)	**2.** (a)	**3.** (c)	**4.** (d)	**5.** (c)	**6.** (b)	**7.** (d)	**8.** (a)	**9.** (b)	**10.** (b)
11. (c)	**12.** (a)	**13.** (c)	**14.** (c)	**15.** (c)	**16.** (c)	**17.** (b)	**18.** (a)	**19.** (a)	**20.** (d)

हल

1. (c) $\because \quad S = \frac{W}{F} = \frac{E_k}{F}$

चूँकि E_k व F समान हैं, अत: S भी समान होंगे।

2. (a) $S_1 = \frac{at^2}{2}$ या $d_1 = \frac{1}{2} \times a \times 10^2 = 50\,a$

इसी प्रकार $d_1 + d_2 = \frac{1}{2} \times a \times 20^2 = 200\,a$

$\therefore \quad d_2 = 200a - 50\,a = 150\,a = 3d_1$

$\therefore \quad d_2 = 3d_1$

3. (c)

4. (d)

5. (c) $h = \frac{1}{2}gt^2 = \frac{1}{2}gT^2$

$\frac{T}{2}$ समय पर $s = \frac{1}{2}g\left(\frac{T}{2}\right)^2 = \frac{h}{4}$

$\therefore$ जमीन तल से दूरी $= h - \frac{h}{4} = \frac{3h}{4}$

6. (b) प्रथम दो सेकण्ड में तय दूरी

$$s = \frac{1}{2} 9.8 \times 4 = 19.6\text{ m}$$

दो सेकण्ड के पश्चात् वेग

$$v = u + gt = 0 + 9.8 \times 2 = 19.6\text{ m/s}$$

$$\therefore \quad t = \frac{117.6 - 19.6}{19.6} = 5s$$

कुल समय $= 5 + 2 = 7s$

7. (d) $v^2 - u^2 = 2as$

$$v'^2 - u^2 = 2a\left(\frac{S}{2}\right) = as = \frac{v^2 - u^2}{2}$$

$$v' = \sqrt{u^2 + \frac{v^2 - u^2}{2}} = \sqrt{\frac{u^2 + v^2}{2}}$$

8. (a) $\frac{p_1}{p_2} = \frac{v_1}{v_2} = \sqrt{\frac{h_1}{h_2}} = \sqrt{\frac{144}{100}} = 1.2$

9. (b) प्रथम वस्तु द्वारा तय की गई दूरी

$$S_1 = \frac{1}{2}gt^2 = \frac{1}{2} \times 9.8 \times (3)^2$$

द्वितीय वस्तु द्वारा तय की गई ऊँचाई

$$S_2 = \frac{1}{2}gt^2 = \frac{1}{2} \times 9.8 \times (2)^2$$

$\therefore \quad (S_1 - S_2) = 4.9 \times (9 - 4) = 24.5\text{ m}$

10. (b) माना प्रथम आधी दूरी तय करने में लगा समय t_1 है तथा शेष आधी दूरी तय करने में लगा समय t_2 है। माना दो स्टेशन के बीच दूरी x है। तब,

$$t_1 = \frac{(x/2)}{40} \quad \text{तथा} \quad t_2 = \frac{(x/2)}{60}$$

$$\therefore \quad t = t_1 + t_2 = \frac{x}{80} + \frac{x}{120} = \frac{x}{48}$$

अत: माध्य चाल

$$\bar{v} = \frac{x}{t} = \frac{x \times 48}{x} = 48 \text{ किमी/घण्टा}$$

11. (c) सूत्र $s = u + \frac{1}{2}g(2n - 1)$ के अनुसार

$$h_1 = 0 + \frac{1}{2}g(2 \times 1 - 1) = \frac{g}{2}$$

$$h_2 = 0 + \frac{1}{2}g(2 \times 2 - 1) = \frac{3g}{2}$$

$$h_3 = 0 + \frac{1}{2}g(2 \times 3 - 1) = \frac{5g}{2}$$

$\therefore \quad h_1 : h_2 : h_3 = 1 : 3 : 5$

12. (a) $\because \quad s = u + \frac{1}{2}a(2n - 1)$

यहाँ $u = 10$ m/s, $a = -2$ m/s^2 तथा $n = 5$ सेकण्ड

$\therefore \quad s = 10 + \frac{1}{2} \times 2(2 \times 5 - 1) = 10 - 9 = 1$ मी

13. (c) प्रश्नानुसार

$$\frac{1}{a}(3)^2 = \frac{a}{2}(2n - 1)$$

$$n = 5 \text{ सेकण्ड}$$

14. (c) कुल उड्डयन काल $= 10 + 2 = 12$ सेकण्ड

∴ नीचे आने में लगा समय

$$t = 10 - \frac{12}{2} = 10 - 6 = 4 \text{ सेकण्ड}$$

∴ $$h = \frac{1}{2}gt^2 = \frac{1}{2} \times g \times (4)^2 = 8g$$

15. (c) चूँकि आवेग = बल × समय

= अंतिम संवेग – प्रारम्भिक संवेग

$= mv_2 - mv_1 = m(v_2 - v_1)$

चूँकि बल xN, 2 सेकण्ड के लिए कार्य करता है।

∴ $$x = \frac{0.5(3-2)}{2} = 0.25 \text{ N}$$

16. (c) चूँकि $F = \frac{GMm}{r^2} = mg$

∴ $$g = \frac{GM}{r^2}$$

अत: g पृथ्वी के द्रव्यमान पर निर्भर करता है।

17. (b) एक विरामावस्थ से प्रारम्भ कर प्रामि दो सेकण्ड में 8 मी/से का वेग प्राप्त करता है, अर्थात् $u = 0, v = 8$ मी/से, $t = 2$ से.

$v = u + at$

$8 = 0 + a \times 2 = 2a$

∴ $a = 4 \text{ m/s}^2$

∴ प्रथम दो सेकण्ड में तय की गई दूरी

$$s = ut + \frac{1}{2}at^2$$

$$s = 0 + \frac{1}{2} \times u \times (2)^2 = 0 + \frac{1}{2} \times 4 \times 4 = 8 \text{ मीटर}$$

अगले 2 सेकण्ड में कण विरामावस्था में आ जाता है, अत:

∴ $u = 8 \text{ m/s}, v = 0$

$v = u + at$

$0 = 0 + a \times 2$

$a = -4$ मी/से^{2}

∴ अगले 12 सेकण्ड में चली गई दूरी,

$$s = \frac{u^2}{2a} = \frac{(8)^2}{2 \times 4} = 8 \text{ मीटर}$$

∴ कुल तय की गई दूरी $= 8 + 8 = 16$ m

18. (a) ज्ञात है $u = -12$ m/s

$h = 65$ m

सूत्रानुसार $h = ut + \frac{1}{2}gt^2$

$$65 = -12t + \frac{1}{2} \times 10t^2$$

$$65 = -12t + 5t^2$$

$5t^2 - 12t - 65 = 0$

$(t-5)(5t+13) = 0$

$t = 5$ sec.

19. (a) ∵ $t = ax^2 + bx$

इस समीकरण को x के सापेक्ष differentiate करने पर,

$$1 = 2ax.\frac{dx}{dt} + b\frac{dx}{dt} = (2ax + b).v$$

या $$v = \frac{1}{(2ax + b)}$$

∴ त्वरण $$\frac{dv}{dt} = \frac{-2a.\frac{dx}{dt}}{(2ax+b)^2} = -2av.v^2$$

या त्वरण $= -2av^3$

20. (d) संवेग संरक्षण के नियम को x और y-अक्ष की दिशा में लगाने पर

$0 = mv_1 \sin 30° - mv_2 \sin 30°$

∴ $v_1 = v_2$ ...(i)

$m \times v \times m \times 0 = mv_1 \cos 30° + mv_2 \cos 30$ ...(ii)

या $m \times 6 = 2 \times m \times v_1 \times \frac{\sqrt{3}}{2}$

या $v_1 = 2\sqrt{3}$ मी/से

इस मान को समीकरण (i) में रखने पर

$v_2 = 2\sqrt{3}$ मी/से

Previous Years' Problems

1. अपनी प्रारम्भिक अवस्था से एक कार त्वरित होकर पुनः अपने आरम्भिक बिन्दु पर वापिस आ जाती है, तब :

(a) चाल तथा वेग दोनों बढ़ेंगे

(b) चाल तथा वेग दोनों घटेंगे

(c) वेग शून्य होगा परन्तु चाल बढ़ेगी

(d) चाल शून्य होगी परन्तु वेग बढ़ेगा

[AIEEE 20002]

2. 40 किमी/घण्टा की चाल से गतिमान कार को ब्रेक लगाकर 2 मीटर दूरी के भीतर रोका जा सकता है। यदि वह कार 8 किमी/घण्टा की चाल से गतिमान की जाये तब कार के रुकने की न्यूनतम दूरी कितनी होगी ?

(a) 6 मीटर (b) 8 मीटर

(c) 2 मीटर (d) 4 मीटर

[AIEEE 2003]

3. एक गतिमान कण के किसी t समय में निर्देशांक $x = \alpha t^3$ तथा $y = \beta t^3$ हैं। t समय में कण की चाल होगी :

(a) $3t\sqrt{\alpha^2+\beta^2}$ (b) $3t^2\sqrt{\alpha^2+\beta^2}$

(c) $\sqrt{\alpha^2+\beta^2}$ (d) $t^2\sqrt{\alpha^2+\beta^2}$

[AIEEE 2003]

4. h मीटर ऊँचाई की मीनार की चोटी से एक गेंद छोड़ी जाती है। यह भूतल तक पहुँचने में T सेकण्ड का समय लेती है। $T/3$ सेकण्ड में गेंद की स्थिति क्या होगी :

(a) भूमि से $\frac{8h}{9}$ मीटर (b) भूमि से $\frac{17h}{18}$ मीटर

(c) भूमि से $\frac{h}{9}$ मीटर (d) भूमि से $\frac{7h}{9}$ मीटर

[AIEEE 2004]

5. एक कण, जिसका मंदन उसके विस्थापन के अनुक्रमानुपाती है, ऋजु रेखा में गतिमान है। किसी विस्थापन x के लिए इस कण की गतिज ऊर्जा में ह्रास अनुक्रमानुपाती होगा :

(a) x (b) $log_e x$

(c) x^2 (d) e^x

[AIEEE 2004]

6. समय t और दूरी x के मध्य सम्बन्ध है-

$$t = \alpha x^2 + \beta x$$

यहाँ α और β नियतांक है। मंदन होगा :

(a) $2\alpha\beta v^3$ (b) $2\beta^2 v^3$

(c) $2\alpha v^3$ (d) $2\beta v^3$

[AIEEE 2005]

7. विरामावस्था में एक कार f दर से त्वरित होकर s दूरी तक करती है, इसके पश्चात् t समय तक नियत चाल से गतिमान रहती है और फिर $f/2$ मंदन की दर से विरामावस्था में पहुँच जाती है। यदि कार द्वारा तय की गई कुल दूरी $15s$ है, तब :

(a) $s = ft$ (b) $s = \frac{1}{72}ft^2$

(c) $s = \frac{1}{2}ft^2$ (d) $s = \frac{1}{4}ft^2$

[AIEEE 2005]

8. एक पैराशूटर 50 मीटर तक बिना घर्षण के गिरने के पश्चात् पैराशूट खोलता है, और 2मीटर/सेकण्ड^2 के मंदन से गिरते हुए जमीन पर 3 मीटर/सेकण्ड^2 की चाल से पहुँचता है। कितनी ऊँचाई से पैराशूटर ने गिरना प्रारम्भ किया था ?

(a) 91 मीटर (b) 182 मीटर

(c) 293 मीटर (d) 111 मीटर

[AIEEE 2005]

9. $t = 0$ समय में एक कण $x = 0$ स्थिति से $+x$ दिशा में v वेग से गति करना प्रारम्भ करता है। कण की गति $v = \alpha\sqrt{x}$ पर निर्भर करती है। कण का विस्थापन अनुक्रमानुपाती होगा-

(a) t (b) $t^{1/2}$

(c) t^3 (d) t^2

[AIEEE 2006]

10. एक कण का वेग $v = v_0 + gt + ft^2$ है। यदि इसकी स्थिति $t = 0$ पर $x = 0$ है। तब एकांक समय $(t = 1)$ के पश्चात् इसका विस्थापन होगा-

(a) $v_0 + g/2 + f/3$ (b) $v_0 + g + f$

(c) $v_0 + g/2 + f$ (d) $v_0 + 2g + 3f$

[AIEEE 2007]

11. एक पिण्ड $x = 0$ पर विरामावस्था में है। $t = 0$ से यह एकसमान त्वरण से धन $x-$ अक्ष की दिशा में गति करना आरम्भ करती है। इसी समय एक अन्य पिण्ड एकसमान चाल से $x = 0$ से गुजरता है। समय t के पश्चात् प्रथम पिण्ड की स्थिति $x(f)$ तथा द्वितीय पिण्ड की स्थिति $x_2(t)$ है। निम्न में से कौन-सा ग्राफ $(x_2 - x_1)$ को समय t के फलन के रूप में सही व्याख्या करता है-

(a) 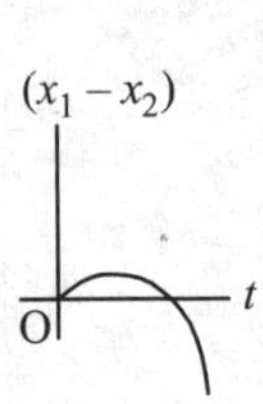

(b) 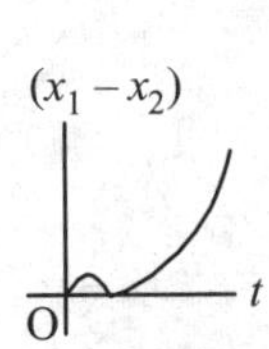

(c) 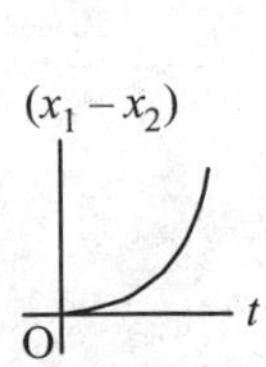

(d) 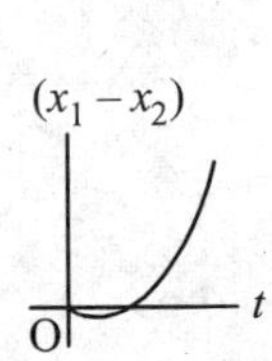

[AIEEE 2008]

12. एक कण का प्रारम्भिक वेग $3\hat{i}+4\hat{j}$ और त्वरण $3\hat{i}+4\hat{j}$ है। 10 सेकण्ड के पश्चात् इसकी चाल है

(a) $7\sqrt{2}$ इकाई (b) 7 इकाई

(c) 8.5 इकाई (d) 10 इकाई

[AIEEE 2009]

13. एक कण वेग $\vec{v} = k(y\hat{i} + x\hat{j})$ से गतिशील है, जहाँ k एक स्थिरांक है। इसके पथ का व्यापक समीकरण है।

(a) $y = x^2 +$ स्थिरांक (b) $y^2 = x +$ इकाई

(c) $xy =$ इकाई (d) $y^2 = x^2 +$ इकाई

[AIEEE 2010]

14. चित्र 0.4 kg द्रव्यमान के एक पिण्ड की एक-विमीय गति का स्थिति-समय (x-t) ग्राफ दर्शाता है। प्रत्येक आवेग का परिमाण है

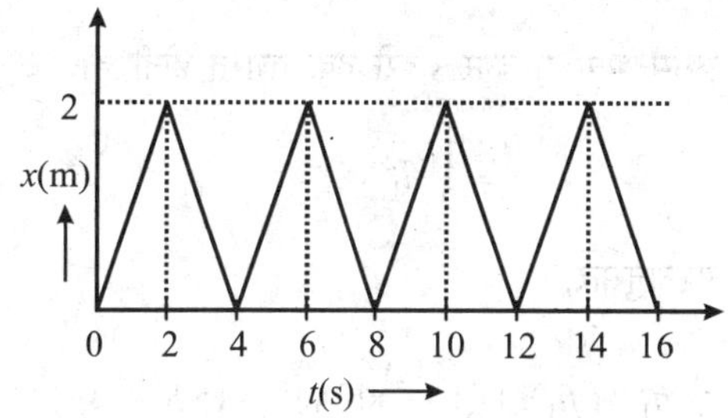

(a) 0.4 Ns (b) 0.8 Ns

(c) 1.6 Ns (d) 0.2 Ns

[AIEEE 2010]

उत्तरमाला

1. (c)	**2.** (b)	**3.** (b)	**4.** (a)	**5.** (c)	**6.** (c)	**7.** (b)	**8.** (c)	**9.** (d)	**10.** (a)
11. (d)	**12.** (a)	**13.** (d)	**14.** (b)						

हल

1. (c) चूँकि कुल विस्थापन शून्य है। अत: वेग शून्य होगा परन्तु त्वरण के कारण चाल बढ़ जाती है।

2. (b) प्रथम अवस्था में प्रारम्भिक चाल $u_1 = 40$ किमी/घण्टा और रुकने तक तय की गई दूरी $s_1 = 2$ मीटर

द्वितीय अवस्था में प्रारम्भिक चाल $u_2 = 80$ किमी/घण्टा

$\because \quad v^2 = u^2 + 2as$

अवस्था $\quad 2as = -u^2$

$\therefore \quad s \propto -u^2$

चूँकि दोनों अवस्थाओं में त्वरण समान है

अत: $$\frac{s_1}{s_2} = \left(\frac{u_1}{u_2}\right)^2$$

या $$\frac{2}{s_2} = \frac{(40)^2}{(80)^2}$$ या $s_2 = 8$ मीटर

3. (b) $\quad x = \alpha t^3$

तथा $\quad y = \beta t^3$

$$v = \sqrt{\left(\frac{dx}{dt}\right)^2 + \left(\frac{dy}{dt}\right)^2}$$

$$= \sqrt{(3\alpha t^2)^2 + (3\beta t^2)^2}$$

$$= \sqrt{9t^4(\alpha^2 + \beta^2)}$$

$$= 3t^2\sqrt{(\alpha^2 + \beta^2)}$$

4. (a) हम जानते हैं कि $h = \frac{1}{2}gT^2$

$\frac{T}{3}$ sec में तय की गई दूरी $= \frac{1}{2}g\left(\frac{T}{3}\right)^2 = \frac{h}{9}$

$\therefore$ जमीन से गेंद की स्थिति

$$= h - \frac{h}{9} = \frac{8h}{9} \text{ मीटर}$$

5. (c) प्रश्नानुसार

$$\frac{dv}{dt} \propto x$$

अथवा $\frac{dv}{dx}.\frac{dx}{dt} \propto x$

अथवा $\frac{dv}{dx}.v \propto x$

अथवा $\quad vdv \propto xdx$

$\therefore \quad v^2 \propto x^2$

चूँकि गतिज ऊर्जा v^2 के अनुक्रमानुपाती है। अत: गतिज ऊर्जा में ह्रास x^2 के समानुपाती होगा।

6. (c) $$t = \alpha x^2 + \beta x = x(\alpha x + \beta)$$

$$1 = 2\alpha\frac{dx}{dt}.x + \beta\frac{dx}{dt}$$

$$\therefore \quad v = \frac{dx}{dt} = \frac{1}{\beta + 2\alpha x}$$

$$\frac{dv}{dt} = \frac{-2\alpha v}{(\beta+2\alpha x)^2} = -2\alpha v^3$$

7. (b) प्रथम भाग में कार s दूरी तक त्वरित होती है।

$$s = \frac{1}{2} f t_1^2 \quad ...(i)$$

प्रश्नानुसार,

$$\frac{1}{2} f t_1^2 + (f t_1) t + \frac{1}{2}\left(\frac{f}{2}\right) \times (2t_1)^2 = 15\,S$$

यदि मंदन में t_2 समय लगता है, तब

$$0 = f t_1 - \frac{f}{2} . t_2 \text{ या } t = 2t_1$$

या $\quad s + f t_1 t + 2S = 15\,S$

$\therefore \quad f t_2 t = 12\,s \quad ...(ii)$

समीकरण (i) को (ii) से भाग देने पर,

$$t_1 = \frac{t}{6}$$

$$\therefore \quad s = \frac{1}{2} f \left(\frac{t}{6}\right)^2 = \frac{1}{72} f t^2$$

8. (c) पैराशूटर के गिरते समय प्रारम्भिक चाल u है, तब

$$u^2 = 2ah = 2 \times 9.8 \times 50 = 980 \text{ मी./से.}$$

जब यह जमीन पर पहुँचता है,

$$3^2 = u^2 - 2 \times 2 \times h_1$$

अथवा $\quad h_1 = 242.75$ मीटर

$\therefore$ कुल ऊँचाई $= 242.75 + 50 \approx 293$ मीटर

9. (d) वेग $v = \frac{dx}{dt} = \alpha\sqrt{x}$

अथवा $\quad \frac{dx}{\sqrt{x}} = \alpha dt$

अवकलन करने पर,

$$\int \frac{dx}{\sqrt{x}} = \alpha \int dt$$

अथवा $\quad 2x^{1/2} = \alpha t$

अथवा $\quad x \propto t^2$

10. (a) जैसा कि ज्ञात है-

$$v = \frac{dx}{dt} \Rightarrow dx = v\,dt$$

अवकलन करने पर

$$\int_0^x dx = \int_0^t v dt$$

या $\quad x = \int_0^x (v_0 + gt + ft^2) dt$

$$= \left[v_0 t + \frac{gt^2}{2} + \frac{ft^3}{3}\right]_0^t$$

या $\quad x = v_0 t + \frac{gt^2}{2} + \frac{ft^3}{3} + c$

जहाँ c अवकलन नियतांक है

प्रश्नानुसार, $\quad x = 0$ at $t = 0$

$\therefore \quad 0 = v_0 \times \frac{g}{2} \times 0 + \frac{f}{3} \times 0 + c$

$\Rightarrow \quad c = 0$

$\therefore \quad x = v_0 t + \frac{gt^2}{2} + \frac{ft}{3}$

$t = 1$, पर $\quad x = v_0 + \frac{g}{2} + \frac{f}{3}$

11. (d) $t = 0$ पर प्रथम पिण्ड एकसमान त्वरण से गति करना आरम्भ करता है। जबकि द्वितीय पिण्ड पहले से ही एकसमान वेग से गति कर रहा है। अत: प्रथम पिण्ड द्वारा तय की गयी दूरी x_1, द्वितीय पिण्ड द्वारा तय की गई दूरी x_2 से कम होगी। अर्थात् $x_1 < x_2$ तथा $x_1 - x_2 =$ ऋणात्मक, जबकि प्रथम पिण्ड द्वितीय पिण्ड के समान वेग प्राप्त नहीं कर लेता।

इस क्षण $x_1 = x_2$ या $x_1 - x_2 = 0$ इसके बाद $x_1 > x_2$ अर्थात् $x_1 - x_2 =$ धनात्मक जो समय t के साथ बढ़ता जाता है।

12. (a) $\quad \vec{v} = \vec{u} + \vec{a}\,t = 3(\hat{i} + 4\hat{j}) + 0.4\hat{i} + 0.3\hat{j}) \times 10$

$$= 7i + 7j$$

$$|\vec{v}| = 7\sqrt{2}$$

13. (d) वेग, $\vec{v} = k(y\hat{i} + x\hat{j})$

या $\quad \frac{dr}{dt} = \vec{v} = k(y\hat{i} + x\hat{j})$

$\Rightarrow \quad \frac{dx}{dt} = y, \quad \frac{dy}{dt} = x$

$\therefore \quad \frac{dy}{dx} = \frac{x}{y}$

$$\int y dy = \int x\,dx$$

$$\frac{y^2}{2} = \frac{x^2}{2} + C$$

$$y^2 = x^2 + \text{इकाई}$$

14. (b) प्रारम्भिक वेग, $\quad v_1 = \left(\frac{dx}{dt}\right)_1 = \frac{2}{2} = 1$

अंतिम वेग, $\quad v_2 = \left(\frac{dx}{dt}\right)_2 = -1$

□□□

अध्याय

4

किसी समतल में गति

(Motion in a Plane)

प्रक्षेप्य गति (Projectile Motion)

- जब कोई वस्तु जिसको एक निश्चित वेग से फेकने के पश्चात् वह पृथ्वी के गुरुत्वीय क्षेत्र में गति करती है प्रक्षेप्य गति कहलाती है।
- **जमीन तल से फेंके गये प्रक्षेप्य का पथ (Path of Projectile thrown from the ground level)**

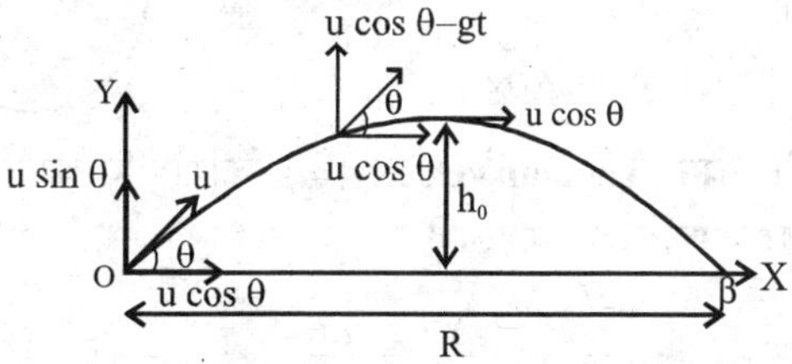

- प्रक्षेप्य गति कर रही वस्तु के क्षैतिज व ऊर्ध्व वेग क्रमश: $u\cos\theta$ व $u\sin\theta$ होते हैं। क्षैतिज वेग $u\cos\theta$ नियत रहता है। ऊर्ध्व वेग $u\sin\theta$ गुरुत्वीय त्वरण g के कारण निरन्तर परिवर्तित होता रहता है।
- प्रक्षेप्य की गति का पथ एक परवलय होता है।

$$y = x\tan\theta - \left(\frac{g}{2u^2\cos^2\theta}\right)x^2$$

- प्रक्षेप्य द्वारा तय की गई अधिकतम ऊँचाई

$$h_0 = \frac{u^2\sin^2\theta}{2g}$$

- **उड्डयन काल (Time of Flight) :** प्रक्षेप्य को पृथ्वी तल से फेंकने तथा पुन: पृथ्वी तल पर पहुँचने के बीच जो समय लगता है, उस समय को Time of Flight कहते हैं

$$T = \frac{2u\sin\theta}{g}$$

- **क्षैतिज परास (Horizontal Range) :** वस्तु (प्रक्षेप्य) द्वारा उड्डयन काल में तय की गई क्षैतिज दूरी को प्रक्षेप्य की क्षैतिज परास (R) कहते हैं।

$$R = \frac{u^2\sin 2\theta}{g}$$

— जब $\theta = 45°$ होता है तब प्रक्षेप्य की क्षैतिज परास अधिकतम maximum होती है।

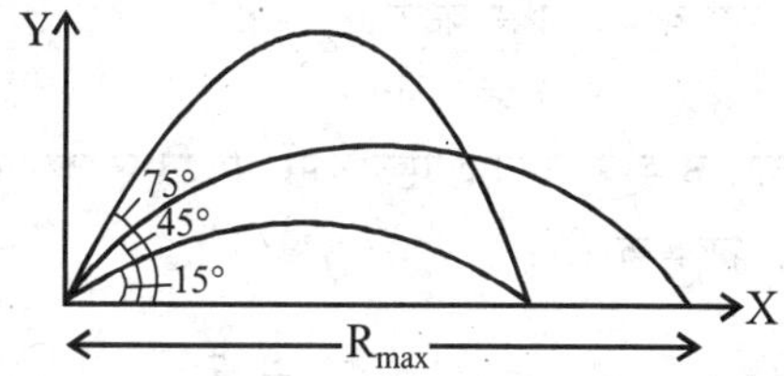

$$R_{max} = \frac{u^2}{g}$$

— क्षैतिज से θ कोण व $\left(\frac{\pi}{2} - \theta\right)$ कोण पर फेंके गए प्रक्षेप्य की क्षैतिज परास समान होती है।

- प्रक्षेप्य का त्वरण परिमाण व दिशा दोनों में constant होता है इसी कारण इसकी गति का पथ परवलय होता है।
- बहुत अधिक दूरी पर मार करने वाले प्रक्षेपास्त्रों का पथ परवलयाकार नहीं होता बल्कि दीर्घवृत्ताकार होता है।

- **ऊचाई से फेंका गया प्रक्षेप्य (Projectile thrown from a height) :**

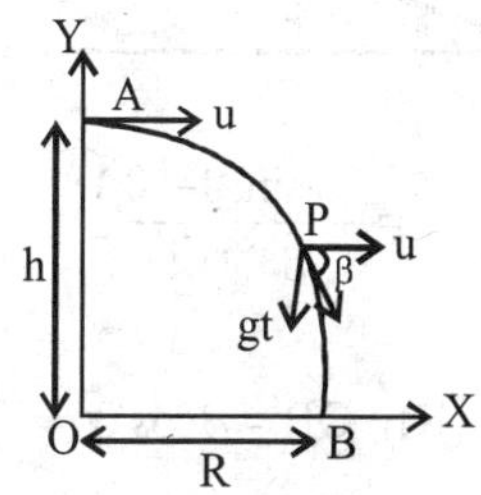

(i) प्रक्षेप्य के गति का पथ परवलय होता है।

$$y = \left(\frac{g}{2u^2}\right)x^2$$

(*ii*) किसी भी क्षण t पर प्रक्षेप्य का वेग

$$\beta = \tan^{-1}\left(\frac{gt}{u}\right)$$

(*iii*) प्रक्षेप्य की क्षैतिज परास

$$R = u\sqrt{\frac{2h}{g}}$$

(*iv*) प्रक्षेप्य को जमीन तल तक पहुँचने में लगा समय

$$t = \sqrt{\frac{2h}{g}}$$

- किसी ऊँचाई से θ कोण पर प्रक्षेपित की गई वस्तु

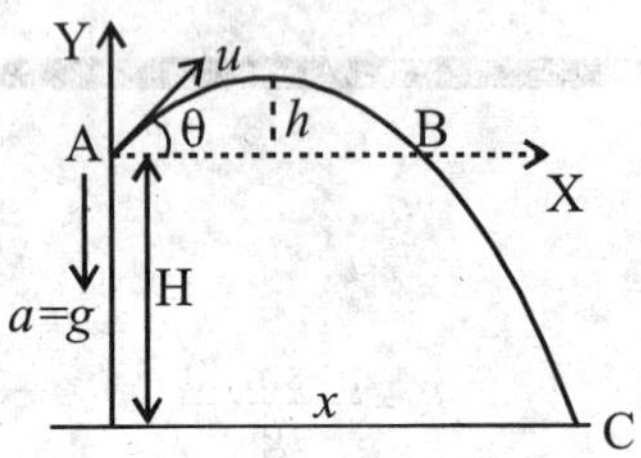

वस्तु के वेग का क्षैतिज घटक

$$u_x = u\cos\theta$$

वस्तु के वेग का उर्ध्वाधर घटक

$$u_y = u\sin\theta$$

क्षैतिज और उर्ध्वाधर गतियाँ एक-दूसरे पर निर्भर नहीं करते हैं।

उड्डयन काल के लिए

$$-H = u\sin\theta\, T - \frac{1}{2}gT^2$$

$$\Rightarrow \quad \frac{1}{2}gT^2 - u\sin\theta T - H = 0$$

इससे हम समय T निकाल सकते हैं।

क्षैतिज परास, $x = u_x T = u\cos\theta\, T.$

- **नत तल पर फेंका गया प्रक्षेप्य (Projectile thrown from an inclined plane) :**

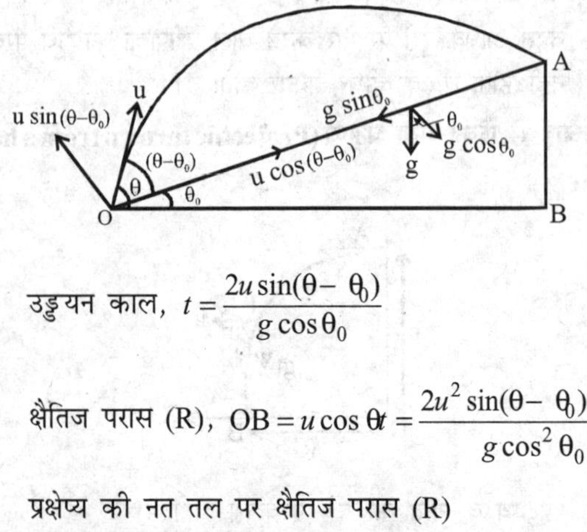

- उड्डयन काल, $t = \dfrac{2u\sin(\theta-\theta_0)}{g\cos\theta_0}$
- क्षैतिज परास (R), $OB = u\cos\theta\, t = \dfrac{2u^2\sin(\theta-\theta_0)\cos\theta}{g\cos^2\theta_0}$
- प्रक्षेप्य की नत तल पर क्षैतिज परास (R)

$$OA = \frac{OB}{\cos\theta_0} = \frac{2u^2\sin(\theta-\theta_0)\cos\theta}{g\cos^2\theta_0}$$

ध्यान दें

- H ऊँचाई से गिरती हुई वस्तु आनत समतल पर h ऊँचाई पर टकराती है। परिणामस्वरूप वस्तु की दिशा क्षैतिज हो जाती है, तो $h/H=1/2$ (वस्तु पृथ्वी तल तक पहुँचने में अधिकतम समय लेती है)।

वृत्तीय गति (Circular Motion)

- **एकसमान वृत्तीय गति (Uniform Circular Motion) :** जब कोई कण नियत चाल से एक वृत्तीय पथ पर गति करता है, तो इसे एकसमान वृत्तीय गति कहते हैं। यह एक द्विविमीय गति का उदाहरण है। दिशा में निरन्तर परिवर्तन के कारण यह त्वरित गति होती है।
- **असमान वृत्तीय गति (Non Uniform Circular Motion) :** इस गति में, गति की दिशा और चाल समय के साथ परिवर्तित होते हैं।

वृत्तीय गति के चर (Variables of Circular Motion) :

1. **कोणीय विस्थापन (Angular Displacement) :** वृत्तीय पथ पर किसी वस्तु द्वारा मूल रेखा के सापेक्ष चलित कोण, कोणीय विस्थापन θ कहलाता है। इसकी इकाई रेडियन है।

Δs = रेखीय विस्थापन

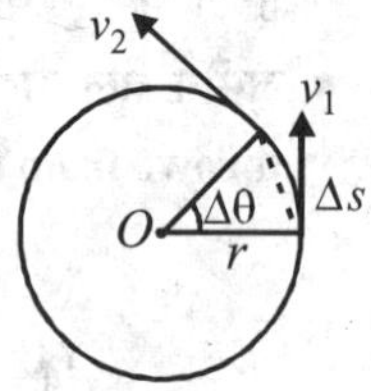

$$\Delta\theta = \Delta s$$

$$\vec{\Delta s} = \vec{\Delta\theta} \times \bar{r}$$

2. **कोणीय वेग (Angular Velocity, ω) :** कोणीय विस्थापन में परिवर्तन की दर कोणीय वेग कहलाती है।

$$\omega = \lim_{\Delta t\to 0}\frac{\Delta\theta}{\Delta t} = \frac{d\theta}{dt}$$

और $\quad \omega = \dfrac{2\pi}{T} \quad$ चूँकि $n \times T = 1$

$$\omega = 2\pi n$$

इसे कोणीय आवृत्ति भी कहते हैं।

3. **कोणीय त्वरण (Angular Acceleration, $\propto$) :** कोणीय वेग में परिवर्तन की दर कोणीय त्वरण कहलाती है।

$$\alpha = \lim_{\Delta t\to 0}\frac{\Delta\omega}{\Delta t} = \frac{d\omega}{dt}$$

इकाई = रेडियन/सेकण्ड^2.

4. **रेखीय वेग तथा कोणीय वेग में सम्बन्ध (Relation between Linear Velocity and Angular Velocity) :**

$$\Delta\theta = \frac{\Delta s}{r}$$

$$\lim_{\Delta t\to 0}\frac{\Delta\theta}{\Delta t} = \lim_{\Delta t\to 0}\frac{\Delta s}{\Delta t}\cdot\frac{1}{r}$$

$$\omega = \frac{v}{r} \quad \Rightarrow v = r\,\omega$$

$$\Rightarrow \quad \vec{v} = \vec{\omega} \times \bar{r}$$

5. **अभिकेन्द्रीय त्वरण (Centripetal Acceleration) :** जब कोई वस्तु नियत चाल से वृत्तीय पथ पर घूमती है तो इस पर वृत्त के केन्द्र की ओर एक त्वरण कार्य करता है, जिसे अभिकेन्द्रीय त्वरण कहते हैं और वृत्तीय पथ पर घूमने के लिए यह अति आवश्यक है। चूँकि यह वृत्त की त्रिज्या के अनुदिश कार्य करता है, इसे त्रिज्या त्वरण भी कहते हैं।

$$a_c = \frac{v^2}{r} \quad \text{जहाँ } v \rightarrow \text{कण का रेखीय वेग}$$

$\therefore$
$$v = r\omega$$
$$a_c = r\omega^2 = r\cdot(2\pi n)^2 = 4\pi^2 n^2 r$$
$$= \frac{4\pi^2}{T^2} r$$

6. **असामान्य वृत्तीय गति में त्वरण (Acceleration in Non-uniform Circular Motion) :**

$$\vec{v} = \vec{\omega}\times \bar{r}$$

$$\frac{d\vec{v}}{dt} = \vec{\omega}\times\frac{d\vec{r}}{dt} + \frac{d\vec{\omega}}{dt}\times \bar{r}$$

$$\vec{a} = \vec{\omega}\times\vec{v} + \vec{\alpha}\times\bar{r}$$

$$\vec{\omega}\times\vec{v} = \text{अभिकेन्द्र त्वरण}$$

$$\vec{\alpha}\times\vec{r} = \text{स्पर्श रेखीय त्वरण}$$

$$\vec{a} = \vec{a}_c + \vec{a}_T$$

$$|\vec{a}| = \sqrt{\vec{a}_c + \vec{a}_T} = \sqrt{\left(\frac{v^2}{r}\right)^2 + (rd)^2}$$

अभिकेन्द्रीय बल (Centripetal Force)

- जब कोई वस्तु नियत वेग से वृत्तीय पथ पर गति करती है तो वृत्त के केन्द्र की ओर कार्य करने वाला बल अभिकेन्द्र बल कहलाता है।

$$F = \frac{mv^2}{r} = mr\omega^2$$

अभिकेन्द्र बल के अनुप्रयोग(Applications of Centripetal Force)

1. जब कोई वाहन वृत्ताकार मोड़ पर मुड़ता है तो इसे मुड़ने के लिए अभिकेन्द्रीय बल चाहिए, जो कि टायर तथा सड़क के बीच घर्षण बल से प्राप्त होता है।

सड़क पर सुरक्षित मुड़ने के लिए

घर्षण बल $\geq$ आवश्यक अभिकेन्द्रीय बल

$$\mu\, mg \geq \frac{mv^2}{r}$$

$$v_{\text{safe}} \geq \sqrt{\mu rg}$$

$$\omega_{\max} = \sqrt{\frac{\mu g}{r}}$$

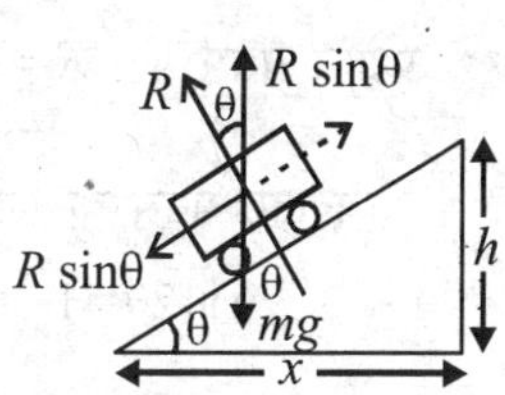

उभरी सड़कों के लिए

$$R\cos\theta = mg$$

$$R\sin\theta = \frac{mv^2}{r}$$

$$\tan\theta = \frac{v^2}{rg} = \frac{h}{x}$$

यदि सड़क की चौड़ाई l है, तो छोटे कोणों θ के लिए

$$\tan\theta = \frac{v^2}{rg} = \frac{h}{x} = \frac{h}{l}$$

यदि टायर और सड़क के बीच घर्षण है, तो

$$v = \sqrt{rg\frac{\mu + \tan\theta}{1 - \mu\tan\theta}}$$

2. **वाहन पलटने की शर्त :** माना, वाहन की भीतरी व बाहरी पहियों के केन्द्र के बीच की दूरी $= 2a$.

वाहन का भार Mg, उसके गुरुत्व केन्द्र, जो पृथ्वी से h ऊँचाई पर है, ऊर्ध्वाधर दिशा में नीचे की ओर लगता है।

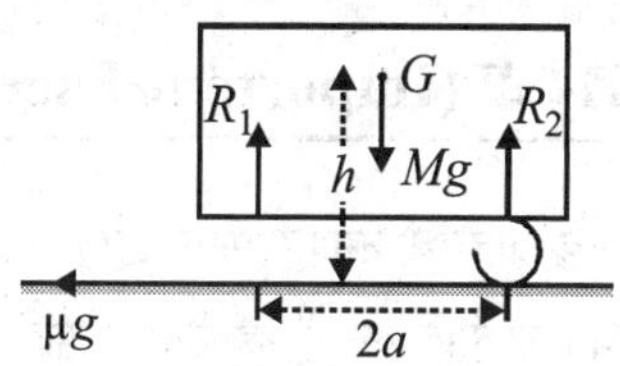

R_1 और R_2 : भीतरी व बाहरी पहियों पर लगी पृथ्वी की प्रतिक्रिया है।

ऊर्ध्वाधर सन्तुलन के लिये,

$$R_1 + R_2 = Mg \qquad \text{...(i)}$$

r त्रिज्या के वृत्ताकार पथ पर v चाल से घूमने के लिये आवश्यक अभिकेन्द्र बल पहियों व पृथ्वी के बीच लगे घर्षण बल से प्राप्त होता है।

$$\mu Mg = \frac{Mv^2}{r} \qquad \text{...(ii)}$$

वाहन न पलटने की स्थिति में G के परित: बलों का आघूर्ण लेने पर

$$\mu Mgh + R_1 a = R_2 a$$

$$\therefore \qquad R_2 - R_1 = \frac{\mu Mgh}{a} = \frac{Mv^2 h}{ra} \qquad \text{...(iii)}$$

समीकरण (i) व (iii) को जोड़ने व घटाने पर,

$$R_1 = \frac{Mg}{2}\left(1 - \frac{v^2 h}{gra}\right)$$

वाहन न पलटने की स्थिति में,

$$R_1 \geq 0$$

$$\therefore \qquad \text{अधिकतम चाल } v = \sqrt{\frac{gra}{h}}$$

समतल सड़क पर वाहन के वृत्ताकार पथ में फिसले बिना सुरक्षित रूप

से घूमने के लिये,

$$\frac{Mv^2}{r} \le \mu Mg \text{ से,}$$

$$v \le \sqrt{\mu rg} \text{ से,}$$

अधिकतम चाल $= \sqrt{\mu rg}$

3. ऊर्ध्व वृत्त में गति : माना l लम्बाई की डोरी एक बिन्दु O से बंधी है तथा दूसरी सिरे पर m द्रव्यमान का पिण्ड बंधा है, जो l त्रिज्या के वृत्ताकार पथ पर ऊर्ध्वाधर तल में घूम रहा है।

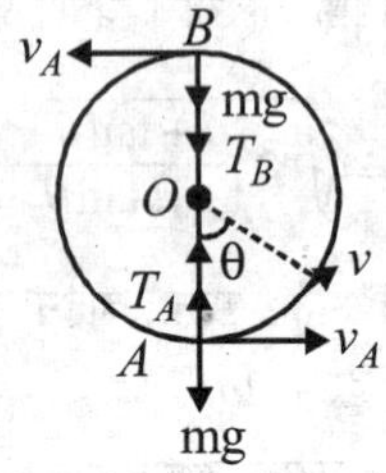

वृत्ताकार गति के लिये,

$$T_A - mg = \frac{mv_A^2}{l} \quad \text{न्यूनतम बिन्दु } A \text{ पर,}$$

$$T_B + mg = \frac{mv_B^2}{l} \quad \text{उच्चतम बिन्दु } B \text{ पर,}$$

$$\frac{1}{2}mv_A^2 = \frac{1}{2}mv_B^2 + mg.2l$$

ऊर्जा संरक्षण नियम से,

हल करने पर, $$T_A = m\left(g + \frac{v_A^2}{l}\right)$$

$$T_B = m\left(\frac{v_B^2}{l} - g\right)$$

महत्त्वपूर्ण तथ्य (Important Facts)

- प्रक्षेप्य पथ (वायु प्रतिरोध नगण्य मानने पर) परवलयकार होता है।
- नियत क्षैतिज वेग से गति करती हुई रेल से यदि एक यात्री नीचे की ओर एक गेंद फेंकता है तो उसका पथ पृथ्वी पर खड़े हुए व्यक्ति को परवलयकार दिखाई देगा।
- अधिकतम परास प्राप्त करने के लिए प्रक्षेपण कोण 45° होता है।
- उर्ध्वाधर तल में प्रक्षेप्य का पथ $y = ax - bx^2$ है, जहाँ a और b नियतांक है। x और y प्रक्षेप्य बिन्दु से क्षैतिज और उर्ध्वाधर दूरियाँ हैं। प्रक्षेप्य द्वारा प्राप्त अधिकतम ऊँचाई $a^2/4b$ है।
- एक वस्तु को इस प्रकार प्रक्षेपित किया जाता है कि क्षैतिज परास प्रारम्भिक वेग के बराबर है तो प्रारम्भिक वेग 10 मी/से होना चाहिए। ($g = 10$ मी/से^{2})
- वे प्रक्षेप्य, जिनके लिए समान मात्रा में प्रक्षेपण कोण 45° से कम या ज्यादा होता है, परास समान होती है।
- एक वस्तु क्षैतिज से ऊपर 45° पर K गतिज ऊर्जा से प्रक्षेपित की जाती है, अधिकतम ऊँचाई बिन्दु पर वस्तु की गतिज ऊर्जा $K/2$ है।
- प्रक्षेप्य गति में, क्षैतिज तथा उर्ध्वाधर गतियाँ एक-दूसरे पर निर्भर नहीं करती हैं। क्षैतिज गति में, त्वरण स्थिर होता है। जबकि उर्ध्वाधर गति, गुरुत्वीय त्वरण के अन्तर्गत होती है।
- समान परास के लिए दो प्रक्षेपण कोण (θ_1 व θ_2) इस प्रकार होते हैं कि

  $\theta_1 + \theta_2 = 90°$ और परास $R = \dfrac{u^2 \sin 2\theta_1}{g} = \dfrac{u^2 \sin 2\theta_2}{g}$ होती है।

  स्पष्ट है प्रक्षेपण कोण $\theta_1 = (45 - \alpha)$ तथा $(45 + \alpha)$ के लिए परास समान है, चूँकि $\theta_1 + \theta_2 = 90°$। अधिकतम परास के लिए $R_{max} = 4H$, जहाँ $H =$ अधिकतम ऊँचाई।
- प्रक्षेप्य गति में 45° के लिए, क्षैतिज परास अधिकतम होता है

  $$R_{max} = \frac{u^2}{g}$$
- प्रक्षेप्य गति में, यदि क्षैतिज परास अधिकतम ऊँचाई की n गुनी है, तो $R = n$H

  $$\Rightarrow \quad \frac{u^2 \sin 2\theta}{g} = \frac{nu^2 \sin^2\theta}{2g}$$

  $$\Rightarrow \quad \tan\theta = \frac{4}{n}$$
- **प्रक्षेप्य का पथ :** यह परवलयकार होता है

  $$\boxed{y = \tan\theta \cdot x - \frac{1}{2}\frac{g}{u^2 \cos^2\theta}x^2}$$
- **उड्डयन काल :** प्रक्षेप्य का उड्डयन काल में नेट उर्ध्वाधर विस्थापन शून्य होता है

  $$t = \frac{T}{2} = \frac{u \sin\theta}{g}$$
- **अधिकतम ऊँचाई :** $H = \dfrac{u_y^2}{2g} = \dfrac{u^2 \sin^2\theta}{2g}$
- **प्रक्षेप्य परास :** $R = \dfrac{u^2(2\sin\theta\cos\theta)}{g} = \dfrac{u^2 \sin 2\theta}{g}$

  अधिकतम परास के लिए:

  $\sin 2\theta = 1$ या $2\theta = 90°$ या $\theta = 45°$

$$\boxed{R = \frac{u^2}{g}}$$

यदि $\theta_1 \neq \theta$, $\sin 2\theta_1 = \sin 2\theta$

समान परास के लिए प्रक्षेपण के दो कोण θ और (90° – θ) होते हैं।

$$\boxed{\tan\alpha = \frac{\sin\alpha}{\cos\alpha} = \frac{\sqrt{u^2 \sin\theta - 2gh}}{u\cos\theta}}$$

☞ जब कोई वस्तु उर्ध्वाधर वृत्त में गति करती है तो उच्चतम बिन्दु को पार करने के लिए आवश्यक न्यूनतम वेग (क्रांतिक वेग) $\sqrt{gr}$ है। जबकि निम्नतम बिन्दु को पार करने के लिए आवश्यक वेग $\sqrt{5gr}$ होगा। निम्नतम बिन्दु पर डोरी में तनाव 6 mg होगा जबकि उच्चतम बिन्दु पर शून्य होगा।

☞ शंक्वाकार लोलक का आवर्तकाल

$$T = 2\pi\sqrt{\frac{l\cos\theta}{g}}$$

☞ यदि कोई कण चिकने अर्द्ध गोले पर फिसलता है तो यह पृथ्वी तल से $\frac{2r}{3}$ ऊँचाई पर अपना सम्बन्ध गोले से समाप्त कर देता है।

☞ अभिकेन्द्र बल द्वारा कृत कार्य शून्य होता है।

☞ अपकेन्द्र बल एक काल्पनिक बल होता है।

☞ यदि दो कण एक वृत्त पर भिन्न-भिन्न एक समान वेगों से गति कर रहे हैं।

$\omega_{BA} = A$ के सापेक्ष B का कोणीय वेग

$= \omega_B - \omega_A$

$$T = \frac{2\pi}{\omega_{BA}} = \frac{2\pi}{\omega_B - \omega_A} \qquad \text{यदि } \omega_A = \omega_B, T = \infty$$

ऐसा भू-स्थिर उपग्रहों में होता है।

☞ अभिकेन्द्र बल किसी वस्तु की गतिज ऊर्जा नहीं बदल सकता।

☞ प्रक्षेप्य गति में उच्चतम बिन्दु पर कण की गतिज ऊर्जा $\frac{1}{2}mu^2\cos^2\theta$ होती है।

☞ प्रक्षेप्य गति में, वेग का क्षैतिज घटक $u\cos\theta$ पूरी गति के लिए स्थिर रहता है। जबकि उर्ध्वाधर घटक $u\sin\theta$ परिवर्तित होता है और उच्चतम बिन्दु पर शून्य हो जाता है।

☞ 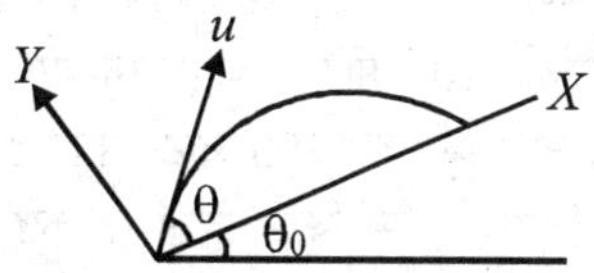

आनत समतल के लिए, अधिकतम परास

$$R_{\max} = \frac{u^2}{g(1+\sin\theta_0)}$$

जब वस्तु ऊपर की ओर प्रक्षेपित की जाती है।

$$R_{\max} = \frac{u^2}{g(1-\sin\theta_0)}$$

जब वस्तु नीचे की ओर प्रक्षेपित की जाती है।

☞ प्रक्षेप्य गति में, यदि $R = H$, तो $\theta = \tan^{-1}(4) = 76°$

☞ B के सापेक्ष A का सापेक्ष वेग

$$\vec{v}_{AB} = \vec{v}_A - \vec{v}_B$$

☞ जब तैराक न्यूनतम समय में नदी को पार करता है तो

$$t = \frac{b}{v\cos\theta}$$

$$= \frac{b}{\sqrt{u^2 - W^2}}$$

जहाँ b नदी की चौड़ाई है और W पानी का वेग है।

$$\vec{v}_{SW} = \vec{v}_{SB} - \vec{v}_{WB}$$

यहाँ तैराक का वेग और पानी का वेग नदी के किनारे के सापेक्ष लिये गए हैं।

अभ्यास के लिए प्रश्न

1. किसी तोप से एक गोला क्षैतिज से 60° कोण पर 200 मीटर/सेकण्ड वेग से दागा जाता है। अपनी उड़ान के उच्चतम बिन्दु पर यह तीन बराबर-बराबर खण्डों में फट जाता है। इनमें से एक खण्ड ऊर्ध्वाधर दिशा में ऊपर की ओर 100 मीटर/सेकण्ड के वेग से जाती है। दूसरी ऊर्ध्वाधर दिशा में नीचे की ओर 100 मीटर/सेकण्ड के वेग से गिरती है। तीसरी खण्ड किस वेग से किस दिशा में चलेगी?

(a) 100 मीटर/सेकण्ड 30° क्षैतिज दिशा में
(b) 100 मीटर/सेकण्ड से क्षैतिज से 60° कोण पर
(c) 100 मीटर/सेकण्ड क्षैतिज दिशा में
(d) 300 मीटर/सेकण्ड क्षैतिज दिशा में

2. गेंद A किसी ऊँची मीनार से नीचे गिरने के लिये छोड़ी जाती है। साथ ही उसी जगह से उसी समय गेंद B क्षैतिज दिशा में फेंकी जाती है, तो–

(a) जमीन पर पहुँचने पर गेंद A का वेग अधिक होगा
(b) जमीन पर पहुँचने पर गेंद B का वेग अधिक होगा
(c) गेंद A जमीन पर पहले आयेगी
(d) गेंद B जमीन पर पहले आयेगी

3. तीन गेंदें एक समान वेग से ऊर्ध्वाधर तल में क्षैतिज से क्रमशः $\theta = 30°, 45°$ व $60°$ कोण पर फेंकी जाती हैं। यदि R गेंद की परास हो, तो निम्न में से कौन-सा उत्तर सही है?

(a) $R_{45} > R_{30}$ या R_{60} तथा $R_{30} = R_{60}$
(b) $R_{45} < R_{30}$ या R_{60} तथा $R_{30} = R_{60}$
(c) $R_{30} > R_{45} > R_{60}$
(d) $R_{60} > R_{45} > R_{30}$

4. क्षैतिज दिशा में उड़ती हुई हवाई जहाज से एक बम गिराया जाता है। बम का मार्ग होगा?

(a) परवलयाकार (b) अतिपरवलयाकार
(c) सरल रेखीय (d) वक्राकार

5. दो वस्तुयें अलग-अलग वेग से एक ही कोण पर प्रेक्षित की जाती हैं। यदि उनकी ऊँचाईयों का अनुपात 1 : 2 हो, तो उनके परासों में अनुपात होगी?

(a) 1 : 4 (b) 4 : 1
(c) 1 : 2 (d) 2 : 1

6. समान क्षैतिज परास के लिये दो प्रक्षेप्य कोण हैं। दोनों अवस्थाओं में अधिकतम ऊँचाई 20 मीटर व 80 मीटर है। क्षैतिज परास है–

(a) 160 मीटर (b) 200 मीटर
(c) 80 मीटर (d) 120 मीटर

7. एक सिक्का घुमावदार मेज पर गया अक्ष से 0.1 मीटर दूर स्थित है। अधिकतम चक्करों की संख्या प्रति मिनट ताकि सिक्का न गिर सके होगी। (दिया गया है, कि मेज व सिक्के के बीच घर्षण गुणांक 0.4) —

(a) 60 (b) 80
(c) 40 (d) 50

8. एक पहिये पर उसकी नियत अक्ष के परितः एकसमान कोणीय त्वरण लगता है। आरम्भ में इसका कोणीय वेग शून्य है पहले 2 सेकण्ड में यह θ_1 कोण से घूमता है तथा अगले 2 सेकण्ड में यह θ_2 अतिरिक्त कोण से घूमता है। θ_2/θ_1 है–

(a) 3 (b) 4
(c) 1 (d) 2

9. एक किग्रा द्रव्यमान का एक पत्थर $L = \frac{10}{3}$ मीटर लम्बी एक अवितान्य डोरी से बँधा है और तेजी से L त्रिज्या के ऊर्ध्व वृत्तीय मार्ग पर घुमाया जाता है। यदि डोरी में अधिकतम व न्यूनतम तनाव के अनुपात 4 हो व $g = 10$ मीटर/सेकण्ड^2 हो, तो वृत्त के उच्चतम बिन्दु पर पत्थर की चाल होगी?

(a) $10\sqrt{3}$ मीटर/सेकण्ड (b) 20 मीटर/सेकण्ड
(c) $5\sqrt{2}$ मीटर/सेकण्ड (d) 10 मीटर/सेकण्ड

10. एक कण किसी तल में नियत चाल से परन्तु परिवर्ती दिशा में गति करता है। कण का पथ नहीं हो सकता है–

(a) परवलय (b) दीर्घवृत्त
(c) ऋजु रेखीय (d) वृत्त का चाप

11. एक कण P त्रिज्या a के वृत्त में एक समान चाल u से घूम रहा है। C वृत्त का केन्द्र और AB व्यास है। A और C के परितः P के कोणीय वेग में अनुपात है–

(a) 2 : 1 (b) 4 : 1
(c) 1 : 1 (d) 1 : 2

12. R त्रिज्या के वृत्त में घूम रहा एक कण की गतिज ऊर्जा K निम्न सूत्र द्वारा दिया गया है

$$K = as^2$$

जहाँ s चली गयी दूरी है। कण पर लगने वाले बल का मान होगा–

(a) $2as$ (b) $2aR^2/s$
(c) $2as^2/R$ (d) $2as\left(1+\frac{s^2}{R^2}\right)^{1/2}$

13. m द्रव्यमान का एक कण निश्चित चाल v द्वारा r त्रिज्या के वृत्त में गति कर रहा है। जब यह व्यास के एक सिरे से दूसरे सिरे पर पहुँचता है, तो–

(a) संवेग $2mv$ से बदलती है
(b) गतिज ऊर्जा mv^2 से बदलती है
(c) गतिज ऊर्जा $mv^2/4$ से बदलती है
(d) संवेग नहीं बदलती

14. ऊर्ध्वाधर वृत्त में घूमते हुए किसी कण का निम्नतम् बिन्दु पर वेग $\sqrt{7gr}$ है। जहाँ r ऊर्ध्व वृत्त की त्रिज्या है। अधिकतम् तथा निम्नत् तनावों के अनुपात है–

(a) 1 : 4 (b) $\sqrt{7}:1$
(c) 4 : 1 (d) 8 : 1

15. एक पिण्ड को l लम्बाई की डोरी से बाँधकर ऊर्ध्वाधर वृत्त में नियत चाल $\sqrt{gl}$ से घुमाया जाता है। यदि पिण्ड का वृत्तीय पथ की ऊपरी

बिन्दु A पहुँचते ही डोरी टूट जाये, तो पिण्ड परवलयाकार पथ का गुरुत्व के आधीन गति करेगा तथा A से क्षैतिज परास होगा–

(a) $2\sqrt{2l}$ (b) $\sqrt{2l}$
(c) l (d) $2l$

16. एक कण उल्टे शंकु की चिकनी सतरह पर स्थित है, जो r त्रिज्या के वृत्त में क्षैतिज तल में गति करता है। यदि शंकु के शीर्ष से वृत्त के तल की ऊँचाई h हो, तो कण की चाल होगी–

(a) $\sqrt{2rg}$ (b) $\sqrt{2gl}$
(c) $\sqrt{rg}$ (d) $\sqrt{gh}$

उत्तरमाला

1. (d)	**2.** (b)	**3.** (a)	**4.** (a)	**5.** (c)	**6.** (a)	**7.** (a)	**8.** (a)	**9.** (d)	**10.** (c)
11. (d)	**12.** (d)	**13.** (a)	**14.** (c)	**15.** (d)	**16.** (d)				

हल

1. (d) उच्चतम् बिन्दु पर क्षैतिज दिशा में वेग

$$200\cos 60° = 100 \text{ मीटर/सेकण्ड}$$

संवेग संरक्षण से,

$$M \times 100\hat{i} = \frac{M}{3}\times 100\hat{j} + \frac{M}{3}\times 100(-\hat{j}) + \frac{M}{3}v$$

$\therefore$ $$v = 300\hat{i}.$$

2. (b) प्रारम्भिक ऊर्ध्वाधर वेग = 0,

अतः $t = \sqrt{\dfrac{2h}{g}}$ से दोनों गेंदें पृथ्वी पर एक साथ पहुँचेगी। परन्तु, $v_A = \sqrt{2gh}$ तथा $v_B = \sqrt{u^2 + 2gh}$,

जहाँ, u = गेंद B का क्षैतिज दिशा में प्रारम्भिक वेग है।

3. (a) क्षैतिज परास, $R = \dfrac{u^2 \sin 2\alpha}{g}$,

पुनः $\sin 60° = \sqrt{3}/2$, $\sin 90° = 1$,

$$\sin 120° = \sin 60° = \frac{\sqrt{3}}{2},$$

अतः $R_{45} > (R_{30} = R_{60})$.

4. (a) परवलयाकार गिरते बम का वेग = हावाई जहाज का क्षैतिज दिशा में वेग तथा गुरुत्वाकर्षण के ऊर्ध्वाधर दिशा में वेग से परिणामी पथ **परवलयाकार** होगा।

5. (c) $\dfrac{u^2\sin^2\alpha}{2g} : \dfrac{u'^2\sin^2\alpha}{2g} = 1:2$ से $\dfrac{u^2}{u'^2} = \dfrac{1}{2}$

$\therefore$ $$\frac{R_1}{R_2} = \frac{u^2\sin 2\alpha}{g} \times \frac{g}{u'^2 \sin 2\alpha} = \frac{1}{2}$$

6. (a) माना समान परास के लिये प्रक्षेपण कोण α व $(90° - \alpha)$ हैं,

तो, $\dfrac{u^2\sin^2\alpha}{2g} = 20$ तथा $\dfrac{u^2\cos^2\alpha}{2g} = 80$

अतः $$\left(\frac{u^2\sin^2\alpha}{2g}\right)\cdot\left(\frac{u^2\cos^2\alpha}{2g}\right) = 20 \times 80$$

तथा क्षैतिज परास

$$R = \frac{2u^2 \sin\alpha\cos\alpha}{g} = 4\sqrt{20\times 80}$$

$$= 160 \text{ मीटर}$$

7. (a) अधिकतम् घर्षण बल = $\mu\, mg$, आवश्यक अभिकेन्द्र बल प्रदान करता है।

अतः $\mu\, mg = mr\omega^2$, $\omega = \sqrt{\dfrac{\mu g}{r}}$

$$= \sqrt{\frac{0.4\times 9.8}{0.1}} = 6.26$$

$\therefore$ अधिकतम् चक्करों की संख्या प्रति मिनट

$$= \frac{6.26\times 60}{2\pi} = 59.8$$

8. (a) $\theta = \omega_0 t + \dfrac{1}{2}\alpha t^2$ से,

$$\theta_1 = \frac{1}{2}\alpha \times 2^2$$

तथा $(\theta_1+\theta_2) = \frac{1}{2}\alpha \times 4^2$ अतः $\frac{\theta_2}{\theta_1} = 3.$

9. (d) ऊर्ध्वाधर वृत्ताकार पथ में घूमते पिण्ड के लिये, डोरी में न्यूनतम बिन्दु पर तनाव $T_{max} = m\left(g+\frac{v_A^2}{L}\right)$ तथा उच्चतम् बिन्दु पर

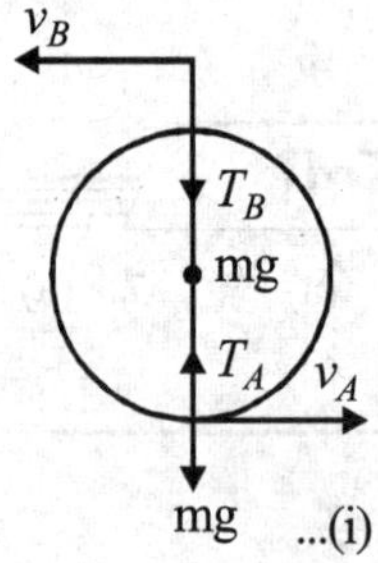

तनाव, $T_{max} = \left(\frac{v_B^2}{L} - g\right)$

$\therefore \quad \frac{T_{max}}{T_{min}} = 4 = \frac{(v_A^2+gL)}{(v_B^2-gL)}$ से,

$$4v_B^2 = v_A^2 + 5gL \quad ...(i)$$

ऊर्जा संरक्षण नियम से,

$$v_A^2 = v_B^2 + 4gL \quad ...(ii)$$

समीकरण (i) व (ii) को हल करने पर,

$$4v_B^2 = (v_B^2+4gL)+5gL, \quad v_B = \sqrt{3gL}$$

$$= \sqrt{3\times 10\times \frac{10}{3}} = 10 \text{ मीटर/सेकण्ड}$$

10. (c) ऋजुरेखीय पथ पर गतिशील कोई कण की दिशा परिवर्तन में $v = 0$ होती है। अर्थात् चाल नियत नहीं रह सकती है।

11. (d) $\omega_A = \frac{\phi}{t}$

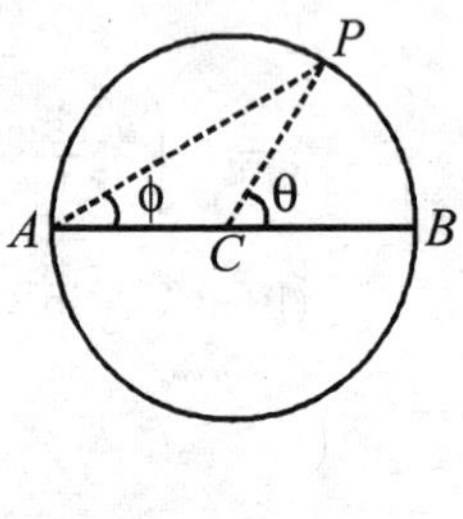

तथा $\omega_C = \frac{\theta}{t}$

$\because \quad \phi = \frac{\theta}{2},$

अतः $\omega_A : \omega_C = 1:2$

12. (d) गतिज ऊर्जा $\frac{1}{2}mv^2 = as^2 \quad ...(i)$

$$\frac{1}{2}m\times 2v\frac{dv}{dt} = a\times 2s\frac{ds}{dt}$$

$$\therefore \quad a_T = \frac{dv}{dt} = \frac{a\times 2s\times v}{mv} = \frac{2as}{m} \quad ...(ii)$$

$$\left[\because v = \frac{ds}{dt}\right]$$

अपकेन्द्र त्वरण $a_r = \frac{v^2}{r} = \frac{2as^2}{mR}$

समीकरण (i) से,

अतः अभीष्ट बल $m\sqrt{a_r^2+a_T^2} = m\sqrt{\left(\frac{2as}{m}\right)^2 + \left(\frac{2as^2}{mR}\right)^2}$

$$= 2as\left(1+\frac{s^2}{R^2}\right)^{1/2}$$

13. (a) आधे चक्कर में वेग परिवर्तन $= 2v$

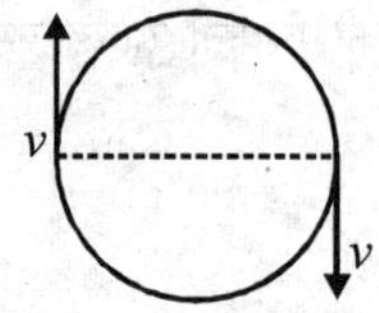

अतः संवेग परिवर्तन $= 2mv.$

14. (c) निम्नतम बिन्दु A पर तनाव,

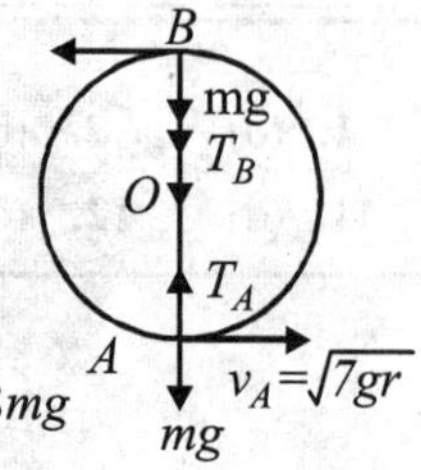

$$T_A = m\left(\frac{v_A^2}{r}+g\right)$$

$$= m(7g+g) = 8mg$$

ऊर्जा संरक्षण से,

$$v_A^2 = v_B^2 + 4gr$$

$$v_B^2 = 7gr - 4gr = 3gr$$

अतः उच्चतम् बिन्दु B पर तनाव

$$T_B = m\left(\frac{v_B^2}{r} - g\right) = 2\text{mg}$$

$$\therefore \quad T_A/T_B = 4.$$

15. (d) बिन्दु A पर डोरी टूटने पर क्षैतिज वेग

$$v = \sqrt{gl}$$

पृथ्वी से की सतह तक आने में लगा समय,

$$t = \sqrt{\frac{2h}{g}} \text{ से,} \qquad t = \sqrt{\frac{2\times 2l}{g}}$$

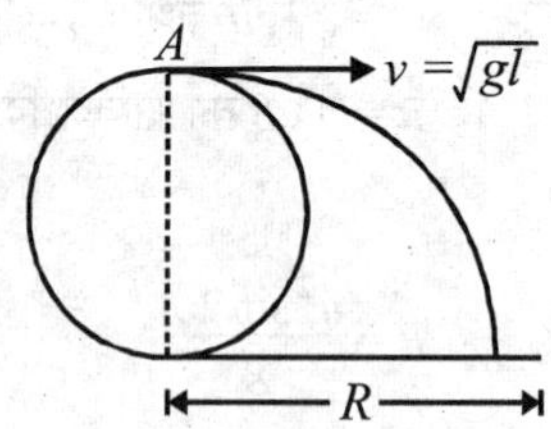

अतः क्षैतिज परास $= v\times t = \sqrt{\frac{4l}{g}} \times \sqrt{gl} = 2l.$

16. (d) बिन्दु P पर कण के सन्तुलन के लिये,

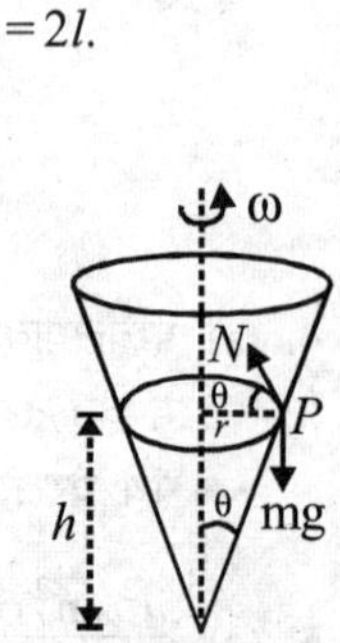

$$N\cos\theta = \frac{mv^2}{r}$$

तथा $N\sin\theta = mg$

$$\therefore \quad \tan\theta = \frac{gr}{v^2} = \frac{r}{h}$$

अतः $v = \sqrt{gh}.$

Previous Years' Problems

1. प्रक्षेप्य गति में, अधिकतम ऊँचाई पर वेग है :

(a) $\frac{u\cos\theta}{2}$ (b) $u\cos\theta$

(c) $\frac{u\sin\theta}{2}$ (d) इनमें से कोई नहीं

[AIEEE 2002]

2. जब प्रक्षेपण कोण 30° है, तो प्रक्षेप्य की परास R है। इसी परास के लिए दूसरा प्रक्षेपण कोण होगा–

(a) 50° (b) 40°

(c) 45° (d) 60°

[AIEEE 2003]

3. पृथ्वी (द्रव्यमान $= 6 \times 10^{24}$ किग्रा) 2×10^{-7} रेडियन/सेकण्ड की कोणीय चाल से सूर्य के चारों ओर 1.5×10^8 किमी त्रिज्या की वृत्ताकार कक्षा में परिक्रमा करती है। पृथ्वी पर सूर्य द्वारा आरोपित बल होगा–

(a) 36×10^{21} N (b) 27×10^{39} N

(c) 6×10^{19} N (d) 18×10^{25} N

[AIEEE 2003]

4. निम्न में से कौन-सा कथन नियत कोणीय चाल से वृत्ताकार पथ में गतिमान कण के लिए असत्य है?

(a) त्वरण-वेक्टर, वृत्त के केन्द्र की ओर इंगित हैं

(b) वेग तथा त्वरण-वेक्टर परस्पर अभिलम्बवत् हैं

(c) वेग-वेक्टर वृत्ताकार पथ के स्पर्श रेखीय हैं

(d) त्वरण-वेक्टर वृत्ताकार पथ के स्पर्श रेखीय हैं

[AIEEE 2004]

5. एक कण पर नियत परिमाण का बल कार्यरत् है जो कि सदैव कण के वेग के अभिलम्बवत् है और कण की गति एक समतल में है। स्पष्ट है कि–

(a) इसकी गतिज ऊर्जा नियत है

(b) यह ऋजु रेखा में गतिमान है

(c) इसका वेग नियत है

(d) इसकी त्वरण नियत है

[AIEEE 2004]

6. एक गेंद v_0 चाल से θ कोण पर प्रक्षेपित की जाती है। उसी क्षण उसी बिन्दु से एक आदमी नियत चाल $v_0/2$ से गेंद पकड़ने के लिए दौड़ता है। क्या आदमी गेंद को पकड़ पायेगा? यदि हाँ तो प्रक्षेपित कोण कितना होना चाहिए?

(a) नहीं (b) हाँ, 45°

(c) हाँ, 60° (d) हाँ, 30°

[AIEEE 2004]

7. एक प्रक्षेप्य दो प्रेक्षेपण कोणों के लिए एकसमान परास R दर्शाता है। यदि दोनों स्थितियों में उड्डयन काल t_1 तथा t_2 हैं तब इन उड्डयन कालों का गुणनफल होगा–

(a) $t_1t_2 \propto \frac{1}{R}$ (b) $t_1t_2 \propto \frac{1}{R^2}$

(c) $t_1t_2 \propto R^2$ (d) $t_1t_2 \propto R$

[AIEEE 2004, 05]

8. एक खोखला छल्ला जिसकी बाहरी व भीतरी त्रिज्यायें क्रमशः R_1 व R_2 हैं, एकसमान कोणीय चाल से बिना फिसले हुए लुढ़कता है। छल्ले के भीतरी और बाहरी हिस्सों पर स्थित दो कणों पर लगने वाले बलों को निष्पत्ति अर्थात् F_1/F_2 होगी–

(a) R_2/R_1 (b) $(R_1/R_2)^2$

(c) 1 (d) R_1/R_2

[AIEEE 2005]

9. एक पिण्ड पर $(3\hat{i}+4\hat{j})$ न्यूटन बल लगाने पर उसमें $(3\hat{i}+4\hat{j})$ मीटर का विस्थापन होता है। बल द्वारा किया गया कार्य होगा–

(a) 16 J (b) 25 J

(c) 10 J (d) 12 J

[AIEEE 2004]

10. गतिज ऊर्जा K से एक कण क्षैतिज से 60° के कोण पर प्रक्षेपित किया जाता है। अधिकतम ऊँचाई पर पहुँचने पर कण की गतिज ऊर्जा होगी–

(a) शून्य (b) $K/4$

(c) $K/2$ (d) K

[AIEEE 2007]

उत्तरमाला

1. (b)	2. (d)	3. (a)	4. (d)	5. (a)	6. (c)	7. (d)	8. (d)	9. (b)	10. (b)

हल

1. (b) क्षैतिज घटक $v_x = u_x = u\cos\theta$

ऊर्ध्वाधर घटक $v_y = 0$

$$v = \sqrt{v_x^2 + v_y^2} = u\cos\theta$$

2. (d) 60°

3. (a) $m = 6 \times 10^{24}$ किग्रा, $\omega = 2 \times 10^{-7}$ रेडियन/सेकण्ड

$r = 1.5 \times 10^8$ किमी $= 1.5 \times 10^{11}$ मीटर

पृथ्वी पर आरोपित बल

$= m\omega^2 r = (6 \times 10^{24}) \times (2 \times 10^{-7})^2 \times (1.5 \times 10^{11})$

$= 36 \times 10^{21}$ N

4. (d) त्वरण-वेक्टर वृत्त की त्रिज्या के अनुदिश होगा, अत: (b) असत्य कथन है।

5. (a) जब नियत परिमाण का एक बल जो कि सदैव कण के वेग के अभिलम्बवत् है, कण पर लगाया जाता है तो किया गया कार्य अर्थात् गतिज ऊर्जा में परिवर्तन शून्य होगा।

6. (c) आदमी द्वारा गेंद को पकड़ने के लिए गेंद की गति का क्षैतिज घटक आदमी की चाल के बराबर होना चाहिए, अर्थात

$$v_0 \cos\theta = \frac{v_0}{2} \text{ या } \cos\theta = \frac{1}{2} \text{ या } \theta = 60°$$

7. (d) प्रक्षेपण कोण θ और (90° – θ) के लिए परास एकसमान है।

$$t_1 = \frac{2u\sin\theta}{g}$$

$$t_2 = \frac{2u\sin(90° - \theta)}{g}$$

$$= \frac{2u\cos\theta}{g}$$

$$t_1 t_2 = \frac{2u\sin\theta}{g} \times \frac{2u\cos\theta}{g}$$

$$= \frac{2}{g}\left[\frac{u^2 \sin 2\theta}{g}\right] = \frac{2}{g}R$$

जहाँ $R = \dfrac{u^2 \sin 2\theta}{g}$

अत: $t_1 t_2 \propto R$ (चूँकि g नियत है)

8. (d) कण पर आरोपित बल

$$F = m\omega^2 R$$

$$\therefore \quad \frac{F_1}{F_2} = \frac{R_1}{R_2}$$

9. (b)

10. (b) माना उच्चतम् बिन्दु पर गतिज ऊर्जा K है, तब

$K' = \frac{1}{2}mv_x^2$ ($\because v_y = 0$ उच्चतम् बिन्दु पर)

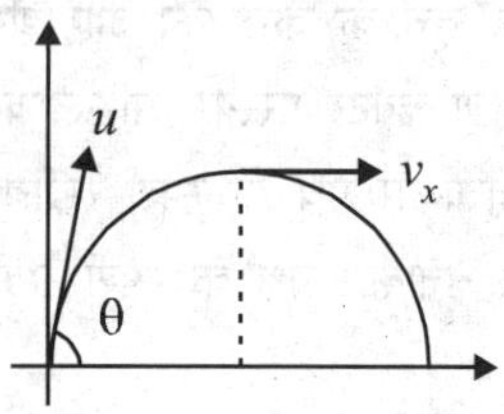

$$= \frac{1}{2}m(u\cos\theta)^2$$

$$= \frac{1}{2}mu^2\cos^2\theta = K.\cos^2\theta \quad \left(\because K = \frac{1}{2}mu^2\right)$$

या $K' = K\cdot\cos^2 60°$ ($\because \theta = 60°$)

$$= K.\left(\frac{1}{2}\right)^2 = \frac{K}{4}$$

□□□

अध्याय

5

न्यूटन के गति के नियम तथा बल

(Newton's Laws of Motion and Force)

न्यूटन का प्रथम नियम (जड़त्व का नियम)

(Newton's First Law of Motion)

- बाहरी बल लगाने पर वस्तु अपनी अवस्था परिवर्तन का विरोध करती है। इसे गैलीलियो का जड़त्व का नियम भी कहते हैं।
- यह नियम बल को परिभाषित करता है।
- जड़त्व तीन प्रकार का होता है –

(i) विराम जड़त्व (Inertia of Rest) :

(a) विराम में खड़ी हुई बस जब एकदम से चलती है तो बस में खड़ा हुआ व्यक्ति एकदम से पीछे गिरता है।

(b) कम्बल को जब छड़ी से पीटते हैं तो धूल बाहर आती है।

अर्थात् इसमें स्थिर वस्तु स्थिर ही रहना चाहती है। जब तक उस पर वाह्य बल न लगाया जाए।

(ii) गतिज जड़त्व (Inertia of Motion) :

(a) चलती हुई गाड़ी में ऊपर की ओर फेंकी गई गेंद रेल के साथ चलती रहती है।

(b) चलती हुई रेल या बस से उतरता हुआ व्यक्ति आगे की ओर गिरता है।

(c) लम्बी कूद कूदने से पहले खिलाड़ी कुछ दूरी तक दौड़ता है।

(iii) दिशात्मक जड़त्व (Inertia of Direction) :

(a) ऊपर उड़ते हुए गुब्बारे से छोड़ी गई एक वस्तु गुब्बारे की दिशा में चलती है।

(b) जब गाड़ी मोड़ पर अचानक मुड़ती है, सभी यात्री बाहर की ओर गिरते हैं।

संवेग (Momentum)

$$\text{संवेग} = \text{द्रव्यमान} \times \text{वेग}$$

$$p = mv$$

1. इससे वस्तु में गति की मात्रा का पता चलता है।
2. यह सदिश राशी है।
3. p और v का ग्राफ

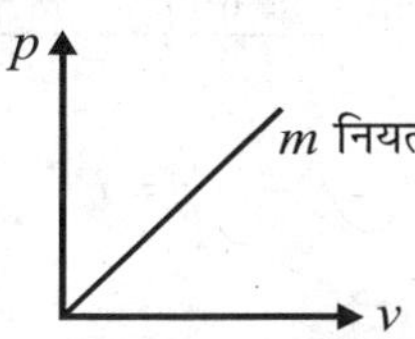

4. p और m का ग्राफ

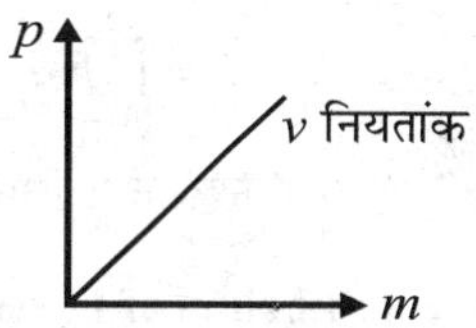

5. m और v का ग्राफ

$v \propto \frac{1}{m}$

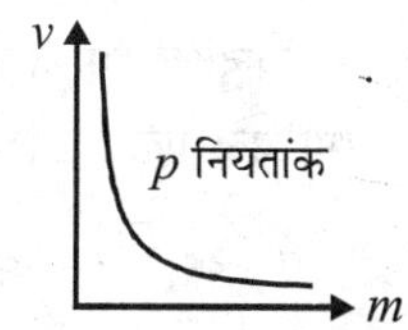

न्यूटन का द्वितीय नियम (Newton's Second Law of Motion)

- इसके अनुसार, किसी वस्तु पर आरोपित बल उसके संवेग परिवर्तन की दर के बराबर होता है।

$$\vec{F} \propto \frac{d\vec{p}}{dt}$$

$$\vec{F} = k\frac{d\vec{p}}{dt} \qquad \because \vec{p} = m\vec{v}$$

$$= k\frac{d}{dt}(m\vec{v}) \qquad \text{(if } m \text{ is constant)}$$

$$= k \cdot m \cdot \frac{d\vec{v}}{dt} = km\vec{a} \qquad (k = 1)$$

$$\vec{F} = m\vec{a} = \text{संवेग परिवर्तन की दर}$$

न्यूटन का तृतीय नियम (Newton's Third Law of Motion)

- इसके अनुसार, प्रत्येक क्रिया बल के समान व विपरीत दिशा में प्रतिक्रिया बल होता है। जब कोई बल वस्तु पर कार्य करता है तब उसे कार्य कहते हैं।

$$\vec{F}_{12} = -\vec{F}_{21}$$

- न्यूटन के तृतीय नियम से यह निष्कर्ष निकलता है कि बल हमेशा युग्म में कार्य करते हैं और यह नियम सभी वस्तुओं के लिए उपयुक्त है।

आवेग (Impulse)

- जब किसी वस्तु पर लगाया गया बल अल्प समय के लिए कार्य करता है तब बल तथा कार्य करने के समय के गुणनफल को आवेग कहते हैं।

$$\boxed{\vec{J} = \vec{F} \cdot \Delta t = \frac{\Delta \vec{p}}{\Delta t} \Delta t = \Delta \vec{p}}$$

- बल-समय ग्राफ का क्षेत्रफल बल के प्रभाव अर्थात आवेग को प्रदर्शित करता है।

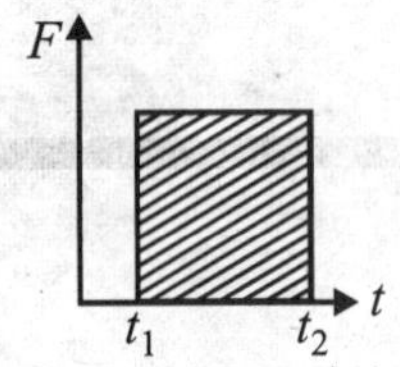

बल नियत है

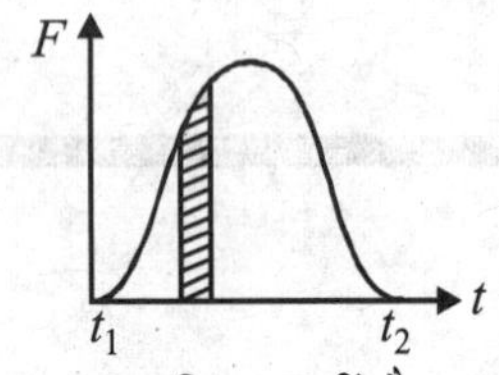

बल नियत नहीं है

$$\vec{J} = \int_{t_1}^{t_2} \vec{F}\, dt$$

- आवेग का मात्रक = न्यूटन-सेकण्ड तथा विमा = $[MLT^{-1}]$

बलों की साम्यावस्था (Equilibrium of Forces)

- जब किसी वस्तु पर कार्यरत् एक से अधिक बल $F_1, F_2, F_3, ...$ रेखा सदिश के एक ही बिन्दु पर मिलते हैं तब उन्हें संगामी बल कहते हैं।
- यदि वस्तु पर सभी बल एक ही दिशा में आरोपित होते हैं, तब

$$F_R = \sqrt{F_x^2 + F_y^2 + F_Z^2}$$

- यदि $F_1, F_2, F_3, ...$ आदि समवर्ती बल साम्यावस्था में होते हैं तब
$$F_1 + F_2 + F_3 ... = 0$$
- बलों की साम्यावस्था को लामी की प्रमेय द्वारा ज्ञात किया जाता है। जिसको पहले बताया जा चुका है।

न्यूटन के गति के नियम पर आधारित कुछ उदाहरण
(Some Examples of Application of Newton's Laws of Motion)

- **लिफ्ट में वस्तु का भार (Weight of a Body in a Lift)**

1. जब लिफ्ट अत्वरित अवस्था में होती है –
$$R - W = 0$$

आभासी भार $W =$ वास्तविक भार $= 0$

2. जब लिफ्ट a त्वरण से ऊपर की ओर जा रही हो, इस स्थिति पर मनुष्य पर दो बल कार्य करते हैं।

(i) भार $= mg$

(ii) प्रतिक्रिया $R = ma$

दोनों ही नीचे की ओर कार्यरत् होते हैं।

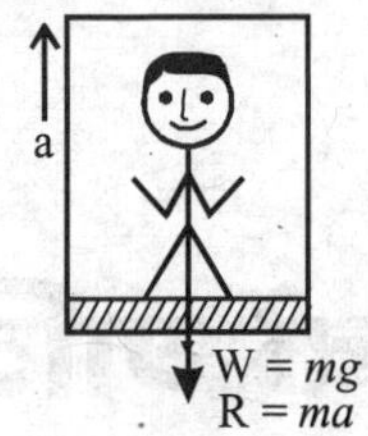

आभासी भार $W = mg + R = mg + ma$

आभासी भार का मान वास्तविक भार से ज्यादा होता है।

3. जब लिफ्ट a त्वरण से नीचे की ओर गति करती है तो प्रतिक्रिया बल ऊपर की ओर तथा बल नीचे की ओर कार्य करता है।

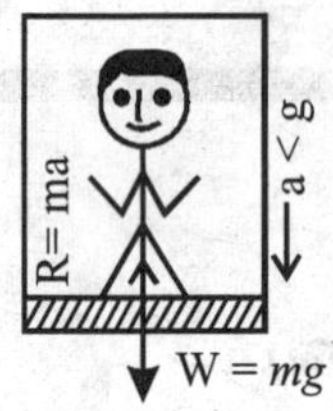

आभासी भार $W = mg - R = mg - ma$

आभासी भार का मान वास्तविक भार से कम होता है।

यदि $a > g$ तब प्रतिक्रिया बल भार बल से अधिक होता है, जिसके कारण आभासी भार ऋणात्मक होता है तथा मनुष्य ऊपर की ओर त्वरित होगा।

ध्यान दें

- यदि लिफ्ट की डोरी टूट जाये तो यह $a = g$ त्वरण से गति करती है। इस अवस्था में वस्तु का भार
$$N = m(g - g) = 0$$
इसे भारहीनता की अवस्था कहते हैं।
- यदि मुक्त रूप से गिरती हुई लिफ्ट से कोई व्यक्ति एक वस्तु गिराता है तो यह लिफ्ट के धरातल पर नहीं गिरती बल्कि यह उस व्यक्ति के साथ स्थिर रहती है। चूँकि वस्तु और व्यक्ति दोनों एक ही त्वरण से नीचे गिरते हैं।
- एक समान चाल से चलती हुई लिफ्ट में किसी वस्तु का आभासी भार उसके वास्तविक भार के बराबर होता है।

- **सम्पर्क में रखी वस्तु की गति**

(i) यदि m_1 व m_2 द्रव्यमान के दो पिण्ड सम्पर्क में रखे हो तथा बल F द्रव्यमान m पर आरोपित किया जाता है

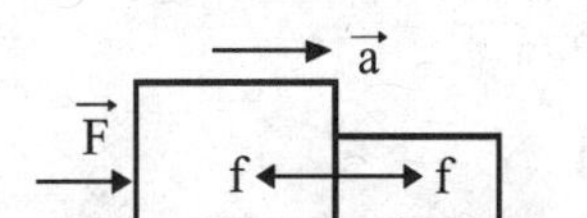

$$\boxed{a = \frac{\text{बल}}{\text{कुल द्रव्यमान}} = \frac{F}{(m_1 + m_2)}}$$

$$\text{सम्पर्क बल } f = F - m_1 a = F - \frac{m_1 \times F}{m_1 + m_2} = \frac{m_2 F}{m_1 + m_2}$$

(ii) यदि m_1 व m_2 द्रव्यमान के दो पिण्ड सम्पर्क में रखे हो तथा बल F द्रव्यमान m_2 पर आरोपित किया जाता है

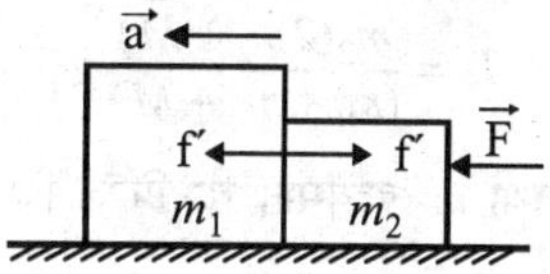

$$\boxed{a = \frac{\text{बल}}{\text{कुल द्रव्यमान}} = \frac{F}{(m_1+m_2)}}$$

सम्पर्क बल, $f' = F - m_2 a = F - \frac{m_2 \times F}{m_1+m_2} = \frac{m_1 F}{m_1+m_2}$

(iii) जब तीन पिण्ड जिनके द्रव्यमान क्रमशः m_1, m_2 व m_3 हैं, चिकनी क्षैतिज सतह पर परस्पर सम्पर्क में रखे हैं।

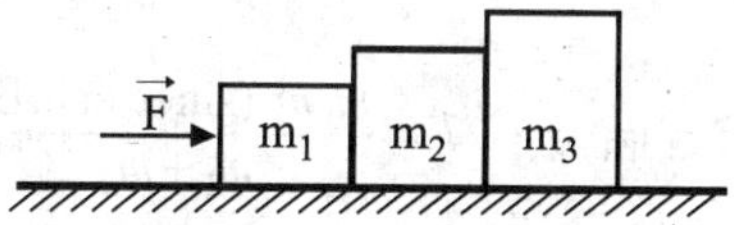

तथा F बल पिण्ड m_1 पर लगाया जाता है, m_1 व m_2 के मध्य सम्पर्क बल T_1 है तथा m_2 व m_3 के बीच सम्पर्क बल T_2 है

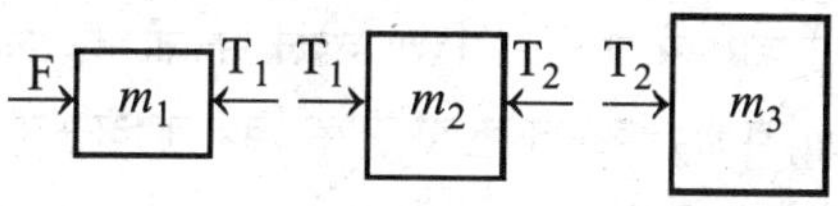

पिण्ड m_1 के लिए $m_1 a = F - T_1$

पिण्ड m_2 के लिए $m_2 a = T_1 - T_2$

पिण्ड m_3 के लिए $m_3 a = T_2$

$$F = (m_1 + m_2 + m_3)\, a$$

$$a = \frac{F}{(m_1+m_2+m_3)}$$

$$T_1 = \frac{(m_2+m_3)F}{(m_1+m_2+m_3)}$$

$$T_2 = \frac{m_3 F}{(m_1+m_2+m_3)}$$

यदि बल m_3 पर लगाया जाता है, तब

$$T_1 = \frac{m_1 F}{(m_1+m_2+m_3)}$$

$$T_2 = \frac{(m_1+m_2)F}{(m_1+m_2+m_3)}$$

- **दो जोड़े गए पिण्डों की गति**

(i) यदि m_1 व m_2 द्रव्यमान के दो पिण्डों को धागे से जोड़कर उन्हें F बल से खींचा जाता है, धागे में तनाव T है

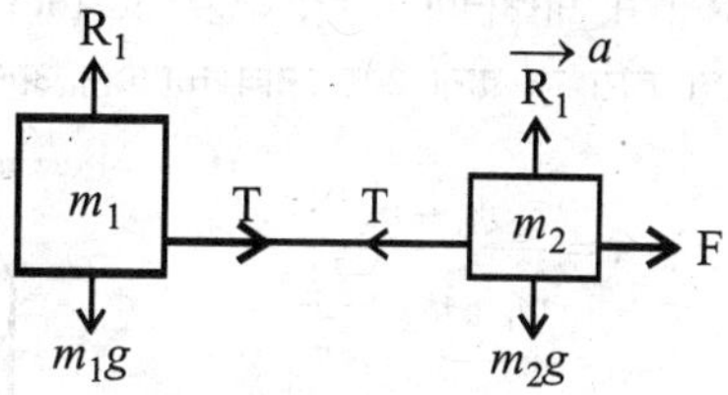

प्रथम पिण्ड के लिए $\quad m_1 a = T$ ....(1)

द्वितीय पिण्ड के लिए $\quad m_2 a = F - T$ ....(2)

कुल त्वरण $\quad a = \frac{F}{m_1+m_2}$

$$T = \frac{m_1 F}{m_1+m_2}$$

(ii) यदि m_1, m_2 and m_3 द्रव्यमान के तीन पिण्डों को धागे से जोड़कर उन्हें F बल से खींचा जाता है, धागे में तनाव T है

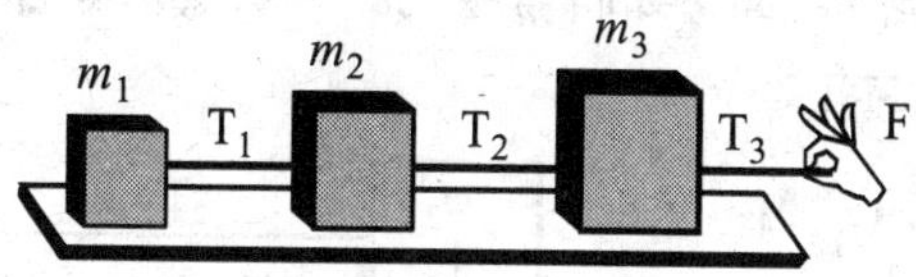

- इस System में उत्पन्न त्वरण

$$a = \frac{F}{m_1+m_2+m_3}$$

- प्रथम धागे में उत्पन्न तनाव

$$T_1 = m_1 a = \frac{m_1 F}{m_1+m_2+m_3}$$

- द्वितीय धागे में उत्पन्न तनाव

$$T_2 = \frac{(m_1+m_2)F}{m_1+m_2+m_3}$$

- तृतीय धागे में उत्पन्न तनाव

$$T_3 = F$$

- **चिकनी घिरनी से गुजरती हुई डोरी पर जुड़ी वस्तुओं की गति**

(i) यदि m_1 व m_2 द्रव्यमान के दो पिण्डों एक हल्की, अवितान्य डोरी द्वारा जोड़ा जाता है

$$M_1 > M_2$$

$$a = \frac{m_1 - m_2}{m_1+m_2} g$$

$$T = \frac{2 m_1 m_2}{m_1+m_2} g$$

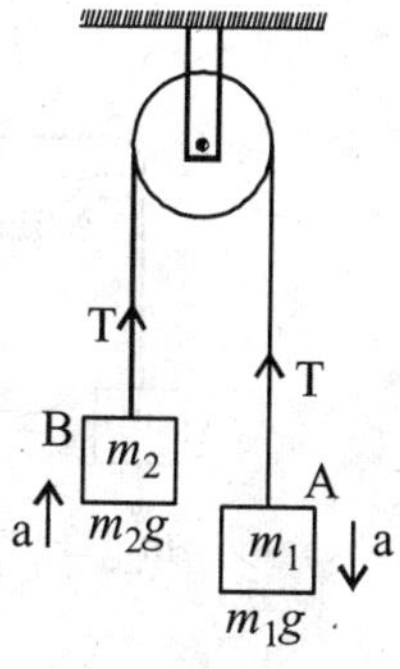

घिरनी पर प्रतिक्रिया,

$$R = 2T = \frac{4 m_1 m_2}{m_1+m_2} g$$

(*ii*) यदि घिरनी में भारहीनता न हो, उसका द्रव्यमान M तथा त्रिज्या R हो, तब डोरी के दोनों ओर तनाव का मान अलग-अलग होगा

$$a = \frac{m_1 - m_2}{m_1 + m_2 + \frac{M}{2}}$$

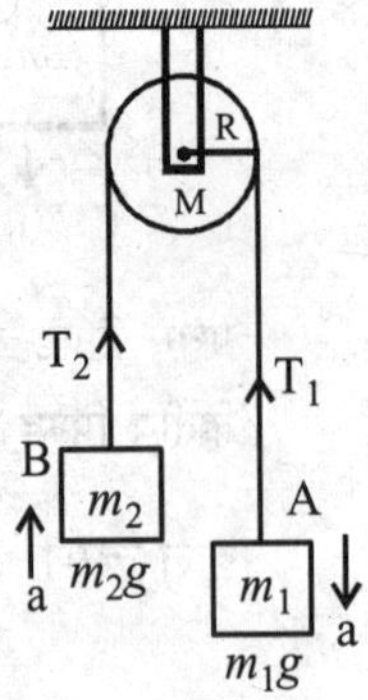

$$T_1 = \frac{m_1\left(2m_2 + \frac{M}{2}\right)}{m_1 + m_2 + \frac{M}{2}} g$$

$$T_1 = \frac{m_2\left(2m_1 + \frac{M}{2}\right)}{m_1 + m_2 + \frac{M}{2}} g$$

(*iii*) यदि m_2 द्रव्यमान की कोई वस्तु चिकनी मेज पर स्थित है, दूसरी वस्तु जिसका द्रव्यमान m_1 है, एक हल्की डोरी के द्वारा m_2 वस्तु से जुड़ी है

$M_1 > M_2$

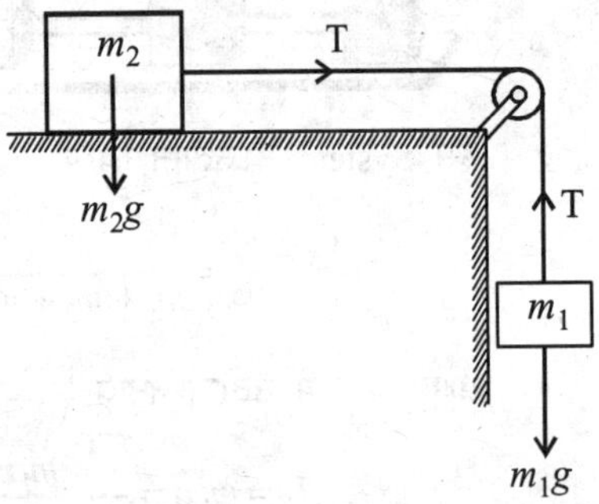

$$a = \frac{m_1 g}{m_1 + m_2}$$

$$T = \frac{m_1 m_2 g}{m_1 + m_2}$$

(*iv*) यदि टेबल तथा m_2 द्रव्यमान के बीच घर्षण गुणाँक μ होता है

$$a = \frac{m_2 - \mu_1 m_1}{m_1 + m_2}$$

$$T = \frac{m_1 m_2 (1+\mu)}{m_1 + m_2} g$$

(*v*) यदि वस्तु जिसका द्रव्यमान M है एक घर्षण रहित मेज पर रखी है। इस वस्तु से दो अन्य पिण्ड जिनके द्रव्यमान m_1 तथा m_2 हैं हल्की डोरियों से जोड़े गए हैं। और दोनों डोरियां घिरनियों से गुजरती हैं।

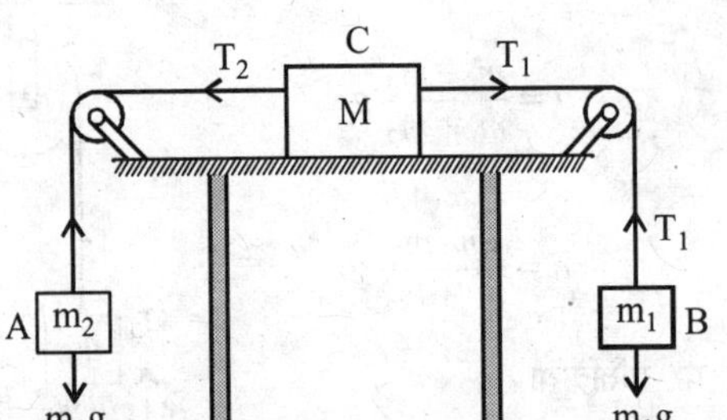

$$a = \frac{(m_1 - m_2)}{(m_1 + m_2 + M)} g$$

$$T_1 = \frac{m_1(2m_2 + M)}{(m_1 + m_2 + M)} g$$

$$T_2 = \frac{m_2(2m_2 + M)}{(m_1 + m_2 + M)} g$$

(*vi*) यदि दो m_1 तथा m_2 द्रव्यमान के पिण्ड चित्र के अनुसार हैं, जहाँ $m_1 > m_2$,

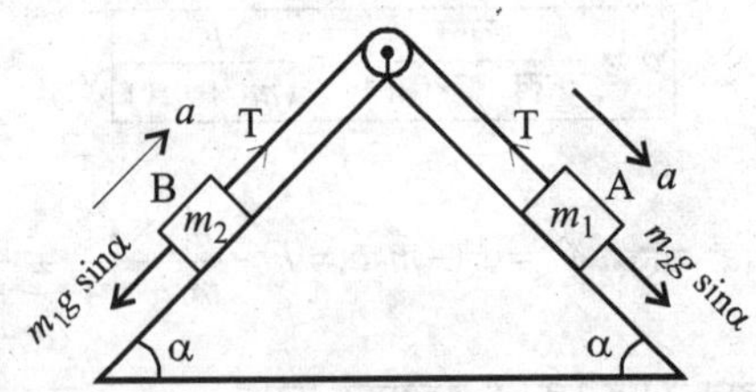

System का त्वरण $a = \dfrac{(m_1 \sin\alpha - m_2 \sin\beta)}{m_1 + m_2} g$

डोरी में तनाव बल $T = \dfrac{m_1 m_2 (\sin\alpha + \sin\beta)}{m_1 + m_2} g$

$$T = m_2(g - a)$$

$$F = 2T\cos\frac{(90° - \theta)}{2}$$

घरनी डोरी में बल की दिशा बदल सकती है, तनाव नहीं।

(*vii*) जब m_1 व m_2 द्रव्यमान के दो पिण्ड चित्र के अनुसार जुड़े व लटके हैं, जहाँ $m_2 > m_1$,

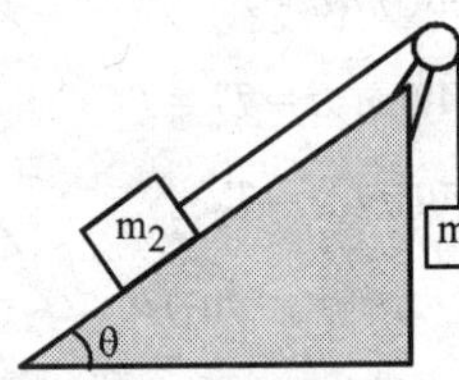

$$a = \frac{(m_2 - m_1 \sin\theta)}{(m_2 + m_1)} g$$

$$T = \frac{m_1 m_2 g (1 + \sin\theta)}{(m_2 + m_1)} g$$

$$T = m_2(g - a)$$

$$F = 2T\cos\frac{(90° - \theta)}{2}$$

घिरनी डोरी में बल की दिशा बदल सकती है, तनाव नहीं।

महत्वपूर्ण बलों के प्रकार

- **स्पर्श बल :**

1. **डोरी में तनाव :**

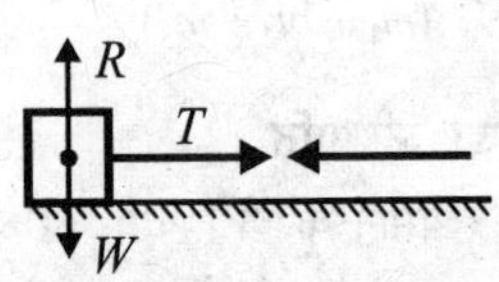

2. **स्प्रिंग बल :** यह स्प्रिंग में तनाव और खिचाव में कार्य करता है।

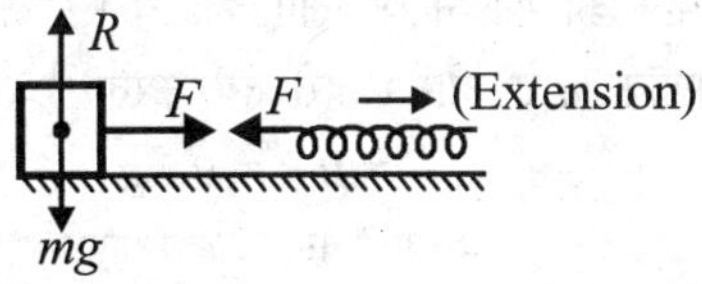

3. **लम्बवत प्रतिक्रिया :**

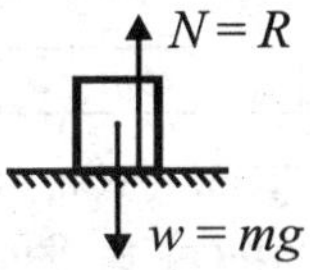

- **प्रकृति में कार्य करने वाले बल :**

(i) गुरुत्वाकर्षण बल

(ii) विद्युत चुम्बकीय बल

(iii) नाभिकीय बल

(iv) दुर्बल बल (रेडियो-ऐक्टिव क्षय)

$$F_g : F_w : F_{em} : F_N :: 1 : 10^{25} : 10^{36} : 10^{38}$$

घर्षण (Friction)

- दो सतहों के बीच सापेक्ष गति आरम्भ होने से पूर्व इन सतहों के मध्य घर्षण बल को स्थैतिक घर्षण बल कहते हैं। जिस समय सतहों के बीच सापेक्ष गति होती है इनके मध्य घर्षण बल को गतिज घर्षण बल कहते हैं।

घर्षण तथा घर्षण बल से सम्बन्धित तथ्य (Salient Feature Relating to Friction and Frictional Force) :

- गतिक घर्षण के दो प्रकार सर्पी घर्षण तथा बेलनी घर्षण हैं।
- बेलनी घर्षण < गतिक घर्षण < सर्पी घर्षण
- एक खुरदरे तल पर रखी वस्तु पर कार्यरत् बल -

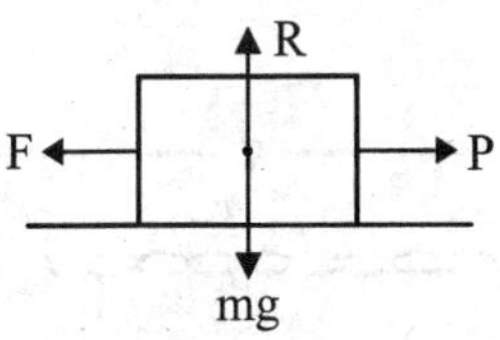

$P \rightarrow$ सीमान्त घर्षण बल, $F \rightarrow$ घर्षण गुणाँक

- घर्षण बल (F) तथा आरोपित बल (P) के मध्य वक्र -

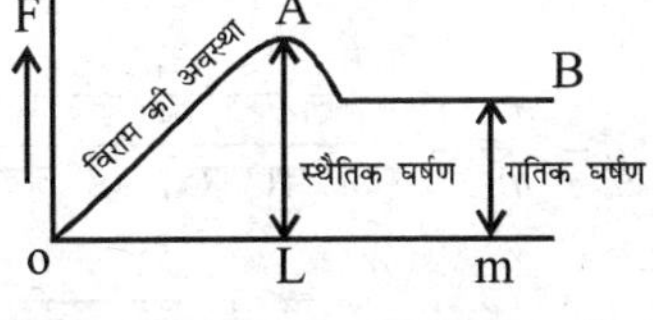

सीमान्त घर्षण के नियम (Laws of limiting Friction) :

- सीमान्त घर्षण बल अभिलम्ब प्रतिक्रिया के समानुपाती होता है

$$F \propto R$$

$$F = \mu R$$

$$\boxed{\mu = \frac{F}{R}}$$

$F \rightarrow$ सीमान्त घर्षण बल, $\mu \rightarrow$ घर्षण गुणाँक

- स्थैतिक घर्षण गुणाँक $(\mu_s) = \frac{F_s}{R}$ होता है
- स्थैतिक घर्षण बल (F_s) के अधिकतम मान को सीमान्त घर्षण बल कहते हैं।
- उसका मान घर्षण कोण की स्पर्शज्या के बराबर होता है।

गतिक घर्षण (Dynamic Friction) :

- जब सम्पर्क में रखे दो तलों के मध्य आपेक्षिक गति होती है। तब μ को गतिक घर्षण गुणाँक कहते हैं।
- गतिक घर्षण गुणाँक (μ_k) सदैव स्थैतिक घर्षण गुणाँक (μ_s) से कम होता है। अर्थात्

$$\boxed{\mu_k < \mu_s}$$

- गतिक घर्षण गुणाँक $\mu_k = \frac{F_k}{R}$
- μ का मान सभी पदार्थों के लिए सदैव एक से कम होता है।
- घर्षण गुणाँक की कोई भी विमा नहीं होती है।
- घर्षण गुणाँक की कोई इकाई नहीं होती है।

घर्षण कोण (Angle of Friction) :

- सीमान्त घर्षण बल F_s तथा अभिलम्ब प्रतिक्रिया R का परिणामी P, अभिलम्ब R के साथ जो कोण बनाता है। उसे घर्षण कोण कहते हैं। यदि यह कोण θ_s हो, तो

$$\tan\theta_s = \frac{F_s}{R}$$

$$\boxed{\tan\theta_s = \mu_s}$$

विराम कोण (Angle of Repose) :

- यदि एक वस्तु को आनत तल पर रखा जाए तथा वस्तु के बल नीचे की तरफ खिसकने की स्थिति में हों तो तल के क्षैतिज के साथ झुकाव के कोण को विराम कोण (α) कहते हैं।

$$\boxed{R = mg\cos\alpha}$$

$$\boxed{F_s = mg\sin\alpha}$$

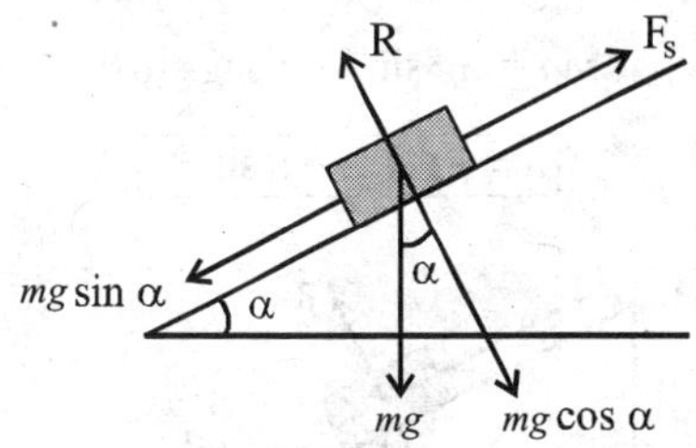

Type I. m_1 द्रव्यमान का एक गुटका A क्षैतिज मेज पर रखा है, उसको घर्षण रहित घिरनी से होकर गुजारते हैं और m_2 द्रव्यमान के दूसरे गुटके से बाँधते हैं। गुटके और मेज के बीच घर्षण गुणाँक μ_k) है। यदि गुटका मेज पर फिसल रहा हो, तो-

$$T - F_k = m_1 a \qquad \ldots(1)$$

$$F_k = \mu_k R = \mu_k m_1 g$$

$$\therefore \quad T - \mu_k m_1 g = m_1 a$$

गुटके B के लिए

$$m_2 g - T = m_2 a$$

T का मान रखने पर समी० (1) से -

$$m_2 g - \mu m_1 g - m_1 a = m_2 a$$

$$\therefore \quad \boxed{a = \frac{(m_2 - \mu_k m_1)}{(m_1 + m_2)} g}$$

$$\boxed{T = \frac{m_1 m_2 (1 - \mu_k)}{(m_1 + m_2)} g}$$

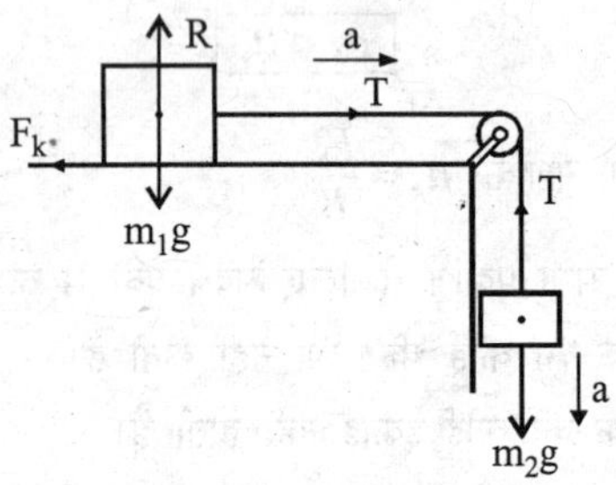

Type 2. जब कोई द्रव्यमान m किसी खुरदरे नत समतल पर नीचे की ओर गति करे, जिसमें त्वरण (a) हो, तथा μ घर्षण गुणाँक हो, तो

$$R = mg\cos\theta$$

$$mg\sin\theta - \mu R = ma$$

$$a = \frac{mg\sin\theta - \mu R}{m}$$

$$\boxed{a = g(\sin\theta - \mu\sin\theta)}$$

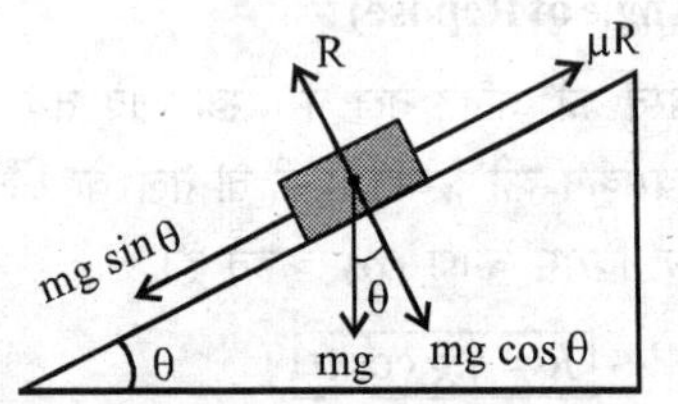

Type 3. जब कोई पिण्ड द्रव्यमान m ऊपर की ओर a त्वरण से गति करे तथा m घर्षण गुणाँक हो तो -

$$ma = mg\sin\theta + m\, mg\sin\theta$$

$$\boxed{a = g(\sin\theta + \mu\sin\theta)}$$

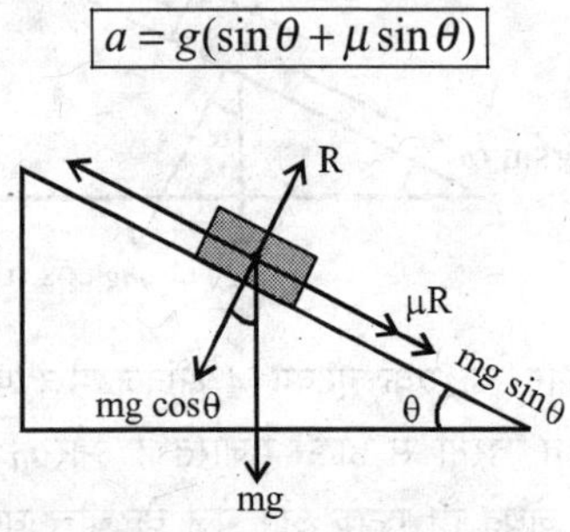

Type 4. m द्रव्यमान को खीचने के लिए कोई बल F लगाना पड़ता है, तो घर्षण गुणाँक μ है और d दूरी तय करता है तो -

$$F = \mu R = \mu mg$$

कार्य = बल × विस्थापन

$$W = F \times d$$

$$W = \mu R \times d = \mu mgd$$

$$\boxed{W = \mu m g d}$$

Type 5. m_1 द्रव्यमान का A गुटका दूसरे m_2 द्रव्यमान के B गुटके पर रखा है। A को B पर खिसकाने के लिए एक बल F लगाया। B पर कितना बल लगायें कि A व B साथ-साथ चलें। त्वरण क्या होगा, जब घर्षण गुणाँक μ है

$$F_1 = \mu R = \mu m_1 R$$

$$F = F_{AB} + F_{BA}$$

$$\boxed{F = \mu(m_1 + m_2)g}$$

$$\boxed{a = \frac{F}{m_1 + m_2}}$$

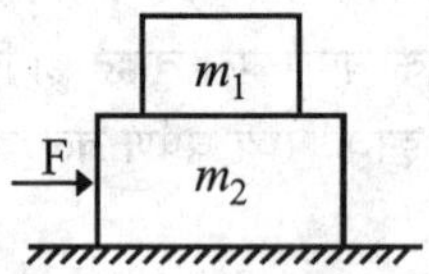

Type 6 : लटकी हुई जंजीर : माना l लम्बाई की जंजीर मेज पर रखी है और l' लम्बाई मेज के किनारे से नीचे लटकी है और जंजीर स्थिर है। चूँकि जंजीर का रेखीय घनत्व एकसमान है अत: द्रव्यमान का अनुपात और लम्बाईयों का अनुपात जंजीर के किसी भी हिस्से के लिए समान होगा।

Type (1) से,

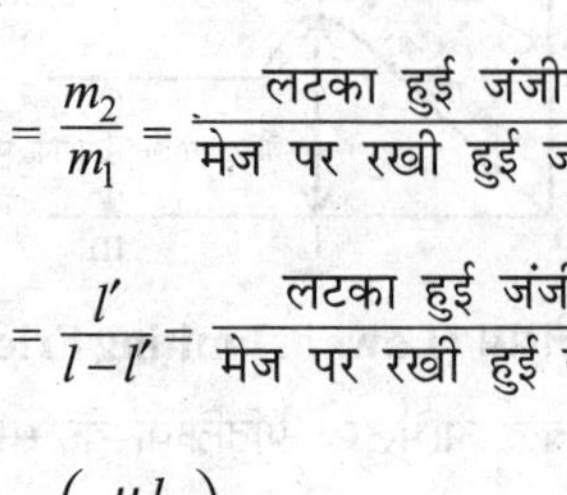

$$\mu = \frac{m_2}{m_1} = \frac{\text{लटका हुई जंजीर का द्रव्यमान}}{\text{मेज पर रखी हुई जंजीर का द्रव्यमान}}$$

$$= \frac{l'}{l - l'} = \frac{\text{लटका हुई जंजीर की लम्बाई}}{\text{मेज पर रखी हुई जंजीर की लम्बाई}}$$

$$\Rightarrow \quad l' = \left(\frac{\mu l}{\mu + 1}\right)$$

महत्त्वपूर्ण तथ्य (Important Facts)

- प्रकृति में बल सदैव युग्म में कार्य करते हैं।
- लिफ्ट में किसी वस्तु का स्प्रिंग तुला द्वारा तोला गया भाग उसके आभासी भार के बराबर होता है।
- बन्दूक का रिकॉयल वेग $\vec{v} = -\frac{m}{M}\vec{v}$
  जहाँ, m = गोली का द्रव्यमान, M = बन्दूक का द्रव्यमान,
  $\vec{v}$ = गोली का वेग
- क्रिया और प्रतिक्रिया दो वस्तुओं के केन्द्रों को मिलाने वाली रेखा के अनुदिश कार्य करते हैं।
- घर्षण बल असंरक्षी होता है।
- दो सतहों के बीच घर्षण बल का कारण आणविक तथा परमाणविक बल है।
- घर्षण को कम करने के तरीके
  (a) पॉलिश करके
  (b) तेल का प्रयोग करके
  (c) उपयुक्त पदार्थ को छाँटकर
  (d) बेयरिंग का प्रयोग करके
- जब एक वस्तु सन्तुलन में होती है, इसका अर्थ यह नहीं है कि वस्तु पर कोई बल कार्य नहीं कर रहा है। इसका अर्थ है कि सभी बलों का परिणामी उस वस्तु पर शून्य है।
- क्रिया और प्रतिक्रिया सदैव अलग-अलग वस्तुओं पर कार्य करते हैं। इसलिए वे एक-दूसरे को संतुलित नहीं कर सकते हैं।
- स्थैतिक घर्षण गुणांक, $\mu_s = \frac{f_{ms}}{R}$
- गतिज घर्षण गुणांक, $\mu_k = \frac{f_k}{R}$
- θ कोण पर झुके हुए समतल पर फिसलते हुए द्रव्यमान का त्वरण निम्न सूत्र द्वारा दिया जाता है

$$a = g(\sin\theta - \mu_k \cos\theta)$$

- रॉकेट की गति का सिद्धान्त न्यूटन के तृतीय नियम तथा रेखीय संवेग संरक्षण नियम पर आधारित है।
- न्यूटन का प्रथम नियम बल की परिभाषा को बताता है तथा द्वितीय नियम बल का मान ज्ञात कराता है।
- जब लिफ्ट ऊर्ध्वाधरतः त्वरण से ऊपर की ओर गतिमान है तो प्रतिक्रिया पिण्ड के भार से अधिक होगी अर्थात् गतिमान स्थिति में पिण्ड का भार यथार्थ से $\frac{a}{g}$ भाग अधिक प्रतीत होगा
- सरल रेखीय मार्ग पर स्थिर वेग से गतिमान एक रेलगाड़ी में बैठा हुआ एक आदमी ऊर्ध्वाधर ऊपर की ओर एक गेंद फेंकता है तो गेंद वापस उसके हाथ में आ जायेगी क्योकि जड़त्व के कारण गेंद का वेग रेलगाड़ी के क्षैतिज वेग के बराबर होता है।
- यदि कोल्ड ड्रिंक के ट्रक एवं एक कार में पीछे की ओर से टक्कर होती है दोनों पार्टी एक दूसरे का दोष बताती हैं। यदि ट्रक में बोतलें आगे की ओर गिरती हैं तब अग्र दिशा में गतिमान ट्रक को इसके सामनें खड़ी हुई स्थिर कार से टकराना चाहिए जिससे कार का वेग कम हो जाता है तथा जड़त्व के कारण बोतलें आगे की ओर गिरती हैं।
- वायुयान के पंख भारी वायु को पीछे की ओर धकेलते हैं। जिसके प्रतिक्रिया स्वरूप वायु वायुयान को आगे की ओर धकेलती है। कम ऊचाई पर वायु का घनत्व अधिक होता है वायुयान को आगे चलने के लिए प्रयाप्त बल मिल जाता है। जिसके कारण पंखों वाले वायुयान कम ऊँचाई पर उड़ते हैं।
- जब समतल ऊर्ध्वाधरतः समान वेग से गतिमान है तो समतल की प्रतिक्रिया पिण्ड के भार के तुल्य होगी।
- यदि X व Y दो पिण्ड एक दूसरे के ऊपर रखे हुए हैं Y चिकने तल पर हो,

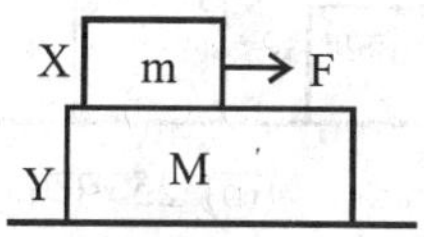

(i) यदि X पर F बल लगाया जाता है तथा X एवं Y के बीच घर्षण बल $f_s \geq F$ तो निकाय का त्वरण $a = \frac{F}{M+m}$ दोनो पिण्ड एक ही त्वरण गति से चलेंगे।

(ii) यदि $F > f_s$ ऐसी स्थिति में दोनों पिण्ड अलग-अलग त्वरण से चलेंगे X का त्वरण $F - f_s = ma_X$, Y का त्वरण $f_s = Ma_Y$

- यदि बल Y पर लगाया जाता है चित्रानुसार यदि Y चिकने तल पर हो तो

(i) यदि X व Y के बीच घर्षण बल $f_S \geq F$ तो X व Y दोनों एक ही त्वरण से गति करेंगे तथा निकाय का त्वरण

$$a = \frac{F}{M+m}$$

(ii) यदि $F > f_S$ हो तो दोनों पिण्ड अलग-अलग त्वरण से गति करेंगे।
X का त्वरण $f_S = ma_A$
Y का त्वरण $F - f_S = ma_B$

अभ्यास के लिए प्रश्न

1. M द्रव्यमान का एक पिण्ड एक क्षैतिज चिकने (घर्षण रहित) तल पर m द्रव्यमान की डोरी से खींचा जाता है। यदि डोरी पर बल P लगा हो, तो डोरी द्वारा पिण्ड पर आरोपित बल होगा–

(a) $\frac{P(M-m)}{(M+m)}$ (b) $\frac{PM}{(M+m)}$

(c) P (d) $\frac{Pm}{(M+m)}$

2. दो पिण्ड A व B एक-दूसरे से कमान के द्वारा से जुड़े हैं जैसा कि चित्र में दर्शाया गया है। 200 न्यूटन का बल 20 किग्रा के पिण्ड पर लगने पर 10 किग्रा के पिण्ड में 12 मीटर/सेकण्ड^2 का त्वरण उत्पन्न होता है। 20 किग्रा द्रव्यमान के पिण्ड का त्वरण, मीटर/सेकण्ड^2 में है–

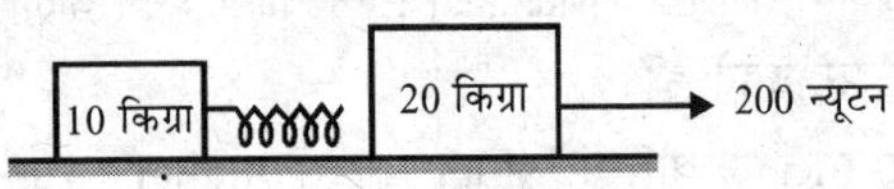

(a) 2.8 (b) 4.0

(c) 1.4 (d) 2

3. चित्र में, तनाव T_2 का मान होगा–

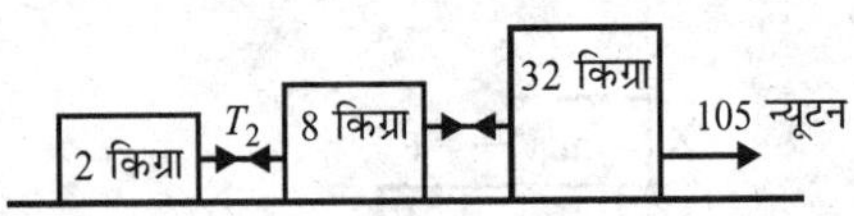

(a) 10 न्यूटन (b) 25 न्यूटन

(c) 4 न्यूटन (d) 5 न्यूटन

4. तीन भार A, B व C जिनमें से प्रत्येक 2 किग्रा॰ है, एक घर्षणरहित घिरनी से गुजरती डोरी से बँधे हैं। AB को C से जोड़ने वाली डोरी से तनाव होगा–

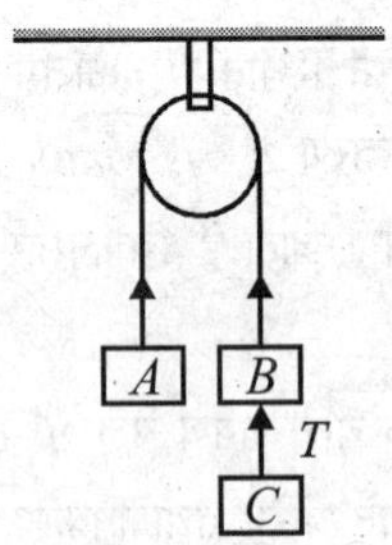

(a) 1 · 3 न्यूटन (b) 0

(c) 13 न्यूटन (d) 3 · 3 न्यूटन

5. 4 किग्रा॰ का एक गुटका क्षैतिज से 30° पर झुके आनत तल पर रखा गया है। उसे एक 6 किग्रा के गुटका के साथ घिरनी से गुजरती एक हल्की डोरी द्वारा जोड़ा जाता है। निकाय में उत्पन्न त्वरण का मान होगा–

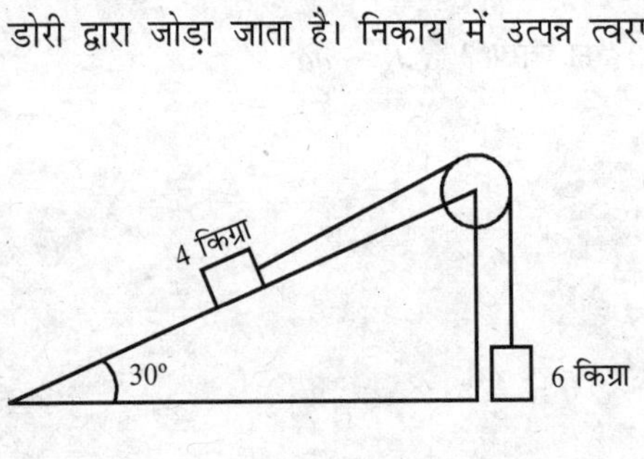

(a) 2 मीटर/सेकण्ड^2 (b) 5 मीटर/सेकण्ड^2

(c) 1 मीटर/सेकण्ड^2 (d) 4 मीटर/सेकण्ड^2

6. एक k बल नियतांक वाली कमान को दो टुकड़ों में काटा जाता है। जिसमें से बड़े टुकड़े की लम्बाई छोटे टुकड़े की दोगुनी है। लम्बे टुकड़े का बल नियतांक होगा–

(a) $3k$ (b) $6k$

(c) $2k/3$ (d) $3k/2$

7. एक कीड़ा एक अर्द्धगोलीय सतह पर धीरे-धीरे रेंगकर ऊपर चढ़ रहा है। कीड़े व सतह के बीच घर्षण गुणांक 1/3 है। यदि अर्द्धगोलीय सतह के केन्द्र को कीड़े से मिलाने वाली रेखा ऊर्ध्वाधर से α कोण बनाती हो, तो α का अधिकतम मान इस प्रकार होगा, कि–

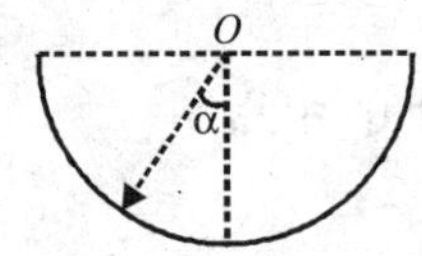

(a) $\sec\alpha = 3$ (b) $\operatorname{cosec}\alpha = 3$

(c) $\cot\alpha = 3$ (d) $\tan\alpha = 3$

8. संलग्न चित्र में, दर्शित घिरनी व डोरी नगण्य द्रव्यमान की होने पर निकाय के संतुलन की अवस्था में θ का मान होगा।

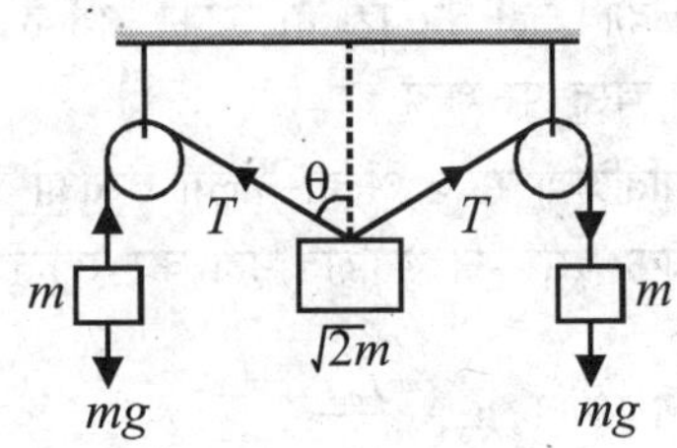

(a) 45° (b) 60°

(c) 0° (d) 30°

9. 10 किग्रा॰ की एक पेटी किसी पृष्ट पर रखी हुई है, जिनके बीच घर्षण गुणांक $\mu = 0.5$ है। इस पर 100 न्यूटन का क्षैतिज बल लगाया जाता है, तो त्वरण का मान होगा–

(a) 5 मीटर/सेकण्ड^2 (b) 2.5 मीटर/सेकण्ड^2

(c) 7.5 मीटर/सेकण्ड^2 (d) उपरोक्त में से कोई नहीं

10. m द्रव्यमान का एक पिण्ड v वेग से μ घर्षण गुणांक वाले तल पर गति करता है। यदि पिण्ड रूकने से पहले s दूरी तय करता हो, तो वेग v का मान होगा–

(a) $2\sqrt{\mu g s}$ (b) $\frac{2}{\sqrt{\mu g s}}$

(c) $\sqrt{\mu g s}$ (d) $\sqrt{2\mu g s}$

11. एक कण को क्षैतिज से 45° कोण वाले वाले रूक्ष नत समतल पर ऊपर की ओर प्रक्षेपित किया जाता है। यदि घर्षण गुणांक 0.5 हो, तो पिण्ड का मंदन होगा–

(a) $\frac{3g}{2\sqrt{2}}$ (b) $\frac{g}{\sqrt{2}}$

(c) $\frac{g}{2}$ (d) $\frac{g}{2\sqrt{2}}$

12. एक लम्बी क्षैतिज छड़ में एक गोली को सरकायी गयी है, जो लम्बाई के अनुदिश खिसक सकती है। प्रारम्भ में इसे छड़ के एक सिरे A से L दूरी पर रखा गया है। छड़ को A के परित: एक नियत कोणीय त्वरण α से कोणीय गति दी जाती है। यदि छड़ व गोली के मध्य घर्षण गुणांक μ हो, तो वह समय जिसके पश्चात् गोली खिसकना प्रारम्भ करती है। गुरुत्व को उपेक्षणीय मानने पर, हासेगा–

(a) $1/\sqrt{\mu\alpha}$ (b) α

(c) $\sqrt{\mu/\alpha}$ (d) $\mu/\sqrt{\alpha}$

13. m द्रव्यमान L भुजा वाला घनाकार गुटका μ घर्षण गुणांक वाले क्षैतिज रूक्ष तल पर रखा गया है। चित्रानुसार गुटके पर एक क्षैतिज बल F आरोपित किया जाता है। यदि घर्षण गुणांक इतना उच्च है, कि गुटका पलटने से पहले नहीं फिसलता है, तो गुटका को पलटने के लिये आवश्यक न्यूनतम बल होगा?

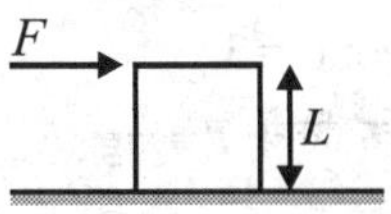

(a) $\frac{mg}{2}$ (b) $mg(1-\mu)$

(c) अनन्त (d) $\frac{mg}{4}$

14. नगण्य द्रव्यमान की एक डोरी m द्रव्यमान की एक कसी हुई घिरनी से गुजरती है। तथा M द्रव्यमान के पिण्ड को आधार प्रदान करती है। क्लैम्प द्वारा घिरनी पर लगा प्रतिक्रिया बल होगा–

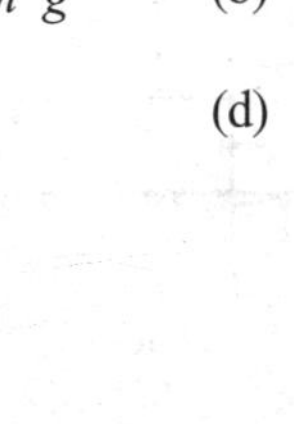

(a) $\sqrt{(M+m)^2+m^2}\,g$ (b) $\sqrt{(M+m)^2+M^2}\,g$

(c) $\sqrt{2}Mg$ (d) $\sqrt{2}mg$

15. किसी बिन्दु पर लगे निम्न बल-संयोगों में से किसकी परिणामी संतुलन में है?

(a) $F_1 = 3$ न्यूटन, $F_2 = 5$ न्यूटन, $F_3 = 6$ न्यूटन

(b) $F_1 = 3$ न्यूटन, $F_2 = 5$ न्यूटन, $F_3 = 1$ न्यूटन

(c) $F_1 = 3$ न्यूटन, $F_2 = 5$ न्यूटन, $F_3 = 15$ न्यूटन

(d) $F_1 = 3$ न्यूटन, $F_2 = 5$ न्यूटन, $F_3 = 9$ न्यूटन

16. किसी रूक्ष क्षैतिज तल पर स्थित 4 किग्रा० का एक पिण्ड पर एक क्षैतिज बल आरोपित किया जाता है, जो गति प्रदान के लिये पर्याप्त है। पिण्ड व तल के बीच स्थैतिक व गतिज घर्षण गुणांक क्रमश: 0.8 व 0.6 है। यदि पिण्ड के गति करने के उपरान्त भी बल लगा रहता हो, तो पिण्ड में उत्पन्न त्वरण होगा– ($g = 10$ मीटर/सेकण्ड^2)

(a) 2 (b) 4

(c) 1/4 (d) 1/2

17. बल F का अधिकतम मान जिससे संलग्न चित्र में, दिखाये गये गुटके पर लगा होने कि स्थिति में वह गति नहीं करेगा–

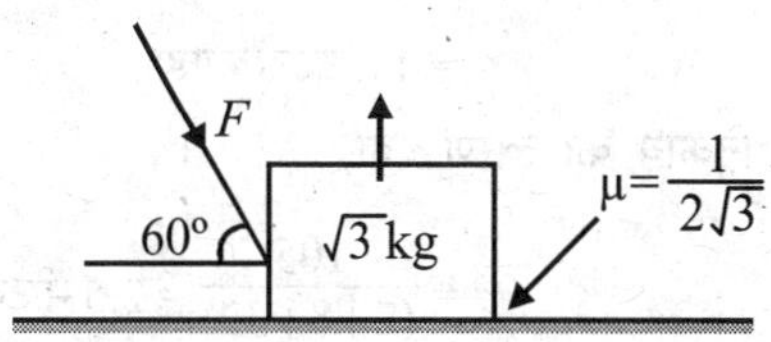

(a) 12 न्यूटन (b) 15 न्यूटन

(c) 20 न्यूटन (d) 10 न्यूटन

18. चिकने क्षैतिज से कोण α पर झुका एक नत समतल पर रखा गया है। यदि नत समतल को a त्वरण से इस प्रकपर चलाये कि पिण्ड विराम में रहे, तो त्वरण का मान होगा–

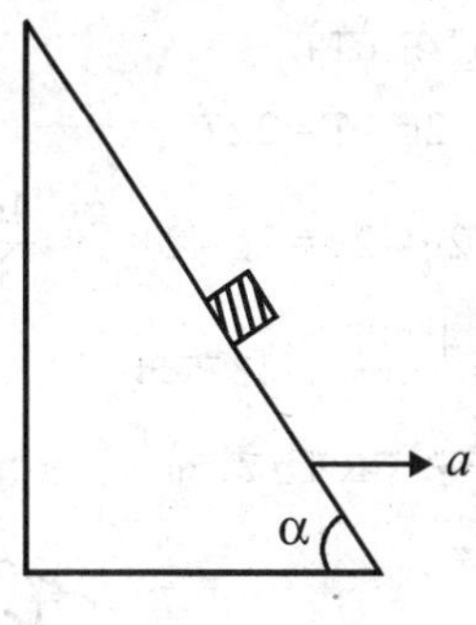

(a) $g \tan\alpha$ (b) g

(c) $g \operatorname{cosec}\alpha$ (d) $\frac{g}{\tan\alpha}$

उत्तरमाला

1. (b) **2.** (b) **3.** (d) **4.** (c) **5.** (d) **6.** (d) **7.** (c) **8.** (a) **9.** (a) **10.** (d)
11. (a) **12.** (c) **13.** (a) **14.** (b) **15.** (a) **16.** (a) **17.** (c) **18.** (a)

हल

1. (b) निकाय का त्वरण $a = \frac{P}{(M+m)}$

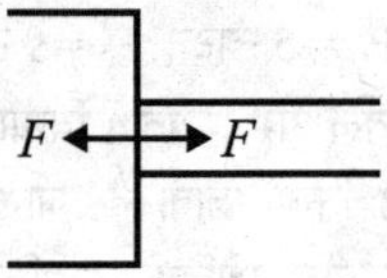

अत: पिण्ड पर लगा बल, $F = Ma = \frac{PM}{(M+m)}$.

2. (b) यदि कमान में खिंचाव के कारण प्रत्यानयन बल F हो,

तो, $F = 10 \times 12 = 120$ न्यूटन

अत: 20 किग्रा पिण्ड का त्वरण $= \frac{(200-120)}{20}$

$= 4$ मीटर/सेकण्ड^2.

3. (d) यदि निकाय का त्वरण a हो,

तो $a = \frac{105}{(2+8+32)} = 2.5$ मीटर/सेकण्ड^2

$\therefore$ $T_2 = 2 \times 2.5 = 5.0$ न्यूटन

4. (c) $a = \frac{(m_2 - m_1)g}{m_2 + m_1}$ से निकाय का संयुक्त त्वरण

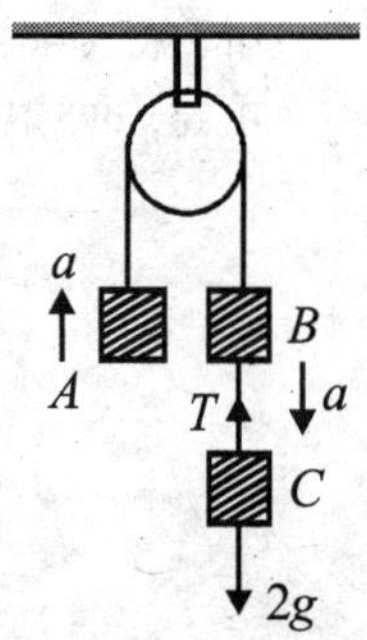

$a = \frac{(4-2)g}{4+2} = \frac{2g}{6} = \frac{g}{3}$

अत: पिण्ड C के लिये,

$2g - T = 2a$ से

$T = 2g - 2a = 2g - 2 \times \frac{g}{3} = \frac{4g}{3}$

$= \frac{4 \times 9.8}{3} = 13$ न्यूटन

5. (d) माना उभयनिष्ट त्वरण a है, तो

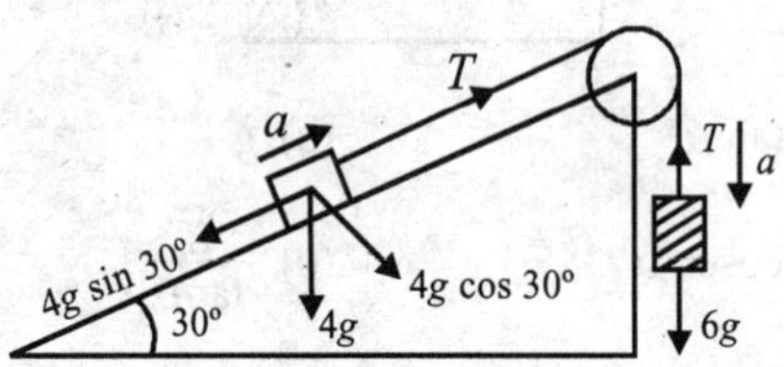

$6g - T = 6a$

तथा $T - 4g \sin 30^\circ = 4a$

जोड़ने पर, $a = \frac{4g}{10} = \frac{4 \times 10}{10} =$ मीटर/सेकण्ड^2

6. (d) $l_1 + l_2 = l$ तथा $l_2 : l_1 = 2 : 1$

$k \propto \frac{1}{l}$ तथा $k_2 \propto \frac{1}{l_2}$

$\therefore$ $\frac{k_2}{k} = \frac{l}{l_2} = \left(\frac{l_1 + l_2}{l_2}\right) = \left(1 + \frac{1}{2}\right)$

$\therefore$ $k_2 = \frac{3k}{2}$.

7. (c) कीड़े के ठीक नीचे सरकने की अवस्था में,

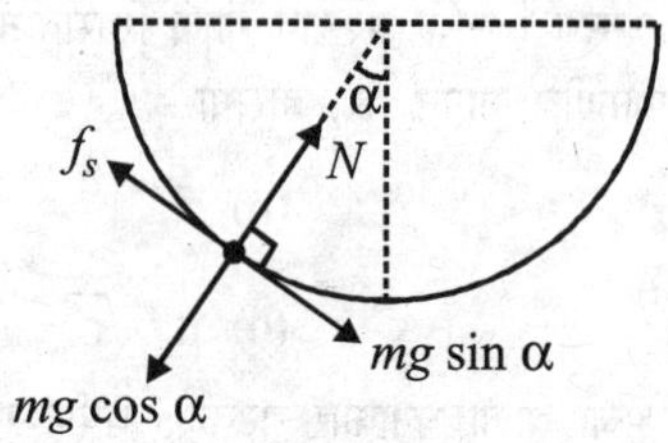

$mg \sin a = f_s = \mu_s \cdot N$

$= \mu_s \times mg \cos \alpha$

$\therefore$ $\tan \alpha = \mu_s = \frac{1}{3}$

या $\cot \alpha = 3$.

8. (a) m के सन्तुलन के लिये, $T = mg$

$\sqrt{2}m$ के सन्तुलन के लिये,

$\sqrt{2}mg = 2T \cos \theta$

$\therefore$ $\cos \theta = \frac{\sqrt{2}mg}{2T} = \frac{\sqrt{2}mg}{2 \cdot mg} = \frac{1}{\sqrt{2}}$

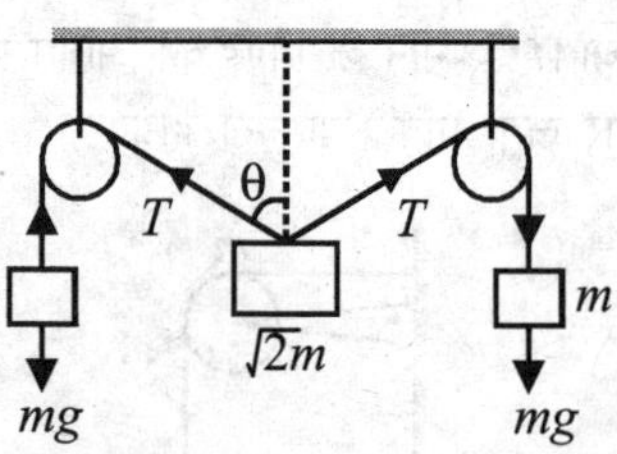

$\therefore$ $\theta = 45^\circ$.

9. (a) पेटी पर नेट बल

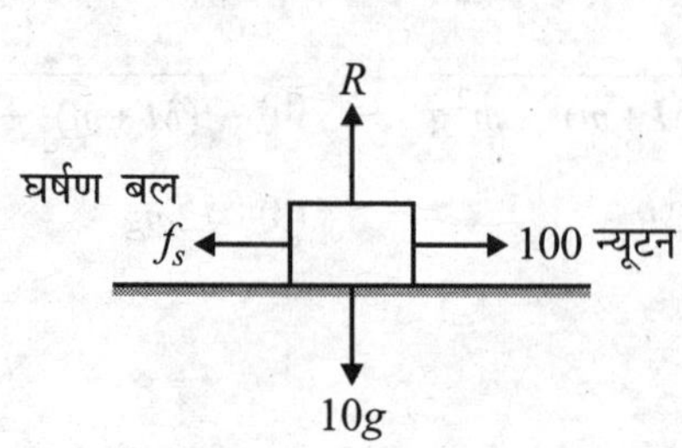

$= (100 - \mu R)$

$= (100 - 0.5 \times 10 \times 10)$

$= 50$ न्यूटन

$\therefore$ त्वरण $= \frac{50}{10} = 5$ मीटर/सेकण्ड^2

10. (d) पिण्ड पर घर्षण बल के कारण मंदन $(-a)=\frac{\mu mg}{m}=\mu g$

$$v^2=u^2+2as \text{ से}$$

$$u=\sqrt{2as}=\sqrt{2\mu gs}$$

11. (a) नत समतल पर ऊपर प्रक्षेपित करने पर, समतल के अनुदिश नीचे की ओर बल

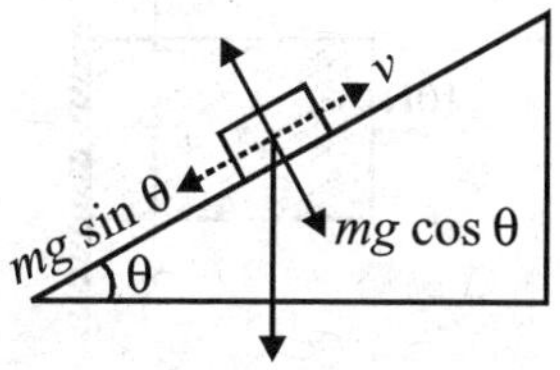

$$F=mg\sin\theta+\mu\, mg\cos\theta$$

अतः मंदन, $\frac{F}{m}=g(\sin\theta+\mu\cos\theta)$

$$=g(\sin 45^\circ+0.5\cos 45^\circ)=\frac{3g}{2\sqrt{2}}$$

12. (c) रेखीय त्वरण, $a=L\alpha$

$N=ma=mL\alpha,$ $\mu N=\mu mL\alpha$ (फिसलने की स्थिति में)

$\therefore$ $\mu mL\alpha=mL(\alpha t)^2,$ $t=\sqrt{\frac{\mu}{\alpha}}$

13. (a) न पलटने की स्थिति में, O के परितः बलों के आघूर्ण लेने पर,

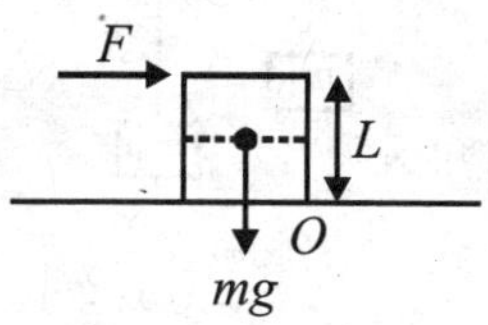

$F\times L=mg\times L/2$ से $\because$ $F=\frac{mg}{2}$

14. (b) घिरनी पर क्षैतिज दिशा में बल, $T=Mg$

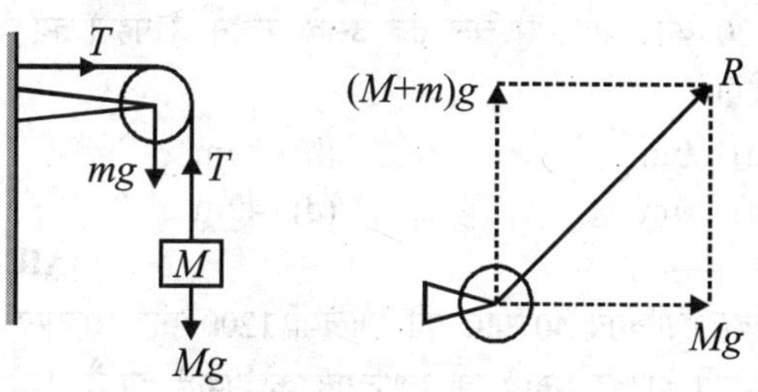

तथा ऊर्ध्वाधर $(M+m)\,g$

$\therefore$ घिरनी पर परिणामी प्रतिक्रिया बल

$$R=\sqrt{(Mg)^2+(M+m)^2g^2}$$

$$=\left(\sqrt{(M+m)^2+M^2}\right)\cdot g$$

15. (a) विकल्प (c) में F_1 व F_2 का परिणामी 8 न्यूटन व 2 न्यूटन के बीच होने के कारण $F_3=6$ न्यूटन को संतुलित कर लेगा।

16. (a) पिण्ड पर लगा बाह्य बल $=F_s=\mu_s\, mg$

गत्यावस्था में घर्षण बल $=\mu_k\, mg$

अतः त्वरण $=\frac{\text{नैट बल}}{\text{द्रव्यमान}}$

$$=\frac{(\mu_s-\mu_k)mg}{m}$$

$$=(0.8-0.6)\times 10=2 \text{ मीटर/सेकण्ड}^2$$

17. (c) $N=[\sqrt{3}g+F\sin 60^\circ]$

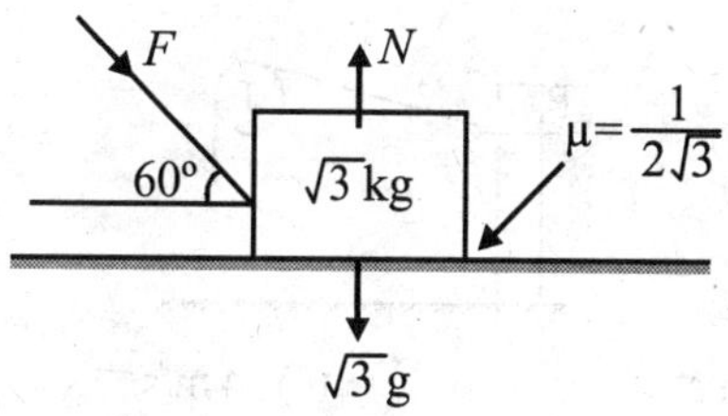

गति के लिये

$\therefore$ $F\cos 60\geq\mu N$

$\therefore$ F का अधिकतम मान

जिसके लगे होने पर पिण्ड गति नहीं करेगा,

$$F\cos 60^\circ=\frac{1}{2\sqrt{3}}[\sqrt{3}g+F\sin 60^\circ]$$

हल करने पर,

$$F=20 \text{ न्यूटन}$$

18. (a)

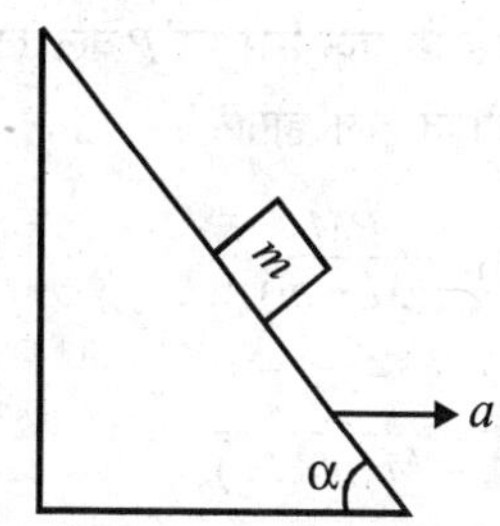

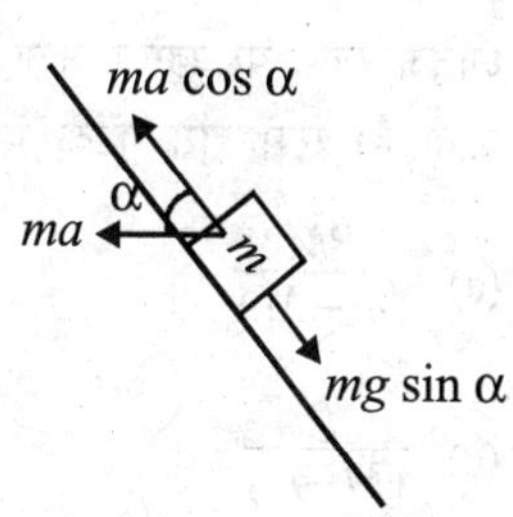

$$mg\sin\alpha=ma\cos\alpha$$

$$a=g\tan\alpha$$

Previous Years' Problems

1. प्रारम्भ में साम्यावस्था में m द्रव्यमान के एक कण पर तीन बल लगे हैं। यदि प्रथम दो बल (R_1 तथा R_2) परस्पर अभिलम्बवत् हैं और अचानक तीसरे बल (R_3) को हटा लिया जाता है, तब कण का त्वरण होगा–

(a) $\frac{R_1-R_2}{m}$ (b) $\frac{R_1}{m}$

(c) $\frac{R_3}{m}$ (d) $\frac{R_1+R_2}{m}$

[AIEEE 2002]

2. जमीन से गड़े खम्भे P से एक डोरी बंधी है जो कि चित्रानुसार एक पेड़ की शाखा (T) से गुजरती है। खम्भा 360 न्यूटन का बल सहन कर सकता है। 60 किग्रा के एक मनुष्य को रस्से पर सुरक्षित चढ़ने के लिए उसका त्वरण होगा–

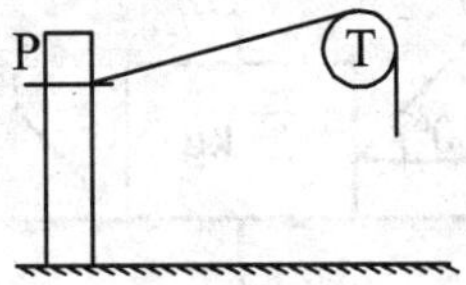

(a) $1\ m/s^2$ (b) $4\ m/s^2$
(c) $6\ m/s^2$ (d) $2\ m/s^2$

[AIEEE 2002]

3. दर्शाये गए चित्र में एक बल F लगाया गया है। यदि घर्षण बल नगण्य है तो BC के मध्य डोरी में तनाव ज्ञात करो–

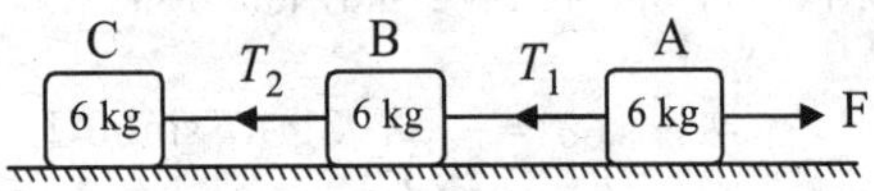

(a) F (b) $F/2$
(c) $F/3$ (d) कोई नहीं

[AIEEE 2002]

4. m द्रव्यमान के एक रस्से से M द्रव्यमान का एक गुटका घर्षण रहित क्षैतिज सतह पर खींचा जाता है। रस्से के एक सिरे पर P बल लगाया जाता है। रस्से द्वारा गुटके पर आरोपित बल होगा–

(a) $\frac{PM}{(m-M)}$ (b) $\frac{PM}{(M-m)}$

(c) $\frac{P}{(M-m)}$ (d) $\frac{P}{M(m+M)}$

[AIEEE 2003]

5. 120 किग्रा द्रव्यमान का एक राकेट गुरुत्व मुक्त आकाश में फायर किया जाता है। राकेट 1 किग्रा/सेकण्ड की दर से 600 मीटर/सेकण्ड वेग से गैस निष्कासित करता है। राकेट पर प्रारम्भिक प्रणोद (thrust) क्या होगा ?

(a) 600 N (b) 1200 N
(c) 60 N (d) 120 N

[AIEEE 2003]

6. 10 N का एक क्षैतिज बल गुटके को दीवार के सापेक्ष ठीक स्थिर रखने में पर्याप्त है। दीवार तथा गुटके के मध्य घर्षण गुणांक 0.2 है। गुटके का भार होगा–

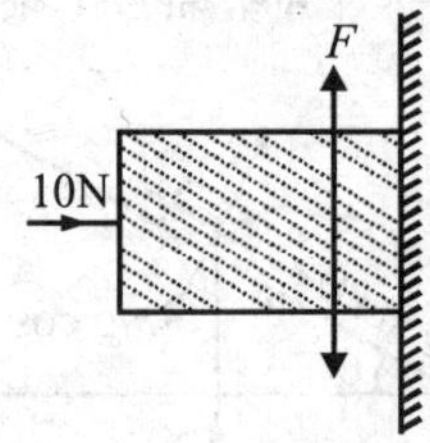

(a) 50 N (b) 100 N
(c) 2 N (d) 20 N

[AIEEE 2003]

7. दो द्रव्यमान ($M_1 = 5$ किग्रा तथा $M_2 = 10$ किग्रा) एक न फैलने वाली डोरी से बँधे हैं जो कि चित्रानुसार घर्षणरहित घिरनी (pulley) के ऊपर से गुजरती है। जब द्रव्यमानों को छोड़ दिया जाता है। तब द्रव्यमानों का त्वरण होगा–

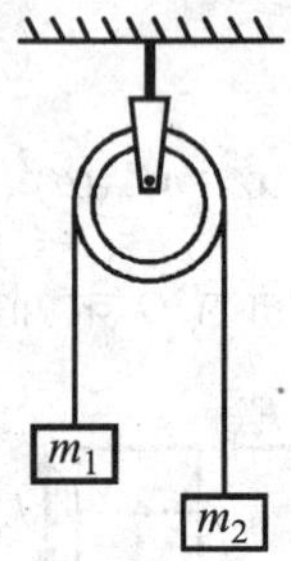

(a) $g/3$ (b) $g/4$
(c) g (d) $g/2$

[AIEEE 2004]

8. एक ऑटोमोबाईल 60 किग्रा/घण्टा की चाल से चलते हुए ब्रेक लगाने पर 20 मीटर दूरी तय कर सकता है। यदि एक कार दुगुनी चाल अर्थात् 120 किग्रा/घण्टा से चले तब उसके रुकने से पहले तय की गई दूरी होगी–

(a) 60 m (b) 80 m
(c) 20 m (d) 40 m

[AIEEE 2004]

9. एक मशीनगन 40 ग्राम की गोलियाँ 1200 मीटर/सेकण्ड के वेग से दागती है। वह मनुष्य जो मशीनगन को पकड़े हुए है। 144 न्यूटन का अधिकतम बल मशीनगन पर लगा सकता है। प्रति सेकण्ड अधिकतम कितनी गोलियाँ मशीनगन से दागी जा सकती है–

(a) दो (b) तीन
(c) एक (d) चार

[AIEEE 2004]

10. क्षैतिज से 30° के चिकने आनत तल पर एक गुटका विरामावस्था में

स्थिर है। गुटके तथा आनत तल के बीच स्थैतिक घर्षण गुणांक 0.8 है। यदि गुटके पर घर्षण बल 10 न्यूटन है तब गुटके का द्रव्यमान (किग्रा में) होगा–

(a) 1.6 (b) 2.5
(c) 2.0 (d) 4.0

[AIEEE 2004]

11. एक चिकना गुटका विरामावस्था से 45° के आनत तल पर छोड़ा जाये तो यह d दूरी तक फिसलता है। गुटके द्वारा खुरदुरे तल पर फिसलने में लिया गया समय चिकने तल पर लिए गए समय से n गुणा अधिक है। घर्षण गुणांक होगा–

(a) $\mu_k = 1 - \frac{1}{n^2}$ (b) $\mu_k = \sqrt{1 - \frac{1}{n^2}}$

(c) $\mu_s = 1 - \frac{1}{n^2}$ (d) $\mu_s = \sqrt{1 - \frac{1}{n^2}}$

[AIEEE 2005]

12. ϕ झुकाव कोण के आनत तल का ऊपरी अर्द्धभाग पूर्णत: चिकना तथा निचला अर्द्धभाग खुरदुरा है। एक पिण्ड आनत तक की चोटी से विरामावस्था में छोड़े जाने पर पुन: आनत तल के धरातल तक फिसलने पर विरामावस्था में पहुँच जाता है, तब निचले अर्द्ध भाग का घर्षण गुणांक होगा–

(a) $2\sin\phi$ (b) $2\cos\phi$
(c) $2\tan\phi$ (d) $\tan\phi$

[AIEEE 2005]

13. 2 किग्रा का एक गुटका क्षैतिज फर्श पर 4 मीटर/सेकण्ड की चाल से फिसलता है। यह एक असंपीड्य स्प्रिंग से टकराता है ओर गति शून्य होने तक स्प्रिंग को दबाता है। गतिज घर्षण बल 15 न्यूटन है और स्प्रिंग नियतांक 10,000 न्यूटन/मीटर है। स्प्रिंग दबता है–

(a) 2.5 सेमी (b) 11.0 सेमी
(c) 8.5 सेमी (d) 5.5 सेमी

[AIEEE 2007]

14. m द्रव्यमान का एक गुटका k स्प्रिंग नियतांक के द्रव्यमानहीन स्प्रिंग द्वारा एक-दूसरे (द्रव्यमान M) से जोड़ा गया है। दोनों गुटके विरामावस्था में हैं और स्प्रिंग खिंचाव रहित (unstretched) है। तब M द्रव्यमान के गुटके पर एक नियत बल F लगता है जो इसे खींचता है। m द्रव्यमान के गुटके पर बल ज्ञात कीजिए–

(a) $\frac{(M+m)F}{m}$ (b) $\frac{mF}{(m+M)}$

(c) $\frac{MF}{(m+M)}$ (d) $\frac{mF}{M}$

[AIEEE 2007]

उत्तरमाला

1. (c)	**2.** (c)	**3.** (c)	**4.** (a)	**5.** (a)	**6.** (c)	**7.** (a)	**8.** (b)	**9.** (b)	**10.** (c)
11. (a)	**12.** (c)	**13.** (d)	**14.** (b)						

हल

1. (c) अब,

$$a = \frac{\sqrt{F_1^2 + F_2^2}}{m} = \frac{F_3}{m} = \frac{R_3}{m}$$

2. (c) $360\text{ N} = F = ma = 60 \times a$

$\therefore \quad a = 6\text{ m/s}^2$

3. (c) $T_2 = \frac{6}{6+6+6}F = \frac{F}{3}$

4. (a) माना निकाय का उभयनिष्ठ (common) त्वरण a है

यहाँ $T = Ma$ (गुटके के लिए)

$P - T = ma$ (रस्से के लिए)

$\therefore \quad P - Ma = ma$

अथवा $P = a(m+M)$

अथवा $a = \frac{P}{m+M}$

अब $T = Ma = \frac{PM}{(m-M)}$

5. (a) $a = \frac{F}{M} = \frac{\Delta P/\Delta t}{M}$

$= \frac{1\times 600}{1\times 120}$

$= 5$ मीटर/सेकण्ड^2

प्रणोद (Thrust) $= F = Ma = 120 \times 5 = 600\text{ N}$

6. (c) दिया है, क्षैतिज बल $F = 10\,N$ तथा दीवार और गुटके के मध्य घर्षण गुणांक $(\mu) = 0.21$

जैसा कि ज्ञात है, साम्यावस्था में क्षैतिज बल गुटके पर दीवार के विपरीत अभिलम्ब प्रतिक्रिया (normal reaction) उत्पन्न करता है। इसलिए गुटके पर अभिलम्ब प्रतिक्रिया $(R) = F = 10\,N$

हमें यह भी ज्ञात है कि गुटके का भार (W) = घर्षण बल $= \mu R = 0.2 \times 10 = 2\,N$

7. (a) छोड़ने पर, निकाय की गति चित्रानुसार

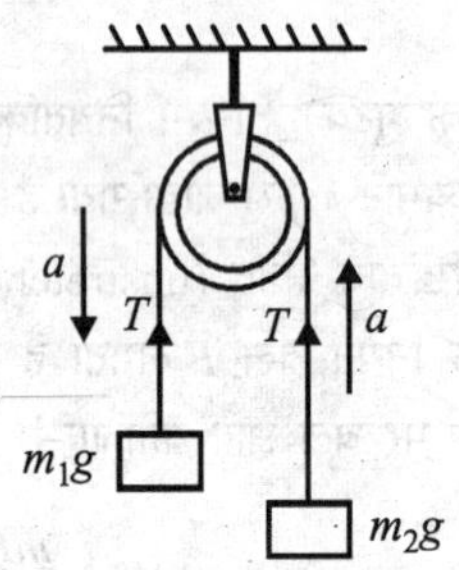

$$T - m_1g = m_1a \quad \text{...(1)}$$

तथा $m_2g - T = m_2a$ ...(2)

हल करने पर,

$$a = \left(\frac{m_2 - m_1}{m_1 + m_2}\right)g \quad \text{...(3)}$$

यहाँ $m_1 = 5\,kg, m_2 = 10\,kg$

$$\therefore \quad a = \left(\frac{10-5}{5+10}\right)g = \frac{5}{15}g = \frac{g}{3}$$

8. (b) माना दोनों अवस्थाओं में मंदन a है।

सूत्र $v^2 = u^2 + 2as$ का प्रयोग करने पर,

रुकने पर तय की गई दूरी $\propto u^2$। यदि प्रारम्भिक चाल दुगुनी की जाये तब रुकने में तय गी गई दूरी चार गुनी अर्थात् 80 मीटर होगी।

9. (b) माना मनुष्य द्वारा प्रति सेकण्ड दागी गोलियों की संख्या n है।

चूँकि, बल = संवेग की दर

$$\therefore \quad 144 = n \times \frac{40}{1000} \times 1200$$

$$\therefore \quad n = 3$$

10. (c) चूँकि गुटका विरामावस्था में है,

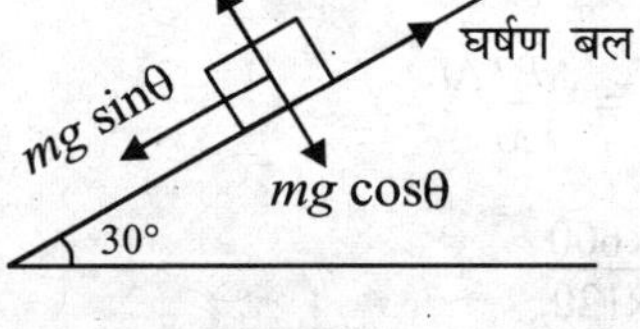

अत: $10 = mg\sin\theta$

$$\therefore \quad m = 2\,kg$$

11. (a) जब सतह चिकनी है,

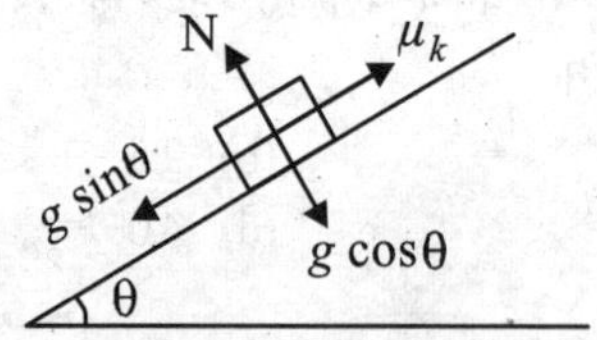

$$d = \frac{1}{2}g\sin\theta \times t^2 \quad \text{...(1)}$$

जब सतह खुरदुरी है,

$$d = \frac{1}{2}g(\sin\theta - \mu_k\cos\theta)t_1^2 \quad \text{...(2)}$$

दिया है, $t_1 = nt$

समीकरण (1) व (2) से

$$\frac{1}{2}g\sin\theta \times t^2 = \frac{1}{2}g(\sin\theta - \mu_k\cos\theta)(nt)^2$$

चूँकि $\theta = 45$

$$\frac{1}{\sqrt{2}} = \frac{n^2}{\sqrt{2}}[1 - \mu_k]$$

अथवा $\mu_k = 1 - \frac{1}{n^2}$

12. (c) प्रभम अर्द्धभाग के लिए त्वरण $= g\sin\phi$

$$\therefore \quad v^2 = 2(g\sin\phi)l \quad \text{...(1)}$$

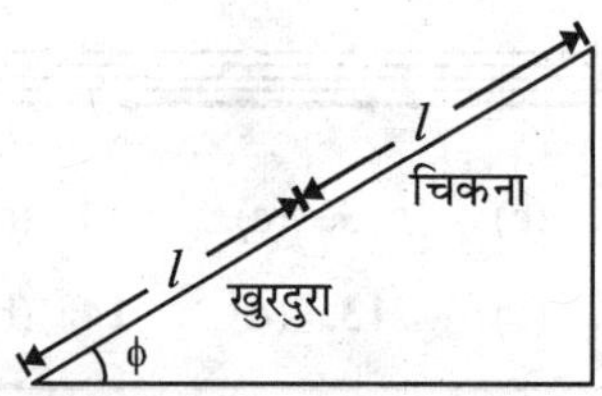

द्वितीय अर्द्ध भाग के लिए त्वरण

$$= g(\sin\phi - \mu_k\cos\phi)$$

अथवा $0 = v^2 + 2g(\sin\phi - \mu_k\cos\phi)l$ ...(2)

समीकरण (1) को समीकरण (2) में रखने पर,

$$0 = (2g\sin\phi)l + (2g\sin\phi)l - (2g\mu_k\cos\phi)l$$

$\therefore \quad \mu_k\cos\phi = 2\sin\phi$

अथवा $\mu_k = 2\tan\phi$

13. (d) माना स्प्रिंग x दूरी तक दबता है।

स्पष्टत: गुटके की प्रारम्भिक गतिज ऊर्जा = स्प्रिंग की स्थितिज ऊर्जा + घर्षण बल के विरुद्ध किया गया कार्य

अथवा, $\frac{1}{2}mv^2 = \frac{1}{2}kx^2 + fx$

अथवा, $\frac{1}{2} \times 2 \times (4)^2 = \left(\frac{1}{2} \times 1000 \times x^2\right) + 15x$

$$16 = 5000x^2 + 15x$$

$$15000x^2 + 15x - 16 = 0$$

$$\therefore \quad x = \frac{-15 \pm \sqrt{(15)^2 - 4 \times 5000 \times (-16)}}{2 \times 5000}$$

$$= \frac{-15 \pm 565.88}{10000} = 0.055 \text{ मीटर}$$

(ऋणात्मक मान न लेने पर)

$$\therefore \quad x = 5.5 \text{ सेमी}$$

14. (b) m तथा M द्रव्यमानों के लिए free body-diagrams से,

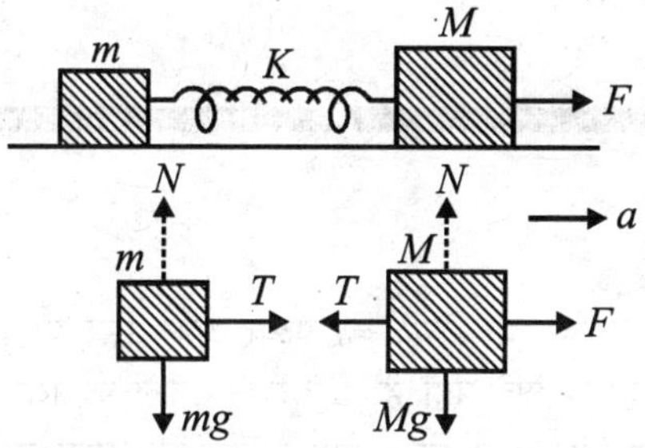

हम पाते हैं,

$T = ma$ तथा $F - T = Ma$

जहाँ T स्प्रिंग के कारण उत्पन्न बल है

$\Rightarrow \quad F - ma = Ma$

अथवा $\quad F = Ma + ma$

$$\therefore \quad a = \frac{F}{M + m}$$

अब m द्रव्यमान के गुटके पर लगने वाला बल

$$ma = m\left(\frac{F}{M + m}\right) = \frac{mF}{m + M}$$

□□□

अध्याय

6

कार्य, शक्ति एवं ऊर्जा

(Work, Power and Energy)

यांत्रिक कार्य (Mechanical Work)

- जब वस्तु या कण पर कार्यरत बल व विस्थापन एक ही दिशा में हों तो -

$W=$ (बल) × (बल की दिशा में कण का विस्थापन)

$$W = F \times d$$

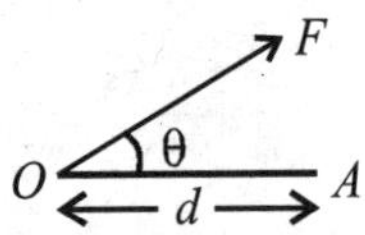

- जब बल व विस्थापन के मध्य θ° का कोण हो, तो -

$W = (F\cos\theta)(d)$

= (विस्थापन की दिशा में बल का घटक) × (विस्थापन)

$W = (d\cos\theta)(F)$

= (बल की दिशा में विस्थापन का घटक) × (बल)

अधिकतम कार्य (Maximum Work)

- जब $\theta = 0°$ अर्थात् कण पर कार्यरत बल F व विस्थापन d एक ही दिशा में तथा परस्पर समान्तर हों तब W अधिकतम होगा।

$$W_{max} = F \cdot d \times \cos 0 = F.d$$

- जब $\theta = 180°$ अर्थात् कण पर कार्यरत बल F व d विपरीत दिशा में एक ही रेखा के अनुदिश हो तब W विपरीत दिशा में अधिकतम होगा।

$$W_{max} = -Fd$$

न्यूनतम कार्य (Minimum Work)

- जब $\theta = 90°$ अर्थात F व d परस्पर लम्बवत् होते हैं तब $W = 0$ होगा।

(i) किसी पिण्ड को अभिकेन्द्री बल द्वारा वृत्ताकार मार्ग पर घुमाने में किया गया कार्य शून्य होता है।

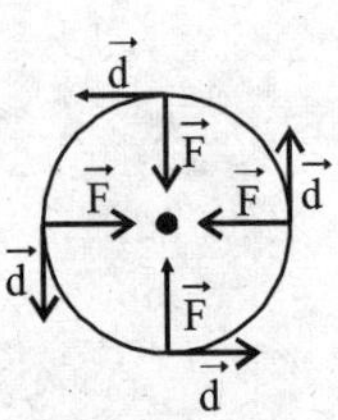

(ii) एक मजदूर 40 किग्रा का पत्थर अपने सिर पर रखकर समतल सड़क पर चल रहा है तो गुरुत्वीय बल के विरुद्ध उसके द्वारा किया गया कार्य शून्य होगा क्योंकि विस्थापन गुरुत्वीय बल के लम्बवत है।

(iii) जब एक चार पहिये वाला वाहन घर्षण रहित समतल सड़क पर समान वेग से चलता है तो $W = 0$ होगा क्योंकि वाहन का भार व विस्थापन परस्पर लम्बवत् हैं।

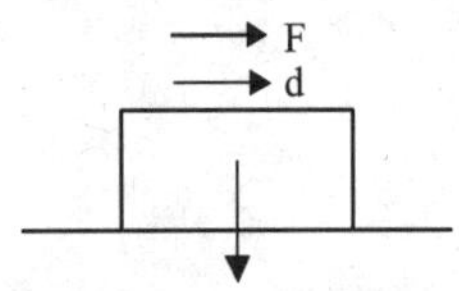

बल-विस्थापन वक्र (Force Displacement Graph)

- जब परिवर्ती बल F के द्वारा किसी पिण्ड को x_1 से x_2 तक विस्थापित किया जाता है तब किया गया कार्य

$$W = \int_{x_1}^{x_2} F\,dx = \text{ छायांकित क्षेत्र का क्षेत्रफल}$$

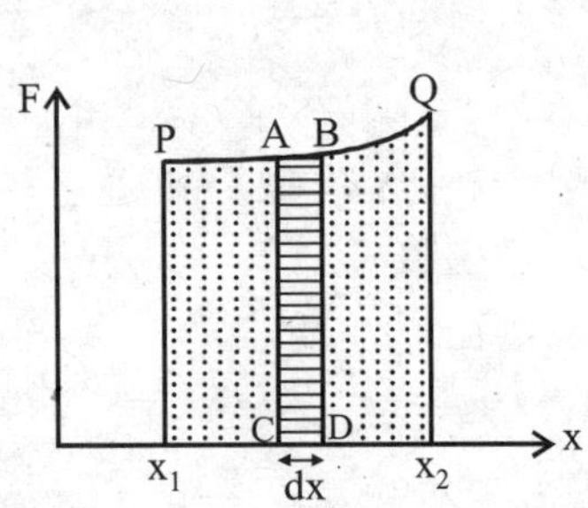

$W = (F - x)$ वक्र तथा विस्थापन अक्ष के मध्य का क्षेत्रफल

$W = F - x$ वक्र के नीचे का x_1 से x_2 के मध्य का क्षेत्रफल

कार्य से सम्बन्धित कुछ विशेष बिन्दु (Some Important Points Related to Work)

(i) किसी कमानी को खीचने पर प्रत्यानयन बल के विरुद्ध किये गए कार्य का मान

$W = \Delta ABC$ का क्षेत्रफल

$F = \frac{1}{2}kx^2$

$= \frac{1}{2}k(-x)^2$

$= \Delta ABC$ का क्षेत्रफल

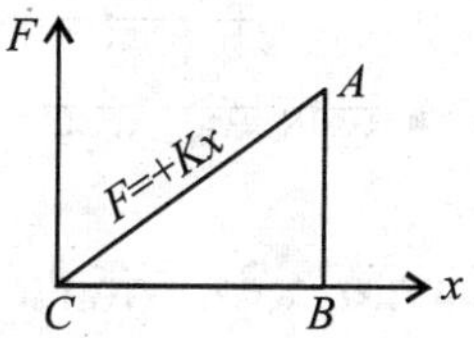

(ii) किसी बल के विरुद्ध या बल के द्वारा किया गया कार्य न तो उसके मार्ग पर निर्भर करता है जिस पर से पिण्ड या वस्तु को विस्थापित किया जाता है और न ही मार्ग को तय करने में लगे समय पर।

(iii) SI पद्धति में कार्य का मात्रक = जूल

C.G.S पद्धति में कार्य का मात्रक = अर्ग

जूल तथा अर्ग में सम्बन्ध :

$$1 \text{ जूल} = 10^7 \text{ अर्ग}$$

(iv) **संरक्षी बल** (गुरुत्वाकर्षण, विद्युत चुम्बकीय आदि) के लिए कृत कार्य प्रारम्भिक और अंतिम अवस्था पर निर्भर करता है। कृत कार्य पथ और लिये गए समय पर निर्भर नहीं करता है।

शक्ति या सामर्थ्य (Power)

1. किसी वस्तु के कार्य करने की दर को शक्ति कहते हैं।

$$\boxed{P = \frac{W}{t}}$$

2. शक्ति एक अदिश राशि है। यह बल तथा वेग के अदिश गुणनफल के बराबर होती है।

$$P = \vec{F}.\vec{v} = Fv\cos\theta$$

3. S.I. पद्धति में सामर्थ्य का मात्रक वॉट है। इसकी विमा $[ML^2T^{-3}]$ है।

4. $1\,kW = 10^3 W$, $1\,MW = 10^6 W$, $1\,HP = 746\,W$

ऊर्जा (Energy)

- कार्य करने की क्षमता को ऊर्जा कहते हैं।
- ऊर्जा एक अदिश राशि है, S.I. पद्धति में इसका मात्रक जूल है।

गतिज ऊर्जा (Kinetic Energy)

- वस्तु की गति के गुण के कारण वस्तु में निहित ऊर्जा को गति ऊर्जा कहते हैं।

(i) v वेग से गतिमान m द्रव्यमान की वस्तु की गतिज ऊर्जा

$$E = \frac{1}{2}mv^2$$

$$\text{गतिज ऊर्जा } E = \frac{(\text{संवेग})^2}{2 \times \text{द्रव्यमान}} = \frac{P^2}{2m}$$

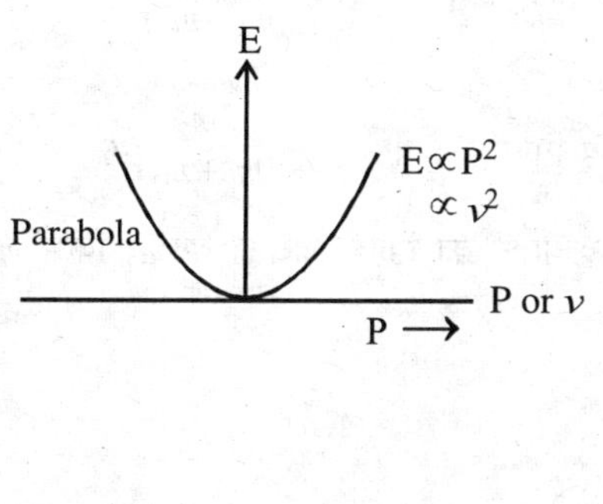

(ii) जब संवेग तथा $\sqrt{\text{गतिज ऊर्जा}}$ में ग्राफ लिया जाता है तो एक सरल रेखा प्राप्त होती है।

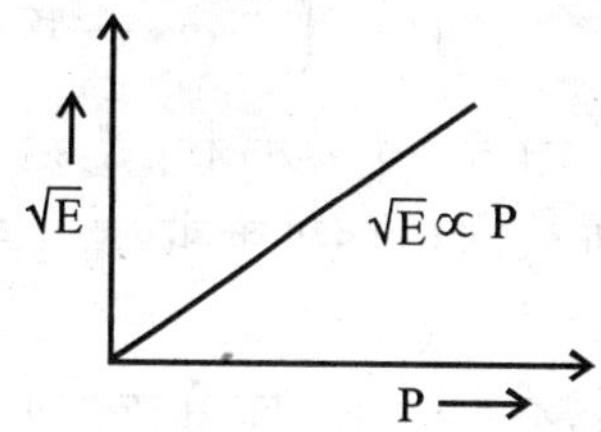

(iii) जब $\frac{1}{P}$ तथा $\sqrt{\text{गतिज ऊर्जा}}$ के बीच में ग्राफ लिया जाता है तो आयताकार अतिपरवलय (Hyperbola) प्राप्त होता है

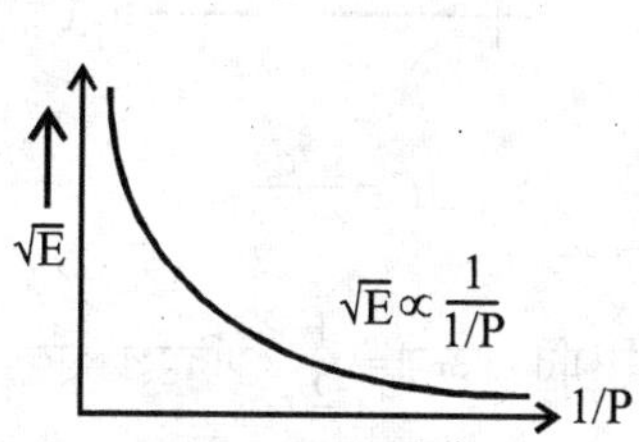

(iv) घूमते हुए पिण्ड की या पहिये के अन्दर कुल गतिज ऊर्जा

रेखीय गतिज ऊर्जा + घूर्णी गतिज ऊर्जा

$$\boxed{E = \frac{mv^2}{2} + \frac{I\omega^2}{2}}$$

(v) यदि किसी वस्तु या पिण्ड पर बल आरोपित करने के पश्चात् उसकी चाल अपरिवर्तित रहती है तब गतिज ऊर्जा में परिवर्तन शून्य होता है। अर्थात्

$$\Delta E = 0$$

(vi) दो वस्तुओं के संवेग समान हों तो भारी वस्तु की गतिज ऊर्जा हल्की वस्तु से कम होती है।

$$P_1 = P_2$$

$$\boxed{\frac{E_1}{E_2} = \frac{m_2}{m_1}}$$

(vii) यदि वस्तुओं की गतिज ऊर्जायें समान होती हैं तो भारी वस्तु का संवेग हल्की वस्तु से अधिक होता है।

$$K_1 = K_2$$

$$\boxed{\frac{P_1}{P_2} = \sqrt{\frac{m_1}{m_2}}}$$

स्थितिज ऊर्जा (Potential Energy)

- किसी वस्तु की स्थिति और आकार के कारण उसमें निहित ऊर्जा स्थितिज ऊर्जा कहलाती है।

(i) दो बिन्दुओं के बीच कार्य के पदों में स्थितिज ऊर्जा

$$v_2 - v_1 = -\int_{r_1}^{r_2} \vec{F}\cdot\vec{dr} = -w$$

अनन्त पर स्थितिज ऊर्जा = 0

इसलिए यदि $r_1=\infty,\ r_2=r$

$$U=-\int_{\infty}^{r}\vec{F}\cdot\vec{dr}=-W$$

संरक्षी बल क्षेत्र के लिए स्थितिज ऊर्जा उस ऋणात्मक कार्य के बराबर होती है, जिन बिन्दुओं के बीच वस्तु को विस्थापित किया जाता है।

(ii) **स्थितिज ऊर्जा वक्र :** इस वक्र से बल की तुलना की जाती है।

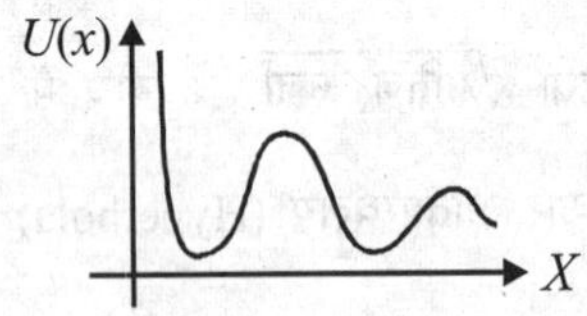

$$F=-\frac{dv}{dx}$$

(iii) प्रत्यास्थ स्थितिज ऊर्जा= $\frac{1}{2}$ × प्रतिबल × विकृति × आयतन

स्प्रिंग के लिए,

$$U=\frac{kx^2}{2}$$

(iv) पृथ्वी तल से h ऊँचाई पर गुरुत्वीय स्थितिज ऊर्जा

$$=\frac{mgh}{(1+h/R)}$$

$= mgh$ ($h << R$ के लिए)

(v) गुरुत्वीय स्थितिज ऊर्जा = mgh

पृथ्वी से r दूरी जाने पर $=-\frac{GMm}{r}$

(vi) **स्थितिज ऊर्जा और कार्य में सम्बन्ध :**

$$\Delta U=-\Delta W$$

यांत्रिक ऊर्जा संरक्षण का नियम (Mechanical Work) :

- (घर्षण बलों की अनुपस्थिति में) संरक्षी बलों के प्रभाव में किसी निकाय की कुल यांत्रिक ऊर्जा (गतिज ऊर्जा. स्थितिज ऊर्जा) नियत रहती है।

$$E_t=E_k+U=\text{नियतांक}$$

रेखीय संवेग संरक्षण का नियम (Law of Conservation of Linear Momentum):

- किसी बाह्य बल की अनुपस्थिति में किसी वस्तु का रेखीय संवेग नियत रहता है
- बाह्य बल के अभाव में किसी निकाय का द्रव्यमान केन्द्र नियत वेग से गति करता है।
- सभी प्रकार की कणों की टक्करों में रेखीय संवेग नियत रहता है। टक्कर से पहले संवेग = टक्कर के बार संवेग
- रेखीय संवेग संरक्षण का नियम न्यूटन के गति के नियम पर आधारित है।

कोणीय संवेग संरक्षण का नियम (Law of Conservation of Angular Momentum) :

- बाह्य टार्क की अनुपस्थिति में किसी वस्तु का कोणीय संवेग नियत रहता है।

संघट्ट (Collision)

- दो वस्तुओं या कणों के मध्य पारस्परिक अनुक्रिया को **संघट्ट** कहते हैं। संघट्ट दो प्रकार के होते हैं–(i) प्रत्यास्थ संघट्ट, (ii) अप्रत्यास्थ संघट्ट।
- **प्रत्यास्थ संघट्ट (Elastic Collision) :** इस संघट्ट में टकराने वाली वस्तुओं की गतिज ऊर्जा नियत रहती है।
- **अप्रत्यास्थ संघट्ट (Inelastic Collision) :** जब संघट्ट करने वाली दो वस्तुएँ आपस में चिपक जाती हैं और एक वस्तु के रूप में आगे चलती है तो उनका संघट्ट पूर्णत: **अप्रत्यास्थ संघट्ट** कहलाता है। इस संघट्ट में टकराने वाली वस्तुओं की गतिज ऊर्जा घट जाती है। *जैसे*—जब एक गोली लकड़ी के लट्ठे से टकराकर उसमें धस जाती है तो उसकी गतिज ऊर्जा घट जाती है।

गतिज ऊर्जा में कमी $=\frac{1}{2}\frac{m_1m_2}{(m_1+m_2)}(u_1-u_2)^2$

पिण्डों की टक्कर = पूर्णता अप्रत्यास्थ टक्कर

- **एक विमीय प्रत्यास्थ संघट्ट (Elastic Collision in One Dimension) :** जब m_1 तथा m_2 द्रव्यमान के दो पिण्ड एक ही सरल रेखा में गति करते है और आपस में टकराते हैं तब इसे एक विमीय टक्कर कहते हैं। टकराने के पश्चात् प्रथम वस्तु का वेग

$$v_1=\frac{(m_1-m_2)u_1}{(m_1+m_2)}+\left(\frac{2m_2}{(m_1+m_2)}\right)u_2$$

$$v_2=\frac{2m_1}{(m_1+m_2)}u_1+\left(\frac{m_2-m_1}{(m_1+m_2)}\right)u_2$$

इस टक्कर में यदि—

- पिण्ड m_2 विरामावस्था में हों तब तथा प्रथम पिण्ड गति की अवस्था में हो तो टकराने के पश्चात्

प्रथम पिण्ड का वेग $v_1=\frac{(m_1-m_2)}{(m_1+m_2)}u_1$

द्वितीय पिण्ड का वेग $v_2=\frac{2m_2}{(m_1+m_2)}u_1$

- जब m_1 द्रव्यमान का पिण्ड जिसका वेग u_1 किसी m_2 द्रव्यमान के

स्थिर पिण्ड से प्रत्यास्थ टक्कर करता है तब

- यदि $m_1 = m_2$ तब इस अवस्था में प्रथम पिण्ड स्थिर तथा दूसरा पिण्ड टक्कर से पहले प्रथम पिण्ड के वेग से गति करेगा अर्थात्

$$v_1 = 0 \text{ तथा } v_2 = u_1$$

- यदि $m_1 >> m_2$ तब इस अवस्था में प्रथम पिण्ड का वेग अपरिवर्तित होगा परन्तु दूसरे पिण्ड का वेग प्रथम पिण्ड से दोगुना हो जायेगा, अर्थात्

$$v_1 = u_1 \text{ तथा } v_2 = 2u_1$$

- यदि $m_1 << m_2$ तब इस अवस्था में प्रथम पिण्ड टकराने के पश्चात् उतने ही वेग से विपरीत दिशा में गति करेगा तथा दूसरा पिण्ड विरामावस्था में ही रहेगा, अर्थात्

$$v_1 = -u_1 \text{ तथा } v_2 = 0$$

पूर्णतया प्रत्यास्थ टक्कर (Perfectly Elastic Collision)

- दो पिण्डों के बीच वह टक्कर जिसमे टक्कर से पूर्व या टक्कर के पश्चात् पिण्ड एक ही तल में गति करे **द्विविमिय टक्कर** कहलाती है।

  इस टक्कर में यांत्रिक ऊर्जा संरक्षण के नियम से

  टकराने से पहले कुल ऊर्जा = टकराने के बाद कुल ऊर्जा

$$\frac{m_1u_1^2}{2} + \frac{m_2u_2^2}{2} = \frac{m_1v_1^2}{2} + \frac{m_2v_2^2}{2}$$

  यदि दोनों पिण्डों m_1 तथा m_2 $(m_1 = m_2)$ के बीच $\alpha_1 + \alpha_2$ का मान $90°$ हो तो टकराने के बाद भी इसका मान अपरिवर्तित रहेगा।

- समान द्रव्यमान के कण टक्कर के पश्चात् भी लम्बवत दिशाओं में गति करेंगे।

पूर्णतया प्रत्यास्थ त्रिर्यक संघट्ट (Perfectly Elastic Oblique Collision)

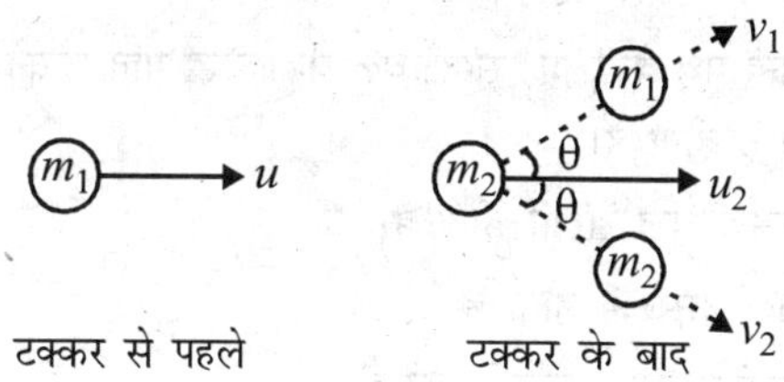

X-अक्ष के अनुदिश

$$m_1u_1 + m_2u_2 = m_1v_1\cos\theta + m_2v_2\cos\phi \quad ...(1)$$

Y-अक्ष के अनुदिश $\quad O = m_1v_1\sin\theta - m_2v_2\sin\phi \quad ...(2)$

ऊर्जा के संरक्षण से

$$\frac{1}{2}m_1u_1^2 + \frac{1}{2}m_1u_2^2 = \frac{1}{2}m_1v_1^2 + \frac{1}{2}m_1v_2^2 \quad ...(3)$$

यदि $m_1 = m_2$ तथा $u_2 = 0$, तब

$$u_1 = v_1\cos\theta + v_2\cos\phi \quad ...(4)$$

$$O = v_1\sin\theta - v_2\sin\phi \quad ...(5)$$

$$u_1^2 = v_1^2 + v_2^2 \quad ...(6)$$

समीकरण (4) और (5) का वर्ग करके जोड़ने पर

$$u_1^2 = v_1^2 + v_2^2 + 2v_1v_2\cos(\theta + \phi) \quad ...(7)$$

समीकरण (6) और (7) से

$$\cos(\theta + \phi) = 0$$

$$\theta + \phi = \frac{\pi}{2}$$

अर्थात् समान द्रव्यमान की दो वस्तुओं का पूर्णतया प्रत्यास्थ त्रिर्यक संघट्ट के बाद प्रकीर्णन कोण $90°$ होगा, यदि दूसरी वस्तु विराम में है।

महत्त्वपूर्ण तथ्य (Important Facts)

- कार्य शून्य होगा जब -
  - एक मजदूर अपने सिर पर ईंट या भार लेकर समतल मार्ग पर एक स्थान से दूसरे स्थान पर जाता है।
  - m द्रव्यमान का एक पिण्ड एकसमान वेग से वृत्ताकार मार्ग पर गति कर रहा है।
  - एक कार एक समतल घर्षण रहित मार्ग पर एकसमान वेग से चलती है। वायु का प्रतिरोध नगण्य होता है।
  - जब पृथ्वी, सूर्य के परित: वृत्तीय कक्षा में घूमती है तो बल द्वारा पृथ्वी पर किया गया कार्य शून्य होता है।
- m द्रव्यमान का एक कण अभिकेन्द्र बल $= -k/r^2$ (जहाँ k एक नियतांक है) के प्रभाव में r त्रिज्या के एक क्षैतिज वृत्त पर गतिमान है, इस स्थिति में कुल ऊर्जा $= -\dfrac{k}{2r}$
- यदि एक हल्के एवं भारी पिण्ड की गति ऊर्जाऐं समान हों, तो भारी पिण्ड का संवेग अधिक होगा।
- अप्रत्यास्थ टक्कर में संवेग सुरक्षित रहता है। परन्तु गतिज ऊर्जा नहीं।
- किसी पूर्णत: अप्रत्यास्थ टक्कर में सम्पूर्ण गतिज ऊर्जा क्षय नहीं होती।
- स्थिर शक्ति देने वाली मशीन के द्वारा एक पिण्ड को सरल रेखा के अनुदिश चलाया जाता है। समय t में पिण्ड द्वारा चली गयी दूरी $t^{3/2}$ अनुक्रमानुपाती है।
- एक व्यक्ति जिसका भार 60 किग्रा है 15 किग्रा भार की वस्तु को 3 मिनट में 10 मीटर ऊँचाई की इमारत पर ले जाता है। उसकी क्षमता 20% है।
- एक बिजली की मोटर लिफ्ट उठाने वाली केबिल में 4500 न्यूटन का तनाव उत्पन्न करती है और इसे 2 मीटर/सेकण्ड की दर से लपेटती है। मोटर की शक्ति 9 किलो-वॉट है।
- $4m$ द्रव्यमान का एक कण जो विरामावस्था में है 3 टुकड़ों में विस्फोटित होता है। इनमें से 2 टुकड़े प्रत्येक का द्रव्यमान m परस्पर लम्बवत् दिशाओं v वेग से गतिमान होते हैं। विस्फोट में कुल मुक्त ऊर्जा $3/2mv^2$ जूल है।

- किसी वस्तु को संरक्षी बल के विरुद्ध गति कराने में कृत कार्य तय किये गए पथ पर निर्भर नहीं करता है।
- किसी बन्द पथ के लिए, संरक्षी बल के विरुद्ध गति कराने में कृत कार्य सदैव शून्य होता है।
- गुरुत्वाकर्षण बल संरक्षी होता है।
- घर्षण बल असंरक्षी होता है।
- सभी केन्द्रीय बल असंरक्षी होते हैं।
- भार और प्रयास का अनुपात यान्त्रिक लाभ कहलाता है।
- किसी निकाय की आन्तरिक ऊर्जा, उसकी गतिज और स्थितिज ऊर्जा का योग होती है।
- किसी वस्तु में गतिज ऊर्जा के बिना संवेग नहीं हो सकता और इसका उलटा भी सही है।
- एक मनुष्य जल से भरी बाल्टी को h गहराई के कुएँ से रस्सी से खींचता है। यदि रस्सी व जल से भरी बाल्टी का द्रव्यमान क्रमशः m व M हों, तो मनुष्य द्वारा किया गया कार्य $\left(M+\frac{m}{2}\right)gh$ होगा।
- m_1 व m_2 द्रव्यमान के दो कणों के वेग क्रमशः v_1 व v_2 हैं। दोनों के संवेग बराबर हैं। परन्तु उनकी विभिन्न गतिज ऊर्जाएँ क्रमशः E_1 और E_2 हैं। यदि $m_1 > m_2$ हो तो $E_1 < E_2$ होगा।
- दो बिन्दुओं के बीच संरक्षी बल क्षेत्र में बल द्वारा कृत कार्य पथ पर निर्भर नहीं करता।

$$\int \vec{F}\cdot\vec{dl} = \text{सभी पथों के लिए समान है।}$$

तथा $\oint \vec{F}\cdot\vec{dl} = 0$

जबकि असंरक्षी क्षेत्र में कृत कार्य पथ पर निर्भर करता है।

- स्थितिज ऊर्जा संरक्षी क्षेत्र के लिए परिभाषित की जाती है।
- घर्षण बल के विरुद्ध कृत कार्य तय किये गए रास्ते पर निर्भर करता है।

$$\oint dW \neq 0.$$

- कृत कार्य निर्देश तन्त्र पर निर्भर करता है।
- कार्य-ऊर्जा प्रमेय- गतिज ऊर्जा में परिवर्तन = कृत कार्य
- संघट्ट के लिए दो वस्तुओं का आपस में सम्पर्क आवश्यक नहीं है।
- प्रत्यावस्थान गुणांक (Cofficient of Restitution) :

$$e = \frac{\text{अपगमन वेग}}{\text{उपगमन वेग}}$$

$$= \frac{\text{टक्कर के पश्चात् दो कणों के दूर हटने के सापेक्ष वेग}}{\text{टक्कर के पूर्व दो कणों के पास आने का सापेक्ष वेग}}$$

$$= \frac{v_2 - v_1}{u_1 - u_2}$$

$e = 1$ प्रत्यास्थ टक्कर के लिए

- माना एक वस्तु h ऊँचाई से गिराई जाती है और यह पृथ्वी पर v वेग से टकराती है। अप्रत्यास्थ संघट्ट के बाद यह h_1 ऊँचाई तक v_1 वेग से ऊपर जाती है।

$$e = \frac{v_1}{v} = \sqrt{\frac{2gh_1}{2gh}} = \left(\frac{h_1}{h}\right)^{1/2}$$

n संघट्टयों के बाद

$$e^n = \frac{v_n}{v} = \left(\frac{h_n}{h}\right)^{1/2}$$

- झुके हुए तल पर आते हुए इंजन की शक्ति

$$P = (\mu \cos\theta - \sin\theta)\, mgv$$

ऊपर की ओर गति के लिए

$$P = (\mu \cos\theta + \sin\theta)\, mgv$$

- गोली तथा उर्ध्वाधरतः लटके लकड़ी के टुकड़े के बीच संघट्ट के बाद गतिज ऊर्जा में हानि

$$\Delta K = \frac{1}{2}\frac{mM}{m+M}u^2$$

$m =$ गोली का द्रव्यमान, $u =$ गोली का प्रारम्भिक वेग

$M =$ लकड़ी के टुकड़े का द्रव्यमान

बहुविकल्पीय प्रश्न

1. m द्रव्यमान का एक पिण्ड r त्रिज्या के वृत्त में नियत चाल v से गति कर रहा है। पिण्ड पर वृत्त के केन्द्र की ओर mv^2/r बल लगता है। इस बल द्वारा वृत्त की आधी परिधि पर पिण्ड को चलाने के लिए किया गया कार्य है–

(a) $\frac{mv^2}{r}$ (b) $\frac{\pi r}{mv^2/r}$

(c) $\frac{mv^2}{r}\pi r$ (d) शून्य

2. एक व्यक्ति जिसका भार 60 किग्रा है, एक 15 किग्रा भार की वस्तु को मिनट में 10 मीटर की ऊँचाई की इमारत पर ले जाता है। उसकी क्षमता होगी–

(a) 30% (b) 40%

(c) 10% (d) 20%

3. M_A तथा M_B द्रव्यमान की दो वस्तुओं की गतिज ऊर्जा समान हैं। उनके रेखीय संवेगों का अनुपात होगा–

(a) $\sqrt{M_A}:\sqrt{M_B}$ (b) $M_A^2:M_B^2$

(c) $M_B:M_A$ (d) $M_A:M_B$

4. बल तथा विस्थापन में सम्बन्ध नीचे दिये वक्र में प्रदर्शित किया गया है। बल द्वारा वस्तु को $x=1$ सेमी से $x=5$ सेमी तक विस्थापित करने में किया गया कार्य–

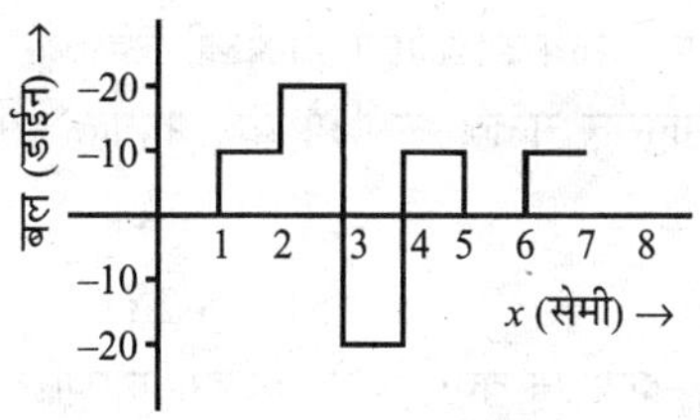

(a) 70 अर्ग (b) 700 अर्ग

(c) 20 अर्ग (d) 60 अर्ग

5. एक बैग (द्रव्यमान M) एक लम्बे धागे से लटका हुआ है तथा v वेग से क्षैतिज दिशा में आती हुई एक m द्रव्यमान की गोली इसमें समा जाती है, तब इस समायोजन के लिए–

(a) गतिज ऊर्जा $\frac{mv^2}{2}$ है (b) गतिज ऊर्जा $\frac{m^2v^2}{2(M+m)}$ है

(c) संवेग $\frac{mvM}{m+M}$ है (d) संवेग $mv\frac{(M+m)}{M}$ है

6. m द्रव्यमान की वस्तु को पृथ्वी सतह से $h=R/S$ ऊँचाई तक विस्थापित किया गया है। वस्तु की स्थितिज ऊर्जा में परिवर्तन होगा–

(a) $\frac{4}{5}mgh$ (b) $\frac{5}{4}mgh$

(c) $\frac{6}{5}mgh$ (d) $\frac{5}{6}mgh$

7. एक पिण्ड को अधिकतम ऊँचाई h तक उर्ध्व ऊपर की ओर प्रक्षेपित किया जाता है। जब पिण्ड $\frac{4h}{5}$ ऊँचाई पर है, तो इसकी गतिज व स्थितिज ऊर्जा का अनुपात होगा–

(a) 1:4 (b) 4:1

(c) 5:4 (d) 4:5

8. दो वस्तुयें 4 : 1 की गतिज ऊर्जा से समान रेखीय संवेग के साथ चल रही है। उनके द्रव्यमानों में अनुपात होगा–

(a) 1:4 (b) 4:1

(c) 1:1 (d) 1:2

9. किसी कण पर कार्यकारी बल $\vec{F}=3\hat{i}-c\hat{j}+2\hat{k}$ द्वारा विस्थापन $\vec{s}=4\hat{i}+2\hat{j}+3\hat{k}$ उत्पन्न करता है। यदि किया गया कार्य 6 जूल हो, तो c का मान होगा–

(a) 12 (b) 6

(c) 0 (d) 1

10. एक गेंद को प्रारम्भिक वेग देकर 20 मीटर की ऊँचाई से उर्ध्व नीचे की ओर क्षैतिज फर्श पर प्रक्षेपित किया गया है। पृथ्वी से टक्कर में यह अपनी 50% ऊर्जा खो देता है तथा टकराने के पश्चात् समान ऊँचाई तक ऊपर उठती है। प्रक्षेपण वेग (मीटर/सेकण्ड) का मान होगा–

(a) 10 (b) 5

(c) 20 (d) 15

11. 10 ग्राम की एक सीसे की गोली 300 मीटर/सेकण्ड के वेग से गति करती हुई एक लकड़ी के गुटके से टकराकर स्थिर हो जाती है। यह मानते हुए कि 50% ऊष्मा गोली द्वारा अवशोषित हो जाती है, इसके ताप में वृद्धि होगी (सीसे की विशिष्ट ऊष्मा = 1500 जूल/किग्रा/K)–

(a) 150°C (b) 200°C

(c) 100°C (d) 125°C

12. जब एक वस्तु को 50 मीटर/सेकण्ड के वेग से ऊपर की ओर फेंका जाता है, तो 4 सेकण्ड पश्चात् इसकी प्रारम्भिक गतिज ऊर्जा का कितने प्रतिशत भाग स्थितिज ऊर्जा में रूपान्तरित हो जायेगा?

(a) 50% (b) 4%

(c) 96% (d) 24%

13. एक कण, जो x-अक्ष के अनुदिश गति करने के लिए प्रतिबद्ध है, उसी दिशा में एक बल आरोपित किया जाता है, जो मूल बिन्दु से उसकी दूरी x के साथ निम्न संबंध के अनुसार परिवर्तित होता है

$$F(x)=-kx+ax^3$$

यहाँ k तथा a धनात्मक हैं। $x\geq 0$ के लिए कण की स्थितिज ऊर्जा $u(x)$ का फलन रूप होगा–

(a) 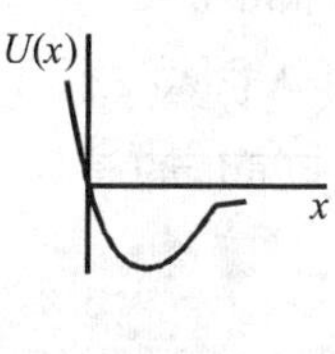

(b) 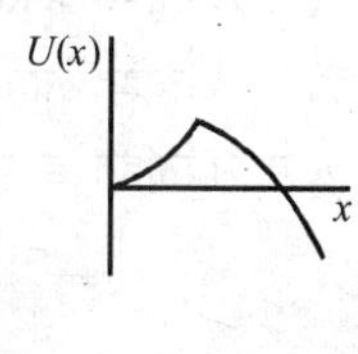

(c) 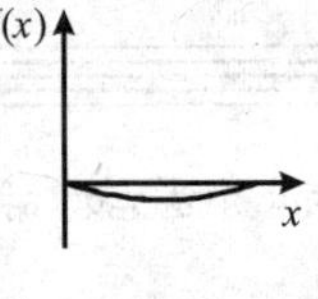

(d) 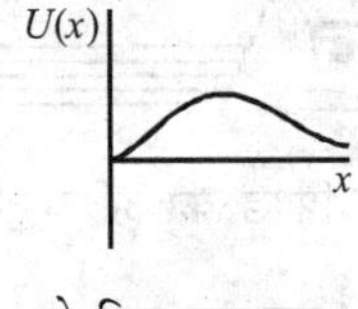

14. यदि W_1, W_2 व W_3 क्रमशः एक कण को बिन्दु द्रव्यमान m के गुरुत्व क्षेत्र में तीन विभिन्न पथों 1, 2 व 3 से A से B तक ले जाने में कार्य व्यक्त करते हों, तो निम्न में से कौन-सा सम्बन्ध सत्य है?

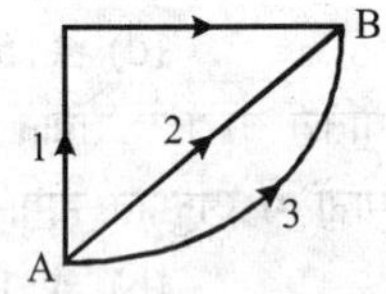

(a) $W_1 < W_2 < W_3$ (b) $W_2 > W_1 > W_3$
(c) $W_1 > W_2 > W_3$ (d) $W_1 = W_2 = W_3$

15. यदि किसी पिण्ड का संवेग 50% बढ़ जाता है, तो उसकी गतिज ऊर्जा बढ़ेगी।
(a) 125% (b) 150%
(c) 50% (d) 100%

16. चित्र में दर्शाये अनुसार घर्षण रहित पथ $ABCDE$ का अंतिम भाग वृत्ताकार है, जिसकी त्रिज्या R है। यदि बिन्दु A की ऊँचाई $h = 5$ सेमी० हो तो वृत्त की अधिकतम त्रिज्या R क्या होगी? जिससे बिन्दु A से छोड़ा गया एक पिण्ड फिसलकर गोलाकार पथ का चक्कर लगा ले?

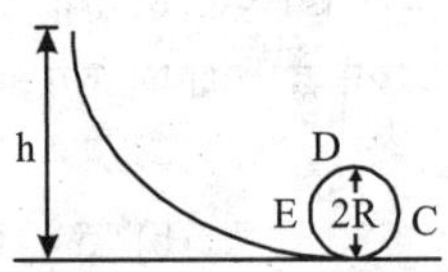

(a) $\frac{10}{3}$ सेमी० (b) 2 सेमी०
(c) 5 सेमी० (d) $\frac{15}{4}$ सेमी०

17. 6 मीटर/सेकण्ड की क्षैतिज चाल से चलता हुआ एक m द्रव्यमान का कण, उसी दिशा में 4 मीटर/सेकण्ड की चाल से चल रहे M द्रव्यमान के एक भारी कण से टक्कर करता है। यदि $m << M$ है, तो टक्कर के बाद हल्के कण की चाल होगी, जबकि टक्कर पूर्ण प्रत्यास्थ हो–
(a) 4 मीटर/सेकण्ड, मूल दिशा में
(b) 2 मीटर/सेकण्ड मूल दिशा में
(c) 2 मीटर/सेकण्ड से, मूल दिशा के विपरीत दिशा में
(d) 4 मीटर/सेकण्ड, मूल दिशा के विपरीत दिशा में

18. निम्नलिखित दो प्रकथनों पर विचार कीजिए–
(A) कणों के किसी निकाय का रेखीय संवेग शून्य है।
(B) कणों के किसी निकाय की गतिज ऊर्जा शून्य है। तो–
(a) A में B निहित नहीं है तथा B में A निहित है
(b) A में B निहित है तथा B में A निहित है
(c) A में B निहित नहीं है तथा B में A निहित नहीं है
(d) A में B निहित है परन्तु B में A निहित नहीं है

19. किसी कमानी को जिसका कमानी स्थिरांक 5×10^3 न्यूटन/मीटर पहले श्रांत अवस्था से 5 सेमी खींचा जाता है। तब इसके पश्चात् कमानी को 5 सेमी और खींचने में किया गया आवश्यक कार्य है–
(a) 25.00 न्यूटन-मीटर (b) 6.25 न्यूटन-मीटर
(c) 12.50 न्यूटन-मीटर (d) 18.75 न्यूटन-मीटर

20. m_1 और m_2 द्रव्यमानों के दो कणों में एक निकाय में यदि द्रव्यमान m_1 के कण को निकाय के द्रव्यमान केन्द्र की दिशा में d दूरी तक चलाया जाए, तो कणों के द्रव्यमान केन्द्र को मूल स्थान पर रखने के लिए द्रव्यमान m_2 की चलन दूरी क्या होगी?
(a) $\frac{m_1}{m_2}d$ (b) d
(c) $\frac{m_2}{m_1}d$ (d) $\frac{m_1}{m_1 + m_2}d$

21. 0.5 किग्रा द्रव्यमान का एक पिण्ड घर्षण मुक्त क्षैतिज तल पर 1.5 मीटर/सेकण्ड की गति से चलता हुआ किसी लगभग भारहीन कमानी से टकराता है। कमानी का बल नियतांक $k = 50$ न्यूटन/मीटर है। कमानी की अधिकतम संपीडन दूरी होगी–

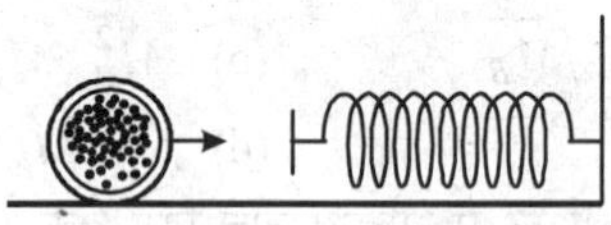

(a) 0.12 मीटर (b) 1.5 मीटर
(c) 0.5 मीटर (d) 0.15 मीटर

22. 2 किग्रा तथा 4 किग्रा की दो गेंदों को एक ही समय एक 60 फुट ऊँची इमारत से एक साथ छोड़ा गया है। पृथ्वी की ओर 30 फुट गिरने पर उनकी क्रमानुसार गतिज ऊर्जाओं का अनुपात होगा–
(a) 1 : 4 (b) 1 : 2
(c) $1 : \sqrt{2}$ (d) $\sqrt{2} : 1$

23. m_1 और m_2 द्रव्यमान के दो कणों के वेग क्रमशः v_1 और v_2 हैं। दोनों के संवेग बराबर हैं। परन्तु उनकी विभिन्न गतिज ऊर्जायें क्रमशः E_1 और E_2 हैं। यदि $m_1 > m_2$ हो तो–
(a) $\frac{E_1}{E_2} = \frac{m_1}{m_2}$ (b) $E_1 > E_2$
(c) $E_1 = E_2$ (d) $E_1 < E_2$

24. एक गेंद को 20 सेमी ऊँचाई से गिराया जाता है। गेंद 10 सेमी ऊँचाई तक पुनः उछलती है। ऊर्जा हानि कितनी होगी?
(a) 50% (b) 100%
(c) 25% (d) 75%

25. किसी माशीनगन से 40g द्रव्यमान की कोई गोली 1200 मीटर/सेकण्ड वेग से छोड़ी जाती है। जो व्यक्ति इस मशीनगन को पकड़े हुए है वह इस पर अधिकतम 144 न्यूटन बल आरोपित कर सकता है। वह व्यक्ति प्रति सेकण्ड अधिक से अधिक कितनी गोलियाँ छोड़ सकता है?
(a) 2 (b) 1
(c) 3 (d) 4

26. 2 मीटर लम्बी कोई एक समान शृंखला एक मेज पर इस प्रकार रखी हुई है कि इसका 60 सेमी लम्बा भाग मेज के किनारे से मुक्त रूप से नीचे लटक रहा है। इस शृंखला का कुल द्रव्यमान 4 किग्रा है। समस्त शृंखला को खींचकर मेज पर ले जाने में किया गया कार्य है–

(a) 120 जूल (b) 7.2 जूल
(c) 1200 जूल (d) 3.6 जूल

27. किसी कण पर कोई बल $\vec{F} = (5\vec{i} + 3\vec{j} + 3\vec{k})$ न्यूटन आरोपित किया जाने पर वह कण अपने मूल बिन्दु से किसी बिन्दु $\vec{r} = (2\vec{i} - \vec{j})m$ पर विस्थापित हो जाता है। कण पर जूल में किया गया कार्य है–

(a) +10 (b) −7
(c) +13 (d) +7

28. एक M द्रव्यमान का पिण्ड घर्षण रहित क्षैतिज तल पर एक स्प्रिंग जिसका स्प्रिंग नियतांक K है, से टकराता है तथा स्प्रिंग को L दूरी तक संपीडित करता है। तो टक्कर के बाद पिण्ड में अधिकतम संवेग होगा–

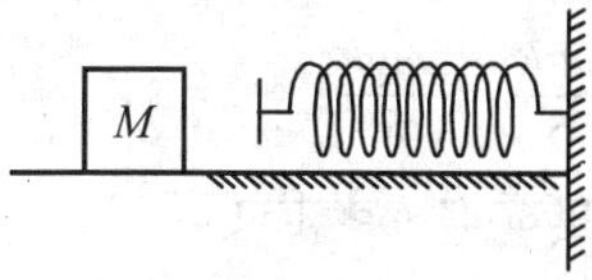

(a) $\frac{ML^2}{K}$ (b) शून्य
(c) $\frac{KL^2}{2M}$ (d) $(\sqrt{MK})L$

29. एक पिण्ड पर लगाया गया बल F चित्र में दिखाये अनुसार दूरी x के साथ बदलता है। यहाँ पर बल न्यूटन में तथा दूरी मीटर में है। पिण्ड को $x = 0$ से $x = 6$ मीटर तक विस्थापित करने में किया गया कार्य होगा–

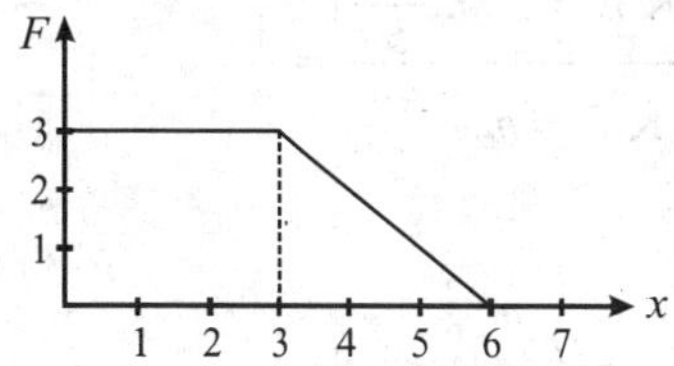

(a) 4.5 जूल (b) 9 जूल
(c) 18 जूल (d) 13.5 जूल

उत्तरमाला

1. (d)	**2.** (d)	**3.** (a)	**4.** (c)	**5.** (b)	**6.** (d)	**7.** (a)	**8.** (a)	**9.** (b)	**10.** (c)
11. (a)	**12.** (c)	**13.** (b)	**14.** (d)	**15.** (a)	**16.** (b)	**17.** (b)	**18.** (a)	**19.** (d)	**20.** (a)
21. (d)	**22.** (b)	**23.** (d)	**24.** (a)	**25.** (c)	**26.** (d)	**27.** (d)	**28.** (d)	**29.** (d)	

हल

1. (d) वृत्ताकार पथ में अभिकेन्द्र बल द्वारा किया गया कार्य = शून्य

2. (d) $$\text{क्षमता} = \frac{\text{output कार्य}}{\text{Input कार्य}}$$

$$= \frac{15 \times g \times 10}{(60+15)g \times 10} \times 100 = 20\%$$

3. (a) $$\frac{E_A}{E_B} = \frac{\frac{1}{2}M_A v_A^2}{\frac{1}{2}M_B v_B^2}$$

अतः $$1 = \left(\frac{M_A v_A}{M_B v_B}\right)^2 \times \frac{M_A}{M_B}$$

$$\therefore \quad \frac{M_A v_A}{M_B v_B} = \sqrt{\frac{M_A}{M_B}}$$

4. (c) कार्य = बल-विस्थापन वक्र व विस्थापन अक्ष के बीच का क्षेत्रफल

$$= 1 \times 10 + 20 \times 1 + (-20) \times 1 + 10 \times 1$$

$10 + 20 - 20 = 20$ अर्ग

5. (b) यदि संयुक्त निकाय के टकराने के बाद वेग V हो, तो

$$(M+m)V = mv$$

$$V = \frac{mv}{(M+m)}$$

समायोजन का संवेग $= (M+m)\text{V} = mv$

समायोजन की गतिज ऊर्जा $= \frac{1}{2}(M+m)V^2$

$$= \frac{m^2v^2}{2(M+m)}$$

6. (d) $\Delta U = \frac{mgh}{\left(1+\frac{h}{R}\right)}$ में $h = \frac{R}{5}$ रखने पर

$$\Delta U = \frac{mgR}{6} = \frac{5mgh}{6}$$

7. (a) अधिकतम ऊँचाई h के लिए,

$$v^2 = u^2 - 2gh$$
$$0^2 = u^2 - 2gh$$
$$u^2 = 2gh$$

ऊँचाई $\frac{4h}{5}$ के लिए,

$$v^2 = u^2 - 2g\cdot\frac{4h}{5}$$
$$= 2gh - 2g\cdot\frac{4h}{5} = \frac{2gh}{5}$$

$$\therefore \quad \frac{\text{K.E.} = \frac{1}{2}m.\frac{2gh}{5}}{\text{K.E.} = m.g.\frac{4h}{5}} = \frac{1}{4}$$

8. (a) $$\frac{E_1}{E_2} = \frac{\frac{1}{2}m_1v_1^2}{\frac{1}{2}m_2v_2^2} = \frac{4}{1}$$

अतः $$4 = \left(\frac{m_1v_1}{m_2v_2}\right)^2 \times \frac{m_2}{m_1}$$

$$\therefore \quad \frac{m_2}{m_1} = 4$$

या $$\frac{m_1}{m_2} = 1:4$$

9. (b) $W = \vec{F}\cdot\vec{s}$ से

$$6 = (3\hat{j} - c\hat{j} + 2\hat{k})\cdot(4\hat{i} + 2\hat{j} + 3\hat{k})$$

$$\therefore \quad 12 - 2c + 6 = 6$$
$$c = 6$$

10. (c) $$\frac{1}{2}\left[\frac{1}{2}\times m\times v^2 + m\times g\times 20\right] = mg\times 20$$

$$v = \sqrt{40g} = \sqrt{40\times 10} = 20$$

11. (a) गोली की गतिज ऊर्जा $= \frac{1}{2}mv^2$

ऊर्जा संरक्षण से,

$$\frac{1}{2}\left(\frac{1}{2}mv^2\right) = mc\,\Delta\theta$$

$$\therefore \quad \Delta\theta = \frac{v^2}{4c} = \frac{300^2}{4\times 1500} = 150°C$$

12. (c) 4 सेकण्ड बाद वेग,

$$v = u + gt$$
$$= 50 - 4 = 10 \text{ मीटर/सेकण्ड}$$

गतिज ऊर्जा + स्थितिज ऊर्जा = नियतांक

प्रारम्भिक गतिज ऊर्जा

$$= \frac{1}{2}m\times 50^2$$

$\therefore$ 4 सेकण्ड पश्चात् गतिज ऊर्जा

$$= \frac{1}{2}m\times(50^2 - 10^2)$$

अतः गतिज ऊर्जा का % भाग जो स्थितिज ऊर्जा में परिवर्तित हो जाता है

$$= \frac{\text{स्थितिज ऊर्जा}}{\text{प्रारम्भिक गतिज ऊर्जा}}\times 100$$

$$= \frac{(50^2 - 10^2)}{50^2}\times 100$$

$$= \frac{60\times 40}{50\times 50}\times 100 = 96\%$$

13. (b) $F = -\frac{dU}{dx}$, वक्र की ढाल $x = 0$ पर शून्य है तथा $x \to \infty$ पर ∞ है, जो वक्र (b) में ही सम्भव है।

14. (d) गुरुत्वीय बल संरक्षी होने से, एक बिन्दु से दूसरे बिन्दु तक किसी कण को ले जाने में किया गया हार्य पथ पर निर्भर नहीं करता।

अतः $$W_1 = W_2 = W_3$$

15. (a) K.E. $= \frac{1}{2}mv^2$ या $2mE = m^2v^2$

या $$P^2 = 2mE \quad (\because P = mv)$$
...(i)

50% बढ़ाने पर नया संवेग = 1.5 P

अतः समीकरण (i) से

$$(1.5\,P)^2 = 2mE_1$$
$$2.25\,P^2 = 2mE_1$$
...(ii)

$$\therefore \quad E_1 = 2.25\,E$$

$(4E)$ ऊर्जा में वृद्धि $= E_1 - E = 1.25\,E$

अतः 125% की वृद्धि

16. (b) स्प्रिंग की अधिकतम गतिज ऊर्जा = अधिकतम स्थितिज ऊर्जा

$$\text{K.E.}_{max} = \frac{1}{2}kx^2$$

$k = 16$ न्यूटन/मी०, $x = 5$ सेमी $= 2\times 10^{-2}$ जूल

17. (b) प्रत्यास्थ संघट्टय के लिए प्रथम कण का अन्तिम वेग

$$v_1 = \left(\frac{m_1 - m_2}{m_1 + m_2}\right)u_1 + \left(\frac{2m_2}{m_1 + m_2}\right)u_2$$

m_1M के लिए

$$v_2 = \left(\frac{m - M}{m + M}\right)6 + \left(\frac{2M}{m + M}\right)6$$

$m << M$ $\therefore$ m की उपेक्षा करने पर

$v_1 = -6+8$

$v_1 = 2$ मीटर/सेकण्ड मूल दिशा में

18. (a) A में B निहित नहीं है तथा B में A निहित है।

19. (d) पूरे 10 मीटर तक खींचने में किया गया कार्य $= \frac{1}{2}kx^2$

$$= \frac{1}{2}5\times10^3\times100\times10^{-4} = 25 \text{ जूल}$$

पहले 5 मीटर में किया गया कार्य $= \frac{1}{2}\times5\times10^3\times25\times10^{-4}$

$$= 6.25 \text{ जूल}$$

अत: दूसरे 5 cm में किया गया कार्य $= 25 - 6.25 = 18.75$ जूल

20. (a) $r_{cm} = \frac{m_1r_1 + m_2r_2}{m_1+m_2}$

$r_{cm} = 0$

$m_1r_1 + m_2r_2 = 0$

$m_1d + m_2r_2 = 0$

$$|r_2| = \frac{m_1}{m_2}d$$

21. (d) $\frac{1}{2}mv^2 = \frac{1}{2}kx^2$

$0.5\times(1.5)^2 = 50x^2$

$$\sqrt{\frac{0.5\times2.25}{50}} = x$$

$$\frac{1.5}{10} = x = 0.15 \text{ सेमी}$$

22. (b) 30 फुट चलने पर दोनों का वेग समान होगा $v_1 = v_2$

$$\frac{K_1}{K_2} = \frac{\frac{1}{2}m_1v_1^2}{\frac{1}{2}m_2v_2^2}$$

$$= \frac{m_1}{m_2} = \frac{2}{4} = \frac{1}{2}$$

23. (d) $\frac{P_1}{P_2} = 1$

$$\frac{E_1}{E_2} = \frac{\frac{P_1^2}{2m_1}}{\frac{P_2^2}{2m_2}}$$

$$\frac{E_1}{E_2} = \frac{m_2}{m_1} \qquad m_1 > m_2$$

$$\frac{E_1}{E_2} < 1$$

24. (a) 20 सेमी से गिरने पर प्राप्त वेग

$$v_1 = \sqrt{2gh}$$

$$= \sqrt{20+0.2\times10}$$

10 सेमी उछलने के वेग

$$v_2 = \sqrt{2gh} = \sqrt{2\times10\times0.1} = \sqrt{2}$$

$$\frac{K_1-K_2}{K_1}\times100 = \frac{4-2}{4}\times100 = 50\%$$

25. (c) $F = \frac{dp}{dt} = nmv$

$$n = \frac{144}{40\times10^{-3}\times1200} = 3 \text{ प्रति सेकण्ड}$$

26. (d) लटके हुए भाग का द्रव्यमान

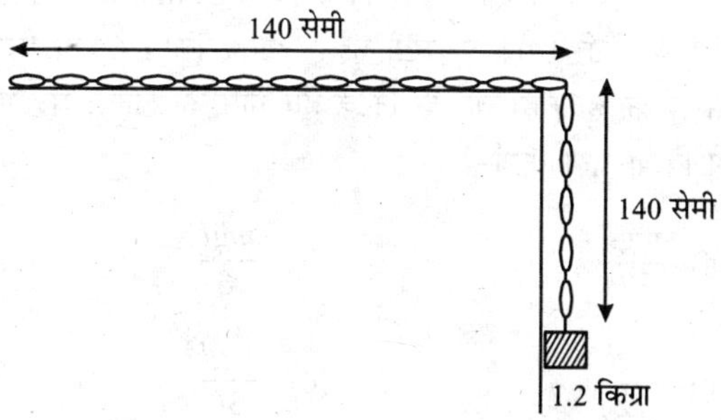

$$m = \frac{4}{2}\times0.6 = 1.2 \text{ किग्रा}$$

$$W = 1.2\times0.3\times10 = 3.6 \text{ जूल}$$

27. (d) $W = \vec{F}\cdot\Delta\vec{x}$

$$= (5\vec{i}+3\vec{j}+3\vec{k})\cdot(2\vec{i}-\vec{j})$$

$$= 10 - 3 = +7 \text{ J}$$

28. (d) $\frac{1}{2}mv^2 = \frac{1}{2}KL^2$

$$v = \sqrt{\frac{K}{m}}L$$

संवेग $mv = (\sqrt{Km})L$

29. (d)

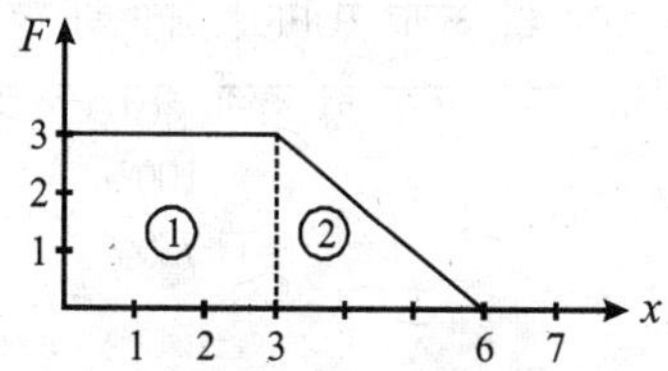

$$W = 3\times3 + \frac{3\times3}{2} = 13.5 \text{ जूल}$$

Previous Years' Problems

1. दो पिण्ड जिनके द्रव्यमान M_1 व M_2 हैं, एकसमान गतिज ऊर्जा रखते हैं। यदि उनके संवेग P_1 व P_2 हैं तब P_1/P_2 का मान होगा–

(a) $M_2 : M_1$ (b) $\sqrt{M_1} : \sqrt{M_2}$

(c) $M_1 : M_2$ (c) $M_1^2 : M_2^2$

[AIEEE 2002]

2. 12 किग्रा का बम 4 किग्रा व 8 किग्रा के दो टुकड़ों में विस्फोटित हो जाता है। 8 किग्रा द्रव्यमान का वेग 6 मीटर/सेकण्ड है। दूसरे द्रव्यमान की गतिज ऊर्जा होगी–

(a) 24 J (b) 288 J

(c) 48 J (d) 32 J

[AIEEE 2002]

3. एक पूर्ण रूप से एकसमान चेन का द्रव्यमान m तथा लम्बाई l है। यह एक घर्षणरहित मेज पर रखी हुई है और इसका 1/6 भाग मेज के सिरे से लटका हुआ है। चेन के लटके हुए भाग को वापिस मेज पर खींचने में किया गया कार्य–

(a) $\frac{mgl}{12}$ (b) $\frac{mgl}{6}$

(c) $\frac{mgl}{72}$ (d) $\frac{mgl}{36}$

[AIEEE 2002, 04]

4. नियत शक्ति देने वाली एक मशीन के द्वारा पिण्ड को ऋजु रेखा में गतिमान कराया जाता है। t समय में पिण्ड द्वारा तय की गई दूरी अनुक्रमानुपाती होगी–

(a) $t^{3/2}$ (b) t^2

(c) $\sqrt{t}$ (d) $t^{3/4}$

[AIEEE 2003]

5. विरामावस्था से चलकर एक पिंण्ड T समय में V वेग प्राप्त करता है। पिण्ड पर t समय में किया गया कार्य समानुपाती होगा–

(a) $\frac{V^2}{T^2}t$ (b) $\frac{V^2}{T^2}t^2$

(c) $\frac{V}{T}t$ (d) $\frac{V^2t^2}{T}$

[AIEEE 2004]

6. एक गेंद 20 सेमी की ऊँचाई से गिराई जाती है। गेंद टकराने के पश्चात् 10 सेमी ऊँचाई तक उठती है। ऊर्जा ह्रास कितना है?

(a) 50% (b) 100%

(c) 25% (d) 75%

[AIEEE 2004]

7. विरामावस्था से चलकर एक पिण्ड T समय में V वेग प्राप्त करता है। पिण्ड को t समय में दी गई तात्कालिक शक्ति (Instantaneous power) होगी–

(a) $\frac{V^2}{T^2}t$ (b) $\frac{V^2}{T^2}t^2$

(c) $\frac{V}{T}t$ (d) $\frac{V^2t^2}{T}$

[AIEEE 2005]

8. एक स्थिर लक्ष्य पर दागी गई गोली लक्ष्य को 3 सेमी तक भेदने पर अपना आधा वेग खो देती है। विरामावस्था में पहुँचने से पूर्व यह लक्ष्य को और कितनी दूरी तक भेदती है, यदि यह मान लिया जाये कि गति के दौरान गोली पर नियत प्रतिरोध लगता है–

(a) 3.0 सेमी (b) 2.0 सेमी

(c) 1.5 सेमी (d) 1.0 सेमी

[AIEEE 2005]

9. M द्रव्यमान का एक गुटका घर्षण रहित सतह पर गति करते हुए एक स्प्रिंग से टकराता है जिसका स्प्रिंग नियतांक k है। और यह स्प्रिंग को L लम्बाई तक दबाता है। टकराने के पश्चात् गुटके का अधिकतम संवेग होगा–

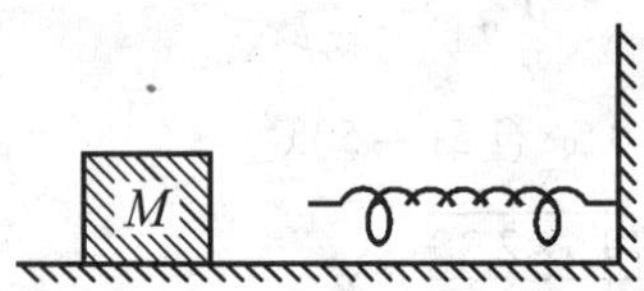

(a) $\sqrt{Mk}\,L$ (b) $\frac{kL^2}{2M}$

(c) शून्य (d) $\frac{ML^2}{k}$

[AIEEE 2005]

10. एक द्रव्यमान m वेग v से गतिमान होकर एक दूसरे उसी जैसे द्रव्यमान से अप्रत्यास्थता संघट्ट करता है। संघट्ट के पश्चात् पहला द्रव्यमान अपनी प्रारम्भिक गति की दिशा के अभिलम्बवत् $v/\sqrt{3}$ वेग से जाता है। संघट्ट के पश्चात् दूसरे द्रव्यमान की चाल होगी–

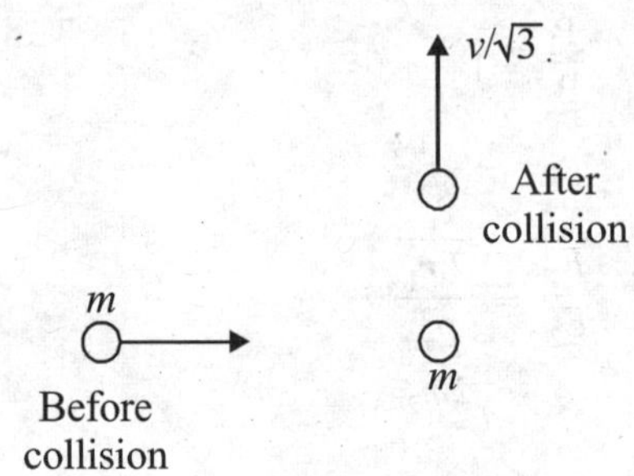

(a) v (b) $\sqrt{3}v$

(c) $\frac{2}{\sqrt{3}}v$ (d) $\frac{v}{\sqrt{3}}$

[AIEEE 2005]

11. 20 किग्रा द्रव्यमान की एक गोलीय गेंद 100 मीटर ऊँचाई की एक पहाड़ी की चोटी पर स्थिर रखी है। यह एक चिकनी सतह पर लुढ़कते हुए जमीन तक आकर पुन: 30 मीटर ऊँचाई की दूसरी पहाड़ी तक पहुँचती है और अन्त: में जमीन से 20 मीटर ऊपर एक क्षैतिज आधार पर लुढ़कती है। गेंद का वेग होगा–

(a) 40 मीटर/सेकण्ड (b) 20 मीटर/सेकण्ड
(c) 10 मीटर/सेकण्ड (d) 30 मीटर/सेकण्ड

[AIEEE 2005]

12. 100 मीटर/सेकण्ड की चाल से सीधी सड़क पर एक कार गतिमान है। का कितनी दूरी चलकर रुक सकती है? ($\mu_k = 0.5$)

(a) 800 मीटर (b) 1000 मीटर
(c) 100 मीटर (d) 400 मीटर

[AIEEE 2006]

13. द्रव्यमान M एक भारहीन डोरी से लटका हुआ है। डोरी को प्रारम्भिक ऊर्ध्वाधर दिशा से 45° तक विस्थापित किये जाने के लिए द्रव्यमान पर लगाया गया क्षैतिज बल होगा–

(a) $Mg(\sqrt{2})$ (b) $Mg/\sqrt{2}$
(c) $Mg(\sqrt{2}-1)$ (d) $Mg(\sqrt{2}+1)$

[AIEEE 2006]

14. 100 g द्रव्यमान का एक कण ऊर्ध्वाधर ऊपर की ओर 5m/s की चाल से फेंका जाता है। कण के ऊपर तक पहुँचने में गुरुत्वीय बल द्वारा किया गया कार्य–

(a) – 1.25 J (b) 1.25 J
(c) 0.5 J (d) – 0.5 J

[AIEEE 2006]

15. 0.2 किग्रा द्रव्यमान की एक गेंद हाथ से बल लगाकर ऊर्ध्वाधर ऊपर की ओर फेंकी जाती है। गेंद पर बल लगाते समय यदि हाथ 0.2 मीटर चलता है और गेंद इससे आगे ओर 2 मीटर ऊँचाई तक जाती है, तब बल का परिणाम ज्ञात करो। ($g = 10$ मीटर/सेकण्ड^2)

(a) 16 N (b) 20 N
(c) 22 N (d) 4 N

[AIEEE 2006]

16. x-अक्ष के अनुदिश चलने के लिए 1 किग्रा के मुक्त कण की स्थितिज ऊर्जा दी गई है–

$$V(x) = \left(\frac{x^4}{4} - \frac{x^2}{2}\right) \text{J}$$

कण की कुल यांत्रिक ऊर्जा 2 J है। तब अधिकतम चाल (मीटर/सेकण्ड में) होगी–

(a) $\sqrt{2}$ (b) $1/\sqrt{2}$
(c) 2 (d) $3/\sqrt{2}$

[AIEEE 2006]

17. ओलम्पिक खेलों में एक खिलाड़ी 100 मीटर दूरी 10 सेकण्ड में तय करता है। उसकी गतिज ऊर्जा का परास होगा–

(a) 20,000 जूल — 50,000 जूल
(b) 2,000 जूल — 5,000 जूल
(c) 200 जूल — 500 जूल
(d) 2×10^5 जूल — 3×10^5 जूल

[AIEEE 2006]

18. 0.50 किग्रा द्रव्यमान का एक ब्लॉक 2.00 मीटर/सेकण्ड की से एक चिकने तल पर चल रहा है। यह 1.00 किग्रा द्रव्यमान की दूसरी वस्तु से टकराता है तथा उसके पश्चात् दोनों पिण्ड एक साथ एक पिण्ड के रूप में गति करने लगते हैं। टक्कर के समय हुई ऊर्जा की हानि होगी–

(a) 0.67 जूल (b) 0.34 जूल
(c) 0.16 जूल (d) 1.00 जूल

[AIEEE 2008]

19. $m = 3.513$ किग्रा द्रव्यमान का पिण्ड x-अक्ष पर 5.00 मीटर/सेकण्ड के वेग से गति कर रहा है। इसके संवेग का मान होगा–

(a) 17.56 किग्रा मी॰ सेकण्ड$^{-1}$
(b) 17.57 किग्रा मी॰ सेकण्ड$^{-1}$
(c) 17.6 किग्रा मी॰ सेकण्ड$^{-1}$
(d) 17.656 किग्रा मी॰ सेकण्ड$^{-1}$

[AIEEE 2008]

उत्तरमाला

1. (b)	**2.** (b)	**3.** (c)	**4.** (a)	**5.** (b)	**6.** (a)	**7.** (a)	**8.** (d)	**9.** (a)	**10.** (c)
11. (a)	**12.** (b)	**13.** (c)	**14.** (a)	**15.** (b)	**16.** (d)	**17.** (b)	**18.** (a)	**19.** (d)	

हल

1. (b) दिया है-

$$\frac{1}{2}M_1v_1^2 = \frac{1}{2}M_2v_2^2$$

अथवा $\frac{v_1}{v_2} = \sqrt{\frac{M_2}{M_1}}$

$\therefore \quad \frac{P_1}{P_2} = \frac{M_1v_1}{M_2v_2} = \frac{M_1}{M_2}\sqrt{\frac{M_2}{M_1}} = \sqrt{\frac{M_1}{M_2}}$

2. (b) चूँकि यहाँ बम(निकाय) पर कोई बाह्य बल नहीं लगा है, अत: निकाय का संवेग संरक्षित है

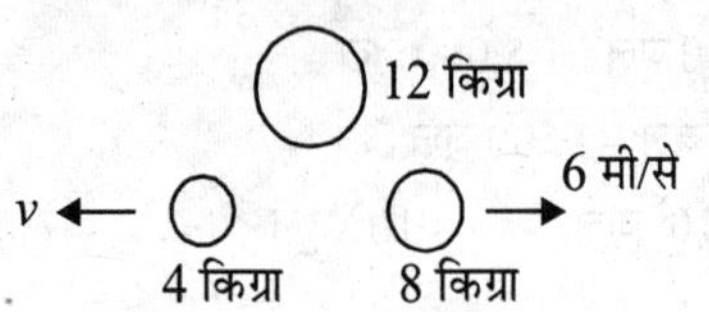

प्रारम्भिक संवेग (संघट्ट से पूर्व)
= अन्तिम संवेग (संघट्ट के पश्चात्)

माना 4 किग्रा द्रव्यमान का वेग v मीटर/सेकण्ड है। संवेग संरक्षण से हम कह सकते हैं कि इसकी दिशा 8 किग्रा द्रव्यमान की गति की दिशा के विपरीत होगी।

$$\vec{P_i} = \vec{P_f}$$

$\Rightarrow \quad 0 = 8 \times 6 - 4 \times v$

$\Rightarrow \quad v = 12$ मीटर सेकण्ड

4 किग्रा द्रव्यमान की गतिज ऊर्जा $= \frac{4\times(12)^2}{2} = 288$ J

3. (c) चेन के मेज से लटके हुए भाग का द्रव्यमान $= \frac{mg}{6}$

यह भार लटके हुए भाग के गुरुत्व केन्द्र पर लगेगा अर्थात् मेज की सतह से नीचे $\frac{l}{12}$ दूरी पर लगेगा।

स्थितिज ऊर्जा में वृद्धि $= \frac{mg}{6}\times\frac{l}{12} = \frac{mgl}{72}$

4. (a) माना पिण्ड का विस्थापन t^n के समानुपाती है, अर्थात्

$s = Kt^n$ ...(i)

$\therefore \quad v = \frac{ds}{dt} = Knt^{n-1}$ ...(ii)

और $\quad a = \frac{dv}{dt} = Kn(n-1)t^{n-2}$ ...(iii)

बल $\quad F = ma = mKn(n-1)t^{n-2}$

शक्ति $\quad P = Fv$

अथवा $\quad P = [m\,Kn\,(n-1)\,t^{n-2}]\,[Knt^{n-1}]$
$= mK n^2\,(n-1)\,t^{2n-3}$

चूँकि शक्ति नियत है अर्थात् समय पर निर्भर नहीं करती है।
अत: $2n-3 = 0$ या $n = 3/2$ या $s \propto t^{3/2}$

5. (b) पिण्ड पर किया गया कार्य = गतिज ऊर्जा में वृद्धि

पिण्ड का त्वरण, $\quad a = \frac{V}{T}$

t समय में प्राप्त वेग, $\quad v = at = \frac{V}{T}t$

अब प्राप्त गतिज ऊजा $\propto v^2$

$\therefore \quad$ व्यय कार्य $\propto \frac{V^2t^2}{T^2}$

6. (a) $K_i = mgh_1 = mg \times 20 \times 10^{-2}$ मीटर
$K_f = mgh_2 = mg \times 10 \times 10^{-2}$ मीटर
$\Delta K = K_i - K_f = mg \times 10 \times 10^{-2}$ मीटर

प्रतिशत ह्रास $= \frac{\Delta K \times 100}{K_i}$

$$= \frac{mg\times10\times10^{-2}}{mg\times20\times10^{-2}}\times100 = 50\%$$

7. (a) शक्ति $= \frac{\text{किया गया कार्य}}{\text{समय}} = \frac{V^2t^2}{T^2t}$

अर्थात् शक्ति $\propto \frac{V^2t}{T^2}$

8. (d) माना K प्रारम्भिक गतिज ऊर्जा है और f प्रतिरोधक बल है, तब

$$\frac{1}{2}mv^2 = \frac{1}{2}m\left(\frac{v}{2}\right)^2 = 3f$$

अथवा $\frac{3}{4}\left(\frac{1}{2}mv^2\right) = 3f$ ...(i)

अब $\frac{1}{2}m\left(\frac{v}{2}\right)^2 = fx$

अथवा $\frac{1}{4}\left(\frac{1}{2}mv^2\right) = fx$ ...(ii)

अत: $\quad x = 1$ सेमी

9. (a) $\frac{1}{2}Mv^2 = \frac{p^2}{2M} = \frac{1}{2}kL^2$

$\therefore$ अधिकतम संवेग $= \sqrt{MkL}$

10. (c) x-दिशा में,

$mv = mv_1\cos\theta$ ...(i)

जहाँ v_1 दूसरे द्रव्यमान का वेग है

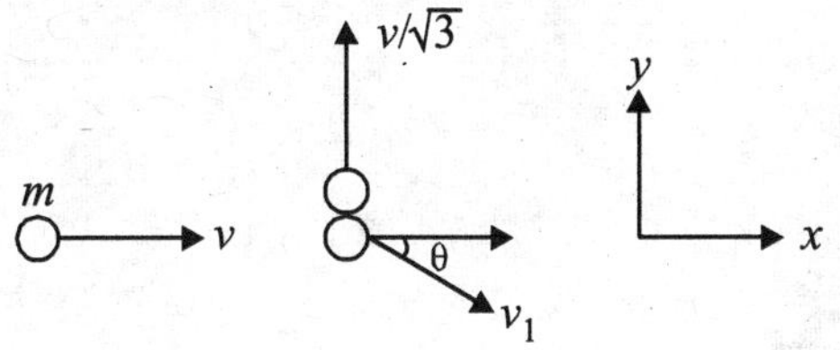

y-दिशा में,

$$0 = \frac{mv}{\sqrt{3}} - mv_1 \sin\theta \qquad \text{...(ii)}$$

समीकरण (i) व (ii) को जोड़ने पर

$$v_1^2 = v^2 + \frac{v^2}{3} = \frac{4v^2}{3}$$

$$\therefore \quad v_1 = \frac{2v}{\sqrt{3}}$$

11. (a) स्थितिज ऊर्जा में ह्रास = गतिज ऊर्जा में वृद्धि

$$mg \times 80 = \frac{1}{2}mv^2$$

$\therefore \quad v^2 = 2 \times 10 \times 80 = 1600$

$\therefore \quad v = 40$ मीटर/सेकण्ड

12. (b) $v^2 = u^2 + 2as$

$0 = (100)^2 - 2 \times ug \times s$

$\therefore \; s = \dfrac{(100)^2}{2 \times 0.5 \times 100} = 1000$ मीटर

13. (c) किया गया कार्य $= Fl \sin 45°$

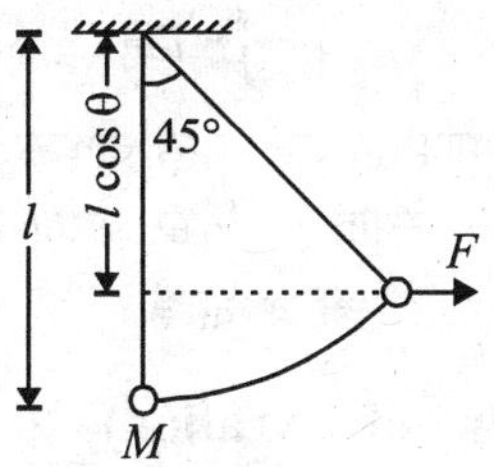

स्थितिज ऊर्जा में वृद्धि

$= Mg\,(l - l\cos 45°)$

$\therefore$ किया गया कार्य = स्थितिज ऊर्जा में वृद्धि

$Fl \sin 45° = Mgl\,(l - \cos 45°)$

$$\therefore \quad F = \frac{Mg\left(1 - \frac{1}{\sqrt{2}}\right)}{\left(\frac{1}{\sqrt{2}}\right)} = Mg(\sqrt{2} - 1)$$

14. (a) ऊर्ध्वाधर ऊपर की ओर फैंके गये कण के लिए

$u = 5$ m/s, $v = 0$, $a = g = -10$ m/s^2

माना कण द्वारा प्राप्त ऊँचाई h है

$\therefore \quad v^2 - u^2 = 2gh$

या $\quad 0 - (5)^2 = 2 \times (-10) \times h$

$\therefore \quad h = 25/20$

कण के ऊपर तक पहुँचने में गुरुत्वीय बल द्वारा किया गया कार्य

$$= -mgh = \frac{100}{1000} \times 10 \times \frac{25}{20} = -1.25 \text{ J}$$

15. (b) हाथ द्वारा किया गया कार्य $= F \cdot s$

परन्तु यह गेंद की अधिकतम स्थितिज ऊर्जा के बराबर होगा

$\therefore \quad mgh = Fs$

अथवा $\quad 0.2 \times 10 \times 2 = F \times 0.2$

$$\therefore \quad F = \frac{0.2 \times 10 \times 2}{0.2} = 20 \text{ N}$$

16. (d) $\quad KE_{max} = E_T - V_{min}$

दिया है $\; V(x) = \dfrac{x^4}{4} - \dfrac{x^2}{2}$

$$\therefore \quad \frac{dV}{dx} = \frac{4x^3}{4} - \frac{2x}{2} = x^3 - x$$

17. (b) खिलाड़ी का द्रव्यमान 40 से 100 किग्रा के परास में माना जा सकता है। अत: इसी परास में गतिज ऊर्जा की भी गणना की जा सकती है।

खिलाड़ी का वेग $\dfrac{100}{10} = 10$ मीटर/सेकेण्ड

$$K = \frac{1}{2} \times 40 \times (10)^2 \text{ J}$$

$$= \frac{1}{2} \times 100 \times (10)^2 \text{ J}$$

= 2,000 जूल से 5,000 जूल

18. (a) टक्कर के समय संवेग संरक्षित रहता है।

$0.5 \times 2 + 10 \times 0 = 15 \times v$

जहाँ v संयुक्त पिण्ड का संवेग है।

अत: $\quad v = \dfrac{1}{5} = \dfrac{2}{3}$ मीटर/सेकण्ड

गतिज ऊर्जा में कमी $= K_i - K_f$

$$= \frac{1}{2} \times 0.5 \times (2)^2 - \frac{1}{2} \times 1.5 \times \left(\frac{2}{3}\right)^2 \text{ J}$$

$= 1 - \dfrac{1}{3} = \dfrac{2}{3}$ जूल

= 0.67 जूल

19. (d) $\; p = nv = 3.513 \cdot 5$

= 17.565 किग्रा मीटर सेकण्ड$^{-1}$

□□□

अध्याय 7

घूर्णन गति
(Rotational Motion)

कोणीय वेग (Angular Velocity)

- समय के साथ कोणीय परिवर्तन की दर को **कोणीय वेग** (Angular Velocity) कहते हैं।

$$\frac{\Delta\theta}{\Delta t} = \frac{v}{r}$$

$$\boxed{\text{रेखीय वेग} = r \times \text{कोणीय वेग}}$$

- यदि एक पिण्ड के द्वारा एक चक्कर में लगा समय T है तो इस समय में वस्तु 2π कोण चल जाती है। अब,

$$T = \frac{2\pi}{\omega} = \frac{2\pi r}{v}$$

- कोणीय विस्थापन की दर कोणीय वेग के बराबर होती है।

कोणीय त्वरण (Angular Acceleration)

- किसी वस्तु के कोणीय वेग-परिवर्तन की दर को उस पिण्ड का कोणीय त्वरण कहते हैं।

$$\boxed{\text{पिण्ड का कोणीय त्वरण} = \frac{\text{कोणीय वेग परिवर्तन}}{\text{समयान्तराल}}}$$

$$\boxed{\alpha = \frac{\omega_2 - \omega_1}{t} = \frac{d\omega}{dt}}$$

- कोणीय त्वरण का मात्रक = रेडियन/सेकण्ड^2
- कोणीय त्वरण की विमा = $[T^{-2}]$
- कोणीय त्वरण तथा रेखीय त्वरण में सम्बन्ध

$$\boxed{\text{रेखीय त्वरण} = \text{कण की घूर्णण अक्ष से दूरी} \times \text{कोणीय त्वरण}}$$

$$\boxed{a = r\alpha}$$

घूर्णीय गति की समीकण
(Equation of Motion in Rotational Motion)

$$\omega = \omega_0 + \alpha t$$

$$\theta = \omega_0 t + \frac{1}{2}\alpha t^2$$

$$\omega^2 = \omega_0^2 + 2\alpha\theta$$

ω_0 = प्रारम्भिक कोणीय वेग, ω = अंतिम कोणीय वेग

α = कोणीय त्वरण, θ = कोणीय विस्थापन

जड़त्व आघूर्ण (Moment of Inertia)

- रेखीय गति में जो कार्य द्रव्यमान का होता है, वही घूर्णीय गति में जड़त्व आघूर्ण का होता है।
- किसी अक्ष के परित:, किसी पिण्ड का जड़त्व आघूर्ण

$$I = \sum mr^2$$

सतत द्रव्यमान वितरण के लिए

$$I = \int r^2 dm$$

- जड़त्व आघूर्ण द्रव्यमान पर और उससे अधिक द्रव्यमान के वितरण पर और घूर्णन अक्ष की स्थिति पर निर्भर करता है।
- यह ω तथा α पर निर्भर नहीं करता है।

घूर्णन त्रिज्या (Radius of Gyration)

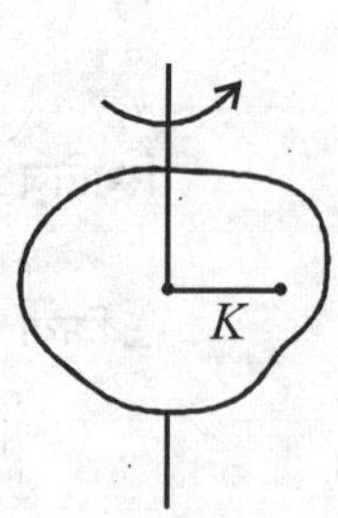

$$I = MK^2 \text{ या } K = \sqrt{\frac{I}{M}}$$

जहाँ K घूर्णन त्रिज्या है।

$$K = \sqrt{\frac{r_1^2 + r_2^2 + \ldots + r_n^2}{n}}$$

यह वस्तु के कणों की वर्ग माध्य मूल दूरी है। यह वस्तु के आकार और आकृति पर निर्भर करता है।

कोणीय संवेग (Angular Momentum)

$$\vec{J} = \vec{r} \times \vec{p}$$

- कोणीय संवेग (J) = जड़त्व आघूर्ण (I) × कोणीय वेग (ω)

$$\vec{J} = I\vec{\omega}$$

- कोणीय संवेग का मात्रक किग्रा–मीटर^2/सेकण्ड = जूल-सेकण्ड

कोणीय संवेग संरक्षण का नियम

(Law of Conservation of Angular Momentum)

- यदि किसी अक्ष के परितः घूर्णन करने वाले पिण्ड पर कोई बल-आघूर्ण न लगे, तो पिण्ड का कोणीय संवेग नियत रहता है।

$$\vec{\tau} = \frac{d\vec{J}}{dt}, \text{ जहाँ } \tau = 0$$

$$J = I \times \omega = \text{नियतांक}$$

$$I \propto \frac{1}{\omega}$$

जड़त्व आघूर्ण की गणना करने के लिए प्रमेय (Theorems Regarding Calculation of Moment of Inertia)

(a) समान्तर अक्षों की प्रमेय (Theorem of Parallel Axis) : किसी अक्ष के परितः किसी वस्तु का जड़त्व आघूर्ण, द्रव्यमान केन्द्र से जाने वाली अक्ष के परितः जड़त्व आघूर्ण तथा वस्तु के कुल द्रव्यमान और उन दोनों अक्षों के बीच की लम्बवत् दूरी के वर्ग के गुणनफल के योग के बराबर होता है।

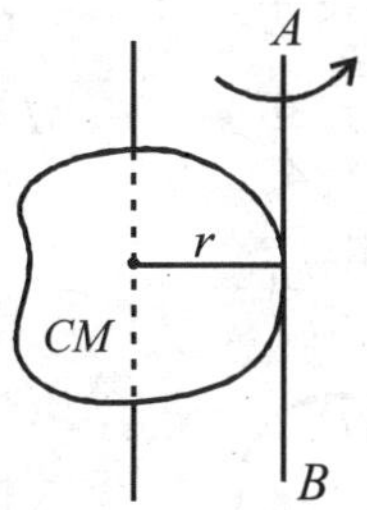

$$I_{AB} = I_{CM} + Mr^2$$

(b) लम्बवत् अक्षों की प्रमेय (Theorem of Perpendicular Axis) :

$$I_Z = I_X + I_Y$$

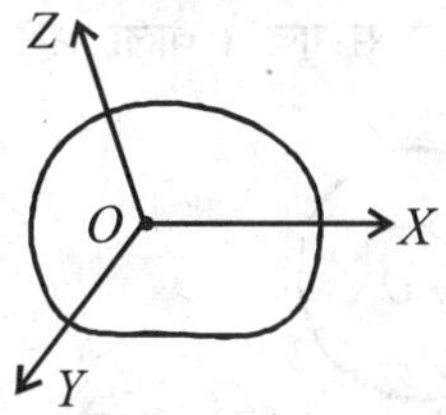

I_X = X-अक्ष के परितः किसी वस्तु का जड़त्व आघूर्ण

I_Y = Y-अक्ष के परितः किसी वस्तु का जड़त्व आघूर्ण

I_Z = Z-अक्ष के परितः किसी वस्तु का जड़त्व आघूर्ण

बल आघूर्ण तथा जड़त्व आघूर्ण में सम्बन्ध

(Relation between Torque and Moment of Inertia)

बल आघूर्ण (τ) = जड़त्व आघूर्ण $(I) \times$ कोणीय त्वरण (α)

घूर्णन गतिज ऊर्जा (Rotational Kinetic Energy) :

$$\boxed{K_R = \frac{1}{2} I\omega^2}$$

जहाँ I दिए गए अक्ष के परितः पिण्ड का जड़त्व आघूर्ण है।

- घूर्णन गतिज ऊर्जा $\left(\frac{1}{2}I\omega^2\right)$ आघूर्ण I तथा कोणीय वेग के वर्ग ω^2 के गुणन की आधी होती है।

- पिण्ड का घूर्णन-अक्ष के परितः जड़त्व आघूर्ण

$$\boxed{I = \frac{2K_R}{\omega^2}}$$

कुछ सममित पिण्डों के जड़त्व आघूर्ण

(Moment of Inertia of Some Symmetrical Bodies)

समान्तर पटल (Moment of Inertia for Plane)

(i) द्रव्यमान केन्द्र से गुजरने वाली तथा तल के लम्बवत् जाने वाले अक्ष के परितः

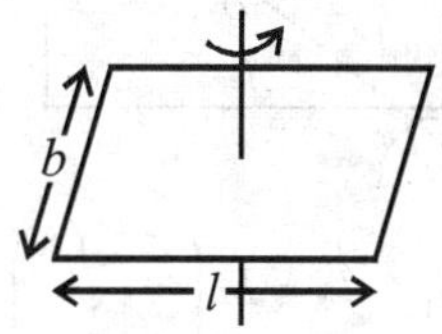

$$\text{जड़त्व आघूर्ण } (I) = \frac{M}{12}[l^2 + b^2]$$

(ii) चौड़ाई के मध्य बिन्दु से तथा तल के लम्बवत् गुजरने वाले अक्ष के परितः जड़त्व आघूर्ण

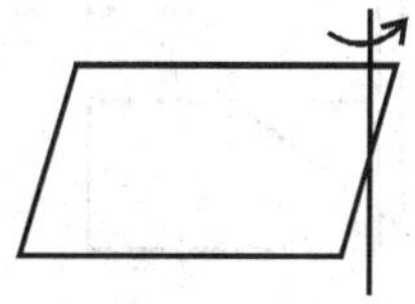

$$I = \frac{M}{12}[4l^2 + b^2]$$

(iii) लम्बाई के मध्य बिन्दु तथा तल के लम्बवत् (स्पर्शीय) गुजरने वाले अक्ष के परितः जड़त्व आघूर्ण

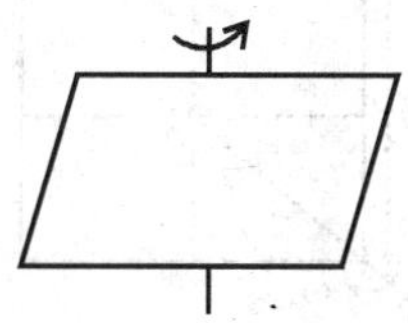

$$I = \frac{M}{12}[l^2 + 4b^2]$$

(iv) केन्द्र से गुजरने वाले तथा पटल के तल में स्थित व लम्बाई के लम्बवत्

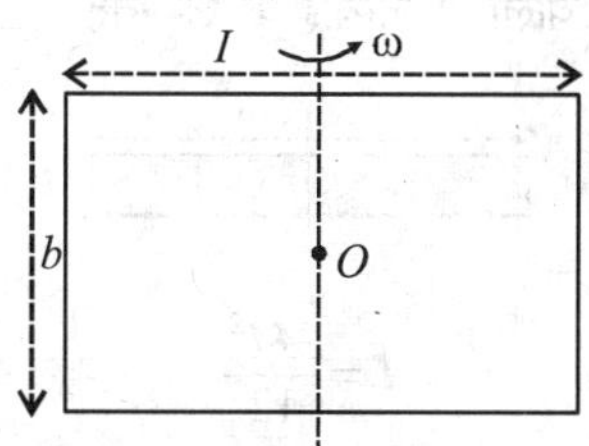

$$I = \frac{Ml^2}{12}$$

(v) केन्द्र से गुजरने वाले तथा पटल के तल में स्थित व चौड़ाई के लम्बवत्

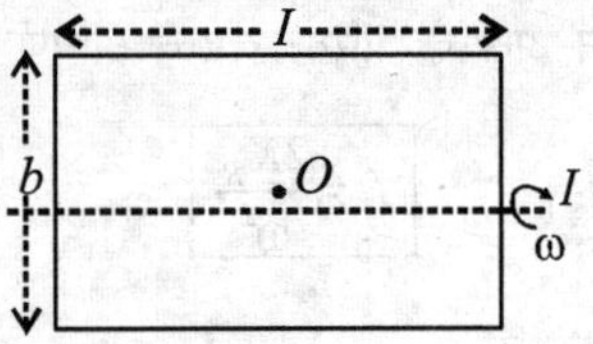

$$I=\frac{M b^2}{12}$$

(vi) केन्द्र से गुजरने वाले व पटल के तल के लम्बवत्

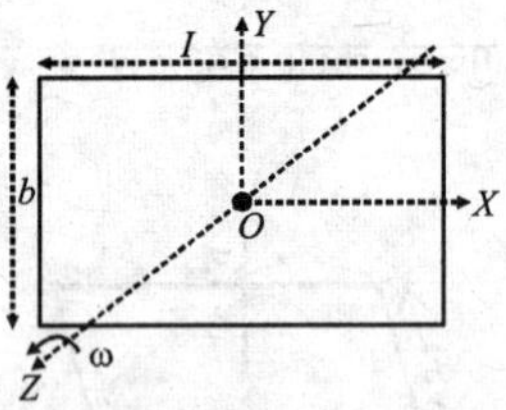

$$I_0=I_Z=M\left(\frac{l^2+b^2}{12}\right)$$

वर्गाकार पटल (Square Lamina)

(*i*) केन्द्र से गुजरने वाले पटल के तल में

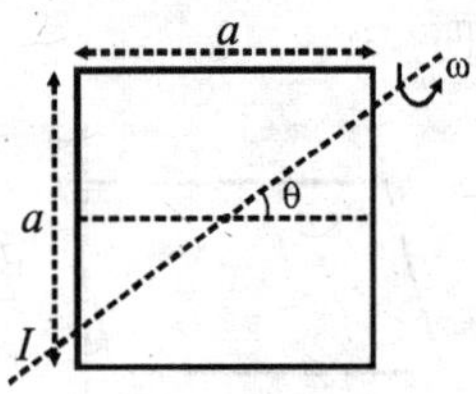

$$I=\frac{M a^2}{12}$$

(*ii*) केन्द्र से गुजरने वाले व पटल के तल के लम्बवत्

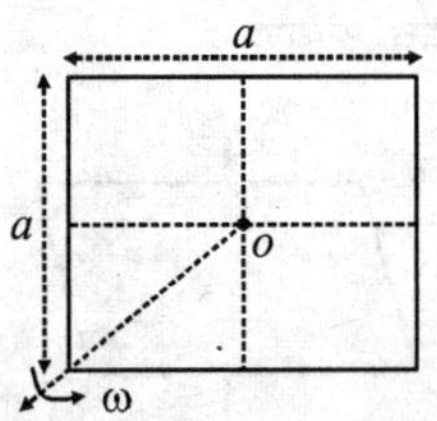

$$I_0=\frac{M a^2}{6}$$

लम्बी पतली छड़ (Long Thin Rod) :

(*i*) केन्द्र से गुजरने वाली व लम्बाई के लम्बवत्

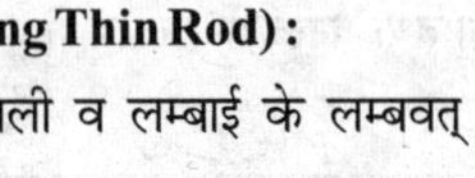

$$I=\frac{M l^2}{12}$$

(*ii*) एक सिरे से गुजरने वाली व लम्बाई के लम्बवत्

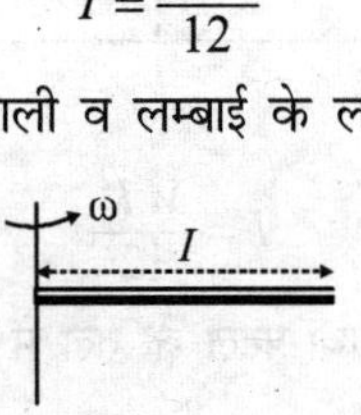

$$I=\frac{M l^2}{12}$$

वृत्ताकार वलय (Circular Ring) :

(*i*) केन्द्र से गुजरने वाली व तल के लम्बवत्

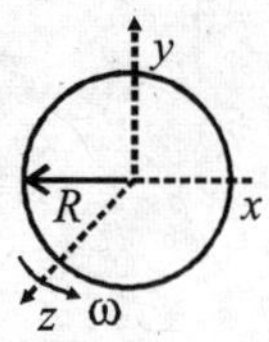

$$I_Z=M R^2$$

(*ii*) व्यास के परित:

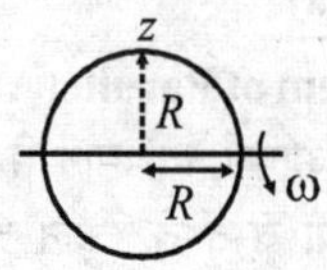

$$I=\frac{M R^2}{2}$$

(*iii*) स्पर्श रेखा जो उसके तल में स्थित है

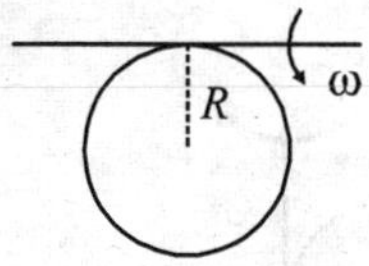

$$I=\frac{3MR^2}{2}$$

(*iv*) तल के लम्बवत् स्पर्श रेखा

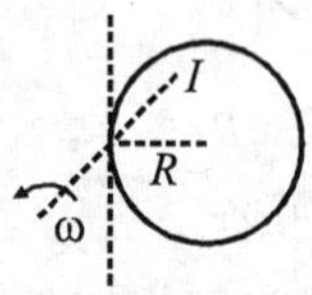

$$I=2MR^2$$

वृत्ताकार चकती (DISC) :

(*i*) तल के लम्बवत् केन्द्र से गुजरने वाली अक्ष

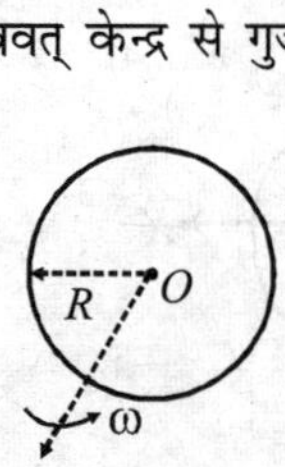

$$I=\frac{1}{2}MR^2$$

(*ii*) व्यास के परित:

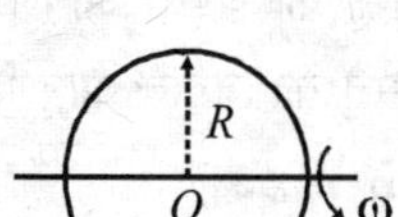

$$I=\frac{1}{4}MR^2$$

(*iii*) तल में स्थित स्पर्श रेखा के सापेक्ष

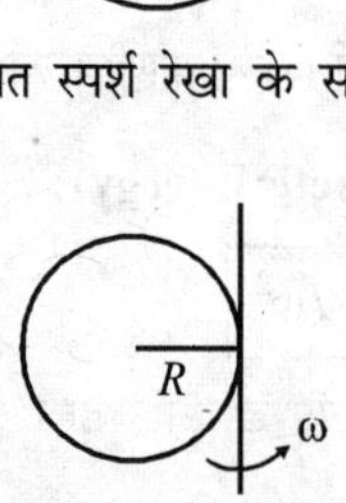

$$I=\frac{5}{4}MR^2$$

(*iv*) तल के लम्बवत् स्पर्श रेखा

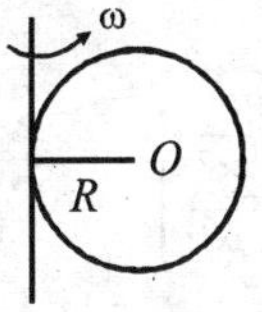

$$I = \frac{3}{4}MR^2$$

छिद्र-युक्त वृत्ताकार चकती (Annulardisc) :

(*i*) तल के लम्बवत् केन्द्र से गुजरने वाली

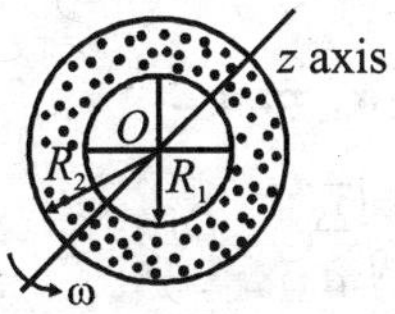

$$I = \frac{M}{2}(R_1^2 + R_2^2)$$

(*ii*) व्यास के परित:

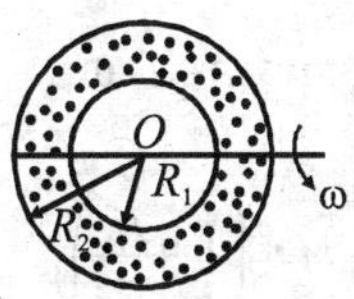

$$I = \frac{M}{4}(R_1^2 + R_2^2)$$

(*iii*) तल में स्थित भीतरी स्पर्श-रेखा के परित:

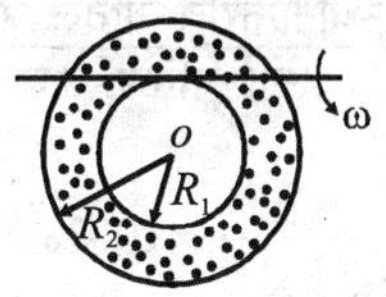

$$I = \frac{M}{4}(5R_1^2 + R_2^2)$$

(*iv*) तल में स्थित बाहरी स्पर्श रेखा के परित:

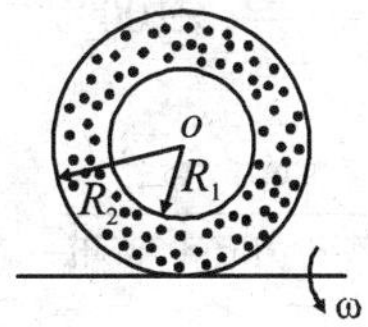

$$I = \frac{M}{4}(R_1^2 + 5R_2^2)$$

(*v*) तल के लम्बवत् भीतरी बिन्दु पर स्पर्श रेखा

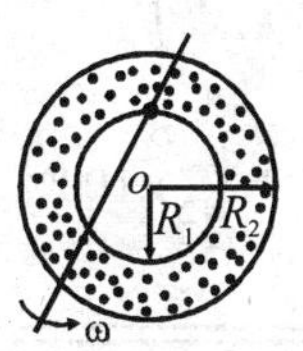

$$I = \frac{M}{2}(3R_1^2 + R_2^2)$$

(*vi*) तल के लम्बवत बाहरी बिन्दु पर स्पर्श रेखा

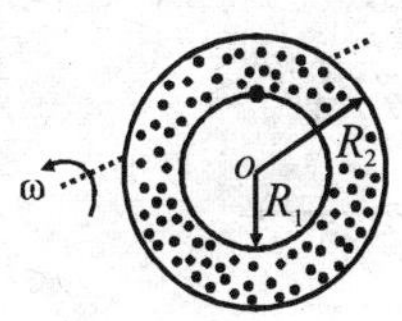

$$I = \frac{M}{2}(R_1^2 + 3R_2^2)$$

ठोस बेलन (Solid Cylinder) :

(*i*) अपनी अक्ष के परित:

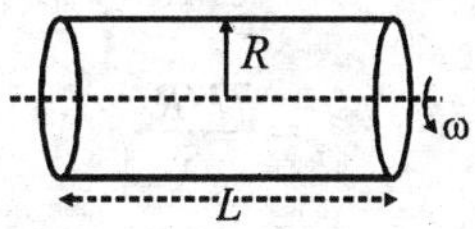

$$I = \frac{MR^2}{2}$$

(*ii*) केन्द्र से गुजरने वाले व लम्बाई के लम्बवत्

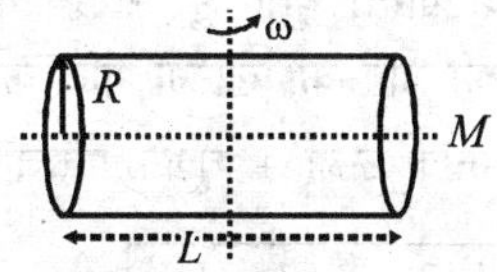

$$I = M\left(\frac{R^2}{4} + \frac{L^2}{12}\right)$$

खोखला बेलन (Hollow Cylinder) :

(*i*) अक्ष के परित:

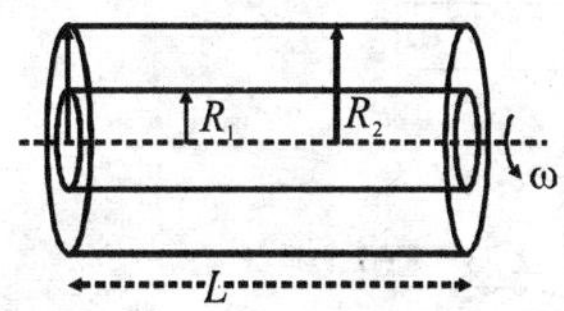

$$I = M\left(\frac{R_1^2 + R_2^2}{2}\right)$$

(*ii*) केन्द्र से गुजरने वाले व लम्बाई के लम्बवत्

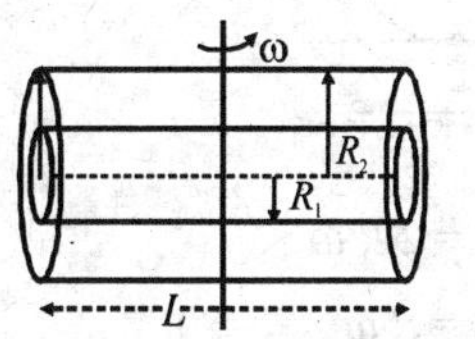

$$I = M\left(\frac{R_1^2 + R_2^2}{4} + \frac{L^2}{12}\right)$$

गोलीय कोश (Spherical Shell) : व्यास के परित

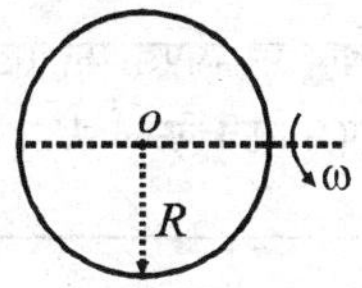

$$I = \frac{2}{3}MR^2$$

खोखला गोला (Hollow Sphere) : व्यास के परित

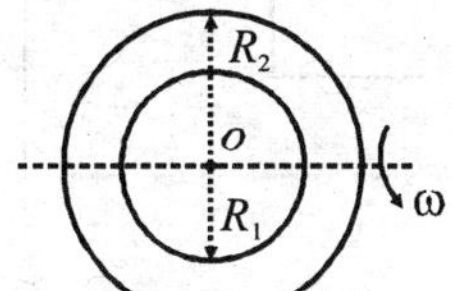

$$I = \frac{2}{5}M\left(\frac{R_2^5 - R_1^5}{R_2^3 - R_1^3}\right)$$

ठोस गोला (Solid Sphere) : व्यास के परित

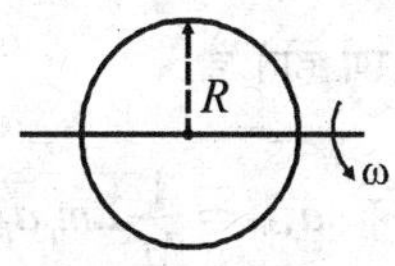

$$I = \frac{2}{5}MR^2$$

- अन्य अक्षों के परित: जड़त्व-आघूर्ण लम्ब अक्षीय व समान्तर अक्षीय प्रमेय से ज्ञात कर लेते हैं। जैसे, गोले के तल में स्थित स्पर्श रेखा के सापेक्ष,

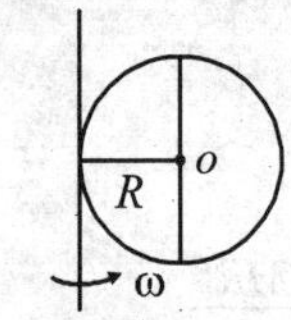

$$I = I_G + MR^2$$
$$= \frac{2}{5}MR^2 + MR^2$$
$$= \frac{7MR^2}{5}$$

लोटनी गति (Rolling Motion)

- जब कोई पिण्ड अपने अक्ष के परितः घूमते हुए रेखिय गति से आगे चल रहा हो, तो इस प्रकार की गति को लोटनी गति कहते हैं,
गतिज ऊर्जा = स्थानान्तरीय गतिज ऊर्जा + घूर्णन गतिज ऊर्जा

$$\boxed{\text{गतिज ऊर्जा} = 1/2mv^2 + 1/2I\omega^2}$$

- आदर्श लोटनी गति में पहिया नहीं फिसलता है।
- यदि वाहन के पहिये की त्रिज्या R हो तथा कोणीय वेग ω, तो

$$\boxed{v = R\omega}$$

- लोटनी गति में -

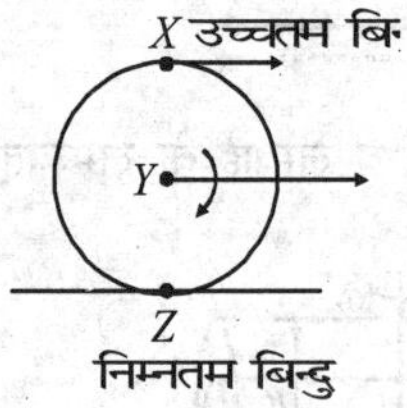

उच्चतम बिन्दु X पर $v_X = 2R\omega$

बिन्दु Y पर $v_Y = R\omega$

निम्नतम बिन्दु Z पर $v_Z = 0$

नत तल में लोटनी गति (Rolling Motion on an Inclined Plane)

- यदि किसी नत तल के निम्नतम बिन्दु पर पिण्ड का रेखीय और कोणीय वेग v व ω, घूर्णन ऊर्जा R तथा गतिज ऊर्जा K हो, तब

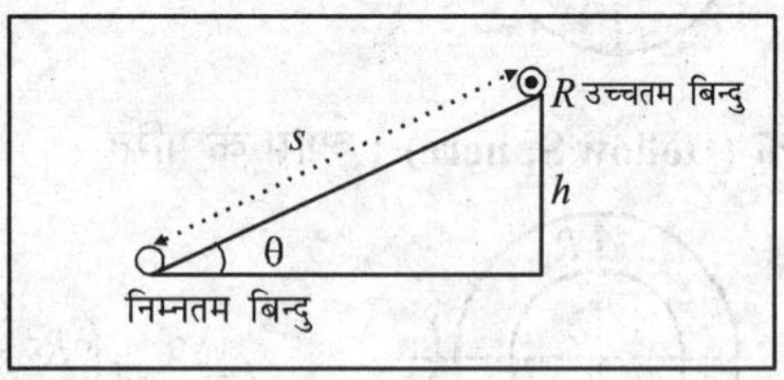

- रेखीय गति की अवस्था में -

$$v_R = \sqrt{\frac{2gh}{\left(1+\frac{K^2}{R^2}\right)}}$$

- नत तल के अनुक्रिया त्वरण

$$a_R = \frac{g\sin\theta}{\sqrt{\left(1+\frac{K^2}{R^2}\right)}}$$

- निम्नतम बिन्दु तक पहुँचने में लगा समय -

$$t_R = \sqrt{\frac{2s}{a}}$$

- इस गति में, गतिज ऊर्जा $= \frac{1}{2}mv^2$

$$\text{कुल गतिज ऊर्जा} = \frac{1}{2}mv^2 + \frac{1}{2}I\omega^2$$
$$= \frac{1}{2}mv^2\left(1+\frac{K^2}{R^2}\right)$$

- लोटनी गति में—

$$\text{प्रतिशत स्थानान्तरीय ऊर्जा} = \frac{\text{स्थानान्तरीय गतिज ऊर्जा}}{\text{कुल गतिज ऊर्जा}}$$
$$= \frac{1}{\left(1+\frac{K^2}{R^2}\right)} \times 100\%$$
$$= \frac{R^2}{R^2+K^2} \times 100\%$$

$$\text{प्रतिशत घूर्णन ऊर्जा} = \frac{\text{घूर्णन ऊर्जा}}{\text{कुल गतिज ऊर्जा}}$$
$$= \frac{K^2/R^2}{\left(1+\frac{K^2}{R^2}\right)} \times 100$$
$$= \frac{K^2}{R^2+K^2} \times 100\%$$

महत्त्वपूर्ण तथ्य (Important Facts)

☞ द्रव्यमान केन्द्र की गति और त्वरण होते हैं

$$\vec{V}_{cm} = \frac{1}{M}\Sigma m_i \vec{v}_i \quad \text{तथा} \quad \vec{a}_{cm} = \frac{1}{M}\Sigma m_i \vec{a}_i$$

☞ सतत द्रव्यमान वितरण की स्थिति में, जड़त्व आघूर्ण

$$I = \int r^2 dm$$

☞ एक समान वृत्तीय गति के लिए, $a_t = 0$ तथा $a_c \neq 0$

☞ $\vec{\omega} \times \vec{v}$ त्वरण का त्रिज्य घटक है। इसे अभिकेन्द्र घटक भी कहते हैं।

$$\vec{a}_c = \vec{\omega} \times \vec{v}$$

☞ $\vec{a} \times \vec{r}$ त्वरण का स्पर्श रेखीय घटक है

$$\vec{a}_t = \vec{a} \times \vec{r}$$

- किसी कण के असमान वृत्तीय गति में होने के लिए

$$\vec{a} = \vec{\alpha} \times \vec{r} + \vec{\omega} \times \vec{v}$$

जहाँ, प्रतीकों का समान्य अर्थ है।

- जड़त्व आर्घण, $I = \Sigma m_i r_i^2$
- द्रव्यमान केन्द्र के निर्देशांक

$$X_{cm} = \frac{1}{M}\Sigma m_i x_i, \quad Y_{cm} = \frac{1}{M}\Sigma m_i y_i, \quad Z_{cm} = \frac{1}{M}\Sigma m_i z_i$$

सामान्यतः: $\vec{R}_{cm} = \frac{1}{M}\Sigma m_i \vec{r}_i$

- सतत द्रव्यमान वितरण की स्थिति में, वस्तु का द्रव्यमान केन्द्र होगा

$$X_{cm} = \frac{1}{M}\int x\, dm, \quad Y_{cm} = \frac{1}{M}\int y\, dm,$$

$$Z_{cm} = \frac{1}{M}\int z\, dm, \quad \vec{R}_{cm} = \frac{1}{M}\int \vec{r}\, dm$$

- माना, एक ठोस बेलन की लम्बाई l तथा त्रिज्या r है। यदि η पदार्थ का दृढ़ता गुणांक है तो इसे मरोड़ने के लिए आवश्यक बल आघूर्ण $\tau = C\theta$, जहाँ C प्रति इकाई मरोड़ के लिए मरोड़ी युग्म (twisting couple per unit twist) है। इसे Torsional rigidity भी कहते हैं।

$$C = \frac{\pi \eta r^4}{2l}$$

- बल आघूर्ण $\vec{\tau} = \vec{r} \times \vec{F}$

तराजू में निकाय साम्यावस्था में होता है यदि

$$\vec{\tau}_1 + \vec{\tau}_2 = 0$$

- बल युग्म दो समान परन्तु विपरीत बलों का युग्म है जो एक ही क्रिया रेखा पर कार्य करता है।

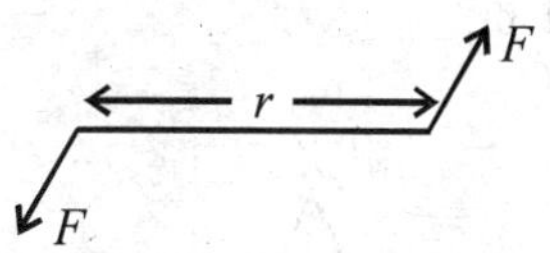

- यदि एक बड़ा बलयुग्म किसी कण पर बहुत छोटे समय के लिए कार्य करता है तो कोणीय आवेग होगा

$$\int \vec{\tau}\, dt = \int_{t_1}^{t_2} \tau_{av}\, dt = \tau_{av} \cdot \Delta t = \Delta \vec{J}$$

- लम्बवत् अक्षों की परिमेय पतले पटल, वलय, चकती के लिए कार्य करती है। जबकि समान्तर अक्ष की परिमेय सभी अक्ष के लिए कार्य करती है।
- $\tau - t$ ग्राफ का क्षेत्रफल कुल कोणीय आवेग को प्रदर्शित करता है।
- यदि कोई वस्तु किसी झुके हुए तल पर बिना फिसले गति करती है तो सीमान्त घर्षण गुणांक μ होगा

$$\mu \geq \left[\frac{K^2}{K^2 + R^2}\right] \tan\theta$$

- संयुक्त पेण्डुलम (compound pendulum) का आवर्तकाल

$$T = 2\pi\sqrt{\frac{L}{g}}, \text{ जहाँ } L = \frac{l^2 + K^2}{l}$$

l = निलम्बन बिन्दु से द्रव्यमान केन्द्र तक की दूरी

K = द्रव्यमान केन्द्र के समान्तर अक्ष के परितः घूर्णन त्रिज्या

$$I = \frac{m_1 m_2}{m_1 + m_2}, r^2 = \mu r^2$$

जहाँ, $\mu = \frac{m_1 m_2}{m_1 + m_2}$ समानीत द्रव्यमान हैं

$$\mu < m_1, \mu < m_2$$

- पृथ्वी की त्रिज्या बदलने पर इसकी अक्ष के परितः आर्वतकाल में परिवर्तन

$$J = I\omega = \frac{2}{5}MR^2 \times \frac{2\pi}{T} = \text{नियतांक}$$

$$\Rightarrow \quad T \propto R^2$$

- एक ही ऊँचाई के लिए झुकाव कोण का प्रभाव वेग पर नहीं होता, जबकि नीचे पहुँचने का समय और त्वरण इस पर निर्भर करते हैं।

वेग $\propto \theta^\circ$

$t \propto 1/\theta$

$a \propto \theta$

अभ्यास के लिए प्रश्न

1. नीचे दिये हुई चित्र में दर्शाया हुआ मशीन का पुर्जा समान पदार्थ वाले एक 2 सेमी व्यास तथा 1 सेमी॰ मोटाई की डिस्क और 1 सेमी॰ व्यास तथा 6 सेमी लम्बाई की छड़ को जोड़कर बनाया गया है। यदि पुर्जे का द्रव्यमान-केन्द्र डिस्क के खुले सिरे से x दूरी पर स्थित हो, तो x का मान है–

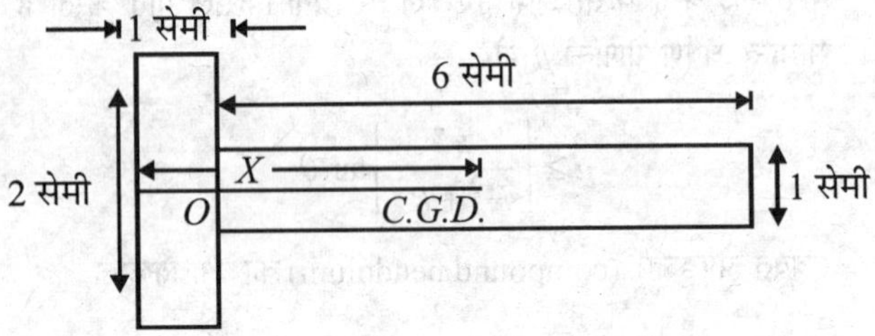

(a) 2.6 सेमी (b) 1.3 सेमी
(c) 3.5 सेमी (d) 2.0 सेमी

2. $6a$ लम्बाई व $8m$ द्रव्यमान की एक समान छड़ एक चिकनी क्षैतिज मेज पर रखी हुई है। समान क्षैतिज तल में गतिमान m व $2m$ द्रव्यमान के दो कण जिनकी चाल क्रमशः $2v$ व v है। निम्न चित्र के अनुसार छड़ से टकराते हैं तथा टक्कर के बाद छड़ से चिपक जाते हैं। द्रव्यमान केन्द्र के परितः कोणीय वेग, कुल ऊर्जा एवं द्रव्यमान केन्द्र के वेग को यदि क्रमशः w, E व v द्वारा प्रदर्शित करें, तो टक्कर के बाद–

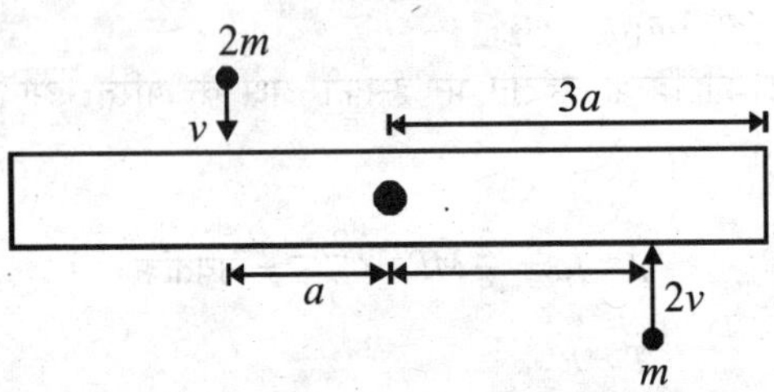

(a) $\omega = v/5a$ (b) $E = 3/5\, mv^2$
(c) $v_c = 0$ (d) $\omega = 2v/5a$

3. एक समान मोटाई की एक वर्गाकार प्लेट $ABCD$ चित्र का इसके तल के लम्बवत् इसके केन्द्र से जाने वाली अक्ष के परितः जड़त्व-आघूर्ण है।

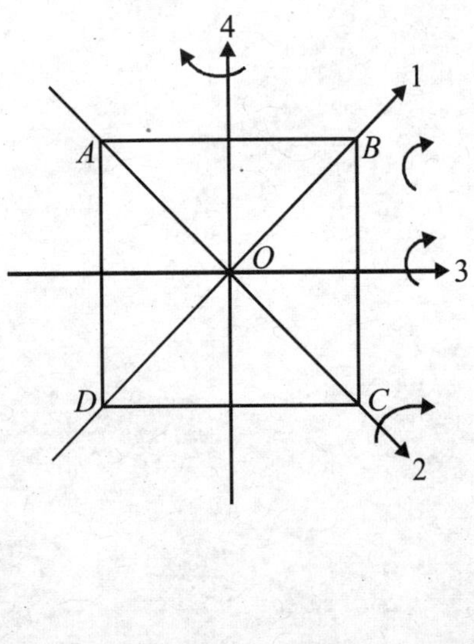

(a) $I_1 + I_3$ (b) $I_1 + I_2 + I_3 + I_4$
(c) $I_1 + I_2$ (d) $I_3 + I_4$

4. M द्रव्यमान व R त्रिज्या की वृत्ताकार चकती में से m द्रव्यमान व a त्रिज्या की समकेन्द्रीय चकती काट ली जाती है। शेष चकती के लिये उसके द्रव्यमान केन्द्र से गुजरने वाले तल के लम्बवत् अक्ष के सापेक्ष जड़त्व आघूर्ण होगा–

(a) $(M-m)\left(\frac{R^2-a^2}{2}\right)$ (b) $\left(\frac{M-m}{2}\right)\left(\frac{R^2-a^2}{2}\right)$

(c) 0 (d) $(M-m)\left(\frac{R^2+a^2}{2}\right)$

5. 2 किग्रा मीटर^2 व 1 किग्रा-मीटर^2 जड़त्व-आघूर्ण वाले दो गतिशील पिण्डों की घूर्णन गतिज ऊर्जायें समान हैं। उनके कोणीय संवेगों का अनुपात होगा–

(a) 1 : 9 (b) 9 : 1
(c) 1 : 3 (d) 3 : 1

6. एक लड़का दोनों हाथों में 2-2 किग्रा के बाँट लेकर, जिन्हें कि उसने अपने शरीर से चिपका रखा है, क्षैतिज प्लेटफॉर्म के केन्द्र पर खड़ा है। प्लेटफॉर्म 2 चक्कर प्रति सेकण्ड की चाल से केन्द्र में होकर जाने वाली ऊर्ध्वाधर अक्ष की तरफ घूम रहा है। अब इस निकाय का जड़त्व आघूर्ण 1 किग्रा × मीटर^2 हो जाता है। दूसरी स्थिति मे निकाय की गतिज ऊर्जा पहली स्थिति की तुलना में–

(a) अधिक हो जायेगी (b) अनिश्चित रहेगी
(c) नहीं बदलेगी (d) कम हो जायेगी

7. समबाहु त्रिभुज ABC का बिन्दु O केन्द्र है। F_1, F_2 तथा F_3 तीन बल भुजा AB, BC व AC के अनुदिश कार्यरत हैं, जैसे चित्र में दर्शाया गया है। बल F_3 का परिमाण क्या होगा। जब बिन्दु O के परितः कुल बल आघूर्ण शून्य हो?

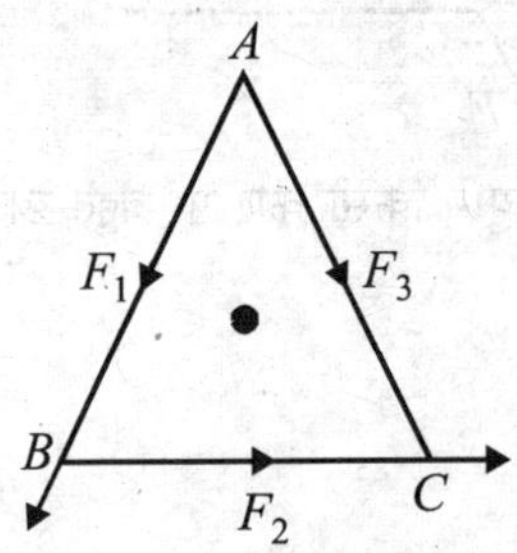

(a) $\frac{F_1+F_2}{2}$ (b) $F_1 - F_2$
(c) $2(F_1+F_2)$ (d) F_1+F_2

8. M द्रव्यमान तथा r त्रिज्या की एक चकती कोणीय वेग ω से क्षैतिज तल में चित्रानुसार लुढ़क रही है मूल बिन्दु O के सापेक्ष चकती के

कोणीय संवेग का परिमाण है–

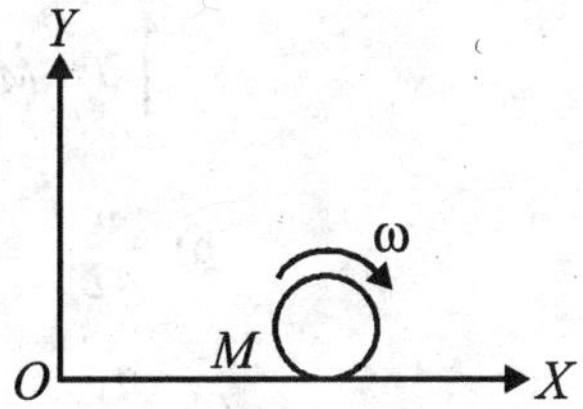

(a) $\frac{3}{2}Mr^2\omega$ (b) $2Mr^2\omega$

(c) $\frac{1}{2}Mr^2\omega$ (d) $Mr^2\omega$

9. एक धागा खोखले बेलन पर लिपटा है। धागे का स्वतन्त्र सिरा चित्रानुसार दृढ़तापूर्वक बँधा है। यदि बेलन को गिरने दिया जाये, तो 7 मीटर दूरी तक जाने में लिया गया सयम होगा–

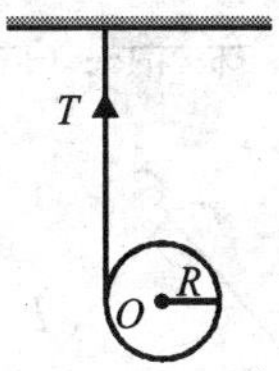

(a) $\sqrt{\frac{7}{30}}$ सेकण्ड (b) $\sqrt{\frac{30}{7}}$ सेकण्ड

(c) $\frac{7}{30}$ सेकण्ड (d) $\frac{30}{7}$ सेकण्ड

10. L लम्बाई तथा समान मोटाई की एक रस्सी एक चिकने तल पर फैली हुई है। इसमें एक सिरे को F बल से खींचने पर इससे l दूरी पर रस्सी में तनाव होगा–

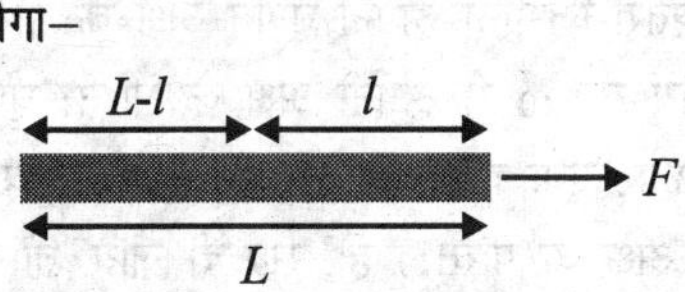

(a) $\left(1-\frac{l}{L}\right)F$ (b) $\left(1+\frac{l}{F}\right)F$

(c) $\frac{lF}{L}$ (d) $\frac{L}{l}F$

11. M द्रव्यमान तथा R त्रिज्या के तीन वलयों को दर्शाये गये चित्रानुसार व्यवस्थित किया गया है। निकाय का जड़त्व आघूर्ण YY' के सापेक्ष होगा–

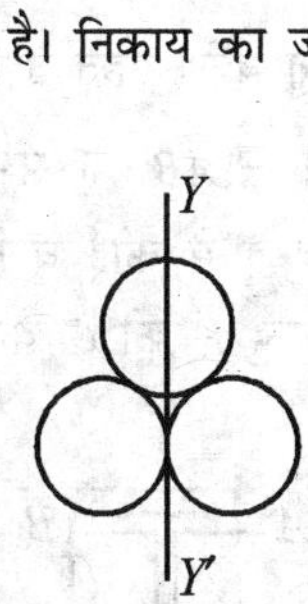

(a) $5MR^2$ (b) $\frac{7}{2}MR^2$

(c) $3MR^2$ (d) $\frac{3}{2}MR^2$

12. L लम्बाई तथा M द्रव्यमान की एकसमान धातु की छड़ उसके एक सिरे से गुजरने वाले लम्बवत् अक्ष के परित: ω कोणीय चाल से घूम रही है। यदि ताप t° C परिवर्तित होता है, तो इसके कोणीय वेग में परिवर्तन निम्न में से किसके समानुपाती होगा– (छड़ का रेखीय प्रसार गुणांक $= \alpha$)

(a) ω^2 (b) $\frac{1}{\omega}$

(c) $\sqrt{\omega}$ (d) ω

13. L लम्बाई तथा ρ रेखीय द्रव्यमान घनत्व के तार को एक वृत्ताकार लूप के रूप में मोड़ा जाता है, जिसका केन्द्र बिन्दु O पर है (देखें संलग्न चित्र)। लूप का XX' के परित: जड़त्व-आघूर्ण होगा–

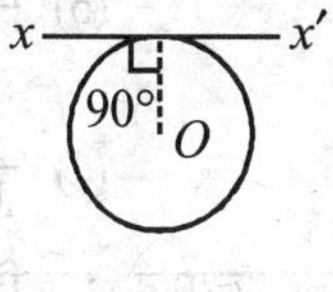

(a) $\frac{5\rho L^3}{16\pi^2}$ (b) $\frac{3\rho L^3}{8\pi^2}$

(c) $\frac{\rho L^3}{8\pi^2}$ (d) $\frac{\rho L^3}{16\pi^2}$

14. चार पतली छड़ों, जिनमें प्रत्येक का द्रव्यमान M और लम्बाई l है, से एक वर्ग बना है। इसके केन्द्र O से इसके तल के लम्बवत् अक्ष के परित: जड़त्व आघूर्ण होगा–

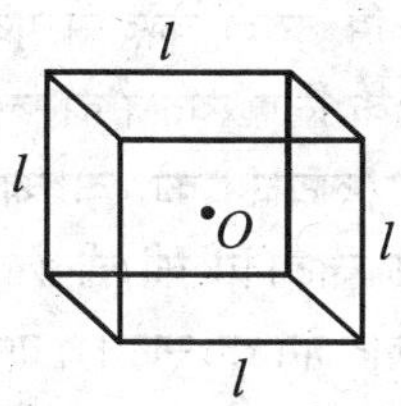

(a) $\frac{Ml^2}{6}$ (b) $\frac{2}{3}Ml^2$

(c) $\frac{4}{3}Ml^2$ (d) $\frac{Ml^2}{3}$

15. एक वृत्ताकार डिस्क जिसकी त्रिज्या R व मोटाई $R/6$ है का अपने केन्द्र से गुजरने वाली व तल से लम्बवत् अक्ष के परित: I है। अब इसे पिघलाकर एक ठोस गोले में परिवर्तित करने पर गोले के व्यास के परित: जड़त्व आघूर्ण का मान होगा–

(a) $\frac{I}{5}$ (b) $\frac{I}{10}$

(c) I (d) $\frac{2I}{8}$

16. एक एकसमान L लम्बाई व M_1 द्रव्यमान की छड़ का एक सिरा एक वृत्ताकार चकती जिसकी त्रिज्या r व द्रव्यमान M_2 से जुड़ा है तथा दोनों

एक ही तल में हैं। निकाय के द्रव्यमान केन्द्र की चकती के केन्द्र से दूरी होगी–

(a) $\frac{2L(M_1+M_2)}{M_1}$ (b) $\frac{2LM_1}{(M_1+M_2)}$

(c) $\frac{L(M_1+M_2)}{2M_1}$ (d) $\frac{LM_1}{2(M_1+M_2)}$

17. एक पतला वृत्ताकार वलय जिसका द्रव्यमान M व त्रिज्या r है, अपने अक्ष के परितः ω कोणीय वेग से घूम रहा है। चार कण जिनमें से प्रत्येक का द्रव्यमान m है धीरे से उसके दो लम्बवत् व्यास के विपरीत सिरों पर रखने पर, वलय के कोणीय वेग का मान होगा?

(a) $\frac{(M+4m)\omega}{M}$ (b) $\frac{(M-2m)\omega}{M+2m}$

(c) $\frac{M\omega}{4m}$ (d) $\frac{M\omega}{M+2m}$

18. एक ठोस बेलन जिसका द्रव्यमान M व त्रिज्या R है बिना फिसले एक नत समतल जिसकी लम्बाई L व ऊँचाई h है पर लुढ़क रहा है। बेलन के नत तल के निम्नतम बिन्दु पर पहुँचने पर उसके द्रव्यमान केन्द्र का वेग होगा–

(a) $\sqrt{\frac{4gh}{3}}$ (b) $\sqrt{4gh}$

(c) $\sqrt{2gh}$ (d) $\sqrt{\frac{3gh}{4}}$

19. एक वृत्ताकार प्लेटफॉर्म उसके केन्द्र से गुजरते ऊर्ध्व अक्ष के परितः क्षैतिज तल में घूमने के लिए स्वतन्त्र है। प्लेटफॉर्म के किनारे पर एक कछुआ बैठा है। अब प्लेटफॉर्म को एक कोणीय वेग ω_0 से घुमा दिया जाता है। जब कछुआ प्लेटफॉर्म की जीवा के अनुदिश एक नियत वेग से गति करता है (प्लेटफॉर्म के सापेक्ष), तो प्लेटफॉर्म का कोणीय वेग $\omega(t)$ समय t के सापेक्ष निम्न प्रकार परिवर्तित होता है–

(a) 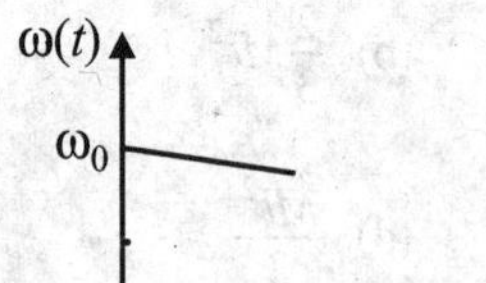

(b) 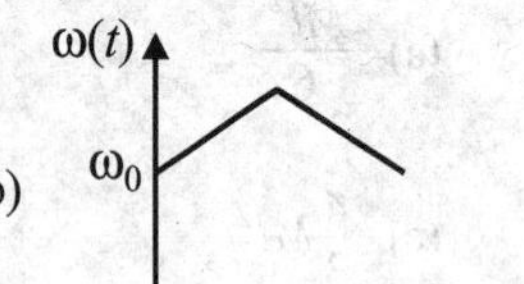

(c) 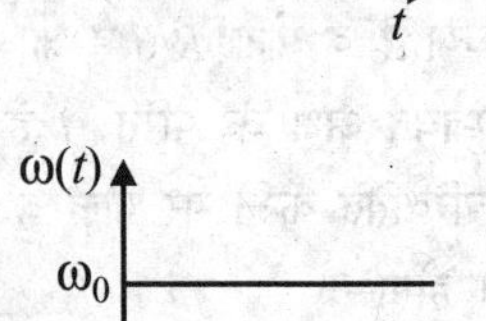

(d) 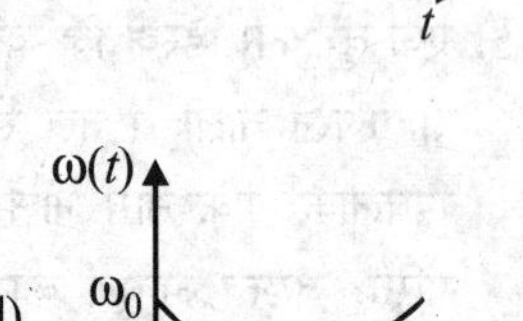

20. चित्र में दो गेंदें जिनमें प्रत्येक का द्रव्यमान M है। एक हल्की L लम्बाई की छड़ के दोनों किनारों से जुड़ी हैं। यदि एक किनारे पर स्थित गेंद को आवेग $J = Mv$ दिया जाये, तो निकाय का कोणीय वेग होगा–

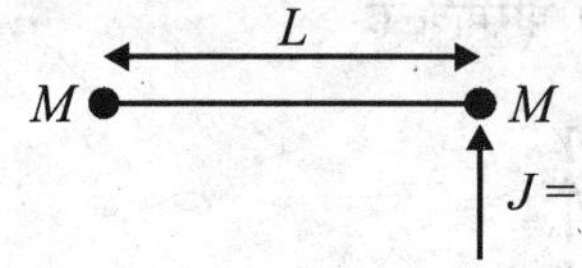

(a) $\frac{v}{3L}$ (b) $\frac{v}{4L}$

(c) $\frac{v}{L}$ (d) $\frac{2v}{L}$

21. समान पदार्थ तथा मोटाई वाली दो चकतियों की त्रिज्याएँ 0.2 मीटर और 0.6 मीटर हैं। स्वयं के अक्षों के सापेक्ष उनके जड़त्व आघूर्णों का अनुपात होगा–

(a) 1:27 (b) 1:81

(c) 1:3 (d) 81:1

22. एक समबाहु त्रिभुज, जिसकी भुजा की लम्बाई l सेमी० हो, के सिरों पर तीन एक समान द्रव्यमान के पिण्ड रखे हैं जैसा कि चित्र में प्रदर्शित है, तो AX अक्ष के परितः निकाय का जड़त्व आघूर्ण होगा–

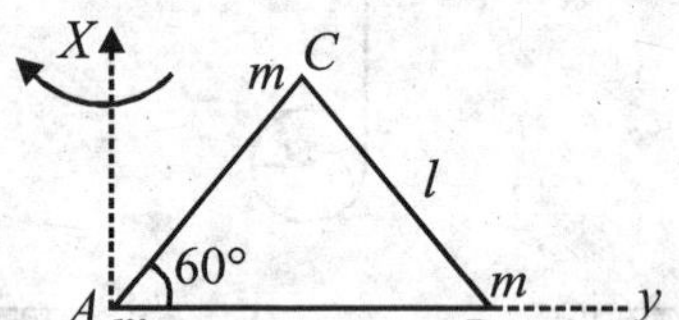

(a) $\frac{3}{4}ml^2$ (b) $2ml^2$

(c) $\frac{5}{4}ml^2$ (d) $\frac{3}{2}ml^2$

23. एक गोल तश्तरी जिसका अपनी घूर्णन अक्ष के परितः जड़त्व आघूर्ण I_1 है, कोणीय वेग ω से अपनी अक्ष के परितः घूर्णन करती हैं। इस तश्तरी के ऊपर एक दूसरी तश्तरी जिसका जड़त्व आघूर्ण I_2 (तल के लम्बवत् अक्ष के परितः) हो, रख दी जाये, तो दोनों तश्तरियों का कोणीय वेग होगा–

(a) $\frac{I_2\omega}{I_1+I_2}$ (b) ω

(c) $\frac{I_1\omega}{I_1+I_2}$ (d) $\frac{(I_1+I_2)\omega}{I_1}$

24. T आकृति की एक वस्तु घर्षण रहित तल पर रखी है, जैसा कि चित्र में प्रदर्शित है। एक बल $\vec{F}$, AB के समान्तर बिन्दु P पर इस प्रकार लगाया जाता है, कि वस्तु में कोई घूर्णन गति ना हो वरन् केवल स्थानान्तरण गति हो। बिन्दु P की C के सापेक्ष स्थिति होगी–

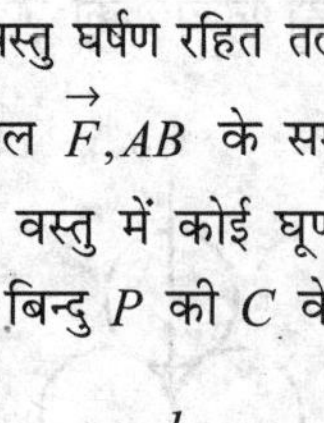

(a) l (b) $\frac{4}{3}l$

(c) $\frac{3}{2}l$ (d) $\frac{2}{3}l$

25. एक वलय जिसकी आन्तरिक व बाह्य त्रिज्याएँ क्रमशः R_1 व R_2 हैं, बिना फिसले लोटनी गति (Rolling motion) कर रहा है, तो वलय के अन्दर व बाहर रखे दो द्रव्यमानों पर लगने वाले बल F_1 व F_2 का अनुपात होगा–

(a) $\frac{R_1}{R_2}$ (b) 1

(c) $\left(\frac{R_1}{R_2}\right)^2$ (d) $\frac{R_2}{R_1}$

26. l लम्बाई और m द्रव्यमान की एक अचर छड़ AB बिन्दु A पर घूर्णन के लिए स्वतंत्र है। क्षैतिज अवस्था में स्थित छड़ कोक स्वतंत्र किया जाता है। A के सापेक्ष छड़ का जड़त्व आघूर्ण $\frac{ml^2}{3}$ है। छड़ का प्रारम्भिक कोणीय त्वरण होगा

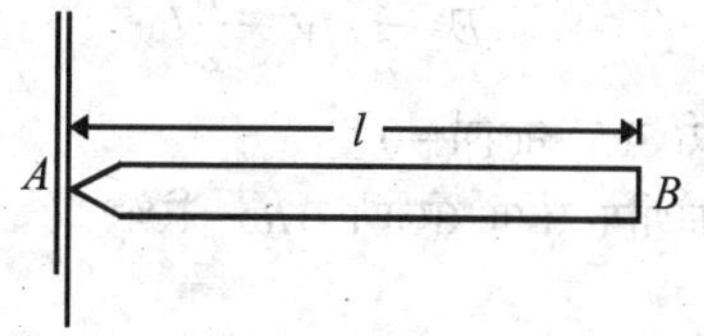

(a) $\frac{2g}{3l}$ (b) $\frac{mgl}{2}$

(c) $\frac{3gl}{2}$ (d) $\frac{3g}{2l}$

उत्तरमाला

1. (a)	**2.** (a,b,c)	**3.** (a,c,d)	**4.** (d)	**5.** (d)	**6.** (d)	**7.** (d)	**8.** (a)	**9.** (b)	**10.** (a)
11. (b)	**12.** (d)	**13.** (b)	**14.** (c)	**15.** (a)	**16.** (d)	**17.** (d)	**18.** (a)	**19.** (d)	**20.** (c)
21. (b)	**22.** (c)	**23.** (c)	**24.** (b)	**25.** (a)	**26.** (d)				

हल

1. (a) सममिति से द्रव्यमान केन्द्र OA पर स्थित होगा।

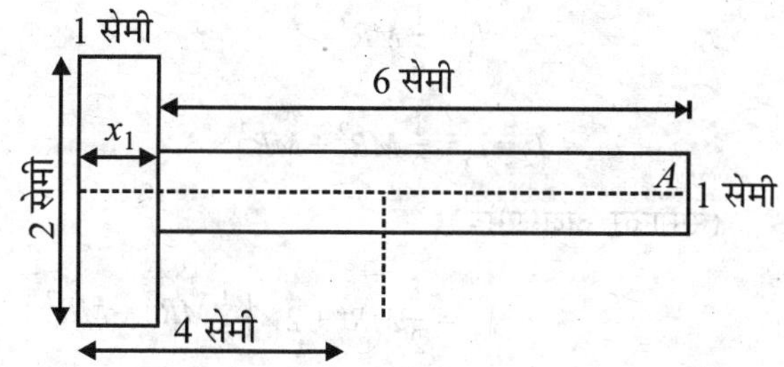

वृत्ताकार चकती का द्रव्यमान $m_1 = \pi r^2 t \cdot d = \pi d$

बेलनाकार छड़ का द्रव्यमान $m_2 = \pi r_1{}^2 l \cdot d$

$$= \pi\left(\frac{1}{2}\right)^2 \times 6 \times d = \frac{3}{2}\pi d = 1.5\,\pi d$$

$$x_1 = 0.5 \text{ सेमी} \quad \text{व} \quad x_2 = 4 \text{ सेमी}$$

अतः $$x_{CM} = \frac{m_1x_1 + m_2x_2}{(m_1 + m_2)}$$

$$= \frac{\pi d \times 0.5 + 1.5\pi d \times 4}{(\pi d + 1.5\pi d)} = 2.6 \text{ सेमी}$$

2. (a,b,c) $F_{ext} = 0$, संवेग संरक्षण से,

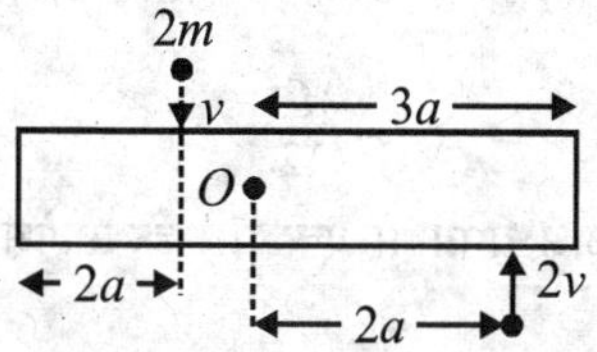

$$-2m \cdot v + m \times 2v + 0 = (2m + m + 8m)\, v_{CM}$$

$\therefore$ $$v_{CM} = 0$$

$\tau = 0$ है, अतः कोणीय संवेग संरक्षण से,

$$2mva + m \times 2v \times 2a = [2ma^2 + m\,(2a)^2 + 8m + \frac{(3a)^2}{12}]\,\omega$$

$\therefore$ $$\omega = \frac{v}{5a}$$

निकाय की ऊर्जा $= E_T + E_R = 0 + 1/2\, I\omega^2$

$$= \frac{1}{2} \times (30\,ma^2)\left(\frac{v}{5a}\right)^2 = \frac{3}{5}mv^2$$

3. (a,c,d) वर्गाकार पटल के तल तथा इसके केन्द्र से गुजरने वाले किसी भी अक्ष के परितः जड़त्व-आघूर्ण $= \frac{M}{12}$ (भुजा का वर्ग)

$\therefore$ $$I_O = I_1 + I_2 = I_3 + I_4 = I_1 + I_3$$

4. (d) $I_0 = \frac{1}{2}(M - m)\,(R^2 + a^2)$

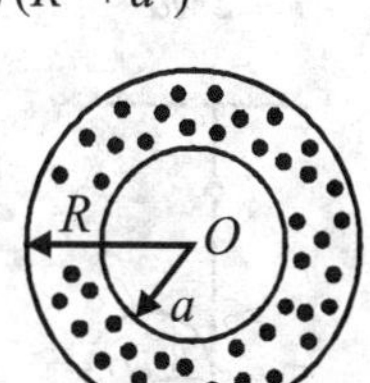

5. (d) $E_R = \frac{1}{2}I\omega^2$

$$= \frac{1}{2}\frac{I^2\omega^2}{I} = \frac{J^2}{2I}$$

$$\therefore \quad \frac{J_1}{J_2} = \sqrt{\frac{I_1}{I_2}} = \sqrt{\frac{9}{1}} = 3$$

6. (d) कुल गतिज ऊर्जा

$$E = \frac{1}{2}Mv^2 + \frac{1}{2}I\omega^2 \quad \text{...(i)}$$

बाहरी बल आघूर्ण = 0

$\therefore$ कोणीय संवेग संरक्षण से $I\omega$ = स्थिर

$$\omega \propto \frac{1}{I} \quad \text{...(ii)}$$

चूँकि जड़त्व आघूर्ण बढ़ रहा है, इसलिए ω घटेगा।

7. (d) यदि त्रिभुज की भुजा की लम्बाई = a हो,

तो, $OD = OE = OF$

$$= \frac{1}{3} \times AD$$

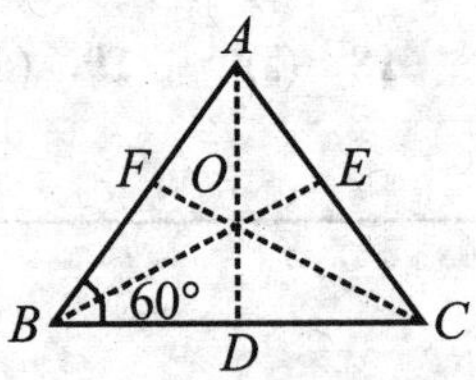

$$= \frac{1}{3} \times \frac{a \times \sqrt{3}}{2} = \frac{a}{2\sqrt{3}}$$

O के परितः बल आघूर्ण

$$= F_1 \times OF + F_2 \times OD - F_3 \times OE$$

$$\therefore \quad F_3 = F_1 + F_2$$

8. (a) चकती का मूल बिन्दु O के परितः कोणीय संवेग, चकती के द्रव्यमान-केन्द्र के परितः कोणीय संवेग तथा द्रव्यमान-केन्द्र के O के परितः कोणीय संवेग के योग के बराबर है।

अतः $J = J\omega + mvr$

$$= \frac{1}{2}mr^2\omega + m(r\omega)r = \frac{3}{2}mr^2\omega$$

जहाँ $v = R\omega$ द्रव्यमान केन्द्र का रेखीय वेग है।

9. (b) माना खोखले बेलन का त्वरण a है।

$$Mg - T = Ma \quad \text{...(i)}$$

$$TR = I\alpha = (MR^2 + MR^2) \times \frac{a}{R}$$

$$\therefore \quad T = 2Ma$$

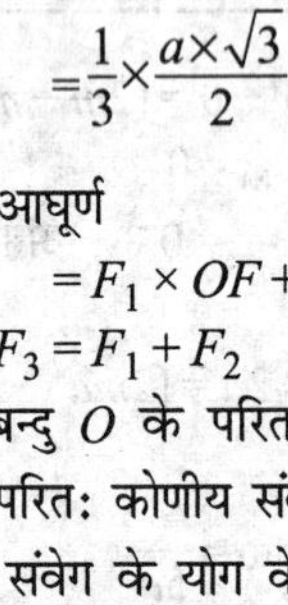

अतः $Mg - 2Ma = Ma$, या $a = \frac{g}{3}$

7 मीटर गिरने में लगा समय t, सूत्र $s = ut + \frac{1}{2}at^2$ लगाने पर,

$$t = \sqrt{\frac{2h}{a}} = \sqrt{\frac{2 \times 7 \times 3}{9.8}} = \sqrt{\frac{30}{7}} \text{ सेकण्ड}$$

10. (a) माना L लम्बाई की रस्सी की पूरी मात्रा = M

तो, इकाई लम्बाई की मात्रा $= \frac{M}{L}$

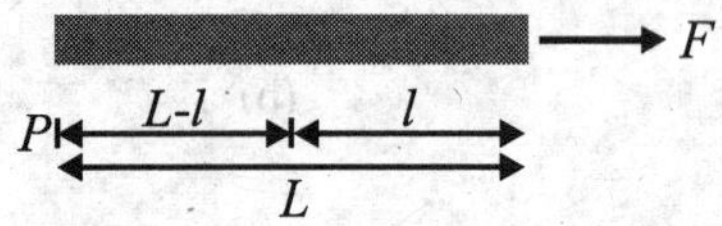

बल F से कारण रस्सी में त्वरण $a = \frac{F}{M}$

सिरे से Q से l दूरी पर स्थित बिन्दु O पर तनाव

$T = PO$ भाग पर बल

तनाव $T = (PO$ की मात्रा$) \times$ त्वरण

$$T = (L - l) \cdot \frac{M}{L} \times \frac{F}{M}$$

$$T = \frac{L-l}{L} \times F = \left(1 - \frac{l}{L}\right)F$$

11. (b) $I_{yy'} = I_1 + I_2 + I_3$

जहाँ, $I_1 \Rightarrow$ केन्द्र से गुजरने वाली अक्ष के परितः जड़त्व आघूर्ण तथा $I_2, I_3 \Rightarrow$ व्यास के परितः जड़त्व आघूर्ण है।

$$\therefore \quad I_1 = \frac{1}{2}MR^2$$

$$I_2 = I_3 = \frac{1}{2}MR^2 + MR^2$$

(समान्तर अक्ष प्रमेय)

$$I_{yy'} = \frac{1}{2}MR^2 + 2 \times \left[\frac{1}{2}MR^2 + MR^2\right]$$

$$I_{yy'} = \frac{7}{2}MR^2$$

12. (d) संवेग संरक्षण से $I\omega$ = नियतांक

I में परिवर्तन होने से, कोणीय वेग में परिवर्तन ω के समानुपाती होगा।

13. (b) $L = 2\pi r$, $r = \frac{L}{2\pi}$ तथा $M = \rho L$

XX' के परितः जड़त्व-आघूर्ण $= \frac{1}{2}Mr^2 + Mr^2$

$$= \frac{3}{2} \times \rho L \left(\frac{L}{2\pi}\right)^2 = \frac{3\rho L^3}{8\pi^2}$$

14. (c) एक छड़ का केन्द्र के सापेक्ष जड़त्व आघूर्ण

$$= \frac{Ml^2}{12}$$

समान्तर अक्ष प्रमेय से एक सिरे के सापेक्ष जड़त्व-आघूर्ण

$$= I_{CM} + M\left(\frac{l}{2}\right)^2 = I_{END}$$

$$I_{END} = \frac{Ml^2}{12} + \frac{Ml^2}{4} = \frac{Ml^2}{3}$$

15. (a) $M = 2\pi R^2 \times \frac{R\cdot\rho}{6}, I = \frac{1}{2}\left(\frac{\pi R^3\rho}{6}\right) \times R^2 = \frac{\pi R^5 \rho}{12}$

गोले में परिवर्तन करने पर,

$$\frac{4}{3}\pi R'^2\rho = \frac{\pi R^3\rho}{6}, \quad \text{अत:} \quad R' = \frac{R}{2}$$

गोले का व्यास के परित: जड़त्व-आघूर्ण $= \frac{2}{5}MR'^2$

$$= \frac{2}{5} \times \frac{\pi R^3 \rho}{6} \times \left(\frac{R}{2}\right)^2$$

$$= \frac{1}{5} \times \frac{\pi R^5 \rho}{12} = \frac{I}{5}.$$

16. (d) डिस्क के केन्द्र से निकाय के द्रव्यमान केन्द्र की दूरी

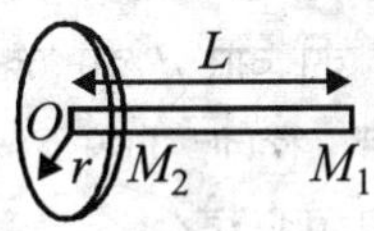

$$= \frac{M_2 \times 0 + M_1 \frac{L}{2}}{(M_1 + M_2)} = \frac{M_1 L}{2(M_1 + M_2)}$$

17. (d) कोणीय संवेग संरक्षण से,

$$MR^2\omega = (MR^2 + 2mR^2)\,\omega'$$

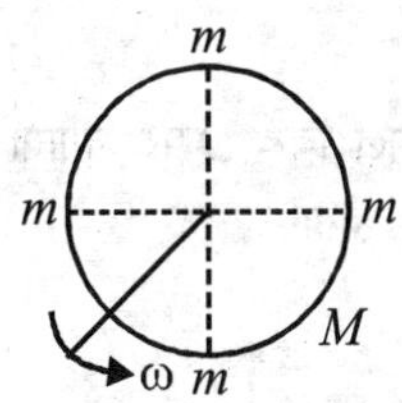

$$\omega' = \frac{M\omega}{(M+2m)}$$

18. (a) निम्नतम बिन्दु पर

$$v = \sqrt{\frac{2gh}{\left(1 + \frac{K^2}{R^2}\right)}}$$

ठोस बेलन के लिये अक्ष के परित: जड़त्व-आघूर्ण

$$I = \frac{1}{2}MR^2 = MK^2$$

$$\therefore \quad v = \sqrt{\frac{2gh}{\left(1+\frac{1}{2}\right)}} = \sqrt{\frac{4gh}{3}}$$

19. (d) A से B तक जाने में, A से C तक I का मान घटता तथा C से B तक जाने में पुन: प्रारम्भिक मान प्राप्त कर लेता है।

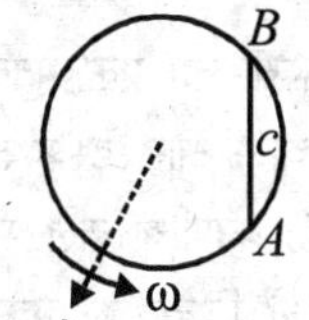

अत: संवेग संरक्षण के ω तक (2) के अनुसार परिवर्तित होगा।

20. (c) निकाय का द्रव्यमान केन्द्र का कोणीय वेग, (द्रव्यमान के सापेक्ष संवेग संरक्षण लगाने पर)

$$I_{CM} \cdot \omega = J \times \frac{L}{2}$$

या $2 \times M\left(\frac{L}{2}\right)^2 \cdot \omega = Mv \times \frac{L}{2} \quad \therefore \quad \omega = \frac{v}{L}$

21. (b) वृत्तीय चकती के अपने अक्ष के सापेक्ष जड़त्व आघूर्ण

$$I = \frac{1}{2}MR^2 \qquad M = \pi R^2 \times t_\rho$$

$$\therefore \quad I = \frac{\pi}{2}\rho t R^4$$

दो चकतियों के लिए, $\frac{I_1}{I_2} = \frac{R_1^4}{R_2^4}$

$$\therefore \quad \frac{I_1}{I_2} = \left[\frac{0.2}{0.6}\right]^4 = \frac{1}{81}$$

22. (c) $I_{AX} = ml^2 + m\left(\frac{l}{2}\right)^2 = \frac{5}{4}ml^2$

23. (c) कोणीय संवेग संरक्षण से

$$I_1\omega = (I_1 + I_2)\,\omega'$$

$$\omega' = \frac{I_1\omega}{I_1 + I_2}$$

24. (b) बल F यदि T आकार की वस्तु के द्रव्यमान केन्द्र पर लगे तो घूर्णन गति नहीं होगी अत:

$$r_{cm} = \frac{2ml + 2ml}{3m} = \frac{4l}{3}$$

25. (a) $F_1 \propto R_1$

$$F_2 \propto R_2 \qquad \frac{F_1}{F_2} = \frac{R_1}{R_2}$$

26. (d) छड़ के गुरुत्व केन्द्र पर बल आघूर्ण ($\tau = I\alpha$)

अर्थात् $\tau = \frac{mgl}{2}$

या $I\alpha = \frac{mgl}{2}$

या $\frac{ml^2}{3}\alpha = \frac{mgl}{2}$

या $\alpha = \frac{3g}{2l}$

Previous Years' Problems

1. M द्रव्यमान और R त्रिज्या की एक पतली वृत्ताकार एकसमान डिस्क अपने केन्द्र से गुजरने वाले और डिस्क तल के अभिलम्बवत् अक्ष के परितः क्षैतिज तल में ω कोणीय चाल से घूर्णन कर रही है। उतने ही द्रव्यमान की परन्तु आधी त्रिज्या की एक दूसरी डिस्क धीरे से घूमती हुई प्रथम डिस्क के ऊपर समअक्षीय रख दी जाती है। संयुक्त डिस्क की कोणीय चाल होगी-

(a) $\frac{2}{5}\omega$ (b) $\frac{5}{2}\omega$

(c) $\frac{5}{4}\omega$ (d) $\frac{4}{5}\omega$

[AIEEE 2002]

2. दो पिण्ड जिनके जड़त्व आघूर्ण I_1 व I_2 $(I_1 > I_2)$ हैं एक समान कोणीय संवेग रखते हैं। यदि उनकी घूर्णन गतिज ऊर्जायें क्रमशः E_1 तथा E_2 हैं, तब-

(a) $E_1 > E_2$ (b) $E_1 > E_2$

(c) $E_1 = E_2$ (d) इनमें से कोई नहीं

[AIEEE 2002]

3. यदि एक कण जिसका स्थिति वेक्टर (position vector) $\vec{r}$ है, के ऊपर बल वेक्टर $\vec{F}$ लग रहा है और इस बल से उत्पन्न बल-आघूर्ण मूल बिन्दु के परितः $\vec{\tau}$ है तब-

(a) $\vec{r}\cdot\vec{\tau} \neq 0$ और $\vec{F}\cdot\vec{\tau} \neq 0$ (b) $\vec{r}\cdot\vec{\tau} \neq 0$ और $\vec{F}\cdot\vec{\tau} = 0$

(c) $\vec{r}\cdot\vec{\tau} = 0$ और $\vec{F}\cdot\vec{\tau} = 0$ (d) $\vec{r}\cdot\vec{\tau} = 0$ और $\vec{F}\cdot\vec{\tau} \neq 0$

[AIEEE 2003]

4. M द्रव्यमान व r त्रिज्या की एक अर्द्धवृत्ताकार एकसमान डिस्क का उसके केन्द्र से गुजरने वाले और तल के अभिलम्बवत् अक्ष के परितः जड़त्व आघूर्ण है-

(a) $\frac{1}{4}Mr^2$ (b) $\frac{2}{5}Mr^2$

(c) Mr^2 (d) $\frac{1}{2}Mr^2$

[AIEEE 2005]

5. M द्रव्यमान का एक पिण्ड A, गुरुत्व के अन्तर्गत स्वच्छन्द गिरते हुए दो टुकड़ों (एक पिण्ड B, $\frac{M}{3}$ द्रव्यमान का तथा दूसरा C, $\frac{2M}{3}$ द्रव्यमान का) में टूट जाता है। पिण्डों B व C को एक साथ लेते हुए इनका द्रव्यमान केन्द्र पिण्ड A के द्रव्यमान केन्द्र की तुलना में विस्थापित हो जाता है-

(a) पिण्ड B की ओर

(b) पिण्ड C की ओर

(c) उस बिन्दु की ऊँचाई पर निर्भर करता है जहाँ पिण्ड टुकड़ों में विभक्त होता है

(d) विस्थापित नहीं होता है

[AIEEE 2005]

6. T आकृति की एक वस्तु जिसकी विमायें चित्र में दर्शायी गयी हैं एक चिकने फर्श पर पड़ी हुई हैं। P बिन्दु पर AB के समान्तर एक बल F इस प्रकार लगाया जाता है कि वस्तु केवल स्थानान्तरीय गति में बिना घूर्णन किये गतिमान होती है। बिन्दु C के सापेक्ष बिन्दु P की स्थिति ज्ञात करो-

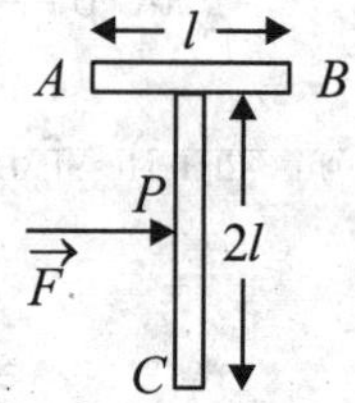

(a) $\frac{2l}{3}$

(b) $\frac{3l}{2}$

(c) $\frac{4l}{3}$

(d) l

[AIEEE 2005]

7. m_1 व m_2 द्रव्यमानों के दो कणों के निकाय को लेते हैं। यदि प्रथम कण द्रव्यमान केन्द्र की ओर d दूरी तक धकेला जाता है तो दूसरा कण कितनी दूरी तक चलाना चाहिए जिससे कि निकाय का द्रव्यमान केन्द्र यथा स्थान पर बना रहे?

(a) $\frac{m_1}{m_1 + m_2}d$ (b) $\frac{m_1}{m_2}d$

(c) d (d) $\frac{m_2}{m_1}d$

[AIEEE 2006]

8. एक बल $-F\hat{k}$ मूल बिन्दु O पर लगाया जाता है। बिन्दु $(1, -1)$ के परितः बल आघूर्ण होगा-

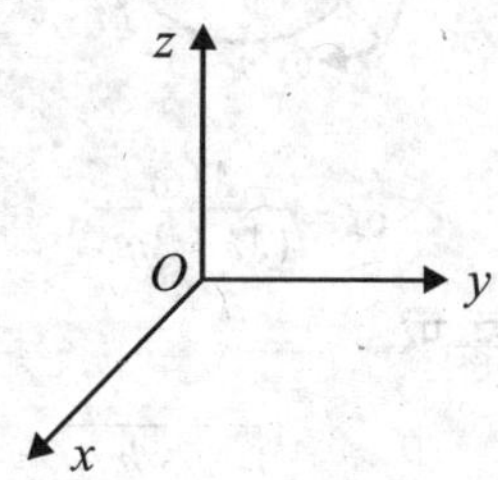

(a) $-F(\hat{i} + \hat{j})$ (b) $F(\hat{i} + \hat{j})$

(c) $-F(\hat{i} - \hat{j})$ (d) $F(\hat{i} - \hat{j})$

[AIEEE 2006]

9. चार बिन्दु द्रव्यमान जिनमें प्रत्येक का द्रव्यमान m है, एक l भुजा के वर्ग $ABCD$ के प्रत्येक कोने पर स्थित हैं। इस निकाय का जड़त्व आघूर्ण A से गुजरने वाले और BD के समान्तर अक्ष के परितः है-

(a) $\sqrt{3}ml^2$ (b) $3\,ml^2$

(c) ml^2 (d) $2\,ml^2$

[AIEEE 2006]

10. $2\,R$ त्रिज्या की एक बड़ी वृत्ताकार डिस्क से R त्रिज्या की दूसरी छोटी वृत्ताकार डिस्क इस प्रकार निकाली गई है कि दोनों डिस्कों की परिधि (circumference) एकाकार (coincide) हो। नई डिस्क का द्रव्यमान केन्द्र बड़ी डिस्क के द्रव्यमान केन्द्र से α/R दूरी पर स्थित है। α का मान है-

(a) 1/2 (b) 1/6

(c) 1/4 (d) 1/3

[AIEEE 2007]

11. M द्रव्यमान व R त्रिज्या की एक गोलाकार एकसमान वस्तु जिसका जड़त्व आघूर्ण I है बिना फिसले हुए एक आनत तल पर लुढ़कती है जिसका क्षैतिज से झुकाव कोण θ है तब इसका त्वरण है-

(a) $\dfrac{g\sin\theta}{1+MR^2/I}$ (b) $\dfrac{g\sin\theta}{1-I/MR^2}$

(c) $\dfrac{g\sin\theta}{1-MR^2/I}$ (d) $\dfrac{g\sin\theta}{1+I/MR^2}$

[AIEEE 2007]

12. केन्द्रीय बल से आघूर्ण गति करते हुए कण का कोणीय संवेग नियत है-

(a) नियत रेखीय संवेग के कारण

(b) शून्य बल-आघूर्ण के कारण

(c) नियत बल-आघूर्ण के कारण

(d) नियत बल के कारण

[AIEEE 2007]

13. दिये गए वृत्ताकार पटल $ABCD$, जिसका केन्द्र O है, के लिए -

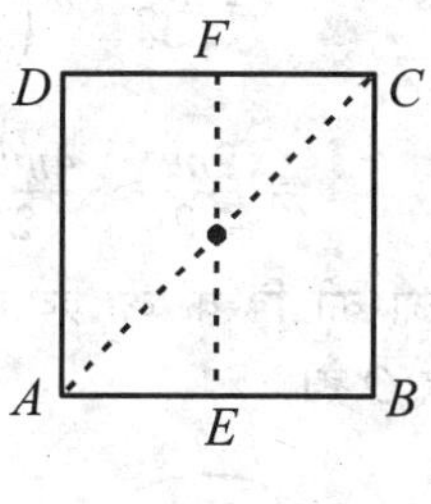

(a) $I_{AD}=3\,I_{EF}$ (b) $I_{AC}=I_{EF}$

(c) $I_{AC}=\sqrt{2}\,I_{EF}$ (d) $\sqrt{2}\,I_{AC}=I_{EF}$

[AIEEE 2007]

14. L लम्बाई की एक पतली छड़ x-अक्ष पर स्थित है। इसके सिरे $x=0$ तथा $x=L$ पर स्थित हैं। इसका रेखीय घनत्व (द्रव्यमान/लम्बाई) x के साथ $k\left(\dfrac{K}{L}\right)^n$ के अनुसार बदलती है। जहाँ $n=0$ या कोई घन पूर्णांक है। यदि छड़ के गुरुत्व केन्द्र x_{CM} की स्थिति का n के सापेक्ष ग्राफ खींचा जाए तो निम्न में से कौन-सा आरेख x_{CM} की n पर निर्भरता का सही आकलन करता है?

(a) 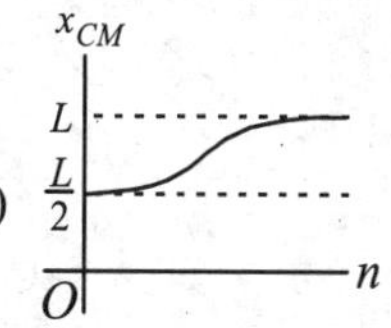

(b) 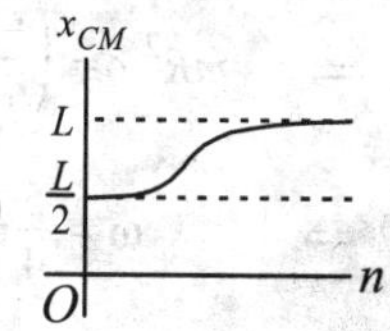

(c) 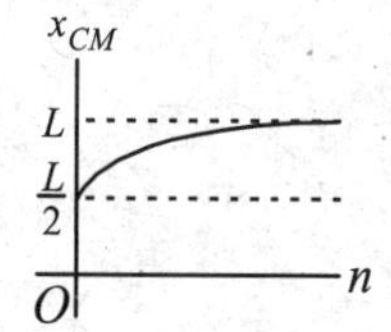

(d) 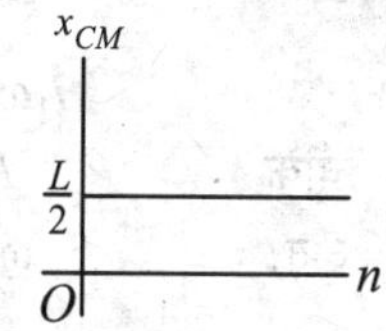

[AIEEE 2008]

15. m द्रव्यमान एवं a भुजा वाली एक वर्गाकार प्लेट की कल्पना कीजिए। इसके तल के लम्बवत् एवं एक कोने से गुजरने वाली अक्ष के परितः प्लेट का जड़त्व आघूर्ण होगा-

(a) $\dfrac{7}{12}ma^2$ (b) $\dfrac{2}{3}ma^2$

(c) $\dfrac{5}{6}ma^2$ (d) $\dfrac{1}{12}ma^2$

[AIEEE 2008]

उत्तरमाला

1. (d)	**2.** (b)	**3.** (c)	**4.** (d)	**5.** (d)	**6.** (c)	**7.** (b)	**8.** (b)	**9.** (b)	**10.** (d)
11. (d)	**12.** (b)	**13.** (b)	**14.** (c)	**15.** (b)					

हल

1. (d) $I_1\omega = I_2\omega'$

$$\Rightarrow \quad mR^2\omega = \left(mR^2 + m\left(\frac{R}{2}\right)^2\right)\omega'$$

$$\Rightarrow \quad mR^2\omega = \left(mR^2 + \frac{mR^2}{4}\right)\omega'$$

$$\Rightarrow \quad mR^2\omega = \left(\frac{4mR^2 + mR^2}{4}\right)\omega'$$

$$\Rightarrow \quad mR^2\omega = \left(\frac{5}{4}mR^2\right)\omega'$$

$$\Rightarrow \quad \omega = \frac{5}{4}\omega'$$

$$\Rightarrow \quad \omega' = \frac{4}{5}\omega$$

2. (b) $I_1\omega_1 = I_2\omega_2$

चूँकि $I_1 > I_2$

अत: $\omega_1 < \omega_2$

इस प्रकार $\frac{1}{2}I_2\omega_1^2 < \frac{I_2\omega_2^2}{2}$

अथवा $E_1 < E_2$

3. (c) $\vec{\tau} = \vec{r} \times \vec{F}$

$\vec{\tau}$ वेक्टर दोनों वेक्टरों $\vec{r}$ तथा $\vec{F}$ के अभिलम्बवत् है, इसलिए $\vec{r}\cdot\vec{\tau}$ और साथ ही $\vec{F}\cdot\vec{\tau}$ के मान शून्य होंगे।

4. (d) वृत्ताकार डिस्क का इसके तल के अभिलम्बवत तथा इसके केन्द्र से गुजरने वाली अक्ष के परित: जड़त्व आघूर्ण-

$$I = \frac{1}{2}Mr^2$$

5. (d) जब कोई बाह्य बल नहीं लगता है-

$\therefore \quad a_{CM} = 0$

क्योंकि $\quad v_{CM} = 0$

अत: $\quad \Delta x_{CM} = 0$

6. (c) वस्तु की विशुद्ध स्थानान्तरीय गति के लिए बल इसके द्रव्यमान केन्द्र पर लगना चाहिए-

$$Y_{CM} = \frac{m\times 2l + 3m\times l}{3m} = \frac{4l}{3}$$

7. (b) द्रव्यमान केन्द्र को यथास्थान पर बनाये रखने के लिए माना m_2 द्रव्यमान के कण को x दूरी तक खिसकाया जाता है।

$\therefore \quad m_1 d + m_2(-x) = 0$

$$\therefore \quad x = \frac{m_1 d}{m_2}$$

8. (b) बल आघूर्ण $\vec{\tau} = \vec{r}\times\vec{F}$

$\vec{F} = -F\hat{k}$ और $\vec{r} = \hat{i}\times\hat{j}$

$$\therefore \quad \vec{r}\times\vec{F} = \begin{vmatrix}\hat{i} & \hat{j} & \hat{k}\\ 1 & - & 0\\ 0 & 0 & -F\end{vmatrix}$$

$$= \hat{i}(F) - \hat{j}(-F) = F(\hat{i}+\hat{j})$$

9. (b) $(AO)^2 = \left(\frac{l}{2}\right)^2 + \left(\frac{l}{2}\right)^2 = \frac{2l^2}{4}$

$$\therefore \quad AO = \frac{l}{\sqrt{2}}$$

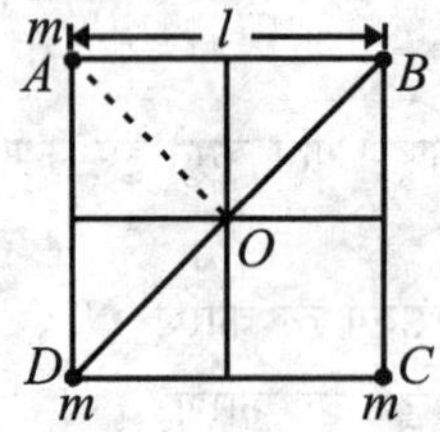

जडद्यत्व आघूर्ण, $I = I_D + I_B + I_C$

चूँकि $I_D = I_B$

$\therefore \quad I = 2I_D + I_C$

$$= 2m\frac{l^2}{2} + m\left(\frac{2l}{\sqrt{2}}\right)^2$$

$$= \frac{2ml^2}{2} + \frac{4ml^2}{2} = 3\,ml^2$$

10. (d) माना $2R$ त्रिज्या की डिस्क का द्रव्यमान केन्द्र O है और नया द्रव्यमान केन्द्र O' है।

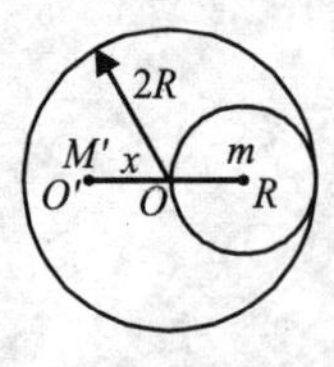

यदि $m = R$ त्रिज्या की डिस्क का द्रव्यमान

$M' = R$

त्रिज्या की डिस्क को निकाल लेने पर शेष बची डिस्क का द्रव्यमान

$M = 2R$ त्रिज्या की डिस्क का द्रव्यमान

अब $\quad m = (\pi R^2)\cdot\sigma,$

जहाँ $\quad \sigma = \frac{M}{\pi(2R)^2} = \frac{M}{4\pi R^2} =$ प्रति एकांक क्षेत्रफल

का द्रव्यमान

$$M' = [\pi(2R)^2 - \pi R^2]\cdot\sigma$$
$$= 3\pi R^2\sigma$$
$$M = \pi(2R)^2\cdot\sigma = 4\pi R^2\sigma$$

हम पाते हैं, $\frac{M'.x + m.R}{M' + m} = 0$

(चूँकि सम्पूर्ण डिस्क का द्रव्यमान केन्द्र O है)

अथवा $M'\cdot x + m\cdot R = 0$

अथवा $M'x = -mR$

$$\Rightarrow \quad x = \left(-\frac{m}{M'}\right)R = \left(-\frac{\pi R^2\sigma}{3\pi R^2\sigma}\right).R = \left(-\frac{1}{3}\right)R$$

परन्तु $x = \frac{\alpha}{R}$

$$\therefore \quad \frac{\alpha}{R} = \left(-\frac{1}{3}\right).R$$

इस प्रश्न में $\frac{\alpha}{R}$ के स्थान पर αR होना चाहिए।

$$\alpha R = \left(-\frac{1}{3}\right).R \quad \Rightarrow \quad \alpha = -\frac{1}{3}$$

$$\therefore \quad |\alpha| = \frac{1}{3}$$

11. (d) M द्रव्यमान व R त्रिज्या के ठोस गोले जिसका जड़त्व आघूर्ण I है। जब बिना फिसले हुए क्षैतिज से θ झुकाव कोण पर स्थित आनत तल पर लुढकता है तो इसका त्वरण -

$$a = \frac{g\sin\theta}{1 + \frac{I}{MK^2}},$$

12. (b) केन्द्रीय बल सदैव घूर्णन अक्ष के अनुदिश लगता है। अत: बल-आघूर्ण शून्य होगा और यदि घूर्णन करती वस्तु पर कोई बाह्य बल-आघूर्ण नहीं लगाया गया है, तो इसका कोणीय संवेग नियत रहता है।

13. (b) लम्बवत् अक्षों के प्रमेय से -

$I_z = I_x + I_y$ या, $I_z = 2I_y$

($\because I_x = I_y$ चित्र की सममितता से)

$$\therefore \quad I_{EF} = \frac{I_z}{2} \quad ...(i)$$

पुन: इसी प्रमेय से

$$I_z = I_{AC} + I_{BD} = 2I_{AC}$$

($\because I_{AC} = I_{BD}$ चित्र की सममितता से)

$$\therefore \quad I_{AC} = \frac{I_z}{2} \quad ...(ii)$$

समीकरण (i) व (ii) से,

$$I_{EF} = I_{AC}$$

14. (c) $x_{CM} = \frac{\int_0^L x.dm}{\int_0^L dm}$

जहाँ, $dm =$ (एकांक लम्बाई का द्रव्यमान) dx

$$= k\left(\frac{x}{L}\right)^n dx$$

$$x_{CM} = \frac{\int_0^L k.\left(\frac{x}{L}\right)^n .x.dx}{\int_0^L k.\left(\frac{x}{L}\right)^n dx} = \frac{\int_0^L x^{n+1}.dx}{\int_0^L x^n\,dx}$$

$$x_{CM} = \left(\frac{n+1}{n+2}\right)$$

जैसे-जैसे n बढ़ता है, x_{CM} का मान भी बढ़ता है तथा $n = \infty$ के लिए, L तक पहुँच जाता है।

तथा $n = 0$ के लिए $= 0; x_{CM} = \frac{L}{2}$

15. (b) एकसमान वर्गाकार प्लेट की केन्द्र से होकर तल के लम्बवत् गुजरने वाली अक्ष या जड़त्व आघूर्ण

$$I_{CM} = \left[\frac{a^2 + a^2}{12}\right] = \frac{1}{6}ma^2$$

यहाँ, $\quad DO = \frac{DB}{2} = \frac{\sqrt{2}a}{2} = \frac{a}{\sqrt{2}}$

तथा इसी प्लेट का इसी अक्ष के समान्तर एक कोने से गुजरने वाली अक्ष पर जड़त्व आघूर्ण (समानतर अक्षों की प्रमेय से)

$$I = I_{CM} + m\left[\frac{a^2}{2}\right]$$
$$= \frac{ma^2}{6} + \frac{ma^2}{2}$$
$$= \frac{2}{3}ma^2$$

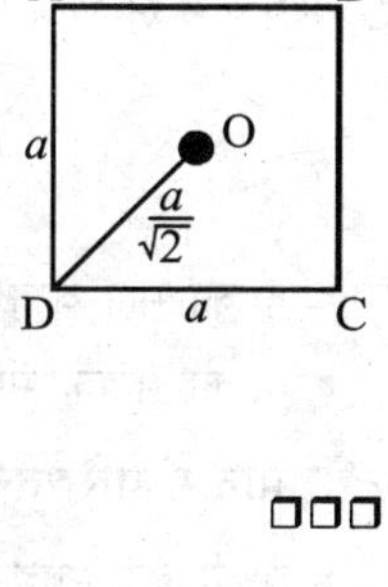

□□□

अध्याय

8

गुरुत्वाकर्षण एवं ग्रहों की गति

(Gravitation and Motion of Planets)

न्यूटन का सार्वत्रिक गुरुत्वाकर्षण का नियम
(Newton's Law of Universal Gravitation)

- इसके अनुसार दो पिण्डों के बीच आकर्षण बल F—
  - उनके द्रव्यमानों के गुणनफल के समानुपाती तथा r^2 के व्युत्क्रमानुपाती होता है
  - इसकी दिशा इसको आरोपित करने वाले द्रव्यमान के केन्द्र की तरफ होती है।

$$\boxed{\vec{F} = \frac{Gm_1m_2}{r^2}\hat{r}}$$

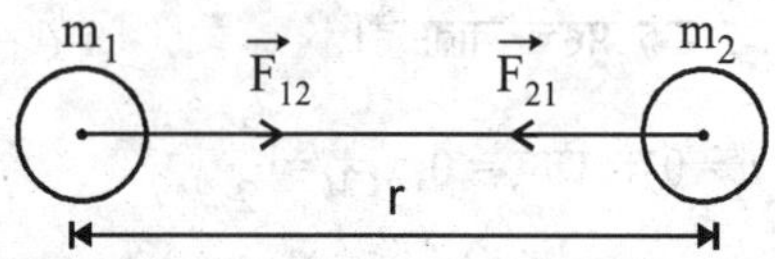

ध्यान दें

- न्यूटन का गुरुत्वाकर्षण नियम सभी द्रव्यमानों के लिए सभी दूरियों पर लागू होने तथा माध्यम से प्रभावित नहीं होने के कारण इसको सार्वत्रिक गुरुत्वाकर्षण का नियम कहते हैं।

- नियतांक G का मान 6.67×10^{-11} न्यूटन मी^{2}/किग्रा^{2} तथा विमा $[M^{-1}L^3T^{-2}]$
- दो पिण्डों के मध्य गुरुत्वीय बल अन्य पिण्डों की उपस्थिति या मध्यवर्ती माध्यम से प्रभावित नहीं होता है।

G तथा g में सम्बन्ध (Relation between G and g) :

$$\boxed{g = \frac{GM}{r^2}}$$

- g का मान वस्तु के द्रव्यमान, रूप तथा आकार पर निर्भर नहीं रहता।
- g का मात्रक मीटर/सेकण्ड^2, विमा $[M^0L^1T^{-2}]$ होती है।

g के मान में परिवर्तन (Variation in 'g') :

- पृथ्वी की सतह से h ऊँचाई ऊपर जाने पर

$$\boxed{g' = g\left[1 - \frac{2h}{R_e}\right]}$$

$$\boxed{g' = \frac{GM_e}{(R_e+h)^2}}$$

- पृथ्वी की सतह से h गहराई पर

$$\boxed{g' = g\left[1 - \frac{h}{R_e}\right]}$$

$$g' = \frac{GM_e}{R_e^3}(R_e - h) = \frac{4\pi G}{3}(R_e - h)d$$

- पृथ्वी के केन्द्र पर या अनन्त पर 'g' का मान शून्य होता है।
- पृथ्वी की सतह पर $g = 9.8$ मी/से^{2}
- पृथ्वी के आकार के कारण 'g' का मान पृथ्वी सतह पर भूमध्य रेखा पर न्यूनतम तथा ध्रुवों पर अधिकतम होता है।

$\therefore$ $R_e > R_p$

$g_e < g_p$

तथा $g_p = (.018 + g_e)\ \text{m/sec}^2$

- **पृथ्वी के घूमने के कारण**

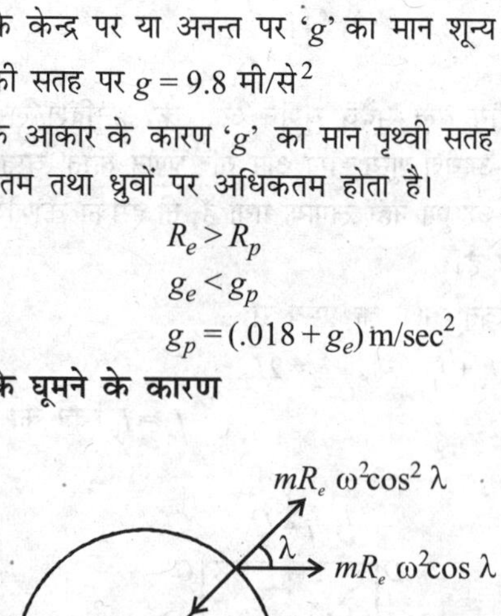

$$g' = g - R_e\omega^2\cos^2\lambda$$

भूमध्य रेखा पर, $\lambda = 0°$,

$$g' = g - w^2R_e$$

तथा ध्रुवों पर, $\lambda = 90°$,

$$g' = g$$

अतः ध्रुवों पर 'g' के मान पर पृथ्वी की घूर्णन गति का कोई प्रभाव नहीं होता है।

- भूमध्य रेखा पर 'g' का मान न्यूनतम तथा ध्रुवों पर अधिकतम होता है।

भूमध्य रेखा के लिए $\lambda = 0°$

$$\therefore \quad g' = g - \omega^2 R_e$$

ध्रुवों के लिए $\lambda = 90° \quad \therefore \; g' = g$

- यदि h or $d << R_e$ हो तथा यदि पृथ्वी सतह के नीचे जाने पर g में कमी $x\%$ हो, तो सतह से ऊपर समान दूरी पर उसमें कमी $2x\%$ होगी।
- यदि घनत्व को नियत रखकर पृथ्वी की त्रिज्या तिगुनी कर दी जाये तो गुरुत्वीय त्वरण भी तिगुना हो जायेगा।
- यदि दो अलग-अलग वस्तुओं को किसी ऊँचाई से एक साथ निर्वात में गिराया जाये तो वे साथ-साथ पहुँचेंगी जबकि वायु में भारी वस्तु हल्की वस्तु से पहले पहुंचेगी।
- पृथ्वी की घूर्णन दर का मान बढ़ाने पर ध्रुवों को छोड़कर शेष सभी स्थानों पर g का मान घटता है।

गुरुत्वीय क्षेत्र की तीव्रता (Intensity of Gravitational Field)

- गुरुत्वीय क्षेत्र में रखे एकांक द्रव्यमान पर लगने वाले आकर्षण बल को उस स्थान पर E कहते हैं।

$$\boxed{E = \frac{F}{m} = \frac{-GM}{r^2}}$$

- E का मात्रक न्यूटन/किग्रा तथा विमा $[L^1T^{-2}]$ है।
- यह सदिश राशि है तथा इसकी दिशा हमेशा इसको उत्पन्न करने वाले द्रव्यमान के केन्द्र की ओर होती है
- E का मान अनन्त दूरी ($r = \infty$) पर शून्य होता है
- **विभिन्न वस्तुओं के लिए गुरुत्वीय क्षेत्र तीव्रता :**

(a) एकसमान ठोस गोले के कारण गुरुत्वीय क्षेत्र की तीव्रता (Due to uniform solid sphere)

$$I = \frac{GM}{r^2} \qquad r > R$$

$$I = G\frac{M}{R^2} \qquad r = R$$

$$I = \frac{GM}{R^3}r \qquad r < R$$

(b) गोलीय कोश के कारण (Due to spherical shell)

$$I = \frac{GM}{r^2} \qquad r > R$$

$$I = G\frac{M}{R^2} \qquad r = R$$

$$I = 0 \qquad r < R$$

गुरुत्वीय विभव (Gravitational Patential)

- यह अदिश राशि है। गुरुत्वीय विभव की इकाई जूल/किग्रा तथा विमा $[M^0L^2T^{-2}]$ होती है।
- बिन्दु द्रव्यमान m से r दूरी पर गुरुत्वीय विभव

$$\boxed{V_g = \frac{-Gm}{r}}$$

- पृथ्वी तल पर गुरुत्वीय विभव का मान

$$\boxed{V_g = \frac{-GM_e}{R_e}}$$

- खोखले गोलीय कोश के भीतर V_g नियत हाता है। जबकि E शून्य होता है।
- किसी बिन्दु पर एकांक द्रव्यमान की स्थिति ऊर्जा V_g के बराबर होती है। अर्थात्

$$\boxed{V_g = \frac{U_g}{m}}$$

जब $m = 1$ तब $\boxed{V_g = U_g}$

- पृथ्वी की सतह पर, पृथ्वी के कारण गुरुत्वीय विभव

$$\boxed{V_g = \frac{-GM_e}{R_e}}$$

- गोलीय कोश में V_g का मान सतह के समान होता है जबकि गुरुत्वीय क्षेत्र $I = 0$
- **विभिन्न वस्तुओं के लिए गुरुत्वीय विभव :**

(a) एकसमान ठोस गोले के कारण:

$$V = -G\frac{M}{r} \qquad r > R$$

$$V = -G\frac{M}{R} \qquad r = R$$

$$V = -\frac{GM}{2R}\left[3 - \left(\frac{r}{R}\right)^2\right] \qquad r < R$$

केन्द्र पर, $V_{\text{centre}} = -\frac{3}{2}\frac{GM}{R}$ (अधिकतम विभव)

$$V_{\text{centre}} = \frac{3}{2}V_{\text{surface}}$$

(b) गोलीय कोश के कारण

$$V = -G\frac{M}{r} \qquad r > R$$

$$V = -G\frac{M}{R} \qquad r = R$$

$$V = -G\frac{M}{R} \qquad r < R$$

गुरुत्वीय क्षेत्र की तीव्रता तथा गुरुत्वीय विभव के बीच सम्बन्ध (Relation between Gravitational Field Intensity and Gravitational Potential)

$$\boxed{I = -\frac{dV}{dr}}$$

गुरुत्वीय स्थितिज ऊर्जा (Gravitational Patential Energy)

- गुरुत्वीय स्थितिज = द्रव्यमान × गुरुत्वीय विभव

$$\boxed{U_g = m \times V_g}$$

- M द्रव्यमान के पिण्ड से r दूरी पर स्थित m द्रव्यमान के अन्य पिण्ड की स्थितिज ऊर्जा

$$\boxed{U_g = \frac{-GMm}{r}}$$

- पृथ्वी तल पर स्थितिज ऊर्जा

$$U_g = -G\frac{Mm}{R_e}$$

- यदि पृथ्वी सतह से किसी पिण्ड को x ऊचाई पर ले जाया जाता है तब किया गया कार्य

$$W = -G\frac{M_e m}{R_e}\frac{x}{(x+1)}$$

- यदि पिण्ड को पृथ्वी सतह से अनन्त पर ले जाया जाता है तब $x=\infty$

$$W = G\frac{M_e m}{R_e}$$

कैपलर के नियम (Kepler's Law)

- कैपलर के तीन नियम हैं—
  - **प्रथम नियम :** प्रत्येक ग्रह सूर्य के परित: दीर्घवृत्ताकार कक्षाओं में चक्कर लगातें हैं और सूर्य इस कक्षा के एक फोकस पर स्थित होता है।
  - **द्वितीय नियम :** सूर्य को ग्रह से मिलाने वाली सरल-रेखा, समान समय-अन्तराल में, समान क्षेत्रफल से खिसकती (sweeps) है।
  - **तृतीय नियम :** ग्रहों के आवर्त्तकाल के वर्ग, इनकी कक्षा की अर्द्ध-दीर्घ अक्ष (semi major axis) के घन के समानुपाती होते हैं।

$$T^2 \propto a^3$$

- कैपलर का नियम उपग्रहों के लिए भी लागू होता है।
- जो ग्रह सूर्य से जितनी दूरी पर स्थित होता है उसका आवर्त्तकाल उतना ही अधिक होता है। उदाहरण- समीपस्थ ग्रह बुध का आवर्त्तकाल 88 दिन है जबकि दूरस्थ ग्रह प्लूटो का 248 वर्ष है।

उपग्रह (Satellite)

- किसी संचार उपग्रह के लिए उसका -
  - कोणीय वेग पृथ्वी की कोणीय वेग की दिशा में होना चाहिए।
  - उपग्रह पृथ्वी तल से 36×10^3 किमी पर स्थापित करना चाहिए।
  - उपग्रह का परिक्रमण काल पृथ्वी के अपनी अक्ष पर घूर्णन काल (24 घण्टे) के बराबर होना चाहिए।
- उपग्रह में -
  - g का मान शून्य होता है। इसलिए अंतरिक्ष यात्री भारहीनता (Weight lessness) का अनुभव करता है।
  - यदि उपग्रह से कोई वस्तु छोड़ दी जाती है तो वह उपग्रह के वेग से उसकी कक्षा में चक्कर काटती रहेगी और इस प्रकार वस्तु भी उपग्रह बन जाती है।

उपग्रह का कक्षीय वेग (Orbital Velocity of Satellite)

- किसी उपग्रह का कक्षीय वेग वह वेग है जिससे उस उपग्रह को पृथ्वी के चारों ओर घुमाया जा सके।

$$v = R\sqrt{\frac{g}{R+h}}$$

पृथ्वी सतह के बहुत पास, $h = 0$

$$v = \sqrt{gR}$$

$$= \sqrt{9.8 \times 6.4 \times 10^6} = 7.9 \text{ किमी/से.}$$

पलायन वेग (Escape Velocity) :

- किसी वस्तु या पिण्ड को किसी ग्रह के गुरुत्वीय क्षेत्र से बाहर निकालने के लिए आवश्यक न्यूनतम वेग को **पलायन वेग** कहते हैं।

$$v_e = \sqrt{\frac{2GM}{R}}$$

$$v_e = \sqrt{2Rg}$$

$$v_e = R\frac{\sqrt{8\pi Gd}}{3}$$

जहाँ, d पृथ्वी का घनत्व है।

पृथ्वी के लिए,

$v_e = 11.2$ किमी/से.

- सूर्य पर पलायन वेग का मान अधिकतम होता है।

उपग्रह का परिभ्रमण काल (Time Period of a Satellite) :

$$T = 2\pi\sqrt{\frac{R_e}{g}}\left(1+\frac{h}{R_e}\right)^{3/2}$$

अर्थात् $T \propto (R_e + h)^{3/2}$

- **उपग्रह के लिए (For Satellite)**
  - स्थितिज ऊर्जा, $U = \frac{-GMm}{r}$
  - गतिज ऊर्जा, $K = \frac{GMm}{2r}$
  - कुल ऊर्जा, $E = \frac{-GMm}{2r}$

भारहीनता (Weightlessness)

- अंतरिक्ष यात्री तभी भारहीनता का अनुभव करता है जब गुरुत्वाकर्षण बल नगण्य हो। कृत्रिम उपग्रह में भारहीनता का अनुभव होता है। किन्तु चन्द्रमा पर भारहीनता का अनुभव नहीं होता।
- भारहीनता की अवस्था में -
  - अंतरिक्ष यात्री को भोजन पेस्ट के रूप में दिया जाता है।
  - उपग्रह के अन्दर रखी वस्तुऐं तैरने लगती हैं।
  - यदि उपग्रह में डोरी लटका दें तो डोरी में तनाव शून्य होगा।

कक्षीय वेग तथा पलायन वेग में सम्बन्ध : (Relation between Orbital Velocity and Escape Velocity)

$$v_0 = v_e\sqrt{\frac{R_e}{2(R_e+h)}}$$

$$v_e = \sqrt{2}\,v_0$$

- यदि कक्षीय वेग पलायन वेग के बराबर हो जाता है तो उपग्रह अपनी कक्षा से पलायन कर जायेगा।
- यदि उपग्रह का वेग कक्षीय वेग के बराबर हो जाता है तो उपग्रह वृत्ताकार कक्षा में गति करता है।
- यदि उपग्रह का वेग कक्षीय वेग से ज्यादा परन्तु पलायन वेग से कम होता है तब उपग्रह दीर्घाकार पथ पर सूर्य के चारों ओर चक्कर काटेगा।
- यदि उपग्रह का वेग कक्षीय वेग से कम होता है तो उपग्रह सर्पिल पाथ बनाता हुआ पृथ्वी पर गिर जायेगा।
- कक्षीय वेग का मान पिण्ड के वेग पर निर्भर नहीं करता।
- किसी पिण्ड को पृथ्वी सतह से पृथ्वी की त्रिज्या के बराबर ऊँचाई तक पहुँचाने के लिए उसे 7.92 किमी/से ($v = \sqrt{R_e\,g}$) के वेग से फेंकना चहिए।

पलायन ऊर्जा (Energy of Escape)

- किसी पिण्ड को पलायन कराने के लिए आवश्यक ऊर्जा को पलायन ऊर्जा कहते हैं।

$$E_e = \frac{GM_e m}{R_e}$$

- पलायन ऊर्जा किसी उपग्रह के कक्षीय ऊर्जा से दोगुनी होती है।

उपग्रह की ऊँचाई (Height of Satellite)

चूँकि $$T = 2\pi\sqrt{\frac{(R+h)^3}{gR^2}}$$

$$\frac{gR^2T^2}{4\pi^2} = (R+h)^3$$

$$h = \left(\frac{T^2gR^2}{4\pi^2}\right)^{1/3} - R$$

उपग्रह का कोणीय संवेग (Angular Momentum of Satellite)

$$L = mvr = m\sqrt{\frac{GM}{r}}\cdot r = \sqrt{m^2GMr}$$

बन्धन ऊर्जा (Binding Energy)

- किसी उपग्रह की उसकी कक्षा में कुल ऊर्जा ऋणात्मक होती है अर्थात् उपग्रह किसी केन्द्रीय वस्तु द्वारा आकर्षण बल से बंधा होता है।

$$\text{बन्धन ऊर्जा} = -E = \frac{GMm}{2r}$$

महत्त्वपूर्ण तथ्य (Important Facts)

- पिण्डों के उड़ जाने के लिए पृथ्वी की कोणीय चाल $\omega = \sqrt{g/R}$ होनी चाहिए।
- गुरुत्वाकर्षण प्रभाव को संतुलित करने के लिए आवश्यक अतिरिक्त OS $V_{\text{अतिरिक्त}} = V_e - V_0$
- चन्द्रमा पर g कम होता है इसलिए चन्द्रमा पर पैर रखने से पहले अंतरिक्ष यात्री अपनी पीठ पर भारी वजन बाँध लेते हैं।
- यदि एक वस्तु को h ऊँचाई से छोड़ने पर वह एक सेकण्ड में पृथ्वी से टकराती हो तो वही वस्तु चन्द्रमा पर उसी ऊँचाई से छोड़ने पर $\sqrt{6}$ सेकण्ड में टकरायेगी।
- लोलक घड़ी व कमानी घड़ी को मैदान से किसी पर्वत पर ले जाने पर लोलक घड़ी का आर्वतकाल g पर निर्भर होने के कारण वह तो प्रभावित (अर्थात् सुस्त) होती है जबकि कमानी घड़ी का आर्वत काल g पर अनिर्भर होने के कारण अप्रभावित रहती है।
- चन्द्रमा की तरह मंगल ग्रह पर भी वायुमण्डल का अभाव है जबकि शनि और बृहस्पति पर सघन वायुमण्डल है।
- पलायन वेग का मान पिण्ड के द्रव्यमान, उसके प्रक्षेपण की दिशा व प्रक्षेपण कोण पर निर्भर नहीं करता।
- चन्द्रमा पर अणुओं का वर्ग माध्य-मूल वेग उनके पलायन वेग से अधिक होता है। इसलिए चन्द्रमा पर वायुमण्डल नहीं है।
- यदि पृथ्वी के समीप गति कर रहे उपग्रह की ऊर्जा को दोगुनी कर दें तो वह अपनी कक्षा से पलायन कर जायेगा।
- यदि पृथ्वी वर्तमान कोणीय चाल की अपेक्षा 17 गुणा कोणीय चाल से घूमना शुरु कर दे, तब भूमध्य रेखा पर -

$$g = 0$$

ऐसी स्थिति में वस्तुएं भूमध्य रेखा से पलायन कर जायेंगी।
- सूर्य पर पलायन वेग का मान अधिकतम होता है।
- उपग्रह की गति में कोणीय संवेग संरक्षित रहता है।
- भूमध्य रेखा पर किसी पिण्ड का भार शून्य होने पर उसकी कोणीय चाल 1.25×10^{-2} रेडियन/सेकण्ड होगी।
- G/g की इकाई मी^{2}/किग्रा होती है।

- ग्रह गति के कैपलर के नियम टाइको ब्राहे के प्रयोग पर आधारित हैं।
- इन्सेट-1बी का आवर्त्तकाल 24 घण्टे है।
- यदि R दूरी पर m_1 तथा m_2 के बीच आकर्षण बल F हो, यदि इनके बीच दूरी d मीटर बढ़ा दी जाये तब नया बल

$$F_2 = \frac{FR^2}{(R+d)^2}$$

- किसी व्यक्ति को दिए गए भार से अधिक वस्तुएं भूमध्य रेखा पर प्राप्त होगी क्योंकि वहां पर g का मान न्यूनतम होता है।
- दो उपग्रह A व B पृथ्वी के चारों ओर पृथ्वी की कक्षा में घूम रहे हैं इनकी कक्षाओं की त्रिज्या R_1 व R_2 हैं, इनके रेखिक वेगों का अनुपात $\frac{v_A}{v_B} = \sqrt{\frac{R_2}{R_1}}$ होगा।
- λ अक्षांश पर गुरुत्वीय त्वरण का मान

$$g' = g - \omega^2 R_e \cos^2\lambda$$

- यदि पृथ्वी अपनी अक्ष पर घूमना बन्द कर दे, तो g का मान केवल ध्रुवों पर अपरिवर्तित रहेगा।
- यदि पृथ्वी की सूर्य से दूरी एक चौथाई हो तो वर्ष की लम्बाई 1/8 रह जायेगी।
- चन्द्रमा पर पलायन वेग का मान 2.41 किमी/से है।
- गुरुत्वाकर्षण का नियम सभी पिण्डों के लिए सत्य होता है।
- एक अन्तरिक्ष विमान से पानी की भरी बोतल चन्द्रमा पर ले जायी जाती है तो पानी उबलने लगेगा यदि बोतल चन्द्रमा की सतह पर खोल दी जाती है।
- ऊँचाई के साथ g के मान में प्रतिशत कमी

$$\left(\frac{\Delta g}{g}\times 100\right)\% = \frac{g-g'}{g}\times 100 = \frac{2h}{R}\times 100\%$$

- गहराई के साथ g के मान में प्रतिशत कमी

$$\left(\frac{\Delta g}{g}\times 100\right)\% = \frac{g-g'}{g}\times 100\% = \frac{d}{R}\times 100\%$$

- शून्य तीव्रता बिन्दु

P के लिए, $\vec{I_1} + \vec{I_2} = 0$

$$\Rightarrow \quad -\frac{Gm_1}{x^2} + \frac{Gm_2}{(r-x)^2} = 0$$

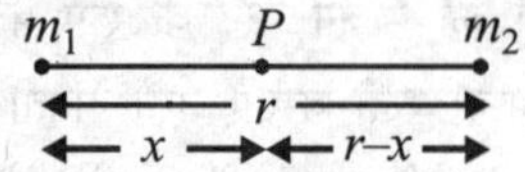

$$x = \frac{\sqrt{m_1}\,r}{\sqrt{m_1}+\sqrt{m_2}}$$

तथा $$r - x = \frac{\sqrt{m_2}\,r}{\sqrt{m_1}+\sqrt{m_2}}$$

- कैपलर के नियम उपग्रहों के लिए सत्य हैं।
- यदि किसी ग्रह के लिए गुरुत्वीय आकर्षण बल निम्न सम्बन्ध $F \propto \frac{1}{r^n}$ द्वारा दिया जाता है तो कक्षीय वेग $v \propto \frac{1}{\sqrt{r^{n-1}}}$ द्वारा दिया जाता है।
- गुरुत्व के कारण पृथ्वी के चारों ओर का वातावरण होता है।
- यदि त्रिज्या को स्थिर रखते हुए किसी ग्रह का द्रव्यमान $x\%$ बढ़ा दिया जाए तो इसकी सतह पर g का मान $x\%$ बढ़ जायेगा।
- यदि द्रव्यमान को स्थिर रखकर किसी ग्रह की त्रिज्या $x\%$ कम कर दी जाए तो इसकी सतह पर g का मान $2x\%$ बढ़ जायेगा।
- पलायन वेग ग्रह के द्रव्यमान व आकार पर निर्भर करता है। अतः v_e का मान पृथ्वी पर ज्यूपिटर से अधिक होता है। और v_e का मान चन्द्रमा पर पृथ्वी से कम होता है।
- भारहीनता की स्थिति में, सरल लोलक दोलन नहीं करता क्योंकि इस पर कोई प्रत्यानन बल युग्म कार्य नहीं करता।

$$T = 2\pi\sqrt{\frac{l}{g_{eff}}}$$

$$T = \infty \qquad \because g_{\text{eff}} = 0$$

अभ्यास के लिए प्रश्न

1. संलग्न चित्र सूर्य S के चारों ओर एक ग्रह की दीर्घ वृत्तीय कक्षा को प्रदर्शित करता है। सूर्य जिसके एक फोकस पर चित्र में छायांकित भाग A तथा B समान क्षेत्रफल वाले हैं, यदि ग्रह द्वारा a से b तक तथा c से d तक जाने का समय क्रमशः t_1 तथा t_2 हों तो–

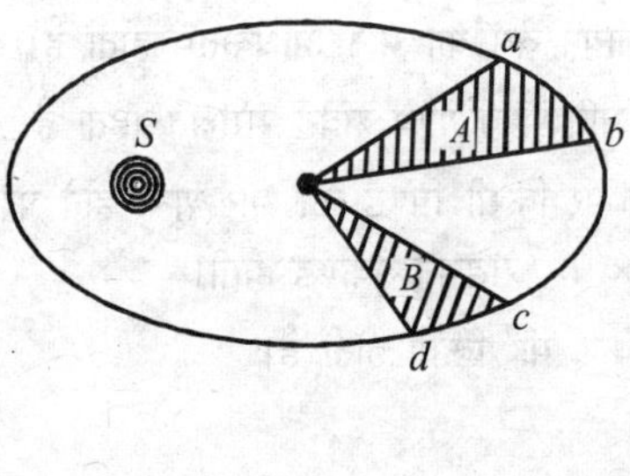

(a) $t_1 = t_2$ (b) $t_1 < t_2$
(c) $t_1 > t_2$ (d) उपरोक्त में से कोई नहीं

2. पृथ्वी को एक सगांमी गोला मान लो। एक वैज्ञानिक 'क' खान में सतह से बहुत भीतर जाता है तथा दूसरा वैज्ञानिक 'ख' गुब्बारे में बहुत ऊपर जाता है। गुरुत्वाकर्षण क्षेत्र की माप–

(a) 'क' द्वारा लिए जाने पर घटती तथा 'ख' द्वारा लिये जाने पर बढ़ती जाती है
(b) 'ख' द्वारा लिए जाने पर घटनी तथा 'क' द्वारा लिये जाने पर बढ़ती जाती है
(c) दोनों द्वारा लिये जाने पर अपरिवर्तित रहती है
(d) दोनों द्वारा लिये जाने पर घटती है

3. एक ग्रह सूर्य के चारों ओर परिक्रमा कर रहा है। जब वह बिन्दु P पर है तो सूर्य के निकटतम है। इस स्थान से दूरी d_1 है तथा इस स्थान पर ग्रह की चाल v_1 है। बिन्दू Q सूर्य से अधिकतम दूरस्थ है। यदि इसकी सूर्य से दूरी d_2 है, तो इस बिन्दु पर इसकी चाल–

(a) d_1v_1/d_2 (b) $d_2^2v_1/d_1^2$

(c) $d_1^2v_1/d_2^2$ (d) d_2v_1/d_1

4. दो ग्रहों का व्यास 4 : 1 के अनुपात में है एवं उनके मध्य घनत्व का अनुपात 1 : 2 है। ग्रहों पर गुरुत्व के कारण त्वरण का अनुपात होगा–

(a) 1 : 4 (b) 4 : 1

(c) 1 : 2 (d) 2 : 1

5. पृथ्वी E एक दीर्घवृत्ताकार कक्षा में परिक्रमण करती है जिसके एक फोकस पर सूर्य S है जैसा कि चित्र में दिखाया गया है। उसके परिक्रमण की चाल सर्वाधिक किस बिन्दु पर होगी–

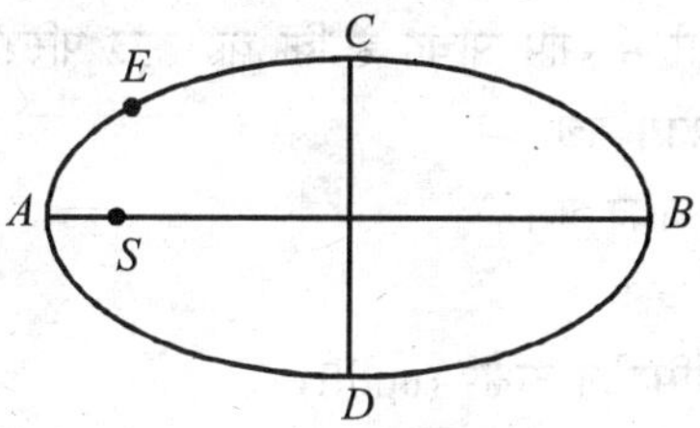

(a) B पर (b) D पर

(c) C पर (d) A पर

6. एक उपग्रह पृथ्वी के चारों ओर चाल v से त्रिज्या r के वृत्तीय कक्षा में घूम रहा है। यदि कक्षीय त्रिज्या को 1% कम कर दिया जाये, तो उपग्रह की चाल–

(a) 0.5% से घटेगी (b) 1% से घटेगी

(c) 0.5% से बढ़ेगी (d) 1% से बढ़ेगी

7. एक उपग्रह R त्रिज्या की वृत्तीय कक्षा में एक ग्रह के चारों ओर 4 घण्टे में एक चक्कर लगाता है तो बताइये $4R$ त्रिज्या की वृत्तीय कक्षा में समान ग्रह के चारों ओर कितने घण्टे में चक्कर लगायेगा–

(a) 32 घण्टे (b) 64 घण्टे

(c) 8 घण्टे (d) 16 घण्टे

8. पृथ्वी के चारों ओर दो उपग्रहों की कक्ष त्रिज्याएँ, R_1, R_2 तथा आवर्तकाल T_1 व T_2 है। सही सम्बन्ध है–

(a) $\frac{R_1}{R_2} = \frac{T_2}{T_1}$ (b) $\left(\frac{R_1}{R_2}\right)^{3/2} = \frac{T_2}{T_1}$

(c) $\frac{R_1}{R_2} = \frac{T_1^2}{T_2^2}$ (d) $\frac{T_1}{T_2} = \left(\frac{R_1}{R_2}\right)^{3/2}$

9. ग्रहों की गति में, ग्रह का क्षेत्रीय वेग उसकी स्थिति सदिश $\vec{r}$ (ग्रह की सूर्य से दूरी) तथा सूर्य के सापेक्ष कोणीय वेग ω पर निर्भर करता है। क्षेत्रीय गति के लिए सही सम्बन्ध होगा–

(a) $\frac{dA}{dt} \propto \omega r^2$ (b) $\frac{dA}{dt} \propto \sqrt{\omega r}$

(c) $\frac{dA}{dt} \propto \omega r$ (d) $\frac{da}{dt} \propto \omega^2 r$

10. ग्रह A पर गुरुत्व त्वरण का मान ग्रह B की अपेक्षा 9 गुना है। एक व्यक्ति ग्रह A पर 2 मीटर ऊँचाई तक कूद सकता है, तो वही व्यक्ति ग्रह B पर कितनी ऊँचाई तक कूद सकता है?

(a) 6 मीटर (b) 2/3 मीटर

(c) 2/9 मीटर (d) 18 मीटर

11. एक कृत्रिम उपग्रह जो पृथ्वी के चारों ओर वृत्तीय कक्षा में घूम रहा है, की कुल ऊर्जा (गतिज + स्थितिज) E_0 है, तो उसकी स्थितिज ऊर्जा होगी–

(a) $2E_0$ (b) E_0

(c) $-E_0$ (d) $1.5E_0$

12. यदि एक निकाय पृथ्वी से उर्ध्वाधर फेंका जाता है तो उसका पलायन वेग 11.2 किमी/सेकण्ड होता है। यदि उसे क्षैतिज से 45° के कोण पर फेंका जाये तो उसका पलायन वेग होगा–

(a) $11\sqrt{2}$ किमी/सेकण्ड (b) 11.2 किमी/घण्टा

(c) 22.4 किमी/सेकण्ड (d) 11.2 किमी/सेकण्ड

13. नये ज्ञात हुए एक ग्रह का घनत्व पृथ्वी के घनत्व से दुगुना है। पृथ्वी और इस ग्रह के तलों पर गुरुत्वीय त्वरण के मान समान हैं। यदि पृथ्वी की त्रिज्या R मानी जाये, तो ग्रह की त्रिज्या का मान होगा–

(a) $\frac{1}{4}R$ (b) $\frac{1}{2}R$

(c) $2R$ (d) $4R$

14. m द्रव्यमान का एक उपग्रह पृथ्वी की सतह से x ऊँचाई पर पृथ्वी के चारों ओर चक्कर लगाता है। यदि g पृथ्वी की सतह पर गुरुत्वीय त्वरण है, तो उपग्रह का कक्षीय वेग होगा।

(a) $\frac{gR^2}{R+x}$ (b) $\left[\frac{gR^2}{R+x}\right]^{1/2}$

(c) gx (d) $\frac{gR}{R-x}$

15. सूर्य से दो ग्रहों की माध्य दूरियाँ d_1 तथा d_2 हैं तथा उनके आवर्तकाल क्रमशः T_1 तथा T_2 हैं। तब :

(a) $T_1^2 d_1^2 = T_2^2 d_2^2$

(b) $T_2^2 d_2^3 = T_1^2 d_1^3$

(c) $T_1 d_1^2 = T_2 d_2^2$

(d) $T_1^2 d_1 = T_2^2 d_2$

16. जब आप विषुवत् रेखा से ध्रुव की ओर जाते हो तो गुरुत्वीय त्वरण g का मान–

(a) घटता है (b) बढ़ता है

(c) बढ़कर पुन: घटता है (d) अपरिवर्तित रहता है

17. m द्रव्यमान तथा r त्रिज्या के एक समरूप छल्ले को द्रव्यमान M व समान त्रिज्या के एक समरूपी गोले के सीधे ऊपर रखा जाता है। छल्ले का केन्द्र गोले के केन्द्र से $\sqrt{3}\,r$ दूरी पर है। गोले द्वारा छल्ले पर लगाया गया बल होगा

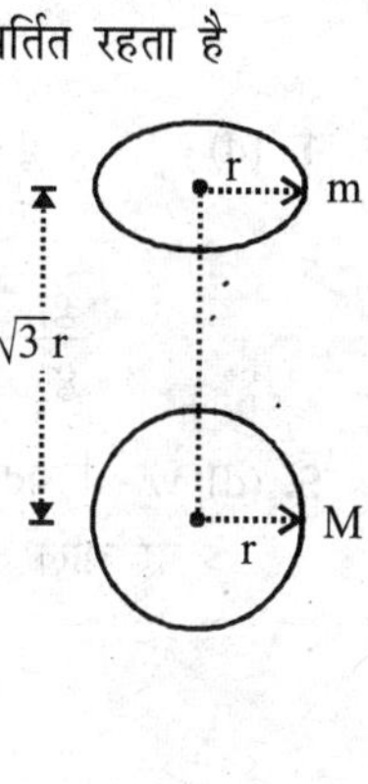

(a) $\frac{GMm}{8r^2}$ (b) $\frac{GMm}{4r^2}$

(c) $\frac{\sqrt{3}\,GMm}{8r^2}$ (d) $\frac{GMm}{8r^3}$

18. पृथ्वी के दो उपग्रह S_1 और S_2 एक ही कक्षा में घूम रहे हैं। S_1 का द्रव्यमान S_2 के द्रव्यमान का चार गुना है। निम्नलिखित में से कौन-सा कथन सत्य है?

(a) S_1 का आवर्तकाल S_2 के आवर्तकाल से चार गुना है

(b) दोनों उपग्रहों के लिए पृथ्वी और उपग्रह की स्थितिज ऊर्जाएँ बराबर हैं।

(c) S_1 और S_2 दोनों उपग्रह समान चाल से घूम रहे हैं

(d) दोनों उपग्रह की गतिज ऊर्जाएँ समान हैं

19. एक ऐसे नये ग्रह की कल्पना कीजिए जिसका घनत्व पृथ्वी के घनत्व के बराबर तथा उसकी पृथ्वी से तीन गुना है यदि पृथ्वी की सतह पर गुरुत्वजनित त्वरण का मान g तथा नये ग्रह की सतह पर g' है तो–

(a) $g'=\frac{g}{9}$ (b) $g'=27g$

(c) $g'=3g$ (d) $g'=9g$

20. पृथ्वी के गोल घूमने वाले उपग्रह के लिए गतिज ऊर्जा और स्थितिज ऊर्जा का अनुपात होगा–

(a) $\sqrt{2}$ (b) $\frac{1}{2}$

(c) $\frac{1}{\sqrt{2}}$ (d) 2

21. पृथ्वी के ध्रुव पर, एक वस्तु को सीधे ऊर्ध्वाधर ऊपर की ओर वेग v प्रदान किया जाता है। कितनी ऊँचाई तक यह ऊपर उठेगी? (R पृथ्वी की त्रिज्या है।)

(a) $\frac{Rv^2}{(gR-v^2)}$ (b) $\frac{Rv^2}{(2gR-v^2)}$

(c) $\frac{Rv^2}{(gR+v^2)}$ (d) $\frac{Rv^2}{(2gR+v^2)}$

22. यदि गुरुत्वीय प्रभाव में कुछ कमी हो गयी होती, तो निम्न में किसी बल के बारे में आप सोचते हैं कि वह कुछ परिवर्तित हो जायेगा?

(a) चुम्बकीय बल

(b) स्थिर वैद्युत बल

(c) श्यान बल

(d) आर्कीमिड़ीज उत्क्षेप (uplift)

उत्तरमाला

1. (a)	**2.** (d)	**3.** (a)	**4.** (d)	**5.** (d)	**6.** (c)	**7.** (a)	**8.** (d)	**9.** (a)	**10.** (d)
11. (a)	**12.** (d)	**13.** (b)	**14.** (b)	**15.** (b)	**16.** (b)	**17.** (c)	**18.** (c)	**19.** (c)	**20.** (b)
21. (b)	**22.** (d)								

हल

1. (a) $t_1=t_2$ ग्रहों के क्षेत्रीय वेग समान होते हैं।

2. (d) 'g' का मान पृथ्वी के ऊपर जाने पर तथा नीचे जाने पर दोनों स्थिति में घटता है।

3. (a) $I\omega = mr^2\times\frac{v}{r}=$ नियतांक

$$\therefore\quad d_1v_1=d_2v_2$$

$$v_2=\frac{d_1v_1}{d_2}$$

4. (d) $$g=\frac{GM}{R^2}=\frac{G\times4\pi R^3\rho}{3\cdot R^2}=\frac{4\pi G\rho R}{3}$$

$$\therefore\quad \frac{g_1}{g_2}=\left(\frac{R_1}{R_2}\right)\left(\frac{\rho_1}{\rho_2}\right)=4\times\frac{1}{2}=2$$

5. (d) $vr=$ नियतांक, जहाँ $r=$ सूर्य से पृथ्वी की दूरी है। अतः बिन्दु A पर चाल अधिकतम होगी।

6. (c) $v_0=\sqrt{\frac{GM}{r}}$ अवकलन करने पर,

$$\frac{dv_0}{v_0}=-\frac{1}{2}\frac{dr}{r}$$ से वेग में % वृद्धि $=\frac{1}{2}\%$

7. (a) उपग्रह का कक्षीय वेग $v_0=\sqrt{2gR}=\sqrt{\frac{2GM}{R}}$, अतः उपग्रह के द्रव्यमान पर निर्भर नहीं करता है।

8. (d) $T^2\propto R^3$ से $\frac{T_1}{T_2}=\left(\frac{R_1}{R_2}\right)^{3/2}$

9. (a) यदि dt समय में ग्रह P से P' पर पहुँच जाता है, तो $PP'=rd\theta$

तथा $A=\frac{1}{2}r.rd\theta=\frac{1}{2}r^2d\theta$

$$\therefore\quad \frac{dA}{dt}=\frac{1}{2}r^2\frac{d\theta}{dt}=\frac{1}{2}r^2\omega \text{ or } \frac{dA}{dt}\times\omega^2$$

10. (d) कूदने के लिए ऊर्जा, दौड़कर गतिज ऊर्जा से प्राप्त करते हैं।

अत: $\frac{1}{2}mv^2 = mgh$

g का मान $\frac{1}{9}$ रहने पर, प्राप्त ऊँचाई 9 गुना होगी।

अर्थात् $h = 18$ मीटर

11. (a) गतिज ऊर्जा $= \frac{1}{2}mv^2 = \frac{GMm}{2R}$

गुरुत्वीय स्थितिज ऊर्जा$= -\frac{GMm}{R}$

कुल ऊर्जा $= -\frac{GMm}{2R} = E_0$

अत: स्थितिज ऊर्जा $= 2E_0$

12. (d) 11.2 किमी/सेकण्ड पलायन वेग प्रक्षेपण के कोण पर निर्भर नहीं करता।

13. (b) $\frac{R}{2}, g_e = g_s$

$$\frac{G.\frac{4}{3}.\pi R_2^3 2d}{R_2} = \frac{G.\frac{4}{3}\pi R^3 d}{R^2}$$

14. (b) $v_0 = \sqrt{\frac{GM}{(R+x)}}$

$$v_0 = \sqrt{\frac{gR^2}{(R+x)}}$$

आवर्त काल उपग्रह के द्रव्यमान पर निर्भर नहीं करता।

16. (b) $g' = g - \omega^2 R\cos\theta$

ध्रुवों पर $\theta = 90$ अत: $g' = g$

g' का मान बढ़ता है।

17. (c) वलय के कारण गोले के केन्द्र पर गुरुत्वीय क्षेत्र की तीव्रता

$$I_g = \frac{Gm\sqrt{3}\,r}{[r^2 + (\sqrt{3}\,r)^2]^{3/2}}$$

$$= \frac{\sqrt{3}\,G\,m\,r}{8r^3}$$

वलय पर गुरुत्वाकर्षण बल

$$F = M\,I_g = \frac{\sqrt{3}\,G\,M\,m}{8r^2}$$

18. (c) चूँकि दोनों उपग्रह S_1 और S_2 एक ही दिशा में घम रहे हैं, अत: उनकी कक्षीय चाल समान होगी।

19. (c) $d_e = d_p = d$

$3R_e = R_P$

$$g = \frac{MG}{R_e^2} = \frac{\frac{4}{3}\pi R_e^3 dG}{R_e^2}$$

$$g' = \frac{\frac{4}{3}\pi R_1^3 pdG}{R_P^2}$$

$$\frac{g'}{g} = \frac{\frac{4}{3}\pi R_P dG}{\frac{4}{3}R_e dG} = 3$$

अत: $g' = 3g$

20. (b) $U = -\frac{MmG}{R}$

$$\text{K.E.} = \frac{1}{2}\frac{MmG}{R}$$

$$\frac{K.E.}{U} = \frac{1}{2}$$

Previous Years' Problems

1. पृथ्वी के ऊपर कितनी ऊँचाई h पर g का मान $g/2$ हो जाता है ? ($R =$ पृथ्वी की त्रिज्या)

(a) $3R$ (b) $\sqrt{2}R$

(c) $(\sqrt{2}-1)R$ (d) $\frac{1}{\sqrt{2}}R$

[AIEEE 2009]

2. पृथ्वी के उपग्रह का परिक्रण काल 5 घण्टे है। यदि पृथ्वी तथा उपग्रह के मध्य दूरी में पूर्व की तुलना में चार गुनी वृद्धि की जाती है तो नया परिक्रमण काल होगा-

(a) 40 घण्टे (b) 80 घण्टे

(c) 10 घण्टे (d) 20 घण्टे

[AIEEE 2003]

3. एक पिण्ड को पृथ्वी सतह से ऊर्ध्वाधर ऊपर की ओर प्रक्षेपित करने पर पलायन वेग 11 km/sec है। यदि पिण्ड को ऊर्ध्वाधर से 40° कोण पर प्रक्षेपित किया जाता है तो पलायन वेग होगा-

(a) 2 किमी/सेकण्ड (b) 11 किमी/सेकण्ड

(c) $11/\sqrt{2}$ किमी/सेकण्ड (d) $11\sqrt{2}$ किमी/सेकण्ड

[AIEEE 2003]

4. माना गुरुत्वीय बल दूरी की nवीं घात के व्युत्क्रमानुपाती है। तब R त्रिज्या की वृत्ताकार कक्षा में सूर्य के चारों ओर परिक्रमा कर रहे ग्रह का आवर्त्त काल समानुपाती होगा-

(a) $R^{(n-1)/2}$ (b) R^{-n}

(c) R^n (d) $R^{(n+1)/2}$

[AIEEE 2004]

5. यदि पृथ्वी की सतह पर गुरुत्वीय जनित त्वरण g है तब m द्रव्यमान की एक वस्तु को पृथ्वी सतह से पृथ्वी की त्रिज्या R के बराबर ऊँचाई पर उठाने में स्थितिज ऊर्जा में वृद्धि है-

(a) mgR (b) $\frac{1}{4}mgR$

(c) $\frac{1}{2}mgR$ (d) $2\,mgR$

[AIEEE 2004]

6. पृथ्वी (त्रिज्या R) के चारों ओर m द्रव्यमान का एक उपग्रह सतह से x ऊँचाई पर परिक्रमा करता है। यदि पृथ्वी पर गुरुत्वीय जनित त्वरण g है तब उपग्रह की कक्षीय चाल है-

(a) $\frac{gR^2}{R+x}$ (b) $\left(\frac{gR^2}{R+x}\right)^{1/2}$

(c) gx (d) $\frac{gR}{R-x}$

[AIEEE 2004]

7. वृत्ताकार कक्षा में स्थापित पृथ्वी के उपग्रह का आवर्त्त काल निर्भर नहीं करता है-

(a) कक्षा की त्रिज्या पर

(b) उपग्रह के द्रव्यमान पर

(c) उपग्रह के द्रव्यमान तथा कक्षा की त्रिज्या दोनों पर

(d) न उपग्रह के द्रव्यमान पर और न ही कक्षा की त्रिज्या पर

[AIEEE 2004]

8. यदि पृथ्वी सतह से h ऊँचाई पर g के मान में परिवर्तन ठीक उतना ही है जितना कि पृथ्वी सतह से d गहराई पर जब कि d तथा h दोनों के मान पृथ्वी की त्रिज्या की तुलना में बहुत कम हैं तब निम्न में से कौन सही है-

(a) $d = \frac{h}{2}$ (b) $d = \frac{3h}{2}$

(c) $d = 2h$ (d) $d = h$

[AIEEE 2005]

9. 10 किग्रा का एक कण 100 किग्रा द्रव्यमान तथा 10 सेमी त्रिज्या के एकसमान गोले की सतह पर रखा हुआ है। उनके मध्य गुरुत्वीय बल के विपरीत कण को गोले से अति दूर ले जाने में व्यय कार्य ज्ञात कीजिए। (आप ले सकते हैं $G = 6.67 \times 10^{-11}\ Nm^2/kg^2$)

(a) 13.34×10^{-10} J (b) 3.33×10^{-10} J

(c) 6.67×10^{-9} J (d) 6.67×10^{-10} J

[AIEEE 2005]

10. पृथ्वी का औसत घनत्व -

(a) g के अनुक्रमानुपाती है (b) g के व्युत्क्रमानुपाती है

(c) g पर निर्भर नहीं करता है (d) g का एक जटिल फलन है

[AIEEE 2005]

11. **कथन-1 :** एक द्रव्यमान M से जो a भुजा वाले घन के केन्द्र पर रखा है, घन की भुजा से गुजरने वाला 'गुरुत्वीय क्षेत्र का फ्लक्स $4\pi Gm$ होगा।

कथन-2 : यदि किसी बिन्दु स्रोत के कारण क्षेत्र की दिशा अक्षीय (Radial) हो तथा यह स्रोत से दूरी r पर $\frac{1}{r_2}$ के अनुसार निर्भर करता है, तो एक बन्द सतह में इसका फ्लक्स केवल सतह से घिरे स्रोत की शक्ति पर निर्भर करता है न कि बन्द पृष्ठ के आकार एवं आकृति पर।

निम्न विकल्पों में से वह विकल्प छाँटिये जो उपरोक्त कथन-1 व कथन-2 की सही व्याख्या करता है-

(a) कथन-1 तथा कथन-2 सत्य है परन्तु कथन-2, कथन-1 की सही व्याख्या नहीं करता।

(b) कथन-1 सत्य है परन्तु कथन-2 असत्य है।

(c) कथन-1 असत्य तथा कथन-2 सत्य है।

(d) कथन-1 सत्य है तथा कथन-2 भी सत्य है परन्तु कथन-2, कथन-1 की सही व्याख्या करता है।

[AIEEE 2008]

12. सुदूर और मंडल में एक ग्रह पृथ्वी की तुलना में 10 गुणा भारी है तथा इसकी त्रिज्या पृथ्वी की त्रिज्या से 10 गुना कम है। पृथ्वी तल पर पलायन वेग 11 किमी/सेकेण्ड ज्ञात है तब ग्रह के तल से पलायन वेग ज्ञात कीजिए-

(a) 110 किमी/सेकण्ड (b) 0.11 किमी/सेकण्ड

(c) 1.1 किमी/सेकण्ड (d) 11 किमी/सेकण्ड

[AIEEE 2008]

उत्तरमाला

1. (c)	**2.** (a)	**3.** (b)	**4.** (d)	**5.** (c)	**6.** (b)	**7.** (b)	**8.** (c)	**9.** (d)	**10.** (a)
11. (d)	**12.** (a)								

हल

2. (a) $T \propto \sqrt{r^3}$

$$\frac{T_1}{T_2} = \sqrt{\frac{r_1^3}{r_2^3}} = \sqrt{\frac{r}{64r}} = \frac{1}{8}$$

$T_2 = 8T_1 = 40$ घण्टे

3. (b) $v_e = \sqrt{\dfrac{2GM_e}{R_e}}$

चूँकि पलायन वेग प्रक्षेपण की दिशा पर निर्भर नहीं करता है, इसलिए ऊर्ध्वाधर से 45° के कोण पर प्रक्षेपित वस्तु का पलायन वेग वही रहेगा अर्थात् 11 किमी/से.।

4. (d) $T = \dfrac{2\pi R}{v}$

$$E = \frac{1}{2}mv^2 = \frac{GMm}{R^{n-1}}$$

या $v = \left[\dfrac{2GM}{R^{n-1}}\right]^2$

$$\therefore \quad T = \frac{2\pi R}{\sqrt{2GM / R^{n-1}}} = \frac{2\pi}{\sqrt{2GM}} \times R^{(n+1)/2}$$

$\therefore \quad T \propto R^{(n+1)/2}$

5. (c) पृथ्वी केन्द्र से x दूरी पर गुरुत्वीय बल,

$$F = \frac{GMm}{x^2}$$

$$dW = Fdx = \frac{GMm}{x^2}dx$$

$$W = \int_R^{R+h} \frac{GMm}{x^2}dx = GMm\left[\frac{1}{R} - \frac{1}{R+h}\right]$$

$$= gR^2m\left[\frac{1}{R} - \frac{1}{R+h}\right] \qquad ...(i)$$

$\therefore$ स्थितिज ऊर्जा में वृद्धि

$$= gR^2m\left[\frac{1}{R} - \frac{1}{2R}\right] = \frac{1}{2}mgR$$

6. (b) उपग्रह के लिए गुरुत्वीय बल आवश्यक अभिकेन्द्र बल प्रदान करता है, अर्थात्

$$\frac{GM_em}{(R+x)^2} = \frac{mv_0^2}{(R+x)} \text{ तथा } \frac{GM_e}{R^2} = g$$

$$\therefore \quad v_0 = \sqrt{\frac{gR^2}{R+x}}$$

7. (b) हम जानते हैं $T^2 \propto r^3$ और समानुपाती नियतांक कक्षीय वस्तु के द्रव्यमान पर निर्भर नहीं करता है।

8. (c) पृथ्वी सतह से h ऊँचाई पर g के मान में परिवर्तन

$$g_h = g\left(1 - \frac{2h}{R}\right) \qquad \text{जहाँ } h << R$$

पृथ्वी सतह से गहराई पर g के मान में परिवर्तन

$$g_d = g\left(1 - \frac{d}{R}\right), \qquad \text{जहाँ } h << R$$

$\therefore \quad \Delta g_h = \Delta g_d$

9. (d) $W=\Delta U=0-\left(-\frac{GMm}{R}\right)$

$$=\frac{6.67\times10^{-11}\times100\times10\times10^{-3}}{10\times10^{-2}}$$

$$=6.67\times10^{-10}\text{ J}$$

10. (a) $$g=\frac{GM}{R^2}$$

तथा $$\rho=\frac{M}{(4/3)\pi R^3}$$

$\therefore$ $$g=\frac{G}{R^2}\cdot\frac{4}{3}\pi R^3\rho=\frac{G4\pi}{3}\rho R$$

अर्थात् $\rho\propto g$

11. (d) r त्रिज्या के बन्द सतह से गुजरने वाले गुरुत्वीय क्षेत्र का फ्लाक्स

$$\phi=EA=\frac{GM}{r^2}.4\pi r^2=4\pi GM$$

यह स्रोत के आकार एवं आकृति पर निर्भर नहीं करता तथा केवल शक्ति अर्थात् सतद् द्वारा घिरे द्रव्यमान पर निर्भर करता है। यहाँ दोनों कथन सत्य है तथा कथन-2, कथन-1 की सही व्याख्या करता है।

12. (a) $v_E=\sqrt{2gR}=\sqrt{\frac{2GM}{R}}$

$$\frac{v_p}{v_E}=\sqrt{\frac{M_P}{M_E}\times\frac{R_E}{R_P}}=\sqrt{10\times10}=10$$

$v_P=10, v_E=10\times11$ किमी/सेकण्ड

□□□

अध्याय 9

प्रत्यास्थता
(Elasticity)

प्रत्यास्थता (Elasticity)

- प्रत्यास्थता किसी वस्तु के पदार्थ का वह गुण है जिसके कारण वस्तु किसी विरूपक बल के द्वारा उत्पन्न आकार अथवा रूप के परिवर्तन का विरोध करती है और विरूपक बल हटा लेने पर वस्तु अपनी पूर्व अवस्था को प्राप्त कर लेती है।

प्रतिबल (Stress)

- वस्तु की अनुप्रस्थ काट के एकांक क्षेत्रफल पर कार्य करने वाले आन्तरिक प्रतिक्रिया बल को प्रतिबल कहते हैं

$$\text{प्रतिबल} = \frac{\text{बल}}{\text{क्षेत्रफल}}$$

- प्रतिबल की इकाई न्यूटन/मीटर^2
- विमीय सूत्र $[M L^{-1} T^{-2}]$
- जब बाह्य बल वस्तु की लम्बाई के अनुदिश हो, तो उसे अनुदैर्ध्य प्रतिबल कहते हैं।
- जब बाह्य वस्तु पर बल पृष्ठ के लम्बवत हो, तो उसे अभिलम्ब प्रतिबल कहते हैं।
- जब बल वस्तु के अनुप्रस्थ काट के स्पर्शीय हो, तो उसे स्पर्शी प्रतिबल कहते हैं।

विकृति (Strain)

- वस्तु में होने वाले भिन्नतम परिवर्तन को विकृति कहते हैं।

$$\text{विकृति} = \frac{\text{विमा में परिवर्तन}}{\text{प्रारम्भिक विमा}}$$

- विकृति तीन प्रकार की होती है-
  - (i) अनुर्दर्ध्य विकृति : $\Delta l / l$
  - (ii) आयतन विकृति : $\Delta V / V$
  - (iii) अपरूपण विकृति : θ
- विभीय सूत्र $[M^{\circ} L^{\circ} T^{\circ}]$

हुक का नियम (Hook's Law)

- प्रत्यास्था की सीमा में प्रतिबल उत्पन्न विकृति के अनुक्रमानुपाती होता है।

$$\text{प्रतिबल} \propto \text{विकृति}$$

$$\frac{\text{प्रतिबल}}{\text{विकृति}} = E \text{ (नियतांक)}$$

- नियतांक E को प्रत्यास्था गुणाँक कहते हैं।
- E का मान पदार्थ पर निर्भर करता है, प्रतिबल व विकृति पर नहीं।

यंग प्रत्यास्थता गुणाँक (Young's Modulus of Elasticity)

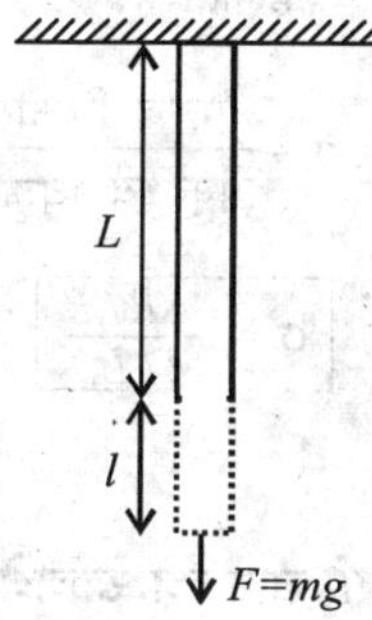

- अनुदैर्ध्य प्रतिबल $= \frac{F}{A} = \frac{mg}{A}$
- अनुदैर्ध्य विकृति $= \frac{l}{L}$
- यंग प्रत्यास्था गुणाँक $Y = \frac{F/A}{l/L} = \frac{FL}{Al}$

$\boxed{Y = \frac{mgL}{\pi r^2 l}}$ जहाँ r तार की त्रिज्या है

- यंग प्रत्यास्था का मात्रक = न्यूटन/मीटर^2
- विमीय सूत्र = $[ML^{-1}T^{-2}]$

आयतन प्रत्यास्थता गुणाँक (Bulk's Modulus of Elasticity)

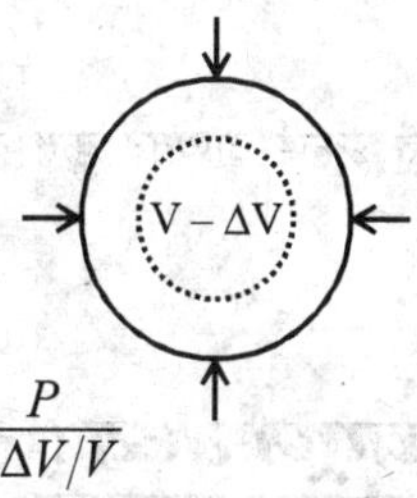

- अभिलम्ब प्रतिबल $= \frac{F}{A} = P$
- आयतन विकृति $= \frac{-\Delta V}{V}$
- आयतन प्रत्यास्थता गुणाँक $B = \frac{P}{-\Delta V/V}$

$$\boxed{B = -\frac{PV}{\Delta V}}$$

- विमीय सूत्र = $[ML^{-1}T^{-2}]$

संपीड्यता (Compressibility)

- किसी पदार्थ के आयतन प्रत्यास्था गुणाँक के व्युत्क्रम को उस पदार्थ की संपीड्यता कहते हैं।

$$\boxed{C=\frac{1}{B}}$$

दृढ़ता गुणाँक (Modulus of Rigidity)

$$\text{दृढ़ता गुणांक} = \frac{\text{अपरुपण प्रतिबल}}{\text{अपरुपण विकृति}}$$

$$\boxed{\eta=\frac{F}{A\theta}}$$

$$\theta=\frac{l}{L}$$

जहाँ, F = स्पशीय बल

A = तल का क्षेत्रफल

θ = अपरूपण विकृति

- दृढ़ता गुणाँक का मात्रक = न्यूटन/मीटर^2
- विमा = $[ML^{-1}T^{-2}]$

पाइसा की निष्पत्ति (Poisson's Ratio)

- पार्श्व विकृति और अनुदैर्ध्य विकृति का अनुपात पाइसा की निष्पत्ति कहलाता है।

$$\sigma=\frac{\text{पार्श्व विकृति}}{\text{अनुदैर्ध्य विकृति}}$$

$$\boxed{\sigma=\frac{-\Delta R/R}{l/L}}$$

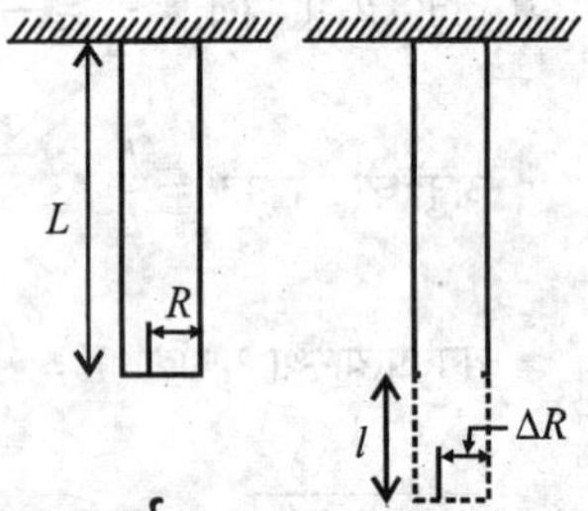

किसी तार को खींचने में किया गया कार्य :

(Work done in Stretching Wire)

$$W=\frac{1}{2}F\times l$$

जहाँ, F = बल, l = लम्बाई में वृद्धि

$$W=\frac{1}{2}\times \text{प्रतिबल}\times\text{विकृति}\times\text{आयतन}$$

- प्रति इकाई आयतन कृत कार्य

$$=\frac{1}{2}\times\text{प्रतिबल}\times\text{विकृति}$$

कृत कार्य को निम्न प्रकार से लिख सकते हैं

$$\boxed{W=\frac{1}{2}\left(\frac{YA\Delta l}{l}\right)\cdot\Delta l}$$

- यदि तार पर कार्य करने वाला बल F_1 से F_2 तक बढ़ा दिया जाये और तार में लम्बाई वृद्धि l हो, तो तार में संचित ऊर्जा

$$\boxed{U=\frac{1}{2}\frac{(F_1+F_2)}{2}\cdot l}$$

अन्तरापरमाणुक बल नियतांक (Interatomic Force Constant)

- अन्तरापरमाणुक बल नियतांक, प्रत्यास्थता गुणांक तथा अन्तरापरमाणुक दूरी के गुणनफल के बराबर होता है।

$$\boxed{k=Yr_0}$$

r_0 = परमाणुओं के बीच दूरी,

Y = यंग प्रत्यास्था गुणाँक

किसी तार को गर्म अथवा ठण्डा करने में तार के तनाव में परिवर्तन:

$$\boxed{F=YA\alpha\Delta Q}$$

Y = तार के पदार्थ का यंग प्रत्यास्था गुणाँक

A = तार के अनुप्रस्थ काट का क्षेत्रफल

α = रेखीय प्रसार गुणाँक

ΔQ = तार का तापान्तर

- ऊष्मीय ऊर्जा घनत्व = प्रति इकाई आयतन ऊष्मीय ऊर्जा

$$=\frac{1}{2}\times\text{ऊष्मीय प्रतिबल}\times\text{विकृति}$$

$$=\frac{1}{2}\frac{F}{A}\frac{\Delta l}{l}=\frac{1}{2}(Y\alpha\Delta Q)(\alpha\cdot\Delta\theta)$$

$$=\frac{1}{2}Y\alpha^2(\Delta\theta)^2$$

खींचे तार की स्थितिज ऊर्जा

(Potential Energy of Stretching Wire) :

$$U=\frac{1}{2}\times\text{प्रतिबल}\times\text{विकृति}\times\text{आयतन}$$

Y, B, η तथा σ में सम्बन्ध (Relation between Y, B, η and σ) :

(*i*) $Y=3B(1-2\sigma)$

(*ii*) $Y=2\eta(1+\sigma)$

(*iii*) $Y=\dfrac{9B\eta}{3B+\eta}$

(*iv*) $\sigma=\dfrac{3B-2\eta}{6B+2\eta}$

महत्त्वपूर्ण तथ्य (Important Facts)

☞ गैसें सर्वाधिक सम्पीड्य और सबसे कम प्रत्यास्थ होती हैं

$$B_{\text{ठोस}}=B_{\text{द्रव}}>B_{\text{गैस}}$$

☞ रबर एक बहुलक है।

☞ एक ही द्रव्यमान लम्बाई तथा पदार्थ की बनी खोखली शाफ्ट ठोस शाफ्ट से अधिक शक्तिशाली होती है।

☞ परमाणुओं के बीच आकर्षण बल उनके बीच की दूरी के सातवीं घात के व्युत्क्रम $F_{att}\propto\frac{1}{r^7}, F_{att}=-\frac{a}{r^7}$ द्वारा परिवर्तित होता है।

☞ स्थितिज ऊर्जा को निम्न प्रकार निरूपित कर सकते हैं

$$U = \frac{A}{r^n} - \frac{B}{r^m}$$

जहाँ, $\frac{A}{r^n} \rightarrow$ प्रतिकर्षण पद

$\frac{B}{r^m} \rightarrow$ आकर्षण पद

अधिकांश ठोसों के लिए, $n = 12, m = 6$

$\therefore$ ठोसों के लिए स्थितिज ऊर्जा, $U = \frac{A}{r^{12}} - \frac{B}{r^6}$

☞ जब कोई दण्ड मोड़ा जाता है तो सम्पीडिय विकृति (compression strain) और लाम्बिक विकृति (extension strain) उत्पन्न होती है।

☞ दो छड़ों के बीच बल

$$F = \frac{A[l_1\alpha_1 + l_2\alpha_2]T}{\frac{l_1}{Y_1} + \frac{l_2}{Y_2}}$$

☞ सम्पीड्य द्रव का घनत्व

$$\rho' = \rho\left(1 + \frac{\Delta\rho}{B}\right) = \rho\,(1 + C\Delta\rho)$$

☞ पाइसा की निष्पत्ति का सैद्धान्तिक मान

$$-1 < \sigma < .5$$

पाइसा की निष्पत्ति का प्रायोगिक मान

$$0 < \sigma < .5$$

☞ यंग प्रत्यास्थता गुणांक केवल ठोसों के लिए परिभाषित किया जाता है।

☞ किसी वस्तु में उत्पन्न विकृति विन्यास में परिवर्तन और मूल विन्यास का अनुपात होती है।

☞ अक्रिस्टलीय ठोस वह होता है जिसमें परमाणुओं का आवृत्ती विन्यास नहीं होता।

☞ भंजक बल = भंजक प्रतिबल × तार का अनुप्रस्थ काट क्षेत्रफल

☞ गर्म करने पर और फिर धीरे-धीरे ठण्डा करने पर प्रत्यास्थता का गुण घटता है।

☞ जब विकृत बल को हटाया जाता है तो वस्तु अपने मूल रूप में आने में थोड़ा समय लेती है।

☞ वह अधिकतम प्रतिबल जो किसी तार पर इसके टूटने की सीमा से थोड़ा सा पहले तक लगाया जाता है, भंजक प्रतिबल कहलाता है।

☞ भंजक प्रतिबल का मान पदार्थ के गुण पर निर्भर करता है।

☞ जितना अधिक लम्बाई को परिवर्तित करने के लिए विकृति बल चाहिए, उतना ही Y का मान अधिक होता है।

☞ 400 किग्रा भार का बल एक तार को तोड़ सकता है। इसकी दोगुनी मोटाई के तार को तोड़ने के लिए 1600 किग्रा भार के बल की आवश्यकता होगी।

☞ किसी द्रव के लिए दृढ़ता गुणाँक (modulus of rigidity) का मान शून्य होता है।

☞ असम्पीड्य (incompressible) द्रव के लिए बल्क गुणाँक का मान अनन्त होता है।

☞ L लम्बाई तथा A कटान-क्षेत्रफल का एक तार Y यंग गुणाँक के पदार्थ से बना हुआ है। यदि तार को खींचकर, इसकी लम्बाई में x वृद्धि की जाती है, तो किया गया कार्य (1/2) YAL होगा।

☞ बल्क गुणाँक B के पदार्थ का बना हुआ R त्रिज्या का एक ठोस गोला, एक बेलनाकार बर्तन में एक द्रव में रखा हुआ है। A क्षेत्रफल का एक द्रव्यमानरहित पिस्टन द्रव की सतह पर तैरता है। जब द्रव के संपीडन हेतु, पिस्टन पर एक द्रव्यमान M रखा जाता है, तो गोले की त्रिज्या में आंशिक परिवर्तन $(dR)/R = Mg/3BA$ होता है।

☞ जब एक तार को किसी बल द्वारा खींचा जाता है, तब इसकी लम्बाई में हुई वृद्धि x है। यदि समान पदार्थ के एक अन्य तार, जिसकी लम्बाई पहले तार की चार गुनी तथा त्रिज्या दोगुनी है, को समान बल द्वारा खींचा जाता है, तब इसकी लम्बाई में वृद्धि x होगी।

☞ समान पदार्थ एवम् सामान आयतन की वृत्ताकार कटान-क्षेत्र की दो छड़ों A व B पर तनाव लगाया जाता है। यदि B की अपेक्षा, A का व्यास आधा है, तथा दोनों छड़ों पर आरोपित बल समान है, तो A व B की लम्बाई में वृद्धि में अनुपात 16 होगा।

अभ्यास के लिए प्रश्न

1. यदि किसी स्प्रिंग तुला के निचले सिरे के पलड़े पर विभिन्न द्रव्यमान M रखें तथा उसका दोलन काल T नापें तथा इन प्रेक्षणों द्वारा एक ग्राफ खींचें तो रेखा के मूल बिन्दु से ना गुजरने का उपयुक्त कारण है–

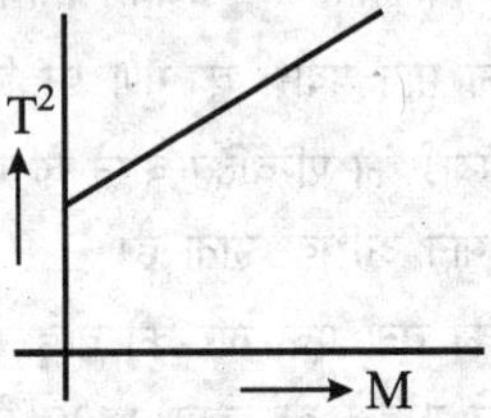

(a) दोलन का आयाम बहुत अधिक है।
(b) स्प्रिंग हुक के नियम का पालन नहीं करती।
(c) पलड़े के भार को नगण्य माना गया है।
(d) उपयोग में प्रयुक्त घड़ी को नियमित (regulating) करने की आवश्यकता है।

2. स्टील का यंग प्रत्यास्थता गुणांक $Y = 2 \times 10^{11}$ न्यूटन/मी^{2} है। यदि परमाणुओं के बीच की दूरी 2.8Å है, तब अन्तरापरमाणुक बल नियतांक होगा–

(a) 560 न्यूटन/मी० (b) 0.56 न्यूटन/मी०
(c) 5.6 न्यूटन/मी० (d) 56 न्यूटन/मी०

3. प्रत्यास्थता की सीमा के अन्दर, निम्न में से कौन सा आरेख शुद्धता से बाह्य भार के साथ लम्बाई के परिवर्तन को प्रदर्शित करता है–

(a)
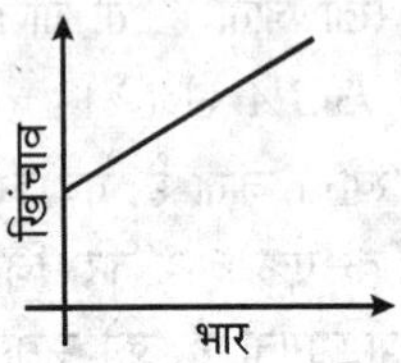

(b)
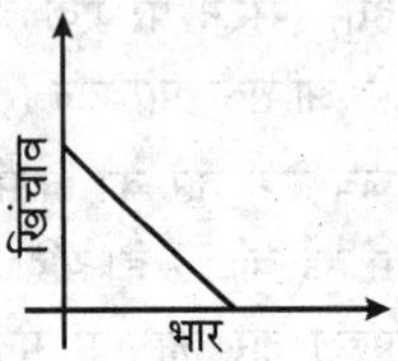

(c)
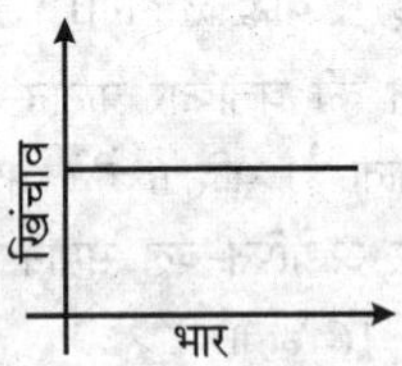

(d)
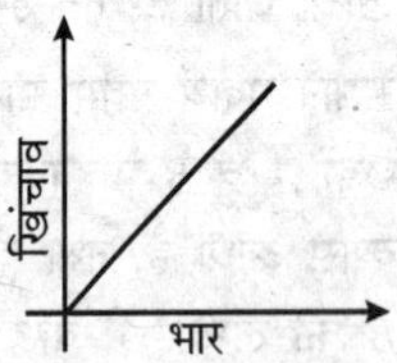

4. दो बेलन A तथा B समान पदार्थ के बने हैं तथा उनकी लम्बाई समान हैं; A तथा B की त्रिज्याओं का अनुपात 1 : 2 है। जैसा चित्र में प्रदर्शित है, दोनों बेलन सिरे से सिरे द्वारा जुड़े हैं। बेलन B निचले सिरे को θ द्वारा मरोड़ा (ऐंठित) जाता है। बेलन A का ऐंठन कोण होगा–

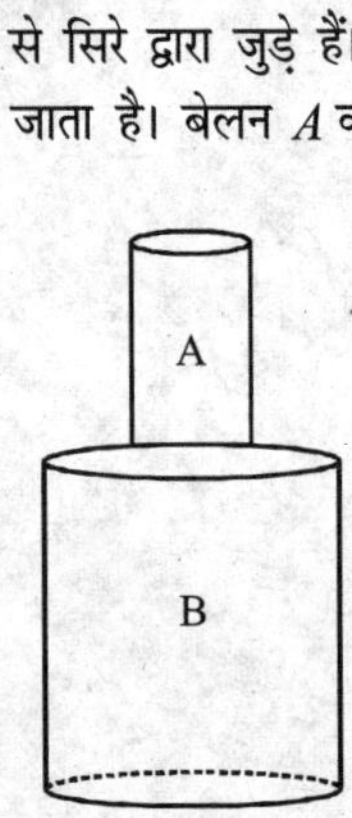

(a) $\frac{16}{17}\theta$ (b) $\frac{17}{16}\theta$
(c) θ (d) $\frac{15}{16}\theta$

5. दिये चित्र में, यदि तारों की विमायें समान तथा पदार्थ भिन्न हैं, तब किस तार का यंग-प्रत्यास्थता गुणांक अधिक होगा–

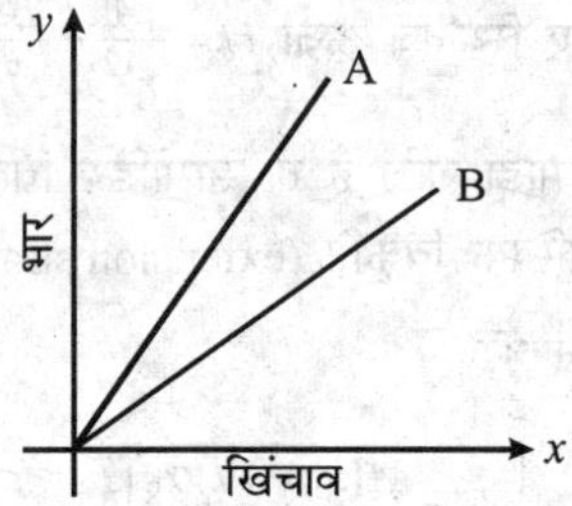

(a) A का (b) B का
(c) दोनों का बराबर (d) किसी का नहीं

6. एक स्टील के छल्ले (ring) जिसकी त्रिज्या r तथा अनुप्रस्थ क्षेत्रफल A है, को एक लकड़ी की चकती जिसकी त्रिज्या $R(R > r)$ पर फिट कर दिया जाता है। यदि यंग प्रत्यास्थता गुणांक E है, तब स्टील के छल्ले में विस्तार के लिए आवश्यक बल का मान होगा–

(a) $\frac{E}{A}\left[\frac{R-r}{r}\right]$ (b) $\frac{Er}{AR}$
(c) $AE\frac{R}{r}$ (d) $AE\left[\frac{R-r}{r}\right]$

7. संलग्न ग्राफ, एक पतले, एक समान अनुप्रस्थ परिच्छेद वाले तार के एकांक क्षेत्रफल पर लगाये गये बल (F) तथा उत्पन्न विकृति के बीच सम्बन्ध प्रदर्शित करता है। ग्राफ का कौन-सा भाग तार का श्यान द्रव जैसा व्यवहार प्रदर्शित करेगा–

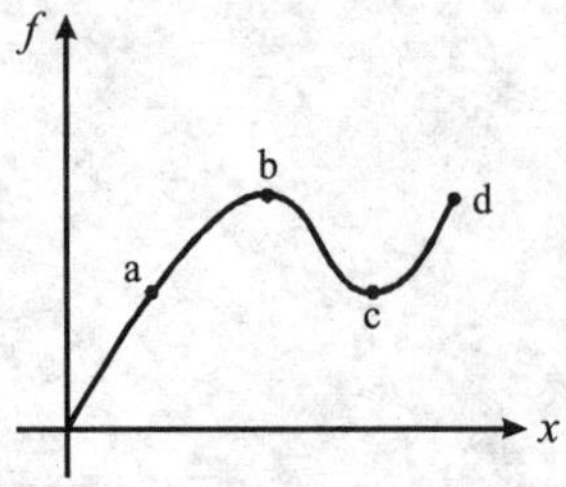

(a) ca (b) cd
(c) ab (d) bc

8. दो अणुओं के बीच स्थितिज ऊर्जा U तथा उनके बीच की दूरी x के मध्य ग्राफ खींचा गया है जैसा कि चित्र में प्रदर्शित है–
A, B तथा C बिन्दुओं के लिए क्रमश: $x = 0.6$Å, 1.2Å तथा 1.8Å है बिन्दुओं A, B तथा C पर दोनों अणुओं के बीच लगने वाला बल

क्रमशः है–

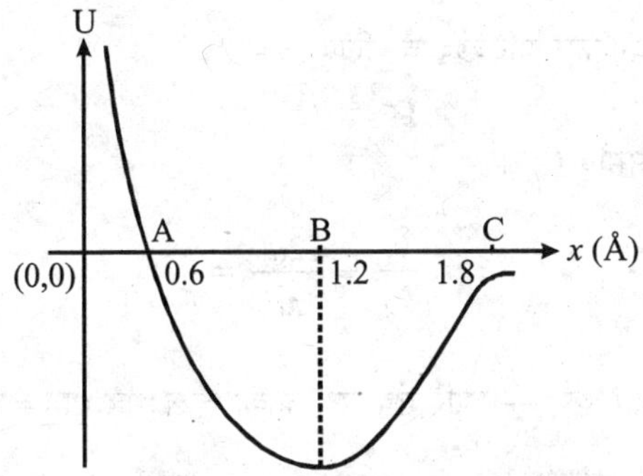

(a) प्रतिकर्षण, शून्य, आकर्षण (b) शून्य, प्रतिकर्षण, आकर्षण
(c) आकर्षण, शून्य, प्रतिकर्षण (d) शून्य, आकर्षण, प्रतिकर्षण

9. समान अनुप्रस्थ क्षेत्रफल तथा दिये गए भार के लिए वर्गीय अनुप्रस्थ (Square cross-section) तथा वृत्तीय अनुप्रस्थ (Circular cross-section) की दण्डों के अवनमनों (झुकावों) में अनुपात होगा–
(a) $1:\pi$ (b) $\pi:1$
(c) $3:\pi$ (d) $\pi:3$

10. एक लड़के के पास रबड़ की गुलेल (catapult) है, जिसकी डोरी की लम्बाई 42 सेमी. तथा व्यास 6 मिमी. है। यदि एक 0.02 किग्रा. भार के पत्थर को 20 मी./सेकण्ड के वेग से गुलेल प्रक्षेपित किया जाये तो रबड़ का यंग प्रत्यास्थता गुणांक होगा–
(a) 2.97×10^{8} न्यूटन/मी.^{2} (b) 2.97×10^{11} न्यूटन/मी.^{2}
(c) 2.97×10^{6} न्यूटन/मी.^{2} (d) 2.97×10^{7} न्यूटन/मी.^{2}

11. L लम्बाई व W भार के एक समरूप तार का एक सिरा दृढ़ता से छत से बंधा है व एक भार W_1 उसके निचले सिरे से लटका है। यदि S तार का परिच्छेद क्षेत्रफल है तो $3L/4$ लम्बाई पर तार में प्रतिबल है–
(a) $\frac{W_1+3W/4}{S}$ (b) $\frac{W_1+W}{S}$
(c) $\frac{W_1}{S}$ (d) $\frac{W_1+4W}{S}$

12. यदि चित्र में दिखाये गए स्टील व तांबे के तारों की लम्बाईयों, त्रिज्याओं व यंग नियतांकों में अनुपात क्रमशः a, b व c हैं तो इनकी लम्बाईयों में वृद्धियों का अनुपात क्रमशः है–

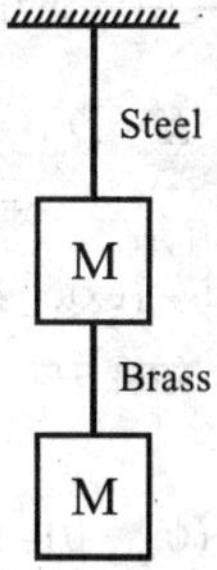

(a) $\frac{3c}{2ab^2}$
(b) $\frac{2ac}{b^2}$
(c) $\frac{3a}{2b^2c}$
(d) $\frac{2a^2c}{b}$

13. समान लम्बाई व समान परिच्छेद के दो तार चित्र की भाँति लटके हैं। इनके यंग गुणांक क्रमशः Y_1 व Y_2 हैं। तब इनका तुल्य यंग गुणांक है–

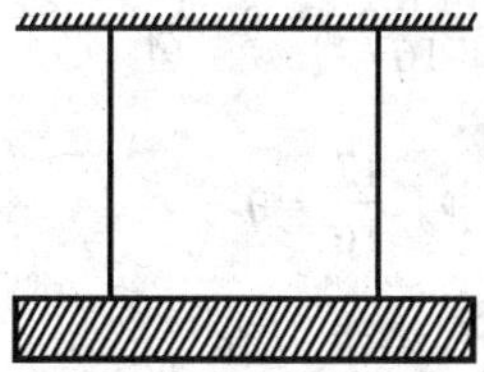

(a) $\frac{Y_1Y_2}{Y_1+Y_2}$ (b) $\sqrt{Y_1Y_2}$
(c) Y_1+Y_2 (d) $\frac{Y_1+Y_2}{2}$

14. दो तार A व B समान लम्बाई व समान परिच्छेद क्षेत्रफल के हैं। A का यंग-नियतांक B के यंग नियतांक का दो गुना है। A व B के बल नियतांकों का अनुपात है–
(a) $\frac{1}{2}$ (b) $\sqrt{2}$
(c) 1 (d) 2

उत्तरमाला

1. (c) **2.** (d) **3.** (d) **4.** (a) **5.** (a) **6.** (b) **7.** (d) **8.** (a) **9.** (c) **10.** (c)
11. (a) **12.** (c) **13.** (d) **14.** (d)

हल

1. (c) $T = 2\pi\sqrt{\dfrac{m+M}{K}}$, जहाँ $m =$ पलड़े का भार

2. (d) $K = Yr_0 = 2 \times 10^{11} \times 2.8 \times 10^{-10}$

$= 56$ न्यूटन/मी॰

3. (d) लम्बाई में वृद्धि (extension) $\propto$ भार

$\therefore$ वक्र एक सरल रेखा है जो मूल बिन्दु से गुजरी है।

4. (a) $\tau_A = \dfrac{\pi\eta r_A^4}{2l}(\phi_A - 0), \tau_B = \dfrac{\pi\eta r_B^4}{2l} \dfrac{\pi\eta r_B^4}{2l}(\theta - \phi_A)$

परन्तु $\tau_A = \tau_B$

$$\frac{\pi\eta r_A^4}{2l}(\phi_A) = \frac{\pi\eta r_B^4}{2l}(\theta - \phi_A)$$

$$\frac{1}{16}\phi_A = \theta - \phi_A$$

$$\phi_A \cdot \frac{17}{16} = \theta$$

या $\phi_A = \dfrac{16}{17} \cdot \theta$

5. (a) $Y \propto \dfrac{\text{भार}}{\text{खिंचाव}}$ = भार-खिंचाव वक्र का ढाल

$(\text{ढाल})_A > (\text{ढाल})_B$

$\therefore$ $Y_A > Y_B$

6. (b) विकृति $= \dfrac{2\pi(R-r)}{2\pi r} = \left(\dfrac{R-r}{r}\right)$

$\therefore$ $E = \dfrac{E \cdot r}{A(R-r)}$

या $F = \dfrac{E\,A(R-r)}{r}$

9. (c) $\delta = \dfrac{Wl^3}{3YI_g}$, $\delta_1 = \dfrac{Wl^3}{3Y\left(\dfrac{bd^3}{12}\right)}$, $\delta_2 = \dfrac{Wl^3}{3Y\left(\dfrac{\pi r^4}{4}\right)}$

परन्तु $\pi r^2 = bd$

$$\frac{\delta_1}{\delta_2} = \frac{\pi r^4/4}{(bd^3/12)} \qquad \text{...(i)}$$

वर्गाकार परिच्छेद के लिए, $b = d$

$\therefore$ $P^2 = d^2$

समी॰ (i) से

$$\frac{\delta_1}{\delta_2} = \frac{12d^4}{4\pi d^4} = \frac{3}{\pi}$$

11. (a) तार के $\dfrac{3L}{4}$ परिच्छेद पर लटका कुल भार (T) $= W_1 + \dfrac{3W}{4}$

$\therefore$ प्रतिबल $\dfrac{T}{S} = \dfrac{W_1 + 3W/4}{S}$

12. (c) $Y_S = \dfrac{3M \cdot l_S}{\pi r_S^2 \times \Delta l_S}$, $\Delta l_S = \dfrac{3Ml_S}{\pi r_S^2 Y_S}$

$$\Delta l_b = \frac{3Ml_b}{\pi r_b^2 Y_b}$$

$\therefore$ $\dfrac{\Delta l_S}{\Delta l_b} = \dfrac{3Ml_S \cdot \pi r_b^2 Y_b}{\pi r_S^2 Y_S \times 2M}$

$\therefore$ $\dfrac{\Delta l_S}{\Delta l_b} = \dfrac{3a}{2b^2c}$

13. (d) माना निकाय एक ऐसे तार के तुल्य है जिसकी लम्बाई L, परिच्छेद क्षेत्रफल $2A$ व यंग नियतांक Y है। तब यदि दो स्प्रिंग परस्पर समान्तर क्रम में हों तो तुल्य बल नियतांक

$$K = K_1 + K_2$$

$$\frac{Y(2A)}{L} = \frac{Y_1 A}{L} + \frac{Y_2 A}{L}$$

$$Y = \frac{Y_1 + Y_2}{2}$$

14. (d) $K_A = \dfrac{Y_A A}{L}$, $K_B = \dfrac{Y_B A}{L}$

$\therefore$ $\dfrac{K_A}{K_B} = \dfrac{Y_A}{Y_B}$

$\because$ $Y_A = 2Y_B$

या $\dfrac{K_A}{K_B} = \dfrac{2Y_B}{Y_B} = 2:1$

Previous Years' Problems

1. एक सिरे से ऊर्ध्वाधर लटके हुए तार के निचले सिरे से 200 N का भार बाँधकर खींचा जाता है। भार तार को 1 मिमी तक खींच देता है। तार में संचित प्रत्यास्थत ऊर्जा (elastic energy) है–

(a) 10 J (b) 20 J
(c) 0.1 J (d) 0.2 J

[AIEEE 2003]

2. 5×10^{-3} N/m के स्प्रिंग नियतांक वाले स्प्रिंग को उसकी सामान्य तनाव रहित अवस्था से प्रारम्भ में 5 सेमी तक खींचा जाता है। स्प्रिंग को और 5 सेमी तक खींचने के लिए कार्य चाहिए–

(a) 18.75 N-m (b) 25.00 N-m
(c) 6.25 N-m (d) 12.50 N-m

[AIEEE 2003]

3. जब एक प्रत्यास्थत पदार्थ, जिसका यंग प्रत्यास्थता गुणांक Y है, इस पर खिंचाव प्रतिबल S लगाया जाता है, पदार्थ के प्रति एकांक आयतन में संचित प्रत्यास्थत ऊर्जा (elastic energy) है–

(a) $\dfrac{S^2}{2Y}$ (b) $\dfrac{S}{2Y}$
(c) $\dfrac{YS}{2}$ (d) $\dfrac{S^2Y}{2}$

[AIEEE 2005]

4. जब W लोड किसी तार से लटकाया जाता है तो यह इसकी लम्बाई को l mm बढ़ा देता है। यदि तार को एक घिर्री (pulley) के ऊपर से घुमाकर उसके प्रत्येक सिरे पर W भार लटका दिया जाये तब तार की लम्बाई में वृद्धि (mm में) होंगी–

(a) $l/2$ (b) $2l$
(c) l (d) शून्य

[AIEEE 2006]

उत्तरमाला

1. (c) **2.** (a) **3.** (a) **4.** (c)

हल

1. (c) $W = 200\,\text{N}, y = 10^{-3}\,\text{m}$

$\therefore$ स्प्रिंग नियतांक $k = \dfrac{W}{y} = \dfrac{200}{10^{-3}}$

$= 2 \times 10^5$ न्यूटन/मीटर

$$\therefore \quad U = \frac{1}{2}ky^2$$

$$= \frac{1}{2} \times (2\times10^5)\times(10^{-3})^2 = 0.1\,\text{J}$$

2. (a) $k = 5 \times 10^3$ न्यूटन/मीटर

$y_1 = 5$ सेमी

$y_2 = y_1 + 5 = 5 + 5 = 10$ सेमी

या, $= 10 \times 10^{-2}$ मीटर

$$W_1 = \frac{1}{2}ky_1^2$$

$$= \frac{1}{2}\times(5\times10^3)\times(5\times10^{-2})^2$$

$= 6.25$ न्यूटन/मीटर

$$W_2 = \frac{1}{2}ky_2^2$$

$$\frac{W_2}{W_1} = \left(\frac{y_2}{y_1}\right)^2 = 4$$

$W_2 = 4W_1 = 25.0$ न्यूटन-मीटर

$\therefore$ $\Delta W = W_2 - W_1 = 18.75$ न्यूटन-मीटर

3. (a) प्रति एकांक आयतन में संचित ऊर्जा प्रतिबल

$$E = \frac{1}{2} \times \text{प्रतिबल} \times \text{विकृति}$$

हम जानते हैं कि $Y = \dfrac{\text{विकृति}}{\text{प्रतिबल}}$

अथवा $\text{विकृति} = \dfrac{\text{विकृति}}{Y}$

$$E = \frac{1}{2}\times\text{प्रतिबल}\times\frac{\text{प्रतिबल}}{Y} = \frac{1}{2}.\frac{S^2}{Y}$$

4. (c) यंग प्रत्यास्थता गुणांक

$$Y = \frac{W}{A}\times\frac{L}{l} \quad \text{या} \quad l = \frac{WL}{YA}$$

जब तार को घिरनी (pulley) के ऊपर से घुमाकर इसके प्रत्येक सिरे पर W भार लटका दिया जाता है तो तनाव Mg होगा, परन्तु तार की लम्बाई आधी होगी। इस प्रकार सम्पूर्ण तार की लम्बाई में कुल वृद्धि (दोनों साईड मिलाकर) l होगी।

□□□

अध्याय 10

पृष्ठ तनाव
(Surface Tension)

अन्तराणविक बल (Intermolecular Force)

- अणुओं के मध्य लगने वाले आकर्षण या प्रतिकर्षण बल को अन्तराणविक बल कहते हैं।
- यदि एक ही पदार्थ के अणुओं के बीच आकर्षण बल लगा होता है तो उसे ससंजक बल (Cohesive Force) कहते हैं।
- अलग-अलग पदार्थों के अणुओं के बीच, जो आकर्षण बल लगा होता है उसे आसंजक बल (Adheshive Force) कहते हैं।
- आसंजक या संसजक बल के लिए

$$F_a \propto \frac{1}{r^8}$$

- आणविक परास वह अधिकतम दूरी होती है जहाँ अणु एक-दूसरे को आकषित करते हैं। यह पदार्थ की प्रकृति पर निर्भर करती है।
- ऐसे द्रव जो किसी ठोस पदार्थ को गीला कर देते हैं उनके लिए आसंजक बल ससंजक बल से अधिक होता है।
- यदि द्रव ठोस को गीला नहीं कर पाते उनके लिए

ससंजक बल > आसंजक बल

पृष्ठ तनाव (Surface Tension)

- पृष्ठ तनाव के कारण—
  - द्रव अपने मुक्त पृष्ठ पर कम से कम अणु रखने का प्रयंत्न करता है।
  - अपने स्वतंत्र पृष्ठ के क्षेत्रफल को न्यूनतम करने का प्रयत्न करता है।
  - पृष्ठ तनाव द्रव के मुक्त पृष्ठ पर खींची गई कल्पित रेखा की एकांक लम्बाई के लम्बवत् तथा पृष्ठ के तल में कार्य करता है।
  - पृष्ठ तनाव विद्युत चुम्बकीय बलों के कारण होता है।
- पृष्ठ तनाव $T = \frac{F}{l}$

$$T = \frac{W}{\Delta A}$$

$$T = \frac{rghd}{2\cos\theta}$$ केशिकात्व विधि द्वारा

$$T = \frac{rg}{2}(H\rho - hd)$$ जैगर विधि द्वारा

- पृष्ठ तनाव का मात्रक = न्यूटन/मीटर या डाइन/सेमी
- विमा = MT^{-2}

पृष्ठ ऊर्जा (Surface Energy)

- पृष्ठ ऊर्जा –
  - पृष्ठ तनाव के बराबर होती है।
  - क्षेत्रफल में एकांक वृद्धि करने के लिए किए गए कार्य के बराबर होती है।

$$S = \frac{\Delta W}{\Delta A} = T$$

पृष्ठ तनाव की निर्भरता (Dependence of Surface Tension)

- ताप बढ़ाने पर पृष्ठ तनाव रेखीय रूप से घटता है।

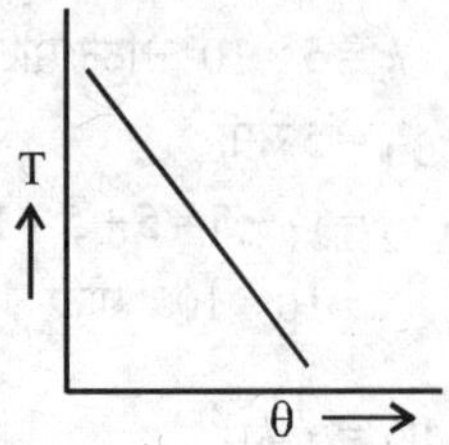

- ताँबे तथा पिघले हुए कैडमियम के लिए पृष्ठ तनाव ताप बढ़ाने पर बढ़ता है

पृष्ठ तनाव ∝ ताप

- यदि किसी द्रव में असुद्धि अत्यधिक घुलनशील है ऐसी स्थिति में द्रव का पृष्ठ तनाव बढ़ता है।
- यदि किसी द्रव में कोई आयनिक पदार्थ जैसे, NaCl मिला दिया जाता है तो द्रव का पृष्ठ तनाव बढ़ जाता है।

- साबुन या फिनोल या मिट्टी के कण या कोई चिकनाईयुक्त पदार्थ मिलाने पर जल का पृष्ठ तनाव घट जाता है।

पृष्ठ तनाव को प्रभावित करने वाले कारक
(Factor Affecting Surface Tension)

(1) ताप (Temperature) : ताप बढ़ाने पर द्रव का पृष्ठ तनाव घटता है और क्वथनांक पर यह शून्य हो जाता है।

$$T_t = T_0(1-\alpha t)$$

(2) अशुद्धि (Impurities) : द्रव की सतह पर या द्रव में घुली अशुद्धियाँ पृष्ठ तनाव को प्रभावित करती हैं। अत्यधिक घुलनशील पदार्थ पानी के पृष्ठ तनाव को बढ़ा देता है।

साबुन के बुलबुले या द्रव की बूँद के फटने में कृत कार्य :

r_1 = प्रारम्भिक त्रिज्या

r_2 = अन्तिम त्रिज्या

$W = T \times$ ताप में वृद्धि

$= T\times 4\pi(r_2^2 - r_1^2)$ बूँद के लिए

$W = T\times 8\pi(r_2^2 - r_1^2)$ बुलबुले के लिए

पृष्ठ तनाव ज्ञात करने की विधियाँ (Ascent Formula) :

- **केशिकत्व विधि से पृष्ठ तनाव ज्ञात करना :**

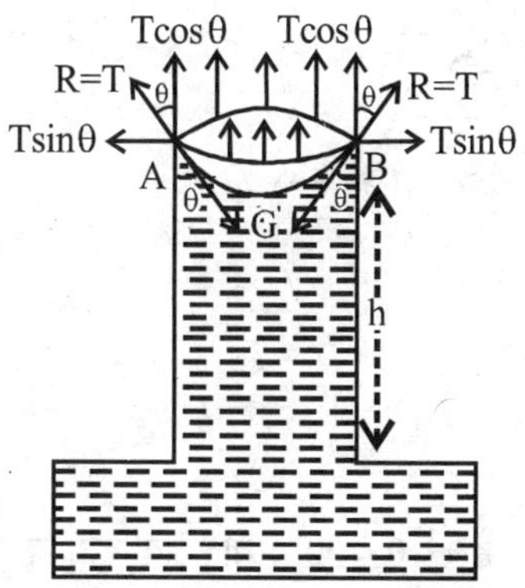

(a)

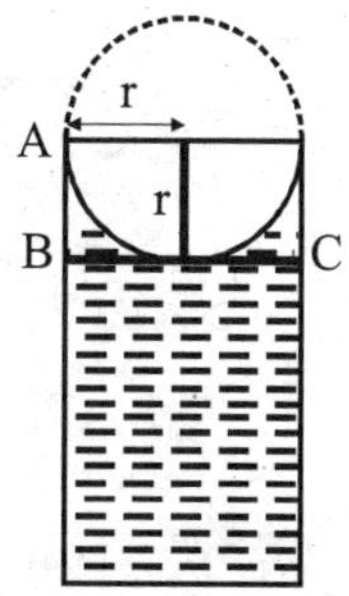

(b)

(i) $T = \dfrac{rgd}{2\cos\theta}\left[h + \dfrac{r}{3}\right]$

(ii) $T = \dfrac{rgdh}{2\cos\theta}$

- **जैगर विधि से पृष्ठ तनाव ज्ञात करना :**

$$T = \frac{rg}{2}(H\rho - hd)$$

जैगर विधि एक सर्वोत्तम विधि है क्योंकि इसमें

- स्पर्श कोण की आवश्यकता नहीं होती
- इसमें पृष्ठ तनाव पर अशुद्धियों के प्रभाव का अध्ययन किया जा सकता है।
- इसमें पृष्ठ तनाव पर ताप के परिवर्तन का अध्ययन भी किया जा सकता है।

स्पर्श कोण (Angle of Contact) :

- ताप बढ़ाने पर स्पर्श कोण का मान बढ़ता है।
- स्पर्श कोण नली के झुकाव पर निर्भर नहीं करता।
- यदि किसी द्रव में अशुद्धियाँ है तो उसका स्पर्श कोण कम हो जाता है।
- जब स्पर्श कोण का मान 90° से कम होता है, तब
  - द्रव सतह ऊपर से अवतल दिखाई देती है
  - द्रव सतह को गीला कर देता है और सतह पर फैल जाता है
  - केशिकत्व उत्तयन होता है।
- जब स्पर्श कोण 90° से अधिक हो जाता है, तब
  - द्रव सतह ऊपर से उत्तल दिखाई देती है
  - द्रव सतह को गीला नहीं कर पाता।
  - केशिकत्व अवनयन होता है।
- पारे और काँच के लिए स्पर्श कोण 135° होता है।
- शुद्ध जल तथा काँच और एल्कोहल के लिए स्पर्श कोण 0° होता है।

ध्यान दें

- यदि द्रव के अन्दर कोई बुबबुला बनता है उस बुलबुले में अन्दर का दाब बाहर की अपेक्षा अधिक होता है।
- जब अलग-अलग आकार के साबुन के दो बुलबुले जुड़ते हैं तब वायु छोटे बुलबुले से बड़े बुलबुले की ओर जाती है।
- जब छोटी-छोटी बूँदें मिलकर एक बड़ी बूँद बनाती है तो इस प्रक्रिया में ऊर्जा मुक्त होती है।

जूरिन का नियम (Zurin's law)

- इसके अनुसार केशनली में चढ़े हुए द्रव की ऊचाई केशनली की त्रिज्या के अनुक्रमानुपाती होती है।

$$h \propto \frac{1}{r}$$

इस प्रकार $r_1h_1 = r_2h_2$

ध्यान दें

- केशनली जिसकी लम्बाई उसमें चढ़े हुए द्रव की ऊँचाई से कम हो उसे अप्रयाप्त नली की केशनली कहते हैं।

नव चन्द्रक (Meniscus)

- ससंजक तथा आसंजक के प्रभाव के कारण बारीक केशनली में ठोस द्रव समतल पर उभरी हुई वक्र पृष्ठ को नव चन्द्रक कहते हैं। ससंजक बल द्रव की सतह से 45° पर कार्य करता है जबकि आसंजक बल ठोस सतह के लम्बवत दिशा में कार्य करता है।

- यदि $F_A > \dfrac{F_e}{\sqrt{2}}$ तब

- द्रव ठोस को भिगो देता है
- द्रव की सतह अवतल होती है तथा स्पर्श कोण 90° से कम होता है।

■ यदि $F_A = \frac{F_e}{\sqrt{2}}$ तब

- स्पर्श कोण 90° होता है
- द्रव की सतह समतल होती है।

■ यदि $F_A < \frac{F_e}{\sqrt{2}}$ तब

- स्पर्श कोण का मान 90° से अधिक होता है
- द्रव की सतह उत्तल होती है और ऐसे द्रव ठोस को नहीं भिगोते।

■ द्रव के तल के अवतल पार्श्व पर दाब उत्तल पार्श्व की तुलना में अधिक होता है।

- साबुन के बुलबुले में दाबान्तर
  = बुलबुले के अन्दर दाब – बुलबुले के बाहर दाब

$$P = \frac{4T}{r}$$

- द्रव के अन्दर वायु के अन्दर बुलबुले में दाबान्तर

$$P = \frac{2T}{r}$$

- द्रव की बूँद में दाबान्तर

$$P = \frac{2T}{r}$$

छोटी-छोटी बूँदों द्वारा बड़ी बूँदों का निर्माण

(Small Droplets Coalesce to form a big Drop)

■ जब छोटी-छोटी बूँदें जिनकी त्रिज्या r होती है तो मिलकर बड़ी बूँद बनाती है तब बड़ी बूँद के पृष्ठ क्षेत्रफल में कमी हो जाती है। यदि बड़ी बूँद की त्रिज्या R हो, तब

$$R = n^{1/3} \times r$$

■ इस प्रक्रिया में ताप में वृद्धि हो जाती है

$$\text{ताप में वृद्धि } \Delta\theta = \frac{3T}{J \,\&\, d}\left(\frac{1}{r} - \frac{1}{R}\right)$$

$s \rightarrow$ तरल की विशिष्ठ ऊष्मा तथा $d =$ तरल का घनत्व

बड़ी बूँद का छोटी बूँद में विभाजन

(Division of Big Drop into Small Droplets)

■ इस प्रक्रिया में बड़ी बूँद के ताप में कमी आ जाती है। यदि R त्रिज्या की कोई बड़ी बूँद n छोटी-छोटी बूँदों में विभक्त हो जाती है तब

$$n = \left(\frac{R}{r}\right)^3$$

■ इस प्रक्रिया में अवशोषित ऊर्जा

$$W = 4\pi T R^3 \left[\frac{1}{r} - \frac{1}{R}\right]$$

■ यदि किसी साबुन के बुलबुल की त्रिज्या r_1 है तथा उसे फुलाकर उसकी त्रिज्या r_2 कर दी जाती है तो किया गया कार्य

$$W = 8\pi T(r_2^2 - r_1^2)$$

पानी के अन्दर लहरें और तरंगें (Waves in Water) :

■ पानी में समतल तरंगों का संचरण वेग

$$v = \sqrt{\left[\frac{\lambda}{2\pi}\left(g + \frac{4\pi^2 T^2}{\lambda^2 \rho}\right)\right]}$$

जहाँ $n =$ तरंगों की आवृत्ति, $\lambda =$ तरंग दैर्ध्य, $\rho =$ पानी का घनत्व

$T_{LA} =$ द्रव वायु सतह पर पृष्ठ तनाव

$T_{SA} =$ ठोस वायु सतह पर पृष्ठ तनाव

$T_{SL} =$ ठोस द्रव सतह पर पृष्ठ तनाव

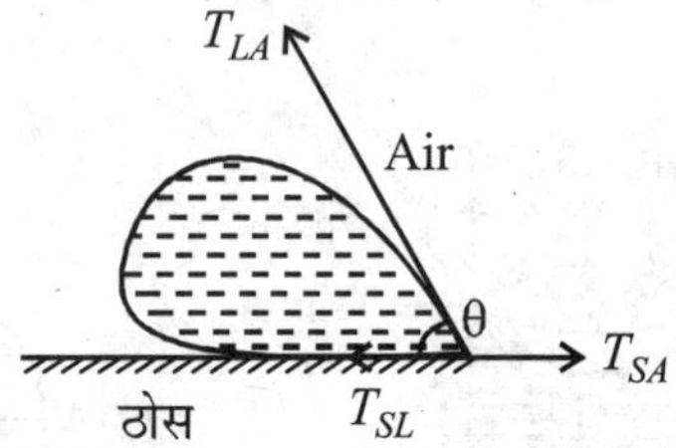

$$T_{SL} + T_{LA}\cos\theta = T_{SA}$$

$$\cos\theta = \frac{T_{SA} - T_{SL}}{T_{LA}}$$

(1) $T_{SA} > T_{SL}, \cos\theta$ धनात्मक है $0 < \theta < 90$, अर्थात् द्रव-वायु के अणु अधिक शक्ति से ठोस से आकर्षित होते हैं। जैसे काँच पर पड़ा पानी।

(2) $T_{SA} < T_{SL}, \cos\theta$ ऋणत्मक है, अर्थात् $90 < \theta < 180$। द्रव के अणु अपने आप से मजबूती से बंधे रहते हैं, लेकिन ठोस से कमजोर बलों द्वारा बंधे रहते हैं। जैसे काँच पर रखा पारा।

महत्त्वपूर्ण तथ्य (Important Facts)

☞ पृष्ठ तनाव क्षेत्रफल पर निर्भर नहीं करता।

☞ आण्विक बल व्युत्क्रम वर्ग नियम का पालन नहीं करता है।

☞ जब छोटी-छोटी बूँदें मिलकर बड़ी बूँद बनाती हैं, ऊर्जा मुक्त होती है।

☞ केशनली में द्रव तब ऊपर चढ़ता है जब स्पर्श कोण न्यून कोण हो।

☞ ताप में वृद्धि होने पर, किसी द्रव का तल-तनाव कम होता है

☞ ताप में वृद्धि होने पर, किसी द्रव की श्यानता कम होती है।

☞ ताप में वृद्धि होने पर, गैसों की श्यानता बढ़ती है।

☞ कोई बाह्य बल न होने पर, द्रव की एक छोटी बूँद का आकार, द्रव के तल तनाव के द्वारा ज्ञात होता है।

☞ भिन्न त्रिज्या की दो केशनली, एक द्रव में ऊर्ध्वाधर रखी हैं। कम त्रिज्या की नली में, द्रव की ऊँचाई अधिक होगी।

☞ लालटैन की बत्ती में, मिट्टी का तेल तल तनाव के कारण चढ़ता है।

- श्यान द्रव में गिरती हुई गेंद का सीमान्त वेग, त्रिज्या के वर्ग के समानुपाती होता है।
- स्थिर दाब-अन्तर में, केशनली में प्रति सेकण्ड प्रवाहित होने वाले द्रव का आयतन, त्रिज्या की चौथी घात के समानुपाती होता है।
- d व्यास की एक पतली केशनली में, तल तनाव के कारण, द्रव की ऊँचाई h है। यदि व्यास कम होकर $d/2$ हो जाये, तो ऊँचाई $2h$ होगी।
- द्रव धातुओं का तल-तनाव अत्याधिक होता है। सामान्य ताप पर, पारे के लिए इसका मान 0.487 न्यूटन/मी होता है।
- तल तनाव के कारण अण्डे पानी पर तैरते हैं।
- वर्षा ऋतु में दीवारों में सीलन आने का कारण है केशिकत्व प्रवाह के कारण ईंटों द्वारा पानी का अवशोषण।
- समतापीय स्थिति में यदि साबुन के दो बुलबुले जिनकी त्रिज्याएँ r_1 व r_2 हैं मिलकर एक नया बुलबुला बनाते हैं। नये बुलबुले की त्रिज्या $r = \sqrt{r_1^2 + r_2^2}$ होगी।
- यदि नन्ही बूँदें (त्रिज्या r) मिलकर एक बड़ी बूँद (त्रिज्या R) बनाती हैं तो उत्पन्न ऊर्जा $= 4\pi r^2\left(\frac{1}{r} - \frac{1}{R}\right)$
- किसी द्रव की मुक्त सतह खिंची हुई प्रत्यास्थ झिल्ली की तरह व्यवहार करती है। लेकिन इसमें एक वास्तविक अन्तर है अर्थात् प्रत्यास्थ झिल्ली में तनाव, जो कि खिंचाव पर निर्भर करता है। लेकिन द्रव की सतह स्थिर रहती है।
- यदि भिगोने वाला पदार्थ स्पर्श कोण को घटाता है। इसके विपरीत वाटर-प्रुफ पदार्थ स्पर्श कोण को बढ़ाता है।
- पृष्ठ तनाव, द्रव की मुक्त सतह पर कार्य करता है, द्रव के अन्दर नहीं।
- दो अणुओं के बीच कार्य करने वाला आणविक बल, अन्त: आणविक बल कहलाता है।
- द्रव सतह के लिए, प्रति इकाई क्षेत्रफल स्थितिज ऊर्जा, पृष्ठ ऊर्जा कहलाती है।
- केशनली में, द्रव के चढ़ने और गिरने की घटना केशिकत्व(capillarity) कहलाता है।
- पृष्ठ फिल्म, द्रव के पृष्ठ के समीप एक बारीक झिल्ली होती है। इसकी मोटाई उस द्रव के आणविक सीमा (molecular range) के बराबर होती है।
- यह वह अधिकतम दूरी है जहाँ तक कोई अणु दूसरे अणु पर आकर्षण बल आरोपित करता है।
- यह दो विभिन्न वस्तुओं के बीच कार्य करने वाला आकर्षण बल है, इसे आसंजक बल कहते हैं।

अभ्यास के लिए प्रश्न

1. पानी के तल से 18 सेमी० ऊपर केशनली में पानी 16.3 सेमी की ऊँचाई तक उठ जाता है। यदि नली को 12 सेमी की ऊँचाई पर काट दिया जाता है तो–

(a) केशनली में पानी की ऊँचाई 10.3 सेमी होगी।
(b) पानी केशनली के नीचे की ओर बहने लगेगा।
(c) 12 सेमी की ऊँचाई से केशनली से पानी फव्वारे के रूप में निकलने लगेगा।
(d) केशनली में पानी 12 सेमी की ऊँचाई तक चढ़ेगा व वहीं रुक जायेगा।

2. एक केशनली में पानी का तल 10 सेमी ऊँचाई तक उठता है तथा उसी केशनली में पारे का तल 3.42 सेमी की गहराई तक नीचे गिर जाता है। यदि पारे का घनत्व 13.6 ग्राम/सेमी^{3} तथा स्पर्श कोण 135° है तो पानी तथा पारे के पृष्ठ-तनावों का अनुपात है–

(a) 1 : 6.5 (b) 1.5 : 1
(c) 1 : 0.5 (d) 1 : 3

3. एक द्रव, जिसका घनत्व r है, में काँच की दो समान्तर प्लेटें लम्बवत् डुबोयी जाती हैं। दोनों प्लेटों के बीच की दूरी d है तथा पृष्ठ-तनाव T है। काँच के लिए स्पर्श कोण θ है। दोनों प्लेटों के बीच केशनली में द्रव के तल का उत्थान है–

(a) $2T(\rho gd \cos\theta)$ (b) $(T\cos\theta)/(\rho gd)$
(c) $(T\cos\theta)/\rho d$ (d) $(2T\cos\theta)/(\rho dg)$

4. चित्र में दर्शाये गए अनुसार एक चौखटे $ABCD$ पर द्रव की एक फिल्म को बनाया गया है। तार CD बिना घर्षण के खिसकाया जा सकता है। इसको साम्यावस्था में रखने के लिए CD से कितना द्रव्यमान लटकाना चाहिए–

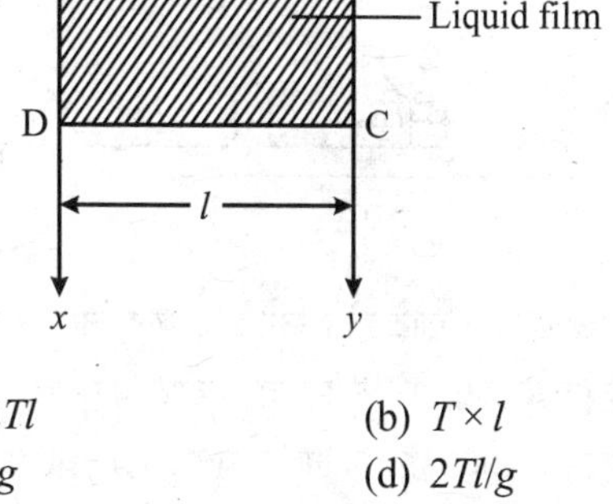

(a) $g/2Tl$ (b) $T \times l$
(c) Tl/g (d) $2Tl/g$

5. केशनली की त्रिज्या (r) तथा उसमें द्रव स्तम्भ की ऊँचाई (h) के बीच निम्न में से कौन सा ग्राफ सही सम्बन्ध प्रदर्शित करता है–

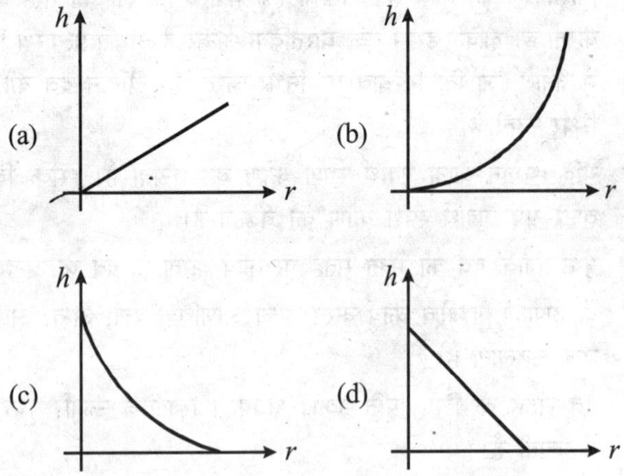

6. काँच की एक नली के सिरे पर साबुन के बुलबुले को एक यांत्रिक पम्प द्वारा धीरे-धीरे ब्लो किया जाता है। यांत्रिक पम्प प्रति मिनट निश्चित आयतन की वायु प्रदान करता है चाहे यह किसी भी दाब के विरुद्ध पम्प कर रहा हो। बुलबुले के अन्दर दाब की अधिकता ΔP के समय के साथ परिवर्तन को निम्न में से किस ग्राफ द्वारा प्रदर्शित करेंगे।

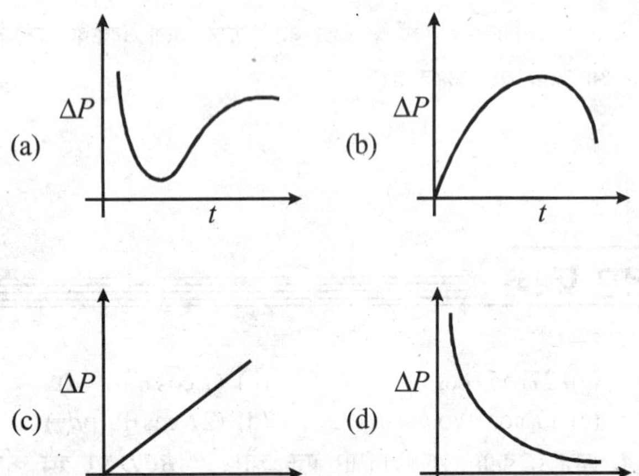

7. संलग्न चित्र में साबुन के तीन बुलबुले A, B तथा C प्रदर्शित हैं जो केशिका नलियों में स्टाप कार्क S_1, S_2 तथा S_3 लगाकर निर्मित किये गए हैं। स्टाप कार्क S बन्द है तथा स्टाप कार्क S_1, S_2 तथा S_3 खुली हुई है–

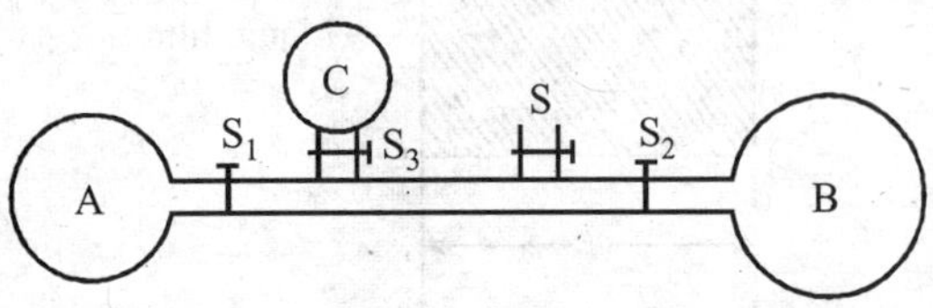

(a) बुलबुले C व A छोटे होने लगेंगे व बुलबुला A बड़ा होने लगेगा।
(b) बुलबुला B छोटा होने लगेगा व बुलबुले A तथा C बड़े होने लगेंगे।
(c) बुलबुला C छोटा होने लगेगा व बुलबुले A तथा B बड़े होने लगेंगे।
(d) साम्यावस्था में बुलबुलों A, B, व C के आयतन समान होंगे।

8. पानी का पृष्ठ-तनाव 5 न्यूटन/मीटर है। यदि 0.02 मीटर^2 क्षेत्रफल के वलय के वलय के ऊपर एक फिल्म बनायी जाती है तब इसकी पृष्ठीय ऊर्जा है–

(a) 2×10^{-1} जूल (b) 3×10^{-1} जूल
(c) 5×10^{-2} जूल (d) 2.5×10^{-2} जूल

9. L भुजा का एक वर्गाकार चौखट साबुन के घोल में डुबोया जाता है। जब इसे द्रव से बाहर निकाला जाता है तब इस पर एक साबुन की फिल्म बन जाती है। यदि साबुन का पृष्ठ-तनाव T है, तब चौखटे पर कार्य करने वाला बल हैं–

(a) $8TL$ (b) $10TL$
(c) $2TL$ (d) $4TL$

10. जब एक पानी की बूँद को काँच की दो प्लेटों के बच रखा जाता है तो बूँद इसमें निम्न में से किस चित्र के रूप में निचुड़ (squeezes) जाती है–

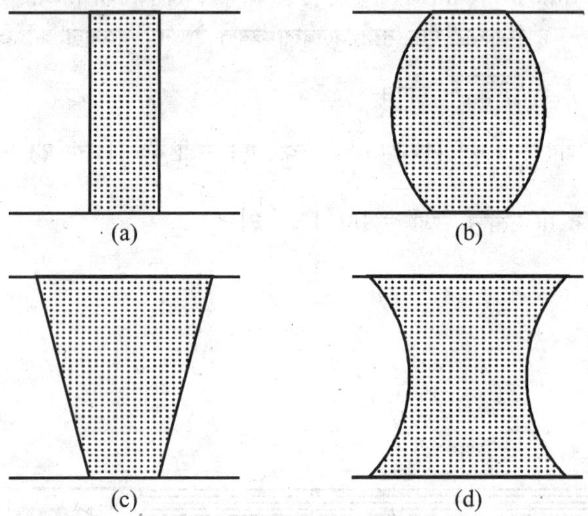

(a) b (b) a
(c) d (d) c

11. V आयतन की एक पानी की बूँद काँच की दो प्लेटों के बीच इस प्रकार दबाई जाती हे कि यह A क्षेत्रफल पर फैल जाये। यदि पृष्ठ तनाव T है तो काँच की प्लेटों को पृथक करने के लिए आवश्यक बल है–

(a) $\frac{4TA^2}{V}$ (b) $\frac{TA^2}{2V}$
(c) $\frac{TA^2}{V}$ (d) $\frac{2TA}{V}$

12. साबुन की एक फिल्म के आकार को 10 सेमी × 6 सेमी से 10 सेमी × 11 सेमी करने में किया गया कार्य 2×10^{-4} जूल है। साबुन का पृष्ठ तनाव है–

(a) 2×10^{-6} न्यूटन/मीटर (b) 2×10^{-8} न्यूटन/मीटर
(c) 2×10^{-2} न्यूटन/मीटर (d) 2×10^{-4} न्यूटन/मीटर

13. साबुन के एक बुलबुले की त्रिज्या 3 सेमी० व एक दूसरे बुलबुले की त्रिज्या 4 सेमी. है। यदि दोनों बुलबुले समतापीय परिस्थिति में परस्पर संयुक्त होते हैं तो नये बुलबुले की त्रिज्या है–

(a) 5 सेमी (b) 7 सेमी
(c) 2.3 सेमी (d) 4.5 सेमी

14. पृथ्वी तल पर पानी किसी केशनली में h ऊँचाई तक चढ़ता है। चन्द्रमा के तल पर पानी जिस ऊँचाई तक चढ़ेगा वह है–

(a) h (b) शून्य
(c) $6h$ (d) $1/6\,h$

15. पानी की एक गोल बूँद की त्रिज्या 1 मिमी है। यदि पानी का पृष्ठ तनाव 70×10^{-3} न्यूटन/मीटर है तो बूँद के अन्दर व बाहर के दाब में अन्तर है–

(a) 140 न्यूटन/मीटर^2 (b) शून्य
(c) 35 न्यूटन/मीटर^2 (d) 70 न्यूटन/मीटर^2

उत्तरमाला

1. (d)	**2.** (a)	**3.** (b)	**4.** (b)	**5.** (c)	**6.** (d)	**7.** (c)	**8.** (a)	**9.** (a)	**10.** (d)
11. (d)	**12.** (a)	**13.** (a)	**14.** (c)	**15.** (a)					

हल

1. (d)

2. (a)
$$\frac{T_w}{T_{Hg}} = \frac{rh_w d_w g \times 2\cos\theta'}{2\cos\theta \times rh_{Hg} \times d_{Hg} g}$$

$$\frac{T_w}{T_{Hg}} = \frac{10 \times \cos 135}{(-3.4) \times 13.6} = \frac{10 \times (-0.707)}{(-3.4) \times 13.6}$$

$$= \frac{1}{6.5} = 1:6.5$$

3. (b) चित्र से दोनों प्लेटों पर उपरिमुखी पृष्ठ तनाव बल $= (2T\cos\theta)l$

$\therefore$ $(2T\cos\theta)l =$ प्लेटों के बीच द्रव स्तम्भ का भार

$= h \times l \times d \times g \times r$

$$\therefore \quad h = \left(\frac{2T\cos\theta}{\rho dg}\right)$$

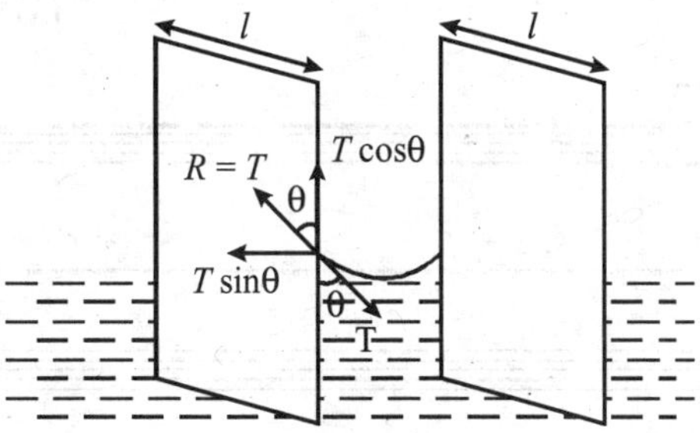

4. (b) पृष्ठ तनाव बल $= 2Tl$ (क्योंकि द्रव एक फिल्म के रूप में है। यह बल ऊपर की ओर कार्य करेगा जिससे तार CD ऊपर की ओर खिसकने लगेगा। तार को खिसकने से रोकने के लिए, इस पर एक भार mg लटकाना होगा। अत:

$$2Tl = mg$$

या $$m = \frac{2Tl}{g}$$

6. (d) दाबाधिक्य $\Delta P \propto \frac{1}{r}$, समय के सापेक्ष आयतन में वृद्धि ΔV नियत है।

अत: बुलबुले की त्रिज्या में लगातार वृद्धि होती है। जिससे बुलबुले में दाबाधिक्य घटता जाता है। अंतत: बुलबुला फट जाता है और ΔP शून्य हो जाता है।

7. (c) छोटे बुलबुले में दाब बड़े बुलबुले में दाब से अधिक है। अत: जब दोनों बुलबुले परस्पर संचार में होते हैं। तब वायु छोटे बुलबुले से बड़े बुलबुले की ओर प्रवाहित होती है जिससे छोटा बुलबुला और छोटा हो जाता है व बड़ा बुलबुला बड़ा होता जाता है।

8. (a) पृष्ठीय ऊर्जा $= 2T \cdot A = 2 \times 5 \times 0.02 = 0.2$ जूल

9. (a) चौखटे की प्रत्येक भुजा पर कार्यकारी पृष्ठ तनाव बल $= 2 \cdot T \cdot L$ (2 इसलिए क्योंकि चौखटे पर साबुन की फिल्म बनती है जिसके दो मुक्त पृष्ठ होते हैं)

$\therefore$ कुल बल $= 8\,TL$

10. (d)

11. (d) माना प्लेटों के बीच दूरी d है। अब

$$P = T\left(\frac{1}{R} - \frac{1}{\infty}\right], R = \frac{T}{R} = \frac{2T}{d}$$

पुन: $Ad = V$,

अत: $$d = \frac{V}{A} \text{ व } p = \frac{2TA}{V}$$

12. (a)
$$W = 2T\Delta A \quad \text{या} \quad 3 \times 10^{-4} = 2 \times T[10 \times 11 \times 10^{-4} - 10 \times 6 \times 10^{-4}]$$

$$T = \frac{2 \times 10^{-4}}{10^{-11} \times 10 \times 5 \times 2} = 2 \times 10^{-2} \text{ न्यूटन/मीटर}$$

13. (a) नये बुलबुले की त्रिज्या

$$r = \sqrt{r_1^2 + r_2^2}$$

$$= \sqrt{3^2 + 4^2} = 5 \text{ सेमी}$$

14. (c) $h \propto (1/g)$ चन्द्रमा पर g का मान पृथ्वी पर g के मान का 1/6 होता है।

15. (a) $$p = \frac{2T}{r} = \frac{2 \times 70 \times 10^{-3}}{10^{-3}} = 140 \text{ न्यूटन/मीटर}^2$$

Previous Years' Problems

1. ठीक मध्य में टेप से एक नलिका को बन्द करके उसके दोनों सिरों पर असमान साइज के दो साबुन के बुलबुले उत्पन्न किये गए हैं। जब टेप को खोल दिया जाता है, जिससे कि दोनों बुलबुलों के मध्य सम्पर्क बन जाये तब क्या होगा?

(a) छोटा बुलबुला लगातार सिकुड़कर समाप्त हो जायेगा और बड़ा बुलबुला साइज में बढ़ जायेगा

(b) बड़ा बुलबुला साइज में सिकुड़ेगा जब कि छोटे बुलबुले का तब तक साइज बढ़ेगा जब तक कि दोनों बुलबुले एक समान साइज के न हो जायें

(c) चूँकि टेप के दोनों ओर दाब समान है, अत: किसी भी दिशा में वायु का प्रवाह नहीं होगा

(d) उपरोक्त में से कोई नहीं

[AIEEE 2004]

2. केशनलिका प्रयोग में एक 30 सेमी लम्बी केशनिका को जल में ऊर्ध्वाधर डुबोया जाता है। केशनलिका क्रिया के कारण जल केशनलिका में 10 सेमी ऊँचाई तक ऊपर उठ जाता है। यदि यह प्रयोग एक स्वच्छन्द रूप से गिरते हुए एलीवेटर में सम्पन्न किया जाता है तो जल के स्तम्भ की लम्बाई हो जाती है-

(a) 10 सेमी (b) 20 सेमी

(c) 30 सेमी (d) शून्य

[AIEEE 2005]

3. एक केशनली A को जब जल में डुबोया जाता है। दूसरी इसी प्रकार की केशनली B को साबुन के जलीय विलयन में डुबोया जाता है। निम्न में से कौन-सा चित्र दोनों नलियों के द्रव स्तम्भों की सापेक्ष स्थितियों को प्रदर्शित करता है-

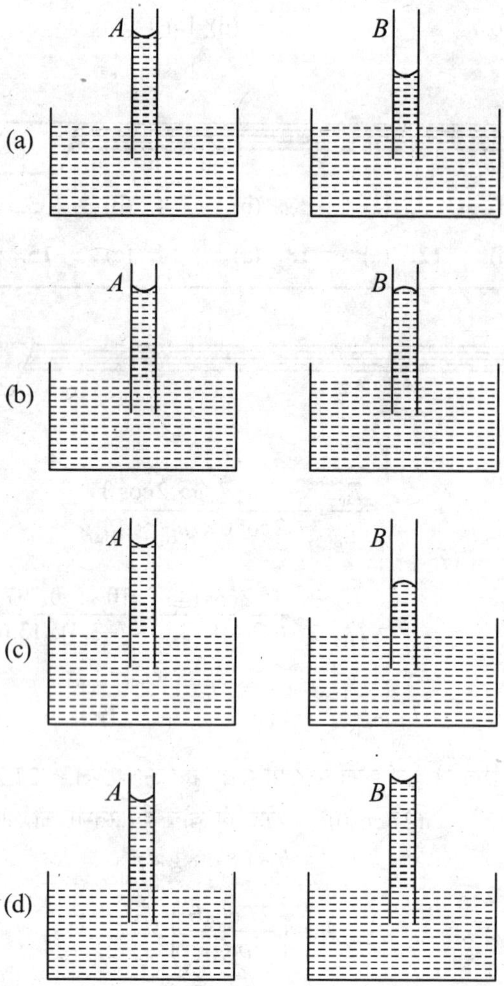

[AIEEE 2008]

उत्तरमाला

1. (a) **2.** (c) **3.** (a)

हल

1. (a) साबुन के बुलबुले के भीतर अतिरिक्त दाब

$$\Delta p = \frac{4T}{R}$$

इस प्रकार छोटे बुलबुले के भीतर वायुदाब बड़े बुलबुले के भीतर के वायु दाब की तुलना में अधिक होगा। जब टैप को खोला जाता है तो अतिरिक्त वायुदाब वायु को छोटे बुलबुले से बड़े बुलबुले की ओर धकेलता है जिससे कि छोटा बुलबुला लगातार सिकुड़कर समाप्त हो जाता है और बड़े साईज के बुलबुले का साईज और अधिक बढ़ जाता है।

2. (c) $h = \dfrac{2T}{r\rho g}$

यहाँ $g = 0$

$\therefore$ $h = \infty$

परन्तु केशनलिका में जल नलिका की अधिकतम ऊँचाई अर्थात् 30 सेमी पर जाकर ठहर जाता है।

3. (a) जल में साबुन के विलयन का पृष्ठ तनाव जल के पृष्ठ तनाव से कम होता है। चूँकि दोनों द्रव केशनली की सतह को भिगोते हैं। अत: केशनली में द्रव ऊपर चढ़ेगा तथा दोनों अवस्थाओं में जल का उन्नयन

$$h = \frac{2T\cos\theta}{rdg}$$

अर्थात् $h \propto T$

□□□

अध्याय 11

श्यानता तथा बरनौली का सिद्धान्त

(Viscosity and Bernoulli's Principle)

श्यानता (Viscosity)

- द्रवों का वह गुण जिसके कारण वे अपनी विभिन्न पर्तों के बीच सापेक्ष गति का विरोध करते हैं **श्यानता** कहलाती है।
- वह तरल जिसकी श्यानता शून्य होती है उसको अश्यान द्रव कहते हैं। अश्यान द्रव की विभिन्न पर्तों के बीच आन्तरिक घर्षण बल शून्य होता है। अर्थात् उनके बीच कोई रेखीय घर्षण बल कार्य नहीं करता।
- धारा रेखीय के किसी एक बिन्दु पर द्रव का वेग नियत होता है जबकि इसके भिन्न-भिन्न बिन्दुओं पर द्रव का वेग अलग-अलग होता है।
- धारा रेखीय नली में एक सिरे जितना द्रव उसमें प्रवेश करता उतना ही द्रव नली के दूसरे सिरे से बाहर निकल जाता है।
- किसी नली में द्रव के प्रवाह को धारा रेखीय बनाने के लिए आवश्यक द्रव का अधिकतम वेग **क्रान्तिक वेग** कहलाता है। इसे V_c से प्रदर्शित करते हैं।

$$V_c = \frac{K\eta}{d \cdot r}$$

जहाँ K = रेनोल्ड संख्या, η = श्यानता गुणांक

r = नली की त्रिज्या, d = द्रव का घनत्व

- किसी द्रव के लिए जड़त्व बल तथा श्यानता बल के अनुपात को **रेनोल्ड् संख्या** कहते है। इसकी कोई इकाई या विमा नहीं होती। जब रेनोल्ड् संख्या K का मान 3×10^3 से के बीच होता है तब द्रवों का प्रवाह अस्थाई होता है।
  - K का मान अधिक होने से जड़त्व बल अधिक प्रभावी होता है कम होने से श्यान बल प्रभावशाली होता है।
  - जब K का मान 5×10^3 से अधिक हो जाता है तो द्रव का प्रवाह विक्षुब्ध होता है।
  - जब K का मान 3×10^3 से कम होता है तब द्रव का प्रवाह धारा रेखीय होता है।
- यदि द्रव का वेग > क्रान्तिक वेग तब
  - द्रव का प्रवाह उसकी श्यानता से निर्धारित किया जाता है। किन्तु घनत्व का प्रवाह पर कोई प्रभाव नहीं पड़ता है।
- यदि द्रव का वेग < क्रान्तिक वेग तब
  - द्रव का प्रवाह उसके घनत्व से निर्धारित होता है।
- किसी द्रव का क्रांतिक दाब
  - $v_c \propto \eta$
  - $v_c \propto \frac{1}{\rho}$
  - $v_c \propto \frac{1}{r}$

श्यान बल (Viscous Force)

- श्यान बल द्रव की विभिन्न परतों के बीच होने वाली आपेक्षिक गति का विरोध करता है।
- धारा रेखीय प्रवाह में दो समान्तर उत्तरोत्तर परतों के मध्य कार्यरत श्यान बल का मान

$$F = -\eta A \frac{dV}{dZ}$$

- द्रव की श्यानता, गैसों से 100 गुना अधिक होती है।

$$n_L > n_Q$$

- श्यान बल प्रवाहित द्रव की सम्पर्क परतों के क्षेत्रफल के तथा परतों के बीच वेग प्रवणता के समानुपाती होता है।

श्यानता गुणाँक (Coefficient of Viscosity)

- किसी द्रव का श्यानता गुणाँक उसके एकांक क्षेत्रफल पर कार्य करने वाले उस स्पर्शीय बल के बराबर होता है जो उस द्रव की दो उत्तरोतर समान्तर परतों के बीच एकांक वेग प्रवणता उत्पन्न कर दें।

$$\eta = \frac{\text{स्पर्शीय बल}}{\text{स्पर्श क्षेत्रफल} \times \text{वेग प्रवणता}}$$

$$\eta = \frac{FdZ}{AdV} = \frac{\text{स्पर्शीय बल} \times \text{दूरी}}{\text{स्पर्श क्षेत्रफल} \times \text{आपेक्षिक वेग}}$$

- श्यानता गुणाँक का मात्रक = किग्रा/मीटर-सेकण्ड या प्वॉइज या सेन्टीप्वॉइज
- श्यानता गुणाँक की विमा = $[M L^{-1} T^{-1}]$
- इसका मान ताप बढ़ाने पर घटता है।

वेग प्रवणता (Velocity Gradient)

$$V_g = \frac{\Delta V}{\Delta Z} = \frac{\text{दो उत्तरोतर परतों का आपेक्षिक वेग}}{\text{उन परतों के मध्य दूरी}}$$

- वेग प्रवणता का मात्रक से$^{-1}$ एवं विमा T^{-1}

स्टॉक का नियम (Stoke's Law)

- जब कोई गोलीय वस्तु द्रव में गति करती है, श्यान बल कार्य करने लगता है और इसकी गति का विरोध करता है। यह बल वस्तु के आकार और आकृति पर निर्भर करता है।

$$\boxed{F = 6\pi\eta r v}$$

जहाँ, r = गोलीय वस्तु की त्रिज्या

v = वस्तु का वेग

सीमान्त वेग (Terminal Velocity) :

- जब कोई गोलीय वस्तु किसी श्यान द्रव में डाली जाती है, पहले इसका वेग बढ़ता है और बाद में नियत हो जाता है। यह नियत वेग सीमान्त वेग कहलाता है।

वस्तु का भार: $W = mg$

$$= \frac{4}{3}\pi r^3 \rho g$$

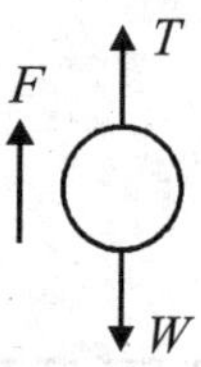

ऊपर की ओर कार्य करने वाला बल,

T = हटाये गए द्रव का भार

$$= \frac{4}{3}\pi r^3 \sigma g$$

श्यान बल $F = 6\pi\eta r v$

सीमान्त वेग के समय,

$$W - T - F = 0$$

$$F = W - T$$

$$6\pi\eta r v = \frac{4}{3}\pi r^3(\rho - r)g$$

$$v = \frac{2}{9}\frac{r^2(\rho - \sigma)g}{\eta}$$

$$v \propto r^2$$

सांत्यता समीकरण या द्रवों के अविरतता (सतत) बहने का समीकरण (Equation Continuity)

- जब कोई अश्यान, असंपीड्य द्रव असमान अनुप्रस्थ काट की नली में धारा रेखीय प्रवाह में बहता है तब नली के प्रत्येक बिन्दु पर अनुप्रस्थ काट का क्षेत्रफल तथा द्रव के वेग का गुणनफल नियत होता है।

$$a_1 v_1 = a_2 v_2 = \text{नियतांक}$$

बरनौली समीकरण (Bernoulli's Equation)

- जब कोई अश्यान, असंपीड्य द्रव असमान अनुप्रस्थ काट की नली में धारा रेखीय प्रवाह में बहता है तब उसके मार्ग के प्रत्येक बिन्दु पर एकांक आयतन की कुल ऊर्जा नियत होती है।
- एकांक आयतन की दाब ऊर्जा (P) + एकांक आयतन की गतिज ऊर्जा

$$\frac{P}{\rho g}\text{ (दाब शीर्ष)} + \frac{v^2}{2g}\text{ (वेग शीर्ष)} + h\text{ (गुरुत्वीय शीर्ष)} = \text{नियतांक}$$

(i) $P_1 = \frac{\rho v_1^2}{2} + \rho g h_1 = P_2 + \frac{\rho v_2^2}{2} + \rho g h_2$

(ii) $\frac{P_1}{\rho g} + \frac{v_1^2}{2g} + h_1 = \frac{P_1}{\rho g} + \frac{v_2^2}{2g} + h_2$

- द्रव के क्षैतिज प्रवाह के लिए $h_1 = h_2$ होता है

$$P_1 + \frac{\rho v_1^2}{2} = P_2 + \frac{\rho v_2^2}{2}$$

- किसी आदर्श द्रव के क्षैतिज तथा धारा रेखीय प्रवाह के लिए उसके मार्ग के प्रत्येक बिन्दु पर दाब और द्रव के एकांक आयतन की गतिज ऊर्जा का योग नियत होता है अर्थात्

$$P + \frac{\rho v^2}{2} = \text{नियतांक}$$

- किसी आदर्श द्रव के धारा रेखीय प्रवाह के लिए स्थैतिक दाब $(P + \rho gh)$ और गतिज दाब $\left(\frac{\rho v^2}{2}\right)$ का योग द्रव के प्रत्येक बिन्दु पर नियत होता है अर्थात्

$$(P + \rho gh) + \frac{\rho v^2}{2} = \text{नियतांक}$$

$\frac{P}{\rho g}$ दाब शीर्ष कहलाता है।

$\frac{v^2}{2g}$ वेग शीर्ष कहलाता है।

h गुरुत्व शीर्ष कहलाता है।

बरनौली प्रमेय के महत्वपूर्ण उपयोग (Important Applications of Bernoulli's Theorem):

(1) मैग्नस प्रभाव (Magnus Effect) : जब एक घूमती हुई गैंद फैंकी जाती है तो उड्डयन पथ पर यह मूल पथ से विचलित हो जाती है। इसे मैग्नस प्रभाव कहते हैं।

(2) वैन्चयूरीमीटर (Venturimeter) : यह बरनौली प्रमेय पर आधारित है और पाइपों से द्रव के प्रवाह की दर को मापने के काम आता है।

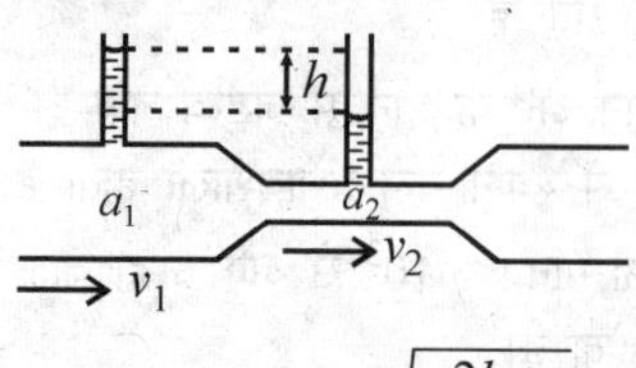

प्रवाह की दर: $v = a_1 a_2 \sqrt{\frac{2hg}{a_1^2 - a_2^2}}$

(3) पिटोट नली (Pitot's Tube) : इसकी सहायता से किसी नली में प्रवाहित होने वाले द्रव का वेग ज्ञात कर सकते हैं।

पिटोट नली में प्रवाहित द्रव का वेग—

$$v = \sqrt{\frac{2(P_1 - P_2)}{d}}$$

$$v = \sqrt{\frac{2h\rho g}{d}}$$

$$v = \sqrt{2gh}$$

(4) बहीस्राव वेग तथा टोरसिली प्रमेय (Velocity of Efflux and Torricellie's Theorem) :

(i) द्रव के स्वतन्त्र तल पर केवल स्थितिज ऊर्जा ही है क्योंकि गतिज ऊर्जा शून्य है।

(ii) बरनौली प्रमेय के अनुसार द्रव के स्वतन्त्र तल तथा छिद्र के प्रत्येक बिन्दु पर द्रव के एकांक आयतन की कुल ऊर्जा तथा दाब का योग नियत या समान होना चाहिए।

(iii) छिद्र से निकलने के पश्चात् द्रव का पथ परवलयिक हो जाता है।

(iv) छिद्र से द्रव को पृथ्वी तल पर गिरने में लगा समय

$$t = \sqrt{\frac{2(H-h)}{g}}$$

(v) द्रव द्वारा तय की गई क्षैतिज दूरी

$$x = vt = \sqrt{2gh} \times \sqrt{\frac{2(H-h)}{g}}$$

$$x = 2\sqrt{h(H-h)}$$

(vi) x का मान अधिकतम होने के लिए

$$h = \frac{H}{2}$$

(vii) द्रव की धार सबसे अधिक दूरी पर तब गिरेगी जब छिद्र टंकी की दीवार के ठीक मध्य में स्थित होगा।

महत्त्वपूर्ण तथ्य (Important Facts)

- दाब बढ़ाने पर द्रवों की श्यानता बढ़ती है। लेकिन पानी में दाब बढ़ाने पर श्यानता घटती है।
- गैसों की श्यानता दाब पर निर्भर नहीं करती है।
- गैसों की श्यानता द्रवों की अपेक्षा 100 गुना कम होती है।
- किसी द्रव का श्यानता गुणांक (η) उसके एकांक क्षेत्रफल पर कार्य करने वाले उस स्पर्शीय बल के बराबर होता है जो उस द्रव की दो उत्तरोतर समान्तर परतों के मध्य एकांक वेग प्रवणता उत्पन्न कर दे।
- किसी द्रव का श्यानता गुणांक 1 प्वाइज होता है, यदि द्रव की 1 सेमी दूर दो सतहों के बीच 1 सेमी/से. का आपेक्षिक वेग 1 डाइन/सेमी^{2} के स्पर्शीय बल से उत्पन्न हो।
- **टॉरीसैरी प्रमेय (Torricelli's theorem) :** h गहराई पर किसी छिद्र से निकलने वाले द्रव का वेग

$$v = \sqrt{(2gh)}$$

प्रति सेकण्ड प्रवाहित होने वाले द्रव का आयतन, $V = av = a\sqrt{(2gh)}$

- श्यान बल $F = -\eta A \frac{\Delta v}{\Delta x}$
- सीमान्त वेग (Terminal velocity), $v_T = \frac{2}{9}\frac{(\rho-\sigma)(gr^2)}{\eta}$
- सीमान्त वेग ग्राफ

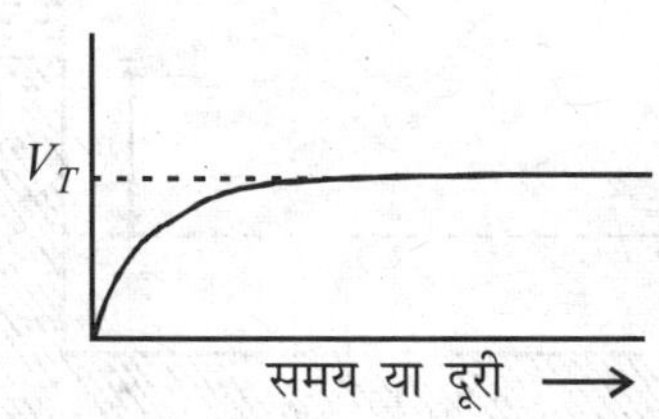

- प्वॉइजली सूत्र (Poiseville Formula)

$$V = \frac{\pi P r^4}{8\eta l}$$

V = प्रति सेकण्ड आने वाले द्रव का आयतन

P = नली के सिरों पर दाबान्तर

l = नली की लम्बाई

r = नली की त्रिज्या

- द्रव का घनत्व, दाब द्वारा परिवर्तित होता है

$$P = \rho_0\left(1 + \frac{\Delta\rho}{B}\right)$$

जहाँ, B = आयतन प्रत्यास्थ गुणांक

- हवाई जहाज के पंखे इस प्रकार बनाये जाते हैं जिससे वे वायु में दूर तक और तीव्रता से तैर सकें।
- कोई व्यक्ति चन्द्रमा पर पाइप द्वारा कोई पेय नहीं पी सकता क्योंकि वहाँ वातावरण नहीं है।
- किसी द्रव का क्रान्तिक वेग वह वेग है जहाँ पर द्रव का प्रवाह धारा रेखीय होता है और उसके बाद विक्षुब्ध हो जाता है।
- श्यानता किसी द्रव या गैस का वह गुण है जिस कारण यह विभिन्न परतों के बीच आपेक्षिक गति का विरोध करता है।
- श्यान बल, द्रव सतहों के सम्पर्क क्षेत्रफल के समानुपाती होता है।
- श्यान बल दो सतहों के बीच आपेक्षिक वेग के समानुपाती होता है।
- श्यानता का गुण द्रव की सतहों के बीच आपेक्षिक गति के कारण उत्पन्न होता है।
- अधिक श्यानता वाले द्रवों को बफर के रूप में प्रयोग किया जाता है।
- श्यानता का गुण मानव शरीर में धमनियों और नसों में रक्त के प्रवाह में बहुत महत्वपूर्ण स्थान रखता है।

बहुविकल्पीय प्रश्न

1. एक क्षैतिज पाइप में पानी धारा रेखीय प्रवाह में बह रहा है। पाइप के संकुचित भाग पर–
(a) दाब तथा वेग दोनों कम हैं।
(b) वेग तथा दाब दोनों अधिक हैं।
(c) वेग अधिक है तथा दाब कम है।
(d) दाब अधिक है तथा वेग कम है।

2. दो गोलों की त्रिज्याओं में, जब श्यान द्रव में गिराया जाता है, तब अनुपात 1 : 2 है। उनके सीमान्त वेगों का अनुपात है–
(a) 1 : 2 (b) 1 : 4
(c) 1 : 1 (d) 2 : 1

3. एक द्रव, जिसका घनत्व 'd' तथा श्यानता गुणांक η है, एक पाइप, जिसकी त्रिज्या r है, में वेग v से बह रहा है। रेनॉल्ड संख्या R है–
(a) $R = \dfrac{rdv}{\eta^2}$ (b) $R = \dfrac{2\eta rv}{d}$
(c) $R = \dfrac{2rdv}{\eta}$ (d) $R = \dfrac{rdv}{\eta}$

4. एक पिंग-पॉग गेंद पानी के एक ऊर्ध्व फव्वारे पर तैर रही है। यह है–
(a) स्थाई संतुलन में (b) उदासीन संतुलन में
(c) अस्थाई संतुलन में (d) उपरोक्त में से कोई नहीं

5. जब एक नली जिसकी लम्बाई l तथा त्रिज्या a है एक दाब शीर्ष से जोड़ी जाती है तब नली में बहने वाली तरल पदार्थ का आयतन 16 सेमी^{3} है। यदि एक नली, जिसकी लम्बाई l तथा त्रिज्या $a/\sqrt{2}$ है, को समान दाब शीर्ष से जोड़ा जाता है तब इस नली से बहने वाले तरल पदार्थ का आयतन है–
(a) 1 सेमी^{3} (b) 8 सेमी^{3}
(c) 16 सेमी^{3} (d) 4 सेमी^{3}

6. इनमें से कौन-सा ग्राफ श्यान माध्यम में से एक गोलीय वस्तु का गिरना प्रदर्शित करता है–

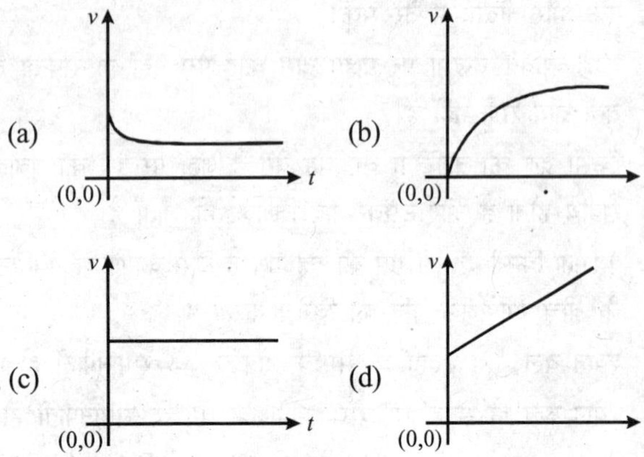

7. चित्र में दर्शाये अनुसार नली में तरल का धारा रेखीय प्रवाह हो रहा है। दाब है–

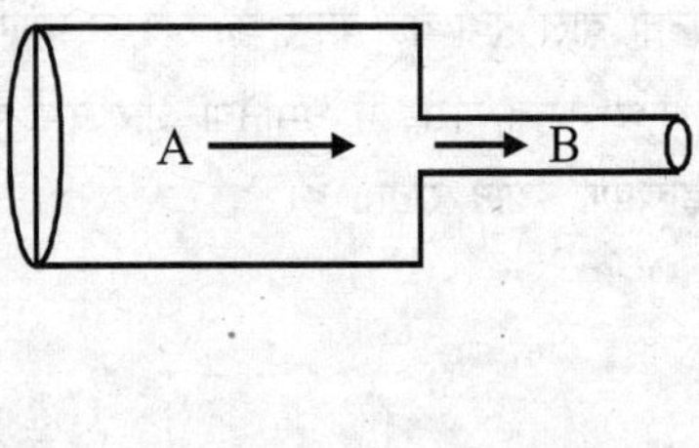

(a) A पर B की तुलना में कम
(b) A पर B की तुलना में अधिक
(c) A तथा B पर समान
(d) A तथा B पर सामान्य

8. निम्न में कौन सा चित्र द्रव का समरूप लैमीनार प्रवाह प्रदर्शित करता है–

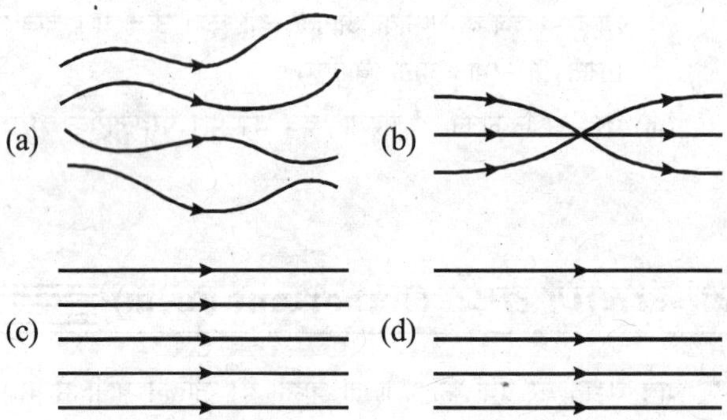

9. एक H ऊँचाई के टैंक में दो छिद्र O_1 तथा O_2 है। O_1 तथा O_2 से बाहर निकलने वाला पानी जमीन पर एक ही बिन्दु पर गिरता है जो चित्र के अनुसार दर्शाया गया है, तबका मान होगा–

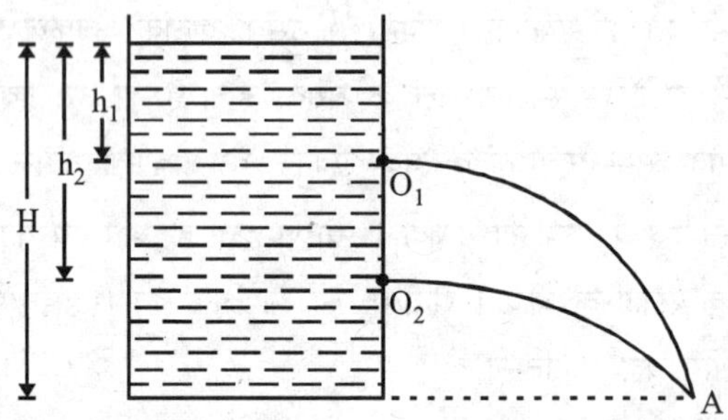

(a) $H = h_1 h_2$ (b) $H = h_1/h_2$
(c) $H = h_1 + h_2$ (d) $H = h_2 - h_1$

10. एक परिवर्ती अनुप्रस्थ काट की नली में ρ_1 घनत्व को द्रव प्रवाह कर रहा है। इसे चित्र में दर्शाये गए अनुसार एक मैनोमीटर (Manometer) से जोड़ा गया है। A तथा B बिन्दुओं पर अनुप्रस्थ काट का क्षेत्रफल क्रमानुसार a_1 तथा a_2 है। नली में से प्रवाहित होने करने वाले द्रव की दर है–

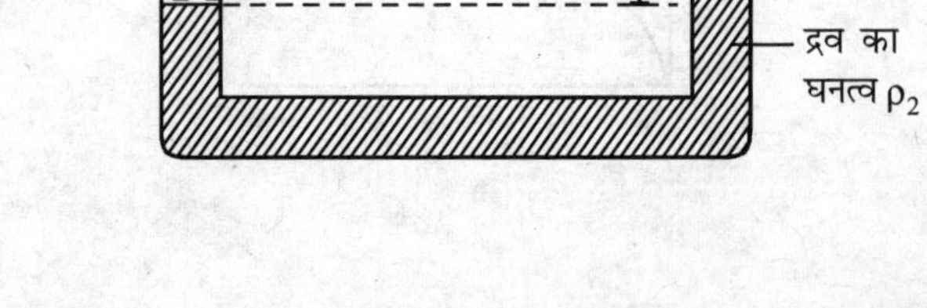

(a) $\frac{a_1}{a_2}\sqrt{\left[\frac{2\rho_2 gh}{\rho_1(a_2^2-a_1^2)}\right]}$ (b) $a_1a_2\sqrt{\left[\frac{2\rho_2 gh}{\rho_1(a_2/2-a_1/1)}\right]}$

(c) $a_1a_2\sqrt{\left[\frac{2\rho_2 gh}{\rho_1(a_2^2-a_1^2)}\right]}$ (d) $a_1a_2\sqrt{\left[\frac{2gh}{(a_2^2-a_1^2)}\right]}$

11. चित्र में एक द्रव का क्षैतिज पाइप में से प्रवाह दर्शाया गया है। A, B तथा C पर पाइप की त्रिज्यायें क्रमानुसार 2 सेमी, 1 सेमी तथा 2 सेमी हैं। तीन ऊर्ध्वाधर नलियाँ, जिनका अनुप्रस्थ काटर समान है, को इस क्षैतिज पाइप के A, B तथा C बिन्दुओं पर जोड़ा गया है। यह कहा जा सकता है, कि द्रव की ऊँचाई–

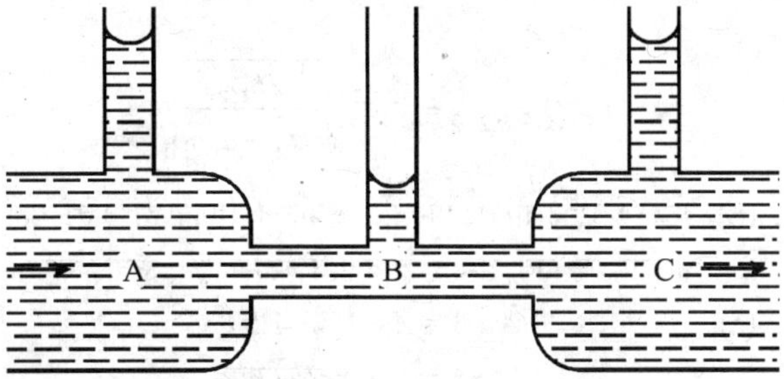

(a) सभी नलियों में समान है।
(b) A तथा C पर लगी नली में समान है।
(c) A पर लगी नली में अधिकतम है।
(d) A तथा B पर लगी नली में समान है।

12. एक असंपीड्य द्रव एक क्षैतिज पाइप के द्वारा संलग्न चित्र में दर्शाये अनुसार प्रवाह कर रहा है। तब तरल पदार्थ का वेग V है–

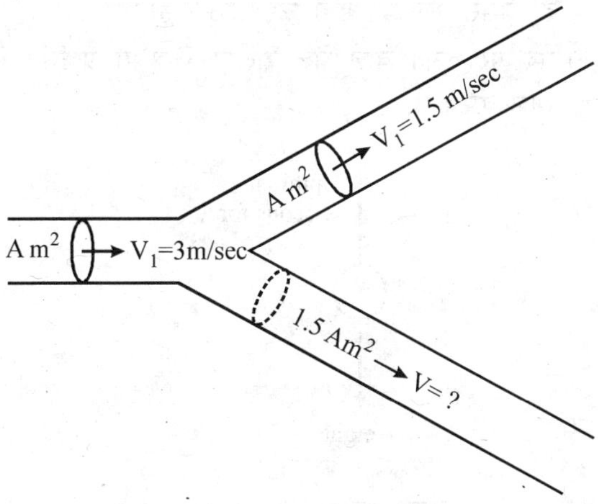

(a) 1.0 मीटर/सेकण्ड (b) 1.225 मीटर/सेकण्ड
(c) 3.0 मीटर/सेकण्ड (d) 1.5 मीटर/सेकण्ड

13. एक प्रवाह नली पर तीन प्रवाह के वेग A, B तथा C हैं। यदि बिन्दु A, B तथा C पर प्रवाह के वेग V_A, V_B तथा V_C से क्रमानुसार निर्दिष्ट हैं तथा P_A, P_B व P_C दाब के संगत (corresponding) मान हैं तब निम्न में से कौन सा सत्य है–

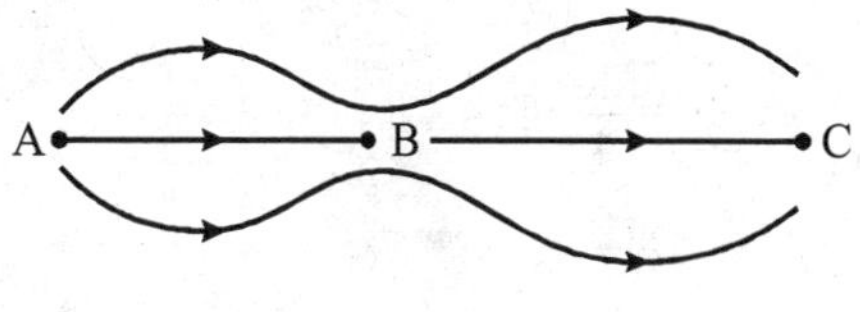

(a) $V_A > V_B < V_C; P_A < P_B > P_C$
(b) $V_A = V_B = V_C; P_A = P_B = P_C$
(c) $V_A < V_B < V_C; P_A > P_B > P_C$
(d) $V_A > V_B > V_C; P_A < P_B < P_C$

14. एक बेलन में 25 सेमी की ऊँचाई तक पानी भरा है। इसकी तली में 1/4 सेमी^{2} की अनुप्रस्थ काट का छिद्र है। जब एक तुला में समात्तोलित (counterpoise) है। जब पानी इसमें से बाहर आना शुरु करता है तब भार में प्रारम्भिक परिवर्तन है–

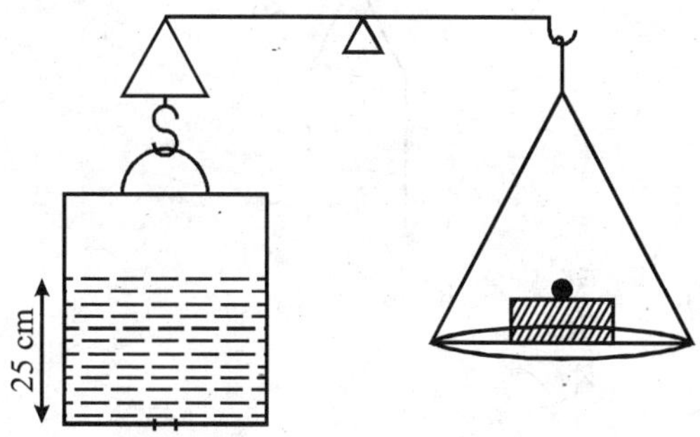

(a) 12.5 ग्राम भार की कमी (b) 6.25 ग्राम भार की कमी
(c) 12.5 ग्राम भार की वृद्धि (d) 6.25 ग्राम भार की वृद्धि

15. एक छोटी गेंद, जिसका द्रव्यमान M तथा घनत्व d_1 है, जब एक ग्लिसरीन से भरे बर्तन में गिरायी जाती है, तो कुछ समय पश्चात् इसकी चाल स्थिर हो जाती है। यदि ग्लिसरीन का घनत्व d_2 है तब ग्लिसरीन पर लगने वाला श्यान बल है–

(a) $M\frac{(d_1-d_2)}{g}$ (b) Md_1d_2

(c) $\frac{Md_1g}{d_2}$ (d) $Mg\left[1-\frac{d_2}{d_1}\right]$

16. एक टोंटी से पानी 1.0 मीटर/सेकण्ड के प्रारम्भिक वेग से गिरता है। टोंटी का परिच्छेद क्षेत्रफल 10^{-4} मीटर^2 है। यह मानते हुए कि पानी की सम्पूर्ण धारा में दाब नियत है, टोंटी से 0.15 मीटर नीचे धारा का परिच्छेद क्षेत्रफल है–

(a) 5.0×10^{-5} मी^{2} (b) 2.0×10^{-5} मी^{2}
(c) 5.0×10^{-4} मी^{2} (d) 1.0×10^{-5} मी^{2}

उत्तरमाला

1. (c) **2.** (b) **3.** (d) **4.** (a) **5.** (d) **6.** (b) **7.** (b) **8.** (c) **9.** (c) **10.** (c)
11. (b) **12.** (a) **13.** (d) **14.** (c) **15.** (d) **16.** (a)

हल

2. (b) $\dfrac{v_1}{v_2} = \dfrac{r_1^2}{r_2^2} = \dfrac{1}{4} = 1:4$

3. (d)

4. (a) पानी के फव्वारे पर वेग अधिक व दाब कम है। यदि पिंग-पांग गेंद अपने स्थान से कुछ इधर-उधर हटती है तो वायु उसे पुन: वहीं भेज देती है। देखिये संलग्न चित्र।

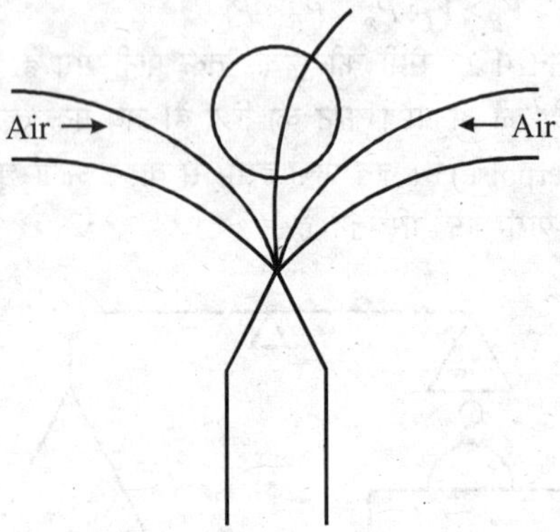

5. (d) $V = \dfrac{\pi r^4}{8\eta l}, \quad \therefore V \propto r^4$

$\therefore \quad \dfrac{V_1}{V} = \dfrac{r_1^4}{r^4}$

या $\quad V_1 = V\dfrac{\left(\dfrac{a}{\sqrt{2}}\right)^4}{a^4} = 16 \times \dfrac{1}{4} = 4$ सेमी^{3}

9. माना H tank की ऊँचाई है

$v_1 = O_1$ पर वेग

$v_2 = O_2$ पर वेग

तब, $\quad v_1 = \sqrt{2gh_1}$ तथा $v_2 = \sqrt{2g(H - h_2)}$

O_1 का जमीन पर पानी गिरने का समय $t_1 = \sqrt{2(H - h_1)/g}$

O_2 का जमीन पर पानी गिरने का समय $t_2 = \sqrt{\dfrac{2h_2}{g}}, \quad \because v_1 t_1 = v_2 t_2$

$$= \sqrt{2gh_1} \times \sqrt{2(H - h_1)/g} = \sqrt{2g(H - h_2)} \times \sqrt{\frac{2h_2}{g}}$$

या $\quad (h_1 - h_2)H = (h_1^2 - h_2^2)$

या $\quad H = (h_1 + h_2)$

10. (c) $P_1 + \dfrac{1}{2}\rho_1 V_1^2 = P_2 + \dfrac{1}{2}\rho_1 V_2^2$

$$[P_2 - P_1) = \frac{1}{2}\rho_1(V_1^2 - V_2^2)$$

$$h\rho_2 g = \frac{1}{2}\rho_1(V_1^2 - V_2^2) \quad \text{...(i)}$$

$$a_1 V_1 = a_2 V_2$$

$$\therefore \quad V_1 = \frac{a_2 V_2}{a_1}$$

समी० (i) में यह मान रखने पर

$$\frac{2h\rho_2 g}{\rho_1} = \frac{a_2^2 v_2^2}{a_1^2} - V_2^2 = \frac{V_2^2(a_2^2 - a_1^2)}{a_1^2}$$

$$v_2 = \sqrt{\frac{2h\rho_2 g a_1^2}{\rho_1(a_2^2 - a_1^2)}}$$

$$Q = a_2 v_2 = a_1 a_2 \sqrt{\frac{2h\rho_2 g}{(a_2^2 - a_1^2)\rho_1}}$$

11. (b) A व C पर नली के परिच्छेद क्षेत्रफल समान हैं। अत: यहाँ तरल का वेग व दाब समान है व द्रव स्तम्भ की ऊँचाई समान है।

12. (a) $\quad A \times 3 = A \times 1.5 + 1.5 \times v$

या $\quad v = 1.0$ मीटर/सेकण्ड

14. (c) भार में परिवर्तन $= a\rho v^2$ डाईन $= \dfrac{a\rho v^2}{g}$ ग्राम भार

$= \dfrac{1 \times 1 \times 2 \times g \times 25}{4 \times g} = 12.5$ ग्राम भार की कमी क्योंकि द्रव नीचे की ओर बहता है अत: प्रतिक्रिया बल ऊपर की ओर कार्य करता है जिससे तुला की डंडी ऊपर उठती है।

15. (d) गेंद पर लगने वाले बल संलग्न चित्र में प्रदर्शित हैं। तब, साम्यावस्था में,

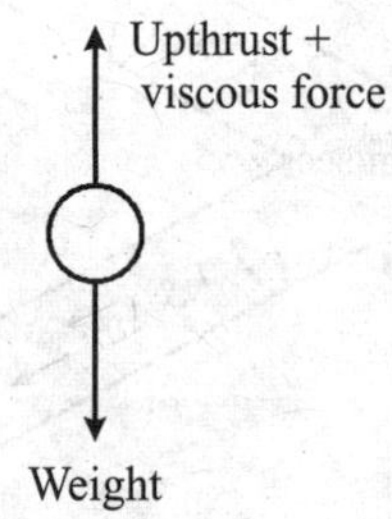

श्यान बल = भार-उछाल

$$= Mg - \frac{M}{d_1}.d_2 g = Mg\left[1 - \frac{d_2}{d_1}\right]$$

16. (a) टोंटी से 0.15 मीटर नीचे धारा का वेग

$$v^2 = u^2 + 2gh = (1.0)^2 + 2 \times 10 \times 0.15$$

$v = 2$ मीटर/सेकण्ड

सातत्य समीकरण से,

$$a_1 v_1 = a_2 v_2$$

$$10^{-4} \times 1.0 = a_2 \times 2$$

या $\quad a_2 = 5.0 \times 10^{-5}$ मी^{2}

Previous Years' Problems

1. R त्रिज्या की गोलाकार गेंदें v वेग से η श्यानता के श्यान द्रव में गिरायी जाती हैं। गोलाकार गेंद पर कार्यरत् मंद श्यान बल-

(a) त्रिज्या R तथा वेग v दोनों के व्युत्क्रमानुपाती होता है

(b) R के व्युत्क्रमानुपाती तथा v के समानुपाती होता है

(c) त्रिज्या R के समानुपाती परन्तु वेग v के व्युत्क्रमानुपाती होता है

(d) त्रिज्या R तथा वेग v दोनों के समानुपाती होता है

[AIEEE 2004]

2. यदि स्वर्ण (घनत्व = 19.5 kg/m^3) गोले की सीमान्त चाल (terminal speed) श्यान द्रव (घनत्व = 1.5 kg/m^3) में 0.2 m/s है तो चाँदी (घनत्व = 10.5 kg/m^3) के उसी साइज के गोले की उसी द्रव में सीमान्त चाल ज्ञात कीजिए-

(a) 0.133 m/s (b) 0.1 m/s
(c) 0.2 m/s (d) 0.4 m/s

[AIEEE 2006]

3. V आयतन की एक ठोस गेंद ρ_1 घनत्व के पदार्थ से बनी है। यदि ρ_2 घनत्व के द्रव में गिर रही है $(\rho_2 < \rho_1)$। यदि माना कि द्रव पिण्ड पर एक श्यान बल लगाता है जो गेंद के वेग के वर्ग के अनुक्रमानुपाती है। अर्थात् $F_{viscous} = -kv^2\ (k > 0)$, तब गेंद की सीमान्त चाल होगी-

(a) $\sqrt{\dfrac{v_g\rho_1}{k}}$ (b) $\dfrac{v_g(\rho_1-\rho_2)}{k}$

(c) $\sqrt{\dfrac{v_g(\rho_1-\rho_2)}{k}}$ (d) $\dfrac{v_g\rho_1}{k}$

[AIEEE 2008]

4. एक जार दो अमिश्रणीय द्रवों 1 तथा 2 से भरा गया है, जिनके घनत्व ρ_1 तथा ρ_2 है। ρ_3 घनत्व की एक ठोस गेंद की जार में गिराया जाता है। यह चित्र में प्रदर्शित स्थिति के अनुसार साम्यावस्था में रहती है।

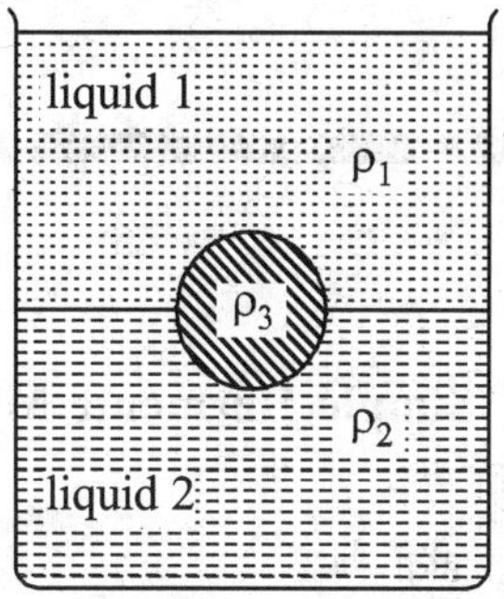

निम्न में से ρ_1, ρ_2 तथा ρ_3 के लिए कौन-सा सत्य है?

(a) $\rho_1 < \rho_2 < \rho_3$ (b) $\rho_1 < \rho_3 < \rho_2$
(c) $\rho_3 < \rho_1 < \rho_2$ (d) $\rho_1 > \rho_2 > \rho_3$

[AIEEE 2008]

उत्तरमाला

1. (d) **2.** (b) **3.** (c) **4.** (b)

हल

1. (d) श्यान द्रव में गिरते हुए गोले पर लगने वाला मंदक बल

$$F = 6\pi\eta Rv$$

जहाँ, R गेंद की त्रिज्या, v गेंद का वेग तथा η श्यानता गुणांक है।

$\therefore$ $F \propto R$ और $F \propto v$

या शब्दों में मंदक बल त्रिज्या R तथा वेग v दोनों के समानुपाती होता है।

2. (b) सीमान्त चाल,

$$v = \frac{2r^2}{9\eta}(\rho-\sigma)g$$

जहाँ, r = गोले की त्रिज्या, ρ = गोले का घनत्व

η = श्यानतर गुणांक, σ = द्रव का घनत्व

$\therefore$ $v \propto (\rho - \sigma)$

$$\frac{v_g}{v_s} = \frac{(\rho_g - \sigma)}{(\rho_s - \sigma)} = \frac{19.5-1.5}{10.5-1.5} = 2$$

$\therefore$ $v_s = \dfrac{v_g}{2} = \dfrac{0.2}{2} = 0.1$ मीटर/सेकण्ड

3. (c) श्यान द्रव = प्रभावी भार

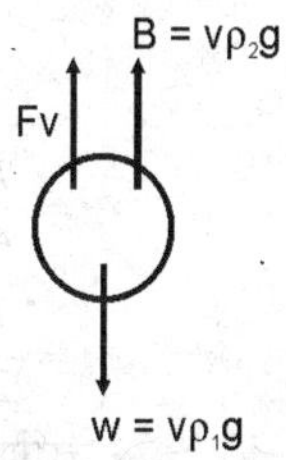

$\therefore$ $v\rho_2 g + kv^2 = v\rho_1 g$

$kv^2 = v\rho_1 g - v\rho_2 g$

$$v = \sqrt{\frac{V(\rho_1-\rho_2)g}{k}}$$

4. (b) गेंद (घनत्व ρ_3) ρ_1 घनत्व के द्रव में पूर्णता डूबी है। अत: $\rho_3 \geq \rho_1$ तथा गेंद ρ_2 घनत्व के द्रव में आंशिक रूप से डूबी है तथा डूबने में अक्षम है। अत: $\rho_3 < \rho_2$

$\therefore$ $\rho_1 < \rho_3 < \rho_2$

□□□

अध्याय 12

सरल आवर्त्त गति

(Simple Harmonic Motion)

सरल आवर्त गति (Simple Harmonic Motion)

- सरल आवर्त गति में –
  - गति आवृत्ति होती है।
  - गति, माध्य स्थिति अथवा साम्यावस्था के परितः सरल-रेखीय होती है।
  - त्वरण, विस्थापन के समानुपाती होता है।
  - त्वरण, सदा माध्य-स्थिति अथवा साम्यावस्था की दिशा में होता है।
- **वेग (Velocity)** : विस्थापन में परिवर्तन की दर को वेग कहते हैं।

$$v = \frac{dy}{dt} = \omega\sqrt{a^2 - y^2}$$

$$v = a\omega\cos\omega t$$

  - v और y का ग्राफ दीर्घवृत्त होता है। परन्तु $\omega = 1$ के लिए यह वृत्त होता है।
  - वेग की दिशा या तो माध्य स्थिति की ओर या उससे दूर होती है।
- **त्वरण (Acceleration)** : वेग में परिवर्तन की दर को त्वरण कहते हैं।

$$\text{त्वरण} = \frac{dv}{dt} = -\omega^2 y$$

- **आवर्त काल (Time Period** :

$$T = \frac{2\pi}{\omega} = 2\pi\sqrt{\left(\frac{\text{विस्थापन}}{\text{त्वरण}}\right)}$$

  - $t = \frac{T}{4}$ पर या $\omega t = \frac{\pi}{2}$ पर त्वरण अधिकतम है।
  - $t = \frac{T}{2}$ पर या $\omega t = \pi$ पर त्वरण न्यूनतम है अर्थात शून्य है।
  - त्वरण विस्थापन ग्राफ एक सरल रेखा है जिसका ढाल $(-\omega^2)$ है।

सरल आवर्त गति का समीकरण (Equation of SHM) :

- विस्थापन (Displacement)—विस्थापन y होता है।

$$y = a\sin(\omega t \pm \phi)$$

जहाँ a, आयाम (amplitude); ω, कोणीय वेग (angular velocity) तथा ϕ, प्रारम्भिक कला (initial phase) है।

यदि प्रारम्भिक कला शून्य है, तब

$$y = a\sin\omega t$$

- सरल आवर्त गति का अवकल समीकरण

$$\frac{d^2y}{dt^2} = -\omega^2 y$$

$$\frac{d^2y}{dt^2} + \omega^2 y = 0$$

- रेखीय सरल आवर्त गति में कण पर मध्यमान स्थिति की ओर लगने वाला प्रत्यानयन् बल

$$F = -m\cdot\frac{d^2y}{dt^2}$$

- कोणीय सरल आवर्त गति के लिए अवकल समीकरण

$$\frac{d^2\theta}{dt^2} + \omega^2\theta = 0$$

- प्रत्यानयन् बल युग्म

$$\tau = -I\frac{d^2\theta}{dt^2}$$

सरल आवर्त गति करते हुए पिण्ड की ऊर्जा (Energy of a Particle in SHM) :

- प्रत्यानयन् बल $\quad F = -m\omega^2 y$

$$\text{गतिज ऊर्जा} = \frac{1}{2}m\omega^2(a^2 - y^2)$$

स्थितिज ऊर्जा $\quad U = \frac{1}{2}m\omega^2y^2 = \frac{1}{2}ma^2\omega^2\sin^2\omega t$

सम्पूर्ण ऊर्जा = गतिज ऊर्जा + स्थितिज ऊर्जा

$$= \frac{1}{2}m\omega^2(a^2 - y^2) + \frac{1}{2}m\omega^2y^2$$

$$= \frac{1}{2} m\omega^2 a^2$$

यदि बल F और पिण्ड के बीच ग्राफ खीचा जाता है तो एक सरल रेखा प्राप्त होती है।

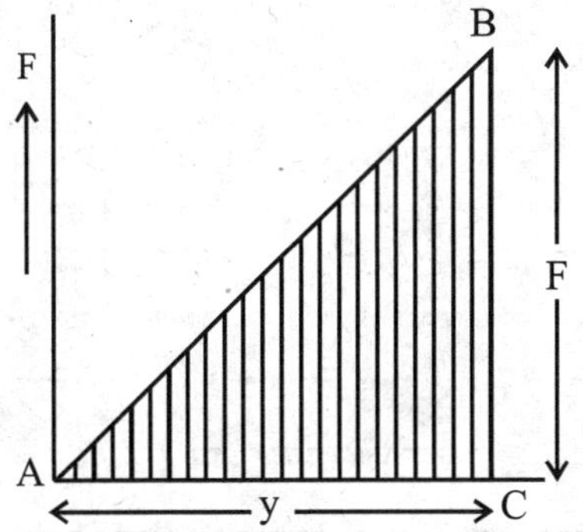

स्थितिज ऊजा = क्षेत्रफल ABC

$$= \frac{1}{2} F \times y$$

ध्यान दें

- पिण्ड की सम्पूर्ण का मान आयाम तथा आवृत्ति पर निर्भर करता है।

$E \propto (\text{आयाम})^2$

i.e.

$E \propto a^2$

$E \propto (\text{आवृत्ति})^2$

i.e.

$E \propto n^2$

E का मान विस्थापन पर निर्भर नहीं करता है।

गतिज ऊर्जा और स्थितिज ऊर्जा का औसत मान (Average Value of P.E. and K.E.) :

$$V_{av} = \frac{1}{T} \int_0^T V\, dt$$

$$= \frac{1}{T} \int_0^T \frac{1}{2} m\omega^2 a^2 \sin^2(\omega t + \phi)$$

$$= \frac{1}{4} m\omega^2 a^2 = \frac{1}{2} E$$

$$K_{av} = \frac{1}{4} m\omega^2 a^2$$

$$K_{av} = V_{av} = \frac{1}{2} E = \frac{1}{4} m\omega^2 a^2$$

रेखीय आवृत्ति दोलक (Vibration in Horizontal)

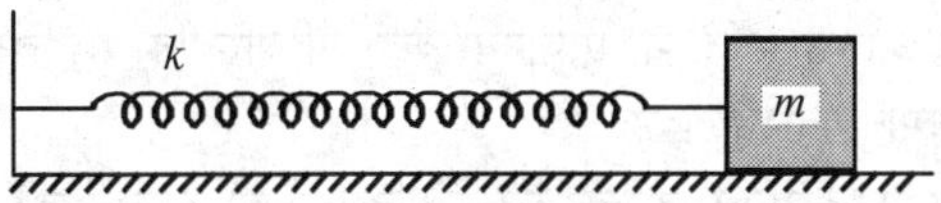

- प्रत्यानयन् बल $F = -kx$
- आवर्त काल $T = \frac{2\pi}{\omega} = 2\pi \sqrt{\frac{m}{k}}$

$$n = \frac{1}{T} = \frac{1}{2\pi} \sqrt{\frac{k}{m}}$$

दो स्प्रिंग से जुड़े हुए पिण्ड की गति (Oscillations of Spring Combinations)

- **जब दो स्प्रिंग समान्तर क्रम में हैं** तब

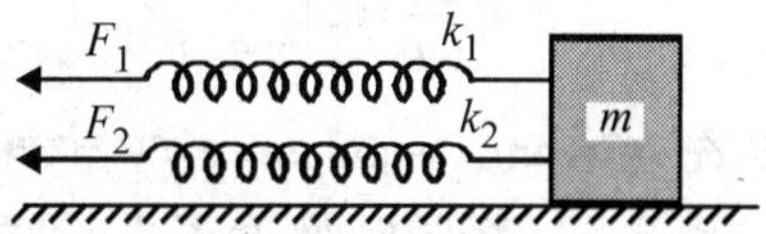

संयोजन का प्रभावी बल नियतांक

$$K = k_1 + k_2$$

आवर्त काल, $T = 2\pi \sqrt{\frac{m}{k_1 + k_2}}$

- **जब दो स्प्रिंग श्रेणी क्रम में हैं** तब

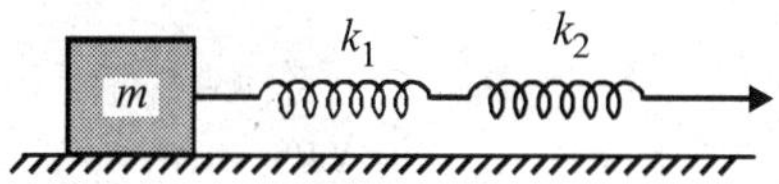

संयोजन का प्रभावी बल नियतांक

$$k = \frac{k_1 k_2}{k_1 + k_2}$$

आवर्त काल $T = 2\pi \sqrt{\frac{m}{k}} = 2\pi \sqrt{\frac{m(k_1 + k_2)}{k_1 k_2}}$

- किसी पिण्ड को दो स्प्रिंग के बीच में रखा जाये

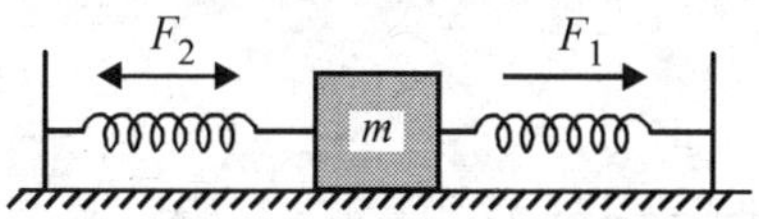

संयोजन का प्रभावी बल नियतांक

$$K = k_1 + k_2$$

आवर्त काल $T = 2\pi \sqrt{\frac{m}{k_1 + k_2}}$

- यदि स्प्रिंग का द्रव्यमान M है और m द्रव्यमान इससे लटकाया गया है तो प्रभावी द्रव्यमान

$$M' = m + \frac{M}{3}$$

$$T = 2\pi \sqrt{\frac{m + \frac{M}{3}}{K}}$$

- यदि दो द्रव्यमानों को स्प्रिंग से बांधकर क्षैतिज सतह पर दोलन करने के लिए छोड़ दें।

$\boxed{m_1}\cdot 000000 \cdot \boxed{m_2}$

समानीत द्रव्यमान, $\mu = \frac{m_1 m_2}{m_1 + m_2}$

$$T = 2\pi\sqrt{\frac{\mu}{K}}$$

सरल लोलक (Simple Pendulum)

- सरल लोलक की गति आवर्त गति होती है जिसका दोलन काल

$$T = \frac{2\pi}{\omega} = 2\pi\sqrt{\frac{l}{g}}$$

- **सेकण्ड लोलक (Second Pendulum) :** जिस लोलक का दोलन काल 2 सेकण्ड होता है उसे सेकण्ड लोलक कहते हैं सेकण्ड लोलकके लिए

$$l = \frac{g}{\pi^2} = 1 \text{ मीटर}$$

- यदि सरल लोलक की लम्बाई पृथ्वी की त्रिज्या के बराबर हो तो

$$T = \frac{2\pi}{\omega} = 2\pi\sqrt{\frac{lR}{g(l+R)}}$$

यदि $R >> l$ तब

$$T = 2\pi\sqrt{\frac{l}{g}}$$

यदि $l >> R$ तब

$$T = 2\pi\sqrt{\frac{R}{g}} = 84.6 \text{ मिनट}$$

ध्यान दें

- सरल आवर्त गति में, सरल लोलक का आवर्तकाल आयाम पर निर्भर नहीं करता है। यह सूत्र तभी तक कार्य करता है जब तक θ छोटा हो यदि θ छोटा नहीं है तब

$$T = 2\pi\sqrt{\frac{l}{g}}\left[1 + \frac{1}{2^2}\sin^2\frac{\theta_0}{2} + \ldots\right]$$

$$\approx T_0\left[1 + \frac{\theta_0^2}{16}\right]$$

अब यह गति सरल आवर्त नहीं रहती, बल्कि कम्पनिक हो जाती है।

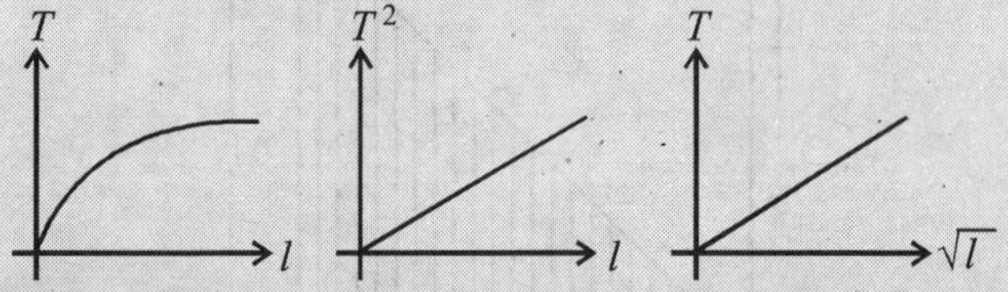

लम्बाई-समय ग्राफ

ध्यान दें

- आवर्त काल लोलक के द्रव्यमान पर निर्भर नहीं करता है।
- पृथ्वी तल से ऊपर की ओर जाने या नीचे जाने पर आवर्त काल बढ़ता है।
- भारहीनता की अवस्था में आवर्तकाल का मान अनन्त हो जाता है और दोलन नहीं होता। इसलिए अंतरिक्ष यात्री लोलक घड़ी का उपयोग न करके स्प्रिंग घड़ी का प्रयोग करते हैं।
- यदि सरल लोलक को पारा भरकर दोलन कराया जाता है तो आवर्त काल बढ़ जाता है।
- यदि लोलक को ऐसे द्रव में रखा जाता है जो श्यान होता है तब लोलक दोलन नहीं करेगा और उसका आवर्तकाल अनन्त हो जायेगा।
- यदि किसी सरल लोलक को आवेशित किया जाता है और उसके नीचे ऋणावेशित प्लेट रखते हैं तो उसका आवर्तकाल घट जायेगा।
- यदि लोलक पर कोई चुम्बक चिपकाई जाती है तो उसके आवर्त काल पर कोई प्रभाव नहीं पड़ता। क्योंकि आवर्तकाल द्रव्यमान पर निर्भर नहीं करता।

महत्त्वपूर्ण तथ्य (Important Facts)

- यदि लोलक की लम्बाई में 1 प्रतिशत वृद्धि कर दी जाये तो तब

$$\boxed{\frac{\Delta T}{T} \times 100 = \frac{1}{2}\frac{\Delta l}{l} \times 100}$$

के अनुसार आवृत काल में वृद्धि = $\frac{\text{लम्बाई में प्रतिशत वृद्धि}}{2}$

तब आवृत काल में .5 प्रतिशत की वृद्धि हो जायेगी।

- यदि किसी सरल लोलक की लम्बाई 4 गुनी कर दी जाये तो उसका आवृत्त काल दुगना हो जायेगा। आवृत्तकाल लोलक के द्रव्यमान पर निर्भर नहीं करता।
- एक सेकण्ड लोलक का आवर्तकाल 2 सेकण्ड है तथा उसका द्रव्यमान 50 ग्राम है तथा वह भीतर से रिक्त है। यदि इसके स्थान पर इसी त्रिज्या का दूसरा ठोस गोला ले लिया जाये जिसका द्रव्यमान 100 ग्राम है तब इसका आवर्त्तकाल परिवर्तित नहीं होगा क्योंकि आवर्त्त द्रव्यमान पर निर्भर नहीं करता।
- चन्द्रमा पर सेकण्ड दोलक का द्रव्यमान $2\sqrt{6}$ होता है।
- सरल आवृत गति में वेग का मान नियत नहीं रहता।
- दो एक दूसरे के लम्ब सरल आवृत्त गतियाँ जिनके दोलन काल, आयाम व प्रारम्भिक कला समान हैं एक कण पर एक साथ आरोपित हैं तब कण का पथ सरल रेखा में होगा।
- एक कण f आवृत्ति से सरल आवृत्ती दोलन कर रहा है। तब इसकी गतिज/स्थितिज ऊर्जा के दोलन की आवृत्ति $2f$ होगी।
- सरल आवर्त्त गति में प्रत्यानन बल माध्यस्थिति से विस्थापन के अनुक्रमानुपाती होता है।
- दोलन करते समय लोलक की स्थितिज ऊर्जा किनारों की स्थिति पर अधिकतम होती है।

☞ यदि पृथ्वी के व्यास के अनुदिश एक सिरे से दूसरे सिरे तक एक सुरंग खोदी गई है यदि सुरंग में एक कण गिरा दिया जाये तो उसकी गति सरल आवृत्त गति होगी।

☞ सरल आवर्त्त गति करते सरल लोलक की माध्य स्थिति पर गतिज ऊर्जा तथा अधिकतम विस्थापन पर स्थितिज ऊर्जा का अनुपात 1 के बराबर होता है।

☞ दोलन कमान पर आधारित एक घड़ी को चन्द्रमा पर ले जाया जाता है, तब यह घड़ी सुस्त हो जायेगी क्योंकि चन्द्रमा पर गुरुत्वीय त्वरण पृथ्वी के गुरुत्वीय त्वरण का 1/6 होता है।

☞ एक सरल आवर्त्त गति करते समय वस्तु के विभिन्न कणों पर गतिज ऊर्जा विभिन्न होती है।

☞ एक लोलक के गोलक द्वारा प्राप्त अधिकतम ऊँचाई 'h' है, तब इसका महत्तम वेग $\sqrt{2gh}$ होगा।

☞ यदि $k, 2k, 4k, 8k \ldots$ स्प्रिंग नियतांक के अनंत स्प्रिंग श्रेणीक्रम में जोड़ दिये जायें तो $k_{\text{eff}} = \frac{k}{2}$.

☞ यदि k बल नियतांक का स्प्रिंग n हिस्सों में बाँट दिया जाए तो

(a) प्रत्येक भाग का बल नियतांक $= nk$

(b) प्रत्येक भाग का आवर्तकाल $= \frac{T}{\sqrt{n}}$

(c) प्रभावी बल नियतांक, यदि इन भागों को समान्तर क्रम में जोड़ दें।

$$k_{\text{eff}} = n^2 k$$

(d) निकाय का आवर्तकाल, $T' = \frac{T}{n}$

☞ स्प्रिंग तथा लोलक की गति अवमंदित होती है।

☞ यदि l लम्बाई का स्प्रिंग दो भाग l_1 और l_2 में काट दें और $l_1 = nl_2$, तो

पहले भाग का बल नियतांक, $k_1 = \frac{k(n+1)}{n}$

दूसरे भाग का बल नियतांक, $k_2 = (n+1)\,k$

बल नियतांकों का अनुपात, $\frac{k_1}{k_2} = \frac{1}{n}$

☞ यदि एक सरल लोलक एक तार द्वारा बनाया जाए और इसका ताप बढ़ाया जाए तो

$$l = l_0\,(1 + \alpha\,\Delta\theta) \text{ जहाँ, } l_0 = \text{प्रारम्भिक लम्बाई}$$

$$\frac{T}{T_0} = \sqrt{\frac{l}{l_0}} = 1 + \alpha\Delta\theta) \simeq 1 + \frac{1}{2}\,\alpha\Delta\theta$$

$$\frac{\Delta T}{T} \simeq \frac{1}{2}\,\alpha\,\Delta\theta$$

☞ लिफ्ट में लगे सरल लोलक का आवर्तकाल

(a) a त्वरण से ऊपर जाने पर

$$T = 2\pi\sqrt{\frac{l}{g+a}}$$

(b) a त्वरण से नीचे जाने पर

$$T = 2\pi\sqrt{\frac{l}{g-a}}$$

☞ चकतीनुमा लोलक का आवर्तकाल

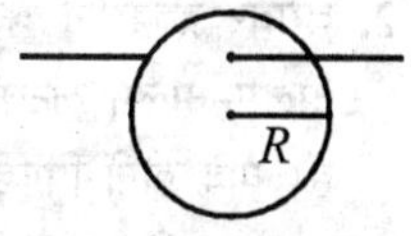

$$T = 2\pi\sqrt{\frac{3R}{2g}}$$

☞ पृथ्वी जीवा के अनुदिश खोदी गई सुरंग में वस्तु का आवर्तकाल

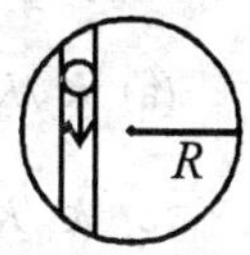

$$T = 2\pi\sqrt{\frac{R}{g}}$$

☞ घूर्णी लोलक का आवर्तकाल

$$T = 2\pi\sqrt{\frac{I}{C}}$$

$I =$ चकती का जड़त्व आघूर्ण

$C =$ तार का मरोड़ी नियतांक $= \frac{\pi\eta r^4}{2l}$

η तार का प्रत्यास्था गुणांक तथा r तार की त्रिज्या है।

☞ $\theta = \omega t + \phi_0$ में, ϕ_0 प्रारम्भिक कला है।

☞ क्षैतिज दिशा में a त्वरण से गतिमान ट्राली की छत से लटके हुए सरल लोलक का आवर्त्तकाल $T = 2\pi\sqrt{\frac{l}{g'}}$, है, जहाँ g' का मान $\sqrt{g^2 + a^2}$ होगा।

☞ एक सरल लोलक के गोलक का द्रव्यमान m है। इसे h दूरी तक विस्थापित कर छोड़ने पर उसे एक किनारे से दूसरे किनारे तक गति करने में किये गये कार्य का मान शून्य होगा।

☞ यदि सरल आवर्त्त गति कर रहे पिण्ड का आवर्त्तकाल T है, तो माध्य स्थिति से अधिकतम विस्थापन स्थिति तक पहुँचने में लगा समय $T/4$ होगा।

☞ सरल आवर्त्त गति करते कण की सम्पूर्ण ऊर्जा E है। जिस क्षण कण का विस्थापन आयाम का आधा होता है उस क्षण कण की गतिज ऊर्जा का मान $3E/4$ होगा।

☞ यदि एक सरल आवर्त्त गति में जब विस्थापन आयाम का आधा हो जाता है, तब कुल ऊर्जा का 1/4 भाग स्थितिज ऊर्जा होगा।

☞ यदि एक सरल आवर्त्त गति कर रहे कण का अधिकतम वेग v_0 है, तो विरामावस्था से आयाम की आधी दूरी पर कण का वेग $\frac{v_0\sqrt{3}}{2}$ होगा।

☞ लिफ्ट $g/3$ त्वरण से ऊपर की ओर गतिमान है। यदि स्थिर लिफ्ट में लटके सरल आवर्त्तकाल T है, तब गतिमान अवस्था में इसका आवर्त्तकाल $\frac{\sqrt{3}T}{2}$ होगा।

अभ्यास के लिए प्रश्न

1. l लम्बाई के सरल लोलक का किसी स्थान पर जहाँ त्वरण g है आवर्त्त काल T है। इसी सरल लोलक का एक ऐसे स्थान पर जहाँ गुरुत्वीय त्वरण $g' = 1.02g$ है। आवर्त्तकाल क्या होगा?

(a) $0.99\,T$ (b) $1.01\,T$
(c) T (d) $1.02\,T$

2. बराबर द्रव्यमान के दो पिण्ड M तथा N दो द्रव्यहीन कमानों से अलग-अलग लटके हैं। कमानों के बल नियतांक क्रमशः K_1 तथा K_2 हैं। यदि दोनों पिण्ड उर्ध्वाधर तल में इस प्रकार कम्पन करते हैं कि उनके अधिकतम वेग बराबर हैं तब M के कम्पन के आयाम का N के कम्पन के आयाम के साथ अनुपात है–

(a) K_2/K_1 (b) $\sqrt{K_2/K_1}$
(c) K_1/K_2 (d) $\sqrt{K_1/K_2}$

3. एक आवर्ती दोलित्र का वेग समय ग्राफ निम्नांकित चित्र में दिखाया गया है। दोलित्र की आवृत्ति होगी–

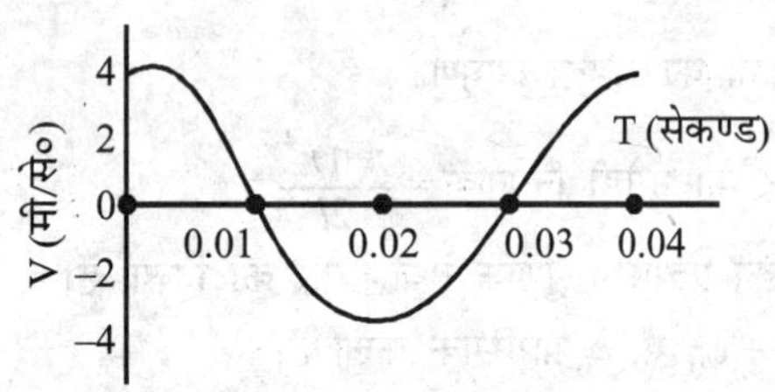

(a) 12.5 हर्ट्ज (b) 33.3 हर्ट्ज
(c) 25 हर्ट्ज (d) 50 हर्ट्ज

4. द्रव्यमान m का एक गुटका एक घर्षण रहित मेज पर रखा है इसे दोनों ओर से दृढ़ दीवारों से एक रेखीय क्षैतिज कमानी जिनके बल नियतांक k_1 व k_2 $(k_1 > k_2)$ है, द्वारा बांधा गया है, जैसा कि चित्र में दिखाया गया है। गुटके को दोनों कमानों की क्षैतिज दिशा में दोलन कराया गया है, उसके दोलन की आवृत्ति बताइये।

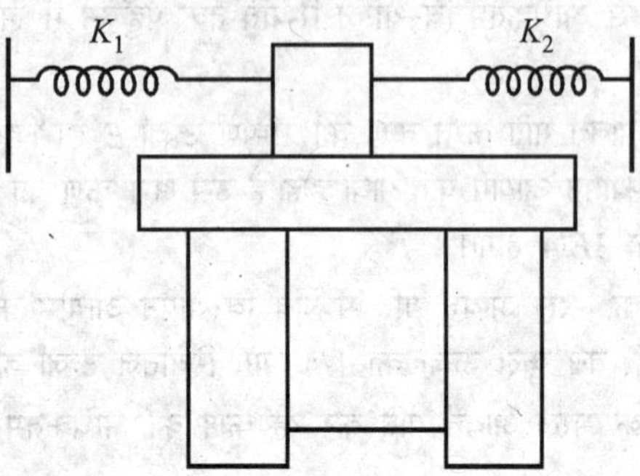

(a) $\frac{1}{2\pi}\left(\frac{m}{k_1+k_2}\right)^{1/2}$ (b) $\frac{1}{2\pi}\left(\frac{m}{k_1-k_2}\right)^{1/2}$

(c) $\frac{1}{2\pi}\left(\frac{k_1+k_2}{m}\right)^{1/2}$ (d) $\frac{1}{2\pi}\left(\frac{k_1-k_2}{m}\right)^{1/2}$

5. एक सरल लोलक के कोणीय वेग एवं आयाम क्रमशः ω व a हैं। माध्य स्थिति से x विस्थापन पर यदि गतिज ऊर्जा T व स्थितिज ऊर्जा U है, तो T व U का अनुपात है–

(a) $\frac{a^2-x^2}{x^2}$ (b) $\frac{x^2}{a^2-x^2}$

(c) $\frac{x^2\omega^2}{a^2-x^2\omega^2}$ (d) $\frac{a^2-x^2\omega^2}{x^2\omega^2}$

6. निम्न चित्रानुसार दर्शायी गई कम्पनों का परिणामी बल नियतांक होगा–

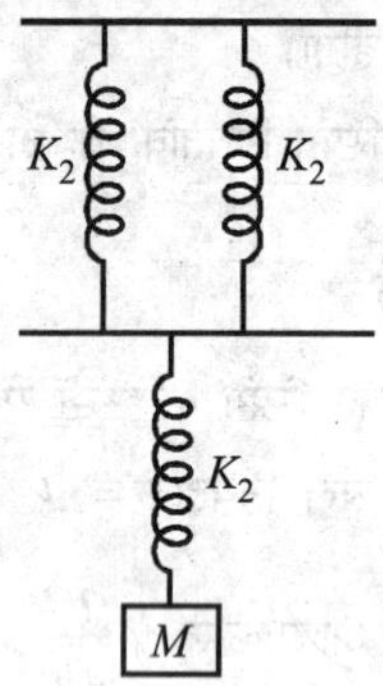

(a) $\frac{1}{2K_1}+\frac{1}{K_2}$ (b) $\left[\frac{2}{K_1}+\frac{1}{K_2}\right]^{-1}$

(c) $\frac{K_1}{2}+K_2$ (d) $\left[\frac{1}{2K_1}+\frac{1}{K_2}\right]^{-1}$

7. एक कण 3.5 रेडियन/सेकण्ड के कोणीय वेग तथा 7.5 मीटर/सेकण्ड^2 के अधिकतम त्वरण से सरल आवर्त्त गति करता है। दोलन का आयाम है–

(a) 0.53 मीटर (b) 0.61 मीटर
(c) 0.28 मीटर (d) 0.36 मीटर

8. दो एक जैसे कमान जिनमें से प्रत्येक का कमान नियतांक K है, को नियमानुसार श्रेणी व समान्तर क्रम में जोड़ा गया है। उनसे m द्रव्यमान का एक पिण्ड लटकाया गया है। ऊर्ध्व दोलनों की आवृत्ति का अनुपात होगा–

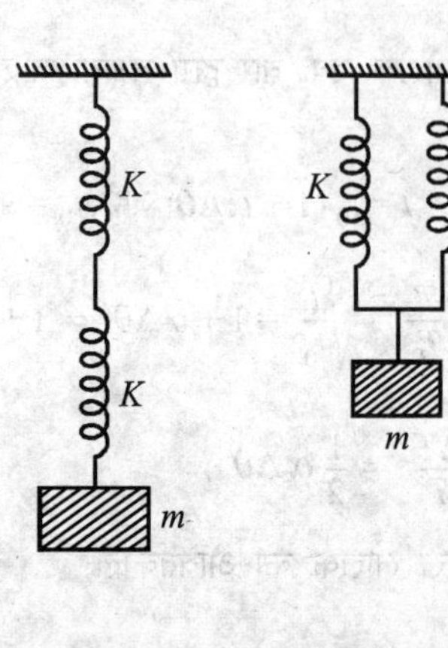

(a) 1:4 (b) 4:1

(c) 2:1 (d) 1:2

9. यदि सरल लोलक की लम्बाई 1% परिवर्तित कर दी जाये, तो आवर्त्तकाल में परिवर्तन होगा–

(a) 2% (b) 0.2%

(c) 0.5% (d) 1%

10. एक कण $x=-A$ से $x=+A$ के मध्य सरल आवर्त गति करता है। $x=0$ से $\frac{A}{2}$ तक जाने में लिया गया समय T_1 है तथा $\frac{A}{2}$ से A तक जाने में लिया गया समय T_2 है, तो–

(a) $T_1=T_2$ (b) $T_1=2T_2$

(c) $T_1<T_2$ (d) $T_1>T_2$

11. एक सरल लोलक बिना अवमन्दन के दोलन कर रहा है। जब गोलक का विस्थापन अधिकतम से कम है, तो इसके त्वरण की दिशा सही रूप से किस चित्र में निरूपित होती?

(a) 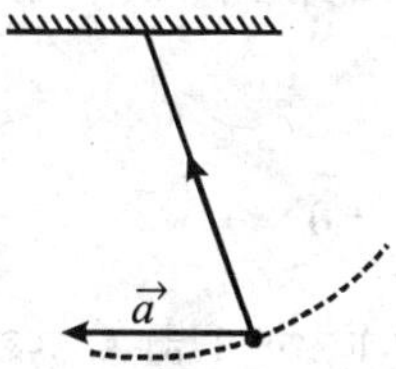

(b) 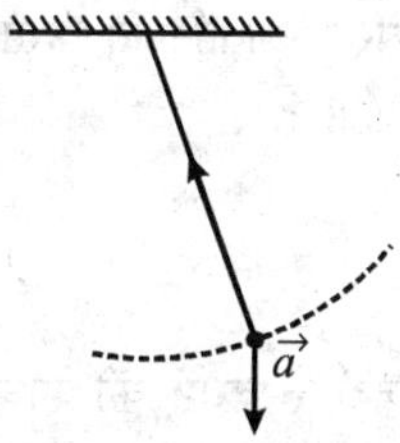

(c) 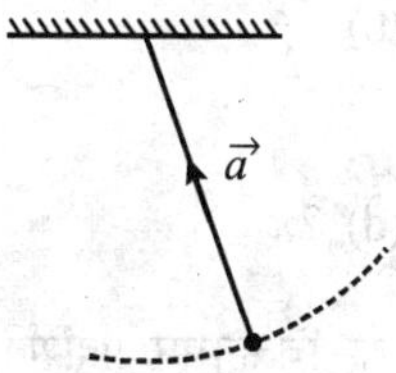

(d) 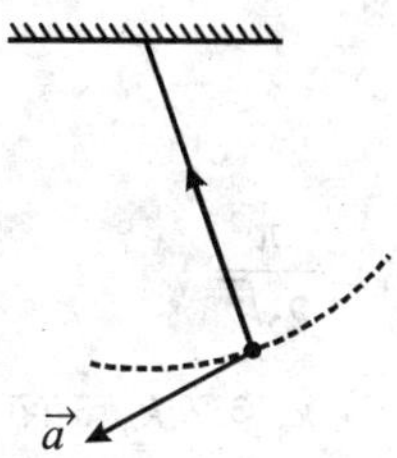

12. निकाय (संलग्न चित्र) में कुल विस्थापन होगा–

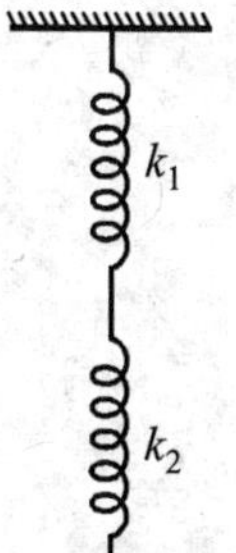

(a) $\frac{2(k_1+k_2)}{k_1+k_2}mg$

(b) $\frac{2(k_1+k_2)}{k_1k_2}mg$

(c) $\left(\frac{k_1+k_2}{k_1k_2}\right)mg$

(d) इनमें से कोई नहीं

13. पिण्ड m को थोड़ा सा विस्थापित करने पर उसका आवर्त्तकाल होगा–

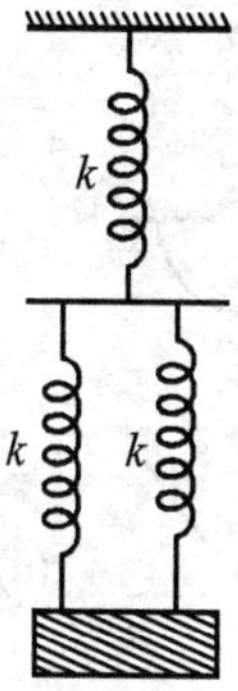

(a) $2\pi\sqrt{\frac{3m}{2k}}$ (b) $2\pi\sqrt{\frac{2m}{3k}}$

(c) $2\pi\sqrt{\frac{3k}{m}}$ (d) $2\pi\sqrt{\frac{m}{3k}}$

14. दिये गए संयोजन का तुल्य बल नियतांक होगा–

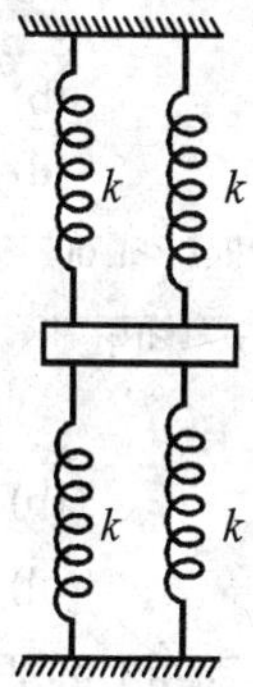

(a) $\frac{3k}{2}$ (b) $2k$

(c) $\frac{k}{2}$ (d) k

15. दो कमानों से द्रव्यमान m को अलग-अलग लटकाने पर आवर्त्तकाल t_1 तथा t_2 प्राप्त होते हैं। यदि m को दोनों कमान से नियमानुसार लटका दें, तो दोलन काल t_0 हैं। यदि सम्बन्ध होगा–

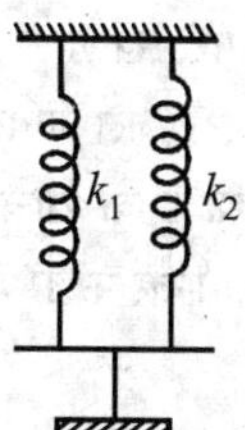

(a) $t_0^{-1}=t_1^{-1}+t_2^{-1}$ (b) $t_0=t_1+t_2$

(c) $t_0^2=t_1^2+t_2^2$ (d) $t_0^{-2}=t_1^{-2}+t_2^{-2}$

16. एक 'm' द्रव्यमान का कण बिन्दुओं x_2 व x_2 के बीच सरल आवर्त्त गति में दोलन कर रहा है, O मध्यमान स्थिति है। इसकी स्थितिज ऊर्जा व

स्थिति के बीच सही ग्राफ होगा–

(a) 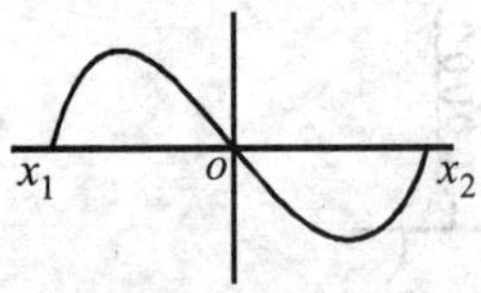

(b) 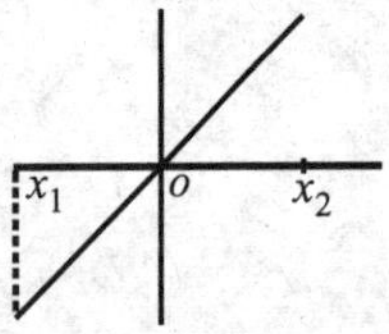

(c) 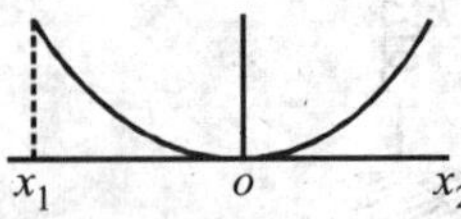

(d) 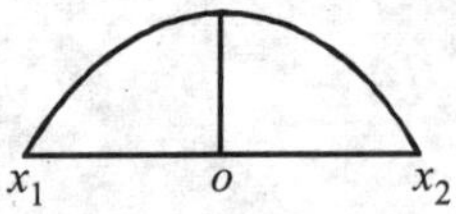

17. सरल आवर्त्त करते कण का विस्थापन $x = A\cos\omega t$ से दिया जाता है। निम्न में से कौन-सा ग्राफ स्थितिज ऊर्जा (PE) का समय t व विस्थापन x के सापेक्ष सही निरूपण करता है?

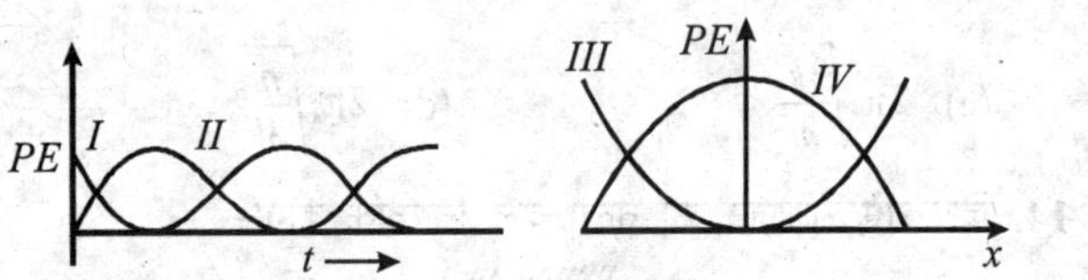

(a) II, III (b) I, IV
(c) I, III (d) II, IV

18. पारे से भरे हुए खोखले गोले को तार की सहायता से लटका कर सरल लोलक बनाया गया है। यदि थोड़ा पार छलक जाता है तब लोलक का दोलन काल होगा :

(a) अपरिवर्तित (b) बढ़ेगा
(c) घटेगा (d) अनियमित

19. एक सरल लोलक का कोणीय आयाम θ_0 है। डोरी में अधिकतम तनाव होगा :

(a) $mg(1-\theta_0)$ (b) $mg(1+\theta_0)$
(c) $mg\left(1-\theta_0^2\right)$ (d) $mg\left(1+\theta_0^2\right)$

20. यदि सरल आवर्त्त गति करते किसी कण का माध्य स्थिति से विस्थापन x है तो उस कण की कुल ऊर्जा होगी–

(a) x पर निर्भर नहीं करेगी (b) $\propto x$
(c) $\propto x^{1/2}$ (d) $\propto x^2$

21. चित्र में क्षैतिज धरातल पर रखे दो ऊर्ध्व आधारों के मुक्त सिरों से बाँधे गए दो स्प्रिंग A व B (बल नियताँक k_1 व k_2) दिखाये गए हैं। दिया है कि $k_1 > k_2$ तथा इनके बीच के क्षेत्र में v वेग से गतिमान M द्रव्यमान का पिण्ड क्रमान्तर पर स्प्रिंग A व B से टकराता है। निम्न में क्या सत्य है?

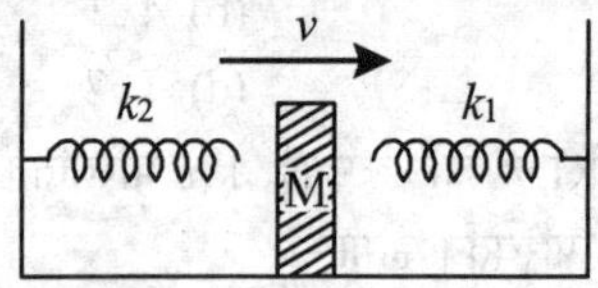

(a) पिण्ड के टकराने पर B की अपेक्षा A अधिक सम्पीड़ित होगा
(b) A से टकरा चुकने के बाद, B से टकराने की अपेक्षा, पिण्ड का वेग अधिक होगा
(c) पिण्ड के A व B से टकराने पर दोनों में समान सम्पीडन होगा
(d) A व B के बीच मुक्त मार्ग पर पिण्ड का वेग v ही रहेगा।

22. जब एक स्प्रिंग को दूरी ग तक खींचा जता है, यह एक बल आरोपित करता है

$$F = (-5x - 16x^3) \text{ न्यूटन}$$

जब स्प्रिंग को 0.1 मीटर से 0.2 मीटर तक खींचा जाता है तब किया गया कार्य होगा

(a) 8.7×10^{-2} जूल (b) 12.2×10^{-2} जूल
(c) 8.7×10^{-1} जूल (d) 12.2×10^{-1} जूल

23. सरल आवर्त गति करते हुए एक कण की समीकरण निम्न प्रकार दी जाती है :

$$2\frac{d^2x}{dt^2} + 32x = 0$$

जहाँ x विराम की माध्य स्थिति से विस्थापन है। सेकण्ड में इसका दोलन काल है :

(a) 4 (b) $\frac{\pi}{2}$
(c) $\frac{\pi}{2\sqrt{2}}$ (d) 2π

24. यदि k_s और k_p क्रमशः दो स्प्रिंगों के चित्रानुसार प्रदर्शित श्रेणी और समान्तर संयोजन के प्रभावी स्प्रिंग नियतांक हैं, तब $\frac{k_s}{k_p}$ का मान है

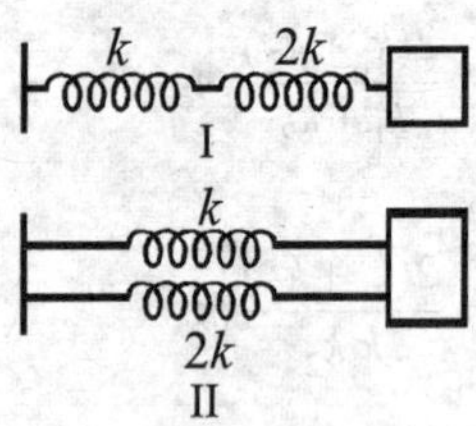

(a) $\frac{9}{2}$
(b) $\frac{3}{7}$
(c) $\frac{2}{9}$
(d) $\frac{7}{3}$

उत्तरमाला

1. (a) 2. (b) 3. (c) 4. (c) 5. (a) 6. (d) 7. (b) 8. (d) 9. (c) 10. (c)
11. (a) 12. (c) 13. (a) 14. (b) 15. (d) 16. (c) 17. (c) 18. (b) 19. (d) 20. (a)
21. (d) 22. (a) 23. (b) 24. (c)

हल

1. (a) $$T = 2\pi\sqrt{\frac{l}{g}}$$

तथा $$T' = 2\pi\sqrt{\frac{l}{1.02g}} = 2\pi\sqrt{\frac{l}{g}}(1+0.02)^{-1/2}$$

$$= 2\pi\sqrt{\frac{l}{g}} \times 0.99 = 0.99\ T$$

2. (b) अधिकतम वेग = aw

अत: $$a_1\sqrt{\frac{K_1}{M}} = a_2\sqrt{\frac{K_2}{M}}$$

$$\therefore \quad \frac{a_1}{a_2} = \sqrt{\frac{K_2}{K_1}}$$

3. (c) चित्र से, $T = 0.04$ सेकण्ड,

अत: $$f = \frac{1}{T} = \frac{1}{0.04} = 25 \text{ हर्ट्ज}$$

4. (c) $$f = \frac{1}{2\pi}\sqrt{\frac{k_1+k_2}{m}}$$

5. (a) गतिज ऊर्जा $$K_E = \frac{1}{2}m\omega^2(a^2-x^2)$$

तथा स्थितिज ऊर्जा $$u = \frac{1}{2}m\omega^2x^2$$

$$\therefore \quad \frac{K_E}{u} = \frac{(a^2-x^2)}{x^2}$$

6. (d) $$\frac{1}{K} = \frac{1}{2K_1} + \frac{1}{K_2} = \frac{K_2+2K_1}{2K_1K_2}$$

$$\therefore \quad K = \frac{2K_1K_2}{K_2+2K_2}$$

7. (b) अधिकतम त्वरण $= \omega^2 y$ से

$$7.5 = (3.5)^2 \times y$$

$$\Rightarrow \quad y = 0.61 \text{ मीटर}$$

8. (d) प्रथम स्थिति में, $K_{\text{प्रभावी}} = \frac{K}{2}$

तथा द्वितीय स्थिति में, $K_{\text{प्रभावी}} = 2K$

9. (c) $$T = 2\pi\sqrt{\frac{l}{g}}$$

लघुगुणक लेकर भाग देने पर,

$$\frac{\Delta T}{T} \times 100 = \frac{1}{2}\frac{\Delta l}{l} \times 100 \text{ से}$$

$$\frac{\Delta T}{T} \times 100 = 0.5\%$$

10. (c) $x = A \sin \omega t$

अत: 0 से $\frac{A}{2}$ में लगा समय T_1 उपरोक्त सूत्र से,

$$\frac{A}{2} = A \sin \omega T_1,\ \omega T_1 = \frac{\pi}{6}$$

या $$T_1 = \frac{\pi}{6\omega} = \frac{T}{12}$$

तथा $\frac{A}{2}$ से A तक लगा समय

$$T_2 = \frac{T}{4} - \frac{T}{12} = \frac{2T}{12}$$

$$\therefore \quad T_1 < T_2$$

11. (a) गोलक पर स्पर्शीय त्वरण व अपकेन्द्र दोनों होने से परिणामी त्वरण चित्र (a) से निरूपित होगा

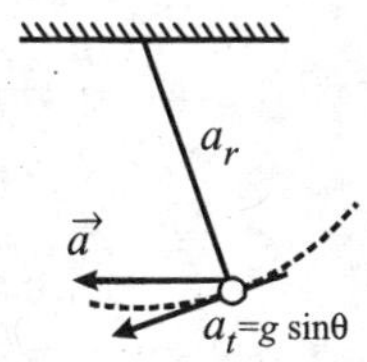

12. (c) प्रभावी बल नियतांक

$$k = \frac{k_1k_2}{k_1+k_2}$$

$$\therefore \quad F = mg = kx \text{ से}$$

$$x = \frac{mg}{k} = \frac{mg(k_1+k_2)}{k_1k_2}$$

13. (a) प्रभावी बल नियतांक

$$k_{\text{eff.}} = \frac{k \times 2k}{k+2k} = \frac{2k}{3}$$

अत: आवर्तकाल $$T = 2\pi\sqrt{\frac{m}{k_{\text{eff.}}}} = 2\pi\sqrt{\frac{3m}{2k}}$$

14. (b) प्रभावी बल नियतांक

$$k_{\text{eff.}} = \frac{2k \times 2k}{2k+2k} = k$$

15. (d) $$T = 2\pi\sqrt{\frac{m}{k}}$$

या $k = \frac{4\pi^2 m}{T^2}$ अर्थात् $k \propto \frac{1}{T^2}$

संयोजन में $k_{eff} = k_1 + k_2$,

$$\frac{1}{t_0^2} = \frac{1}{t_1^2} + \frac{1}{t_2^2}$$

16. (c) स्थितिज ऊर्जा $U = \frac{1}{2} m\omega^2 x^2$

अत: ग्राफ (c) सही रूप है।

17. (c) $x = A \cos \omega t$

अत: $U = \frac{1}{2} kx^2 = \frac{1}{2} k.A^2 \cos^2 \omega t$

x का मान $t = 0$ पर अधिकतम तथा $t = \frac{T}{4}$ पर न्यूनतम होगा।

अत: वक्र I, III सही निरूपण है।

18. (a) $t_0 = 2\pi\sqrt{\frac{l}{g}}$

$$t = 2\pi\sqrt{\frac{l}{\left(1-\frac{\sigma}{\rho}\right)g}}$$

$$\frac{t_0}{t} = \sqrt{\left(1-\frac{\sigma}{\rho}\right)} = \left[1-\frac{10^3}{\frac{4}{3}\times 10^3}\right]^{1/2}$$

$$\frac{t_0}{t} = \frac{1}{2}$$

$$t = 2T_0$$

20. (a) $E_{total} = \frac{1}{2}\mu\omega^2 A^2$

22. (a) $F = -5x - 16x^3$

या $F = -(5 + 16x^2)x$

या $F = -kx$

जहाँ $k = (5 + 16x^2)$ स्प्रिंग का बल नियतांक है।

स्प्रिंग को x_1 से x_2 तक खींचने में किया गया कार्य

$$W = \frac{1}{2}k_2 x_2^2 - \frac{1}{2}k_1 x_1^2$$

यहाँ $x_1 = 0.1$ मी तथा $x_2 = 0.2$ मी

$$\therefore W = \frac{1}{2}[5+16(0.2)^2](0.5)^2 - \frac{1}{2}[5+16(0.1)^2](0.1)^2$$

$$= 2.82 \times 4 \times 10^{-2} - 2.58 \times 10^{-2}$$

$= 8.7 \times 10^{-2}$ जूल

Previous Years' Problems

1. माध्य स्थित में सरल लोलक की -

(a) दोनों गतिज व स्थितिज ऊर्जाएँ अधिकतम हैं

(b) दोनों गतिज व स्थितिज ऊर्जाएँ न्यूनतम हैं

(c) गतिज ऊर्जा अधिकतम व स्थितिज ऊर्जा न्यूनतम है

(d) गतिज ऊर्जा न्यूनतम व स्थितिज ऊर्जा अधिकतम है

[AIEEE 2002]

2. स्प्रिंग का आवर्त्त काल T है। स्प्रिंग को n हिस्सों में काट दिया जाता है तब नया आवर्त्त काल है-

(a) $2\pi\sqrt{\frac{m}{nk}}$ (b) $2\pi\sqrt{\frac{k}{m}}$

(c) $2\pi\sqrt{\frac{m}{k}}$ (d) $2\pi\sqrt{\frac{nm}{k}}$

[AIEEE 2002]

3. सरल आवर्त्त गति करते हुए एक सरल लोलक की लम्बाई में 21% की वृद्धि कर दी जाती है। बढ़ी हुई लम्बाई के सरल लोलक के आवर्त्तकाल में वृद्धि है:

(a) 30% (b) 50%

(c) 10% (d) 21%

[AIEEE 2003]

4. एक कण का विस्थापन,

सूत्र $x = 4(\cos \pi t + \sin \pi t)$

के अनुसार परिवर्तित होता है। कण का आयाम है:

(a) 4 (b) $4\sqrt{2}$

(c) 8 (d) -4

[AIEEE 2003]

5. नगण्य द्रव्यमान के स्प्रिंग से एक द्रव्यमान M लटका हुआ है। स्प्रिंग को थोड़ा-सा खींचकर छोड़ दिया जाता है जिससे कि द्रव्यमान M सरल आवर्त्त गति करने लगता है जिसका आवर्त्त काल T है। यदि द्रव्यमान में m की वृद्धि की जाती है तब आवर्त्त काल $5T/3$ हो जाता है। m/M की निष्पत्ति है:

(a) $\frac{16}{9}$ (b) $\frac{25}{9}$

(c) $\frac{5}{3}$ (d) $\frac{3}{5}$

[AIEEE 2003]

6. एक पिण्ड सरल आवर्त्त गति करता है। इसकी स्थितिज ऊर्जा (PE), गतिज ऊर्जा (KE) तथा कुल ऊर्जा (TE) विस्थापन x के पदों में मापी जाती है। निम्न में से कौन-सा कथन सत्य है?

(a) KE अधिकतम है, जब $x = 0$

(b) KE अधिकतम है, जब x अधिकतम है

(c) TE शून्य है, जब $x = 0$

(d) PE अधिकतम है, जब $x = 0$

[AIEEE 2003]

7. समान द्रव्यमान के दो कण A तथा B दो द्रव्यमान रहित स्प्रिंगों जिनके स्प्रिंग नियतांक क्रमशः k_1 व k_2 हैं, से लटकाये गये हैं। यदि दोलन के दौरान उनके अधिकतम वेग बराबर हैं तब A तथा B के आयामों की निष्पत्ति है:

(a) $\sqrt{\frac{k_1}{k_2}}$ (b) $\sqrt{\frac{k_2}{k_1}}$

(c) $\frac{k_1}{k_2}$ (d) $\frac{k_2}{k_1}$

[AIEEE 2003]

8. एक सरल लोलक का लोलक (bob) जल के भीतर t आवर्त्तकाल में सरल आवर्त्त गति करता है। जबकि वायु में लोलक का आवर्त्तकाल t_0 है। जल का घर्षण बल नगण्य लेते हैं और लोलक का घनत्व ($4/3 \times 1000$ किग्रा/मीटर^3 दिया गया है।) t तथा t_0 के मध्य क्या सम्बन्ध सत्य है?

(a) $t = \frac{t_0}{2}$ (b) $t = 4t_0$

(c) $t = t_0$ (d) $t = 2t_0$

[AIEEE 2004]

9. एक स्प्रिंग के सिरे से बँधे एक कण की सरल आवर्त्त गति का दोलन काल t_1 है। जब कि दूसरे स्प्रिंग से इसे बाँधने पर दोलनकाल t_2 है। यदि दोलन स्प्रिंगों को श्रेणीबद्ध जोड़कर कण को दोलित करें तो दोलन काल T है। तब :

(a) $T^{-1} = t_1^{-1} + t_2^{-2}$ (b) $T^{-2} = t_1^{-2} + t_2^{-2}$

(c) $T = t_1 + t_2$ (d) $T^2 = t_1^2 + t_2^2$

[AIEEE 2004]

10. सरल आवर्त्त गति करते हुए कण की कुल ऊर्जा है :

(a) x पर निर्भर नहीं करती है (b) $\propto x^{1/2}$

(c) $\propto x$ (d) $\propto x^2$

[AIEEE 2004]

11. m द्रव्यमान का एक कण k स्प्रिंग नियतांक के स्प्रिंग से बंधा हुआ है और इसकी मूल कोणीय आवृत्ति ω_0 है। इस दोलित्र पर एक बाह्य बल $F(t)$, जो $\cos\omega t (\omega \neq \omega_0)$ के अनुक्रमानुपाती है लगाया जाता है। दोलित्र का समय विस्थापन (time displacement) अनुक्रमानुपाती होगा :

(a) $\frac{1}{m(\omega_0^2 + \omega^2)}$ (b) $\frac{m}{\omega_0^2 + \omega^2}$

(c) $\frac{m}{\omega_0^2-\omega^2}$ (d) $\frac{1}{m(\omega_0^2-\omega^2)}$

[AIEEE 2004]

12. एक कण के प्रणोदित दोलनों (forced oscillations) में बल की ω_1 आवृत्ति के लिये दोलन आयाम अधिकतम है, जबकि ऊर्जा बल की ω_2 आवृत्ति के लिये अधिकतम है तब :

(a) $\omega_1 < \omega_2$ जब अवमन्दन अल्प है और $\omega_1 > \omega_2$ जब अवमन्दन अधिक है।

(b) $\omega_1 > \omega_2$

(c) $\omega_1 = \omega_2$

(d) $\omega_1 > \omega_2$

[AIEEE 2004]

13. फलन $y=\sin^2(\omega t)$ प्रदर्शित करता है:

(a) $2\pi/\omega$ आवर्त्त काल की आवर्त्त गति को न कि सरल आवर्त्त गति को

(b) π/ω आवर्त्त काल की आवर्त्त गति को न कि सरल आवर्त्त गति को

(c) $2\pi/\omega$ आवर्त्त काल की सरल आवर्त्त गति को

(d) π/ω आवर्त्त काल की सरल आवर्त्त गति को

[AIEEE 2005]

14. यदि एक सरल आवर्त्त गति निम्नलिखित समीकरण से प्रदर्षित की जाती है:

$$\frac{d^2x}{dt^2}+\alpha x=0$$

तो इसका आवर्त्त काल है:

(a) $2\pi/\alpha$ (b) $2\pi/\sqrt{\alpha}$

(c) $2\pi\alpha$ (d) $2\pi\sqrt{\alpha}$

[AIEEE 2005]

15. दो सरल आवर्त्त गतियाँ,

$$y_1=0.1\sin\left(100\pi t+\frac{\pi}{3}\right) \text{ और } y_2=0.1\cos\pi t$$

समीकरणों द्वारा प्रदर्षित की जाती हैं। कण 1 का वेग में, कण z के सापेक्ष कलान्तर है:

(a) $-\pi/6$ (b) $\pi/3$

(c) $-\pi/3$ (d) $\pi/6$

[AIEEE 2005]

16. एक क्षैतिज प्लेटफार्म पर एक सिक्का रखा हुआ है जोकि ω कोणीय आवृत्ति से ऊर्ध्वाधर सरल आवृत्ति गति करता है। दोलन आयाम में लगातार वृद्धि की जाती है। सिक्के का प्लेटफार्म से सम्पर्क सर्वप्रथम छूटेगा :

(a) g/ω^2 के आयाम के लिये

(b) g^2/ω^2 के आयाम के लिये

(c) प्लेटफार्म की उच्चतम स्थिति पर

(d) प्लेटफार्म की माध्य स्थिति पर

[AIEEE 2006]

17. 7 मिमी के आयाम से सरल आवर्त्त गति करते हुए कण का अधिकतम वेग 4.4 मीटर/सेकण्ड है। दोलन काल है :

(a) 10 sec (b) 0.1 sec

(c) 100 sec (d) 0.01 sec

[AIEEE 2006]

18. मूल बिन्दु से सरल गति में दोलन करते हुए कण का दोलन काल 2 सेकण्ड है। कितने समय पश्चात् इसकी गतिज ऊर्जा कुल ऊर्जा की 75% रह जायेगी?

(a) $\frac{1}{4}$ sec (b) $\frac{1}{3}$ sec

(c) $\frac{1}{12}$ sec (d) $\frac{1}{6}$ sec

[AIEEE 2006]

19. चित्रानुसार, k_1 तथा k_2 नियतांक के दो स्प्रिंग से एक द्रव्यमान m जोड़ा गया है। द्रव्यमान की दोलन आवृत्ति f है। यदि दोनों k_1 तथा k_2 अपने प्रारम्भिक मान से चार गुना लिये जायें तो दोलन आवृत्ति हो जाती है :

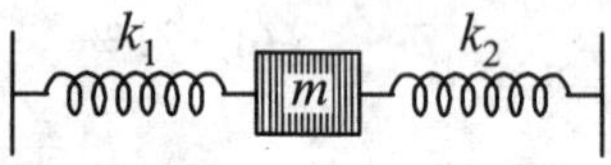

(a) $f/4$ (b) $4f$

(c) $2f$ (d) $f/2$

[AIEEE 2007]

20. एक कण a आयाम से तथा v आवृत्ति से सरल आवर्त्त गति करता है। माध्य स्थिति से एक सिरे तक की गति के दौरान इसकी गतिज ऊर्जा है :

(a) $\frac{1}{4}ma^2v^2$ (b) $4\pi^2ma^2v^2$

(c) $2\pi^2ma^2v^2$ (d) $\pi^2ma^2v^2$

[AIEEE 2007]

21. एक स्प्रिंग से बंधी और सरल आवर्त्त गति करती हुई एक वस्तु का विस्थापन $x=2\times10^{-2}\cos\pi t$ मीटर दिया हुआ है। अधिकतम चाल सर्वप्रथम कितने समय पश्चात् प्राप्त होगी :

(a) 0.75 s (b) 0.125 s

(c) 0.25 s (d) 0.5 s

[AIEEE 2007]

22. एक बिन्दु द्रव्यमान x- अक्ष के अनुदिश $x=x_0\cos(\omega t-\pi/4)$ के नियमानुसार दोलन करता है। यदि कण का त्वरण $a=A\cos(\omega t+\delta)$ लिखा जाता है तब :

(a) $A=x_0\omega^2, \delta=\pi/4$ (b) $A=x_0\omega^2, \delta=-\pi/4$

(c) $A=x_0\omega^2, \delta=3\pi/4$ (d) $A=x_0, \delta=-\pi/4$

[AIEEE 2007]

उत्तरमाला

1. (c)	2. (a)	3. (c)	4. (b)	5. (a)	6. (a)	7. (b)	8. (a)	9. (d)	10. (a)
11. (d)	12. (c)	13. (b)	14. (b)	15. (a)	16. (a)	17. (d)	18. (d)	19. (c)	20. (d)
21. (d)	22. (c)								

हल

1. (c) m द्रव्यमान के कण की सरल आवर्त्त गति में गतिज ऊर्जा

$$=\frac{1}{2}m\omega^2(a^2-x^2)$$

और स्थितिज ऊर्जा $=\frac{1}{2}m\omega^2x^2$

जहाँ a कण का आयाम तथा x माध्य स्थिति से इसकी दूरी है। अतः माध्य स्थिति में $x=0$

गतिज ऊर्जा $=\frac{1}{2}m\omega^2a^2$ (अधिकतम)

स्थितिज ऊर्जा $=0$ (न्यूनतम)

2. (a) जैसा कि हमें ज्ञात है स्प्रिंग का स्प्रिंग नियतांक स्प्रिंग की लम्बाई के व्युत्क्रमानुपाती है। अतः प्रत्येक भाग का स्प्रिंग नियतांक $K'=nK$, जहाँ K सम्पूर्ण स्प्रिंग का स्प्रिंग नियतांक हैं। स्प्रिंग पैन्डुलम के सिद्धांत से हमे जानते हैं,

$$T\propto\frac{1}{\sqrt{K}}$$

$$T'\propto\frac{1}{\sqrt{nK}}$$

इसलिए, $T'=\frac{T}{\sqrt{n}}=2\pi\sqrt{\frac{m}{nK}}$

3. (c) $$T=2\pi\sqrt{\frac{l}{g}}$$

$$\Rightarrow \quad \frac{\Delta T}{T}=\frac{1}{2}\frac{\Delta l}{l}$$

दिया है $\frac{\Delta l}{l}=21\%$

$$\therefore \quad \frac{\Delta T}{T}=\frac{1}{2}\times21\%=10.5\%\approx10$$

4. (b) $x=4(\cos\pi t+\sin\pi t)$

$$=4\sqrt{2}\left[\frac{1}{\sqrt{2}}\cos\pi t+\frac{1}{\sqrt{2}}\sin\pi t\right]$$

$$=4\sqrt{2}\left[\sin\frac{\pi}{4}\cos\pi t+\cos\frac{\pi}{4}\sin\pi t\right]$$

$$=4\sqrt{2}\sin\left(\pi t+\frac{\pi}{4}\right)$$

विस्थापन की व्यापक समीकरण

$$x=a\sin(\omega t-\phi)$$

दी गयी समीकरण की व्यापक समीकरण से तुलना करने पर,

$$a=4\sqrt{2}$$

5. (a) $m_1=M,\ T_1=T$

$$m_2=M+m,\ T_2=\frac{5T}{3}$$

$$\frac{T_1}{T_2}=\frac{2\pi\sqrt{m_1/k}}{2\pi\sqrt{m_2/k}}=\sqrt{\frac{m_1}{m_2}}=\sqrt{\frac{M}{M+m}}$$

या $$\frac{M+m}{M}=\left(\frac{T_2}{T_1}\right)^2=\left(\frac{5T/3}{T}\right)^2=\frac{25}{9}$$

$$\therefore \quad \frac{m}{M}=\frac{16}{9}$$

6. (a) $y=x$

स्थितिज ऊर्जा $=\frac{1}{2}m\omega^2y^2$

गतिज ऊर्जा $=\frac{1}{2}m\omega^2(a^2-y^2)$

कुल ऊर्जा = स्थितिज ऊर्जा + गतिज ऊर्जा

$$=\frac{1}{2}m\omega^2a^2$$

चूँकि, $x=a$ पर PE अधिकतम है और $x=0$ पर KE अधिकतम है, इसलिए TE लगातार गति करती रहेगी।

7. (b) पहली स्प्रिंग का स्प्रिंग नियतांक $=k_1$

दूसरी स्प्रिंग का स्प्रिंग नियतांक $=k_2$

$$\omega=\sqrt{\frac{k}{m}}\propto\sqrt{k}$$

$$\therefore \quad \frac{\omega_1}{\omega_2}=\sqrt{\frac{k_1}{k_2}}$$

दिया है, $(v_{max.})_1=(v_{max.})_2$

अथवा $a_1\omega_1 = a_2\omega_2$

$\therefore \quad \frac{a_1}{a_2} = \frac{\omega_1}{\omega_2} = \sqrt{\frac{k_2}{k_1}}$

8. (a) वायु में, $g_{eff.} = g$

पानी में, $g_{eff.} = g - \frac{\text{Buoyant force}}{\text{mass}}$

$$= g - \frac{d_w}{d_g} g = \frac{g}{4}$$

अब $t = 2\pi\sqrt{\frac{l}{g_{eff.}}}$, hence $2t_0 = t$

9. (d) $t_1 = 2\pi\sqrt{\frac{m}{k_1}}, t_2 = 2\pi\sqrt{\frac{m}{k_2}}$ और $T = 2\pi\sqrt{\frac{m}{k_{eff.}}}$

जब स्प्रिंगों को श्रेणीबद्ध जोड़ा जाता है,

$\frac{1}{k_{eff.}} = \frac{1}{k_1} + \frac{1}{k_2}$ or $T^2 = t_1^2 + t_2^2$

10. (a) सरल आवर्त्त गति में कण की कुल ऊर्जा नियत रहती है अर्थात् सरल आवर्त्त गति में कुल ऊर्जा x पर निर्भर नहीं करती।

11. (d) बलित दोलन के लिए, आयाम

$$x = A\sin(\omega t + \phi)$$

तथा $A = \frac{F_0/m}{\omega_0^2 - \omega^2}$

यहाँ अस्रव्य प्रभाव शून्य होगा।

$\therefore \quad x \propto \frac{1}{m(\omega_0^2 - \omega^2)}$

12. (c) चूँकि ऊर्जा $\propto$ (आयाम)^2, दोलन का आयाम तथा ऊर्जा अधिकतम होने के लिए बल की आवृत्ति, प्रारम्भिक आवृत्ति के बराबर होनी चाहिए तथा यह केवल अनुनाद की स्थिति मे ही होता हैं।

13. (b) $y = \frac{1 - \cos 2\omega t}{2}$

$\therefore$ आवर्तकाल, $T = \frac{2\pi}{2\omega} = \frac{\pi}{\omega}$

14. (b) $\frac{d^2x}{dt^2} = -\alpha x$ ....(1)

हम जानते हैं, $a = \frac{d^2x}{dt^2} = -\omega^2 x$ ....(2)

समीकरण (1) व (2) से, हम जानते है,

$$\omega^2 = \alpha$$

$$\omega = \sqrt{\alpha}$$

या $\frac{2\pi}{T} = \sqrt{\alpha}$

$$T = \frac{2\pi}{\sqrt{\alpha}}$$

15. (a) $7v_1 = \frac{dy_1}{dt} = 0.1 \times 100\pi\cos\left(100\pi t + \frac{\pi}{3}\right)$

$v_2 = \frac{dy_2}{dt} = -0.1 \times \pi\sin(\pi t)$

$= 0.1 \times \pi\cos\left(\pi t + \frac{\pi}{2}\right)$

$\therefore \quad \Delta\phi = \frac{\pi}{3} - \frac{\pi}{2} = -\frac{\pi}{6}$

16. (a) The coin will be just leaving the contact at the lowest position when

$m\omega^2 A \geq mg$

या $A \geq \left(\frac{g}{\omega^2}\right)$

17. (d) अधिकतम वेग,

$v_{max} = a\omega$

$\therefore \quad 4.4 = 7 \times 10^{-3} \times \frac{2\pi}{T} \quad \left(\because \omega = \frac{2\pi}{T}\right)$

$\therefore \quad T = \frac{7 \times 10^{-3} \times 2 \times 22}{4.4 \times 7} = 10^{-2}$ सेकण्ड $= 0.01$ सेकण्ड

18. (d) सरल आवर्त्त गति में दोलन करते हुए कण का दोलन काल 2 सेकण्ड है।

$$\omega = \frac{2\pi}{T} = \frac{2\pi}{2} = \pi \text{ rad/sec}$$

कण का वेग, $v = a\omega\cos\omega t$

(a = आयाम)

कण की गतिज ऊर्जा,

$$\text{KE} = \frac{1}{2}mv^2 = \frac{1}{2}ma^2\omega^2\cos^2\omega t$$

कण की कुल ऊर्जा,

$$E = \frac{1}{2}mv_{max}^2 = \frac{1}{2}ma^2\omega^2$$

प्रश्नानुसार, $\text{KE} = \frac{75}{100}E$

$\therefore \quad \frac{1}{2}ma^2\omega^2\cos^2\omega t = \frac{3}{4} \times \frac{1}{2}ma^2\omega^2$

or $\cos^2\omega t = \frac{3}{4}$

or $\cos\omega t = \sqrt{3}/2$

or $\omega t = \frac{\pi}{6}$

$\therefore \quad t=\frac{\pi}{6\omega}=\frac{\pi}{6\pi}=\frac{1}{6}$ सेकण्ड

19. (c) दोनों स्प्रिंग समान्तर है।

$\therefore$ स्प्रिंग नियतांक, $k=k_1+k_2$

अब दोलन की आवृत्ति है,

$$f=\frac{1}{2\pi}\sqrt{\frac{k}{m}}$$

या $$f=\frac{1}{2\pi}\sqrt{\frac{k_1+k_2}{m}} \qquad ....(1)$$

जब k_1 और k_2 दोनों को प्रारम्भिक मान का चार गुना कर दिया जाये तब नयी आवृत्ति होगी,

$$f'=\frac{1}{2\pi}\sqrt{\frac{4k_1+4k_2}{m}}$$

$$=\frac{1}{2\pi}\sqrt{\frac{4(k_1+k_2)}{m}}$$

$$=2\left(\frac{1}{2\pi}\sqrt{\frac{k_1+k_2}{m}}\right)$$

$=2f$ समीकरण (1) से।

20. (d) सरल आवर्त्त गति करते हुए कण की गतिज ऊर्जा,

$$K=\frac{1}{2}ma^2\omega^2\sin^2\omega t$$

जहाँ, $m=$ कण का द्रव्यमान

$a=$ आयाम

$\omega=$ कोणीय आवृत्ति

$t=$ समय

अब औसत गतिज ऊर्जा $=\langle K\rangle$

$$=\left\langle\frac{1}{2}m\omega^2a^2\sin^2\omega t\right\rangle$$

$$=\frac{1}{2}m\omega^2a^2\left(\frac{1}{2}\right) \qquad \left(\because \langle\sin^2\theta\rangle=\frac{1}{2}\right)$$

$$=\frac{1}{4}m\omega^2a^2$$

$$=\frac{1}{4}ma^2(2\pi\nu)^2 \qquad (\because \omega=2\pi\nu)$$

अथवा, $\langle K\rangle=\pi^2ma^2\nu^2$

21. (d) यहाँ, $x=2\times10^{-2}\cos\pi t]$

चाल दी गई है

$$v=\frac{dx}{dt}=2\times10^{-2}\pi\sin\pi t$$

सर्वप्रथम चाल अधिकतम होगी जब

$\sin\pi t=1$

अथवा, $\sin\pi t=\sin\frac{\pi}{2}$

$\Rightarrow \quad \pi t=\frac{\pi}{2}$ or, $t=\frac{1}{2}=0.5\,\text{sec}$

22. (c) यहाँ,

$x=x_0\cos(\omega t-\pi/4)$

$\therefore$ वेग, $v=\frac{dx}{dt}=-=-x_0\omega\sin\left(\omega t-\frac{\pi}{4}\right)$

त्वरण,

$$a=\frac{dv}{dt}=-x_0\omega^2\cos\left(\omega t-\frac{\pi}{4}\right)$$

$$=x_0\omega^2\cos\left[\pi+\left(\omega t-\frac{\pi}{4}\right)\right]$$

$$=x_0\omega^2\cos\left(\omega t+\frac{3\pi}{4}\right)$$

परन्तु प्रश्नानुसार,

त्वरण, $a=A\cos(\omega t+\delta)$

दोनों त्वरणों की तुलना करने पर, हम पाते हैं

$$A=x_0\omega^2 \text{ और } \delta=\frac{3\pi}{4}$$

□□□

अध्याय

13

तापमिति तथा ठोसों, द्रवों व गैसों का प्रसार

(Thermometry and Expansion of Solids, Liquids and Gases)

तापमापी (Thermometer)

- तापमान में प्रयोग किये जाने वाले उपकरण को तापमापी कहते हैं। ये मुख्यत: चार प्रकार के होते हैं–

  1. प्लेटिनम तापमापी (Platinum Scale) : यदि प्लेटिनम के तार के 0°C, 100°C व अज्ञात ताप t°C पर प्रतिरोध क्रमश: R_0, R_{100} व R_t हैं।

$$\boxed{t_{\text{प्लेटिनम}} = \left(\frac{R_t - R_0}{R_{100} - R_0}\right) 100°\text{C}}$$

  2. तापयुग्म तापमापी

  3. स्थिर आयतन गैस तापमापी (Constant Volume Gas Scale): यदि स्थिर आयतन पर गैस की दी गई मात्रा के 0°C, 100°C व अज्ञात ताप t°C पर दाब क्रमश: P_0, P_{100} व P_t हों तब

$$\boxed{t_{\text{गैस}} = \left(\frac{P_t - P_0}{P_{100} - P_0}\right) 100°\text{C}}$$

  4. पारे का तापमापी (Mercurry Scale) : यदि 0°C, 100°C व अज्ञात ताप t°C पर पारे के स्तम्भ की लम्बाई क्रमश: l_0, l_{100} व l_t हों तो

$$\boxed{t_{\text{पारा}} = \left(\frac{l_t - l_0}{l_{100} - l_0}\right) 100°\text{C}}$$

- – 40°C एक ऐसा ताप है जो °C तथा °F में समान होता है
- °C, °F तथा °R में सम्बन्ध

$$\boxed{\frac{C}{5} = \frac{F - 32}{9} = \frac{R}{4}}$$

- एक स्वस्थ मनुष्य का ताप 37°C = 98.6°F होता है।

ठोसों का प्रसार (Expansion of Solids)

- **रेखीय प्रसार (Linear expansion) :** यदि किसी छड़ की लम्बाई l तथा Δt ताप परिवर्तन से Δl की वृद्धि हो जायें, तो रेखीय प्रसार गुणांक

$$\alpha = \frac{\Delta l}{l \times \Delta t} = \frac{l_t - l_0}{l_0 \times \Delta t}$$

यदि एक छड़ को जिसकी लम्बाई 0°C पर l_0 है। इसे t°C पर गर्म किया जाता है तो नई लम्बाई

$$l_t = l_0 (1 + \alpha \Delta t)$$

- **क्षेत्रीय प्रसार (Area expansion) :** यदि किसी वस्तु के क्षेत्रफल A में Δt ताप परिवर्तन से ΔA परिवर्तन होता हो, तो क्षेत्रीय प्रसार गुणांक

$$\beta = \frac{\Delta A}{A \times \Delta t} = \frac{A_t - A_0}{A_0 \times \Delta t}$$

- **आयतन प्रसार (Volume expansion) :** यदि किसी वस्तु के आयतन V में Δt ताप परिवर्तन से ΔV परिवर्तन होता हो, तो आयतन प्रसार गुणांक

$$\gamma = \frac{\Delta V}{V \times \Delta t} = \frac{V_t - V_0}{V_0 \times \Delta t}$$

- **α, β, γ में सम्बन्ध :**

$$\alpha : \beta : \gamma = 1 : 2 : 3$$
$$\beta = 2\alpha \quad \text{तथा} \; \gamma = 3\alpha$$

- **ताप के साथ घनत्व में सम्बन्ध (Relation between Temprature and Density) :** ताप बढ़ाने पर घनत्व में कमी आती है यदि किसी ठोस पदार्थ का 0°C पर घनत्व d_0 तथा t°C पर घनत्व d_t है तब

$$d_0 = d_t (1 + \gamma t)$$
$$d_t = d_0 (1 - \gamma t)$$

द्रवों का वास्तविक एवं आभासी प्रसार
(Real and Apparent Expansions of Liquids)

- किसी द्रव के लिए प्रति डिग्री ताप वृद्धि से, द्रव के आयतन में हुई वास्तविक वृद्धि एवं इसके मूल आयतन के अनुपात को द्रव का वास्तविक प्रसार गुणांक कहते हैं।

$$\therefore \quad \gamma_r = \frac{\text{द्रव के आयतन में वास्तविक वृद्धि}}{\text{मूल आयतन} \times \text{ताप में वृद्धि}}$$

- किसी द्रव के लिए प्रति डिग्री ताप वृद्धि से, द्रव के आयतन में प्रेक्षित वृद्धि एवं द्रव के मूल आयतन के अनुपात को द्रव का आभासी प्रसार गुणाँक कहते हैं।

$$\therefore \quad \gamma_a = \frac{\text{आयतन में प्रेक्षित वृद्धि}}{\text{मूल आयतन} \times \text{ताप में वृद्धि}}$$

आयतन गुणांक (Volume Coefficient)

- माना गैस की दी गई मात्रा को स्थिर दाब पर 1°C से गर्म किया जाता है। तब गैस के आयतन में वृद्धि एवं 0°C पर गैस के मूल आयतन के अनुपात को आयतन गुणांक कहते हैं।

$$\alpha_v = \frac{V_t - V_0}{V_0 \, \Delta t}$$

ऊष्मीय प्रतिबल (Thermal Stress)

- एक छड़ की कल्पना करते हैं जिसके दोनों सिरे दृढ़ता से कसे गए हैं, जिससे कि छड़ में कोई प्रसार न हो सके। जब ताप में वृद्धि अथवा कमी होती है तो छड़ में खिंचाव (tensile) अथवा सम्पीडन (Compressive) प्रतिबल उत्पन्न होते हैं। ये ऊष्मीय प्रतिबल कहलाते हैं।

$$Y = \frac{\text{प्रतिबल}}{\text{विकृति}} = \frac{\text{प्रतिबल}}{\Delta L / L_0}$$

Remember if mod is free toex panel there will be no strain in it.

ऊष्मा धारिता (Thermal Capacity)

- किसी वस्तु के ताप में 1°C की वृद्धि करने के लिए आवश्यक ऊष्मा की मात्रा उस वस्तु की ऊष्मा धारिता कहलाती है।

  ऊष्मा धारिता = वस्तु का द्रव्यमान × विशिष्ट ऊष्मा

जल तुल्यांक (Water Equivalent)

- किसी वस्तु का जल तुल्यांक, ग्राम में जल की उस मात्रा के बराबर होता है, जिसका ताप 1°C बढ़ाने के लिए उतनी ही ऊष्मा चाहिए, जितनी कि उस वस्तु के ताप में 1°C वृद्धि करने के लिए आवश्यक होती है।

  वस्तु का जल-तुल्यांक = वस्तु का द्रव्यमान × विशिष्ट ऊष्मा

ऊष्मा का सिद्धान्त (Principle of Heat)

- एक वस्तु द्वारा दी गई ऊष्मा = दूसरी वस्तु द्वारा ग्रहित ऊष्मा किसी वस्तु द्वारा दी गई अथवा ग्रहित ऊष्मा Q होती है,

$$Q = m \times s\,(T_2 - T_1)$$

  जहाँ m = वस्तु का द्रव्यमान, s = वस्तु की विशिष्ट ऊष्मा,
  $(T_2 - T_1)$ = ताप में परिवर्तन

अणु विशिष्ट ऊष्मा (Molar Specific Heat)

- पदार्थ के 1 मोल का 1°C (= 1K) ताप वृद्धि में आवश्यक ऊष्मा को उसकी अणु विशिष्ट ऊष्मा कहते हैं। यदि पदार्थ का अणुभार M हो तो

  अणु विशिष्ट ऊष्मा C = अणुभार (M) × विशिष्ट ऊष्मा (c)

ऊष्मा धारिता व विशिष्ट ऊष्मा धारिता (Heat Capacity and Specific Heat Capacity)

- $m = 1$ होने पर इकाई ताप वृद्धि के लिए आवश्यक ऊष्मा $Q = c$, जिसे विशिष्ट ऊष्मा धारिता अथवा विशिष्ट ऊष्मा कहते हैं।

$$c = \frac{Q}{m\,\Delta\theta}$$

गुप्त ऊष्मा (Latent Heat)

- किसी पदार्थ के ताप में परिवर्तन के बिना उसकी अवस्था के परिवर्तन में दी गई या ली गई ऊष्मा को गुप्त ऊष्मा कहते हैं।
- यदि किसी पदार्थ के इकाई द्रव्यमान को बिना ताप बदले उसकी ठोस अवस्था से द्रव अवस्था में परिवर्तन के लिए दी गई या ली गई ऊष्मा को गलन की गुप्त ऊष्मा कहते हैं।
- यदि किसी पदार्थ के इकाई द्रव्यमान को बिना ताप बदले उसकी द्रव अवस्था से वाष्प अवस्था में परिवर्तन के लिए दी गई या ली गई ऊष्मा को वाष्पन की गुप्त ऊष्मा कहते हैं।
- यदि किसी पदार्थ गुप्त ऊष्मा L हो तो अवस्था परिवर्तन के लिए दी गई या ली गई ऊष्मा

$$Q = m\,l$$

वस्तु पर ऊष्मा का प्रभाव (Effect of Heat on Body)

- यदि हम किसी वस्तु को समान दर से लगातार ऊष्मा देते हैं तब प्रारम्भ में जब तक ठोस अवस्था होती है उसका ताप गलनाँक बिन्दु तक निरन्तर बढ़ता है। उसके बाद ताप नियत हो जाता है।

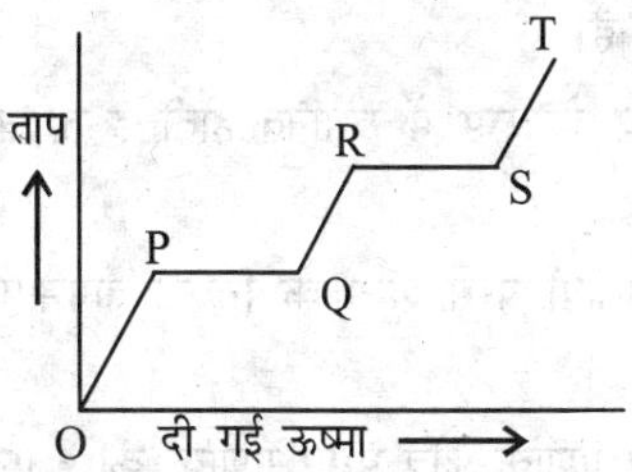

- ढ़ाल PQ स्थिर ताप पर ठोस से द्रव की अवस्था में परिवर्तन प्रदर्शित करता है इससे हिमन की गुप्त ऊष्मा प्राप्त होती है।
- क्षैतिज क्षेत्र RS स्थिर ताप पर द्रव से वाष्प अवस्था में परिवर्तन को प्रदर्शित करता है। इससे वाष्पन की गुप्त ऊष्मा प्राप्त होती है।
- ढ़ाल ST पदार्थ की वाष्प अवस्था की ऊष्मा धारिता को प्रदर्शित करता है।
- यदि OP > QR इससे प्रदर्शित होता है द्रव अवस्था में विशिष्ट ऊष्मा, ठोस अवस्था में विशिष्ट ऊष्मा से अधिक होती है।
- यदि RS = 2 OP इससे पता चलता है पदार्थ के वाष्पन की गुप्त ऊष्मा हिमन की गुप्त ऊष्मा से दोगुनी होती है।
- PQ भाग में ठोस तथा द्रव अवस्था में साथ-साथ परिवर्तन होता हैं तथा RS में पदार्थ, द्रव और वाष्प अवस्था में साथ-साथ रहता है।

नोट: दाब में वृद्धि होने पर बर्फ का गलनाँक कम होता है। दाब वृद्धि का अर्थ होता है आयतन कम होने में सहायता करना।

यदि मोम के लिए दाब में वृद्धि की जाती है तो उसका गलनाँक बढ़ जाता है।

गैसों की विशिष्ट ऊष्मा (Specific Heat of a Gas):

- गैसों की विशिष्ट ऊष्मा दो प्रकार की होती है-
  - (i) स्थिर दाब पर विशिष्ट ऊष्मा C_p
  - (ii) स्थिर आयतन पर विशिष्ट ऊष्मा C_v

$$\boxed{\frac{C_p}{C_v} = \gamma}$$

- Mono-atomic गैसों के लिए γ का मान 1.67 होता है।
- Di-atomic गैसों के लिए γ का मान 1.40 होता है।
- Tri-atomic गैसों के लिए γ का मान 1.33 होता है।
- Mayer's Relation : $C_p - C_v = R$

सापेक्षित आर्द्रता (Relative Humidity)

- वायु की दी गई मात्रा में जल वाष्प की वास्तव में उपस्थित मात्रा तथा वाायु की समान मात्रा को संतृप्त करने के लिए आवश्यक जल वाष्प की मात्रा के अनुपात को सापेक्षित आर्द्रता कहते हैं।

$$\text{सापेक्षित आर्द्रता} = \frac{m}{M} \times 100$$

$$\text{आ० आर्द्रता} = \frac{\text{वायुमण्डलीय ताप पर असंतृप्त वाष्प दाब}}{\text{वायुमण्डलीय ताप पर संतृप्त वाष्प}} \times 100$$

ओसांक (Dew Point)

- जिस ताप पर वायु के किसी आयतन में वास्तव में उपस्थित जल वाष्प का मात्रा इसको संतृप्त करने के लिए प्राप्त होती है उसे ओसांक कहते हैं।

महत्त्वपूर्ण तथ्य (Important Facts)

- गर्म करने पर प्रसार पदार्थ का घनत्व कम करता है।
- धातु की एक ठोस गेंद के अन्दर, एक गोलाकार खोखली खोह (cavity) है। गेंद को गर्म किया जाता है। खोह के आयतन में वृद्धि होगी।
- पानी को 0°C से 10°C तक गर्म करने पर, इसका आयतन पहले कम होता है, बाद में बढ़ता है।
- किसी द्रव के ताप में वृद्धि करने पर, इसके आयतन में वृद्धि व घनत्व में कमी होती है।
- जब वाष्प, द्रव के रूप में संघनित होती है तो यह ऊष्मा को मुक्त करती है।
- चुम्बकीय तापमापी परम शून्य के निकट तापमापन के लिए प्रयुक्त तापमापी है।
- यदि घन प्रसार गुणांक, क्षेत्र प्रसार गुणांक का x गुना है तो x का मान 1.5 होगा।
- पारे के तापमापी को 500°C तक के ताप के मापन के लिए प्रयोग किया जा सकता है।
- किसी ठोस पिण्ड के ताप में वृद्धि करने पर, इसके आयतन में वृद्धि इस तथ्य पर निर्भर नहीं करती कि पिण्ड के अन्दर खोह है या नहीं।
- एक पीतल की छड़ एवं एक स्टील की छड़ की लम्बाई में अन्तर, सभी तापमान पर समान होने का दावा किया गया है।
- 160°C ताप पर फॉरनहाइट पैमाने का पाठ, सेन्टीग्रेड पैमाने के पाठ का दो गुना होता है।
- पानी का आयतन 4°C पर न्यूनतम होता है।
- समान द्रव्यमान के दो गोले समान धातु के बने हैं, जिनमें एक ठोस है तथा दूसरा खोखला। समान ताप तक गर्म करने पर, इनके व्यास में प्रतिशत वृद्धि दोनों गोलों के लिए समान होगी।
- सूर्य का ताप पाइरोमीटर द्वारा नापा जाता है।
- जब ताँबे के गोले को गर्म किया जाता है तो आयतन में प्रतिशत अधिकतम वृद्धि होती है।
- ताप वैद्युत तापमापी सीबेक प्रभाव पर आधारित है।
- गैस तापमापी, द्रव दाबमापी की अपेक्षा अधिक सुग्राही होते हैं क्योंकि गैसों में प्रसार, द्रवों से अधिक होता है।
- एक धातु की ठोस गेंद के अन्द एक कोटर है। जब इस धातु की गेंद को गर्म किया जाता है तो कोटर का आयतन बढ़ेगा।
- 80°C से नीचे सिलिका काँच को गर्म करने पर यह संकुचित होता है।
- किसी गैस की विशिष्ट ऊष्मा का 0 व ∞ के बीच कोई भी मान हो सकता है।
- 0°C पर 1 ग्राम बर्फ को 100°C पर वाष्प में परिवर्तित करने के लिए आवश्यक ऊष्मा 716 कैलोरी है
- 10 ग्राम पानी को 420 जूल ऊर्जा देने पर इसके ताप में लगभग 4.2°C वृद्धि होगी।
- 1 ग्राम वाष्प को 1 ग्राम बर्फ में मिश्रित किया जाता है। मिश्रण का परिणामी ताप 100°C होगा।
- वान्डर वाल गैस के लिए क्रान्तिक नियतांकों RT_c/P_cV_c का मान 8/3 होता है।
- द्रव नाइट्रोजन से कम ताप पर किसी भौतिक प्रक्रिया के अध्ययन को हिम-मिश्रण का अध्ययन कहते हैं।
- प्रेशर कुकर में खाना शीघ्र बनता है क्योंकि कुकर के अन्दर दाब में वृद्धि होने के कारण, पानी क्वथनांक में वृद्धि होती है।
- एवरेस्ट की चोटी पर चावल पकाने में सर्वाधिक समय लगता है।
- आर्द्रतामापी वह उपकरण है, जिसका प्रयोग वातावरण में जल वाष्प की मात्रा के मापन में किया जाता है।
- बर्फ के दो टुकड़ों को एक साथ दबाने पर, ये जुड़कर एक पिण्ड बनाते हैं, क्योंकि दाब में वृद्धि होने पर, बर्फ का गलनांक कम होता है।

बहुविकल्पीय प्रश्न

1. विभिन्न धातुओं A तथा B से बने दो तापयुग्म एक कुँजी तथा एक सुग्राही धारामापी के साथ जुड़े हैं। तापयुग्म के एक सन्धि को गर्म जल में ताप t_2 पर तथा दूसरे को ठण्डे जल में ताप t_1 पर रखा गया है। कुँजी K को दबाने पर धारामापी में विक्षेप आता है–

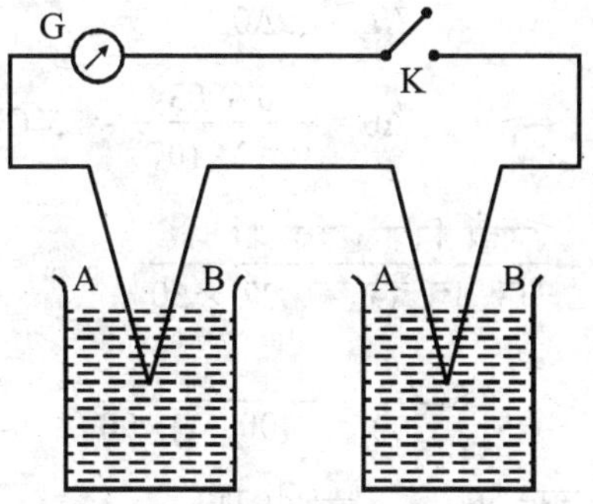

(a) लगभग 1 वोल्ट का वि० वा० बल उत्पन्न हो जाता है जो कि $(t_2 - t_1)$ के अनुक्रमानुपाती है।
(b) कुछ माइक्रो वोल्ट का वि० वा० बल उत्पन्न हो जाता है जो कि केवल t_2 के अनुक्रमानुपाती है।
(c) माइक्रो वोल्ट की कोटि का वि०वा० उत्पन्न हो जाता है जो कि $(t_2 - t_1)$ के अनुक्रमानुपाती है।
(d) वि० वा० बल उत्पन्न हो जाता है जिसका मान केवल गर्म जल के ताप पर निर्भर करता है।

2. किसी चालक का प्रतिरोध R, ताप के सापेक्ष निम्न समीकरण के अनुसार परिवर्तित होता है–

$$R_t = R_0(1 + \alpha t + \beta t^2)$$

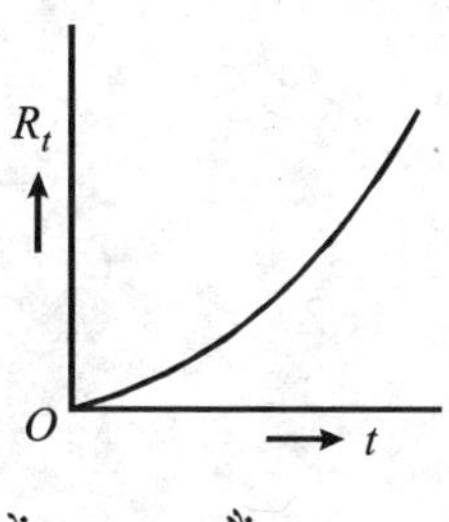

(a) α तथा β दोनों धनात्मक हैं
(b) α तथा β दोनों ऋणात्मक हैं
(c) α धनात्मक है तथा β ऋणात्मक हैं
(d) α ऋणात्मक तथा β धनात्मक हैं

3. 1 मीटर व्यास के लकड़ी के पहिये पर लोहे की हाल चढ़ानी है। हाल का व्यास पहिये के व्यास से 6 मिमी कम है। लोहे का आयतन प्रसार गुणांक 3.6×10^{-5} प्रति °C है। लोहे की हाल को कितना गर्म किया जाना चाहिए, ताकि इसके ताप में न्यूनतम वृद्धि हो?

(a) 500 °C (b) 1000 °C
(c) 167 °C (d) 234 °C

4. ताँबा (रेखीय प्रसार गुणांक $16.2 \times 10^{-6}\ K^{-1}$) तथा लोहा (रेखीय प्रसार गुणांक $12.0 \times 10^{-6}\ K^{-1}$) से एक सीधी द्विधातु पट्टी बनाई गई है। यदि इस पट्टी को उच्च ताप पर गर्म किया जाये तो–
(a) सीधी अवस्था में रहेगी
(b) कुंडलिनी में मरोड़ आ जायेगा
(c) लोहे के बाहरी किनारे पर मुड़ जायेगी
(d) ताँबे के बाहरी किनारे पर मुड़ जायेगी

5. 2.0 मीटर व्यास के लकड़ी के पहिये पर लोहे का टायर लगाता है। टायर का व्यास, पहिये के व्यास के 12 मिमी कम है। टायर लगाने में इसके ताप में की गयी न्यूनतम वृद्धि होगी– (लोहे का आयतन प्रसार गुणांक 3.6×10^{-5}/°C है)
(a) 600°C (b) 800°C
(c) 400°C (d) 500°C

6. साधारण दाब व 20°C पर किसी गैस का आयतन 100 सेमी^{3} है। जब इसे पूर्व दाब पर 100°C तक गर्म किया जाता है, तो इसका आयतन 125 सेमी^{3} हो जाता है। गैस का आयतन नियतांक होगा–
(a) 0.33/°C (b) 3.3/°C
(c) 0.0033/°C (d) 0.033/°C

7. यदि 30°C पर 1.0 सेमी व्यास के एक बेलन को उसी ताप पर इस्पात् की प्लेट में 0.9997 सेमी व्यास के छिद्र में से सरकाना है, तो प्लेट के ताप में न्यूनतम वृद्धि होगी– (इस्पात का रेखीय प्रसार गुणांक $= 12 \times 10^{-6}$/°C)
(a) 45°C (b) 55°C
(c) 25°C (d) 35°C

8. एक आपेक्षिक घनत्व बोतल को 0°C पर 400 ग्राम पारे को उसके मुँह तक भरा गया है। जब 90°C तक गर्म किया जाता है, तो बोतल से बाहर निकालने वाले पारे का द्रव्यमान होगा– (काँच में पारे का आभासी प्रसार गुणांक $= \frac{1}{6500}$ प्रति°C)
(a) 10.92 ग्राम (b) 13.08 ग्राम
(c) 5.46 ग्राम (d) 6.54 ग्राम

9. 10°C पर पीतल की एक प्लेट व 20°C पर लोहे की पतली प्लेट के क्षेत्रफल समान हैं। उस ताप की गणना कीजिए जिस पर दोनों के क्षेत्रफल समान होंगे। पीतल व लोहे के रेखीय प्रसार गुणांक क्रमशः 19×10^{-6}/°C व 11×10^{-6}/°C हैं –
(a) 2.75°C (b) 3.75°C
(c) –3.75°C (d) –2.75°C

उत्तरमाला

1. (a) **2.** (a) **3.** (a) **4.** (d) **5.** (d) **6.** (c) **7.** (c) **8.** (c) **9.** (c)

हल

1. (c) उत्पन्न वि०वा० बल माइक्रोवोल्ट की कोटि का होता है तथा इसका मान दोनों युग्मों के तापान्तर के अनुक्रमानुपाती होता है।

2. (a) वक्र का ढ़लान धनात्मक है, अत: $R_t = R_0(1 + \alpha t + \beta t^2)$ से α धनात्मक होगा तथा $\frac{d}{dt}\left(\frac{dR_t}{dt}\right)$, अर्थात् वक्र के ताप परिवर्तन से ढ़लान परिर्तन की दर बढ़ रही है, अत: β भी धनात्मक होगा।

3. (a) $$\Delta L = L\,\alpha\Delta\theta,$$

$$\Delta\theta = \frac{6\times10^{-3}}{1\times1.2\times10^{-5}} = 500°C$$

$\left(\alpha = \frac{\gamma}{3}\right)$

4. (d) ताँबा का रेखीय प्रसार गुणांक अधिक होने से, गर्म करने पर मुड़ी पत्ती में ताँबा बाहर की ओर होगा।

5. (d) $\alpha_{Fe} = \frac{\gamma}{3} = 1.2\times10^{-5}/°C$

अत: $$\Delta L = L\alpha\Delta\theta$$

$$\Delta\theta = \frac{12\times10^{-3}}{2\times1.2\times10^{-5}} = 500°C$$

6. (c) $V_t = V_0(1 + rsgt)$ से

$$r = \frac{V_2 - V_1}{V_1 t_2 - V_2 t_1}$$

$$r = \frac{25}{100\times100 - 125\times20} = 0.0033/°C$$

7. (c) $$\Delta L = L\alpha\Delta\theta$$

$$\Delta\theta = \frac{0.0003}{1\times12\times10^{-6}} = 25°C$$

8. (c) $$\gamma_{ap} = \frac{\text{बाहर निकले द्रव का भार}}{\text{शेष बचे द्रव का भार} \times \Delta\theta}$$

$$\therefore \quad \frac{1}{6500} = \frac{x}{(400 - x)\times90}$$

हल करने पर $x = 5.46$ ग्राम

9. (c) पीतल का क्षेत्रीय प्रसार गुणांक अधिक होने से उनके क्षेत्रफल में समानता ताप को कम करने पर समान हो सकती है। अत:

$$\Delta A = A_{10}\beta_{\text{पीतल}}\,(10 - \theta)$$

$$= A_{20}\beta_{\text{लोहा}}\,(20 - \theta)$$

$$\therefore \quad \frac{10 - \theta}{20 - \theta} = \frac{2\alpha_{Fe}}{2\alpha_B}$$

$$= \frac{2\times11\times10^{-6}}{2\times19\times10^{-6}}$$

अत: $\theta = -3.75°C$

□□□

अध्याय 14

गैसों का अणुगति सिद्धान्त
(Kinetic Theory of Gases)

बॉयल का नियम (Boyle's Law)

- निश्चित ताप पर किसी गैस के निश्चित द्रव्यमान का दाब उसके आयतन के व्युत्क्रमानुपाती होता है।

$$P \propto \frac{1}{V}$$

$$\boxed{P_1V_1 = P_2V_2}$$

- ***P* तथा *V* के मध्य वक्र (Graph between P and V)**

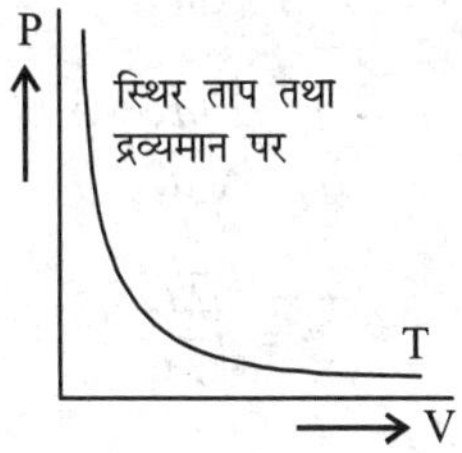

यदि ताप T_1 से T_2 हो जाता है $(T_2 > T_1)$

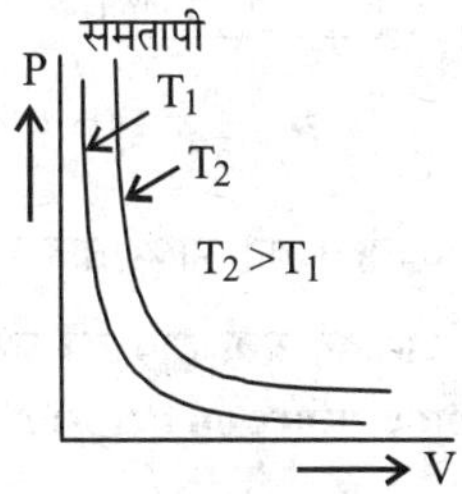

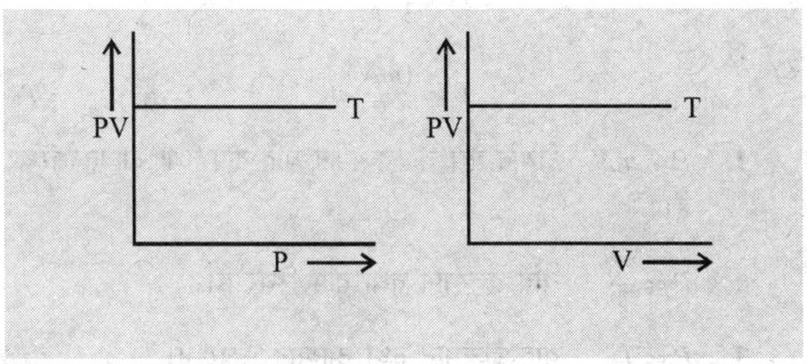

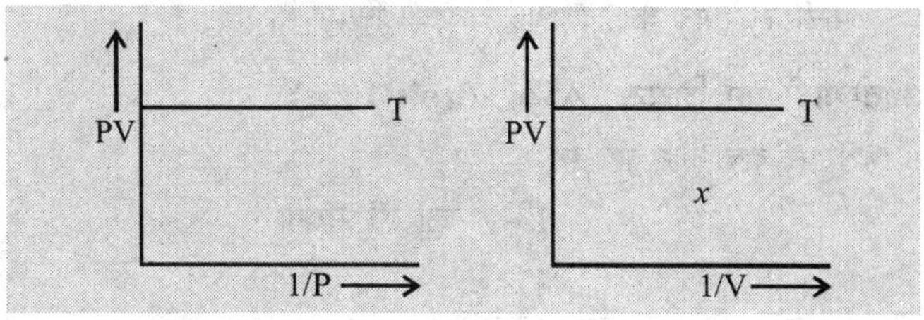

चार्ल्स का नियम (Charle's Law)

- नियत दाब पर किसी निश्चित द्रव्यमान की गैस का आयतन उसके ताप के समानुपाती होता है।

$$V \propto T$$

$$\boxed{\frac{V_1}{T_1} = \frac{V_2}{T_2}}$$

- ***V* तथा *T* के मध्य वक्र (Graph between V and T)**

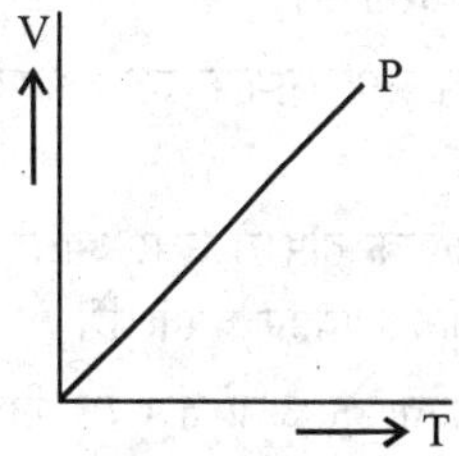

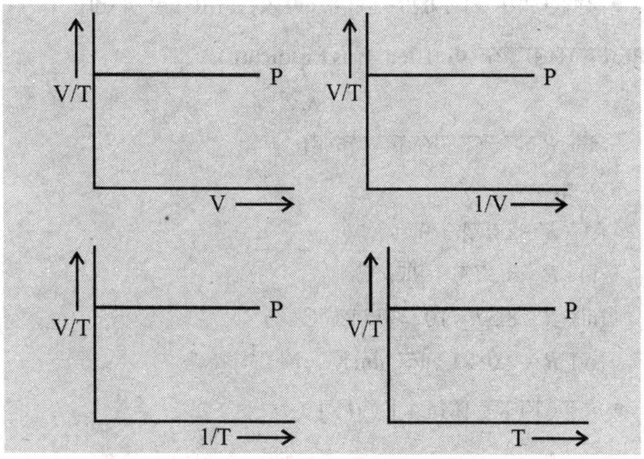

गे लूसक का दाब नियम (Gay Lussac's Law)

- निश्चित आयतन पर तथा निश्चित द्रव्यमान पर

$$P \propto T$$

$$\boxed{\frac{P_1}{T_1} = \frac{P_2}{T_2}}$$

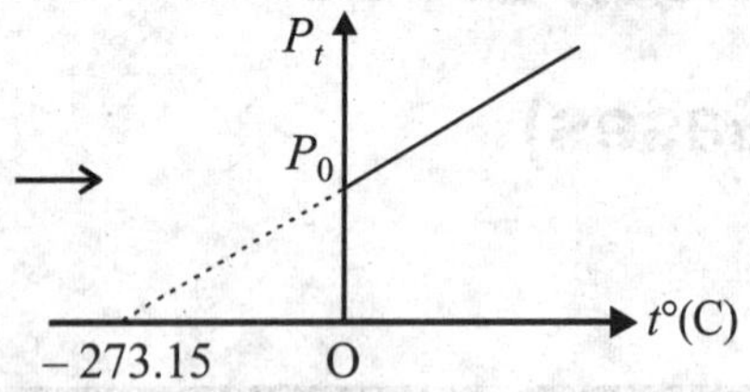

$$P_t = P_0\left(1 + \frac{1}{273.15}t\right)$$

सेन्टीग्रेट पैमाने के लिए यह दाब का नियम है।

आवोगाद्रो का नियम (Avogadro's Law)

- स्थिर दाब और ताप पर

$$V \propto \text{मोलों की संख्या}$$

$$V \propto n$$

- स्थिर ताप पर, घनत्व $\propto$ दाब
- स्थिर दाब पर, घनत्व $\propto \frac{1}{\text{ताप}}$

अतः अधिक घनत्व के लिए उच्च दाब तथा निम्न ताप की आवश्यकता होगी।

आदर्श गैस (Ideal Gas)

- आदर्श गैस ताप दाब की प्रत्येक अवस्था में गैस नियम तथा दाब नियम का पूर्णतः पालन करती है।
- आदर्श गैस के दाब प्रसार गुणांक तथा आयतन प्रसार गुणांक बराबर होते हैं।
- निम्न दाब तथा क्रान्तिक ताप से ऊपर अधिक ताप पर वास्तविक गैसें आदर्श गैस की भांति व्यवहार करती हैं।
- आदर्श गैस की आन्तरिक ऊर्जा ताप पर निर्भर करती है।
- आदर्श गैस की विशिष्ट ऊष्मा ताप पर निर्भर नहीं करती।

आदर्श गैस समीकरण (Ideal Gas Equation):

$$PV = nRT$$

जहाँ R सार्वत्रिक गैस नियतांक है।

- R के मान
  (i) $R = 2$ कैलोरी/मोल/°C
  (ii) $R = 8.37$ जूल/मोल/°C
  (iii) $R = 8.37 \times 10^7$ अर्ग/मोल/°C
  (iv) $R = 0.0821$ लीटर atm K^{-1} mol^{-1}
- R की विमा $= [M L^2 T^{-2} \theta^{-1}]$

वास्तविक गैस (Real Gases)

1. वे गैसें जो प्रकृति में वास्तविक रूप से पायी जाती हैं, वास्तविक गैस हैं।
2. ये गैसीय नियमों का पालन नहीं करती हैं।
3. एक मोल आदर्श गैस के लिए $\frac{PV}{RT} = 1$, लेकिन वास्तविक गैस में यह परिणाम नहीं होता है और अलग-अलग गैसों के लिए यह अलग-अलग होता है।
4. $\frac{PV}{RT}$ संपीड्यता घटक कहलाता है।
5. कम ताप और अधिक दाब पर वास्तविक गैस आदर्श गैस की भाँति व्यवहार करती हैं।

डाल्टन का आंशिक दाब नियम (Dalton's Law of Partial Pressure)

- यह उन गैसीय मिश्रणों के लिए लागू होता जहाँ है, गैसें आपस में अभिक्रिया नहीं करती। इसके अनुसार किसी पात्र में भरी अक्रियाशील गैसों के मिश्रण का कुल दाब का मान अलग-अलग गैसों के आंशिक दाबों के योग के बराबर होता है।

$$P = P_1 + P_2 + P_3 + ...$$

ग्राहम का विसरण का नियम (Graham's Law of Diffusion)

- स्थिर ताप व दाब पर गैस की विसरण गति उसके वाष्प घनत्व के वर्गमूल के व्युत्क्रमानुपाती होती है।

$$r \propto \frac{1}{\sqrt{\text{घनत्व}}}$$

$$\frac{r_1}{r_2} = \sqrt{\frac{d_2}{d_1}}$$

$$\frac{r_2}{r_1} = \sqrt{\frac{M_2}{M_1}}$$

आदर्श गैस के लिए दाब का व्यंजक :

$$\boxed{P - \frac{1}{3}\rho v_{rms}^2}$$

$$P = \frac{2}{3}E$$

$E =$ गैस के इकाई आयतन की माध्य गतिज ऊर्जा

- **दाब पर द्रव्यमान, आयतन तथा ताप का प्रभाव (Effect of Mass, Volume and Temperature on Pressure)**

$$P = \frac{1}{3}\frac{mN}{V}v_{rms}^2$$

$$P \propto \frac{(mN)}{V}T \qquad \because v_{rms}^2 \propto T$$

1. $P \propto mN$ अर्थात गैस का द्रव्यमान, यदि ताप तथा आयतन स्थिर हैं।
2. $P \propto \frac{1}{V}$ यदि द्रव्यमान तथा ताप स्थिर हैं।
3. $P \propto T$ यदि द्रव्यमान तथा आयतन स्थिर हैं।

■ एक परमाणुक गैस के लिए गतिज ऊर्जा

$$KE = \frac{3RT}{2}$$

एक ग्राम की माध्य गतिज ऊर्जा $= \frac{3RT}{2M}$

$$C_v = \frac{3R}{2}$$
$$C_p = \frac{5R}{2}$$

■ द्विपरमाणुक गैस के लिए गतिज ऊर्जा

$$KE = \frac{5RT}{2}$$

एक ग्राम की माध्य गतिज ऊर्जा $= \frac{5RT}{2M}$

$$C_v = \frac{5R}{2}$$
$$C_p = \frac{7R}{2}$$

■ त्रिपरमाणुक गैस के लिए गतिज ऊर्जा

$$KE = \frac{7RT}{2}$$

एक ग्राम की माध्य गतिज ऊर्जा $= \frac{7RT}{2M}$

$$C_v = \frac{7R}{2}$$
$$C_p = \frac{9R}{2}$$

गैसीय अणुओं की गति (Speed of Gas Molecules)

1. गैसों की अणुगति :

$$v_{rms} = \sqrt{\frac{3RT}{M}}$$

इसी प्रकार किसी गैस के अणुओं की वर्ग माध्य मूल चाल गैस के परम ताप के वर्गमूल के अनुक्रमानुपाती होती है।

$$v_{rms} \propto \sqrt{T}$$

ध्यान दें

(i) यदि गैस के एक अणु का द्रव्यमान m है तो

$$v_{rms} \propto \sqrt{\frac{3KT}{m}}$$

जहाँ $K = \frac{R}{N_A}$ बोल्ट्समान नियतांक है।

$$v_{rms} = \sqrt{\frac{3RT}{M}} = \sqrt{\frac{3PV}{M}} = \sqrt{\frac{3P}{\rho}}$$

(ii) दो भिन्न-भिन्न गैस नियत ताप पर हो, तो

$$\frac{C_{rms1}}{C_{rms2}} = \sqrt{\frac{M_2}{M_1}}$$

(iii) **C_{rms} की निर्भरता :**

- C_{rms} केवल गैस के ताप पर निर्भर करता है।
- नियत ताप पर किसी गैस के लिए $\frac{P}{d} = \frac{RT}{M}$ = नियतांक होता है इसलिए C_{rms}, $\frac{P}{d}$ पर निर्भर नहीं करता।

2. औसत चाल (Average Speed) :

$$v_{av} = \frac{v_1 + v_2 + \ldots v_N}{N}$$

और $$v_{av} = \sqrt{\frac{8P}{\pi\rho}} = \sqrt{\frac{8RT}{M\pi}} = \sqrt{\frac{8KT}{\pi m}}$$

3. सर्वाधिक संभावित चाल (Most Probable Speed) :

$$v_{mp} = \sqrt{\frac{2P}{\rho}} = \sqrt{\frac{2RT}{M}} = \sqrt{\frac{2KT}{m}}$$

वान्डरवाल गैस समीकरण (वास्तविक गैस समीकरण) Vander Walls' Equation of State (Real Gas Equation)

■ n मोल के लिए $\left(P + \frac{an^2}{V^2}\right)(V - nb) = nRT$

■ 1 मोल के लिए $\left(P + \frac{a}{V^2}\right)(V - b) = RT$

■ वास्तविक गैसें निम्न ताप तथा उच्च दाब की काफी सीमा तक इस नियम का पालन करती हैं।

■ इस समीकरण में a और b को वान्डरवाल नियतांक कहते हैं। b का मान वास्तविक मान का चार गुना होता है इसका मान अणुओं के आकार तथा गैस की प्रक्रति पर निर्भर करता है।

$$b = 4N_A \frac{4}{3}\pi r^3$$

a का मांन आणविक बल तथा गैस की प्रक्रति पर निर्भर करता है।

■ वान्डरवाल समीकरण में-
- गैस का प्रभावी आयतन प्रेक्षित आयतन से कुछ कम होता है।
- प्रभावी आयतन = $V - b$

  जहाँ b को वर्जित आयतन कहते हैं।

$$\frac{a}{V^2} = \text{दाब में संशोधन}$$

बॉयल ताप (Boyle's Temperature)

■ जिस ताप पर P का मान बढ़ाने पर PV का मान लगभग नियत रहता है उसे बॉयल ताप कहते हैं। बॉयल ताप पर वास्तविक गैस, आदर्श गैस के समान व्यवहार करती है।

$$T_b = \frac{a}{Rb} = \frac{1}{2T_l}$$

क्रांतिक ताप (Critical Temperature)

- क्रांतिक ताप वह ताप होता है जिस पर गैस के दाब को बढ़ाकर संपीड्यता से द्रवित किया जा सकता है।

$$T_c = \frac{8a}{27Rb}$$

$$T_c = \frac{8}{27}T_B$$

क्रांतिक दाब (Critical Pressure)

- क्रांतिक ताप पर किसी गैस को द्रवित करने के लिए आवश्यक न्यूनतम दाब को क्रांतिक दाब कहते हैं।

$$P_c = \frac{a}{27b^2}$$

क्रांतिक आयतन (Critical Volume)

- क्रांतिक ताप तथा दाब पर एक मोल गैस के आयतन को क्रांतिक आयतन कहते हैं।

$$V_c = 3b$$

T_c, P_c तथा V_c में सम्बन्ध (Relation between T_c, P_c and V_c)

$$\frac{P_c V_c}{T_c} = \frac{3}{8}R$$

ध्यान दें

- a और b के मान T_c, P_c तथा V_c के पदो में

$$a = \frac{27R^2T_c^2}{64P_c}$$

$$b = \frac{RT_c}{8P_c}$$

समतापीय परिवर्तन (Isothermal Change)

- समतापीय परिवर्तन में ताप स्थिर रहता है।
- समतापीय प्रक्रम में दो समतापीय वक्र एक-दूसरे को नहीं काट सकते। समतापीय प्रक्रम में आदर्श गैस की आन्तरिक ऊर्जा परिवर्तित नहीं होती। अर्थात् यदि एक आदर्श गैस में समतापीय प्रसार किया जाता है तो उसकी आन्तरिक ऊर्जा समान रहती है।
- समतापीय प्रक्रम में किया गया कार्य

$$dW = 2.303RT\log_{10}\frac{V_2}{V_1}$$

स्वतंत्रता की कोटियाँ (Degree of Freedom)

- कोई कण स्वतंत्रतापूर्णक जितनी दिशाओं में गति कर सकता उसकी स्वतंत्रता की कोटियाँ कहलाती है। यह तीन प्रकार की होती है –
  1. स्थानान्तरीय स्वतंत्रता की कोटि
  2. घूर्णीय स्वतंत्रता की कोटि
  3. कम्पनिक स्वतंत्रता की कोटि

एक परमाणुक गैस के लिए, स्वतंत्रता की कोटियाँ $= 3$

द्विपरमाणुक गैस के लिए, स्वतंत्रता की कोटियाँ $= 5$

त्रिपरमाणुक (रेखीय) गैस के लिए, स्वतंत्रता की कोटियाँ $= 7$

त्रिपरमाणुक (अरेखीय) गैस के लिए, स्वतंत्रता की कोटियाँ $= 6$

मेयर का सूत्र (Mayer's Formula)

$$C_p - C_v = R$$

$C_p =$ स्थिर दाब पर विशिष्ट ऊष्मा

$C_v =$ स्थिर आयतन पर विशिष्ट ऊष्मा

- **विशिष्ट ऊष्माओं का अनुपात**

$$r = \frac{C_p}{C_v} = 1 + \frac{2}{f}$$

$f =$ स्वतंत्रता कोटि

रुद्धोष्म परिवर्तन (Adiabatic Change)

- रुद्धोष्म परिवर्तन में निकाय तथा उसके आस-पास के वातावरण में कोई ऊष्मा का आदान प्रदान नहीं होता। इसके लिए

$$PV^{\gamma} = \text{स्थिर}$$

tgkγ गैस की दो विशिष्ट ऊष्माओं C_p व C_v निष्पत्ति है।

- रुद्धोष्म प्रक्रम में आन्तरिक ऊर्जा परिवर्तित होती है। गैस द्वारा प्रसार में किए गए कार्य के तुल्य मात्रा में गैस की आन्तरिक ऊर्जा कम हो जाती है।
- रुद्धोष्म प्रक्रम में किया गया कार्य

$$dW = \frac{R(T_2 - T_1)}{\gamma - 1} = \frac{P_2V_2 - P_1V_1}{\gamma - 1}$$

- किसी आदर्श गैस के लिए रुद्धोष्म एवं समतापीय वक्रों का ढ़ाल का अनुपात γ होता है।

  रुद्धोष्म वक्र का ढ़ाल = $\gamma \times$ समतापीय वक्र का ढाल

  समतापीय वक्र की अपेक्षा, रुद्धोष्म वक्र का ढ़ाल अधिक होता है क्योंकि γ का मान 1 से अधिक होता है।
- यदि किसी गैस में रुद्धोष्म प्रसार होता है तो गैस की आन्तरिक ऊर्जा कार्य करने में प्रयुक्त होती है।

महत्त्वपूर्ण तथ्य (Important Facts)

- संतृप्त वाष्प का दबाव स्थिर ताप पर आयतन पर निर्भर नहीं करता है। जैसे L.P.G.
- किसी गैस के एक मोल के लिए

$$v_{rms} : v_{av} : v_{mp} = \sqrt{3} : \sqrt{2.5} : \sqrt{2}$$

- केवल औसत स्थानान्तरीय गतिज ऊर्जा ही गैस के ताप के लिए उत्तरदायी होती है।
- असंतृप्त वाष्प, गैस के नियमों का पालन करती है लेकिन संतृप्त नहीं।
- स्वतंत्रता कोटी बढ़ाने पर C_p, C_v और γ सभी बढ़ते हैं।
- N.T.P. पर गैस के दो अणुओं के बीच की औसत दूरी 10^{-9} मीटर है।
- गैस की प्रति ग्राम गतिज ऊर्जा, ताप पर निर्भर करती है और आणुभार पर निर्भर करती है।

$$E = \frac{3}{2}\frac{k}{m}T$$

$$E \propto \frac{T}{m}$$

- गैस में दो लगातार संघट्यों के बीच चली गयी दूरी मुक्त पथ कहलाती है।
- गैसों में आणविक बल बहुत कमजोर होता है।
- आदर्श गैसों में, अणुओं के बीच गुरुत्वीय आकर्षण प्रभावी नहीं होता, चूँकि उनका द्रव्यमान बहुत कम और चाल बहुत अधिक होती है।
- यदि गैस युक्त बेलन में एक छोटा सा छिद्र कर दिया जाये तो अणुओं का वर्ग माध्य मूल वेग घट जायेगा।
- गैसों के अणुगति सिद्धान्तानुसार गैस के अणुओं का वर्ग माध्य मूल वेग $\sqrt{T}$ के समानुपाती होगा।
- बॉयल के नियमानुसार PV तथा V के मध्य ग्राफ का रूप V अक्ष के समान्तर सरल रेखा होगा
- एक आदर्श गैस के एक मोल की आन्तरिक ऊर्जा केवल ताप पर निर्भर करती है।
- अत्यधिक सम्भावित चाल का सूत्र (C_{mp})

(i) $\sqrt{\frac{2PV}{M}}$ (1 मोल के लिए)

(ii) $\sqrt{\frac{2RT}{M}}$ (1 मोल के लिए)

(iii) $\sqrt{\frac{2kT}{m}}$ (1 अणु के लिए)

(iv) $1.414\sqrt{\frac{kT}{m}}$ (1 अणु के लिए)

- **वर्ग माध्य मूल चाल का सूत्र(C) (Root Mean Square Velocity)**

(i) $\sqrt{\frac{3PV}{M}}$ (1 मोल के लिए)

(ii) $\sqrt{\frac{3RT}{M}}$ (1 मोल के लिए)

(iii) $\sqrt{\frac{3kT}{m}}$ (1 अणु के लिए)

(iv) $1.732\sqrt{\frac{kT}{m}}$ (1 अणु के लिए)

(v) $\sqrt{\frac{3P}{\rho}}$ (1 मोल के लिए)

- माध्य चाल का सूत्र ($< C >$)

(i) $\sqrt{\frac{8RT}{\pi M}}$ (1 मोल के लिए)

(ii) $\sqrt{\frac{8kT}{\pi M}}$ (1 मोल के लिए)

(iii) $\sqrt{\frac{8kT}{\pi M}}$ (1 अणु के लिए)

(iv) $1.6\sqrt{\frac{kT}{m}}$ (1 अणु के लिए)

- अल्प दाब तथा उच्च ताप पर प्रत्येक गैस आदर्श गैस की भाँति व्यवहार करती है क्योंकि इस स्थिति में वह उससे सम्बन्धित सभी परिकल्पना का पूर्णतः पालन करती है।
- किसी पात्र में P_0 दाब पर गैस है। यदि सभी अणुओं के द्रव्यमान आध तथा उनकी चाल दोगुनी कर दी जाये तो परिणामी दाब $P = 2\,P_0$ होगा।
- परम शून्य ताप पर गैस के अणुओं की गति शून्य हो जाती है।
- O_2 तथा H_2 गैसें समान ताप पर हैं। O_2 के एक अणु की गतिज ऊर्जा H_2 के एक अणु की गतिज ऊर्जा के बराबर होगी।
- एक बेलनाकार पात्र में N_2 तथा O_2 के अणुओं की संख्या समान है। यदि उस पात्र में बारीक छिद्र कर दिया जाये तो N_2 गैस O_2 की अपेक्षा अधिक फैलेगी।
- वायु के अणुओं के द्वारा सतत टक्करें करने के कारण उनकी गति की दिशा व चाल बदल जाती है फलस्वरूप वे अनियमित गति करने लग जाते हैं।
- गैसों का विसरण मुख्यतया अणुओं की सान्द्रता प्रवणता के कारण होता है।
- जब एक आदर्श गैस को समतापीय ढंग से संपीड़ित किया जाता है तो उसका दाब बढ़ जाता है क्योंकि गैस अणुओं की पात्र की दीवारों के प्रति एकांक क्षेत्रफल से अधिक टक्कर करते हैं।

अभ्यास के लिए प्रश्न

1. एक अणु की प्रत्येक स्वातंत्र्य कोटि के लिए औसत गतिज ऊर्जा दी जाती है–

(a) $(1/2)RT$ (b) $(1/2)kT$
(c) $(3/2)RT$ (d) $2RT$

2. एक पृष्ठ पर एकांक समय में n गेंदें अभिलम्बवत् प्रत्यास्थ टक्कर करती हैं। सभी गेंदों का समान द्रव्यमान m है तथा सभी समान वेग v से गतिमान हैं। सतह पर बल है–

(a) $(1/2)mnv^2$ (b) $2\,mnv^2$
(c) mnv^2 (d) $2\,mnv$

3. हाइड्रोजन, जो कमरे के ताप पर है (27°C) को किस ताप क गर्म करें कि उसके अणुओं का वर्गमूल माध्य वेग पूर्वमान का दोगुना हो जाये।

(a) 600°C (b) 108°C
(c) 1200°C (d) 927°C

4. 27°C पर बर्तन का अवशिष्ट (residual) दाब 1×10^{-11} न्यूटन/मीटर^2 है। इस बर्तन के एक घन सेमी, में अणुओं की संख्या लगभग है–

(a) $10^{-11} \times 6 \times 10^{23}$ (b) $2.68 \times 10^{19} \times 10^{-11}$
(c) 2400 (d) 2.4×10^6

5. एक जार A में गैस भरी हुई है। गैस का दाब, आयतन व ताप क्रमशः P, V तथा T से प्रदर्शित किया गया है तथा दूसरे जार B में गैस भरी है उसका दाब, आयतन व ताप क्रमशः $2P$, $V/4$ तथा $2T$ से निर्धारित किया गया है। जार A व जार B में गैस के अणुओं की संख्या का अनुपात है–

(a) 2 : 1 (b) 4 : 1
(c) 1 : 1 (d) 1 : 2

6. एक वायुमण्डलीय दाब तथा 100°C (373.15°K) ताप पर एक गैस 100 घन सेमी॰ का आयतन धारण करती है। 4 वायुमण्डलीय दाब तथा समान ताप पर आयतन क्या होगा?

(a) 25 घन सेमी (b) 104 घन सेमी
(c) 100 घन सेमी (d) 400 घन सेमी

7. 27°C पर गैस के एक अणु की औरसत गतिज ऊर्जा 6.21×10^{-21} जूल है। 227°C पर उसके अणुओं की औसत गतिज ऊर्जा होगी–

(a) 11.35×10^{-21} जूल (b) 12.35×10^{-21} जूल
(c) 9.35×10^{-21} जूल (d) 10.35×10^{-21} जूल

8. समान ताप पर दो विभिन्न बर्तनों में दो गैसें बन्द हैं। यदि गैसों के घनत्व क्रमशः ρ_1 तथा ρ_2 हैं व इनके संगत वर्ग माध्य मूल वेग C_1 तथा C_2 हैं, तब अनुपात C_1/C_2 बराबर है–

(a) $\sqrt{(\rho_1 / \rho_2)}$ (b) $\sqrt{(\rho_2 / \rho_1)}$
(c) ρ_1^2 / ρ_2^2 (d) ρ_2^2 / ρ_1^2

9. एक बर्तन A में हाइड्रोजन भरी है व दूसरे बर्तन B में ऑक्सीजन भरी है। B का आयतन, A के आयतन का दोगुना है। बर्तन A व B में दोनों गैसों का द्रव्यमान समान है, व ताप भी समान है। हाइड्रोजन व ऑक्सीजन की औसत गतिज ऊर्जाओं का अनुपात है–

(a) 8 : 1 (b) 1 : 1
(c) 16 : 1 (d) 1 : 8

10. गर्म करने पर ठोस प्रसार करते हैं। इसका कारण है कि–

(a) परमाणुओं की कुल ऊर्जा बढ़ जाती है।
(b) परमाणुओं की गतिज ऊर्जा बढ़ जाती है।
(c) परमाणुओं की स्थितिज ऊर्जा बढ़ जाती है।
(d) समीपवर्ती परमाणुओं के बीच स्थितिज ऊर्जा वक्र साम्यावस्था के सापेक्ष समरूप नहीं है।

11. 27°C पर एक गैस के दिये गये द्रव्यमान के अणुओं का वर्ग माध्य मूल वेग 200 मीटर/सेकण्ड तथा दाब 10^5 न्यूटन/मीटर^2 है। जब ताप दो गुना तथा दाब आधा होता है तो उसी गैस के अणुओं का वर्ग माध्य मूल वेग है–

(a) $200\sqrt{2}$ मीटर/सेकण्ड (b) $200/\sqrt{2}$ मीटर/सेकण्ड
(c) 200 मीटर/सेकण्ड (d) 400 मीटर/सेकण्ड

12. एक बर्तन में एक गैस A के N अणु, जिनमें प्रत्येक का द्रव्यमान m तथा गैस B के $2N$ अणु, जिनमें प्रत्येक का द्रव्यमान $2m$ है, तापमान T पर भरे हैं। गैस B के अणुओं का वर्ग माध्य वेग v^2 से निर्दिष्ट है तथा गैस A के अणुओं के X घटक के वर्ग माध्य वेग को w^2 से निर्दिष्ट किया गया है। तब w^2/v^2 है–

(a) 1/3 (b) 2/3
(c) 2 (d) 1

13. निश्चित द्रव्यमान की किसी गैस के आयतन में 10% की (नियत ताप पर) कमी करने के लिए गैस के दाब में की गई प्रतिशत वृद्धि है–

(a) 10.1% (b) 11.1%
(c) 8.1% (d) 9.1%

14. एक गैस का नमूना 100°C ताप पर है। इसके अणुओं के वर्ग माध्य मूल वेग को दोगुना करने के लिए इसे किस ताप तक गर्म करना चाहिए–

(a) 1092 K (b) –273 K
(c) 1492 K (d) 1219 K

15. किसी गैस के एक ग्राम अणु की रेखीय गति की गतिज ऊर्जा है–

(a) $(9/2)\,RT$ (b) $2/3\,RT$
(c) $(3/2)\,RT$ (d) $(1/2)\,RT$

16. X स्वतंत्रता कोटि वाली किसी गैस के लिए $\gamma = (C_P/C_V)$ है–

(a) $(1 + 2/X)$ (b) $(1 + 1/X)$
(c) $(1 + X)/2$ (d) $(1 + X/2)$

17. एक परमाणुक आदर्श गैस के एक मोल को एक द्विपरमाणुक आदर्श गैस के एक मोल से मिश्रित किया गया है। मिश्रण के एक ग्राम मोल की विशिष्ट ऊष्मा है–

(a) $2\,R$ (b) $3\,R$
(c) R (d) $1.5\,R$

18. दो गैसों X तथा Y का एक मिश्रण नियत तापमान पर किसी बर्तन में है। X, जोकि द्विपरमाणुक है, का आपेक्षिक आणविक द्रव्यमान, Y

जोकि एकपरमाणुक है, का 8 गुना है। Y तथा X के अणुओं के वर्ग माध्य मूल वेगों का अनुपात है–

(a) 4 (b) 8

(c) 2 (d) $2\sqrt{2}$

19. अन्तरापरमाणवीय बल होते हैं–

(a) केवल गैसों में (b) ठोस, द्रव व गैस सभी में

(c) केवल ठोसों में (d) ठोस और गैसों में

20. 300 K पर एक आदर्श गैस के अणुओं का वर्ग माध्य मूल वेग 150 मीटर सेकण्ड$^{-1}$ है। गैस का ताप दो गुना तथा दाब आधा कर दिया जाता है। गैस के अणुओं के वर्तमान तथा पूर्व के वर्ग माध्य मूल वेगों का अनुपात है–

(a) $\sqrt{2}:1$ (b) $1:\sqrt{2}$

(c) 1 : 1 (d) 1 : 2

21. एक आदर्श गैस का दाब P है। उसकी प्रति एकांक आयतन औसत ऊर्जा E है। निम्न में से कौन-सा शुद्ध है–

(a) $P = 2E/3$ (b) $P = 3E/2$

(c) $P = E$ (d) $P = E/2$

22. एक बर्तन A में एक आदर्श गैस नियत दाब P, आयतन V तथा ताप T पर है। एक द्वितीय बर्तन B में वही गैस दाब $2P$, आयतन $2V$ तथा ताप $T/2$ पर है। बर्तन A तथा B में गैस के द्रव्यमानों का अनुपात है–

(a) 1 : 4 (b) 1 : 8

(c) 1 : 1 (d) 1 : 2

23. एक बेलन-पिस्टन युक्ति में परम ताप T पर N अणु हैं। इस युक्ति में अणुओं की संख्या को दो गुणा कर दिया जाता है, परन्तु अणुओं की कुल गतिज ऊर्जा को पहले के ही समान रखा जाता है। इस युक्ति में पूर्व तथा वर्तमान तापमानों का अनुपात है–

(a) 2 : 1 (b) 1 : 4

(c) 1 : 1 (d) 1 : 2

24. एक आदर्श गैस जिसका घनत्व d है परम ताप T पर दाब P आरोपित करती है। तब P अनुक्रमानुपाती है–

(a) d^0 (b) d^{-2}

(c) d (d) $d^{-1/2}$

25. चार अणुओं के वेग क्रमशः 2 किमी/सेकण्ड, 3 किमी/सेकण्ड, 4 किमी/सेकण्ड, 5 किमी/सेकण्ड है। इन अणुओं का वर्ग माध्य मूल वेग (किमी/सेकण्ड में) है–

(a) 3.5 (b) $3\sqrt{3}$

(c) $\sqrt{(54)}/4$ (d) $\sqrt{(54)}/2$

26. एक समतल में मुक्त रूप से गतिमान चींटी की स्थानान्तरीय स्वतंत्रता की कोटि है–

(a) 2 (b) 3

(c) 0 (d) 1

27. सामान्य ताप पर एक द्वि-परमाणुक गैस की स्वतंत्रता की कोटियाँ हैं–

(a) 5 (b) 4

(c) 7 (d) 6

28. बोल्ट्समैन नियतांक $K = 1.38 \times 10^{-23}$ जूल/K हो तो सूर्य की सतह पर स्थित हीलियम परमाणु की ऊर्जा, जहाँ सतह का तापमान 6000 K, है–

(a) 2.484×10^{-19} जूल (b) 0.621×10^{-19} जूल

(c) 1.242×10^{-19} जूल (d) 2.07×10^{-19} जूल

29. 1 ग्राम द्रव्यमान प्रत्येक की 10,000 छोटी गेंदें प्रति सेकण्ड 1 वर्ग सेमी. क्षेत्रफल पर 10,000 छोटी गेंदें प्रति सेकण्ड 1 वर्ग सेमी. क्षेत्रफल पर 100 मीटर/सेकण्ड के वेग से अभिलम्बवत् टकराती है और उसी वेग से वापिस लौटती है। पृष्ठ पर दाब का मान है–

(a) 10^7 न्यूटन/मीटर^2 (b) 2×10^7 न्यूटन/मीटर^2

(c) 2×10^3 न्यूटन/मीटर^2 (d) 2×10^5 न्यूटन/मीटर^2

30. एक राकेट एक गैस द्वारा प्रणोदित होता है जो 4000 K पर है। गैस का ताप 1000 K तक गिर जाता है जब वह राकेट के छिद्र से बाहर आती है। वह गैस जो छिद्र से बाहर आने पर अधिकतम संवेग ग्रहण करती है, होगी–

(a) नाइट्रोजन (b) आर्गन

(c) हाइड्रोजन (d) हीलियम

उत्तरमाला

1. (b)	**2.** (b)	**3.** (d)	**4.** (c)	**5.** (b)	**6.** (a)	**7.** (d)	**8.** (b)	**9.** (b)	**10.** (d)
11. (a)	**12.** (b)	**13.** (b)	**14.** (c)	**15.** (c)	**16.** (a)	**17.** (a)	**18.** (d)	**19.** (b)	**20.** (a)
21. (a)	**22.** (d)	**23.** (a)	**24.** (c)	**25.** (d)	**26.** (a)	**27.** (a)	**28.** (c)	**29.** (b)	**30.** (b)

हल

1. (b) ऊर्जा के समविभाजन का नियम

2. (b) बल = संवेग परिवर्तन की दर

$$= mnv - (-mnv) = 2mnv$$

3. (d) $$\frac{2v}{v} = \sqrt{\frac{T}{300}}$$

या $T = 1200\text{ K} = 927°\text{C}$

4. (c) $$PV = nKT$$

$$1 \times 10^{-11} \times 10^{-6} = n \times 1.38 \times 10^{-23} \times 300$$

$$n = \frac{10^{-17} \times 10^{21}}{1.38 \times 3} = \frac{10^4}{4.14} = 2400$$

5. (b) $PV = n_A kT$, जार A के लिए।

$$2P\left(\frac{V}{4}\right) = n_B k(2T), \text{ जार } B \text{ के लिए।}$$

$$\frac{n_A}{n_B} = 4:1$$

6. (a) $$P_1V_1 = P_2V_2$$

या $$V_2 = \frac{P_1V_1}{P_2} = \frac{P\times 100}{4P}$$

$$V_2 = 25 \text{ घन सेमी}$$

7. (d) $$\frac{E_2}{E_1} = \frac{T_2}{T_1}$$

$$E_2 = \frac{500}{300}\times 6.21\times 10^{-21} \text{ जूल}$$

8. (b) $$v_{\text{r.m.s.}} \propto \frac{1}{\sqrt{\rho}}$$

$$\therefore \quad \frac{v_1}{v_2} = \sqrt{\frac{\rho_2}{\rho_1}}$$

9. (b) $\frac{E_1}{E_2} = \frac{T_1}{T_2} = 1:1$

10. (d)

11. (a) $$\frac{v_1}{v_2} = \sqrt{\frac{T_1}{T_2}} = \sqrt{\frac{T}{2T}}$$

$$\therefore \quad v_2 = 200\sqrt{2} \text{ मीटर/सेकण्ड}$$

12. (b) $v^2 = \frac{3kT}{3m}, \quad 3\omega^2 = \frac{3kT}{m}$

$$\frac{3\omega^2}{v^2} = \left(\frac{3kT}{m}\right)\Big/\left(\frac{3kT}{2m}\right) = 2$$

$$\frac{\omega^2}{v^2} = \frac{2}{3}$$

13. (b) $P \propto \frac{1}{V}$

$$\therefore P_1 = P \text{ तो } P_2 = \frac{100P}{90}$$

$$\frac{\Delta P}{P}\times 100 = \frac{10P}{90P}\times 100 = 11.1\%$$

14. (c) $\frac{2v}{v} = \sqrt{\frac{T_2}{373}}$ या $T_2 = 1492$ K

18. (d) $\frac{v_y}{v_x} = \sqrt{\frac{M_x}{M_y}} = \sqrt{\frac{8M_y}{M_y}} = 2\sqrt{2}$

20. (a) $$P \propto \sqrt{T}$$

$$\therefore \quad \frac{P_2}{P_1} = \sqrt{2}$$

22. (d) $$PV = \frac{m_A}{M}.RT$$

$$2P\cdot 2V = \frac{m_A}{M}.\frac{RT}{2}$$

$$4.\frac{m_A}{M}RT = \frac{m_B}{M}.\frac{RT}{2}$$

$$\frac{m_A}{m_B} = \frac{1}{8}$$

23. (a) $E_1 = \frac{3}{2}NkT$ ($=N$ अणुओं की T ताप पर कुल गतिज ऊर्जा)

$E_1 = \frac{3}{2}(2N)kT'$ ($2N$ अणुओं की ताप T' पर कुल ऊर्जा)

अतः प्रश्नानुसार,

$$\frac{3}{2}NkT = 3\cdot NkT'$$

या $$T' = \frac{T}{2}, \quad \frac{T}{T'} = \frac{2}{1}$$

24. (c) $PV = \mu RT, \quad P\left(\frac{m}{d}\right) = \frac{m}{M}RT$

या $$P \propto d$$

25. (d) $v_{\text{rms}} = \sqrt{\frac{(2)^2+(3)^2+(4)^2+(5)^2}{4}} = \frac{\sqrt{54}}{2}$

26. (a) चींटी केवल दो दिशाओं में स्वतंत्र स्थानांतरीय गति कर सकती है।

27. (a) $f = 3\times 2 - 1 = 5$

28. (c) $E = \frac{3}{2}kT = \frac{3}{2}\times 1.38\times 10^{-32}\times 6000$

$E = 12.42\times 10^{-20}$

$= 1.242\times 10^{-19}$ जूल

29. (b) $$\text{दाब} = \frac{\text{संवेग परिवर्तन की दर}}{\text{क्षेत्रफल}}$$

$$= \frac{mnu-(-mnu)}{A} = \frac{2mnu}{A}$$

$$= \frac{2\times 10^{-3}\times 10^4\times 100}{10^{-4}}$$

$$= 2\times 10^7 \text{ न्यूटन/मीटर}^2$$

Previous Years' Problems

1. दो ऊष्मारोधी बर्तन 1 व 2 ताप (T_1, T_2), आयतन (V_1, V_2) तथा दाब (P_1, P_2) पर वायु से भरे हुए हैं। यदि दोनों बर्तनों को जोड़ने वाले वाल्व को अचानक खोल दिया जाता है तब साम्यावस्था में बर्तनों का ताप होगा:

(a) $\dfrac{T_1T_2(P_1V_1+P_2V_2)}{P_1V_1T_2+P_2V_2T_1}$ (b) $\dfrac{T_1T_2(P_1V_1+P_2V_2)}{P_1V_1T_1+P_2V_2T_2}$

(c) T_1+T_2 (d) $(T_1+T_2)/2$

[AIEEE 2004]

2. एक आवेशित कण चुम्बकीय क्षेत्र के अभिलम्बवत् गतिमान होता है, तब :

(a) कण का संवेग तथा गतिज ऊर्जा दोनों नियत नहीं है

(b) कण के संवेग तथा गतिज ऊर्जा दोनों नियत हैं

(c) इसकी गतिज ऊर्जा परिवर्तित होगी परन्तु संवेग नियत रहेगा

(d) इसका संवेग परिवर्तित होगा परन्तु गतिज ऊर्जा नियत रहेगी

[AIEEE 2007]

3. गैसे से भरे एक अचालक पात्र में दो भाग है जो एक-दूसरे से अचालक पट द्वारा पृथक् हैं। प्रथम भाग का आयतन V_1 है तथा इसमे ताप T_1 पर आदर्श गैस P_1 दाब पर भरी है। द्वितीय भाग का आयतन V_2 है। तथा इसमें P_2 दाब तथा T_2 ताप पर आदर्श गैस भरी है। यदि गैस पर कोई कार्य किये बिना पट हटा लिया जाता है तो पात्र में गैस का अंतिम साम्य ताम होगा -

(a) $\dfrac{P_1V_1T_2+P_2V_2T_1}{P_1V_1+P_2V_2}$ (b) $\dfrac{T_1T_2(P_1V_1+P_2V_2)}{P_1V_1T_1+P_2V_2T_2}$

(c) $\dfrac{T_1T_2(P_1V_1+P_2V_2)}{P_1V_1T_2+P_2V_2T_1}$ (d) $\dfrac{P_1V_1T_1+P_2V_2T_2}{P_1V_1+P_2V_2}$

[AIEEE 2008]

उत्तरमाला

1. (a) **2.** (d) **3.** (c)

हल

1. (a) निकाय की मोल संख्या अपरिवर्तित रहेगी

$$\frac{P_1V_1}{RT_1}+\frac{P_2V_2}{RT_2}=\frac{P(V_1+V_2)}{RT}$$

या $$T=\frac{P(V_1+V_2)T_1T_2}{P_1V_1T_2+P_2V_2T_1}$$

बॉयल के नियम के अनुसार,

$$P_1V_1+P_2V_2=P(V_1+V_2)$$

$\therefore$ $$T=\frac{(P_1V_1+P_2V_2)T_1T_2}{P_1V_1T_2+P_2V_2T_1}$$

2. (d) जब आवेशित कण चुम्बकीय क्षेत्र के अभिलम्बवत् गति करते हुए प्रवेश करता है तो इसका पथ वृत्ताकार हो जाता है। वृत्ताकार पथ में वेग की दिशा प्रत्येक बिन्दु पर परिवर्तित होती है (परिमाण नियत रहता है) इसलिए संवेग प्रत्येक बिन्दु पर परिवर्तित होगा। परन्तु गतिज ऊर्जा $\left(\frac{1}{2}mv^2\right)$ नियत रहेगी चूँकि v^2 वेग के वर्ग का परिमाण है जो अपरिवर्तित रहता है।

3. (c) निकाय में मूलों की संख्या अपरिवर्तित रहती है।

$$\frac{P_1V_1}{RT_1}+\frac{P_2V_2}{RT_2}=\frac{P(V_1+V_2)}{RT}$$

या $$T=\frac{P(V_1+V_2)T_1T_2}{P_1V_1T_2+P_2V_2T_1}$$

बॉयल के नियत से,

$$P_1V_1+P_2V_2=P(V_1+V_2)$$

या $$T=\frac{(P_1V_1+P_2V_2)T_1T_2}{(P_1V_1T_2+P_2V_2T_1)}$$

❑❑❑

अध्याय 15

ऊष्मागतिकी
(Thermodynamics)

कार्य तथा ऊष्मा की तुल्यता (Equivalence of Work and Heat)

- 1 किलो–कैलोरी $= 4.78 \times 10^3$ जूल
  1 कैलोरी $= 4.78$ जूल
- जब किसी निकाय के एक भाग द्वारा उसके अन्य भाग पर कार्य किया जाता है तो उसे आन्तरिक कार्य कहते हैं। जब कार्य बाह्य दाब के विरुद्ध किया जाता है तो उसे बाह्य उष्मीय कार्य कहते हैं।
- जब कार्य निकाय पर किया जाता है तो यह ऋणात्मक होता है इससे निकाय के आयतन में कमी होती है।
  $$W = \text{ऋणात्मक}$$
  इस प्रक्रिया में ताप बढ़ जाता है।
- जब निकाय द्वारा कार्य किया जाता है तो आयतन में वृद्धि होती है अर्थात कार्य का मान धनात्मक होता है।
  $$W = \text{धनात्मक}$$
  इस प्रक्रिया में ताप घट जाता है।

जूल का नियम (Joule's Law)

- इस नियम से ऊष्मा तथा कार्य के परस्पर रूपान्तरण की व्याख्या की जाती है। इसके अनुसार जब ऊष्मा को यांत्रिक कार्य में या यांत्रिक कार्य को ऊष्मा में रूपान्तरिक किया जाता है तब किये गए कार्य या ऊष्मा का ताप नियत होता है।
  $$W \propto Q$$
  $$\frac{W}{Q} = \text{नियतांक} = J$$
  J को ऊष्मा का यांत्रिक नियतांक कहते हैं।
  J का मान $= 4.2$ जूल/कैलोरी या 4.2×10^3 जूल/किलो कैलोरी या 4.2×10^7 अर्ग/कैलोरी

ध्यान दें

- जब पानी का झरना h ऊँचाई से गिरता है तब स्थितिज ऊर्जा, ऊष्मा में परिवर्तित हो जाती है। जिससे पानी के ताप में वृद्धि हो जाती है।
  $$Q = \frac{W}{J} = \frac{k.mgh}{J}$$
- स्वतन्त्र रूप से गिरते हुए m द्रव्यमान का पिण्ड, जब पृथ्वी द्वारा रोका जाता है, तब
  किया गया कार्य = पिण्ड की स्थितिज ऊर्जा $= mgh$
  $$J = \frac{W}{H} = \frac{mgh}{H}$$

आन्तरिक ऊर्जा (Internal Energy)

- किसी निकाय में अणुओं की गति, अणुओं की स्थिति तथा आण्विक संरचना के कारण निकाय में उपस्थित ऊर्जा को उस निकाय की आन्तरिक ऊर्जा कहते हैं।
- आन्तरिक ऊर्जा दो प्रकार की होती है –
  (i) **आन्तरिक स्थितिज ऊर्जा U_p (Internal Potential Energy) :** अणुओं की संरचना या स्थिति के कारण निकाय में उपस्थित ऊर्जा को आन्तरिक स्थितिज ऊर्जा कहते हैं।
  (ii) **आन्तरिक गतिज ऊर्जा U_k (Internal Kinetic Energy) :** अणुओं की गति के कारण निकाय में उपस्थित ऊर्जा को आन्तरिक गतिज ऊर्जा कहते हैं। आन्तरिक गतिज ऊर्जा में हमेशा परिवर्तन ज्ञात किया जाता है।
  $$dU = dU_k + dU_p$$
  अन्तराणविक बलों की अनुपस्थिति में
  $$dU_p = 0$$
  $$\therefore \quad dU = dU_k$$
- आदर्श गैस की केवल आन्तरिक गतिज ऊर्जा ही होती है।
- आन्तरिक ऊर्जा में परिवर्तन
  = निकाय को दी गई ऊष्मा – निकाय द्वारा किया गया कार्य
  $$dU = \Delta Q - \Delta W$$
- यदि निकाय का द्रव्यमान m है तो स्थिर आयतन पर इसकी विशिष्ट ऊष्मा C_v है तथा इसके ताप में परिवर्तन ΔT है, तब
  $$\Delta U = m\, C_v\, \Delta T$$
  मोल की ऊष्मा धारिता C_v के पदों में आन्तरिक ऊर्जा
  $$\Delta U = M\, C_v\, \Delta T$$
  किसी आदर्श गैस के μ-मोल के लिए
  $$\Delta U = \mu\, C_v\, \Delta T = \frac{m}{M} C_v\, \Delta T$$

- एक निश्चित ताप व द्रव्यमान के लिए गैसों की आन्तरिक ऊर्जा अधिकतम तथा ठोसों की न्यूनतम होती है।

$$U_{gas} > U_{liq} > U_{solid}$$

- जब अवस्था में परिवर्तन किया जाता है तब आन्तरिक ऊर्जा में वृद्धि होती है क्योंकि अणुओं के बीच दूरी बढ़ने पर अन्तराणविक बलों के विरुद्ध कार्य करना पड़ता है।
- 0°C पर पानी के अणुओं की आन्तरिक ऊर्जा बर्फ के अणुओं की आन्तरिक ऊर्जा से अधिक होती है।

जीरोथ का नियम (Zeroth Law)

- यदि A और B, C के साथ तापीय साम्य में हैं तो A और B भी आपस में तापीय साम्य में होंगे। इससे ताप की अवधारणा तक पहुँचने में सहायता मिलती है।

ऊष्मागतिकीय निकाय द्वारा कृत कार्य (Work done by Thermodynamical System)

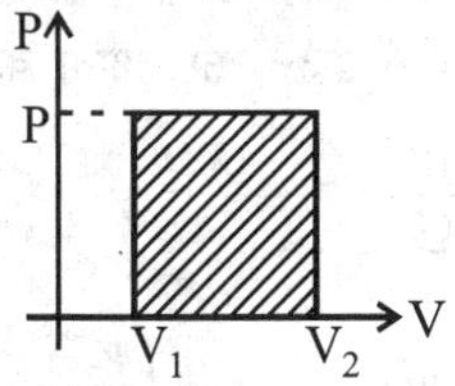

कृत कार्य $= P(V_2 - V_1) = P\Delta V$

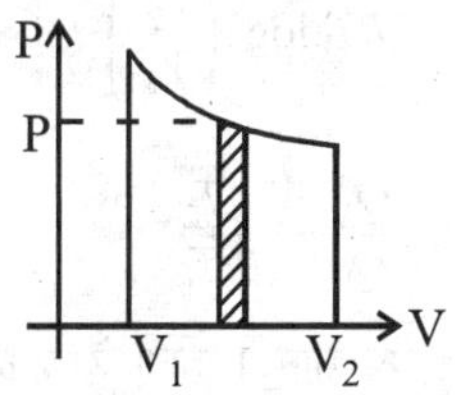

कृत कार्य $= \int_{V_1}^{V_2} P\,dV = P(V_2 - V_1)$

ऊष्मागतिकी का प्रथम नियम (First Law of Thermodynamics)

- जब किसी निकाय को ऊष्मा दी जाती है तो ऊष्मा का कुछ भाग आन्तरिक ऊर्जा में वृद्धि तथा शेष बाह्य कार्य करने में प्रयोग हो जाता है।

$$dQ = dU + dW$$

ऊष्मागतिकी के प्रथम नियम के अनुप्रयोग

(Limitation of First Law of Thermodynacis)

1. **चक्रीय प्रक्रम (Cyclic Process) :** चक्रीय प्रक्रम में $\Delta U = 0$

$\therefore$ $$dQ = W$$
$$dQ = dU + PdV$$

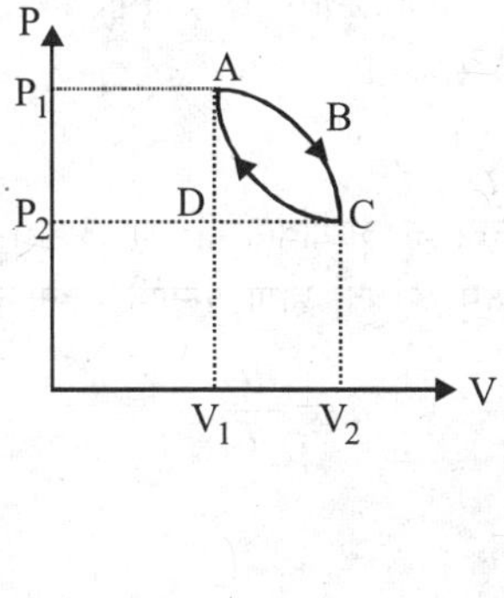

चक्रिय प्रक्रम में किया गया कार्य

$W =$ चक्रिय प्रक्रम के भीतर बन्द क्षेत्रफल $ABCD$

$= P - V$ वक्र में बन्द क्षेत्रफल

2. **समतापीय प्रक्रम (Isothermal Process) :** इस प्रक्रम में ताप को नियत रखते हुए दाब तथा आयतन में परिवर्तन किया जा सकता है।
   - इस प्रक्रम में आन्तरिक ऊर्जा नियत रहती है।
   - समतापीय प्रक्रम में किया गया कार्य

$$W = nRT \log_e\left(\frac{V_2}{V_1}\right)$$

$$W = 2.303\,nRT \log_{10}\left(\frac{V_2}{V_1}\right)$$

$$\frac{V_2}{V_1} = \frac{P_1}{P_2}$$

$$\therefore \quad W = 2.3026\,nRT \log_{10}\left(\frac{P_1}{P_2}\right)$$

$$W = 2.3026\,P_1V_1 \log_{10}\left(\frac{V_2}{V_1}\right)$$

3. **रुद्धोष्म प्रक्रम (Advabatic Process) :** इस प्रकार के प्रक्रम में ऊर्जा का आदान प्रदान नहीं होता। रुद्धोष्म प्रक्रम में आदर्श गैस बायल के नियम का पालन नहीं करती है। जबकि पाइसन के नियम का पालन करती हैं। अत:

$$PV^r = \text{नियतांक}$$

$$\because \quad PV = RT$$

इसलिए $$TV^{r-1} = \text{नियतांक}$$

$$TP^{1-r} = \text{नियतांक}$$

अर्थात् $dQ = 0$

$\therefore 0 = dU + dW$ या $dU = -dW$

$$W = \frac{nR}{1-\gamma}[T_2 - T_1]$$

$$= \frac{nR}{\gamma-1}[T_1 - T_2]$$

$$= \frac{1}{1-\gamma}[P_2V_2 - P_1V_1]$$

$$= \frac{1}{\gamma-1}[P_1V_1 - P_2V_2]$$

$$W = C_v[T_1 - T_2] = \frac{R}{M}\frac{(T_1 - T_2)}{(\gamma-1)}$$

4. **समदाबीय प्रक्रम (Isobaric Process) :** इस प्रक्रम में दाब नियत रहता है तथा इस प्रक्रम में किया गया कार्य

$$W = P(V_2 - V_1)$$

5. **समआयतनिक प्रक्रम (Isocharic Process) :** इस प्रक्रम में निकाय की आन्तरिक ऊर्जा में अधिक वृद्धि तथा कार्य शून्य होता है। इस प्रक्रम में आयतन स्थिर रहता है तथा इस प्रक्रम में किया गया कार्य

$$W = 0$$
$$dQ = dU$$

ध्यान दें

- कार्य निकाय की प्रारम्भिक तथा अंतिम अवस्थाओं के साथ-साथ मध्यवर्ती अवस्थाओं पर भी निर्भर करता है अर्थात् कार्य पथ पर निर्भर करता है।

  PSR में किया गया कार्य न्यूनतम तथा PQR में किया गया कार्य अधिकतम होता है।

- बन्द परिपथ ABC में किया गया कार्य

$$W = \Delta ABC \text{ का क्षेत्रफल}$$
$$= \frac{1}{2} AB \times BC$$
$$= \frac{1}{2}(P_2 - P_1)(V_2 - V_1)$$

ऊष्मा इंजन की दक्षता (Efficiency of Heat Engine)

$$\eta = \frac{W}{Q_1}$$

$$\eta = \frac{Q_1 - Q_2}{Q_1} = 1 - \frac{Q_2}{Q_1} = 1 - \frac{T_2}{T_1}$$

जहाँ $Q_1 =$ ऊर्जा की वह मात्रा जो स्रोत से ग्रहण करता है।

$Q_2 =$ ऊष्मा की वह मात्रा जो सिंक को विसर्जित की जाती है।

$T_1 =$ सिंक का ताप (केल्विन में)

$T_2 =$ स्रोत का ताप (केल्विन में)

$$W = Q_1 - Q_2$$

कार्नोट इंजन (Carnot Engine)

- कार्नोट इंजन में चार प्रक्रम होते हैं

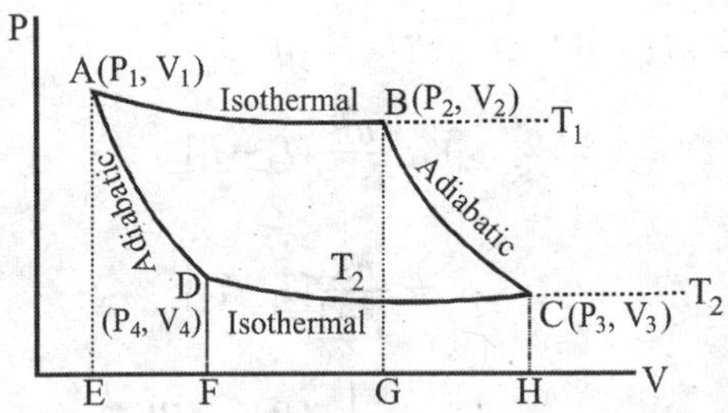

- **प्रथम स्ट्रोक (समतापी प्रसारण) :** इस प्रक्रम में किया गया कार्य W_1 हो तो स्रोत से ली गई ऊष्मा की मात्रा (Q_1) दी जाती है।

$$Q_1 = W_1 = ABCE \text{ का क्षेत्रफल} = RT_1 \log_e \left(\frac{V_2}{V_1}\right)$$

- **द्वितीय स्ट्रोक (रुद्धोष्म प्रसारण) :** यदि इस प्रक्रम में W_2 कार्य हुआ हो, तो

$$W_2 = BCHG \text{ का क्षेत्रफल} = \frac{R}{\gamma - 1}(T_1 - T_2)$$

- **तृतीय स्ट्रोक (समतापी संपीडन) :** यदि इस प्रक्रम में W_3 कार्य हुआ हो तथा सिंक को विसर्जित ऊष्मा की मात्रा Q_2 हो, तो

$$Q_2 = W_3 = CDFH \text{ का क्षेत्रफल} = RT_2 \log_e \left(\frac{V_3}{V_4}\right)$$

- **चतुर्थ स्ट्रोक (रुद्धोष्म संपीडन) :** यदि इस प्रक्रम में किया गया कार्य W_4 हो, तो

$$W_4 = ADFE \text{ का क्षेत्रफल} = \frac{R}{\gamma - 1}(T_1 - T_2)$$

- **कार्नोट चक्र में ऊष्मा का कार्य में रुपान्तरण :** इस प्रकार के गैस इंजन द्वारा किया गया नैट कार्य दिया जाता है

$$W = W_1 + W_2 - W_3 - W_4$$
$$= ABCD \text{ का क्षेत्रफल}$$

गणितीय रूप से—

$$= R(T_1 - T_2)\log_e\left(\frac{V_2}{V_1}\right)$$

- **कार्नोट इंजन की दक्षता (Efficiency of Carnot Engine) :** कार्नो इंजन की दक्षता उन तापों पर निभर करती है जिनके बीच वह कार्य करता है। कार्य में रूपान्तरिक ऊष्मा तथा इंजन को दी गई कुल ऊष्मा के अनुपात को **कार्नो इंजन की दक्षता** कहते हैं।

$$\eta = \frac{W}{Q_1} = \frac{Q_1 - Q_2}{Q_1}$$

या $$\eta = \frac{R(T_1 - T_2)\log_e\left(\frac{V_2}{V_1}\right)}{RT_1 \log_e\left(\frac{V_2}{V_1}\right)} = \frac{T_1 - T_2}{T_1}$$

या $$\eta = 1 - \frac{Q_2}{Q_1} - 1 - \frac{T_2}{T_1}$$

- $T_2 = 0$ होने पर η का मान 1 होता है। एक आदर्श इंजन की दक्षता 100% नहीं हो सकती। $Q_2 = 0$ होने पर η का मान 1 होता होता है जो कभी भी सम्भव नहीं होता। इसलिए $T_2 = 0$

ध्यान दें

- ऊष्मागतिकी का शून्य नियम ताप की अभिधारणा को प्रदर्शित करता है तथा तापीय साम्यावस्था के बारे में बताता है।
- ऊष्मागतिकी का प्रथम नियम यह बताता है कि कार्य तथा ऊष्मा का परस्पर सम्भव है।
- ऊष्मागतिकी का प्रथम नियम ऊर्जा संरक्षण का नियम है यह जूल के नियम का विशिष रूप है।
- ऊष्मागतिकी का द्वितीय नियम यह बताता है कि ऊष्मा ऊर्जा के कितने प्रतिशत भाग को कार्य में परिवर्तित करती है। सम्पूर्ण ऊष्मा को कार्य में परिवर्तित नहीं किया जा सकता है।
- ऊष्मागतिकी के द्वितीय नियम के अनुसार किसी भी इंजन की दक्षता 100% नहीं हो सकती।

एन्ट्रॉपी (Entropy)

- यह किसी निकाय के आणविक गति के अक्रम (disorder) की माप है। जितना अक्रम अधिक होगा एन्ट्रॉपी उतनी ही अधिक होगी।

$$ds = \frac{dQ}{T}$$

■ ठोस तथा द्रव के लिए,

$$ds = \frac{dQ}{T} = \frac{mL}{T}$$

■ स्थिर ताप पर अवस्था परिवर्तन में,

$$ds = \int_{\pi}^{T_2} mC \frac{dT}{T}$$

$$\Delta S = 2.303\, mC \log_{10} \frac{T_2}{T_1}$$ ताप परिवर्तन की स्थिति में

■ **पूर्ण गैस के लिए :** $\Delta S = nC_p \log_e \frac{T_2}{T_1} - nR \log_e \frac{P_2}{P_1}$

$$\Delta S = nC_v \log_e \frac{P_2}{P_1} + nC_p \log_e \frac{V_2}{V_1}$$

ऐन्थैल्पी (Enthalpy) :

$$H = V + PV$$

जहाँ, H ऐन्थैल्पी, P दाब तथा V आयतन है।

महत्त्वपूर्ण तथ्य (Important Facts)

- ऊष्मागतिकी का प्रथम ऊर्जा संरक्षण का नियम है। इसकी व्याख्या जूल के नियम से की जा सकती है।
- एक आदर्श गैस के समतापी प्रसार में गैस की ऊर्जा स्थिर होती है।
- $C_p - C_v = \frac{R}{J}$ से पता चलता है कि गैस, आदर्श गैस समीकरण का पालन करती है।
- 0°C पानी की विशिष्ट ऊष्मा अनन्त होती है।
- समआयतनिक प्रत्यास्था का मान अनन्त होता है।
- $C_p - C_v = R$ मेयर का सूत्र है।
- कॉफी से भरी एक थर्मस बोतल को तीव्र से हिलाया जाता है। कॉफी को एक निकाय मानने पर इसकी आन्तरिक ऊर्जा में वृद्धि होगी।
- दो निकाय तापीय साम्यावस्था में हैं ताप उनके लिए समान राशि है।
- किसी ऊष्मागतिक निकाय के द्वारा किया गया कार्य उस पथ पर निर्भर करता है जिसके द्वारा कार्य किया गया है।
- चक्रीय प्रक्रम में दी गई ऊष्मा dW के बराबर होती है।
- किसी ताप को संपीडन करने में उसके ताप में वृद्धि होती है।
- किसी गैस के मुक्त प्रसार में गैस की आन्तरिक ऊर्जा स्थिर रहती है।
- isolated system की आन्तरिक ऊर्जा स्थिर रहती है।
- आदर्श गैस को स्थिर ताप पर प्रसारित करने पर उसकी आन्तरिक ऊर्जा अपरिवर्तित रहती है।
- सीसे के एक टुकड़े को हथोड़े से पीटने पर सीसे की आन्तरिक ऊर्जा बढ़ जाती है।
- जब पानी 100°C पर वाष्प में परिवर्तित होता है तब उसकी इस ताप पर विशिष्ट ऊष्मा का मान अनन्त हो जाता है।
- एक आदर्श गैस की आन्तरिक ऊर्जा ताप पर निर्भर करती है।
- समतापीय स्थिति में, किसी गैस को दी गई ऊष्मा, बाह्य कार्य करने में प्रयुक्त होती है।
- किसी निकाय को दी गई ऊष्मा, इसकी आन्तरिक गतिज ऊर्जा, आन्तरिक स्थितिज ऊर्जा में परिवर्तन तथा इसके द्वारा किये गए कार्य के बराबर होती है।
- ऊष्मागतिज निकाय की एन्ट्रॉपी परिवर्तित नहीं होती, जब समतापीय स्थिति में, कार्य के ऊष्मा में परिवर्तन के लिए इस निकाय का उपयोग किया जाता है।
- श्रेणी में ऊष्मीय प्रतिरोध

$$R = R_1 + R_2,$$
$$H_1 = H_2, \Delta\theta = \Delta\theta_1 + \Delta\theta_2$$

- समान्तर में ऊष्मीय प्रतिरोध

$$\frac{1}{R} = \frac{1}{R_1} + \frac{1}{R_2}$$
$$\Delta\theta_1 = \Delta\theta_2, H = H_1 + H_2$$

- समआयतनिक प्रक्रम में कृत कार्य

$$W = P\,\Delta V = 0$$

- समदाबीय प्रक्रम में कृत कार्य

$$W = P\,\Delta V$$

- समतापीय प्रक्रम में कृत कार्य

$$W = \eta RT \log_e \frac{V_2}{V_1} = 2.3 \eta RT \log_e \frac{V_2}{V_1}$$

रुद्धोष्म प्रक्रम में कृत कार्य

$$W = \frac{\eta R}{1-\gamma}(T_2 - T_1)$$, जहाँ $\gamma = \frac{C_P}{C_V}$

R त्रिज्या की गोलीय वस्तु के लिए शक्ति क्षय $\propto R^2$, लेकिन ठण्डे होने की दर $\propto \frac{1}{R}$

- आदर्श गैस के निश्चित द्रव्यमान के लिए समतापीय समीकरण

PV = नियतांक

- नियत दाब पर निकाय की आन्तरिक ऊर्जा $nC_v dT$ होगी।

अभ्यास के लिए प्रश्न

1. नीचे दर्शाये चित्रानुसार, एक आदर्श एकपरमाणविक गैस को एक चक्र *ABCDA* के अनुदिश परिवर्तन किया गया है, तो एक पूर्ण चक्र में किया गया कार्य होगा–

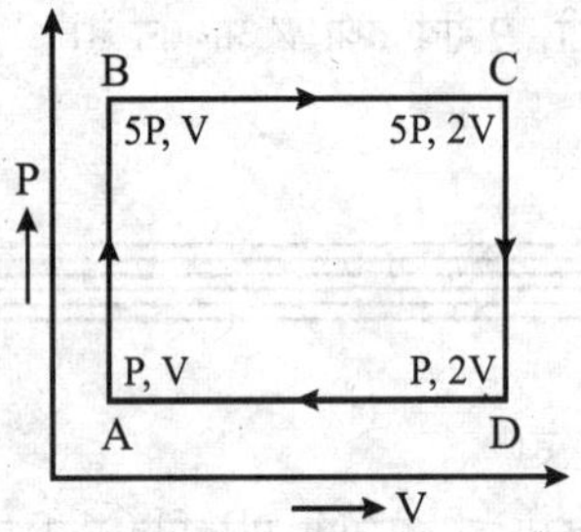

(a) $4PV$ (b) शून्य
(c) PV (d) $2PV$

2. किसी निश्चित द्रव्यमान की एक गैस स्थिति *A* से स्थिति *B* तक तीन पथों 1, 2, 3 के अनुसार प्रसार करती है जैसा कि चित्र में दिखाया गया है। यदि इन तीन प्रक्रियाओं में गैस द्वारा किया गया कार्य क्रमश: W_1, W_2 और W_3 हो, तो–

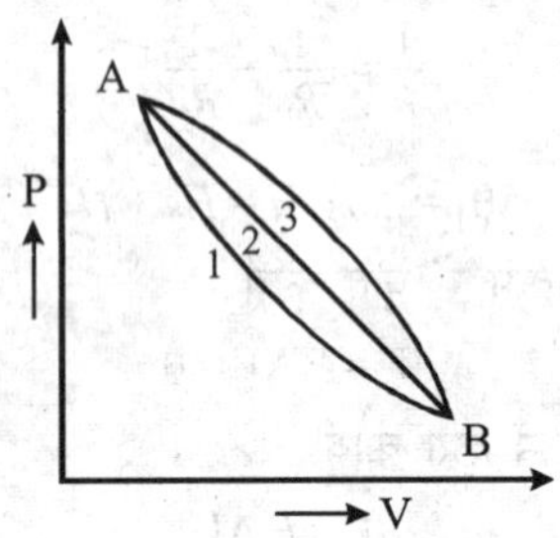

(a) $W_1 = W_2 = W_3$ (b) $W_1 < W_2, W_3 < W_2$
(c) $W_1 > W_2 > W_3$ (d) $W_1 < W_2 < W_3$

3. एक आदर्श एकपरमाणु गैस *ABCDA* चक्र से चित्र में दिखाये गए *PV* वक्र के अनुसार गुजरती है। चक्रीय प्रक्रम में किया गया कार्य होगा–

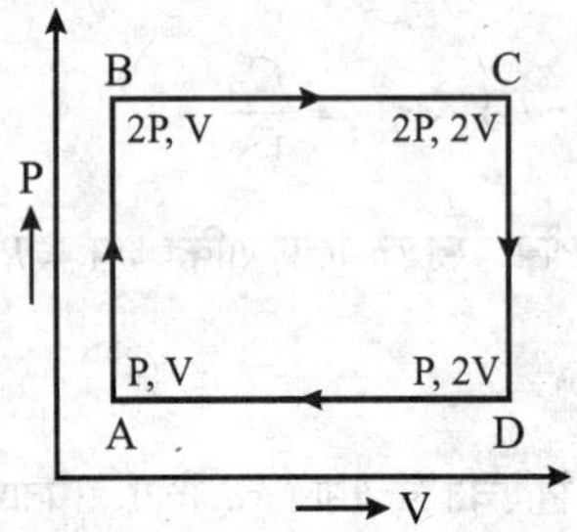

(a) PV (b) $2PV$
(c) 0 (d) $\frac{1}{2}PV$

4. (1) से लेकर (4) तक के चित्र में दाब-परिवर्तन के साथ आयतन-परिवर्तन दिखाये गए हैं। एक गैस को *ABCDA* मार्ग से ले जाया जाता है। गैस की आन्तरिक ऊर्जा में परिवर्तन होगा–

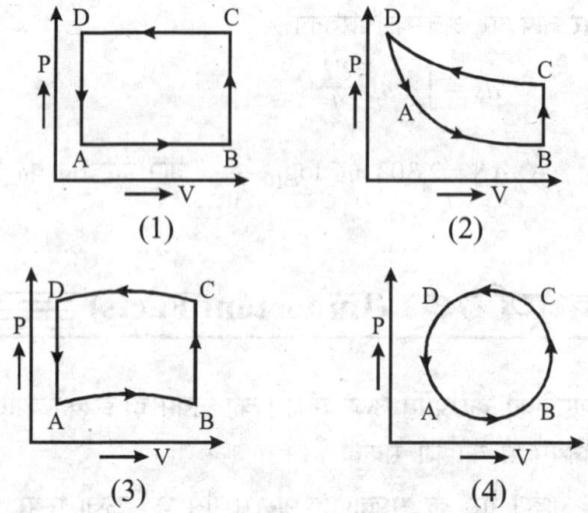

(a) (1), (2) व (3) में धनात्मक परन्तु (4) में शून्य
(b) (1), (2) व (3) में ऋणात्मक परन्तु (4) में शून्य
(c) (1) से (4) तक सभी में ऋणात्मक
(d) (1) से (4) तक सभी में धनात्मक

5. संलग्न चित्र में एक आदर्श गैस का दाब आयतन वक्र प्रदर्शित है। स्थिर रुद्धोम को प्रदर्शित करने वाला वक्र होगा–

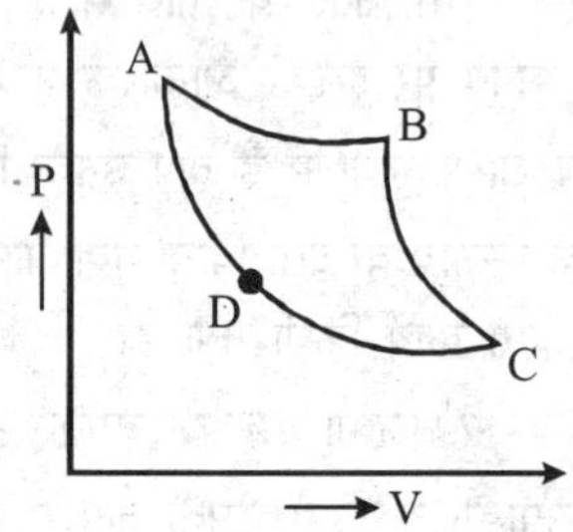

(a) *AD* तथा *BC* (b) *BC* तथा *CD*
(c) *AB* तथा *BC* (d) *AB* तथा *CD*

6. नीचे दिये गए चित्र में गैस की किसी दी हुई मात्रा के लिए चार वक्र *A*, *B*, *C* तथा *D* खींचे गए हैं। वक्र जो रुद्धोष्म व समतापी प्रक्रमों को निरुपित करते हैं–

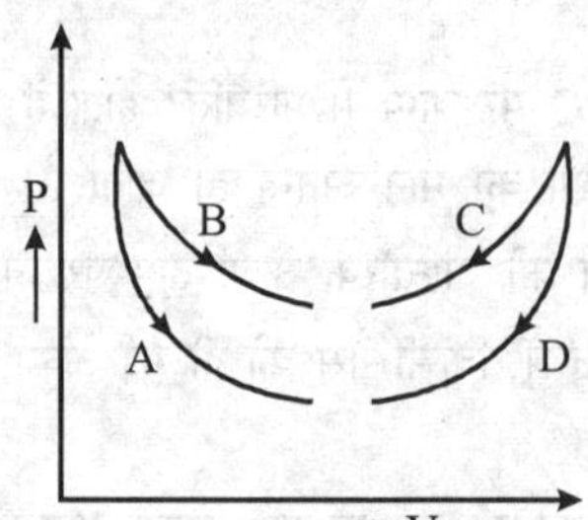

(a) क्रमश: *A* व *B* हैं (b) क्रमश: *B* व *A* हैं
(c) क्रमश: *C* व *D* हैं (d) क्रमश: *D* व *C* हैं

7. चित्र में *AB* व *CD* किसी गैस के *PV* आरेख हैं, तो रुद्धोष्म प्रक्रम को निरुपित करता है–

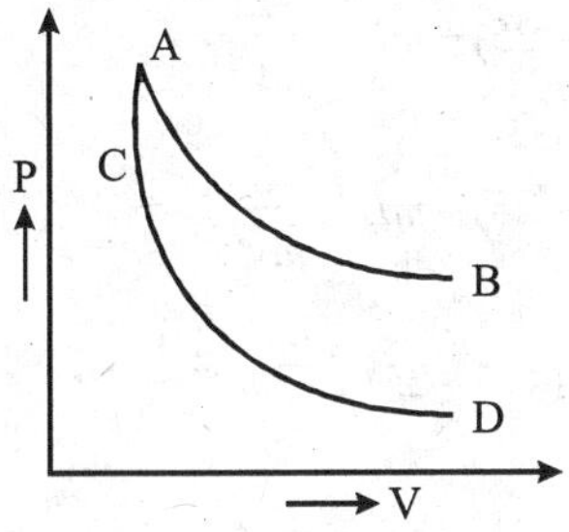

(a) AB (b) CD
(c) AB व CD दोनों (d) दोनों में से कोई नहीं

8. एक आदर्श एक परमाणु गैस को $LMNO$ पथ के अनुदिश चित्रानुसार ले जाया जाता है। चक्र के दौरान किया गया कार्य होगा–

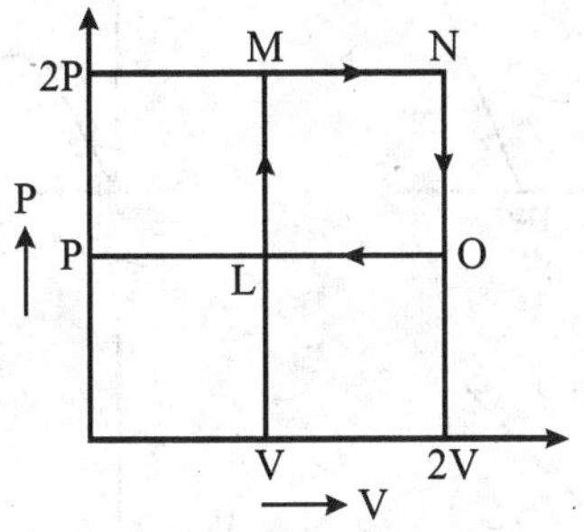

(a) $3PV$ (b) $4PV$
(c) PV (d) $2PV$

9. संलग्न चित्र में दिखाए गए चक्रिय प्रक्रम में गैस द्वारा एक चक्र में किया गया कार्य होगा–

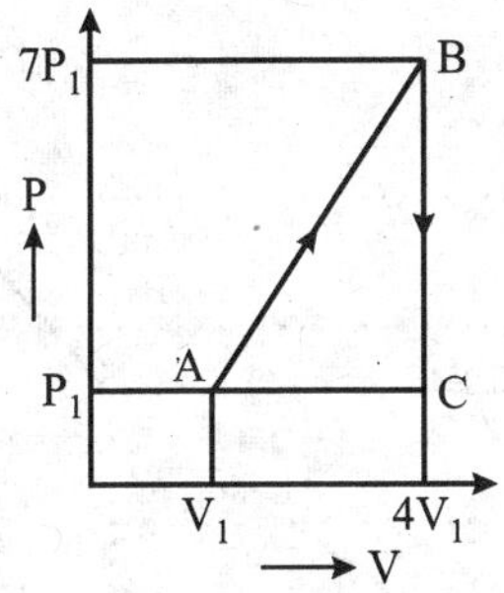

(a) $14P_1V_1$ (b) $28P_1V_1$
(c) $18P_1V_1$ (d) $9P_1V_1$

10. किया गया कुल कार्य ज्ञात कीजिए–

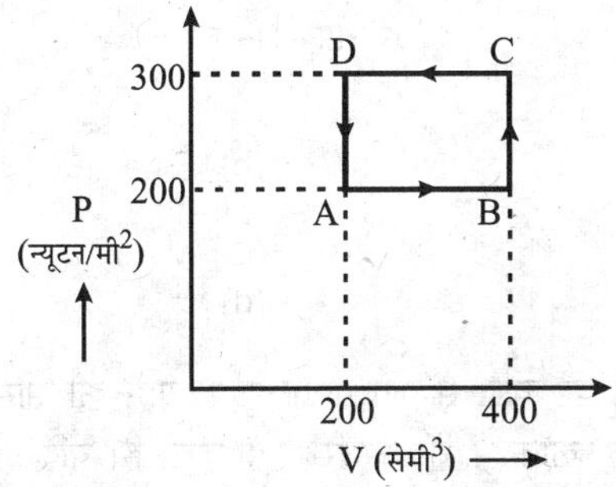

(a) शून्य (b) 0.06 जूल
(c) 0.02 जूल (d) 0.04 जूल

11. एक आदर्श एकपरमाणवीय गैस को चक्रीय प्रक्रम $ABCD$ के अनुसार ले जाया जाता है। चक्रीय प्रक्रम में किया गया कार्य होगा–

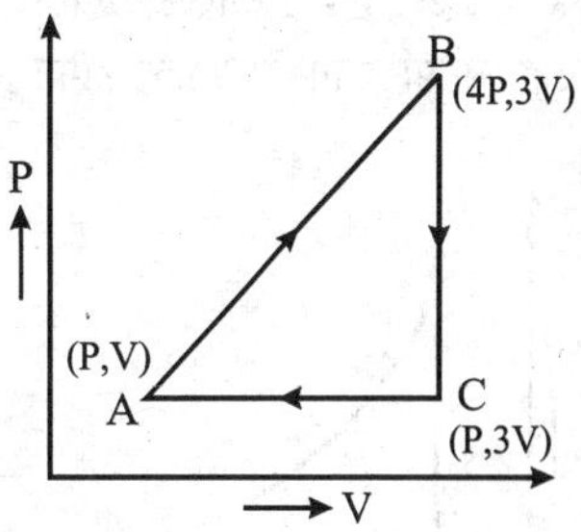

(a) शून्य (b) $3PV$
(c) $6PV$ (d) $9PV$

12. एक आदर्श गैस को नियत दाब पर 20°C तक गर्म किया जाता है। आन्तरिक ऊर्जा में परिवर्तन होगा–

(a) आयतन परिवर्तन के समानुपाती
(b) ताप परिवर्तन के समानुपाती
(c) नियत दाब पर शून्य
(d) प्रारम्भिक मान का दो गुना

13. एक आदर्श गैस को चित्रानुसार चक्रीय प्रक्रम $A \to B \to C \to A$ से गुजारा जाता है। यदि गैस को चक्र में दी गई नेट ऊष्मा 5 जूल हो, तो गैस द्वारा प्रक्रम $C - A$ में किया गया कार्य है–

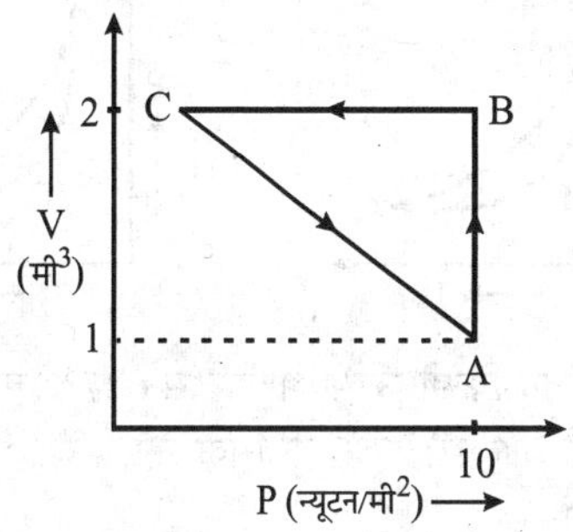

(a) – 15 जूल (b) – 20 जूल
(c) – 5 जूल (d) – 10 जूल

14. जब किसी गैस को नियत दाब 2.1×10^5 न्यूटन/मीटर^2 पर 1500 जूल ऊष्मा दी जाती है, तो उसके आयतन में 2.5×10^{-3} मीटर^3 की वृद्धि होती है। गैस की आन्तरिक ऊर्जा (जूल में) वृद्धि होगी–

(a) 525 जूल (b) 450 जूल
(c) 2025 जूल (d) 975 जूल

15. दो गैसों के, रुद्धोष्म प्रक्रम में PV वक्र चित्र में दर्शाये गये हैं। वक्र 1 व 2 क्रमशः सम्बद्ध हैं–

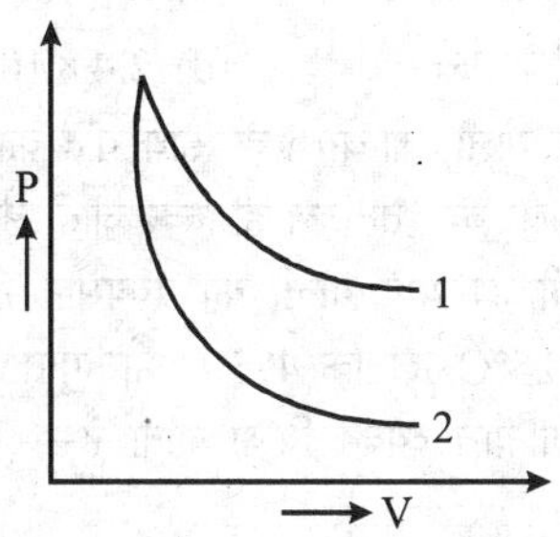

(a) He व Ar से (b) O_2 व N_2 से
(c) H_2 व O_2 से (d) O_2 व H_2 से

16. एक आदर्श गैस के लिए $P-T$ आरेख संलग्न चित्र में दिखाया गया है, जहाँ AC, रुद्धोष्म परिवर्तन है। इसके संगत $P-V$ आरेख होगा–

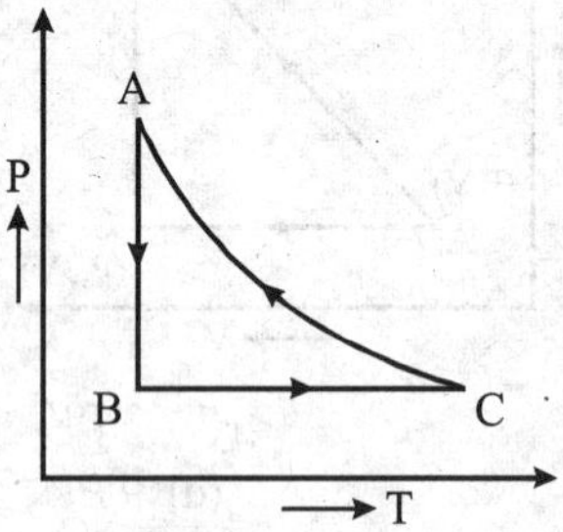

(a) 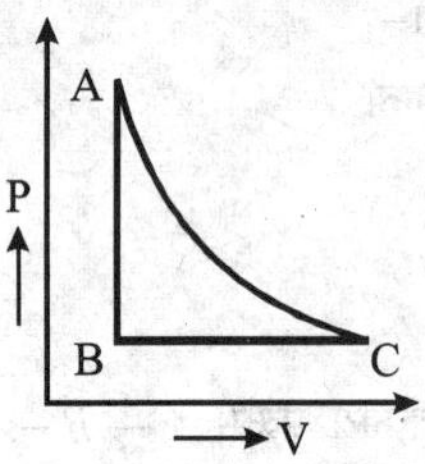

(b) 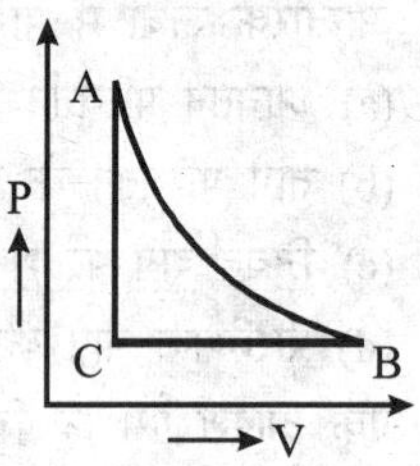

(c) 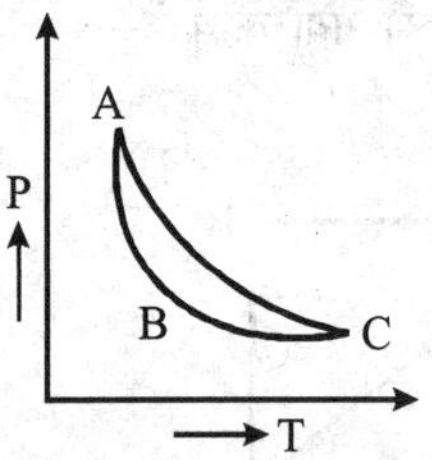

(d) 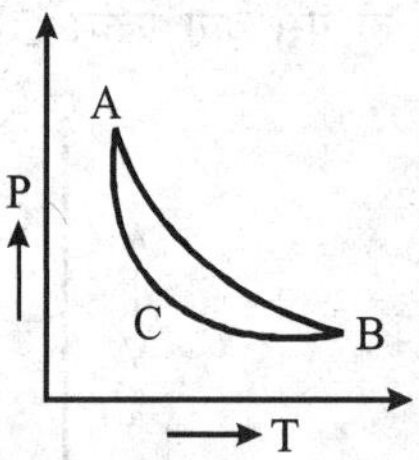

17. कोई कार्नो इंजन किसी ऊष्मा भण्डार से 627°C पर 3×10^6 कैलोरी ऊष्मा लेता है और इसे 27°C के सिंक को दे देता है। इंजन द्वारा किया गया कार्य है–

(a) 16.8×10^6 जूल (b) शून्य
(c) 4.2×10^6 जूल (d) 8.4×10^6 जूल

18. जब वायुमण्डलीय ताप लगभग औस बिन्दु के बराबर हो जाता है, तो–

(a) आपेक्षिक आर्द्रता 50% है। (b) कुछ नहीं कहा जा सकता
(c) आपेक्षिक आर्द्रता 100% है। (d) आपेक्षिक आर्द्रता 90% है।

19. एक आदर्श गैस का ऊष्मीय इंजन कार्नो साइकल अनुसार 227°C और 127°C तापमानों के बीच कार्य करता है। यह उच्च ताप पर 6×10^4 कैलोरी ऊष्मा शोषित करता है। इंजन द्वारा कार्य में परिवर्तित ऊष्मा होगी–

(a) 1.2×10^4 कैलोरी (b) 6×10^4 कैलोरी
(c) 4.8×10^4 कैलोरी (d) 2.4×10^4 कैलोरी

20. बन्दूक की एक गोली, जो वेग v के साथ गति कर रही है, अपने लक्ष्य पर चोट मारने के बाद तत्काल ही रुक जाती है और फिर पूर्ण रूप से पिघल जाती है। यदि गोली का द्रव्यमान m विशिष्ट ऊष्मा s, प्रारम्भिक ताप 25°C गलनांक 475°C और गुप्त ऊष्मा L हो, तो v को निम्न समीकरण द्वारा व्यक्त किया जाता है–

(a) $ms(475-25)+mL=\dfrac{2}{mv^2}J$

(b) $ms(475-25)=mL+\dfrac{2l}{mv^2}$

(c) $mL=ms(475-25)+\dfrac{1}{2}mv^2\dfrac{1}{J}$

(d) $ms(475-25)+mL=\dfrac{1}{2}\dfrac{mv^2}{J}$

21. कुछ बर्फ बीकर में रखी जाती है और समान दर से ऊष्मा ही जाती है। तन्त्र का ताप समय के साथ निम्न रूप से परिवर्तित होता है–

(a) 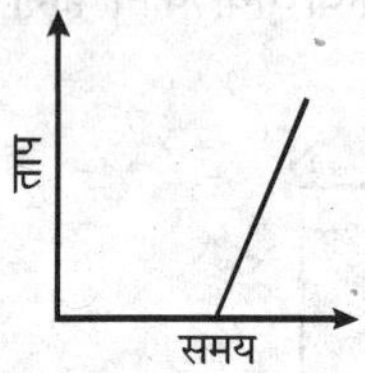

(b) 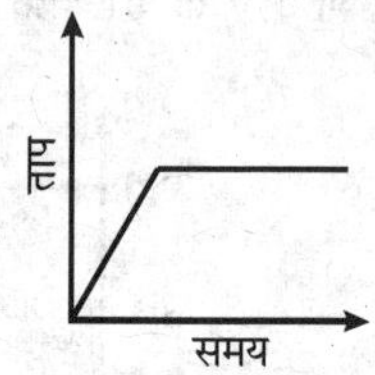

(c) 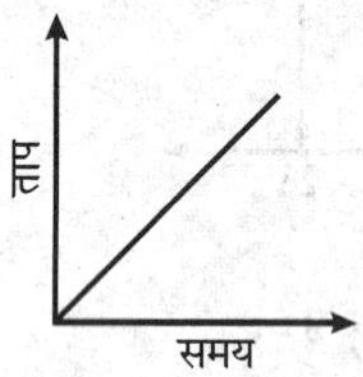

(d) 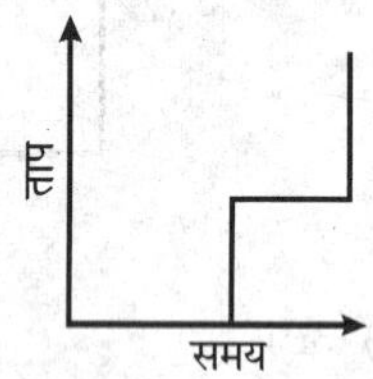

22. समान द्रव्यमान m के दो पदार्थ A व B को समान परिस्थितियों में समान दर से ऊष्मा दी जाती है। उनके समय के साथ ताप में परिवर्तन संलग्न ग्राफ से दिये गये हैं। उनके गलन की गुप्त ऊष्मा की निष्पत्ति होगी–

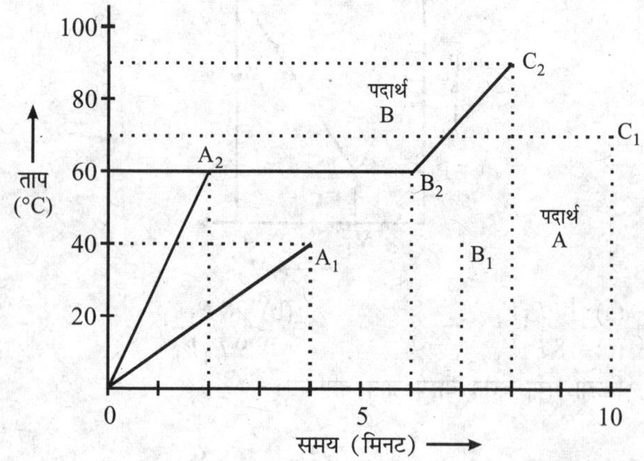

(a) $\dfrac{3}{1}$ (b) $\dfrac{2}{1}$

(c) $\dfrac{3}{4}$ (d) $\dfrac{4}{3}$

23. 100 मीटर की चाल से गति करती हुई 21 ग्राम की सीसे की गोली एक लकड़ी के ब्लॉक में धँसकर स्थिर हो जाती है। यदि लकड़ी द्वारा कोई ऊष्मा अवशोषित नहीं की जाती तो गोली के ताप में वृद्धि होगी–
(सीसे की विशिष्ट ऊष्मा = 30 कैलोरी/किग्रा°C)

(a) 33°C (b) 25°C
(c) 39°C (d) 28°C

24. 60°C तथा 20°C तापों पर दो द्रवों के द्रव्यमानों का अनुपात 3 : 4 है तथा उनकी विशिष्ट ऊष्माओं का अनुपात 4 : 5 है। यदि दोनों द्रवों को मिलाया जाता है, तो परिणामी ताप होगा–

(a) 40°C (b) 35°C
(c) 70°C (d) 50°C

25. 100°C पर उबलता पानी तथा t°C पर ठण्डा पानी 1 : 3 में मिलाया जाता है तथा परिणामी ताप 37°C है। यह मानते हुए हकि ऊष्मा का कोई ह्रास नहीं होता, t का मान है–

(a) 9°C (b) 4°C
(c) 16°C (d) 12°C

26. –10°C पर बर्फ के एक ब्लॉक को धीरे-धीरे गर्म किया जाता है तथा 100°C की भाप में परिवर्तित किया जाता है। निम्न में से कौन-सा वक्र इस घटना को गुणात्मक रूप से दर्शाता है?

(a)
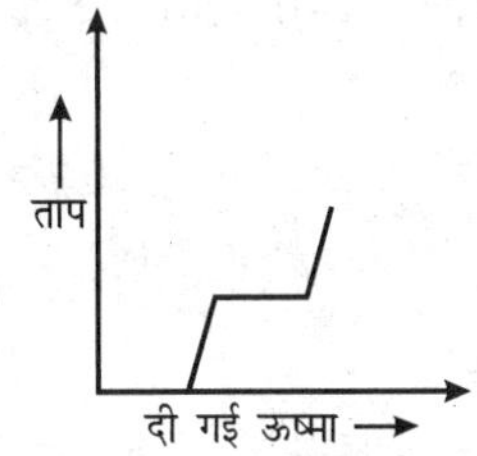

(b)
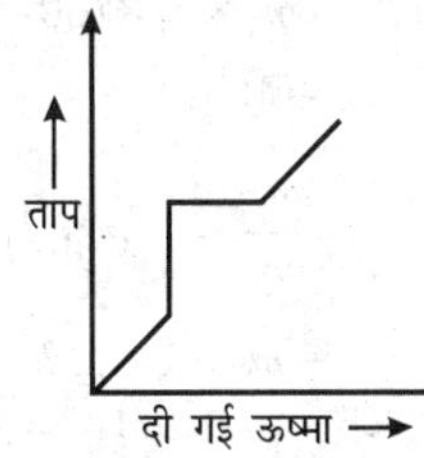

(c)
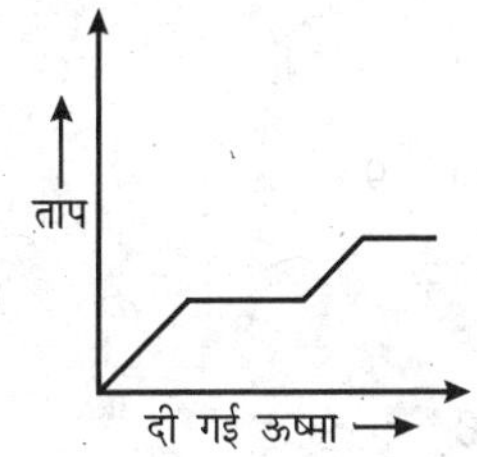

(d)
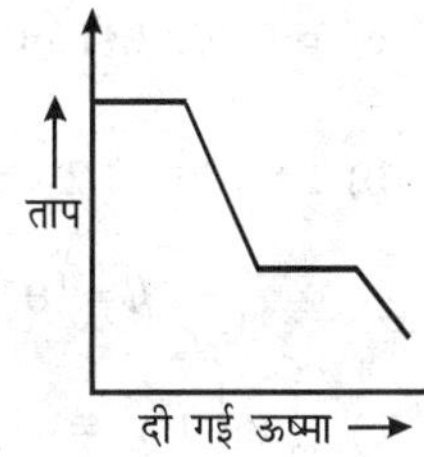

27. एक डबल रोटी खाने से एक लड़के को 5 किलो-कैलोरी ऊष्मा प्राप्त होती है। इस ऊर्जा का उपयोग करके वह लड़का कितनी ऊँचाई चढ़ सकता है, यदि उसका द्रव्यमान 60 किग्रा तथा दक्षता 28% हो–

(a) 2.5 मीटर (b) 10 मीटर
(c) 15 मीटर (d) 5 मीटर

28. धातु का बना r त्रिज्या का एक ठोस गोला जिसके पदार्थ की विशिष्ट ऊष्मा c है, अपने केन्द्र से गुजरते अक्ष के परितः n चक्कर प्रति सेकण्ड की दर से घूर्णन गति कर रही है। यदि यह अचानक रुक जाये तथा इसकी 50% ऊर्जा इसका ताप बढ़ाने के काम आती है, तो गोले के ताप में वृद्धि होगी–

(a) $\dfrac{7\pi^2 n^2 c}{8}$ (b) $\dfrac{5(\pi rn)^2}{14c}$

(c) $\dfrac{2\pi^2 n^2 r^2}{5c}$ (d) $\dfrac{\pi^2 n^2}{10r^2 c}$

29. 10°C पर 1 किलो-ग्राम बर्फ को 80°C पर 1 किग्रा जल के साथ मिलाया जाता है। मिश्रण का अन्तिम ताप होगा–
(जल की विशिष्ट ऊष्मा = 4200 जूल/किग्रा-K, बर्फ के गलन की गुप्त ऊष्मा = 336 किलो-जूल/किग्रा)

(a) 0°C (b) 50°C
(c) 40°C (d) 60°C

30. –20°C पर 2 किग्रा बर्फ एक ऊष्मारोधी पात्र जिसकी ऊष्मा धारिता नगण्य है में 20°C पर 5 किग्रा जल में मिलाया जाता है। पात्र में बचे जल का अन्तिम द्रव्यमान ज्ञात कीजिए। जल व बर्फ की विशिष्ट ऊष्मा क्रमशः 1 किलो-कैलोरी/किग्रा°C तथा 0.5 किलो-कैलोरी/किग्रा°C तथा बर्फ के गलन की गुप्त ऊष्मा 80 किलो-कैलोरी/किग्रा है।

(a) 4 किग्रा (b) 2 किग्रा
(c) 7 किग्रा 6ग्रा

उत्तरमाला

1. (a)	**2.** (d)	**3.** (a)	**4.** (c)	**5.** (a)	**6.** (a)	**7.** (b)	**8.** (c)	**9.** (d)	**10.** (c)
11. (b)	**12.** (b)	**13.** (c)	**14.** (d)	**15.** (d)	**16.** (b)	**17.** (d)	**18.** (c)	**19.** (a)	**20.** (d)
21. (a)	**22.** (c)	**23.** (c)	**24.** (b)	**25.** (c)	**26.** (c)	**27.** (b)	**28.** (c)	**29.** (a)	**30.** (d)

हल

1. (a) कार्य = बन्द P – V वक्र का क्षेत्रफल
$= (5P - P)(2V - V)$
$= 4PV$

2. (d) कार्य = $P - V$ वक्र व आयतन अक्ष के बीच का क्षेत्रफल
अतः $W_1 < W_2 < W_3$

3. (a) कार्य = चक्रीय पथ का क्षेत्रफल
$= (2P - P)(2V - V) = PV$

4. (c) P–V वक्र दांयावृत्त होने पर कार्य धनात्मक तथा वामावर्त होने पर ऋणात्मक। अतः सभी में ऋणात्मक कार्य होगा।

5. (a) AD व BC रुद्धोष्म प्रक्रम को व्यक्त करेगा; क्योंकि इसका ढाल अधिक है।

6. (a) A व B क्रमशः रुद्धोष्म व समतापी प्रक्रमों को निरुपित करते हैं। C व D अस्थाई हैं, क्योंकि दाब घटने से आयतन भी घट रहा है।

7. (b) रुद्धोष्म वक्र का ढाल अधिक होता है, अतः CD रुद्धोष्म प्रक्रम को निरूपित करता है।

8. (c) कार्य = बन्द वक्र का क्षेत्रफल = $(2P - P)(2V - V) = PV$

9. (d) कार्य $= \frac{1}{2}(7P_1 - P_1)(4V_1 - V_1) = 9P_1V_1$

10. (c) कार्य = बन्द PV वक्र का क्षेत्रफल

$$= (300-200)(400-200)\times 10^{-6}$$
$$= 100\times 200\times 10^{-6} = 0.02 \text{ जूल}$$

11. (b) कार्य $W = \frac{1}{2}(4P-P)(3V-V) = 3PV$

12. (b) आदर्श गैस की आन्तरिक ऊर्जा परम ताप पर निर्भर करती है। अत: आन्तरिक ऊर्जा में परिवर्तन तापान्तर के समानुपाती होगा।

13. (c) चक्रीय प्रक्रम में, $\Delta U = 0$, क्योंकि प्रारम्भिक व अन्तिम अवस्थायें समान होती हैं।

अत: $\Delta U = \Delta Q + QW = 0$

$\Delta W = -5$ जूल

चक्रीय PV वक्र वामावृत्त होने से W ऋणात्मक है।

14. (d) कार्य $\Delta W = 2.1\times 10^5 \times 2.5\times 10^{-3} = 525$ जूल

$\Delta Q = 1500$ जूल

$\therefore \quad \Delta U = \Delta Q - \Delta W = 1500 - 525 = 975$ जूल

15. (d) रुद्धोष्म PV वक्र का ढलान $= -\frac{\gamma P}{V}$

चित्र में वक्र 2 का ढलान अधिक होने से γ अधिक है अर्थात् वक्र 2 He तथा वक्र 1 O_2 से सम्बद्ध है। γ का मान एक परमाणवीय गैसों के लिए (7/5 = 1.40) होता है।

16. (b) $A \rightarrow B$ में स्थिर ताप पर दाब घट रहा है, अत: समतापी प्रसार को व्यक्त कर रहा है।

$B \rightarrow C$ में समान दाब पर ताप बढ़ रहा है, अत: $V \propto T$ (समदाबी प्रसरण)

17. (d) $\eta = 1 - \frac{T_2}{T_1} = \frac{W}{Q}$

$$W = \left(1 - \frac{300}{900}\right)\times 3\times 106 \text{ कैलोरी}$$
$$W = 2\times 10^6 \times 4.2 = 8.4\times 10^6 \text{ जूल}$$

18. (c) औस बिन्दु पर औस किसी पृष्ठ पर संघनित होने लगती है जो तभी सम्भव है, जब आपेक्षिक आर्द्रता लगभग 100% हो।

19. (a) $\frac{H_1}{H_2} = \frac{T_1}{T_2}$

$$\frac{6\times 10^4}{H_2} = \frac{500}{400}$$
$$H_2 = 4.8\times 10^4 \text{ कैलोरी}$$
$$W = H_1 - H_2$$
$$= 6\times 10^4 - 4.8\times 10^4 = 1.2\times 10^4 \text{ कैलोरी}$$

20. (d) गोली की गतिज ऊर्जा, ऊष्मीय ऊर्जा में परिवर्तन होकर उसका ताप बढ़ाने व पिघलने में काम आती है। अत:,

$$\frac{1}{2}\frac{mv^2}{J} = ms(475-25) + mL$$

21. (a) वक्र (a) सही निरूपण है। प्रारम्भ में सम्पूर्ण बर्फ पिघलने तक ताप स्थिर रहेगा, तदोपरान्त समय के साथ ताप क्वथनांक तक निश्चित दर से बढ़ता रहेगा।

22. (c) $\frac{L_1}{L_2} = \frac{A_1B_1}{A_2B_2} = \frac{3}{4}$

23. (c) $\frac{1}{2}\frac{mv^2}{J} = mc\,\Delta\theta;$

$$\frac{1}{2}\times\frac{21\times 10^{-3}\times(100)^2}{4.2} = 21\times 10^{-3}\times 30\times\Delta\theta$$

$\therefore \quad \Delta\theta = 39.68°C$

24. (b) $\frac{m_1}{m_2} = \frac{3}{4}$ तथा $\frac{c_1}{c_2} = \frac{4}{5}$

माना परिणामी ताप θ°C है, तो

$$m_1\times c_1\times(60-\theta) = m_2\times c_2\times(\theta-20)$$

अत: $\theta = 35°C$

25. (c) $\frac{m_1}{m_2} = \frac{1}{3}$ तथा

$= m_2 \times 1\times(37-t)$

$m_1\times 1\times(100-37)$

हल करने पर $t = 16°C$

26. (c) वक्र (c) सही निरूपण है।

27. (b) $5\times 100\times 4.2\times\frac{28}{100} = 60\times 9.8\times h$

$h = 10$ मीटर

28. (c) $\frac{1}{2}\times\frac{1}{2}I\omega^2 = m\times c\times\Delta\theta$

$$\frac{1}{4}\times\frac{2}{5}mr^2\times(2\pi n)^2 = mC\Delta\theta$$

$$\therefore \quad \Delta\theta = \frac{2}{5}\frac{\pi^2 n^2 r^2}{C}$$

29. (a) 80°C से जल 0°C तक आने से ऊष्मा देगा $= 1\times 4200\times 80$

$= 336{,}000$ कैलोरी $= 336$ किलो-कैलोरी

1 किग्रा बर्फ को पिघलने (0°C) में आवश्यक ऊष्मा

$= 1\times 336\times 10^3 = 336$ किलो-कैलोरी

अत: मिश्रण का ताप = 0°C

30. (d) 5 किग्रा जल 20°C से 0°C तक आने में ऊष्मा देगा

$= 5\times 1\times 20 = 100$ किलो-कैलोरी

2 किग्रा बर्फ –20°C से 0°C तक आने में ऊष्मा लेगा

$= 2\times 8.5\times 20 = 20$ किलो-कैलोरी

माना पिघले बर्फ का द्रव्यमान m_1 किलो है, तो पिघलने में ली गई ऊष्मा $m_1\times 1\times 80$ किलो-कैलोरी

$\therefore \quad 100 = 20 + 80\,m_1,\ m_1 = 1$ किग्रा

अत: जल की मात्रा = (5 + 1) = 6 किग्रा

Previous Years' Problems

1. प्रशीतित्र (refrigerator) के दरवाजे को बन्द कमरे के भीतर खोलने पर –

(a) आप आखिर में कमरे को थोड़ा गर्म पायेंगे
(b) आप कमरे को न ठण्डा कर सकते हैं और न गर्म कर सकते हैं
(c) आप कमरे को कुछ डिग्री तक ठंडा कर सकते हैं
(d) आप कमरे को प्रशीतित्र के भीतर के ताप तक ठण्डा कर सकते हैं

[AIEEE 2002]

2. ऊष्मा गतिकी का प्रथम नियम पुष्टि करता है-

(a) एक निश्चित दिशा में ऊष्मीय प्रवाह का
(b) ऊष्मीय ऊर्जा संरक्षण तथा यांत्रिक ऊर्जा संरक्षण का
(c) संवेग संरक्षण का
(d) ऊर्जा संरक्षण का

[AIEEE 2002]

3. निम्न में से कौन-सा इंजन 100% दक्ष है-

(a) पेट्रोल इंजन (b) कार्नोट इंजन
(c) ऑटो इंजन (d) आन्तरिक दहन इंजन

[AIEEE 2002]

4. एक गैस ($\gamma = 7/5$) का 1 मोल दूसरी गैस ($\gamma = 4/3$) के 1 मोल में मिश्रित किया जाता है। मिश्रण के लिए γ का मान क्या होगा-

(a) $\frac{15}{11}$ (b) $\frac{5}{13}$
(c) $\frac{5}{11}$ (d) $\frac{15}{13}$

[AIEEE 2002, 04]

5. रुद्धोष्म प्रक्रम के दौरान एक गैस का दाब उसके परम ताप के घन के समानुपाती है। गैस के लिए C_p/C_v का मान है-

(a) 5/3 (b) 3/2
(c) 3/5 (d) 4/3

[AIEEE 2003]

6. एक कार्नट इंजन 3000 kcal ऊष्मा 627°C ताप के एक रिजरवायर से लेकर सिंक में 27°C ताप पर ऊष्मा छोड़ता है। इंजन द्वारा किया गया कार्य है-

(a) 16.8×10^6 J (b) शून्य
(c) 4.2×10^6 J (d) 8.4×10^6 J

[AIEEE 2003]

7. निम्न में से कौन-सा कथन किसी ऊष्मा गतिकी निकाय के लिए सत्य है?

(a) एन्ट्रॉपी में परिवर्तन कभी शून्य नहीं हो सकता है
(b) रुद्धोष्म प्रक्रम में किया गया कार्य सदैव शून्य होता है
(c) सभी प्रक्रमों में आन्तरिक ऊर्जा परिवर्तन होती है
(d) आन्तरिक ऊर्जा तथा एन्ट्रॉपी निकाय की अवस्था के फलन हैं

[AIEEE 2004]

8. एक उत्क्रमणीय इंजन (reversible engine) चक्र के लिए ताप-एन्ट्रॉपी आरेख चित्र में दर्शाया गया है। इसकी दक्षता है-

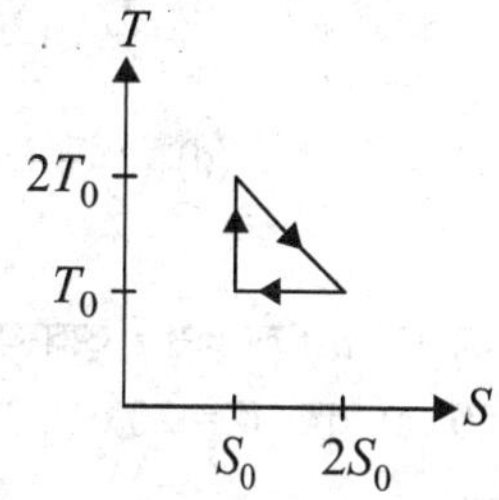

(a) $\frac{1}{2}$ (b) $\frac{1}{4}$
(c) $\frac{1}{3}$ (d) $\frac{2}{3}$

[AIEEE 2005]

9. चित्र में दर्शाये गए आरेख में एक निकाय दो प्रक्रमों I और II के रास्ते A से B तक जाता है। यदि I तथा II प्रक्रमों में आन्तरिक ऊर्जा में परिवर्तन क्रमशः ΔU_1 और ΔU_2 है, तब-

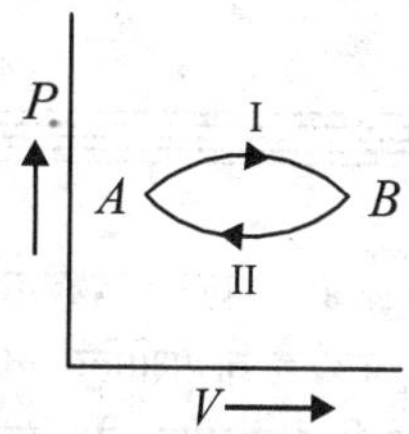

(a) $\Delta U_1 = \Delta U_2$
(b) $\Delta U_2 > \Delta U_1$
(c) $\Delta U_2 < \Delta U_1$
(d) ΔU_1 और ΔU_2 के बीच सम्बन्ध ज्ञात नहीं किया जा सकता

[AIEEE 2005]

10. गैस के एक मिश्रण में 16 g हीलियम तथा 16 g आक्सीजन है। मिश्रण के लिए C_p/C_v की निष्पत्ति है-

(a) 1.59 (b) 1.62
(c) 1.4 (d) 1.54

[AIEEE 2005]

11. एक गैस के 1 किलो-मोल को रुद्धोष्म अवस्था में संपीडित करने के लिए 146 kJ का कार्य करना पड़ता है और इस प्रक्रिया में गैस का ताप 7°C बढ़ जाता है। गैस है- ($R = 8.3\ \text{J mol}^{-1} K^{-1}$):

(a) एकपरमाणुक
(b) द्विपरमाणुक
(c) एकपरमाणुक व द्विपरमाणुक का मिश्रण
(d) त्रिपरमाणुक

[AIEEE 2006]

12. दो दृढ़ बक्से जिनमें भिन्न आदर्श गैसें हैं एक मेज पर रखे हुए हैं। बॉक्स A में T_0 ताप पर 1 मोल नाइट्रोजन है जबकि बॉक्स B में $(7/3)T_0$ ताप पर 1 मोल हीलियम है। अब दोनों बॉक्सों को परस्पर

ऊष्मीय सम्पर्क में रख दिया जाता है और इनके मध्य ऊष्मा का प्रवाह तब तक होता है जब तक दोनों बक्से एक समान ताप पर पहुँचते हैं (बक्सों की ऊष्मीय धारिता नगण्य मानते हैं)। तब गैसों का ताप T_0 के पदों में अन्तिम ताप T_f है-

(a) $T_f = \frac{7}{3}T_0$ (b) $T_f = \frac{3}{2}T_0$

(c) $T_f = \frac{5}{3}T_0$ (d) $T_f = \frac{3}{7}T_0$

[AIEEE 2006]

13. जब एक निकाय को मार्ग iaf के द्वारा i अवस्था से f अवस्था में लाया जाता है तो $Q = 50$ cal तथा $W = 20$ cal. पाया जाता है। ibf मार्ग से W का मान है-

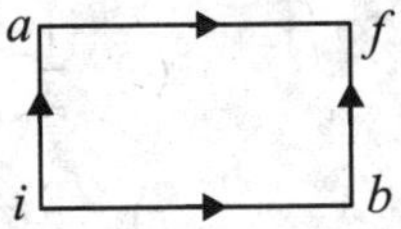

(a) 16 cal (b) 66 cal
(c) 14 cal (d) 6 cal

[AIEEE 2007]

14. एक कार्नट इंजन, जिसकी दक्षता ऊष्मा इंजन की भाँति प्रयोग करने पर 1/10 है, को प्रशीतित्र (refrigerator) की भाँति उपयोग में लाया जाता है। यदि निकाय पर किया गया कार्य 10 J है तब न्यून ताप पर रिजरवायर से अवशोषित ऊर्जा की मात्रा है-

(a) 90 J (b) 1 J
(c) 100 J (d) 99 J

[AIEEE 2007]

15. यदि नियत दाब पर नियत आयतन पर नाइट्रोजन के प्रति एकांक द्रव्यमान की विशिष्ट ऊष्मायें क्रमशः C_p व C_v हैं तब-

(a) $C_p - C_v = R/14$ (b) $C_p - C_v = R$
(c) $C_p - C_v = 28R$ (d) $C_p - C_v = R/28$

[AIEEE 2007]

उत्तरमाला

1. (a)	**2.** (d)	**3.** (b)	**4.** (a)	**5.** (b)	**6.** (d)	**7.** (d)	**8.** (c)	**9.** (a)	**10.** (b)
11. (b)	**12.** (b)	**13.** (b)	**14.** (a)	**15.** (d)					

हल

1. (a) प्रशीतित्र (refrigerator) एक बन्द कमरे में कार्य कर रहा है और इसका दरवाजा बन्द है तो प्रशीतित्र लगातार भीतर से ऊष्मा को कमरे में छोड़ेगा जिससे कमरे के ताप में लगातार वृद्धि होगी। अब यदि प्रशीतित्र के दरवाजे को खोल दिया जाता है तो कमरे के भीतर से ली गई ऊष्मा की तुलना में प्रशीतित्र द्वारा कमरे में छोड़ी गई ऊष्मा अधिक होगी (यह अन्तर कम्प्रैशर द्वारा किये गए कार्य के बराबर होगा)। अतः इस स्थिति में भी कमरे के ताप में लगातार वृद्धि होगी परन्तु ऊष्मा वृद्धि की दर प्रथम स्थिति में कम होगी।

2. (d) ऊर्जा संरक्षण का निमय

3. (b) कार्नोट इंजन

4. (a) $\gamma = \frac{7}{5}$ के लिए,

$$C_v = \frac{R}{\gamma - 1} = \frac{R}{\frac{7}{5} - 1} = \frac{5R}{2}$$

$$C_p = \frac{\gamma R}{\gamma - 1} = \frac{(7/5)R}{7} = \frac{7R}{2}$$

$\gamma = \frac{4}{3}$ के लिए, $C_v = 3R, C_p = 4R$

$$\therefore \quad \gamma_{mix} = \frac{\frac{7}{2} + 4}{\frac{5}{2} + 3} = \frac{15}{11}$$

5. (b) दिया है, $P \propto T^3$

अथवा $PT^{-3} = K$ ...(i)

रुद्धोष्म प्रक्रम के लिए

$PV^{\gamma} =$ नियतांक (C)

अथवा $P\left(\frac{RT}{P}\right)^{\gamma} = C$

अथवा $P^{1-\gamma}T^{-\gamma} = C'$

अथवा $PT^{\gamma/1-\gamma} = C'' = K$ ...(ii)

समीकरण (i) और (ii) की तुलना करने पर

$$\frac{\gamma}{1-\gamma} = -3 \text{ या } \gamma = \frac{3}{2}$$

6. (d) $T_1 = 627 + 273 = 900$ K

$Q_1 = 3000\,k$ Cal $= 3 \times 10^6$ cal

$T_2 = 27 + 273 = 300$ K

$$\therefore \quad \frac{Q_1}{T_1} = \frac{Q_2}{T_2}$$

$$\Rightarrow \quad Q_2 = \frac{T_2}{T_1} \times Q_1$$

$$= \frac{300}{900} \times 3 \times 10^6 = 1 \times 10^6 \text{ cal}$$

किया गया कार्य $= Q_1 - Q_2$

$$= 3\times10^6 - 1\times10^6$$
$$= 2\times10^6\,\text{Cal}$$
$$= 2\times4.2\times10^6\,\text{J} = 8.4\times10^6\,\text{J}$$

7. (d) आन्तरिक ऊर्जा तथा एन्ट्रॉपी दोनों अवस्था के अद्वितीय फलन हैं।

8. (c) $$Q_1 = T_0S_0 + \frac{1}{2}I_0S_0 = \frac{3}{2}T_0S_0$$
$$Q_2 = T_0(2S_0 - S_0) = T_0S_0$$
$$Q_3 = 0$$

$\therefore$ $$\eta = \frac{W}{Q_1} = \frac{Q_1 - Q_2}{Q_1}$$
$$= 1 - \frac{Q_2}{Q_1} = 1 - \frac{2}{3} = \frac{1}{3}$$

9. (a) चूँकि निकाय की आन्तरिक ऊर्जा में परिवर्तन केवल उसकी प्रारम्भिक व अन्तिम अवस्थाओं पर निर्भर करता है।

10. (b) गैसों के मिश्रण के लिए,

$$C = \frac{n_1C_{v_1} + n_2C_{v_2}}{n_1 + n_2}$$

जहाँ $C = \frac{f}{2}R$, f स्वातन्त्र्य कोटि (degree of freedom) है।

तथा $$C_p = \frac{n_1C_{p_1} + n_2C_{p_2}}{n_1 + n_2}$$

जहाँ $$C_p = \left(1 + \frac{f}{2}\right)R$$

हीलियम के लिए, $n_1 = 4, f = 3$

ऑक्सीजन के लिए, $n_2 = \frac{1}{2}, f = 5$

$\therefore$ $$\frac{C_p}{C_v} = \frac{4\times\frac{5R}{2} + \frac{1}{2}\times\frac{7R}{2}}{4\times\frac{3R}{2} + \frac{1}{2}\times\frac{5R}{2}} = \frac{47}{29} = 1.62$$

11. (b) ऊष्मा गतिकी के प्रथम नियम से,
$$\Delta Q = \Delta U + \Delta W$$
रुद्धोष्म प्रक्रम में,
$$\Delta Q = 0$$
$\therefore$ $$\Delta U = -\Delta W = -(-146)\,\text{kJ} = 146\,\text{kJ}$$
चूँकि $\Delta U = nC_v\Delta T$

$\therefore$ $$C_v = \frac{\Delta U}{n\Delta T} = \frac{146\times10^3}{1\times10^3\times7} \quad (\because \Delta T = 7°C = 7\,K)$$
$\therefore$ $$C_v = 20.5\,\text{J mol}^{-1}\text{K}^{-1}$$
द्विपरमाणुक गैस के लिए,
$$C_v = \frac{5R}{2} = \frac{5}{2}\times8.3 = 20.8\,\text{J mol}^{-1}\text{K}^{-1}$$
अत: गैस द्विपरमाणुक है।

12. (b) $$\Delta U = 0$$

अथवा $$\frac{5}{2}R(T_f - T_0) + 1\times\frac{3}{2}R\left(T_f - \frac{7}{3}T_0\right) = 0$$

$\therefore$ $$T_f = \frac{3}{2}T_0$$

13. (b) मार्ग iaf, के लिए
$$Q = 50\,\text{cal}, W = 20\,\text{cal}$$

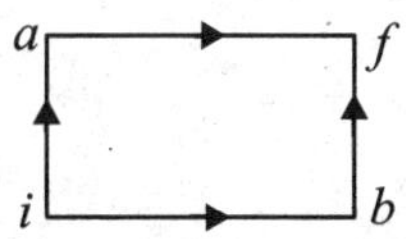

ऊष्मा गतिकी के प्रथम नियमानुसार,
$$\Delta U = Q - W = 50 - 20 = 30\,\text{cal}$$
मार्ग ibf के लिए,
$$Q = 36\,\text{cal}$$
$$W = ?$$
ऊष्मा गतिकी के प्रथम नियमानुसार,
$$Q = \Delta U + W$$
अथवा $$W = Q - \Delta U$$
चूँकि आन्तरिक ऊर्जा मार्ग पर निर्भर नहीं करती है
$$\Delta U = 30\,\text{cal}$$
$\therefore$ $$W = Q - \Delta U = 36 - 30 = 6\,\text{cal}$$

14. (a) कार्नट इंजन की दक्षता (η) तथा प्रशीतित्र (refrigerator) के क्षमता गुणांक (coefficient of performanance) (β) में सम्बन्ध है-

$$\beta = \frac{1-\eta}{\eta} \qquad \text{जहाँ } \eta = \frac{1}{10}$$

$\therefore$ $$\beta = \frac{1 - \frac{1}{10}}{\left(\frac{1}{10}\right)} = 9$$

प्रशीतित्र का क्षमता गुणांक,
$$\beta = \frac{Q_2}{w}$$
जहाँ Q_2 रिजरवायर से अवशोषित की गई ऊर्जा है।

अथवा $$9 = \frac{Q_2}{10}$$
$\therefore$ $$Q_2 = 90\,\text{J}$$

15. (d) हम जानते हैं कि,
मोलर ऊष्मीय धारिता = मोलर द्रव्यमान × प्रति एकांक द्रव्यमान की विशिष्ट ऊष्मा धारिता

$\therefore$ $$C_p = 28\,C_p \qquad \text{(नाइट्रोजन के लिए)}$$
तथा $$C_v = 28\,C_v$$
अब $$C_p - C_v = R$$
अथवा $$28\,C_p - 28\,C_v = R$$
$\Rightarrow$ $$C_p - C_v = \frac{R}{28}$$

□□□

अध्याय
16

ऊष्मा का संचरण

(Transmission of Heat)

ऊष्मा प्रवाह की विधियाँ (Methods of Heat Flow)

1. संचरण (Conduction)
2. संवहन (Convection)
3. विकिरण (Radiation)

ताप प्रवणता (Temperature Gradient)

- दो समतापी पृष्ठों के बीच की दूरी के साथ ताप परिवर्तन की दर ताप प्रवणता कहलाती है।

ताप प्रवणता = ताप परिवर्तन की दर

$$\text{ताप प्रवणता} = \frac{T_2 - T_1}{d}$$

ऊष्मा चालकता गुणांक (Coefficient of Thermal Conductivity)

- स्थावर अवस्था (steady state) में संचालन द्वारा प्रवाहित ऊष्मा की मात्रा
    - अनुप्रस्थ काट के क्षेत्रफल के अनुक्रमानुपाती होती है

$$Q \propto A \quad \ldots \text{(i)}$$

    - समय के अनुक्रमानुपाती होती है

$$Q \propto t \quad \ldots \text{(ii)}$$

    - ताप प्रवणता के अनुक्रमानुपाती होती है

$$Q \propto \frac{T_2 - T_1}{d} \quad \ldots \text{(iii)}$$

$$Q = \frac{KA(T_1 - T_2)t}{d}$$

जहाँ K को पदार्थ की ऊष्मा चालकता गुणांक कहते हैं इसका मान छड़ के पदार्थ पर निर्भर करता है।

- K का मात्रक = जूल/मीटर सेकण्ड°C
- K की विमा = $[MLT^{-3}\theta^{-1}]$
- K का मान पदार्थ की प्रकृति पर निर्भर करता है।
- आदर्श चालकों के लिए, $K = \infty$.
- आदर्श कुचालकों के लिए, $K = 0$

ताप प्रवणता और ऊष्मीय चालकता में सम्बन्ध (Relation between Temperature Gradient and Thermal Conductivity) :

$$\frac{d\theta}{dt} = -KA\frac{dv}{dx} = KA, \text{ ताप प्रवणता}$$

स्थाई अवस्था के लिए,

$$\text{ताप प्रवणता} \propto \frac{1}{K}$$

ऊष्मीय प्रतिरोध (Thermal Resistance)

- किसी छड़ में ऊष्मा की प्रवाह की दर

$$H = \frac{Q}{t} = \frac{KA(T_1 - T_2)}{d} \text{ के अनुसार}$$

$\dfrac{(T_1 - T_2)}{H}$ को चालक का ऊष्मीय प्रतिरोध कहते हैं।

$$R_H = \frac{T_1 - T_2}{H} = \frac{l}{KA}$$

- ऊष्मीय प्रतिरोध का मात्रक = सेकण्ड °C प्रति किलो-कैलोरी
- ऊष्मीय प्रतिरोध की विमा = $[M^{-1}L^{-2}T^{-3}\theta]$
- यदि छड़ों को श्रेणीक्रम में जोड़ा जाता है तब
    - कुल तापीय प्रतिरोध = प्रथम छड़ का ताप प्रतिरोध + द्वितीय छड़ का ताप प्रतिरोध

$$R_H = R_{H_1} + R_{H_2} = R_H$$

    - तुल्य ऊष्मा, $Q = \dfrac{A(\theta_1 - \theta_2)t}{\dfrac{l_1}{K_1} + \dfrac{l_2}{K_2}}$

    - दो छड़ों की सन्धि का ताप

$$\theta = \frac{\dfrac{K_1}{l_1}\theta_1 + \dfrac{K_2}{l_2}\theta_2}{\dfrac{k_1}{l_1} + \dfrac{K_2}{l_2}}$$

यदि $l_1 = l_2$, तब $\theta = \dfrac{K_1\theta_1 + K_2\theta_2}{K_1 + K_2}$

- तुल्य चालकता $K = \dfrac{l_1 + l_2}{\dfrac{l_1}{K_1} + \dfrac{l_2}{K_2}}$

■ यदि छड़ों को समान्तर क्रम में जोड़ा जाता है तब

- कुल तापीय प्रतिरोध

$$\frac{1}{R_H} = \frac{1}{R_{H_1}} + \frac{1}{R_{H_2}}$$

- तुल्य ऊष्मा $Q = \sum K_i A_i \left(\dfrac{\theta_1 - \theta_2}{l}\right) \cdot t$
- तुल्य चालकता $K = \dfrac{K_1 A_1 + K_2 A_2}{A_1 + A_2} = \dfrac{\sum K_i A_i}{\sum A_i}$

स्टीफन का नियम (Stefan's Law)

■ इसके अनुसार किसी वस्तु के इकाई क्षेत्रफल से एक सेकण्ड में उत्सर्जित विकिरण की मात्रा वस्तु के परम ताप की चतुर्थ घात के समानुपाती होती है।

$$E \propto T^4$$

या $$E = \sigma T^4$$

जहाँ σ स्टीफन नियतांक है।

■ स्टीफन के नियम में वोल्ट्जमैन ने संशोधन किया। संशोधित नियम के अनुसार

$$E = \sigma(T^4 - T_0^4)$$

जहाँ T_0 वातावरण का परम ताप है।

इंगन-हौज का प्रयोग (Ingen-Hauz Experiment)

■ इसका प्रयोग विभिन्न पदार्थों की ऊष्मा चालकता ज्ञात करने में किया जाता है।

ऊष्मा चालकता $\propto$ (पिघली हुई मोम की लम्बाई l)^2

न्यूटन का शीतलन नियम (Newton's Law of Cooling)

■ इसके अनुसार किसी वस्तु के ठण्डे होने की दर, वस्तु तथा तापान्तर के अन्तर के समानुपाती होती है।

$\dfrac{\Delta T}{\Delta t} \propto$ (वस्तु का औसत ताप-वातावरण का ताप)

■ यह नियम कम ताप के अन्तर के लिए ही सत्य होता है। किन्तु जब वस्तु तथा वातावरण के बीच ताप का अन्तर अधिक होता है, तब

खोयी गई ऊर्जा $= \dfrac{m \times s \times \Delta T}{\Delta t}$

$= \sigma T^4 \times$ वस्तु का क्षेत्रफल $\times$ वस्तु की उत्सर्जकता

विकिरण की पदार्थ से अनुक्रिया (Interaction of Radiation with Matter)

$Q =$ आपतित ऊष्मीय विकिरण की मात्रा

$$Q = Q_a + Q_r + Q_t$$

$$1 = \frac{Q_a}{Q} + \frac{Q_r}{Q} + \frac{Q_t}{Q}$$

$$1 = A + R + T$$

जहाँ, $A =$ अवशोषकता, $R =$ परावर्तकता, $T =$ पारगम्यता

यदि $A = T = 0$ $R = 1 \Rightarrow$ आदर्श परावर्तक

$R = T = 0$ $A = 1 \Rightarrow$ आदर्श कृष्णिका

$A = R = 0$ $T = 1 \Rightarrow$ आदर्श पारगम्यक

$T = 0$ $R + A = 1 \Rightarrow$ अच्छे परावर्तक, बुरे अवशोषक होते हैं।

महत्त्वपूर्ण तथ्य (Important Facts)

- सूर्य का तापमान ≈ 600 K
- वीन का स्थापन नियम $\lambda_m T = b\,(2.89 \times 10^{-3}$ m-K) तारों का तापमान ज्ञात करने में महत्वपूर्ण भूमिका निभाता है।
- सूर्य से पृथ्वी तक आने में विकिरण 8 मिनट 20 सेकण्ड का समय लेते हैं।
- न्यूटन का शीतलन नियम दो द्रवों की विशिष्ट ऊष्माओं की तुलना करने में प्रयोग किया जाता है।
- संचालन प्रक्रिया में धातु की प्लेट के इकाई क्षेत्रफल से गुजरने वाली ऊष्मा की मात्रा क्षेत्रफल के लम्बवत् तथा ताप प्रवणता पर निर्भर करती है
- धातु ऊष्मा की सुचालक होती है क्योंकि इसमें मुक्त इलेक्ट्रॉन अधिक होते हैं।
- निर्वात् में उष्मा का संचरण विकिरण द्वारा होता है।
- विकिरण में ऊष्मा के स्थानान्तरण की दर अधिकतम होती है।
- सूर्य का सबसे अन्दर का हिस्सा (फोटोस्फेयर) सभी तरंगदैर्ध्यों के के विकिरण उच्च ताप पर उत्सर्जित करता है।
- गर्म चाय में दूध मिलाने पर शीतलन की दर घट जाती है।
- यदि सूर्य का ताप T से बढ़कर $2T$ तथा त्रिज्या R से बढ़कर $2R$ कर दें तब पृथ्वी पर अब प्राप्त विकरित ऊर्जा और पृथ्वी पर पहले पहले प्राप्त होने वाली ऊर्जा का अनुपात 1 : 16 होगा।
- यदि सूर्य का ताप दुगुना कर दिया जाए तो उसके विकिरणों की अधिकतम तरंगदैर्ध्य पहले की आधी हो जायेगी।
- किसी वस्तु के शीतलन की दर R तथा ताप हानि की दर का अनुपात

$$\frac{R}{R_\theta} = ms$$

- एक गेंद A का व्यास उसी पदार्थ से बनी दूसरी गेंद B के व्यास का दोगुना है। A और B को समान ताप तक गर्म करके विकिरण द्वारा ठण्डा होने दिया जाता है तब A के ठण्डा होने की दर B की आधी होगी।
- प्रयोगशाला में न्यूटन के शीतलन नियम का उपयोग द्रवों की विशिष्ट ऊष्मा ज्ञात करने में किया जाता है।
- यदि किसी पिण्ड का ताप वातावरण के ताप के समान हो तो यह ऊष्मा की उतनी ही मात्रा विकिरित करता है जितनी कि इसको वातावरण से प्राप्त होती है।

अभ्यास के लिए प्रश्न

1. धातु की दो बिल्कुल एक सी दो छड़ों का निम्न चित्र (a) के अनुसार वैल्ड कर दिया गया है। 4 मिनट में इससे 20 कैलोरी ऊष्मा प्रवाहित हो जाती है। यदि छड़ों का चित्र (b) के अनुसार वैल्ड कर दिया जाये तो इतनी ही ऊष्मा प्रवाहित होगी–

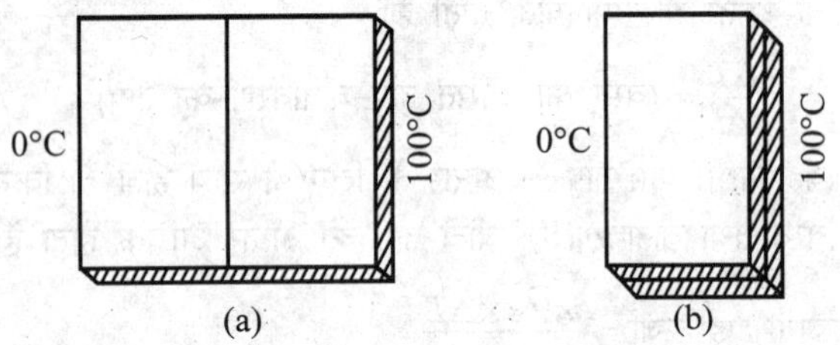

(a) 4 मिनट में (b) 16 मिनट में
(c) 1 मिनट में (d) 2 मिनट में

2. तीन छड़ें X धातु की तथा तीन छड़ें Y धातु की नीचे चित्रानुसार जोड़ दी जाती हैं। सभी छड़ें लम्बाई तथा मोटाई में समान हैं। सिरे A का तापक्रम 60°C तथा जोड़ E का ताप 10°C है तो जोड़ B, C एवं D के तापक्रम क्रमशः होंगे (दिया है X धातु के लिए $K = 0.92$ सी० जी० एस० मात्रक तथा Y धातु के लिए $K = 0.46$ सी०जी०एस० मात्रक है)–

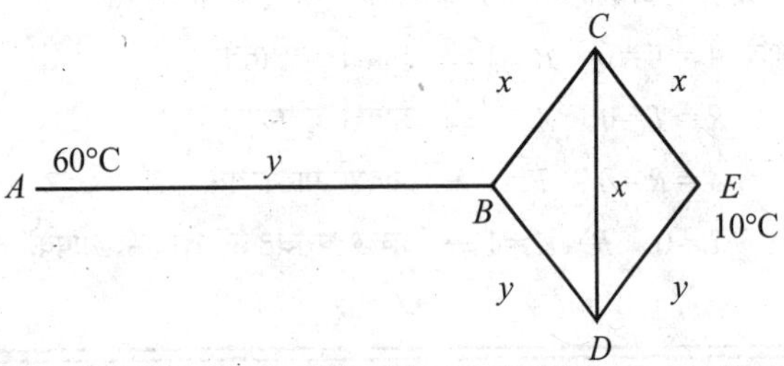

(a) 20°C, 30°C एवं 30°C (b) 20°C, 20°C एवं 30°C
(c) 30°C, 20°C एवं 15°C (d) 30°C, 20°C एवं 20°C

3. एक आदर्श कृष्णिका के लिए v_m — T वक्र है–

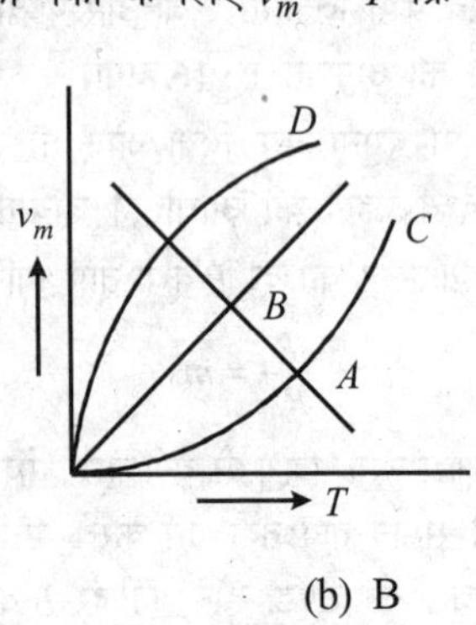

(a) A (b) B
(c) C (d) D

4. ताँबे का ऊष्मा चालकता गुणांक इस्पात की अपेक्षा नौ–गुना है। चित्र में दिखाये गए संयुक्त बेलनाकार छड़ की तांबे तथा इस्पात सन्धि का ताप होगा–

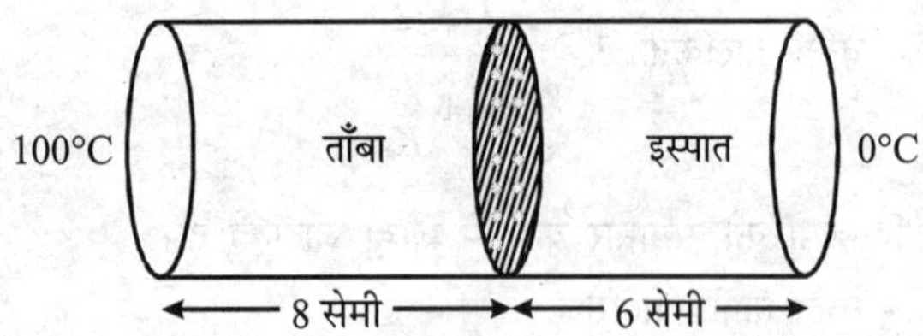

(a) 33°C (b) 25°C
(c) 75°C (d) 67°C

5. एक ही पदार्थ तथा समान अनुप्रस्थ काट की तीन छड़ों को चित्रानुसार जोड़ा गया है। प्रत्येक छड़ समान लम्बाई की हैं। बाँयें तथा दाँयें क्रमशः 0°C तथा 90°C पर रखे गए हैं। छड़ों की सन्धि का ताप होगा–

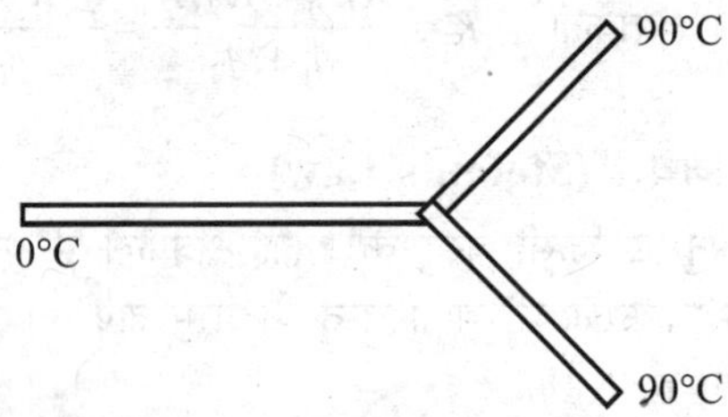

(a) 45° C (b) 60° C
(c) 20° C (d) 30° C

6. समान विमाओं की पाँच छड़ों को चित्रानुसार व्यवस्थित किया गया है। इनकी ऊष्मा चालकतायें K_1, K_2, K_3, K_4 व K_5 हैं। जब A व B बिन्दुओं को भिन्न तापों पर रखा जाता है तथा केन्द्रीय छड़ से ऊष्मा प्रवाहित न होने की स्थिति में–

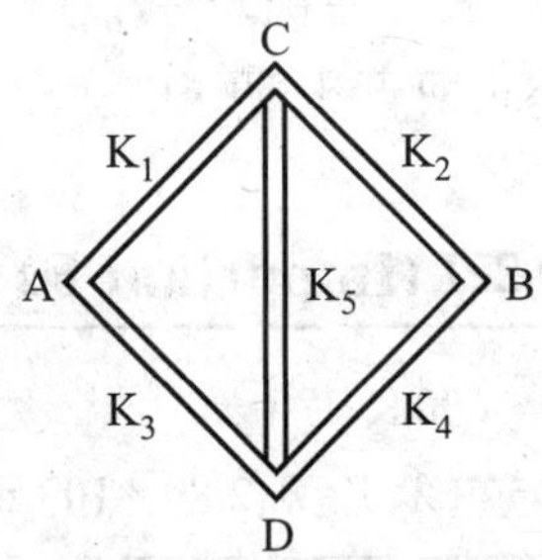

(a) $K_1K_2 = K_3K_4$ (b) $\frac{K_1}{K_4} = \frac{K_2}{K_3}$
(c) $K_1 = K_4$ व $K_2 = K_3$ (d) $K_1K_4 = K_2K_3$

7. संलग्न चित्र में विकसित ऊष्मा की तीव्रता व संगत तरंगदैर्ध्य के बीच किसी कृष्णिका के ताप T_1, T_2 व T_3 पर ग्राफ दिये गए हैं। उनके ताप निम्न में से किसके अनुसार होंगे?

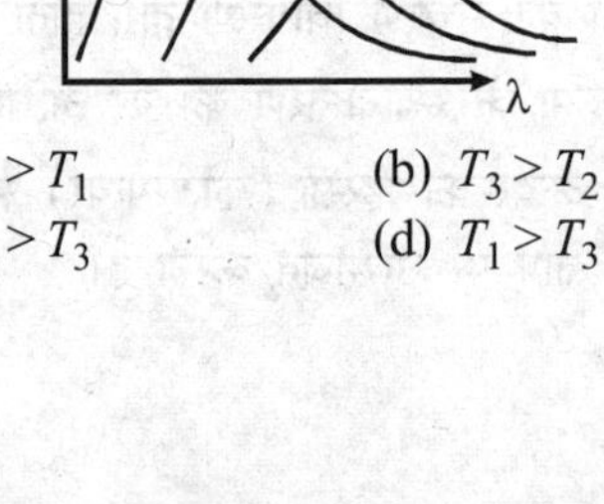

(a) $T_2 > T_3 > T_1$ (b) $T_3 > T_2 > T_1$
(c) $T_1 > T_2 > T_3$ (d) $T_1 > T_3 > T_2$

8. संलग्न चित्र में, दो वस्तुओं के ताप (T) का समय (t) के साथ परिवर्तन दिखाया गया है। वस्तुओं के पृष्ठ सतह का क्षेत्रफल समान है। उनकी उत्सर्जकता व अवशोषण क्षमता में सही सम्बन्ध होगा–

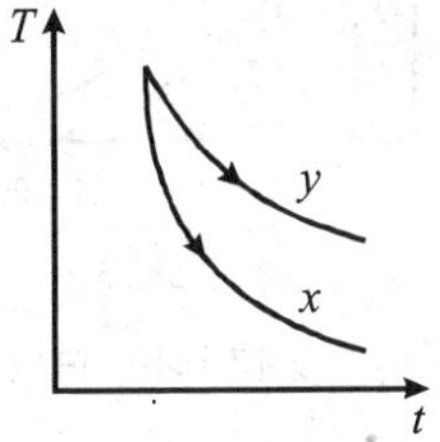

(a) $E_x > E_y, a_x > a_y$ (b) $E_x < E_y, a_x < a_y$
(c) $E_x > E_y, a_x < a_y$ (d) $E_x < E_y, a_x > a_y$

9. दो पदार्थों जिनके ऊष्मा चालकता गुणांक K तथा $2K$ तथा मोटाई क्रमशः x तथा $4x$ है, को जोड़कर एक संयुक्त पट्टिका बनायी गयी है, जिनके दो बाह्य पृष्ठों के ताप क्रमशः T_2 तथा T_1 ($T_2 > T_1$) हैं। स्थाई अवस्था में इस पट्टिका से प्रवाहित ऊष्मा की दर $f\left(\frac{A(T_2 - T_1)K}{x}\right)$ है, जिसमें f का मान होगा–

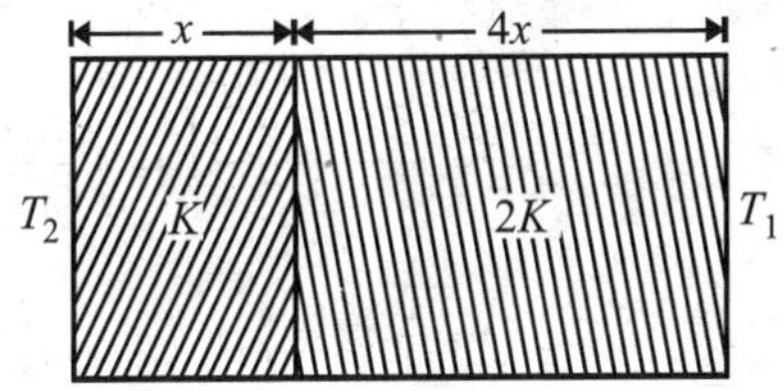

(a) $\frac{2}{3}$ (b) 1

(c) $\frac{1}{3}$ (d) $\frac{1}{2}$

10. दो संकेन्द्रीय गोले जिनकी त्रिज्यायें क्रमशः r_1 व r_2 हैं तथा इनके ताप क्रमशः T_1 व T_2 हैं जैसा चित्र में प्रदर्शित है। इनके बीच ऊष्मा का त्रिज्या प्रवाह अनुक्रमानुपाती होगा–

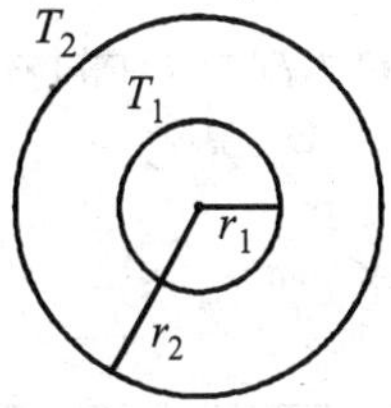

(a) $r_2 - r_1$ (b) $\frac{r_1 r_2}{r_2 - r_1}$

(c) $\ln\left(\frac{r_2}{r_1}\right)$ (d) $\frac{(r_2 - r_1)}{r_1 r_2}$

उत्तरमाला

1. (c)	2. (a)	3. (b)	4. (c)	5. (b)	6. (d)	7. (d)	8. (a)	9. (c)	10. (b)

हल

1. (c) $$Q = KA\frac{(\theta_1 - \theta_2)}{l}t$$

प्रथम स्थिति में, $$20 = \frac{KA \times 100 \times 4}{2l}$$

तथा द्वितीय स्थिति में, $$20 = \frac{K \times 2A \times 100 \times t}{l}$$

भाग देने पर, $t = 1$ मिनट

2. (a) ऊष्मीय प्रतिरोध, $R_H = \frac{l}{KA}$, अतः $R_x = \frac{R_y}{2} = P_v$ (माना)

व्हीटस्टोन सेतु संतुलित होने से, C व D के बीच छड़ से ऊष्मा चालन न होने से अप्रभावित है।

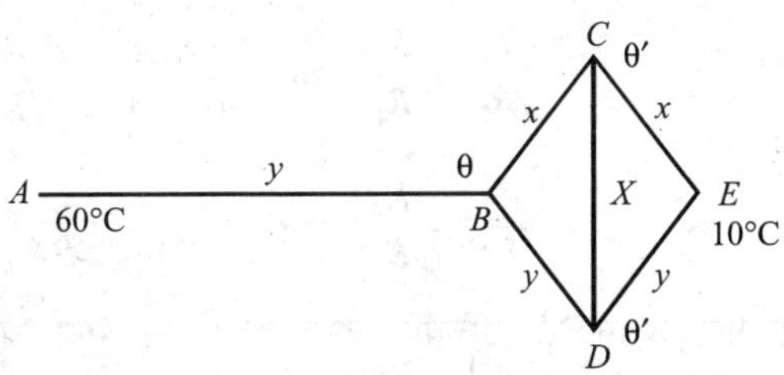

A व E के बीच कुल ऊष्मीय प्रतिरोध

$$R_{AE} = R_{AB} + \frac{2R_x . 2R_y}{2(R_x + R_y)}$$

$$= 2R + \frac{4 \times R \times 2R}{2(R + 2R)} = \frac{10R}{3}$$

$\therefore$ ऊष्मीय धारा $H = \frac{(60-10)}{10R/3} = \frac{15}{R}$

यदि B का ताप θ हो, तो $\frac{15}{R} = \frac{60-\theta}{2R}$

$\therefore \qquad \theta = 30°C$

पुनः $\qquad H_{AB} = H_{BC} + H_{BD}$

$\therefore \qquad \frac{15}{R} = \frac{30-\theta'}{R} + \frac{30-\theta'}{2R}$

जहाँ θ', बिन्दु C व D का उभयनिष्ठ ताप है।

हल करने पर, $\quad \theta' = 20°C$

3. (b) $\lambda_m T =$ नियतांक तथा $v_m \propto \frac{1}{\lambda_m}$

$\therefore v_m \propto T$, अतः ग्राफ सरल रेखा होगा। पुनः ताप बढ़ाने से λ_m घटता है, अतः v_m बढ़ेगा। स्पष्ट है, सही ग्राफ B होगा।

4. (c) प्रत्येक छड़ से ऊष्मीय धारा समान होने से,

$$\frac{9KA\times(100-\theta)}{18} = \frac{KA\theta}{6}$$

हल करने पर $\quad \theta = 75°C$

5. (b) सन्धि का ताप θ लेने पर,

$$H = H_1 + H_2$$

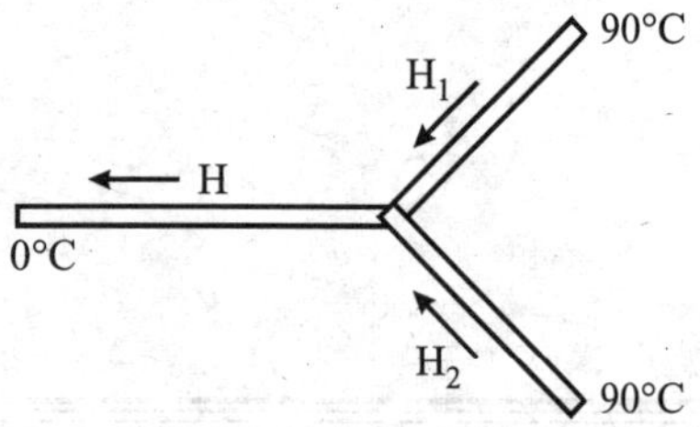

$$\frac{\theta}{R} = \frac{90-\theta}{R} + \frac{90-\theta}{R}$$

जहाँ R प्रत्येक छड़ का ऊष्मीय प्रतिरोध है।

हल करने पर $\theta = 60°C$

6. (d) व्हीट-स्टोन सेतु सिद्धान्त से, CD से ऊष्मा प्रवाह न होने पर, सेतु संतुलित है। अतः

$$\frac{R_1}{R_2} = \frac{R_3}{R_4} \quad \text{या} \quad \frac{d/K_1A}{d/K_2A} = \frac{d/K_3A}{d/K_4A}$$

$$\therefore \quad \frac{K_2}{K_1} = \frac{K_4}{K_3} \quad \text{या} \quad K_1K_4 = K_2K_3$$

7. (d) ताप बढ़ने से उच्चिष्ट तरंग-दैर्ध्य का मान घटता है। ($\lambda_m T =$ नियतांक) अतः $T_1 > T_3 > T_2$

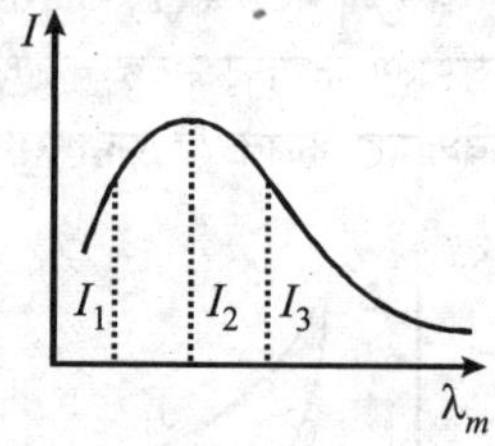

8. (a) चित्र से $E_x > E_y$ तथा किरचॉफ नियम से $\frac{E_\lambda}{a_\lambda} =$ नियतांक,

अतः $\qquad a_x > a_y$

9. (c) माना अन्तःपृष्ठ का ताप T है

$$Q = \frac{KA(T_2 - T)}{x} = \frac{2KA(T - T_1)}{4x}$$

$$\therefore \quad T_2 - T = \frac{Qx}{KA} \quad T - T_1 = \frac{2Qx}{KA}$$

जोड़ने पर हमें प्राप्त होगा

$$\therefore \quad T_2 - T_1 = \frac{3Qx}{KA}$$

या $\quad Q = \frac{KA(T_2 - T_1)}{3x} = f\,\frac{KA(T_2 - T_1)}{x}$

या $\quad f = \frac{1}{3}$

10. (b) $\quad \frac{dQ}{dt} = -K4\pi r^2 \frac{d\theta}{dr}$

$$\int_{T_1}^{T_2} d\theta = -\frac{(dQ/dt)}{4\pi K}\int_{r_1}^{r_2}\frac{dr}{r^2}$$

$$(T_2 - T_1) = -\frac{(dQ/dt)}{4\pi K}\left(-\frac{1}{r}\right)_{r_1}^{r_2}$$

$$(T_2 - T_1) = \frac{(dQ/dt)}{4\pi K}\left(\frac{1}{r_2} - \frac{1}{r_1}\right)$$

$$\frac{dQ}{dt} = \frac{4\pi K.(T_1 - T_2)}{\left(\frac{1}{r_1} - \frac{1}{r_2}\right)}$$

$$= \frac{r_1 r_2 (4\pi K)(T_1 - T_2)}{(r_2 - r_1)}$$

$$\frac{dQ}{dt} \propto \frac{r_1 r_2}{r_2 - r_1}$$

Previous Years' Problems

1. निम्न में से कौन कृष्णिका के सबसे निकट है?

(a) ब्लैक बोर्ड पेन्ट (b) कृष्ण छिद्र
(c) हरी पत्तियाँ (d) लाल गुलाब

[AIEEE 2002]

2. न्यूटन के शीतलन के नियम के अनुसार, किसी वस्तु के ठण्डे होने की दर $(\Delta\theta)^n$ के समानुपाती होती है, जहाँ $\Delta\theta$ वस्तु व वातावरण के तापों का अन्तर है। n का मान है

(a) 2 (b) 3
(c) 4 (d) 1

[AIEEE 2003]

3. दो पदार्थों जिनके ऊष्मा चालकता गुणांक K तथा 2K तथा मोटाई x तथा $4x$ हैं, को जोड़कर एक संयुक्त पट्टिका बनाई गई है, जिसके दो बाह्य पृष्ठों के ताप क्रमशः T_2 तथा $T_1 (T_2 > T_1)$ हैं। स्थायी अवस्था में इस पट्टिका से प्रवाहित ऊष्मा की दर $\left(\frac{A(T_2 - T_1)K}{x}\right)f$ है, जिसमें f का मान है

(a) 1 (b) 2/3
(c) 1/3 (d) 1/2

[AIEEE 2004]

4. यदि सूर्य का ताप T से बढ़कर $2T$ तथा त्रिज्या R से बढ़कर $2R$ हो जाए, तो पृथ्वी पर अब प्राप्त विकिरित ऊर्जा और पृथ्वी पर पहले प्राप्त होने वाली ऊर्जा का अनुपात होगा–

(a) 4 (b) 16
(c) 32 (d) 64

[AIEEE 2004]

5. रीगल तारे की ज्योति तीव्रता सूर्य से 17000 गुना है। दोनों पिण्डों को पूर्णतः कृष्ण वस्तु मानते हुए, तारे का तापमान ज्ञात करो यदि सूर्य का तापमान 6000 K है–

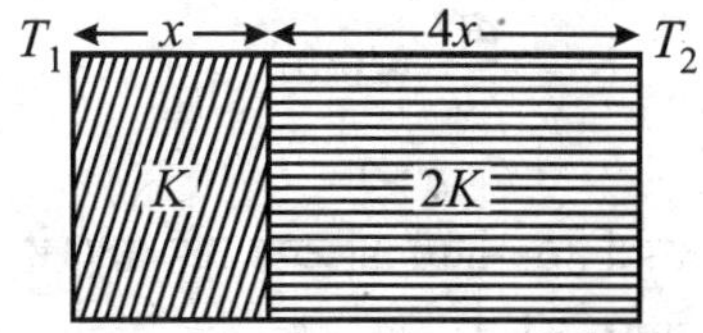

(a) 68400 K (b) 1.02×10^8 K
(c) 12000 K (d) 6000 K

[AIEEE 2006]

6. एक ऊष्मारोधी छड़ का एक सिरा T_1 ताप पर और दूसरा सिरा T_2 ताप पर है। छड़ क्रमशः l_1 व l_2 लम्बाई और K_1 व K_2 ऊष्मा चालकताओं की छड़ों का संयोग है। दोनों भागों की सन्धि की माप है।

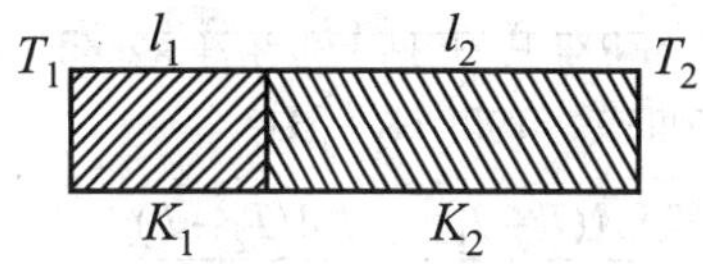

(a) $\frac{K_2 l_2 T_1 + K_1 l_1 T_2}{K_1 l_1 + K_2 l_2}$ (b) $\frac{K_2 l_1 T_1 + K_1 l_2 T_2}{K_2 l_1 + K_1 l_2}$

(c) $\frac{K_1 l_2 T_1 + K_2 l_1 T_2}{K_1 l_2 + K_2 l_1}$ (d) $\frac{K_1 l_1 T_1 + K_2 l_2 T_2}{K_1 l_1 + K_2 l_2}$

[AIEEE 2007]

उत्तरमाला

1. (a) **2.** (d) **3.** (c) **4.** (d) **5.** (a) **6.** (c)

हल

2. (d) न्यूटन के शीतलन के नियम से,

$$\frac{dQ}{dt} \propto \Delta\theta$$

परन्तु $$\frac{dQ}{dt} \propto (\Delta\theta)^n$$

$\Rightarrow$ $n = 1$

3. (c) माना उभयनिष्ठ भीतरी पट्टिका ताप T°C है।

ऊष्मा प्रवाह की दर

$$H = \frac{Q}{T} = \frac{KA\Delta T}{t}$$

$$H_1 = \left(\frac{Q}{T}\right)_1 = \frac{2KA(T - T_1)}{4x}$$

तथा $$H_2 = \left(\frac{Q}{T}\right)_2 = \frac{KA(T_2 - T)}{x}$$

स्थायी अवस्था में सम्पूर्ण निकाय में प्रवाहित ऊष्मा की दर समान होनी चाहिए, अर्थात् $H_1 = H_2$

$$\Rightarrow \quad \frac{2KA(T - T_1)}{4x} = \frac{KA(T_2 - T)}{x}$$

$$\Rightarrow \quad \frac{(T - T_1)}{2} = T_2 - T$$

$$\Rightarrow \quad T - T_1 = 2T_2 - 2T$$

$$\Rightarrow \quad T = \frac{2T_2 - T_1}{3}$$

अतः सम्पूर्ण पट्टिका से प्रवाहित कुल ऊष्मा

$$H = \frac{KA(T_2 - T_1)}{x}$$

$$= \frac{KA}{x}\left[T_2 - \frac{2T_2 + T_1}{3}\right]$$

$$= \frac{KA}{3x}(T_2 + T_1) \quad \text{...(i)}$$

प्रश्नानुसार, $$H = \left[\frac{A(T_2 - T_1)K}{x}\right] f \quad \text{...(ii)}$$

समी (i) व (ii) की तुलना करने पर

$$\therefore \quad f = \frac{1}{3}$$

4. (d) स्टीफन के नियम से

$$E \propto AT^4$$

$$E \propto R^2T^4 \qquad [\because A = \pi R^2]$$

$$\frac{E_1}{E_2} = \frac{R_1^2 T_1^4}{R_2^2 T_2^4}$$

$$\Rightarrow \quad \frac{E_1}{E_2} = \frac{R^2 \times T^4}{(2R)^2 \times (2T)^4}$$

$$\frac{E_1}{E_2} = \frac{R^2T^4}{4R^2 \times 16T^4} = \frac{1}{64}$$

$$\Rightarrow \quad \frac{E_2}{E_1} = 64$$

5. (a) किसी तारे की चमक उसके कुल उत्सर्जित विकिरण पर निर्भर करती है।

$$E = \sigma T^4$$

अतः $$\frac{E_1}{E} = \left(\frac{T_1}{T}\right)^4$$

इसलिए $$(17000)^{1/4} = \frac{T_1}{T} \qquad (\because E_1 = 17000\,E)$$

$$T_1 = 6000 \times 11.4 = 68400\,K$$

6. (c) माना उभयनिष्ठ सतह का ताप T है।

भाग AB के लिए

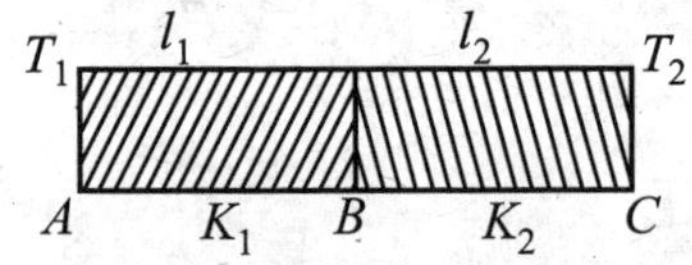

$$\frac{Q_1}{t} \propto \frac{(T_1 - T)K_1}{l_1}$$

भाग BC के लिए

$$\frac{Q_2}{t} \propto \frac{(T - T_2)K_2}{l_2}$$

साम्यावस्था में, $$\frac{Q_1}{t} = \frac{Q_2}{t}$$

$$\frac{(T_1 - T)K_1}{l_1} = \frac{(T - T_2)K_2}{l_2}$$

$$T = \frac{T_1K_1l_2 + T_2K_2l_1}{K_1l_2 + K_2l_1}$$

□□□

अध्याय

17

तरंग गति

(Wave Motion)

सरल प्रगामी तरंग की समीकरण (Equation of Plane Progressive Wave)

- प्रारम्भिक कला ϕ_0 वाली सरल प्रगामी तरंग की सामान्य समीकरण
$$y(x, t) = a \sin(\omega t \pm kx \pm \phi_0)$$
जहाँ, ω= कोणीय आवृत्ति, a = आयाम
k = कोणीय तरंग संख्या या चल नियतांक, x = स्थिति
- विभिन्न प्रकार
(i) $y = a \sin(\omega t - kx)$
(ii) $y = a \sin 2\pi\left[\frac{t}{T} - \frac{x}{\lambda}\right]$
(iii) $y = a \sin\frac{2\pi}{T}\left(t - \frac{xT}{\lambda}\right)$
(iv) $y = a \sin\frac{2\pi}{\lambda}(vt - x)$
(v) $y = a \sin\omega\left(t - \frac{x}{v}\right)$
तरंग x दिशा में चल रही है।

अप्रगामी तरंगें (Stationary Waves or Standing Waves)

- जब दो समान आयाम तथा आवृत्ति की तरंगें परस्पर विपरीत दिशा में गमन करती हैं तो उनके अध्यारोपण से निर्मित तरंग, जिसमें ऊर्जा का स्थानान्तरण नहीं होता, अप्रगामी तरंगें कहलाती हैं।
- **तरंग की समीकरण :**
$$y = 2a \cos kx \cdot \sin \omega t$$
- **तरंग का आयाम :**
$$A = 2a \cos kx$$
- अप्रगामी तरंगों में -
    - ऊर्जा का स्थानान्तरण सम्भव नहीं है परन्तु ऊर्जा का पुनर्वितरण सम्भव है
    - प्रत्येक कण सरल आवर्त गति करता है। प्रत्येक कण का आयाम समान होता है परन्तु कम्पन का आयाम कण से कण में परिवर्तित होता है।
    - माध्यम के जिन बिन्दुओं पर कणों का आयाम न्यूनतम या शून्य होता है उन्हें निस्पन्द कहते हैं।
    - माध्यम के जिन बिन्दुओं पर कणों का आयाम अधिकतम होता है उन्हें प्रस्पन्द कहते हैं।

कोणीय तरंग संख्या या चल नियतांक (Angular Wave Number or Propagation Constant) :

$$k = \frac{2\pi}{\lambda}$$

- इकाई = रेडियन/मीटर
- **तरंग वेग (Wave Velocity) :**
$$v = n\lambda = \frac{\lambda}{T} = \frac{\omega}{2\pi} = \frac{\omega}{k}$$
जहाँ, n = तरंग की आवृत्ति, λ = तरंगदैर्ध्य
- **समूह वेग (Group Velocity) :**
$$v_g = \frac{d\omega}{dk}$$
- **तरंग की तीव्रता (Intensity of Wave) :**
$$I = \frac{\text{ऊर्जा}}{\text{क्षेत्रफल} \times \text{समय}} = \frac{\text{शक्ति}}{\text{क्षेत्रफल}}$$
$$= 2\pi^2 n^2 a^2 \rho v$$
$$I \propto a^2 \ (\rho, v \text{ नियतांक हैं})$$
जहाँ, a = आयाम, n = आवृत्ति, v = तरंग वेग

अनुदैर्ध्य तरंगों का वेग (Velocity of Transverse Wave)

1. तनी हुई डोरियों में,
$$v = \sqrt{\frac{T}{m}}$$
जहाँ, T = डोरी में तनाव, m = द्रव्यमान/डोरी की लम्बाई

$$v = \sqrt{\frac{T}{\rho A}}$$

जहाँ, A = अनुप्रस्थ काट का क्षेत्रफल

$$v = \sqrt{\frac{S}{\rho}}, \qquad S = \text{प्रतिबल} = \frac{T}{A}$$

$$v = \sqrt{\frac{Mg}{m}}$$

2. ठोस वस्तुओं में,

$$v = \sqrt{\frac{\eta}{\rho}}$$

जहाँ, η = दृढता गुणांक, ρ = पदार्थ का घनत्व

अनुप्रस्थ/ध्वनि तरंगों का वेग (Velocity of Longitudinal/Sound Waves) :

1. किसी प्रत्यास्थ माध्यम में,

$$v = \sqrt{\frac{E}{\rho}}$$

जहाँ, E = माध्यम की प्रत्यास्थता है, ρ = माध्यम का घनत्व

(a) ठोसों में,

$$v = \sqrt{\frac{Y}{\rho}} \qquad Y = \text{यंग प्रत्यास्थता गुणांक}$$

(b) द्रव तथा गैसों में,

$$v = \sqrt{\frac{B}{\rho}} \qquad B = \text{आयतन प्रत्यास्थता गुणांक}$$

2. न्यूटन का सूत्र (Newton's Formula) :

$$v = \sqrt{\frac{B}{\rho}} = \sqrt{\frac{P}{\rho}} \quad \text{जहाँ, } B = \text{समतापीय प्रत्यास्थता}$$

वायु के लिए, $P = 1.01 \times 10^5 \text{ N/m}^2, \rho = 1.29 \text{ kg/m}^3$

$$v_{\text{air}} = \sqrt{\frac{1.01 \times 10^5}{1.29}} \cong 280 \text{ m/sec.}$$

वायु में ध्वनि का वेग 332 मी/सेकण्ड होता है। अत: लापलास ने इसमें संशोधन किया।

लापलास संशोधन (Laplace Correction)

- उसने संशोधन किया कि वायु का गैसीय माध्यम में चलना एक रुद्धोष्म प्रक्रम है।

$$v = \sqrt{\frac{E_\phi}{\rho}} = \sqrt{\frac{\gamma P}{\rho}} = \sqrt{\frac{\gamma RT}{M}}$$

वायु के लिए, $\gamma = 1.41$.

ध्वनि के वेग को प्रभावित करने वाले कारक (Factors Affecting Velocity of Sound Waves) :

1. ध्वनि का वेग दाब पर निर्भर नहीं करता है (स्थिर ताप पर)।
2. ताप बढ़ाने पर, ध्वनि का वेग बढ़ता है।

$$v \propto \sqrt{T}$$

3. **घनत्व का प्रभाव (Effect of Density) :**

$$v \propto \frac{1}{\sqrt{\rho}}$$

4. **आद्रता का प्रभाव (Effect of Humidity) :** आद्रता बढ़ने पर, ध्वनि का वेग बढ़ता है।

कलान्तर और पथान्तर में सम्बन्ध (Relation of Phase difference and Path difference) :

$$\text{कलान्तर} = \frac{2\pi}{\lambda} \text{ पथान्तर}$$

$$\Delta\phi = \frac{2\pi}{\lambda}\Delta x$$

$$\Delta\phi = \frac{2\pi}{T} \text{ समयान्तर } (\Delta t)$$

तरंगों के अध्यारोपण का सिद्धान्त (Principle of Superposition of Waves)

- इस सिद्धान्त के अनुसार जब किसी माध्यम में एक साथ कई तरंगों का विक्षोभ उत्पन्न होता है तो मध्यम के प्रत्येक कण का किसी क्षण विस्थापन, अलग-अलग तरंगों द्वारा उत्पन्न विस्थापनों के बीजगणीतीय योग के बराबर होता है।
- यदि सभी कणों के विस्थापन एक ही सरल रेखा के अनुदिश हों तो परिणामी विस्थापन

$$y = y_1 + y_2 + y_3 \ldots\ldots y_n$$

- यदि कणों के विस्थापन एक ही रेखा के अनुदिश न हो तब

$$y = y_1 - y_2 + y_3 - y_4 + \ldots\ldots$$

- यह सिद्धान्त प्रकाश, ध्वनि आदि सभी तरंगों पर लागू होता है परन्तु बड़े आयाम की तरंगें (जैसे, लेसर तरंगें तथा प्रघाती तरंगें आदि) पर लागू नहीं होता है।

ध्यान दें

- तरंगों के अध्यारोपण में ऊर्जा संरक्षित रहती है अर्थात् ऊर्जा की हानि नहीं होती है बल्कि उसका पुनर्वितरण हो जाता है।
- तरंगों का अध्यारोपण दो समान प्रकृति की तरंगों में ही सम्भव है।

विस्पन्द (Beats)

- जब दो लगभग समान आवृत्ति की ध्वनि तरंगें एक दिशा में एक साथ किसी माध्यम में संचरित होती हैं तो माध्यम के किसी बिन्दु पर उनके अध्यारोपण के कारण परिणामी ध्वनि तरंग की तीव्रता तथा आयाम के समय के साथ आवर्ती रूप से परिवर्तित होने की घटना को विस्पन्द कहते हैं।
- विस्पन्द उत्पन्न होने के लिए -
  - दोनों ध्वनि तरंगों की आवृत्ति का अन्तर 10 से अधिक नहीं होना चाहिए क्योंकि मनुष्य के कान पर ध्वनि का प्रभाव 1/10 सेकण्ड तक ही रहता है।
  - दोनों तरंगों के संचरण की दिशा समान होनी चाहिए।
  - दोनों तरंगों के आयाम लगभग समान होने चाहिए।

- विस्पन्द काल –
  - विस्पन्द काल, विस्पन्द आवृत्ति के व्युत्क्रमानुपाती होता है।
- विस्पन्द आवृत्ति –
  - प्रति सेकण्ड उत्पन्न विस्पन्दों की संख्या विस्पन्द आवृत्ति कहलाती है।
  - विस्पन्द आवृत्ति का मान विस्पन्द उत्पन्न करने के लिए प्रयुक्त दोनों स्वरित्रों या दोनों ध्वनि तरंगों की आवृत्तियों के अन्तर के बराबर होता है।
- विस्पन्दों के लिए समीकरण –
  - विस्पन्द उत्पन्न करने वाली दोनों तरंगों के समीकरण

$$y_1 = a_1 \sin\omega_1 t = a_1 \sin 2\pi n_1 t$$
$$y_2 = a_2 \sin\omega_2 t = a_2 \sin 2\pi n_2 t$$

  - परिणामी तरंग का समीकरण

$$y = y_1 + y_2 = A\sin(2\pi n_2 t + \theta)$$

  - परिणामी तरंग के आयाम का समीकरण

$$A = \sqrt{a_1^2 + a_2^2 + 2a_1a_2\cos 2\pi t(n_1 - n_2)}$$

  - परिणामी तरंग की तीव्रता का समीकरण

$$I = A^2 = a^2 + a_2^2 + 2a_1a_2\cos 2\pi t(n_1 - n_2)$$

निस्पन्द (Nodes)

- ये वे बिन्दु हैं, जहाँ आयाम न्यूनतम होता है। दो क्रमागत निस्पन्दों के बीच की दूरी $\lambda/2$ है। इन बिन्दुओं पर घनत्व और दबाव अधिक होता है।

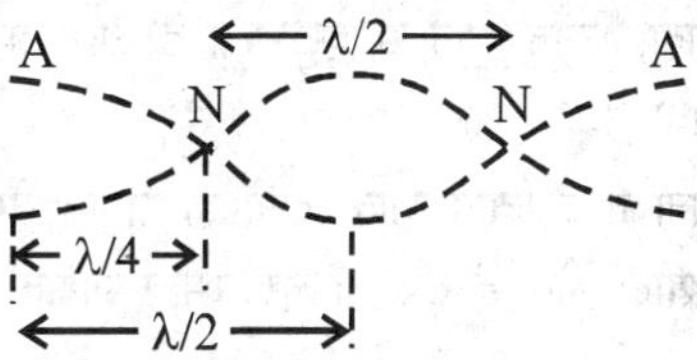

प्रस्पन्द (Antinodes)

- ये वे बिन्दु हैं जहाँ पर आयाम अधिकतम होता है। दो क्रमागत प्रस्पन्दों के बीच की दूरी $\lambda/2$ होती है, परन्तु दो क्रमागत निस्पन्द और प्रस्पन्द के बीच की दूरी $\lambda/4$ होती है।

तनी हुई डोरी में अप्रगामी तरंगें (Standing Waves on a String)

डोरी की लम्बाई $= l$

डोरी में तनाव $= T$

तरंग का वेग, $v = \sqrt{\frac{T}{m}}$

जहाँ, $m =$ द्रव्यमान/लम्बाई (डोरी की)

कम्पनों की आवृत्ति, $n = \frac{1}{\lambda}\sqrt{\frac{T}{m}}$

प्रस्पन्दों की संख्या = निस्पन्दों की संख्या – 1

कम्पन की मूल विधा (Fundamental Mode of Vibration) :

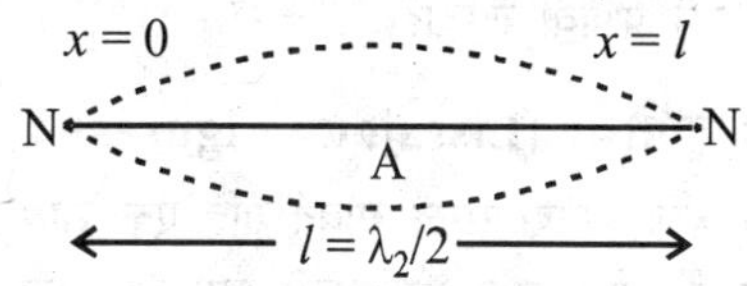

- लूपों की संख्या, $p = 1$
- दाब लगाने की स्थिति (Plucking at) $\frac{l}{2p} = \frac{l}{2}$ स्थिर हुए सिरे से

लम्बाई, $l = \frac{\lambda_1}{2} \Rightarrow \lambda_1 = 2l$

- आवृत्ति (मूल): $n_1 = \frac{1}{\lambda_1}\sqrt{\frac{T}{m}} = \frac{1}{2l}\sqrt{\frac{T}{m}}$

कम्पन की दूसरी विधा (Second Mode of Vibration)

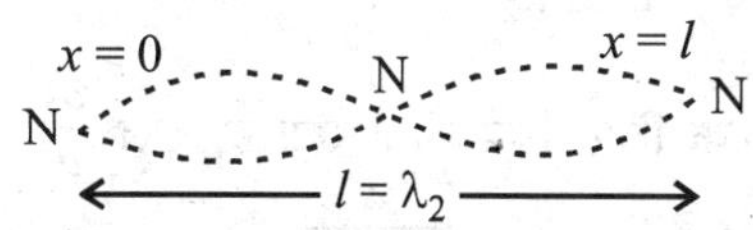

- लूपों की संख्या, $p = 2$
- दाब लगाने की स्थिति (Plucking at) $\frac{l}{2\times 2} = \frac{l}{4}$

$$l = \lambda_2$$

- द्वितीय संनादी या प्रथम अधिस्वरक

$$n_2 = \frac{1}{\lambda_2}\sqrt{\frac{T}{m}} = \frac{1}{l}\sqrt{\frac{T}{m}} = 2n_1 \Rightarrow n_2 = 2n_1$$

इसी प्रकार, $n_3 = 3n_1 \Rightarrow$ तृतीय संनादी या द्वितीय अधिस्वरक

स्वरित्र द्विभुज (Tuning Fork)

द्विभुज की आवृत्ति, $n \propto \frac{t}{l^2}\sqrt{\frac{Y}{\rho}}$

जहाँ, $t =$ भुजाओं की मोटाई

$l =$ भुजाओं की लम्बाई

$Y =$ यंग प्रत्यास्थता गुणांक

$\rho =$ द्विभुज के पदार्थ का घनत्व

1. द्विभुज की आवृत्ति, द्विभुज का ताप बढ़ाने पर घटती है।
2. द्विभुज की आवृत्ति, द्विभुज की भुजाओं को किनारों के पास से ढकने पर घटती है।

अन्त: संशोधन (End Correction)

- खुले व बन्द पाइपों के लिए

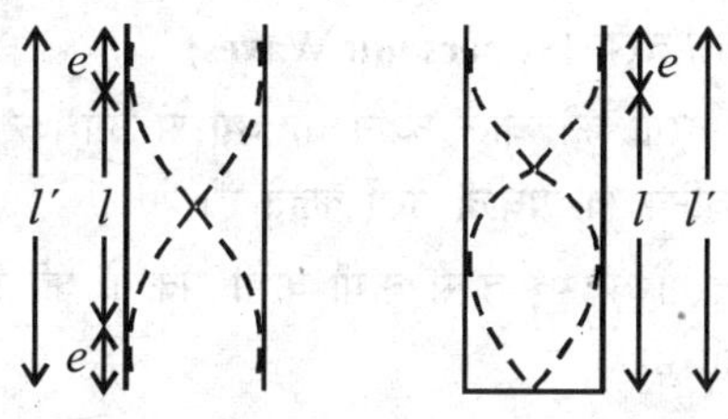

खुला पाइप बन्द पाइप

- खुले पाइप की प्रभावी लम्बाई $l' = l + 2e$
- बन्द पाइप की प्रभावी लम्बाई $l' = (l + e)$

लिसाजू की आकृतियाँ (Lissajous Figures) :

- जब किसी कण पर दो सरल आवर्त गति एक साथ परस्पर लम्बवत् कार्य करती हैं, तो कण का परिणामी मार्ग सामान्यत: बन्द वक्र होता है, इस बन्द वक्र को लिसाजू की आकृति कहते हैं।
- वक्र की प्रकृति निम्न तथ्य पर निर्भर करती है -
  - सरल आर्वत गतियों या तरंगों की आवृतियों के अनुपात पर
  - दोनों तरंगों के आयाम पर
  - दोनों तरंगों के मध्य कलान्तर पर
- माना $x = a_1 \sin\omega t$, $y = a_2 \sin(\omega t + \phi)$

लिसाजू चित्र की समीकरण निम्न है

$$\frac{x^2}{a_1^2} + \frac{y^2}{a_2^2} - \frac{2xy}{a_1 a_2}\cos\phi = \sin^2\phi$$

(a) $\phi = 0$ के लिए, चित्र सीधी रेखा है, ढ़ाल $\frac{a_2}{a_1}$ है।

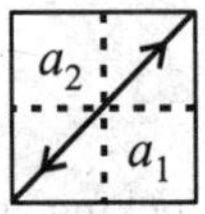

(b) $\frac{\omega_1}{\omega_2} = 1$ के लिए, जब

I. $\phi = \frac{\pi}{4}$, चित्र झुका हुआ दीर्घवृत्त है

II. $\phi = \frac{\pi}{2}$, चित्र वृत्त है

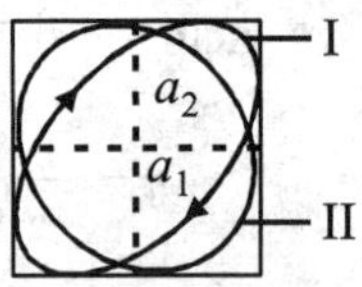

III. $\phi = \frac{3\pi}{4}$, चित्र झुका हुआ दीर्घवृत्त है

IV. $\phi = \pi$, चित्र सरल रेखा है

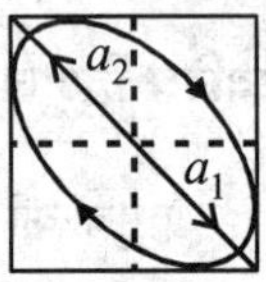

ध्वनि तरंगें (Sound Waves) :

- **अवश्रव्य आवृत्ति तरंगें (Infrasonic or Subsonic Waves)**
  - जिन ध्वनि तरंगों की आवृत्ति 20 Hz से कम होती है उन्हें अवश्रव्य तरंगें कहते हैं।
- **पराश्रव्य आवृत्ति तरंगें (Ultrasonic Waves)**
  - जिन ध्वनि तरंगों की आवृत्ति 20×10^3 Hz से अधिक होती है उन्हें पराश्रव्य तरंगें कहते हैं।
  - कुत्ते तथा चमगादड़ पराश्रव्य तरंगों के लिए संवेदनशील होते हैं।
  - पराश्रव्य तरंगों का 0°C पर वेग 332 मी/से होता है।
- **पराध्वनिक तरंगें (Supersonic Waves)**
  - जिन तरंगों की चाल ध्वनि के वेग से अधिक होती है उन्हें पराध्वनिक या प्रघाती तरंगें कहते हैं।
  - इन तरंगों के प्रभाव से कभी कभी मकानों की खिड़कियाँ टूट सकती हैं।
- **अतिध्वनिक तरंगें (Hypersonic Waves)**
  - जिन तरंगों का वेग ध्वनि के वेग से 5×10^3 से अधिक होता है उन्हें अतिध्वनिक तरंगें कहते हैं।
  - ध्वनि तरंगों का वेग माध्यम के गुणों पर निर्भर करता है।
- **ध्वनि तरंगों का वेग**
  - ठोसों में $$v_s = \sqrt{\frac{Y}{d}}$$

    जहाँ Y = यंग प्रत्यास्थता गुणांक, d = घनत्व
  - द्रवों में $$v_l = \sqrt{\frac{E}{d}} = \sqrt{\frac{k}{d}}$$

    जहाँ E = आयतन प्रत्यास्थता गुणांक
  - गैसों में $$v_g = \sqrt{\frac{\gamma P}{d}}$$

ध्वनि में डॉप्लर प्रभाव (Doppler's Effect)

- किसी ध्वनि स्रोत एवं श्रोता के बीच आपेक्षिक गति के कारण, ध्वनि स्रोत की आवृत्ति में होने वाले आभासी परिवर्तन को डॉप्लर प्रभाव कहते हैं।
- **ध्वनि में डॉप्लर प्रभाव की सीमाएँ :**
  - ध्वनि में स्रोत का वेग ध्वनि के वेग से कम होना चाहिए। यदि ध्वनि स्रोत का वेग ध्वनि से ज्यादा हो जाता है तब डॉप्लर प्रभाव प्रेक्षित नहीं होता तथा प्रघाति तरंगों के कारण तरंगाग्र विकृत हो जाता है।
  - यदि श्रोता, ध्वनि स्रोत से दूर जाता है, तब डॉप्लर प्रभाव प्रेक्षित नहीं होता।
  - जब श्रोता तथा ध्वनि स्रोत, दोनों ही समान वेग से समान दिशा में गतिशील होते हैं तब डॉप्लर प्रभाव प्रेक्षित नहीं होता।
  - जब श्रोता तथा ध्वनि स्रोत दोनों स्थिर होते हैं तब ध्वनि का डॉप्लर प्रभाव प्रेक्षित नहीं होता।
- **ध्वनि के डॉप्लर प्रभाव प्रेक्षित होने की स्थिति :**
  - जब प्रेक्षक तथा ध्वनि स्रोत दोनों असमान चाल से गतिमान हों।
  - जब ध्वनि स्रोत स्थिर हो तथा प्रेक्षक गतिमान हो।
  - जब प्रेक्षक स्थिर हो तथा ध्वनि स्रोत गतिमान हो।
  - जब स्रोत तथा प्रेक्षक के बीच वायु भी गतिमान हो।

विभिन्न परिस्थितियों में डॉप्लर का प्रभाव (Special Cases of Doppler's Effect)

- जब ध्वनि स्रोत गतिमान हो तथा श्रोता स्थिर हो
  - यदि ध्वनि स्रोत, श्रोता की ओर गति करता है तब तरंगदैर्ध्य घट जाती है तथा आवृत्ति बढ़ जाती है।

$$n' = n\frac{v}{(v - v_s)}$$

- यदि ध्वनि स्रोत, श्रोता से दूर गति करता है तब तरंग-दैर्ध्य बढ़ जाती है तथा आवृत्ति घट जाती है।

$$\boxed{n' = n\frac{v}{(v+v_s)}} \quad \text{अर्थात्}\ n' < n$$

■ जब ध्वनि स्रोत स्थिर हो तथा श्रोता गतिमान हो

- यदि श्रोता, ध्वनि स्रोत की ओर गतिमान है

$$\boxed{n' = n\frac{(v+v_0)}{v}} \quad \text{अर्थात्}\ n' < n$$

- यदि श्रोता, ध्वनि स्रोत से विपरीत दिशा में गतिमान है

$$\boxed{n' = n\frac{(v-v_0)}{v}} \quad n' > n$$

■ जब ध्वनि स्रोत तथा श्रोता, दोनों गतिमान हो

- यदि श्रोता, ध्वनि स्रोत से परे गतिमान है

$$\boxed{n' = n\frac{(v-v_0)}{(v-v_s)}} \quad n' = n$$

- यदि श्रोता, ध्वनि स्रोत की ओर गतिमान है

$$\boxed{n' = n\frac{(v+v_0)}{(v-v_s)}} \quad \text{अर्थात्}\ n' > n$$

■ जब ध्वनि स्रोत, श्रोता के सापेक्ष v वेग से q कोण बनाती हुई दिशा में गति कर रहा है तो श्रोता द्वारा प्रेक्षित ध्वनि स्रोत की आभासी आवृत्ति

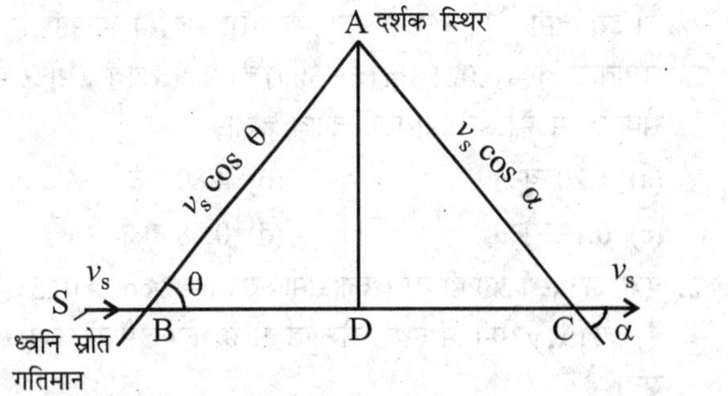

- स्थिर श्रोता A द्वारा प्रेक्षित ध्वनि स्रोत की आभासी आवृत्ति

$$n' = \frac{nv}{v - v_s\cos\theta}$$

इसकी दिशा में BA की तरफ होती।

- C बिन्दु पर ध्वनि स्रोत की आभासी आवृत्ति

$$n' = \frac{nv}{v + v_s\cos\theta}$$

इसकी दिशा में AC की तरफ होती।

महत्त्वपूर्ण तथ्य (Important Facts)

☞ तरंग गति में अध्यारोपण के सिद्धान्त के अनुसार, जिस गति में दो या अधिक तरंगें किसी कण पर एक साथ विस्थापन उत्पन्न करतें हैं, तब परिणामी विस्थापन, विशिष्ट विस्थापनों के योग के बराबर होता है।

☞ यदि दो ध्वनि तरंगें समान दिशा में गतिमान हैं तथा इनकी आवृत्ति एवं आयाम समान हैं तथा यें विपरीत कला में हैं तब तरंगों के बीच पूर्ण विनाशी व्यतिकरण होगा।

☞ जब दो कला सम्बद्ध स्रोतों में व्यतिकरण होता है, तब ऊर्जा का पुनर्वितरण, जो समय के साथ परिवर्तित नहीं होता।

☞ दो स्रोत जो ठीक सकान आवृत्ति के विकिरण उत्सर्जित करते हैं तथा जिनके बीच निश्चित कला सम्बद्ध है, व्यतिकरण की प्रक्रिया दर्शाने के लिए आवश्यक है।

☞ विस्पन्द की प्रक्रिया दर्शाने के लिए दो स्रोतों की आवश्यकता होती है जो लगभग समान आवृत्ति के विकिरण उत्सर्जित करते हैं।

☞ विस्पन्द उत्पन्न करने के लिए भिन्न आवृत्ति, समान आयाम व समान कला के स्रोत होने चाहिए।

☞ व्यतिकरण की प्रक्रिया दर्शाने के लिए दो स्रोतों की आवश्यकता होती है, जिनकी आवृत्तियाँ ठीक बराबर हो तथा जिनके मध्य निश्चित कला सम्बद्ध हो।

☞ दृश्य प्रकाश तरंगों में, विस्पन्द की प्रक्रिया अदृश्य होती है। क्योंकि विस्पन्द प्राप्त करने के लिए, व्यतिकरण कर रही दो आवृत्तियों में लगभग 10-16 हर्ट्ज से कम अन्तर होना चाहिए। दृश्य-प्रकाश तरंगों की आवृत्ति अत्यधिक होती है। दृष्टि की निरन्तरता के कारण विस्पन्द नहीं दिखते।

☞ एक मनुष्य विस्पन्द सुन सकता है, यदि इनको उत्पन्न कर रहे स्रोतों की आवृत्तियों में अन्तर 10 से अधिक नहीं है।

☞ ध्वनि में डॉप्लर प्रभाव तब उत्पन्न होता है जब स्रोत व श्रोता सापेक्ष गति में होते हैं।

☞ आवृत्ति में डॉप्लर विस्थापन स्रोत व प्रेक्षक के बीच दूरी पर निर्भर नहीं करता।

☞ यदि श्रोता गतिमान हो, तो श्रोता तक पहुँचने वाली ध्वनि के वेग में परिवर्तन होगा तथा यदि स्रोत गतिमान हो तो श्रोता तक पहुँचने वाली ध्वनि की तरंगदैर्ध्य में परिवर्तन होगा।

☞ जब स्रोत एवं श्रोता दोनों एक दूसरे की ओर ध्वनि के वेग के आधे वेग से गतिमान हैं तब श्रोता द्वारा संसूचित आवृत्ति में परिवर्तन 200% होता है।

☞ प्रबलता I की ध्वनि का प्रबलता स्तर, श्रवण की देहली प्रबलता I_0 के पदों में

$$\text{प्रबलता स्तर} = 10\log_{10}(I/I_0)\ \text{डेसीबेल।}$$

अभ्यास के लिए प्रश्न

1. किसी दोलन करती हुई डोरी का रैखिक घनत्व 1.3×10^{-4} किग्रा/मी है। इस डोरी में एक ऐसी अनुप्रस्थ तरंग संचरित हो रही है, जिनकी समीकरण $y = 0.021 \sin(x + 30t)$ है, जहाँ x एवं y मीटर में तथा t सेकण्ड में हैं। इस डोरी में तनाव होगा–

(a) 1.20 न्यूटन (b) 4.80 न्यूटन
(c) 0.12 न्यूटन (d) 0.48 न्यूटन

2. एक अनुप्रस्थ प्रगामी तरंग का समीकरण $y = 2\cos\pi(0.5x - 200t)$ है, जहाँ x, y सेमी में तथा t सेकण्ड में है। निम्न में से कौन-सा कथन सत्य है?

(a) $\lambda = 4$ सेमी, $n = 100$ हर्ट्ज
(b) $a = 2$ सेमी, $n = 200$ हर्ट्ज
(c) $\lambda = 2$ सेमी, $v = 400$ सेमी/सेकण्ड
(d) $\lambda = 2$ सेमी, $a = 20$ सेमी

3. एक प्रत्यास्थ माध्यम में 1 मीटर दूरी तय करने पर एक ध्वनि तरंग की तीव्रता 10% गिर जाती है। यदि तरंग की प्रारंभिक तीव्रता 100 डेसीबेल हो, तो 2 मीटर प्रत्यास्थ माध्यम में चलने पर तीव्रता का मान होगा–

(a) 81 डेसीबेल (b) 60 डेसीबेल
(c) 70 डेसीबेल (d) 72.9 डेसीबेल

4. एक सरल आवर्त्त तरंग द्वारा उत्पन्न विस्थापन $y = 10/\pi \sin(2000\pi t - \pi x/17)$ द्वारा दिया जाता है। माध्यम में कण का आवर्त्तकाल तथा अधिकतम वेग होगा–
(दिया गया है कि y सेमी में)

(a) 10^{-3} सेकण्ड, 200 मी/सेकण्ड
(b) 10^{-2} सेकण्ड, 2000 मी/सेकण्ड
(c) 10^{-3} सेकण्ड, 330 मी/सेकण्ड
(d) 10^{-4} सेकण्ड, 20 मी/सेकण्ड

5. एक ध्वनि पानी में उत्पन्न होती है और पानी की सतह की तरफ संचरण करती है और कुछ ध्वनि हवा में संचरण करती है। पानी में ध्वनि का वेग 1450 मी/सेकण्ड और हवा में ध्वनि का वेग 330 मी/सेकण्ड है। जब ध्वनि पानी से हवा में जाती है तब आवृत्ति f और तरंगदैर्ध्य λ पर प्रभाव होगा–

(a) f अपरिवर्तित रहेगी व λ घटेगी (b) f बढ़ेगी और λ घटेगी
(c) f व λ अपरिवर्तित रहेंगे (d) f अपरिवर्तित रहेगी व λ बढ़ेगी

6. 100 हर्ट्ज आवृत्ति के एक स्वरित्र को एक-दूसरे अज्ञात आवृत्ति के स्वरित्र के साथ बजाने पर प्रति सेकण्ड 2 विस्पन्द उत्पन्न होते हैं। अज्ञात स्वरित्र पर जब कुछ मोम लगा देते हैं, तो प्रति सेकण्ड 1 विस्पन्द उत्पन्न होता है। अज्ञात स्वरित्र की आवृत्ति है–

(a) 99 हर्ट्ज (b) 101 हर्ट्ज
(c) 102 हर्ट्ज (d) 98 हर्ट्ज

7. दो तरंगें जिनकी तीव्रताओं में 9 : 1 का अनुपात है, व्यतिकरण उत्पन्न करती हैं। अधिकतम तथा न्यूनतम तीव्रताओं का अनुपात होगा–

(a) 4 : 1 (b) 2 : 1
(c) 10 : 8 (d) 9 : 1

8. दो स्वरित्र द्विभुजों की आवृत्तियाँ क्रमश: 450 हर्ट्ज तथा 454 हर्ट्ज है। इन दोनों स्वरित्रों के द्विभुजों को एक बढ़ाने पर दो लगातार अधिकतम तीव्रताओं के समयान्तराल है–

(a) 1 सेकण्ड (b) 2 सेकण्ड
(c) 1/4 सेकण्ड (d) 1/2 सेकण्ड

9. बढ़ती हुई आवृत्ति के क्रम में दस स्वरित्र द्विभुज इस तरह रखे जाते हैं कि कोई दो पास-पास वाले स्वरित्र द्विभुज 4 विस्पन्द/सेकण्ड उत्पन्न करते हैं। अधिकतम आवृत्ति, न्यूनतम आवृत्ति की दुगुनी है। संभावित अधिकतम और न्यूनतम आवृत्तियाँ होंगी–

(a) 44 और 22 (b) 72 और 36
(c) 80 और 40 (d) 100 और 50

10. जब दो समान आयाम और लगभग समान आवृत्ति वाली प्रगामी तरंगों से विस्पन्द उत्पन्न होती है तो परिणामी ध्वनि की अधिकतम तीव्रता अलग-अलग तरंगों की तीव्रता के n गुनी होगी, n का मान होगा–

(a) 4 (b) 8
(c) 1 (d) 2

11. एक बेलनाकार नलिका, जो कि दोनों सिरों पर खुली है, कि हवा में मूल आवृत्ति n है। नलिका को द्रव में सीधा डुबोया जाता है, ताकि आधी नलिका द्रव में रहे। कम्पित हवा के स्तम्भ की मूल आवृत्ति अब होगी–

(a) n (b) $2n$
(c) $\frac{n}{2}$ (d) $\frac{3n}{4}$

12. एक सिरे पर बन्द एक ऑर्गन पाइप P_1 अपने प्रथम अधिस्वरक में कम्पन्न कर रहा है तथा सिरों पर खुला एक अन्य पाइप P_2 अपने तृतीय अधिस्वरक में कम्पन्न कर रहा है। ये दोनों एक दिये हुए स्वरित्र द्विभुज के साथ अनुनाद में हैं। P_1 व P_2 की लम्बाईयों का अनुपात है–

(a) $\frac{1}{2}$ (b) $\frac{1}{3}$
(c) $\frac{8}{3}$ (d) $\frac{3}{8}$

13. त्रिज्या r व $2r$ के दो तारों के एक सिरे परस्पर जोड़ दिये जाते हैं। संयुक्त तार को सोनोमीटर के सार की तरह प्रयुक्त करते हैं और दो सेतुओं के मध्य इसके जोड़े गए बिन्दु को रखकर तार में तनाव T उत्पन्न करते हैं। यदि जोड़ा गया बिन्दु निस्पंद हो, तो तारों में बने लूपों की संख्या का अनुपात होगा–

(a) 2 : 3 (b) 1 : 2
(c) 4 : 5 (d) 3 : 4

14. सीसे की 1 मीटर लम्बी एक नली जल से भरी हुई है। इस नली के नीचे से जल को धीरे-धीरे बाहर निकाला जा सकता है। यदि 500 हर्ट्ज आवृत्ति की एक प्रकम्पित स्वरित्र द्विभुज जल से भरी नली के ऊपरी सिरे पर लाया जाता है, ध्वनि का वेग 300 मीटर/सेकण्ड है, तो प्राप्त अनुनाद की संख्या होगी–

(a) 3 (b) 4
(c) 1 (d) 2

15. अनुनाद नली में वायुस्तम्भ की द्वितीय अनुनादित लम्बाई l_2 तथा प्रथम अनुनादित लम्बाई l_1 में सन्निकटत: सम्बन्ध है–

(a) $l_2 \simeq 3l_1$ (b) $l_2 \simeq 4l_1$
(c) $l_2 \simeq l_1$ (d) $l_2 \simeq 2l_1$

16. एक अनुप्रस्थ तरंग समीकरण $Y = Y_0 \sin 2\pi(ft - x/\lambda)$ द्वारा व्यक्त की जाती है। कण का अधिकतम वेग तरंग वेग का चार गुना है यदि–

(a) $\lambda = \pi Y_0$ (b) $\lambda = 2\pi Y_0$
(c) $\lambda = \pi Y_0/4$ (d) $\lambda = \pi Y_0/2$

17. समीकरण $y = a \cos(kx - \omega t)$ द्वारा प्रदर्शित एक तरंग एक अप्रगामी तरंग बनाने के लिए एक अन्य तरंग के साथ अध्यारोपित होती है जिससे कि $x = 0$ पर निस्पन्द बने दूसरी तरंग की समीकरण है–

(a) $-a \cos(kx + \omega t)$ (b) $-a \sin(kx - \omega t)$
(c) $a \sin(kx + \omega t)$ (d) $-a \cos(kx - \omega t)$

18. दो तरंगें $y_1 = A \sin[k(x - ct)]$ तथा $y_2 = A \sin[k(x + ct)]$ एक धागे पर अध्यारोपण हैं। दो लगातार निस्पंदों के बीच की दूरी होगी–

(a) $\frac{\pi}{2k}$ (b) $\frac{\pi}{k}$
(c) $\frac{ct}{\pi}$ (d) $\frac{ct}{2\pi}$

19. तीन सरल आवर्त्त गतियाँ जो एक ही दिशा में हैं, उनके आयाम a तथा दोलन काल समान हैं, अध्यारोपित होती हैं, यदि प्रत्येक कला में अगली से 45° है तब–

(a) परिणामी तरंग की ऊर्जा किसी एक तरंग की ऊर्जा की $(3 + 2\sqrt{2})$ गुना है
(b) परिणामी गति सरल आवृत्ति नहीं है
(c) परिणामी आयाम है $(1 + \sqrt{2})a$
(d) पहली के सापेक्ष परिणामी गतिकी की कला 90° है

20. चार तारे जिनकी समान लम्बाई, समान व्यास तथा समान पदार्थ के बने हुए हैं। सोनोमीटर तार द्वारा खींचे जाते हैं। उनके तनाव का अनुपात 1 : 4 : 9 : 16 है। उनकी मूल आवृत्ति का अनुपात होगा–

(a) 1 : 4 : 9 : 16 (b) 4 : 3 : 2 : 1
(c) 1 : 2 : 3 : 4 (d) 16 : 9 : 4 : 1

21. समीकरण $y = a \cos(kx - \omega t)$ द्वारा निरूपित तरंग को एक अन्य तरंग के साथ एक अप्रगामी तरंग निर्मित करने के लिए अध्यारोपित की जाती है जिससे $x = 0$ पर निस्पंद बनता है। दूसरी तरंग की समीकरण होगी–

(a) $y = -\cos(kx + \omega t)$ (b) $y = -a \sin(kx + \omega t)$
(c) $y = -a \sin(kx - \omega t)$ (d) $y = -a \cos(kx - \omega t)$

22. एक सोनोमीटर तार एक दिये गए स्वरित्र के साथ स्वरमेल में है। तार से 9 किग्रा का द्रव्यमान लटकाने पर दो सेतुओं के मध्य पाँच प्रस्पन्दो के साथ अप्रगामी तरंगें बनती हैं। जब इस द्रव्यमान को M द्रव्यमान से प्रतिस्थापित किया जाता है, तो सेतुओं की उन्हीं स्थितियों के लिए तार तीन प्रस्पन्दों के साथ उसी स्वरित्र से अनुनादित होता है। M का मान होगा–

(a) 12.5 किग्रा (b) 1/25 किग्रा
(c) 25 किग्रा (d) 5 किग्रा

23. सोनोमीटर पर दो तारें कसी हैं। उनमें तनाव की अनुपात 8 : 1 तथा उनकी लम्बाइयाँ 36 : 35 अनुपात में है। उनके व्यासों का अनुपात 4 : 1 है उनके पदार्थों के घनत्वों में अनुपात 1 : 2 है। यदि इस उपक्रम में उच्च आवृत्ति 360 हर्ट्ज हो, तो दोनों तारों को एक साथ बजाने पर विस्पन्द आवृत्ति होगी–

(a) 8 (b) 5
(c) 10 (d) 6

24. समान पदार्थ तथा लम्बाई L तथा $2L$ की दो कम्पित डोरियों की त्रिज्यायें क्रमश: $2r$ तथा r हैं। उन पर समान तनाव बल आरोपित किया गया है। दोनों डोरियाँ अपनी मूल विधा में कम्पन्न करती हैं। L लम्बाई की डोरी की आवृत्ति v_1 तथा दूसरी की v_2 है, तो v_1/v_2 का मान होगा–

(a) 4 (b) 8
(c) 1 (d) 2

25. एक तनी हुई डोरी में दो स्पंद जिनके मध्य प्रारम्भिक दूरी 8 सेमी है, चित्रानुसार एक दूसरे की ओर गति कर रही हैं। प्रत्येक स्पन्द की चाल 2 सेमी/सेकण्ड है। दो सेकण्ड पश्चात् स्पन्दों की कुल ऊर्जा होगी–

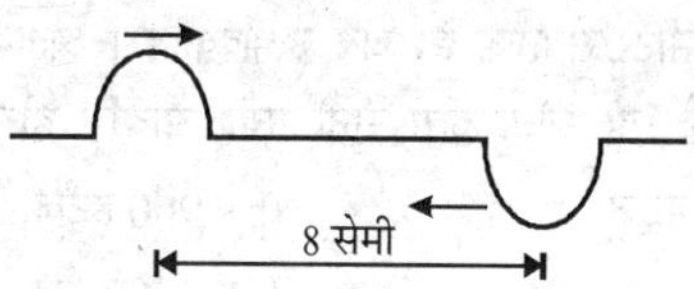

(a) शुद्ध स्थितिज
(b) आंशिक गतिज तथा आंशिक स्थितिज
(c) शून्य
(d) शुद्ध गतिज

26. दोनों सिरों पर खुली नली f_1 आवृत्ति का नोट उत्पन्न करता है। जब नली को तीन चौथाई पानी में डुबो दिया जाता है, तो यह f_2 आवृत्ति का स्वर उत्पन्न करता है। f_1/f_2 अनुपात होगा–

(a) $\frac{1}{2}$ (b) 2
(c) $\frac{3}{4}$ (d) $\frac{4}{3}$

27. दोनों सिरों पर खुली अनुनाद नली की मूल आवृत्ति v_0 है। यदि इसे आधा पानी में डुबा दिया जाये, तो नई आवृत्ति होगी–

(a) $2v_0$ (b) $v_0/4$
(c) $\frac{v_0}{2}$ (d) v_0

28. दोनों सिरों पर खुली 1.5 मीटर लम्बी एक काँच की नली को पूरी तरह पानी में डुबो दिया जाता है। 660 हर्ट्ज के स्वरित्र को कम्पित कराके नली के ऊपरी सिरे पर रखा जाता है तथा नली को धीरे-धीरे पानी से बाहर निकाला जाता है। नली के पानी से पूरी बाहर आने तक कितने अनुनाद सुनाई देंगे? (ध्वनि का वेग = 330 मीटर/सेकण्ड)

(a) 8 (b) 4
(c) 12 (d) 6

29. दो एक समान तार अपनी मूल विधा में एक साथ कम्पन्न कर रहे हैं। दो तारों के तनाव, लम्बाई, व्यास तथा घनत्वों के अनुपात क्रमशः 8 : 1, 36 : 35, 4 : 1 तथा 1 : 2 है। यदि उच्च तारत्व के स्वर की आवृत्ति 360 हर्ट्ज हो, तो प्रति सेकण्ड उत्पन्न विस्पन्दों की संख्या होगी–

(a) 15 (b) 20
(c) 5 (d) 10

30. यदि वायुमण्डल का ताप बढ़ता है, तो ध्वनि तरंगों का निम्न गुण प्रभावित होता है–

(a) वेग (b) तरंगदैर्ध्य
(c) आयाम (d) आवृत्ति

31. श्रोता की ओर आती हुई कार की ध्वनि को आवृत्ति जो श्रोता को सुनाई दती है, हॉर्न की वास्तविक आवृत्ति से 2.5% भिन्न हैं। वायु में ध्वनि का वेग 320 मी/सेकण्ड मानते हुए बताइये कि कार का वेग होगा–

(a) 7.5 मी/सेकण्ड (b) 6 मी/सेकण्ड
(c) 8 मी/सेकण्ड (d) 80 मी/सेकण्ड

32. एक 400 हर्ट्ज आवृत्ति का ध्वनि स्रोत 200 मीटर प्रति सेकण्ड की चाल से स्थिर श्रोता की ओर जाकर आगे निकल जाता है। ध्वनि की चाल 300 मीटर/सेकण्ड है। जब उत्पादक इस श्रोता की ओर गति कर रहा होता है, तो श्रोता द्वारा सुनी गयी आवृत्ति होगी–

(a) 1200 हर्ट्ज (b) 960 हर्ट्ज
(c) 96 हर्ट्ज (d) 240 हर्ट्ज

33. यदि 6000Å तरंगदैर्ध्य का प्रकाश उत्पन्न करने वाला तारा5 किमी/सेकण्ड की चाल से पृथ्वी से दूर जा रहा हो, तो डॉप्लर प्रभाव के कारण तरंगदैर्ध्य में विस्थापन होगा।
($c = 3\times10^8$ मी/सेकण्ड)

(a) 0.2 Å (b) 1 Å
(c) 0.1 Å (d) 0.05 Å

34. एक स्रोत और एक श्रोता एक-दूसरे की तरफ ध्वनि की चाल की 1/10 चाल से चल रहे हैं। यदि स्रोत द्वारा उत्सर्जित ध्वनि आवृत्ति f हो, तो श्रोता द्वारा सुनी गई आवृत्ति होगी लगभग–

(a) $1.22f$ (b) $1.27f$
(c) f (d) $1.11f$

35. 1000 हर्ट्ज आवृत्ति का एक स्वरक उत्पन्न करते हुए एक ध्वनि स्रोत 20 मी/सेकण्ड के नियम वेग से गतिमान है। स्रोत के स्थिर श्रोता की ओर आते समय तथा उसको पार कर जाने पर श्रोता द्वारा प्रेक्षित आवृत्तियों का अनुपात होगा। (ध्वनि का वेग = 340 मीटर/सेकण्ड)

(a) 1 : 1 (b) 9 : 10
(c) 9 : 8 (d) 8 : 9

36. एक रडार तरंग की आवृत्ति 7.8×10^9 हर्ट्ज है। किसी हवाई जहाज से परावर्तित इन तरंगों की आवृत्ति 2.6×10^3 हर्ट्ज अधिक प्रेक्षित की गई। हवाई जहाज का वेग (मीटर/सेकण्ड) में होगा–

(a) 50 (b) 25
(c) 100 (d) 75

37. एक रडार ν आवृत्ति की रेडियो तरंगें किसी वायुयान की ओर भेजता है। वायुयान द्वारा परावर्तित तरंगों की आवृत्ति में $\Delta\nu$ अन्तर प्रेक्षित किया जाता है जो मूल आवृत्ति से अधिक है, अर्थात् $\nu' > \nu$। वायुयान का वेग होगा–

(a) $\frac{\Delta\nu}{2c\nu}$ (b) $\frac{2c\nu}{\Delta\nu}$
(c) $\frac{c\Delta\nu}{\nu}$ (d) $\frac{c\Delta\nu}{2\nu}$

38. यदि स्रोत व श्रोता दोनों समान वेग v से एक दूसरे की ओर आ रहे हों, तो आवृत्ति में आभासी परिवर्तन Δn_1 होता है। यदि वे इसी वेग से एक दूसरे से दूर जा रहे हों, तो आवृत्ति में आभासी परिवर्तन Δn_2 होता है, तब–

(a) $\Delta n_1 = \Delta n_2$ (c) $\Delta n_1 < \Delta n_2$
(b) $\Delta n_1 > \Delta n_2$ (d) उपरोक्त में से कोई नहीं

39. यदि कोई श्रोता v से स्थिर स्रोत की ओर आ रहा हो, तो वह आवृत्ति में Δn_1 की आभासी वृद्धि अनुभव करता है। यदि वह इसी वेग से स्रोत से दूर जा रहा हो, तो आवृत्ति में Δn_2 की आभासी कमी अनुभव करता है, तब–

(a) $\Delta n_1 > \Delta n_2$ (b) $\Delta n_1 < \Delta n_2$
(c) $\Delta n_1 = \Delta n_2$ (d) उपरोक्त में से कोई नहीं

40. एक रॉकेट v वेग से चन्द्रमा की ओर गति कर रहा है। रॉकेट चालक ν आवृत्ति के विद्युत-चुम्बकीय संकेत चन्द्रमा की ओर भेजता है। चन्द्रमा से परावर्तन के पश्चात् वह पुनः उन संकेतों को प्राप्त करता है। चालक द्वारा प्रेक्षित आवृत्ति परिवर्तन होगा ($v << c$)—

(a) $\frac{c\nu}{c-2v}$ (b) $\frac{2\nu c}{v}$
(c) $\frac{c\nu}{c-v}$ (d) $\frac{2v\nu}{c}$

41. दो रेल, जिनमें एक स्थिर श्रोता की ओर तथा दूसरी श्रोता से दूर जा रही है, प्रत्येक का वेग 4 मी/से है तथा विस्पन्दों की संख्या है (वायु में ध्वनि का वेग = 330 मी/सेकण्ड)–

(a) 7 (b) 12
(c) 5 (d) 6

42. दो ध्वनि तरंगों की तीव्रतायें क्रमशः 10×10^{-10} वॉट/मी^{2} तथा 1×10^{-8} वॉट/मी^{2} हैं। तीव्र ध्वनि दूसरी से डेसीबेल में कितना अधिक है?

(a) 20 डेसीबेल (b) 30 डेसीबेल
(c) 10 डेसीबेल (d) 15 डेसीबेल

43. तीव्रता I ध्वनि का ध्वनि स्तर 30 डेसीबेल है, तब अनुपात I/I_0 है (जहाँ I_0 श्रव्य देहली है)–

(a) 3 (b) 30
(c) 10000 (d) 1000

44. दो स्थिर स्रोता प्रत्येक l तरंग दैर्ध्य की तरंगें उत्सर्जित कर रहे हैं। एक प्रेक्षक u वेग से एक स्रोत से दूसरे स्रोत तक गति करता है, तो उसे कितने विस्पन्द सुनाई देंगे?

(a) $\frac{u}{3\lambda}$ (b) $\frac{u}{2\lambda}$
(c) $\frac{u}{\lambda}$ (d) $\frac{2u}{\lambda}$

45. कोई रेलवे इन्जन नियत चाल से गति करता हुआ नियत आवृत्ति की सीटी बजाता है। इन्जन रेलवे ट्रैक के पास खड़े प्रेक्षक के पास से गुजरता है। निम्न में से कौन-सा ग्राफ समय के साथ ध्वनि की आवृत्ति में परिवर्तन को सही-सही दर्शाता है?

(a) 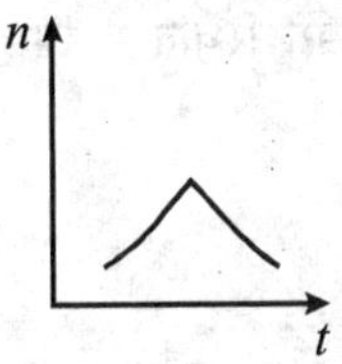

(b) 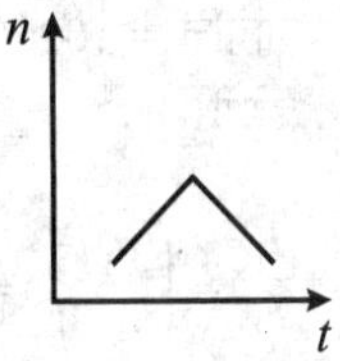

(c) 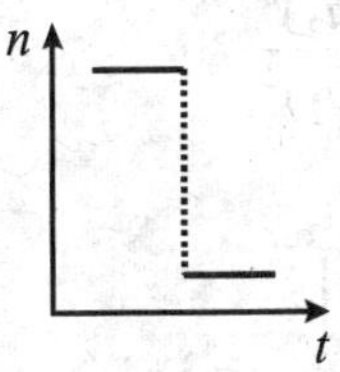

(d) 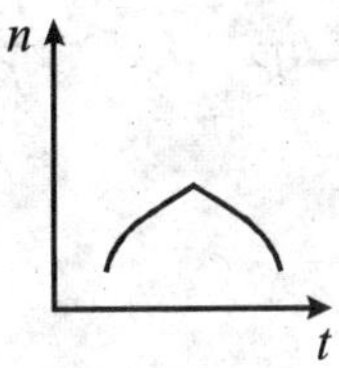

46. एक ट्रेन 34 मीटर/सेकण्ड की चाल से एक स्थिर प्रेक्षक की ओर गति करती है। ट्रेन सीटी बजाती है तथा प्रेक्षक द्वारा इसकी प्रेक्षित आवृत्ति f_1 है। यदि ट्रेन की चाल को घटाकर 17 मीटर/सेकण्ड कर दिया जाता है, तो प्रेक्षित आवृत्ति f_2 है। यदि ध्वनि की वायु में चाल 340 मी/से हो तो f_1/f_2 का मान होगा–

(a) 2 (b) $\frac{19}{18}$
(c) $\frac{10}{19}$ (d) $\frac{1}{2}$

47. रेलवे प्लेटफार्म पर रखा गया एक पोंगा 5 किलो हर्ट्ज आवृत्ति की ध्वनि उत्सर्जित कर रहा है। ट्रेन A जो पोंगा की ओर गति कर रही है, में बैठा यात्री 5.5 किलोहर्ट्ज की आवृत्ति प्रेक्षित करता है। एक दूसरी ट्रेन B के द्वारा उसकी वापसी यात्रा के दौरान जब उसी पोंगा की ओर अग्रसर होती है, तो वह 6 किलोहर्ट्ज की आवृत्ति प्रेक्षित करता है। ट्रेन B व ट्रेन A की चालों का अनुपात होगा–

(a) $\frac{5}{6}$ (b) $\frac{11}{6}$
(c) $\frac{242}{256}$ (d) 2

48. 22 मीटर/सेकण्ड की चाल से एक पुलिस कार एक मोटर साइकिल चालक का पीछा कर रही है। पुलिस गाड़ी में लाग हॉर्न 176 हर्ट्ज आवृत्ति का हॉर्न बजाता है, जबकि दोनों एक स्थिर पोंगा जिसकी आवृत्ति 165 हर्ट्ज की ओर बढ़ रहे हैं। मोटर साइकिल की गति होगी यदि उसका चालक कोई विस्पन्द नहीं सुनता (वायु में ध्वनि का वेग = 330 मीटर/सेकण्ड)–

(a) शून्य (b) 11 मीटर/सेकण्ड
(c) 33 मीटर/सेकण्ड (d) 22 मीटर/सेकण्ड

49. जब एक गाड़ी स्थिर श्रोता की ओर जा रही है, तो इन्जिन की आभासी आवृत्ति n_1 प्रतीत होती है तथा जब ट्रेन श्रोता से दूर जा रही है, तो आभासी आवृत्ति n_2 प्रतीत होती है। यदि प्रेक्षक ट्रेन के साथ गति कर रहा हो, तो सीटी की आभासी आवृत्ति होगी–

(a) $n = \frac{2n_1n_2}{n_1+n_2}$ (b) $n = \frac{2n_1n_2}{n_1-n_2}$
(c) $n = \frac{n_1+n_2}{2}$ (d) $n = \sqrt{n_1n_2}$

50. एक मोटर गाड़ी एक ऊँची पहाड़ी की दिशा में चल रही है। मोटर चालक f आवृत्ति का हार्न बजाता है। चालक परावर्तित $2f$ आवृत्ति की ध्वनि सुनता है। यदि ध्वनि वेग v मात्रक हो तो इन्हीं वेग मात्रकों में मोटर का वेग होगा–

(a) $\frac{v}{3}$ (b) $\frac{v}{4}$
(c) $\frac{v}{2}$ (d) $\frac{v}{\sqrt{2}}$

उत्तरमाला

1. (c)	**2.** (a)	**3.** (a)	**4.** (a)	**5.** (a)	**6.** (c)	**7.** (a)	**8.** (c)	**9.** (b)	**10.** (a)
11. (a)	**12.** (d)	**13.** (b)	**14.** (a)	**15.** (a)	**16.** (d)	**17.** (a)	**18.** (b)	**19.** (a,c)	**20.** (c)
21. (a)	**22.** (c)	**23.** (c)	**24.** (c)	**25.** (d)	**26.** (a)	**27.** (d)	**28.** (d)	**29.** (d)	**30.** (a)
31. (c)	**32.** (a)	**33.** (c)	**34.** (d)	**35.** (c)	**36.** (a)	**37.** (d)	**38.** (b)	**39.** (a)	**40.** (d)
41. (a)	**42.** (c)	**43.** (d)	**44.** (d)	**45.** (c)	**46.** (b)	**47.** (d)	**48.** (d)	**49.** (a)	**50.** (a)

हल

1. (c) $y = 0.021 \sin(x + 30t)$ की

$y = a \sin (kx + \omega t)$ से तुलना करने पर

$\omega = 30, k = 1, v = \frac{\omega}{k} = 30$ मीटर/सेकण्ड

पुनः तनी हुई डोरी में, $v = \sqrt{\frac{T}{m}}$ से

$$T = v^2 m = (30)^2 \times 1.3 \times 10^{-4}$$
$$= 0.117 \text{ न्यूटन}$$

2. (a) $y = 2 \cos \pi (0.5\, x - 200k)$ की तुलना

$y = a \cos (kx - \omega t)$ से करने पर

$$0.5\pi = k = \frac{2\pi}{\pi} \text{ से}$$

$\lambda = 4$ सेमी; $200\,\pi = \omega = 2\pi n$

$\therefore$ $n = 100$ हर्ट्ज

$v = n\lambda = 100 \times 4 = 400$ सेमी/सेकण्ड,

$a = 2$ सेमी

3. (a) $I = I_0 e^{-\mu x}$ से $\frac{I}{I_0} = 0.9 = e^{-\mu}$

अतः 2 मीटर चलने में, $\frac{I'}{I_0} = e^{-2\mu} = (0.9)^2 = 0.81$

अतः $I' = 0.81 \times 10 = 81$ डेसीबेल

4. (a) $y = \frac{10}{\pi} \sin\left(200\pi t - \frac{\pi x}{17}\right)$ की तुलना

$y = a \sin(\omega t - kx)$ से करने पर,

$a = \frac{10}{\pi}$ सेमी, $\omega = 2000\,\pi$;

कण का अधिकतम वेग

$$= a\omega = \frac{10}{\pi} \times 2000\pi = 200 \text{ मीटर/सेकण्ड}$$

तथा $\omega = 2\pi n = 2000\,\pi;\ n = 1000$ हर्ट्ज

या आवर्त्तकाल $T = \frac{1}{n} = \frac{1}{1000} = 10^{-3}$ सेकण्ड

5. (a) आवृत्ति वही रहेगी तथा वेग $v = f\lambda$ से, तरंगदैर्ध्य λ घट जायेगी।

6. (c) अज्ञात स्वरित्र की आवृत्ति $= 100 \pm 2 = 102$ हर्ट्ज या 98 हर्ट्ज। मोम लगाने से विस्पन्द आवृत्ति घटती है, अतः अज्ञात स्वरित्र की आवृत्ति = 102 हर्ट्ज क्योंकि दूसरी स्थिति में विस्पन्द आवृत्ति बढ़ेगी।

7. (a) $\frac{I_1}{I_2} = \left(\frac{a_1}{a_2}\right)^2 = 9$ से $\frac{a_1}{a_2} = 3$

सूत्र $\frac{I_{\text{अधि}}}{I_{\text{न्यून}}} = \frac{(a_1 + a_2)^2}{(a_1 - a_2)^2}$

$$\frac{\left(\frac{a_1}{a_2} + 1\right)^2}{\left(\frac{a_1}{a_2} + 1\right)^2} = \frac{(3+1)^2}{(3-1)^2} = 4$$

8. (c) विस्पन्द आवृत्ति $= (454 - 450) = 4$

अतः दो अधिकतम तीव्रताओं के बीच समयान्तराल

$$= \frac{1}{(n_1 - n_2)} = \frac{1}{4} \text{ सेकण्ड}$$

9. (b) $n, (n+4), (n+8) \ldots 2n$ समान्तर श्रेणी में हैं।

अतः सूत्र $t_p = a + (p-1)d$ से

$$2n = n + (10-1)4$$
$$n = 36 \text{ हर्ट्ज}$$

व अधिकतम आवृत्ति $= 2n = 72$ हर्ट्ज

10. (a) अधिकतम तीव्रता $= (a+a)^2 = 4a^2$ तथा प्रत्येक स्रोत की तीव्रता $= a^2$, अतः $n = 4$

11. (a) दोनों सिरे पर खुली होन पर, मूल आवृत्ति $n = \frac{v}{2l}$ द्रव में आधी डुबोने पर आधी लम्बाई की बन्द नही की तरह कार्य करेगी। अतः

मूल आवृत्ति

$$= \frac{v}{4l'} = \frac{v}{4(l/2)} = \frac{v}{2l} = n$$

12. (d) बन्द पाइप के प्रथम अधिस्वरक की आवृत्ति $= 3 \cdot \frac{v}{4l_2}$

खुले पाइप के तृतीय अधिस्वरक की आवृत्ति $= 4 \cdot \frac{v}{2l_2}$

$\therefore \frac{3v}{4l_1} = \frac{4v}{2l_2}$ से $\frac{l_1}{l_2} = \frac{3}{8}$

13. (b) माना तार में बने लूपों की संख्या क्रमशः p व q है। संयुक्त तार में तरंग की आवृत्ति समान होगी। अतः

$$n = \frac{p}{2l}\sqrt{\frac{T}{\pi r^2 d}} = \frac{q}{2l}\sqrt{\frac{T}{\pi(2r)^2 d}}; \frac{p}{q} = \frac{1}{2}$$

14. (a) बन्द ऑर्गन पाइप के लिए, $n = \frac{v}{4l}$ से

$$l = \frac{v}{4n} = \frac{300 \times 100}{4 \times 500} = 15 \text{ सेमी},$$

अन्य लम्बाईयाँ 45 सेमी, 75 सेमी होंगी।

अतः प्राप्त अनुनाद की संख्या = 3

15. (a) अनुनाद नली में $l_2 + e = \lambda/4$

तथा $l_2 + e = \frac{3\lambda}{4}$

$\therefore \quad l_2 = 3l_1$

16. (d) $Y = Y_0 \sin 2\pi(ft - x/\lambda)$ की तुलना $Y = a \sin(\omega t - kx)$ से करने पर

$$2\pi f = \omega \text{ तथा } k = \frac{2\pi}{\lambda}$$

अतः तरंग वेग $= \frac{\omega}{k} = f\lambda$

कण का वेग $\frac{dY}{dt} = Y_0 \cos 2\pi\left(ft - \frac{x}{\lambda}\right) \times 2\pi f$

अतः कण का अधिकतम वेग $= Y_0 \times 2\pi f = 4f\lambda$

$\therefore \quad \lambda = \pi Y_0/2$

17. (a) $y = a\cos(kx - \omega t)$, x = 0 पर निस्पन्द तभी बनेगा जब अध्यारोपण दृढ़ सिरे से परावर्तित तरंग से हो, अतः परावर्तित तरंग की समीकरण $= -a\cos(kx + \omega t)$

18. (b) $y = y_1 + y_2 = 2A \sin kx \cos kct$ की तुलना

$y = 2a \sin\frac{2\pi x}{\lambda}\cos\frac{2\pi t}{T}$ से करने पर $\frac{2\pi}{\lambda} = k$

अतः $\lambda = \frac{2\pi}{k}$

दो क्रमागत निस्पन्दों के बीच की दूरी $= \lambda/2 = \pi/k$

19. (a,c) $y = y_1 + y_2 + y_3$

$= a\sin\omega t + a\sin(\omega t + 45°) + a\sin(\omega t + 90°)$

$= a\sin\omega t + a\sin\omega t\cos 45° + a\cos\omega t\sin 45° + a\cos\omega t$

$$= a(\sqrt{2}+1)\left(\frac{\sin\omega t + \cos\omega t}{\sqrt{2}}\right)$$

$$= a(\sqrt{2}+1)\sin(\omega t + 45°) = A\sin(\omega t + a)$$

$\therefore$ परिणामी आयाम $= a(\sqrt{2}+1)$

परिणामी तरंग की ऊर्जा $= \frac{1}{2}mA^2\omega^2$ तथा किसी एक तरंग की ऊर्जा

$$= (3 + 2\sqrt{2}) = \frac{1}{2}ma^2\omega^2$$

20. (c) $$n = \frac{1}{2l}\sqrt{\frac{T}{m}}$$

अतः $n_1 : n_2 : n_3 : n_4 = \sqrt{T_1} : \sqrt{T_2} : \sqrt{T_3} : \sqrt{T_4}$

$= 1 : 2 : 3 : 4$

21. (a) x = 0 पर निस्पन्द तभी बनेगा जब अध्यारोपण दृढ़ परिसीमा से होता है, अतः परावर्तित तरंग का समीकरण होगा

$$y = -\cos(kx + \omega t)$$

22. (c) $n = \frac{5}{2l}\sqrt{\frac{9g}{m}}$ तथा $n = \frac{3}{2l}\sqrt{\frac{Mg}{m}}$

भाग देने पर $m = 25$ किग्रा

23. (c) $$n = \frac{1}{2l}\sqrt{\frac{T}{Ad}} = \frac{1}{2l}\sqrt{\frac{T}{\pi r^2 d}} \text{ से}$$

$$n_1 = \frac{1}{2 \times 36l}\sqrt{\frac{8T}{\pi(4r^2 \times 1)}}$$

तथा $$n_2 = \frac{1}{2 \times 35l}\sqrt{\frac{T}{\pi r^2 \times 2}}$$

स्पष्ट है $n_2 > n_1$, अतः $n_2 = 360$ हर्ट्ज

$\frac{n_2}{n_1} = \frac{360}{n_1} = \frac{36}{35}$ या $n_1 = 350$ हर्ट्ज

$\therefore$ विस्पन्द आवृत्ति $= n_2 - n_1 = 10$

24. (c) $$v_1 = \frac{1}{2L}\sqrt{\frac{T}{\pi(2r)^2 d}}$$

तथा $$v_2 = \frac{1}{2(2L)}\sqrt{\frac{T}{\pi r^2 d}}$$

$$v_1/v_2 = 1$$

25. (d) 2 सेकण्ड में स्पन्दों द्वारा चली गई दूरी = 4 सेमी, अत: अध्यारोपण से सभी कण साम्यावस्था में होने से सम्पूर्ण ऊर्जा गतिज होगी।

26. (a) $f_1 = \frac{v}{2l}$ तीन चौथाई पानी में डुबोने पर यह $\frac{l}{4}$ लम्बाई की बन्द नली की तरह कार्य करेगा।

अत: $$f_2 = \frac{v}{4l'} = \frac{v}{4 \times l/4} = 2f_1$$

$\therefore$ $$f_1/f_2 = \frac{1}{2}$$

27. (d) दोनों ओर से नली खुली होने पर, $v_0 = \frac{v}{2l}$

नली को आधा जल में डुबोने पर, यह $l/2$ लम्बाई की बन्द नली की तरह कार्य करेगी।

अत: मूल आवृत्ति $n' = \frac{v}{4l'} = \frac{v}{4 \times l/2} = \frac{v}{2l} = v_0$

28. (d) बन्द पाइप के लिए, $n = \frac{v}{4l}$ से $l = \frac{v}{4n} = \frac{330 \times 100}{4 \times 660} = 12.5$ सेमी तथा अन्य अनुनादित लम्बाईयाँ = 37.5 सेमी, 62.5 सेमी, 87.5 सेमी, 112.5 सेमी, 137.5 सेमी।

अत: कुल अनुनादों की संख्या = 6

29. (d) $$\frac{n_1}{n_2} = \frac{l_2 r_2}{l_1 r_1}\sqrt{\frac{T_1 d_2}{T_2 d_1}}$$

$$= \frac{35}{36} \times \frac{1}{4} \times \sqrt{\frac{8 \times 2}{1 \times 1}} = \frac{35}{36}$$

$n_2 > n_1$

$\therefore$ $\frac{n_1}{360} = \frac{35}{36} \Rightarrow n_1 = 350$ हर्ट्ज

$\therefore$ विस्पन्द आवृत्ति = 360 − 350 = 10

30. (a) $v_s \propto \sqrt{T}$, वेग को प्रभावित करता है।

31. (c) $$n' = n \cdot \frac{v}{v - v_s} \text{ से}$$

$$1.025\, n = n \times \frac{320}{320 - v_s}$$

हल करने पर $v_s = 8$ मी/सेकण्ड

32. (a) श्रोता की ओर आने पर आभासी आवृत्ति

$$n' = n \cdot \frac{v}{v - v_s}$$

$$= 400 \times \frac{300}{300 + 200} = 1200 \text{ हर्ट्ज}$$

33. (c) $\Delta\lambda = \frac{v}{c}\lambda = \frac{5 \times 10^3}{3 \times 10^8} \times 6000 = 0.1$ Å

34. (d) ध्वनि स्रोत व श्रोता समान चाल v से एक दूसरे की ओर आने पर,

$$n' = n\frac{v + v_0}{v - v_s}$$

$$= \frac{v + v/10}{v - v/10} = 1.22f$$

35. (c) स्रोत के प्रेक्षक की ओर जाते समय $n_1 = n\frac{v}{v - v_s}$

तथा प्रेक्षक से दूर जाते समय $n_2 = n\frac{v}{v + v_s}$

अत: $$n_1 : n_2 = (v + v_s) : (v - v_s)$$
$$= (320 + 20) : (320 - 20)$$

36. (a) परावर्तित रेडियो तरंगों की आवृत्ति में विचलन,

$$\Delta f = \frac{2v}{c} \cdot f \text{ से}$$

$$2.8 \times 10^3 = \frac{2v}{3 \times 10^8} \times 7.8 \times 10^9$$

$v = 50$ मीटर/सेकंण्ड

37. (d) $\Delta v = \frac{2v}{c} \cdot v$, अत: $v = \frac{c\Delta v}{2v}$

38. (b)

39. (a)

40. (d) परावर्तित रेडियो सिगनल की आवृत्ति में आभासी परिवर्तन

$$\Delta v = \frac{2vv}{c}$$

41. (a) विस्पन्द आवृत्ति $= n\left[\frac{1}{v - v_s} - \frac{1}{v + v_s}\right] = \frac{2nv_s}{v}$

$$= \frac{2 \times 300 \times 4}{330} = 7$$

42. (c) $(SL)_2 - (SL)_1 = 10 \log \frac{I_2}{I_1} = 10 \log \frac{10^{-8}}{10^{-9}} = 10$ dB

43. (d) $30 = 10 \log \frac{I}{I_0}$ अत: $\frac{I}{I_0} = 10^3$

44. (d)

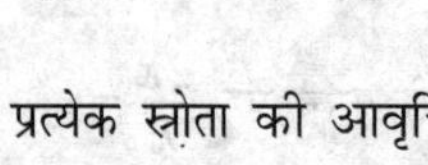

प्रत्येक स्रोता की आवृत्ति, $n = \frac{v}{\lambda}$

$$S_1 \text{ आभासी आवृत्ति} = \frac{n(v+u)}{v}$$

$$\text{तथा } S_2 \text{ की आभासी आवृत्ति} = \frac{n(v-u)}{v}$$

$\therefore$ विस्पन्दों की संख्या $= \frac{2nu}{v} = \frac{2u}{\lambda}$

45. (c) स्थिर श्रोता की ओर ध्वनि स्रोत की आभासी आवृत्ति

$$n_1 = \frac{nv}{v - v_s}$$

तथा स्रोत की स्थिर श्रोता को पार करने के बाद आभासी आवृत्ति

$$n_2 = \frac{nv}{v + v_s}$$

अत: पार करते हुए आवृत्ति n_1 से n_2 हो जाती है।
ग्राफ (c) सही निरूपण है।

46. (b)
$$f_1 = \frac{n \times 340}{340 - 34}$$

तथा
$$f_2 = \frac{n \times 340}{340 - 17}$$

$$\frac{f_1}{f_2} = \frac{(340-17)}{(340-34)} = \frac{19}{18}$$

47. (d) $n_A' = n \times \frac{v + v_A}{v}$ तथा $n_B' = n\left(\frac{v + v_s}{v}\right)$

$$\therefore \quad 5.5 = 5 \times \left(\frac{v + v_A}{v}\right)$$

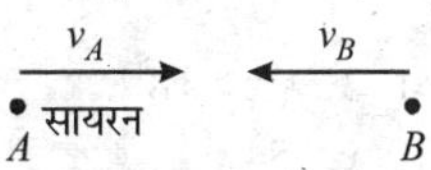

तथा
$$6 = 5\left(\frac{v + v_B}{v}\right)$$

भाग देकर हल करने पर,

$$\frac{v_B}{v_A} = 2$$

48. (d) मोटर साइकिल सवार द्वारा सुनी गई पुलिस सायरन की आभासी आवृत्ति,

$$n_1 = 176 \times \left(\frac{330 - v_0}{330 - 22}\right)$$

मोटर साइकिल सवार द्वारा स्थिर सायरन की सुनी गई आभासी आवृत्ति

$$n_2 = 165 \times \left(\frac{330 + v_0}{330}\right)$$

प्रश्नानुसार, $n_1 = n_2$

मान रखकर, हल करने पर

$$v_0 = 22 \text{ मीटर/सेकण्ड}$$

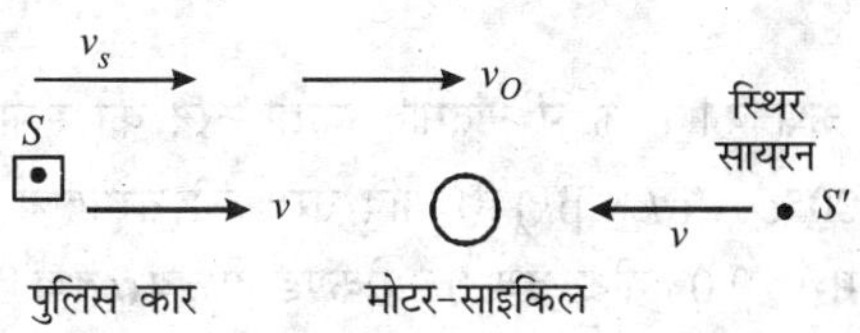

49. (a) प्रेक्षक के श्रोता के साथ चलन पर,

आभासी आवृत्ति $= n_{(\text{वास्तविक आवृत्ति})}$

गाड़ी के श्रोता की ओर आने पर $n_1 = \frac{nv}{v - v_s}$ से $(v - v_s) = \frac{nv}{n_1}$

तथा गाड़ी के श्रोता से दूर जाने पर $n_2 = \frac{nv}{v + v_s}$ से

$$(v + v_s) = \frac{nv}{n_2}$$

जोड़ने पर, $2v = \left(\frac{1}{n_1} + \frac{1}{n_2}\right)$ या $n = \frac{2n_1 n_2}{n_1 + n_2}$

50. (a)
$$f' = \frac{v + v_s}{v - v_s} f = 2f$$

या
$$v + v_s = 2v - 2v_s$$

या
$$v_s = \frac{v}{3}$$

Previous Years' Problems

1. एक बन्द आर्गन पाईप में अप्रगामी तरंग

$$y = 2a \sin kx \cos \omega t$$

तरंग $y = a\sin(\omega t - kx)$ और निम्न में से कौन-सा दूसरी तरंग के अध्यारोपण का परिणाम है?

(a) $y = a\sin(\omega t - kx)$ (b) $y = a\cos(\omega t + kx)$
(c) $y = -a\cos(\omega t + kx)$ (d) $y = -a\sin(\omega t + kx)$

[AIEEE 2002]

2. 480 हट्र्ज आवर्ति का एक स्वरित्र जब सोनोमीटर की कम्पित डोरी के साथ बजाया जाता है तो प्रति सेकण्ड 10 विस्पन्द प्राप्त होते हैं। यदि डोरी के तनाव में थोडी वृद्धि से पूर्व की तुलना में प्रति सेकण्ड कम विस्पन्द प्राप्त हो तब डोरी की आवृत्ति क्या होनी चाहिए :

(a) 480 हट्र्ज (b) 490 हट्र्ज
(c) 460 हट्र्ज (d) 470 हट्र्ज

[AIEEE 2003]

3. x- दिशा के अनुदिश चलने वाली तरंग का विस्थापन

$y = 10^{-4}\sin\left(600t - 2x + \frac{\pi}{3}\right)$ metres, दिया गया है। जहाँ x मीटर में तथा t सेकण्ड में व्यक्त किया गया है। तरंग गति की चाल है:

(a) 600 मी/से (b) 1200 मी/से
(c) 200 मी/से (d) 300 मी/से

[AIEEE 2003]

4. एक तरंग $y = 7\sin\left(7\pi t - 0.04x + \frac{\pi}{3}\right)$ समीकरण द्वारा प्रदर्शित की जाती है, जहाँ x मीटर में और t सेकण्ड में व्यक्त किया गया है। तरंग गति की चाल है :

(a) $(49/\pi)$ मी/से (b) 0.28 मी/से
(c) (175π) मी/से (d) (49π) मी/से

[AIEEE 2004]

5. एक प्रेक्षक स्थिर ध्वनि स्रोत की ओर ध्वनि की चाल से (1/5) गुनी चाल से चलता है। इसकी आभासी आवृत्ति में प्रतिशत वृद्धि क्या है?

(a) शून्य (b) 0.5%
(c) 5% (d) 20%

[AIEEE 2005]

6. 9500 हर्टज और इससे अधिक आवृत्ति की ध्वनि तरंगे उत्पन्न करती हुई एक सीटी (whistle) v मीटर/सेकण्ड की चाल से एक स्थिर मनुष्य की ओर बढ़ती है। वायु में ध्वनि की चाल 300 मीटर/सेकण्ड है। यदि मनुष्य 10,000 हर्टज की अधिकतम आवृत्ति सुन सकता है। तो v का वह अधिकतम मान जहाँ तक मनुष्य को सीटी की आवाज सुनाई दे सके, होगा :

(a) $(15/\sqrt{2})$ मीटर/सेकण्ड (b) 15 मीटर/सेकण्ड
(c) 30 मीटर/सेकण्ड (d) $15\sqrt{2}$ मीटर/सेकण्ड

[AIEEE 2006]

7. एक ध्वनि अवशोषक ध्वनि स्तर (sound level) को 20 dB तक क्षीण कर देता है। तीव्रता कम हो जाती है :

(a) 10000 वें भाग तक (b) 10 वें भाग तक
(c) 100 वें भाग तक (d) 1000 वें भाग तक

[AIEEE 2007]

8. किसी निश्चित ताप पर ऑक्सीजन में ध्वनि की चाल 460 मीटर/सेकण्ड है। उसी ताप पर हीलियम में ध्वनि की चाल होगी–
(दोनों गैसों का आदर्श मानिये)

(a) 650 मीटर/सेकण्ड (b) 330 मीटर/सेकण्ड
(c) 460 मीटर/सेकण्ड (d) 550 मीटर/सेकण्ड

[AIEEE 2008]

9. एक डोरी दो दृढ़ बिन्दुओं के बीच बँधी है जिनके बीच की दूरी 75 सेमी है। यह देखा गया है कि 420 हर्ट्ज तथा 315 हर्ट्ज की आवृत्तियों से डोरी अनुनादित की जा सकती है। इन दोनों आवृत्तियों के बीच कोई अन्य दूसरी आवृत्ति अनुनाद उत्पन्न नहीं कर पाती है। तब इस डोरी के लिये न्यूनतम अनुनाद आवृत्ति है :

(a) 1.05 हर्ट्ज (b) 1050 हर्ट्ज
(c) 10.5 हर्ट्ज (d) 105 हर्ट्ज

[AIEEE 2006]

10. सर्दियों में अनुनाद स्तम्भ प्रयोग द्वारा ध्वनि की चाल ज्ञात करते समय एक विद्यार्थी प्रथम अनुनादी अवस्था 18 सेमी पर प्राप्त करता है। गर्मियों में यही प्रयोग करते समय द्वितीय अनुनादी अवस्था x सेमी पर प्राप्त होती है तब –

(a) $54 > x > 36$ (b) $36 > x > 18$
(c) $18 > x$ (d) $x > 54$

[AIEEE 2008]

11. x- अक्ष की दिशा में गतिमान किसी तरंग का समीकरण $y(x,t) = 0.005\cos(\alpha k - \beta k)$ है। यदि तरंग की तरंगदैर्घ्य एवं आवर्त्तकाल क्रमशः 0.08 मीटर तथा 0.2 सेकण्ड हो तब α तथा β का मान क्रमशः होगा –

(a) $\alpha = \frac{0.04}{\pi}, \beta = \frac{1.0}{\pi}$ (b) $\alpha = 12.50\pi, \beta = \frac{\pi}{2.0}$
(c) $\alpha = 25.00\pi, \beta = \pi$ (d) $\alpha = \frac{0.08}{\pi}, \beta = \frac{2.0}{\pi}$

[AIEEE 2008]

उत्तरमाला

1. (d)	**2.** (d)	**3.** (d)	**4.** (c)	**5.** (d)	**6.** (b)	**7.** (c)	**8.** (b)	**9.** (d)	**10.** (d)
11. (c)									

हल

1. (d) $y = -a\sin(\omega t + kx)$

2. (d) तनाव में वृद्धि डोरी से उत्पन्न स्वर की आवृत्ति बढ़ा देती है। चूँकि तनाव वृद्धि से पूर्व की तुलना में प्रति सेकण्ड कम विस्पन्द प्राप्त होते हैं, अत: डोरी की आवृत्ति 470 हर्ट्ज है।

3. (d) दिया है,

$$Y = 10^{-4}\sin\left(600t - 2x + \frac{\pi}{3}\right) \quad ....(1)$$

$$Y = a\sin(\omega t - kx + \phi) \quad ....(2)$$

समी० (1) की समी० (2) से तुलना करने पर,
$\omega = 600$ रेडियन/सेकण्ड, $k = 2$मीटर$^{-1}$

$$\therefore \text{तरंग की चाल} = \frac{600}{2} = 300 \text{ मीटर/सेकण्ड}$$

4. (c) उपरोक्त की भाँति

$$\omega = 7\pi,\ k = 0.04$$

$$\therefore \text{तरंग की चाल} = \frac{7\pi}{0.04} = 175\pi \text{ मीटर/सेकण्ड}$$

5. (d) $f = f_0\left[\frac{v_s + v_0}{v_s}\right] = f_0\left[\frac{v + \frac{v}{5}}{v}\right] = \frac{6}{5}f_0$

$$\text{प्रतिशत वृद्धि} = \left[\frac{\frac{6}{5}f_0 - f_0}{f_0}\right] \times 100 = 20\%$$

6. (b) वायु में ध्वनि का वेग,

$$v_s = 300 \text{ मीटर/सेकण्ड}$$

चूँकि स्रोत स्थिर प्रेक्षक की ओर v वेग से चलायमान है आभासी आवृत्ति,

$$n' = \frac{v_s}{v_s - v}n$$

अथवा $n'(v_s - v) = nv_s$

अथवा $10,000(300 - v) = 9500 \times 300$

अथवा $v = \frac{1,50,000}{10,000} = 15$ मीटर/सेकण्ड

7. (c) हमें ज्ञात है $L_1 = 10\log\left(\frac{I_1}{I_0}\right)$

$$L_2 = 10\log\left(\frac{I_2}{I_0}\right)$$

$$\therefore L_1 - L_2 = 10\log\left(\frac{I_1}{I_0}\right) - 10\log\left(\frac{I_2}{I_0}\right)$$

अथवा $\Delta L = 10\log\left(\frac{I_1}{I_0} \times \frac{I_2}{I_0}\right)$

अथवा $\Delta L = 10\log\left(\frac{I_1}{I_2}\right)$

अथवा $20 = 10\log\left(\frac{I_1}{I_2}\right)$

अथवा $2 = \log\left(\frac{I_1}{I_2}\right)$

अथवा $\frac{I_1}{I_2} = 10^2$

अथवा $I_2 = \frac{I_1}{100}$

$\Rightarrow$ अत: तीव्रता 100 वें भाग तक कम हो जाती है।

8. (b) $v = \sqrt{\frac{\gamma RT}{M}}$

$$\frac{v_{He}}{v_{O_2}} = \sqrt{\frac{\gamma_{He}}{\gamma_{O_2}} \times \frac{M_{O_2}}{M_{He}}}$$

यहाँ $\gamma=1+\dfrac{2}{f}$ (जहाँ f स्वतंत्रता की कोटि है।)

He के लिये, $f=3$ तथा $\gamma_{He}=5/3; M_{He}=4g$

O_2 के लिये, $f=5$ तथा $\gamma_{O_2}=7/5; M_{O_2}=32g$

9. (d) $$\frac{n}{2l}v=315$$

और $$\frac{(n+1)v}{2l}=420$$

हल करने पर, $\dfrac{v}{2l}=105$ हर्ट्ज

10. (d) (सर्दियों में) जब नली के खुले सिरे से जल स्तम्भ का तल 18 सेमी नीचे है, तब प्रथम अनुनादी स्थिति प्राप्त होती है। सर्दियों में द्वितीय अनुनादी स्थिति के लिये,

$$L_2=\frac{3\lambda}{4}=3L,=3\times18=54 \text{ सेमी}$$

चूँकि $n=\dfrac{v}{4L}$ या $L=\dfrac{v}{4n}$

गर्मियों में चूँकि ध्वनि की चाल v बढ़ जाती है।

अत: द्रव स्तम्भ की लम्बाई बढ़ जाती है।

$\therefore\ x>54$ सेमी

11. (c) प्रगामी तरंग के लिये समीकरण

$$y(x,t)=0.005\cos(\alpha x-\beta t)$$

इसकी मानक समीकरण से तुलना करने पर,

$$y(x,t)=A\cos(kx-\omega t)$$

जहाँ, $$k=\alpha=\frac{2\pi}{\lambda}=\frac{2\pi}{0.08}=25\pi \text{m}^{-1}$$

तथा $$\omega=\beta=\frac{2\pi}{T}=\frac{2\pi}{2}=\pi \text{s}^{-1}$$

❑❑❑

अध्याय 18

किरण प्रकाशिकी

(Ray Optics)

प्रकाश का परावर्तन (Refraction of Light)

- जब किसी तल पर आपतित प्रकाश पुनः माध्यम में लौट आता है तब इस घटना को प्रकाश का परावर्तन कहते हैं।

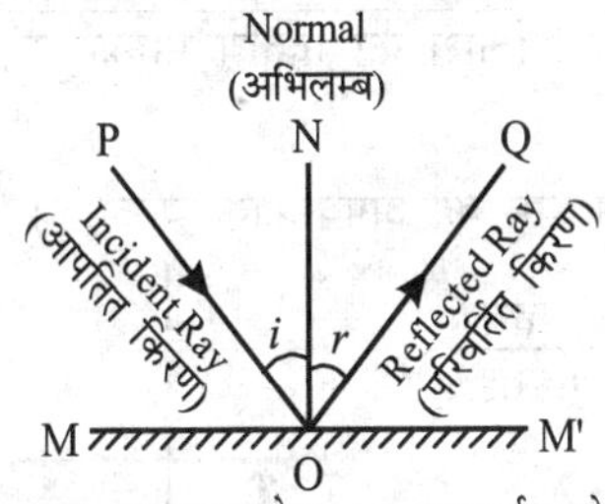

$\angle i$ = आपतन कोण, $\angle r$ = परावर्तन कोण

- परावर्तन के लिए -
  - आपतन कोण का मान परावर्तन कोण के बराबर होता है
    $$\angle i = \angle r$$
  - आपतित किरण, परिवर्तित किरण तथा अभिलम्ब तीनों एक ही तल में होते हैं।
- परावर्तन के बाद, प्रकाश की तीव्रता घट जाती है।
- यदि प्रकाश का परावर्तन सघन माध्यम की सतह में हो, तो π का कलान्तर आ जाता है।

ध्यान दें

- समतल दर्पण द्वारा बना प्रतिबिम्ब आभासी तथा उल्टा होता है।
- यदि समतल दर्पण को किसी कोण से घुमाते हैं तब परिवर्तित किरण इसके दोगुने कोण से घूम जाती है।
- समतल दर्पण द्वारा प्रतिबिम्ब दर्पण से उतनी ही दूरी पीछे होता है जितनी वस्तु दर्पण के आगे स्थित होती है।
- यदि दो समतल दर्पण इस प्रकार रखे जाते हैं कि उनकी परावर्ती सतह आमने-सामने किसी कोण पर है तब वस्तु के अनेक प्रतिबिम्ब बनते हैं तब प्रतिबिम्बों की संख्या
  - — यदि $360°/\theta$ सम संख्या होती है तो
    $$n = \frac{360°}{\theta°} - 1$$
  - — यदि $360°/\theta$ सम संख्या नहीं है तो प्रतिबिम्बों की संख्या n का मान $360°/\theta$ की पूर्ण संख्या (Integral Part) के बराबर होगा।
  - — यदि दो समतल दर्पण परस्पर समान्तर स्थित होते है तब प्रतिबिम्बों की संख्या अनन्त होती है।
    $$n = \frac{360}{\theta} = \frac{360}{0} = \infty$$
- समतल दर्पण का आवर्धन एक होता है तथा समतल दर्पण के लिए फोकस दूरी अनन्त, शक्ति शून्य तथा वक्रता त्रिज्या अनन्त होती है।
- यदि कोई वस्तु v वेग से गतिमान होती है तब समतल दर्पण में प्रतिबिम्ब का वेग v होता है।
- यदि दर्पण और वस्तु को एक दूसरे से विपरीत दिशा में a दूरी चलाया जाता है तब उनके प्रतिबिम्ब द्वारा चली गई दूरी $2a$ होती है।
- यदि दर्पण स्थिर है तथा वस्तु को a दूरी चलाया जाता है तब वस्तु तथा प्रतिबिम्ब दोनों की दूरी समान होती है।
- यदि वस्तु स्थिर होती है तथा समतल दर्पण को a दूरी चलाया जाता है तब प्रतिबिम्ब द्वारा चली गई दूरी $2a$ होगी।
- h ऊँचाई की वस्तु का पूर्ण प्रतिबिम्ब देखने के के लिए दर्पण की न्यूनतम ऊँचाई $h/2$ होनी चाहिए।
- जब कोई प्रकाश किरण विरल माध्यम के पृष्ठ से परावर्तित होती है तब उसकी कला अपरिवर्तित रहती है।
- **दर्पण की ओर किसी वस्तु की गति (Moton of a Person Towards Mirror) :** जब कोई वस्तु या व्यक्ति दर्पण की ओर या दर्पण से दूर v वेग से गति करता है तो प्रतिबिम्ब भी v वेग से गति करता है। लेकिन प्रतिबिम्ब का वस्तु के सापेक्ष आपेक्षिक वेग $2v$ है।
- **दर्पण का सूत्र (Mirror Formula)**

$$\frac{1}{f} = \frac{2}{r} = \frac{1}{u} + \frac{1}{v}$$

जहाँ f = दर्पण की फोकस दूरी
r = दर्पण की वक्रता त्रिज्या
u = दर्पण के पोल (pole) से वस्तु की दूरी
v = दर्पण के पोल से प्रतिबिम्ब की दूरी

- **आवर्धन (Magnification) :**

$$m = \frac{\text{प्रतिबिम्ब की लम्बाई}}{\text{वस्तु की लम्बाई}} = \frac{I}{O} = \frac{v}{u}$$

प्रकाश का अपवर्तन (Refraction of Light)

- जब प्रकाश किरण एक माध्यम से दूसरे माध्यम में जाती है तब वह अपने मार्ग से विचलित हो जाती है तब इस घटना को प्रकाश का अपवर्तन कहते हैं।

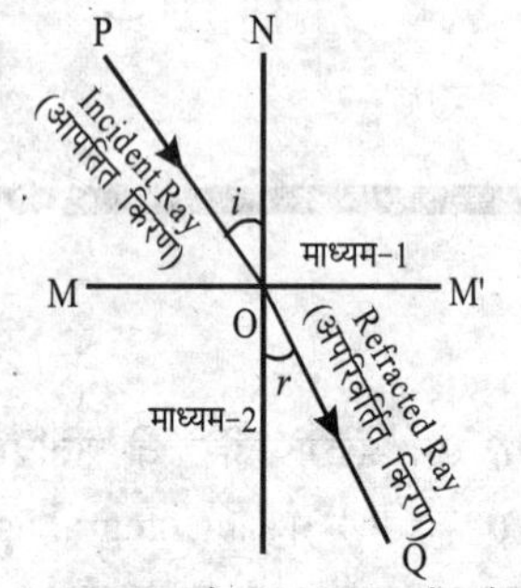

$\angle i$ = आपतन कोण $\angle r$ = अपवर्तन कोण

- आपतित किरण, अपवर्तित किरण तथा अभिलम्ब एक ही तल में स्थिति होते हैं।
- अपवर्तन के लिए – $\frac{\sin i}{\sin r}$ = नियतांक

  इसे **स्नैल का नियम** भी कहते हैं।
- यदि प्रथम माध्यम में प्रकाश का वेग v_1 तथा द्वितीय माध्यम में प्रकाश का वेग v_2 हो तब

$$\frac{\sin i}{\sin r} = \frac{v_1}{v_2} = \mu_{12} = {}_1\mu_2$$

जहाँ μ_{12} या ${}_1\mu_2$= प्रथम माध्यम के सापेक्ष द्वितीय माध्यम का अपवर्तनांक है।

- यदि आपवर्तित किरण, आपतित किरण के सापेक्ष अभिलम्ब से दूर हटती है तो द्वितीय माध्यम प्रथम माध्यम की तुलना में विरल माध्यम कहलाता है। तब

$$\sin r > \sin i$$

- यदि अपवर्तित किरण अभिलम्ब की तरफ झुकती है तब द्वितीय माध्यम प्रथम माध्यम की तुलना में सघन कहलाता है। तब

$$\sin i > \sin r$$

- विरल माध्यम का घनत्व तथा अपवर्तनाँक तुलनात्मक दृष्टि से कम होता है।
- सघन माध्यम का घनत्व तथा अपवर्तनाँक तुलनात्मक दृष्टि से अधिक होता है।
- अपवर्तन में प्रकाश की तीव्रता, तरंगदैर्ध्य, चाल तथा आयाम परिवर्तित हो जाते हैं किन्तु प्रकाश की आवृत्ति तथा कला कोण परिवर्तित नहीं होते।
- अपवर्तनांक का मान माध्यम, प्रकाश के रंग तथा तापमान पर निर्भर करता है।
- यदि माध्यम के तापमान में वृद्धि की जाती है तो अपवर्तनाँक कम हो जाता है।

क्रान्तिक कोण (Critical Angle)

- जब प्रकाश की किरण सघन माध्यम से विरल माध्यम में जाती है। वह आपतन कोण, जिसके लिए अपवर्तन कोण 90°. हो जाता है, क्रान्तिक कोण कहलाता है

  क्रान्तिक कोण दो माध्यमों पर निर्भर करता है

$$\sin C = \frac{\text{विरल माध्यम का अपवर्तनाँक}}{\text{सघन माध्यम का अपवर्तनाँक}}$$

- जब कोई प्रकाश किरण, सघन माध्यम से विरल माध्यम में जाती है तथा इसका आपतन कोण, क्रान्तिक कोण से अधिक हो जाता है तब अपवर्तन होने के बजाय आपतित किरण समान माध्यम में परावर्तित हो जाती है। इस घटना को पूर्ण आन्तरिक परावर्तन (Total Reflection) कहते हैं।
- क्रान्तिक कोण निम्नलिखित कारक पर निर्भर करता है

  माध्यम के युग्म, प्रकाश के रंग तथा ताप

अपवर्तनाँक (Refractive Index)

- किन्ही दो माध्यमों में प्रकाश के वेगों के अनुपात को अपवर्तनाँक कहते हैं।

$$\text{अपवर्तनाँक}\,(\mu) = \frac{\text{प्रकाश का प्रथम माध्यम में वेग}}{\text{प्रकाश का द्वितीय माध्यम में वेग}} = \frac{v_1}{v_2}$$

ध्यान दें

- ताप घटने पर माध्यम का अपवर्तनांक घटता है।

$$\mu = \frac{\text{वास्तविक गहराई}}{\text{आभासी गहराई}} = \frac{h}{h'}$$

$$d = h - h' = \left(1 - \frac{1}{\mu}\right)$$

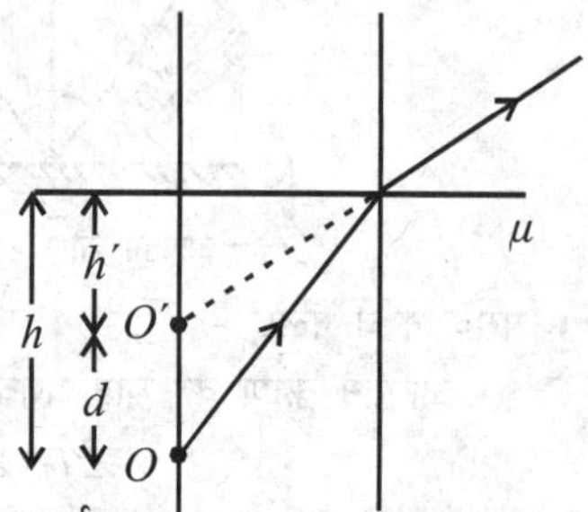

वास्तविक गहराई > आभासी गहराई

- यदि दर्शक सघन माध्यम में हो

$$\mu = \frac{h'}{h} \quad \text{वास्तविक गहराई} < \text{आभासी गहराई}$$

$$d = (\mu - 1)h$$

- **पूर्ण आन्तरिक परावर्तन (Total Internal Reflection) :** जब प्रकाश की किरण सघन माध्यम से विरल माध्यम में गति करती है तो पूर्ण आन्तरिक परावर्तन होता है। क्रांतिक कोण (C) वह कोण है, जिसके लिए $r = 90°$ । पूर्ण आन्तरिक परावर्तन के लिए

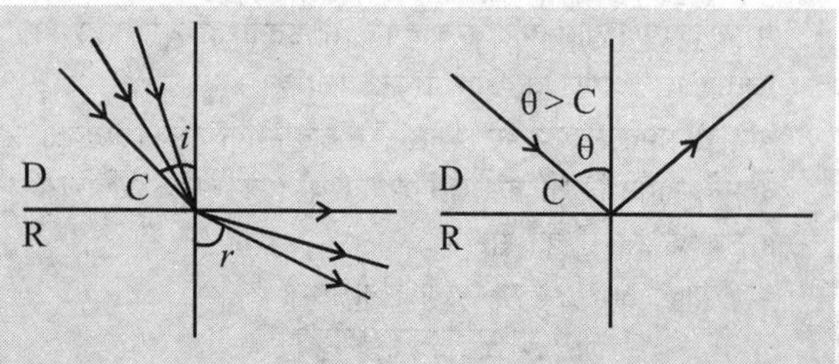

$\theta > C$

C, λ पर निर्भर करता है।

$$\lambda \propto \frac{1}{\mu} \propto \sin C$$

$$\sin C = \frac{1}{\mu_D} = \frac{\mu_R}{\mu_D} = \frac{\lambda_D}{\lambda_R} = \frac{v_D}{v_R}$$

एकल गोलीय सतह पर अपवर्तन (Refraction at a Single Spherical Surface)

$$\boxed{\frac{\mu_2 - \mu_1}{R} = \frac{-\mu_1}{u} + \frac{\mu_2}{v}}$$

जहाँ μ_1 = प्रथम माध्यम का अपवर्तनाँक

μ_2 = द्वितीय माध्यम का अपवर्तनाँक

R = वक्र पृष्ठ की त्रिज्या

ध्यान दें

- अवतल पृष्ठ के लिए R का मान ऋणात्मक होता है इसलिए u के सभी ऋणात्मक मानों के लिए v का मान भी ऋणात्मक होगा।
- उत्तल दर्पण के लिए R का मान धनात्मक होता है।
- यदि v का मान ऋणात्मक होता है तब प्रतिबिम्ब सदैव प्रथम माध्यम में बनेगा तथा आभासी होगा।
- v का मान धनात्मक होने पर प्रतिबिम्ब दूसरे माध्यम में बनेगा तथा वास्तविक होगा।

लेन्स मेकर सूत्रा (Lens Maker's Formula)

पतले लेन्स के लिए सूत्र (Thin Lens Formula)

$$\boxed{\frac{1}{f} = (\mu - 1)\left[\frac{1}{R_1} - \frac{1}{R_2}\right]}$$

जहाँ f = पतले लेन्स की फोकस दूरी

R_1 = प्रथम सतह की वक्रता-त्रिज्या

R_2 = द्वितीय सतह की वक्रता-त्रिज्या

- **उत्तल लेन्स के लिए अपवर्तनाँक का सूत्र**

उत्तल लेन्स के लिए R_1 धनात्मक तथा R_2 ऋणात्मक होता है।

$$\boxed{\frac{1}{f} = \frac{1}{v} - \frac{1}{u} = (\mu - 1)\left[\frac{1}{R_1} - \frac{1}{R_2}\right]}$$

- **अवतल लेन्स के लिए अपवर्तनाँक का सूत्र**

अवतल लेन्स के लिए R_1 ऋणात्मक तथा R_2 धनात्मक होता है।

$$\boxed{\frac{1}{f} = \frac{1}{v} - \frac{1}{u} = -(\mu - 1)\left[\frac{1}{R_1} + \frac{1}{R_2}\right]}$$

- **समतलोत्तल लेन्स के लिए**

ऐसे लेन्स के लिए R_2 का मान अनन्त होता है।

$$\boxed{\frac{1}{f} = \frac{(\mu - 1)}{R_1}}$$

- **समतलावतल लेन्स के लिए**

ऐसे लेन्स के लिए R_1 का मान अनन्त होता है।

$$\boxed{\frac{1}{f} = -\frac{(\mu - 1)}{R_2}}$$

- यदि उत्तल या अवतल लेन्स का एक पृष्ठ समतल होता है तथा अपवर्तनाँक = 1.5, तब

$$\boxed{f = 2R}$$

- यदि लेन्स के दोनों पृष्ठों की वक्रता त्रिज्याओं के मान समान हो तथा अपवर्तनांक = 1.5 तब लेन्स की फोकस दूरी वक्रता त्रिज्या के बराबर होती है।

$$\boxed{f = R}$$

लेन्स की शक्ति (Power of Lens):

$$\text{लेन्स की शक्ति (D)} = \frac{1}{\text{फोकस दूरी (मीटर में)}}$$

लेंस की शक्ति का SI मात्रक डायोप्टर (dioptre D) होता है।

- जब समतल-उत्तल लेन्स की समतल सतह पर पॉलिश की जाती है तब नई फोकस दूरी उत्तल सतह की फोकस दूरी की आधी होती है।

$$F = \frac{f_1}{2}$$

- जब समतल-उत्तल लेन्स की उत्तल सतह पर पॉलिश की जाती है तब फोकस दूरी

$$\boxed{F = \frac{R}{2\mu}}$$

उत्तल लेन्स से बने प्रतिबिम्बों के प्रकार :

- यदि वस्तु को अनन्त पर रखा जाता है तब प्रतिबिम्ब वास्तविक उल्टा तथा बहुत छोटा होता है जो मुख्य फोकस पर बनता है।
- यदि वस्तु की स्थिति $(u > 2f)$ तब प्रतिबिम्ब वास्तविक उल्टा तथा वस्तु से छोटा बनता है।
- यदि वस्तु $2f$ दूरी पर स्थित होती है $(u = 2f)$ तब प्रतिबिम्ब $2f$ दूरी पर वास्तविक उल्टा तथा वस्तु के आकार का बनता है।
- यदि वस्तु फोकस पर स्थित होती है तो प्रतिबिम्ब अनन्त पर बनता है जो वास्तविक उल्टा तथा बहुत बड़ा होता है।
- यदि वस्तु लेन्स और फोकस दूरी के बीच में होती है तब प्रतिबिम्ब वस्तु के पीछे बनता है जो सीधा आभासी तथा वस्तु से बड़ा होता है।

अवतल लेन्स से बने प्रतिबिम्ब की स्थिति :

- यदि वस्तु को अनन्त पर रखा जाता है तब प्रतिबिम्ब वस्तु की ओर फोकस दूरी पर बनता है जो सीधा काल्पनिक और छोटा होता है।
- यदि वस्तु को प्रकाशिक केन्द्र तथा अनन्त के बीच में रखा जाता है तो प्रतिबिम्ब प्रकाशिक केन्द्र तथा फोकस के बीच में बनता है जो आभासी, सीधा तथा छोटा होता है।
- यदि लेन्स को ऐसे द्रव में डुबोया जाता है जिसका अपवर्तनाँक लेन्स के पदार्थ के अपवर्तनांक से कम होता है तब लेन्स की फोकस दूरी तो बढ़ जाती है परन्तु उसकी प्रकृति नहीं बदलती।

- यदि लेन्स को ऐसे द्रव में डुबोया जाता है जिसका अपवर्तनांक द्रव के अपवर्तनांक से ज्यादा होता है तब उत्तल लेन्स, अवतल लेन्स की भाँति कार्य करेगा और अवतल लेन्स, उत्तल लेन्स की भाँति कार्य करेगा तथा फोकस दूरी बढ़, घट और समान भी रह सकती है।
- यदि लेन्स को ऐसे द्रव में डुबोया जाता है जिसका अपवर्तनांक लेन्स के अपवर्तनांक के बराबर होता है ऐसी स्थिति में लेन्स समतल पारदृशित प्लेट के समान कार्य करेगा तथा उसकी फोकस दूरी अनन्त हो जायेगी तथा लेन्स दिखाई नहीं देगा।
- अवतल लेन्स में रेखीय अवर्धन का मान सदैव 1 से कम होता है तथा सदैव धनात्मक होता है।
- उत्तल लेन्स के लिए रेखीय अवर्धन का मान 1 से अधिक, कम या बराबर भी हो सकता है जो ऋणात्मक और धनात्मक दोनो मानों में हो सकते हैं।

सम्पर्क में रखे दो लेन्सों की संयुक्त फोकस दूरी
(Equivalent Focal Length of Two Lenses in Contact)

- यदि दोनों लेन्स उत्तल है तब संयुक्त फोकस दूरी

$$\boxed{\frac{1}{f}=\frac{1}{f_1}+\frac{1}{f_2}} \quad \text{तथा} \quad \boxed{f=\frac{f_1\cdot f_2}{f_1+f_2}}$$

- यदि एक लेन्स उत्तल (f_1) तथा दूसरा लेन्स अवतल (f_2) हो तथा इनको आपस में सटाकर रखा जाता है तो

$$\boxed{\frac{1}{f}=\frac{1}{f_1}-\frac{1}{f_2}} \quad \text{तथा} \quad \boxed{f=\frac{f_1\cdot f_2}{f_2-f_1}}$$

  - यदि उत्तल लेन्स की फोकस दूरी अवतल लेन्स की फोकस दूरी से बड़ी है अर्थात् $f_1>f_2$ तब संयुक्त लेन्स अवतल की भाँति कार्य करेगा तथा प्रभावी फोकस दूरी का मान ऋणात्मक होगा।
  - यदि उत्तल लेन्स की फोकस दूरी अवतल लेन्स की फोकस दूरी से छोटी है अर्थात् $f_1<f_2$ तब संयुक्त लेन्स उत्तल लेन्स की भाँति कार्य करेगा तथा प्रभावी फोकस दूरी का मान धनात्मक होगा।
  - यदि उत्तल लेन्स की फोकस दूरी अवतल लेन्स की फोकस दूरी के बराबर है अर्थात् $f_1=f_2$ तब संयुक्त लेन्स समतल प्लेट की भाँति कार्य करेगा तथा प्रभावी फोकस दूरी का मान अनन्त होगा।

विस्थापन विधि द्वारा उत्तल-लेन्स की फोकस दूरी ज्ञात करना (Determination of Focal-Length of Convex Lens by Displacament method)

$$\boxed{f=\frac{D^2-d^2}{4D}}$$

जहाँ $D=$ वस्तु एवं पर्दे के बीच की दूरी

$d=$ दो लेन्सों के बीच की दूरी

दर्शन कोण (Visual Angle)

- किसी वस्तु द्वारा आँख पर बनाया गया कोण दर्शन कोण कहलाता है।
- दर्शन कोण का मान जितना बड़ा होता है वस्तु उतनी बड़ी दिखाई देती है, अत: किसी वस्तु का आँख को दिखाई देने वाला आकार दर्शन कोण पर निर्भर करता है।

आवर्धन क्षमता (Magnifying Power):

- प्रतिबिम्ब द्वारा आँख बनाये गए दर्शन कोण तथा वस्तु द्वारा आँख पर बनाये गए दर्शन कोण के अनुपात को सूक्ष्मदर्शी की आवर्धन क्षमता कहते हैं।

$$\boxed{\text{आवर्धन क्षमता (M)}=\frac{\text{प्रतिबिम्ब द्वारा आँख पर बना दर्शन कोण}}{\text{वस्तु द्वारा आँख पर बना कोण}}}$$

$$\boxed{M=\frac{\beta}{\alpha}}$$

प्रिज्म (Prism)

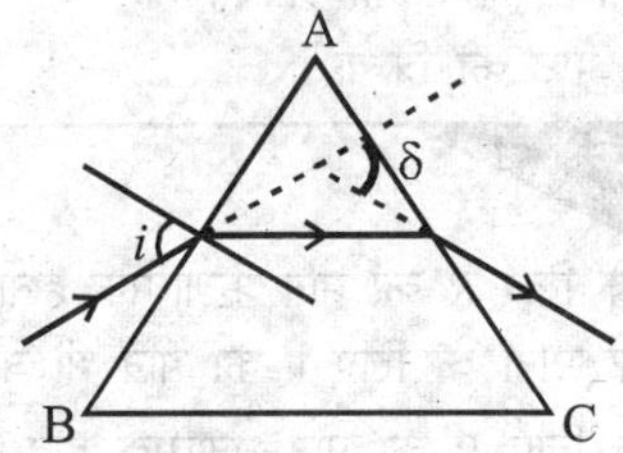

A - प्रिज्म कोण

- **प्रिज्म से विचलन (Deviation through Prism):**

$\delta=(\mu-1)A$

$\mu_R<\mu_V$

इसलिए $\delta_R<\delta_V$

$\mu_{\text{flint}}>\mu_{\text{crown}}$

इसलिए $\delta_f>\delta_c$

$$\mu=\frac{\sin\left(\frac{A+\delta_m}{2}\right)}{\sin A/2}$$

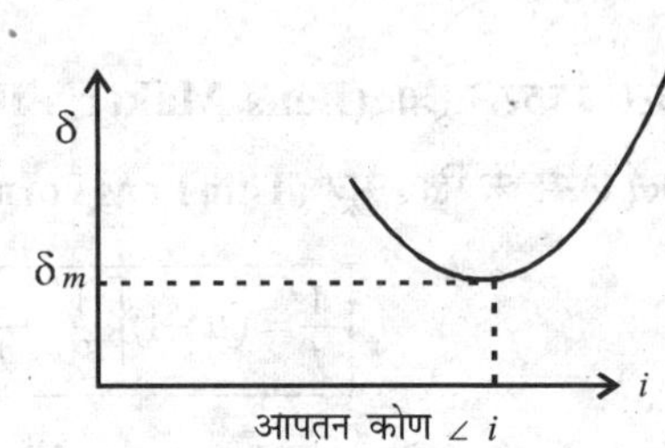

कोणीय विक्षेपण, $\sin\theta=\delta_V-\delta_R$

$=(\mu_V-\mu_R)A$

वर्ण विक्षेपण क्षमता, $\omega=\frac{\theta}{\delta_y}=\frac{\mu_V-\mu_R}{\mu_y-1}$

- **पोरो प्रिज्म (Porro Prism):** इनका प्रयोग दूरबीनों में किया जाता है। ये प्रकाश की किरण को 90° और 180° पर विचलित कर देते हैं।

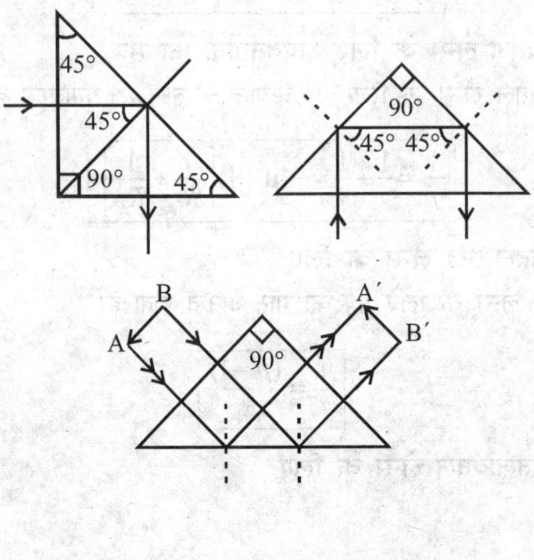

तैराक का दृश्य क्षेत्र (Field of Vision of Swimmer) :

- पानी के भीतर गोताखोर एक शंकु से पूरा दृश्य देख सकता है जिसमें
  (a) शीर्ष कोण $= 2C$

  (b) आधार की त्रिज्या, $r = \dfrac{h}{\sqrt{\mu^2 - 1}}$

  (c) आधार का क्षेत्रफल, $A = \dfrac{\pi h^2}{(\mu^2 - 1)}$

खगोलीय दूरदर्शी (Astronomical Telescope)

- इस उपकरण में नेत्रिका की फोकस दूरी कम तथा अभिदृशक की फोकस दूरी अधिक होती है।
- नेत्रिका का द्वारक छोटा तथा अभिदृश्यक का द्वारक बड़ा होता है।
- जब अन्तिम प्रतिबिम्ब स्पष्ट दृष्टि की न्यूनतम दूरी D पर बनता है तब

$$M = -\frac{f_0}{f_e}\left[1 + \frac{f_e}{D}\right] \text{ अश्रांत नेत्र}$$

- जब प्रतिबिम्ब अनन्त पर बनता है तब

आवर्धन क्षमता $M = -\dfrac{f_0}{f_e}$ (श्रांत आँख)

पार्थिव दूरदर्शी (Terrestrial Telescope)

- इसमें अभिदृशक तथा नेत्रिका के बीच एक ऊर्ध्व शीर्षकारी लेन्स रखा जाता है जो प्रतिबिम्ब को सीधा करता है।
- जब प्रतिबिम्ब स्पष्ट दृष्टि की न्यूनतम दूरी पर बनता है तब

आवर्धन क्षमता $M = \dfrac{f_0}{f_e}\left(1 + \dfrac{f_e}{D}\right)$

जहाँ $f_0 =$ अभिदृशक की फोकस दूरी

$f_e =$ नेत्रिका की फोकस दूरी

- जब प्रतिबिम्ब अनन्त पर बनता है तब आवर्धन क्षमता

$$\boxed{M = \frac{f_o}{f_e}}$$

तथा दूरदर्शी की लम्बाई

$$L = f_o + 4f + f_e$$

गैलिलियो दूरदर्शी (Galileo Telescope)

- इस दूरदर्शी में प्रतिबिम्ब सीधा तथा आवर्धित बनता है।

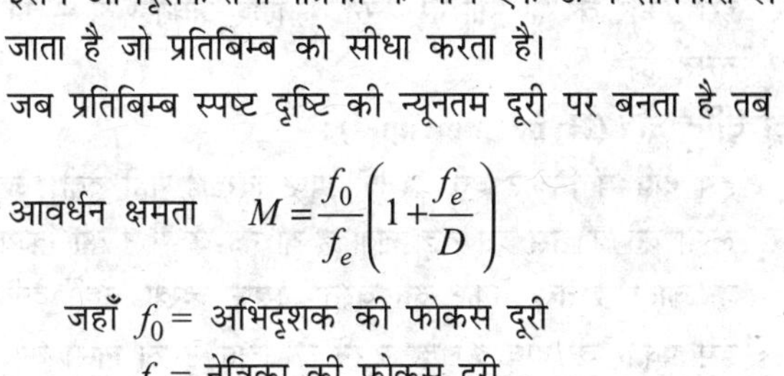

गैलिलियों का दूरदर्शी

- आवर्धन क्षमता (A) —

जब अन्तिम प्रतिबिम्ब स्पष्ट दृष्टि की न्यूनतम दूरी पर बने तो

$$\boxed{m = \frac{f_o}{f_e}\left(1 - \frac{f_e}{D}\right)}$$

दूरदर्शी की लम्बाई $L = f_o - u_e$

जब अन्तिम प्रतिबिम्ब अनन्त पर बने तो

$$\boxed{m = \frac{f_o}{f_e}}$$

दूरदर्शी की लम्बाई $L = f_o - f_e$

सरल सूक्ष्मदर्शी (Simple Microscope)

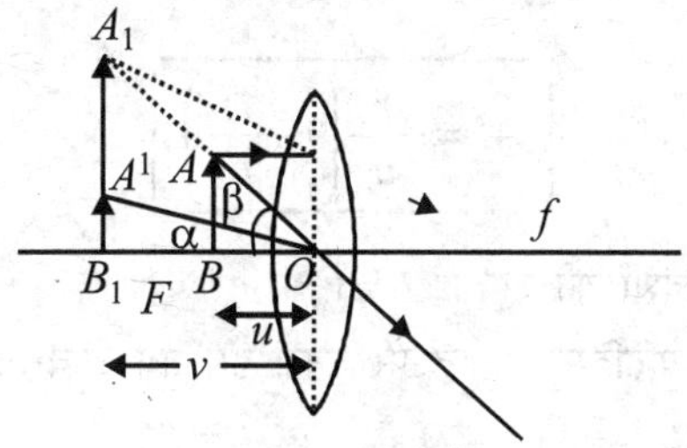

सरल सूक्ष्मदर्शी

आवर्धन क्षमता -

- जब प्रतिबिम्ब स्पष्ट दृष्टि की न्यूनतम दूरी पर होता है तब आवर्धन क्षमता अधिक होती है।

$$\boxed{M = \left(1 + \frac{D}{f}\right)}$$

- जब प्रतिबिम्ब अनन्त पर बनता है तब आवर्धन क्षमता न्यूनतम होती है

$$\boxed{M = \frac{D}{f}}$$

- यदि प्रतिबिम्ब नेत्रिका से r दूरी पर हो तब आवर्धन क्षमता

$$M = \left(1 + \frac{D - r}{f}\right)$$

संयुक्त सूक्ष्मदर्शी (Compound Microscope)

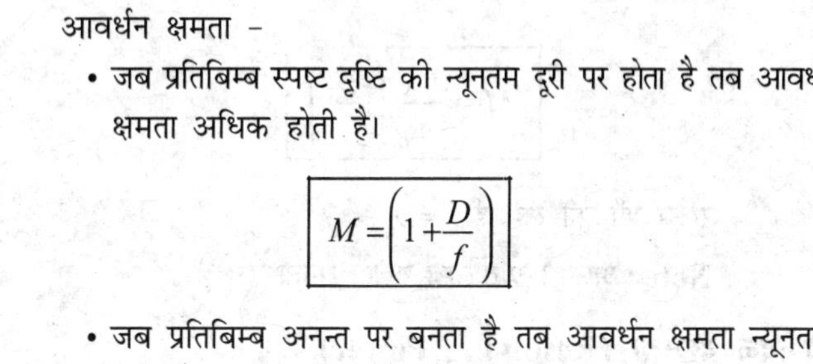

संयुक्त सूक्ष्मदर्शी

- इस सूक्ष्मदर्शी में अभिदृश्यक लेन्स की फोकस दूरी नेत्रिका लेन्स की तुलना में कम होती है।
- आवर्धन क्षमता $M = \frac{\beta}{\alpha}$

$$M = -\frac{v_o}{u_o}\left(\frac{D}{u_e}\right)$$

- अब दो स्थितियाँ सम्भव हैं -

(a) जब अन्तिम प्रतिबिम्ब स्पष्ट दृष्टि की न्यूनतम दूरी पर हो तब आवर्धन क्षमता

$$v = -D, u = -u_e, F = f_e$$

अतः नेत्रिका के लिए

$$M = -\frac{v_o}{u_o}\left(1 + \frac{D}{f_e}\right)$$

सूक्ष्मदर्शी की लम्बाई $L = v_o + u_e$

(b) जब प्रतिबिम्ब अनन्त पर बनता हो, तब आवर्धन क्षमता

$$v = -D, u = -u_e, F = f_e$$

अतः नेत्रिका के लिए

$$M = -\frac{v_o}{u_o}\left(\frac{D}{f_e}\right)$$

सूक्ष्मदर्शी की लम्बाई $L = v_o + f_e$

Note : अन्तिम प्रतिबिम्ब उलटा बनता है।

विभेदन क्षमता (Resolving Power)

- विभेदन क्षमता, विभेदन सीमा के व्युत्क्रमानुपाती होती है।

$$\text{विभेदन क्षमता} = \frac{1}{\text{विभेदन सीमा}}$$

- सूक्ष्मदर्शी की विभेदन सीमा प्रकाश की तरंग-दैर्ध्य के अनुक्रमानुपाती तथा प्रकाश किरणों के शंकु कोण के व्युत्क्रमानुपाती होती है।

$$\text{विभेदन सीमा} \propto \frac{\lambda}{\text{शंकु कोण}} = \frac{\lambda}{2\mu \sin\alpha}$$

- दूरदर्शी की विभेदन सीमा प्रकाश की तरंग-दैर्ध्य के अनुक्रमानुपाती तथा लेन्स के व्यास के व्युत्क्रमानुपाती होती है।

$$\text{विभेदन सीमा} \propto \frac{\lambda}{d} = 1.22\frac{\lambda}{d}$$

- दूरदर्शी की विभेदन सीमा को घटाने के लिए बड़े द्वारक (d) का अभिदृश्यक लेन्स उपयोग में लाया जाता है।

दृष्टि दोष (Defects of Vision)

- **निकट दृष्टि दोष (Myopia) :**
  - इस दोष में दूर की वस्तुएँ स्पष्ट दिखाई नहीं देती। जब नेत्र लेन्स की फोकस दूरी कम हो जाती है या आँख के गोले की त्रिज्या में वृद्धि हो जाती है तब दूर की वस्तुएँ स्पष्ट दिखाई नहीं देती।
  - इस प्रकार के दोष में वस्तु का प्रतिबिम्ब रेटिना से पहले बन जाता है।
  - इस प्रकार के दोष को दूर करने के लिए अवतल लेन्स का प्रयोग करते हैं।
- **दूर दृष्टि दोष (Hypermetropia) :**
  - इस दोष में निकट की वस्तुएँ स्पष्ट दिखाई नहीं देती। जब नेत्र लेन्स की फोकस दूरी बढ़ जाती है या नेत्र के गोले की त्रिज्या कम हो जाती है तब निकट की वस्तुएँ स्पष्ट दिखाई नहीं देती।
  - इस प्रकार के दोष को दूर करने के लिए उत्तल लेन्स का प्रयोग करते हैं।
  - इस प्रकार के दोष में प्रतिबिम्ब रेटिना के पीछे बनता है।

महत्त्वपूर्ण तथ्य (Important Facts)

- अपवर्तित किरण की तीव्रता (आयाम), आपतित किरण की तीव्रता (आयाम) से कम होती है।
- यदि प्रकाश किसी माध्यम में d पथ v वेग से तय करता है और माध्यम का अपवर्तनांक μ है, तो $\mu \times d$ को प्रकाशकीय पथ लम्बाई (optical path length) कहते हैं।
- यह परावर्तन, अपवर्तन, विवर्तन, व्यतिकरण, ध्रुवण, द्विध्रुवण आदि घटनाओं को दर्शाता है।
- प्रकाश के अपवर्तन से पता चला कि प्रकाश का वेग विभिन्न माध्यमों में विभिन्न होता है।
- हीरे का निरक्षेप अपवर्तनांक अधिकतम होता है।
- प्रकाश विरल माध्यम से सघन माध्यम में प्रवेश करता है। जब आपतन कोण i है, तो अपवर्तित तथा परावर्तित किरण एक-दूसरे के लम्बवत् हों तो क्रान्तिक कोण $\sin^{-1}(\cot i)$ है।
- निर्वात में प्रकाश की चाल $\frac{1}{\sqrt{\mu c}}$ नहीं होती है।
- पूर्ण आन्तरिक परावर्तन होने पर अपवर्तन नहीं होता है।
- संयुक्त सूक्ष्मदर्शी की विभेदन सीमा बढ़ाने के लिए वस्तु को अभिदृश्यक के f तथा $2f$ के बीच f के समीप रखना चाहिए।
- संयुक्त सूक्ष्मदर्शी में अभिदृश्यक तथा नेत्रिका, दोनों की फोकस दूरी घटाने पर आवर्धन क्षमता बढ़ती है।
- इलेक्ट्रॉन सूक्ष्मदर्शी की विभेदन क्षमता प्रकाशिक सूक्ष्मदर्शी से अधिक है, क्योंकि इलेक्ट्रॉन की तरंगदैर्ध्य प्रकाश की तरंग-दैर्ध्य से छोटी होती है।
- निकट दृष्टि दोष में प्रतिबिम्ब रेटिना से पहले तथा दूर दृष्टि दोष में प्रतिबिम्ब रेटिना के पीछे बनता है।

- निकट दृष्टि दोष का निराकरण अवतल लेन्स के द्वारा तथा दूर दृष्टि दोष का निराकरण उत्तल लेन्स के द्वारा किया जाता है।
- जब सूक्ष्मदर्शी की लम्बाई में वृद्धि होती है तो आवर्धन क्षमता में भी वृद्धि होती है।
- एक सूक्ष्मदर्शी की फोकस दूरी 5 सेमी है तो स्पष्टतम दृष्टि की न्यूनतम दूरी पर आवर्धन

$$M = 1 + (D/f) = 1 + (25/5) = 6$$

- संयुक्त सूक्ष्मदर्शी की आवर्धन क्षमता

  $m =$ अभिदृश्यक लेन्स की आवर्धन क्षमता × नेत्रिका की आवर्धन क्षमता
- सर्चलाइट में अवतल दर्पण को परवलय रूप देकर परावर्तक के रूप में प्रयुक्त किया जाता है।
- सरल सूक्ष्मदर्शी में वस्तु को लेन्स तथा f के मध्य रखा जात है।
- दूरदर्शी में अभिदृश्यक का द्वारक आँख की पुतली के द्वारक से बड़ा होता है। जो तारे आँख से नहीं दिखाई देते उनसे आने वाले प्रकाश को अभिदृश्यक का द्वारक एकत्रित करके तीव्र प्रतिबिम्ब बना लेता है, जो आँखों को दिखाई दे जाता है। इस प्रकार बहुत अधिक दूरी पर स्थित दिखाई देना अभिदृश्यक के बड़े द्वारक के कारण होता है।
- यदि दूरदर्शी से किसी दूर स्थित वस्तु को देखते समय उसके अभिदृश्यक लेन्स पर कोई तिनका या मक्खी आ जाए तो प्रतिबिम्ब में मक्खी नहीं दिखाई देगी; केवल प्रतिबिम्ब की तीव्रता कम हो जाती है।
- यदि दूरदर्शी को उलटकर अभिदृश्यक की ओर से देखें तो वस्तु छोटी दिखाई देती है क्योंकि आवर्धन क्षमता $\frac{f_o}{f_e}$ के स्थान पर $\frac{f_e}{f_o}$ हो जाती है। क्योंकि दूरदर्शी के लिए $f_o >> f_e$ ।
- एक दूरदर्शी की अधिक विभेदन क्षमता प्राप्त करने के लिए अधिक द्वारक का अभिदृश्यक लेंस प्रयोग में लाना चाहिए।
- दूरदर्शी का आवर्धन बढ़ाने के लिए अभिदृश्य की फोकस दूरी अधिक तथा नेत्रिका की फोकस दूरी कम होनी चाहिए।
- कम शक्ति की नेत्रिका लगाकर भी दूरदर्शी की आवर्धन क्षमता बढ़ायी जाती है।
- दूरदर्शी की विभेदन सीमा बढ़ाने के लिए नेत्रिका की फोकस दूरी बढ़ानी चाहिए।
- खगोलीय दूरदर्शी में अन्तिम प्रतिबिम्ब आभासी तथा उलटा बनता है।
- एक दूरदर्शी की विभेदन तथा आवर्धन क्षमता, दोनो को बढ़ाने के लिए प्रकाश की तरंगदैर्ध्य घटानी पड़ेगी।
- सामान्य दृष्टि के लिए एक खगोल दूरदर्शी में अन्तिम प्रतिबिम्ब स्पष्ट दृष्टि की न्यूनतम दूरी पर बनता है।
- परावर्तक खगोलीय दूरदर्शी में परवलयाकार दर्पण इसलिए प्रयोग किये जाते हैं क्योंकि वे गोलीय विपथन से मुक्त होते हैं।
- एक साधारण खगोलीय दूरदर्शी की लम्बाई फोकस दूरियों के योग के बराबर होती है।
- क्रिकेट मैच देखने के लिए खगोलीय दूरदर्शी की तुलना में बाइनोकूलर पसन्द किया जाता है क्योंकि बाइनोकूलर में समुचित त्रि-विमा होती है।
- परावर्तक दूरदर्शी में अवतल लेन्स का प्रयोग किया जाता है।
- एक संयुक्त सूक्ष्मदर्शी में अभिदृश्यक छोटे द्वारक का उत्तल लेन्स होता है। नेत्रिका लेन्स अधिक फोकस दूरी का उत्तल लेन्स होता है।
- पूर्ण आन्तरिक परवर्तन के कारण निम्नलिखित प्रभाव होते हैं
  (a) रेगिस्तानी मरीचिका
  (b) हीरे का चमकना
  (c) काँच का चटकना
  (d) पानी के अन्दर बुलबुले का चमकना
- जब एक प्रकाशित किरण एक माध्यम से दूसरे माध्यम में जाती है, आवृत्ति (रंग) नहीं बदलता है, लेकिन वेग परिवर्तित हो सकता है।
- पूर्ण आन्तरिक परावर्तन के लिए, प्रकाश सघन माध्यम से विरल माध्यम की ओर चलना चाहिए।

अभ्यास के लिए प्रश्न

1. दो समतल दर्पणों द्वारा θ कोण आन्तरिक होता है। एक दर्पण से आपतित किरण दूसरे से परावर्तित होकर मूल दिशा के समान्तर हो जाती है। ऐसी स्थिति में θ का मान होगा–

(a) 60° (b) 90°
(c) 30° (d) 45°

2. पूर्णतया पारदर्शक पदार्थ निर्वात में दिखाई नहीं देगा यदि उसका अपवर्तनांक μ है–

(a) 1 से कम (b) 1.33
(c) 1 (d) 1 से अधिक

3. किसी माध्यम से निर्वात के लिए, यदि क्रान्तिक कोण 30° है तो माध्यम में प्रकाश का वेग है–

(a) 3×10^8 मी/से (b) 6×10^8 मी/से
(c) 1.5×10^8 मी/से (d) $\sqrt{3} \times 10^8$ मी/से

4. 15 सेमी कोर के एक घन के अन्दर वायु का एक छोटा बुलबुला है। एक फलक से देखने पर इसकी आभासी गहराई 6 सेमी है तथा विपरीत फलक से देखने पर आभासी गहराई 4 सेमी है। घन के पदार्थ का अपवर्तनांक है–

(a) 2.0 (b) 2.4
(c) 1.5 (d) 1.6

5. एक प्रिज्म के पदार्थ का अपवर्तनांक $\sqrt{2}$ तथा प्रिज्म कोण 30° है। इसकी एक अपवर्तनांक सतह पर पॉलिश लगा दी गई है। एकवर्णी प्रकाश पुंज अपने मार्ग से वापस लौट जायेगा, यदि प्रिज्म के परावर्तक तल पर प्रकाश पुँज का आपतन कोण होगा–

(a) 45° (b) 60°

(c) $0°$ (d) $30°$

6. एक समकोण प्रिज्म प्रकाश की किरण को $90°$ विचलित करने में प्रयुक्त किया जाता है। यदि उसी प्रिज्म से किरण में $180°$ विचलन उत्पन्न करना हो, तो पहली स्थिति से प्रिज्म को कितने कोण से घुमाना होगा?

(a) $135°$ (b) $180°$
(c) $45°$ (d) $90°$

7. एक प्रिज्म के लिए कोण A विचलन कोण δ, आपतन कोण i तथा निर्गत कोण e है। जब इस प्रिज्म के द्वारा न्यूनतम विचलन देखा जाता है, तब साधारणत:

(a) $i = e$ (b) $i = e = \delta$
(c) $i > e$ (d) $i < e$

8. एक त्रिभुजाकार काँच का प्रिज्म चित्र में दिखाया गया है। एक पृष्ठ पर लम्बवत् आपतित किरण का पूर्ण परावर्तन होता है। यदि $\theta = 45°$ तो, काँच का अपवर्तनांक है–

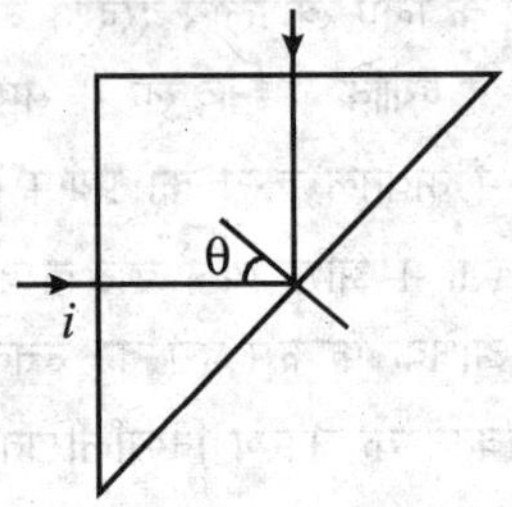

(a) 1.41 (b) 1.41 से कम
(c) 1.41 से अधिक (d) उपरोक्त में कोई नहीं

9. एक स्रोत से प्रकाश की किरणें काँच के प्रिज्म पर आपतित हैं। प्रिज्म का अपवर्तनांक μ तथा प्रिज्म कोण α है। लगभग अभिलम्ब आपतन की स्थिति में विचलन कोण होगा–

(a) $(\mu + 1)\alpha$ (b) $(\mu + 2)\alpha$
(c) $(\mu - 2)\alpha$ (d) $(\mu - 1)\alpha$

10. एक बिन्दुवत् प्रकाश स्रोत को दीवार में लटकाये गए d ऊँचाई वाले दर्पण के केन्द्र के सामने L दूरी पर रखा गया है। एक व्यक्ति चित्रानुसार दर्पण से $2L$ दूरी पर दर्पण के समान्तर रेखा पर गति करता है। वह अधिकतम दूरी जहाँ तक वह प्रकाश स्रोत के प्रतिबिम्ब को दर्पण में देख सकता है, होगी–

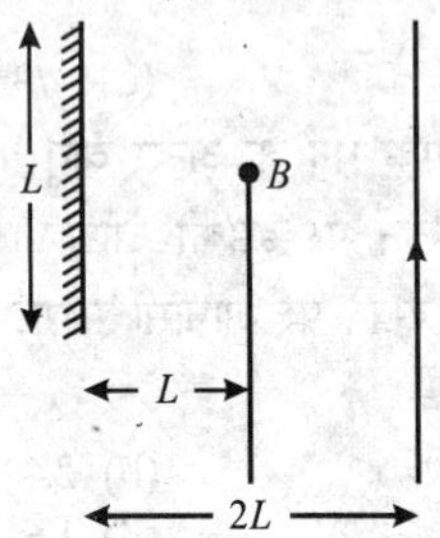

(a) $2d$ (b) $3d$
(c) $\frac{d}{2}$ (d) d

11. एक प्रकाश किरण समतल दर्पण से परावर्तन के पश्चात् वास्तविक प्रतिबिम्ब बनाती है। दर्पण पर पड़ने वाली आपतित किरणें होगी–

(a) अभिसारी (b) समान्तर
(c) अपसारी (d) इनमें से कोई नहीं

12. एक काँच की मोटाई 4 मिली मीटर तथा अपवर्तनांक 3.0 है। प्रकाश किरण काँच की प्लेट को पार करने में कितना समय लेगी?

(a) 1.5×10^{-11} सेकण्ड (b) 8×10^{-10} सेकण्ड
(c) 4×10^{-11} सेकण्ड (d) 2×10^{-11} सेकण्ड

13. जब प्रकाश एक माध्यम से दूसरे माध्यम में संचारित होता है, तो निम्न में से कौन-सी राशि अपरिवर्तित रहती है?

(a) वेग (b) आयाम
(c) तरंगदैर्ध्य (d) आवृत्ति

14. एक बर्तन में 6 सेमी ऊँचाई तक भरे द्रव $(\mu = 4/3)$ के पेंदे पर एक धातु का सिक्का रखा गया है। द्रव सतह के ऊपर से देखने वाले प्रेक्षक को सिक्का कितना उठा हुआ प्रतीत होगा?

(a) 4.5 सेमी (b) 7.5 सेमी
(c) 1.5 सेमी (d) 3.0 सेमी

15. एक बिन्दुवत स्रोत S से अपसारी प्रकाश पुंज जिसका अपसरण कोण (Angle of Divergence) α है, चित्रानुसार काँच की एक सिल्ली पर सममित रूप से गिरता है। दो अन्तिम किरणों के आपतन कोण समान हैं। यदि काँच की सिल्ली की मोटाई t तथा अपवर्तनांक n हो तो, निर्गत किरणों का अपसरण कोण होगा–

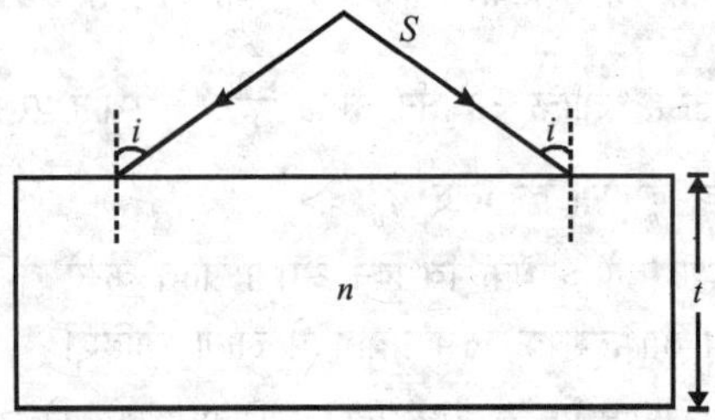

(a) $\sin^{-1}\left(\frac{1}{n}\right)$ (b) $2\sin^{-1}\left(\frac{1}{n}\right)$
(c) 0 (d) α

16. एक किरण सघन माध्यम से विरल माध्यम में टकराती है जैसा चित्र में दर्शित है। परावर्तित एवं पारगमित किरणों के मध्य $90°$ का कोण है परावर्तन एवं अपवर्तन कोण क्रमश: r व r' हैं। क्रान्तिक कोण होगा–

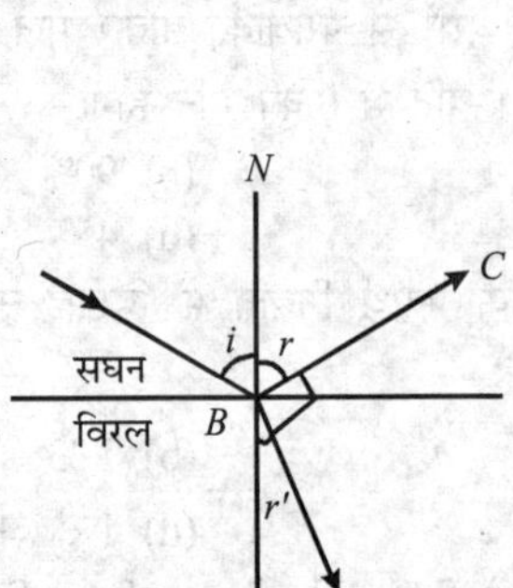

(a) $\sin^{-1}(\tan r')$ (b) $\tan^{-1}(\sin r)$
(c) $\sin^{-1}(\tan r)$ (d) $\tan^{-1}(\sin r)$

17. प्रकाश की एक किरण काँच-जल की सतह पर i कोण पर आपतित है और अन्ततः में जल की सतह के समान्तर निर्गत होती है। काँच का अपवर्तनांक होगा–

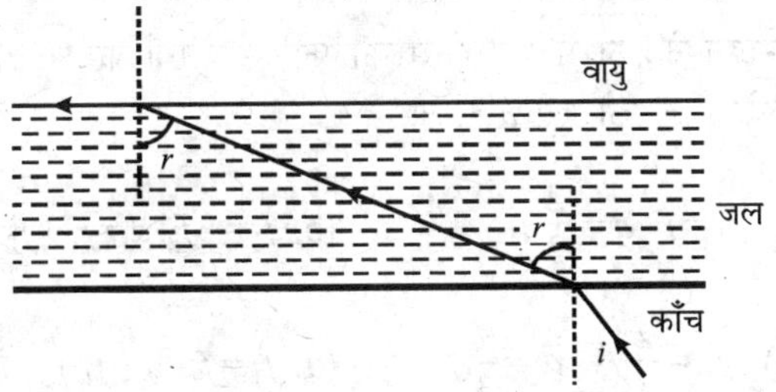

(a) $\left(\frac{4}{3}\right)\sin i$ (b) $\frac{1}{\sin i}$

(c) $\frac{4}{3}$ (d) 1

18. एक प्रकाश किरण के काँच से वायु में जाने पर किस रंग के लिए क्रान्तिक कोण न्यूनतम होगा?

(a) हरा (b) पीला

(c) लाल (d) बैंगनी

19. एक प्रकाश किरण किसी समबाहु प्रिज्म से होकर इस प्रकार गुजरती है कि आपतन कोण निर्गमन कोण के बराबर है जो प्रिज्म कोण का $\frac{3}{4}$ गुना है। विचलन कोण होगा–

(a) 20° (b) 30°

(c) 45° (d) 39°

20. एक दी हुई प्रकाश किरण का समबाहु प्रिज्म P में न्यूनतम विचलन होता है। समान आकार तथा पदार्थ के अतिरिक्त प्रिज्म Q तथा R को चित्रानुसार जोड़ा गया है। प्रकाश किरण का–

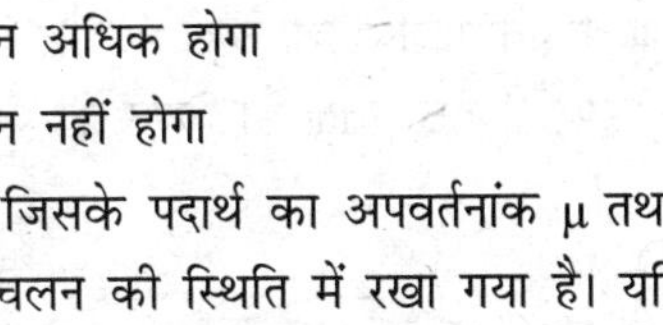

(a) विचलन पहले के समान रहेगा

(b) पूर्ण आन्तरिक परावर्तन होगा

(c) विचलन अधिक होगा

(d) विचलन नहीं होगा

21. एक प्रिज्म जिसके पदार्थ का अपवर्तनांक μ तथा प्रिज्म कोण A है न्यूनतम विचलन की स्थिति में रखा गया है। यदि न्यूनतम विचलन कोण A है तो A का मान μ के पदों में होगा–

(a) $2\cos^{-1}\left(\frac{\mu}{2}\right)$ (b) $\cos^{-1}\left(\frac{\mu}{2}\right)$

(c) $\sin^{-1}\left(\frac{\mu}{2}\right)$ (d) $\sin^{-1}\sqrt{\frac{\mu-1}{2}}$

22. सघन माध्यम से, प्रकाश की एक किरण, विरल माध्यम पर आपतन कोण i पर टकराती है (देंखे चित्र) अपवर्तित व परावर्तित किरणों के बीच 90° का कोण है। परावर्तन व अपवर्तन कोण क्रमशः r व r' हैं। क्रान्तिक कोण है

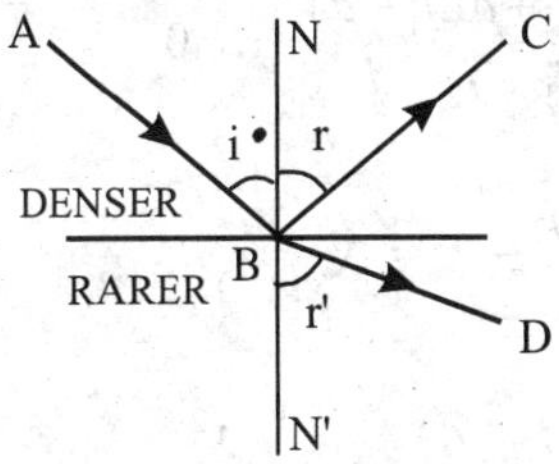

(a) $\sin^{-1}(\tan r)$ (b) $\sin^{-1}(\tan i)$

(c) $\sin^{-1}(\tan r')$ (d) $\tan^{-1}(\sin i)$

23. एक ही समान दो समतलोत्तल लेन्सों को, जिनमें से प्रत्येक की फोकस दूरी 40 सेमी है, मिलाकर एक उभयोत्तल लेन्स बनाया गया है। इस लेन्स से वस्तु को कितनी दूरी पर रखें कि दूसरी ओर एकांक आवर्धन का उल्टा प्रतिबिम्ब बने–

(a) 20 सेमी (b) 160 सेमी

(c) 80 सेमी (d) 40 सेमी

24. लेन्स के उत्पन्न पार्श्व आर्वधन (m) व इससे प्रतिबिम्ब की दूरी (v) के मध्य लेखचित्र दिया जाता है।

(a) 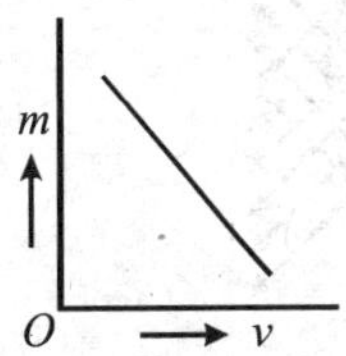

(b) 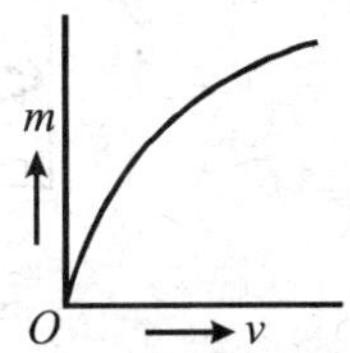

(c) 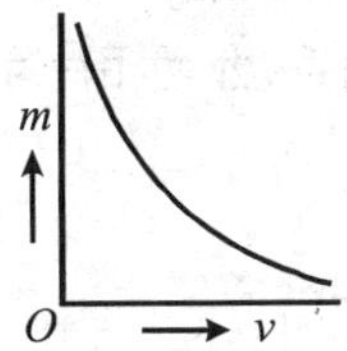

(d) 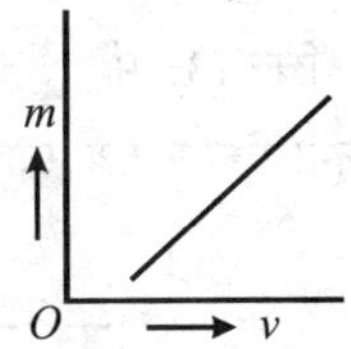

25. f_1 और f_2 फोकस दूरी के पतले उत्तल लेन्सों के बीच की क्षैतिज दूरी d (जहाँ $d < f_1$ और $d < f_2$) है तथा उनके केन्द्र एक-दूसरे से ऊर्ध्व दिशा में Δ दूरी पर हैं जैसा चित्र में दिखाया गया है।

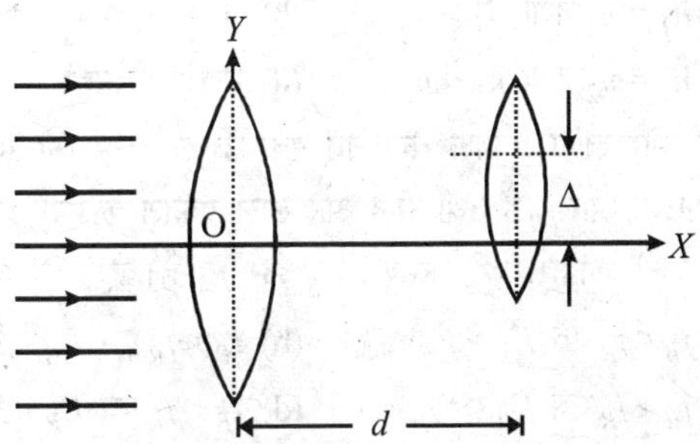

निर्देशांक अक्षों का मूल बिन्दु O, प्रथम लेन्स के केन्द्र पर है। बाँयें से दाहिनी और जाती हुई समानान्तर किरण-पुंज के लिए इस लेन्स

निकाय का फोकस-बिन्दु के x और y निर्देशांक हैं–

(a) $x=\dfrac{f_1f_2+d(f_1-d)}{f_1+f_2-d},\ y=\dfrac{\Delta(f_1-d)}{f_1+f_2-d}$

(b) $x=\dfrac{f_1f_2+d(f_1-d)}{f_1+f_2-d},\ y=0$

(c) $x=\dfrac{f_1f_2}{f_1+f_2},\ y=\Delta$

(d) $x=\dfrac{f_1(f_2+d)}{f_1+f_2-d},\ y=\dfrac{\Delta^2}{f_1+f_2}$

26. एक समान्तरकारी की स्लिट एक प्रकाश स्रोत द्वारा आलोकिक की गई है। स्लिट S तथा बेलन L के बीच की दूरी लेन्स की फोकस दूरी के बराबर है। निर्गत प्रकाश की ठीक दिशा है–

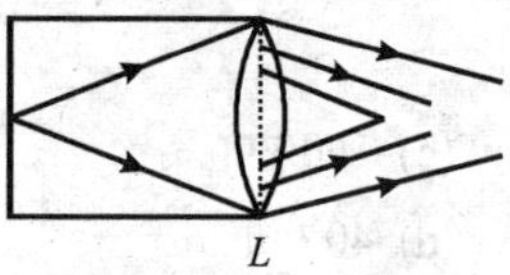

(1)

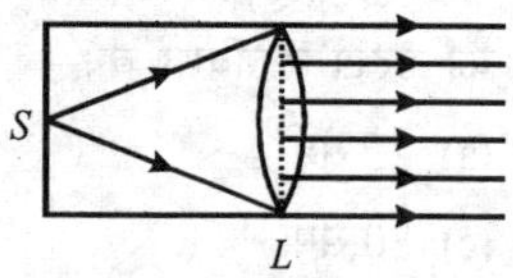

(2)

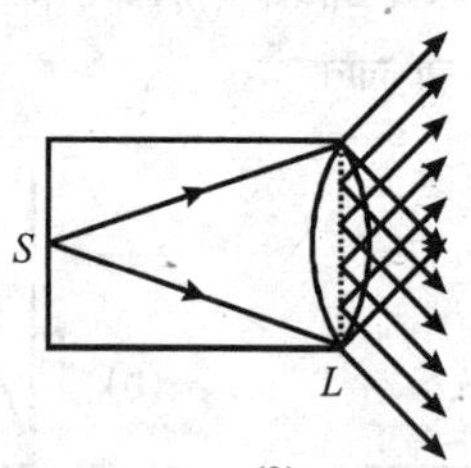

(3)

(a) चित्र (1) में (b) चित्र (2) में
(c) चित्र (3) में (d) किसी भी चित्र में नहीं

27. संलग्न किरण पथ सही होगा यदि–

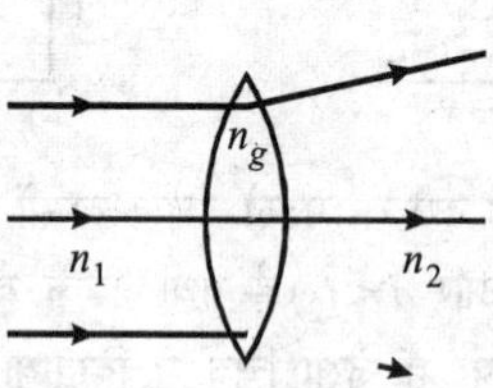

(a) $n_1=n_2$ तथा $n_1>n_g$ (b) $n_1=n_2=n_g$
(c) $n_1=n_2$ तथा $n_1<n_g$ (d) कभी भी नहीं

28. नीले और लाल प्रकाश के लिए एक उत्तल लेन्स की फोकस दूरी क्रमशः f_B और f_R हैं तथा नीले और लाल प्रकाश के लिए एक अवतल लेन्स की फोकस दूरी क्रमशः F_B और F_R हैं। ऐसी दशा में–

(a) $f_B<f_R$ एवं $F_B>F_R$ (b) $f_B<f_R$ एवं $F_B<F_R$
(c) $f_B>f_R$ एवं $F_B<f_R$ (d) $f_B<f_R$ एवं $F_R<F_B$

29. हाइगन की नेत्रिका में आँख के लेन्स की फोकस दूरी f है। नेत्रिका की तुल्य फोकस दूरी होगी–

(a) $2f$ (b) $\dfrac{3}{2}f$
(c) $\dfrac{3}{4}f$ (d) $4f$

30. रेम्सडन नेत्रिका में क्षेत्र लेन्स की फोकस दूरियाँ क्रमशः f_1 तथा f_2 इनके बीच की दूरी d है, तो–

(a) $f_1=f_2, d=\dfrac{2}{3}f_1$ (b) $f_1=3f_2, d=f_1+f_2$
(c) $f_1=\dfrac{2}{3}f_2,\ d=\dfrac{2}{3}f_1$ (d) $f_1=f_2,\ d=f_1+f_2$

31. एक प्रकाश किरण न्यूनतम विचलन अवस्था में किसी समबाहू प्रिज्म के एक अपवर्तक पृष्ठ पर 48° आपतन कोण पर आपतित है। प्रिज्म द्वारा उत्पन्न विचलन होगा–

(a) 24° (b) 18°
(c) 48° (d) 36°

32. एक बिन्दु वस्तु O एक उत्तल लेन्स के मुख्य अक्ष पर बायीं ओर 40 सेमी दूरी पर रखी है। लेन्स का व्यास 10 सेमी तथा फोकस दूरी 20 सेमी है। यदि आँख लेन्स की दायीं और 60 सेमी दूरी पर मुख्य अक्ष से नीचे की ओर h दूरी पर रखी जाए तो प्रतिबिम्ब देखने के लिए h का अधिकतम मान होगा–

(a) 2.5 सेमी (b) 10 सेमी
(c) 0 (d) 5 सेमी

33. यदि किसी प्रकाश किरण का व्यवहार उपरोक्त चित्र में दर्शाये अनुसार है तो n_1 तथा n_2 के मध्य सम्बन्ध होगा–

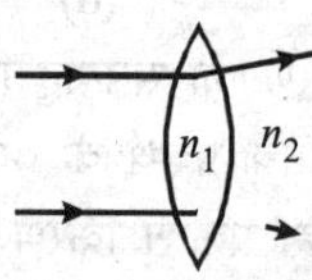

(a) $n_1>>n_2$ (b) $n_2>n_1$
(c) $n_1=n_2$ (d) $n_1>n_2$

34. एक डॉक्टर एक मरीज को 40 सेमी फोकस दूरी के उत्तल लेन्स तथा 25 सेमी फोकस दूरी के अवतल लेन्स का चश्मा पहनने के लिए परामर्श देता है। संयोजन की शक्ति होगी–

(a) $6.5D$ (b) $-6.5D$
(c) $1.5D$ (d) $-1.5D$

35. 10 सेमी त्रिज्या के एक गोलार्द्ध को टेबुल पर एक चिह्न के ऊपर रखा जाता है तथा ऊपर से देखा जाता है। चिह्न की आभासी स्थिति क्या होगी?

(a) वास्तविक स्थिति के 3.4 सेमी ऊपर

(b) गोलार्द्ध के पृष्ठ के चोटी पर

(c) गोलार्द्ध के चोटी के 10 सेमी ऊपर

(d) गोलार्द्ध के पृष्ठ के 10 सेमी नीचे

36. निम्न में से कौन-सा गोलीय लेन्स विक्षेपण को नहीं दर्शाता, लेन्सों के पृष्ठों की वक्रता त्रिज्याएँ चित्रों में दशाये अनुसार है?

(a) 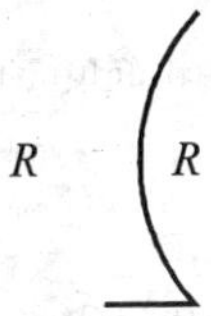

(b) 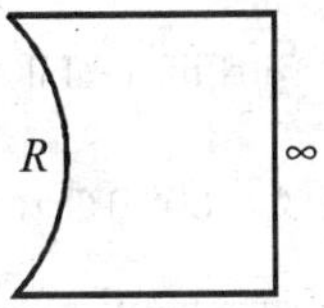

(c) 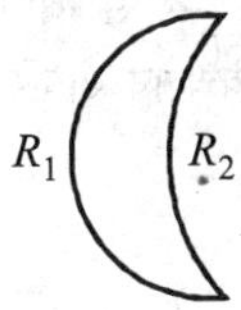

$R_1 \neq R_2$

(d) 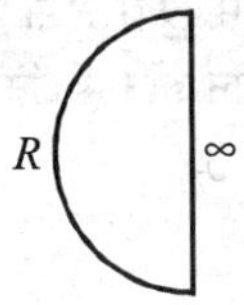

37. एक सम-उत्तल लेन्स को (i) XOX' और (ii) YOY' के साथ दो भागों में काटा जाता है, जैसा कि चित्र में दिखाया गया है। f, f', f'' क्रमशः पूर्ण लेन्स, (i) के अनुसार प्रत्येक आधे लेन्स, तथा (ii) के अनुसार प्रत्येक आधे लेन्स की फोकस दूरियाँ हैं। निम्न में से सही कथन चुनिए–

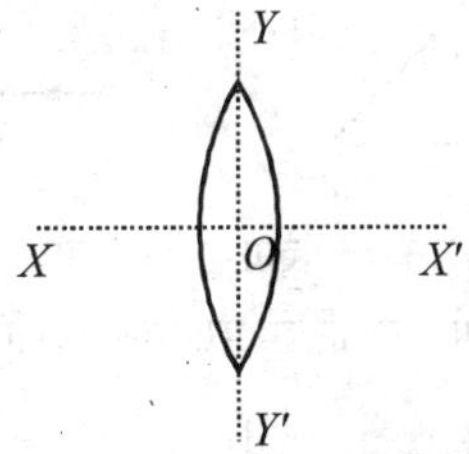

(a) $f' = f, f'' = f$ (b) $f' = 2f, f'' = 2f$

(c) $f' = f, f'' = 2f$ (d) $f' = 2f, f' = f$

उत्तरमाला

1. (b)	**2.** (c)	**3.** (c)	**4.** (c)	**5.** (a)	**6.** (a)	**7.** (a)	**8.** (c)	**9.** (d)	**10.** (b)
11. (a)	**12.** (c)	**13.** (d)	**14.** (c)	**15.** (d)	**16.** (c)	**17.** (b)	**18.** (d)	**19.** (b)	**20.** (a)
21. (a)	**22.** (a,b)	**23.** (d)	**24.** (d)	**25.** (a)	**26.** (c)	**27.** (a)	**28.** (a)	**29.** (b)	**30.** (a)
31. (d)	**32.** (a)	**33.** (b)	**34.** (d)	**35.** (a)	**36.** (a)	**37.** (c)			

हल

1. (b) पहले दर्पण के कारण विचलन $= (180° - 2\theta)$ तथा दूसरे दर्पण के कारण विचलन

$$= [180° - 2(90° - \theta)]$$

अतः कुल विचलन $= (180° - 2\theta) + [180° - 2(90° - \theta)]$

$$= 180°$$

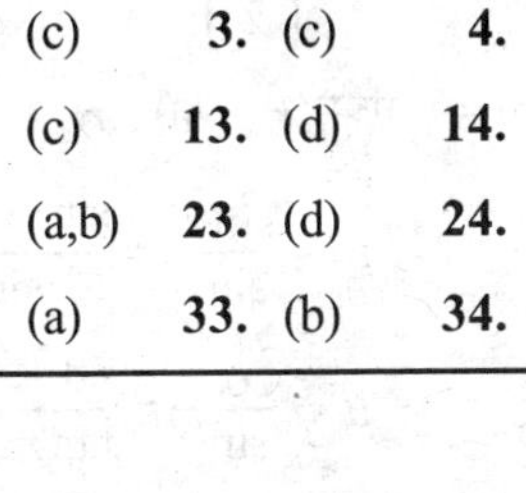

स्पष्ट है कि दोनों दर्पणों से परावर्तित किरण, आपस में समान्तर हो जायेगी। अतः दोनों दर्पण एक-दूसरे से 90° पर होंगे।

2. (c) पूर्णतया पारदर्शक पदार्थ का $\mu = 1$ होने पर उससे गुजरने वाली किरण के पथ में विचलन न होने से निर्वात् में दिखाई नहीं देगी।

3. (c) $\mu = \dfrac{1}{\sin C} = \dfrac{c_a}{c_m}$ से $c_m = c_a \cdot \sin C$

$$= 3 \times 10^8 \times \sin 30° = 1.5 \times 10^8 \text{ मी/से}$$

4. (c) $\mu(6 + 4) = 15$ से $\mu = 1.5$

5. (a) अपवर्तित किरण फलक AC पर लम्बवत् होने पर, अपने पथ का अनुसरण करेगी, अतः $r = A = 30°$

क्योंकि $r_1 + r_2 = A$ अतः $r_2 = 0°$

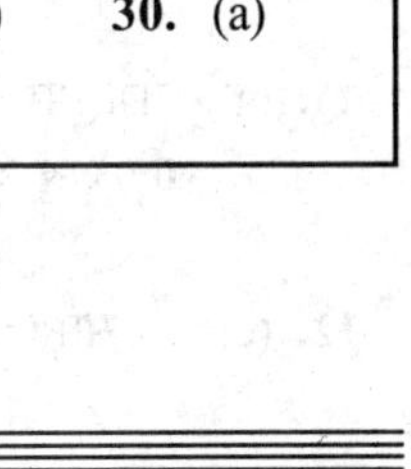

पुनः $\mu = \dfrac{\sin i}{\sin r}$ से

$\sin i = \sqrt{2} \times \sin 30°$,

अतः $r = 45°$

6. (a) चित्र से स्पष्ट है, $\theta = 135°$

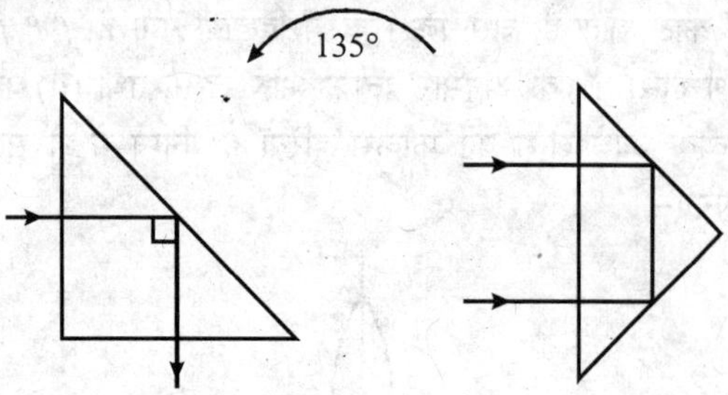

7. (a) न्यूनतम विचलन के लिए $i = e$ होगा।

8. (c) $\theta = 45°$, पूर्ण आन्तरिक परावर्तन के लिए

$$\sin\theta > \frac{1}{\mu}$$

$$\mu > \sqrt{2}$$

9. (d) $\delta = (\mu - 1)\alpha$

10. (b) चित्र से स्पष्ट है, $PQ = 3d$

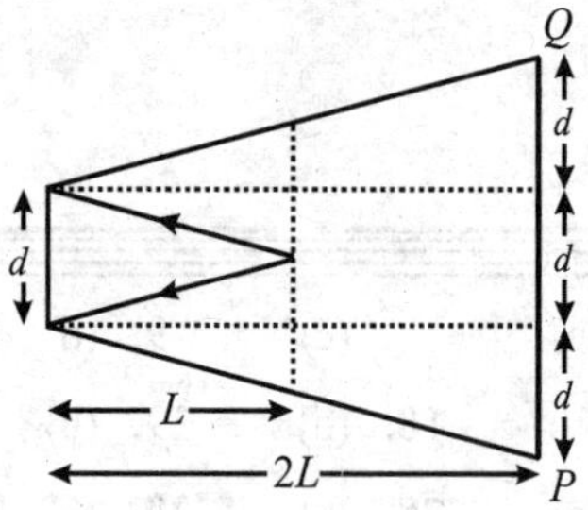

11. (a) दर्पण पर अभिसारी होने पर वस्तु काल्पनिक होगी, अत: प्रतिबिम्ब वास्तविक होगा।

12. (c) $$\text{समय} = \frac{\text{मोटाई (दूरी)}}{c_m} = \frac{\text{मोटाई}}{c_m} \times \frac{c_a}{c_a} = \frac{\mu \times \text{मोटाई}}{c_a}$$

$$= \frac{3 \times 4 \times 10^{-3}}{3 \times 10^8} = 4 \times 10^{-11} \text{ सेकण्ड}$$

13. (d) आवृत्ति अपरिवर्तित रहेगी।

14. (c) विस्थापन $x = t\left(1 - \frac{1}{\mu}\right) = 6\left(1 - \frac{1}{4/3}\right) = 1.5$ सेमी

15. (d) समान्तर पृष्ठों वाली सिल्का से गुजरने पर निर्गत किरण आपतित किरण के समान्तर होने से, निर्गत किरणों का अपसरण कोण α ही रहेगा।

16. (c) $\frac{1}{\mu} = \frac{\sin i}{\sin r'}$, जहाँ $r' = (90° - r) = (90° - i)$

$$\therefore \quad \frac{1}{\mu} = \frac{\sin i}{\sin(90° - i)} = \frac{\sin i}{\cos i} = \tan i$$

क्रान्तिक कोण, $C = \sin^{-1}\left(\frac{1}{\mu}\right) = \sin^{-1}(\tan i)$

या $\sin^{-1}(\tan r)$

17. (b) स्नेल नियम से,

$$\mu_g \sin i = 1 \times \sin 90°$$

$$\therefore \quad \mu_g = \frac{1}{\sin i}$$

18. (d) $\sin C = \frac{1}{\mu}$, क्रान्तिक कोण न्यूनतम होने के लिए μ का मान अधिकतम होना चाहिए, जो बैंगनी रंग के लिए है।

19. (b) $A = 60°$ तथा $i_1 = i_2 = \frac{3}{4}A = 45°$

विचलन कोण $\delta = 2i - A = 2 \times 45° - 60° = 30°$

20. (a) प्रिज्म Q व R से उत्पन्न विचलन एक दूसरे से विपरीत दिशा में समान होने से निरस्त कर देंगे। अत: विचलन अपरिवर्तित रहेगा।

21. (a) $A = \delta_m$

$$\text{अत:} \quad \mu = \frac{\sin\frac{A + \delta_m}{2}}{\sin A/2} = \frac{\sin A}{\sin A/2}$$

$$\text{या} \quad \mu = \frac{2\sin A/2 \cos A/2}{\sin A/2}, \cos A/2 = \frac{\mu}{2}$$

$$\therefore \quad A = 2\cos^{-1}\left(\frac{\mu}{2}\right)$$

22. (a, b) चित्र से, $i = r$ एवम् $r' = 90 - r$

$$\text{अब,} \quad \mu = \frac{\sin r'}{\sin r} = \frac{\sin(90 - r)}{\sin r}$$

$$\text{या,} \quad \mu = \frac{\cos r}{\sin r} = \frac{1}{\tan r}$$

हमें ज्ञात है कि $\mu = \frac{1}{\sin C}$

जहाँ C = क्रान्तिक कोण

$$\therefore \quad \frac{1}{\sin C} = \frac{1}{\tan r} \quad \text{या} \quad \sin C = \tan r$$

या, $C = \sin^{-1}(\tan r)$ या $C = \sin^{-1}(\tan i)$

23. (d) युग्म की फोकस दूरी

$$\frac{1}{f} = \frac{1}{40} + \frac{1}{40} = \frac{2}{40}$$

$$f = 20 \text{ सेमी}$$

अत: $m = \frac{v}{u} = 1$ प्राप्त करने के लिए

$$\frac{1}{v} - \frac{1}{u} = \frac{1}{f}$$

$$\frac{1}{v} + \frac{1}{v} = \frac{1}{20}$$

$$\frac{2}{v} = \frac{1}{20}$$

$$u = v = 40 \text{ सेमी}$$

24. (d) $m=\frac{v}{u}=1+\frac{v}{f}$ जो $y=mx+c$ के रूप में है।

25. (a) यदि प्रथम लेन्स पर गिरने वाली किरणें I_1 पर फोकसित हैं, अत: $OF_1=f_1$ तथा $O'F_2=f_2$ तथा बिन्दु I_1 दूसरे लेन्स के लिए वस्तु की भाँति व्यवहार करे।

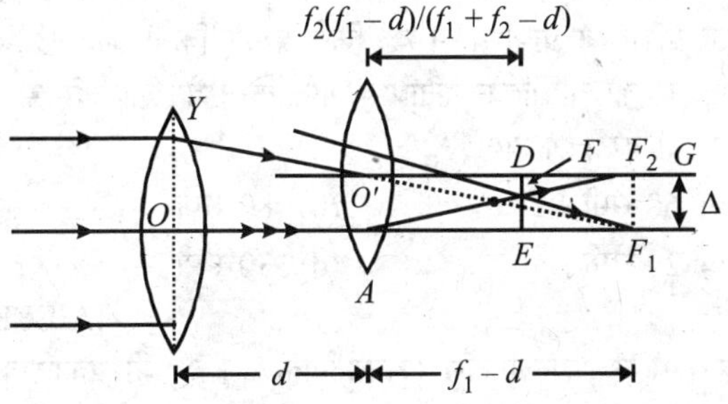

द्वितीय लेन्स के लिए

$u=f_1-d, f=f_2, v=?$

$\frac{1}{v}-\frac{1}{u}=\frac{1}{f_2}$ में मान रखने पर,

$$v=\frac{f_2(f_1-d)}{f_1+f_2-d}$$

बिन्दु F के निर्देशांक

$$x=OA+AE=d+\frac{f_2(f_1-d)}{f_1+f_2-d}$$

तथा y निर्देशांक

$$y=EF=ED-FD=D-FD$$

$$=\frac{FD}{F_1G}=\frac{O'D}{O'G}$$

$$\frac{FD}{\Delta}=\frac{f_2(f_1-d)/(f_1+f_2-d)}{f_1-d}$$

$$FD=\frac{f_2\Delta}{f_1+f_2-d}$$

$$y=\Delta-FD \Rightarrow y=\frac{\Delta(f_1-d)}{f_1+f_2-d}$$

26. (c) यदि वस्तु फोकस पर हो, तो निर्गत प्रकाश मुख्य अक्ष के समान्तर चलेगा।

27. (a) $n_1=n_2$ तथा $n_1>n_g$

28. (a) $f_B<f_R$ एवं $F_B>F_R$

29. (b) नेत्रिका की तुल्य फोकस दूरी $=\frac{3}{2}f$

30. (a) रेम्सडन नेत्रिका में,

$$f_1=f_2$$

तथा $d=\frac{2f_1}{3}$

31. (d) $\delta=2i-A$

$=2\times 48°-60=36°$

32. (a)

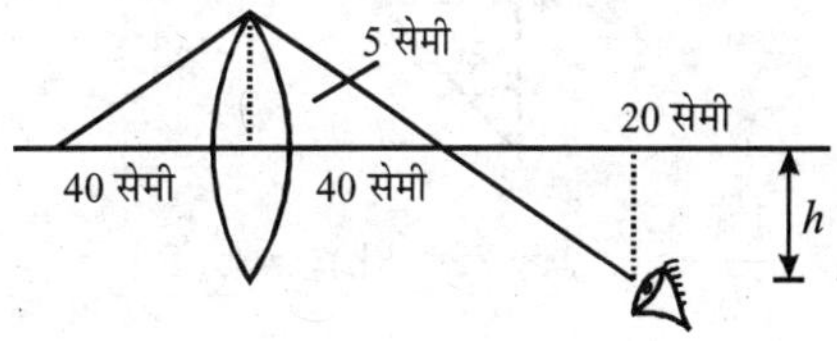

$$\frac{1}{f}=\frac{1}{v}-\frac{1}{u}$$

$$\frac{1}{20}=\frac{1}{v}+\frac{1}{40} \Rightarrow v=40 \text{ सेमी}$$

$$\frac{5}{40}=\frac{h}{20} \Rightarrow h=2.5 \text{ सेमी}$$

33. (b) $n_1>n_1$ अपसारी लेन्स की भाँति व्यवहार करेगा।

34. (d) $\frac{1}{f}=\frac{1}{f_1}+\frac{1}{f_2}$

$P=P_1+P_2$

$=\frac{1}{0.40}-\frac{1}{0.25}$

$=2.5-4=-1.5\,D$

35. (a) आभासी गहराई $=\frac{d}{\mu}$

$=\frac{10}{1.5}=\frac{20}{3}=6.67$ सेमी

वास्तविक स्थिति से दूरी

$=10-6.67=3.4$ सेमी

36. (a) शून्य विक्षेपण के लिए $\Delta P=0$

$P_1=P_2$

अत: त्रिज्यायें बराबर होनी होंगी।

37. (c) जब लेन्स XOX' के अनुदिश काटते हैं तो $f'=f$ तथा जब लेन्स को YOY' के अनुदिश काटते हैं तो $f'=2f$

Previous Years' Problems

1. एक प्रकाश किरण 90° के प्रिज्म के एक पृष्ठ पर आपतित होती है और काँच-वायु के आन्तरिक पृष्ठ पर पूर्ण आन्तरिक परावर्तन करती है। यदि परावर्तन कोण 45° है तो इससे हम यह निष्कर्ष निकालते हैं कि अपवर्तनांक n हैं :

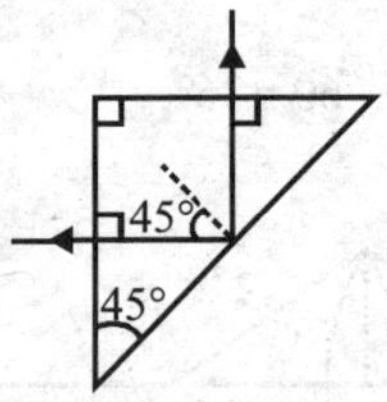

(a) $n>\frac{1}{\sqrt{2}}$ (b) $n<\sqrt{2}$

(c) $n<\frac{1}{\sqrt{2}}$ (d) $n>\sqrt{2}$

[AIEEE 2004]

2. एक मछली जल के भीतर से बाह्य संसार को वृत्ताकार क्षितिज से देखती है। यदि जल का अपवर्तनांक (refractive) 4/3 है और मछली जल की सतह से 12 सेमी नीचे है तो इस वृत्त की त्रिज्या सेमी में है :

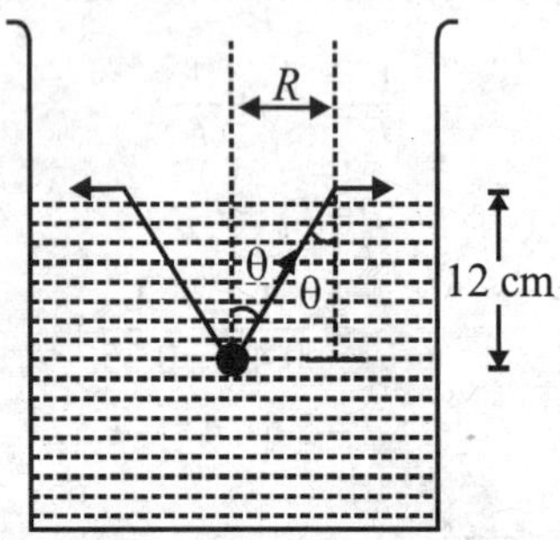

(a) $36\sqrt{7}$ (b) $36\sqrt{7}$

(c) $36\sqrt{5}$ (d) $4\sqrt{5}$

[AIEEE 2005]

3. एक चल सूक्ष्मदर्शी की सहायता से काँच का अपवर्तनांक ज्ञात करने का प्रयोग किया जाता है। इस प्रयोग मे दूरियाँ नापी जाती है –

(a) सूक्ष्मदर्शी में लगे मीटर पैमाने द्वारा
(b) सूक्ष्मदर्शी में लगे पेंचमापी द्वारा
(c) सूक्ष्मदर्शी में लगे वर्नियर पैमाने द्वारा
(d) एक मानक प्रयोगशाला पैमाने द्वारा

[AIEEE 2008]

4. एक लैंस से 25cm दूर रखी मोमबत्ती का प्रतिबिम्ब लैंस के दूसरी साईड में लैंस से 75cm दूर स्थित पर्दे पर बनता है। लैंस की फोकस दूरी और लैंस का प्रकार होना चाहिए :

(a) + 20.25 सेमी और उत्तल लैंस
(b) – 20.25 सेमी और अवतल लैंस
(c) + 18.75 सेमी और उत्तल लैंस
(d) – 18.75 सेमी और अवतल लैंस

[AIEEE 2003]

5. 1.5 अपवर्तनाक और 30 सेमी वक्रता त्रिज्या के एक सम-उत्तल लैंस के वक्राकार पृष्ठ पर चाँदी की परत है। अब इस लैंस को एक वस्तु का प्रतिबिम्ब प्राप्त करने के लिये प्रयोग किया जाता है। वस्तु के आकार का वास्तविक प्रतिबिम्ब प्राप्त करने के लिए लैंस से वस्तु को कितनी दूर रखा जायें ?

(a) 60 सेमी (b) 80 सेमी
(c) 20 सेमी (d) 30 सेमी

[AIEEE 2004]

6. वायु में एक पतले लैंस (अपवर्तनांक – 1.5) की प्रकाशिक शक्ति (optical power) –5D है। द्रव माध्यम में जिसका अपवर्तनाक 1.6 है इसकी प्रकाशिक शक्ति होगी :

(a) 1 D (b) – 1 D
(c) 25 D (d) – 25 D

[AIEEE 2005]

7. दो लैंस जिनकी शक्ति (power) – 15D तथा + 5D परस्पर सम्पर्क में रखे हुए हैं। इस संयोजन की फोकस दूरी है:

(a) – 10 सेमी (b) + 20 सेमी
(c) + 10 सेमी (d) – 20 सेमी

[AIEEE 2007]

8. एक पतले खोखले गोले के पृष्ठ पर Q आवेश एकसमान रूप से फैला है। निम्न में से कौन-सा कथन ग्राफ गोले द्वारा परास $0\leq r<\infty$ में उत्पन्न विद्युत क्षेत्र को सही निरूपित करता है। जहाँ r गोले के केन्द्र से दूरी है–

(a)
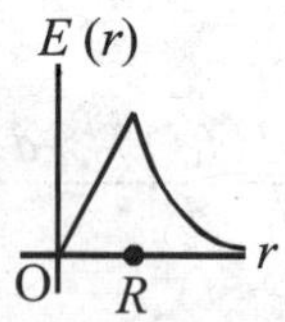

(b)
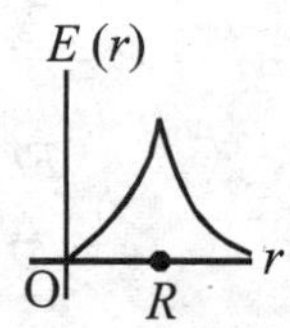

(c)
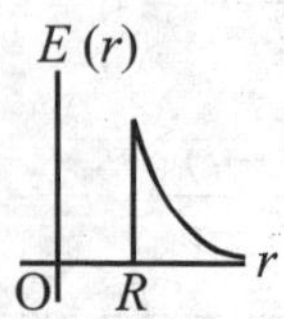

(d)
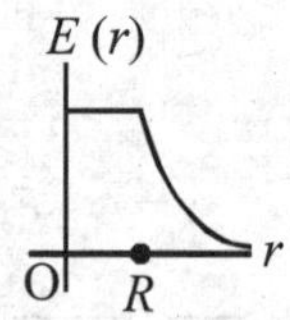

[AIEEE 2007]

9. एक काँच का अपवर्तनांक लाल रंग के प्रकाश के लिये 1.520 तथा नीले रंग के प्रकाश के लिये 1.525 है। माना लाल तथा नीले प्रकाश के लिये इस काँच के प्रिज्म में अल्पतम विचलन कोण क्रमश: D_1 तथा D_2 हैं, तब :

(a) $D_1 = D_2$
(b) $D_1 > D_2$
(c) $D_1 < D_2$
(d) D_1 का मान D_2 से कम भी और अधिक भी हो सकता है यह प्रिज्म पर निर्भर करेगा

[AIEEE 2006]

उत्तरमाला

1. (d)	**2.** (b)	**3.** (c)	**4.** (c)	**5.** (c)	**6.** (a)	**7.** (a)	**8.** (c)	**9.** (c)

हल

1. (d) आपतन $i > C$, कोण पूर्ण परावर्तन के लिये

यहाँ $i = 45°$

$\therefore \quad 45° > \sin^{-1}\left(\frac{1}{n}\right)$

$\therefore \quad n > \sqrt{2}$

2. (b) पूर्ण आन्तरिक परावर्तन की शर्त के लिये,

$$\sin\theta_c = \frac{1}{\mu}$$

$\therefore \quad \tan\theta_c = \frac{3}{\sqrt{7}} = \frac{R}{12}$

अथवा $R = \frac{36}{\sqrt{7}}$ सेमी

3. (c) दूरी सूक्ष्मदर्शी पर लगे वर्नियर पैमाने की सहायता से ज्ञात की जाती है।

4. (c) +18.75 सेमी और उत्तल लैंस

5. (c) वस्तु के साईज का वास्तविक प्रतिबिम्ब प्राप्त करने के लिये, वस्तु को उस तुल्य दर्पण के वक्रता केन्द्र पर रखना चाहिये। जो लैंस के वक्रताकार पृष्ठ पर चाँदी चढ़ाने से निर्मित होता है।

$$\frac{1}{F} = \frac{2}{f_1} + \frac{1}{f_m}$$

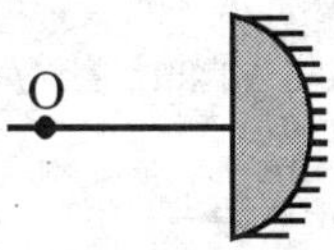

तथा $\frac{1}{f_1} = (1.5-1)\left(\frac{1}{\infty} - \frac{1}{30}\right) = \frac{1}{60}$

तथा $f_m = 15$ सेमी

$\therefore \quad F = 10$ सेमी

यहाँ वस्तु को लैंस से 20 सेमी दूर रखना चाहिये, क्योंकि तुल्य दर्पण की वक्रता त्रिज्या,

$2F = 2 \times 10 = 20$ सेमी

6. (a) $P_a = (\mu_l - \mu_a)\left(\frac{1}{R_1} - \frac{1}{R_2}\right)$

$P_m = (\mu_l - \mu_m)\left(\frac{1}{R_1} - \frac{1}{R_2}\right)$

$\therefore \quad \frac{P_m}{P_a} = \frac{\mu_l - \mu_m}{\mu_l - \mu_a} = \frac{1.5-1.6}{1.5-1.0}$

$\therefore \quad P_m = -\frac{0.1}{0.5} \times (-5) = 1D$

7. (a) संयोजन की शक्ति का सूत्र है

$P = P_1 + P_2 = (-15+5)D = -10D$

अब $P = \frac{1}{f} \Rightarrow f = \frac{1}{P} = \frac{1}{-10}$ मीटर

$\therefore \quad f = -\left(\frac{1}{10} \times 100\right)$ सेमी $= -10$ सेमी

8. (c) $0 \le r \le R$ के लिये; $E = 0$

$R \le r \le \infty$ के लिये; $E \propto \frac{1}{r^2}$

तथा $r = R$ के लिये; $E = \frac{Q}{r\pi\varepsilon_0 R^2}$

अत: सही विकल्प (a) है।

9. (c) अल्पतम विचलन कोण

$$D = (\mu - 1)A$$

चूँकि, $\mu_{नीला} > \mu_{लाल}$

$\therefore \quad D_2 > D_1$

अथवा $D_1 < D_2$

❑❑❑

अध्याय
19

तरंग प्रकाशिकी
(Wave Optics)

प्रकाश की प्रकृति के सम्बन्ध में न्यूटन का कणिका सिद्धान्त (Newton's Corpuscular Theory of Light about the Nature of Light)

- इस सिद्धान्त के अनुसार
  - प्रकाश स्रोत से प्रकाश अदृश्य और सूक्ष्म कणिकाओं के रूप में निकलता है जिनका विराम द्रव्यमान शून्य होता है।
  - प्रकाश का वेग प्रकाश स्रोत के ताप पर निर्भर नहीं करता।
  - न्यूटन का कणिका सिद्धान्त प्रकाश के व्यतिकरण, विवर्तन तथा ध्रुवण की व्याख्या नहीं कर सकता।

हाइगेन्स का तरंग सिद्धान्त (Huygen's Wave Theory)

- इस सिद्धान्त के आधार पर
  - प्रकाश के परावर्तन अपवर्तन, व्यतिकरण, विवर्तन की व्याख्या सफलता से की जा सकी।
  - इस सिद्धान्त के अनुसार प्रकाश की चाल विरल माध्यम में सघन माध्यम की अपेक्षा अधिक होती है।
  - फोटो इलेक्ट्रिक प्रभाव, कॉम्पटन प्रभाव और रमन प्रभाव की व्याख्या इस सिद्धान्त से नहीं की जा सकती।

मैक्सवेल का विद्युतचुम्बकीय तरंग सिद्धान्त (Maxwell's Theory of Electromagnetic Waves)

- इस सिद्धान्त के अनुसार
  - प्रकाश तरंगें विद्युत चुम्बकीय तरंगें होती हैं।
  - प्रकाश की किरणें अनुप्रस्थ होती हैं तथा निर्वात में प्रकाश का वेग

$$c=\frac{1}{\sqrt{\mu_0\varepsilon_0}}$$

प्लांक का क्वान्टम सिद्धान्त (Quantum Theory of Light)

- इस सिद्धान्त के अनुसार
  - प्रकाश छोटे-छोटे ऊर्जा के पैकिटों से मिलकर बना होता है। इन्हें फोटॉन कहते हैं फोटॉन की ऊर्जा

$$E=h\upsilon$$

  - प्रकाश के वैद्युत प्रभाव, क्वान्टम प्रभाव तथा रमन प्रभाव की व्याख्या की जा सकी। परन्तु ध्रुवण, व्यतिकरण को स्पष्ट नहीं किया गया।

ध्यान दें

- प्रकाश एक प्रकार की ऊर्जा है, जो विद्युत चुम्बकीय तरंगों के रूप में चलती है। इसके लिए किसी माध्यम की आवश्यकता नहीं है।
- प्रकाश की चाल 3×10^8 मी/से होती है। इसकी प्रक्रति अनुप्रस्थ है।
- प्रकाश तरंगें वाह्य चुम्बकीय और विद्युत क्षेत्र द्वारा विक्षेपित नहीं हो सकती है।
- ऊर्जा स्पेक्ट्रम में दृश्य प्रकाश U.V. क्षेत्र तथा I-R क्षेत्र के बीच में होता है। वास्तव में द्रश्य प्रकाश में अनन्त रंग होते हैं। लेकिन हमारी आँख केवल 7 रंगों को देख सकती है। ये रंग इस क्रम में होते हैं **बैनीआहपीनाला (VIBGYOR)**। इस क्षेत्र की तरंगदैर्ध्य 4000Å - 8000 Å होती है।
- प्रकाश की तीव्रता $I=\dfrac{\text{कुल विद्युत चुम्बकीय ऊर्जा}}{\text{पृष्ठ क्षेत्रफल}\times\text{समय}}$

$$=\frac{\text{कुल ऊर्जा घनत्व}\times\text{आयतन}}{\text{पृष्ठ क्षेत्रफल}\times\text{समय}}$$

प्रकाश का व्यतिकरण (Interference of Light)

- जब दो समान आवृति की तरंगें समान दिशा में एक-दूसरे पर अध्यारोपण करती हैं तो इसमें परिणामी आयाम तरंगों के आयाम से अलग होता है। इस घटना को प्रकाश का व्यतिकरण कहते हैं।
- व्यतिकरण की घटना ऊर्जा संरक्षण पर आधारित है।
- समान आवृत्ति और नियत प्रारम्भिक कलान्तर वाले स्रोत कलासम्बद्ध स्रोत कहलाते हैं।

कला सम्बद्ध स्रोत उत्पन्न करने की विधियाँ (Methods of Producing Coherent Sources)

1. **तरंगाग्र का विभाजन (Division of Wave Front) :** इस विधि में तरंगाग्र को दो भागों में किसी यन्त्र द्वारा जैसे, दर्पण, लेन्स, प्रिज्म द्वारा विभाजित कर लेते हैं। जैसे, यंग का द्विस्लिट प्रयोग।
2. **आयाम का विभाजन (Division of Amplitude) :** इस विधि में आपतित प्रकाश का आयाम दो भागों में विभाजित हो जाता है। ये दोनों

भाग नियत पथान्तर से एक-साथ चलते हैं। जैसे, पतली फिल्म के रंगों में।

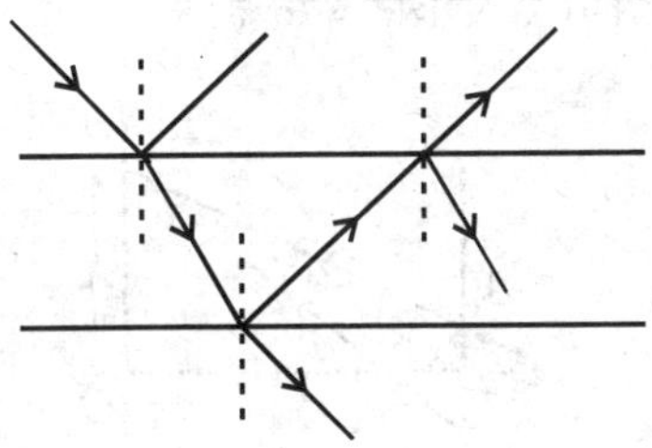

संपोषी तथा विनाशी व्यतिकरण
(Constructive and Destructive Interference)

- व्यतिकरण में जब परिणामी आयाम दोनों तरंगों के आयाम के योग के बराबर होता है उसे संपोषी आयाम कहते हैं।

$$A = a_1 + a_2$$

जब परिणामी आयाम दोनों तरंगों के अन्तर के बराबर होता है तो उसे विनाशी व्यतिकरण कहते हैं।

$$A = a_1 - a_2$$

- व्यतिकरण अनुप्रस्थ तथा अनुदैर्ध्य दोनों तरंगों में होता है।
- संपोषी व्यतिकरण में प्रकाश की तीव्रता अलग-अलग तीव्रताओं के योग से अधिक होती है।

$$\boxed{I = I_1 + I_2 + 2\sqrt{I_1 I_2}}$$

$$\boxed{I_{max} = (\sqrt{I_1} + \sqrt{I_2})^2}$$

विनाशी व्यतिकरण में

$$\boxed{I = I_1 + I_2 - 2\sqrt{I_1 I_2}}$$

$$\boxed{I_{min} = (\sqrt{I_1} - \sqrt{I_2})^2}$$

- संपोषी व्यतिकरण में दोनों तरंगों के मध्य पथान्तर $\frac{\lambda}{2}$ का समगुणांक होता है। अर्थात् $\Delta = 2n\lambda/2$ जहाँ पर $n = 0, 1, 2$ होता है तथा विनाशी व्यतिकरण में दोनों तरंगों के मध्य पथान्तर $\frac{\lambda}{2}$ का विषमगुणांक होता है। अर्थात् $\Delta = (2n-1)\,\lambda/2$ जहाँ पर $n = 1, 2$ होता है।
- संपोषी व्यतिकरण में दोनों तरंगों के मध्य समायान्तराल $T/2$ का समगुणांक होता है जबकि विनाशी व्यतिकरण में दोनों तरंगों के मध्य समायान्तराल $T/2$ का विषम गुणांक होता है
- संपोषी व्यतिकरण में परिणामी विस्थापन अधिकतम होता है।

$$y = y_1 + y_2 = (a_1 + a_2)\sin \omega t$$

विनाशी व्यतिकरण में परिणामी विस्थापन न्यनतम होता है

$$y = y_1 + y_2 = (a_1 - a_2)\sin \omega t$$

स्पष्ट व स्थाई व्यतिकरण बनने की शर्तें :

(i) दोनों प्रकाश स्रोतों के बीच दूरी कम होनी चाहिए ताकि फ्रिन्ज स्पष्ट बने।

(ii) प्रकाश स्रोतों तथा पर्दे के बीच की दूरी अधिक होनी चाहिए।

(iii) दोनों प्रकाश स्रोतों से उत्सर्जित तरंगों के आयाम लगभग बराबर होने चाहिए ताकि फ्रिन्ज स्पष्ट बने।

(iv) दोनों तरंगों के संचरित होने की दिशा एक ही होनी चाहिये।

फ्रिन्ज (Fringe)

- फ्रिन्ज दो प्रकार की होती हैं दीप्त तथा अदीप्त।

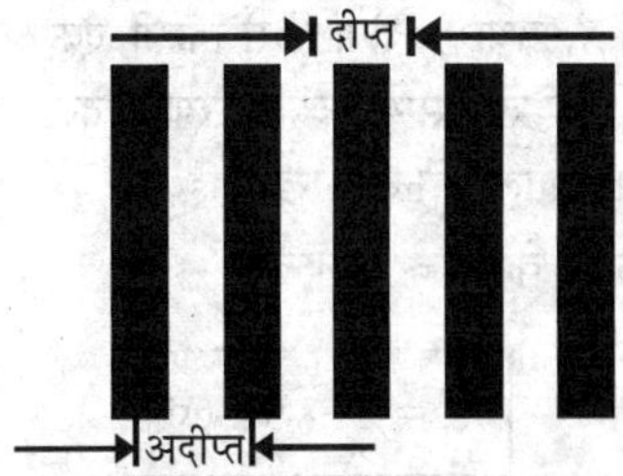

इस प्रकार की दोनों फ्रिन्जें पर्दे के केन्द्रीय बिन्दुओं के दोनों ओर पायी जाती हैं तथा ये अतिप्रवलयाकार होती हैं।

- जब $D >> d$ तब फ्रिन्जें सीधी होती हैं।
- अदीप्त से अदीप्त तथा दीप्त से दीप्त फ्रिन्ज के बीच की दूरी फ्रिन्ज की चौड़ाई कहलाती है।

यंग का द्विस्लिट प्रयोग (Young's Double Slit Experiment)

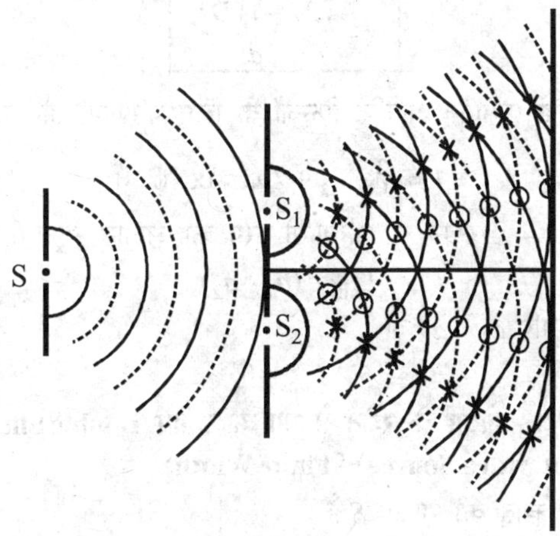

- यंग के प्रयोग के अनुसार
  - किसी बिन्दु पर परिणामी तीव्रता

$$I = R^2 = a_1^2 + a_2^2 + 2\,a_1 a_2 \cos\phi$$

यदि $\phi = 2I$ रखा जाए तब

$$I_{max} = (a_1 + a_2)^2$$

  - यदि दीप्त फ्रिन्ज की दूरी X हो तो

$$X = \frac{n\lambda D}{d}$$

  - यदि $n = 0$ हो तो केन्द्रीय बिन्दु पर सिर्फ दीप्त फ्रिन्ज प्राप्त होगी जिसे शून्य कोटी की फ्रिन्ज कहते हैं।
- पर्दे तथा स्रोत के बीच दूरी बढ़ाने पर फ्रिन्ज के बीच चौड़ाई बढ़ जाती है।
- इस प्रयोग में वायु के स्थान पर जल का प्रयोग किया जाता है। जल में प्रकाश की तरंगदैर्ध्य कम होने के कारण β का मान कम हो जाता है।

■ यदि रेखाछिद्र S_1 तथा S_2 दोनों ही खुले होते हैं तब

$$I = 4a^2 = (a_1 + a_2)^2$$

■ यदि रेखाछिद्र S_1 तथा S_2 दोनों में से एक खुला हो तब ऐसी स्थिति में व्यतिकरण नहीं होता तथा पर्दे पर एकसमान प्रदीपन प्राप्त होता है।

■ यदि रेखाछिद्र S_1 तथा S_2 दोनों में से किसी एक पर काँच की पारदर्शी प्लेट रख दी जाए तब सम्पूर्ण व्यतिकरण प्रतिरूप उधर विस्थापित हो जाता है जिधर पतली फिल्म रखी गई है।

- दीप्त फ्रिन्ज के बीच कलान्तर

$$\Delta\phi = \frac{2\pi}{\lambda} \times \text{कलान्तर}$$

$$\Delta\phi = \frac{2\pi}{\lambda} \times n\lambda = 2\pi n$$

- यदि $S_2P - S_1P$ पथान्तर तरंगदैर्ध्य के आधे $\frac{\lambda}{2}$ के विषम गुणांक के बराबर हो तो अदीप्त फ्रिन्ज प्राप्त होता है।
- अदीप्त फ्रिन्ज की केन्द्रीय बिन्दु से दूरी

$$x = \frac{(2n-1)D\lambda}{2d}$$

- दो क्रमागत अदीप्ति फ्रिन्जों के लिए परिणामी तीव्रता

$$I = a_1^2 + a_2^2 + 2a_1a_2\cos\phi \text{ से}$$

$\phi = \pi$ रखने पर परिणामी तरंग का आयाम न्यूनतम होता है।

$$I_{min} = (a_1 - a_2)^2$$

यदि $a_1 = a_2$ तो

$$I_{min} = 0$$

■ **निश्चित मोटाई के स्रोत से यंग का प्रयोग (Double Slit Experiment with a Source of Finite Width) :**

माना स्रोत की मोटाई S है

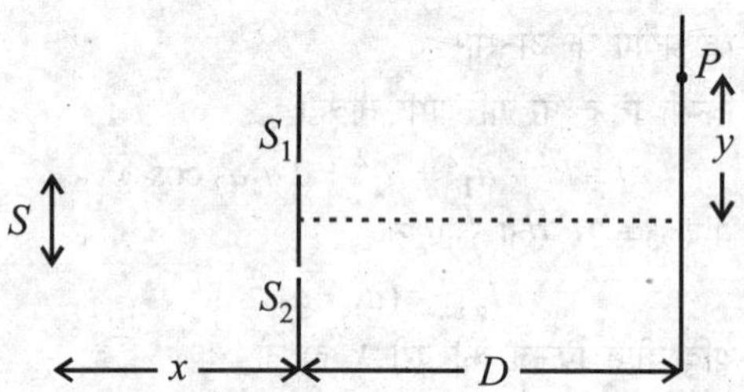

दो तरंगों के बीच पथान्तर

$$\Delta = \frac{Sd}{2x} + \frac{yd}{D}$$

nवें क्रम के उच्चिष्ठ के लिए

$$y_n' = \frac{nD\lambda}{d} - \frac{SD}{2x}$$

$$= y_n - \frac{SD}{2x}$$

nवें उच्चिष्ठ के लिए y_n नीचे की ओर $\frac{SD}{2x}$ विस्थापित हो जाता है।

फ्रिन्जों की चौड़ाई (Fringe Width)

■ दो क्रमागत दीप्त या अदीप्त फ्रिन्जों के मध्य दूरी को फ्रिन्ज की चौड़ाई कहते हैं जिसे β से प्रदर्शित करते हैं।

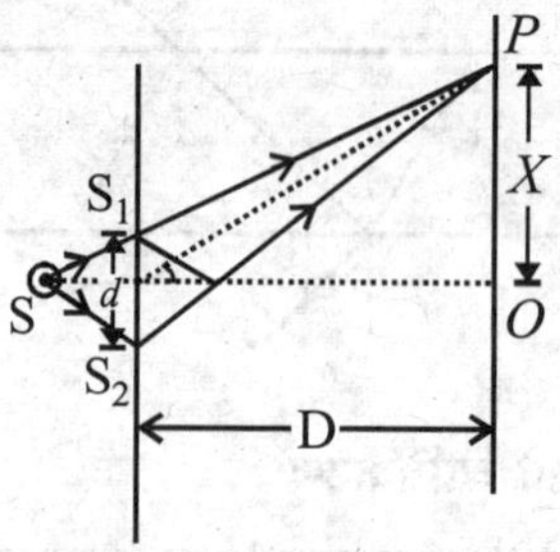

$$\beta = \frac{D\lambda}{d}$$

जहाँ $D =$ स्रोत तथा पर्दे के बीच की दूरी

$\lambda =$ एकवर्णीय प्रकाश की तरंगदैर्ध्य

$d =$ दो कला सम्बद्ध स्रोतों के बीच दूरी

फ्रिन्ज की कोणीय चौड़ाई (Angular Width of Fringe)

■ फ्रिन्ज की रेखीय चौड़ाई तथा पर्दे की दूरी के अनुपात को फ्रिन्ज की कोणीय चौड़ाई कहते हैं। इसे w_A से प्रदर्शित करते हैं।

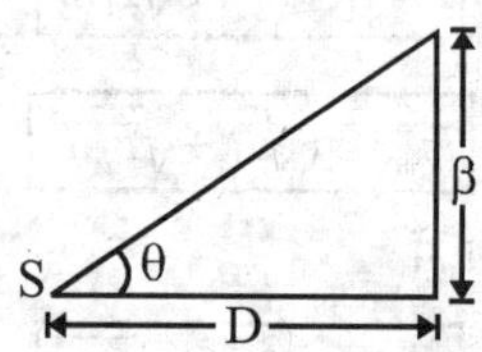

$$w_A = \tan\theta \approx \theta = \frac{\beta}{D} = \frac{\lambda}{d}$$

■ फ्रिन्ज की चौड़ाई प्रकाश की तरंगदैर्ध्य, कला सम्बद्ध स्रोतों से मध्य दूरी तथा रेखाछिद्र से नेत्रिका के मध्य दूरी पर निर्भर करती है।

फ्रिन्जों का विस्थापन (Displacement of Fringes)

■ माना t मोटाई की एक फिल्म दोनों व्यतिकारी तरंगों में से किसी एक के रास्ते में रखी जाती है

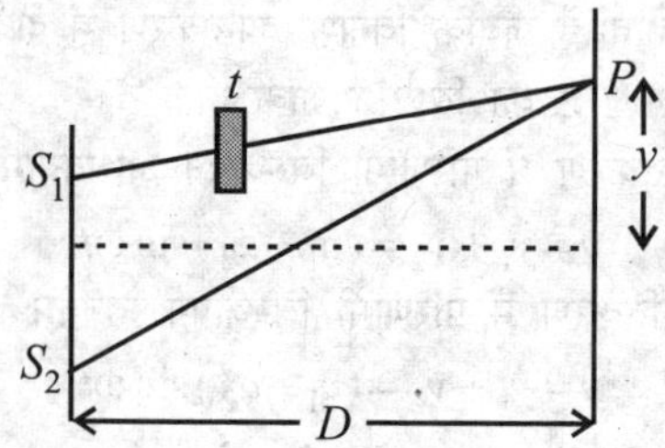

फ्रिन्जों का विस्थापन

$$Dy = \frac{\beta}{\lambda}(\mu - 1)t$$

$\mu =$ फिल्म के पदार्थ का अपवर्तनांक

फ्रेनल द्वि-प्रिज्म प्रयोग (Fresnel's Biprism Experiment)

- इस फ्रेनल द्वि-प्रिज्म का प्रयोग दो कला सम्बद्ध स्रोत उत्पन्न करने के लिए किया जाता है।
- इसको अति न्यूनतम कोण वाले दो प्रिज्मों के आधारों को मिलाकर बनाया जाता है।
- इसमें प्रयुक्त प्रत्येक प्रिज्म का एक कोण समकोण (90°) तथा अपवर्तक कोण $\frac{1}{2}°$ होता है।

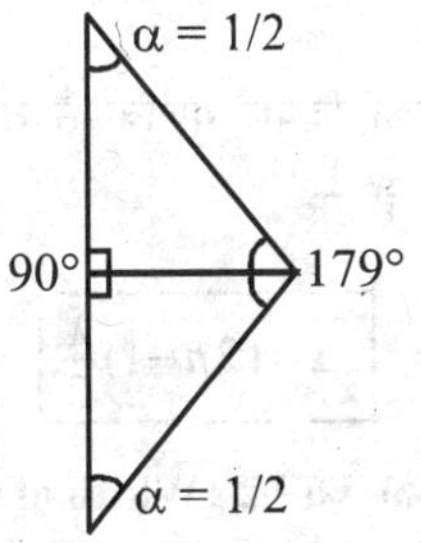

- इसमें दो कला सम्बद्ध स्रोतों के मध्य दूरी $d = 2\alpha(\mu - 1)\alpha$ होती है। जहाँ पर $\alpha =$ द्वि-प्रिज्म का अपवर्तक कोण तथा $\mu =$ प्रिज्म के पदार्थ का अपवर्तनांक है।
- पर्दे पर समान चौड़ाई की चमकीली व काली फ्रिन्जें प्राप्त होती हैं जिनकी फ्रिन्ज चौड़ाई $\beta_{\text{दीप्त}} = \beta_{\text{अदीप्त}} = \beta = \frac{D\lambda}{d}$ होती है।

$$\beta = \frac{(a+b)\lambda}{2a(\mu-1)\alpha}$$

- प्रयुक्त एकवर्णी प्रकाश की तरंगदैर्ध्य

$$\lambda = \frac{d\beta}{D} = \frac{\sqrt{d_1 d_2 \beta}}{(a+b)} = \frac{2a(\mu-1)\alpha\beta}{(a+b)}$$

- सम्पूर्ण उपकरण को वायु के स्थान पर किसी द्रव में रखने पर फ्रिन्ज चौड़ाई बढ़ जाती है।

ध्यान दें

☞ परिणामी तीव्रता - $I = I_1 + I_2 + 2\sqrt{I_1 + I_2}\cos\phi$

तीव्रता अधिकतम होने के लिए $\cos\phi = 1$ या $\phi = 2n\pi$ होना चाहिए।

$$I_{max} = (\sqrt{I_1} + \sqrt{I_2})^2$$

तीव्रता निम्नतम होने के लिए $\cos\phi = -1$ या $\phi = (2n-1)\pi$ होना चाहिए।

$$I_{min} = (\sqrt{I_1} - \sqrt{I_2})^2$$

☞ अधिकतम तथा न्यूनतम तीव्रताओं का अनुपात :

$$\frac{I_{max}}{I_{min}} = \frac{(a_1+a_2)^2}{(a_1-a_2)^2} = \left[\frac{\left[\frac{a_1}{a_2}+1\right]}{\left[\frac{a_1}{a_2}-1\right]}\right]^2$$

$$\frac{I_{max}}{I_{min}} = \left[\frac{\sqrt{I_1}+\sqrt{I_2}}{\sqrt{I_1}-\sqrt{I_2}}\right]^2 = \frac{\left[\sqrt{\frac{I_1}{I_2}}+1\right]^2}{\left[\sqrt{\frac{I_1}{I_2}}-1\right]^2}$$

$$\frac{I_1}{I_2} = \left[\frac{a_1}{a_2}\right]^2$$

☞ प्रकाश के व्यतिकरण में परिणामी आयाम

$$A = \sqrt{a_1^2 + a_2^2 + 2a_1 a_2 \cos\phi}$$

$$A = \sqrt{I_1 + I_2 + 2(I_1 I_2 \cos\phi)^{1/2}}$$

आयाम के अधिकतम होने के लिए $\cos\phi = 1$ या $\phi = 2n\pi$ होना चाहिए।

$$A_{max} = (a_1 + a_2)$$

☞ अधिकतम तथा न्यूनतम आयामों का अनुपात :

$$\frac{A_{max}}{A_{min}} = \frac{(a_1+a_2)}{(a_1-a_2)} = \frac{\left[\frac{a_1}{a_2}+1\right]}{\left[\frac{a_1}{a_2}-1\right]}$$

$$\frac{A_{max}}{A_{min}} = \left[\frac{\sqrt{I_1}+\sqrt{I_2}}{\sqrt{I_1}-\sqrt{I_2}}\right] = \frac{\left[\sqrt{\frac{I_1}{I_2}}+1\right]}{\left[\sqrt{\frac{I_1}{I_2}}-1\right]}$$

☞ दो व्यतिकारी तरंगों के आयाम क्रमश: a तथा $2a$ हैं संपोषी व्यतिकरण की स्थिति में परिणामी तरंग का आयाम $3a$ होगा।

☞ तरंगदैर्ध्य से रंगों का निर्धारण किया जाता है।

☞ I_1 तथा I_2 तीव्रता की दो कला सम्बद्ध तरंगों के व्यतिकरण से उत्पन्न अधिकतम तीव्रता

$$I = I_1 + I_2 + 2\sqrt{I_1 I_2}$$

☞ यंग के द्विस्लिट प्रयोग में एक स्लिट लाल फिल्टर तथा दूसरी स्लिट हरे फिल्टर से ढकी जाती है तो व्यतिकरण प्रारूप दिखाई नहीं देगा।

☞ किसी धातु के पृष्ठ पर क्रमश: λ_1 तथा λ_2 का प्रकाश आपतित किया जाता है। λ_1 तरंगदैर्ध्य का प्रकाश, प्रकाश वैद्युत प्रभाव उत्पन्न करता है किन्तु λ_2 तरंगदैर्ध्य का प्रकाश नहीं करता। जब इन प्रकाश स्रोतों को प्रयुक्त कर व्यतिकरण उत्पन्न किया जाता है तो फ्रिन्ज चौड़ाई क्रमश: λ_1 व λ_2 प्राप्त होती है, तो $\beta_1 < \beta_2$.

प्रकाश का विवर्तन (Diffraction of Light)

- अवरोध या छिद्र के किनारे पर प्रकाश के मुड़ने को प्रकाश का विवर्तन कहते हैं। विवर्तन सभी तरंगों का गुण होता है।

- विवर्तन की प्रबलता उसकी तरंगदैर्ध्य पर निर्भर करती है। जितनी ज्यादा तरंगदैर्ध्य होगी उतना ही विवर्तन प्रबल होगा।
- विवर्तन में—
  - यदि अवरोधक का आकार तरंगदैर्ध्य की कोटि की तुलना में बहुत कम हो तो तरंगों के परावर्तन होने के कारण उनका विवर्तन नहीं होगा।
  - यदि अवरोध का आकार तरंगदैर्ध्य के लगभग बराबर हो तब तरंगों का गोलीय फैलाव अत्यधिक होने के कारण तरंगों का विवर्तन अत्यधिक होता है।

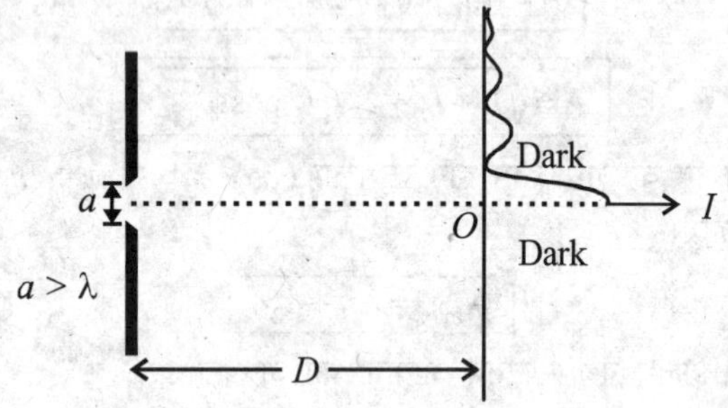

- विवर्तन के लिए एक ही स्रोत की आवश्यकता होती है जबकि व्यतिकरण के लिए दो कला सम्बद्ध स्रोतों की आवश्यकता होती है।
- विवर्तन में अदीप्त फ्रिन्जों की तीव्रता शून्य नहीं होती है अर्थात् वे पूर्णतया काली नहीं होती है। जबकि व्यतिकरण में सभी अदीप्त फ्रिन्जों की तीव्रता शून्य होती है। अर्थात् अदीप्त फ्रिन्जें पूर्णतया काली होती हैं।
- **विवर्तन के प्रकार (Kinds of Diffraction)** : विवर्तन दो प्रकार का होता है—
  1. **फ्रैसनैल विवर्तन (Fresnel Diffraction) :** या तो स्रोत या पर्दा या दोनों रुकावट से निश्चित दूरी पर हों, तो यह फ्रैसनैल विवर्तन कहलाता है।
  2. **फ्रोनहॉफर विवर्तन (Fraunhofer Diffraction) :** इसमें स्रोत और पर्दा दोनों रुकावट से अनन्त दूरी पर होते हैं। इस विवर्तन में एक अभिसारी यन्त्र (converging device) आवश्यक होती है।

फ्रानहॉफर एकल रेखाछिद्र के कारण विवर्तन (Fraunhofer Diffraction due to a Single Slit)

- इस प्रयोगात्मक चित्र में केन्द्रीय बिन्दु पर A व B से उत्सर्जित होकर पहुँचने वाली दीप्त तरंगिकाएं समान कला में पहुँचती हैं। इसलिए इस बिन्दु पर तीव्रता अधिकतम होती है। इस बिन्दु को पर्दे का अक्ष बिन्दु भी कहते हैं।

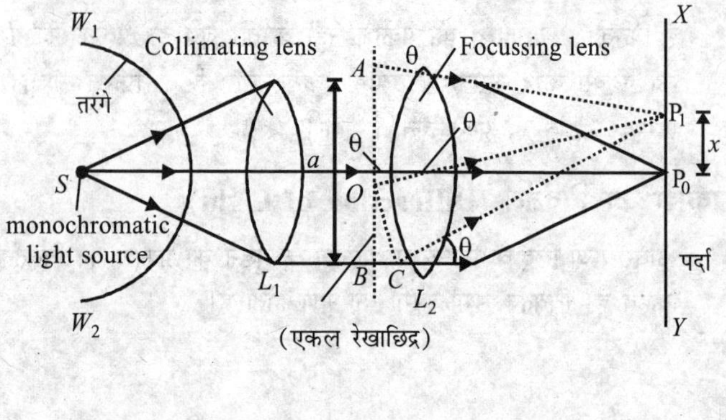

(एकल रेखाछिद्र)

- अनक्षीय बिन्दु पर पथान्तर होता है। यह पथान्तर द्वितीय तरंगिकाओं के कारण होता है।

;fn iFkkUrj $\frac{\lambda}{2}$ का समगुणांक है तब P_1 बिन्दु पर द्वितीयक निम्निष्ठ प्राप्त होते हैं तब

$$\boxed{\Delta=(2n)\frac{\lambda}{2}=n\lambda}$$

जहाँ $n=1, 2, 3 \ldots$

यदि पथान्तर $\frac{\lambda}{2}$ का विषम गुणांक है तब P_1 बिन्दु पर द्वितीयक उच्चिष्ठ प्राप्त होते हैं तब

$$\boxed{\Delta=(2n-1)\frac{\lambda}{2}} \qquad \text{जहाँ } n=1, 2, 3 \ldots$$

- **केन्द्रीय उच्चिष्ठ की चौड़ाई (Width of Central Maximum)**
  - अर्ध रेखीय चौड़ाई (मोटाई)

$$\boxed{x=\frac{f\lambda}{a}}$$

  - रेखीय चौड़ाई (मोटाई)

$$\boxed{W=2x=\frac{2f\lambda}{a}}$$

जहाँ, $f=$ उत्तल लेन्स की फोकस दूरी

$\lambda=$ एकवर्णी प्रकाश की तरंगदैर्ध्य

$a=$ रेखाछिद्र की चौड़ाई

  - कोणीय मोटाई :

(1) $\boxed{W_\theta=\frac{W}{f}}$ (2) $\boxed{W_\theta=\frac{n\lambda}{a}}$

- **द्वितीयक निम्निष्ठों के लिए**
  - रेखीय दूरी $L=\frac{n\lambda D}{a}=\frac{n\lambda f}{a}$
  - कोणीय दूरी $L_\theta=\frac{L}{f}=\frac{n\lambda}{a}$
- **द्वितीयक उच्चिष्ठों के लिए**
  - रेखीय दूरी $L=(2n-1)\frac{\lambda D}{2a}=\frac{(2n-1)\lambda f}{2a}$
  - कोणीय दूरी $L_\theta=\frac{L}{f}=\frac{(2n-1)\lambda}{2a}$

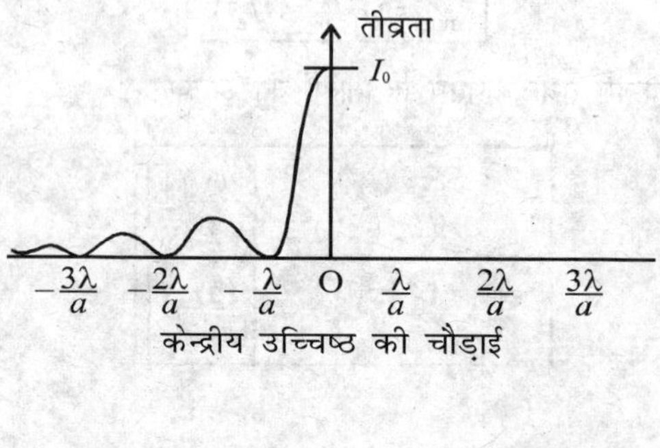

केन्द्रीय उच्चिष्ठ की चौड़ाई

यदि केन्द्रीय उच्चिष्ठ की तीव्रता I_0 है तो पहले, दूसरे .... द्वितीयक उच्चिष्ठ की तीव्रता $\frac{I_0}{22}, \frac{I_0}{66}$ है।

विवर्तन ग्रेटिंग (Diffraction Grating) :

- दिये हुए प्रकाश की तरंगदैर्ध्य ज्ञात करना

$$(e+d)\sin\theta = n\lambda$$

जहाँ, $(e+d)$ = ग्रेटिंग तत्व,

n = स्पेक्ट्रम का क्रम

ध्यान दें

☞ व्यतिकरण तथा विवर्तन में मुख्य अन्तर यह है कि विवर्तन तो एक ही तरंगाग्र से उत्पन्न तरंगों की अनुक्रिया से होता है। जबकि व्यतिकरण कलासम्बद्ध स्रोत की तरंगों से होता है।

☞ विवर्तन देखने के लिए मोटाई 10,000 Å होनी चाहिए।

☞ एकल स्लिट विवर्तन में निम्निष्ठों की दिशा

$$a\sin\theta = \pm n\lambda, n = 1, 2, 3$$

द्वितीयक उच्चिष्ठों की दिशा

$$a\sin\theta = \pm(2n+1)\frac{\lambda}{2}.$$

केन्द्रीय उच्चिष्ठ की अर्द्ध कोणीय चौड़ाई

$$\theta = \sin^{-1}\left(\frac{\lambda}{a}\right).$$

रेखीय अर्द्ध चौड़ाई

$$\Delta y = \frac{\lambda f}{a}$$

जहाँ f लेन्स की फोकस दूरी है।

प्रकाश का ध्रुवण (Polarization of Light)

- प्रकाश तरंगें अनुप्रस्थ तरंगें होती हैं जिसमें कम्पनों की दिशा तरंग संचरण की दिशा के लम्बवत होती है।

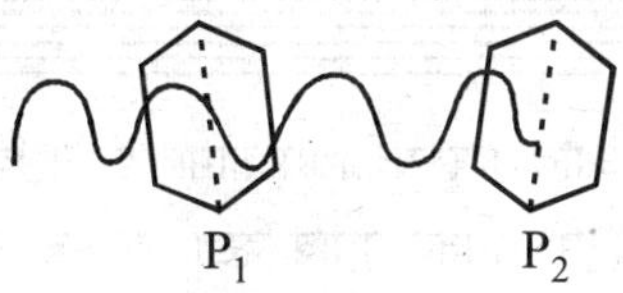

कम्पन्न P_1 से गुजरते हैं।

अध्रुवित प्रकाश (Unpolarized Light)

- वह प्रकाश जिसमें विद्युत क्षेत्र का सदिश के कम्पन प्रकाश के चलने की दिशा के लम्बवत् तल में सभी दिशाओं में सममित रूप से होते हैं, अध्रुवित प्रकाश कहलाता है। साधारण प्रकाश अध्रुवित प्रकाश होता है।

ध्रुवित प्रकाश (Polarized Light)

- वह प्रकाश जिसमें विद्युत क्षेत्र का सदिश के सम्पन प्रकाश की किरण के चलने की दिशा के लम्बवत् तल में होते हैं। किन्तु ये सभी दिशाओं में सममित न होकर केवल एक दिशा में होते हैं।

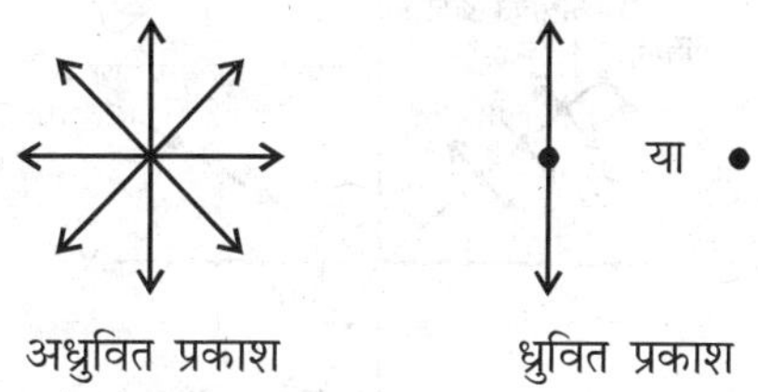

मैलस का नियम (Law of Malus) :

- जब एक पूर्ण ध्रुवित प्रकाश किसी विश्लेषक पर आपतित होता है तो निर्गत प्रकाश की तीव्रता ध्रुवक व विश्लेषक की प्रकाशीय अक्षों के मध्य कोण की कोज्या के वर्ग के समानुपाती होता है।

निर्गमित प्रकाश की तीव्रता

$$\boxed{I = I_0\cos^2\theta}$$

जहाँ I = विश्लेषक से निर्गमित प्रकाश की तीव्रता

I_0 = विश्लेषक पर आपतित ध्रुवित प्रकाश की तीव्रता

θ = दो ध्रुवकों की अक्षों के मध्य कोण

यदि आपतित प्रकाश अध्रुवित है तो प्रकाश के कम्पन तरंग के संचरण के लम्बवत् तल में सभी दिशाओं में अनियमित रूप से कम्पन करेंगे।

$$\boxed{I_1 = \frac{1}{2}I_0}$$

पोलेरॉइड (Polaroids)

- अध्रुवित प्रकाश को ध्रुवित प्रकाश में परिवर्तित करने के लिए यह सस्ती व व्यापारिक विधि है।

यदि एक पोलेरॉइड से निकलने वाला प्रकाश दूसरे पोलेराइड पर गिरे तब दूसरे पोलेरॉइड से निकलने वाली तीव्रता

$$\boxed{I_2 = I_1\cos^2\theta}$$

- ध्रुवण तल के आघूर्ण की मात्रा
  - प्रयुक्त प्रकाश की तरंगदैर्ध्य
  - विलयन की सान्द्रता
  - विलयन का ताप
  - अपघटन की प्रकृति
  - ध्रुवित प्रकाश द्वारा विलयन में तय की गई लम्बाई

पर निर्भर करती है।

ब्रिवस्टर का नियम (Brewster's Law)

- किसी परावर्तक पृष्ठ पर वह आपतन कोण, जिसके संगत परावर्तित प्रकाश पूर्णतः ध्रुवित होता है, ध्रुवण कोण (i_p) कहलाता है।

"ध्रुवण कोण की स्पर्शज्या दूसरे माध्यम के पहले माध्यम के सापेक्ष अपवर्तनांक के बराबर होती है।"

$$\boxed{\tan i_p = n_{21}}$$

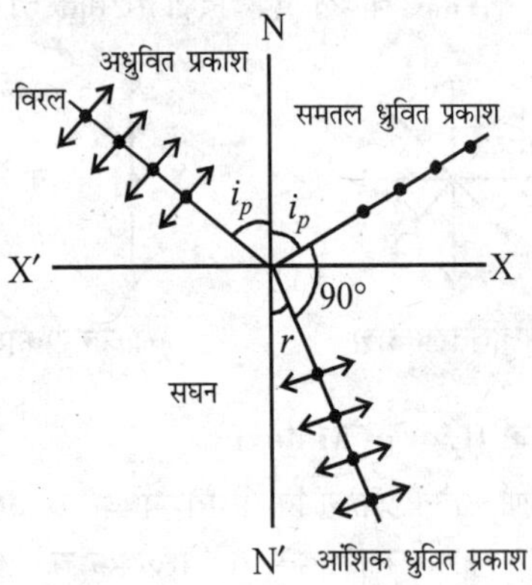

$$i_p + \theta_r = 90°$$

काँच हवा के लिए, $i_p \approx 57$

प्रकाशिक क्रियाशीलता और विशिष्ट घूर्णन (Optical Activity and Specific Rotation)

- किसी पदार्थ की प्रकाशिक क्रियाशीलता को पोलेरीमीटर द्वारा विशिष्ट घूर्णन के पदों में नापा जाता है। ध्रुवित प्रकाश को एक ग्राम प्रति घन सेन्टीमीटर सान्द्रता विलयन में एक डेसीमीटर लम्बाई में से गुजरने पर उत्पन्न ध्रुवण तल के घूर्णन को विशिष्ट घूर्णन कहते हैं।

  $\theta =$ घूर्णन कोण, $L =$ ट्यूब की लम्बाई डेसीमीटर में और

  C = पदार्थ की सान्द्रता

  दिये हुए ताप के लिए,

$$\alpha = \frac{\theta}{L \times C}$$

ध्यान दें

☞ इरासमस बर्थोलिनस ने खोज की कि यदि अध्रुवित प्रकाश की किरण कैल्साइट या क्वार्ट्ज क्रिस्टलों पर डाली जाये, तो यह दो किरणों में टूट जाती है। यह प्रक्रिया द्विअपवर्तन कहलाती है।

☞ कुछ द्विअपवर्तनी क्रिस्टलों में यह गुण होता है कि वे या तो O-किरण या E-किरण को अवशोषित कर लेते हैं और एक किरण को बाहर निकलने देते हैं। क्रिस्टल द्वारा निश्चित अवशोषण को द्विवर्णता (dichroism) कहते हैं। टूरमेलिन इसका सबसे अच्छा उदाहरण है जो O-किरण को अवशोषित करता है और E-किरण को बाहर निकाल देता है।

☞ मैलस का नियम परावर्तनी तल, निकॉल, पॉलेराइड के लिए कार्य करता है। लेकिन प्लेटों के समूह के लिए कार्य नहीं करता।

☞ **प्लेटों का समूह (Pile of plates) :** यदि I_p तथा I_s परावर्तित प्रकाश के समान्तर और लम्बवत घटकों की तीव्रता है तो ध्रुवण की कोटि

$$P = \frac{I_p - I_s}{I_p + I_s} = \frac{n}{n + \left(\frac{2\mu}{1-\mu^2}\right)^2},$$

जहाँ, n प्लेटों की संख्या तथा μ अपवर्तनांक है।

☞ प्रकाश के ध्रुवण से प्रकाश की अनुप्रस्थ प्रकृति सिद्ध होती है।

☞ धूप के चश्में में पोलेरॉयड काँच का प्रयोग किया जाता है क्योंकि ध्रवण के कारण, प्रकाश की तीव्रता कम होकर आधी हो जाती है।

☞ प्रकाश तरंगों के संचरण में ध्रुवण तल एवं कम्पन तल के बीच 90° का कोण होता है।

☞ निकॉल प्रिज्म द्वारा संचरित प्रकाश समतल ध्रुवित होता है।

☞ ध्रुवण के ब्रिवस्टर के नियमानुसार ध्रुवण कोण प्रकाश की तरंगदैर्ध्य पर निर्भर करता है।

☞ अनुदैर्ध्य तरंगों में ध्रुवण की प्रक्रिया नहीं होती।

☞ जो पदार्थ ध्रुवित प्रकाश के ध्रुवण को घुमा देते हैं प्रकाशिक क्रियाशील पदार्थ कहलाते हैं।

☞ प्रकाश तरंगें ध्रुवित होती हैं किन्तु ध्वनि तरंगें ध्रुवित नहीं हो सकती क्योंकि प्रकाश तरंगें अनुप्रस्थ होती हैं जबकि ध्वनि तरंगें अनुदैर्ध्य होती हैं।

☞ प्रकाश के ध्रुवण से प्रकाश की अनुप्रस्थ प्रकृति सिद्ध होती है।

महत्त्वपूर्ण तथ्य (Important Facts)

☞ द्वि-रेखाछिद्र प्रयोग में व्यतिकरण उत्पन्न करने वाली प्रत्येक तरंग की **rhozk** I_0 है तो परिणामी तीव्रता

$$\boxed{I = 4I_0 \cos^2 \frac{\phi}{2}}$$

☞ व्यतिकरण प्रभाव अनुप्रस्थ और अनुदैर्ध्य दोनों तरंगों में प्रेक्षित किया जाता है।

☞ फ्रेनल द्वि-प्रिज्म प्रयोग में दो कला सम्बद्ध स्रोत अपवर्तन से प्राप्त किये जाते हैं।

☞ यदि दो कला सम्बद्ध स्रोत जिनकी तीव्रताओं का अनुपात β है, व्यतिकरण करते हैं, तो फ्रिन्ज दृश्यता का मान = $\frac{2\sqrt{\beta}}{1+\beta}$

☞ विवर्तन की घटना का आविष्कार सर्वप्रथम ग्रीमालडी ने किया था।

☞ ध्वनि तथा प्रकाश तरंगों में विवर्तन प्रभाव देखा जा सकता है।

☞ विवर्तन प्रतिरूप में प्राप्त फ्रिन्जें असमान चौड़ाई की होती हैं।

☞ रेखाछिद्र की चौड़ाई बढ़ाने पर केन्द्रीय उच्चिष्ठ की चौड़ाई घटती है।

☞ प्रकाश का विवर्तन प्रभाव व्यक्त करता है कि प्रकाश तरंग गति है।

☞ तरंगों के विवर्तन प्रभाव के दृष्टिगोचर होने के लिए द्वारक या अवरोध का आकार तरंगदैर्ध्य की कोटि का होना चाहिए।

☞ रेडियो तरंगों का विवर्तन α तथा γ किरणों की अपेक्षा अधिक प्रेक्षित होगा

☞ प्रकाश का ध्रुवण प्रकाश के अनुप्रस्थ प्रकृति की पुष्टि करता है।

☞ यदि प्रकाश को परावर्तन द्वारा ध्रुवित किया जाता है तो परावर्तित व अपवर्तित प्रकाश के मध्य कोण का मान $\pi/2$ होगा।

अभ्यास के लिए प्रश्न

1. तरंगों के चलने पर तरंगाग्र की त्रिज्या लगातार होती रहती है

(a) कम (b) अधिक

(c) शून्य (d) कभी कम तथा कभी अधिक

2. यंग के द्वि-रेखा छिद्र प्रयोग में रेखाछिद्रों के मध्य दूरी तीन गुनी करने पर फ्रिन्ज चौड़ाई हो जायेगी

(a) 3 गुनी (b) $\frac{1}{3}$ गुनी

(c) 9 गुनी (d) $\frac{1}{9}$ गुनी

3. दो तरंगों की तीव्रताओं का अनुपात 9 : 1 है। ये तरंगें व्यतिकरण की घटना उत्पन्न कर रही हैं सबसे अधिक तथा सबसे कम तीव्रताओं का अनुपात होगा

(a) 1:4 (b) 4:1

(c) 1:9 (d) 9:1

4. यंग द्वि-रेखाछिद्र प्रयोग में सोडियम प्रकाश ($\lambda = 5890$Å) के लिए व्यतिकरण फ्रिन्जों की कोणीय चौड़ाई 0.20° है। तरंगदैर्ध्य के किस मान के लिए चौड़ाई 10% अधिक होगी

(a) 4796 Å (b) 647 Å

(c) 6479 Å (d) 9746 Å

5. प्रकाश में दो कला-सम्बद्ध स्रोत संपोषी व्यतिकरण उत्पन्न करेंगे यदि उनके मध्य कलान्तर है

(a) $3\pi/2$ (b) $5\pi/2$

(c) 2π (d) $\pi/2$

6. 2 : 8 के तीव्रता अनुपात के दो कला सम्बद्ध स्रोत व्यतिकरण प्रतिरूप उत्पन्न कर रहे हैं। अधिकतम तथा न्यूनतम तीव्रता के मान क्रमश: होंगे

(a) $2I_1$ तथा $8I_1$ (b) $8I_1$ तथा $2I_1$

(c) I_1 तथा $9I_1$ (d) $9I_1$ तथा I_1

7. दो समान रेखाछिद्रों द्वारा उत्पन्न व्यतिकरण फ्रिन्जों की केन्द्रीय फ्रिन्ज की तीव्रता I है। जब इनमें से एक रेखाछिद्र बन्द कर दी जाती है तब उसी स्थान पर तीव्रता I_0 हो जाती है। I तथा I_0 में सही सम्बन्ध होगा

(a) $I = I_0$ (b) $I = \frac{I_0}{2}$

(c) $I = 4I_0$ (d) $I = 2I_0$

8. दो कला सम्बद्ध स्रोत जिनकी तीव्रताओं का अनुपात β है, व्यतिकरण करते हैं। फ्रिन्ज दृश्यता का मान होगा

(a) $\frac{2}{1+\beta}$ (b) $\frac{\sqrt{\beta}}{1+\beta}$

(c) $\frac{2\sqrt{\beta}}{1+\beta}$ (d) 2β

9. दो व्यतिकरण तरंगों के आयाम क्रमश: a तथा $2a$ हैं संपोषी व्यतिकरण की स्थिति में परिणामी तरंग का आयाम होगा

(a) $3a$ (b) $5a$

(c) a (d) $2a$

10. दो निकटवर्ती पियानों कुंजी(piano keys) एक साथ, दबा दी गई। इनके द्वारा उत्सर्जित स्वरों की आवृत्तियाँ n_1 व n_2 हैं। प्रति सेकण्ड सुने गए विस्पन्दों की संख्या है

(a) $(n_1 - n_2)/2$ (b) $(n_1 + n_2)/2$

(c) $(n_1 - n_2)$ (d) $2(n_1 - n_2)$

11. यंग के प्रयोग में 5800 Å का पीला प्रकाश प्रयुक्त करने पर दृष्टि क्षेत्र में 70 फ्रिन्जें दिखाई पड़ती है। 4358 Å तरंगदैर्ध्य का बैंगनी रंग का प्रकाश प्रयुक्त करने पर दृष्टि क्षेत्र में फ्रिन्जें दिखाई देगी

(a) 33 (b) 53

(c) 73 (d) 93

12. यंग द्वि-रेखा प्रयोग में यदि तृतीय फ्रिन्ज की चौड़ाई 10^{-2} सेमी हो तो 5वीं फ्रिन्ज की चौड़ाई होगी

(a) 2×10^{-2} सेमी (b) 4×10^{-2} सेमी

(c) 5×10^{-2} सेमी (d) 10^{-2} सेमी

13. 0.004 मी. चौड़ाई की एक रेखाछिद्र पर 0.2 सेमी तरंगदैर्ध्य की तरंग अभिलम्बवत् आपतित करने पर विवर्तन प्रतिरूप में केन्द्रीय उच्चिष्ठ के अर्धकोणीय विस्तार का मान होगा

(a) 90° (b) 0°

(c) 60° (d) 30°

14. प्रकाश का विवर्तन प्रभाव व्यक्त करता है कि

(a) प्रकाश अनुदैर्ध्य तरंग गति है

(b) प्रकाश की क्वांटम प्रकृति है

(c) प्रकाश अनुप्रस्थ तरंग गति है

(d) प्रकाश तरंग गति है

15. यदि $R_1, R_2, R_3, R_4, R_5 \ldots$ क्रमश: I, II, III, IV तथा V अर्द्धवर्ती कटिबन्धों के आयाम हैं तो निम्न में से असत्य है

(a) $R_1 > R_2 > R_3 > R_4 > R_5$ (b) $R_1 = \frac{R_3 + R_2}{2}$

(c) $R_2 = \frac{R_1 + R_3}{2}$ (d) $R_4 = \frac{R + R_5}{2}$

16. एकल रेखाछिद्र से उत्पन्न विवर्तन प्रतिरूप में उत्तरोतर उच्चिष्ठों की तीव्रताओं का अनुपात होगा

(a) $1 : \frac{4}{9\pi^2} : \frac{4}{25\pi^2}$ (b) $1 : \frac{4}{\pi^2} : \frac{9}{\pi^2}$

(c) 1 : 4 : 9 (d) 1 : 2 : 3

17. यदि वृत्ताकार द्वारक से प्रथम तथा द्वितीय अर्द्धावर्ती कटिबन्ध ही गुजरते हैं तो केन्द्र बिन्दु पर आयाम होगा

(a) $R_1 - R_2$ (b) $R_1 + R_2$

(c) $\frac{R_1}{2}$ (d) $\frac{R_3}{2}$

18. 6000 Å तरंगदैर्ध्य का समतल तरंगाग्र 0.09 सेमी त्रिज्या वाले वृत्ताकार द्वारक में से गुजरता है। प्रथम अधिकतम तीव्रता अक्ष के अनुदिश जिस

दूरी पर प्राप्त होगी वह है

(a) 1.35 मिमी (b) 1.35 किमी

(c) 1.35 सेमी (d) 1.35 मी

19. तीसरे अर्द्धावर्ती कटिबन्ध का क्षेत्रफल होगा

(a) $\sqrt{2b\lambda}$ तथा $\sqrt{3b\lambda}$ त्रिज्या की वृत्तों के बीच का क्षेत्रफल

(b) $4b\lambda$ तथा $3b\lambda$ त्रिज्या के वृत के मध्य का क्षेत्रफल

(c) $\sqrt{4b\lambda}$ तथा $\sqrt{2b\lambda}$ त्रिज्या की वृत्तों के बीच का क्षेत्रफल

(d) $\sqrt{4b\lambda}$ तथा $\sqrt{3b\lambda}$ त्रिज्या की वृत्तों के बीच का क्षेत्रफल

20. 64000Å तरंगदैर्ध्य के समतल तरंगाग्र से 4 मीटर दूरी पर स्थित प्रेक्षण बिन्दु पर चौथे कटिबन्ध की त्रिज्या का मान होगा

(a) 32×10^{-4} मिमी (b) 16×10^{-2} मी

(c) 32×10^{-4} मी (d) 32×10^{-4} सेमी

21. यदि किसी तरंग की तरंगदैर्ध्य अधिक है तो उससे प्रेक्षित विवर्तन होगा

(a) कम (b) अधिक

(c) बिल्कुल नहीं (d) आँकड़े उपलब्ध नहीं हैं

22. एक संकीर्ण प्रकाश स्रोत के कारण किसी बिन्दु पर तीव्रता 10 मात्रक है। यदि स्रोत तथा प्रेक्षण बिन्दु के मध्य ऐसा वृत्ताकार अवरोध रख दें जो प्रथम दो कटिबन्धों को ढ़क ले तो उसी बिन्दु पर तीव्रता होगी

[दिया है $0.09 \frac{R_2}{R_1} = \frac{R_3}{R_2} = \ldots . \frac{R_n}{R_{n-1}}$]

(a) 0.08 मात्रक (b) 0.008 मात्रक

(c) 0.8 मात्रक (d) 8.143 मात्रक

23. 0.2 सेमी त्रिज्या के वृत्ताकार द्वारक पर 4000Å का प्रकाश आपतित है। द्वारक से 1 मीटर की दूरी पर विवर्तन प्रतिरूप का केन्द्र होगा

(a) न दीप्त न प्रदीप्त (b) एक समान प्रदीप्त

(c) दीप्त (d) अदीप्त

24. प्रकाश का ध्रुवण पुष्टि करता है

(a) प्रकाश के अनुप्रस्थ प्रकृति की

(b) प्रकाश के अनुदैर्ध्य प्रकृति की

(c) प्रकाश के कणकावाद सिद्धान्त की

(d) प्रकाश के क्वान्टन प्रकृति की

25. यदि प्रकाश को परावर्तन द्वारा ध्रुवित किया जाता है तो परावर्तित व अपवर्तित प्रकाश के मध्य कोण होगा

(a) $\frac{\pi}{2}$ (b) $\frac{\pi}{4}$

(c) 2π (d) π

26. विद्युत-चुम्बकीय तरंगों के संचरण में संचरण की दिशा व ध्रुवण तल के मध्य कोण होगा

(a) $\frac{\pi}{4}$ (b) 0

(c) π (d) $\frac{\pi}{2}$

27. एक प्रकाश किरण काँच की प्लेट पर 60° के कोण पर टकराती है। यदि परावर्तित तथा अपवर्तित प्रकाश किरणें परस्पर लम्बवत् हों, तो काँच का अपवर्तनांक होगा

(a) $\frac{3}{2}$ (b) 1.732

(c) $\frac{1}{2}$ (d) $\sqrt{\frac{3}{2}}$

28. जब अध्रुवित प्रकाश एक समतल काँच की पट्टिका पर ब्रूस्टर कोण पर आपतित होता है, तो निम्न में से कौन सा कथन सही है?

(a) परावर्तित प्रकाश समतल ध्रुवित होता है किन्तु निर्गत प्रकाश अंशतः ध्रुवित होता है

(b) परावर्तित प्रकाश अंशतः ध्रुवित होता है किन्तु अपवर्तित प्रकाश समतल ध्रुवित होता है।

(c) परावर्तित तथा अपवर्तित किरणें पूर्णतः ध्रुवित होती है जिनके ध्रुवण परस्पर समान्तर होते हैं।

(d) परावर्तित तथा अपवर्तित किरणें पूर्णतः ध्रुवित होती है जिनके ध्रुवण परस्पर लम्बवत् होते हैं।

29. $2a^2$ तीव्रता का अध्रुवित किरण पुंज एक पतले पोलेरॉयड में से गुजरता है। यदि पोलेरॉयड में कोई अवशोषण नहीं होता तो निर्गत ध्रुवित प्रकाश की तीव्रता होगी

(a) $\sqrt{2}\, a^2$ (b) $\frac{a^2}{\sqrt{2}}$

(c) $2\, a^2$ (d) a^2

30. दो निकॉल के मुख्य तल 60° कोण पर व्यवस्थित है। आपतित अध्रुवित प्रकाश का प्रतिशत जो इस निकाय में से गुजरता है, होगा

(a) 12.5% (b) 37.5%

(c) 50% (d) 100%

31. अध्रुवित प्रकाश के एक किरण पुंज को पहले एक टूर्मेलीन क्रिस्टल A तथा बाद में दूसरे टूर्मेलीन क्रिस्टल B में से गुजारा जाता है। दोनों के मुख्य तल परस्पर समान्तर हैं। अंतिम निर्गत प्रकाश की तीव्रता I है। I का मान होगा

(a) $\frac{I_0}{2}$ (b) $\frac{I_0}{4}$

(c) $\frac{I_0}{8}$ (d) इनमें से काई नहीं

32. एक प्रकाश का आयाम A है तथा ध्रुवक विश्लेषक के मध्य कोण 60° है। विश्लेषक द्वारा परावर्तित प्रकाश का आयाम होगा

(a) $A\sqrt{2}$ (b) $A/\sqrt{2}$

(c) $\sqrt{3}A/2$ (d) $A/2$

33. जब प्रकाश द्वि अपवर्तक क्रिस्टल पर आपतित होता है, तो दो अपवर्तित किरणें-साधारण किरण (O-किरण) तथा असाधारण किरण (E-किरण) उत्पन्न होती हैं तो

(a) दोनों O-किरण तथा E-किरण आपतन तल के लम्बवत् ध्रुवित होती है।

(b) दोनों O-किरण तथा E-किरण आपतन तल में ध्रुवित होती हैं।

(c) E-किरण आपतन तल के लम्बवत् तथा O-किरण आपतन तल में ध्रुवित होती हैं।

(d) E-किरण आपतन तल में तथा O-किरण आपतन तल के लम्बवत् ध्रुवित होती हैं।

34. प्रकाश तरंगों को ध्रुवित किया जा सकता है क्योंकि उनकी

(a) आवृत्ति उच्च है

(b) तरंगदैर्ध्य उच्च है

(c) ये अनुप्रस्थ हैं

(d) इन्हें परावर्तित किया जा सकता है।

35. पानी के लिए ध्रुवण कोण 53° 4' है। यदि पानी के पृष्ठ पर प्रकाश इस कोण पर आपतित होकर परावर्तित हो जाता है तो अपवर्तन कोण होगा

(a) 36° 56' (b) 30° 4'

(c) 53° 4' (d) 126° 56'

36. जब समतल ध्रुवित प्रकाश को विश्लेषक में से गुजारा जाता है तथा विश्लेषक को 90° में घुमाया जाता है, तो निर्गत प्रकाश की तीव्रता

(a) परिवर्तित नहीं होती

(b) अधिकतम तथा शून्य के मध्य परिवर्तित होता है

(c) अधिकतम तथा न्यूनतम के मध्य परिवर्तित होती है

(d) शून्य होती है

उत्तरमाला

1. (b)	**2.** (b)	**3.** (b)	**4.** (c)	**5.** (c)	**6.** (d)	**7.** (c)	**8.** (c)	**9.** (a)	**10.** (c)
11. (d)	**12.** (d)	**13.** (d)	**14.** (d)	**15.** (b)	**16.** (a)	**17.** (a)	**18.** (d)	**19.** (a)	**20.** (c)
21. (b)	**22.** (d)	**23.** (d)	**24.** (a)	**25.** (a)	**26.** (b)	**27.** (b)	**28.** (a)	**29.** (d)	**30.** (a)
31. (a)	**32.** (b)	**33.** (b)	**34.** (c)	**35.** (a)	**36.** (b)				

हल

2. (b) $\because \beta \propto \frac{1}{d}$ $\therefore$ d का मान तीन गुणा करने पर β का मान $\frac{1}{3}$ गुना हो जायेगा।

3. (b) $\because$ $\frac{I_1}{I_2} = \frac{9}{1}$

$\therefore$ $\frac{a_1}{a_2} = \frac{3}{1}$

$$\frac{I_{max}}{I_{min}} = \frac{(a_1+a_2)^2}{(a_1-a_2)^2}$$

$$= \left(\frac{3+1}{3-1}\right)^2 = 4:1$$

4. (c) $\lambda = 5890 \times 10^{-10}$ मी

$$\frac{\lambda}{W_a} = \frac{\lambda'}{W_a'}$$

या $\lambda' = \frac{W_a'}{W_a}\lambda$

$$\lambda' = \frac{0.22 \times 3.14 \times 180 \times 5890 \times 10^{-10}}{180 \times 0.20 \times 3.14}$$

$= 6479$ Å

5. (c) संपोषी व्यतिकरण के लिए कलान्तर $= 2n\pi$ होना चाहिए जहाँ पर $n = 0, 1, 2, ...$

6. (d) $\frac{I_1}{I_2} =$

$$\frac{1}{4} = \left(\frac{a_1}{a_2}\right)^2$$

$$\frac{a_1}{a_2} = \frac{1}{2} = \frac{\sqrt{I_1}}{2\sqrt{I_1}}$$

$I_{max} = 9I_1$

$I_{min} = I_1$

7. (c) $I_{max} = (a+a)^2 = 4a^2 = I$ जब एक स्लिट को बन्द कर दिया जाता है तो

$I' = a^2 = I_0$

$\therefore$ $I = 4I_0$

8. (c) विस्पन्दों की संख्या = आवृत्तियों की संख्या में अन्तर

$= n_1 - n_2$

11. (d) $n_1\lambda_1 = n_2\lambda_2$

$70 \times 5800 = n_2 \times 4358$

या $n = 93$

13. (d) $\theta = \sin^{-1}\left(\frac{\lambda}{a}\right)$

$\theta = \sin^{-1}\left(\frac{1}{2}\right)$

$\theta = 30°$

18. (d) $b = \frac{r^2}{n\lambda}$

$$b = \frac{(0.09\times10^{-2})^2}{6\times10^{-7}} = 1.35 \text{ मी}$$

20. (c) $r_4 = \sqrt{4b\lambda} = \sqrt{4\times4\times6.4\times10^{-7}} = 32\times10^{-4}$ मी

22. (d) $I = \frac{R_1^2}{4}$ मात्रक

$$I' = \left(\frac{R_3}{2}\right)^2 = \left(\frac{R_3}{R_2}\times\frac{R_2}{R_1}\times\frac{R_1}{2}\right)^2$$

$= 0.95^4 \times 10 = 8.143$ मात्रक

23. (d) $n = \frac{r^2}{b\lambda} = \frac{4\times10^{-6}}{1\times4\times10^{-7}} = 10 =$ सम संख्या

इसलिए केन्द्र अदीप्त होगा

27. (b) $\mu = \tan i_p = \tan 60°$

$= \sqrt{3} = 1.732$

29. (d) निर्गत ध्रुवित प्रकाश की तीव्रता आपतित प्रकाश की आधी होती है। इसलिए

$$I' = \frac{2a^2}{2} = a^2$$

30. (a) प्रथम ध्रुवक से प्राप्त ध्रुवित प्रकाश की तीव्रता

$= \frac{100}{2} = 50$

मैलस के नियम से द्वितीय निकॉल से प्राप्त तीव्रता

$I = 50\cos^2 60°$

$= \frac{50}{4} = 12.5$

31. (a) $I' = \frac{I_0}{2}\cos^2 0° = \frac{I_0}{2}$

32. (b) आयाम होगा

$A\cos 60° = A/2$

35. (a) $i_p + r = 90°$

या $r = 90° - i_p$

$= 90° - 35°4' = 36°56'$

Previous Years' Problems

1. यंग के द्वि-स्लिट प्रयोग में स्लिटों के बीच का अन्तराल आधा तथा स्लिट व पर्दे के बीच की दूरी दुगुनी कर दी जाती है। फ्रिन्ज अन्तराल है :

(a) दुगुना (b) चार गुना
(c) अपरिवर्तित (d) आधा

[AIEEE 2002]

2. दो प्रकाश स्रोतो से प्राप्त व्यतिकरण की शर्त है :

(a) दोनों प्रकाश स्रोत एकसमान आयाम तथा एक समान तरंगदैर्ध्य, लगभग समान आयाम के तथा नियत कलान्तर के होने चाहिये
(b) दोनों प्रकाश स्रोतों के बीच कलान्तर अनियिमित रूप से परिवर्तित होना चाहिये
(c) दोनों प्रकाश स्रोत एकसमान तरंगदैर्ध्य के होने चाहिये।
(d) दोनों प्रकाश स्रोत एकसमान आयाम तथा एक समान तरंगदैर्ध्य के होने चाहिये

[AIEEE 2003]

3. वायु से काँच में (अपवर्तनांक n) परावर्तन के लिये आपतन कोण जिस पर परावर्तित प्रकाश पूर्णत: ध्रुवित रहता है, होगा :

(a) $\tan^{-1}(1/n)$ (b) $\tan^{-1}(n)$
(c) $\sin^{-1}(n)$ (d) $\sin^{-1}(1/n)$

[AIEEE 2004]

4. यंग के द्वि-स्लिट प्रयोग में स्लिटों के बीच का अन्तराल तरंग दैर्ध्य के **nqpso@cjcjysij1Bkfor C;frdjkmfp'Bh**(intrference maxima) की संख्या है :

(a) तीन (d) शून्य
(c) अनन्त (b) पाँच

[AIEEE 2004]

5. यंग के द्वि-स्लिट प्रयोग में एकवर्णी प्रकाश लेते हैं। पर्दे पर प्राप्त व्यतिकारी फ्रिन्जों का आकार हैं:

(a) दीर्घ परवलयाकार (b) वृत्ताकार
(c) ऋजुरेखीय (d) परवलयाकार

[AIEEE 2005]

6. यदि एक स्लिट विवर्तन प्रतिरूप में मुख्य उच्चिष्ठ (principle maxima) की तीव्रता I_0 है तब स्लिट की चौड़ाई दुगुनी कर दिये जाने पर इसकी तीव्रता कितनी होगी ?

(a) $2I_0$ (b) $4I_0$
(c) I_0 (d) $I_0/2$

[AIEEE 2005]

7. जब एक ध्रुवित शीट पर I_0 तीव्रता का अध्रुवित प्रकाश आपतित होता है तो प्रकाश की वह तीव्रता जो शीट से पारगमित नहीं होती है, होगी:

(a) $\frac{1}{2}I_0$ (b) $\frac{1}{4}I_0$

(c) Zero (d) I_0

[AIEEE 2005]

8. दो बिन्दु संकेत एक काले कागज पर पृथक-पृथक 1mm दूरी पर हैं। इन्हें छात्र की आँख से देखा जाता है जिसका व्यास (pupil diameter) 3mm है। इन बिन्दु संकेतों को आँख से पृथक-पृथक देखने (resolve) के लिये आँख की इन संकेतों से अधिकतम दूरी कितनी है? (प्रकाश की तरंग दैर्घ्य = 500 nm लें)

(a) 5m (b) 1m
(c) 6m (d) 3m

[AIEEE 2005]

9. यंग के द्वि-स्लिट प्रयोग में उस बिन्दु पर तीव्रता I है, जहाँ पथान्तर $\lambda/6$ हैं। (λ प्रयोग में लिये गये प्रकाश की तरंग दैर्घ्य है) यदि अधिकतम तीव्रता को I_0 से प्रदर्षित करते हैं, तब $\frac{I}{I_0}$ बराबर होता है :

(a) $\frac{\sqrt{3}}{2}$ (b) $\frac{1}{2}$

(c) $\frac{3}{4}$ (d) $\frac{1}{\sqrt{2}}$

[AIEEE 2007]

निर्देश - प्रश्न 19, 20 एवं 21 निम्न पैराग्राफ पर आधारित है।

इलेक्ट्रॉन तरंग का गुण रखते हैं क्योंकि इनका विवर्तन होता है। डेविसन तथा जर्मन् ने इसे इलेक्ट्रॉनों के क्रिस्टलों द्वारा विवर्तन से सिद्ध किया। इलेक्ट्रॉन के विवर्तन से सम्बन्धित नियमों को क्रिस्टलों की रचनात्मक क्रिस्टल में परमाणुओं द्वारा इलेक्ट्रॉन तरंगों को परावर्तित करके प्राप्त करते है। (चित्र देखें)।

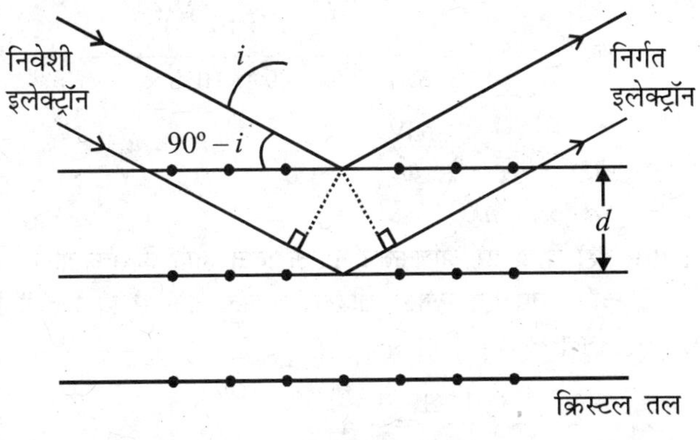

[AIEEE 2008]

10. विभव V पर त्वरित इलेक्ट्रॉनों का क्रिस्टल द्वारा विवर्तन किया जाता है। यदि d = 1Å तथा i = 30 तब V लगभग होगा ($h = 6.6 \times 10^{-34}$ जूल सेकेण्ड, $m = 0.1 \times 10^{-31}$ किग्रा, $e = 1.6 \times 10^{-19}$ कूलॉम)

(a) 500V (b) 1000V
(c) 2000V (d) 50V

[AIEEE 2008]

11. जब एक-दूसरे से d दूरी स्थित क्रिस्टलों तलों पर सामान्य से i कोण पर इलेक्ट्रॉन पुंज आपतित होता है तो प्रबल विवर्तन शिखर (Peak) प्राप्त होता है। (चित्र देखें) इलेक्ट्रॉन की दे ब्रोगली तरंग दैर्घ्य की गणना निम्न सम्बन्ध से कर सकते है। (जहाँ n एक पूर्णाक है।)

(a) $2d \sin i = n\lambda_{dB}$ (b) $d \cos i = n\lambda_{dB}$
(c) $d \sin i = n\lambda_{dB}$ (d) $2d \cos i = n\lambda_{dB}$

[AIEEE 2008]

12. एक प्रयोग में इलेक्ट्रॉन d चौड़ाई की एक स्लिट से प्रवाहित किये जाते हैं जो इनकी दे-ब्रोगली तरंगदैर्घ्य की कोटि की है। ये स्लिट से D दूरी पर रखी स्क्रीन द्वारा पहचाने जाते हैं। (चित्र देखें) निम्न में से कौन-सा ग्राफ पहचाने गये इलेक्ट्रॉनों की संख्या N को संसूचक की स्थिति y के पदों के रूप में व्यक्त करता है। ($y = 0$ स्लिट के मध्य के संगत है।)

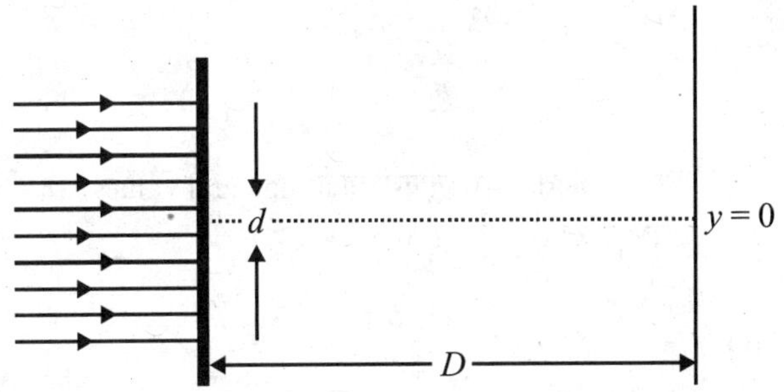

(a) 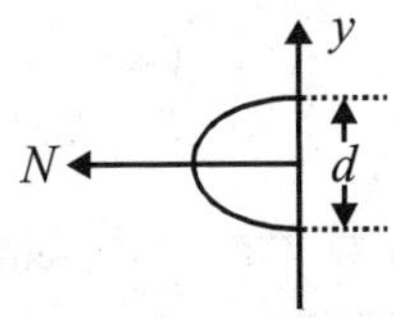

(b) 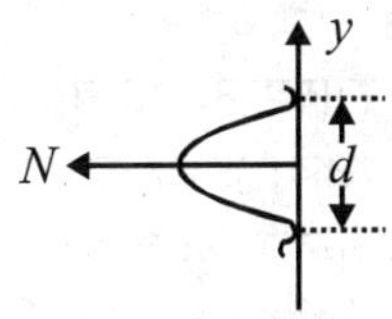

(c) 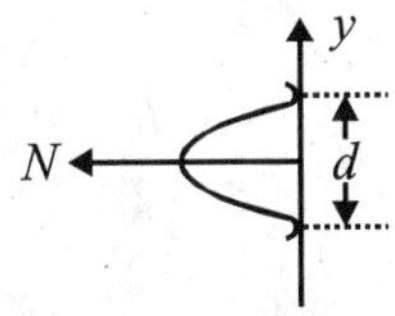

(d) 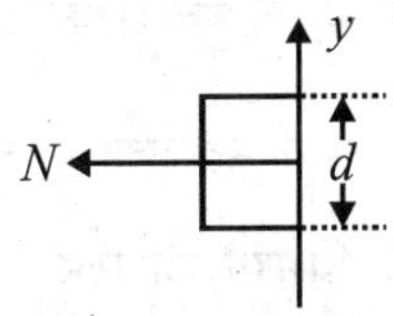

[AIEEE 2008]

13. उत्तल लैंस की फोकस दूरी ज्ञात करते समय एक विद्यार्थी लैंस से पिन की दूरी u तथा प्रतिबिम्ब की दूरी v नापता है। विद्यार्थी द्वारा u तथा v के मध्य खींचा गया ग्राफ होगा-

(a) 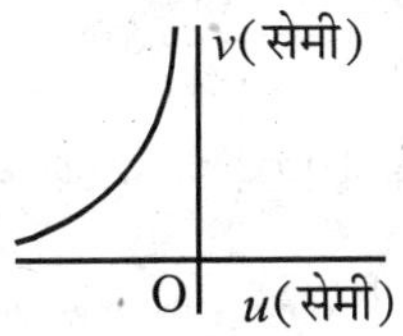

(b) 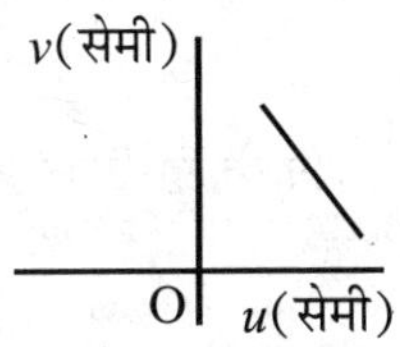

(c) 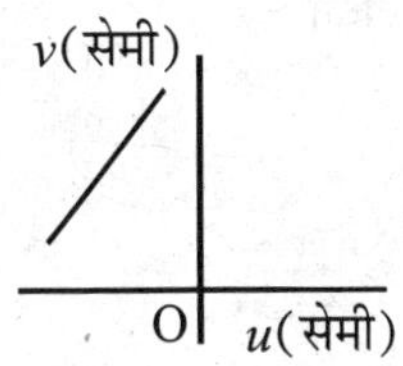

(d) 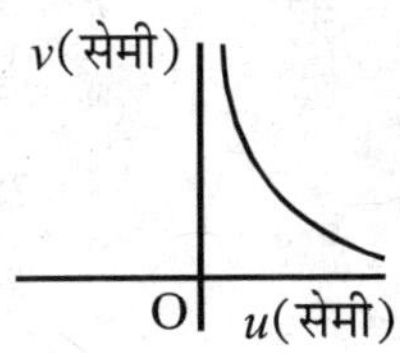

[AIEEE 2008]

उत्तरमाला

1. (b)	2. (a)	3. (b)	4. (d)	5. (c)	6. (c)	7. (a)	8. (a)	9. (c)	10. (d)
11. (d)	12. (b)	13. (a)							

हल

2. (a) दोनों प्रकाश स्रोत एकसमान तरंगदैर्घ्य, लगभग बराबर आयाम और नियम कलान्तर में स्थापित होने चाहिए।

3. (b) ब्रेवैस्टर (Brewster's) के नियमानुसार,

$$n = \tan i_p$$

$$\therefore \quad i_p = \tan^{-1}(n)$$

4. (d) व्यतिकारी उच्चिष्ठों के लिये,

$$d\sin\theta = n\lambda$$

यहाँ $d = 2\lambda$

$$\therefore \quad \sin\theta = \frac{n}{2}$$

और यह n के पाँच गुणज मानो (integral values) के लिये सन्तुष्ट होता है (–2, –1, 0, 1, 2)

6. (c) $$I = I_0\left(\frac{\sin\phi}{\phi}\right)^2$$

जहाँ ϕ पथान्तर है।

मुख्य उचिष्ठ के लिये, $\phi = 0$

अतः तीव्रता समान रहेगी ($= I_0$)

स्लिट की चौड़ाई में वृद्धि करने से केन्द्र शिखर (central peak) अधिक पतला (narrow) हो जायेगा।

7. (a) ध्रुवित प्रकाश की तीव्रता $= I_0/2$

पारगमित प्रकाश की तीव्रता $= I_0 - \frac{I_0}{2} = \frac{I_0}{2}$

8. (a) विभेदन की सीमा

$$\sin\theta = \theta = \frac{y}{D} = \frac{1.2\lambda}{d}$$

अथवा $$D = \frac{yd}{1.22\lambda}$$

$$= \frac{10^{-3}\times 3\times 10^{-3}}{(1.22)\times 5\times 10^{-7}} = \frac{30}{6.1} = 5\,\text{m}$$

9. (c) यंग के द्वि-स्लिट प्रयोग में किसी बिन्दु पर प्रकाश की तीव्रता

$$I = I_0\cos^2\left(\frac{\phi}{2}\right)$$

जहाँ I_0 = अधिकतम तीव्रता

ϕ = कलान्तर

तथा $$\phi = \frac{2\pi}{\lambda}\times \text{पथान्तर}$$

$$= \frac{2\pi}{\lambda}\times\frac{\lambda}{6} = \frac{\pi}{3}$$

$$\therefore \quad I = I_0\cos^2\left(\frac{\pi}{6}\right)$$

अथवा $$\frac{I}{I_0} = \cos^2 30° = \left(\frac{\sqrt{3}}{2}\right)^2 = \frac{3}{4}$$

10. (d) $$2d\sin(90° - i) = n\lambda$$

प्रथम कोटि के विवर्तन प्रक्रम के लिये $n = 1$

तथा ज्ञात है कि $d = 1\text{Å} = 10^{-10}\,\text{m}; i = 30°$

$$\therefore \quad 2\times 10^{-10}\sin 60° = \lambda$$

या $$\lambda = \sqrt{3}\times 10^{-10}\,\text{m}$$

डी-ब्रोगली तरंगदैर्घ्य $\lambda = \frac{h}{mv}$

जहाँ $$\frac{1}{2}mv^2 = eV$$

या $$v = \sqrt{\frac{2eV}{m}}$$

$$\therefore \quad \lambda = \frac{h}{\sqrt{2meV}} = \sqrt{3}\times 10^{-10}\,\text{m}$$

या $$V = \frac{(6.6\times 10^{-34})^2}{3\times 10^{-20}\times 2\times 9.1\times 10^{-31}\times 1.6\times 10^{-19}}$$

$$= 50\text{V}$$

11. (d) $2d\sin(90° - i) = n\lambda_{dB}$

$2d\cos i = n\lambda_{dB}$

12. (b) यहाँ केन्द्र पर अधिकतम तीव्रता प्राप्त होगी जिसके दोनों ओर अधिकतम एवं न्यूनतम तीव्रताएँ एकांतर क्रम से प्राप्त होती है।

13. (a) उत्तल लैंस के लिये सूत्र,

$$\frac{1}{v} - \frac{1}{u} = \frac{1}{f} \text{ से,}$$

यदि u बढ़ता है तब ऋणात्मक दिशा में v घटता है अतः

$$\frac{1}{v} - \frac{1}{u} = \text{नियतांक}$$

तथा, $$v = \frac{fu}{u - f}$$

अर्थात्, v में वृद्धि के साथ-v रेखीय रूप से नही घटता।

□□□

अध्याय

20

स्थिर वैद्युतिकी

(Electrostatics)

कूलॉम का नियम (Coulomb's Law)

- इसके अनुसार किन्हीं दो बिन्दु आवेशों के बीच लगने वाला आकर्षण व प्रतिकर्षण बल

$$F \propto q_1 q_2$$

$$\propto \frac{1}{r^2}$$

$$F = \frac{k q_1 q_2}{r^2}$$

जहाँ k को कूलॉम नियताँक कहते हैं। इसका मान आवेशों के बीच माध्यम तथा प्रयुक्त होने वाली मात्रक पद्धति पर निर्भर करता है।

C.G.S. System में इसका मान

$$= \frac{1}{4\pi\varepsilon_0} = 9 \times 10^9 \frac{\text{न्यूटन मी}^2}{\text{कूलॉम}^2}$$

होता है।

जहाँ पर ε_0 को निर्वात की परावैद्युतांक या विद्युतशीलता कहते हैं जिसका मान $8.85 \times 10^{-12} \frac{\text{कूलॉम}^2}{\text{न्यूटन मी}^2}$ होता है।

पैरावैद्युत में कूलॉम का नियम :

$$F = \frac{1}{4\pi\varepsilon_0 k} \frac{q_1 q_2}{r^2}$$

जहाँ k को माध्यम का पैरावैद्युतांक कहते हैं।

- कूलॉम का नियम –
  - केवल स्थिर तथा बिन्दु आवेशों के लिए लागू होता है। ठोस पदार्थ तथा गतिमान आवेशों के लिए लागू नहीं होता।
  - यह नियम 10^{-11} मीटर से लेकर 10^{-15} तक लागू होता है।
  - यदि किसी आवेश q को दो भागों में विभाजित करके किसी निश्चित दूरी पर रखें हों तो उनके बीच अधिकतम बल होने के लिए प्रत्येक भाग का मान $q/2$ होना चाहिये।

परावैद्युतांक या विद्युतशीलता :

$$\varepsilon_r = \frac{\text{माध्यम की निरपेक्ष विद्युतशीलता या परावैद्युतांक}}{\text{निर्वात या वायु की विद्युतशीलता या परावैद्युतांक}} = \frac{e}{e_0}$$

$$= \frac{\text{परावैद्युत माध्यम में संधारित्र की धारिता}}{\text{निर्वात में संधारित्र की धारिता}} = \frac{C}{C_0}$$

$$= \frac{\text{निर्वात में विद्युत क्षेत्र की तीव्रता}}{\text{परावैद्युत माध्यम में विद्युत क्षेत्र की तीव्रता}} = \frac{E_0}{E}$$

$$= \frac{\text{निर्वात में विद्युत विभव}}{\text{परावैद्युत माध्यम में विद्युत विभव}} = \frac{V_0}{V}$$

$$= \frac{\text{निर्वात् में दो आवेशों के मध्य वि.ब. या कूलाम बल}}{\text{परावैद्युत माध्यम में उन्हीं दो आवेशों के मध्य वि.ब. या कूलॉम बल}} = \frac{F_0}{F}$$

$$= \frac{\text{निर्वात में संधारित्र की प्लेटों के मध्य संचित स्थितिज ऊर्जा}}{\text{परावैद्युत माध्यम में संधारित्र की प्लेटों के मध्य संचित ऊर्जा}} = \frac{U_0}{U}$$

- यदि दो आवेश R दूरी पर स्थित हैं। यदि दोनों के बीच $\frac{R}{2}$ मोटाई की ताँबें की प्लेट रख दें तब प्रभावी बल का मान शून्य हो जायेगा। क्योंकि ताँबें के लिए K का मान ∞ होता है।

वैद्युत क्षेत्र की तीव्रता (Intensity fo Electric Field)

- वैद्युत क्षेत्र में किसी बिन्दु पर रखे एकांक धन-आवेश पर लगने वाले बल को **वैद्युत क्षेत्र की तीव्रता** $(\vec{E})$ कहते हैं।
- यदि किसी बिन्दु आवेश q तथा परीक्षण आवेश q_0 के बीच दूरी r हो, तो

$$E = \frac{1}{4\pi\mu_0 K} \frac{q}{r^2}$$

- E का मात्रक न्यूटन/कूलॉम, वोल्ट मीटर होता है।
- विमा $[ML^1T^{-3}A^{-1}]$ होती है।

- विद्युत क्षेत्र में रखे एकांक अनुप्रस्थ क्षेत्रफल से गुजरने वाले विद्युत फलक्स ϕ को विद्युत क्षेत्र की तीव्रता कहते हैं।
- जिस दिशा में एकांक धनावेश गति करता है वह $\vec{E}$ की दिशा होती है।
- यदि परीक्षण आवेश q_0 है तो $\vec{E}$ की दिशा $\vec{F}$ की दिशा में होगी अर्थात् चालक पृष्ठ के लम्बवत् बाहर ही तरफ (आवेश से दूर)
- यदि परीक्षण आवेश q_0 ऋणात्मक है तो $\vec{E}$ की दिशा $\vec{F}$ की दिशा के विपरीत होगी अर्थात् चालक पृष्ठ के लम्बवत् अन्दर की तरफ होगी।

सतत आवेश वितरण के कारण विद्युत क्षेत्र (Electric Field due to Continuous Charge Distribution) :

$$E = \frac{1}{4\pi\varepsilon_0}\int\frac{dr}{r^2}$$

- यह विद्युत क्षेत्र बिन्दु आवेशों के कारण, रेखीय आवेश वितरण (λdl) पृष्ठीय आवेश वितरण (σds) और आयतन आवेश वितरण (ρdV) के कारण होता है।

आवेशित छड़ के कारण विद्युत क्षेत्र (Electric Field due to a Charged Rod)

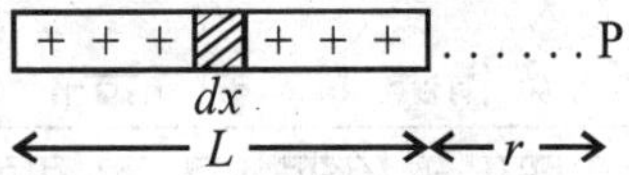

$$E = \frac{1}{4\pi\varepsilon_0}\cdot\frac{qL}{r(r+L)}$$

आवेशित वलय के कारण विद्युत क्षेत्र (Electric Field due to a Charged Ring) :

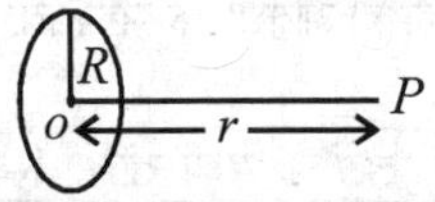

$$E = \frac{1}{4\pi\varepsilon_0}\cdot\frac{qr}{(R^2+r^2)^{3/2}}$$

विद्युत फलक्स (Electric Flux) :

- विद्युत अनुप्रस्थ क्षेत्रफल में से गुजरने वाली विद्युत बल रेखाओं की संख्या को विद्युत फ्लक्स कहते हैं। यह एक अदिश राशि है।
- किसी अति सूक्ष्म क्षेत्रफल $d\vec{S}$ से निर्गत विद्युत फ्लक्स

$$d\phi = \vec{E}\cdot d\vec{S} = EdS\cos\theta$$

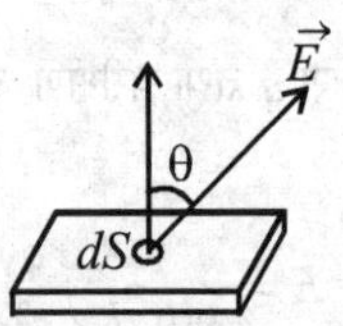

- यदि विद्युत क्षेत्र बन्द पृष्ठ या सतह के समान्तर है तब
$\theta = 0$ तथा $\phi = 0$
- यदि $\vec{E}$ तथा $d\vec{S}$ दोनों एक ही दिशा में हों तब ϕ का मान अधिकतम होता है।

$$\phi = ES$$

- यदि $\vec{E}$ तथा $d\vec{S}$ दोनों विपरीत दिशा में हों तब ϕ का मान ऋणात्मक होता है।

$$\phi = -ES$$

- विद्युत फ्लक्स का मात्रक वोल्ट-मीटर तथा $\frac{\text{न्यूटन मी}^2}{\text{कूलॉम}^2}$ होते हैं।
- इसकी विमा $[ML^3T^{-3}A^{-1}]$ होती है।

विद्युत क्षेत्र में गाउस का नियम (Gauss's Law in an Electric Field)

- किसी बन्द पृष्ठ से निर्गत कुल विद्युत फ्लक्स का मान उस पृष्ठ द्वारा परिबद्ध आवेश का $\frac{1}{\varepsilon_0}$ गुना होता है।

किसी भी बन्द पृष्ठ के लिए

$$\phi = \oint\vec{E}\,\vec{ds} = \frac{q}{\varepsilon_0}$$

- q केवल बन्द पृष्ठ के भीतर आवेश है।
- ϕ का मान पृष्ठ के भीतर परिबद्ध आवेश पर निर्भर करता है। इसका मान पृष्ठ के क्षेत्रफल, आकृति, आकार पर निर्भर नहीं करता। यदि किसी पृष्ठ के भीतर
  - कोई आवेश परिबद्ध नहीं है
  - द्विध्रुव परिबद्ध है,
  - घन तथा ऋण आवेशों का मान बराबर होता है।
  - तब फ्लक्स का मान शून्य होता है।
- यदि कोई आवेश घन के कोने पर रखा हुआ है, तब घन से निर्गत

$$\phi = \frac{q}{8\varepsilon_0}$$

- यदि कोई आवेश अर्द्ध गोले जिसका त्रिज्या r है। तब

$$\phi = \pi r^2 E$$

- यदि कोई आवेश किसी वर्ग के केन्द्र पर स्थित है, तब वर्ग की प्रत्येक भुजा पर

$$\phi = \frac{q}{4\varepsilon_0}$$

- वर्ग में आमने सामने की एक भुजा से निर्गत विद्युत फ्लक्स

$$\phi = \frac{q}{6\varepsilon_0}$$

- यदि आवेश किसी घन के फ्लक के केन्द्र पर रखा हुआ है तब

$$\phi = \frac{q}{2\varepsilon_0}$$

ध्यान दें

- $\oint\vec{E}.\vec{dS}$ सम्पूर्ण विद्युत क्षेत्र है। यह कुछ सतह के अन्दर के आवेश

के कारण तथा कुछ सतह के बाहर के आवेश के कारण होता है यदि गॉउसियन सतह द्वारा कोई आवेशबद्ध नहीं है

$$\oint \vec{E}.\vec{dS} = 0$$

- $\vec{E}$ सभी आवेशों के कारण है। जो गॉउसियन सतह के अन्दर और बाहर है। गॉउसियन सतह के बाहर उपस्थित आवेश के कारण सतह से शून्य नैट फ्लक्स होगा।

विद्युत विभव (Electric Potential)

- किसी इकाई परीक्षण आवेश को विद्युत क्षेत्र की विपरीत दिशा में अनन्त से किसी बिन्दु तक लाने में किए गए कार्य को विद्युत विभव कहते हैं।

$$V_p = -\frac{W}{q_0}$$

- विद्युत विभव एक अदिश राशि है। इसका मात्रक वोल्ट या जूल/कूलॉम होते हैं। इसकी विमा $[ML^2T^{-3}A^{-1}]$ होती है।
- विभव का मान अनन्त पर शून्य होता है।
- विभव आवेश की मात्रा, चालक के परित माध्यम चालक के क्षेत्रफल तथा चालक के समीप अन्य चालक की उपस्थिति पर निर्भर करता है। इसका मान आवेश गमन के पथ पर निर्भर नहीं करता।
- विद्युत क्षेत्र में किसी बिन्दु पर विद्युत विभव, $\vec{E}$ के ऋणात्मक समाकलन (∞ से r) के बराबर होता है।

$$V = -\int_{\infty}^{r} \vec{E}.\vec{dr}$$

चूँकि विभव एक अदिश राशि है। इसलिए बिन्दु आवेशों के समूह के कारण विभव

$$V = \frac{1}{4\pi\varepsilon_0}\left\{\frac{q_1}{r_1} + \frac{q_2}{r_2} + ... + \frac{q_n}{r_n}\right\}$$

ध्यान दें

- $\vec{E} = \text{grad } V \left(E = -\frac{dV}{dr} \right)$

विद्युत क्षेत्र तथा विद्युत विभव में सम्बन्ध (Relation between Electric Intensity and Electric Potential)

- विद्युत क्षेत्र की तीव्रता विभव प्रवणता के ऋणात्मक मान के बराबर होती है।

  यदि $V =$ नियत हो, तो $E = 0$ होगा।

रेखीय आवेश घनत्व (λ) :

- चालक की इकाई लम्बाई पर उपस्थित आवेश की मात्रा को आवेश घनत्व कहते हैं।

$$\lambda = \frac{\text{कुल आवेश}}{\text{चालक की लम्बाई}} = \frac{q}{l}$$

वैद्युत द्विध्रुव (Electric Dipole)

- यदि दो बराबर और विपरीत आवेश $+q$ तथा $-q$ परस्पर $2l$ दूरी पर रखे हों, तो ऐसी व्यवस्था को **वैद्युत द्विध्रुव** कहते हैं। इसका आघूर्ण,

$$p = q \times 2l \text{ कूलॉम-मीटर}$$

$$\vec{P} = q$$

- मात्रक कूलॉम मीटर विमा $[M^0L^1T^1A^1]$ होती है।
- **एकसमान विद्युत क्षेत्र में विद्युत द्विध्रुव (Electric Dipole in Uniform Electric Field) :**

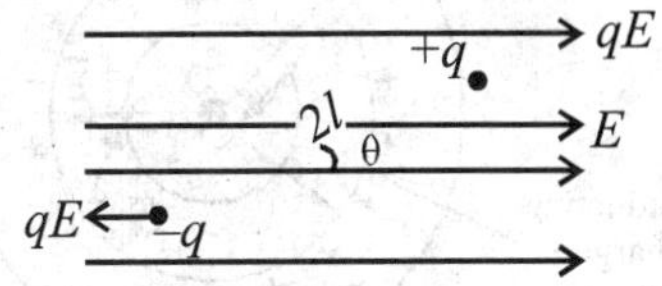

द्विध्रुव पर बलयुग्म $\tau = pE\sin\theta$

$$\vec{\tau} = \vec{p} \times \vec{E}$$

द्विध्रुव को घुमाने में कृत कार्य

$$W = pE(\cos\theta_1 - \cos\theta_2) \quad \text{(सामान्य सूत्र)}$$

यदि इसे $\theta = 0$ से $\theta = \theta$ तक घूमाया जाए, तो

$$W = pE(1 - \cos\theta)$$

स्थितिज ऊर्जा

$$\theta_1 = 90°$$
$$\theta_2 = \theta$$
$$U = pE(\cos 90° - \cos\theta) = -pE\cos\theta$$
$$U = -\vec{p}\cdot\vec{E}$$

- **वैद्युत द्विध्रव द्वारा उत्पन्न वैद्युत क्षेत्र की तीव्रता तथा विभव:**
  - **अक्षीय स्थिति (End on position) :** द्विध्रुव के मध्य बिन्दु से r दूरी पर तथा आवेशों को मिलाने वाले अक्ष पर स्थित किसी बिन्दु पर,

$$\vec{E} = \frac{1}{4\pi\mu_0 k} \cdot \frac{2pr}{(r^2 - t^2)^2}$$

तथा

$$V = \frac{1}{4p\mu_0 k} \cdot \frac{p}{(r^2 - t^2)^2}$$

  - **निरक्षीय स्थिति (Broad side on position) :** द्विध्रुव के दोनों आवेशों को मिलाने वाली रेखा के मध्य बिन्दु से r दूरी तथा उसके लम्बवत् रेखा पर स्थित किसी बिन्दु पर,

$$\vec{E} = \frac{1}{4p\mu_0 k} \cdot \frac{p}{(r^2 - t^2)^{3/2}}$$

$$V = \frac{1}{4p\mu_0 k} \cdot \frac{p}{r^3}$$

गोलाकार चालक (ठोस या खोखला) के कारण विद्युत क्षेत्र तथा विद्युत विभव

Electric Field Intensity and Electric Potential Due to a Uniformaly Charge (Sperical or Solid) Shell

- आवेशित चालक गोले के कारण विभिन्न बिन्दुओं पर विद्युत क्षेत्र की तीव्रता–

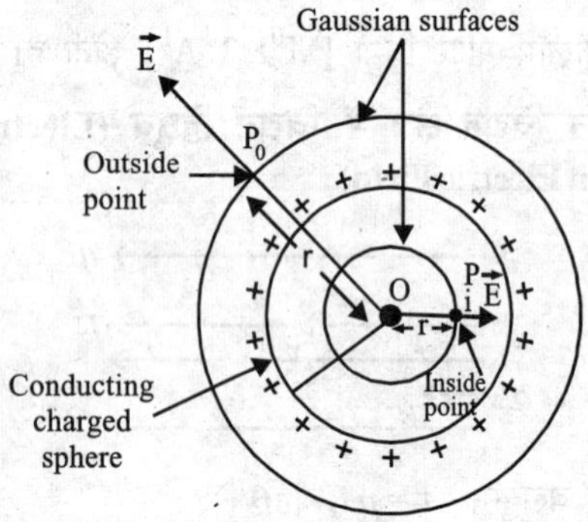

- जब बिन्दु गोले के बाहर स्थित हो अर्थात $r > R$

$$\vec{E}_{out} = \frac{kq}{r^2}\hat{r} = \frac{q\hat{r}}{4\pi\varepsilon_0 r^2}$$

$$\therefore \quad E_{out} \propto \frac{1}{r^2}$$

$$V = k\frac{q}{r} = \frac{1}{4\pi\varepsilon_0}\frac{q}{r} \qquad V \propto \frac{1}{r}$$

- जब बिन्दु गोले के पृष्ठ पर स्थित होता है तब वैद्युत क्षेत्र की तीव्रता का मान अधिकतम होता है। अर्थात् $r = R$

$$E = k\frac{q}{r^2} = \frac{1}{4\pi\varepsilon_0}\frac{q}{r^2}$$

$$V = k\frac{q}{R}$$

- जब बिन्दु गोले के भीतर स्थित होता है तब

$$E_{inner} = 0$$

$$V_{inner} = k\frac{q}{R}$$

- गोले के केन्द्र पर वैद्युत क्षेत्र की तीव्रता

$$E = 0$$

$$V = k\frac{q}{R}$$

- अनन्त पर वैद्युत क्षेत्र की तीव्रता तथा वैद्युत विभव दोनों का मान अनन्त होता है।

ठोस आवेशित कुचालक गोले के कारण विद्युत क्षेत्र की तीव्रता तथा विद्युत विभव

Electric Field Intensity due to a Non-conducting Charged Solid Sphere

- जब बिन्दु गोले से बाहर स्थित है तब

$$\vec{E}_{out} = \frac{kq}{r^2}\hat{r} = \frac{q\hat{r}}{4\pi\varepsilon_0 r^2}$$

$$\therefore \quad E_{out} \propto \frac{1}{r^2}$$

$$V = k\frac{q}{r} = \frac{1}{4\pi\varepsilon_0}\frac{q}{r} \qquad V \propto \frac{1}{r}$$

- जब बिन्दु गोले के पृष्ठ पर स्थित होता है तब वैद्युत क्षेत्र की तीव्रता का मान अधिकतम होता है। अर्थात् $r = R$

$$E = k\frac{q}{r^2} = \frac{1}{4\pi\varepsilon_0}\frac{q}{r^2}$$

$$V = k\frac{q}{R}$$

- जब बिन्दु गोले के भीतर स्थित होता है तब

$$E_{inner} = \frac{1}{4\pi\varepsilon_0}\frac{q}{R^3}$$

$$V_{inner} = k\frac{q\,(3r^2 - R^2)}{2R^3} = \frac{1}{4\pi\varepsilon_0}\frac{q\,(3r^2 - R^2)}{2R^3}$$

- गोले के केन्द्र पर वैद्युत क्षेत्र की तीव्रता

$$E = 0$$

$$V_c = \frac{3}{2}k\frac{q}{R}$$

$$V_c = \frac{3}{2} \times \text{गोले के पृष्ठ पर वैद्युत विभव}$$

- अनन्त पर वैद्युत क्षेत्र की तीव्रता तथा वैद्युत विभव दोनों का मान अनन्त होता है।

आवेश की समतल चादर के निकट वैद्युत क्षेत्र की तीव्रता :

Electric Field Intensity due to a Plane Sheet of Charge

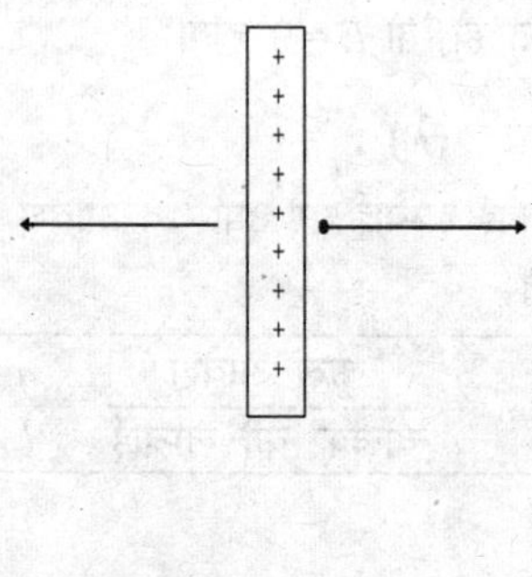

- चादर के निकट समस्त बिन्दुओं पर वैद्युत क्षेत्र की तीव्रता का मान समान होगा

$$E = \frac{\sigma \hat{n}}{2\varepsilon_0}$$

- आवेशों की दो समतल तथा समान्तर चादरों के बीच वैद्युत क्षेत्र की तीव्रता यदि प्रक्षेपण बिन्दु दोनों विपरीत आवेशों के बीच स्थित हो, तब वैद्युत क्षेत्र की तीव्रता

$$E = \frac{\sigma}{\varepsilon_0}$$

- E का मान P की स्थिति पर निर्भर नहीं करता।
- यदि प्रक्षेपण बिन्दु चादरों के बाहर स्थित हो

$$E = 0$$

- यदि दोनों चादरों पर समान प्रवृत्ति का आवेश हो तब चादरों के भीतर किसी बिन्दु पर वैद्युत क्षेत्र की तीव्रता का मान शून्य होता है।
- यदि दोनों बिन्दु समान आवेश की चादरों के एक ओर स्थित हों तब वैद्युत क्षेत्र की तीव्रता

$$E = \frac{\sigma}{\varepsilon_0}$$

- समान रूप से आवेशित वृत्ताकार वलय में वैद्युत क्षेत्र की तीव्रता
- वलय की अक्ष पर वलय के केन्द्र से r दूरी पर स्थित बिन्दु पर वैद्युत क्षेत्र की तीव्रता

$$E = k\frac{qr}{(R^2 + r^2)^{3/2}}$$

- वलय के केन्द्र पर वैद्युत क्षेत्र की तीव्रता का मान शून्य होता है।
- पृष्ठ पर वैद्युत क्षेत्र की तीव्रता

$$E = k\frac{q}{R^3}$$

वैद्युत स्थितिज ऊर्जा (Electric Potential Energy)

- आवेशों के किसी निकाय की स्थितिज ऊर्जा उस कार्य के बराबर होती है जो उन आवेशों को अनन्त से परस्पर समीप लाकर निकाय की रचना बनाने में किया जाता है।

$$U = \frac{q}{4\pi\varepsilon_0 r}$$

n आवेशों के निकायों के लिए,

$$U = \frac{1}{4\pi\varepsilon_0}\sum_{i=j}^{n}\sum_{j>i}^{n}\frac{q_i q_j}{rij}$$

- यदि दो समान प्रवृत्ति के आवेशों को एक दूसरे के समीप लाया जाता है तो प्रतिकर्षण के विरुद्ध कार्य करना पड़ेगा जिससे निकाय की स्थितिज ऊर्जा बढ़ती है। यदि इन्हें एक दूसरे से दूर ले जाते हैं, तो स्थितिज ऊर्जा घटती है।
- यदि विपरीत प्रवृत्ति के आवेशों को समीप लाया जाता है तो इस स्थिति में System स्वयं कार्य करता है जिससे स्थितिज ऊर्जा घटती है यदि इन्हें एक दूसरे से दूर ले जाएं तो System पर कार्य करना पड़ेगा। जिससे स्थितिज ऊर्जा बढ़ेगी।
- R त्रिज्या के आवेशित गोलाकार चालक के चारों तरफ उत्पन्न वैद्युत क्षेत्र से बद्ध स्थितिज ऊर्जा

$$U = \frac{Q^2}{8\pi\varepsilon_0 R}$$

- R त्रिज्या के आवेशित गोलाकार अचालक के चारों तरफ उत्पन्न वैद्युत क्षेत्र से बद्ध स्थितिज ऊर्जा

$$U = \frac{3}{5}\left(\frac{Q^2}{4\pi\varepsilon_0 R}\right)$$

एक समान वैद्युत क्षेत्र में आवेशित कण की गति

- जब कोई आवेशित कण एक समान वैद्युत क्षेत्र में प्रवेश करता है तो उस पर दो बल कार्य करते हैं।
  (i) गुरुत्वीय बल $= mg$
  (ii) वैद्युत बल $= qE$
- यदि ये दोनों बल परस्पर समान और विपरीत दिशा में हों तो कण सन्तुलन की अवस्था में आ जायेगा।
- यदि कण घनावेशित हो तब वह वैद्युत क्षेत्र की दिशा में चलने की कोशिश करता है।
- यदि कोई वैद्युत आवेशित कण वैद्युत क्षेत्र की दिशा के अनुदिश किसी वेग से गति करता है तो उस पर लगने वाला बल

$$F = qE$$

- त्वरण $\boxed{a = \frac{qE}{m}}$ यदि कण पर +ve आवेश है तब इस बल के कारण उसका वेग बढ़ने से गतिज ऊर्जा में वृद्धि हो जाती है। यदि कण पर –ve आवेश है तो बल वेग की दिशा के विपरीत लगता है जिससे उसका वेग घट जाता है जिसके कारण गतिज ऊर्जा कम हो जाती है।
- यदि कण वैद्युत क्षेत्र के लम्बवत गति करता है तो उसका मार्ग परवलयाकार होगा। यदि कण पर –ve आवेश है तो वह +ve प्लेट की ओर मुड़ेगा। तब कण पर त्वरण का मान

$$a = \frac{qE}{m}$$

- ऊर्ध्वाधर दिशा में चली गयी दूरी

$$y = \frac{1}{2}at^2 \qquad y = \frac{1}{2}\frac{qE}{m}t^2$$

चूँकि X-अक्ष के अनुदिश त्वरण नहीं है अत: कण द्वारा t समय में चलित दूरी

$$x = ut$$

$$y = \frac{1}{2}\frac{qE}{m}\left(\frac{x}{u}\right)^2$$

$$y = \frac{qE}{2mu^2}x^2$$

- यदि एक प्रोटॉन तथा एक इलेक्ट्रॉन वैद्युत क्षेत्र के लम्बवत समान वेग से गति करते हैं तब इलेक्ट्रॉन अधिक स्थापित होगा परन्तु क्षैतिज दिशा में वेग में कोई परिवर्तित नहीं होगा।

$$\frac{y_e}{y_p} = \frac{m_p}{m_e} > 1$$

- यदि एक प्रोटॉन तथा एक इलेक्ट्रॉन वैद्युत क्षेत्र के लम्बवत समान संवेग से गति करते हैं तब प्रोटॉन का विस्थापन इलेक्ट्रॉन के विस्थापन से अधिक होगा परन्तु क्षैतिज दिशा में वेग में कोई परिवर्तित नहीं होगा।

$$\frac{y_p}{y_p} = \frac{m_p}{m_e} < 1$$

- यदि प्रोटॉन और इलेक्ट्रॉन दोनों की गतिज ऊर्जायें समान होती हैं और दोनों वैद्युत क्षेत्र के लम्बवत प्रवेश करते हैं तो दोनों में विस्थापन समान होगा।

महत्त्वपूर्ण तथ्य (Important Facts)

- ताप बढ़ाने पर द्रव का परावैद्युतांक घटता है।
- सम विभव पृष्ठ के अनुदिश किसी आवेश को गति कराने में कृत कार्य शून्य होगा।
- आवेशित चालक की सतह पर विद्युत बल / क्षेत्रफल

$$= \frac{\sigma^2}{2\varepsilon_0} \text{ न्यूटन/मी}^2$$

- बन्द सतह के लिए

$$\oint_{\text{closed cycle}} \vec{E}\,.\,\vec{dl}$$

- विद्युत बल रेखायें, खुले वक्र के रूप में होती हैं।
- सम विभव पृष्ठ खुला हुआ या बन्द कुछ भी हो सकता है।
- यदि एक आवेश, एक घन के अन्दर रख दिया जाए तो घन से बाहर आने वाला फ्लक्स $\frac{1}{\varepsilon_0}q$ है। परन्तु इसके एक सतह से $\frac{q}{6\varepsilon_0}$ होगा।
- द्रव्यमान M और आवेश q का एक कण एक समान क्षैतिज वैद्युत-क्षेत्र E में वेग v_0 से ऊर्ध्व दिशा में फेंका गया। यदि गुरुत्वीय बल को नगण्य माना जाय तो कण का पथ परवलयाकार होगा।
- यदि एक गोलाकार चालक के भीतर दूसरा गोलाकार चालक भीतर है तब भीतर का विभव भारी चालक की अपेक्षा अधिक होगा।
- यदि R त्रिज्या के चालक को Q आवेश दिया जाता है। q आवेश को इस चालक के केन्द्र से पृष्ठ तक ले जाने में किया गया कार्य शून्य होता है। एक समान आवेशित गोले के अन्दर वैद्युत क्षेत्र की तीव्रता सभी बिन्दुओं पर शून्य होती है।
- धातु के आवेशित गोले के पृष्ठ से केन्द्र की ओर जाने पर वैद्युत क्षेत्र की तीव्रता प्रत्येक बिन्दु पर शून्य होती है।
- एक चालक प्लेट में चालन इलेक्ट्रॉन लगभग एक समान रूप से वितरित हैं। स्थिर वैद्युत क्षेत्र E में रखने पर वैद्युत क्षेत्र प्रत्येक बिन्दु पर शून्य होगा।
- एक आवेश q_1 दूसरे आवेश q_2 पर F बल लगाता है। यदि इनके पास तीसरा आवेश q_3 लाया जाये, तब q_1 के द्वारा q_3 पर लगाया गया बल अपरिवर्तित रहेगा।
- खोखले गोलीय चालक के अन्दर विभव नियत रहता है।
- एक समाबाहु त्रिभुज के प्रत्येक कोने पर q आवेश रखा गया है। उसके केन्द्र पर वैद्युत क्षेत्र की तीव्रता शून्य होगी।
- यदि एक इलेक्ट्रॉन तथा एक प्रोटॉन एक समान वैद्युत क्षेत्र में स्थिर हैं तब इनके त्वरणों का अनुपात प्रोटॉन तथा इलेक्ट्रॉन के द्रव्यमान के बराबर होता है।
- निर्वात में दो आवेश q_1, q_2 दूरी d पर रखे गये हैं और इनके मध्य लगने वाला बल F है। यदि उनके चारों ओर परावैद्युतांक M वाला माध्यम भर दिया जाये तो अब नये बल का मान $\frac{F}{M}$ होगा।
- q इकाई का एक धन आवेशित बिन्दु आवेश दूसरे Q' इकाई के धन आवेश के चारों ओर वृत्ताकार पथ में घूम रहा है। यदि वृत्त की त्रिज्या r है तब एक पूरा चक्कर लगाने में आवेश Q पर कृत कार्य शून्य होगा।
- साबुन के बुलबुले को आवेशित करने पर उसका आकार बढ़ता है। एक कूलॉम धन आवेश से निकलने वाली बल रेखाओं की संख्या $\frac{1}{\varepsilon_0}$ होगी।
- दो समान किन्तु विपरीत आवेशों को मिलाने वाली रेखा के अर्ध द्वि-भाजक के किसी बिन्दु पर वैद्युत विभव शून्य होता है।
- एक आवेश Q एक घन के एक कोने पर स्थित है तो सभी छः फलकों से गुजरने वाला फ्लक्स $\frac{Q}{\varepsilon_0}$ होगा।
- यदि एक द्विध्रुव की अक्षीय रेखा पर स्थित किसी बिन्दु पर वैद्युत क्षेत्र की तीव्रता E_a है और उतनी ही दूरी पर अनुप्रस्थ स्थित में स्थित बिन्दु पर वैद्युत क्षेत्र की तीव्रता E_e है तो $E_a = 2E_e$
- किसी चालक का सम्पूर्ण आवेश, गोले की बाह्य सतह पर स्थित होता है।

अभ्यास के लिए प्रश्न

1. आवेश $+q$ और द्रव्यमान m का एक कण समरूप विद्युत क्षेत्र (Uniform Electric field) $E\,\hat{i}$ और एक सम चुम्बकीय क्षेत्र $B\,\hat{k}$ के प्रभाव में चलता हुआ बिन्दु P और Q में प्रदर्शित पथ का अनुकरण करता है। बिन्दुओं P और Q वेग $v\,\hat{i}$ और $2v\,\hat{j}$ है। निम्न प्रकथनों में कौन से सही हैं?

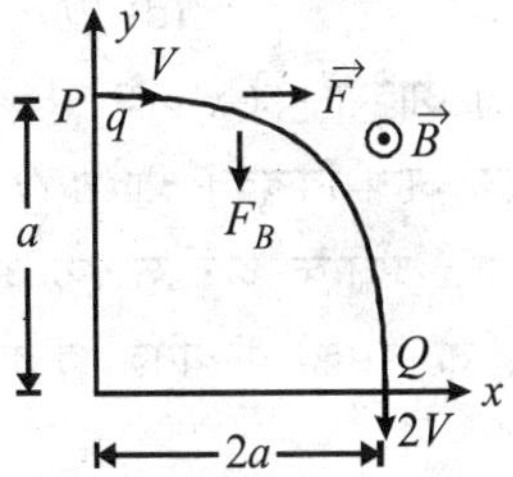

(a) $E = \frac{3}{4}\left(\frac{mv^2}{qa}\right)$

(b) बिन्दु P पर विद्युत क्षेत्र द्वारा किये जा रहे कार्य की दर शून्य है

(c) बिन्दु P पर विद्युत क्षेत्र द्वारा किये जा रहे कार्य की दर $\frac{3}{4}\left(\frac{mv^3}{a}\right)$ है

(d) बिन्दु Q पर दोनों क्षेत्रों द्वारा किये जा रहे कार्य की दर शून्य है

2. संलग्न चित्र में, एक आवेशित वस्तु से उत्सर्जित होने वाली विद्युत बल रेखायें प्रदर्शित की गई हैं। यदि A तथा B पर विद्युत क्षेत्र क्रमशः E_A तथा E_B हैं और A तथा B के बीच की दूरी r हो, तो–

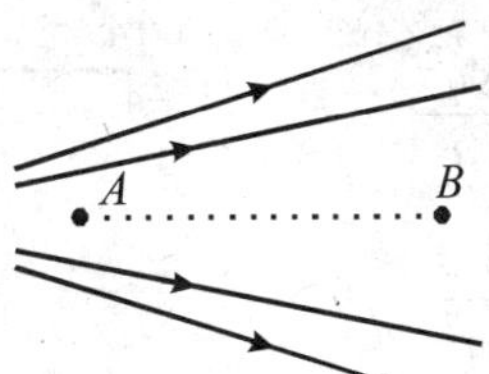

(a) $E_A < E_B$ (b) $E_A = \frac{E_B}{r^2}$

(c) $E_A > E_B$ (d) $E_A = \frac{E_B}{r}$

3. संलग्न चित्र में, एक-दूसरे से 'r' दूरी पर स्थित दो-दो समान्तर समविभव पृष्ठ A तथा B प्रदर्शित हैं। $-q$ कूलॉम का आवेश A से B तक ले जाया जाता है। किये गए कुल कार्य W का मान होगा–

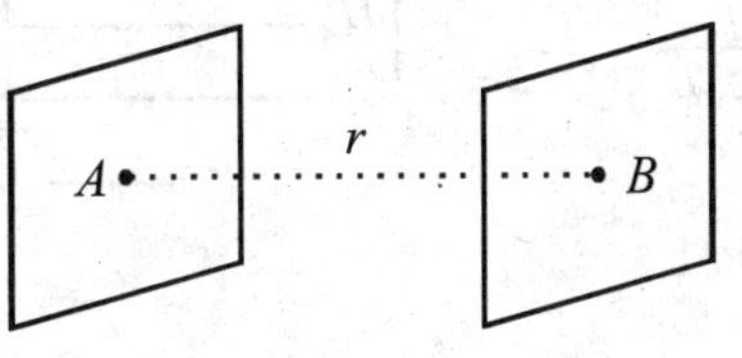

(a) $W = \frac{1}{4\pi\varepsilon_0}\left(\frac{q}{r^2}\right)$ (b) शून्य

(c) $W = -\frac{1}{4\pi\varepsilon_0}\left(\frac{q}{r}\right)$ (d) $W = -\frac{1}{4\pi\varepsilon_0}\left(\frac{q}{r^2}\right)$

4. Q इकाई का एक धन आवेशित बिन्दु आवेश दूसरे Q' इकाई के धन आवेश के चारों ओर वृत्ताकार पथ में घूम रहा है। यदि वृत्त की त्रिज्या r है तब एक पूरा चक्कर लगाने में आवेश Q पर कृत कार्य है–

(a) शून्य (b) $\frac{Q}{4\pi\varepsilon_0 r^2}$

(c) $\frac{Q}{4\pi\varepsilon_0 r}$ (d) $\frac{QQ'}{4\pi\varepsilon_0 r}$

5. q_0 आवेश का एक आवेशित कण $+q$ आवेश के चारों ओर अर्ध वृत्ताकार पथ पर गति करता है। आवेश द्वारा कृत कार्य होगा–

(a) $\frac{1}{4\pi\varepsilon_0}\cdot\frac{qq_0}{r^2\cdot\pi r}$ (b) शून्य

(c) $\frac{1}{4\pi\varepsilon_0}\cdot\frac{qq_0}{r}$ (d) $\frac{1}{4\pi\varepsilon_0}\cdot\frac{2qq_0}{r}$

6. ABC एक समबाहु त्रिभुज है। इसके प्रत्येक कोने पर आवेश $+q$ रखा जाता है। O पर वैद्युत क्षेत्र की तीव्रता होगी

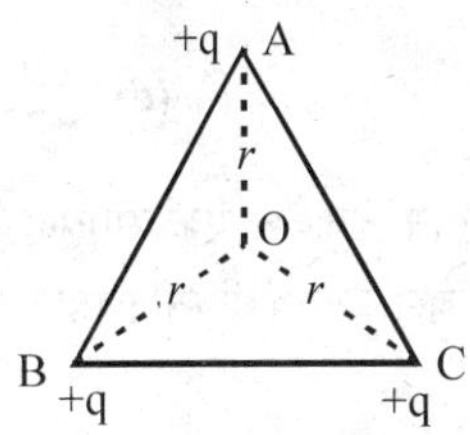

(a) $\frac{1}{4\pi\varepsilon_0}\cdot\frac{q}{r^2}$ (b) $\frac{1}{4\pi\varepsilon_0}\cdot\frac{q}{r}$

(c) शून्य (d) $\frac{1}{4\pi\varepsilon_0}\cdot\frac{3q}{r^2}$

7. 8 कूलॉम तथा –6 कूलॉम के दो आवेशों को d दूरी पर रखा गया है तथा वे परस्पर F परिणाम का बल आरोपित करते हैं। यदि प्रत्येक आवेश में $8C$ आवेश जोड़ दिया जाये तथा उसके मध्य दूरी $\frac{d}{3}$ घटा दी जाये, तो उनके मध्य बल का परिणाम होगा–

(a) $\frac{3}{2}F$ (b) $\frac{2}{3}F$

(c) $\frac{1}{3}F$ (d) $\frac{9}{4}F$

8. Q_1 तथा Q_2 दो आवेशों को निर्वात में d दूरी पर रखा गया है तथा उनके मध्य बल 5 इकाई हैं। यदि उनके मध्य 2 परावैद्युतांक का माध्यम रख दिया जाये, तो अब बल होगा–

(a) 5 (b) ∞

(c) 10 (d) 2.5

9. तीन आवेशों $Q, +q$ तथा $+q$ को एक समद्विबाहु त्रिभुज के शीर्षों पर चित्रानुसार रखा गया है। इस विन्यास की कुल स्थिर वैद्युतिक ऊर्जा शून्य होगी, यदि Q का मान है–

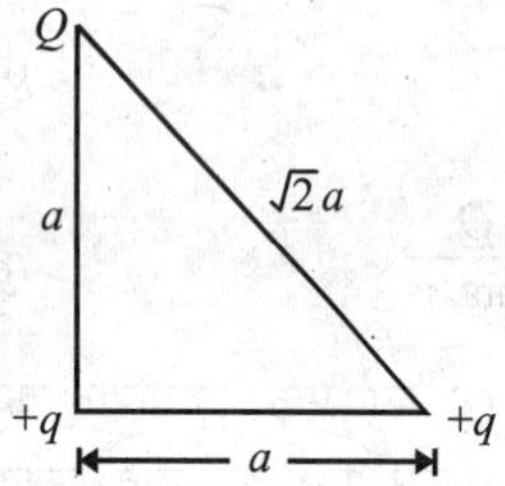

(a) $\dfrac{-2q}{2+\sqrt{2}}$

(b) $\dfrac{-q}{1+\sqrt{2}}$

(c) $+q$

(d) $-2q$

10. एक आवेश $(-q)$ तथा दूसरा आवेश $(+Q)$ क्रमशः दो बिन्दुओं A व B पर रखे जाते हैं। आवेश $(+Q)$ को बिन्दु B पर स्थिर रखकर, बिन्दु A पर रखे आवेश $(-q)$ को एक अन्य बिन्दु C पर ले जाते हैं, ताकि ABC एक समबाहु त्रिभुज बनता है जिसकी प्रत्येक भुजा की लम्बाई l है। आवेश $(-q)$ को चलाने में किया गया कुल कार्य होगा–

(a) $\dfrac{1}{4\pi\varepsilon_0}Qql$ (b) शून्य

(c) $\dfrac{1}{4\pi\varepsilon_0}\dfrac{Qq}{l}$ (d) $\dfrac{1}{4\pi\varepsilon_0}\dfrac{Qq}{l^2}$

11. समान मान q के तीन धनावेश एक समबाहु त्रिभुज के शीर्षों पर रखे गए हैं। परिणामी बल रेखायें निम्न चित्रानुसार होगीं–

(a)  (b) 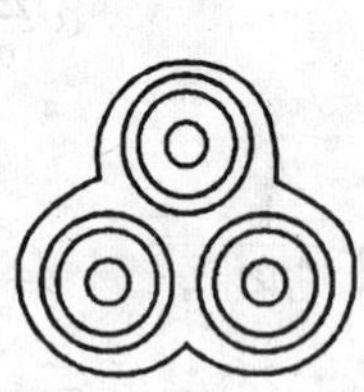

(c) 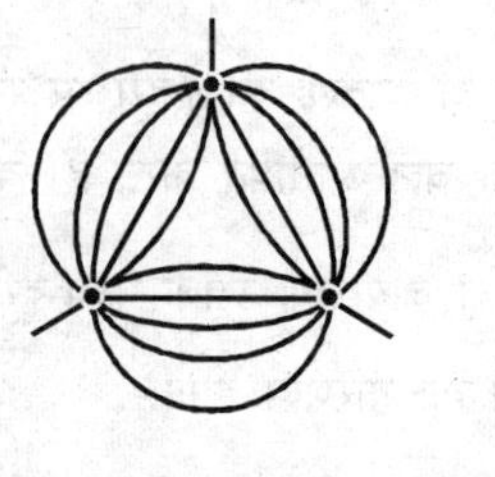 (d) 

12. $9\mu C$ तथा $-3\mu C$ के दो आवेश वायु में 0.16 मी की दूरी पर रखे गए हैं। इन दोनों आवेशों को मिलाने वाली रेखा पर उनके मध्य में एक बिन्दु P ऐसा है जिस पर विद्युत विभव शून्य है। $9\mu C$ आवेश से बिन्दु P की दूरी होगी–

(a) 0.08 मी (b) 0.06 मी

(c) 0.14 मी (d) 0.12 मी

13. q आवेश से x दूरी पर विद्युत तीव्रता का परिणाम E है। एक सर्वसम आवेश को इससे $2x$ दूरी पर रखा गया है। इसके द्वारा अनुभव किये गए बल का परिणाम होगा–

(a) $\dfrac{Eq}{2}$ (b) $\dfrac{Eq}{4}$

(c) Eq (d) $2Eq$

14. दो समान बिन्दुवत् आवेशों को x-अक्ष पर $x=-a$ तथा $x=+a$ पर कसा गया है। एक अन्य बिन्दुवत् आवेश Q को मूल बिन्दु पर रखा गया है। जब Q को x-अक्ष के अनुदिश एक अल्प दूरी x से विस्थापित किया जाता है, तो इसकी स्थितिज ऊर्जा में परिवर्तन लगभग समानुपाती होगा–

(a) x^3 (b) $\dfrac{1}{x}$

(c) x (d) x^2

15. एक वर्ग के कोनों पर चार आवेशों को रखने के लिए किया गया कार्य होगा–

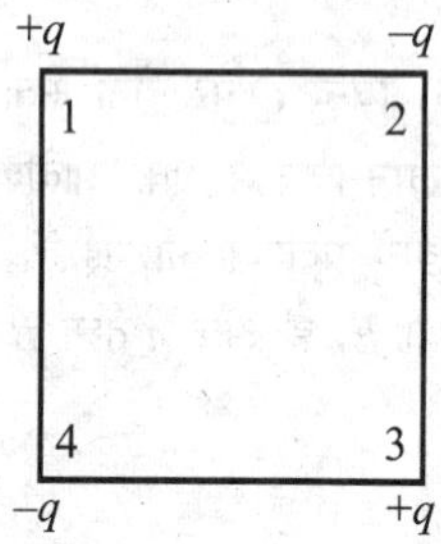

(a) $(4-\sqrt{2})\dfrac{Kq^2}{a^2}$

(b) $(4+\sqrt{2})\dfrac{Kq^2}{a}$

(c) $(\sqrt{2}-4)\dfrac{Kq^2}{a}$

(d) $(4+\sqrt{2})\dfrac{Kq^2}{a^2}$

16. L भुजा के घन $(ABCDEFGH)$ के केन्द्र O पर एक आवेशित कण q रखा गया है। अन्य समान q आवेश O से L दूरी पर रखा गया है। $ABCD$ में से विद्युत फ्लक्स होगा–

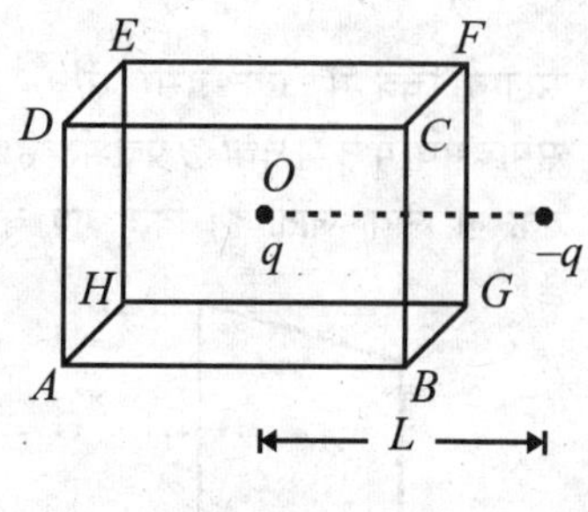

(a) $\dfrac{q}{4\pi\varepsilon_0 L}$

(b) $\dfrac{q}{3\pi\varepsilon_0 L}$

(c) $\dfrac{q}{2\pi\varepsilon_0 L}$

(d) शून्य

17. m द्रव्यमान तथा आवेश $+e$ के एक मूल कण को v वेग से Ze आवेश के अत्यधिक भारी कण की ओर प्रक्षेपित किया जाता है (जहाँ $Z>0$)। आपतित कण की निकटतम पहुँच दूरी होगी–

(a) $\frac{Ze^2}{8\pi\varepsilon_0 r_n}$ (b) $-\frac{Ze^2}{8\pi\varepsilon_0 r_w}$

(c) $\frac{Ze^2}{2\pi\varepsilon_0 mv^2}$ (d) $\frac{Ze^2}{4\pi\varepsilon_0 r_n}$

18. R त्रिज्या के किसी पतले चालक गोलीय खोल पर कोई आवेश q है कोई अन्य आवेश Q खोल के केन्द्र रखा गया है। खोल के केन्द्र से $\frac{R}{2}$ दूरी पर स्थित किसी बिन्दु P पर स्थित-वैद्युत विभव है–

(a) $\frac{2Q}{4\pi\varepsilon_0 R}+\frac{q}{4\pi\varepsilon_0 R}$ (b) $\frac{(q+Q)}{4\pi\varepsilon_0}\frac{2}{R}$

(c) $\frac{2Q}{4\pi\varepsilon_0 R}$ (d) $\frac{2Q}{4\pi\varepsilon_0 R}-\frac{2q}{4\pi\varepsilon_0 R}$

19. एक वैद्युत द्विध्रुव में 1.0×10^{-6} कूलॉम परिमाण के दो विपरीत आवेश 2.0 सेमी की दूरी पर हैं। द्विध्रुव को 1.0×10^{5} न्यूटन/कूलॉम के बाह्य क्षेत्र में रखा जाता है। द्विध्रुव पर अधिकतम बल आघूर्ण है

(a) 0.2×10^{-3} न्यूटन मी (b) 1.0×10^{3} न्यूटन मी

(c) 2.0×10^{-3} न्यूटन मी (d) 4.0×10^{-3} न्यूटन मी

20. यदि एक बन्द पृष्ठ में प्रवेश करने वाला तथा निकलने वाला विद्युत फलक्स क्रमशः ϕ_1 तथा ϕ_2 है, तब पृष्ठ के भीतर विद्युत आवेश होगा

(a) $\frac{\phi_2-\phi_1}{\varepsilon_0}$ (b) $\frac{\phi_1+\phi_2}{\varepsilon_0}$

(c) $\frac{\phi_1-\phi_2}{\varepsilon_0}$ (d) $\varepsilon_0(\phi_1+\phi_2)$

[CPMT 2006]

21. दो समान्तर बड़ी तथा पतली धातु की चादरों के पृष्ठ आवेश घनत्व ($\sigma = 26.4\times10^{-12}$ कूलॉम/मी^{2}) समान तथा चिन्ह में विपरीत हैं। इन चादरों के बीच विद्युत क्षेत्र है

(a) 1.5 न्यूटन/कूलॉम (b) 1.5×10^{-10} न्यूटन/कूलॉम

(c) 3 न्यूटन/कूलॉम (d) 3×10^{-10} न्यूटन/कूलॉम

[CPMT 2006]

22. 3×10^4 V/m के किसी एक समान विद्युत क्षेत्र में एक आवेशित तेल-बूँद इस प्रकार निलम्बित है कि न तो नीचे गिर सकती है और न ही ऊपर जा सकती है, ऐसे में तेल-बूँद पर आवेश होगा (आवेश का द्रव्यमान $= 9.9\times10^{-15}$ kg तथा $g = 10$ m/s^2 लीजिये।)

(a) 1.6×10^{-18} कूलॉम (b) 3.3×10^{-18} कूलॉम

(c) 4.8×10^{-18} कूलॉम (d) 3.2×10^{-18} कूलॉम

23. 5 MeV ऊर्जा का कोई α-कण किसी स्थिर यूरेनियम नाभिक से 180° द्वारा प्रकीर्ण हो जाता है। अत्यन्त समीप उपगमन की दूरी की कोटि है–

(a) 10^{-12} सेमी (b) 1 Å

(c) 10^{-15} सेमी (d) 10^{-10} सेमी

24. किसी स्थान पर तीव्रता E का एकसमान वैद्युत क्षेत्र विद्यमान है, जैसा कि नीचे दिये चित्र में दिखाया गया है। कितने खोखले बिन्दुओं पर विभव, पूर्ण रूप से काले दिये बिन्दु पर विभव के बराबर है?

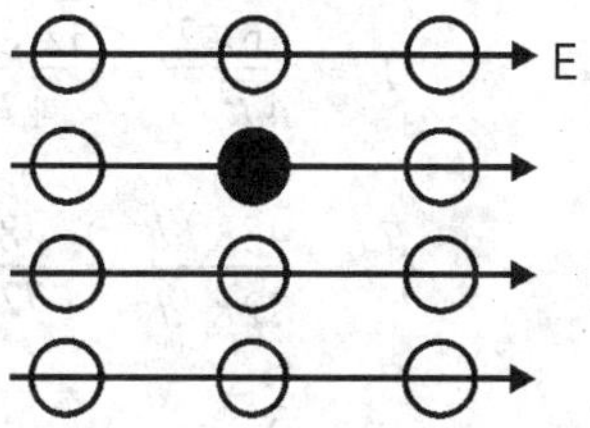

(a) 2 (b) 3

(c) 8 (d) 11

उत्तरमाला

1. (a,b,c)	**2.** (c)	**3.** (b)	**4.** (a)	**5.** (b)	**6.** (c)	**7.** (a)	**8.** (d)	**9.** (a)	**10.** (d)
11. (a)	**12.** (d)	**13.** (b)	**14.** (d)	**15.** (c)	**16.** (d)	**17.** (c)	**18.** (a)	**19.** (c)	**20.** (d)
21. (c)	**22.** (b)	**23.** (a)	**24.** (b)						

हल

1. (a,b,c) विद्युत क्षेत्र द्वारा कृत कार्य

$$qE\hat{i}\cdot(2a\hat{i}-a\hat{j}) = \frac{1}{2}m(2v)^2-\frac{1}{2}mv^2$$

$$2a\,Ea = \frac{3}{2}mv^2$$

$$E = \frac{3}{4}\left(\frac{mv^2}{qa}\right)$$

बिन्दु P पर विद्युत क्षेत्र द्वारा कृत कार्य की दर

$$P_P = \vec{F}\cdot\vec{v}$$

$= qE\hat{i} \cdot v\hat{i}$

$= qEv$

$= qv \frac{3}{4}\frac{mv^2}{qa} = \frac{3}{4}\frac{mv^3}{a}$

बिन्दु Q पर कृत कार्य की दर

$P_Q = \vec{F} \cdot \vec{v}$

$= qE\hat{i} \cdot (2v\hat{j}) = 0$

चुम्बकीय क्षेत्र द्वारा P पर कृत कार्य की दर

$P = 0$

तथा Q पर कृत कार्य की दर $= 0$

2. (c) $E_A > E_B$

A पर बल रेखायें निकट हैं।

3. (b) $V_A = V_B$

$W = q(V_A - V_B) = 0$

4. (a) $W = q, \Delta V = 0$

5. (b) $W = q_0(\Delta V) = 0$

7. (a) $|F| = \frac{8 \times 6K}{d^2} = \frac{48K}{d^2}$

$$F' = \frac{16 \times 2}{4d^2/9} = \frac{32K \times 9}{4d^2}$$

$$\frac{F}{F'} = \frac{48K/d^2}{72K/d^2} = \frac{48}{72} = \frac{2}{3}$$

$$F' = \frac{3}{2}F$$

8. (d) $F = \frac{Q_1Q_2}{4\pi\varepsilon_0 d^2}$

$$F' = \frac{Q_1Q_2}{4\pi\varepsilon_0 d^2 \varepsilon_r} = \frac{F}{\varepsilon_r} = \frac{5}{2} = 2.5$$

9. (a) $U = 0$ के लिए

$$\frac{QqK}{a} + \frac{KQq}{a\sqrt{2}} + \frac{Kq^2}{a} = 0$$

$$\frac{Q}{1} + \frac{Q}{\sqrt{2}} = -q$$

$$Q[\sqrt{2}+1] = -q\sqrt{2}$$

$$Q = \left(-\frac{q\sqrt{2}}{1+\sqrt{2}}\right)$$

$$Q = -\frac{2q}{\sqrt{2}+2}$$

10. (d) कार्य अन्तिम स्थिति पर निर्भर करता है।

$$V_A = \frac{KQ}{l}$$

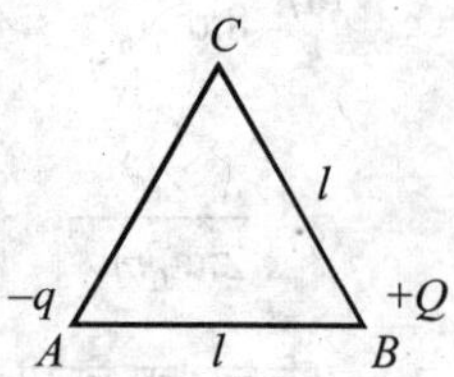

$$V_C = \frac{KQ}{l}$$

$$Q_A \to C = -q(V_C - V_A)$$

$$= 0$$

11. (a) विद्युत बल रेखायें बन्द वक्र नहीं बनाती हैं।

12. (d)

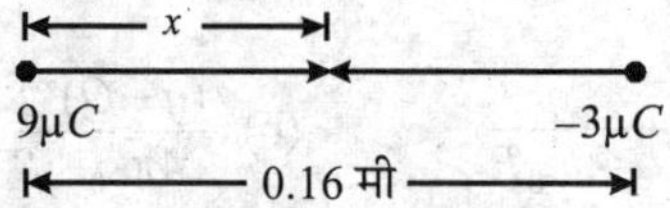

$$9k \times \frac{10^{-6}}{x} = \frac{3 \times 10^{-6} k}{0.16 - x}$$

$$3(0.16 - x) = x$$

$$4x = 0.48$$

$$x = 0.12 \text{ मी}$$

13. (b)

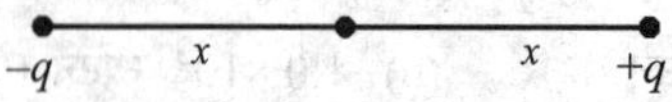

$$E = \frac{kq}{x^2} = \frac{kq^2}{4x^2} = \frac{Eq}{4}$$

14. (d)

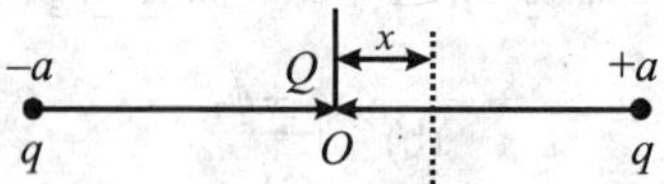

$$U_i = \frac{KQq}{a} + \frac{KQq}{a} + \frac{2KQq}{a}$$

$$U_f = \frac{KQq}{(a+x)} + \frac{KQq}{(a-x)}$$

$$= \frac{2KQq \cdot 2a}{(a^2 - x^2)}$$

$$\Delta U = U_f - U_i$$

$$\Delta U = \frac{2KqQa}{a^2 - x^2} - \frac{2KqQ}{a}$$

$$= \frac{2KqQ[a^2 - a^2 + x^2]}{(a^2 - x^2)a}$$

$$= \frac{2KqQx^2}{(a^2 - x^2)a}$$

$a >> x$

$$\Delta U = \frac{2KqQ}{a^3} x^2$$

$$\Delta U \propto x^2$$

15. (c) $U = -\frac{Kqq}{a} + \frac{Kq^2}{a\sqrt{2}} - \frac{Kq}{a} - \frac{Kq^2}{a} + \frac{Kq^2}{a\sqrt{2}} - \frac{Kq^2}{a}$

$= -\frac{Kq^2}{a}4 + \frac{Kq^2}{a\sqrt{2}}2$

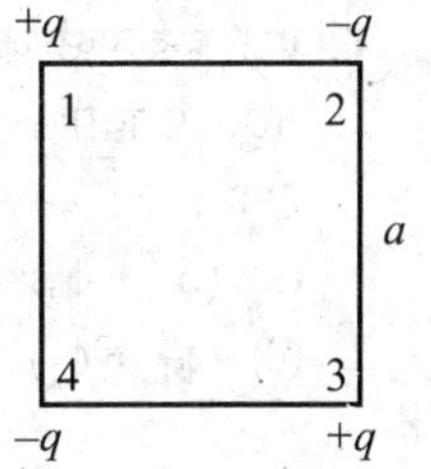

$= \frac{Kq^2}{a}(\sqrt{2}-4)$

16. (d)

17. (c) निकटतम् दूरी वह होगी जब मूल कण की समस्त गतिज ऊर्जा, स्थितिज ऊर्जा में बदल जायेगी अत:

$$\text{K.E.} = \frac{Ze(e)}{4\pi\varepsilon_0 r}$$

$$r = \frac{Ze^2}{4\pi\varepsilon_0 k} = \frac{ze^2}{4\pi\varepsilon_0 \frac{1}{2}mv^2}$$

$$r = \frac{Ze^2}{4\pi\varepsilon_0 mv^2}$$

18. (a) $V_P = \frac{Kq}{R} + \frac{KQ}{R/2}$

$= \frac{Kq}{R} + \frac{2KQ}{R}$

19. (c) अधिकतम टॉर्क $\tau = p \times E$

यहाँ $p = (1.0 \times 10^{-6}$ कूलॉम) (0.02 मी)

$= 2 \times 10^{-8}$ कूलॉम मी

$\therefore$ $\tau = (2 \times 10^{-8})(1.0 \times 10^5$ न्यूटन/कूलॉम)

$= 2.0 \times 10^{-3}$ न्यूटन मी

20. (d) माना $-q_1$ आवेश के कारण पृष्ठ में प्रवेश करने वाला फलक्स ϕ_2 है।

$\therefore$ $\phi_1 = -\frac{q_1}{\varepsilon_0}$

या $-q_1 = \varepsilon_0 \phi_1$

माना $+q_2$ आवेश के कारण पृष्ठ से निकलने वाला फलक्स ϕ_2 है।

$\therefore$ $\phi_2 = \frac{q_2}{\varepsilon_0}$

या $q_2 = \varepsilon_0 \phi_2$

अत: पृष्ठ के भीतर विद्युत् आवेश

$= q_2 - q_1$

$= \varepsilon_0 \phi_2 + \varepsilon_0 \phi_1$

$= \varepsilon_0 (\phi_2 + \phi_1)$

21. (c) प्लेट-1 पर पृष्ठ आवेश घनत्व σ है तथा प्लेट-2 पर पृष्ठ आवेश घनत्व -σ है। बिन्दु P पर दोनों आवेशित प्लेटों के कारण विद्युत क्षेत्र

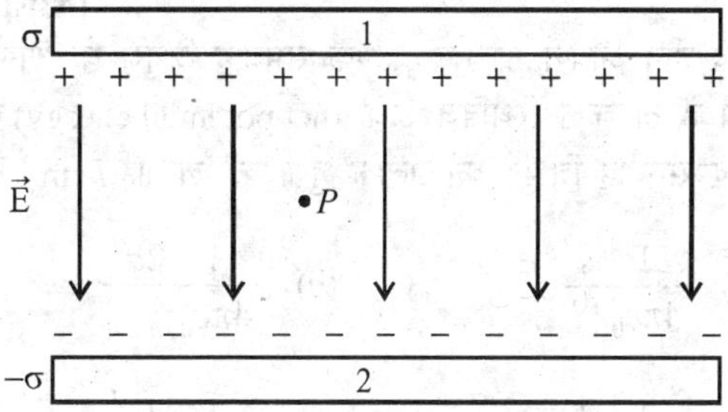

$$E = \frac{\sigma}{2\varepsilon_0} + \frac{\sigma}{2\varepsilon_0} = \frac{\sigma}{\varepsilon_0}$$

यहाँ $\sigma = 26.4 \times 10^{-12}$ कूलॉम/मी^{2}

$\varepsilon_0 = 8.85 \times 10^{-12}$ कूलॉम/मी^{2}

अत: $E = \frac{26.4 \times 10^{-12}}{8.85 \times 10^{-12}}$ j

≈ 3 न्यूटन/कूलॉम

22. (b) $qE = mg$

$$q = \frac{9.9 \times 10^{-15} \times 10}{3 \times 10^4} = 3.3 \times 10^{-18}\,\text{C}$$

23. (a) $r = \frac{(Ze)(2e)}{4\pi\varepsilon_0 (K.E.)} = \frac{92 \times 2 \times e^2 \times 9 \times 10^9}{5 \times 1.6 \times 10^{-13}}$

$= 5.3 \times 10^{-14}$ मी $\simeq 10^{-12}$ सेमी

Previous Years' Problems

1. दो बराबर आवेशों Q को जोड़ने वाली रेखा के माध्य बिन्दु पर एक आवेश q रखा गया है। तीनों आवेशों का निकाय संतुलनावस्था में होगा जब q का मान है :
(a) $Q/4$ (b) $Q/2$
(c) $-Q/4$ (d) $-Q/2$

[AIEEE 2002]

2. तीन बिन्दु आवेश प्रत्येक $+q$, एक समबाहु त्रिभुज के शीर्षो पर रखे गये हैं। केन्द्र पर वैद्युत क्षेत्र होगा : $\left(K=\dfrac{1}{4\pi\varepsilon_0}\right)$
(a) $3Kq/r^2$ (b) Kq/r^2
(c) $3Kq/2r^2$ (d) शून्य

[AIEEE 2002]

3. यदि तीन आवेश, प्रत्येक q, एक समबाहु त्रिभुज के शीर्षो पर रखे गये हैं तो कुल स्थितिज ऊर्जा (net potential energy) क्या होगी यदि समबाहु त्रिभुज की प्रत्येक भुजा की लम्बाई l cm है?
(a) $\dfrac{1}{4\pi\varepsilon_0}\dfrac{q^2}{l}$ (b) $\dfrac{1}{4\pi\varepsilon_0}\dfrac{2q^2}{l}$
(c) $\dfrac{1}{4\pi\varepsilon_0}\dfrac{3q^2}{l}$ (d) $\dfrac{1}{4\pi\varepsilon_0}\dfrac{4q^2}{l}$

[AIEEE 2002]

तीन आवेश $-q_1, +q_2$ और $-q_3$ दर्शायें गये चित्र के अनुसार रखे गये हैं। $-q_1$ पर बल का x- घटक समानुपाती है :

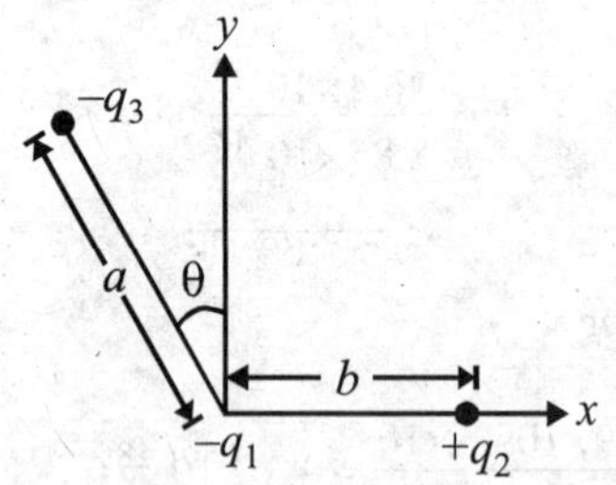

(a) $\dfrac{q_2}{b^2}-\dfrac{q_3}{a^2}\sin\theta$ (b) $\dfrac{q_2}{b^2}-\dfrac{q_3}{a^2}\cos\theta$
(c) $\dfrac{q_2}{b^2}+\dfrac{q_3}{a^2}\sin\theta$ (d) $\dfrac{q_2}{b^2}+\dfrac{q_3}{a^2}\cos\theta$

[AIEEE 2003]

5. R त्रिज्या के एक पतले गोलीय चालकीय कोश पर q आवेश है। एक दूसरा Q कोश के केन्द्र पर रखा गया है। कोश के केन्द्र से $R/2$ दूरी पर स्थित बिन्दु P पर वैद्युत विभव है:
(a) $\dfrac{2Q}{4\pi\varepsilon_0 R}$ (b) $\dfrac{2(q+Q)}{4\pi\varepsilon_0 R}$
(c) $\dfrac{2(Q-q)}{4\pi\varepsilon_0 R}$ (d) $\dfrac{2Q}{4\pi\varepsilon_0 R}+\dfrac{q}{4\pi\varepsilon_0 R}$

[AIEEE 2003]

6. एक बन्द पृष्ठ के भीतर प्रवेश करने वाला और बाहर निकलने वाला वैद्युत फ्लक्स क्रमश: ϕ_1 तथा ϕ_2 हैं। बन्द पृष्ठ के भीतर आवेश होगा :
(a) $(\phi_1+\phi_2)\varepsilon_0$ (b) $(\phi_2-\phi_1)\varepsilon_0$
(c) $(\phi_1+\phi_2)/\varepsilon_0$ (d) $(\phi_2-\phi_1)/\varepsilon_0$

[AIEEE 2003]

7. बराबर त्रिज्याओं के दो गोलीय चालकों B और C पर बराबर आवेश है जो पृथक्-पृथक् कुछ दूरी पर रख दिये जाने पर परस्पर एक-दूसरे को बल F से प्रतिकर्षित करते हैं। B चालक की त्रिज्या अनावेशित है, को B के सम्पर्क में लाया जाता है और फिर C के सम्पर्क में लाकर अन्त में दोनों चालकों B व C से उसे दूर हटा देते हैं तो B और C के बीच नया प्रतिकर्षण बल है :
(a) $F/4$ (b) $3F/4$
(c) $F/8$ (d) $3F/8$

[AIEEE 2004]

8. एक आवेशित कण q को एक-दूसरे आवेशित कण Q जाकि स्थिर है, की ओर v वेग से दागा जाता हैं। यह आवेश Q के समीप r दूरी तक पहुँचने की दूरी होगी :

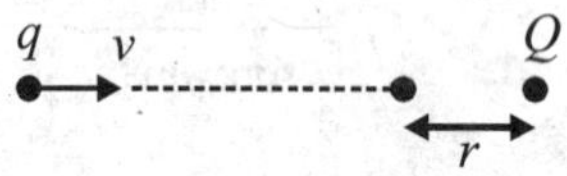

(a) r (b) $2r$
(c) $r/2$ (d) $r/4$

[AIEEE 2004]

9. $-Q$ के बराबर चार आवेश एक वर्ग के चारों कोनों पर रखे गये हैं और वर्ग के केन्द्र पर आवेश q स्थित है। यदि निकाय संतुलनावस्था में है तो q का मान है:
(a) $-\dfrac{Q}{4}(1+2\sqrt{2})$ (b) $\dfrac{Q}{4}(1+2\sqrt{2})$
(c) $-\dfrac{Q}{2}(1+2\sqrt{2})$ (d) $\dfrac{Q}{2}(1+2\sqrt{2})$

[AIEEE 2004]

10. एक आवेशित गेंद B रेशम के धागे से लटकी हुई है जोकि एक बड़ी आवेशित चालकीय शीट P से दर्शाये गये चित्रानुसारθ कोण बनाती है। शीट का पृष्ठ आवेश घनत्व (σ) समानुपाती है:

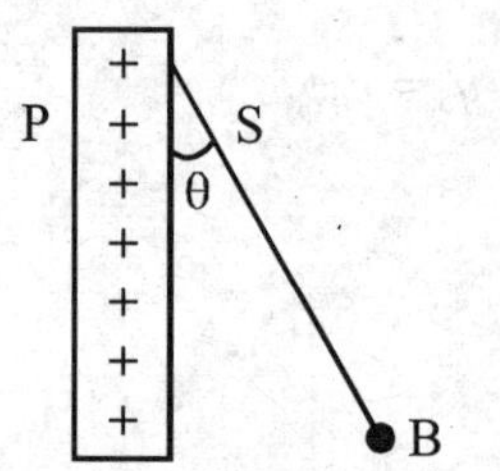

(a) $\sin\theta$ (b) $\tan\theta$
(c) $\cos\theta$ (d) $\cot\theta$

[AIEEE 2005]

11. दो बिन्दु आवेश $+8q$ तथा $-2q$ क्रमश: $x = 0$ तथा $x = L$ पर स्थित है। x- अक्ष पर उस बिन्दु की स्थिति, जहाँ इन दोनों बिन्दु आवेशों के कारण कुल वैद्युत क्षेत्र शून्य है, होगी:

(a) $8L$ (b) $4L$
(c) $2L$ (d) $L/4$

[AIEEE 2005]

12. समान त्रिज्या R के दो पतले तार के छल्ले (thin wire rings) पृथक-पृथक दूरी पर समअक्षीय रखे गये हैं। इन छल्लों पर आवेश $-Q$ तथा $+Q$ हैं, दोनों छल्ले के केन्द्रों के बीच विभवान्तर है :

(a) zero (b) $\frac{Q}{4\pi\varepsilon_0}\left[\frac{1}{R}-\frac{1}{\sqrt{R^2+d^2}}\right]$

(c) $\frac{QR}{4\pi\varepsilon_0 d^2}$ (d) $\frac{Q}{2\pi\varepsilon_0}\left[\frac{1}{R}-\frac{1}{\sqrt{R^2+d^2}}\right]$

[AIEEE 2005]

13. एक असमान वैद्युत क्षेत्र से 30° के कोण पर एक वैद्युत द्विध्रुव रखा जाता है। द्विध्रुव अनुभव करता है:

(a) केवल बल-आघूर्ण
(b) क्षेत्र के अभिलम्बवत् केवल स्थानान्तरिय बल
(c) क्षेत्र के अभलम्बवत् केवल स्थानान्तरिय बल
(d) एक बल-आघूर्ण तथा एक स्थानान्तरिय बल

[AIEEE 2006]

14. दो अचालकीय प्लेटें एकसमान रूप से इस प्रकार आवेशित की गई है, कि इनके मध्य विभवान्तर $V_2 - V_1 = 20$ वोल्ट (अर्थात् प्लेंट 2 उच्च विभव पर है)। प्लेटें परस्पर $d = 0.1$ मीटर दूरी पर रखी गई है। और इनका आकार अनन्त लिया जा सकता है। प्लेट 1 के भीतरी पृष्ठ पर एक इलेक्ट्रॉन विरामावस्था से छोड़ा जाता है। जब यह प्लेट 2 से टकरायेगा तो इसकी चाल कितनी है?

$(e = 1.6 \times 10^{-19}\text{C}, m_e = 9.11 \times 10^{-31}\text{ kg})$

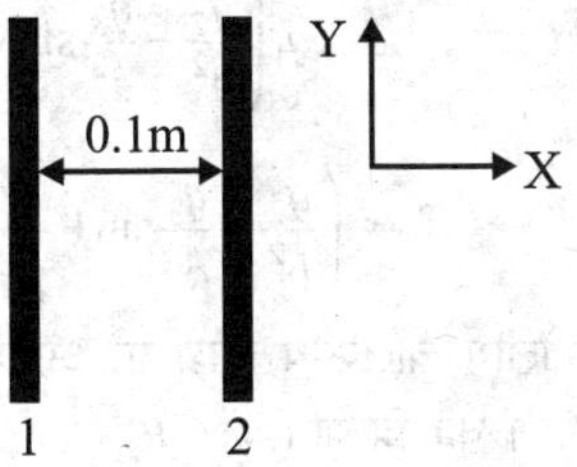

(a) 32×10^{-19} मीटर/सेकण्ड (b) 2.65×10^6 मीटर/सेकण्ड
(c) 7.02×10^{12} मीटर/सेकण्ड (d) 1.87×10^6 मीटर/सेकण्ड

[AIEEE 2006]

15. 1 मिमी तथा 2 मिमी त्रिज्याओं के दो गोलीय चालक A तथा B एक समान रूप से आवेशित करके एक-दूसरे से पृथक 5 सेमी दूरी पर रखे गये हैं। यदि गोलों को एक चालकीय तार से जोड़ा जाता है तो साम्यावस्था में गोले A तथा B के पृष्ठों पर वैद्युत क्षेत्र के परिणामों की निष्पत्ति है :

(a) 1 : 4 (b) 4 : 1
(c) 1 : 2 (d) 2 : 1

[AIEEE 2006]

16. $X-Y$ तल में मूल बिन्दु (0, 0) पर एक वैद्युत आवेश $10^{-3}\mu C$ रखा गया है। दो बिन्दु A और B क्रमश: $(\sqrt{2}, \sqrt{2})$ और (2, 0) पर स्थित हैं। बिन्दुओं A तथा B के मध्य विभवान्तर होगा :

(a) 4.5 वोल्ट (b) 9 वोल्ट
(c) शून्य (d) 2 वोल्ट

[AIEEE 2007]

17. दर्शाये गए चित्रानुसार एक वर्ग के शीर्षों पर आवेश रखे गए हैं। माना वर्ग के केन्द्र पर वैद्युत क्षेत्र $\vec{E}$ तथा वैद्युत विभव V है। यदि-बिन्दु A तथा B पर स्थित आवेशों को क्रमश: बिन्दु D और C पर स्थित आवेशों से बदल दिया जाये, तब:

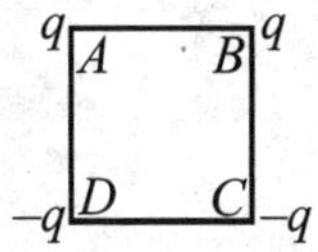

(a) $\vec{E}$ परिवर्तित होता है V अपरिवर्तित रहता है
(b) $\vec{E}$ अपरिवर्तित रहता है V अपरिवर्तित रहता है
(c) दोनों $\vec{E}$ तथा V परिवर्तित होते हैं
(d) दोनों $\vec{E}$ तथा V अपरिवर्तित होते हैं

[AIEEE 2007]

18. x-अक्ष पर स्थित कुछ आवेशों के कारण बिन्दु X (μm में मापा गया है) पर विभव $V(x) = 20/(x^2 - 4)$ वोल्ट दिया गया है। $x = 4$ μm पर वैद्युत क्षेत्र E दिया है–

(a) (10/9) volt/μm और $+x$ दिशा में
(b) (5/3) volt/μm और $-x$ दिशा में
(c) (5/3) volt/μm और $+x$ दिशा में
(d) (10/9) volt/μm और $-x$ दिशा में

[AIEEE 2007]

19. यदि पृथ्वी तथा चन्द्रमा की सतहों पर गुरुत्वीय जनित त्वरणों के मान क्रमश: g_E तथा g_M हैं और यदि मिलिकान का तेल-बूँद प्रयोग (Millikan's oil drop experiment) इन दोनों की सतह पर किया जा सके तब निष्पत्ति, $\frac{\text{चन्द्रमा पर वैद्युत आवेश}}{\text{पृथ्वी पर वैद्युत आवेश}}$ होगी:

(a) g_M/g_E (b) 1
(c) 0 (d) g_E/g_M

[AIEEE 2007]

निर्देश– प्रश्न संख्या 20 तथा 21 निम्न पैराग्राफ पर आधारित हैं।

चित्रानुसार एक बक्स की कल्पना करें जिसकी प्रतिरोधकता ρ है। धारा I, A से प्रवेश करती है तथा D से निकलती है। B तथा C के मध्य उत्पन्न विभवान्तर ΔV ज्ञात करने के लिए अध्यारोपण का सिद्धान्त नियम लगाने पर गणना निम्नलिखित चरणों में की जाती है–

(i) माना धारा $I'A'$ से प्रवेश करती है तथा ब्लॉक में अर्द्धगोलाकार सतह पर फैल जाती है।

(ii) A से r दूरी पर स्थित बिन्दु या विद्युत क्षेत्र $E(r)$ की गणना ओम के नियम $E = \rho J$ के आधार पर करें। जहाँ J प्रति एकांक क्षेत्रफल a पर प्रवाहित धारा r' है।

(iii) $E_{(r)}$ की r पर निर्भरता से r पर विभव $V_{(r)}$ ज्ञात करो।

(iv) I, II तथा III की D से निकलने वाली धारा पर लागू करें एवं 'A' तथा 'D' के लिए प्रयोग करें।

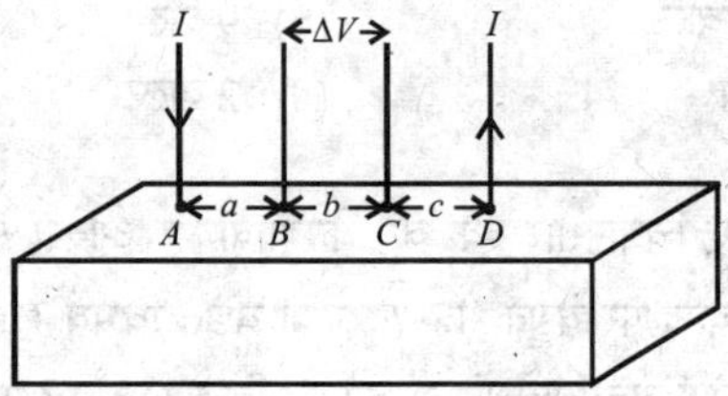

20. B तथा C के मध्य ΔV होगा–

(a) $\frac{\rho I}{\pi a} - \frac{\rho I}{\pi(a+b)}$

(b) $\frac{\rho I}{a} - \frac{\rho I}{(a+b)}$

(c) $\frac{\rho I}{2\pi a} - \frac{\rho I}{2\pi(a+b)}$

(d) $\frac{\rho I}{2\pi(a-b)}$

[AIEEE 2008]

21. A पर प्रवेश करने वाली धारा के लिए A से r दूरी पर वैद्युत् क्षेत्र होगा–

(a) $\frac{\rho I}{8\pi r^2}$

(b) $\frac{\rho I}{r^2}$

(c) $\frac{\rho I}{2\pi r^2}$

(d) $\frac{\rho I}{4\pi r^2}$

[AIEEE 2008]

उत्तरमाला

1. (c)	**2.** (d)	**3.** (c)	**4.** (c)	**5.** (d)	**6.** (b)	**7.** (d)	**8.** (d)	**9.** (b)	**10.** (b)
11. (c)	**12.** (d)	**13.** (d)	**14.** (b)	**15.** (d)	**16.** (c)	**17.** (a)	**18.** (a)	**19.** (b)	**20.** (c)
21. (c)									

हल

1. (c) माना नीचे दर्शाये गए चित्रानुसार MN रेखा के मध्य बिन्दु पर आवेश q है

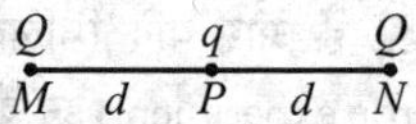

निकाय की सन्तुलंनावस्था के लिए

$$F_{MP} + F_{MN} = 0$$

$$\therefore \quad \frac{1}{4pe_0}\left(\frac{Qq}{d}\right)^2 \frac{1}{4pe_0}\left(\frac{Qq}{2d}\right)^2 = 0$$

or $$q = -\frac{Q}{4}$$

2. (d)

3. (c)

4. (c) $F_{12} = K\frac{q_1 q_2}{b^2}$ (x - अक्ष के अनुदिश)

$$F_{13} = K\frac{q_1 q_3}{a^2}$$

(θ कोण पर ऋण दिशाओं में y-अक्ष के अनुदिश)

अत: $-q_1$ आवेश पर बल का x-घटक

$$F_x = F_{12} + F_{13}\sin\theta$$

$$= K\frac{q_1 q_2}{b^2} + K\frac{q_1 q_3}{a^2}\sin\theta$$

$$= Kq_1\left(\frac{q_2}{b^2} + \frac{q_3}{a^2}\sin\theta\right)$$

अर्थात् $$F_x \propto \left(\frac{q_2}{b^2} + \frac{q_3}{a^2}\sin\theta\right)$$

5. (d) दिया है, गोलीय चालकीय कोश पर आवेश $(q_1) = q$

कोश की त्रिज्या $(r_1) = R$

दूसरा आवेश $(q_2) = Q$

केन्द्र से बिन्दु P की दूरी $(r_2) = \frac{R}{2}$

हम जानते हैं कि गोलीय चालक के कारण बिन्दु P पर वैद्युत विभव,

$$V_1 = \frac{1}{4\pi\varepsilon_0}\frac{q_1}{r_1} = \frac{1}{4\pi\varepsilon_0}\frac{q}{R}$$

इसी प्रकार दूसरे आवेश के कारण बिन्दु P पर वैद्युत विभव

$$V_2 = \frac{1}{4\pi\varepsilon_0}\frac{q_2}{r_2}$$

$$= \frac{1}{4\pi\varepsilon_0}\frac{Q}{R/2}$$

$$= \frac{2Q}{4\pi\varepsilon_0 R}$$

इसलिए बिन्दु P पर कुल वैद्युत विभव

$$V = V_1 + V_2 = \frac{2Q}{4\pi\varepsilon_0 R} + \frac{q}{4\pi\varepsilon_0 R}$$

6. (b) भीतर प्रवेश करने वाला वैद्युत फ्लक्स $= \phi_1$ और बाहर निकलने वाला वैद्युत फ्लक्स $= \phi_2$

हम जानते हैं कि बन्द पृष्ठ से जुड़ा कुल वैद्युत फ्लक्स ϕ = बाहर निकलने वाला वैद्युत फ्लक्स – भीतर प्रवेश करने वाला वैद्युत फ्लक्स $= \phi_2 - \phi_1$

इसलिए बन्द पृष्ठ के भीतर वैद्युत आवेश

$$q = \phi\varepsilon_0 = (\phi_2 - \phi_1)\varepsilon_0$$

7. (d) चूँकि $\quad F = \frac{1}{4\pi\varepsilon_0}.\frac{q^2}{d^2}$

जब A (जिसका साइज B के समतुल्य है) को B के सम्पर्क में लाया जाता है तो दोनों पर आवेश $q/2$ होगा। अब $(q/2)$ आवेश रखने वाले गोलीय चालक A को जब C के सम्पर्क में लाया जाता है तो प्रत्येक पर आवेश $\frac{(q/2)+q}{2} = \frac{3q}{4}$ होगा। अब B और C के मध्य नया प्रतिकर्षण बल,

$$F' = \frac{1}{4\pi\varepsilon_0}\frac{(q/2)(3q/4)}{d^2} = \frac{3F}{8}$$

8. (d) ऊर्जा संरक्षण के नियमानुसार

गतिज ऊर्जा में ह्रास = वैद्युत स्थितिज ऊर्जा में वृद्धि

$$\therefore \quad \frac{1}{2}mv^2 = \frac{1}{4\pi\varepsilon_0}\frac{Qq}{r}$$

अथवा, $\quad r \propto \frac{1}{v^2}$

9. (b) किसी एक आवेश – Q की संतुलनावस्था लेने पर

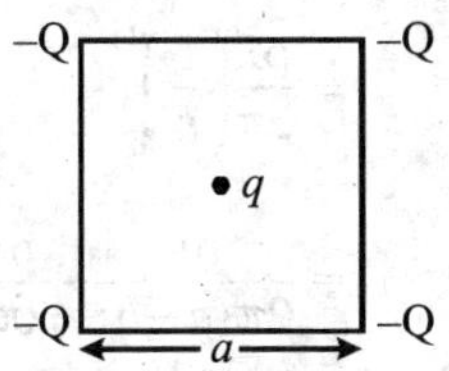

$$\frac{1}{4\pi\varepsilon_0}\left[\frac{\sqrt{2}Q^2}{a^2} + \frac{Q^2}{2a^2}\right] = \frac{1}{4\pi\varepsilon_0}\frac{Qq}{(a/\sqrt{2})^2}$$

$$\therefore \quad q = \frac{Q}{4}.(1+2\sqrt{2})$$

10. (b) चित्र से हम पाते हैं

$$T\tan\theta = \frac{\sigma q}{\varepsilon_0} \quad \text{...(i)}$$

$$T\cos\theta = mg \quad \text{...(ii)}$$

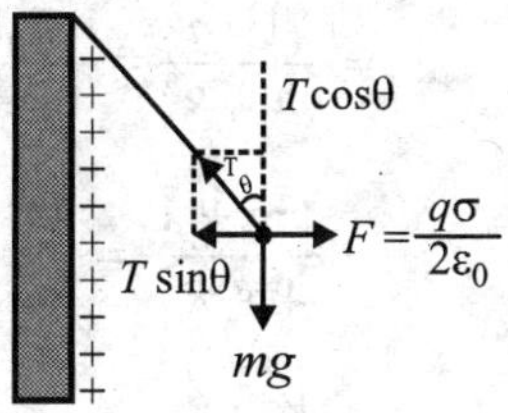

समीकरण (i) और (ii) से

$$\tan\theta = \frac{\sigma q}{\varepsilon_0 mg}$$

$$\therefore \quad \sigma \propto \tan\theta$$

11. (c) दोनों आवेशों $+8q$ तथा $-2q$ के कारण q' पर नैट वैद्युत क्षेत्र शून्य है अत:

$$\frac{K(-2q)q'}{d^2} + \frac{K(8q)q'}{(L+d)^2} = 0$$

या $\quad \frac{K(2q)}{d^2} = \frac{K(8q)}{(L+d)^2}$

$\therefore \quad L + d = 2d$ or $d = L$

$\therefore$ मूल बिन्दु से दूरी $= (L+L) = 2L$

12. (d) A छल्ले का विभव

$$V_A = \frac{KQ}{R} - \frac{KQ}{\sqrt{R^2+d^2}}\left(K = \frac{1}{4\pi\varepsilon_0}\right)$$

B छल्ले का विभव

$$V_B = -\frac{KQ}{R} + \frac{KQ}{\sqrt{R^2+d^2}}$$

$$\therefore \quad V_A - V_B = \frac{Q}{2\pi\varepsilon_0}\left[\frac{1}{R} - \frac{1}{\sqrt{R^2+d^2}}\right]$$

13. (d) जब एकसमान वैद्युत क्षेत्र से $30°$ के कोण पर एक वैद्युत द्विध्रुव को रखा जाता है तो यह बल-आघूर्ण और साथ-साथ स्थानान्तरीय बल का अनुभव करता है।

14. (b) जब एक इलेक्ट्रॉन को ΔV विभवान्तर में विरामावस्था से त्वरित किया जाता है तो इसकी गतिज ऊर्जा $\frac{1}{2}mv^2$ में वृद्धि इसकी स्थितिज ऊर्जा $e\Delta V$ में ह्रास के बराबर होनी चाहिए।

$$\therefore \quad \frac{1}{2}mv^2 = e\Delta V$$

अथवा $\quad v = \sqrt{\frac{2e\Delta V}{m}}$

$$= \sqrt{\frac{2\times1.6\times10^{-19}\times20}{9.11\times10^{-31}}}$$

$= 2.65 \times 10^6$ मीटर/सेकण्ड

15. (d) तार से जोड़ने पर दोनों गोले एक उभयनिष्ठ विभव प्राप्त करते हैं।

$\therefore$ तीव्रता, $$E_A = \frac{1}{4\pi\varepsilon_0}\frac{q_A}{R_A^2} = \frac{C_A V}{4\pi\varepsilon_0 R_A^2}$$

$$= \frac{4\pi\varepsilon_0 R_A V}{4\pi\varepsilon_0 R_A^2} = \frac{V}{R_A}$$

इसी प्रकार, $$E_B = \frac{V}{R_B}$$

$$\therefore \quad \frac{E_A}{E_B} = \frac{R_B}{R_A} = \frac{2}{1}$$

16. (c) बिन्दु $A(\sqrt{2}, \sqrt{2})$ की मूल बिन्दु से दूरी,

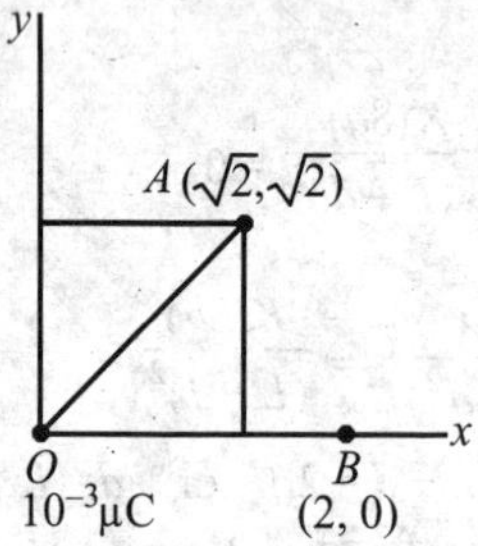

$$OA = |\vec{r_1}| = \sqrt{(\sqrt{2})^2 + (\sqrt{2})^2} = \sqrt{4} = 2 \text{ मात्रक}$$

बिन्दु B (2, 0) की मूल बिन्दु से दूरी,

$$OB = |\vec{r_2}| = \sqrt{(2)^2 + (0)^2} = 2 \text{ मात्रक}$$

अब, बिन्दु A पर विभव, $V_A = \frac{1}{4\pi\varepsilon_0}\cdot\frac{Q}{(OA)}$

बिन्दु B पर विभव, $V_B = \frac{1}{4\pi\varepsilon_0}\cdot\frac{Q}{(OB)}$

$\therefore$ A और B बिन्दुओं के मध्य विभवान्तर,

$$V_A - V_B = \frac{1}{4\pi\varepsilon_0}\cdot\frac{Q}{OA} - \frac{1}{4\pi\varepsilon_0}\cdot\frac{Q}{OB}$$

$$= \frac{Q}{4\pi\varepsilon_0}\left(\frac{1}{OA} - \frac{1}{OB}\right)$$

$$= \frac{Q}{4\pi\varepsilon_0}\left(\frac{1}{2} - \frac{1}{2}\right)$$

$$= \frac{Q}{4\pi\varepsilon_0} \times 0 = 0$$

17. (a) जैसा कि चित्र में दर्शाया गया है, आवेशों के स्थान परस्पर बदलने से पूर्व और बाद में परिणामी वैद्युत क्षेत्र का परिमाण वही रहेगा परन्तु दिशा विपरीत हो जायेगी। साथ ही विभव अदिश राशि होने के कारण दोनों स्थितियों में यथावत् रहेगा।

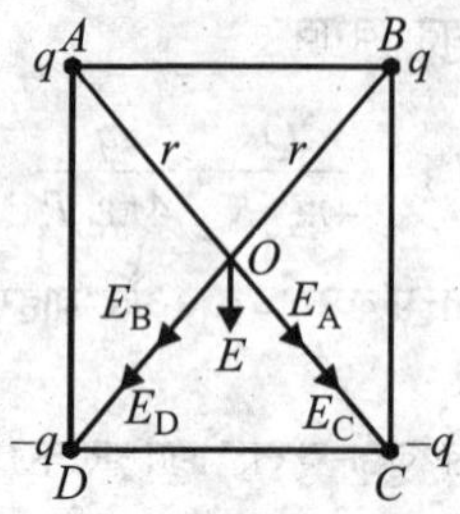

Fig (1)

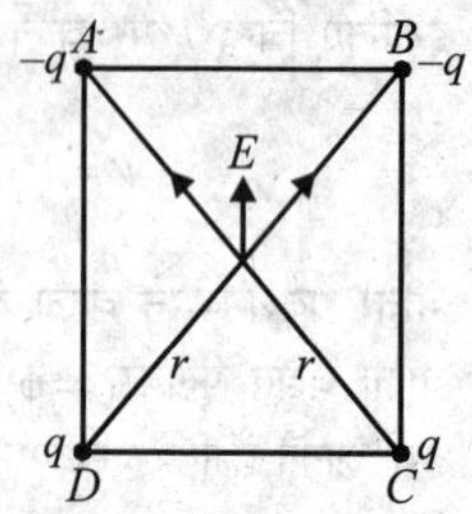

Fig (2)

18. (a)

19. (b) इलेक्ट्रॉनिक आवेश गुरुत्वीय जनित त्वरण पर निभर नहीं करता है। चूँकि यह सार्वत्रिक नियतांक है। इसलिए

पृथ्वी पर इलेक्ट्रॉनिक आवेश = चन्द्रमा पर इलेक्ट्रॉनिक आवेश

$\therefore$ वाँछित निष्पत्ति = 1

20. (c)

21. (c) A से r दूरी पर वैद्युत क्षेत्र (यह मानते हुए कि यह अर्द्धगोलाकार सतह पर फैला हुआ है।

$$E = \rho j = \rho\frac{I}{2\pi r^2}$$

अब चूँकि विभव का ऋणात्मक प्रवणता, क्षेत्र की तीव्रता के बराबर है।

अर्थात् $$E = -\frac{dV}{dr}$$

या $$dV = -E\cdot dr = -\frac{\rho I}{2\pi}\cdot\frac{dr}{r^2}$$

$$\therefore \quad V_B - V_C = \frac{\rho I}{2\pi}\int_B^C\left(-\frac{1}{r^2}\right)dr$$

$$= \frac{\rho I}{2\pi}\left(\frac{1}{r}\right)_a^{a+b}$$

$$= \frac{\rho I}{2\pi(a+b)} - \frac{\rho I}{2\pi a}$$

या $$\Delta V = \frac{\rho I}{2\pi a} - \frac{\rho I}{2\pi(a+b)}$$

□□□

अध्याय 21

धारिता एवं संधारित्र
(Capacitance and Condenser)

धारिता (Capacitance)

- विभव में वृद्धि चालक दिये गये आवेश के समानुपाती होती है

$$Q \propto V$$

या $$Q = CV$$

नियंताक C को चालक की धारिता कहते हैं।

- किसी चालक की धारिता उस विद्युत आवेश के बराबर होती है जो उसके विभव में 1 वोल्ट की वृद्धि करें।
- धारिता का मात्रक फैरड या कूलॉम/वोल्ट होता है। फैरड धारिता का बहुत बड़ा मात्रक होता है, इसलिए माइक्रो फैरड या पिको फैरड प्रयोग करते हैं।
- धारिता की विमा - $M^{-1}L^{-2}T^4A^2$
- **गोलाकार चालक की धारिता**

$$C = 4\pi\varepsilon_0 R$$

जहाँ $R =$ गोले की त्रिज्या

- गोलाकार चालक की धारिता उसकी त्रिज्या के समानुपाती होती है। गोलाकार चालक की धारिता चालक को दिये गये आवेश पर निर्भर नहीं करती है,

आवेशित चालक की स्थितिज ऊर्जा (Potential Energy of Charge Conductor)

$$U = \frac{1}{2}CV^2 \text{ जूल}$$

$$U = \frac{q^2}{2C} = \frac{qV}{2}$$

आवेशों का पुनर्वितरण (Redistribution Button of Charges)

- दो गोलीय चालक जिनपर विभव क्रमशः V_1 तथा V_2 तथा धारितायें क्रमशः C_1 व C_2 हैं। यदि इन्हें एक तार से जोड़ दिया जाये तो इस प्रक्रिया में कुल आवेश नियत रहता है तथा उभयनिष्ठ विभव

$$V_C = \frac{C_1V_1 + C_2V_2}{C_2 + V_2}$$

- आवेशों के पुनर्वितरण में ऊर्जा की हानि होती है।

$$\Delta U = \frac{1}{2}\left[\frac{C_1C_2}{C_1 + C_2}\right](V_1 - V_2)^2$$

- एक गोलीय कोश जिसकी त्रिज्या r_1 है तथा आवेश q है यदि इसे r_2 त्रिज्या तक प्रसारित किया जाता है तब किया गया कार्य

$$\Delta U = \frac{q^2}{8\pi\varepsilon_0}\left[\frac{1}{R_1} - \frac{1}{R_2}\right]$$

संधारित्र (Capacitor)

- यह एक ऐसा समायोजन होता है जिसमें चालक के आकार तथा आकृति में परिवर्तन किये बिना आवेश की प्रयाप्त मात्रा संचित की जा सकती है। किसी संधारित्र की धारिता

$$C \propto A$$

$$C \propto \frac{1}{d}$$

$$C \propto K$$

जहाँ, $A =$ प्लेटों का क्षेत्रफल
$d =$ प्लेटों के बीच दूरी
$K =$ प्लेटों के बीच माध्यम

पैरावैद्युतांक (Dielectric Constant)

- $\varepsilon_r = \dfrac{\text{संधारित्र की माध्यम की उपस्थिति में धारिता}}{\text{संधारित्र की निर्वात में धारिता}} = \dfrac{C}{C_0}$

$$\varepsilon_r = \frac{\text{माध्यम की विद्युतशीलता}}{\text{निर्वात की विद्युतशीलता}} = \frac{\varepsilon}{\varepsilon_0}$$

- यदि दो प्लेटों के बीच पैरावैद्युतांक भर दिया जाए, तो धारिता बढ़ जाती है किन्तु आवेशों की मात्रा में कोई परिवर्तन नहीं होता।
- प्लेटों के बीच पैरावैद्युत भर दें तथा संधारित्र को बैटरी से आवेशित करके बैटरी हटाने पर
  - विभव में कमी हो जाती है।
  - वैद्युत क्षेत्र घट जाता है।
  - संचित ऊर्जा भी घट जाती है।
- यदि बैटरी को लगातार सम्पर्क में रखा जाए तो
  - धारिता बढ़ जाती है।
  - विभव नियत रहता है।
  - आवेश बढ़ जाता है।
  - विद्युत क्षेत्र नियत रहता है।
  - संचित ऊर्जा बढ़ जाती है।

समान्तर प्लेट संधारित्र (Parallel Plate Capacitor)

- इसमें दो चालक प्लेट होती हैं। यदि प्लेटों का क्षेत्रफल A तथा इनके बीच की दूरी d है तब, धारिता

$$C=\frac{\varepsilon_0 AK}{d}$$

- यदि प्लेटों के बीच निर्वात् हो, तब

$$K=1$$

$$C_0=\frac{\varepsilon_0 A}{d}$$

- यदि परावैद्युतांक प्लेटों के बीच आंशिक रूप से रखा गया हो तब

$$C=\frac{\varepsilon_0 A}{d-t\left(1-\frac{1}{K}\right)}$$

- यदि संधारित्र की प्लेटों के बीच पूरे स्थान में ही परावैद्युतांक भरा हो तो

$$d=t$$

$$C=\frac{\varepsilon_0 AK}{d}$$

- यदि संधारित्र की प्लेटों के बीच t मोटाई की धातु की पट्टी हो तब

$$C=\frac{\varepsilon_0 A}{d-t\left(1-\frac{1}{K}\right)}$$

धातुओं के लिए पैरावैद्युतांक का मान अनन्त होता है

$$K=\infty$$

$$C=\frac{\varepsilon_0 A}{(d-1)}$$

- यदि प्लेटों के मध्य सम्पूर्ण क्षेत्र में धातु की पट्टी हो, तब धारिता का मान

$$t=d,\ K\to\infty$$

$$C=\infty$$

- यदि प्लेटों के बीच पूरे स्थान में परावैद्युतांक की पट्टियाँ भरी हो, तब

$$d=t_1+t_2+t_3+t_4 \ldots\ldots$$

$$C=\frac{\varepsilon_0 A}{\frac{t_1}{K_1}+\frac{t_2}{K_2}+\frac{t_3}{K_3}+\frac{t_4}{K_4}+\ldots\ldots}$$

गोलीय संधारित्र (Spherical Capacitor) :

- गोलीय संधारित्र में क्रमशः a व b त्रिज्या वाले दो समकेन्द्रीय गोल चालक होते हैं। बाहरी गोले को पृथ्वी से जोड़ने पर धारिता

$$C=4\pi\varepsilon_0\left(\frac{ab}{b-a}\right)$$

- यदि दोनों गोलों के बीच परावैद्युतांक का माध्यम हो, तब धारिता

$$C=4\pi\varepsilon_0 K\left(\frac{ab}{b-a}\right)$$

- यदि भीतरी गोले को पृथ्वी से जोड़े तथा दोनों गोलों के बीच K परावैद्युतांक का माध्यम हो, तब

$$C=\frac{4\pi\varepsilon_0 Kb^2}{(b-a)}$$

बेलनाकार संधारित्र (Cylindrical Capacitor) :

- बेलनाकार संधारित्र में क्रमशः a व b त्रिज्या वाले दो समअक्षीय बेलनाकार चालक होते हैं। यदि बाहरी बाहरी बेलन को पृथ्वी से जोड़ दिया जाए तब धारिता

$$C=\frac{2\pi\varepsilon_0}{2.3\log_{10}\left(\frac{b}{a}\right)} \text{ फैरड/मीटर}$$

n प्लेटों से निर्मित संधारित्र की धारिता :

$$C=\frac{(n-1)\varepsilon_0 A}{d}$$

संधारित्रों के संयोग (Combinations of Condensers)

(A) श्रेणी क्रम में संधारित्र (Condensers in Series) :

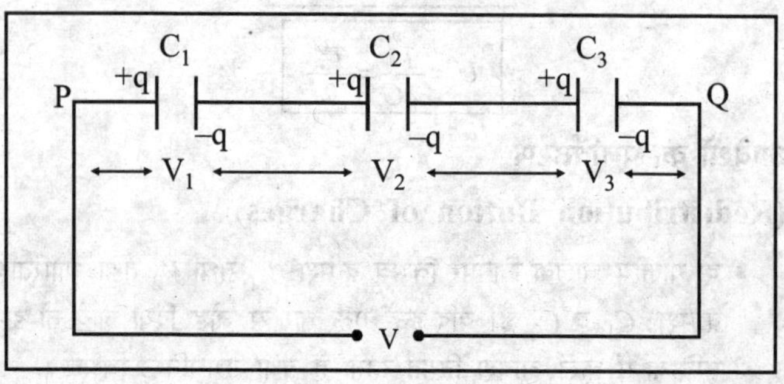

- P व Q बिन्दुओं के मध्य नेट विभवांतर
$$V = V_1 + V_2 + V_3$$
- तुल्य संधारित्र की धारिता
$$\frac{1}{C} = \frac{1}{C_1} + \frac{1}{C_2} + \frac{1}{C_3}$$
- श्रेणी क्रम में जुड़े समस्त संधारित्रों पर आवेश का मान समान होता है।
- तुल्य धारिता का मान श्रेणी क्रम में जुड़े सबसे कम धारिता से भी कम होती है।

(B) समान्तर क्रम में संधारित्र (Condensers in Parallel) :

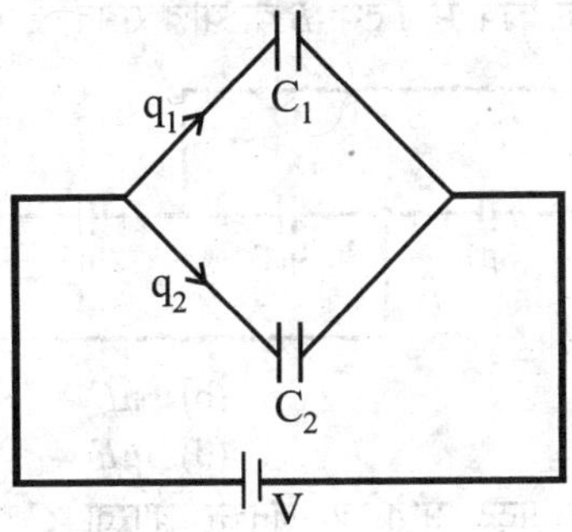

- तुल्य संधारित्र पर आवेश,
$$q = q_1 + q_2$$
- तुल्य धारिता, $C = C_1 + C_2$
- संचित ऊर्जाएँ धारिता के समानुपाती होती हैं।

$$\boxed{\frac{U_1}{U_2} = \frac{C_1}{C_2}}$$

यदि एकसमान n बूँदें मिलकर एक बड़ी बूँद बनाती हैं। तो बूँद की धारिता
$$C = n^{1/3} c$$

प्रतिरोध के द्वारा संधारित्र का आवेशन और निरावेशन (Charging and Discharging of Capacitor through Resistance) :

- आवेशित करने की समीकरण
$$q = q_0(1 - e^{-t/RC})$$
RC समय नियतांक कहलाता है।
$$V = V_0 (1 - e^{-t/RC})$$
- निरावेशन की समीकरण
$$q = q_0 e^{-t/RC}$$
$$V = V_0 e^{-t/RC}$$

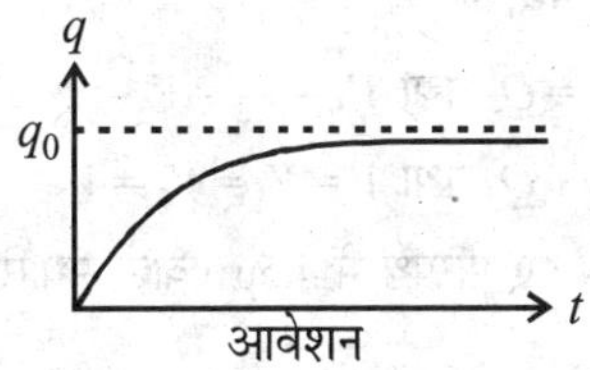

आवेशन

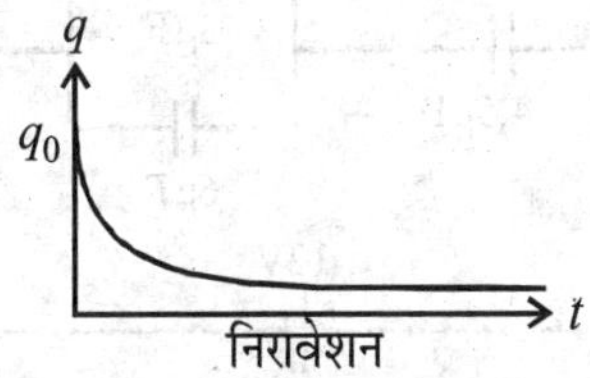

निरावेशन

महत्त्वपूर्ण तथ्य (Important Facts)

☞ एक समान्तर प्लेट संधारित्र की प्लेटों के बीच K पैरावैद्युतांक वाले पैरावैद्युत को खिसकाया जाता है। यदि वायु संधारित्र की धारिता C हो तो नवीन धारिता
$$\frac{C}{2}[1+K]$$

☞ यदि एक समान्तर प्लेट संधारित्र में K_1 व K_2 परावैद्युतांक वाले दो परावैद्युत भरा जाता है तो संधारित्र की धारिता
$$C = \frac{2K_1K_2\varepsilon_0 A}{d(K_1 + K_1)}$$

☞ किसी चालक की धारिता आवेश पर निर्भर नहीं करती। अर्थात् यदि चालक पर कोई आवेश नहीं है तो इसकी धारिता शून्य होगी।

☞ समान्तर प्लेट संधारित्र की धारिता प्लेटों की धातु पर निर्भर नहीं करती।

☞ किसी संधारित्र की ऊर्जा, इसकी प्लेटों के बीच स्थित होती है।

☞ किसी चालक का परावैद्युतांक अनन्त होता है।

☞ किसी विद्युतरोधी का परावैद्युतांक अनन्त नहीं हो सकता।

☞ यदि संधारित्र को श्रेणीक्रम में जोड़ दिया जाए तो इनकी धारिता कम होगी।

☞ संधारित्रों का उपयोग वैद्युत उपकरणों में, विद्युत परिपथों में तथा आवेश व ऊर्जा संचायक के रूप में किया जाता है।

☞ संधारित्र की प्लेटों के बीच के खाली स्थान में विस्थापन धारा तथा परिपथ में चालन धारा प्रवाहित होती है।

☞ समान्तर प्लेट संधारित्र की धारिता बढ़ाने के लिए प्लेटों के बीच अभ्रक की प्लेट रखनी चाहिए।

☞ जब संधारित्रों को समान्तर क्रम में जोड़ा जाता है तो कम विभव पर धारिता अधिक होनी चाहिए।

☞ यदि किसी संधरित्र की प्लेटों के मध्य परावैद्युत माध्यम भर दिया जाये तो इसकी धारिता अधिक होगी।

☞ एक चालक को पृथ्वी से जोड़ा जाता है तथा इसको किसी अन्य चालक के निकट लाया जाता है तब दूसरे चालक की धारिता में वृद्धि होगी।

☞ एक समान्तर प्लेट संधारित्र को एक बैटरी से आवेशित करके, बैटरी का हटा दिया जाता है यदि उसकी प्लेटों के बीच की दूरी को कम कर दें तो उसका आवेश वही रहेगा, धारिता बढ़ेगी, विभवान्तर घटेगा, वैद्युत-क्षेत्र वही रहेगा तथा ऊर्जा घटेगी

अभ्यास के लिए प्रश्न

1. संलग्न चित्र में तीन संधारित्र V वोल्ट की बैटरी से जुड़े हैं। निम्न कथन सत्य है–

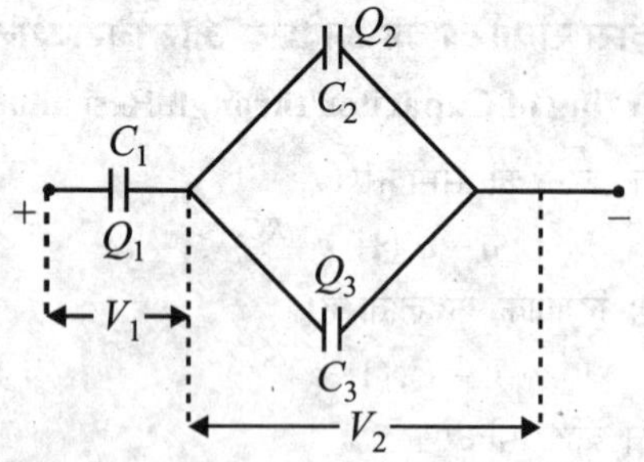

(a) $Q_1 = Q_2 + Q_3$ तथा $V = V_1 + V_2$

(b) $Q_2 = Q_3$ तथा $V_2 = V_3$

(c) $Q_1 = Q_2 = Q_3$ तथा $V_1 = V_2 = V_3 = V$

(d) $Q_1 + Q_2 + Q_3$ तथा $V = V_1 = V_2 = V_3$

2. चित्र में दिखाये गए परिपथ में 4.5μF वाले संधारित्र पर विभवान्तर है–

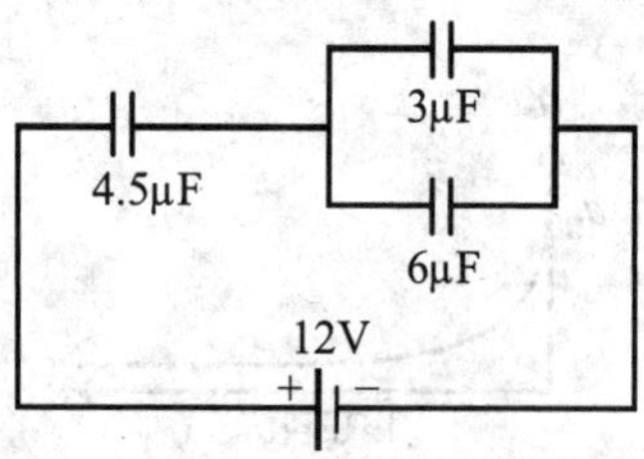

(a) 6 वोल्ट (b) 8 वोल्ट

(c) $\frac{8}{3}$ वोल्ट (d) 4 वोल्ट

3. पाँच संधारित्र जिनमें से प्रत्येक की धारिता 10μF है, 100 वोल्ट के एक D.C. स्रोत से चित्रानुसार जुड़े हैं। A और B के बीच तुल्य धारिता होगी–

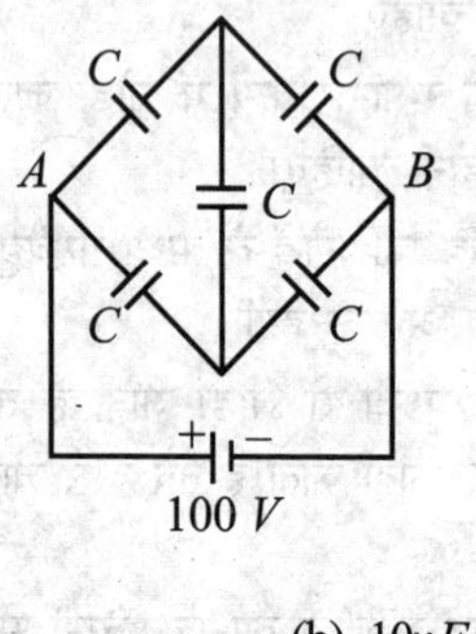

(a) 20μF (b) 10μF

(c) 40μF (d) 30μF

4. दिये गए चित्र में, P एवं Q के बीच तुल्य धारिता क्या होगी?

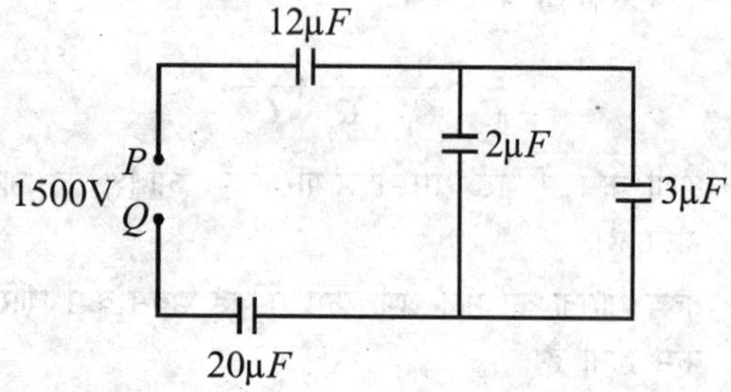

(a) 60μF (b) 10μF

(c) 47μF (d) 3μF

5. निम्नलिखित चित्र में A तथा B के बीच समतुल्य धारिता क्या होगी–

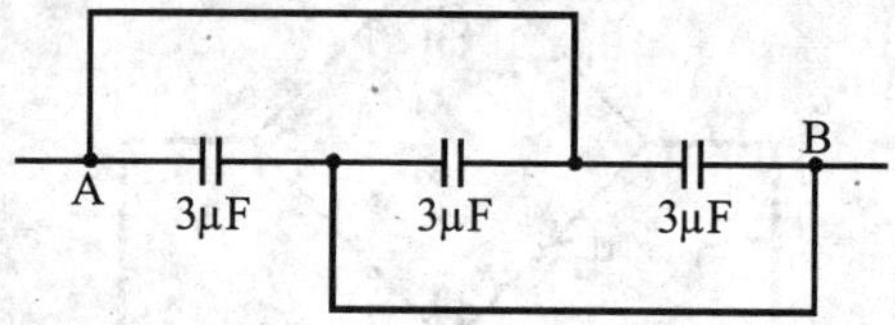

(a) 4.5μF (b) 6μF

(c) 9μF (d) 1μF

6. दो समान्तर पट्ट संधारित्र जिनकी धारिता C व $2C$ हैं इन्हें V विभवान्तर तक आवेशित किया जाता है। यदि बैटरी हटा ली जाये व C संधारित्र की प्लेट के मध्य K परावैद्युतांक का पदार्थ भरें तो प्रत्येक संधारित्र पर विभवान्तर होगा–

(a) $\frac{2V}{K+2}$ (b) $\frac{3V}{K+2}$

(c) $\frac{V}{K+2}$ (d) $2+\frac{V}{3K}$

7. 5 सेमी० मोटाई तथा 10 पैरावैद्युतांक का परावैद्युत एक समानान्तर प्लेट संधारित्र की प्लेटों के मध्य पर दिया गया है। संधारित्र का प्लेट क्षेत्रफल 500 सेमी^{2} है तथा प्लेट अन्तराल 10 सेमी० है। संधारित्र की धारिता होगी– ($\varepsilon_0 = 8.8 \times 10^{-12}$ SI मात्रक)

(a) 4 pF (b) 20 pF

(c) 8 pF (d) 6 pF

8. क्षेत्रफल A, प्लेट पृथ्थकरण d तथा धारिता C संधारित्र को तीन भिन्न परावैद्युत पदार्थों, जिनके परावैद्युतांक क्रमश: K_1, K_2 तथा K_3 हैं, चित्रानुसार भरा गया है। यदि इस संधारित्र में समान धारिता C प्राप्त करने के लिए एक ही परावैद्युतांक पदार्थ प्रयुक्त किया जाये, तो इसका परावैद्युतांक K होगा–

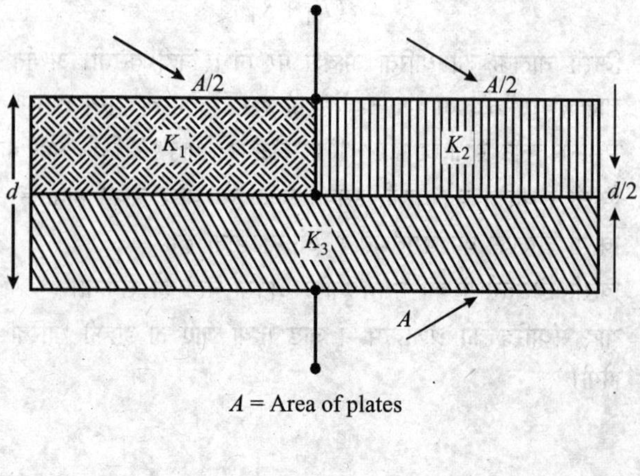

A = Area of plates

(a) $K=\frac{K_1K_2}{K_1+K_2}+2K_3$ (b) $K=K_1+K_2+2K_3$

(c) $\frac{1}{K}=\frac{1}{K_1}+\frac{1}{K_2}+\frac{1}{2K_3}$ (d) $\frac{1}{K}=\frac{1}{K_1+K_2}+\frac{1}{2K_3}$

9. $4\mu F$ धारिता की एक वस्तु को 80 V तक आवेशित किया गया है तथा $6\mu F$ धारिता की अन्य वस्तु को 30V तक आवेशित किय गया है। जब उन्हें जोड़ दिया जाता है तो $4\mu F$ धारित्र का ऊर्जा ह्रास होगा–

(a) 3.2 μJ (b) 2.5 μJ
(c) 7.8 μJ (d) 4.6 μJ

10. $4\mu F$ तथा $6\mu F$ के दो संधारित्रों को श्रेणीक्रम में जोड़ा गया है तथा एक बैटरी को इस संयोजन से जोड़ा जाता है। संचित ऊर्जा E_1 है। यदि उन्हें समानान्तर संयोजन से जोड़ा जाता है तथा उसी बैटरी को इस संयोजन से जोड़ा जाता है तो संचित ऊर्जा E_2 है। $E_1 : E_2$ अनुपात होगा–

(a) 6:25 (b) 7.12
(c) 4:9 (d) 9:14

11. दो सर्वसम संधारित्रों की धारिता समान C है। इनमें से एक को V_1 विभव तक आवेशित किया गया है तथा दूसरे को V_2 तक। संधारित्रों के ऋणात्मक सिरों को परस्पर जोड़ दिया जाता है। जब धनात्मक सिरों को भी जोड़ दिया जाता है, तो संयुक्त निकाय की ऊर्जा में कमी होगी–

(a) $\frac{1}{4}C(V_1-V_2)^2$ (b) $\frac{1}{4}C(V_1+V_2)^2$

(c) $\frac{1}{4}C(V_1^2-V_2^2)$ (d) $\frac{1}{4}C(V_1^2+V_2^2)$

12. C_1 तथा $C_2=2C_1$ संधारित्रों को चित्रानुसार स्विच के साथ एक परिपथ में जोड़ा गया है। प्रारम्भ में स्विच खुला है तथा C_1 पर आवेश Q है। अब स्विच को बन्द कर दिया जाता है। स्थाई अवस्था में प्रत्येक संधारित्र पर आवेश होगा–

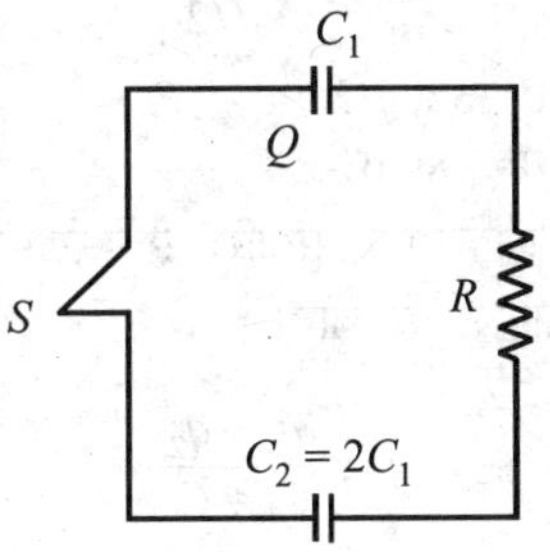

(a) $\frac{3Q}{2}, \frac{2Q}{3}$ (b) $\frac{2Q}{3}, \frac{4Q}{3}$

(c) $Q, 2Q$ (d) $\frac{Q}{3}, \frac{2Q}{3}$

13. A क्षेत्रफल तथा d अन्तराल वाले समानान्तर प्लेट संधारित्र में चित्रानुसार परावैद्युत भरे गए हैं। परावैद्युतांक क्रमशः K_1 तथा K_2 हैं। परिणामी धारिता होगी–

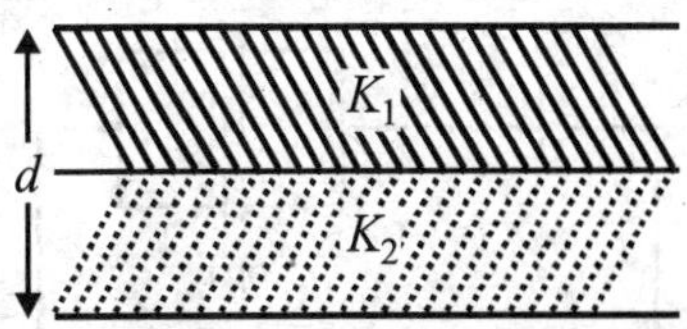

(a) $\frac{2\varepsilon_0 A}{d}\left(\frac{K_1K_2}{K_1+K_2}\right)$ (b) $\frac{2\varepsilon_0 A}{d}\left(\frac{K_1+K_2}{K_1K_2}\right)$

(c) $\frac{\varepsilon_0 A}{d}(K_1+K_2)$ (d) $\frac{\varepsilon_0 A}{d}\left(\frac{K_1+K_2}{K_1K_2}\right)$

14. C_0 धारिता के समानान्तर प्लेट संधारित्र को V_0 विभव तक आवेशित किया गया है।

(i) जब बैटरी को हटा दिया जाता है तथा प्लेट अन्तराल को दुगुना कर दिया जाता है, तो संचित ऊर्जा E_1 है

(ii) जब आवेशक बैटरी को जुड़ा रहने दिया जाता है तथा प्लेट अन्तराल को दुगुना कर दिया है, तो संचित ऊर्जा E_2 है। $\frac{E_1}{E_2}$ का मान होगा–

(a) 2 (b) $\frac{1}{2}$

(c) 4 (d) $\frac{3}{2}$

15. दो संधारित्रों जिनकी धारितायें 1 μF व 4 μF है को 10 वोल्ट की बैटरी से अलग-अलग आवेशित किया गया है। अब एक की धन प्लेट को दूसरे संधारित्र की ऋण प्लेट से तथा दूसरे की धन को पहले की ऋण प्लेट से जोड़ देते हैं। तब–

(a) दोनों पर भिन्न आवेश परन्तु शून्य नहीं होगा
(b) इनमें से कोई नहीं
(c) दोनों पर आवेश शून्य
(d) दोनों पर आवेश बराबर परन्तु शून्य नहीं होगा

उत्तरमाला

1. (a) **2.** (b) **3.** (b) **4.** (d) **5.** (c) **6.** (b) **7.** (c) **8.** (d) **9.** (c) **10.** (a)
11. (a) **12.** (d) **13.** (a) **14.** (c) **15.** (a)

हल

1. (a) $V = V_1 + V_2$

क्योंकि C_2 व C_3 समान्तर क्रम में हैं तथा C_1 के साथ श्रेणीक्रम में हैं।

अतः: $Q_1 = Q_2 + Q_3$

2. (b)

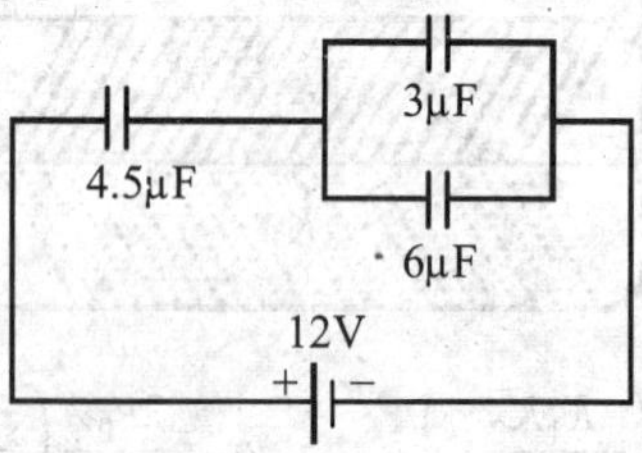

3μF व 6μF समान्तर क्रम में हैं।

अतः: $C_1 = 3 + 6 = 9\mu F$

तथा C_1 व 4.5μF श्रेणी क्रम में हैं, तब तुल्य धारिता

$$C = \frac{C_1 \times 4.5}{C_1 + 4.5} = \frac{9 \times 4.5}{13.5} = 3\mu F$$

$$q = CV = 3 \times 12 = 36\,\mu C$$

4.5μF के सिरों पर विभव,

$$V_1 = \frac{q}{4.5\mu F} = \frac{36}{4.5} = 8 \text{ वोल्ट}$$

3. (b) व्हीट स्टोन सेतू है तथा तुल्य धारिता

$$C = \frac{10 \times 10}{20} + \frac{10 \times 10}{20} = 10\mu F$$

4. (d) $2\mu F$ व $3\mu F$ समान्तर क्रम में हैं, अतः:

$$C_1 = 2 + 3 = 5\,\mu F$$

12 व $20\mu F, C_1$ के साथ श्रेणीक्रम में हैं

अतः: $$\frac{1}{C} = \frac{1}{5} + \frac{1}{12} + \frac{1}{20}$$

$$= \frac{12 + 5 + 3}{60} = \frac{20}{60}$$

$$C = 3\,\mu F$$

5. (c) $C_{AB} = 3 + 3 + 3 = 9\mu F$

6. (b) बैटरी हटाने पर आवेश नियत रहेगा,

अतः: $C_1 V_1 = C_2 V_2$

$$(C + 2C)\,V = (CK + 2C)\,V_2$$

$$V_2 = \frac{3VC}{C(K+2)} = \frac{3V}{K+2}$$

7. (c) $$C = \frac{\varepsilon_0 A}{d - t\left(1 - \frac{1}{K}\right)}$$

$$= \frac{8.854 \times 10^{-12} \times 500 \times 10^{-4}}{0.1 - 0.05\left(1 - \frac{1}{10}\right)}$$

$$C = 8\text{ pF}$$

8. (d)

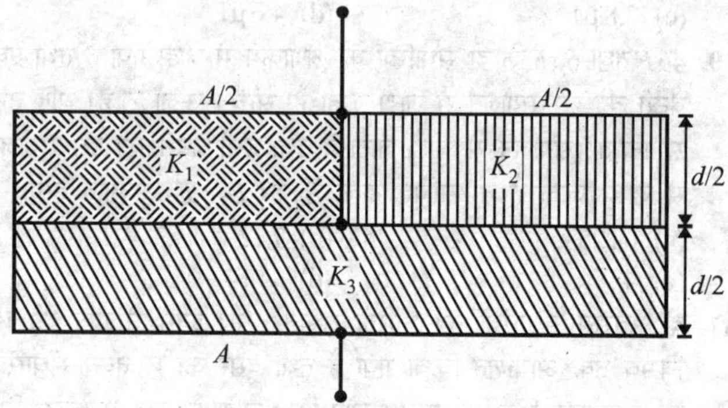

K_1 तथा K_2 समानान्तर क्रम में हैं, अतः:

$$C = C_1 + C_2$$

$$C_1 = \frac{\varepsilon_0 A K_1}{2d/2} = \frac{\varepsilon_0 A K_1}{d}$$

$$C_2 = \frac{\varepsilon_0 A K_2}{d}$$

$$C = C_1 + C_2$$

$$= \frac{\varepsilon_0 A}{d}(K_1 + K_2)$$

$$C_3 = \frac{2\varepsilon_0 A K_3}{d/2} = \frac{2\varepsilon_0 A K_3}{d}$$

9. (c) $q_1 = 4 \times 80 = 320\mu C$

$q_2 = 6 \times 30 = 180\mu C$

जोड़ने पर आवेश एक संधारित्र से दूसरे पर जाता है जब तक कि विभव समान ना हो जाये।

अतः: $$V = \frac{q_1 + q_2}{C_1 + C_2}$$

$$= \frac{(320 + 180)}{4 + 6} = 50V$$

$$U_1 = \frac{1}{2} C_1 V^2 = \frac{1}{2} \times 4 \times (50)^2 \times 10^{-6}$$

$$= 2 \times 10^{-6} \times 2500 = 5000\,\mu J$$

तथा 4 μF पर संचित ऊर्जा

$$= \frac{1}{2} C_1 V_1^2$$

$$= \frac{1}{2} \times 4 \times 10^{-6} \times 80 \times 80$$

$$= 12800 \times 10^{-6}\,\text{J}$$

$$\text{ऊर्जा में कमी} = 12800 \times 10^{-6} - 5000 \times 10^{-6}$$

$$= 7800 \times 10^{-6}\,\text{J} = 7.8\,\mu\text{J}$$

10. (a)
$$C = \frac{4 \times 6}{10} = 2.4\,\mu\text{F}$$

$$E_1 = \frac{1}{2}CV^2 = \frac{2.4}{2}V^2$$

$$E_1 = 1.2\,\text{V}^2$$

$$C' = 4 + 6 = 10\mu\text{F}$$

$$E_2 = \frac{1}{2}CV^2 = \frac{1}{2} \times 10 \times V^2 = 5\,\text{V}^2$$

$$\frac{E_1}{E_2} = \frac{1.2V^2}{5V^2} = \frac{1.2}{5} = \frac{6}{25}$$

11. (a) $U_1 = \frac{1}{2}CV_1^2,\ U_2 = \frac{1}{2}CV_2^2$

$$U_i = U_1 + U_2 = \frac{1}{2}C(V_1^2 + V_2^2)$$

$$V_C = \frac{q_1 + q_2}{C_1 + C_2}$$

$$= \frac{CV_1 + CV_2}{2C} = \frac{V_1 + V_2}{2}$$

$$U_f = \frac{1}{2}CV_1^2 + \frac{1}{2}CV_2^2$$

$$= \frac{1}{2}(2C)\frac{(V_1 + V_2)^2}{4}$$

$$= \frac{C}{4}(V_1 + V_2)^2$$

ऊर्जा में कमी के लिए

$$\Delta U = U_f - U_i$$

$$= \frac{1}{4}C(V_1 + V_2)^2 - \frac{1}{2}C(V_1^2 + V_2^2)$$

$$= \frac{1}{4}C(V_1 - V_2)^2$$

12. (d)

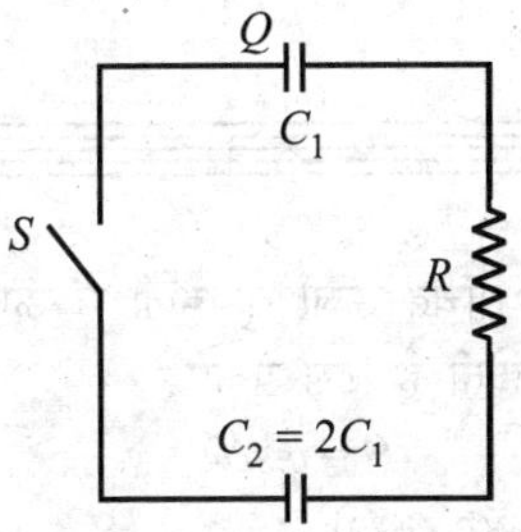

स्विच S को बन्द करने पर आवेश C_1 से C_2 की ओर चलेगा तथा स्थाई अवस्था में C_2 पर अधिकतम आवेश संचित होगा तथा R में कोई प्रवाह नहीं होगा।

यदि C_1 पर आवेश $= q$

तो C_2 पर आवेश $= Q - q$

अतः किरचोफ के नियम से,

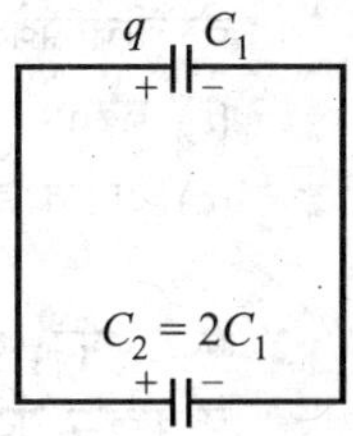

$$\frac{q}{C_1} - \frac{Q - q}{2C_1} = 0$$

$$q = \frac{Q}{3}$$

$$C_2 \text{ पर } q_2 = Q - q$$

$$= Q - \frac{Q}{3} = \frac{2Q}{3}$$

13. (a) संयोजन श्रेणीक्रम में है, अतः

$$C_1 = \frac{2\varepsilon_0 AK_1}{d}$$

$$C_2 = \frac{2\varepsilon_0 AK_2}{d}$$

$$C = \frac{C_1 C_2}{C_1 + C_2}$$

$$= \frac{\frac{2\varepsilon_0 AK_1}{d}\,\frac{2\varepsilon AK_2}{d}}{\frac{2\varepsilon_0 AK_1}{d} + \frac{2\varepsilon AK_2}{d}}$$

$$= \frac{2\varepsilon_0 A}{d}\left(\frac{K_1 K_2}{K_1 + K_2}\right)$$

14. (c) $C_1 = \frac{\varepsilon_0 A}{2d} = \frac{C_0}{2}$

प्रथम अवस्था से q नियत है।

अतः
$$E_1 = \frac{q^2}{2C_1} = \frac{q^2}{\frac{2C_0}{2}}$$

$$= \frac{q^2}{C_0} = \frac{C_0^2 V_0^2}{C_0} = C_0 V_0^2$$

द्वितीय अवस्था में V नियत है।

अतः
$$E_2 = \frac{1}{2}C_1 V_0^2$$

$$= \frac{1}{2}\frac{C_0}{2}V_0^2 = \frac{C_0 V_0^2}{4}$$

$$\frac{E_1}{E_2} = \frac{C_0 V_0^2}{\frac{C_0 V_0^2}{4}} = 4$$

15. (a) आवेशित संधारित्र पर आवेश तब शून्य होगा जब दोनों के विपरीत पोल एक-दूसरे से जुड़े हों तथा धारितायें बराबर हों।

Previous Years' Problems

1. नगण्य मोटाई की एक एल्युमीनियम की पत्ती एक संधारित्र की प्लेटों के बीच प्रवेश कराई जाती है। संधारित्र की धारिता–

(a) बढ़ती है (b) घटती है
(c) अनन्त हो जाती है (d) अपरिवर्तित रहती है

[AIEEE 2003]

2. एक पूर्णतः आवेशित संधारित्र की धारिता C है। ऊष्मा के लिए कुचालक गुटका, जिसका द्रव्यमान m तथा विशिष्ट ऊष्मा धारिता s है, के भीतर रखी गयी प्रतिरोध कुण्डली (resistance coil) के द्वारा संधारित्र को निरावेशित किया जाता है। यदि गुटके के ताप में वृद्धि ΔT है, संधारित्र के सिरों के बीच विभवान्तर है–

(a) $\frac{ms\Delta T}{C}$ (b) $\sqrt{\frac{2ms\Delta T}{C}}$
(c) $\sqrt{\frac{2mC\Delta T}{s}}$ (d) $\frac{mC\Delta T}{s}$

[AIEEE 2005]

3. समान दूरी से हटाकर रखी गयी n प्लेटों को एकान्तर क्रम से जोड़कर एक समान्तर प्लेट संधारित्र बनाया गया है। यदि किन्हीं दो प्लेटों के बीच धारिता C है, तब परिणामी धारिता है–

(a) C (b) nC
(c) $(n-1)C$ (d) $(n+1)C$

[AIEEE 2005]

4. एक बैटरी को समान्तर प्लेट संधारित्र की प्लेटों को आवेशित करने के लिए तब तक प्रयोग किया जाता है जब तक कि प्लेटों के बीच विभवान्तर बैटरी के e.m.f. के बराबर नहीं हो जाता। संधारित्र में संचित ऊर्जा और बैटरी द्वारा किये गए कार्य की निष्पत्ति होगी–

(a) 1/2 (b) 1
(c) 2 (d) 1/4

[AIEEE 2007]

5. समान्तर प्लेट संधारित्र की प्लेटों के मध्य K परावैद्युतांक होने पर इसकी धारिता C है और इसे V वोल्ट विभव तक आवेशित किया गया है। परावैद्युत स्लैब को धीरे से प्लेटों के बीच से बाहर खिसकाकर पुनः प्लेटों के बीच प्रवेश करा दिया जाता है। इस प्रक्रिया में निकाय द्वारा किया गया कुल कार्य है–

(a) शून्य (b) $\frac{1}{2}(K-1)CV^2$
(c) $\frac{CV^2(K-1)}{K}$ (d) $(K-1)CV^2$

[AIEEE 2007]

6. एक समान्तर प्लेट संधारित्र की धारिता, जिसकी प्लेटों के बीच वायु है, 9 pF है। इसकी प्लेटों के बीच की दूरी d है। अब प्लेटों के बीच का स्थान दो परावैद्युत माध्यम से भर दिया जाता है। जिनमें से एक का परावैद्युतांक $k_1 = 3$ तथा मोटाई $\frac{d}{3}$ है। दूसरे माध्यम की परावैद्युतांक $k_2 = 6$ तथा मोटाई $\frac{2d}{3}$ है। अब संधारित्र की धारिता होगी–

(a) 1.8 pF (b) 45 pF
(c) 40.5 pF (d) 20.25 pF

[AIEEE 2008]

उत्तरमाला

1. (d) **2.** (b) **3.** (c) **4.** (a) **5.** (a) **6.** (c)

हल

1. (d) जब नगण्य मोटाई की चालकीय पत्ती को संधारित्र की प्लेटों के बीच प्रवेश कराते हैं तो संधारित्र की धारिता, अपरिवर्तित रहती है चूँकि एल्यूमीनियत शीट चालकीय है और इसकी मोटाई नगण्य है इसलिए संधारित्र की धारिता अपरिवर्तित रहती है।

2. (b) $E = \frac{1}{2}CV^2$

संधारित्र में संचित ऊर्जा कुण्डली में ऊष्मीय ऊर्जा के रूप में निरावेशित होती है, इस प्रकार,

$$H = ms\Delta T$$

समीकरण (i) व (ii) से

$$\frac{1}{2}CV^2 = ms\Delta T$$

अथवा $V = \sqrt{\dfrac{2ms\Delta T}{C}}$

$= \dfrac{1}{2}$

3. (c) सिरे पर स्थित प्लेट को छोड़कर शेष प्रत्येक प्लेट संधारित्र की रचना में भाग लेती है।

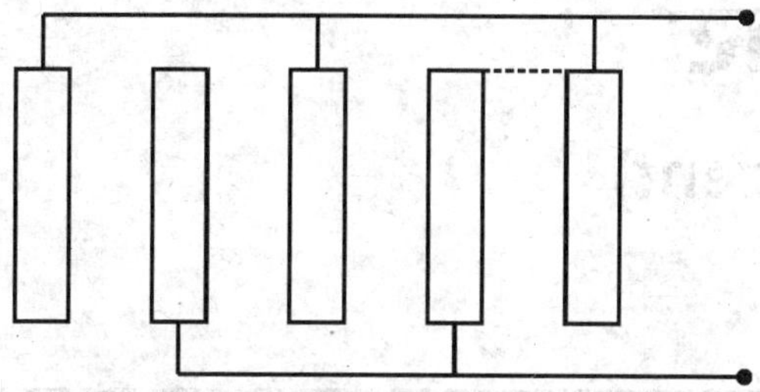

ये संधारित्र समान्तर क्रम में हैं और n प्लेटें $(n-1)$ संधारित्र बनाती हैं।

अतः A तथा B के मध्य तुल्य धारिता

$$= (n-1)C$$

4. (a) $$\text{वाँछित अनुपात} = \frac{\text{संधारित्र में संचित ऊर्जा}}{\text{बैटरी द्वारा किया गया कार्य}}$$

$$= \frac{\frac{1}{2}CV^2}{Ce^2}$$

जहाँ, C = संधारित्र की धारिता, V = विभवान्तर

e = बैटरी का e.m.f.

$$= \frac{\frac{1}{2}Ce^2}{Ce^2} \qquad [\because V = e]$$

5. (a) आवेशित संधारित्र की स्थितिज ऊर्जा

$$U = \frac{Q^2}{2C}$$

यदि प्लेटों के मध्य परावैद्युत स्लैब को रखा जाता है तो इसकी ऊर्जा $\dfrac{Q^2}{2KC}$ होगी, जहाँ K परावैद्युतांक है।

पुनः जब परावैद्युत स्लैब को धीरे से हटा लिया जाता है तो इसकी ऊर्जा में प्रारम्भिक स्थितिज ऊर्जा तक की वृद्धि होगी। इस प्रकार किया गया कार्य शून्य है।

6. (c) ज्ञात है, $$C = \frac{\varepsilon_0 A}{d} = 9\text{pF}$$

अब $$C = \frac{K_1\varepsilon_0 A}{d/3} = \frac{3\times3\,\varepsilon_0 A}{d}$$

$$= 9\times9 = 81\text{ pF}$$

तथा $$C_2 = \frac{K_2\varepsilon_0 A}{2d/3} = \frac{6\times3\,\varepsilon_0 A}{2d}$$

यहाँ संधारित्र C_1 तथा C_2 श्रेणीक्रम में जुडे हैं। अतः तुल्य धारिता

$$C_{eq} = \frac{C_1C_2}{C_1+C_2} = \frac{81\times81}{81+81}\text{pF}$$

$$= 40.5\text{ pF}$$

□□□

अध्याय

22

विद्युत धारा
(Electric Current)

विद्युत धारा (Electric Current)

- आवेश के प्रवाह की दर को विद्युत धारा कहते हैं।

$$\boxed{i = \frac{q}{t}\ \frac{(\text{स्थान्तरित आवेश})}{(\text{समय})}}$$

धारा घनत्व (Current Density)

- यदि चालक में धारा एकसमान रूप से वितरित है तो धारा घनत्व उस बिन्दु पर अत्यन्त सूक्ष्म क्षेत्रफल से प्रवाहित होने वाली धारा के बराबर होता है।

$$\boxed{J = i\,A}$$

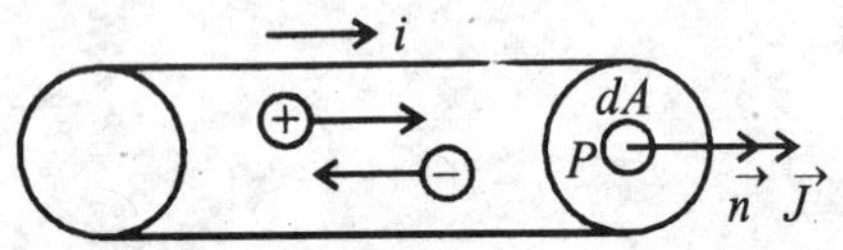

$$J = \frac{di}{dA}\vec{n}$$

- यदि क्षेत्रफल का तल धारा की दिशा से θ कोण बनाता है, तो

$$\boxed{J = \frac{di}{dA\cos\theta}}$$

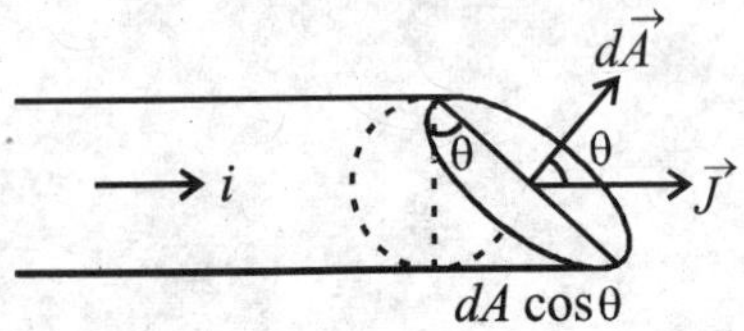

$$J = \frac{di}{dA\cos\theta}$$

$$di = J\,dA\cos\theta$$

$$= \vec{J}\cdot\vec{dA}$$

$$i = \int \vec{J}\cdot\vec{dA}$$

चूँकि $\qquad i = nqvA$

$$J = \frac{i}{A} = nqv.$$

- धारा घनत्व का मात्रक एम्पियर/मी^{2} तथा विमा $A\,L^{-2}$ होती है।
- धारा घनत्व चालक के अन्दर किसी बिन्दु का लाक्षणिक गुण है न कि सम्पूर्ण चालक का। धारा घनत्व एक सदिश राशि है। इसकी दिशा किसी बिन्दु पर धनावेश के चलने की दिशा है।

धारा घनत्व और विद्युत क्षेत्र में सम्बन्ध
(Relation between Current Density and Electric Field)

$$\vec{J} = \sigma\vec{E}$$

जहाँ, σ = चालकता

अनुगमन वेग (Drift Velocity)

- जब चालक के सिरों के बीच विभवान्तर लगाया जाता है तब इलेक्ट्रान धन विभव की दिशा में कुछ औसत वेग प्राप्त कर लेते हैं जो अनियमित गति पर अध्यारोपित हो जाता है। इस वेग को अनुगमन वेग कहते हैं। इसे v_d से प्रदर्शित करते हैं

$$\boxed{v_d = \frac{J}{N\,e}}$$

जहाँ N = प्रति आयतन इलेक्ट्रॉनों की संख्या

e = इलेक्ट्रॉन पर आवेश

$$i = ne\,A\,v_d$$

जहाँ A = तार के परिच्छेद का क्षेत्रफल

n = प्रति इकाई आयतन में मुक्त इलेक्ट्रॉनों की संख्या

$$\boxed{J = n\,e\,v_d}$$

- श्रांति काल (τ) :

$$\tau = \frac{\text{मध्य मुक्त पथ}}{\text{इलेक्ट्रॉनों का } rms \text{ वेग}}$$

$$= \frac{\lambda}{v_{r.m.s.}}$$

- गतिशीलता, $\mu = \frac{\text{अनुगमन वेग}}{\text{विद्युत क्षेत्र}} = \frac{v_d}{E}$

विद्युत प्रतिरोध (Electric Resistance)

- विभवान्तर तथा धारा के अनुपात को विद्युत प्रतिरोध कहते हैं।

$$\text{विद्युत प्रतिरोध}\,(R) = \frac{V}{I}$$

- मात्रक = ओम
- विमा = $[ML^2T^{-3}A^{-2}]$

ओमीय परिपथ :

- जो परिपथ ओम के नियम का पालन करते हैं उन्हें **ओमीय परिपथ** कहते हैं। ओम का परिपथ केवल धात्वीय चालकों के लिए ही मान्य होता है।

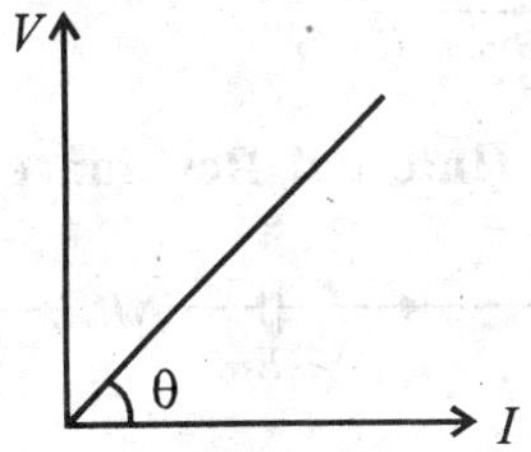

अनओमीय परिपथ :

- जो परिपथ **ओम के नियम** का पालन नहीं करते उन्हें **अनओमीय परिपथ कहते हैं** जैसे - डायोड वाल्व, ट्रायोड वाल्व।
- अर्द्धचालक, अनओमीय परिपथ के लिए -

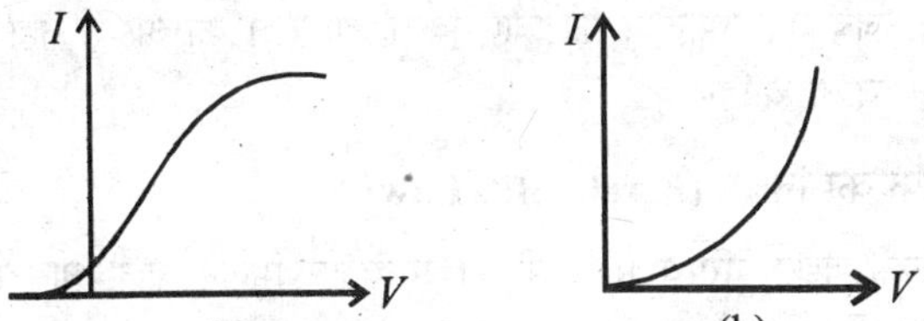

(a) (b)

- तार का प्रतिरोध -
  - लम्बाई के अनुक्रमानुपाती होता है।
    $$R \propto l$$
  - अनुप्रस्थ क्षेत्रफल के व्युत्क्रमानुपाती होता है।
    $$R \propto \frac{1}{A}$$
- यदि किसी चालक की लम्बाई x गुना कर दी जाये तो उसका नया प्रतिरोध x^2 गुना हो जाता है।

$$R' = x^2 R$$

- तार का ताप बढ़ाने से प्रतिरोध बढ़ जाता है क्योंकि ताप बढ़ाने से इलेक्ट्रॉनों की अनियमित गति में वृद्धि हो जाती है।

विशिष्ट प्रतिरोध (Specific Resistance)

$$\rho = \frac{E}{J}$$

$$\rho = \frac{AR}{l}$$

- विशिष्ट प्रतिरोध का मात्रक ओम-मीटर होता है
- विमा $[ML^3T^{-3}A^{-2}]$
- विशिष्ट प्रतिरोध का मान ताप तथा पदार्थ की प्रकृति पर निर्भर करता है।
- विभिन्न पदार्थों के लिए विशिष्ट प्रतिरोध -

$$\rho_{\text{मिश्र धातु}} > \rho_{\text{अर्द्धचालक}} > \rho_{\text{सुचालक}}$$

विशिष्ट चालकता (Specific Conductance)

$$\sigma = \frac{1}{\rho}$$

$$\sigma = \frac{j}{E}$$

$$j = \sigma E$$

- विशिष्ट चालकता का मात्रक ओम$^{-1}$ मीटर$^{-1}$ होता है।

प्रतिरोधों का संयोजन (Combination of Resistances) :

(i) श्रेणीक्रम में (In Series)

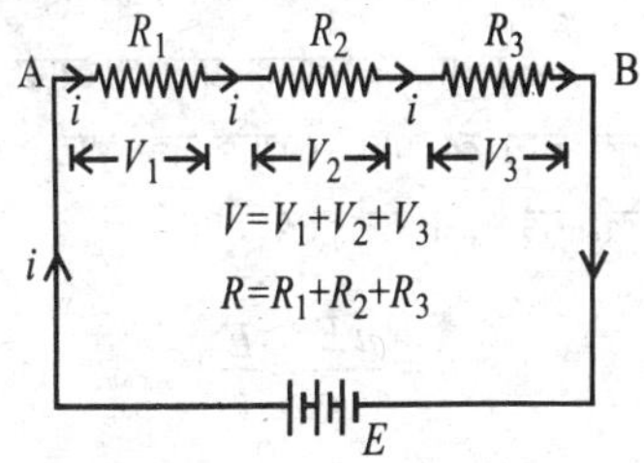

- श्रेणीक्रम में परिपथ के प्रत्येक भाग में विद्युत धारा समान होती है। लेकिन विभवान्तर अलग-अलग होता है।

(ii) समान्तर क्रम में (In Parallel)

- धारा का मान प्रत्येक भाग में भिन्न-भिन्न होता है परन्तु विभवान्तर का मान समान होता है।

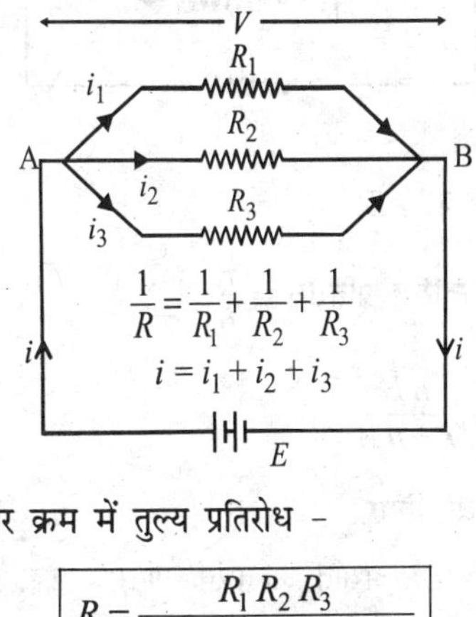

- समान्तर क्रम में तुल्य प्रतिरोध -

$$R = \frac{R_1 R_2 R_3}{R_2R_3 + R_3R_1 + R_1R_2}$$

- इस प्रकार के क्रम में तुल्य प्रतिरोध न्यूनतम प्रतिरोध से भी कम होता है।
- कम ओम के प्रतिरोध में अधिक धारा तथा अधिक ओम के प्रतिरोध में कम धारा प्रवाहित होती है।

सेलों का संयोजन (Combination of Cells) :

(i) श्रेणी क्रम में : जब सेल श्रेणी क्रम में जोड़े जाते हैं

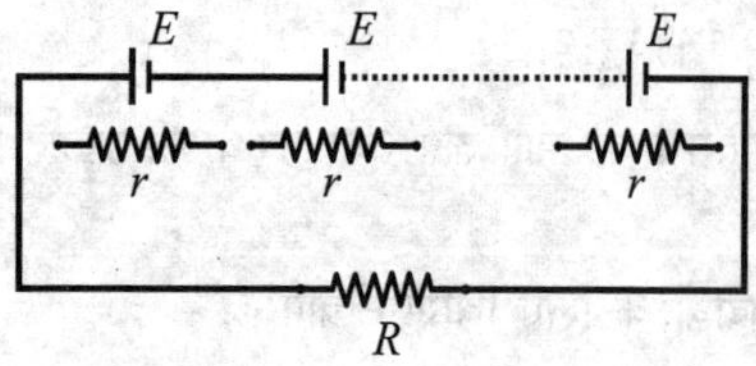

- कुल वि० वा० बल $= nE$
- कुल आन्तरिक प्रतिरोध $= nr$
- कुल प्रतिरोध $= (R + nr)$
- धारा $i = \dfrac{nE}{R+nr}$ ऐम्पियर

इस परिपथ के लिए -

- यदि $R >> nr$ अर्थात् बाह्य प्रतिरोध आन्तरिक प्रतिरोध से बहुत बड़ा है तब

$$i = \frac{nE}{R}$$

- यदि $R >> nr$ अर्थात् आन्तरिक प्रतिरोध बाह्य प्रतिरोध से काफी बड़ा है तब धारा के मान में वृद्धि नहीं होती। धारा का मान एक सेल से ली गई धारा के तुल्य होगा

$$i = \frac{nE}{nr} = \frac{E}{r}$$

(ii) समान्तर क्रम में : यदि n सेलों को समान्तर क्रम में जोड़ा जाता है

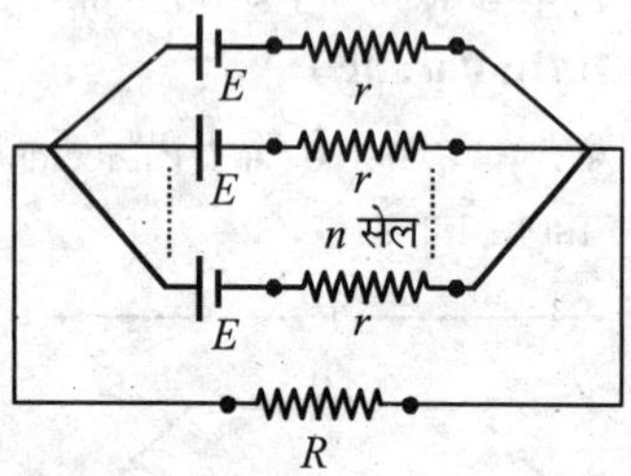

- कुल विभव $= E$
- कुल आन्तरिक प्रतिरोध $= \dfrac{r}{n}$
- धारा $i = \dfrac{nE}{r+nR}$

इस परिपथ के लिए -

- यदि $nr >> R$ अर्थात् आन्तरिक प्रतिरोध बाह्य प्रतिरोध से काफी बड़ा है तब धारा के मान में वृद्धि होती है। इस तरह से सेल की तुल्य धारा
- यदि $R >> nr$ अर्थात् बाह्य प्रतिरोध आन्तरिक प्रतिरोध से काफी बड़ा है तब धारा के मान में वृद्धि नहीं होती है।

(iii) मिश्रित संयोजन (Mixed Arrangement) :

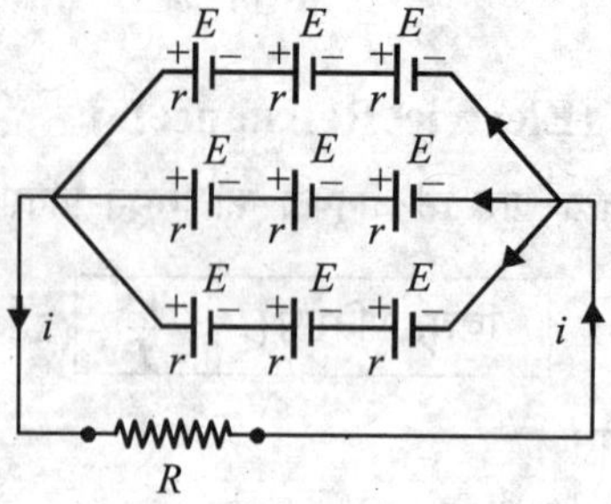

- कुल विभव $= nE$
- कुल आन्तरिक प्रतिरोध $= \dfrac{nr}{m}$
- धारा $i = \dfrac{mnE}{nr+mR}$

आन्तरिक प्रतिरोध (Internal Resistance)

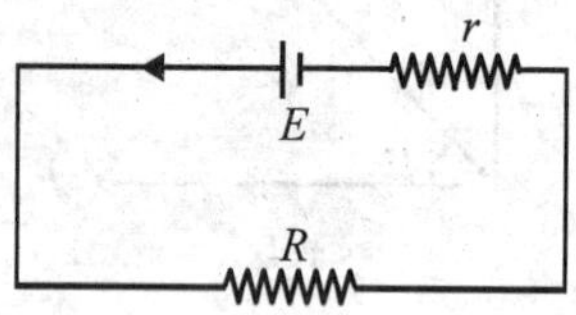

- किसी सेल का आन्तरिक प्रतिरोध $r = \left(\dfrac{E-V}{V}\right)R$

(i) आदर्श सेल के लिए $r = 0$

(ii) जब तक स्पष्ट न की जाए किसी भी सेल को आदर्श नहीं माना जाना चाहिए

किरचॉफ का नियम (Kirchhoff's Law)

- किसी वैद्युत परिपथ में किसी भी सन्धि पर मिलने वाली धाराओं का बीजगणितीय योग शून्य होता है अर्थात्

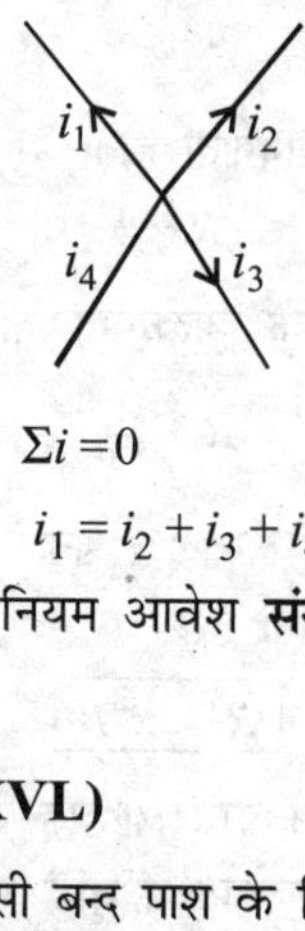

$$\Sigma i = 0$$

$$i_1 = i_2 + i_3 + i_4$$

- किरचॉफ का पहला नियम आवेश **संरक्षण के नियम** को व्यक्त करता है।

बन्द पाश का नियम (KVL)

- किसी परिपथ के किसी बन्द पाश के विभिन्न खण्डों में बहने वाली धाराओं तथा संगत प्रतिरोधों के गुणनफलों का बीज गणितीय योग उस पाश में लगने वाले विद्युत वाहक बलों के बीज गणितीय योग के बराबर होता है।

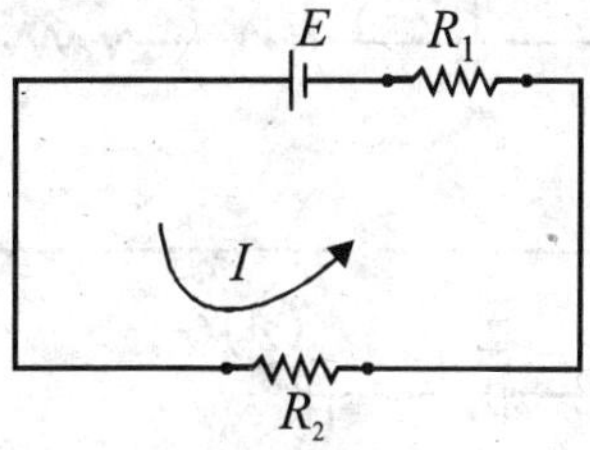

$$\sum V = \sum IR$$

- चिह्न प्रणाली

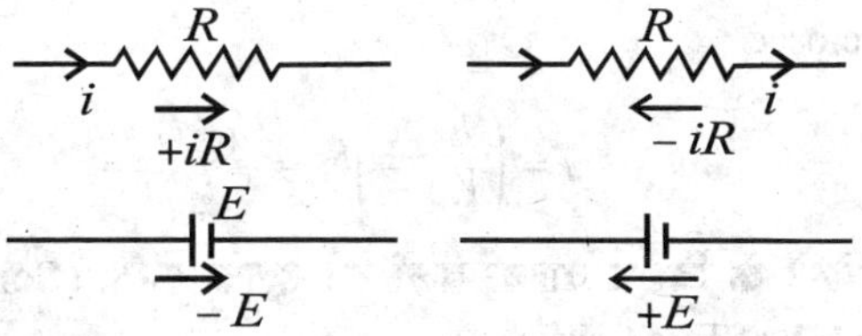

प्रेरकत्व में, चिह्न प्रणाली धारा की वृद्धि और कमी के अनुसार ली जाती है।

- जब धारा किसी प्रतिरोध के सिरे में प्रवेश करती है, तो विभव का ह्रास होता है।
- जब धारा सैल के धन सिरे से ऋण सिरे की ओर चलती है तो विभव का ह्रास होता है।
- जब सैल के ऋण सिरे में धारा प्रवेश करती है, तो विभव की वृद्धि होती है।
- यदि किसी परिपथ के दो सिरों को एक तार द्वारा जोड़ते हैं,

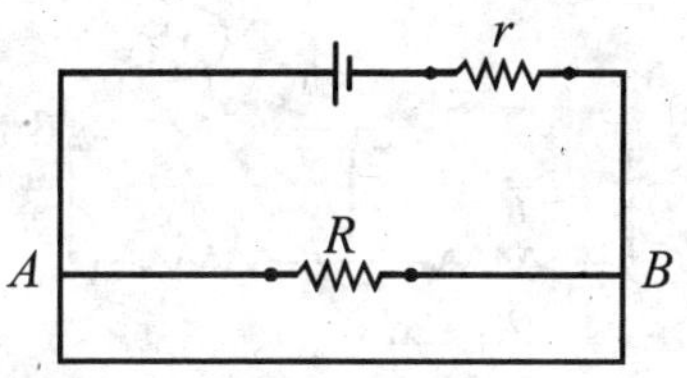

व्हीटस्टोन सेतु (Wheatstone's Bridge)

- व्हीटस्टोन सेतू का प्रयोग अज्ञात प्रतिरोध का मान ज्ञात करने में किया जाता है।
- सन्तुलन की अवस्था में,

$$\boxed{\frac{P}{Q} = \frac{R}{S}}$$

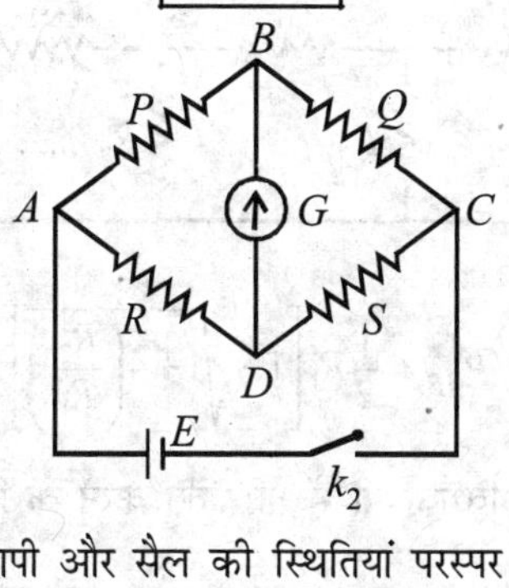

- सेतु में धारामापी और सैल की स्थितियां परस्पर बदलने

$\frac{P}{Q} = \frac{R}{S}$ पर अपरिवर्तित रहता है।

- सेतु की सन्तुलन अवस्था में,
  (a) $V_B = V_D$
  (b) $V_B - V_D = 0$
  (c) धारामापी में धारा का मान शून्य होता है।

$$I_g = 0$$

मीटर सेतु (Meter Bridge)

- इसका उपयोग अज्ञात प्रतिरोध ज्ञात करने के लिए किया जाता है।
- इसकी सहायता से एक ओम से 10^3 ओम का प्रतिरोध ज्ञात किया जाता है।

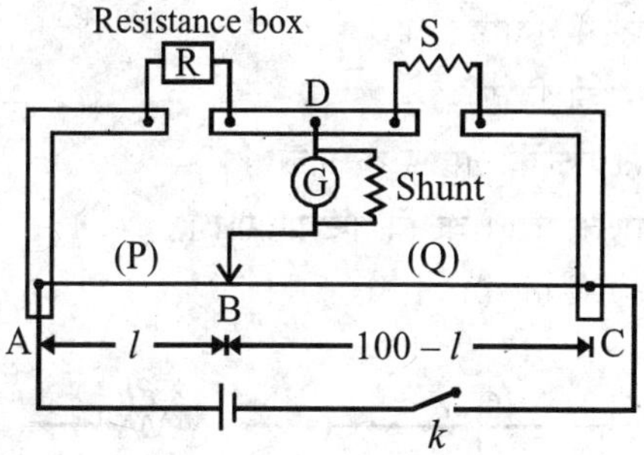

- सन्तुलन में,

$$\boxed{\frac{R}{S} = \left(\frac{l}{100 - l}\right)}$$

$$\boxed{S = \frac{R(100 - l)}{l}}$$

पोस्ट ऑफिस बॉक्स (Post-office Box)

- इसका उपयोग पोस्ट ऑफिस तथा तारघरों में तार की लाइन टूट जाने का पता लगाने के लिए किया जाता है।

विभवमापी (Potentiometer)

- इसकी सहायता से किसी सेल का विद्युत वाहक बल अथवा किसी विद्युत परिपथके दो बिन्दुओं के बीच विभवान्तर नापा जा सकता है।
- तार के प्रति एकांक लम्बाई पर विभव के पतन को विभवा प्रवणता कहते हैं।

$$\boxed{K = \frac{E}{l}}$$

$$x = \frac{V}{L}$$

$$V = IR = \frac{e}{R + R_h + r} \cdot R$$

$$\therefore \quad x = \frac{V}{L} = \frac{IR}{L}$$

$$= \frac{e}{R + R_h + r} \frac{R}{L}$$

यहाँ यदि $V > E$ तो धारामापी में धारा प्रवाहित होगी। यदि $V < E$ हो, तो

विपरीत दिशा में धारा प्रवाहित होगी और यदि $V=E$ हो, तो धारामापी में कोई धारा प्रवाहित नहीं होगी। (शून्य विक्षेप स्थिति)

$$E = Xl$$

$$E = \frac{e}{R+Rh+r}\cdot\frac{R}{L}Xl$$

यदि V नियतांक है, तो

$$L \propto l$$

$$\Rightarrow \quad \frac{x_1}{x_2} = \frac{l_1}{l_2}$$

- विभव प्रवणता –
  - तार में प्रवाहित धारा
  - तार की त्रिज्या
  - प्रति एकांक लम्बाई के प्रतिरोध
  - तार के पदार्थ के विशिष्ट प्रतिरोध K

पर निर्भर करती है।

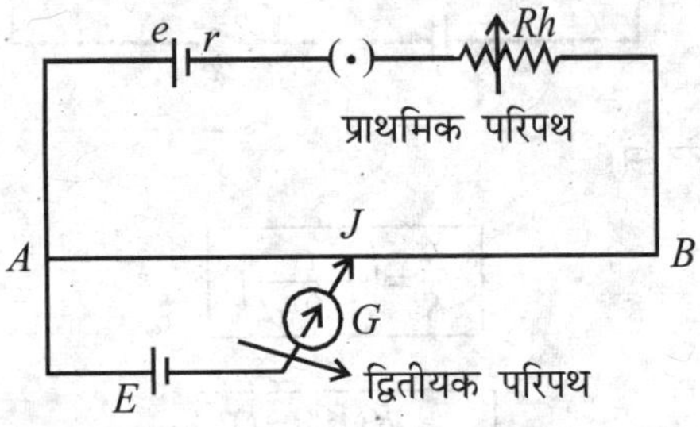

अनुप्रयोग (Application)

(a) प्राथमिक सेल का आन्तरिक प्रतिरोध ज्ञात करना :

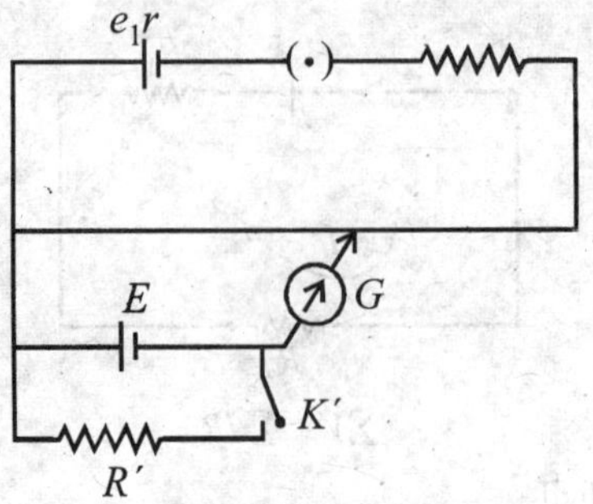

K' open	$E = xl_1$
K' closed	$V = xl_2$

$$\therefore \quad r = \left(\frac{E}{V}-1\right)R' = \frac{l_1-l_2}{l_2}\cdot R'$$

(b) दो सेलों के विद्युत वाहक बलों की तुलना करना (Comparing of EMF of Two Cells) :

$$E_1 = Xl_1$$

$$E_2 = xl_2$$

$$\frac{E_1}{E_2} = \frac{l_1}{l_2}$$

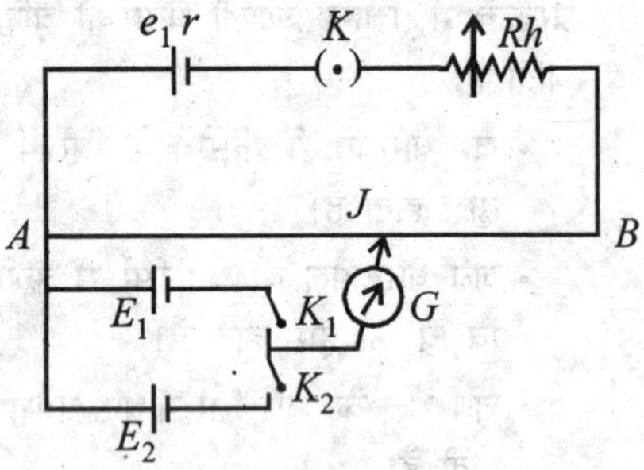

(c) प्रतिरोधों की तुलना करना (Comparing of Resistances)

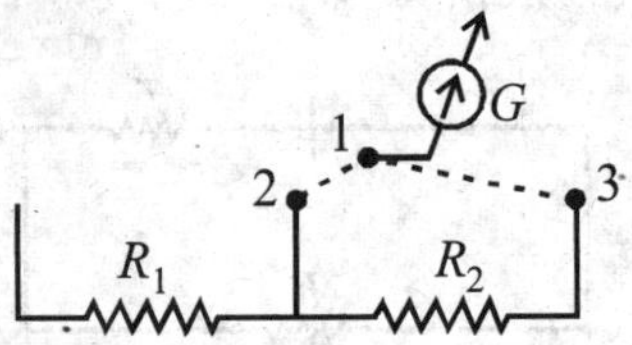

$$lR_1 = xl_1$$

$$i(R_1+R_2) = xl_2$$

$$\frac{R_1}{R_1} = \frac{l_2-l_2}{l_1}$$

महत्त्वपूर्ण तथ्य (Important Facts)

☞ $J_1A_1 = J_2A_2$ को सततता समीकरण कहते हैं।

☞ 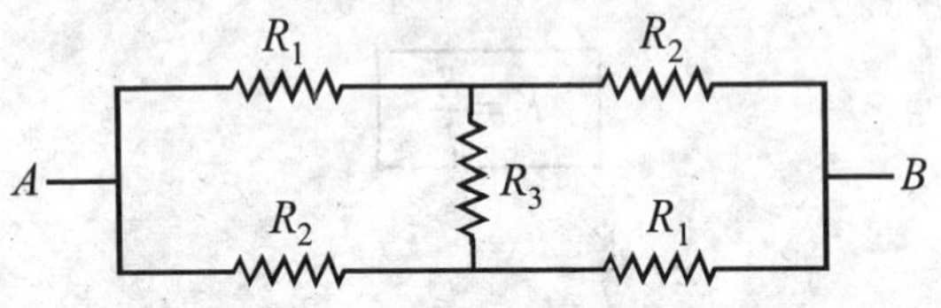

$$R_{AB} = \frac{2R_1R_2 + R_3(R_1+R_2)}{2R_3+R_1+R_2}$$

☞ धारामापी को एमीटर में परिवर्तन करने पर आवश्यक शण्ट का मान

$$S = \frac{i_g}{i-i_g}\times G$$

i_g = धारामापी में धारा

मुख्य धारा का nवाँ हिस्सा प्रवाहित करने के लिए

$$S = \frac{G}{n-1}$$

☞ 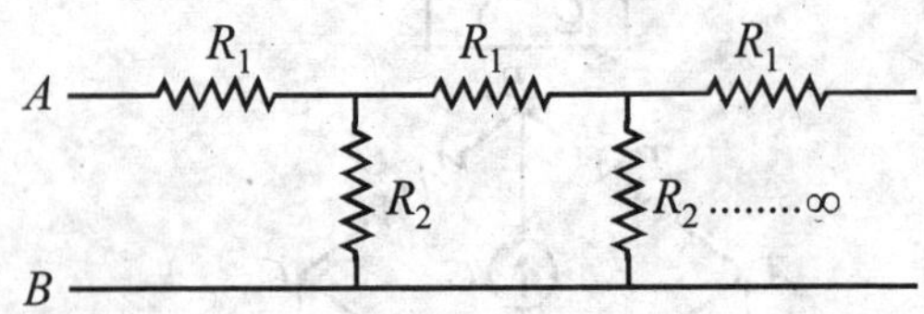

$$R_{AB} = \frac{1}{2}R_1\left[1+\sqrt{1+4\left(\frac{R_2}{R_1}\right)}\right]$$

☞ धारामापी को विभवमापी में परिवर्तित करने के लिए आवश्यक उच्च प्रतिरोध

$$R = \frac{V}{i_g} - G$$

अभ्यास के लिए प्रश्न

1. दिये हुए चित्र में प्रतिरोध का अनन्त तक अनुक्रम दिखाया गया है। अगर $R_1 = 1$ ओम और $R_2 = 2$ ओम हो, तो A और B बिन्दुओं के बीच परिणामी प्रतिरोध होगा–

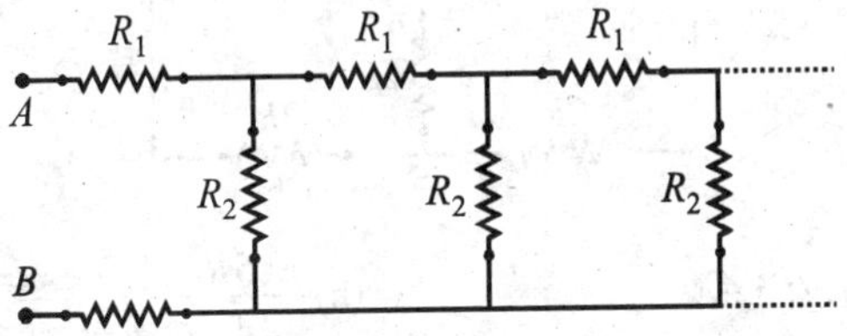

(a) 2 ओम (b) 1.5 ओम
(c) अनन्त (d) 1 ओम

2. 3Ω तथा 6 Ω प्रतिरोधों को समान्तर क्रम में जोड़ा गया है तथा इस संयोजन को 5V की बैटरी तथा 3 Ω प्रतिरोध के साथ श्रेणीक्रम में जोड़ा गया है। 6 Ω प्रतिरोध के सिरों के मध्य विभवान्तर होगा–

(a) 3V (b) 1V
(c) 2V (d) 4V

3. 1 मिमी व्यास के एक ताँबे के तार में 1.1 A धारा प्रवाहित हो रही है। इलेक्ट्रॉनों का अप्रवाह वेग होगा–
(ताँबे का घनत्व = 9 ग्राम/सेमी^{3}, ताँबे का परमाणु भार = 63 तथा प्रत्येक परमाणु द्वारा एक इलेक्ट्रॉन मुक्त किया जाता है।)

(a) 0.3 मिमी/से (b) 0.5 मिमी/से
(c) 0.1 मिमी/से (d) 0.2 मिमी/से

4. 10Ω, 5Ω, 7Ω तथा 3Ω प्रतिरोधों को इस प्रकार जोड़ा गया है कि वे एक आयत की चार भुजाओं क्रमशः AB, BC, CD तथा DA का निर्माण करती है। एक अन्य 10Ω प्रतिरोध को विकर्ण AC के अनुदिश जोड़ा गया है। A तथा B के मध्य तुल्य प्रतिरोध होगा–

(a) 7 Ω (b) 10 Ω
(c) 2 Ω (d) 5 Ω

5. 11 ओम के एक प्रतिरोध को एक विद्युत सैल से श्रेणीक्रम में जोड़ने पर उसमें 0.5 A की धारा प्रवाहित होती है। उसी सैल के श्रेणीक्रम में 5 ओम का प्रतिरोध जोड़ने पर उसमें 0.9 A की धारा प्रवाहित होती है। सैल का आन्तरिक प्रतिरोध होगा–

(a) 2.5 Ω (b) 3.5 Ω
(c) 1.5 Ω (d) 2 Ω

6. दिये हुए परिपथ में, स्थाई धारा के साथ, संधारित्र के आर-पार विभवपात होना चाहिए–

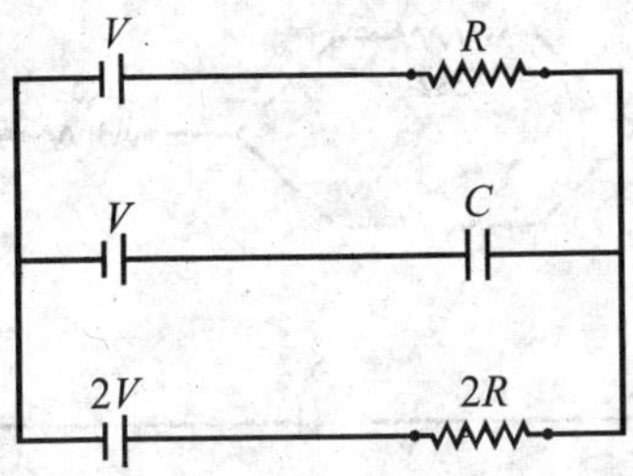

(a) $\frac{V}{3}$ (b) $\frac{2V}{3}$
(c) V (d) $\frac{V}{2}$

7. दिये हुए परिपथ में, यह पाया गया है कि धारा I प्रतिरोध R_6 पर निर्भर नहीं करती, तो प्रतिरोध के मान निम्न सम्बन्ध को सन्तुष्ट करते हैं–

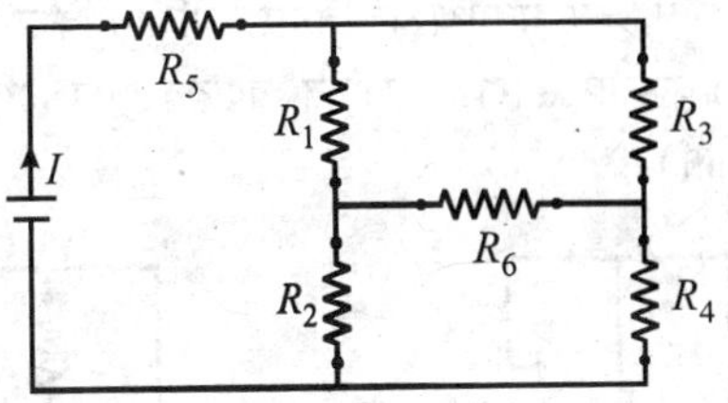

(a) $R_1R_4 = R_2R_3$
(b) $R_1R_3 = R_2R_4 = R_5R_6$
(c) $R_1R_2R_5 = R_3R_4R_6$
(d) $\frac{1}{R_5} + \frac{1}{R_6} = \frac{1}{R_1 + R_2} + \frac{1}{R_3 + R_4}$

8. एक $100W$ का बल्ब B_1 तथा दो $60W$ के बल्ब B_2 तथा B_3 को चित्रानुसार $250V$ के स्रोत से जोड़ा गया है। बल्ब, B_1, B_2 तथा B_3 की निर्गत शक्तियाँ क्रमशः W_1, W_2 तथा W_3 है, तो–

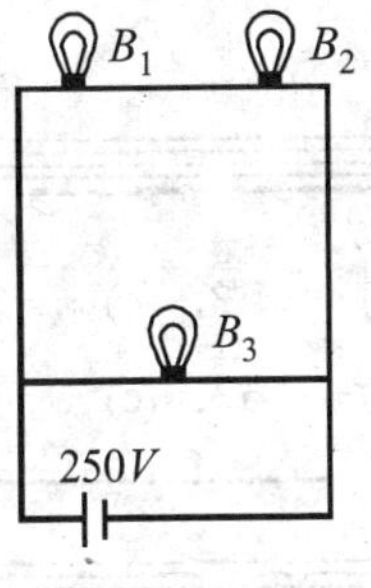

(a) $W_1 < W_2 = W_3$ (b) $W_1 < W_2 < W_3$
(c) $W_1 > W_2 = W_3$ (d) $W_1 > W_2 > W_3$

9. n समान बल्ब, प्रत्येक को इस प्रकार बनाया गया है कि किसी वोल्टेज प्रदायक से P शक्ति लेता है, इस प्रदायक से श्रेणीक्रम में जोड़े जाते हैं। बल्बों द्वारा ली गई कुल शक्ति होगी–

(a) P (b) nP
(c) $\frac{P}{n^2}$ (d) $\frac{P}{n}$

10. जब एक तार को 220V मेन्स सप्लाई से जोड़ा जाता है तो शक्ति खपत P_1 है। अब तार को दो समान भागों में काट कर उसी सप्लाई के समानान्तर क्रम में जोड़ा जाता है। इस स्थिति में शक्ति खपत P_2 है। $P_2 : P_1$ अनुपात होगा–

(a) 2 (b) 3
(c) 1 (d) 4

11. AB के आर-पार तुल्य प्रतिरोध ज्ञात कीजिए–

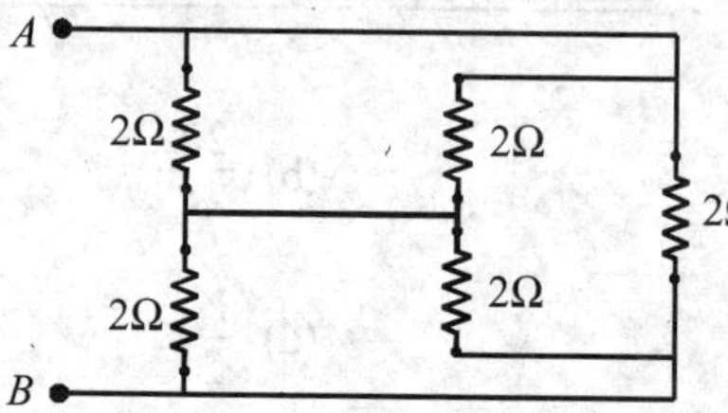

(a) 3 Ω (b) 4 Ω
(c) 1 Ω (d) 2 Ω

12. निम्न चित्र में, चार परिपथों पर विचार कीजिए। किस परिपथ में शक्ति खपत अधिकतम होगा? (शक्ति प्रदायक का आन्तरिक प्रतिरोध नगण्य मानें)–

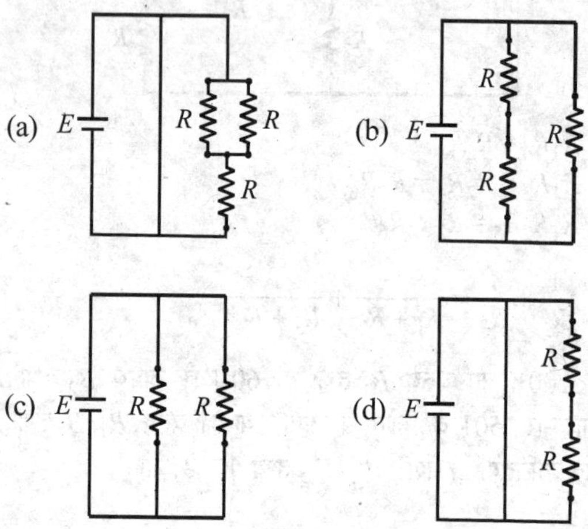

13. चित्र में, प्रदर्शित विद्युत परिपथ का बिन्दु P व Q के मध्य प्रभावी प्रतिरोध होगा–

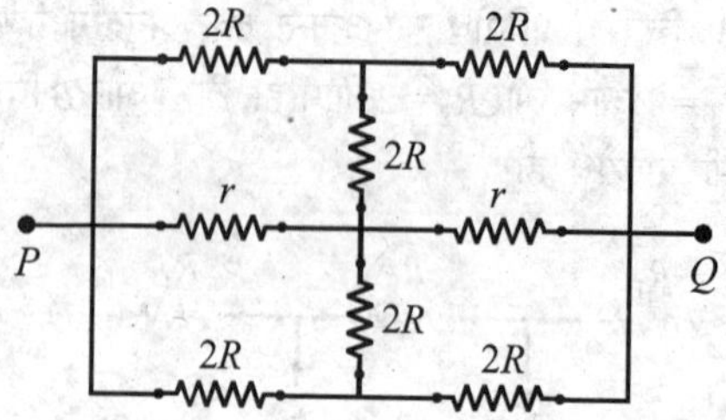

(a) $2r+4R$ (b) $\frac{5R}{2+2r}$

(c) $\frac{2Rr}{(R+r)}$ (d) $\frac{8R(R+r)}{(3R+r)}$

14. किसी डैनियल सैल के ऋणात्मक Zn-ध्रुव, जिससे होकर परिपथ में स्थिर धारा प्रवाहित होती है, का 30 मिनट में 0.13 g द्रव्यमान कम हो जाता है। यदि Zn तथा Cu के विद्युत-रासायनिक तुलयांक क्रमश: 32.5 तथा 31.5 है, तो सैल के धनात्मक Cu-ध्रुव के द्रव्यमान में इतने ही समय में होने वाली वृद्धि है–

(a) 0.126 ग्राम (b) 0.242 ग्राम
(c) 0.180 ग्राम (d) 0.141 ग्राम

उत्तरमाला

1. (a) **2.** (c) **3.** (c) **4.** (d) **5.** (a) **6.** (a) **7.** (a) **8.** (b) **9.** (d) **10.** (d)
11. (c) **12.** (c) **13.** (c) **14.** (a)

हल

1. (a) $$R = R_1 + \frac{R_2 R}{R_2 + R}$$

$$(R_2+R)R = R_1R_2 + R(R_1+R_2)$$
$$R^2 - RR_1 - R_1R_2 = 0$$
$$R^2 - R - 2 = 0$$
$$R^2 - 2R + R - 2 = 0$$
$$(R-2)(R+1) = 0$$
$$\therefore \quad R = 2 \quad [\because R \neq -1]$$

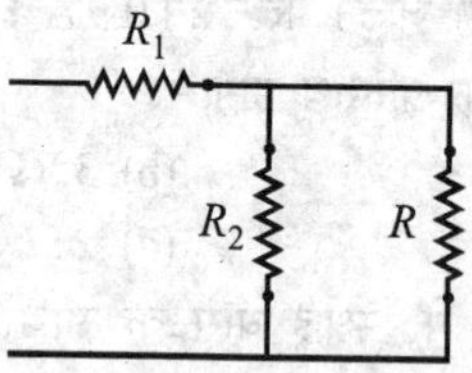

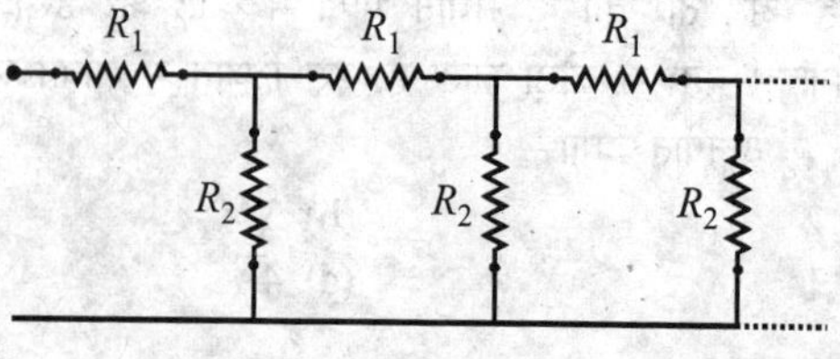

2. (c)

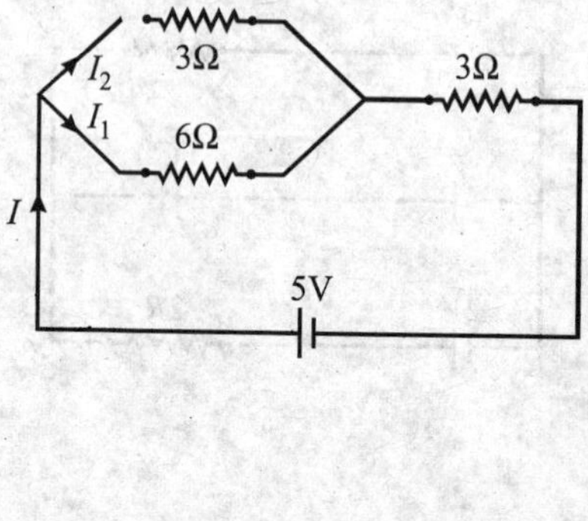

$$I=\frac{5}{\left(\frac{3\times 6}{9}+3\right)}=\frac{5}{5}=1\text{A}$$

3Ω के सिरों के बीच विभवान्तर

$$V=iR=1\times 3=3 \text{ वोल्ट}$$

अत: $6\,\Omega$ के सिरों के बीच विभवान्तर 2 वोल्ट

3. (c) $I=ne\,Av_d$

$$v_d=\frac{1}{neA}=\frac{1.1\times 10^6\times 10^3}{\frac{9\times 6\times 10^{26}}{63}\times 1.6\times 10^{-19}\times \pi(0.5)^2}$$

$v_d=0.1$ मिमी/से

4. (d)

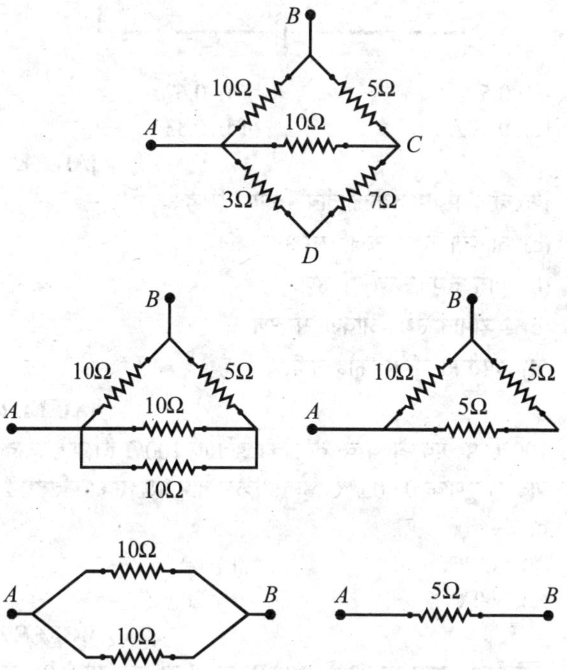

5. (a)

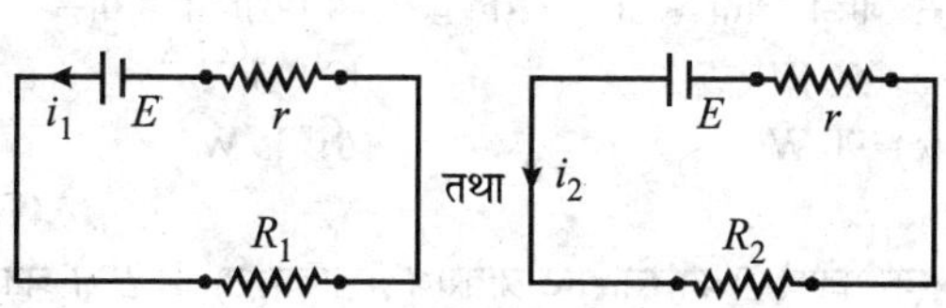

$$V=iR \text{ से}$$
$$E=i_1\,(r+R_1)$$
$$E=i_2\,(r+R_2)$$

अत: $\quad i_1\,(r+11)=i_2(r+5)$

$$0.5(r+11)=0.9\,(r+5)=2.5\,\Omega$$

6. (a)

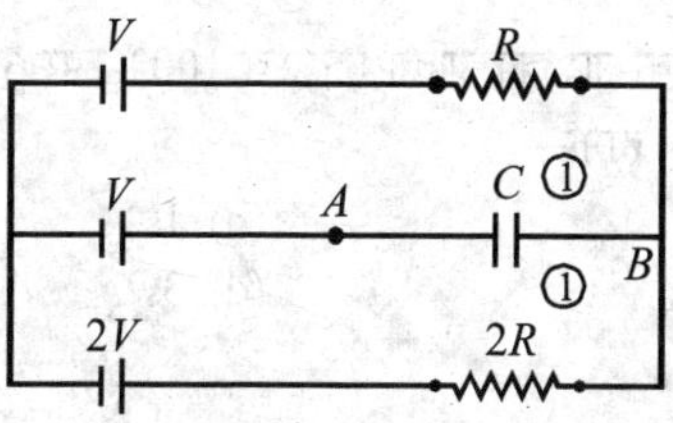

C में से कोई धारा प्रवाहित नहीं होगी।

अत: $\quad i=\frac{V}{3R}$

अत: संधारित्र के आर-पार विभवपात के लिए द्वितीय लूप में

$$V_A+2V-2R\frac{V}{3R}-V=V_B$$

$$V_A-V_B=\frac{V}{3}$$

7. (a) R_6 में से कोई धारा प्रवाहित नहीं होती,

$$\frac{R_3}{R_4}=\frac{R_1}{R_2}$$
$$R_1R_4=R_3R_2$$

8. (b) $B_1=100\text{ W},\quad B_2=60\text{ W},\quad B_3=60\text{ W}$

श्रेणीक्रम में कम वॉल्टेज का बल्ब तेज जलेगा।

अत: $\quad W_2=W_1$

तथा समान्तर क्रम में अधिक वॉल्टेज का बल्ब तेज जलेगा।

अत: $\quad W_1<W_2<W_3$

9. (d) श्रेणीक्रम में,

$$\frac{1}{P_{\text{तुल्य}}}=\frac{1}{P_1}+\frac{1}{P_2}+....$$

$$\frac{1}{P_{\text{तुल्य}}}=\frac{1}{P_1}+\frac{1}{P_2}+....\; n=\frac{n}{P}$$

$$P_{\text{तुल्य}}=\frac{P}{n}$$

10. (d) $\quad P=\frac{V^2}{R}$

$$P\propto\frac{1}{R}$$

$$\frac{P_2}{P_1}=\frac{R_2}{R_1}=\frac{R}{R/4}=4$$

11. (c) $R_{\text{तुल्य}}=\frac{2\times 2}{4}=1\Omega$

12. (c) $P=\frac{V^2}{R}$

जिसमें R कम होगा उसमें शक्ति खपत सर्वाधिक होगा। अत: तृतीय परिपथ में शक्ति खपत सर्वाधिक होगा।

13. (c) $R_{\text{तुल्य}}=\frac{2R\times 2r}{2R+2r}=\frac{2Rr}{R+r}$

14. (a) $\quad\frac{m_1}{m_2}=\frac{Z_1}{Z_2}=\frac{32.5}{31.5}$

$$\frac{0.13}{m_2}=\frac{32.5}{31.5}$$

$$m_2=0.126 \text{ ग्राम}$$

Previous Years' Problems

1. एक विभवमापी तार की लम्बाई 100 cm है तथा इसके प्रमाणिक सेल का वि०वा० बल E वोल्ट है। इसे एक बैटरी, जिसका आन्तरिक प्रतिरोध 0.5Ω है का वि०वा० बल मापन में उपयोग किया जाता है। ; fn lUrqyu fcUnq/kukRed fljs ls = 30 cm पर प्राप्त हो तो बैटरी का वि०वा० बल होगा–

(a) $\frac{30E}{100}$ (b) $\frac{30E}{100.5}$

(c) $\frac{30E}{(100-0.5)}$ (d) $\frac{30(E-0.5i)}{100}$

(जहाँ i = विभवमापी तार में धारा)

[AIEEE 2003]

2. एक पानी गर्म करने वाली हीटर पर 836 W अंकित है। यह एक लिटर जल का ताप 10°C से 40°C तक बढ़ाने में लगभग समय लगा–

(a) 200 s (b) 150 s
(c) 836 s (d) 418 s

[AIEEE 2003]

3. सामान्यतया थर्मिस्टर बनाये जाते हैं–

(a) कम ताप प्रतिरोध गुणांक वाली धातु द्वारा
(b) अधिक ताप प्रतिरोध गुणांक वाली धातु द्वारा
(c) अधिक ताप प्रतिरोध गुणांक वाली धातुओं के ऑक्साइड द्वारा
(d) कम ताप प्रतिरोध गुणांक वाली अर्धचालकों द्वारा

[AIEEE 2004]

4. दो प्रतिरोधों के श्रेणी क्रम संयोजन का तुल्य प्रतिरोध S है तथा पार्श्व क्रम में संयोजित करने पर कुल प्रतिरोध का मान P है। यदि $S = nP$ है, तो n का संभावित न्यूनतम मान क्या होगा–

(a) 4 (b) 3
(c) 2 (d) 1

[AIEEE 2004]

5. एक हीटर कुण्डली को दो बराबर भागों में काट कर एक भाग को हीटर में पुन: लगा दिया गया तो आधी कुण्डली में उत्पन्न ऊष्मा एवं पूरी कुण्डली में उत्पन्न ऊष्मा का अनुपात है

(a) 2 : 1 (b) 1 : 2
(c) 1 : 4 (d) 4 : 1

[AIEEE 2005]

6. एक परिपथ में बैटरी E_1 का विद्युत वाहक बल 12V व आन्तरिक प्रतिरोध शून्य है जबकि बैटरी E का विद्युत वाहक बल 2V है। यदि धारामापी G का पाठ्यांक शून्य है तो प्रतिरोध X का मान ओम में है–

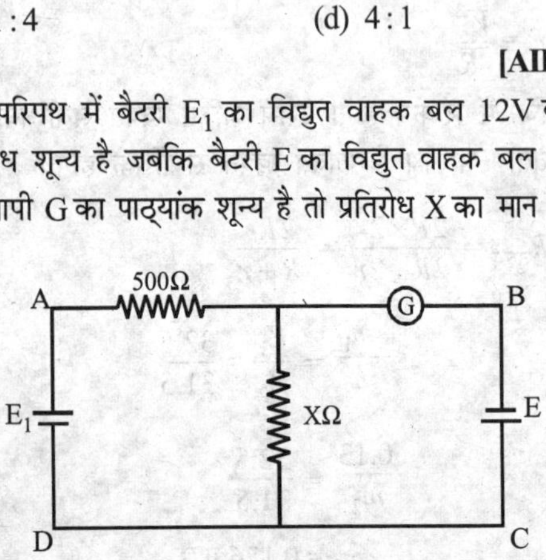

(a) 10 (b) 100
(c) 500 (d) 200

[AIEEE 2005]

7. 5 V के स्रोत से प्राप्त धारा होगी–

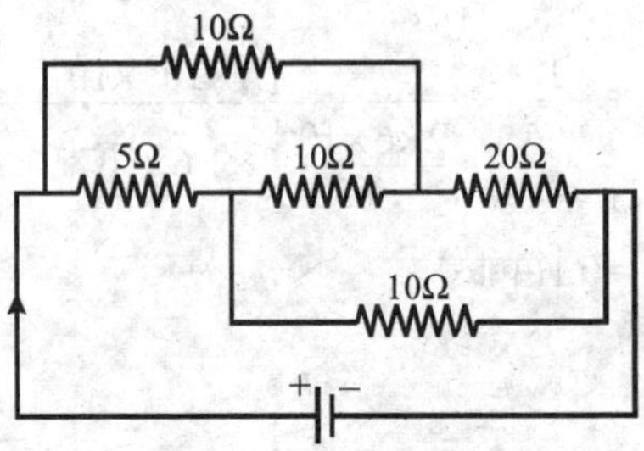

(a) 0.5 A (b) 0.67 A
(c) 0.17 A (d) 0.33 A

[AIEEE 2005]

8. किरचॉफ प्रथम तथा द्वितीय नियम, सिद्ध करते हैं–

(a) आवेश तथा ऊर्जा संरक्षण
(b) धारा तथा ऊर्जा संरक्षण
(c) द्रव्यमान तथा आवेश संरक्षण
(d) उपरोक्त में से कोई नहीं

[AIEEE 2006]

9. 100°C पर एक बल्ब के तन्तु का प्रतिरोध 100Ω है। यदि इसका ताप प्रतिरोध गुणांक 0.005/°C हो तो किस ताप पर इसका प्रतिरोध 200Ω होगा–

(a) 300°C (b) 400°C
(c) 300°C (d) 200°C

[AIEEE 2006]

10. एक विद्युत बल्ब पर 220V-100 W लिखा है। जब इसे 100V के स्रोत से जोड़ा जाता है, तो इसके द्वारा व्यय शक्ति होगी–

(a) 50 W (b) 75 W
(c) 90 W (d) 25 W

[AIEEE 2006]

11. एक पदार्थ B का विशिष्ट प्रतिरोध A से दोगुना है। B से बने वृतीय तार का व्यास भी A से दोगुना है। यदि इनके प्रतिरोध समान हों तब लम्बाई का अनुपात I_B/I_A होगा

(a) $\frac{1}{2}$ (b) $\frac{1}{4}$

(c) 2 (d) 1

[AIEEE 2006]

12. 50°C पर एक तार का प्रतिरोध 5Ω व 100°C पर 6 Ω है। 0°C पर तार का प्रतिरोध होगा–

(a) 2Ω (b) 1Ω
(c) 4Ω (d) 3Ω

[AIEEE 2007]

13. 5V की एक बैटरी जिसका आन्तरिक प्रतिरोध 2Ω तथा एक 2V की अन्य बैटरी जिसका आन्तरिक प्रतिरोध 1Ω है, को 10Ω के प्रतिरोध में प्रवाहित धारा है–

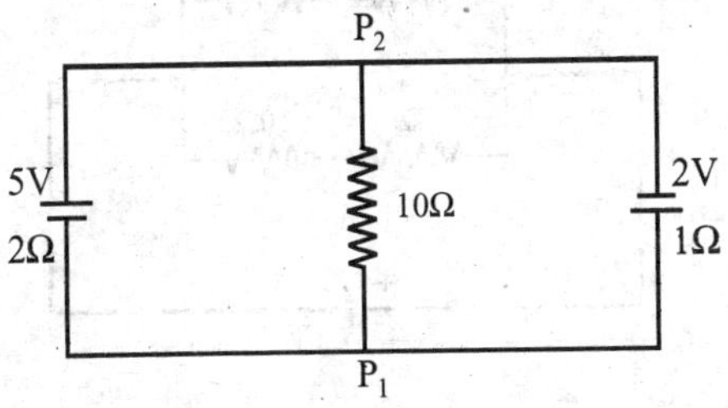

(a) 0.27 A, P_2 से P_1 की ओर (b) 0.03A, P_1 से P_2 की ओर
(c) 0.03 A, P_2 से P_1 की ओर (d) 0.27 A, P_1 से P_2 की ओर

[AIEEE 2008]

14. चित्र में, एक मीटर सेतु उपकरण प्रदर्शित है जिसमें धारामापी शून्य विक्षेप स्थिति में है। अज्ञात प्रतिरोध R का मान है

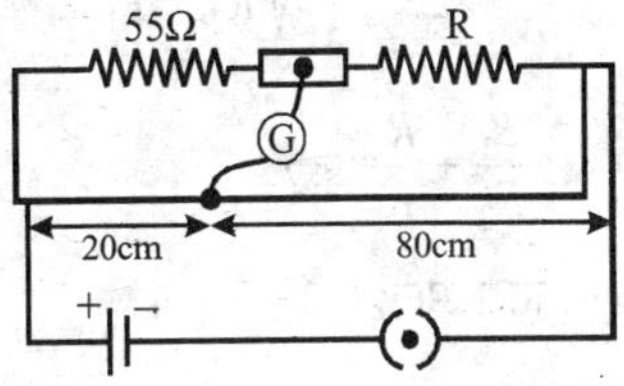

(a) 13.75 Ω (b) 220 Ω
(c) 110 Ω (d) 55 Ω

[AIEEE 2008]

उत्तरमाला

1. (a) 2. (b) 3. (c) 4. (a) 5. (a) 6. (b) 7. (a) 8. (a) 9. (b) 10. (d)
11. (c) 12. (c) 13. (c) 14. (b)

हल

1. (a)
$$V \propto I$$
$$\therefore \quad \frac{V}{E} = \frac{I}{L}$$
जहाँ I = सन्तुलन बिन्दु की दूरी
L = विभवमापी के तार की लम्बाई

या $$V = \frac{I}{L}E$$

या $$V = \frac{30 \times E}{100} = \frac{30}{100}E$$

2. (b) माना हीटर द्वारा पानी गर्म में t समय लगता है, तब
$$Q = ms\Delta T$$
$$\Rightarrow \quad \frac{Pt}{J} = ms\Delta T$$
$$\therefore \quad \frac{836}{4.2}t = 1 \times 1000(40-10)$$
या $$\frac{836}{4.2}t = 1000 \times 30$$

या $$t = \frac{1000 \times 30 \times 42}{836} = 150\text{ s}$$

3. (c)

4. (a) माना प्रतिरोध R_1 व R_2 हैं, तब
$$S = R_1 + R_2$$
तथा $$P = \frac{R_1R_2}{R_1+R_2}$$
$$\therefore \quad (R_1+R_2) = \frac{n \times R_1R_2}{R_1+R_2} \quad [\because S = nP]$$
या $$(R_1+R_2)^2 = nR_1R_2$$
$$\Rightarrow \quad n = \left[\frac{R_1^2+R_2^2+2R_1R_2}{R_1R_2}\right]$$
$$= \left[\frac{R_1}{R_2}+\frac{R_2}{R_1}+2\right]$$
हम जानते हैं कि समान्तर माध्य ≥ गुणोत्तर माध्य

$$\frac{\frac{R_1}{R_2}+\frac{R_2}{R_1}}{2} \geq \sqrt{\frac{R_1}{R_2}+\frac{R_2}{R_1}}$$

$$\Rightarrow \quad \frac{R_1}{R_2}+\frac{R_2}{R_1} \leq 2$$

अत: n (न्यूनतम मान) $= 2+2=4$

5. (a) $H_1 = \frac{V^2}{R}t$ तथा $H_2 = \frac{V^2}{(R/2)}t$

$$\therefore \quad \frac{H_2}{H_1} = 2$$

या $\quad H_2 = 2H_1$

$$\Rightarrow \quad \frac{H_2}{H_1} = \frac{2}{1}$$

6. (b) शून्य विक्षेप की स्थिति में XY से प्रवाहित धारा शून्य होगी

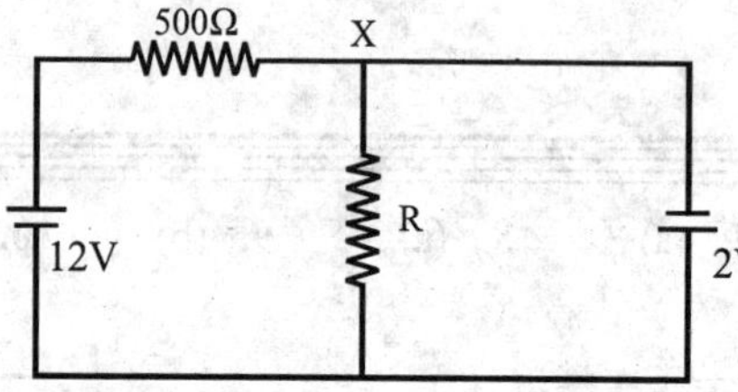

R पर विभवान्तर $2V$ होगा। अत: परिपथ निम्न प्रकार होगा

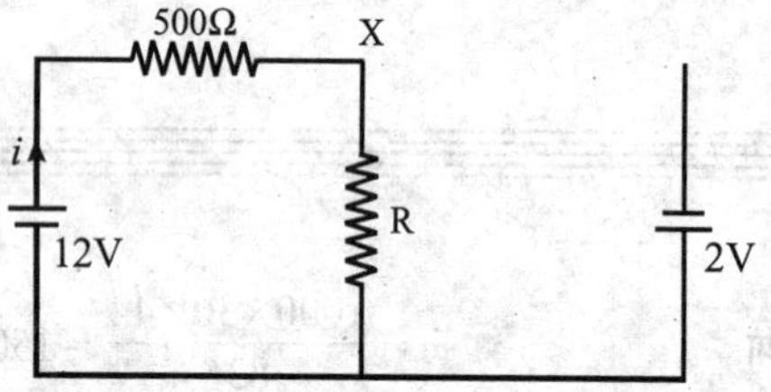

$$I = \frac{12}{500+R}$$

R के सिरों पर विभव $V = IR$

$$\Rightarrow \quad 2 = \frac{12}{500+R} \times R$$

या $\quad 1000 + 2R = 12R$

या $\quad R = 100\Omega$

7. (a) परिपथ को निम्नानुसार पुन: बनाने पर

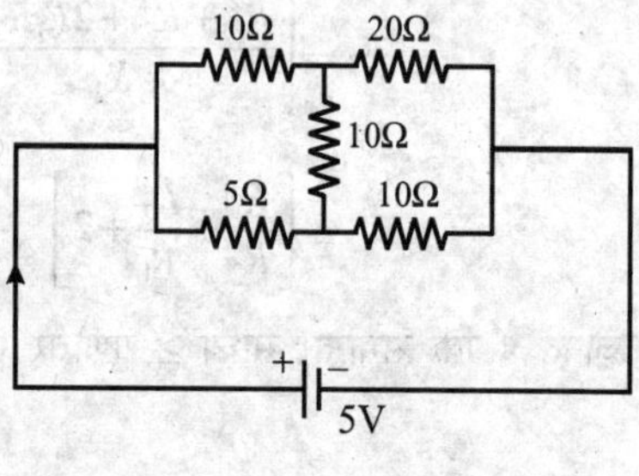

ये एक सन्तुलित व्हीटस्टोन सेतु है अत: 10Ω प्रतिरोध से कोई धारा प्रवाहित नहीं होगी जैसा कि चित्र में प्रदर्शित है।

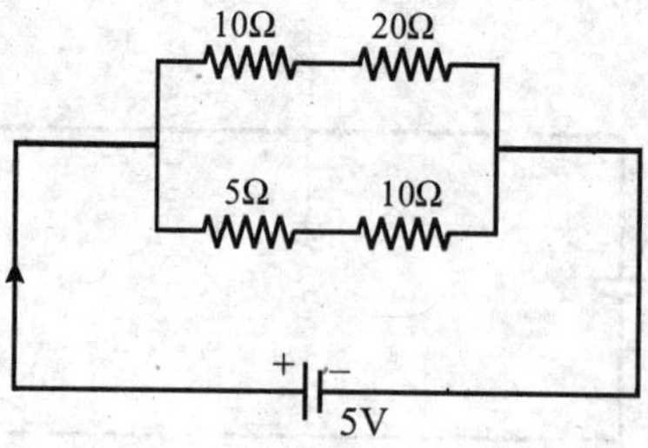

10Ω व 20 का तुल्य प्रतिरोध R'

$$\therefore \quad R' = 10\Omega + 20\Omega = 30\Omega$$

5Ω व 10Ω का तुल्य प्रतिरोध R''

$$R'' = 15W$$

चूँकि R' व R'' समान्तर क्रम में हैं अत:

$$R = \frac{15\times30}{15+30} = 10\,W$$

इसलिए $\quad I = \frac{V}{R} = \frac{5}{10} = 0.5\,A$

8. (a)

9. (b) माना 0°C पर बल्ब के तन्तु का प्रतिरोध $= R_0$

$R_0 = R_0[1+\alpha\,\Delta_\theta]$ द्वारा

$100 = R[1+0.005\times100]$

या $\quad 200 = R_0[1+0.005\times x]$

जहाँ x वह ताप है जिस पर तन्तु का प्रतिरोध 200 होगा। भाग देने पर

$$\frac{200}{100} = \frac{1+0.005x}{1+0.005\times100}$$

$$\Rightarrow \quad x = 400°C$$

10. (d) बल्ब का प्रतिरोध $R = \frac{V^2}{P}$

$$R = \frac{(220)^2}{100}$$

110V पर व्यय (Consumed) शक्ति

$$P_{consumed} = \frac{V^2}{R}$$

$$\therefore \quad P_{consumed} = \frac{(110)^2}{(220)^2/100}$$

$$= 25\,W$$

11. (c) A का प्रतिरोध $\quad R_A = \frac{\rho_A I_A}{A_A} = \frac{\rho_A I_A}{\pi r_A^2}$

B का प्रतिरोध $\quad R_B = \frac{\rho_B I_B}{A_B} = \frac{\rho_B I_B}{\pi r_B^2}$

प्रश्नानुसार, $\quad r_B = 2r_A$

$r_B = 2r_A$

तथा $R_A = R_B$

$\therefore \quad \frac{\rho_A I_A}{\pi r_A^2} = \frac{\rho_B I_B}{\pi r_B^2}$

या $\quad \frac{\rho_A I_A}{\pi r_A^2} = \frac{2\rho_A \times I_B}{\pi (2r_A)}$

या $\quad \frac{I_B}{I_A} = \frac{2}{1}$

12. (c) $R_t = R_0(1+\alpha t)$ से

$\therefore \quad 5 = R_0(1+50\alpha) \quad$ ...(i)

तथा $\quad 6 = R_0(1+100\alpha) \quad$ ...(ii)

$\therefore \quad \frac{5}{6} = \frac{1+50\alpha}{1+100\alpha}$ या $\alpha = \frac{1}{200}$

α का मान समी (i) में रखने पर

$$5 = R_0\left[1+50\times\frac{1}{200}\right]$$

या $\quad R_0 = 4\Omega$

13. (c) माना P_1 का विभव 0V तथा P_2 का विभव V_0 है।

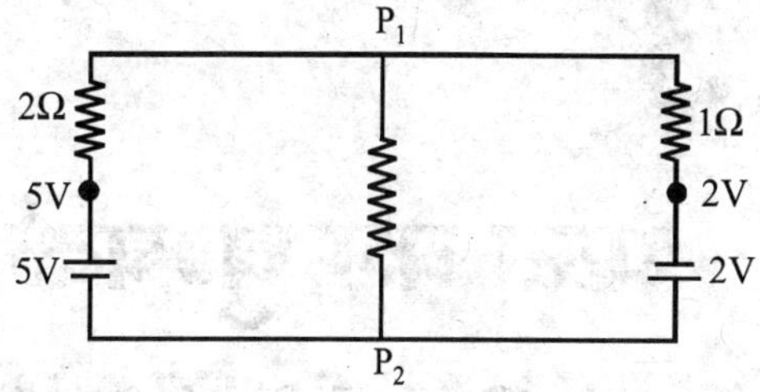

सन्धि P_2 पर किरचॉफ का नियम प्रयुक्त करने पर

$$\frac{V_0+5}{2}+\frac{V_0-0}{10}+\frac{V_0-(-2)}{1}=0$$

$\Rightarrow \quad V_0 = \frac{5}{16}$

अत: 10Ω प्रतिरोध में प्रवाहित धारा $\frac{V_0}{10} = 0.03$ ऐम्पियर, P_2 से P_1 की ओर होगी।

14. (b) सन्तुलन अवस्था में $\frac{55}{R} = \frac{20}{80}$

$\Rightarrow \quad R = 220\,\Omega$

❑❑❑

अध्याय

23

धारा का चुम्बकीय प्रभाव और चुम्बकत्व
(Magnetic Effects of Current and Magnetism)

बायो-सॉवर्ट का नियम (Bio-Savart's Law)

- किसी धारावाही चालक में प्रवाहित i धारा के कारण चालक के अल्पांश dl के मध्य बिन्दु से i दूरी पर स्थित प्रेरण बिन्दु पर उत्पन्न चुम्बकीय प्रेरण

$$d\mathbf{B} = \frac{\mu_0}{4\pi} \cdot \frac{i.dl \sin\theta}{r^2}$$

$$\overrightarrow{dB} = \frac{\mu_0}{4\pi} \frac{i(\overrightarrow{dl} \times \overrightarrow{r})}{r^3}$$

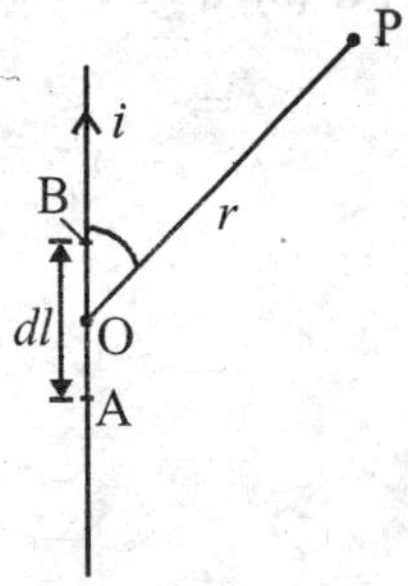

जहाँ μ_0 = निर्वात् की चुम्बकशीलता

- चुम्बकीय प्रेरण का मात्रक वेबर/मीटर^2 या टेसला होता है।

1 टेसला = 1 वेबर/मीटर^2 = 1 न्यूटन/ऐम्पियर-मीटर।

चुम्बकीय प्रेरण के मान (Values of Magnetic Induction)

- **एक सीधे चालक के परितः चुम्बकीय प्रेरण :**

$$\mathbf{B} = \frac{\mu_0}{4\pi} \cdot \frac{2i}{r}$$

- **वृत्ताकार कुण्डली की अक्ष के अनुदिश :**

$$\mathrm{B} = \frac{\mu_0}{4\pi} \cdot \frac{2\pi Nir^2}{(r^2 + x^2)^{3/2}}$$

जहाँ r = वृत्ताकार कुण्डली की त्रिज्या

यदि $x >> r$ तब $\mathrm{B} = \frac{\mu_0}{4\pi} \cdot \frac{2(NiA)}{x^3}$

$$\mathrm{B} = \frac{\mu_0}{4\pi} \cdot \frac{2M_c}{x}$$

जहाँ M_c = धारा लूप का चुम्बकीय आघूर्ण

- **एक वृत्ताकार कुण्डली के केन्द्र पर :** एक वृत्ताकार कुण्डली, जिसकी त्रिज्या r तथा इसमें फेरों की संख्या N तथा धारा i है के केन्द्र पर चुम्बकीय आघूर्ण होता है।

$$\mathbf{B} = \frac{\mu_0}{4\pi} \cdot \frac{2\pi Ni}{r}$$

- **एक अर्द्धवृत्ताकार लूप वाले लम्बे तार पर :** एक अर्द्धवृत्ताकार तार, जिसकी त्रिज्या r तथा जिसमें i ऐम्पियर की धारा प्रवाहित हो रही है, सम्पूर्ण तार के केन्द्र C पर चुम्बकीय प्रेरण

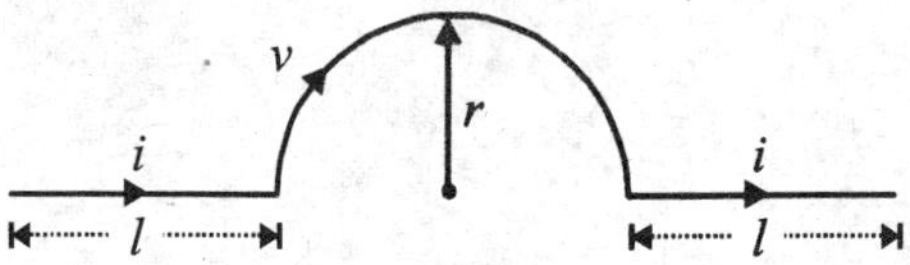

$$\mathbf{B} = \frac{\mu_0}{4\pi} \cdot \frac{\pi i}{r}$$

ध्यान दें

- माना चाप द्वारा वृत्त के केन्द्र पर बनाया हुआ कोण θ है

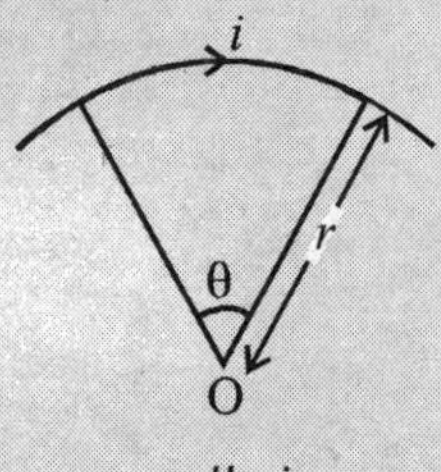

$$\mathbf{B} = \frac{\mu_0}{4\pi} \frac{i}{r} \theta$$

- **धाराप्रवाही परिनालिका के कारण :** जब किसी परिनालिका में i ऐम्पियर की धारा प्रवाहित की जाती है तब परिनालिका की अक्ष के केन्द्र पर चुम्बकीय प्रेरण

$$\mathbf{B} = \mu_0 ni$$

$n \rightarrow$ प्रति इकाई लम्बाई फेरों की संख्या

परिनालिका के सिरे पर चुम्बकीय आघूर्ण

$$\mathbf{B} = \frac{\mu_0 n i}{2}$$

- यदि दो परिनालिकायें, जिनकी त्रिज्याएँ r_1 व r_2 हैं तथा जिनमें फेरों की संख्या क्रमश n_2 व n_2 है, को समान्तर में जोड़ा गया है तब

$$\frac{B_1}{B_2} = \frac{r_2}{r_1}$$

- **परिमित लम्बाई के तार पर :** i धारावाही के एक सरल रेखीय तार की दूरी d पर चुम्बकीय प्रेरण

$$B = \frac{\mu_0}{4\pi} \times \frac{i}{d}[\sin\theta_1 + \sin\theta_2]$$

यदि तार की लम्बाई अनन्त है तब $\theta_1 = \theta_2 = 90°$

$$B = \frac{\mu_0}{4\pi} \times \frac{i}{d} \times 2 = \frac{\mu_0}{2\pi} \times \frac{i}{d}$$

- किसी चालक से समान दूरी पर स्थित सभी बिन्दुओं पर चुम्बकीय प्रेरण अचर होता है।
- समान दिशा में समान धारावाही दो सरल रेखीय चालकों के बीच की दूरी के मध्य बिन्दु पर चुम्बकीय प्रेरण की तीव्रता शून्य होती है।
- विपरीत दिशा में समान धारावाही दो सरल रेखीय चालकों के बीच की दूरी के मध्य बिन्दु पर चुम्बकीय प्रेरण

$$B = B_1 + B_2 = 2 \times \frac{\mu_0}{4\pi} \times \frac{i}{d}$$

- यदि i धारावाही एक सरल रेखीय चालक को पूरब-पश्चिम दिशा में रखा जाता है तो दक्षिण से उत्तर की ओर पृथ्वी के चुम्बकीय प्रेरण के कारण उदासीन बिन्दु की दूरी

$$d = \frac{\mu_0}{2\pi} \times \frac{i}{B}$$

- दो समरूप कुण्डली जिनकी त्रिज्याएँ R_1 व R_2 श्रेणीबद्ध में हैं। यदि इनके केन्द्रों पर चुम्बकीय प्रेरण B_1 व B_2 है तब

$$B_1 = \frac{\mu_0 ni}{2R_1} \quad \text{तथा} \quad B_2 = \frac{\mu_0 ni}{2R_2}$$

अत: $$\frac{B_1}{B_2} = \frac{R_2}{R_1}$$

यदि इनको समान्तरबद्ध कर दिया जाए, तब

$$\frac{B_1}{B_2} = \left(\frac{R_2}{R_1}\right)^2$$

चुम्बकीय बल (Magnetic Force)

- **स्थिर एकसमान चुम्बकीय क्षेत्र में आवेशित कण पर बल :** यदि चुम्बकीय क्षेत्र B में, एक परीक्षण आवेश q, v वेग से गतिमान है, तो इस पर बराबर की दिशा में विक्षेपक बल F सदैव v तथा B के लम्बवत् होता है।

$$\vec{F} = q(\vec{v} \times \vec{B}) = qvB\sin\theta$$

  - यदि कण, चुम्बकीय क्षेत्र में स्थिर है अर्थात $v = 0$, तो इस पर कोई बल कार्य नहीं करता।
  - यदि कण, चुम्बकीय क्षेत्र के समान्तर गतिमान है अर्थात $\theta = 0$, तो इस पर कोई बल कार्य नहीं करता।
  - यदि कण चुम्बकीय क्षेत्र के लम्बवत् गतिमान है, तब यह अधिकतम बल अनुभव करता है।
  - यदि एक कण चुम्बकीय क्षेत्र के साथ वैद्युत क्षेत्र में भी गतिमान है तो इस पर कार्यरत् बल

$$\vec{F} = q\vec{E} + q(\vec{v} \times \vec{B})$$

यह बल **लॉरेन्ज बल** कहलाता है।

- **धारा प्रवाही चालक पर बल (Force on a Conductor Carrying Current) :**

$$d\mathbf{F} = \frac{dq}{dt}(d\mathbf{I} \times \mathbf{B})$$

यदि B चालक की लम्बाई के अनुदिश एकसमान है तब बल, I व B दोनों के लम्बवत् होगा, अर्थात्

$$\mathbf{F} = i(\vec{l} \times \vec{\mathbf{B}})$$

- **दो समान्तर चालकों के बीच बल (Force between two Parallel Conductors) :**

$$\mathbf{F} = \frac{\mu_0}{4\pi} \cdot l \frac{2i_1 i_2}{d}$$

ऐम्पियर का नियम (Ampere's Law)

- चुम्बकीय क्षेत्र में किसी बन्द पथ पर चुम्बकीय क्षेत्र का रेखा समाकलन उस बन्द पथ द्वारा परिबद्ध कुल धरा का μ_0 गुना होता है।

$$\oint \vec{\mathbf{B}} \cdot d\vec{l} = \mu i$$

चुम्बकीय क्षेत्र में आवेशित कण का पथ (Trajectory of a Charged Particle in a Magnetic Field) :

- **वृत्ताकार पथ (Cricular path) :** यदि $\vec{v}$, $\vec{B}$ के लम्बवत है, तो यह वृत्ताकार पथ में गति करेगा। जिसकी त्रिज्या

$$r = \frac{mv}{Bq}$$

m = आवेशित कण का द्रव्यमान

q = आवेशित कण का आवेश

कण का परिभ्रमण काल, $T = \frac{2\pi m}{qB}$

- **कुण्डलिनी पथ (Helical Path) :** जब आवेशित कण क्षेत्र से 0°, 90°, 180° के अतिरिक्त किसी कोण पर गति करता है, तो इसका पथ कुण्डलिनी पथ होता है।

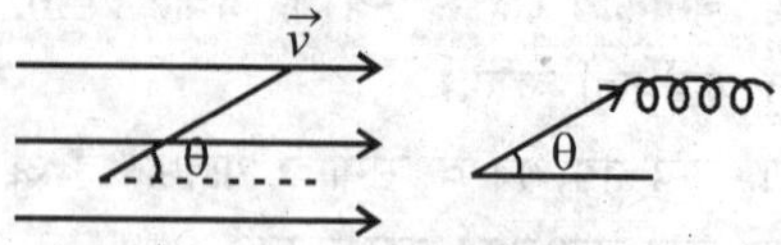

$$r = \frac{mv\sin\theta}{qB}$$

$$T = \frac{2\pi m}{qB}$$

यदि पिच का मान p है तो l लम्बाई में पिचों की संख्या

$$\text{पिचों की संख्या} = \frac{l}{p}$$

और समय, $t = \frac{l}{u\cos\theta}$

धारावाही लूप का चुम्बकीय क्षेत्र में व्यवहार (Behaviour of Current Loop in Magnetic Field)

लूप पर लगा बल युग्म

$$\tau = NBIA\sin\theta$$

जहाँ, A = कुण्डली का क्षेत्रफल है

N = कुण्डली में फेरों की संख्या है

$$\vec{\tau} = \vec{M} \times \vec{B}$$

θ कुण्डली के तल पर खिचे लम्ब तथा $\vec{B}$ के बीच का कोण है।

- **कृत कार्य :** यदि कुण्डली को θ कोण पर घुमाया जाता है

$$W = MB\,(1 - \cos\theta)$$

- **स्थितिज ऊर्जा :** $U = -MB\cos\theta = -\vec{M}\cdot\vec{B}$

चल कुण्डल धरामापी (Moving Coil Galvanometer)

- **धारा सुग्राहिता (Current Sensitivity)**

$$S_i = \frac{\text{उत्पन्न विक्षेप}}{\text{प्रवाहित धारा}}$$

$$= \frac{\alpha}{i} = \frac{NBA}{C}$$

जहाँ, C = पत्ती का मरोड़ी नियतांक

- **विभव सुग्राहिता (Voltage Sensitivity)**

$$S_V = \frac{\text{उत्पन्न विक्षेप}}{\text{आरोपित विभव}} = \frac{\alpha}{V} = \frac{\alpha}{iR} = \frac{NAB}{RC}$$

धारा का चुम्बकीय प्रभाव (Magnetic Effect of Currents)

- स्थिर आवेश केवल विद्युत क्षेत्र उत्पन्न करता है, किन्तु गतिमान आवेश चुम्बकीय तथा विद्युत, दोनों क्षेत्र उत्पन्न करता है।

चुम्बकीय क्षेत्र में गतिमान आवेश पर बल (Force on a Moving Charge Placed in a Magnetic Field)

- किसी गतिमान आवेश में चुम्बकीय क्षेत्र में लगे बल को लारेन्ज बल कहते हैं। लारेन्ज बल की दिशा चुम्बकीय क्षेत्र की दिशा तथा कण के चलने की दिशा दोनों के लम्बवत् होती है।

$$\boxed{F = qvB\sin\theta}$$

जहाँ θ = चुम्बकीय क्षेत्र तथा वेग के बीच का कोण

- लारेंज बल सिर्फ गतिमान आवेशित कणों पर लगता है। यह स्थिर आवेशों पर कार्य नहीं करता।
- यदि v तथा B एक दूसरे के समान्तर हों, तब आवेशित कण पर लारेन्ज बल कार्य नहीं करता। तथा कण अपने मार्ग पर बिना विचलित हुए चलता जाता है।

एकसमान चुम्बकीय क्षेत्र में गतिमान आवेशित कण की गति

- जब कोई धनावेशित कण चुम्बकी क्षेत्र के लम्बवत् नीचे की ओर गति करता है तब कण एकसमान वृत्तीय गति करेगा। इस स्थिति में
  - वृत्त की त्रिज्या, $r = \frac{mv}{qB}$
  - कोणीय वेग, $\omega = \frac{v}{r} = \frac{Bq}{m}$ = नियतांक
  - आवर्त्त काल $T = \frac{2\pi}{\omega} = \frac{2\pi m}{Bq}$ = नियतांक
  - आवृत्ति, $f = \frac{1}{T} = \frac{Bq}{2\pi m}$ = नियतांक
  - गतिज ऊर्जा, K.E. $= \frac{B^2q^2r^2}{2m}$

ध्रुव प्रबलता (Pole Strength)

- चुम्बक के किसी ध्रुव के द्वारा चुम्बकीय पदार्थों को अपनी ओर आकर्षित करने की सामर्थ्य को उसकी ध्रुव प्रबलता कहते हैं।

$$\boxed{m_p = \frac{\text{चुम्बकीय बल}}{\text{चुम्बकीय क्षेत्र}} = \frac{F}{B}}$$

- चुम्बकीय प्रबलता का मात्रक ऐम्पियर-मीटर होता है।

चुम्बकीय फ्लक्स (Magnetic Flux)

- चुम्बकीय क्षेत्र में, किसी भी क्षेत्रफल में से गुजरने वाली बल रेखाओं की संख्या को चुम्बकीय फ्लक्स (ϕ) कहते हैं तथा चुम्बकीय क्षेत्र में एकांक लम्बवत् क्षेत्रफल में से गुजरने वाले चुम्बकीय फ्लक्स को चुम्बकीय प्रेरण (B) कहते हैं।
- चुम्बकीय फ्लक्स एक अदिश राशि है।

- जब चुम्बकीय क्षेत्र तल के लम्बवत् हो, तब
  चुम्बकीय फ्लक्स = चुम्बकीय प्रेरण × अभिलम्बवत् क्षेत्रफल

$$\boxed{\phi = BA}$$

- यदि चुम्बकीय क्षेत्र, तल पर खींचे गए अभिलम्ब से θ कोण बनाता है, तब चुम्बकीय फ्लक्स

$$\boxed{\phi = AB\cos\theta}$$

यदि कुण्डली में फेरों की संख्या N हो तो

$$\boxed{\phi = NAB\cos\theta}$$

- यदि $\theta = 0°$ अर्थात् $\vec{B}$ व $\vec{A}$ परस्पर समान्तर हों तब
  $\phi = BA$
- यदि $\theta = 90°$ अर्थात् $\vec{B}$ व $\vec{A}$ परस्पर अभिलम्बवत् हों तब
  $\phi = 0$
- यदि $\theta = 180°$ अर्थात् $\vec{B}$ व $\vec{A}$ एक ही अक्ष के अनुदिश परस्पर विपरीत दिशा में हों तब
  $\phi = -BA$

- जब चुम्बकीय क्षेत्र तथा कुण्डली के तल के मध्य कोण θ हो, तब चुम्बकीय फ्लक्स

$$\boxed{\phi = AB\sin\theta}$$

यदि कुण्डली में फेरों की संख्या N हो तो

$$\boxed{\phi = NBA\sin\theta}$$

- यदि $\theta = 0°$ अर्थात् $\vec{B}$ तथा कुण्डली का तल परस्पर समान्तर हों, तब
  $\phi = 0$
- यदि $\theta = 90°$ अर्थात् $\vec{B}$ तथा कुण्डली का तल परस्पर लम्बवत् हों तब
  $\phi = BA$
- यदि $\theta = 180°$ अर्थात् $\vec{B}$ तथा कुण्डली का तल परस्पर विपरीत दिशा में हों, तब
  $\phi = 0$

- यदि पृष्ठ बन्द हो तो उसमें से निर्गत कुल चुम्बकीय फ्लक्स सदैव शून्य होता है, तब

$$\boxed{\phi = \oint B \cdot dA = 0}$$

- **चुम्बकीय फ्लक्स घनत्व (Magnetic Flux Density) :** चुम्बकीय क्षेत्र में एकांक अनुप्रस्थ क्षेत्रफल में से गुजरने वाली बल रेखाओं को चुम्बकीय प्रेरण कहते हैं।

$$\boxed{B = \frac{\phi}{A}}$$

$$\boxed{B = \frac{F}{iL\sin\theta}}$$

$$\boxed{B = \frac{F}{qv\sin\theta}}$$

चुम्बकीय प्रवृति तथा पारगम्यता में सम्बन्ध (Relation between Permeability and Susceptibility) :

$$\mu_r = 1 + \chi_m$$

चुम्बकीय पदार्थ (Magnetic Materials) :

गुण	प्रतिचुम्बकीय पदार्थ	अनुचुम्बकीय पदार्थ	लौह चुम्बकीय पदार्थ
व्यवहार	अधिक तीव्रता वाले स्थानों से कम तीव्रता वाले स्थानों की तरफ विस्थापित होते हैं। ये आरोपित चुम्बकीय क्षेत्र के विपरीत दिशा में हल्के से चुम्बकित होते हैं।	कम तीव्रता वाले स्थानों से अधिक तीव्रता वाले स्थानों की तरफ विस्थापित होते हैं। ये आरोपित चुम्बकीय क्षेत्र की दिशा में हल्के से चुम्बकित हो जाते हैं।	कम तीव्रता वाले स्थानों से अधिक तीव्रता वाले स्थानों की तरफ प्रबल रूप से विस्थापित होते हैं। ये आरोपित चुम्बकीय क्षेत्र की दिशा में बहुत अधिक चुम्बकित हो जाते हैं।
चुम्बकीय प्रेरण	$B < B_0$ (B_0 निर्वात में चुम्बकीय प्रेरण है)	$B > B_0$	$B >> B_0$
चुम्बकीय प्रवृति	$\chi = 1$ कम और ऋणात्मक	$\chi = 1$ कम और धनात्मक	$\chi = 1$ अधिक और धनात्मक
तापमान	Bi के अतिरिक्त ताप पर निर्भर नहीं करता।	क्यूरी ताप पर ये लौह चुम्बकीय हो जाते हैं।	क्यूरी ताप पर ये अनुचुम्बकीय हो जाते हैं।
आपेक्षिक पारगम्यता	$\mu_r < 1$	$\mu_r > 1$	$\mu_r >> 1$
चुम्बकीय आघूर्ण	बहुत कम	बहुत कम	बहुत अधिक
उदाहरण	Cu, Ag, Au, Zn, Bi, Sb, NaCl, H_2O, वायु, हीरा	Al, Mn, Pt, Na, $CuCl_2$, O_2.	Fe, Co, Ni, Cd, Fe_3O_4.

क्यूरी का नियम (Curie Law)

- अनुचुम्बकीय पदार्थों की चुम्बकीय प्रवृत्ति (χ) परमताप (T) के व्यूत्क्रमानुपाती होती है।

$$\chi \propto \frac{1}{T}$$

लौह चुम्बकीय पदार्थों की चुम्बकीय प्रवृत्ति क्यूरी नियमानुसार परिवर्तित नहीं होती है।

- **क्यूरी ताप (Curie Temperature) :** वह ताप जिसके ऊपर लौह चुम्बकीय पदार्थ, अनुचुम्बकीय पदार्थ की भाँति कार्य करता है क्यूरी ताप (T_c) कहलाता है। इस ताप पर लौह चुम्बकीय पदार्थ, अनुचुम्बकीय में परिवर्तित हो जाता है।

$$(T_c)_{Ni} = 358°C$$
$$(T_c)_{Fe} = 770°C$$

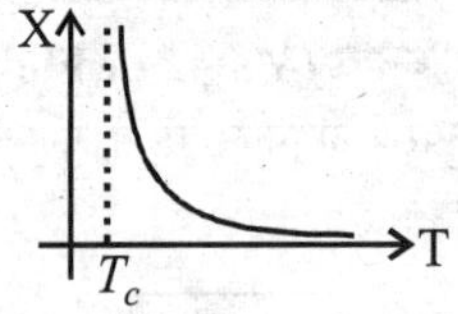

छड़ चुम्बक के कारण क्षेत्र की तीव्रता (Field Due to a Bar Magnet)

- **अक्षीय स्थिति :**

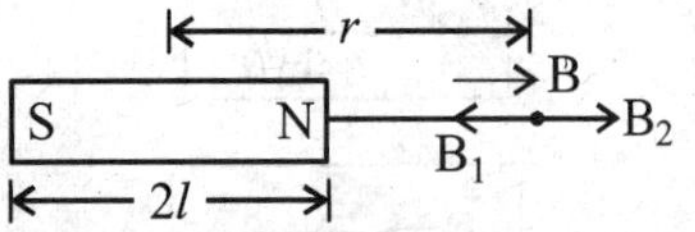

- चुम्बक के केन्द्र से उसके अक्ष पर r दूरी पर स्थित बिन्दु B पर चुम्बकीय क्षेत्र की तीव्रता

$$B_a = \frac{\mu_0}{4\pi}\frac{2Mr}{(r^2 - l^2)^2}$$

- यदि दोनों ध्रुव अति निकट स्थित हों अर्थात $r >> l$ तब

$$B_a = \frac{\mu_0}{4\pi}\frac{2M}{r^3}$$

- **निरक्षीय स्थिति :**

$$B_e = \frac{\mu_0}{4\pi}\frac{M}{(r^2 + l^2)^{3/2}}$$

यदि $r >> l$ तब

$$B_a = \frac{\mu_0}{4\pi}\frac{M}{r^3}$$

- यदि बिन्दु कही भी स्थित है तब

$$B = \frac{\mu_0}{4\pi}\frac{M}{r^3}\sqrt{1 + 3\cos^2\theta}$$

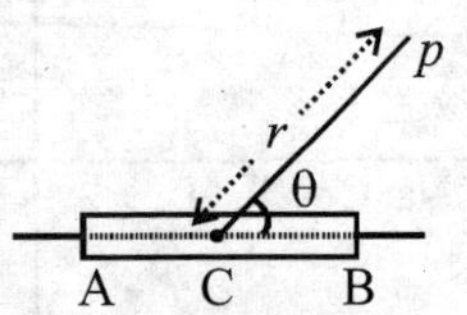

चुम्बकन क्षेत्र या चुम्बकीय क्षेत्र की तीव्रता

(Magnetising Field or Intensity of Magnetic Field)

- निर्वात में चुम्बकीय प्रेरण (B_0) तथा निर्वात की चुम्बकीय पारगम्यता (μ_0) का अनुपात चुम्बकन क्षेत्र (H) या चुम्बकीय क्षेत्र की तीव्रता कहलाता है।

$$H = \frac{B_0}{\mu_0}$$

- चुम्बकन क्षेत्र एक सदिश राशि है। इसकी दिशा चुम्बकीय क्षेत्र की दिशा में होती है।
- वृत्ताकार धारावाही कुण्डली के केन्द्र पर चुम्बकन क्षेत्र

$$H = \frac{Ni}{2R}$$

- m_p ध्रुव प्रबलता के ध्रुव से r दूरी पर चुम्बकीय क्षेत्र की तीव्रता

$$H = \frac{m_p}{\mu r^2}$$

- छोटे चुम्बक के कारण चुम्बकीय क्षेत्र की तीव्रता

$$H = \frac{\mu_0}{4\pi}\frac{M}{r^3}\sqrt{1 + 3\cos^2\theta}$$

चुम्बकीय आघूर्ण (Magnetic Moment)

- किसी चुम्बक की लम्बाई (या उसके दोनों ध्रुवों के मध्य दूरी) तथा उसकी ध्रुव प्रबलता का गुणनफल चुम्बकीय आघूर्ण कहलाता है।

$$M = m_p\, l$$

- किसी कुण्डली में प्रवाहित धारा तथा उसके क्षेत्रफल के गुणनफल को कुण्डली का चुम्बकीय आघूर्ण कहते हैं।

$$M = NiA$$

- चुम्बकीय आघूर्ण का मात्रक ऐम्पियर-मीटर^2 तथा विमा $[M^0L^2T^0A^1]$ होती है।
- यदि M चुम्बकीय आघूर्ण तथा l लम्बाई वाले एक चुम्बक को अर्द्धवृत्ताकार चाप में मोडें तो नया चुम्बकीय आघूर्ण

$$M' = \frac{2M}{\pi}$$

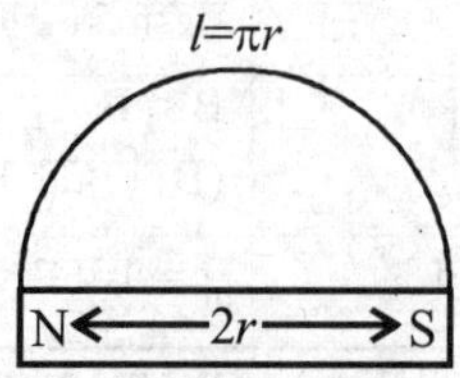

- इलेक्ट्रॉन की चक्रण गति के लिए चुम्बकीय आघूर्ण

$$M = l\mu_B$$

- इलेक्ट्रॉन की कक्षीय गति के लिए चुम्बकीय आघूर्ण

$$M = \frac{\mu_B}{2}$$

महत्त्वपूर्ण तथ्य (Important Facts)

- एक चुम्बकीय क्षेत्र में, क्षेत्र से 45° का कोण बनाती हुई दिशा में प्रवेश करते हुए एक आवेशित कण का पथ हेलीकल होगा।
- अनुप्रस्थ चुम्बकीय क्षेत्र में एक इलेक्ट्रॉन, v वेग से r त्रिज्या के वृत्ताकार पथ पर गतिमान है इसके लिए

$$\frac{e}{m}=\frac{v}{Br}$$

- शैथिल्य, केवल लौह-चुम्बकीय पदार्थ का गुण है।
- किसी चुम्बकीय क्षेत्र की पारगम्यता

$$\mu=\frac{B}{H}$$

- किसी आयताकार लूप का चुम्बकीय द्विध्रुव आघूर्ण लूप के तल के लम्बवत् व उसके क्षेत्रफल के समानुपाती होता है।
- एक वृत्ताकार कुण्डली में धारा प्रवाहित हो रही है तो कुण्डली का चुम्बकीय आघूर्ण कुण्डली में तार की लम्बाई के वर्ग के समानुपाती होता है।
- चुम्बकीय क्षेत्र द्वारा गतिमान आवेश पर किया गया कार्य शून्य तथा गतिज ऊर्जा नहीं बदलती है। क्योंकि आवेश पर चुम्बकीय क्षेत्र द्वारा लगने वाला बल गति की दिशा के लम्बवत् होता है।
- जब एक इलेक्ट्रॉन तथा एक प्रोटॉन एक ही चाल से एक समान चुम्बकीय क्षेत्र B में लम्बवत् प्रवेश करते हैं तो प्रोटॉन का द्रव्यमान अधिक होने के कारण प्रोटॉन के लिए वृत्ताकार मार्ग की त्रिज्या बड़ी हागी।
- यदि एक α-कण तथा एक प्रोटॉन समान चुम्बकीय क्षेत्र के लम्बवत् प्रवेश करते हैं तो α-कण का परिक्रमण काल प्रोटॉन से दो गुना होता है।
- यदि एक M आघूर्ण वाली छड़ चुम्बक एक समान प्रेरण B वाले चुम्बकीय क्षेत्र में θ कोण में विस्थापित होती है तो किया गया कार्य $MB(1-\cos\theta)$ होगा।
- एक वृत्ताकार कुण्डली जिसकी त्रिज्या R है, को चुम्बकीय क्षेत्र B में क्षेत्र के लम्बवत् रखा गया है। यदि कुण्डली में धारा i प्रवाहित की जाए तो उस पर कार्यकारी चुम्बकीय बल शून्य होगा।
- जब आवेशित कण चुम्बकीय क्षेत्र रेखा की लम्ब दिशा में गति करता है तो बल लगता है।
- यदि किसी स्थिर आवेशित कण को गतिशील इलेक्ट्रॉनों की धारा के निकट रखा जाता है, तो स्थिर आवेशित कण केवल विद्युत क्षेत्र के कारण बल अनुभव करेगा।
- M चुम्बकीय आघूर्ण के एक चुम्बक को H चुम्बकीय क्षेत्र की दिशा में 360° कोण घुमाने पर किया गया कार्य शून्य होगा।
- एक धारावाही चालक के कारण किसी बिन्दु पर चुम्बकीय क्षेत्र चालक में प्रवाहित धारा के समानुपाती होता है।
- एकसमान चुम्बकीय क्षेत्र में कण का मार्ग वृत्ताकार होता है जबकि एकसमान विद्युत क्षेत्र में यह परवलयाकार होता है।
- सरल रेखीय चालक के परित: चुम्बकीय क्षेत्र की तीव्रता चालक से दूरी के वर्ग के समानुपाती होती है तथा यह व्युत्क्रम नियम का पालन करती है।
- चुम्बकीय क्षेत्र में गतिमान एक आवेशित कण की ऊर्जा में कोई परिवर्तन नहीं होता, यद्यपि इस पर चुम्बकीय बल कार्य कार्य कर रहा है। क्योंकि चुम्बकीय क्षेत्र में गतिमान एक आवेशित कण के लिए चुम्बकीय बल, कण के मार्ग के लम्बवत् होता है।
- यदि चुम्बकीय क्षेत्र में गतिमान कण के वेग में वृद्धि होती है तो इसके वृत्त की त्रिज्या में वृद्धि हो जाती है।
- यदि एकसमान चुम्बकीय क्षेत्र में एक कण गतिमान है तो इसका संवेग परिवर्तित होता है, परन्तु इसकी कुल ऊर्जा समान रहती है। क्योंकि जब आवेशित कण चुम्बकीय क्षेत्र में चलता है, इसकी ऊर्जा समान रहती है, जबकि इसके वेग की दिशा निरन्तर परिवर्तित होती रहती है। अत: इसका संवेग परिवर्ति होता है।
- 1 टेसला, 10^4 गौस के बराबर होता है।
- एक लम्बे खोखले पाइप में चुम्बकीय क्षेत्र पाइप के बाहर होता ह। क्योंकि खोखले पाइप में धारा प्रवाहित करने पर इसके अन्दर की ओर चुम्बकीय क्षेत्र शून्य होता है।
- यदि किसी स्थिर आवेश को चुम्बकीय क्षेत्र में रखा जाता है तो यह आवेश स्थिर रहेगा, क्योंकि स्थिर आवेश पर चुम्बकीय क्षेत्र कार्य नहीं करता है।
- लम्बी धारावाही परिनालिका द्वारा उत्पन्न चुम्बकीय क्षेत्र परिनालिका के अर्द्धव्यास पर निर्भर नहीं करता है।
- एक सरल रेखीय धारावाही चालक के पास केवल चुम्बकीय क्षेत्र उत्पन्न होता है।
- एक साइक्लोट्रॉन में आवेशित कण की कोणीय आवृत्ति चाल पर निर्भर नही करती।
- चुम्बकीय क्षेत्र में स्थित धारावाही लूप पर लगने वाला कुल बल शून्य होगा।
- यदि चालक को चुम्बकीय क्षेत्र के समान्तर $(\theta=0)$ रखें, तब इस पर कोई बल कार्य नहीं करता।
- यदि चालक को चुम्बकीय क्षेत्र के लम्बवत् $(\theta=90°)$ रखें, तब इस पर अधिकतम बल लगता है।

अभ्यास के लिए प्रश्न

1. किसी चालक में दिष्टधारा प्रवाहित करने पर उत्पन्न चुम्बकीय बल रेखाओं की दिशा निम्न से किस नियम से ज्ञात की जाती है

(a) दायें हाथ के नियम से (b) मैक्सवेल के नियम से

(c) लेन्ज के नियम से (d) फ्लेमिंग के बायें हाथ नियम से

2. एक वैद्युत मेन्स के तारों के मध्य दूरी 12 सेमी है। ये तार प्रति एकांक लम्बाई 4 मिग्रा भार अनुभव करते हैं। दोनों तारों में प्रवाहित धारा का मान होगा

(a) 4.85×10^{-2} एम्पियर (b) 4.85×10^{-4} एम्पियर

(c) 4.85 एम्पियर (d) शून्य

3. एक प्रोटॉन, एक ड्यूट्रॉन तथा एक α-कण समान विभवान्तर से त्वरित होकर एक समान चुम्बकीय क्षेत्र के लम्बवत् प्रवेश करते हैं। इनकी गतिज ऊर्जाओं का अनुपात क्रमशः होगा

(a) 1 : 1 : 1 (b) 1 : 2 : 4

(c) 2 : 1 : 3 (d) 1 : 1 : 2

4. एक लम्बे सीधे धारावाही चालक तार के पास d दूरी पर स्थित बिन्दु पर चुम्बकीय अभिवाह घनत्व B है तो $d/2$ दूरी पर इसका मान होगा

(a) $\frac{B}{2}$ (b) $\frac{B}{4}$

(c) $4B$ (d) $2B$

5. समरूपी चुम्बकीय क्षेत्र में आवेशित कण के पथ की वक्रता त्रिज्या समानुपाती होती है

(a) कण की गतिज ऊर्जा के (b) कण के संवेग के

(c) कण के आवेश के (d) कण की चाल के

6. a त्रिज्या की वृत्ताकार कुण्डली के केन्द्र और उसके अक्ष पर केन्द्र से त्रिज्या की बराबर दूरी पर उत्पन्न चुम्बकीय क्षेत्रों का अनुपात होगा

(a) $\frac{1}{2\sqrt{2}}$ (b) $\frac{2\sqrt{2}}{1}$

(c) $\frac{1}{\sqrt{2}}$ (d) $\frac{\sqrt{2}}{1}$

7. एक विद्युत आवेश q एक समान वेग v से समरूपी चुम्बकीय क्षेत्र में बल रेखाओं के समान्तर गति कर रहा है। आवेश पर कार्यशील चुम्बकीय बल है

(a) $\frac{qv}{B}$ (b) $\frac{qB}{v}$

(c) शून्य (d) qvB

8. एक प्रोटॉन तथा एक α-कण समान वेग से समरूपी चुम्बकीय क्षेत्र के लम्बवत् प्रवेश करते हैं। α-कण का परिक्रमण काल प्रोटॉन के परिक्रमण काल का होगा

(a) आधा (b) चौथाई

(c) चार गुना (d) दो गुना

9. 8eV गतिज ऊर्जा का एक प्रोटॉन समरूपी चुम्बकीय क्षेत्र में एक वृत्ताकार पथ पर गति कर रहा है। उसी क्षेत्र में तथा उसी पथ पर गतिशील ड्यूट्रॉन की गतिज ऊर्जा होगी

(a) 6eV (b) 8eV

(c) 2eV (d) 4eV

10. छड़ चुम्बक के कारण अक्षीय बिन्दु पर चुम्बकीय प्रेरण तथा निरक्षीय बिन्दु पर चुम्बकीय प्रेरण का अनुपात होता है

(a) 2 : 1 (b) 1 : 4

(c) 1 : 1 (d) 1 : 2

11. एक आवेशित कण v वेग से समरूपी चुम्बकीय क्षेत्र में प्रवेश करता है। उसके द्वारा अनुभव किया गया चुम्बकीय बल होगा

(a) शून्य होगा यदि $\vec{v}$ व $\vec{B}$ समान्तर हों

(b) शून्य होगा यदि $\vec{v}$ व $\vec{B}$ यदि लम्बवत् हों

(c) सदैव शून्य

(d) कभी भी शून्य नहीं

12. 4.5×10^{-2} मी भुजा वाले समबाहू त्रिभुज की भुजाओं में $1A$ धारा प्रवाहित हो रही है। त्रिभुज के केन्द्रक पर चुम्बकीय प्रेरण का मान होगा

(a) $4 \times 10^{-5}\, T$ (b) $2 \times 10^{-5}\, T$

(c) $2 \times 10^{-3}\, T$ (d) $3 \times 10^{-4}\, T$

13. प्रोटॉनों का एक किरण पुंज $0.3\, T$ के एक समान चुम्बकीय क्षेत्र में क्षेत्र की दिशा से $60°$ के कोण पर 4×10 मी/से के वेग से प्रवेश करता है। कण की गति का पथ होगा

(a) कुण्डलिनी (b) हेलिकल

(c) वृत्ताकार (d) सरल रेखीय

14. एक धारावाही वृत्ताकार कुण्डली का चुम्बकीय आघूर्ण M है। इसके केन्द्र से x दूरी पर इसकी अक्ष पर स्थित बिन्दु पर चुम्बकीय क्षेत्र होगा

(a) $\frac{\mu_0}{4\pi}\frac{2M}{x^3}$ (b) 0

(c) $\frac{\mu_0}{4\pi}\frac{M}{x^3}$ (d) $\frac{\mu_0}{2\pi}\frac{2M}{x^3}$

15. क्षैतिजतः नीचे की ओर गतिमान एक प्रोटॉन, उत्तर की ओर निर्देशित चुम्बकीय क्षेत्र में प्रवेश करता है। प्रोटॉन किस दिशा में विक्षेपित होगा?

(a) पूर्व (b) पश्चिम

(c) उत्तर (d) दक्षिण

16. दो वृत्तीय कुण्डलियाँ, जिनकी त्रिज्या क्रमशः 3 सेमी ओर 6 सेमी की हैं और जिनमें धारा प्रवाहित हो रही है, प्रत्येक किसी ऐसे चुम्बकीय द्विध्रुव की भाँति कार्य करती हैं, जिनके चुम्बकीय आघूर्ण समान हैं। इन कुण्डलियों में प्रवाहित होने वाली धारा का अनुपात है

(a) $\sqrt{2} : 1$ (b) 2 : 1

(c) $2\sqrt{2} : 1$ (d) 4 : 1

17. लोहे के बन्द सन्दूक के भीतर पृथ्वी का चुम्बकीय क्षेत्र बाहरी क्षेत्र की अपेक्षा होता है

(a) शून्य (b) उतनी ही

(c) कम (d) अधिक

18. 2 सेमी लम्बे छड़ चुम्बक की बढ़ी हुई अक्ष पर दो बिन्दु A तथा B हैं जिनकी चुम्बक के केन्द्र से दूरियाँ क्रमशः x तथा $2x$ हैं। A तथा B बिन्दुओं पर चुम्बकीय क्षेत्रों का अनुपात होगा

(a) 4 : 1 (b) 8 : 1

(c) 8 : 1 (लगभग) (d) 4 : 1 (लगभग)

19. एक छड़ चुम्बक (Bar Magnet) को जिसका चुम्बकीय आघूर्ण M है समान लम्बाई के दो भागों में काटने पर दोनों में से किसी एक भाग का चुम्बकीय आघूर्ण होगा

(a) $2M$ (b) $\frac{M}{4}$

(c) $\frac{M}{2}$ (d) M

20. अनुचुम्बकीय पदार्थों की चुम्बकीय प्रवृत्ति K ताप T के साथ किस प्रकार परिवर्तित होती है

(a) $K \propto T^2$ (b) $K \propto \frac{1}{T^2}$

(c) $K \propto \frac{1}{T}$ (d) $K \propto T$

21. भूमध्य रेखा और ध्रुव पर चुम्बकीय क्षेत्र की कुल तीव्रता का अनुपात है

(a) 1 : 2 (b) 1 : 4

(c) 1 : 1 (d) 1 : 2

22. चुम्बकीय क्षेत्र का फ्लक्स घनत्व 1.5 वेबर/मी^{2} है। उसमें एक प्रोटॉन 2×10^7 मी/से के वेग से, क्षेत्र के साथ 30° का कोण बनाता हुआ प्रवेश करता है, तो प्रोटॉन पर लगा बल होगा

(a) 24×10^{-12} न्यूटन (b) 0.024×10^{-12} न्यूटन

(c) 2.4×10^{-12} न्यूटन (d) 0.24×10^{-12} न्यूटन

23. यदि I किसी चुम्बक का चुम्बकन है तथा l इसकी लम्बाई है तो इसके चुम्बकीय व्यवहार के लिए पृष्ठीय धारा होगी

(a) $I \times l^2$ (b) $\frac{I}{l^2}$

(c) $\frac{I}{l}$ (d) $I \times l$

24. M तथा $2M$ आघूर्ण के दो चुम्बकों को परस्पर 60° के कोण में बाँध दिया गया है। संयोजन का चुम्बकीय आघूर्ण होगा

(a) $\sqrt{5}M$ (b) $\sqrt{7}M$

(c) M (d) $3M$

25. पृथ्वी की सतह पर वह रेखा जो उन बिन्दुओं को जोड़ती है जहाँ पर क्षेत्र क्षैतिज है, कहलाती है

(a) चुम्बकीय विषुवत् (b) चुम्बकीय रेखा

(c) चुम्बकीय अक्ष (d) चुम्बकीय जड़त्व

26. दो समान्तर चालकों में धारा i समान दिशा में प्रवाहित हो रही है। (चालकों के बीच दूरी r है) प्रत्येक चालक द्वारा प्रति एकांक लम्बाई अनुभूत बल होगा

(a) प्रतिकर्षण तथा $\frac{\mu_0 2i}{4\pi r}$

(b) प्रतिकर्षण तथा $\frac{\mu_0 i}{4\pi r}$

(c) आकर्षण तथा $\left(\frac{\mu_0}{2\pi}\right)\left(\frac{2i^2}{r}\right)$

(d) आकर्षण तथा $\frac{\mu_0 i}{4\pi r}$

27. किसी चुम्बक को पृथ्वी के चुम्बकीय क्षेत्र के क्षैतिज घटक H से 90° का कोण बनाकर रखने के लिए 10^{-5} न्यूटन मीटर के आघूर्ण की आवश्यकता होती है। चुम्बक को 30° कोण पर रखने के लिए आवश्यक आघूर्ण होगा

(a) 5×10^{-6} न्यूटन मी (b) आँकड़े अधूरे हैं

(c) $\frac{1}{3} \times 10^{-5}$ न्यूटन मी (d) $5\sqrt{2} \times 10^{-6}$ न्यूटन मी

28. असमान चुम्बकीय क्षेत्र में रखी एक छोटी चुम्बक पर लगता है

(a) न बल न बल आघूर्ण (b) बल व बल आघूर्ण दोनों

(c) बल बाघूर्ण किन्तु बल नहीं (d) बल किन्तु बल आघूर्ण नहीं

29. एक छोटे दण्ड चुम्बक को, एक बाह्य चुम्बकीय क्षेत्र 0.16 T से 30° का कोण बनाते हुए रखने पर इस पर 0.032 J बल आघूर्ण कार्य करता है। चुम्बक का चुम्बकीय आघूर्ण (J/T) में होगा

(a) 2 (b) 0.2

(c) 0.5 (d) 0.4

30. किसी भी अनुचुम्बकीय पदार्थ की चुम्बकीय पारगम्यता, इसके परम ताप T के साथ परिवर्तित होती है

(a) समानुपाती रूप से

(b) अपरिवर्तित रहती है

(c) T के विलोमानुपाती होती है

(d) T के साथ चरघातांकी रूप से कम होती है

31. स्थाई चुम्बक के गुण धारणशीलता तथा निग्राहिता क्रमशः होते हैं

(a) उच्च-उच्च (b) निम्न-निम्न

(c) निम्न-उच्च (d) उच्च-निम्न

32. किसी छड़ चुम्बक की चुम्बकीय बल रेखाओं को सही रूप से निम्न प्रकार से प्रदर्शित किया जा सकता है

(a) 

(b) 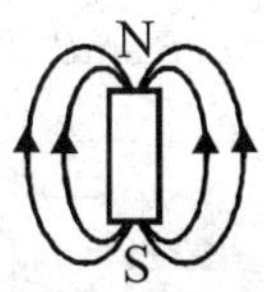

(c) 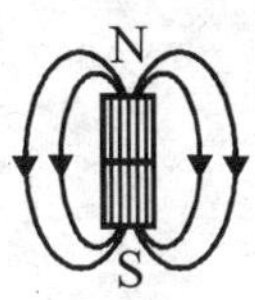

(d) 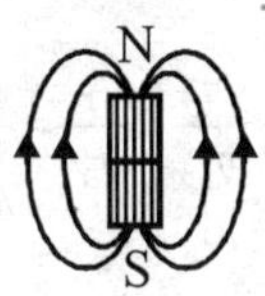

उत्तरमाला

1. (a)	**2.** (c)	**3.** (d)	**4.** (d)	**5.** (b)	**6.** (b)	**7.** (c)	**8.** (d)	**9.** (d)	**10.** (a)
11. (a)	**12.** (a)	**13.** (b)	**14.** (a)	**15.** (b)	**16.** (d)	**17.** (c)	**18.** (c)	**19.** (c)	**20.** (c)
21. (c)	**22.** (c)	**23.** (d)	**24.** (b)	**25.** (c)	**26.** (c)	**27.** (a)	**28.** (b)	**29.** (d)	**30.** (c)
31. (a)	**32.** (d)								

हल

1. (a) चालक में धारा प्रवाहित करने पर उसमें B की दिशा दायें हाथ की हथेली नियम नं. 2 से ज्ञात की जाती है।

2. (c) $\frac{F}{l} = \frac{\mu_0 i^2}{2\pi d}$

$$9.8 \times 4 \times 10^{-6} = \frac{4\pi \times 10^{-7} \times i^2}{2 \times \pi \times 12 \times 10^{-2}}$$

$$i = \sqrt{\frac{4 \times 10^{-6} \times 9.8 \times 0.12}{2 \times 10^{-7}}} = 4.85 \text{ एम्पियर}$$

3. (d) $E_{kp} = eV$

$\because E_k = qV$

$\therefore E_k \propto q \qquad \because V = \text{नियत}$

$\therefore E_{kp} : E_{kd} : E_{k\alpha} :: 1:1:2$

4. (d) $B = \frac{\mu_0 i}{2\pi d} \quad \therefore \frac{B_1}{B_2} = \frac{d_2}{d_1}$

या $\frac{B}{B_2} = \frac{d}{2d} = \frac{1}{2} \quad \therefore B_2 = 2B$

5. (b)

6. (b) $B_0 = \frac{\mu_0 N i}{2a}$

$$B_a = \frac{\mu_0 N i a^2}{2(a^2 + a^2)^{3/2}} = \frac{\mu_0 N i}{2 \times 2\sqrt{2}\, a}$$

$\therefore \frac{B_0}{B_a} = 2\sqrt{2} : 1$

7. (c) $F = qvB\sin\theta$ यहाँ $\theta = 0°$

$\therefore F = 0$

8. (d) $T = \frac{2\pi m}{qB}$ या $T \propto \frac{m}{q}$

$$\frac{T_\alpha}{T_p} = \frac{m_\alpha}{m_p} \times \frac{q_p}{q_\alpha} = \frac{4}{1} \times \frac{1}{2} = 2:1$$

9. (d) $E_k = \frac{q^2 B^2 r^2}{2m}$ या $E_k \propto \frac{1}{m}$

$\therefore E_d = E_p \times \frac{m_p}{m_d} = \frac{8 \times 1}{2} = 4\text{eV}$

10. (a) $$\frac{B_a}{B_e} = \frac{\frac{\mu_0}{4\pi}\frac{2M}{r^3}}{\frac{\mu_0}{4\pi}\frac{M}{r^3}} = 2:1$$

11. (a) $\vec{F} = q(\vec{v} \times \vec{B}) = qvB\sin\theta\,\hat{n}$

यदि $q = 0$, तब $\vec{F} = 0$

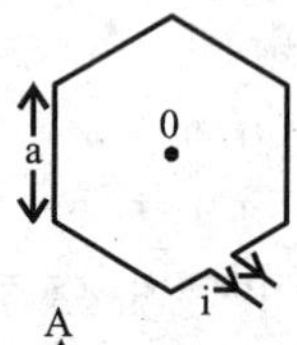

12. (a) $B = \frac{9\mu_0 I}{2\pi a}$

या $B = \frac{9 \times 2 \times 10^{-7} \times 1}{4.5 \times 10^{-2}}$

$= 4 \times 10^{-5}$ T

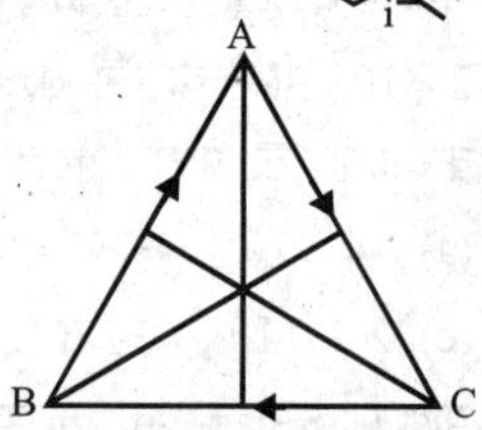

13. (b)

14. (a) $M = \pi R^2 I$

$$B = \frac{\mu_0 I R^2}{2(R^2 + x^2)^{3/2}} \approx \frac{\mu_0 I(\pi R^2)}{2\pi x^3}$$

$$= \frac{\mu_0}{4\pi}\frac{2M}{x^3}$$

15. (b)

16. (d) $\because$ Magnitude moment $m = IA = I.\pi r^2$

According to the question $m = I_1\pi r_1^2 = I_2 \pi r_2^2$

$$\therefore \frac{I_1}{I_2} = \frac{r_2^2}{r_1^2} = \left(\frac{6}{3}\right)^2 = \frac{4}{1}$$

17. (c) बन्द सन्दूक के भीतर पृथ्वी का चुम्बकीय क्षेत्र बाहरी चुम्बकीय क्षेत्र की अपेक्षा कम होता है।

18. (c) अक्ष पर चुम्बकीय क्षेत्र की तीव्रता $B \approx \frac{\mu_0}{4\pi}\frac{2m}{r^3}$

$$\therefore \quad \frac{B_1}{B_2} = \left(\frac{r_2}{r_1}\right)^3 = \left(\frac{2x}{x}\right)^3 \approx 8:1$$

19. (c) $M = ml \quad M' = m\frac{l}{2} = \frac{M}{2}$

20. (c)

21. (c) चुम्बकीय क्षेत्र की कुल तीव्रता नियत रहती है

$$\therefore \quad \frac{B_e}{B_p} = 1:1$$

22. (c) $F = qvB\sin\theta = 1.6\times10^{-19}\times2\times10^{7}\times1.5\times0.5$
$= 2.4\times10^{-12}$

23. (d) चुम्बकन की तीव्रता

$$I = \frac{i_m}{l}\ \text{Amp/m} \text{ जहाँ } i_m = \text{चुम्बकन धारा}$$

$$\therefore \quad i_m = I\times l$$

24. (b) $M' = \sqrt{M^2+4M^2+2(M)(2M)\cos60^\circ}$

$= \sqrt{7}M$

25. (c) ऐसे क्षेत्र मं जहाँ चुम्बकीय क्षेत्र क्षैतिज होता है, चुम्बकीय बल रेखाओं को चुम्बकीय विषुवत् रेखाएँ कहते हैं।

27. (a) सूत्रानुसार

बल आघूर्ण $\vec{\tau} = \vec{r}\times\vec{F}$

$$|\vec{\tau}| = rF\sin\theta$$

$$10^{-5} = rF$$

और $\tau' = rF\sin30^\circ$

$$= 10^{-5}\times\frac{1}{2}$$

$$= 5\times10^{-6} \text{ न्यूटन मी}$$

28. (b) एकसमान चुम्बकीय क्षेत्र में रखी छोटी चुम्बक पर केवल बल आघूर्ण लगता है परन्तु असमान चुम्बकीय क्षेत्र में रखी चुम्बक पर बल व बल आघूर्ण दोनों लगते हैं।

29. (d) $\tau = MB\sin\theta$

$$M = \frac{\tau}{B\sin\theta}$$

$$= \frac{0.032\times2}{0.16\times1} = 0.4 \text{ J/T}$$

अत: चुम्बक का चुम्बकीय आघूर्ण 0.4 J/T होगा।

30. (c) अनुचुम्बकीय पदार्थों की चुम्बकीय पारगम्यता धनात्मक होती है व ताप के विलोमानुसार होती है।

31. (a) स्थाई चुम्बक के लिए पदार्थ की धारणशीलता तथा निग्राहिता दोनों उच्च होते हैं।

32. (d) चुम्बकीय बल रेखायें बन्द लूप होती हैं।

Previous Years' Problems

1. एक चुम्बकीय क्षेत्र उत्पन्न किया जा सकता है–
(a) गतिमान आवेश द्वारा (b) वैद्युत क्षेत्र परिवर्तित करने से
(c) इनमें से कोई नहीं (d) इनमें से दोनों
[AIEEE 2002]

2. एकसमान संवेग का एक प्रोटॉन तथा एक इलेक्ट्रॉन एक चुम्बकीय क्षेत्र में प्रवेश करते हैं तो–
(a) दोनों विक्षेपित नहीं होते हैं
(b) e^- का मार्ग प्रोटॉन की अपेक्षा अधिक वक्राकार होगा
(c) प्रोटॉन का मार्ग इलेक्ट्रॉन की अपेक्षा अधिक वक्राकार होगा
(d) दोनों कणों का मार्ग समान रूप से वक्राकार होगा
[AIEEE 2002]

3. r त्रिज्या की एक वृत्ताकार कुण्डली में I धारा प्रवाहित हो रही है और $2r$ त्रिज्या की वृत्ताकार कुण्डली में 2I धारा प्रवाहित हो रही है, तब कुण्डलियों के केन्द्र पर उत्पन्न चुम्बकीय क्षेत्रों का अनुपात है–
(a) 1 : 1 (b) 1 : 2
(c) 1 : 4 (d) 2 : 3
[AIEEE 2002]

4. द्रव्यमान m तथा आवेश q का एक कण जब B तीव्रता के अनुप्रस्थ चुम्बकीय क्षेत्र के अधीन गतिमान किया जाता है तो इसका वेग v होने पर यह r त्रिज्या का वृत्ताकार पथ तय करता है। जब कण वृत्त का एक चक्कर पूरा करता है तो क्षेत्र द्वारा किया गया कार्य–
(a) शून्य (b) $2\pi v^2 m$
(c) $2\pi rvqB$ (d) $2\pi rqb$
[AIEEE 2003]

5. -16×10^{-18} कूलॉम आवेश का एक कण 10 मीटर/सेकण्ड के वेग से x-अक्ष के अनुदिश गति करते हुए एक ऐसे क्षेत्र में प्रवेश करता है जहाँ y-अक्ष के अनुदिश B तीव्रता का एक चुम्बकीय क्षेत्र तथा z-अक्ष के अनुदिश 10^4 V/m परिणाम की तीव्रता का वैद्युत क्षेत्र है। यदि आवेशित कण x-अक्ष के अनुदिश गति करना जारी रखता है तो B का परिणाम है–
(a) 10^{-3} बेबर/मीटर^2 (b) 10^3 बेबर/मीटर^2
(c) 10^5 बेबर/मीटर^2 (d) 10^{16} बेबर/मीटर^2
[AIEEE 2003]

6. बारीक पतली दीवार की बनी अनन्त लम्बाई की एक ऋजु रेखीय नलिका में i ऐम्पियर धारा प्रवाहित की जाती है, तब नलिका के भीतरी किसी बिन्दु पर चुम्बकीय क्षेत्र है–
(a) अनन्त (b) शून्य
(c) $\frac{\mu_0 2i}{4\pi r}$ टेसला (d) $\frac{2i}{r}$ टेसला
[AIEEE 2004]

7. एक लम्बे तार में स्थित धारा है, इसे वृत्त की आकृति देने से वृत्त के केन्द्र पर चुम्बकीय क्षेत्र B प्राप्त होता है। अब इसे n चक्करों का वृत्ताकार लूप की आकृति देते हैं तब इस कुण्डली के केन्द्र पर चुम्बकीय क्षेत्र होगा–
(a) nB (b) n^2B
(c) $2nB$ (d) $2n^2B$
[AIEEE 2004]

8. 3cm त्रिज्या के वृत्ताकार धारावाही लूप के केन्द्र से इसके अक्ष पर 4cm दूर स्थित बिन्दु पर चुम्बकीय क्षेत्र 54μT है। लूप के केन्द्र पर इसका मान क्या है–
(a) 250μT (b) 150μT
(c) 125μT (d) 75μT
[AIEEE 2004]

9. d दूरी से हटकर रखे गये दो समान्तर चालकों में समान दिशा में प्रवाहित धारायें I_1 तथा I_2 हैं। ये चालक एक-दूसरे पर बल F आरोपित करते हैं। अब इनमें से एक चालक में धारा दुगुनी करके इसकी दिशा उलट दी जाती है और चालों के बीच की दूरी भी $3d$ कर दी जाती है। इसके बीच लगने वाला नया बल है–
(a) $-2F$ (b) $F/3$
(c) $-2F/3$ (d) $-F/3$
[AIEEE 2004]

10. एक समान दिशाओं में एक सम वैद्युत क्षेत्र और एक सम चुम्बकीय क्षेत्र उत्पन्न किये जाते हैं। एक इलेक्ट्रॉन को उसी दिशा में किसी वेग से प्रक्षेपित किया जाता है।
(a) इलेक्ट्रॉन अपने दांयी ओर मुड़ेगा
(b) इलेक्ट्रॉन अपने बांयी ओर मुड़ेगा
(c) इलेक्ट्रॉन का वेग परिमाण में बढ़ेगा
(d) इलेक्ट्रॉन का वेग परिमाण में घटेगा
[AIEEE 2005]

11. दो संकेन्द्रीय कुण्डलियाँ प्रत्येक की त्रिज्या 2π सेमी, परस्पर लम्बवत् रखी गयी हैं। इनके क्रमश: 3 एम्पियर और 4 एम्पियर की धारायें प्रवाहित की जा रही हैं। कुण्डलियों के केन्द्र पर चुम्बकीय क्षेत्र (बेबर/मीटर^2 में) होगा– ($\mu_0 = 4\pi \times 10^{-7}$ Wb/A-m)
(a) 5×10^{-5} (b) 7×10^{-5}
(c) 12×10^{-5} (d) 10^{-5}
[AIEEE 2005]

12. r त्रिज्या के वृत्ताकार पथ में m द्रव्यमान और q आवेश का एक कण इस प्रकार गति करता है कि चुम्बकीय क्षेत्र सदैव इसके अभिलम्बवत् रहता है। कण द्वारा एक चक्कर पूर्ण करने में व्यतीत समय है–
(a) $\frac{2\pi qB}{m}$ (b) $\frac{2\pi m}{qB}$
(c) $\frac{2\pi mq}{B}$ (d) $\frac{mq}{2\pi B}$
[AIEEE 2005]

13. d दूरी से हटाकर रखे गए दो समान्तर पतले लम्बे तारों में समान दिशा

में 1 एम्पियर धारा प्रवाहित की जा रही है। वे एक-दूसरे को प्रति एकांक लम्बाई पर–

(a) $\frac{\mu_0 I^2}{2\pi d^2}$ बल से आकर्षित करते हैं

(b) $\frac{\mu_0 I^2}{2\pi d^2}$ बल से प्रतिकर्षित करते हैं

(c) $\frac{\mu_0 I^2}{2\pi d}$ बल से आकर्षित करते हैं

(d) $\frac{\mu_0 I^2}{2\pi d}$ बल से प्रतिकर्षित करते हैं

[AIEEE 2006]

14. स्थिर और एक समान वैद्युत तथा चुम्बकीय क्षेत्र एक दूसरे के समान्तर स्थापित हैं। इस क्षेत्र में एक आवेशित कण विरामावस्था में छोड़ा जाता है। कण का पथ होगा–

(a) वृत्ताकार (b) स्पीला
(c) ऋजुरेखीय (d) दीर्घवृत्ताकार

[AIEEE 2006]

15. एक लम्बी परिनलिका की प्रति सेमी॰ लम्बाई में 200 फेरे हैं, और इसमें धारा i है। इसके केन्द्र पर चुम्बकीय क्षेत्र 6.28×10^{-2} बेबर/मीटर^2 है। एक दूसरी लम्बी परिनलिका की प्रति सेमी॰ लम्बाई में 100 फेरे हैं और इसमें प्रवाहित धारा $i/3$ है। इसके केन्द्र पर चुम्बकीय क्षेत्र का मान है–

(a) 1.05×10^{-4} बेबर/मीटर^2 (b) 1.05×10^{-2} बेबर/मीटर^2
(c) 1.05×10^{-5} बेबर/मीटर^2 (d) 1.05×10^{-3} बेबर/मीटर^2

[AIEEE 2006]

16. a त्रिज्या के एक लम्बे ऋजुरेखीय तार में स्थित धारा i है इसके cross section में धारा एक समान रूप से वितरित है। $a/2$ और $2a$ पर चुम्बकीय क्षेत्र की निष्पत्ति है–

(a) 1/2 (b) 1/4
(c) 4 (d) 1

[AIEEE 2007]

17. अनन्त लम्बाई के एक लम्बे ऋजुरेखीय पतली दीवारों के पाईप में धारा I प्रवाहित होती है। तब–

(a) पाईप के भीतर सभी बिन्दुओं पर चुम्बकीय क्षेत्र समान है परन्तु शून्य नहीं है।

(b) पाईप के भीतर विभिन्न अक्ष पर चुम्बकीय क्षेत्र शून्य है।

(c) पाईप के भीतर विभिन्न बिन्दुओं पर चुम्बकीय क्षेत्र भिन्न-भिन्न है।

(d) पाईप के भीतर किसी भी बिन्दु पर चुम्बकीय क्षेत्र शून्य है।

[AIEEE 2007]

18. दो एकसमान चालकीय तार AOB तथा COD परस्पर अभिलम्बवत् रखे गए हैं। तार AOB में धारा I_1 और COD धारा I_2 है। O से d दूरी पर स्थित बिन्दु पर AOB तथा COD तारों के तलों के अभिलम्बवत् दिशा में चुम्बकीय क्षेत्र का मान होगा–

(a) $\frac{\mu_0}{2\pi d}(I_1^2 + I_2^2)$ (b) $\frac{\mu_0}{2\pi}\left(\frac{I_1 + I_2}{d}\right)^{1/2}$

(c) $\frac{\mu_0}{2\pi d}(I_1^2 + I_2^2)^{1/2}$ (d) $\frac{\mu_0}{2\pi d}(I_1 + I_2)$

[AIEEE 2007]

19. एक क्षैतिज उच्च क्षमता की लाइन पृथ्वी से 4 मीटर ऊँचाई पर स्थित है। इसमें 100 ऐम्पियर की धारा पूर्व से पश्चिम की ओर बह रही है। इसके ठीक नीचे पृथ्वी तल पर चुम्बकीय क्षेत्र की दिशा होगी–
($\mu_0 = 4\pi \times 10^{-7}$ टेसला मीटर ऐम्पियर$^{-1}$)

(a) 2.5×10^{-7} टेसला, दक्षिण की ओर
(b) 5×10^{-6} टेसला, उत्तर की ओर
(c) 5×10^{-6} टेसला, दक्षिण की ओर
(d) 2.5×10^{-7} टेसला, उत्तर की ओर

[AIEEE 2008]

20. एक चल कुण्डल धारामापी को अमीटर में प्रवाहित करने के लिए जोड़ा जाता है–

(a) श्रेणीक्रम में अल्प प्रतिरोध
(b) समान्तर क्रम में अल्प प्रतिरोध
(c) श्रेणीक्रम में उच्च प्रतिरोध
(d) समान्तर क्रम में उच्च प्रतिरोध

[AIEEE 2002]

21. यदि एक चुम्बक को चुम्बकीय यामोत्तर से 30° कोण पर लटकाया जाता है। तो नति सूंई (dip needle) क्षैतिज से 30° का कोण बनाती है। वास्तविक नति कोण है–

(a) $\tan^{-1}(2/3)$ (b) $\tan^{-1}(3/2)$
(c) $\tan^{-1}(3)$ (d) $\tan^{-1}(2)$

[AIEEE 2002]

22. 1 amp परास के अमीटर का प्रतिरोध 0.9 W है। इसकी परास में 10amp तक की वृद्धि करने के लिए आवश्यक शन्ट वांछित है–

(a) 0.1 Ω (b) 0.01 Ω
(c) 0.9 Ω (d) 1 Ω

[AIEEE 2003]

23. एक छड़ चुम्बक के भीतर चुम्बकीय बल रेखायें–

(a) नहीं होती हैं
(b) चुम्बक के उत्तरी ध्रुव से दक्षिणी ध्रुव की ओर हैं
(c) चुम्बक के दक्षिणी ध्रुव से उत्तरी ध्रुव की ओर हैं
(d) छड़ चुम्बक की अनुप्रस्थ काट के क्षेत्रफल पर निर्भर करती हैं

[AIEEE 2003]

24. किसी चुम्बकीय क्षेत्र के समान्तर रखी गयी एक चुम्बकीय सूई को 60° तक घुमाने के लिए W मात्रक कार्य करना पड़ता है। इस स्थिति में चुम्बक को बनाये रखने के लिए आवश्यक आघूर्ण होगा–

(a) W (b) $2W$
(c) $\sqrt{3}W$ (d) $\sqrt{3}W/2$

[AIEEE 2003]

25. क्यूरी ताप वह ताप है जिससे अधिक ताप पर–

(a) अनुचुम्बकीय पदार्थ प्रति चुम्बकित हो जाता है

(b) लौह चुम्बकित पदार्थ प्रति चुम्बकित हो जाता है

(c) अनुचुम्बकित पदार्थ लौह चुम्बकित हो जाता है

(d) लौह चुम्बकित पदार्थ, अनुचुम्बकित हो जाता है

[AIEEE 2003]

26. वैद्युत चुम्बक मुलायम लोहे के बनाये जाते हैं क्योंकि मुलायम लोहा रखता है–

(a) अल्प धारणशीलता (low retentivity) और अल्प निग्रह क्षेत्र (low coercive)

(b) उच्च धारणशीलता (high retentivity) और उच्च निग्रह क्षेत्र (high coercive)

(c) अल्प धारणशीलता (low retentivity) और उच्च निग्रह क्षेत्र (high coercive)

(d) उच्च धारणशीलता (high retentivity) और अल्प निग्रह क्षेत्र (low coercive)

[AIEEE 2004]

27. एक चुम्बक की लम्बाई उसकी चौड़ाई और मोटाई की तुलना में बहुत अधिक है। एक दोलनी चुम्बकत्वमापी में इसका दोलनकाल 2 सेकण्ड है। चुम्बक को उसकी लम्बाई के अनुदिश तीन बराबर भागों में काटकर तीनों भागों को उनके समान ध्रुवों के साथ एक-दूसरे के ऊपर रख देते हैं। इस संयोजन का दोलन काल होगा–

(a) 2 सेकण्ड (b) (2/3) सेकण्ड

(c) $2\sqrt{3}$ सेकण्ड (d) $2/\sqrt{3}$ सेकण्ड

[AIEEE 2004]

28. एक चुम्बकीय सूईं को असमान चुम्बकीय क्षेत्र में रखा जाता है। यह अनुभव करती है–

(a) एक बल व एक बल-आघूर्ण

(b) एक बल न कि एक बल-आघूर्ण

(c) एक बल-आघूर्ण न कि बल

(d) न बल और न ही बल-आघूर्ण

[AIEEE 2005]

29. एक चल कुण्डल धारामापी में 150 बराबर खण्ड हैं। इसकी धारा सुग्राहिता 10 खण्ड प्रति मिली एम्पियर और वोल्टता सुग्रहिता 2 खण्ड प्रति मिली वोल्ट है। इस धारामापी के प्रत्येक खण्ड 1 वोल्ट पाठ्यांक बतलाये इसके लिए इसको कुण्डली के श्रेणीक्रम में जोड़े जाने वाले प्रतिरोध का आवश्यक मान ओम में होगा–

(a) 99995 (b) 9995

(c) 10^3 (d) 10^5

[AIEEE 2005]

30. सूइयाँ N_1, N_2 और N_3 क्रमशः लौह चुम्बकीय, अनुचुम्बकीय और प्रति चुम्बकीय पदार्थों से बनी हैं। जब एक चुम्बक को इनके समीप लाया जाता है तो यह चुम्बक–

(a) तीनों को अपनी ओर आकर्षित करती है

(b) N_1 व N_2 को कसकर आकर्षित करती है जबकि N_3 को प्रतिकर्षित करती है

(c) N_1 को प्रबलता से और N_2 को क्षीणता से आकर्षित करती है जबकि N_3 को क्षीणता से प्रतिकर्षित करती है

(d) N_1 को प्रबलता से आकर्षित करती है, N_2 व N_3 को क्षीणता से प्रतिकर्षित करती है

[AIEEE 2006]

31. किसी पदार्थ की सापेक्ष विद्युतशीलतातथा चुम्बकशीलता क्रमशः ε_r तथा μ_r है। निम्न में से इन राशियों के कौन-से मान किसी प्रतिचुम्बकीय पदार्थ के लिए सत्य है–

(a) $\varepsilon_r = 0.5, \mu_r = 1.5$ (b) $\varepsilon_r = 1.5, \mu_r = 0.5$

(c) $\varepsilon_r = 0.5, \mu_r = 1.5$ (d) $\varepsilon_r = 1.5, \mu_r = 1.5$

[AIEEE 2008]

उत्तरमाला

1. (d)	**2.** (d)	**3.** (a)	**4.** (a)	**5.** (b)	**6.** (b)	**7.** (b)	**8.** (a)	**9.** (c)	**10.** (d)
11. (a)	**12.** (b)	**13.** (c)	**14.** (c)	**15.** (b)	**16.** (d)	**17.** (d)	**18.** (c)	**19.** (c)	**20.** (b)
21. (b)	**22.** (a)	**23.** (c)	**24.** (c)	**25.** (d)	**26.** (d)	**27.** (b)	**28.** (a)	**29.** (b)	**30.** (c)
31. (b)									

हल

1. (d)

2. (d) चूँकि प्रोटॉन और इलेक्ट्रॉन के द्रव्यमान भिन्न हैं परन्तु संवेग समान दिया हुआ है, अत: दोनों के वेगों में भिन्नता होगी जिससे कि उन पर आरोपित बल भी भिन्न-भिन्न होंगे। चूँकि वृत्ताकार पथ की त्रिज्या संवेग पर निर्भर करती है अत: दोनों एक ही वक्राकार पथ में गतिमान होंगे।

3. (a) वृत्ताकार कुण्डली A में चुम्बकीय क्षेत्र

$$B_A = \frac{\mu_0 NI}{2r}$$

जहाँ r त्रिज्या तथा I परिमाण में प्रवाहित धारा है

इस प्रकार $$B_B = \frac{\mu_0 N(2I)}{2\cdot(2r)} = \frac{\mu_0 NI}{2r}$$

$$\therefore \quad \frac{B_A}{B_B} = \frac{\mu_0 NI}{2r}\times\frac{2r}{\mu_0 NI}$$

$$\frac{B_A}{B_B} = 1:1$$

4. (a) $\vec{F} = q(\vec{v}\times\vec{B})$

चूँकि $\vec{F}$ तथा $\vec{v}$ परस्पर अभिलम्बवत् हैं अत: प्रति सेकण्ड किया गया कार्य,

$$W = \vec{F}\cdot\vec{v} = Fv\cos 90° = 0$$

5. (b) दिया है, $q = -16\times 10^{-18}$ C, कण का वेग $(v) = 10$ m/s (x-अक्ष के अनुदिश चुम्बकीय क्षेत्र की तीव्रता $= B$ (y-अक्ष के अनुदिश और वैद्युत क्षेत्र) (E) $= 10^4$ V/m (z-अक्ष के अनुदिश)। हमें ज्ञात है कि जब एक आवेशित कण पर चुम्बकीय बल $F_1 = qvB$ इस प्रकार जब आवेशित कण वैद्युत क्षेत्र में गतिमान होता है तब आवेशित कण पर वैद्युत बल $(F_2) = qE$। चूँकि आवेशित कण x-अक्ष के अनुदिश गति कर रहा है, इसलिए दोनों बलों का परिणामी प्रभाव समाप्त हो जाता है। इस प्रकार,

$$F_1 = F_2 \quad \text{अथवा} \quad qvB = qE$$

अथवा $$B = \frac{E}{v} = \frac{10^4}{10} = 10^3 \text{ बेबर/मीटर}^2$$

6. (b) डॉट रेखाओं से दर्शाये गये एम्पिरीयन लूप को परिकल्पना करें तो इसके भीतर कोई धारा बन्द नहीं है।

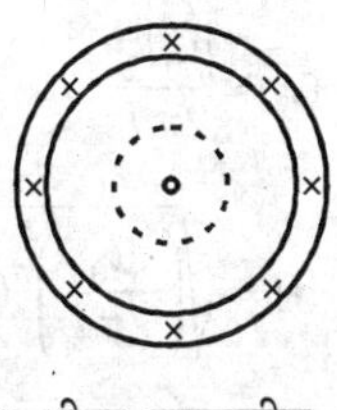

अत: नलिका के भीतर चुम्बकीय क्षेत्र शून्य होगा, चूँकि

$$\oint \vec{B}\cdot\vec{dl} = \mu_0 \times \text{ऐम्पिरीयन लूप के भीतर बन्द धारा}$$

7. (b) $B = \dfrac{\mu_0 i}{2r}$; जहाँ $r = \dfrac{l}{2\pi}$ (तार की लम्बाई l है)

$$\therefore \quad B = \frac{\mu_0 i\pi}{l}$$

अब जब उसी तार को n चक्करों के लूप में परिवर्तित करते हैं

$$n\times 2\pi r' = l$$

$$\therefore \quad r' = \frac{l}{2\pi n}$$

अब $$B' = \frac{n\mu_0 i}{2r'} = n^2\frac{\mu_0 i\pi}{l} = n^2 B$$

8. (a) सूत्र प्रयोग करने पर,

$$B = \frac{\mu_0 iR^2}{2(R^2+x^2)^{3/2}}$$

हम पाते हैं $$54 = \frac{\mu_0 i(3)^2}{2[3^2+4^2]^{3/2}}$$

अथवा $$\mu_0 i = \frac{54\times 2\times 5\times 25}{9}$$

अब कुण्डली के केन्द्र पर $x = 0$ और

$$B = \frac{\mu_0 i}{2R} = \frac{\mu_0 i}{2\times 3} = \frac{\mu_0 i}{6}$$

$$= \frac{54\times 2\times 5\times 25}{9\times 6} = 250$$

$$B = 250\,\mu \text{ tesla}$$

9. (c) $$F = \frac{\mu_0 I_2 I_2}{2\pi d}l$$

तथा $$F' = \frac{\mu_0}{2\pi}\frac{(-2I_1)(I_2)}{3d}l$$

$$\therefore \quad F = -\frac{2F}{3}$$

10. (d) जब $\vec{E}$, $\vec{v}$ तथा $\vec{B}$ सभी दिशायें एक-समान हैं, तब इलेक्ट्रान पर आरोपित बल शून्य है, जबकि वैद्युत बल इलेक्ट्रॉन के वेग के विपरीत लगेगा। अत: इलेक्ट्रॉन का वेग घटेगा।

11. (a) वृत्ताकार कुण्डली के कारण चुम्बकीय क्षेत्र

$$B_1 = \frac{\mu_0 i_1}{2r}$$

$$B_2 = \frac{\mu_0 i_2}{2r}$$

चूँकि दोनों कुण्डलियाँ परस्पर अभिलम्बवत् हैं

अतः $\vec{B_1}$, $\vec{B_2}$ पर लम्ब हैं।

$$\therefore \quad B = \sqrt{B_1^2 + B_2^2}$$

$$= \frac{4\pi \times 10^{-7}}{2 \times 2\pi \times 10^{-2}} \sqrt{3^2 + 4^2}$$

$$= 5 \times 10^{-5} \text{ बेबर/मीटर}^2$$

12. (b) $$\frac{mv^2}{r} = qvB \sin 90°$$

या $$v = \frac{qBr}{m}$$

$$\therefore \quad T = \frac{2\pi r}{v} = \frac{2\pi m}{qB}$$

13. (c) $F = \mu_0 \dfrac{I^2 L}{2\pi d}$

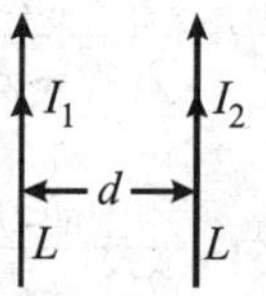

उपरोक्त चित्र के अनुसार दोनों लम्बें समान्तर धारावाही चालकीय तारों में समान दिशा में धारा प्रवाह से दोनों तार एक-दूसरे को आकर्षित करते हैं।

14. (c) जब एक आवेशित कण ऐसे क्षेत्र में गतिमान होता है जहाँ वैद्युत और चुम्बकीय क्षेत्र परस्पर समान्तर हैं तो कण केवल वैद्युत क्षेत्र के अनुदिश वैद्युत बल का अनुभव करता है। इस कारण से आवेशित कण का पथ ऋजुरेखीय रहेगा।

15. (b) परिनालिका के केन्द्र पर चुम्बकीय क्षेत्र

$$B = \mu_0 nI$$

जहाँ n = प्रति एकांक लम्बाई में फेरों की संख्या

$$\therefore \quad B \propto nI$$

$$\frac{B_1}{B_2} = \frac{n_1}{n_2}\left(\frac{I_1}{I_2}\right) = \frac{200}{100} \times \frac{i}{i/3} = 6$$

$$\therefore \quad B_2 = \frac{B_1}{6} = \frac{6.28 \times 10^{-2}}{6}$$

$$= 1.05 \times 10^{-2} \text{ बेबर/मीटर}^2$$

16. (d) यहाँ धारा सम्पूर्ण काट में एक समान रूप से वितरित है।

अतः $r_1 \left(= \dfrac{a}{2}\right)$ दूरी पर कल्पना किये गये एम्पिरीयन पथ के भीतर बन्द धारा

$$= \left(\frac{\pi r_1^2}{\pi a^2}\right) \times I \quad \text{जहाँ } I \text{ कुल धारा है}$$

$\therefore$ बिन्दु P_1, पर चुम्बकीय क्षेत्र

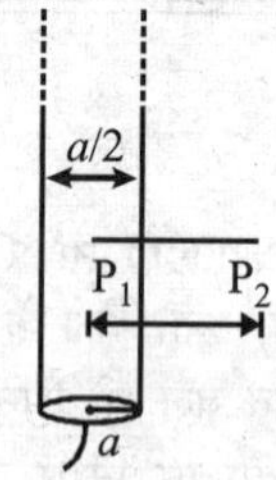

$$P_1(B_1) = \frac{\mu_0 \times \text{बन्द धारा}}{\text{पथ}}$$

$$= \frac{\mu_0 \times \left(\dfrac{\pi r_1^2}{\pi a^2}\right) \times I}{2\pi r_1} = \frac{\mu_0 \times I r_1}{2\pi a^2}$$

अब बिन्दु P_2 पर चुम्बकीय क्षेत्र

$$(B_2) = \frac{\mu_0}{2\pi} \cdot \frac{1}{(2a)} = \frac{\mu_0 I}{4\pi a}$$

$$\therefore \quad \text{वांछित निष्पत्ति} = \frac{B_1}{B_2} = \frac{\mu_0 I r_1}{2\pi a^2} \times \frac{4\pi a}{\mu_0 I}$$

$$= \frac{2r_1}{a} = \frac{2 \times \frac{a}{2}}{a} = 1$$

17. (d) पाईप के भीतर कोई धारा नहीं है, इसलिए ऐम्पियर का नियम लागू नहीं होता है।

18. (c) स्पष्ट: बिन्दु P पर जो कि AOB तथा COD तारों से समान दूरी पर स्थित है, पर चुम्बकीय क्षेत्रों की दिशायें परस्पर अभिलम्बवत् होगी चूँकि ये दोनों एक-दूसरे के लम्बवत् रखे गए हैं।

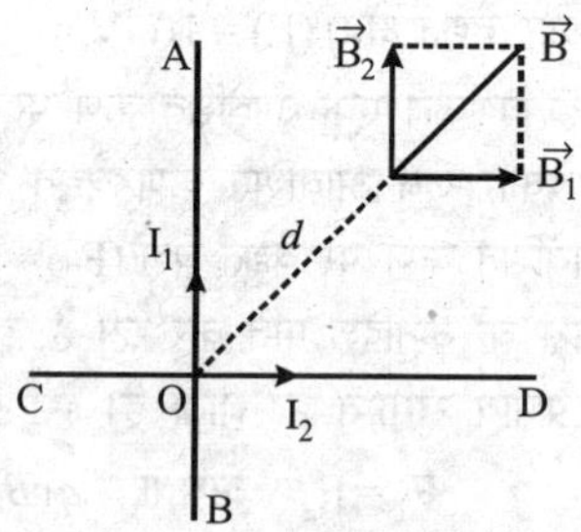

$\therefore$ परिणामी क्षेत्र $B = \sqrt{B_1^2 + B_2^2}$

किन्तु $$B_1 = \frac{\mu_0 I_1}{2\pi d}$$

तथा $$B_2 = \frac{\mu_0 I_2}{2\pi d}$$

$$\therefore \quad B = \sqrt{\left(\frac{\mu_0}{2\pi d}\right)^2 (I_1^2 + I_2^2)}$$

अथवा $$B = \frac{\mu_0}{2\pi d}(I_1^2 + I_2^2)^{1/2}$$

19. (c) $B = \frac{\mu_0 I}{2\pi R} = \frac{2 \times 10^{-7} \times 100}{4}$

$= 5 \times 10^{-6}$ टेसला

(दक्षिणावर्त पेंच के नियम से दक्षिण की ओर)

20. (b) अमीटर एक न्यून प्रतिरोध का धारामापी है। अत: एक धारामापी को अमीटर में परिवर्तित करने के लिए निश्चित मान का एक न्यून प्रतिरोध इसके समान्तर क्रम में जोड़ा जाता है। जिसे शन्ट कहते हैं।

21. (b) $\tan \delta' = \frac{V}{H \cos 30°} = \tan 60° = \sqrt{3}$

$\therefore \quad \frac{V}{H} = \tan \delta = \sqrt{3} \cos 30°$

$= \sqrt{3} \times \frac{\sqrt{3}}{2} = \frac{3}{2}$

अत: $\delta = \tan^{-1}(3/2)$

22. (a) अमीटर की परास में वृद्धि करने के लिए इसके समान्तर क्रम में एक न्यून प्रतिरोध (शन्ट) हमें जोड़ना पड़ेगा। माना इसका मान R है।

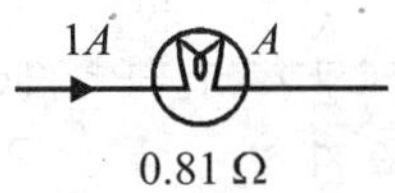

धारा को वितरित करने के लिए KCL नियम लगाने पर

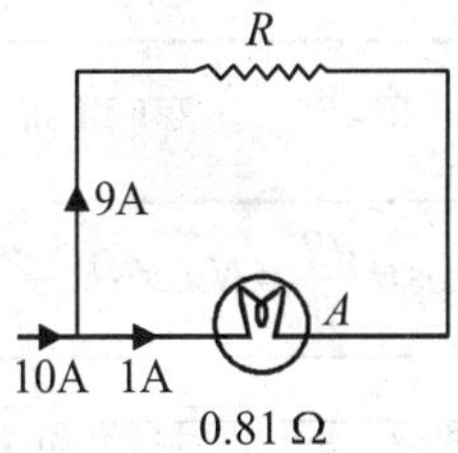

R के सिरों की वोल्टता = अमीटर के सिरों के बीच वोल्टता

$\Rightarrow \quad 9R = 0.9 \times 1$

$\Rightarrow \quad R = \frac{0.9}{9} = 0.1\,\Omega$

23. (c) छड़ चुम्बक के भीतरी बल रेखायें दक्षिणी ध्रुव से उत्तरी ध्रुव की ओर होती हैं।

24. (c) $W = MB(1 - \cos\theta)$

$\Rightarrow \quad W = MB(1 - \cos 60°) \qquad (\theta = 60°)$

$\Rightarrow \quad W = \frac{MB}{2}$

$\therefore \quad MB = 2W$

बल-आघूर्ण $(\tau) = MB \sin 60°$

$= \frac{MB\sqrt{3}}{2} = \frac{2W\sqrt{3}}{2} = W\sqrt{3}$

25. (d) क्यूरी ताप पर लौह चुम्बकित पदार्थ, अनुचुम्बकीय गुण में परिवर्तित हो जाते हैं।

26. (d) वैद्युत चुम्बक मुलायम लोहे के बनाये जाते हैं क्योंकि निग्रह क्षेत्र मुलायम लोहे में उच्च धारणशीलता (high retentivity) और अल्प निग्रह क्षेत्र (low coercive) क्षेत्र होता है।

27. (b) $T = 2\pi\sqrt{\frac{I}{MB}}$

$I = \frac{ml^2}{12}$

$M =$ ध्रुवीय सामर्थ्य $\times I$

तथा $B =$ पृथ्वी के चुम्बकीय क्षेत्र का क्षैतिज घटक

$I' = \frac{1}{12}\left(\frac{m}{3}\right)\left(\frac{l}{3}\right)^2 \times 3 = \frac{I}{9}$

तथा $\quad M' =$ ध्रुव सामर्थ्य $\times \frac{l}{3} \times 3 = M$

अत: $\quad T' = 2\pi\sqrt{\frac{I/g}{MB}}$

$\Rightarrow \quad T' = \frac{1}{3} \times T = \frac{2}{3}$ सेकण्ड

28. (a) चुम्बकीय सूईं जब असमान चुम्बकीय क्षेत्र में रखी जाती है तो इसके ध्रुवों पर उत्पन्न असमान बलों के कारण इस पर बल और बल-आघूर्ण दोनों लगते हैं।

29. (b) $V_{max} = 75\,\text{mV}$

$I_{max} = 15\,\text{mA} = I_g$

धारामापी का प्रतिरोध, $G = \frac{V_{max}}{I_{max}} = \frac{75}{15} = 5\text{W}$

150 खण्ड = 150 volt $= (G + R)I_g$

अथवा $\quad R + 5 = \frac{150}{15 \times 10^{-3}} = 10{,}000$

$\therefore \quad R = 9995\,\Omega$

30. (c) लौह चुम्बकीय पदार्थ चुम्बकीय क्षेत्र में प्रेरित चुम्बकीय आघूर्ण (induced magnetic moment) के कारण बाह्य चुम्बकीय क्षेत्र के अनुदिश चुम्बकित होने का गुण दर्शाते हैं। अत: चुम्बक N_1 सूई को प्रबलता से आकर्षित करती है।

अनुचुम्बकीय पदार्थ भी बाह्य चुम्बकीय क्षेत्र के अनुदिश हल्का-सा चुम्बकित होते हैं। क्योंकि इनमें प्रेरित चुम्बकीय आघूर्ण कम उत्पन्न होता है जिसके कारण चुम्बक N_2 सूईं को क्षीण बल से आकर्षित करती है।

जबकि प्रति चुम्बकीय पदार्थ बाह्य चुम्बकीय क्षेत्र के विपरीत दिशा में हल्का-सा चुम्बकित होते हैं। यही कारण है कि चुम्बक N_3 सूईं को क्षीणता से प्रतिकर्षित करती है

31. (b) परावैद्युत पदार्थ के लिए $\mu_r < 1$ या माना 0.5

तथा चूँकि $\quad \varepsilon_1 = \frac{\varepsilon}{\varepsilon_0} = K > 1$ या माना 1.5

❑❑❑

अध्याय 24

विद्युत चुम्बकीय प्रेरण तथा प्रत्यावर्ती धारा

(Electromagnetic Induction and Alternating Current)

चुम्बकीय फ्लक्स (Magnetic Flux)

- चुम्बकीय क्षेत्र में किसी भी क्षेत्रफल में से गुजरने वाली चुम्बकीय बल रेखाओं को चुम्बकीय फ्लक्स कहते हैं।
- चुम्बकीय क्षेत्र के समान्तर स्थित तल से गुजरने वाली चुम्बकीय बल रेखाओं की संख्या शून्य होती है।
- एक समान चुम्बकीय क्षेत्र में क्षेत्र के लम्बवत् रखे तल से बद्ध चुम्बकीय फ्लक्स का मान चुम्बकीय क्षेत्र तथा तल के क्षेत्रफल के बराबर ($\phi = BA$) होता है।
- **किसी पृष्ठ से निर्गत चुम्बकीय फ्लक्स :**
  - जब N घेरों तथा A क्षेत्रफल वाली कुण्डली एक समान चुम्बकीय क्षेत्र में रखी हो, तो $\phi = BAN\cos\theta$ होता है।
  - यदि कुण्डली का तल चुम्बकीय क्षेत्र के समान्तर है तो $\theta = 90°$ इस स्थिति में $\phi = 0$ अर्थात् न्यूनतम होगा।
  - यदि कुण्डली का तल चुम्बकीय क्षेत्र के लम्बवत् है तो $\theta = 0°$ इस स्थिति में $\phi = BAN$ अर्थात् अधिकतम होगा।

विद्युत चुम्बकीय प्रेरण (Electromagnetic Induction)

- किसी बन्द परिपथ में प्रेरित विद्युत वाहक बल के कारण उत्पन्न धारा को प्रेरित धारा कहते हैं।
- खुले परिपथ में प्रेरित धारा उत्पन्न नहीं होती है क्योंकि $R = \infty$ होता है।

विद्युत चुम्बकीय प्रेरण के नियम (Laws of Electromagnetic Induction)

- **फैराडे का प्रथम नियम (Faraday's First Law)**
  - फैराडे का प्रथम नियम प्रेरित विद्युत वाहक बल के कारण की व्याख्या करता है।
  - जब किसी परिपथ में सम्बद्ध चुम्बकीय फ्लक्स में परिवर्तन होता है तो परिपथ में प्रेरित विद्युत वाहक बल उत्पन्न होता है। इस प्रेरित विद्युत वाहक बल का अस्तित्व तभी तक रहता है जब तक चुम्बकीय फ्लक्स में परिवर्तन होता है।
- **फैराडे का द्वितीय नियम (Faraday's Second Law)**
  - फैराडे का द्वितीय नियम प्रेरित विद्युत वाहक बल के परिमाण की व्याख्या करता है।
  - प्रेरित विद्युत वाहक बल का मान (परिमाण के रूप में) उस परिपथ से सम्बद्ध चुम्बकीय फ्लक्स में परिवर्तन की दर के समानुपाती होता है।

$$e = -\frac{d\phi}{dt}$$

  - यदि N फेरों वाली कुण्डली का क्षेत्रफल A हो तथा $\vec{B}$ तथा $\vec{A}$ के मध्य कोण θ हो तो

$$\boxed{e = \frac{d}{dt}(NBA\cos\theta) = \frac{d}{dt}(NBA\cos\omega t)}$$

यदि केवल B परिवर्तित हो रहा हो तो

$$\boxed{e = NA\cos\theta\frac{dB}{dt} = NA\cos\theta\frac{(B_2 - B_1)}{t_2 - t_1}}$$

  - प्रेरित विद्युत वाहक बल निम्न कारकों μ (चुम्बकीय पारगम्यता जो क्रोड के पदार्थ पर निर्भर करती है) पर निर्भर करता है।
- **लेन्ज का नियम (Lenz's Law) :**
  - किसी परिपथ या कुण्डली में प्रेरित वि० वा० बल या प्रेरित धारा की दिशा सदैव इस प्रकार होती है कि वह उस कारण का विरोध करती है जिसके कारण इसकी उत्पत्ति हुई है।

$$\boxed{e = -N\frac{d\phi}{dt}}$$

  - यदि आरम्भ में, परिपथ के साथ बद्ध चुम्बकीय फ्लक्स ϕ_1 तथा t सेकण्ड बाद फ्लक्स की संख्या ϕ_2 है, तब

फ्लक्स परिवर्तन की दर $= \frac{\phi_2 - \phi_1}{t}$

प्रेरित वि०वा० बल $e = -N\frac{\phi_2 - \phi_1}{t}$

  - प्रेरित आवेश $= \dfrac{\text{चुम्बकीय फ्लक्स में परिवर्तन}}{\text{प्रतिरोध}}$

रेखीय गति के कारण विद्युत चुम्बकीय प्रेरण (Electromagnetic Induction due to Translatory Motion) :

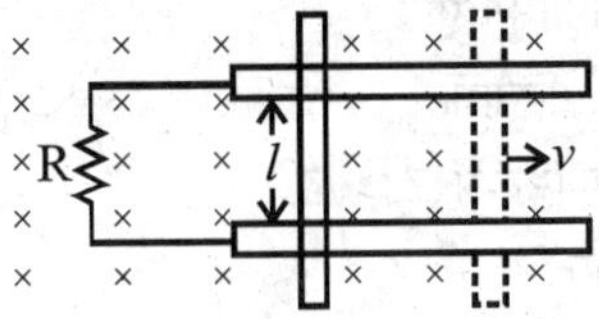

- प्रेरित विद्युत वाहक बल, $|e| = \frac{d\phi}{dt} = Bvl$
- प्रेरित धारा, $i = \frac{e}{R} = \frac{Bvl}{R}$
- चुम्बकीय बल, $F = \frac{B^2vl^2}{R}$
- चालक की गति कराने में क्षय शक्ति

$$P = \frac{B^2v^2l^2}{R}$$

स्वप्रेरण (Self Induction)

- जब किसी प्रेरणिक परिपथ को बन्द किया जाता है तो उसमें मुख्य धारा का मान शून्य से अधिकतम बढ़ता है। इसी प्रेरणिक परिपथ में मुख्य धारा परिपथ के कारण प्रेरित धारा उत्पन्न होने की घटना को स्वप्रेरण कहते हैं।
- किसी कुण्डली में उत्पन्न चुम्बकीय फ्लक्स, उसमें प्रवाहित धारा के समानुपाती होता है।

$$\boxed{\phi \propto I}$$

$$\boxed{\phi = LI}$$

जहाँ $L =$ स्वप्रेरण गुणांक

- इसका मात्रक हेनरी तथा विमा $[ML^2T^{-2}A^{-2}]$ होती है।
- जब दो कुण्डलियाँ श्रेणीक्रम में जुड़ी हों तथा निकटस्थ रखी हों, तब

$$L = L_1 + L_2$$

यहाँ पर कुण्डलियों के मध्य अन्योन्य प्रेरण गुणांक $L = 0$ माना गया है।

  - यदि $M \neq 0$ तब $L = (L_1 + M) + (L_2 + M)$

$$L = L_1 + L_2 + 2M$$

  - यदि $M \neq 0$ तब $L = L_1 + L_2 - 2M$ जब दोनों में धारा प्रवाह परस्पर विपरीत दिशाओं में हों।

- जब दो कुण्डलियाँ समान्तरक्रम में जुड़ी हों, तब (यदि $M = 0$)

$$\frac{1}{L} = \frac{1}{L_1} + \frac{1}{L_2}$$

$$\boxed{L = \frac{L_1L_2}{L_1 + L_2}}$$

  - यदि $M \neq 0$ तब

$$\frac{1}{L} = \frac{1}{(L_1 + M)} + \frac{1}{(L_2 + M)}$$

$$\boxed{L = \frac{L_1L_2 + M}{L_1 + L_2 + 2M}}$$

- **स्वप्रेरण के सूत्र (Formula of Self Induction)**

(a) वृत्ताकार कुण्डली के लिए

$$L = \frac{\mu_0 \pi N^2 r}{2}$$

(b) वर्गाकार कुण्डली के लिए,

$$L = 2\sqrt{2}\frac{\mu_0 N^2 a}{\pi}$$

(c) टॉराइड (Toroid) के लिए

$$L = \frac{\mu_0 N^2 r}{2}$$

(d) परिनालिका (Solenoid) के लिए

$$L = \frac{\mu N^2 A}{l}$$

अन्योन्य प्रेरण (Mutual Induction)

- जब दो कुण्डलियों को एक दूसरे के पास रखकर उसमें से एक में बैटरी के द्वारा विद्युत धारा प्रवाहित करते हैं तो दूसरे कुण्डली में प्रेरित वि०वा० बल उत्पन्न हो जाता है। इस प्रक्रिया को अन्योन्य प्रेरण कहते हैं।

$$\boxed{M = \frac{N_2\phi_2}{i_1}}$$

जहाँ M अन्योन्य प्रेरण है।

- इसका मात्रक हेनरी तथा विमा $[ML^2T^{-2}A^{-2}]$ होती है।
- दो समतल कुण्डलियों के बीच अन्योकन्य प्रेरकत्व

$$\boxed{M = \frac{\mu_0 N_2 N_1}{2r_1}\pi r_2^2}$$

- यदि कुण्डलियों के भीतर एक लोहे की छड़ रख दें तो M का मान बढ़ जाता है।
- दो परिनलिकाओं के बीच अन्योन्य प्रेरकत्व

$$\boxed{M = \frac{N_2\phi_2}{i_1}}$$

$$\boxed{M = \frac{\mu_0 N_1 N_2}{l}\pi r^2}$$

जहाँ $N_1 =$ प्रथम कुण्डली में घेरों की संख्या

$N_2 =$ द्वितीय कुण्डली में घेरों की संख्या

- दो समतल संकेन्द्री वलयों के मध्य M

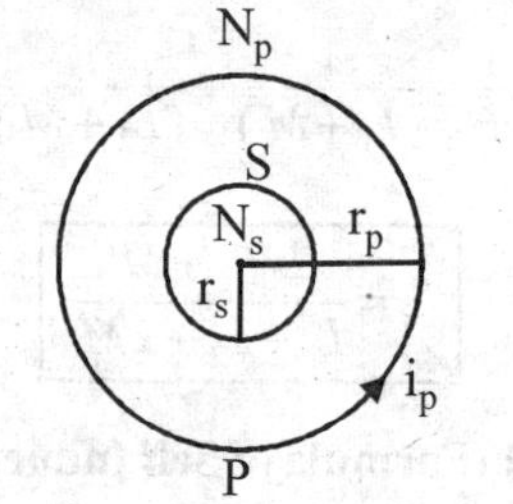

$$M = \frac{\pi\mu_0 N_p N_s r_s^2}{2r_p}$$

जहाँ N_p = प्रथम कुण्डली में घेरों की संख्या

N_s = द्वितीय कुण्डली में घेरों की संख्या

- दो युग्मित कुण्डलियों के लिए M

$$M = K\sqrt{L_1 L_2}$$

जहाँ K = दो कुण्डलियों का युग्मन गुणांक है।

$$K = \frac{M}{\sqrt{L_1 L_2}}$$

- K का मान 1 से कम होता है। यदि K का मान 1 के बहुत निकट होता है तो युग्मन दृढ़ कहलाता है।

$$K = \frac{\text{द्वितीयक कुण्डली से संलग्न चुम्बकीय फलक्स}}{\text{प्राथमिक कुण्डली से संलग्न चुम्बकीय फलक्स}} = \frac{\phi_s}{\phi_p}$$

ट्रॉन्सफार्मर (Transformer):

- ट्रान्सफार्मर अन्योन्य-प्रेरण के सिद्धान्त पर कार्य करने वाला एक ऐसा साधन है जो प्रत्यावर्ती धारा के विभव को परिवर्तित करने के काम आता है।
- ट्रॉन्सफार्मर, केवल प्रत्यावर्ती धारा के प्रयोग में आता है, दिष्ट धारा के उपयोग में नहीं।
- ट्रान्सफॉर्मर में दोनों कुण्डलियां चुम्बकत्व द्वारा परस्पर जुड़ी हुई होती हैं।
- प्राथमिक कुण्डली में प्रेरित वि० वा० बल

$$E_p = -\frac{d(\phi n_p)}{dt} = -n_p \frac{d\phi}{dt}$$

द्वितीयक कुण्डली में प्रेरित वि० वा० बल

$$E_s = -\frac{d(\phi n_s)}{dt} = -n_s \frac{d\phi}{dt}$$

$$\frac{E_s}{E_p} = \frac{n_s}{n_p}$$

- उच्चायी ट्रान्सफॉर्मर में द्वितीयक कुण्डली में घेरों की संख्या प्रथम कुण्डली की अपेक्षा अधिक होती है जबकि अपचायी ट्रान्सफॉर्मर में प्रथम कुण्डली में घेरों की संख्या अधिक होती है।
- ट्रान्सफॉर्मर में प्रत्यावर्ती वोल्टता
  उच्चायी ट्रान्सफॉर्मर में $V_s > V_P$
  अपचायी ट्रान्सफॉर्मर में $V_s < V_P$
- ट्रान्सफॉर्मर में प्रतिबाधा
  उच्चायी ट्रान्सफॉर्मर में $Z_p > Z_s$
  अपचायी ट्रान्सफॉर्मर में $Z_s > Z_P$
- ट्रान्सफॉर्मर में प्रवाहित धारा
  उच्चायी ट्रान्सफॉर्मर में $I_p > I_s$
  अपचायी ट्रान्सफॉर्मर में $I_s > I_P$
- ट्रान्सफॉर्मर में परिगमन अनुपात
  उच्चायी ट्रान्सफॉर्मर में $r > 1$
  अपचायी ट्रान्सफॉर्मर में $r < 1$
- ट्रान्सफॉर्मर में V_s तथा V_p विपरीत कला में होते हैं अर्थात उनमें π का कलान्तर होता है।

L-C दोलन (L-C Oscillations) :

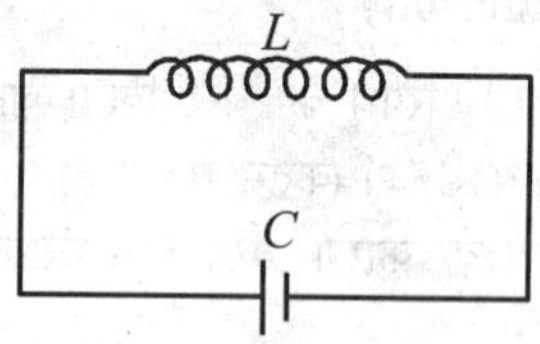

- दोलन की आवृत्ति

$$f = \frac{1}{2\pi}\frac{1}{\sqrt{LC}}$$

प्रत्यावर्ती धारा (Alternating Current)

- प्रत्यावर्ती धारा वह धारा है जिसका परिमाण लगातार परिवर्तित होता रहता है तथा दिशा में आवर्ती परिवर्तित होता है तथा यह धारा ओम के नियम का पालन करती है।
- प्रत्यावर्ती धारा $I = I_0 \sin \omega t$
- प्रत्यावर्ती वि०वा० बल $E = E_0 \sin \omega t$

  यहाँ $\omega t = \theta$ को कला कोण कहते हैं तथा I_0 तथा E_0 क्रमश: धारा व वि०वा० बल के शीर्ष मान हैं।

प्रत्यावर्ती धारा के विभिन्न मान (Different Values of A.C.)

- **माध्य मान :** एक पूरे चक्कर में प्रत्यावर्ती धारा का मान शून्य होता है तथा आधे चक्कर के लिए धारा का माध्य मान

$$I_{\text{M.V.}} = \frac{2I_0}{\pi}$$

- **वर्ग माध्य मूल मान :** किसी प्रत्यावती धारा के एक चक्कर के लिए धारा के वर्ग के औसत मान के वर्गमूल को धारा का वर्ग माध्य मूल कहते हैं।

$$I_{\text{rms}} = \frac{I_0}{\sqrt{2}} = 0.707\ I_0$$

यदि I_{rms} की दिष्ट धारा को प्रतिरोध R में प्रवाहित करे तब उष्मा

प्रवाहित होने की दर $= (I_{rms})^2 R$

- **प्रत्यावर्ती धारा का रूप गुणांक** (K_f) **:** प्रत्यावर्ती धारा के लिए

$$K_f = \frac{I_{rms}}{I_{average}} = \frac{0.707 I_0}{0.637 I_0} = 1.11$$

- **शिखर गुणांक** (K_α) **:** प्रत्यावर्ती धारा के शिखर मान तथा वर्ग माध्य मूल मान के अनुपात को शिखर गुणांक कहते हैं।

$$K_\alpha = \frac{I_0}{I_{rms}} = \frac{I_0}{I_0/\sqrt{2}} = 1.41$$

प्रत्यावर्ती धारा की विभिन्न परिभाषाएँ (Different Definitions of A.C.)

- **प्रतिरोध (Resistance) :**
  - किसी चालक के द्वारा दिष्ट धारा के प्रवाह में उत्पन्न गतिरोध को उस चालक का प्रतिरोध कहते हैं।

$$\text{प्रतिरोध } (R) = \frac{\text{दिष्ट विद्युत वाहक बल या विभवान्तर}}{\text{दिष्ट धारा}}$$

$$R = \frac{E}{I} = \frac{V}{I}$$

  - प्रतिरोध का मात्रक ओम तथा विमा $[ML^2T^{-3}A^{-2}]$ होती है।
- **प्रतिबाधा (Impedance) :**
  - किसी चालक के द्वारा प्रत्यावर्ती धारा के प्रवाह में उत्पन्न बाधा को उस चालक की प्रतिबाधा (Z) कहते हैं।

$$Z = \frac{E}{I}$$

  - इसका मात्रक ओम होता है।
- **प्रतिघात (Reactance) :**
  - प्रतिबाधा का वह घटक जिसमें धारा व विद्युत वाहक बल एक ही कला में नहीं होते हैं प्रतिघात (X) कहलाता है।

$$X = \frac{E}{I} = \frac{E_0}{I_0} = \frac{E_{rms}}{I_{rms}}$$

प्रत्यावर्ती धारा परिपथ (A.C. Circuit)

- **जब परिपथ में केवल ओमीय प्रतिरोध हो -**

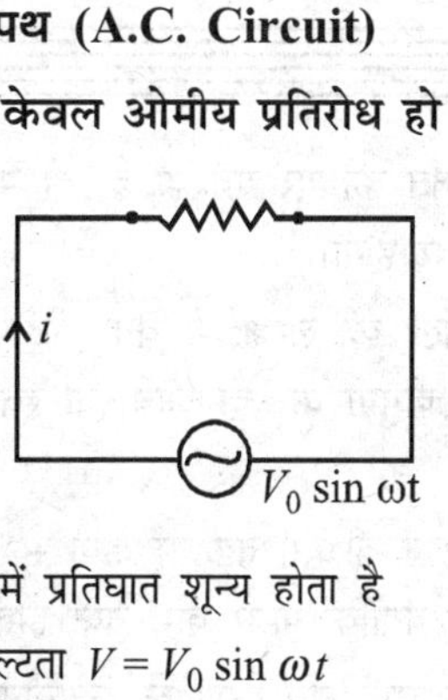

  - इस परिपथ में प्रतिघात शून्य होता है
  - प्रत्यावर्ती वोल्टता $V = V_0 \sin \omega t$
  - प्रत्यावर्ती धारा $i = i_0 \sin \omega t$
  - V तथा i दोनों की कला समान हैं
  - ओमीय परिपथ का शक्ति गुणांक $\cos\phi = 1$ होता है।
- **जब परिपथ में केवल धारिता हो -**
  - प्रतिघात $X_C = \dfrac{1}{2\pi fC}$
  - $i = \dfrac{V_0}{X_C} \sin\left(\omega t + \dfrac{\pi}{2}\right)$
  - धारा तथा वोल्टता एक ही कला में नहीं हैं। धारा वोल्टता से 90° अग्रगामी है।
  - शक्ति गुणांक $\cos\phi = 0$
  - दो धारितीय प्रतिघातों के लिए

$$\frac{X_{C_1}}{X_{C_2}} = \frac{\omega_2 C_2}{\omega_1 C_1} = \frac{f_2 C_2}{f_1 C_1}$$

- **जब परिपथ में केवल प्रेरकत्व हो -**
  - $Z = X_L$
  - वोल्टता $V = V_0 \sin \omega t$
  - $i = \dfrac{V_m}{\omega L} \sin\left(\omega t - \dfrac{\pi}{2}\right)$
  - $X_L = wL = 2\pi f_L$
  - शक्ति गुणांक $\cos\phi = 0$
- **यदि L व R श्रेणी क्रम में हो**
  - $X_L = 2\pi f L$
  - $Z = \sqrt{R^2 + X_L^2}$
  - $iZ = \sqrt{V_L^2 + V_R^2}$
  - शक्ति गुणांक, $\cos\phi = \dfrac{\sqrt{X_L^2 + R^2}}{R}$
- **RC परिपथ (RC Circuit)**

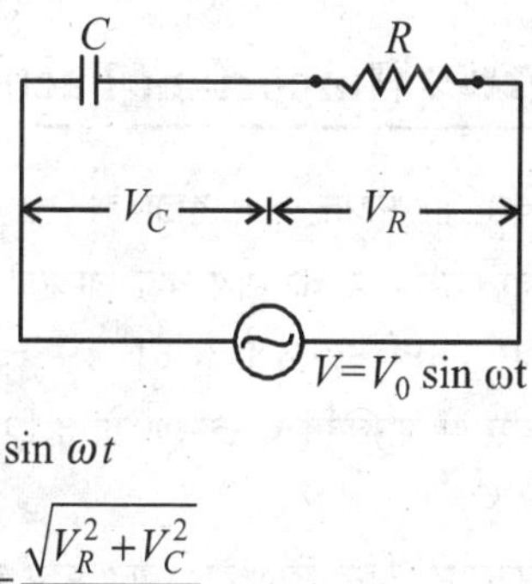

  - $V = V_0 \sin \omega t$
  - $I = \dfrac{V}{Z} = \dfrac{\sqrt{V_R^2 + V_C^2}}{Z}$
  - शक्ति गुणांक $\cos\phi = \dfrac{R}{Z} = \dfrac{R}{\sqrt{X_C^2 + R^2}}$

■ **L C परिपथ (LC Circuit)**

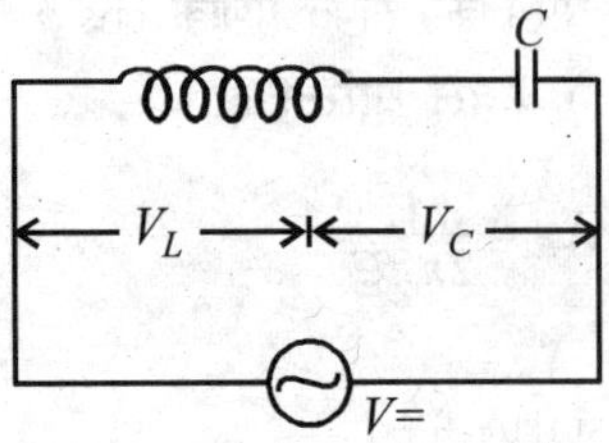

- $V = V_0 \sin \omega t$
- $V = V_L - V_C$
- $Z = \frac{V}{I} = I(IX_L - IX_C) = \left(2\pi fL - \frac{1}{2\pi fC}\right)$
- यदि $X_L > X_C$ तब $Z = \omega L - \frac{1}{\omega C}$

  यदि $X_L < X_C$ तब $Z = \frac{1}{\omega C} - \omega L$

  यदि $X_L = X_C$ तब $Z = 0$

■ **LCR श्रेणीक्रम में (L C R in Series) :**

- $Z = \sqrt{R^2 + (X_L - X_C)^2}$
- शक्ति गुणांक $\cos\phi = \frac{R}{Z} = \frac{R}{\sqrt{R^2 + (X_L - X_C)^2}}$
- $Z = \frac{V}{I} = I(IX_L - IX_C) = \left(2\pi fL - \frac{1}{2\pi fC}\right)$

■ **LCR श्रेणी अनुनाद (L C R Resonance Series)**

- परिपथ श्रेणी अनुनाद में कुल प्रतिघात शून्य होती है।
- शक्ति गुणांक $\cos \phi = 1$
- प्रतिबाधा का मान न्यूनतम होता है।
- श्रेणी अनुनाद में धारा अधिकतम होती है।
- **विशेषता गुणांक** : किसी परिपथ में प्रतिघात व प्रतिरोध के अनुपात को विशेषता गुणांक Q कहते हैं।

$$Q = \frac{1}{R}\sqrt{\frac{L}{C}}$$

■ **समान्तर L C R परिपथ (Parallel L C R Circuit)**

- $Z_1 = \sqrt{R_1^2 + X_L^2}$
- $\cos \phi_1 = \frac{R_1}{Z_1}$
- परिणामी धारा

$$I = \sqrt{(I_1 \cos\phi_1 + I_2 \cos\phi_2)^2 + (I_1 \cos\phi_1 - I_2 \cos\phi_2)^2}$$

- यदि $I_C - I_L \sin \phi = 0$ तो समान्तर क्रम में अनुनाद की स्थिति

$$X_L X_C = Z^2$$

- R की अनुपस्थिति में

$$f = \frac{1}{2\pi\sqrt{LC}}$$

वॉटहीन धारा (Wattless Current) :

- यदि एक परिपथ जिसमें केवल प्रेरकत्व या केवल धारिता है तब परिपथ में ओमिक प्रतिरोध शून्य है। अत: वोल्टता व धारा के बीच कलान्तर $\phi = 90°$
- परिपथ की औसत शक्ति

$$\boxed{\overline{P} = E_{rms} \times I_{rms} \cos\phi = 0}$$

($\because \phi = 90°$ अत: $\cos 90 = 0$)

- यदि किसी प्रत्यावर्ती धारा परिपथ में ओमिक प्रतिरोध शून्य है, तो परिपथ की औसत शक्ति शून्य होगी। अत: वॉटहीन धारा सम्भव नहीं है, क्योंकि परिपथ का ओमिक प्रतिरोध शून्य होना सम्भव नहीं है।

चोक कुण्डली (Choke Coil) :

- चोक कुण्डली का प्रयोग प्रतिदीप्ति ट्यूब में धारा नियंत्रण के लिए किया जाता है।
- चोक कुण्डली द्वारा बनी किसी प्रत्याशित ऊर्जा क्षय हुए, प्रत्यावर्ती धारा निर्यंत्रित की जा सकती है।
- चोक कुण्डली एक ऐसी कुण्डली है जिसका प्रेरकत्व उच्च तथा प्रतिरोध नगण्य होता है। इस प्रकार शक्ति गुणक लगभग शून्य होता है।

महत्त्वपूर्ण तथ्य (Important Facts)

- ☞ चुम्बकीय फ्लक्स का मात्रक वेबर होता है।
- ☞ जब किसी धातुविक पिण्ड के साथ बद्ध चुम्बकीय फ्लक्स परिवर्तित होता है तो भँवर धारायें उत्पन्न होती हैं।
- ☞ चुम्बकीय फ्लक्स में परिवर्तन के कारण प्रेरित वि० वा० बल उत्पन्न होता है।
- ☞ लेन्ज के नियमानुसार, प्रेरित वि० वा० बल स्वयं को उत्पन्न करने के कारण का विरोध करता है। अत: किया गया कार्य विद्युत ऊर्जा में परिवर्तित हो जाता है। यह ऊर्जा के संरक्षण का अनुरूप है।
- ☞ लेन्ज का नियम प्रेरित धारा की दिशा को दर्शाता है।
- ☞ यदि धारा परिवर्तन की दर एकांक है, तो प्रेरित विद्युत वाहक बल स्वप्रेरण के बराबर होगा।
- ☞ यदि किसी कुण्डली की लम्बाई मे बिना कोई परिवर्तन किये हुए, इसके फेरों की संख्या दोगुनी कर दी जाये, तो स्व-प्रेरकत्व चार गुणा हो जायेगा।
- ☞ विद्युत शक्ति का लम्बी दूरी तक सुवाहक से अधिक वोल्टेज के साथ प्रसारण होता है, क्योंकि पावर कम नष्ट होती है।
- ☞ फैराडे के विद्युत चुम्बकीय प्रेरण के नियमानुसार कुण्डली में उत्पन्न प्रेरित वि० वा० बल उसके साथ संलग्न चुम्बकीय फ्लक्स के परिवर्तन

की दर के बराबर होता है।

- यदि समान चुम्बकीय क्षेत्र B के लम्बवत् l लम्बाई का चालक दण्ड v वेग से गिर रहा है तो इसके दोनों सिरों के बीच विभवान्तर Blv होगा।
- LR परिपथ में, बढ़ते हुए प्रवाह की स्थिति में प्रवाह का मूल्य ज्ञात करने का सूत्र

$$I = I_0(1 - e^{-Rt/L})$$

- उपयुक्त प्रत्यावर्ती विभव प्राप्त करने के लिए ट्रॉन्सफार्मर का प्रयोग किया जाता है।
- किसी परिनलिका का स्वप्रेरकत्व इसके अनुप्रस्थ परिच्छेद क्षेत्रफल के अनुक्रमानुपाती होता है।
- यदि प्रेरकत्व L में से स्थिर धारा i प्रवाहित की जाती है तो उसमें संग्रहित ऊर्जा $\frac{Li^2}{2}$ होगी।
- एक समान सम अक्षीय तथा दो वृत्तीय लूपों में प्रत्येक में धारा i एक ही दिशा में प्रवाहित हो रही है। यदि लूप को परस्पर निकट लाया जाता है तो प्रत्येक लूप में धारा घट जायेगी।
- दो कुण्डलियों के बीच चुम्बकीय प्रेरण किसी एक कुण्डली में धारा के परिवर्तन की दर पर निर्भर करता है।
- एक पूर्ण चक्र पर प्रत्यावर्ती धारा का माध्य मान शून्य होता है। अत: एक पूर्ण चक्र पर वि०वा० बल का मान भी शून्य होता है।
- प्रत्यावर्ती धारा के वर्ग-माध्य मूल का मान, शिखर मान का $\frac{1}{\sqrt{2}}$ गुना होता है।
- किसी प्रेरकीय परिपथ में धारा वि० वा० बल से $\pi/2$ रेडियन पीछे रहती है।
- ट्रॉन्सफार्मर एक साधित्र है जो निम्न विभव पर उच्च धारा को उच्च विभव पर निम्न धारा में परिवर्तन करता है।
- ट्रॉन्सफार्मर का उपयोग प्रत्यावर्ती धारा वोल्टता में बदलने के लिए किया जाता है।
- एक ट्रॉन्सफार्मर की क्रोड में भंवर धारायें न बनने के लिए उसे पटलित क्रोड लेकर निर्मित किया जाता है। क्योंकि इसमें विद्युत ऊर्जा अपव्यय नहीं होता है।
- यदि किसी ट्रॉन्सफार्मर की द्वितीयक कुण्डली में चक्करों की संख्या बढ़ा दी जाये तो वोल्टता बढ़ जाती है।
- उच्चाई ट्रॉन्सफार्मर में परिणमन अनुपात एक से अधिक होता है।
- विद्युत मोटर के आर्मेचर पर प्रभावी बल-युग्म का मान कण्डली के क्षेत्रफल एवं फेरों की संख्या पर निर्भर करता है।
- चोक कुण्डली का उपयोग प्रत्यावर्ती धारा को नियंत्रित करने के लिए किया जाता है।
- एक कुण्डली और एक बल्ब श्रेणीक्रम में एक दिष्ट धारा स्रोत से जुड़े हुए हैं। नर्म लोहे की एक क्रोड कुण्डली में डाली जाती है। तब बल्ब की तीव्रता घट जाती है।
- वाटहीन धारा सिर्फ प्रेरकत्व युक्त परिपथ में सम्भव है।
- दो अलग-अलग प्रत्यावर्ती परिपथों में समान धारा बह रही है। पहले परिपथ में सिर्फ प्रेरकत्व है तथा दूसरे में संधारित्र। यदि वि० वा० बल की आवृत्ति बढ़ा दी जाती है तो धारा पहले परिपथ में घटेगी तथा दूसरे परिपथ में बढेगी।
- L–R परिपथ का शक्ति क्षय $E_{rms} I_{rms} \cos\phi$
- परमाणु का आकार लगभग 10^{-10} m होता है।
- एक L–C–R श्रेणी में धारा हमेशा विभवान्तर की पश्चगामी होती है।
- L–C परिपथ की स्वाभाविक आवृत्ति $\frac{1}{2\pi}\sqrt{\left(\frac{1}{LC}\right)}$ होती है।
- यदि प्रत्यावर्ती धारा जनित्र में आर्मेचर की चाल दुगुनी कर दी जाए, तो प्रेरित वि० वा० बल दो गुना हो जायेगा।

अभ्यास के लिए प्रश्न

1. यदि 5×10^{-3} हेनरी स्वप्रेरण गुणांक वाली कुण्डली में धारा 0.1 सेकण्ड में एक समान रूप से 1 ए. तक बढ़ती है, तो प्रेरित विद्युत वाहक बल का परिमाण होगा

(a) 0.5 वोल्ट (b) 5×10^{-2} वोल्ट
(c) 5 वोल्ट (d) शून्य

2. दो प्रेरक कुण्डलियों के स्वप्रेरण गुणांक क्रमश 0.01 H तथा 0.03 H हैं। जब ये परस्पर विरोध करते हैं तो परिणामी स्वप्रेरण गुणांक क्या होगा यदि $M = 0.01\,H$ हो

(a) $0.02\,H$ (b) शून्य
(c) $2\,H$ (d) $0.2\,H$

3. 50 mH की एक कुण्डली में 2 ए. की धारा प्रवाहित होने पर संचित ऊर्जा होगी

(a) 1 जूल (b) 0.5 जूल
(c) 0.05 जूल (d) 0.1 जूल

4. एक आयताकार फ्रेम पर कोई कुण्डली लिपटी हुई है। एकांक लम्बाई में फेरों की संख्या को नियत रखते हुए फ्रेम की रैखिक विमाओं को दुगुना कर दिया जाए तो स्वप्रेरण गुणांक होगा

(a) 16 गुना (b) 8 गुना
(c) 4 गुना (d) 12 गुना

5. चुम्बकीय क्षेत्र के समान्तर रखी हुई चुम्बकीय सुई को 60° घुमाने के लिए W मात्रक कार्य आवश्यक है। सुई को इसी स्थिति में रखने के लिए आवश्यक बलाघूर्ण होगा

(a) $\sqrt{3}\,W$ (b) $\sqrt{3}\frac{W}{2}$

(c) $2W$ (d) W

6. L_1 और L_2 स्वप्रेरण गुणांक वाली दो कुण्डलियों के मध्य अधिकतम सम्भव स्वप्रेरण गुणांक होगा

(a) $\frac{1}{\sqrt{L_1 L_2}}$ (b) $L_1 L_2$

(c) $\sqrt{\frac{L_1}{L_2}}$ (d) $\sqrt{L_1 L_2}$

7. दो वृत्ताकार तथा समान सहअक्षीय लूपों में समान धारा समान दिशा में प्रवाहित हो रही है। लूपों को परस्पर निकट लाने पर

(a) दोनों लूपों में धारा समान रहेगी

(b) एक लूप में धारा घटेगी तथा दूसरे में बढ़ेगी

(c) प्रत्येक लूप में धारा घटेगी

(d) प्रत्येक लूप में धारा बढ़ेगी

8. जब प्राथमिक कुण्डली में 5 ए. धारा प्रवाहित होती है तब द्वितीयक कुण्डली से निर्गत चुम्बकीय फलस्क 200 वेबर होता है। अन्योन्य प्रेरण गुणांक का मान होगा

(a) 195 H (b) 205 H

(c) 1000 H (d) 40 H

9. जब N घेरों तथा A क्षेत्रफल वाली एक आयताकार कुण्डली को समरूपी चुम्बकीय क्षेत्र B में कोणीय वेग ω से घूर्णन कराया जाता है तो उसमें प्रेरित अधिकतम विद्युत वाहक बल का मान होगा

(a) $BNA\omega$ (b) शून्य

(c) BNA (d) $\frac{BA\omega}{N}$

10. एक कुण्डली जिसका क्षेत्रफल A_0 है एक ऐसे चुम्बकीय क्षेत्र में रखा हुआ है जिसका मान t सेकण्ड में B_0 से $4B_0$ हो जाता है। कुण्डली में प्रेरित विद्युत वाहक बल होगा

(a) $\frac{3A_0B_0}{t}$ (b) $\frac{3B_0}{A_0 t}$

(c) $\frac{4B_0}{A_0 t}$ (d) $\frac{4A_0B_0}{t}$

11. ट्रान्सफार्मर में कौन सी राशि नियत रहती है

(a) शक्ति (b) आवृत्ति

(c) धारा (d) विभव

12. यदि प्राथमिक कुण्डली में धारा तथा घेरों की संख्या के मान क्रमशः I_p तथा N_p हों और द्वितीयक कुण्डली में घेरों की संख्या व धारा N_s व I_s हों तो $N_s : N_p$ का मान होगा

(a) $I_s^2 : I_P^2$ (b) $I_p^2 : I_s^2$

(c) $I_s : I_p$ (d) $I_p : I_s$

13. 5 हेनरी प्रेरकत्व और 10 ओह्म प्रतिरोध के परिपथ में 15 वोल्ट का वि.वा.बल लगाया गया है। समय $t = \infty$ और $t = 1$ सेकण्ड पर प्रवाहित होने वाली धाराओं का अनुपात होगा

(a) $1 - e^{-1}$ (b) e^{-1}

(c) $\frac{e^{1/2}}{e^{1/2} - 1}$ (d) $\frac{e^2}{e^2 - 1}$

14. 80 वर्ग सेमी क्षेत्रफल और 50 फेरों वाली एक कुण्डली 0.05 टेसला के चुम्बकीय क्षेत्र के लम्बवत् अक्ष पर 2000 चक्कर प्रति मिनट की दर से घूम रही है। इसमें उत्पन्न होने वाले वि.वा.बल का अधिकतम मान होगा

(a) $\frac{4\pi}{3}$ वोल्ट (b) $\frac{2}{3}$ वोल्ट

(c) $200\,\pi$ वोल्ट (d) $\frac{10\pi}{3}$ वोल्ट

15. एक सीधा चालक जिसमें i धारा प्रवाहित हो रही है तथा एक R प्रतिरोध वाले खिसकने वाले संयोजक द्वारा निर्मित लूप एक ही तल में स्थित हैं। संयोजक दाँयी ओर एक नियत वेग v से खिसकता है। सीधे चालक से संयोजक की दूरी r के फलन के रूप में उत्पन्न प्रेरित धारा होगी

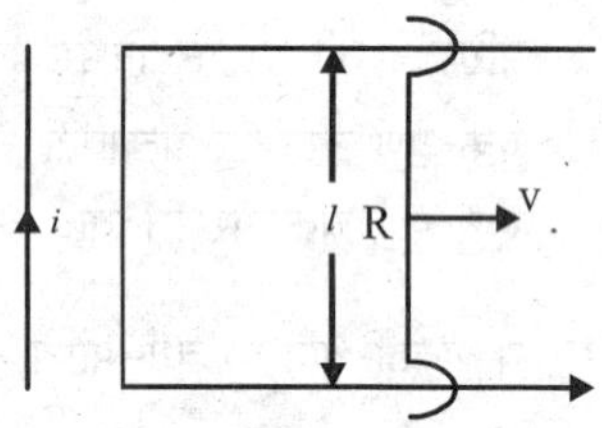

(a) $\frac{\mu_0 ilv}{2\pi r}$

(b) $\frac{\mu_0 il}{2\pi r}$

(c) $\frac{\mu_0 ilv}{2\pi rR}$

(d) उपरोक्त में से कोई नहीं

16. 2a लम्बाई की एक पंखे की ब्लेड एक लम्बवत् चुम्बकीय क्षेत्र B में f Hz आवृत्ति से घूम रही है। ब्लेड के केन्द्र व सिरे के मध्य विभवान्तर होगा

(a) $\pi a^2 B^2 f^2$ (b) $\pi a^2 B^2 f$

(c) $\pi a^2 Bf$ (d) $\pi a^2 Bf^2$

17. किसी C और R के श्रेणीक्रम वाले विद्युत परिपथ में प्रवाहित होने वाली धारा $\frac{\omega}{2\pi}$ आवृत्ति के आरोपित विभव से निम्न मान के बराबर अग्रगामी होती है

(a) $\tan^{-1}\left(\frac{\omega C}{R}\right)$ (b) $\tan^{-1}(\omega CR)$

(c) $\tan^{-1}\frac{1}{\omega CR}$ (d) $\cos^{-1}(\omega CR)$

18. m द्रव्यमान और q आवेश वाला एक कण धनात्मक x-अक्ष की दिशा में एक नियत वेग v से गति कर रहा है। यह उस क्षेत्र में प्रवेश करता है, जहाँ $x = a$ से $x = b$ तक ऋणात्मक z-अक्ष की दिशा में एक चुम्बकीय क्षेत्र स्थित है। v का वह आवश्यक न्यूनतम मान ताकि कण ठीक $x > b$ के क्षेत्र में प्रवेश कर जाये, होगा

(a) qbB/m (b) $q(b-a)B/m$
(c) qaB/m (d) $q(b+a)B/2M$

19. जैसा कि चित्र में दिखाया गया है, P और Q दो सुचालक एवं अक्षीय लूप हैं, जो एक दूसरे से कुछ दूरी पर रखे हुए हैं। जब स्वीच S को बंद करते समय हैं, तब तक दक्षिणावर्त धारा I_P (आँख E से देखी जाने वाली) P में और Q में एक विद्युत प्रेरित धारा I_{Q_1} में बहने लगती है। स्वीच कुछ देर तक बंद रहता है। जब स्वीच को खोला जाता है, तो Q मे धारा I_{Q_2} बहती है। धारा I_{Q_1} और I_{Q_2} की दिशा (आँख E से देखी जाने वाली) होगी

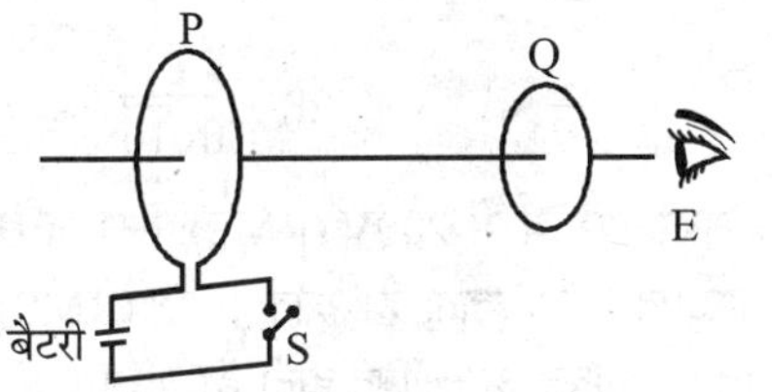

(a) क्रमशः दक्षिणावर्त और वामावर्त
(b) दोनों दक्षिणावर्त
(c) दोनों वामावर्त
(d) हर स्थिति में समान होगा

20. एक समरूप परन्तु समय के साथ बदलने वाला चुम्बकीय क्षेत्र B (t) चित्रानुसार, a त्रिज्या वाले क्षेत्र में कागज के तल के तल के अन्दर की ओर की दिशा में स्थित है। इस क्षेत्र के केन्द्र से r दूरी पर स्थित किसी बिन्दु P पर उत्पन्न प्रेरित वैद्युत क्षेत्र का मान होगा

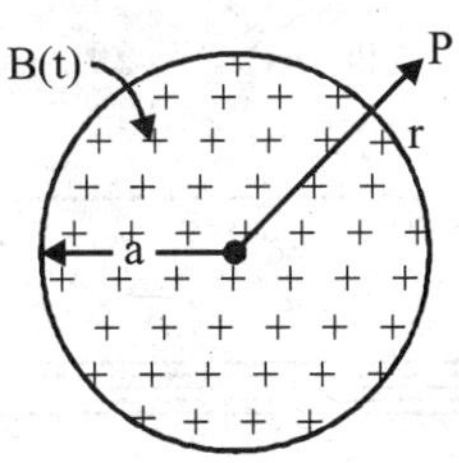

(a) शून्य (b) $1/r$ के समानुपाती
(c) r के समानुपाती (d) $1/r^2$ के समानुपाती

21. LCR श्रेणी परिपथ में L, C व R के मान क्रमशः 1H, 7.04 μF तथा 1Ω है इसका विक्षेपण गुणांक है
(a) 177 (b) 277
(c) 377 (d) 77

22. प्रति अनुनादी परिपथ में अनुनादी आवृत्ति पर परिपथ की प्रकृति होगी

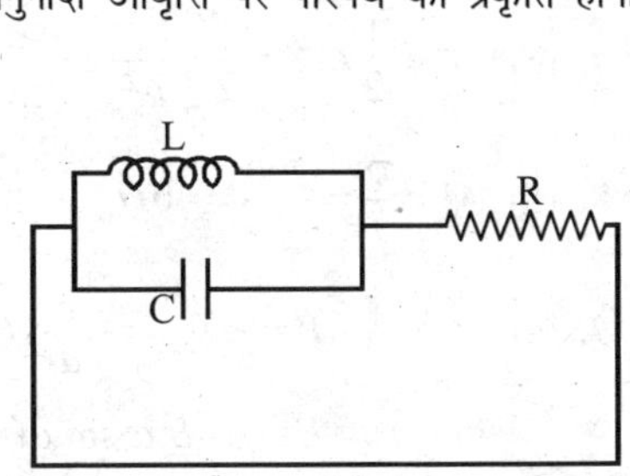

(a) प्रतिरोधीय
(b) धारितीय
(c) प्रेरणीय
(d) उपरोक्त सभी

23. एक 10μf संधारित्र को 1 H प्रेरकत्व के साथ श्रेणीक्रम में 50 Hz वाले प्रत्यावर्ती धारा स्रोत से जोड़ा गया है। संयोजन की प्रतिबाधा होगी
(a) 44.7Ω (b) 4.47Ω
(c) शून्य (d) अनन्त

24. 60 वॉट तथा 100 वॉट के दो बल्ब श्रेणीक्रम में 220 वोल्ट के प्रत्यावर्ती धारा स्रोत से जुड़े हैं प्रत्येक बल्ब से प्रवाहित धारा होगी
(a) 17 ए (b) शून्य
(c) 0.17 ए. (d) 1.7 ए.

25. एक प्रतिरोध रहित चोक कुण्डली में प्रवाहित प्रत्यावर्ती धारा तथा विद्युत वाहक बल के वर्ग माध्य मूल मान क्रमशः 1 एम्पियर और 220 वोल्ट है। इसमें व्ययित शक्ति होगी
(a) 1 (b) $\frac{1}{2}$
(c) अनन्त (d) शून्य

26. 0.21 H का प्रेरकत्व तथा 12W का प्रतिरोध 220 V तथा 50 Hz के प्रत्यावर्ती धारा स्रोत के साथ श्रेणीक्रम में जुड़े हुए हैं। E व I के मध्य कलान्तर होगा
(a) $\tan^{-1}(2.5)$ (b) $\tan^{-1}(1.5)$
(c) $\tan^{-1}(5.5)$ (d) $\tan^{-1}(4.5)$

27. L-C-R परिपथ में परिणामी प्रतिघात X होती है
(a) $\sqrt{X_L^2+X_C^2}$ (b) $\sqrt{X_L^2-X_C^2}$
(c) X_L+X_C (d) X_L-X_C

28. L-R परिपथ का समय स्थिरांक है
(a) $\frac{R}{L}$ (b) $\frac{L^2}{R}$
(c) LR (d) $\frac{L}{R}$

29. प्रत्यावर्ती परिपथ में शुद्ध धारिता का संधारित्र जुड़ा हुआ है। परिपथ का शक्ति गुणांक होगा
(a) शून्य (b) 0.5
(c) 1 (d) अनन्त

30. R प्रतिरोध और L स्वप्रेरकत्व गुणांक वाली कुण्डली को E वोल्ट के विद्युत वाहक बल के सैल से जोड़ा गया है। कुण्डली में प्रवाहित धारा का मान होगा
(a) $\frac{E}{L}$ (b) $\frac{E}{R}$
(c) $\sqrt{\frac{EL}{R^2+L^2}}$ (d) $\sqrt{\frac{E}{R^2+L^2}}$

31. किसी प्रत्यावर्ती धारा परिपथ में शक्ति गुणांक का मान कम होगा यदि R का मान हो
(a) मध्यम (b) अनन्त
(c) अधिक (d) कम

32. निरावेशन के समय CR परिपथ का समय स्थिरांक वह समय है जिसमें आवेश q अधिकतम आवेश q_0 का होगा

(a) 50% (b) 25%
(c) 63.2% (d) 36.8%

33. एक प्रत्यावर्ती विद्युत वाहक बल का शिखर मान E_0 है तो एक आवर्तकाल के लिए उसका औसत मान होगा

(a) E_{rms} (b) शून्य
(c) E_0 (d) $\frac{E_0}{2}$

34. ताँबे के तार की परिनलिका के श्रेणी क्रम में जुड़ा एक बल्ब प्रत्यावर्ती परिपथ में चमक रहा है। परिनालिका के अन्दर कच्चे लोहे की कोड रखने पर बल्ब का प्रकाश हो जायेगा

(a) मन्द (b) तेज
(c) गायब (d) कभी मन्द कभी तेज

35. LCR श्रेणीक्रम में यदि प्रतिरोध कम कर दें तो

(a) कलान्तर कोण θ बढ़ेगा (b) कलान्तर कोण θ घटेगा
(c) Z अधिक होगा (d) प्रतिघात बढ़ेगा

36. 10 ओम प्रतिरोध, 5 mH कुण्डली तथा $10\mu F$ संधारित्र को श्रेणीक्रम में जोड़ा जाता है। यह संयोग जब उचित आवृत्ति के प्रत्यावर्ती धारा स्रोत से जोड़ा जाता है तो परिपथ में अनुनाद उत्पन्न होती हैं। यदि प्रतिरोध आधा कर दिया गया है तो अनुनादी आवृत्ति

(a) अपरिवर्तित रहती है (b) चार गुनी हो जाती है
(c) आधी हो जाती है (d) दुगुनी हो जाती है

37. एक A.C. स्रोत का आन्तरिक प्रतिरोध $10^4\,\Omega$ है। एक ट्रान्सफार्मर की द्वितीयक तथा प्राथमिक के घेरों का अनुपात क्या होना चाहिए जिससे स्रोत को $10\,\Omega$ के लोड से मैच किया जा सके ?

(a) $\frac{1}{100}$ (b) $\frac{1}{1000}$
(c) $\frac{1}{10}$ (d) $\frac{1}{10\sqrt{10}}$

38. एक R-L श्रेणी परिपथ में 200V (RMS) तथा 50Hz का प्रत्यावर्ती वोल्टेज आरोपित किया जाता है। स्रोत से $2A$ (RMS) धारा ली जाती है तथा 240 W शक्ति अवशोषित होती है। परिपथ में प्रतिरोध का मान होगा

(a) $50\,\Omega$ (b) $60\,\Omega$
(c) $20\,\Omega$ (d) $80\,\Omega$

उत्तरमाला

1. (b)	**2.** (a)	**3.** (d)	**4.** (b)	**5.** (a)	**6.** (d)	**7.** (c)	**8.** (d)	**9.** (a)	**10.** (a)
11. (b)	**12.** (d)	**13.** (d)	**14.** (a)	**15.** (c)	**16.** (c)	**17.** (c)	**18.** (b)	**19.** (d)	**20.** (b)
21. (c)	**22.** (b)	**23.** (b)	**24.** (c)	**25.** (d)	**26.** (c)	**27.** (d)	**28.** (d)	**29.** (a)	**30.** (b)
31. (d)	**32.** (d)	**33.** (b)	**34.** (a)	**35.** (a)	**36.** (a)	**37.** (d)	**38.** (b)		

हल

1. (b) $e = -L\frac{dI}{dt}$

$|e| = L\frac{dI}{dt} = \frac{5\times10^{-3}\times1}{0.1}$

$= 5\times10^{-2}$ वोल्ट

2. (a) $L = L_1 + L_2 - 2M$

$= 0.01 + 0.03 - 2\times0.01$

$= 0.02\,\text{H}$

3. (d) $U_B = \frac{LI_0^2}{2} = \frac{50\times10^{-3}\times(2)^2}{2} = 0.1$ जूल

4. (b) $l' = 2l, b' = 2b, n' = n$ ...(1)

$L' = \mu A' n'^2 l'$

$L' = \mu l' b' n'^2 l'$ ...(2)

समी. (1) व (2) से

$L' = \mu(2l)^2(2b)n^2$

$= 8\mu l^2 bn^2$

$L' = 8L$

5. (a) $W = MB(1-\cos60^\circ) = \frac{MB}{2}$

$\tau' = MB\sin\theta$

$= 2W\sin60^\circ = 2W\times\frac{\sqrt3}{2} = \sqrt3 W$

7. (c) $E = \frac{1}{2}LI^2 = \frac{1}{2}L\frac{V^2}{R^2} = \frac{5\times10^4}{2\times400} = 62.5$

8. (d) $M = \frac{\phi}{I} = \frac{200}{5} = 40H$

9. (a) $E = -\frac{d\phi}{dt} = -\frac{d}{dt}(NAB\cos\omega t)$

या $E = NAB\,\omega\sin\omega t = E_0\sin\omega t$

$\therefore\quad E_0 = NAB\omega$

10. (a) $e = \frac{d\phi}{dt} = \frac{d}{dt}(\phi_2 - \phi_1)$

$= A_0 \frac{[4B_0 - B_0]}{t} = \frac{3B_0 A_0}{t}$

13. (d) $t = \infty$ पर $I = I_0\left[1 - e^{-\frac{10}{5}\times\infty}\right] = I_0$

$t = 1$ पर $I' = I_0\left[1 - e^{-\frac{10}{5}}\right] = I_0\left(1 - \frac{1}{e^2}\right)$

$\therefore \frac{I}{I'} = \frac{e^2}{e^2 - 1}$

14. (a) $E_0 = NAB\omega = 2\pi n\, NAB$

$= 2 \times AB\omega = 2\pi n\, NAB$

$= 2\times\pi\times\frac{2000}{60}\times 50\times 80\times 10^{-4}\times 0.05$

$= \frac{4\pi}{3}$ वोल्ट

15. (c) $e = Blv = \frac{\mu_0 ilv}{2\pi r}$

$\therefore i = \frac{e}{R} = \frac{\mu_0 ilv}{2\pi rR}$

16. (c) $e = -\frac{d\phi}{dt} = -\frac{d}{dt}BA$

$= -B\frac{dA}{dt} = B.\pi a^2 f$

17. (c) $\tan\phi = \frac{1}{\omega C}\cdot\frac{1}{R}$

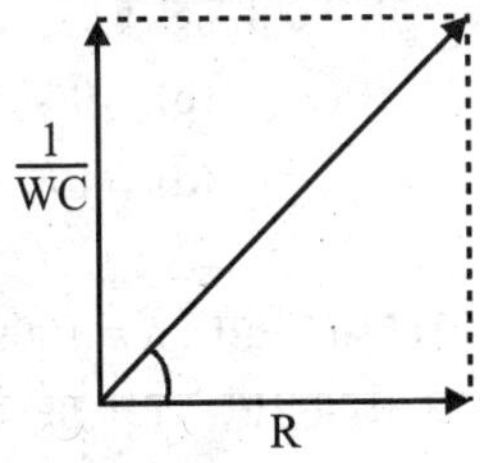

$\therefore \phi = \tan^{-1}\left(\frac{1}{\omega CR}\right)$

18. (b) $r = \frac{mv}{qB} = b - a$ ठीक प्रवेश के लिए

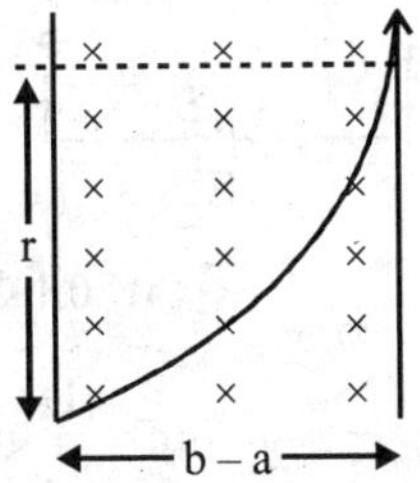

$v = \frac{q(b-a)B}{m}$

19. (d) यहाँ लेन्ज का नियम लागू होगा।

20. (b) प्रेरित वैद्युत क्षेत्र का परिणाम होगा।

$E = \frac{a^2}{2r} = \frac{dB}{dt}$

अत: वैद्युत क्षेत्र का परिणाम केन्द्र से शून्य के मान से बढ़ेगा और वृत्तीय क्षेत्र (त्रिज्या a) के सिरों पर $\left(\frac{a}{2}\right)\frac{dB}{dt}$ हो जायेगा और फिर दूरी के व्युत्क्रम के अनुसार घटेगा।

21. (c) $Q = \frac{\omega L}{R} = \frac{1}{R}\sqrt{\frac{L}{C}}$

$Q = \frac{1}{1}\sqrt{\frac{1}{7.04\times 10^{-6}}}$

$= \frac{10^4}{\sqrt{704}} = 377$

22. (b) अनुनादी आवृत्ति से अधिक आवृत्ति पर प्रतिबाधा या प्रतिघात का मान कम होता है (अर्थात् $X \propto \frac{1}{f}$) इसलिए परिपथ की प्रक्रति धारितीय होगी

23. (b) संयोजन की प्रतिबाधा

$Z = \sqrt{R^2 + \left(2\pi fL - \frac{1}{2\pi fC}\right)^2}$

या $Z = 2\pi\times 50\times 1 - \frac{1}{2\pi\times 50\times 10^{-5}} = 4.47\,\Omega$

24. (c) $R = R_1 + R_2 = \frac{V^2}{P_1} + \frac{V^2}{P_2}$

$R = 220\times 220\left[\frac{1}{60} + \frac{1}{100}\right] = 1291\,\Omega$

$\therefore I_{rms} = \frac{V_{rms}}{R}$

$I_{rms} = \frac{220}{1291} = 0.17$ ए.

25. (d) प्रतिरोध रहित चोक कुण्डली के लिए $\cos\theta =$ शून्य

इसलिए $\langle P \rangle = 0$

26. (c) $\theta = \tan^{-1}\frac{2\pi fL}{R} = \frac{2\pi\times 50\times 0.21}{12} = \tan^{-1}(5.5)$

29. (a) $\theta = -\frac{\pi}{2}$, $\cos\left(-\frac{\pi}{2}\right) = 0$

32. (d) $q = q_0 e^{-\frac{t}{RC}}$

यदि $t = RC$, तब

$q = q_0 e^{-\frac{RC}{RC}} = \frac{q_0}{e} = \frac{q_0}{2.718} = 0.37\, q_0$

33. (b) $E = E_0 \sin\omega t$

या $\langle E \rangle = E_0 \langle \sin\omega t \rangle = E_0 \times 0 = 0$

37. (d) $\frac{N_s}{N_p} = \frac{V_s}{V_p} = \sqrt{\frac{Z_s}{Z_p}} = \sqrt{\frac{10}{10^4}} = \frac{1}{10\sqrt{10}}$

38. (b) $P = I^2 R$ या $R = \frac{P}{I^2} = \frac{240}{4} = 60\,\Omega$

Previous Years' Problems

1. A तथा B के बीच तुल्य प्रेरकत्व है:

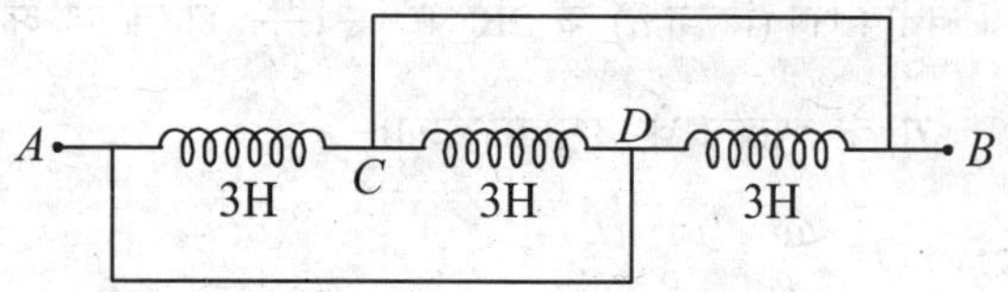

(a) 3H (b) 1H
(c) 0.606H (d) इनमें से कोई नहीं

[AIEEE 2002]

2. 10Ω प्रतिरोध के एक बन्द परिपथ में फ्लक्स ϕ (वैबर में), समय t (सेकण्ड में) के साथ निम्न समीकरणानुसार परिवर्तित होता है,

$$\phi = 6t^2 - 5t + 1$$

$t = 0.25$ सेकण्ड में प्रेरित धारा का परिमाण क्या है?

(a) 0.6A (b) 0.2A
(c) 1.2A (d) 0.8A

[AIEEE 2003]

3. जब एक कुण्डली में धारा 3×10^{-2} सेकण्ड मे 8 ऐम्पियर से 2 ऐम्पियर तक परिवर्तित हो जाती है तो कुण्डली में प्रेरित वै० वा० बल (Induced *e.m.f.*) 2 वोल्ट है। कुण्डली का स्वप्रेरकत्व मिली हेनरी में है:

(a) 20 (b) 10
(c) 1 (d) 5

[AIEEE 2003]

4. दो कुण्डलियाँ एक-दूसरे के समीप रखी गई हैं। इन कुण्डलियों का अन्योन्य प्रेरकत्व निर्भर करता है:

(a) कुण्डलियों की एक-दूसरे के सापेक्ष स्थितियों और झुकावों पर
(b) दर जिससे कुण्डलियों धारा परिवर्तित हो रही है।
(c) कुण्डलियों में प्रवाहित धारा पर
(d) कुण्डलियों के तारों के पदार्थ पर

[AIEEE 2003]

5. एक कुण्डली जिसमें n फेरें तथा प्रतिरोध R है को $4R\Omega$ प्रतिरोध के धारामापी से ज़ोड़ा जाता है। यह संयोजन t सेकण्ड समय में W_1 वैबर के चुम्बकीय क्षेत्र में गतिमान किया जाता है। परिपथ में प्रेरित धारा है:

(a) $-\dfrac{W_2 - W_1}{Rnt}$ (b) $-\dfrac{n(W_2 - W_1)}{Rt}$

(c) $-\dfrac{W_2 - W_1}{5Rnt}$ (d) $-\dfrac{n(W_2 - W_1)}{5Rt}$

[AIEEE 2004]

6. B तीव्रता के एकसमान क्षेत्र में r त्रिज्या की अर्द्धवृत्ताकार आकृति का एक तार वृत्त के व्यास के परितः ω कोणीय चाल से घुमाया जाता है। घूर्णन अक्ष क्षेत्र के अभिलम्बवत् है। यदि परिपथ का कुल प्रतिरोध R है तो घूर्णन में उत्पन्न प्रति पीरियड औसत शक्ति है:

(a) $\dfrac{(B\pi r\omega)^2}{2R}$ (b) $\dfrac{(B\pi r\omega^2)^2}{8R}$

(c) $\dfrac{B\pi r^2\omega}{2R}$ (d) $\dfrac{(B\pi r^2\omega)^2}{8R}$

[AIEEE 2004]

7. 1 मीटर लम्बाई का धातु का एक चालक अपने एक सिरे से गुजरने वाले ऊर्ध्वाधर अक्ष के परितः 5 रेडियन प्रति सेकण्ड के कोणीय वेग से घुमाया जाता है। यदि पृथ्वी के चुम्बकीय क्षेत्र का क्षैतिज घटक 0.2×10^{-4} T है, तो चालक के दोनों सिरों के बीच उत्पन्न वैद्युत वाहक बल है:

(a) 5mV (b) 50mV
(c) 5μV (d) 50μV

[AIEEE 2004]

8. 300mH प्रेरकत्व और 2Ω प्रतिरोध की एक कुण्डली को 2V के वोल्टता श्रोत से जोड़ा जाता है। धारा अपने स्थिर मान की आधी स्थिति तक पहुँचेगी:

(a) 0.05 सेकण्ड (b) 0.1 सेकण्ड
(c) 0.15 सेकण्ड (d) 0.3 सेकण्ड

[AIEEE 2005]

9. किसी t समय में एक कुण्डली से जुडने वाला फ्लक्स, $\phi = 10t^2 - 50t + 250$ समीकरण से व्यक्त किया जाता है। 5 सेकण्ड पर प्रेरित वैद्युत वाहक बल है:

(a) –10 वोल्ट (b) 10 वोल्ट
(c) 190 वोल्ट (d) –190 वोल्ट

[AIEEE 2006]

10. प्रेरकत्व $L = 100$mH तथा प्रतिरोध $R = 100\Omega$ और एक बैटरी (E = 100 volt) प्रारम्भ में चित्रानुसार जोड़ी गई है। लम्बे समय पश्चात् बिन्दुओं A तथा B को परस्पर जोड़कर बैटरी को परिपथ से सेकण्ड पश्चात् में धारा है:

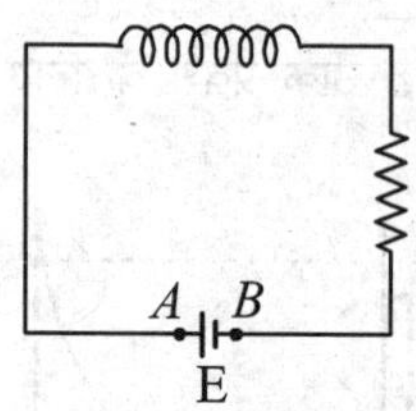

(a) e ऐम्पियर (b) 0.1 ऐम्पियर

(c) 1 ऐम्पियर (d) $\dfrac{1}{e}$ ऐम्पियर

[AIEEE 2006]

11. q आवेश का एक आवेशित कण v वेग से एक ऐसे क्षेत्र में प्रवेश करता है जहाँ नियत एकसमान वैद्युत क्षेत्र $\vec{E}$ तथा चुम्बकीय क्षेत्र $\vec{B}$

परस्पर अभिलम्बवत् हैं और आवेशित कण के क्षेत्र में प्रवेश करने की दिशा $\vec{E}$ तथा $\vec{B}$ दोनों के अभिलम्बवत् हैं। आवेशित कण इस क्षेत्र में बाहर परिमाण और दिशा में बिना विचलित हुए $\vec{v}$ वेग से निकलता है, तब-

(a) $\vec{v}=\vec{B}\times\vec{E}/B^2$ (b) $\vec{v}=\vec{E}\times\vec{B}/E^2$

(c) $\vec{v}=\vec{B}\times\vec{E}/E^2$ (d) $\vec{v}=\vec{E}\times\vec{B}/B^2$

[AIEEE 2007]

12. दो अक्ष पर स्थित परिनालिका 20 सेमी लम्बी एवं $A = 10$ सेमी^{2} अनुप्रस्थ क्षेत्रफल के पाइप पर पतले पृथक्कृत तारों को लपेट कर बनायी गयी हैं। यदि प्रथम परिनालिका में 300 फेरे तथा दूसरी में 400 फेरे है। इनकी अन्योन्य चालकता होगी -
($\mu_0 = 4\pi \times 10^{-7}$ टेस्ला मीटर ऐम्पियर$^{-1}$)

(a) $4.8\pi \times 10^5$ हेनरी (b) $2.4\pi \times 10^{-4}$ हेनरी

(c) $2.4\pi \times 10^{-5}$ हेनरी (d) $4.8\pi \times 10^{-4}$ हेनरी

[AIEEE 2008]

13. एक प्रेरकत्व L तथा प्रतिरोध R एक ω आवृत्ति के श्रोत से परस्पर श्रेणीबद्ध जोड़े गये है। परिपथ में व्यय शक्ति है:

(a) $\dfrac{V}{R^2+\omega^2L^2}$ (b) $\dfrac{\sqrt{R^2+\omega^2L^2}}{V^2R}$

(c) $\dfrac{R^2+\omega^2L^2}{V}$ (d) $\dfrac{V^2R}{R^2+\omega^2L^2}$

[AIEEE 2002]

14. एक LC दोलनी परिपथ में संघरित्र पर अधिकतम आवेश Q है। जब ऊर्जा वैद्युत और चुम्बकीय क्षेत्र में समान रूप से बराबर मात्रा में संचित हो जाती है, तब इस संघारित्र पर संचित आवेश है:

(a) $\dfrac{Q}{\sqrt{3}}$ (b) $\dfrac{Q}{\sqrt{2}}$

(c) Q (d) $\dfrac{Q}{2}$

[AIEEE 2003]

15. 220 वोल्ट और 1000 वॉट के बल्ब को 110 वोल्ट के मेन्स के सिरों से जोड़ा गया है। शक्ति व्यय होगा :

(a) 500 W (b) 250 W

(c) 1000 W (d) 750 W

[AIEEE 2003]

16. एक LCR श्रेणी प्रत्यावर्ती परिपथ में प्रत्येक घटक L, C और R के सिरों के बीच वोल्टता 50V है। LC संयोजन के सिरों के बीच वोल्टता होगी :

(a) 100V (b) शून्य वोल्ट

(c) 50V (d) $50\sqrt{2}$V

[AIEEE 2004]

17. एक LCR परिपथ में संधारित्र की धारिता C से $2C$ तक परिवर्तित की गई है। अनुनाद आवृत्ति को अपरिवर्तित बनाये रखने के लिये प्रेरकत्व को परिवर्तित करना होगा L से :

(a) $L/2$ (b) $L/4$

(c) $4L$ (d) $2L$

[AIEEE 2004]

18. एक विद्युत पंखे के मोटर का स्वप्रेरकत्व 10H है। 50Hz पर अधिकतम शक्ति प्रदान करने के लिये इसे जोड़ना चाहिये एक संघरित्र से जिसकी धारिता होगी :

(a) $4\,\mu F$ (b) $8\,\mu F$

(c) $1\,\mu F$ (d) $2\,\mu F$

[AIEEE 2005]

19. एक परिपथ का प्रतिरोध 12Ω तथा प्रतिबाधा 15Ω है। इस परिपथ का शक्ति गुणक (Power factor) होगा:

(a) 0.8 (b) 0.4

(c) 1.25 (d) 0.125

[AIEEE 2005]

20. प्रत्यावर्ती धारा और विभव के बीच कलान्तर $\pi/2$ है। निम्न मे से कौन-सा परिपथ का हिस्सा नहीं है :

(a) C अकेला (b) R, L

(c) LC (d) L अकेला

[AIEEE 2005]

21. एक श्रेणीबद्ध LCR अनुनादी परिपथ में R सिरों के बीच वोल्टता 100 वोल्ट है। $R = 1\Omega$ तथा $C = 2\mu F$ है। अनुनाद आवृत्ति $\omega = 200$ रेडियन/सेकड है। अनुनादी अवस्था पर L के सिरो के बीच वोल्टता है :

(a) 40 वोल्ट (b) 250 वोल्ट

(c) 4×10^{-3} वोल्ट (d) 2.5×10^{-2} वोल्ट

[AIEEE 2006]

22. एक प्रत्यावर्ती जनरेटर में N फेरों की कुण्डली, प्रत्येक फेरे को समान क्षेत्रफल A और कुण्डली का कुल प्रतिरोध R एक चुम्बकीय क्षेत्र B में ω आवृत्ति से घुमाई जाती है। कुण्डली में उत्पन्न अधिकतम वैद्युत वाहक बल का मान है:

(a) NAB (b) $NABR$

(c) $NAB\omega$ (d) $NABR\omega$

[AIEEE 2006]

23. एक प्रत्यावर्ती परिपथ में लगाई गई वोल्टता $E = E_0\sin\omega t$ है। परिपथ में प्रवाहित धारा $I = I_0 \sin\left(\omega t - \dfrac{\pi}{2}\right)$ है। परिपथ में व्यय शक्ति है:

(a) $P = \text{zero}$ (b) $P = \dfrac{E_0I_0}{2}$

(c) $P = \sqrt{2}E_0I_0$ (d) $P = \dfrac{E_0I_0}{\sqrt{2}}$

[AIEEE 2007]

उत्तरमाला

1. (b)	**2.** (b)	**3.** (b)	**4.** (a)	**5.** (d)	**6.** (d)	**7.** (d)	**8.** (b)	**9.** (a)	**10.** (d)
11. (d)	**12.** (b)	**13.** (d)	**14.** (b)	**15.** (b)	**16.** (b)	**17.** (a)	**18.** (c)	**19.** (a)	**20.** (b)
21. (b)	**22.** (c)	**23.** (a)							

हल

1. (b)

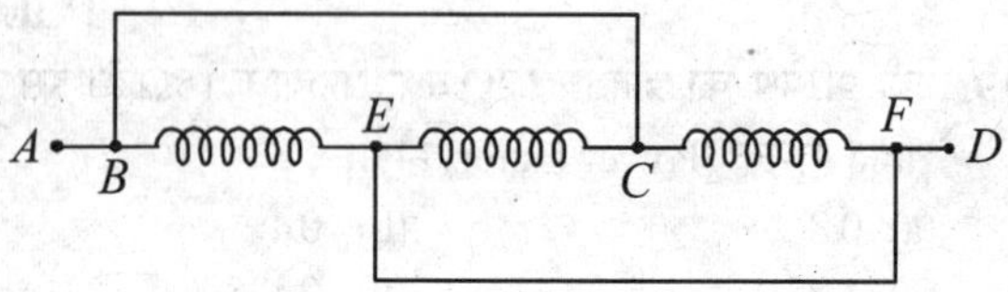

यहाँ प्रेरकत्व समान्तर क्रम में हैं

$$\therefore \quad \frac{1}{L}=\frac{1}{3}+\frac{1}{3}+\frac{1}{3}$$

$$L=1$$

2. (b) $\phi = 6t^2 - 5t + 1$

फैराड़े के वैद्युत चुम्बकीय प्रेरण के नियमानुसार,

$$e=-\frac{d\phi}{dt}$$

$$\therefore \quad e=-[6\times(2t)-5]$$

जब $t = 0.25$ सेकण्ड

$$e=-[6\times(2\times0.25)-5]$$

$$=-[6\times0.5-5]=-[3.0-5]=2$$

प्रतिरोध $r = 10\Omega$, के तदनुसार धारा

$$i=\frac{e}{R}=\frac{2}{10}=0.2\text{A}$$

3. (b) स्वप्रेरकत्व में वैद्युत वाहक बल को व्यक्त करते हैं,

$$e=-\frac{d\phi}{dt}$$

यहाँ, $\Delta i = 2 - 8 = -6$ ऐम्पियर

$\Delta t = 3 \times 10^{-2}$ सेकण्ड

$e = 2$ वोल्ट

$$\therefore \quad L=-e\frac{\Delta t}{\Delta i}$$

$$=-2\times\frac{3\times10^{-2}}{-6}$$

$$=10^{-2}\text{H} \qquad (1\text{mH}=10^{-3}\text{H})$$

$$=\frac{10^{-2}}{10^{-3}}=10\text{mH}$$

4. (a) हम जानते है कि कुण्डलियों के जोड़े का अन्योन्य प्रेरकत्व कुण्डलियों की संरचना (ज्यामिती), कुण्डलियों की बीच की दूरी, कुण्डलियों मे फेरों की संख्या, कुण्डलियों के बीच के माध्यम की चुम्बकशीलता (permeability) और कुण्डलियों को परस्पर जोड़ने की दशा (degree coupling) अर्थात् वह सीमा प्राथमिक कुण्डली में प्रवाहित धारा से उत्पन्न चुम्बकीय फ्लक्स द्वितीय कुण्डली में जुड़ता है, पर निर्भर करता है।

5. (d) $I_{ind}=-\frac{n}{R}\frac{d\phi}{dt}=\frac{-n(W_2-W_1)}{5Rt}$

(W_1 व W_2 चुम्बकीय क्षेत्र नहीं है अपितु चुम्बकीय फ्लक्स के वह मान है जो कुण्डली के एक फेरें से संयुक्त है।)

6. (d) $$\phi=B\frac{\pi r^2}{2}\cos\omega t$$

$$\therefore \quad e_{ind}=-\frac{d\phi}{dt}=\frac{1}{2}B\pi r^2\omega\sin\omega t$$

$$\therefore \quad P=\frac{e_{ind}^2}{R}=\frac{B^2\pi^2r^2\omega^2\sin^2\omega t}{4R}$$

अब $$<\sin^2\omega t>=\frac{1}{2}$$

$$\therefore \quad <P>=\frac{(B\pi r^2\omega^2)}{8R}$$

7. (d) $$e_{ind}=\frac{1}{2}B\omega l^2$$

$$=\frac{1}{2}\times(0.2\times10^{-4})\times5\times(1)^2$$

$$=5\times10^{-5}\text{V}=50\mu\text{V}$$

8. (b) प्रेरकत्व का आवेश दिया जाता है

$$I=I_0\left[1-e^{-\frac{Rt}{L}}\right]$$

$$\therefore \quad \frac{I_0}{2}=I_0\left[1-e^{-\frac{Rt}{L}}\right]$$

अथवा $$e^{-\frac{Rt}{L}}=\frac{1}{2}$$

$$\frac{Rt}{L}=\log 2$$

अथवा $t=\frac{0.693\times300\times10^{-3}}{2}=0.1$ सेकण्ड

9. (a) $\phi=10t^2-50t+250$

प्रेरित वै०वा०बल $=-\frac{d\phi}{dt}$

$$=\frac{d}{dt}(10t^2-50t+250)$$

$t=3$ सेकण्ड पर प्रेरित वै० वा० बल

$$e=-(20\times3-50)$$
$$=-(60-50)=-10\text{V}$$

10. (d) धारा का अधिकतम मान

$$I_0=\frac{E}{R}=\frac{100}{100}=1 \text{ ऐम्पियर}$$

During decay,

$$I=I_0e^{-\frac{tR}{L}}=1\times e^{-1\times10^{-3}\times\frac{100}{100\times10^{-3}}}$$

$$=\left(\frac{1}{e}\right) \text{ ऐम्पियर}$$

11. (d) जहाँ $\vec{E}$ तथा $\vec{B}$ परस्पर अभिलम्बवत् है और वेग $\vec{v}$ परिवर्तित नहीं होता है, इसलिये,

$$qE=qvB \Rightarrow v=\frac{E}{B}$$

साथ ही, $\left|\frac{\vec{E}\times\vec{B}}{B^2}\right|=\frac{EB\sin\theta}{B^2}$

$$=\frac{EB\sin 90°}{B^2}=\frac{E}{B}=|\vec{v}|=v$$

12. (b) $M=\frac{\mu_0 n_1 n_2 A}{l}$

$$=\frac{4\pi\times10^{-7}\times300\times400\times10\times10^{-4}}{20\times10^{-2}}$$

$$=2.4\pi\times10^{-4}\text{ H}$$

13. (d) $\frac{V^2R}{R^2+\omega^2L^2}$

14. (b) दिया है कि संघरित्र पर अधिकतम आवेश $(q_0)=Q$ हम जानते हैं कि LC दोलनी परिपथ में कुल ऊर्जा

$(E)=\frac{q_0^2}{2c}$ और किसी समय में संघरित्र में संचित ऊर्जा

$(E_1)=\frac{q^2}{2c}$ (जहाँ q = किसी समय में आवेश)

इसलिये प्रेरकत्व में किसी समय में संचित चुम्बकीय ऊर्जा है,

$$(E_2)=(E-E_1)=\frac{q_0^2}{2c}-\frac{q^2}{2c}$$

चूँकि दोनों ऊर्जाएँ बराबर हैं,

$$E_2=E_1$$

अथवा $\frac{q_0^2}{2c}-\frac{q^2}{2c}=\frac{q^2}{2c}$

अथवा $\frac{q_0^2}{2c}=\frac{q^2}{2c}$

अथवा $q^2=\frac{q_0^2}{2}$

अथवा $q=\frac{q_0}{\sqrt{2}}=\frac{Q}{\sqrt{2}}$

15. (b) बल्ब की वास्तविक वोल्टता $(V_1)=220$ वोल्ट
बल्ब की वास्तविक शक्ति $(P_1)=100$ वॉट
और मेन्स की वोल्टता $(V_2)=110$ वोल्ट

हम जानते है कि बल्ब की शक्ति $(P)=\frac{V^2}{R}\propto V^2$

इसलिए $\frac{P_1}{P_2}=\left(\frac{V_1}{V_2}\right)^2=\left(\frac{220}{110}\right)^2=4$

$\therefore \quad P_2=\frac{P_1}{4}=\frac{1000}{4}=250$ वॉट

16. (b) LCR श्रेणी प्रत्यावर्ती परिपथ में प्रेरकत्व L के सिरों के बीच स्थापित वोल्टता धारा से 90° कला में अग्रगामी होती है जबकि संघरित्र C के सिरो के बीच स्थापित वोल्टता धारा से 90° कला में पच्छगामी रहती है।

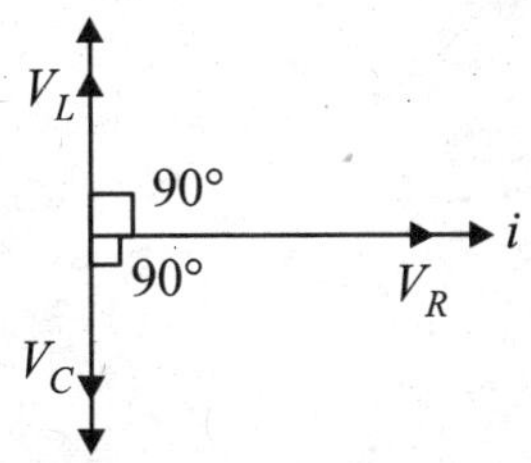

अत: LC संयोजन के सिरों के बीच वोल्टता शून्य होगी।

17. (a) अनुनाद की शर्त के अनुसार,

$$X_L=X_C$$

अथवा $\omega L=\frac{1}{\omega C}$

चूँकि अनुनाद आवृत्ति अपरिवर्तित रहती है

$\therefore \quad \sqrt{LC} =$ नियत

$LC =$ नियत

$\therefore \quad L_1C_1 = L_2C_2$

$\Rightarrow \quad L \times C = L_2 \times 2C$

$\Rightarrow \quad L_2 = \frac{L}{2}$

18. (c) दिया है कि $L = 10\text{H}, f = 50\text{ Hz}$

अधिकतम शक्ति के लिये,

$$X_C = X_L$$

$$\frac{1}{\omega C} = \omega L$$

$$C = \frac{1}{\omega^2 L}$$

$$\therefore \quad C = \frac{1}{4\pi^2 \times 50 \times 150 \times 10}$$

$$C = 0.1 \times 10^{-5}\text{ F} = 1\mu\text{F}$$

19. (a) शक्ति गुणांक, $\cos\phi = \frac{R}{Z} = \frac{12}{15} = 0.8$

20. (b) RL परिपथ में प्रत्यावर्ती धारा और विभव के बीच कलान्तर शून्य से $\pi/2$ के बीच परिवर्तित होता है, परन्तु यह कभी भी $\pi/2$ नहीं होता है।

21. (b) धारा, $I = \frac{E}{Z}$

जहाँ, $E = \sqrt{V_R^2 + (V_L - V_C)^2}$

तथा $Z = \sqrt{R^2 + (X_L - X_C)^2}$

अनुनाद पर $X_L = X_C, \quad \therefore Z = R$

अनुनाद पर $V_L = V_C, \quad \therefore E = V_R$

$$\therefore \quad I = \frac{V_R}{R} = \frac{100}{1 \times 10^3} = 0.1 \text{ ऐम्पियर}$$

प्रेरकत्व के सिरों के बीच वोल्टता V_L

$$\therefore \quad V_L = V_C = I \times C = \frac{I}{\omega C}$$

$$= \frac{0.1}{200 \times 2 \times 10^{-6}} = 250 \text{ वोल्ट}$$

22. (c) कुण्डली में उत्पन्न वि०वा०बल का अधिकतम मान

$$e_{\max} = NAB\omega$$

23. (a) हम जानतें है कि प्रत्यावर्ती परिपथ में शक्ति व्यय

$$P = E_{rms} \cdot I_{rms} \cos\phi$$

यहाँ, $E = E_0 \sin \omega t$

$$I = I_0 \sin\left(\omega t - \frac{\pi}{2}\right)$$

जिससे ज्ञात होता है कि कलान्तर,

$$\phi = \frac{\pi}{2}$$

$$\therefore \quad P = E_{\text{rms}} \cdot I_{\text{rms}} \cos\frac{\pi}{2} = 0 \quad \left(\because \cos\frac{\pi}{2} = 0\right)$$

□□□

अध्याय

25

पदार्थ एवं विकिरण की दोहरी प्रकृति

(Dual Nature of Matter and Radiations)

कैथोड किरणें (Cathode Rays)

- कैथोड किरणें, विसर्जन नली में लगाये गए इलेक्ट्रोड अथवा इसमें भरी गैस की प्रकृति पर निर्भर नहीं करती है। जब ये किरणें गैस में चलती हैं तो टक्करों द्वारा नये ऑयन उत्पन्न करती हैं।
- कैथोड किरणों के लिए –

$$e = 1.6 \times 10^{-19} \text{ कूलॉम}$$
$$m = 9.1 \times 10^{-31} \text{ किग्रा}$$
$$e/m = 1.76 \times 10^{11} \text{ कूलॉम/किग्रा}$$

कैथोड किरणों के गुण (Properties of Cathode Rays)

(i) ये किरणें, पदार्थ की सूक्ष्म मोटाई को भेद सकती हैं।

(ii) ये किरणें ऋण आवेशित होती हैं।

(iii) ये फोटोग्राफिक प्लेट को प्रभावित करती हैं।

(iv) ये चुम्बकीय क्षेत्र द्वारा विक्षेपित होती हैं।

(v) इलेक्ट्रॉनों के लिए आवेश तथा द्रव्यमान का अनुपात एक निश्चित राशि होती है। इसका मान विसर्जन नली में भरी गैस तथा ऐनोड तथा कैथोड के पदार्थ पर निर्भर नहीं करता।

(vi) समवेग से चलता हुआ एक इलेक्ट्रॉन जब गति की दिशा के लम्बवत् दिशा वाले किसी एक समान चुम्बकीय क्षेत्र में प्रवेश करता है तो उसका मार्ग वृत्ताकार हो जाता है, परन्तु किसी एक समान वैद्युत-क्षेत्र के लम्बवत् गति करने पर उसी इलेक्ट्रॉन का मार्ग परवलयाकार हो जाता है।

(vii) वैद्युत क्षेत्र E के कारण इलेक्ट्रॉन पर लगने वाला क्षेत्र E के तल में लगता है, जबकि चुम्बकीय क्षेत्र B के कारण इलेक्ट्रॉन पर बल क्षेत्र B के लम्बवत् तल में लगता है। अतः यदि दोनों क्षेत्र परस्पर लम्बवत् होंगे तब ही इलेक्ट्रान पर लगने वाले विद्युत तथा चुम्बकीय बल एक ही तल में होंगे। इन क्षेत्रों का अनुपात इलेक्ट्रॉनों के वेग के बराबर होता है।

जे.जे. टॉमसन का प्रयोग (J.J. Thomson's Experiment)

- जब विद्युत तथा चुम्बकीय क्षेत्र साथ-साथ लगाये जाते है और इस प्रकार लगाये जाते हैं कि इलेक्ट्रॉन पुँज बिना विचलित हुए निकल जाता है।

$$eE = evB$$

$$KE = \frac{1}{2}mv^2$$

$$eV = \frac{1}{2}mv^2$$

$$\frac{e}{m} = \frac{v^2}{2v} = \frac{E^2}{2vB^2}$$

उसने प्राप्त किया $\frac{e}{m} = 1.77 \times 10^{11}$ C/kg.

ध्यान दें

- विशुद्ध विद्युत क्षेत्र में इलेक्ट्रॉन का विचलन

$$y = \frac{1}{2}\frac{eE}{m}\frac{l^2}{v^2}$$

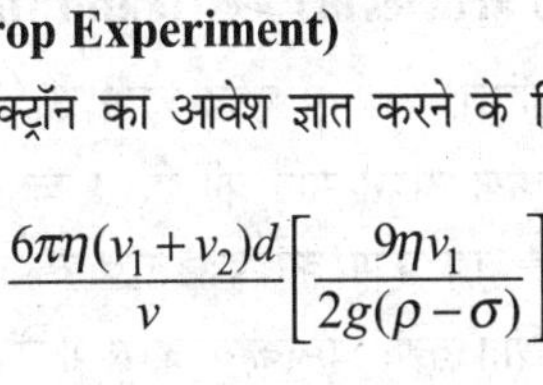

मिलकिन का तेल की बूँद वाला प्रयोग (Millikan's Oil Drop Experiment)

- मिलकिन ने इलेक्ट्रॉन का आवेश ज्ञात करने के लिए एक प्रयोग किया।

$$q = \frac{6\pi\eta(v_1 + v_2)d}{v}\left[\frac{9\eta v_1}{2g(\rho - \sigma)}\right]^{1/2}$$

जहाँ, η = वायु का श्यानता गुणांक

v_1 = बूँद का सीमान्त वेग है, जब प्लेटों के बीच कोई विद्युत क्षेत्र नहीं लगाया गया है।

v_2 = बूँद का सीमान्त वेग है, जब प्लेटों के बीच विद्युत क्षेत्र लगाया गया है।

V = प्लेटों के बीच विभवान्तर

d = प्लेटों के बीच की दूरी

ρ = तेल का घनत्व

σ = वायु का घनत्व

चुम्बकीय क्षेत्र में इलेक्ट्रॉन का गमन पथ (Path of Electron in Magnetic Field)

- यदि इलेक्ट्रॉन चुम्बकीय क्षेत्र में लम्बवत् क्षेत्र में प्रवेश करता है तो इलेक्ट्रॉन का पथ वृत्ताकार होता है।
- वृत्त की त्रिज्या

$$r=\frac{mv}{Bq}$$

विद्युत क्षेत्र में इलेक्ट्रॉन का गमन पथ (Path of Electron in Electric field)

- यदि इलेक्ट्रॉन विद्युत क्षेत्र के समान्तर होता है तो इलेक्ट्रॉन सीधी रेखा में त्वरित होता है।
- यदि विद्युत क्षेत्र के लम्बवत् इलेक्ट्रॉन प्रवेश करता है तब इलेक्ट्रॉन का पथ परवलयाकार होता है।

$$y=\frac{1}{2}\frac{qE}{m}t^2$$

$$y=\frac{1}{2}\frac{qE}{mu^2}t^2$$

धन किरणें (Positive Rays)

- इन किरणों की खोज गोल्डस्टीन ने 1886 में में की थी।
- इन किरणों के लिए आवेश तथा द्रव्यमान का अनुपात इलेक्ट्रॉन के मान से कम होता है तथा $\frac{e}{m}$ का मान सार्वत्रिक नियतांक नहीं होता है।
- धन किरणों का संवेग

$$p=qBr$$

विद्युत तथा चुम्बकीय क्षेत्र में आवेशित कण का पथ (Path of Charged Particles in Electric and Magnetic Fields)

- इलेक्ट्रॉन की गतिज ऊर्जा में वृद्धि होती है।
- जब आवेशित कण अपने गति की दिशा के लम्बवत् विद्युत क्षेत्र में गतिमान होता है तब कण का पथ परवलयकार होता है।
- यदि कोई आवेशित कण चुम्बकीय अवस्था में विरामावस्था में हो तब कण स्थिर रहेगा।
- यदि आवेशित कण चुम्बकीय क्षेत्र की दिशा में गतिमान हो तो कण नियत वेग से गति करता रहेगा क्योंकि $F_m=0$
- जब आवेशित कण चुम्बकीय क्षेत्र के लम्बवत् गति करता है तब उसका पथ वृत्ताकार होता है।
- चुम्बकीय क्षेत्र में गतिशील आवेशित कण द्वारा किया गया कार्य शून्य होता है। क्योंकि F तथा V परस्पर लम्बवत होते हैं।
- किसी विद्युत क्षेत्र से गुजर रहे इलेक्ट्रॉन का वेग तभी परिवर्तित होगा जब $E\neq 0, B=0$
- चुम्बकीय बल के कारण उसमें आवेशित कण की गतिज ऊर्जा तथा चाल नियत रहती है किन्तु उसका पथ सरल रेखा से वृत्ताकार हो जाता है।
- **चुम्बकीय क्षेत्र में आवेशित कण**
  - वेग $v=\frac{qBr}{m}$
  - कोणीय वेग $\omega=\frac{qB}{m}$
  - आवर्त काल $T=\frac{2\pi m}{qB}$
  - आवृत्ति $n=f=\frac{qB}{2\pi m}$
  - संवेग $p=qBr$
  - गतिज ऊर्जा $E_k=\frac{p^2}{2m}=\frac{q^2B^2r^2}{2m}$

फोटॉन (Photon)

- **फोटॉन की ऊर्जा (Energy of Photon) :**

$$E=h\nu=\frac{hc}{\lambda}$$

- **फोटॉनों की अविद्युतीय प्रकृति (Non-electrical Nature of Photons) :** फोटॉन उदासीन होते हैं। ये विद्युत और चुम्बकीय क्षेत्र द्वारा विक्षेपित नहीं होते हैं।
- फोटॉन का द्रव्यमान, $m=\frac{h}{c\lambda}$
- फोटॉन का संवेग, $p=\frac{h}{\lambda}$

प्रकाश-वैद्युत प्रभाव (Photo-electric Effect)

- प्रकाश-वैद्युत प्रभाव की खोज हाल्वाक ने की, किन्तु प्रायोगिक पुष्टि हर्ट्ज ने की तथा सफलतापूर्वक व्याख्या आइस्टीन ने की।
- जब धातु की किसी प्लेट पर समुचित आवृत्ति के प्रकाश के डालने से इलेक्ट्रॉन उत्सर्जित होते हैं। तो इस घटना को प्रकाश वैद्युत प्रभाव कहते हैं तथा ऐसे इलेक्ट्रॉनों को प्रकाश इलेक्ट्रॉन कहते हैं।
- कार्य फलन या देहली ऊर्जा

$$W_0=h\nu_0=\frac{hc}{\lambda_0} \qquad \nu_0 = \text{देहली आवृत्ती}$$

यदि $\nu<\nu_0$ तो कोई फोटॉन उत्सर्जित नहीं होता है।

$\lambda>\lambda_0$ तो कोई फोटो इलेक्ट्रॉन उत्सर्जित नहीं होता है।

- लेनार्ड तथा मिलिकन के अनुसार
    - प्रकाश इलेक्ट्रॉनों के उत्सर्जन की संख्या प्रकाश के तीव्रता के अनुक्रमानुपाती होती है।
    - प्रकाश इलेक्ट्रॉनों की अधिकतम ऊर्जा प्रकाश की आवृत्ति बढ़ाने पर बढ़ती है तथा यह तीव्रता पर निर्भर नहीं करती।
    - यदि प्रकाश की आवृत्ति, देहली आवृत्ति से कम होती है तब धातु से कोई प्रकाश इलेक्ट्रॉन नहीं निकलता।
    - वह न्यूनतम ऊर्जा जिससे प्रकाश इलेक्ट्रॉन उत्सर्जित हो जाते हैं कार्यफलन कहलाता है। इसका मान विभिन्न धातुओं के लिए भिन्न-भिन्न होता है
- आइन्सटीन के अनुसार,
    - फोटॉन की ऊर्जा का एक भाग इलेक्ट्रॉन को धातु सतह से दूर करता है। जिसे कार्य फलन कहते हैं तथा दूसरा भाग इसको गतिज ऊर्जा प्रदान करता है।

$$h\upsilon = W_0 + \frac{1}{2}mv^2$$

जहाँ v उत्सर्जित इलेक्ट्रॉन का वेग है।

इस समीकरण को आइन्सटीन का प्रकाश वैद्युत समीकरण कहते हैं।

- देहली आवृत्ति के सम्बंध में

$$\frac{1}{2}mv^2 = h(\upsilon - \upsilon_o)$$

- त्वरक विभव

$$V = \frac{h\upsilon}{e} - \frac{h\upsilon_o}{e}$$

- तरंगदैर्ध्य के पदो में

$$eV = hc\left(\frac{1}{\lambda} - \frac{1}{\lambda_o}\right)$$

- पराबैंगनी प्रकाश की आवृत्ति लाल रंग के प्रकाश से अधिक होने के कारण परबैंगनी प्रकाश से उत्सर्जित इलेक्ट्रॉनों की गतिज ऊर्जा का मान लाल रंग से उत्सर्जित इलेक्ट्रॉनों की गतिज ऊर्जा से अधिक होती है।
- त्वरक विभव (V) तथा आपतित फोटोन की आवृत्ति (υ) के मध्य वक्र

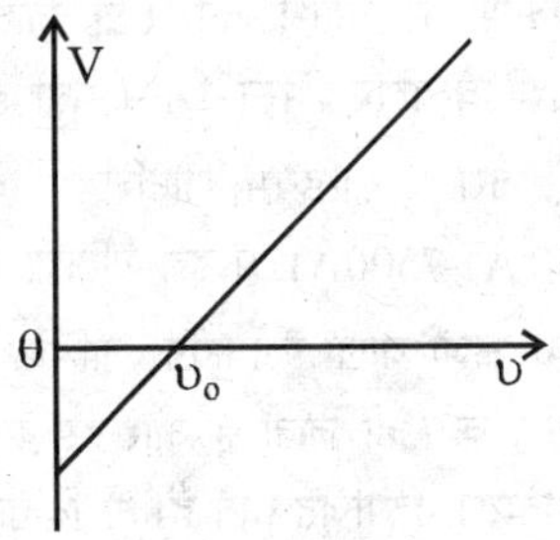

- आपतित फोटॉन की ऊर्जा (E) तथा तरंगदैर्ध्य (λ) के मध्य वक्र

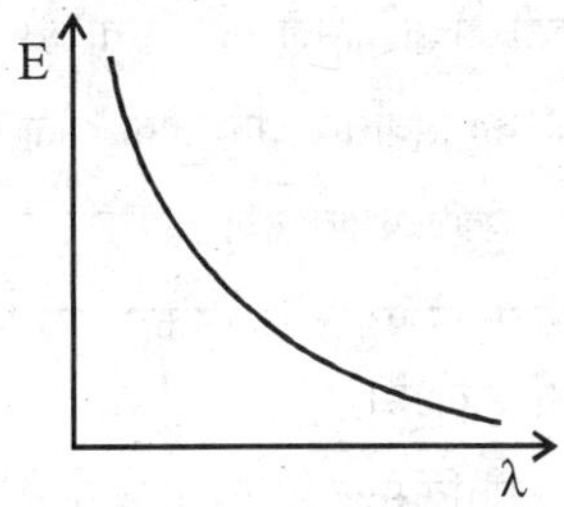

डी-ब्रोगली तरंगदैर्ध्य (de-Broglie's Wavelength)

$$\lambda = \frac{h}{\sqrt{2mE}}$$

जहाँ, E कण की ऊर्जा है।

- **आवेशित कण से सम्बद्ध डी-ब्रोगली तरंगदैर्ध्य (de Broglie's Wavelength associated with Charged Particles) :**

$$\lambda = \frac{h}{\sqrt{2mqV}}$$

$$\lambda_{\text{Electron}} = \frac{12.27}{\sqrt{v}}$$

$$\lambda_{\text{Proton}} = \frac{0.286}{\sqrt{V}}\text{Å}$$

$$\lambda_{\text{Thermal Neutron}} = \frac{30.83}{\sqrt{T}}\text{Å}$$

जहाँ, T परम ताप है।

X-किरणें (X-Rays)

- X-किरणों की खोज 1895 ई. में जर्मन वैज्ञानिक प्रो. रॉज्जन ने की थी। इसलिए इन किरणों को 'राज्जन' किरणें भी कहते हैं। कूलिज नली द्वारा X-किरणों का उत्पादन किया जाता है।
- X-किरणों की तीव्रता उनको उत्पन्न करने वाले इलेक्ट्रॉन की संख्या के अनुत्क्रमानुपाती होती है।
- कूलिज नली में लक्ष्य पर टकराने वाले इलेक्ट्रॉनों की संख्या अधिक कर दी जाती है तब अधिकृत तीव्रता की X-किरणें उत्पन्न होती हैं।
- X-किरणों की भेदन क्षमता उनकी तरंगदैर्ध्य पर निर्भर करती है।

$$\text{भेदन क्षमता} \propto \frac{1}{\lambda} \propto v$$

पदार्थ y मोटाई पार करने की तीव्रता $I = I_0 e^{-\mu x}$

यहाँ μ को अवशोषण गुणांक कहते हैं

$$\mu = \frac{0.693}{y_{1/2}}$$

- X-किरणों की तरंगदैर्ध्य 1 Å की कोटि की होती है। कठोर X-किरणों

की तरंगदैर्ध्य 10 Å से 0.1 Å होती है। इसलिए इनकी भेदन क्षमता उच्च होती है। कोमल X-किरणों की तरंगदैर्ध्य 10 Å से 100Å होती है। इसलिए इनकी भेदन क्षमता कम होती है।

- सीसा X-किरणों का सर्वोत्तम अवशोषक होता है।
- X-किरणें प्रकाश वैद्युत प्रभाव तथा कॉम्पटन प्रभाव उत्पन्न करती हैं।
- X-किरणों को राडार में प्रयुक्त नहीं किया जा सकता क्योंकि ये लक्ष्य से परिवर्तित नहीं होती हैं।
- जब X-किरणें किसी क्रिस्टल पर पड़ती हैं तो ये परमाणु द्वितीयक तरंगों के स्रोतों का कार्य करते हैं।
- सतत X-किरण स्पेक्ट्रम में सभी ऊर्जाओं की X-किरणें होती हैं।
- लक्ष्य से उत्सर्जित होने वाली X-किरणों में सतत परास की आवृत्तियाँ होती हैं तथा इनकी आवृत्ति अधिकतम होती है।
- स्पेक्ट्रम की तरंगदैर्ध्य

$$\lambda_{min} = \frac{hc}{eV} = \frac{12400}{V} \text{Å}$$

$$v_{max} = \frac{eV}{h} = 0.241 \times 10^{15} \text{k Hz}$$

अभिलाक्षणिक X-किरणें (Characteristic X-Rays)

- **मोजले का नियम :** इनकी खोज मोजले ने की थी। नलिका से प्राप्त X-किरणों के सतत वर्णक्रम में कहीं-कहीं चमकीली रेखायें भी उत्पन्न होती हैं। इन रेखाओं को लाक्षणिक X-किरणें कहते हैं।
- लाक्षणिक तरंगों की आवृत्ति लक्ष्य के परमाणु क्रमांक पर निर्भर करती हैं। मोजले के अनुसार

$$\nu \propto (Z-\sigma)^2$$

जहाँ σ एक नियतांक है। तथा Z लक्ष्य का परमाणु क्रमांक है। लाक्षणिक X-किरण की K-श्रेणी की तरंगदैर्ध्य

$$\frac{1}{\lambda} \propto (Z-1)^2 \left(\frac{1}{n_1^2} - \frac{1}{n_2^2}\right)$$

- X-किरणों के लिए

(i) $\frac{\lambda_{m_1}}{\lambda_{m_2}} = \frac{V_2}{V_1}$ (ii) $\frac{v_{max_1}}{v_{max_2}} = \frac{V_1}{V_2}$

(iii) $\frac{E_1}{E_2} = \frac{\lambda_2}{\lambda_1}$ (iv) $\frac{E_1}{E_2} = \frac{\nu_1}{\nu_2}$

(v) $\frac{\nu_1}{\nu_2} = \left[\frac{Z_1-\sigma}{Z_2-\sigma}\right]^2$ (vi) $\frac{E_{n_1}}{E_{n_2}} = \frac{Z_1^2}{Z_2^2}\frac{n_2^2}{n_1^2}$

(vii) $\frac{\mu_1}{\mu_2} = \frac{Z_1^4}{Z_2^4}\frac{n_1^3}{n_2^3}$ (viii) $\mu = \frac{0.693}{x_{1/2}}$

(ix) $\mu = \frac{2.303}{x}\log_{10}\frac{I_0}{I}$ (x) $\left(\frac{Z_1}{Z_2}\right)^2 = \frac{\lambda_2}{\lambda_1}$

महत्त्वपूर्ण तथ्य (Important Facts)

- समान ऊर्जा के इलेक्ट्रॉन तथा प्रोटॉन समान दिशा में समान चुम्बकीय क्षेत्र में क्षेत्र के लम्बवत् प्रवेश करते हैं। यदि चुम्बकीय क्षेत्र में उनके वृत्ताकार पथों की त्रिज्याएँ R_e तथा R_p हों तो

$$R_e < R_p$$

- α-कण, ड्यूट्रॉन तथा प्रोटॉन लम्बवत् चुम्बकीय क्षेत्र में गतिमान हैं। यदि इनकी ऊर्जा समान हैं तों इनके वृत्ताकार पथों के व्यासों में अनुपात $1:\sqrt{2}:1$ होगा।
- धन किरणों का विशिष्ट आवेश, कैथोड किरणों के विशिष्ट आवेश से कम होता है क्योंकि धन किरणों का द्रव्यमान अधिक होता है।
- यदि रेखीय वेग, चुम्बकीय क्षेत्र के अनुक्रमानुपाती है तो इलेक्ट्रॉन परिवर्ती चुम्बकीय क्षेत्र में परिवर्ती रेखीय वेग से नियत त्रिज्या के वृत्ताकार पथ में घूमता रहेगा।
- यदि दो इलेक्ट्रॉन एक परमाणु में क्रमशः r तथा $2r$ त्रिज्या के वृत्ताकार पथों में गतिमान हों, तो उनके कोणीय वेगों में अनुपात $2\sqrt{2}:1$ होगा।
- एक इलेक्ट्रॉन पूर्व की ओर गतिमान है, जो उत्तर दिशा में चुम्बकीय क्षेत्र से प्रभावित होता है, तब इलेक्ट्रॉन पर उर्ध्वाधर बल नीचे की तरफ होगा।
- लम्बवत् चुम्बकीय क्षेत्र गति करने वाले कण की परिवर्तित राशि उसकी गति की दिशा है।
- धनायनों को परवलय के केन्द्र पर पहुचने के लिए उसका वेग अनन्त होगा।
- यदि इलेक्ट्रॉन तथा एक α-कण को विरामावस्था से 100 वोल्ट के विभवान्तर से त्वरित किया जाता है तब उनके संवेगों में अनुपात

$$\sqrt{\frac{M_e}{2M_\alpha}}$$

- प्रकाश वैद्युत प्रभाव सभी पदार्थों की सामान्य प्रक्रिया है, जब उचित तरंगदैर्ध्य के प्रकाश में पदार्थ को रखा जाता है। यह तरंगदैर्ध्य भिन्न-भिन्न पदार्थों के लिए भिन्न-भिन्न होती है।
- कुछ क्षार धातुएँ, जैसे - सोडियम, पोटेशियम, कैल्सियम आदि दृश्य प्रकाश (λ=4000 Å –7500Å) से इस प्रक्रिया को प्रदर्शित करती है।
- जब बहुत अधिक ऊर्जा वाला इलेक्ट्रॉन, नाभिक के समीप से गुजरता है, तो इसकी चाल कम हो जाती है और इस प्रक्रिया में सभी सम्भव तरंगदैर्ध्यों के विकिरण उत्सर्जित होते हैं। ये विकिरण सतत होते है और यह प्रक्रिया Bhremstrahlung कहलाती है।

- विलक्षण स्पेक्ट्रल रेखा की आवृत्ति $\propto Z^2$ अर्थात् $\nu \propto Z^2$.
- m द्रव्यमान तथा v वेग के कण से सम्बद्ध डी-ब्रोगली तरंग की तरंगदैर्ध्य

$$\lambda = \frac{h}{mv}$$

- हाइड्रोजन परमाणु X-किरणें उत्सर्जित नहीं करता है, क्योंकि इसमें ऊर्जा स्तर एक-दूसरे के बहुत निकट है।
- X-किरणें उत्पन्न करने के लिए मोलिबिडनम का प्रयोग एक लक्ष्य तत्व के रूप में करते हैं क्योंकि वह एक भारी तत्व है, जिसका गलनांक बहुत अधिक होता है।
- यदि X-किरणों, प्रकाश और रेडियो तरंगों की निर्वातों में चाल v_X, v_L और v_R है तब $v_X = v_L = v_R$
- X-किरण नलिका से उत्सर्जित X-किरण एक विशेष अधिकतम तरंगदैर्ध्य से कम सभी सम्भव तरंगदैर्ध्य से युक्त पुँज होगा।
- V विभवान्तर पर त्वरित इलेक्ट्रॉनों द्वारा उत्पादित X-किरणों की न्यूनतम तरंगदैर्ध्य $= \dfrac{hc}{eV}$
- मोजले के नियम के अनुसार X-किरण स्पेक्ट्रम की आवृत्ति तत्व के परमाणु क्रमांक के वर्ग के समानुपाती होती है।
- प्रयोगशाला में X-किरणें उच्च ऊर्जा के इलेक्ट्रॉनों का भारी धातु से टक्कर से उत्पन्न की जाती हैं।
- X-किरणों के उत्पादन का कारण इलेक्ट्रॉन का संक्रमण भारी लक्ष्य के परमाणुओं में उच्च ऊर्जा स्तर से निम्न ऊर्जा स्तर में है।
- यदि X-किरण नलिका का कार्यकारी वोल्टेज बढ़ाया जाता है तब X-किरणों की न्यूनतम तरंगदैर्ध्य सीमा घट जाती है।
- लाक्षणिक X-किरणें उत्पन्न होने का कारण परमाणु में इलेक्ट्रॉन के उच्च से निम्न ऊर्जा स्तर में संक्रमण है।
- यदि X-किरण नलिका वोल्टेज दोगुना कर दें तो X-किरणों की तीव्रता पर कोई परिवर्तन नहीं होगा।
- X-किरणें चुम्बकीय क्षेत्र या वैद्युत क्षेत्र में विक्षेपित नहीं होती हैं।
- थॉमसन विधि के अनुसार यदि पर्दे पर एक से अधिक परवलय प्राप्त होंगे तो धनआयनों का द्रव्यमान भिन्न-भिन्न होगा।
- जब कोई आवेशित कण क्रॉसिग विद्युत तथा चुम्बकीय क्षेत्र में प्रवेश करता है तो उसका पथ रेखीय होगा।
- जब आवेशित कण की गति की दिशा चुम्बकीय क्षेत्र की दिशा में होती है तो उस पर कार्य करने वाले बल का मान शून्य होगा।
- लम्बवत चुम्बकीय क्षेत्र में गति कर रहे आवेशित कण का संवेग आवेशित कण के आवेश, वृत्ताकार पथ की त्रिज्या तथा चुम्बकीय क्षेत्र की तीव्रता पर निर्भर करता है।

अभ्यास के लिए प्रश्न

1. एक इलेक्ट्रॉन पुंज 10^{-3} वेबर/मी^{2} के चुम्बकीय क्षेत्र व 3.0×10^4 वोल्ट/मी के विद्युत क्षेत्र से गुजरता है। दोनों क्षेत्र एक साथ कार्य करते हैं। यदि इलेक्ट्रॉनों का पथ अविदोपित रहता है, तो इलेक्ट्रॉनों की चाल होगी

(a) 3×10^5 m/s (b) $\frac{1}{3} \times 10^5$ m/s

(c) 3×10^7 m/s (d) $\frac{1}{3} \times 10^7$ m/s

2. कैथोड किरणें हैं

(a) इलेक्ट्रॉनों के किरणपुंज

(b) विद्युत-चुम्बकीय तरंगें

(c) धन ऑयनों के किरणपुंज

(d) अनावेशित कणों के किरणपुंज

3. एक स्थिर इलेक्ट्रॉन को E तीव्रता के एक समान विद्युत क्षेत्र में त्वरित किया गया है। यह x दूरी तय करता है। इलेक्ट्रॉन द्वारा अर्जित गतिज ऊर्जा होगी

(a) $\frac{Ee}{x}$ (b) $\frac{ex}{E}$

(c) Eex (d) $\frac{Ex}{e}$

4. नेत्र, हरे प्रकाश ($\lambda = 5000$ Å) द्वारा 5×10^4 फोटॉन प्रति मी^{2} प्रति सेकण्ड ज्ञात करती है। क्षमता प्राप्त करने में नेत्र, कान की अपेक्षा कितना सुग्राही है

(a) 5 गुना (b) 2 गुना

(c) 3 गुना (d) 4 गुना

5. इलेक्ट्रॉनों की आयनिक उत्सर्जन का कारण है

(a) विद्युत-स्थैतिक क्षेत्र (b) उच्च ताप

(c) विद्युत-चुम्बकीय प्रेरण (d) प्रकाश-वैद्युत प्रभाव

6. एक फोटॉन व इलेक्ट्रॉन की ऊर्जाएँ (E) समान हैं, तो λ_p/λ_e समानुपाती है

(a) $\sqrt{E}$ (b) $1/\sqrt{E}$

(c) $1/E$ (d) E पर निर्भर नहीं करता

7. निम्नलिखित में से कौन-सा गुण फोटॉन का नहीं होता है?

(a) ऊर्जा (b) वेग

(c) संवेग (d) आवेश

8. किसी धातु पृष्ठ पर नीला प्रकाश आपतित करने से उससे इलेक्ट्रॉन उत्सर्जित होते हैं परन्तु हरे रंग से नहीं तो निम्न में से किस रंग के प्रकाश से उत्सर्जित सम्भव होगा

(a) बैंगनी (b) पीला

(c) लाल (d) अवरक्त

9. किसी प्रकाश विद्युत सतह का कार्यफलन 3.3 eV है। इसके लिए देहली आवृत्ति का मान है

(a) 8×10^{14} Hz (b) 4×10^{11} Hz
(c) 5×10^{56} Hz (d) 8×10^{10} Hz

10. धातु पर आपतित प्रकाश की तीव्रता कम कर देने पर

(a) प्रकाश विद्युत धारा बढ़ जायेगी
(b) उत्सर्जित इलेक्ट्रॉनों की संख्या बढ़ जायेगी
(c) उत्सर्जित इलेक्ट्रॉनों की संख्या घट जायेगी
(d) उपरोक्त सभी

11. एक धातु का कार्यफलन $X eV$ है इस पर $2X eV$ ऊर्जा का फोटॉन आपतित होने पर उत्सर्जित फोटो इलेक्ट्रॉन की अधिकतम गतिज ऊर्जा का मान होगा

(a) XeV (b) $3XeV$
(c) $2eV$ (d) $2XeV$

12. एल्यूमीनियम का कार्य-फलन 4.2 eV है। इस पर 2000 Å का प्रकाश आपतित होता है, तो देहली आवृत्ति होगी

(a) 10^{15} हर्ट्ज (b) 10^{18} हर्ट्ज
(c) 10^{19} हर्ट्ज (d) 10^{13} हर्ट्ज

13. किसी धातु के पृष्ठ पर आपतित एक वर्णीय प्रकाश इलेक्ट्रॉन उत्सर्जित करता है जिनकी ऊर्जा शून्य से 2.5 eV तक होती है। फोटॉन की न्यूनतम आपतित ऊर्जा क्या होगी यदि दृढ़ता से बंधे इलेक्ट्रॉन को हटाने के लिए 4.2 eV ऊर्जा की आवश्यकता है?

(a) 6.8 eV (b) >6.8 eV
(c) 1.6 eV (d) 1.6 eV to 6.8 eV

14. समीकरण $E = pc$ वैध है

(a) फोटॉन के लिए किन्तु इलेक्ट्रॉनों के लिए नहीं
(b) न इलेक्ट्रॉनों के लिए न फोटॉनों के लिए
(c) इलेक्ट्रॉन तथा फोटॉन दोनों के लिए
(d) इलेक्ट्रॉन के लिए किन्तु फोटॉन के लिए नहीं

15. किसी सतह के लिए आपतित प्रकाश की आवृत्ति व निरोधी विभव के बीच खींचे गए ग्राफ का ढाल होगा

(a) h (b) eh
(c) e (d) $\frac{h}{e}$

16. 6000 Å तरंगदैर्ध्य का प्रकाश पुंज, वायु से काँच (अपवर्तनांक = 1.5) में प्रवेश करता है, काँच में प्रकाश की तरंगदैर्ध्य होगी

(a) 2000 Å (b) 3000 Å
(c) 4000 Å (d) 6000 Å

17. किसी पदार्थ से प्रकाश इलेक्ट्रॉनों के उत्सर्जन के लिए देहली तरंगदैर्ध्य 5200 Å है। प्रकाश इलेक्ट्रॉनों का उत्सर्जन होगा, यदि एकवर्णी प्रकाश आपतित होगा

(a) 2 वाट से अवरक्त लैम्प से
(b) 1 वाट के पराबैंगनी लैम्प से
(c) 500 वाट के अवरक्त लैम्प से
(d) 50 वाट के पराबैंगनी लैम्प से

18. प्रकाश विद्युत प्रभाव के प्रयोग में निरोधी विभव व आपतित आवृत्ति के बीच खींचे गये ग्राफ की प्रवणता होगी

(a) 1 (b) 0.8
(c) 10^{-15} (d) 10^{-34}

19. जब X-किरण की न्यूनतम तरंगदैर्ध्य 2Å है तब कैथोड तथा प्रति कैथोड के मध्य आरोपित विभवान्तर होगा

(a) 24.8 kV (b) 62 kV
(c) 6.2 kV (d) 2.48 kV

20. जब एक X-किरण एक प्रोटॉन से टकराकर परावर्तित होती है, तब इसकी आवृत्ति

(a) घटती है (b) बढ़ती है
(c) अपरिवर्तित रहती है (d) कुछ कहा नहीं जा सकता

21. कूलीज नली में प्रयुक्त प्रति कैथोड या लक्ष्य की निम्न में से कौन-कौन सी विशेषताएँ चाहिए

(a) उच्च ताप, अल्प चालकता व निम्न वाष्प दाब
(b) उच्च गलनांक, उच्च परमाणु भार, उच्च चालकता तथा अल्प वाष्पदाब
(c) उच्च गलनांक अल्प परमाणु भार
(d) उच्च परमाणु भार

22. X-किरण नली में जब V वोल्ट से त्वरित इलेक्ट्रॉन लक्ष्य से टकराते हैं तो उत्सर्जित X-किरणों की तरंगदैर्ध्य

(a) $\frac{hc}{eV}$ होती है
(b) सभी तरंग दैर्ध्य होती है परन्तु इनमें से कुछ की तीव्रता अधिक तथा कुछ की कम होती है
(c) $\frac{hc}{eV}$ से कम नहीं होती है
(d) $\frac{hc}{eV}$ से अधिक नहीं होती है

23. लाक्षणिक X-किरण फोटॉन की ऊर्जा प्राप्त होती है

(a) लक्ष्य से मुक्त इलेक्ट्रॉनों की गतिज ऊर्जा से
(b) लक्ष्य से परमाणवीय संक्रमण से
(c) टकराने वाले इलेक्ट्रॉनों की गतिज ऊर्जा से
(d) उपरोक्त में से कोई नहीं

24. उत्सर्जित X-किरण की न्यूनतम तरंग-दैर्ध्य 1 Å प्राप्त करने के लिए X-किरण नलिका पर कितना विभवान्तर लगाया जाना चाहिए?

(a) 12.84 kV (b) 11.98 kV
(c) 10.78 kV (d) 12.40 kV

25. X-किरणों के लिए ब्रैग का नियम है

(a) $n \sin\theta = 2\lambda d$ (b) $d \sin\theta = 2n\lambda$
(c) $2d \sin\theta = n\lambda$ (d) उपरोक्त में से कोई नहीं

26. क्रिस्टल की आण्विक संरचना के अध्ययन के लिए X-किरणें प्रयोग की जाती है

(a) इनकी ऊर्जा उच्च है
(b) ये पदार्थ को भेद सकती है
(c) इनकी तरंगदैर्ध्य अन्तराण्विक दूरी के तुलनीय है
(d) इनकी आवृत्ति कम है

27. हड्डियों में हुए फ्रेक्चर का अध्यनन करने के लिए 10^{-11} मी की न्यूनतम तरंगदैर्ध्य की कठोर X-किरणें प्रयोग की जाती हैं। X-किरण मशीन में इलेक्ट्रॉनों के लिए त्वरक विभव होना चाहिए

(a) $<124\,kV$
(b) $>124\,kV$
(c) 60 kV तथा 70 kV के बीच
(d) $=100\,kV$

28. कैथोड किरण नलिका के कैथोड व एनोड के मध्य विभवान्तर 200 KV है तथा उनवे। मध्य दूरी 25 सेमी है। नली के भीतर विद्युत क्षेत्र की तीव्रता होगी

(a) 8×10^3 v/m (b) शून्य
(c) 8×10^5 v/m (d) 8×10^4 v/m

29. 10^6 मी/से वेग की कैथोड किरणें 400 V/cm के विद्युत क्षेत्र में 1 मी त्रिज्या का लगभग वृत्ताकार पथ तय करती है। यदि कैथोड किरणों के वेग को दुगुना कर दिया जाए तो कैथोड किरणों को उसी वृत्ताकार पथ में गति कराने के लिए आवश्यक विद्युत क्षेत्र का मान होगा

(a) $800\,Vcm^{-1}$ (b) $1600\,Vcm^{-1}$
(c) $1200\,Vcm^{-1}$ (d) $100\,Vcm^{-1}$

30. एक इलेक्ट्रॉन गन में, तन्तु व प्लेट के बीच 3000 वोल्ट विभवान्तर है। गन से निकलने वाले इलेक्ट्रॉनों का वेग होगा

(a) 3×10^8 मी/से (b) 3.18×10^7 मी/से
(c) 2.65×10^7 मी/से (d) 3.25×10^7 मी/से

उत्तरमाला

1. (c)	**2.** (a)	**3.** (c)	**4.** (a)	**5.** (b)	**6.** (b)	**7.** (d)	**8.** (a)	**9.** (a)	**10.** (c)
11. (a)	**12.** (a)	**13.** (a)	**14.** (a)	**15.** (a)	**16.** (c)	**17.** (d)	**18.** (c)	**19.** (c)	**20.** (a)
21. (b)	**22.** (a, c)	**23.** (b)	**24.** (d)	**25.** (d)	**26.** (c)	**27.** (b)	**28.** (c)	**29.** (b)	**30.** (d)

हल

1. (c) इलेक्ट्रॉन के अविक्षेपित पुंज के लिए

$$eE = evB$$

या $$v = \frac{E}{B} = \frac{3.0\times10^4}{10^{-3}}$$

$$= 3\times10^7\ m/s$$

3. (c) प्राप्त गतिज ऊर्जा किये गए कार्य के बराबर होती है, इसलिए

$$E_k = eE\cdot x$$

4. (a) फोटॉन की ऊर्जा $E = \frac{hc}{\lambda}$

$$= \frac{6.6\times10^{-34}\times3\times10^8}{5000\times10^{-10}}$$

$$= 3.96\times10^{-19}\text{ जूल}$$

प्रति सेकण्ड प्राप्त ऊर्जा

$$= 3.96\times10^{-19}\times10^4$$
$$= 1.98\times10^{-14}$$

कान की तुलना में आँख की सुग्राहिता

$$= \frac{10^{-13}}{1.98\times10^{-14}} = 5.05 = 5\text{ गुना}$$

5. (b) आयनिक उत्सर्जन का कारण उच्च ताप होता है।

6. (b) सूत्रानुसार

$$E = \frac{hc}{\lambda_p}$$

$$\Rightarrow \quad \lambda_p = \frac{hc}{E} \quad ...(i)$$

इलेक्ट्रॉन के लिए

$$\sqrt{2mE} = \frac{h}{\lambda_e}$$

$$\therefore \quad \lambda_e = \frac{h}{\sqrt{2ME}} \quad ...(ii)$$

समीकरण (i) को समीकरण (ii) से भाग करने पर

$$\frac{\lambda_p}{\lambda_e} = \frac{hc}{E}\times\frac{\sqrt{2ME}}{h}$$

$$\frac{\lambda_p}{\lambda_E} \propto \frac{1}{\sqrt{E}}$$

7. (d) फोटॉन पर कोई आवेश नहीं होता है, यह एक ऊर्जा का पैकेट होता है।

8. (a) चूँकि $\lambda_V < \lambda_G$ इसलिए हरे रंग से कम तरंगदैर्ध्य के प्रकाश (अर्थात् बैंगनी रंग) से उत्सर्जन सम्भव होगा।

9. (a) $v_0 = \frac{\phi}{h} = \frac{3.3\times1.6\times10^{-19}}{6.62\times10^{-34}}$

$= 8\times10^{14}\,\text{Hz}$

12. (a) $v_0 = \frac{\phi_0}{h} = \frac{4.2\times1.6\times10^{-19}}{6.62\times10^{-34}}$

$= 10^{15}\,\text{Hz}$

13. (a) $hv = \phi + E_k = 4.2 + 2.5 = 6.7\,\text{eV}$

15. (a) सूत्रानुसार

$$hv = W_0 + eV_0$$
$$eV_0 = hv - W_0$$
$$V_0 = \frac{h}{e}v - \frac{W_0}{e}$$

आवृत्ति v व विरोधी विभव V_0 के बीच ग्राफ की प्रवणता

16. (c) सूत्रानुसार

$$\mu = \frac{c}{\upsilon} = \frac{v\lambda_0}{v\lambda}$$

$$1.5 = \frac{6000}{\lambda}$$

या $\lambda = \frac{6000}{1.5} = 4000\,\text{Å}$

18. (c) आइन्सटीन की समीकरण द्वारा

$$eV_0 = \frac{1}{2}mv^2 = hv - hv_0$$

$$V_0 = \frac{h}{e}v - \frac{h}{e}v_0 \quad \text{...(i)}$$

समीकरण (i) से, ग्राफ की प्रवणता

$$= \frac{h}{e} = \frac{6.6\times10^{-34}}{1.6\times10^{-19}}$$
$$= 4.125\times10^{-15}$$

इसलिए आपतित आवृत्ति व निरोधी विभव के बीच खींचे गए ग्राफ की प्रवणता 10^{-15} होगी।

19. (c) $V = \frac{12400}{\lambda_{\min}(\text{Å})}$ वोल्ट

$$V = \frac{12400}{2} = 6.2\,kV$$

24. (d) $l_m = \frac{1240}{V}\times10^{-9}$

जहाँ $\lambda_m = 1\times10^{-10}$ मीटर

$\therefore$ $V = \frac{1240\times10^{-9}}{1\times10^{-10}} = 12400 = 12.40\,\text{kV}$

25. (d) ब्रैग का नियम $2d\sin\theta = n\lambda$ से दिया जाता है

जहाँ λ = आपतित X-किरणों की तरंगदैर्ध्य

d = अन्तराण्विक दूरी,

θ = X-किरणों द्वारा, तल से बनाया गया कोण

26. (c) क्रिस्टल की आण्विक संरचना के अध्ययन के लिए X-किरणों की तरंगदैर्ध्य अन्तराण्विक दूरी के तुलनीय होनी चाहिए।

27. (b) सूत्रानुसार

$$eV_0 = hv_{\max}$$

या $eV_0 = \frac{hc}{\lambda_{\min}}$

$\therefore$ $V_0 = \frac{hc}{e\lambda_{\min}}$

या $V_0 = 12400\times\frac{10^{-10}}{10^{-11}} = 124$ किलो वोल्ट

इसलिए X-किरण मशीन में इलेक्ट्रॉनों के लिए त्वरक विभव 124 किलो वोल्ट से कम होना चाहिए।

28. (c) $E = \frac{V}{d} = \frac{200\times10^3}{0.25}$

$= 8\times10^3\,\text{V/m}$

29. (b) $qE = \frac{mv^2}{r}$ या $E \propto v^2$

$\therefore$ $\frac{E_2}{E_1} = \left(\frac{v_2}{v_1}\right)^2$

या $E_2 = 400\times4$

$= 1600\,\text{V/m}$

30. (d) सूत्रानुसार

$$\frac{1}{2}m\upsilon^2 = \text{eV}$$

$\therefore$ $\frac{1}{2}m\upsilon^2 = 3000\times1.6\times10^{-19}$

इलेक्ट्रॉन का वेग

$$\upsilon = \sqrt{\left(\frac{2\times3000\times1.6\times10^{-19}}{9.1\times10^{-31}}\right)}$$

$= 3.25\times10^7$ मी/से

Previous Years' Problems

1. प्रकाश-वैद्युत के लिये क्रियाशील धातु की देहली आवृत्ति (threshold frequency) 4.4×10^{14} हर्ट्ज है। यदि प्लांक नियतांक h का मान 6.62×10^{-34} जूल-सेकण्ड है, तो देहली तरंगदैर्घ्य है, लगभग:

(a) 6820×10^{-8} मीटर (b) 6820×10^{-6} सेमी

(c) 6820×10^{-10} मीटर (d) 6820×10^{-10} सेमी

[AIEEE 2003]

2. दो एक-दूसरे प्रकाश कैथाड (photo cathode) ν_1 तथा ν_2 आवृत्तियों के प्रकाश को ग्रहण करते हैं। यदि ν_1 और ν_2 से प्राप्त होने वाले प्रकाश इलेक्ट्रॉनों (photo electrons) के वेग क्रमशः v_1 तथा v_2 है, तब :

(a) $v_1 + v_2 = \left[\frac{2h}{m}(\nu_1 - \nu_2)\right]^{1/2}$

(b) $v_1^2 + v_2^2 = \frac{2h}{m}(\nu_1 - \nu_2)$

(c) $v_1 - v_2 = \left[\frac{2h}{m}(\nu_1 - \nu_2)\right]^{1/2}$

(d) $v_1^2 - v_2^2 = \frac{2h}{m}(\nu_1 - \nu_2)$

[AIEEE 2003]

3. यदि एक सतह का कार्य फलन (work function) 3.00 eV है, प्रकाश की वह दीर्घतम तरंगदैर्घ्य (longest wavelength), जिससे इलेक्ट्रॉनों का उत्सर्जन सम्भावित है :

(a) 4.13×10^{-7} मीटर (b) 6.84×10^{-7} मीटर

(c) 4.8×10^{-7} मीटर (d) 5.99×10^{-7} मीटर

[AIEEE 2004]

4. एक पूर्ण परवर्तक सतह पर E ऊर्जा के विकिरण अभिलम्बवत् पड़ते हैं। सतह का स्थानान्तरित संवेग है :

(a) Ec (b) E/c^2

(c) E/c (d) $2E/c$

[AIEEE 2004]

5. यदि एक मुक्त इलेक्ट्रॉन की गतिज ऊर्जा दुगुनी कर दी जाये तो इसकी डी-ब्रोगली तरंगदैर्घ्य परिवर्तित होती है :

(a) $1/2$ (b) 2

(c) $1/\sqrt{2}$ (d) $\sqrt{2}$

[AIEEE 2005]

6. फोटॉन के सतह पर टकराने के पश्चात् प्रकाश इलेक्ट्रान के सतह से बाहर निकलने में व्यतीत समय है लगभग :

(a) 10^{-10} सेकण्ड (b) 10^{-16} सेकण्ड

(c) 10^{-1} सेकण्ड (d) 10^{-4} सेकण्ड

[AIEEE 2006]

7. धातु की एक सतह के लिए देहली आवृत्ति 6.2 eV की ऊर्जा के सदृश है तथा सतह पर आपतित एक विकिरण के लिए निरोधी विभव (stopping potential) 5V है। आपतित विकिरण पड़ते है:

(a) अवरक्त क्षेत्र में (b) दृश्यमान क्षेत्र में

(c) X- किरण क्षेत्र में (d) पराबैंगनी क्षेत्र

[AIEEE 2006]

8. एक प्रकाश सैल (photo cell) की एनोड़ वोल्टता नियत स्थिर रखी गई है। कैथोड़ पर गिरने वाली प्रकाश की तरंगदैर्घ्य λ लगातार परिवर्तित की जाती है। प्रकाश सैल की प्लेट धारा निम्न में से किस आरेखानुसार बदलेगी ?

(a)

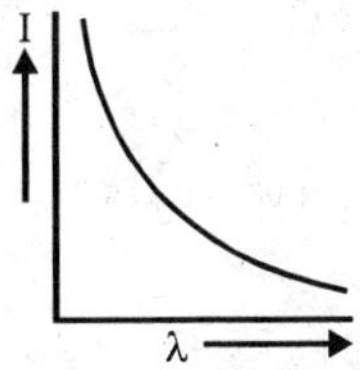

(b)

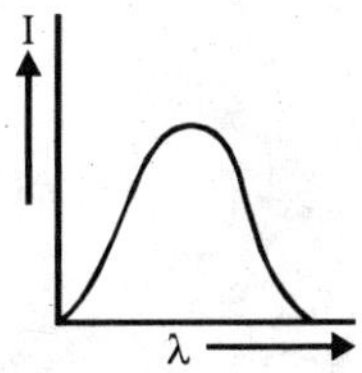

(c)

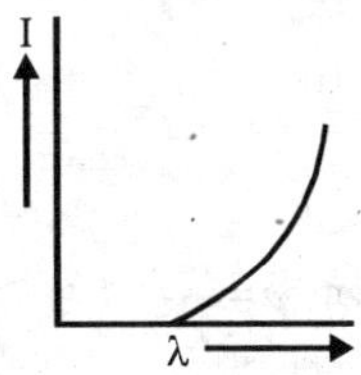

(d)

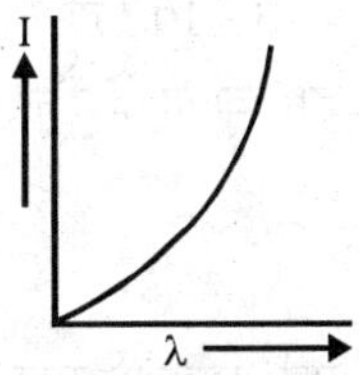

[AIEEE 2006]

9. ν आवृत्ति के फोटॉन से संबद्ध एक संवेग है, यदि प्रकाश का वेग c है, तो संवेग का मान क्या होगा ?

(a) $h\nu c$ (b) $h\nu/c^2$

(c) $h\nu/c$ (d) ν/c

[AIEEE 2007]

उत्तरमाला

1. (c)	**2.** (d)	**3.** (a)	**4.** (d)	**5.** (c)	**6.** (a)	**7.** (d)	**8.** (a)	**9.** (c)

हल

1. (c) यदि धातु का कार्य फलन W है

$$W = h\nu$$
$$= 6.62\times10^{-34}\times4.4\times10^{14}$$
$$= 29.12\times10^{-20}\ \text{J}$$

देहली तरंगदैर्घ्य

$$\lambda = \frac{hc}{W}$$

$$= \frac{(6.62\times10^{-34})\times(3\times10^{8})}{29.12\times0^{-20}}$$

$$= \frac{1986\times10^{-26}}{2912\times10^{-20}} = 0.680\times10^{-6}\ \text{मीटर}$$

$$= 6820\times10^{-10}\ \text{मीटर}$$

2. (d) $$h\nu_1 = h\nu_0 + \frac{1}{2}mv_1^2$$

$$h\nu_2 = h\nu_0 + \frac{1}{2}mv_2^2$$

$\therefore$ $$h(\nu_1-\nu_2) = \frac{1}{2}m(v_1^2-v_2^2)$$

$\therefore$ $$v_1^2-v_2^2 = \frac{2h}{m}(\nu_1-\nu_2)$$

3. (a) 4.13×10^{-7} मीटर

4. (d) हम जानते हैं कि

$$\frac{hc}{\lambda} = E \text{ तथा } p = \frac{h}{\lambda}$$

पूर्ण परावर्तक पृष्ठ के लिये स्थानान्तरित संवेग,

$$= 2p = 2\frac{h}{\lambda} = \frac{2E}{c}$$

5. (c) डी-ब्रोगली तरंगदैर्घ्य से,

$$\lambda = \frac{h}{p} = \frac{h}{\sqrt{2Km}}$$

अर्थात्, $$\lambda \propto \frac{1}{\sqrt{K}}$$

जब K को दुगुना किया जाता है तो λ का मान $1/\sqrt{2}$

6. (a) प्रकाश-वैद्युत उत्सर्जन बिना किसीसमय पश्चात (time-lag) के एक तात्कालिक (instantaneous) प्रक्रिया है। यह देखा गया है कि प्रकाश इलेक्ट्रॉन का उत्सर्जन लगभग 10^{-10} सेकण्ड समय के भीतर होता है।

7. (d) इलेक्ट्रॉनों की अधिकतम गतिज ऊर्जा

$$(\text{KE})_{max} = eV_s = 5\text{eV}$$

आइन्सटीन की प्रकाश-वैद्युत समीकरण के अनुसार

जहाँ $E =$ आपतित विकिरणों की ऊर्जा

$\phi =$ कार्य फलन

$$E = 5+6.2 = 11.2\ \text{eV}$$

आपतित विकिरणों की तरंग-दैर्घ्य

$$\lambda = \frac{hc}{E}$$

$$= \frac{1.240\times10^{-6}}{E(\text{eV})}\text{eV-m}$$

$$= \frac{1.240\times10^{-6}}{11.2}$$

$$= 0.1107\times10^{-6}\ \text{मी}$$
$$= 1107\times10^{-10}\ \text{मी} = 1107\ \text{Å}$$

आपतित विकिरण अवरक्त क्षेत्र में पड़ते हैं।

8. (a) एक प्रकाश सैल (photo cell) में प्रकाश-वैद्युत प्रभाव के अनुसार यदि λ तरंग-दैर्घ्य का प्रकाश कैथोड़ पर आपतित होता है तो इलेक्ट्रॉन के उत्सर्जन होने पर प्रकाश-वैद्युत धारा का प्रवाह होना सम्भव है। प्रकाश सैल प्रकाश-वैद्युत धारा का प्रवाह होना सम्भव है। प्रकाश सैल प्रकाश-वैद्युत प्रभाव के सिद्धांत पर आधारित है। जैसे-जैसे प्रकाश इलेक्ट्रॉनों की संख्या अपरिवर्तित की जाती है, उत्सर्जित प्रकाश इलेक्ट्रॉनों की संख्या अपरिवर्तित बनी रहती है अत: प्रकाश वैद्युत धारा (प्रकाश सैल की प्लेट धारा) में कोई परिवर्तन नहीं होता है। इस प्रकार, आपतित प्रकाश की तरंगदैर्घ्य तथा प्लेट धारा एक-दूसरे पर निर्भर नहीं करती हैं। प्लेट धारा आपतित प्रकाश की तीव्रता पर निर्भर करती है।

9. (c) ν आवृत्ति के फोटॉन की ऊर्जा,

$$E = h\nu$$

तथा $E = pc$ जहाँ p फोटॉन का संवेग है

$$\therefore h\nu = pc \Rightarrow p = \frac{h\nu}{c}$$

□□□

अध्याय

26

परमाणु संरचना तथा स्पैक्ट्रम

(Atomic Structure and Spectrum)

बोहर का हाइड्रोजन परमाणु का सिद्धान्त (Bohr's Theory of Hydrogen Atom)

- बोहर के अनुसार, इलेक्ट्रॉन नाभिक के चारों ओर केवल उन्हीं वृत्ताकार कक्षाओं में घूमता है जिनमें उसका कोणीय संवेग $\hbar$ का पूर्ण गुणांक हो

$$\boxed{\hbar = \frac{h}{2\pi}}$$

- नाभिक और इलेक्ट्रॉनों के मध्य कूलॉम आकर्षण बल ही इलेक्ट्रॉन को आवश्यक अभिकेन्द्रीय बल प्रदान करता है।

$$\boxed{\frac{mv^2}{r} = \frac{KZe^2}{r^2}}$$

बोहर सिद्धान्त के अनुसार इलेक्ट्रॉन के विभिन्न प्राचल (Various Parameters regarding Electron on the basis of Bohr's Theory)

- nवें orbit की त्रिज्या

$$\boxed{r_n = \frac{n^2h^2}{4\pi^2 kZe^2 m} = \frac{.529\times n^2}{Z}\text{ Å}}$$

$n =$ कक्ष की मुख्य क्वान्टम संख्या

$Z =$ तत्व का आवेश क्रमांक

- nवें orbit में इलेक्ट्रॉन का वेग

(a) $v_n = \frac{2\pi KZe^2}{nh}$

(b) $v_n = \frac{2.2\times10^6\, Z}{n}$ m/s.

- nवें orbit में इलेक्ट्रॉनों की कोणीय आवृत्ति

(a) $\omega_n = \frac{8\pi^3 K^2 Z^2 e^4 m}{n^3 h^3}$

(b) $\omega_n = \frac{4.159\times10^{16}\, Z^2}{n^3}$ रे/से.

- nवें orbit में इलेक्ट्रॉन की आवृत्ति

(a) $f_n = \frac{4\pi^3 K^2 Z^2 e^4 m}{n^3 h^3}$

(b) $f_n = \frac{6.62\times10^{15}\, Z^2}{n^3}$ हर्टज

- nवें orbit में इलेक्ट्रॉन का परिक्रमण काल

(a) $T_n = \frac{n^3 h^3}{4\pi^3 m e^4 K^2 Z^2}$

(b) $T_n = \frac{1.5\times10^{-16}\, n^3}{Z^2}$ से.

- nवें orbit में इलेक्ट्रॉन की गति के कारण विद्युत धारा

(a) $I_n = ef_n = \frac{4\pi^2 K^2 Z^2 e^2 m}{n^3 h^3}$

(b) $I_n = \frac{1.06 Z^2}{n^3}$ मिली एम्पीयर

- nवें orbit में इलेक्ट्रॉन की गति के कारण नाभिक पर उत्पन्न चुम्बकीय प्रेरण

(a) $B_n = \frac{\mu_0 I_0}{2r_n} = \frac{8\pi^4 K^3 Z^3 e^7 m^2}{n^5 h^5}$

(b) $B_n \propto \frac{Z^3 m^2}{n^5}$

(c) $B_n = \frac{12.58 Z^3}{n^5}$ टेसला

- nवें orbit में इलेक्ट्रॉन की गति के कारण उत्पन्न चुम्बकीय आघूर्ण

(a) $M_n = I_n A_n = \pi r_n^2 I_n$

(b) $M_n = \dfrac{eh}{4\pi m} n = \dfrac{e\hbar}{2m} n$

(c) $M_n = 9.26 \times 10^{-24}\, n$ एम्पीयर-मी^{2}

(d) यदि $n = 1$ हो, तो $M_n = \dfrac{e\hbar}{2m} = 9.26 \times 10^{-24}$ एम्पीयर-मी

इसे बोहर मैग्नेटोन कहते हैं।

- nवें orbit में इलेक्ट्रॉन की स्थितिज ऊर्जा

(a) $U_n = \dfrac{-KZe^2}{r_n} = \dfrac{-27.2}{n^2} Z^2$ eV

(b) H_2 परमाणु के लिए

$$U_n = \frac{-Ke^2}{r_n}$$

- nवें orbit में इलेक्ट्रॉन की गतिज ऊर्जा

(a) $E_{kn} = \dfrac{KZe^2}{2r_n} = \dfrac{13.6}{n^2} Z^2$ eV

(b) H_2 परमाणु के लिए

$$E_{kn} = \frac{Ke^2}{2r_n}$$

- nवें orbit में इलेक्ट्रॉन की कुल ऊर्जा = स्थितिज ऊर्जा + गतिज ऊर्जा

$$E_n = U_n + E_{kn}$$

(a) $E_n = \dfrac{-KZe^2}{2r_n} = \dfrac{-2\pi^2 K^2 me^4 Z^2}{n^2 h^2}$

(b) $E_n = \dfrac{-RchZ^2}{n^2}$, R = रिडबर्ग नियतांक

(c) $E_n = \dfrac{-13.6Z^2}{n^2}$eV

- इलेक्ट्रॉन की आयनन ऊर्जा

(a) $E_{\text{आयनन}} = \dfrac{E_n \text{ (जूल में)}}{e}$

(b) $E_{\text{आयनन}} = \dfrac{13.6\, Z^2 \text{ (वोल्ट)}}{n^2}$

(c) $E_{\text{आयनन}} \propto \dfrac{Z^2}{n^2}$

हाइड्रोजन स्पेक्ट्रम (Hydrogen Spectrum)

- जब इलेक्ट्रॉन n_2 orbit से n_1 orbit में संक्रमण (jump) करता है तब

उत्सर्जित ऊर्जा $\Delta E = E_2 - E_1$

$$\Delta E = Rchz^2\left(\frac{1}{n_1^2} - \frac{1}{n_2^2}\right)$$

c = प्रकाश का वेग, h = प्लाँक नियतांक

$$\boxed{\bar{\upsilon} = \frac{1}{\lambda} = Rz^2\left(\frac{1}{n_1^2} - \frac{1}{n_2^2}\right)}$$

स्पेक्ट्रम की श्रेणियाँ

- **लाइमन श्रेणी के लिए (for Lyman Series)**

(A) $n_1 = 1,\ n_2 = 2, 3, \ldots \infty$

(B) लघु तरंगदैर्ध्य

$n_1 = 1,\ n_2 = \infty$

$$\boxed{\lambda_{\min} = \frac{1}{R} = 912\,\text{Å}}$$

- **बामर श्रेणी के लिए (for Botmer Series)**

(A) $n_1 = 2,\ n_2 = 3, 4, \ldots \infty$

(B) लघु तरंगदैर्ध्य

$n_1 = 2,\ n_2 = \infty$

$$\boxed{\lambda_{\min} = \frac{4}{R} = 3646\,\text{Å}}$$

- **पाश्चन श्रेणी के लिए (for Paschen)**

(A) $n_1 = 3,\ n_2 = 4, 5, \ldots \infty$

(B) लघु तरंगदैर्ध्य

$n_1 = 3,\ n_2 = \infty$

$$\boxed{\lambda_{\min} = \frac{9}{R} = 8107\,\text{Å}}$$

- **ब्रैकेट श्रेणी के लिए**

(A) $n_1 = 4,\ n_2 = 5, 6, \ldots \infty$

(B) लघु तरंगदैर्ध्य

$n_1 = 4,\ n_2 = \infty$

$$\boxed{\lambda_{\min} = \frac{16}{R} = 14572\,\text{Å}}$$

- **फुन्ड श्रेणी के लिए (P Fund Series)**

(A) $n_1 = 5,\ n_2 = 6, 7, \ldots \infty$

(B) लघु तरंगदैर्ध्य

$n_1 = 5,\ n_2 = \infty$

$$\boxed{\lambda_{\min} = \frac{25}{R} = 22768\,\text{Å}}$$

ध्यान दें

(a) लाइमन श्रेणी उत्सर्जन तथा अवशोषण दोनों स्पेक्ट्रमों में प्राप्त होती है।

(b) बामर श्रेणी, पाश्चन श्रेणी, ब्रैकेट श्रेणी तथा फुण्ड श्रेणी केवल उत्सर्जन स्पेक्ट्रम में प्राप्त होती हैं।

(c) स्पेक्ट्रमी श्रेणियों का क्रम बढ़ने पर स्पेक्ट्रमी रेखाओं की तरंगदैर्ध्य बढ़ती है।

$$\lambda_{\text{फुण्ड}} > \lambda_{\text{ब्रैकेट}} > \lambda_{\text{पाश्चन}} > \lambda_{\text{बामर}} > \lambda_{\text{लाइमन}}$$

गतिमान कणों से सम्बद्ध द-ब्रोगली तरंगदैर्ध्य(de-Broglie wavelength Associated with Moving Particles):

- कण से सम्बद्ध तरंगदैर्ध्य

$$\lambda = \frac{h}{p} = \frac{h}{mv}$$

- द्रव्यमान m व v वेग से गतिशील कण की गतिज ऊर्जा

$$E = \frac{1}{2}mv^2 = \frac{p^2}{2m}$$

- कण का संवेग

$$p = mv = \sqrt{2mE}$$

$$\lambda = \frac{h}{\sqrt{2mE}}$$

आवेशित कणों से सम्बद्ध दे-ब्रोगली तरंगदैर्ध्य (de-Broglie Wavelength Associated with Charged Particles):

- आवेशित त्वरित कण से सम्बद्ध दे ब्रोगली तरंगदैर्ध्य

$$\lambda = \frac{h}{p} = \frac{h}{\sqrt{2mE}} = \frac{h}{\sqrt{2mqV}}$$

- इलेक्ट्रॉन से सम्बद्ध दे ब्रोगली तरंगदैर्ध्य

$$\lambda = \left(\frac{150}{V}\right)^{1/2} = \frac{12.27}{\sqrt{V}}\text{Å}$$

- प्रोटॉन के लिए, $m_p = 1.67 \times 10^{-27}$ किग्रा

$$\lambda = \frac{0.286}{\sqrt{V}}\text{Å}$$

- ड्यूट्रॉन के लिए, $m = 2 \times 1.67 \times 10^{-27}$ किग्रा

$$\lambda = \frac{0.202}{\sqrt{V}}\text{Å}$$

- α-कण के लिए $m = 2 \times 1.67 \times 10^{-27}$ किग्रा

$$\lambda = \frac{0.101}{\sqrt{V}}\text{Å}$$

$$\lambda_\alpha < \lambda_D < \lambda_P$$

अनावेशित कणों से सम्बद्ध दे-ब्रोगली तरंगदैर्ध्य (de-Broglie Wavelength associated with Uncharged Particles):

- कण से सम्बद्ध दे-ब्रोगली तरंगदैर्ध्य

$$\lambda = \frac{h}{p} = \frac{h}{mv} = \frac{h}{\sqrt{2mE}}$$

- अनावेशित कण का वेग

$$v = \sqrt{\frac{2E}{m}}$$

- T°K ताप पर गैस अणुओं की ऊर्जा

$$E = \frac{3}{2}kT$$

$$\therefore \quad \lambda = \frac{h}{\sqrt{3mkT}}$$

हाइजनबर्ग अनिश्चतता का सिद्धान्त (Heisenberg's Uncertainty Principle):

- किसी भी कण की स्थिति व संवेग, ऊर्जा व समय तथा कोणीय संवेग और कोणीय विस्थापन का एक साथ अतिशुद्धता से मापना सम्भव नहीं होता।

$$(\Delta p)(\Delta x) \geq \frac{h}{4\pi}$$

$$(\Delta p)(\Delta x) \geq \hbar$$

$$(\Delta E)(\Delta t) \geq \hbar$$

$$(\Delta J)(\Delta \theta) \geq \hbar$$

Δp = कण के संवेग के निर्धारण में अनिश्चितता

Δx = कण की स्थिति के निर्धारण में अनिश्चितता

ΔE = कण की ऊर्जा के निर्धारण में अनिश्चितता

Δt = समय के निर्धारण में अनिश्चितता

ΔJ = कोणीय संवेग के निर्धारण में अनिश्चितता

$\Delta \theta$ = कोण के निर्धारण में अनिश्चितता

- इस सिद्धान्त के अनुसार इलेक्ट्रॉन नाभिक में नहीं हो सकते हैं क्योंकि नाभिक से उत्सर्जित β कण की ऊर्जा 97 MeV होती है जबकि हाइजनबर्ग के सिद्धान्त के अनुसार यह 4MeV होनी चाहिए।
- यह सिद्धान्त सूक्ष्म कणों के लिए अधिक प्रभावी है (सामान्य वस्तुओं के लिए नहीं) क्योंकि सूक्ष्म कणों के लिए अनिश्चितता सिद्धान्त के कारण त्रुटि अन्य मापन की त्रुटियों से अधिक होती है जबकि वस्तुओं के लिए अत्यन्त कम होती है।

- इस सिद्धान्त के अनुसार कोई भी दो विहित संयुग्मी भौतिक राशियों का एक साथ अतिशुद्धता से मापन नहीं किया जा सकता क्योंकि यदि एक विहित संयुग्मी राशि जितनी अधिक शुद्धता से मापी जायेगी दूसरी विहित संयुग्मी राशि उतनी ही अशुद्ध हो जायेगी।
  यदि $\Delta x = 0$ हो तो $\Delta p = \infty$
  तथा यदि $\Delta E = 0$ हो तो $\Delta t = \infty$
- अनिश्चितता के सिद्धान्त के अनुसार –
  - स्पेक्ट्रमी रेखाओं की परिमित चौड़ाई (विस्तार) होना
  - इलेक्ट्रॉनों के नाभिक में उपस्थिति न होना
  - हाइड्रोजन परमाणु के आकार
  - गॉसियन तरंग संघ
  - क्वाण्टम यांत्रिकी में प्रायिकता सिद्धान्त

  की व्याख्या की जा सकती है।
- यदि $\Delta\lambda$ विस्तार की स्पेक्ट्रमी रेखा की तरंगदैर्ध्य λ हो, तो परमाणु के उत्तेजित अवस्था में रहने का न्यूनतम समय

$$\Delta t = \frac{\lambda^2}{2\pi(\Delta\lambda)c}$$

महत्त्वपूर्ण तथ्य (Important Facts)

- लाइमन श्रेणी की विभिन्न रेखाओं की तरंग-दैर्ध्य 911Å व 1215Å के बीच होती है।
- परमाणु का आकार लगभग 10^{-10}m होता है।
- परमाणु में किसी इलेक्ट्रॉन की कुल ऊर्जा सदा ऋणात्मक होती है।
- बोहर के सिद्धान्त के अनुसार, जब इलेक्ट्रॉन उच्च कक्षा से द्वितीय कक्षा में कूदता है, तो उत्पन्न वर्णीय रेखा, बामर श्रेणी होती है।
- जब हाइड्रोजन परमाणु को सामान्य अवस्था से उत्तेजित अवस्था में लाया जाता है, तो स्थितिज ऊर्जा में वृद्धि होती है तथा गतिज ऊर्जा कम होती है।
- अपने सिद्धान्त की व्याख्या करने के लिए बोहर ने ऊर्जा संरक्षण के सिद्धान्त का उपयोग किया।
- बामर श्रेणी दृश्य क्षेत्र में प्राप्त होती हैं।
- किसी श्रेणी में स्पेक्ट्रमी रेखा का क्रम बढ़ने पर तरंगदैर्ध्य का मान घटता है।
- रेखिल स्पेक्ट्रम में रेखाओं की संख्या इलेक्ट्रॉनो की संख्या पर निर्भर करती है।
- एक इलेक्ट्रॉन तथा प्रोटॉन समान विभवान्तर से त्वरित किये गए है तो डी-ब्रोगली तरंगदैर्ध्यों का अनुपात

$$\frac{\lambda_e}{\lambda_p} = \sqrt{\frac{m_p}{m_e}}$$

- m_0 विराम द्रव्यमान का एक द्रव्य कण ब चाल से गतिमान है, इससे संबद्ध डी-ब्रोगली तरंगदैर्ध्य का मान शून्य होगा।
- $h\upsilon$ ऊर्जा के फोटॉन का प्रभावी द्रव्यमान $= \frac{h\upsilon}{c^2}$
- इलेक्ट्रॉन का द्रव्यमान इलेक्ट्रॉन के वेग के साथ परिवर्तित होता है।
- यदि एक फोटॉन, एक इलेक्ट्रॉन तथा एक यूरेनियम नाभिक सभी की तरंगदैर्ध्य समान हैं तो फोटॉन की ऊर्जा सर्वाधिक होगी।
- बोहर की परिकल्पनाओं के अनुसार कोणीय संवेग के मान पृथकीकृत होते हैं।
- परमताप T°K पर किसी परमाणु के डी-ब्रोगली तरंगदैर्ध्य का मान

$$\frac{h}{\sqrt{3mkT}}$$

- बोहर के nवें कक्ष में इलेक्ट्रॉन से संबद्ध डी-ब्रोगली तरंगदैर्ध्य

$$\lambda = \frac{2\pi r}{n}\text{Å}$$

- बोहर प्रारूप के अनुसार, नाभिक के परितः इलेक्ट्रॉन केवल कुछ निश्चित कक्षाओं में परिक्रमण कर सकते हैं तथा इलेक्ट्रॉन केवल कुछ निश्चित आवृत्तियों की तरंगें उत्सर्जित करते हैं, अर्थात् इनका वर्ण-क्रम रेखिक होता है।
- हाइड्रोजन परमाणु में कक्षाओं की ऊर्जा ऋणात्मक होती है क्योंकि कक्षीय इलेक्ट्रॉन व नाभिक में आकर्षण के कारण, स्थितिज ऊर्जा ऋणात्मक होती है। परिमाण में यह गतिज ऊर्जा से अधिक होती है। अतः कुल ऊर्जा ऋणात्मक होती है।
- जब हाइड्रोजन परमाणु की बामर श्रेणी में जब इलेक्ट्रॉन किसी बाह्य कक्षा से दूसरी कक्षा में जाता है, तो एकवर्णीय रेखा उत्सर्जित होती है।
- लाइमन व बामर श्रेणियाँ, क्रमश पराबैंगनी व दृश्य क्षेत्र में होती हैं।
- पाश्चन श्रेणी वर्णक्रम के अवरक्त क्षेत्र में होती है।
- हाइड्रोजन परमाणु के लिए बोहर के प्रारूप के अनुसार जब इलेक्ट्रॉन दीर्घ कक्षा से छोटी कक्षा में कूदता है तो विकिरण उत्सर्जित होते हैं।
- हाइड्रोजन परमाणु के लिए बोहर के प्रारूप के अनुसार, स्थाई कक्षाओं की त्रिज्या, क्वान्टम संख्या के वर्ग के समानुपाती होती है।

अभ्यास के लिए प्रश्न

1. हाइड्रोजन परमाणु के प्रथम कक्षा की त्रिज्या 0.53 Å है तो उसकी चतुर्थ कक्षा की त्रिज्या होगी

(a) 2.12 Å (b) 8.48 Å
(c) 0.193 Å (d) 4.24 Åb

2. हाइड्रोजन परमाणु की आयनन ऊर्जा 13.6 eV है। हीलियम परमाणु की आयनन ऊर्जा होगी

(a) 13.6 eV (b) 6.8 eV
(c) 27.2 eV (d) 54.4 eV

3. यदि एक इलेक्ट्रॉन हाइड्रोजन परमाणु में तीसरी कक्षा से दूसरी कक्षा में कूदता है तो उत्सर्जित फोटॉन की तरंगदैर्ध्य होगी

(a) $\frac{4R}{34}$ (b) $\frac{34}{4R}$
(c) $\frac{36}{5R}$ (d) $\frac{5R}{36}$

4. लाइमन तथा बामर श्रेणियों की न्यूनतम तरंगदैर्ध्य का अनुपात होगा

(a) 5 (b) 10
(c) 1.25 (d) 0.25

5. एक उत्तेजित हाइड्रोजन परमाणु में एक इलेक्ट्रॉन की ऊर्जा –3.4 eV है। बोहर सिद्धान्तानुसार इसका कोणीय संवेग होगा

(a) $\frac{3h}{2\pi}$ (b) $\frac{3}{2\pi h}$
(c) $\frac{h}{\pi}$ (d) $\frac{h}{2\pi}$

6. लाइमन श्रेणी में न्यूनतम तरंगदैर्ध्य की तरंग है

(a) R (b) $\frac{1}{R}$
(c) Rc (d) $\frac{1}{Rc}$

7. H-परमाणु में इलेक्ट्रॉन $n=3$ से $n=1$ में संक्रमण करता है। H-परमाणु का प्रतिक्षिप्त संवेग होगा

(a) 6.45×10^{-24} N-s (b) 6.8×10^{-24} N-s
(c) 6.45×10^{-27} N-s (d) 6.8×10^{-27} N-s

8. किसी हाइड्रोजन की भाँति के बोर परमाणु की आयनन ऊर्जा 9 रिडबर्ग है। इस परमाणु की प्रथम कक्षा की त्रिज्या हाइड्रोजन परमाणु की प्रथम कक्षा की त्रिज्या के सापेक्ष होगी

(a) एक तिहाई (b) तिगुनी
(c) चौथाई (d) आधी

9. हाइड्रोजन, He^+ तथा Be^{3+} की बामर श्रेणी की प्रथम रेखा की तरंगदैर्ध्य क्रमशः λ_1, λ_2 तथा λ_3 हैं। इन तरंगदैर्ध्यों का अनुपात होगा

(a) 16 : 4 : 1 (b) 4 : 2 : 1
(c) 1 : 4 : 16 (d) 1 : 2 : 4

10. रदरफोर्ड प्रकीर्णन प्रयोग में 60° पर प्रकीर्णित α-कणों की संख्या 5×10^6 है। 120° पर प्रकीर्णित α-कणों की संख्या होगी

(a) 15×10^6 (b) $\frac{3}{5} \times 10^6$
(c) $\frac{5}{9} \times 10^6$ (d) उपरोक्त में से कोई नहीं

11. मूल अवस्था में इलेक्ट्रॉन का कक्षीय वेग v है। यदि इलेक्ट्रॉन को – 0.54 eV ऊर्जा अवस्था में उत्तेजित किया जाता है तो इसका कक्षीय वेग होगा

(a) $\frac{v}{5}$ (b) $\frac{v}{7}$
(c) v (d) $\frac{v}{3}$

12. रदरफोर्ड के प्रयोग में, 90° कोण पर प्रकीर्णित होने वाले कणों की संख्या 28 प्रति मिनट है। 60° व 120^3 के कोण पर प्रकीर्णित होने वाले कणों की संख्या होगी

(a) 272 प्रति मिनट, 50 प्रति मिनट
(b) 50 प्रति मिनट, 12.5 प्रति मिनट
(c) 100 प्रति मिनट, 200 प्रति मिनट
(d) 112 प्रति मिनट, 12.4 प्रति मिनट

13. बोर के सिद्धान्त के अनुसार, हाइड्रोजन परमाणु के द्वितीय कक्षक के इलेक्ट्रॉन के रेखीय संवेग का आघूर्ण होगा

(a) $\frac{h}{\pi}$ (b) πh
(c) $2\pi h$ (d) $\frac{2h}{\pi}$

14. बॉमर श्रेणी में अधिकतम व न्यूनतम तरंगदैर्ध्यों का अनुपात होगा

(a) 2 : 3 (b) 1 : 8
(c) 5 : 36 (d) 9 : 5

15. हाइड्रोजन के प्रथम कक्षक की त्रिज्या 0.053 नैनोमीटर है, तृतीयक कक्षक की त्रिज्या होगी

(a) 0.477 नैनोमीटर (b) 0.212 नैनोमीटर
(c) 0.159 नैनोमीटर (d) 0.306 नैनोमीटर

16. निम्नलिखित में से किस संक्रमण में, आवृति अधिक होगी ?

(a) $3 \to 1$ (b) $3 \to 2$
(c) $4 \to 3$ (d) $4 \to 2$

17. लाइमन श्रेणी की रेखायें, हाइड्रोजन स्पेक्ट्रम के किस क्षेत्र में पड़ती है?

(a) पराबैंगनी (b) दृश्य
(c) निकट अवरक्त (d) दूर अवरक्त

18. किसी परमाणु के लिए, मूल अवस्था के संगत ऊर्जा स्तर E_1 है, मितस्थायी स्तर E_2 है व मितस्थायी स्तर के ऊपर उत्तेजन अवस्था E_3 है। यदि इन अवस्थाओं में परमाणुओं की संख्या N_1, N_2 व N_3 है, तो लेंसर के सम्बन्ध में व्युत्क्रमण (inversion) का अर्थ है

(a) $N_2 < N_1$ (b) $N_2 > N_1$
(c) $N_3 < N_2$ (d) $N_3 > N_1$

19. Li^{++}, He^+ व H के लिए संक्रमण $2 \to 1$ में तरंगदैर्ध्यों का अनुपात

होगा

(a) 1 : 2 : 3 (b) $\frac{1}{9}:\frac{1}{4}:1$

(c) 1 : 4 : 1 (d) 3 : 2 : 1

20. हाइड्रोजन परमाणु के स्पेक्ट्रम में लाइमन श्रेणी की अधिकतम तरंगदैर्ध्य व बामर श्रेणी की अधिकतम तरंगदैर्ध्य का अनुपात होगा

(a) 5 / 27 (b) 1 / 93

(c) 4 / 9 (d) 2 / 3

21. एक निऑन चिन्ह उत्पन्न नहीं करता

(a) रेखीय स्पेक्ट्रम (b) उत्सर्जन स्पेक्ट्रम

(c) अवशोषण स्पेक्ट्रम (d) फोटॉन

22. द-ब्रोगली तरंगदैर्ध्य 0.3 नैनोमीटर वाले इलेक्ट्रॉन की गतिज ऊर्जा होगी

(a) 0.168 eV (b) 16.8 eV

(c) 1.68 eV (d) 4.5 eV

23. 10 गुना आयनित सोडियम परमाणु की आयनन ऊर्जा होगी

(a) $\frac{13.6}{11}$ eV (b) $\frac{13.6}{(11)^2}$ eV

(c) $13.6 \times (11)^2$ eV (d) 13.6 eV

24. बामर श्रेणी की प्रथम रेखा की तरंगदैर्ध्य 6563 Å है। लाइमन श्रेणी की प्रथम रेखा की तरंगदैर्ध्य होगी

(a) 7500 Å (b) 600 Å

(c) 1215.4 Å (d) 2500 Å

25. मूल अवस्था में हाइड्रोजन परमाणु 12.4 eV ऊर्जा का फोटॉन अवशोषित करके उत्तेजित अवस्था मं आ जाता है। उत्तेजित अवस्था की क्वाण्टम संख्या होगी

(a) $n=\infty$ (b) $n=3$

(c) $n=4$ (d) $n=2$

उत्तरमाला

1. (d)	**2.** (b)	**3.** (c)	**4.** (d)	**5.** (c)	**6.** (b)	**7.** (c)	**8.** (a)	**9.** (a)	**10.** (c)
11. (a)	**12.** (d)	**13.** (a)	**14.** (d)	**15.** (a)	**16.** (a)	**17.** (c)	**18.** (b)	**19.** (b)	**20.** (a)
21. (c)	**22.** (b)	**23.** (c)	**24.** (c)	**25.** (b)					

हल

1. (d) $r_n = 0.53\, n^2$

$\because\ n = 4$

$r_4 = 0.53 \times 16 = 8.48$ Å

2. (b) $\frac{E_{He}}{E_H} = \left[\frac{Z_{He}}{Z_H}\right]^2$

$E_{He} = 13.6 \times 4 = 54.4$ eV

3. (c) $\frac{1}{\lambda} = R\left[\frac{1}{n_1^2} - \frac{1}{n_2^2}\right] = R\left[\frac{1}{2^2} - \frac{1}{3^2}\right] = \frac{5R}{36}$

$\lambda = \frac{36}{5R}$

4. (d) $\frac{1}{\lambda_{B_{min}}} = \frac{R}{4}$

$\frac{1}{\lambda_{L_{min}}} = R$ या $\frac{\lambda_{L_{min}}}{\lambda_{B_{min}}} = \frac{1}{4} = 0.25$

5. (c) $J = \frac{nh}{2\pi} = \frac{2h}{2\pi} = \frac{h}{\pi}$

6. (b) $\frac{1}{\lambda_{L_{min}}} = R\left[\frac{1}{1^2} - \frac{1}{(\infty)^2}\right]$

$\therefore\ \lambda_{L_{min}} = \frac{1}{R}$

7. (c) $\because\ p_H = p_{photon}$

या $p_H = \frac{E}{c} = \frac{12.09 \times 1.6 \times 10^{-19}}{3 \times 10^8} = 6.45 \times 10^{-27}$ N-s

8. (a)

9. (a) $\lambda = \frac{1}{Z^2}$

$\therefore\ \lambda_1 : \lambda_2 : \lambda_3 = \frac{1}{1} : \frac{1}{4} : \frac{1}{16} = 16 : 4 : 1$

10. (c) θ कोण पर प्रकीर्णित α-कणों की संख्या होगी

$$N \propto \frac{1}{\sin^4 \frac{\theta}{2}}$$

$$\frac{N_2}{N_1} = \left(\frac{\sin\frac{\theta_1}{2}}{\sin\frac{\theta_2}{2}}\right)^4$$

या $N_2 = 5 \times 10^6 \times \left(\frac{\sin\frac{60}{2}}{\sin\frac{120}{2}}\right)^4 = \frac{5}{9} \times 10^6$

11. (a) $E_5 = -\frac{13.6}{25} = -0.54$ eV

$\because\ V \propto \frac{1}{n}$

$\therefore \quad v_5 = \frac{v}{5}$

12. (d) $n \propto \frac{1}{\sin^4\left(\frac{\theta}{2}\right)}$

इसलिए $\frac{n}{28} = \frac{\sin^4 45°}{\sin^4 30°}$

$$n = 28\times\left(\frac{1}{\sqrt{2}}\right)^4\times\left(\frac{2}{1}\right)^4$$

$n = 112$ प्रति मिनट,

तथा $\frac{n}{28} = \frac{\sin^4 45°}{\sin^4 60°}$

$$n = 28\times\left(\frac{1}{\sqrt{2}}\right)^4\times\left(\frac{2}{\sqrt{3}}\right)^4$$

$= 12.44 \approx 12.4$ प्रति मिनट

13. (a) संवेग का आघूर्ण $= \frac{nh}{2\pi} = \frac{2h}{2\pi} = \frac{h}{\pi}$

14. (d)

15. (a) $r_1 = a = 0.53$ नैनोमीटर

$\therefore \quad r_3 = 3^2 r_1 = 9\times 0.053 = 0.477$ नैनोमीटर

16. (a) संक्रमण $3\rightarrow 1$ में उत्पन्न ऊर्जा अधिकतम होगी इसलिए, इसमें आवृत्ति भी अधिक होगी।

17. (c)

18. (b) ऐसी स्थिति जिसमें उच्च ऊर्जा स्तर में परामाणुओं की संख्या, निम्न ऊर्जा स्तर में परमाणुओं की संख्या से अधिक होती है, जनसंख्या व्युत्क्रमण कहलाती है। अतः $N_2 > N_1$

19. (b) तरंगदैर्घ्य $\frac{1}{\lambda} = RZ^2\left(\frac{1}{n_1^2}-\frac{1}{n_2^2}\right)$

अथवा $\lambda \propto \frac{1}{Z^2}$

तब Li^{++}, He^+ व H के लिए संक्रमण $2\rightarrow 1$ में तरंगदैर्घ्यों का अनुपात

$$\lambda_{Li^{++}} : \lambda_{He^+} : \lambda_H = \frac{1}{9}:\frac{1}{4}:\frac{1}{1}$$

20. (a) लाइमन श्रेणी के लिए

$$\frac{1}{\lambda} = \frac{1}{R}\left(\frac{1}{1^2}-\frac{1}{n^2}\right)$$

अधिकतम तरंगदैर्घ्य के लिए

$n=2$

$$\frac{1}{\lambda_L} = R\left(1-\frac{1}{4}\right) = \frac{3R}{4}$$

$$\lambda_L = \frac{4}{3R} \quad \text{...(i)}$$

बॉमर श्रेणी के लिए $\frac{1}{\lambda} = R\left(\frac{1}{2^2}-\frac{1}{n^2}\right)$

अधिकतम तरंगदैर्घ्य के लिए $n=3$

$$\frac{1}{\lambda_B} = R\left(\frac{1}{4}-\frac{1}{9}\right) = \frac{5R}{36}$$

$$\lambda_B = \frac{36}{5R} \quad \text{...(ii)}$$

समीकरण (i) तथा (ii) से

$$\frac{\lambda_L}{\lambda_B} = \frac{4}{3R}\times\frac{5R}{36} = \frac{5}{27}$$

21. (c)

22. (b) सूत्रानुसार

$$\frac{1}{2}mv^2 = \frac{p^2}{2m}$$

$$p = \sqrt{2mE}$$

$$\frac{h}{\lambda} = \sqrt{2mE}$$

या $E = \frac{h^2}{\lambda^2\times 2m}$

$$= \frac{(6.6\times10^{-34})^2}{(0.3\times10^{-9})^2\times2\times9\times10^{-31}\times1.6\times10^{-19}}$$

$= 16.8\,\text{eV}$

23. (c) $\because \quad E_n = -13.6\frac{Z^2}{n^2}$

$\therefore \quad E_n = \frac{-13.6(11)^2}{(1)^2}\text{eV} = 13.6\times(11)^2\,\text{eV}$

24. (c) $\frac{1}{\lambda_I} = R\left[\frac{1}{2^2}-\frac{1}{3^2}\right] = \frac{5R}{36}$

$$\frac{1}{\lambda_{II}} = R\left[\frac{1}{2^2}-\frac{1}{4^2}\right] = \frac{3R}{16}$$

$$\lambda_{II} = \lambda_I\times\frac{20}{27} = \frac{20}{27}\times 6563 = 4861\,\text{Å}$$

25. (b) चूँकि मूल अवस्था में फोटॉन की ऊर्जा पूर्ण रूप से अवशोषित कर ली जाती है।

$\therefore \quad \frac{13.6}{n^2} + 13.6 = 12.4$

$$\frac{13.6}{n^2} = 12.4 - 13.6 = -1.2$$

$$n^2 = \frac{13.6}{1.2} = -11.33$$

$n = 3.37$ या $n = 3$

Previous Years' Problems

1. हाइड्रोजन परमाणु की $n = 3$ कक्षा से एक इलेक्ट्रॉन $n = 2$ निचली कक्षा में कूदता है। प्राप्त ऊर्जा की मात्रा तथा विकिरणों की तरंगदैर्घ्य हैं :

(a) 1.89 eV, 6566Å (b) 1.5 eV, 6566 Å
(c) 0.85 eV, 6566 Å (d) 1.89 eV, 1240 Å

[AIEEE 2002]

2. निम्न में से कौन-सा परमाणु न्यूनतम आयनन विभव रखता है ?

(a) ${}_{55}Cs^{133}$ (b) ${}_{18}Ar^{40}$
(c) ${}_{8}O^{16}$ (d) ${}_{7}N^{14}$

[AIEEE 2003]

3. हाइड्रोजन परमाणु में इलेक्ट्रॉन की बन्धन ऊर्जा यदि 13.6 eV है, तो Li^{+2} की प्रथम उत्तेजन अवस्था से इलेक्ट्रॉन को विस्थापित करने के लिये आवश्यक ऊर्जा है :

(a) 13.6 eV (b) 3.4 eV
(c) 122.4 eV (d) 30.6eV

[AIEEE 2003]

4. ड्यूटीरियम (${}_{1}D^{2}$) के स्पैक्ट्रम से सम्बन्धित तरंगदैर्घ्य हाइड्रोजन के स्पैक्ट्रम की तरंगदैर्घ्य से थोड़ी-सी भिन्न है, क्योकि :

(a) दोनों अवस्थाओं में नाभिकीय बल भिन्न हैं
(b) दोनों अवस्थाओं में इलेक्ट्रॉन और नाभिकों के बीच आकर्षण भिन्न है
(c) दोनों नाभिको के आकार भिन्न हैं
(d) दोनों नाभिकों के द्रव्यमान भिन्न हैं

[AIEEE 2003]

5. तेल की एक आवेशित बूँद 3×10^4 V/m के एकसमान क्षेत्र में रोकी गई है। जिससे कि यह न तो नीचे गिरती है और न ही ऊपर उठती है। तेल की बूँद पर आवेश होगा : (मान लें आवेशित बूँद का द्रव्यमान $= 9.9 \times 0^{-15}$ किग्रा, $g = 10$ मीटर/सेकण्ड^2)

(a) 1.6×10^{-18} C (b) 4.8×10^{-18} C
(c) 3.3×10^{-18} C (d) 3.2×10^{-18} C

[AIEEE 2004]

6.

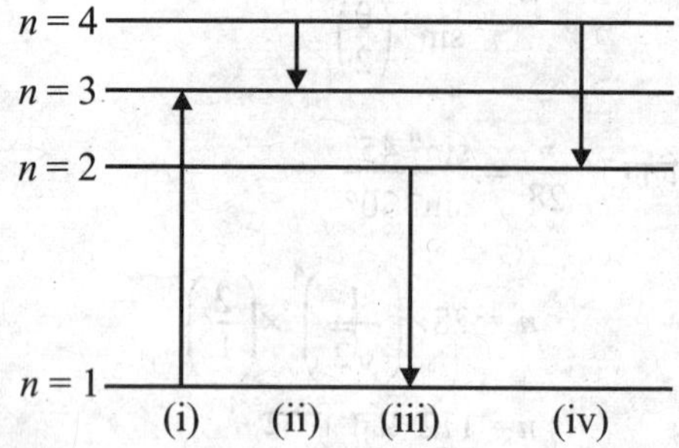

किसी परमाणु में इलेक्ट्रॉन के लिये दर्शाया गया चित्र ऊर्जा स्तरों को बतलाता है। कौन-सा ऊर्जा स्थानान्तरण (energy transition) फोटॉन की अधिकतम ऊर्जा के उत्सर्जन को प्रदर्शित करता है?

(a) III (b) IV
(c) I (d) II

[AIEE 2005]

7. हाइड्रोजन परमाणु में कौन-सा ऊर्जा स्थानान्तरण उत्सर्जित फोटॉन की उच्चतम आवृत्ति बतलाता है?

(a) $n = 6$ से $n = 2$ (b) $n = 2$ से $n = 1$
(c) $n = 1$ से $n = 2$ (d) $n = 2$ से $n = 6$

[AIEEE 2007]

8. माना एक इलेक्ट्रॉन को बल $\frac{k}{r}$ के द्वारा मूल बिन्दु की ओर आकर्षित किया जाता है। जहाँ k एक नियतांक है तथा r इलेक्ट्रॉनों की मूल बिन्दु से दूरी है निकाय पर बोर मॉडल लगाने पर इलेक्ट्रॉनों के n वें कक्षक की त्रिज्या r_n तथा इलेक्ट्रॉन की गतिज ऊर्जा T_n पायी गयी। निम्न में से कौन-सा कथन सत्य है–

(a) $T_n \propto \frac{1}{n^2}, r_n \propto n$ (b) $T_n \propto \frac{1}{n}, r_n \propto n^2$

(c) $T_n \propto \frac{1}{n^2}, r_n \propto n^2$ (d) $T_n, n, r_n \propto n$ पर निर्भर नहीं करता

[AIEEE 2008]

उत्तरमाला

1. (a) **2.** (a) **3.** (d) **4.** (d) **5.** (c) **6.** (a) **7.** (b) **8.** (d)

हल

1. (a) 1.89 eV, 6566Å

2. (a) $_{55}Cs^{133}$ परमाणु का आकार चारों दिये हुए परमाणुओं में सबसे अधिक है। इसलिये केन्द्रीय कक्षा से इलेक्ट्रॉन को निकालने के लिये आवश्यक ऊर्जा $_{55}Cs^{133}$ में न्यूनतम होगी।

3. (d) दिया है : $E_H = 13.6\text{ eV}, n = 2$

$$E_n(Li^{2+}) = \frac{E_H Z^2}{n^2} = \frac{13.6 \times (3)^2}{(2)^2} = 30.6\text{ eV}$$

4. (d) हम जानते हैं कि हाइड्रोजन जैसे परमाणुओं के स्पैक्ट्रम से सम्बन्धित तरंगदैर्घ्य नाभिक के द्रव्यमान पर निर्भर करती है। हम यह भी जानते हैं कि ड्युटीरियम हाइड्रोजन जैसा ही परमाणु हैं जिसकी सबसे बाहरी कक्षा में एक परमाणु है और हाइड्रोजन तथा ड्युटीरियम की द्रव्यमान संख्यायें क्रमशः 1 व 2 है। इसलिये दोनों नाभिकों के द्रव्यमानों की भिन्नता के कारण ड्युटीरियम के स्पैक्ट्रम से सम्बन्धित तरंगदैर्घ्य हाइड्रोजन के स्पेक्ट्रम से सम्बन्धित तरंगदैर्घ्य से थोड़ी-सी भिन्न है।

5. (c) $\because \quad qE = mg$

$$\therefore \quad q = \frac{mg}{E}$$

$$= \frac{9.9 \times 10^{-15} \times 10}{3.0 \times 10^4}$$

$$= 3.3 \times 10^{-18}\text{ C}$$

6. (a) प्रथम स्थानान्तरण (transition) फोटॉन के अवशोषण को दर्शा रहा है। शेष तीनों स्थानान्तरणों में तृतीय स्थानान्तरण ऊर्जा स्तर $n = 2$ व $n = 1$ कक्षा में है जोकि अधिकतम ऊर्जा है।

$$\Delta E \propto \left(\frac{1}{n_1^2} - \frac{1}{n_2^2}\right)$$

7. (b) हमें उत्सर्जित फोटॉन की आवृत्ति ज्ञात करनी है। फोटॉन के उत्सर्जन के लिये ऊर्जा का स्थानान्तरण उच्च ऊर्जा स्तर से न्यून ऊर्जा स्तर में होना चाहिए जोकि (c) और (d) में दिये गये हैं। आवृत्ति दी जाती है,

$$h\nu = -13.6\left(\frac{1}{n_1^2} - \frac{1}{n_2^2}\right)$$

$n = 6$ से $n = 2$ के स्थानान्तरण के लिये,

$$\nu_1 = \frac{-13.6}{h}\left(\frac{1}{6^2} - \frac{1}{2^2}\right) = \frac{2}{9} \times \left(\frac{13.6}{h}\right)$$

$n = 2$ से $n = 1$ के स्थानान्तरण के लिये,

$$\nu_2 = \frac{-13.6}{h}\left(\frac{1}{2^2} - \frac{1}{1^2}\right) = \frac{3}{4} \times \left(\frac{13.6}{h}\right)$$

$\therefore \nu_1 > \nu_2$

8. (d) r त्रिज्या की n वीं कक्षा में चक्कर लगाते इलेक्ट्रॉन के लिये

$$\frac{mv^2}{r_n} = \frac{k}{r_n}$$

या $\quad v = \sqrt{\frac{k}{m}}$ ...(i)

बोर का सिद्धांत प्रयोग करने पर

$$mvr_n = \frac{nh}{2\pi}$$

या $\quad r_n = \frac{nh}{2\pi mv} = \frac{nh}{2\pi m}\sqrt{\frac{m}{k}}$ (समी० (i) से)

$$r_n = \frac{nh}{2\pi\sqrt{mk}}$$ अर्थात् $r_n \propto n$

n वीं कक्षा में चक्कर लगाते इलेक्ट्रॉन की गतिज ऊर्जा

$$T_n = \frac{1}{2}mv^2 = \frac{1}{2}m \cdot \frac{k}{m} = \frac{k}{2}$$ समीकरण (i) से

अतः T_n, n पर निर्भर नहीं करता।

□□□

अध्याय

27

नाभिकीय भौतिकी तथा रेडियो-सक्रियता

(Nuclear Physics and Radio activity)

नाभिक (Nucleus)

- नाभिक की खोज सर्वप्रथम रदरफोर्ड ने की थी।
- नाभिक का घनत्व 10^{14} ग्राम/सेमी^{3} होता है।
- नाभिक की त्रिज्या 10^{-14} मी से 10^{-15} मी की कोटि की होती है।
- द्रव्यमान क्षति (mass defect)

  Δm = नाभिक के कणों का कुल द्रव्यमान – नाभिक का वास्तविक द्रव्यमान
- जब प्रोटॉन तथा न्यूट्रॉन मिलकर किसी नाभिक का निर्माण करते हैं तो इनके द्रव्यमान का कुछ भाग ऊर्जा में परिवर्तित हो जाता है। इसलिए नाभिक का वास्तविक द्रव्यमान, नाभिक के कणों के कुल द्रव्यमान से कम होता है। यह आइस्टीन की समीकरण ($\Delta E = \Delta mc^2$) के अनुसार होता है।

बन्धन ऊर्जा (Binding Energy)

- बन्धन ऊर्जा = द्रव्यमान क्षति × 931.48 MeV
- बन्धन ऊर्जा प्रति न्यूक्लिआन

$$\overline{\text{B}} = \frac{\text{बन्धन ऊर्जा}}{\text{द्रव्यमान संख्या}}$$

  - $\overline{\text{B}}$ का मान जितना अधिक होता है नाभिक उतना ही स्थाई होता है
  - आयरन के लिए इसका मान अधिक होता है।
  - नाभिक के विखण्डन में बन्धन ऊर्जा प्रति न्यूक्लिआन का मान बढ़ जाता है।

संकलन गुणांक (Packing Fraction)

$$\text{P} = \frac{\text{द्रव्यमान क्षति}}{\text{द्रव्यमान संख्या}} = \frac{M - A}{A}$$

- प्रारम्भ में द्रव्यमान संख्या बढ़ने पर P का मान तेजी के साथ घटता है। जब द्रव्यमान संख्या 20 हो जाती है तब P का मान न्यूनतम हो जाता है। इसके पश्चात् द्रव्यमान संख्या बढ़ने पर P का मान बढ़ने लगता है।

नाभिकीय बल (Nuclear Forces)

- नाभिकीय बलों का आधार पाई मैसोनो का विनिमय होता है इसलिए नाभिकीय बलों को विनिमय भी कहते हैं।

नाभिकीय विखण्डन (Nuclear Fission)

- U-235 का विखण्डन

$$_{92}U^{235} + {_0}n^1 \longrightarrow {_{92}}U^{236}$$
$$\downarrow$$
$$_{56}Ba^{141} + {_{36}}Kr^{92} + 3\,({_0}n^1) + 200\,\text{MeV}$$

- U^{235} के नाभिकीय विखण्डन में उत्पादों को दो समूहों में रखा जा सकता है
  - (a) द्रव्यमान संख्या 80-100 तथा परमाणु क्रमांक 35-43
  - (b) द्रव्यमान संख्या 120-150 तथा परमाणु क्रमांक 51-71
- प्रत्येक नाभिक के विखण्डन से औसतन 2.5 न्यूट्रॉन प्राप्त होते हैं।
- एक ग्राम यूरेनियम के विखण्डन से उतनी ही ऊर्जा प्राप्त होती है जितनी कि लगभग 20 टन (T.N.T.) से प्राप्त होती है।
- 1 g U-235 के विखण्डन से प्राप्त ऊर्जा $= 20.41 \times \frac{10^9}{235}$ किलो जूल

  $= 8.68 \times 10^7$ किलो जूल

  1 मोल U-235 के विखण्डन से प्राप्त ऊर्जा $= 20.41 \times 10^9$ किलो जूल

  U-235 के 1 परमाणु के विखण्डन से प्राप्त ऊर्जा = 211.5 MeV

नाभिकीय संलयन (Nuclear Fusion)

- इस प्रक्रिया में दो हल्के नाभिक संयुक्त होकर एक भारी नाभिक का निर्माण करते हैं।

$$4\,({_1}H^1) \longrightarrow 2He^4 + 2(e^0) + 2v + 27\,\text{MeV}$$

- सूर्य तथा तारों पर ऊर्जा का स्रोत नाभिकीय संलयन होता है।

- यह अभिक्रिया उच्च ताप तथा उच्च दाब पर सम्भव होती है
- **सूर्य तथा तारों पर इस ऊर्जा के स्रोत (Sources of Energy on Sun and Stars) :**

(a) प्रोटॉन-प्रोटॉन चक्र :

$$
\begin{aligned}
&{}_1H^1 + {}_1H^1 \longrightarrow {}_1H^2 + {}_{+1}e^0 + \nu + 0.4\ \text{MeV} \\
&{}_1H^2 + {}_1H^1 \longrightarrow {}_2He^3 + 5.5\ \text{MeV} \\
&He^3 + He^3 \longrightarrow {}_2He^4 + 2({}_1H^1) + 12.9\ \text{MeV} \\
\hline
&{}_1H^1 \longrightarrow {}_2He^4 + 2\,{}_{+1}e^0 + 2\nu + 24.7\ \text{MeV}
\end{aligned}
$$

(b) C–N चक्र :

$$
\begin{aligned}
&{}_1H^1 + {}_6C^{12} \longrightarrow {}_7H^{13} + \gamma + \text{ऊर्जा} \\
&{}_7H^{13} \longrightarrow {}_6C^{13} + {}_{+1}e^0 + \gamma + \text{ऊर्जा} \\
&{}_1H^{13} + {}_6C^{13} \longrightarrow {}_{+7}H^{14} + \gamma + \text{ऊर्जा} \\
&{}_1H^1 + {}_7N^{14} \longrightarrow {}_{+8}O^{15} + \gamma + \text{ऊर्जा} \\
&{}_8O^{15} \longrightarrow {}_7N^{15} + {}_{-1}e^0 + \nu \\
&{}_1H^1 + {}_7N^{15} \longrightarrow {}_6C^{12} + {}_2He^4 \\
\hline
&4H^1 \longrightarrow {}_2He^4 + 2\,{}_{+1}e^0 + 2\nu + \text{ऊर्जा}
\end{aligned}
$$

नाभिकीय भट्टी (Nuclear Reactor)

- यह नाभिकीय विखण्डन की नियंत्रित श्रृंखला पर आधारित है। इस भट्टी में
  - (i) **ईंधन (Fuel) :** U-235, U-233, Pu-239, Th-290.
  - (ii) **मंदक (Moderator) :** भारी जल तथा ग्रेफाइट की छड़ें प्रयोग की जाती हैं इनका प्रमुख कार्य तीव्रगामी न्यूट्रॉनों की गति को मंद करना होता है।
  - (iii) **नियंत्रक छड़ें (Control Rods) :** इनका प्रमुख कार्य मंद गति के न्यूट्रॉनों अवशोषित करना होता है इसके लिए कैडिमियम तथा बोरोन की छड़ें उपयोग में लायी जाती हैं।
  - (iii) **शीतलक (Coolant) :** ठंडा पानी, भारी जल, द्रव आक्सीजन, सोडियम, लीथियम
- **प्रजनक परमाणु भट्टी (Breeder Reactor) :** इस भट्टी में U-238, Pu-239 में परिवर्तित किया जाता है इसमें नियंत्रक छड़ों तथा मंदक की आवश्यकता नहीं होती है।

न्यूट्रॉन पुनरुत्पादन गुणांक :

$$K = \frac{\text{न्यूट्रॉनों के उत्सर्जन की दर}}{\text{न्यूट्रॉनों के हानि की दर}}$$

$$K = \frac{\text{न्यूट्रॉन उत्पादन संख्या}}{\text{अवशोषित न्यूट्रॉन} \times \text{न्यूट्रॉन क्षरण}}$$

(i) यदि $K = 1$ हो तो स्वयंपोषी श्रृंखला अभिक्रिया (नियंत्रित) होगी।

(ii) यदि $K < 1$ हो तो श्रृंखला अभिक्रिया नहीं होगी।

(iii) यदि $K > 1$ हो तो अनियंत्रित श्रृंखला अभिक्रिया होगी।

सक्रियता (Activity)

- किसी पदार्थ में प्रति सेकण्ड विघटित होने वाली परमाणुओं की संख्या, सक्रियता कहलाती है।

$$A = -\frac{dN}{dt}$$

- **सक्रियता के मात्रक :** क्यूरी, रदरफोर्ड, बेकुरेल

1 क्यूरी $= 3.7 \times 10^{10}$ विघटन प्रति सेकण्ड

1 रदरफोर्ड $= 10^6$ विघटन प्रति सेकण्ड

1 बेकुरेल $= 1$ विघटन प्रति सेकण्ड

क्षय नियतांक (Decay Constant)

- क्षय नियतांक, पदार्थ की प्रकृति पर निर्भर करता है। यह ताप, दाब व आयतन पर निर्भर नहीं करता है।

$$\lambda = \frac{2.303}{t}\log_{10}\frac{N_0}{N}$$

अर्द्ध आयु (Half-life)

- वह समय जिसमें किसी रेडियो ऐक्टिव पदार्थ की मात्रा विघटित होकर अपनी प्रारम्भिक मात्रा की आधी रह जाती है पदार्थ की अर्द्धआयु कहलाती है।

$$t = T_{1/2} \text{ पर } N = \frac{N_0}{2}$$

- **अर्द्ध आयु एवं क्षय नियतांक में सम्बन्ध** (Relation between Half Life and Decay Constant) :

$$T_{1/2} = \frac{0.693}{\lambda} = \frac{\log_e 2}{\lambda}$$

औसत आयु (Average Life)

- वह समय जिसमें रेडियोएक्टिव परमाणुओं की संख्या घटकर अपने प्रारम्भिक मान की $\frac{1}{e}$ अथवा 37% रह जाती है, उस तत्व की औसत आयु कहलाती है।

$$\tau = 1.44 \times T_{1/2}$$

- औसत आयु पदार्थ के द्रव्यमान पर निर्भर नहीं करती।

α क्षय की विशेषताएं (Characteristics of α-decay)

- **गाइगर और नटल का नियम (Geiger-Nuttel Law) :**

$$\log_e \lambda = A + B\log_e R$$

- α कणों की परास –
  - α कों के द्वारा हवा में रोकने से पहले तय की गई अधिकतम दूरी को α की परास कहते हैं।

- α कणों की परास तथा ऊर्जा में सम्बन्ध

$$R = 0.318\, E^{3/2}$$

$$\boxed{\log R = \log 0.318 + \frac{3}{2}\log E}$$

- α कणों की वायु में परास 2.6 सेमी से 8.6 सेमी होती है।
- α–उत्सर्जन से नाभिक का आकार घट जाता है।

β क्षय की विशेषताएं (Characteristics of β-decay) :

- β स्पेक्ट्रम सतत होता है अर्थात् स्पेक्ट्रम में सभी ऊर्जाओं के β कण होते हैं।
- β क्षय में न्यूट्रॉन, प्रोटॉन में या प्रोटॉन, न्यूट्रॉन में रूपान्तरित होता है।

γ क्षय की विशेषताएं (Characteristics of γ-decay)

- नाभिक से α या β कण के उत्सर्जन के समय विघटित नाभिक उत्तेजित अवस्था में रह जाता है उसके मूल अवस्था में संक्रमण से γ किरणें प्राप्त होती है।
- γ किरणें पदार्थ के साथ अन्योन्य क्रिया करती हैं।
- **युग्म उत्पादन (Pari Production) :** जब 1.02 MeV से अधिक ऊर्जा का γ-किरण फोटॉन द्रव्य से अन्योन्य क्रिया करता है तो इलेक्ट्रॉन और पॉजीस्ट्रॉन का युग्म उत्पादन होता है।

महत्त्वपूर्ण तथ्य (Important Facts)

- 1 amu द्रव्यमान के तुल्य ऊर्जा, 931 MeV होती है।
- एक परमाणु-द्रव्यमान मात्रक $_6C^{12}$ के एक परमाणु के द्रव्यमान के बारहवें भाग के बराबर होता है।

$$1 \text{ amu} = \frac{1}{12} \times (_6C^{12} \text{ के एक परमाणु का द्रव्यमान})$$

amu को डाल्टन भी कहते हैं, अत: 1 amu = 1 डाल्टन

- संलयन रियेक्टर, नाभिकीय विखण्डन रियेक्टर से अच्छा होता है।
- U^{235} तथा Pu^{239} मन्द तथा तीव्र दोनों न्यूट्रॉनों से विखण्डित होते हैं।
- जब नाभिक में न्यूट्रॉन मिलाये जाते हैं, तब परमाणु संख्या समान रहती है। अत: रासायनिक गुण समान रहते हैं।
- धन आवेशित व ऋण आवेशित, दोनों प्रकार के कणों को त्वरित करने के लिए साइक्लोट्रॉन का उपयोग किया जाता है।
- नाभिक की द्रव्यमान संख्या इसके द्रव्यमान क्रमांक से कभी अधिक, कभी बराबर होती है।
- प्रति नाभिक कण बन्धन ऊर्जा में परमाणु की संख्या के साथ वृद्धि होती है। लोहे के लिए यह अधिकतम है। उसके बाद यह कम होती जाती है।
- 1 किग्रा द्रव्यमान 9×10^{16} जूल ऊर्जा के तुल्य होता है।
- 1 ग्राम द्रव्यमान को ऊर्जा में बदलने पर प्राप्त ऊर्जा से एक रेलगाड़ी 70 किमी/घण्टे की चाल से 10 साल तक लगातार चलायी जा सकती है।
- λ-किरणें बहुत कम तरंगदैर्ध्य (1Å) तथा उच्च ऊर्जा की विद्युत चुम्बकीय किरण हैं। γ किरणें (उच्च आवृत्ति) क्रिस्टल से विवर्तित हो जाती हैं।
- नाभिकीय रियेक्टर में नियंत्रक छड़ें केडमियम की बनी होती हैं।
- Cyclotron की खोज लोरेन्स ने की थी।
- यूरेनियम के अधिक विखण्डनीय समस्थानिक का परमाणु भार 235 है।
- ग्रेफाइट एक अच्छा मन्दक है।
- सूर्य में ऊर्जा मुख्य रूप से हाइड्रोजन परमाणुओं के संलयन द्वारा उत्पन्न होती है।
- नाभिकीय प्रतिक्रिया में द्रव्यमान, ऊर्जा व संवेग संरक्षित रहते हैं।
- n अर्द्ध-आयुओं में शेष परमाणुओं की संख्या

$$\boxed{N = \frac{N_0}{2^n}}$$

- T समय पर पदार्थ का विघटित भाग

$$= \left[1 - \frac{N}{N_0}\right] = \left[1 - \frac{1}{2^{t/T}}\right]$$

- n अर्ध-आयुओं के पश्चात् पदार्थ का विघटित भाग

$$1 - \frac{N}{N_0} = \left[1 - \frac{1}{2^n}\right]$$

- एक रेडियोधर्मी समस्थानिक की अर्द्धआयु 10 मिनट है। समय के किसी दिये क्षण पर, रेडियोधर्मी नाभिकों की संख्या $(1/\sqrt{2}) \times 10^8$ होगी।
- द्रव्यमान क्षति = नाभिक में न्यूक्लिऑनों का द्रव्यमान – नाभिक का द्रव्यमान

$$= Zm_p + (A - Z)m_n - M_{\text{Nucleus}}$$

- रदरफोर्ड सोडी सूत्र (Rutherford Soddy formula) :

(i) t समय बाद बचे हुए परमाणुओं की संख्या

$$N = N_0 e^{-lt}$$

(ii) $\dfrac{N}{N_0} = \left(\dfrac{1}{2}\right)^n$, जहाँ $n = \dfrac{t}{T}$ अर्द्ध आयुओं की संख्या

- अर्द्ध आयु (T) औसत आयु (τ) तथा विघटन स्थिरांक (λ) में सम्बन्ध

$$t = \frac{1}{\lambda}$$

तथा $$T = 0.693\,\tau = \frac{0.693}{\lambda}$$

अभ्यास के लिए प्रश्न

1. $_2He^4$ नाभिक का द्रव्यमान इसके अव्यवी कणों के द्रव्यमान से 0.03 a.m.u. कम है। $_2He^4$ नाभिक की प्रति न्यूक्लिऑन बन्धन ऊर्जा होगी।
(a) 3.5 MeV (b) 21 MeV
(c) 7 MeV (d) 14 MeV

2. यदि ड्यूटेरियम की बन्धन ऊर्जा 2.23 MeV है तो द्रव्यमान हानि a.m.u. में होगी
(a) −0.0012 (b) 0.0012
(c) 0.0024 (d) −0.0024

3. निम्न नाभिकीय अभिक्रिया व्यक्त करती है
$_7N^{14} + _1H^1 \longrightarrow _8O^{15} + 7.3\,MeV$
(a) कण का प्रकीर्णन (b) तत्व रूपान्तरण
(c) नाभिकीय संलयन (d) नाभिकीय विखंडन

4. नाभिकीय भट्टी में मंदक के लिए सर्वाधिक उपयुक्त पदार्थ है
(a) B (b) $_{92}U^{235}$
(c) D_2O (d) Cd

5. हाइड्रोजन बम आधारित है
(a) नाभिकीय संलयन पर
(c) नाभिकीय विखण्डन पर
(b) नियंत्रित श्रृंखला अभिक्रिया पर
(d) अनियंत्रित श्रृंखला अभिक्रिया पर

6. हीलियम तथा सल्फर की द्रव्यमान संख्या क्रमश: 4 तथा 32 है। सल्फर तथा हीलियम की नाभिकीय त्रिज्याओं का अनुपात होगा
(a) 2 (b) $\sqrt{2}$
(c) 8 (d) $\sqrt{8}$

7. एक न्यूट्रॉन $_{92}U^{235}$ में विखण्डन उत्पन्न करता तथा $_{40}Zr^{97}, Te^{134}$ तथा कुछ न्यूट्रॉन उत्पन्न होते हैं। Te का परमाणु क्रमांक होगा
(a) 52 (b) 53
(c) 50 (d) 51

8. नाभिक की द्रव्यमान संख्या होती है
(a) इसके परमाणु भार के बराबर
(b) कभी-कभी परमाणु भार से अधिक तथा कभी-कभी बराबर
(c) हमेशा इसके परमाणु भार से कम
(d) हमेशा इसके परमाणु भार से अधिक

9. जब U^{235} पर एक न्यूट्रॉन की बमबारी की जाती है तो इसका विखण्डन हो जाता है जिसके फलस्वरूप 3 न्यूट्रॉन, $_{36}Kr^{94}$ व .... प्राप्त होते हैं
(a) $_{54}Xe^{139}$ (b) $_{56}Ba^{139}$
(c) $_{58}Ce^{139}$ (d) $_{53}I^{142}$

10. शुक्र ग्रह का अन्य ग्रहों की अपेक्षा चमकीला दिखने का कारण है
(a) इसकी सतह पर परमाणु संलयन होता है
(b) अन्य ग्रहों की अपेक्षा यह पृथ्वी के निकट है
(c) अन्य ग्रहों की अपेक्षा इसका घनत्व अधिक है
(d) यह अन्य ग्रहों की अपेक्षा भारी है

11. नाभिक की द्रव्यमान संख्या
(a) सदैव परमाणु क्रमांक से कम होती है
(b) सदैव परमाणु क्रमाुक के बराबर होती है
(c) कभी-कभी परमाणु क्रमांक से अधिक व अपवाद रूप से परमाणु क्रमांक के बराबर होती है
(d) सदैव परमाणु क्रमांक से अधिक होती है

12. यूरेनियम के बारे में निम्नलिखित में से कौन-सा कथन सत्य है?
(a) U^{235} ऊष्मीय न्यूट्रॉनों द्वारा विखण्डनीय है
(b) तीव्रगामी न्यूट्रॉन विखण्डन प्रारम्भ कर सकते हैं।
(c) U^{235} अस्थाई समस्थानिक है व स्वत: ही विखण्डित हो जाता है
(d) U^{238} छोटे टुकड़ों में टूट जाता है जब धीमें न्यूट्रॉनों की बमबारी की जाती है

13. यदि यूरेनियम के एक नाभिक के विखण्डन से प्राप्त ऊर्जा लगभग 200 MeV होती है, तो यूरेनियम के 1 किग्रा द्रव्यमान के पूर्णत: विखण्डन से प्राप्त ऊर्जा होगी
(a) 8.2×10^{10} जूल (b) 8.2×10^{90} जूल
(c) 8.2×10^{13} जूल (d) 8.1×10^{12} जूल

14. X-किरणों को V वोल्ट से त्वरित इलेक्ट्रॉन द्वारा, परमाणु क्रमांक Z पर लक्ष्य कर डाला जता है। X-किरणों की अधिकतम आवृत्ति होगी
(a) V (b) Z
(c) $(Z-1)$ (d) $(Z-1)^2$

15. नाभिकीय त्रिज्या समानुपाती होती है (लगभग) (A द्रव्यमान संख्या व Z परमाणु क्रमांक)
(a) $\sqrt{A}$ (b) $A^{1/3}$
(c) $\sqrt{Z}$ (d) $Z^{1/3}$

16. यदि दो प्रोटॉनों, दो न्यूट्रॉनों व एक प्रोटॉन तथा एक न्यूट्रॉन के बीच नाभिकीय बल f_{pp}, f_{nn} व f_{pn} हैं, तो
(a) $f_{pn} < f_{pp} = f_{nn}$ (b) $f_{pp} = f_{nn} = f_{pn}$
(c) $f_{pp} < f_{pn} < f_{nn}$ (d) $f_{pn} > f_{pn} > f_{nn}$

17. जर्मेनियम (Ge) के नाभिक की त्रिज्या ^9_4Be की त्रिज्या की दोगुनी है। Ge के न्यूक्लिऑनों की संख्या है
(a) 76 (b) 74
(c) 78 (d) 72

18. $^{238}_{92}U$ में 92 प्रोटॉन तथा 238 न्यूक्लिऑन है। यह एक अल्फा कण को उत्सर्जित करके क्षयित होता है तथा देता है
(a) $^{238}_{92}U$ (b) $^{234}_{90}Th$
(c) $^{235}_{92}U$ (d) $^{240}_{93}Np$

19. यदि किसी कण का द्रव्यमान लगभग शून्य हो, और आवेश वाकई शून्य हो, तो वह कण होगा
(a) इलेक्ट्रॉन (b) न्यूट्रीनों
(c) न्यूट्रॉन (d) पॉजीट्रॉन

20. एक ताजा तैयार किया गया रेडियोएक्टिव स्रोत जिसकी अर्ध आयु 2 घण्टा है, विकिरण उत्सर्जित करता है, जिनकी तीव्रता सुरक्षित स्तर की

64 गुना है। वह न्यूनतम समय जिसके पश्चात् इस स्रोत के साथ कार्य करना सुरक्षित होगा, है

(a) 128 घण्टे (b) 12 घण्टे
(c) 42 घण्टे (d) 6 घण्टे

21. उस रेडियो एक्टिव पदार्थ की अर्ध आयु क्या होगी जो 15 घण्टे में अपने प्रारम्भिक मान का $\frac{1}{64}$ रह जाता है

(a) 2.50 घण्टा (b) 4 घण्टा
(c) 5 घण्टा (d) 2 घण्टा

22. किसी रेडियोएक्टिव पदार्थ की अर्द्ध आयु 20 दिन है यदि इसको 10000 K ताप तक गर्म कर दिया जाए तो इसकी अर्द्ध आयु हो जायेगी

(a) 9800 दिन (b) 20 दिन
(c) 20×10000 दिन (d) $\frac{20}{10000}$ दिन

23. किसी रेडियोएक्टिव नाभिक की अर्द्धआयु 3 मिनट है। 1 ग्राम मात्रा के इस तत्व में 9 मिनट पश्चात् कितना रेडियोएक्टिव अंश शेष रहेगा

(a) $\frac{1}{8}$ (b) $\frac{1}{16}$
(c) $\frac{1}{2}$ (d) $\frac{1}{4}$

24. चित्रानुसार $ABCD$ क्षेत्र में चुम्बकीय क्षेत्र कागज के तल के लम्बवत् अन्दर की तरफ लगाया जाता है, अब यदि α, β, γ किरणों को चुम्बकीय क्षेत्र की तरफ AB के समानान्तर प्रक्षेपित किया जाए तो

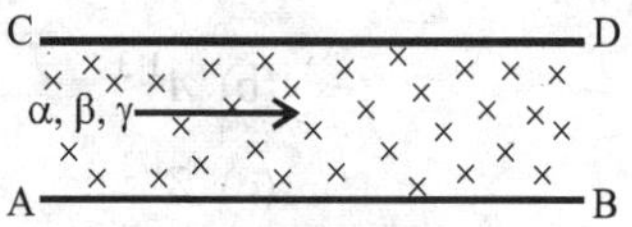

(a) β कण AB की तरफ झुकेंगे
(b) α कण AB की तरफ झुकेंगे
(c) γ कण AB की तरफ झुकेंगे
(d) उपरोक्त सभी

25. क्षयांक उस समय का व्युत्क्रम है, जिसमें परमाणुओं की संख्या घटकर प्रारम्भिक की रह जाती है

(a) $\frac{1}{2e}$ (b) $2e$
(c) $\frac{1}{e}$ (d) e

26. रेडियोएक्टिव रेडॉन की अर्द्धआयु 3.8 दिन है। वह समय जिसके पश्चात् रेडॉन प्रतिदर्श का 1/20 भाग अविघटित रहेगा, होगा

(a) 16.4 दिन (b) 1.6 दिन
(c) 3.8 दिन (d) 20 दिन

27. दो रेडियोएक्टिव तत्व X_1 व X_2 के विघटन नियतांक क्रमश: 10λ हैं। यदि प्रारम्भ में दोनों तत्वों में नाभिकों की संख्या समान हैं, तो $\frac{1}{e}$ समय पश्चात् दोनों तत्वों में नाभिकों की संख्या का अनुपात होगा

(a) $\frac{1}{9\lambda}$ (b) $\frac{1}{10\lambda}$
(c) $\frac{11}{10\lambda}$ (d) $\frac{1}{11\lambda}$

28. ${}_{19}K^{42}$ का अर्द्ध-आयु काल 12.5 घण्टे है। यदि प्रारम्भिक प्रतिदर्श की मात्रा 256 ग्राम है, तो 100 घण्टे बाद ${}_{19}K^{42}$ की मात्रा होगी

(a) 5.12 ग्राम (b) 2.12 ग्राम
(c) 2.00 ग्राम (d) 1.00 ग्राम

29. निम्नलिखित में से किसकी ऊर्जा अधिकतम होती है?

(a) X-किरणें (b) गामा किरणें
(c) दृश्य प्रकाश (d) रेडियो तरंगें

30. एक रेडियोएक्टिव पदार्थ, 1620 व 810 वर्षों के अर्द्धआयु वाले दो कणों में विघटित हो जाता है। कितने समय पश्चात, पदार्थ अपनी प्रारम्भिक मात्रा का चौथाई रह जायेगा ?

(a) 4860 वर्ष (b) 3650 वर्ष
(c) 2340 वर्ष (d) 1080 वर्ष

31. एक α कण को 200 V के विभवान्तर से त्वरित किया गया है। कण की गतिज ऊर्जा में वृद्धि होगी

(a) 200 eV (b) 300 eV
(c) 400 eV (d) 600 eV

32. A व B दो रेडियोएक्टिव पदार्थ हैं जिनके अर्द्ध-आयु क्रमश: 1 व 2 वर्ष है। प्रारम्भ में A के 10 ग्रासम व B के 1 ग्राम लिए जाते हैं, कितने समय (लगभग) पश्चात् दोनों पदार्थों की समान मात्रा शेष रह जायेगी?

(a) 6.65 वर्ष (b) 3 वर्ष
(c) 3.2 वर्ष (d) 7 वर्ष

33. यदि नाभिक X^n की बन्धन ऊर्जा E_x है तथा नाभिक Y^{2n} की बन्धन ऊर्जा E_y है तथा $2E_x > E_y$ तो अभिक्रिया

$$X^n + X^n \rightarrow Y^{2n} \text{ में}$$

(a) ऊर्जा मुक्त होगी (b) ऊर्जा मुक्त नहीं होगी
(c) ऊर्जा अवशोषित होगी (d) ऊर्जा अवशोषित नहीं होगी

34. एक रेडियोऐक्टिव पदार्थ में समय t_1 पर सक्रियता R_1 तथा समय t_2 पर सक्रियता R_2 है। यदि पदार्थ का क्षय नियतांक λ है, तब

(a) $R_1 = R_2 e^{-\lambda(t_1 - t_2)}$ (b) $R_1 = R_2(t_2 / t_1)$
(c) $R_1 = R_2 e^{\lambda(t_1 - t_2)}$ (d) $R_1 = R_2$

35. यदि एल्फा, बीटा तथा गामा किरणें के संवेग समान हैं, तब किसकी तरंगदैर्ध्य अधिक है ?

(a) अल्फा किरणें (b) बीटा किरणें
(c) गामा किरणें (d) नहीं, सभी की तरंगदैर्ध्य समान है

36. जीवाश्म हड्डी में ${}^{14}C$; ${}^{12}C$ का अनुपात जीवित पशु हड्डी में समान अनुपात का $\left(\frac{1}{16}\right)$ गुना है। यदि ${}^{14}C$ को अर्द्ध-आयु 5730 वर्ष है, तब जीवाश्म हड्डी की आयु है

(a) 11460 वर्ष (b) 18260 वर्ष
(c) 22920 वर्ष (d) 48840 वर्ष

उत्तरमाला

1. (c)	**2.** (c)	**3.** (c)	**4.** (c)	**5.** (a)	**6.** (a)	**7.** (a)	**8.** (b)	**9.** (b)	**10.** (b)
11. (c)	**12.** (a)	**13.** (c)	**14.** (d)	**15.** (b)	**16.** (b)	**17.** (d)	**18.** (b)	**19.** (b)	**20.** (b)
21. (a)	**22.** (b)	**23.** (a)	**24.** (a)	**25.** (c)	**26.** (a)	**27.** (a)	**28.** (d)	**29.** (b)	**30.** (d)
31. (c)	**32.** (a)	**33.** (b)	**34.** (c)	**35.** (d)	**36.** (c)				

हल

1. (c) $\Delta m = 0.03$ a.m.u.

$A = 4$

$$\Delta E = \frac{\Delta m \times 931}{A}$$

$$\Delta E = \frac{0.03 \times 931}{4} = 7 \text{ MeV}$$

2. (c) $\because \quad \Delta E = \Delta m\, 931 \text{ MeV}$

$$\therefore \quad \Delta m = \frac{\Delta E}{931} = \frac{2.23}{931} = 0.0024 \text{ a.m.u.}$$

3. (c)

4. (c)

5. (a)

6. (a) $\quad R \propto A^{1/3}$

$$\therefore \quad \frac{R_S}{R_{He}} = \left(\frac{A_S}{A_H}\right)^{1/3} = \left(\frac{32}{4}\right)^{1/3} = 2$$

7. (a) ${}_{92}U^{235} \rightarrow {}_{40}Zr^{97} + Te^{134} + x_0 n^1$

आवेश संरक्षण नियमानुसार

$92 = 40 + Z$

या $\quad Z = 52$

8. (b)

9. (b) ${}_0n^1 + {}_{92}U^{235} \rightarrow {}_{36}Kr^{94} + {}_{56}Ba^{139} + 3\,{}_0n^1$

10. (b) शुक्र ग्रह, अन्य ग्रहों की अपेक्षा चमकीला दिखायी पड़ता है क्योंकि यह अन्य ग्रहों की अपेक्षा पृथ्वी के निकट है।

11. (c)

12. (a)

13. (c) यूरेनियम नाभिक का द्रव्यमान

$({}_{92}U^{235}) = 92$ प्रोटॉनों का द्रव्यमान + 143 न्यूट्रॉनों का द्रव्यमान

$= 92 \times 1.6725 \times 10^{-27} = 143 \times 1.6747 \times 10^{-27}$

$= 153.87 \times 10^{-27} + 239.48 \times 10^{-27}$

$= 393.35 \times 10^{-27}$

न्यूक्लिऑनों की संख्या

$$= \frac{1}{393.35 \times 10^{-27}} = 2.542 \times 10^{24}$$

यदि 1 नाभिक के विखण्डन से प्राप्त ऊर्जा 200 MeV है, तो

1 किग्रा यूरेनियम से प्राप्त ऊर्जा

$= 200 \times 2.542 \times 10^{24}$ MeV

$= 5.08 \times 10^{26}$ MeV $= 5.08 \times 10^{32}$ eV

$= 5.08 \times 10^{32} \times 1.6 \times 10^{-19}$ जूल

$= 8.128 \times 10^{13}$ जूल

$\approx 8.2 \times 10^{13}$ जूल

14. (d) मोसले के अनुसार –

$$\sqrt{v} = a(Z - b)$$

जहाँ a तथा b नियतांक हैं।

अभिलाक्षणिक X-किरणों के उत्पादन में यदि हम बाहरी व L इलेक्ट्रॉनों का प्रभाव नगण्य मान लें, तो संक्रमण करने वाले इलेक्ट्रॉन के लिए आवेश $(Z-1)a$ हैं।

$\therefore b = 1$ रखने पर

$$v \propto (Z-1)^2$$

15. (b) नाभिक की त्रिज्या $r = KA^{1/3}$

K = नियतांक $= 1.2 \times 10^{-15}$ मी

16. (b) नाभिकीय बल आवेश पर निर्भर नहीं करते।

$\therefore \quad f_{pp} = f_{nn} = f_{pn}$

17. (d) $R = R_0 A^{1/3}$

$$\therefore \quad \frac{R_1}{R_2} = \left(\frac{A_1}{A_2}\right)^{1/3}$$

$$\frac{r}{2r} = \left(\frac{9}{A_2}\right)^{1/3} \qquad (\because A_1 = 9)$$

या $\quad \left(\frac{1}{2}\right)^3 = \frac{9}{A_2}$

या $\quad A_2 = 9 \times 8 = 72$

अत: जर्मेनियम (Ge) नाभिक में न्यूक्लिऑनों की संख्या 72 है।

18. (b) मान लीजिए कि, नाभिक ${}^A_Z X$ है।

$${}^{238}_{92}U \rightarrow {}^A_Z X + {}^4_2 He$$

परमाणु द्रव्यमान के संरक्षण के अनुसार,

$238 = A + 4$

$A = 234$

परमाणु क्रमांक के संरक्षण के अनुसार,

$92 = Z + 2$

या $Z = 90$

अतः परिणामी नाभिक $^{234}_{90}X$ अर्थात् $^{234}_{90}Th$ है।

19. (b) न्यूट्रीनों एक ऐसा कण है, जिसका द्रव्यमान शून्य है और आवेश भी शून्य होता है।

20. (b) $\frac{N}{N_0} = \left(\frac{1}{2}\right)^{t/T}$

$\frac{N}{N_0} = \frac{1}{64}$

$\frac{1}{64} = \left(\frac{1}{2}\right)^{t/2}$

या $\left(\frac{1}{2}\right)^6 = \left(\frac{1}{2}\right)^{t/T}$

$t = 6T = 12$ घण्टे

21. (a) $N = \frac{N_0}{2^n} = \frac{N_0}{2^6}$

$\therefore$ $n = 6$

$t = nT_{1/2}$

$t = 15$ घण्टे

$T_{1/2} = ?$

$T_{1/2} = \frac{15}{6} = 2.50$ घण्टे

22. (b) रेडियोएक्टिवतापर पदार्थ के ताप पर कोई प्रभाव नहीं पड़ता है।

23. (a) $\frac{N}{N_0} = \frac{1}{2^n} = \frac{1}{2^3} = \frac{1}{8}$

24. (a)

25. (c)

26. (a) $t = \frac{T\log_{10}\frac{N_0}{N}}{\log^2_{10}} = \frac{3.8\log\frac{20}{1}}{\log 2} = \frac{3.8\times 1.3010}{0.3010}$

$= 16.4$ दिन

27. (a) $N_1 = N_0 e^{-10\lambda t}$, $N_2 = N_0 e^{-\lambda t}$

$\frac{N_1}{N_2} - \frac{1}{e} = e^{-9\lambda t}$

या, $e^{-1} = e^{-9\lambda t}$

$1 = 9\lambda t$

$\therefore$ $t = \frac{1}{9\lambda}$

28. (d) चूँकि t समय पश्चात् अविघटित मात्रा

$N = N_0\left(\frac{1}{2}\right)^{t/T_{1/2}}$

या $N = 256\left(\frac{1}{2}\right)^{100/12.5}$

$= 256\left(\frac{1}{2}\right)^8$

$= 256 \times \frac{1}{256} = 1$ ग्राम

29. (b) चूँकि $E = h\nu$

किरणों की आवृत्ति बहुत बहुत अधिक होती है इसलिए, गामा किरणों की ऊर्जा दिये विकल्पों में सबसे अधिक होगी।

30. (d) विघटन नियतांक, $\lambda = \lambda_1 + \lambda_2$

अर्द्ध आयुकाल

$\frac{1}{T_1} = \frac{1}{T_1} + \frac{1}{T_2} = \frac{1}{1620} + \frac{1}{810}$ $\left(\because \lambda \propto \frac{1}{T}\right)$

$\frac{1}{T} = \frac{1+2}{1620}$

या $T = 540$ वर्ष

यदि t आवश्यक समय है, तो

$\frac{N}{N_0} = \left(\frac{1}{2}\right)^{t/T}$

$\frac{1}{4} = \left(\frac{1}{2}\right)^{t/T}$ या $\left(\frac{1}{2}\right)^2 = \left(\frac{1}{2}\right)^{t/T}$

$\frac{t}{T} = 2 \Rightarrow t = 2T = 2 \times 540$

$= 1080$ वर्ष

अतः 1080 वर्ष बाद, पदार्थ अपनी प्रारम्भिक मात्रा का चौथाई रह जायेगा।

31. (c) कण की गतिज ऊर्जा $= qV$

q, α कण का आवेश है व V आरोपित विभव है।

$\therefore$ गतिज ऊर्जा $= 2 \times 1.6 \times 10^{-19} \times 200$

$= 400 \times 1.6 \times 10^{-19}$ J

$= 400$ eV

अतः कण की गतिज ऊर्जा 400 eV होगी।

32. (a) सूत्रानुसार

$N = N_0\left(\frac{1}{2}\right)^{t/t_{1/2}}$

$N_A = N_{O_{(A)}}\left(\frac{1}{2}\right)^{t/t_{1/2A}}$

$$N_A = 10\left(\frac{1}{2}\right)^{t/1} \quad \text{... (i)}$$

$$N_B = N_{O_{(B)}}\left(\frac{1}{2}\right)^{t/t_{1/2B}}$$

$$N_B = 10\left(\frac{1}{2}\right)^{t/2} \quad \text{... (ii)}$$

परन्तु $N_A = N_B$

$$10\left(\frac{1}{2}\right)^{t} = 10\left(\frac{1}{2}\right)^{t/2}$$

या $10 = \left(\frac{1}{2}\right)^{-t/2}$

या $10 = (2)^{t/2}$

$$\log_{10} = \frac{t}{2}\log_{10} 2$$

$$1 = \frac{t}{2}(0.3010)$$

$$t = \frac{2}{0.3010} = 6.6445 = 6.65 \text{ वर्ष}$$

34. (c) $R_1 = R_0 e^{-\lambda t_1}$

$R_2 = R_0 e^{-\lambda t_2}$

$$\therefore \quad \frac{R_1}{R_2} = \frac{e^{-\lambda t_1}}{e^{-\lambda t_2}} = e^{-\lambda(t_1 - t_2)}$$

अथवा $R_1 = R_2 e^{-\lambda(t_1 - t_2)}$

35. (d) दे-ब्रोगली के अनुसार

$$\lambda = \frac{h}{p}$$

जहाँ h प्लांक नियतांक है।

चूँकि एल्फा, बीटा तथा गामा किरणों का संवेग समान है, इसलिए इनकी तरंगदैर्ध्य समान होगी।

36. (c) $N = N_0\left(\frac{1}{2}\right)^n$

ज्ञात है, $\frac{N}{N_0} = \frac{1}{16}$

$\therefore \quad \frac{1}{16} = \left(\frac{1}{2}\right)^n$

अथवा $\left(\frac{1}{2}\right)^4 = \left(\frac{1}{2}\right)^n$

$\therefore \quad n = 4$

अर्थात् $\frac{t}{T} = 4$

या $t = 4T$

या $t = 4 \times 5730 = 22920$ वर्ष $(\because T = 5730 \text{ वर्ष})$

अतः जीवाश्म हड्डी की आयु 22920 वर्ष है।

Previous Years' Problems

नाभिक और नाभिकीय ऊर्जा

1. प्रारम्भिक विरामावस्था से जब U^{238} नाभिक α- कण का u वेग से उत्सर्जन करते हुए क्षय होता है, तो आवेश नाभिक की सघट्टोपरांत चाल है:

(a) $-\frac{4u}{234}$ (b) $\frac{4u}{234}$

(c) $-\frac{4u}{238}$ (d) $\frac{4u}{238}$

[AIEEE 2003]

2. $Z = 92$ का एक नाभिक निम्न क्रमानुसार विकिरण उत्सर्जित करता है। $\alpha, \beta^-, \alpha, \alpha, \alpha, \alpha, \alpha, \beta^-, \beta^-, \alpha, \beta^+, \beta^+, \alpha$ परिणामी नाभिक के लिये Z का मान है:

(a) 78 (b) 82
(c) 74 (d) 76

[AIEEE 2003]

3. नाभिकीय संलयन प्रक्रिया मे

$${}_1H^2 + {}_1H^3 \longrightarrow {}_2He^4 + n$$

दो नाभिको के मध्य प्रतिकर्षण स्थितिज ऊर्जा (repulsive potential energy) $\sim 7.7 \times 10^{-14}$ जूल दी है। वह निकटतम ताप जिस पर क्रिया को प्रारम्भ करने के लिए गैसों को गर्म करना पड़ता है, होगा: [बोल्ट्ज़मैन स्थिरांक $K = 1.38 \times 10^{-23}$ J/K]

(a) 10^5 K (b) 10^3 K
(c) 10^9 K (d) 10^7 K

[AIEEE 2003]

4. ड्युट्रॉन $({}_1H^2)$ तथा हीलियम $({}_2He^4)$ परमाणुओं की प्रति न्युक्लिऑन बन्धन ऊर्जाएँ क्रमशः 1.1 MeV तथा 7 MeV है। यदि दो ड्युट्रॉन के परमाणु क्रिया करके एक हीलियम परमाणु बनाते हैं, तब छोड़ी गई ऊर्जा है :

(a) 23.6 MeV (b) 19.2 MeV
(c) 13.9 MeV (d) 26.9 MeV

[AIEEE 2004]

5. एक नाभिक दो नाभिकीय भागों में क्षय होता है, जिनके वेगों की निष्पत्ति 2 : 1 है। उनके नाभिकीय आमापों की निष्पत्ति होगी :

(a) $3^{1/2} : 1$ (b) $1 : 2^{1/3}$
(c) $2^{1/3} : 1$ (d) $1 : 3^{1/2}$

[AIEEE 2004]

6. 5 meV ऊर्जा का एक α - कण एक दूसरे यूरेनियम नाभिक से 180° कोण प्रकीर्णित होता है। निकटतम पहुँच की दूरी है लगभग :

(a) 10^{-12} सेमी (b) 10^{-15} सेमी
(c) 1 Å (d) 10^{-10} सेमी

[AIEEE 2004]

7. एक नाभिक का रूपान्तरण $X(n, \alpha)\, {}_3Li^7$ से प्रदर्षित किया जाता है। निम्न में से कौन-सा तत्व X का नाभिक है ?

(a) ${}_6C^{12}$ (b) ${}_5B^{10}$
(c) ${}_5B^9$ (d) ${}_4Be^{11}$

[AIEEE 2005]

8. यदि ${}_{13}Al^{27}$ नाभिक की त्रिज्या 3.6 फर्मी तक अनुमानित है तब ${}_{52}Al^{125}$ नाभिक की निकटतम त्रिज्या है :

(a) 6 फर्मी (b) 8 फर्मी
(c) 4 फर्मी (d) 5 फर्मी

[AIEEE 2005]

9. जब ${}_3Li^7$ नाभिक पर प्रोटॉनों की बौछार की जाती है और परिणामी नाभिक ${}_4Be^8$ है, तब उत्सर्जित कण होगें :

(a) β- कण (b) γ- फोटॉन
(c) न्यूट्रॉन (d) α- कण

[AIEEE 2006]

10. यदि ${}_3Li^7$ और ${}_2He^4$ नाभिकों की प्रति न्युक्लिआन बन्धन ऊर्जायें क्रमशः 5.60 MeV तथा 7.06 MeV हैं, तब निम्न क्रिया में

$$p + {}_3Li^7 \longrightarrow 2\,{}_2He^4,$$

प्रोटॉन की ऊर्जा होनी चाहियें :

(a) 17.28 MeV (b) 1.46 MeV
(c) 39.2 MeV (d) 28.24 MeV

[AIEEE 2006]

11. $\frac{1}{2}mv^2$ ऊर्जा का एक α– नाभिक Ze आवेश के एक भारी नाभिक से टकराता है तब α– नाभिक के लिये निकटतम पहुँच की दूरी समानुपाती होगी:

(a) $\frac{1}{m}$ (b) $\frac{1}{v^4}$

(c) $\frac{1}{Ze}$ (d) v^2

[AIEEE 2006]

12. यदि एक ऑक्सीजन के समस्थानिक ${}_8O^{17}$ का द्रव्यमान M_0 है तथा प्रोटॉन और न्यूटॉन के द्रव्यमान क्रमशः M_P तथा M_N हैं, तब समस्थानिक की नाभिकीय बन्धन ऊर्जा है :

(a) $(M_0 - 8\,M_P - 9\,M_N)\,c^2$
(b) M_0c^2
(c) $(M_0 - 17\,M_N)\,c^2$
(d) $(M_0 - 8\,M_P)\,c^2$

[AIEEE 2007]

निर्देश: दिये गये चार कथनों में से वह कथन छाटिये जो कथन-1 तथा कथन-2 की सही व्याख्या करता है –

(a) **कथन- 1** तथा **कथन- 2** सत्य है परन्तु **कथन- 2, कथन- 1** की सही व्याख्या नहीं करता ।

(b) **कथन- 1** सत्य है परन्तु **कथन- 2** असत्य हैं।

(c) **कथन- 1** असत्य तथा **कथन- 2** सत्य है

(d) **कथन- 1** सत्य है तथा **कथन- 2** भी सत्य है परन्तु **कथन- 2, कथन- 1** की सही व्याख्या नहीं करता ।

13. कथन- 1. जब भारी नाभिकों का विखंडन अथवा हल्के नाभिकों का संलयन होता है, ऊर्जा मुक्त होती है।

कथन- 2. भारी नाभिकों को लिये बंधन ऊर्जा प्रति न्यूक्लिऑन, परमाणु क्रमांक Z के बढ़ने के साथ घटती है।

[AIEEE 2008]

रेडियोधर्मिता

14. एक रेडियोधार्मिता पदार्थ की अर्द्ध-आयु 4 माह है। पदार्थ का तीन चौथाई क्षय होगा :

(a) आठ माह में (b) बारह माह में

(c) तीन माह में (d) चार माह में

[AIEEE 2002]

15. रेडियोएक्टिव तत्व में β- किरणें उत्सर्जित होती है:

(a) भीतरी कक्षा से (b) इनमें से कोई नहीं

(c) नाभिक से (d) बाहरी कक्षा से

[AIEEE 2002]

16. निम्न में से कौन-सा रेडियोएक्टिव क्षय से सम्बन्धित नहीं है?

(a) प्रोटॉन उत्सर्जन (b) न्यूट्रीनों का उत्सर्जन

(c) इलेक्ट्रॉन उत्सर्जन (d) एल्फा क्षय

[AIEEE 2003]

17. यदि रेडियम का रेडियोऐक्टि क्षय नियतांक 1.07×10^{-4} प्रति वर्ष है तो इसकी अर्द्ध-आयु होगी लगभग :

(a) 6476 वर्ष (b) 2520 वर्ष

(c) 8900 वर्ष (d) 7000 वर्ष

[AIEEE 2003]

18. निम्न में से कौन-सा विकिरण अल्पतम तरंग-दैर्घ्य रखता है :

(a) β- किरणें (b) α- किरणें

(c) X- किरणें (d) γ- किरणें

[AIEEE 2003]

19. एक दिये गये स्रोत से प्राप्त गामा विकिरण की तीव्रता I है। लैड (lead) की 36 मिमी मोटाई की शीट से गुजरने पर यह तीव्रता $I/8$ रह जाती है। लैड शीट की मोटाई जो तीव्रता को $I/2$ तक कम कर दे, होगी :

(a) 6 मिमी (b) 9 मिमी

(c) 18 मिमी (d) 12 मिमी

[AIEEE 2005]

20. शुद्ध ^{66}Cu के नमूने से प्रारम्भ करके इसका 7/8 भाग 15 में Zn में क्षय हो जाता है। संगत अर्द्ध-आयु है :

(a) 10 मिनट (b) 14 मिनट

(c) 5 मिनट (d) $7\frac{1}{2}$ मिनट

[AIEEE 2005]

21. एक रेडियोएक्टिव स्रोत से उत्सर्जित β- कणों (संख्या $N(E)$ और β- ऊर्जा E के आरेखानुसार) का ऊर्जा स्पैक्ट्रम है :

(a)
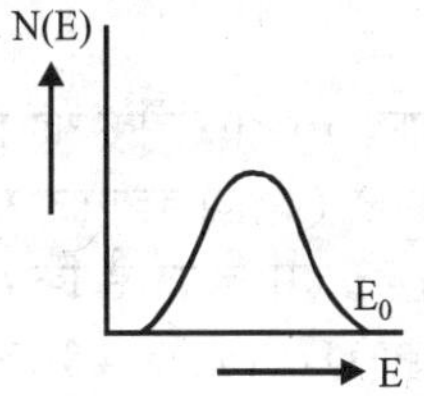

(b)
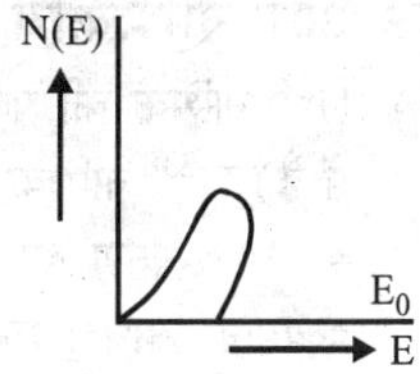

(c)
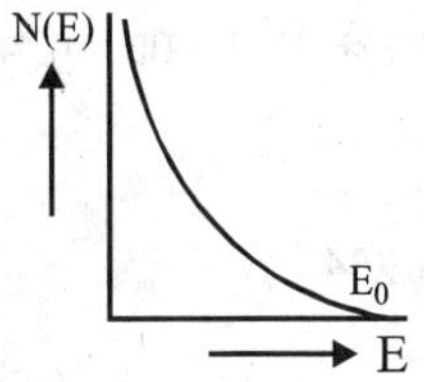

(d)
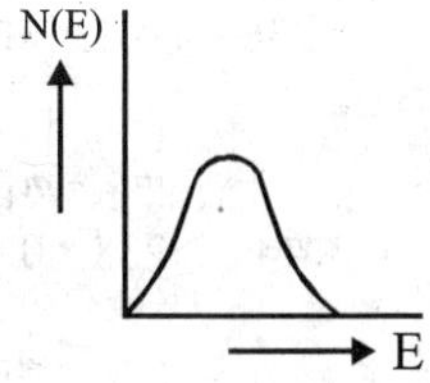

[AIEEE 2006]

22. 'rad' सही मात्रक है :

(a) लक्ष्य से प्राप्त विकिरणों द्वारा प्रदान की गई ऊर्जा के मापन का

(b) विकिरणों के जीव-प्रभाव के मापन का

(c) रेडियोएक्टिव श्रोत के क्षय के मापन का

(d) गामा किरण पुन्ज द्वारा लक्ष्य से आयन उत्पन्न करने की योग्यता (ability) के मापन का

[AIEEE 2007]

23. नाभिक से गामा-किरण उत्सर्जन में :

(a) प्रोटॉन तथा न्यूट्रॉन की संख्याओं में कोई परिवर्तन नहीं होता है

(b) केवल न्यूट्रॉन की संख्या परिवर्तित होती है।

(c) केवल प्रोटॉन की संख्या परिवर्तित होती हैं

(d) प्रोटॉन तथा न्यूट्रॉन दोनों की संख्यायें परिवर्तित होती हैं

[AIEEE 2007]

24. एक रेडियोएक्टिव तत्व X की अर्द्ध-आयु दूसरे रेडियोऐक्टिव तत्व Y की औसत आयु के बराबर है। प्रारम्भ में दोनों तत्वों में समान परमाणुओं की संख्या है, तब :

(a) Y की क्षय दर X से अधिक है

(b) प्रारम्भ में X तथा Y दोनों की क्षय-दर समान है

(c) X तथा Y दोनों सदैव एकसमान दर से क्षय होते है

(d) X की क्षय दर Y से अधिक है

[AIEEE 2007]

उत्तरमाला

1. (a)	**2.** (a)	**3.** (c)	**4.** (a)	**5.** (b)	**6.** (a)	**7.** (b)	**8.** (a)	**9.** (b)	**10.** (a)
11. (a)	**12.** (a)	**13.** (b)	**14.** (a)	**15.** (c)	**16.** (a)	**17.** (a)	**18.** (d)	**19.** (d)	**20.** (c)
21. (b)	**22.** (b)	**23.** (a)	**24.** (d)						

हल

नाभिक और नाभिकीय ऊर्जा

1. (a) U^{238} नाभिक की प्रारम्भिक चाल $(u) = 0$ (चूँकि यह विरामावस्था में है) U^{238} नाभिक का द्रव्यमान (अथवा द्रव्यमान संख्या) $(m) = 238$ α- कण का वेग $(v_1) = u$ हम जानते हैं कि α- कण का द्रव्यमान (अथवा द्रव्यमान संख्या) $He^4 (m_1) = 4$ है। अत: अवशेष नाभिक का द्रव्यमान (अथवा द्रव्यमान संख्या) $(m_2) = m - m_1 = 238 - 4 = 234$ संवेग संरक्षण के नियमानुसार हम यह भी जानते हैं

$$mu = m_1 v_1 + m_2 v_2$$

अथवा $$238 \times 0 = 4 \times u + 234 \times v_2$$

$$\therefore \quad v_2 = \frac{-4u}{234}$$

2. (a) परमाणु संख्या $(Z) = 92$। हम जानते हैं कि दिये गये $\alpha, \beta^-, \beta^-, \alpha, \alpha, \alpha, \alpha, \alpha, \beta^-, \beta^-, \alpha, \beta^+, \alpha$ में 8α-कण $(\alpha = {}_2He^4)$; 4β-कण $(\beta^- = {}_{-1}e^0)$ तथा दो पॉजीट्रॉन $(\beta^+ = {}_{+1}e^0)$ उत्सर्जित होता है तो परमाणु संख्या में 2 अंको की तथा द्रव्यमान संख्या में 4 अंकों को कमी आती है और जब एक β- कण उत्सर्जित होता है तो परमाणु संख्या में 1 अंक की वृद्धि होती है जबकि द्रव्यमान संख्या अपरिवर्तित रहती है। इसी प्रकार एक पॉजीट्रॉन (β^+) के उत्सर्जन से परमाणु संख्या में 1 अंक की कमी और द्रव्यमान संख्या अपरिवर्तित रहती है। इस प्रकार 8α- कणों के उत्सर्जन से परमाणु संख्या 16 अंक तक घटती है, 2 पॉजीट्रॉन के उत्सर्जन से परमाणु संख्या 2 अंक घटती है, 4β- कणों के उत्सर्जन से परमाणु संख्या में 4 अंकों की वृद्धि होती है। इसलिये परमाणु संख्या में कुल कमी $= 16 + 2 - 4 = 14$ होगी। इस प्रकार परिणामी नाभिकों की परमाणु संख्या $(Z') = 92 - 14 = 78$

3. (c) दो नाभिकों के बीच प्रतिकर्षण नाभिकीय ऊर्जा $(U) = 7.7 \times 10^{-14}$ J तथा बोल्ट्ज़मान स्थिरांक $(K) = 1.38 \times 10^{-23}$ J/K है।

हमें ज्ञात है कि गैस की गतिज ऊर्जा $(KE) = \frac{3}{2}KT$। हमें यह ज्ञात भी ज्ञात है कि क्रिया को प्रारम्भ करने के लिये, गैस की गतिज ऊर्जा दो नाभिकों के बीच कूलॉम प्रतिकर्षण को दूर करने के लिये प्रतिकर्षण स्थितिज ऊर्जा के बराबर होनी चाहिए।

$$\therefore \quad \frac{3}{2}KT = U$$

or $$T = \frac{2U}{3K} = \frac{2 \times (7.7 \times 10^{-14})}{3 \times (1.38 \times 10^{-23})}$$

$$= 3.78 \times 10^9 \text{ K}$$

4. (a) हीलियम परमाणु की कुल बन्धन ऊर्जा $({}_2He^4)$

$$= 4 \times 7 = 28 \text{ MeV}$$

ड्यूट्रॉन की कुल बन्धन ऊर्जा ${}_1H^2 (1p + 1n)$

$$= 2 \times 1.1 = 2.2 \text{ MeV}$$

$\therefore$ दो ड्यूट्रॉन की बन्धन ऊर्जा

$$= 2 \times 2.2 = 4.4 \text{ MeV}$$

इसलिये दो ड्यूट्रॉन से ही हीलियम नाभिक बनने में छोड़ी गई ऊर्जा

$$= (28 - 4.4) \text{ MeV}$$
$$= 23.6 \text{ MeV}$$

5. (b) संवेग संरक्षण के नियमानुसार,

$$\frac{m_1}{m_2} = \frac{v_2}{v_1} = \frac{1}{2}$$

परन्तु $$\frac{m_1}{m_2} \propto \frac{r_1^3}{r_2^3}$$

अथवा $$\frac{r_1}{r_2} \propto \left(\frac{m_1}{m_2}\right)^{1/3}$$

$\therefore$ नाभिकीय आयामों की निष्पत्ति $= \frac{1}{2^{1/3}}$

6. (a) निकटतम पहुँच की दूरी पर

$$KE = \frac{1}{4\pi\varepsilon_0}\left(\frac{2Ze^2}{r}\right)$$

i.e., $5 \times 10^6 \times 1.6 \times 10^{-19}$

$$= \frac{9 \times 10^9 \times (2 \times 1.6 \times 10^{-19})(92 \times 1.6 \times 10^{-19})}{r}$$

$\therefore r \approx 5.2 \times 10^{-12}$ सेमी

7. (b) ${}_5B^{10} + {}_0n^1 \longrightarrow {}_2He^4 + {}_3Li^7$

8. (a) $R \propto A^{1/3}$ (जहाँ A द्रव्यमान संख्या है।)

$\therefore 3.6 = R_0 (27)^{1/3} = 3R_0$

तथा $R = R_0 (125)^{1/3} = 5R_0$

हल करने पर $R = 6$ fermi

9. (b) माना उत्सर्जित तत्व ${}_ZX^A$ है।

$\therefore {}_3Li^7 + {}_1H^1 \longrightarrow {}_4Be^8 + {}_ZX^A$

आवेश संख्या के संरक्षण के अनुसार,

$7 + 1 = 8 + A$ or $A = 0$

उत्सर्जित कण के लिये $Z = 0$ तथा $A = 0$

अत: उत्सर्जित कण गामा फोटॉन होगा।

10. (a) समीकरण

$p + {}_3Li^7 \longrightarrow 2\,{}_2He^4$

${}_3Li^7$ की बन्धन ऊर्जा (BE) $= 7 \times 5.60 = 39.2$ MeV

${}_2He^4$ की बन्धन ऊर्जा (BE) $= 4 \times 7.06 = 28.24$ MeV

प्रोटॉन की ऊर्जा

$E_p = 2 \times BE({}_2He^4) - BE({}_3Li^7)$
$= 2 \times 28.24 - 039.2 = 17.28$ MeV

11. (a) α- कण को रोकने के लिये किया गया कार्य गतिज ऊर्जा (KE) के बराबर है।

$$\therefore qV=\frac{1}{2}mv^2 \Rightarrow q\frac{K(Ze)}{r}=\frac{1}{2}mv^2$$

$$\Rightarrow r=\frac{2(2e)K(Ze)}{mv^2}=\frac{4KZe^2}{mv^2}$$

$$\Rightarrow r\propto\frac{1}{v^2}$$

$$r\propto\frac{1}{m}$$

$$r\propto Ze$$

12. (a) बन्धन ऊर्जा

$$=[ZM_P+(A-Z)M_N-M_O]c^2$$
$$=[8M_P+(17-8)M_N-M_O]c^2$$
$$=[8M_P+9M_N-M_O]c^2$$
$$=[8M_P+9M_N-M_O]c^2$$

लेकिन विकल्प (c) इसके लिये ऋणात्मक है।

13. (b) कथन–1 सत्य है। परन्तु कथन–2 गलत है क्योकि भारी नाभिकों के लिये बंधन ऊर्जा प्रति न्यूक्लिऑन हल्के नाभिकों के लिये बंधन ऊर्जा प्रति न्यूक्लिऑन परमाणु क्रमांक Z में वृद्धि के साथ घटती है। जबकि हल्के नाभिकों के लिये यह Z में वृद्धि करती है।

रेडियोधर्मिता

14. (a) क्षय भाग $=\frac{3}{4}$

शेष बचा भाग $=1-\frac{3}{4}=\frac{1}{4}$

परन्तु $\frac{N}{N_0}=\frac{1}{4}=\left(\frac{1}{2}\right)^n$

अत: $n=2$

$\because \frac{t}{T}=n=2$

तथा $T=4$ माह

$\therefore t=8$ माह

15. (c)

16. (a) क्षय होते समय रेडियोएक्टिव पदार्थ से प्रोट्रॉन उत्सर्जित नहीं हो सकते हैं।

17. (a) 6476 वर्ष

18. (d) γ- किरणों की तरंगदैर्ध्य अल्पतम है।

19. (d) पदार्थ के भीतर x गहराई पर तीव्रता

$$I=I_0e^{-kx}$$

अथवा $\log\frac{I}{I_0}=-kx$

अथवा $\log\left(\frac{1}{8}\right)=-k\times 36$ ....(1)

तथा $\log\left(\frac{1}{2}\right)=-k\times x$ ....(2)

समीकरण (1) व (2) से,

$x=12\,\text{mm}$

20. (c) 15 मिनट में नमूने का $\left(\frac{1}{8}\right)$वाँ भाग शेष रहता हैं,

$\therefore \frac{N}{N_0}=\left(\frac{1}{2}\right)^n=\left(\frac{1}{2}\right)^3$

or $n=3$

$\therefore n=3=\frac{t}{T}$

or $T=\frac{15}{3}=5$ मिनट

21. (b) रेडियोऐक्टिव स्रोत से उत्सर्जित β- कणों का ऊर्जा स्पैक्ट्रम आरेख निम्न प्रकार खींचा जा सकता है:

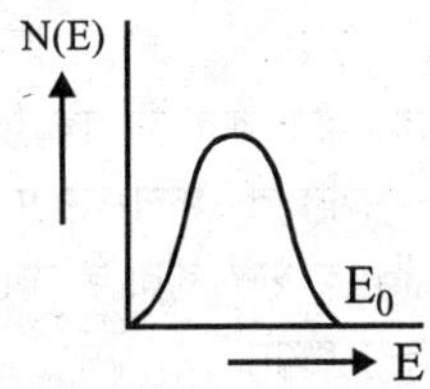

22. (b) 'rad' जीव-विज्ञान प्रभाव के मापन के लिये प्रयोग किया जाता है।

23. (a) नाभिक के उत्तेजन अथवा अनुत्तेजन (deexcitation) के परिणाम γ-विकिरणों का उत्सर्जन होता है, तो प्रोटॉन तथा न्यूटॉन की संख्या में कोई परिवर्तन नहीं होता है।

24. (d) समीकरण से,

X की अर्द्ध-आयु $T_{1/2}=\tau_{av}$ Y की औसत आयु

$$T_{1/2}(X)=\tau(Y)$$

$$\Rightarrow \frac{0.633}{\lambda_X}=\frac{1}{\lambda_Y}$$

$$\Rightarrow \lambda_Y=\frac{\lambda_X}{0.693}$$

$$\Rightarrow \lambda_Y>\lambda_X$$

अत: Y पदार्थ X की तुलना में अधिक तीव्रता से क्षय होता है।

□□□

अध्याय 28

विद्युत उपकरण
(Electronic Devices)

डायोड (Diode)

- यह 1904 ई. में इंग्लैण्ड में बना था। इसमें दो इलेक्ट्रोड होते हैं, जिन्हें कैथोड तथा ऐनोड कहते हैं।
- जिस निर्वात् वाल्व में दो इलेक्ट्रोड होते हैं उन्हें डायोड वाल्व कहते हैं। इसका आविष्कार फ्लेमिंग ने किया था तथा यह तापयनिक उत्सर्जन अर्थात् एडीसन प्रभाव पर आधारित होता है।
- इसके अन्दर तन्तु कोई इलेक्ट्रोड नहीं होता। इसका कार्य वाल्व जीवन को बढ़ाना होता है।
- जब तन्तु धारा प्रवाहित की जाती है तब कैथोड गर्म होने लगता है जिसमें तापयनिक उत्सर्जन के फलस्वरूप इलेक्ट्रॉन उत्सर्जित होने लगते हैं। जब प्लेट विभव शून्य होता है तब प्लेट परिपथ में प्रवाहित धारा का मान भी शून्य होगा।
- जब प्लेट विभव ऋणात्मक होता है तब भी प्लेट धारा का मान शून्य होता है।
- प्लेट वोल्टता लगातार बढ़ाये जाने पर एक सीमा के बाद प्लेट-धारा बढ़नी बन्द हो जाती है। इस धारा को फिलामेंट में धारा बढ़ाकर बढ़ाया जा सकता है।
- ट्रायोड वाल्व में संतृप्त धारा अवस्था में अन्योन्य चालकता शून्य होती है, क्योंकि $g_m = \dfrac{\Delta I_p}{\Delta I/_g}$

  इसके अनुसार $\Delta I_p = 0$ तब $g_m = 0$ होगा। ड्रायोड वाल्व दिष्टकारी की भाँति प्रयुक्त किया जा सकता है।
- वाल्वों में तापयानिक उत्सर्जन के लिए टंगस्टन पर स्ट्रॉंशियम ऑक्साइड का लेपन किया जाता है क्योंकि इसका कार्य फलन कम होता है।
- अन्तराकाशीय आवेश क्षेत्र में प्लेट-धारा प्लेट वोल्टेज की $\frac{3}{2}$ घात के समानुपाती होती है।
- डायोड को रेखीय उपकरण नहीं माना जा सकता क्योंकि प्लेट धारा का मान प्लेट वोल्टता का समानुपाती नहीं होता।
- किसी निर्वात नली डायोड में एक निश्चित प्लेट विभव पर, प्लेट धारा किसी निश्चित मान पर संतृप्त हो जाती है। यद्यपि कैथोड को और अधिक तापमान पर गरम किया जाता है, क्योंकि कैथोड से उत्सर्जन के लिए और अधिक इलेक्ट्रॉन होता है।
- प्रवर्धक के रूप में ट्रांजिस्टर, ट्रायोड वाल्व से श्रेष्ठ समझा जाता है, क्योंकि इसे ऊष्मक की आवश्यकता नहीं होती है।
- एक डायोड पर लगाई गई वोल्टता को क्रमशः बढ़ाया जाता है और हर समय प्रवाहित धारा को मापा जाता है, धारा प्रथम बढ़ेगी और बाद में अचर हो जायेगी।
- डायोड ओम के नियम का पालन नहीं करता है इसलिए यह अनओमीय है।
- **डायोड का अभिलाक्षणिक वक्र (Characteristics of Diode)**

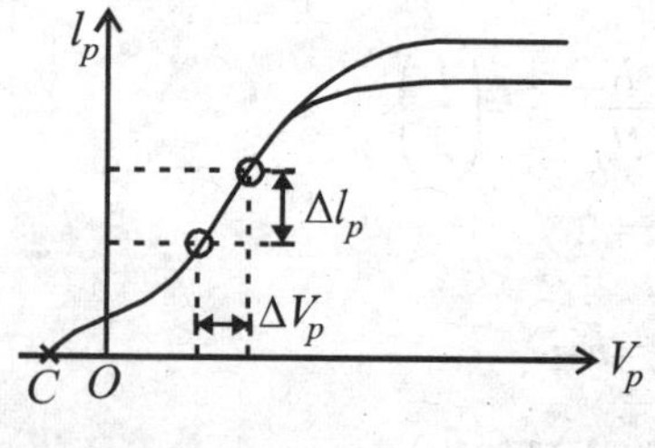

- **डायोड का प्रतिरोध (Resistance of Diode)**

$$r_p = \frac{\Delta V_p}{\Delta I_p}$$

जब डायोड की प्लेट पर ऋणात्मक विभव लगाया जाता है, तो एक विशेष प्लेट विभव पर प्लेट धारा शून्य हो जाती है। यह ऋणात्मक प्लेट विभव अंतक विभव (cut-off voltage 'c') कहलाता है।

- डायोड के लिए धारा विभव ग्राफ अरेखीय होता है।

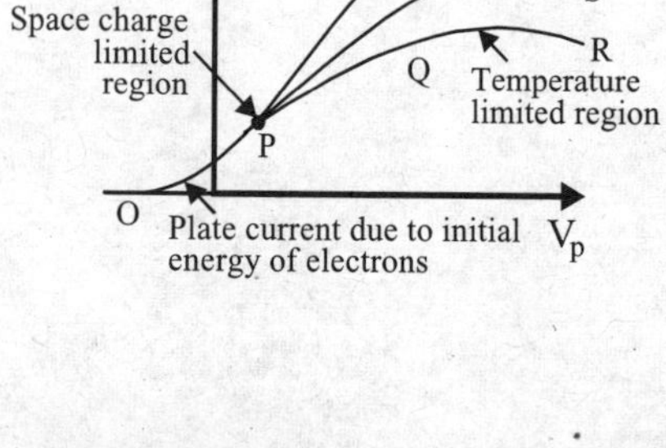

- अन्तराकाशी आवेश सीमित क्षेत्र (P) में प्लेट धारा (I_P), प्लेट विभव के समानुपाती नहीं होती। यह

$$I_p \propto V_p^{3/2}$$

$$I_p = K V_p^{3/2}$$

इस सम्बन्ध को Child's Three half power law कहते हैं। K का मान ताप कैथोड के क्षेत्रफल तथा प्लेट से कैथोड तक की दूरी पर निर्भर करता है।

- अन्तराकाशी आवेश सीमित क्षेत्र (P) में प्लेट प्रतिरोध स्थिर नहीं होता है तथा इस भाग में प्लेट कैथोड से उत्सर्जित किरणों को उतनी शीघ्रता से ग्रहण नहीं कर पाती जितनी शीघ्रता से कैथोड उन्हे उत्सर्जित करती हैं।
- रेखीय क्षेत्र में प्लेट प्रतिरोध नियत रहता है अर्थात् इस भाग में
  - $I_p \mu V_p$ (ओम के नियम का लगभग पालन होता है)
- ताप सीमित क्षेत्र में-
  - I_p का मान लगभग स्थिर रहता है
  - V_p का मान ताप पर निर्भर नहीं करता है।
  - इस भाग में डायोड का प्लेट प्रतिरोध नियत होता है।
  - इस भाग में यदि ताप में परिवर्तन कर दिया जाये तब संतृप्त धारा का मान भी परिवर्तित हो जाता है।

स्थैतिक प्लेट प्रतिरोध

- डायोड के अभिलाक्षणिक वक्र के किसी बिन्दु पर प्लेट विभव तथा प्लेट धारा के अनुपात को स्थैतिक प्लेट प्रतिरोध कहते हैं। इसका मान V_p पर निर्भर करता है

$$R_p = \frac{V_p}{I_p}$$

गतिक प्लेट प्रतिरोध

- डायोड के लिए प्लेट अभिलाक्षणिक वक्र के किन्हीं बिन्दुओं के मध्य प्लेट विभवों के अन्तर (ΔV_p) तथा संगत प्लेट धाराओं के अन्तर (ΔI_p) के अनुपात को गतिक प्लेट प्रतिरोध कहते हैं।

$$r_p = \frac{\Delta V_p}{\Delta I_p}$$

- गतिक प्लेट प्रतिरोध का मान $V_p - I_p$ के वक्र के ढाल के व्युत्क्रम के बराबर होता है।
- डायोड-
  - दिष्टकारी के रूप में, मॉडुलुक के रूप में तथा संसूचक के रूप में कार्य करता है
  - अन्तराकाशी आवेश का उत्पन्न होना डायोड का प्रमुख दोष है।

दिष्टकारी रूप :

- डायोड ए०सी० को डी०सी० में परिवर्तन हेतु प्रयोग किया जाता है।
- अर्द्ध तरंग दिष्टकारी में एक डायोड या अर्द्ध डायोड चालक प्रयुक्त किया जाता है किन्तु पूर्ण तरंग दिष्टकारी में दो डायोड का प्रयोग होता है।
- अर्द्ध तरंग दिष्टकारी प्रत्यावर्ती निवेशी संकेत के केवल आधे चक्र को ही दिष्ट संकेत में परिवर्तित करता है जबकि पूर्ण तरंग दिष्टकारी प्रत्यावर्ती निवेशी संकेत के पूर्ण चक्र को दिष्ट संकेत में परिवर्तित करता है।
- अर्द्ध तरंग दिष्टकारी में I_{rms} का मान

$$I_{rms} = \frac{I_0}{2}$$

जबकि पूर्ण तरंग दिष्टकारी में I_{rms} का मान

$$I_{rms} = \frac{I_0}{\sqrt{2}}$$

- अर्द्ध तरंग दिष्टकारी में उर्मिका गुणांक 121% होता है जबकि पूर्ण तरंग दिष्टकारी में उर्मिका गुणांक का मान 48.2% होता है।

$$\text{उर्मिका गुणांक (r)} = \sqrt{\left(\frac{I_{rms}}{I_{dc}}\right)^2 - 1}$$

- अर्द्ध तरंग दिष्टकारी में
  - रूप गुणांक 1.57 होता है
  - उर्मिका आवृति का मान आरोपित वि० वा० बल की आवृति के बराबर होता है।
  - निर्गत विभव में दिष्ट धारा का मान प्रत्यावर्ती धारा से कम होता है।
- पूर्ण तरंग दिष्टकारी में
  - उर्मिका आवृति का मान आरोपित वि० वा० बल का दोगुना होता है।
  - निर्गत विभव में दिष्ट धारा का मान प्रत्यावर्ती धारा से अधिक होता है।

ट्रायोड (Triode)

- वह निर्वात वाल्व जिसमें तीन इलेक्ट्रोड प्रयोग होते हैं उसे ट्रायोड कहते हैं इसकी खोज डा० लीडे फौरेस्ट ने की थी।

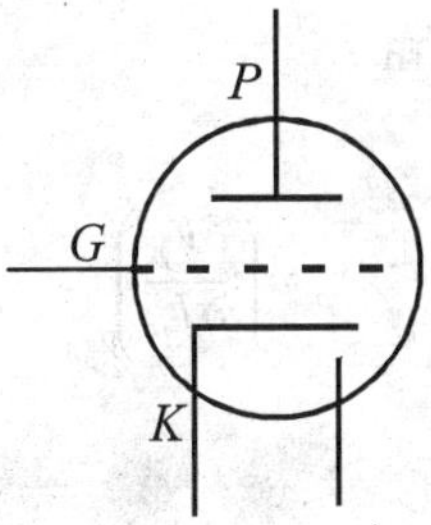

- ट्रायोड में तीसरे इलेक्ट्रोड को नियंत्रक ग्रिड (G) कहते हैं।
- ग्रिड (G), कैथोड से प्लेट की ओर जाने वाले इलेक्ट्रॉनों का नियंत्रण रखता है तथा यह अंतराकाशी आवेश को कम करता है।
- **ट्रायोड में ग्राहक बेरियम या मैग्नीशियम के आक्साइड के बने होते हैं।**
- ट्रायोड में जब
  - $V_g = 0$ होता है तब ट्रायोड, डायोड की भाँति कार्य करता है।
  - ग्रिड पर अल्प धनात्मक विभव होता है तब इस स्थिति में प्लेट धारा के साथ-साथ प्लेट धारा भी प्रवाहित होती है। तथा ग्रिड और

प्लेट दोनों मिलकर इलेक्ट्रॉन को आकर्षित करते हैं इससे प्लेट धारा का मान बढ़ जाता है।

- जब ग्रिड पर ऋणात्मक विभव होता है तब प्लेट में पहुँचने वाले इलेक्ट्रोन की कमी हो जाती है जिससे प्लेट धारा का मान कम हो जाता है।

■ **अंतक वोल्टता विभव :** ग्रिड पर आरोपित वह ऋण विभव जिस पर प्लेट धारा का मान शून्य हो जाता है अंतक ग्रिड वोल्टता कहते हैं इसे V_c से प्रदर्शित करते हैं।

$$V_g = -\frac{V_p}{\mu}$$

$$V_g \propto V_p$$

यदि, $i_p = 0$

$$i_p = K\left(V_g + \frac{V_p}{\mu}\right)^{3/2}$$

$$V_g + \frac{V_p}{\mu} = 0$$

■ **ट्रायोड प्रर्वधक के रूप में (Triode as an Amplifier) :**

विभव प्रर्वधन, $A = \frac{e_0}{e}$

$$i_p = \frac{\mu \times V_g}{r_p + R_L}$$

$$A = \frac{\mu R_L}{r_p + R_L} = \frac{\mu}{1 + r_p/R_L}$$

■ **ट्रायोड के अभिलाक्षणिक वक्र :** ये दो प्रकार के होते हैं।?

(i) प्लेट अभिलाक्षणिक वक्र

(ii) अन्योन्य अभिलाक्षणिक वक्र

■ **ट्रायोड के नियतांक :**

(i) प्लेट प्रतिरोध

$$r_p = \left(\frac{\delta V_p}{\delta I_p}\right)_{V_p}$$

(ii) प्रवर्धक गुणांक

$$\mu = \left(\frac{\delta V_p}{\delta I_g}\right)_{I_p}$$

(iii) अन्योन्य चालकता

$$g_m = \left(\frac{\delta I_p}{\delta V_g}\right)_{V_p}$$

(iv) प्लेट प्रतिरोध, प्रवर्धन गुणांक तथा अन्योन्य चालकता में सम्बन्ध

$$g_m = \frac{\mu}{r_p}$$

ट्रायोड वाल्व के उपयोग (Uses of Tiode Volve)

■ ट्रायोड वाल्व का उपयोग निम्न में किया जाता है-

(i) प्रवर्धक के रूप में

(ii) दोलित्र के रूप में

(iii) मॉडूलेटर के रूप में

(iv) संसूचक के रूप में

■ जब ट्रायोड को प्रवर्धक के रूप में प्रयोग किया जाता है तब

- प्रवर्धक का वोल्टेज प्रवर्धन (वोल्टेज लाभ)

$$A = \frac{e_0}{e_g}$$

जहाँ, e_g निवेशी वोल्टेज तथा e_0 निर्गत वोल्टेज

- जब निवेशी परिवर्ति विभव e_g को ग्रिड पर आरोपित करते हैं तब प्रत्यावर्ती विभवान्तर $= \mu e_g$
- इस स्थिति में प्लेट प्रतिरोध r_p तथा लोड प्रतिरोध R_L परस्पर श्रेणीक्रम में होते हैं तब तत्कालीन धारा

$$i_p = \frac{\mu e_g}{r_p + R_L}$$

$$A = \frac{\mu R_L}{r_p + R_L}$$

$$A = \frac{\mu}{\frac{r_p}{R_L} + 1}$$

$R_L = r_p$, के लिए $A = \frac{\mu}{2}$

- यदि $R_L = \infty$ तब परिपथ टूट जायेगा और उसमें कोई धारा प्रवाहित नहीं होगी इस स्थिति में $A = \mu$
- यदि $R_L = r_p$ तब वोल्टेज प्रवर्धन का मान अधिकतम होता है। इस स्थिति में $A = \mu/2$
- यदि कई प्रवर्धकों को परस्पर सम्बन्धित करते हैं तब परिणामी वोल्टेज प्रवर्धन

$$A = A_1 \times A_2 \times A_3 \times \ldots$$

- ग्रिड को कैथोड के समीप रखने पर μ का मान बढ़ जाता है।

■ A_V व R_L के मध्य वक्र

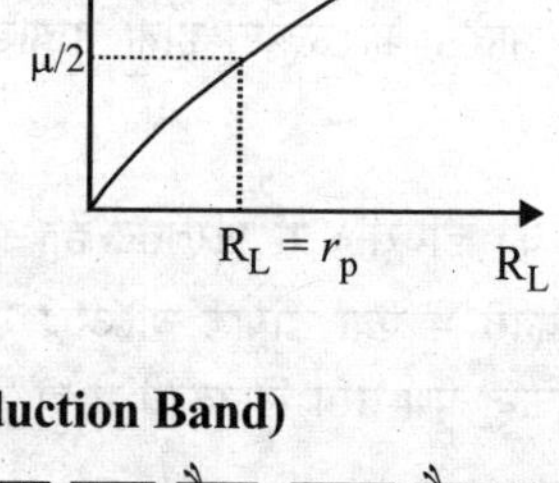

चालन बैण्ड (Conduction Band)

■ अधिक ऊर्जा स्तर वाला बैण्ड, चालन बैण्ड कहलाता है। इसे न्यूनतम

ऊर्जा का रिक्त बैण्ड भी कहते हैं। यह बैण्ड इलेक्ट्रॉनों से आंशिक भरा होता है। इस बैण्ड के इलेक्ट्रॉन धारा प्रवाह में योगदान करते हैं।

रिक्त बैण्ड (Forbidden Band)

- संयोजी बैण्ड तथा चालन बैण्ड के बीच का अन्तराल रिक्त बैण्ड कहलाता है। तापमान बढ़ने के साथ-साथ रिक्त ऊर्जा अन्तराल बहुत धीरे-धीरे घटता है।

नैज अर्द्धचालक (Intrinsic Semiconductor)

- शुद्ध अर्द्धचालक नैज अर्द्धचालक कहलाता है। इसमें

$$\underset{\substack{\text{इलेक्ट्रॉन घनत्व} \\ \text{C.B.}}}{n_e^{(0)}} = \underset{\substack{\text{होल घनत्व} \\ \text{V.B.}}}{n_h^{(0)}} = n_e \rightarrow \text{नैज आवेश वाहकों का घनत्व}$$

- संयोजी बैण्ड के इलेक्ट्रॉनों का वह भाग जो चालन बैण्ड में है

$$f \propto e^{-e_g/KT}$$

जहाँ, e_g = फर्मी ऊर्जा, T = परम ताप

- संयोजी बैण्ड से चालन बैण्ड में पहुँचने वाले इलेक्ट्रॉनों की संख्या

$$n = AT^{3/2} e^{-e_g/KT}$$

- शुद्ध अर्द्धचालक में,

$$n_i = AT^{3/2} \exp\left(-\frac{E}{2kT}\right)$$

जहाँ, E = आयनीकरण ऊर्जा है,
k = बोल्ट्ज मैन नियतांक,
T = परम ताप,
A = एक नियतांक है, जो अर्द्धचालक पर निर्भर करता है।

अपद्रव्यी अर्द्धचालक (Extrinsic Semiconductor)

- अशुद्ध अर्द्धचालक अपद्रव्यी अर्द्धचालक कहलाता है।

***n*-प्रकार के अर्द्धचालक (*n*-type Semiconductor)**

$$\text{नैज अर्द्धचालक} + \underset{\text{(As,P)}}{\overset{\text{पंच संयोजी}}{\text{अशुद्धि}}} \rightarrow n\text{- प्रकार के अर्द्धचालक}$$

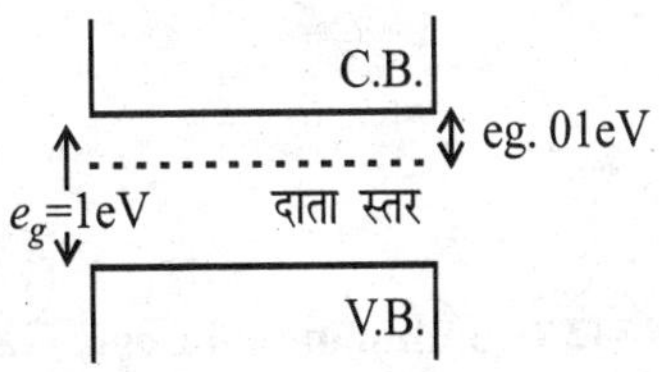

$n_e >> n_h$

$\therefore \quad I_e >> I_h$

चालकता, $\sigma = n_e \mu_e e$

***p*-प्रकार के अर्द्धचालक (*p*-type Semiconductor):**

$$\text{नैज अर्द्धचालक} + \underset{\text{(In, Ga, Al, B)}}{\overset{\text{त्रि संयोजी}}{\text{अशुद्धि}}} \rightarrow p\text{- प्रकार के अर्द्धचालक}$$

$n_h >> n_e$

$\therefore \quad i_h >> i_e$

चालकता, $\sigma = n_h \mu_h e$

अशुद्धि ग्राही अशुद्धि है।

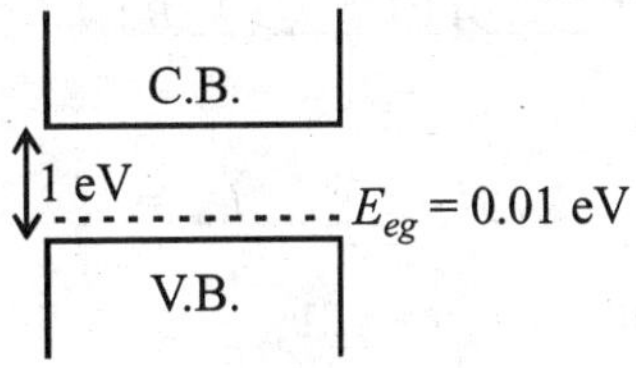

अर्द्धचालक की चालकता (Conductivity of Semiconductor)

$$\sigma = \frac{J}{E} = \frac{i}{AE}$$

$$\sigma = e[n_e\mu_e + n_h\mu_h]$$

$$\mu_e = \frac{v_e}{E} \quad \text{तथा} \quad n_h = \frac{v_h}{E}$$

जहाँ, E = आरोपित विद्युत क्षेत्र

P-N सन्धि (P-N Junction)

- जब p-टाइप क्रिस्टल को n-टाइप क्रिस्टल पर वर्धित किया जाता है तो p और n की सन्धि p-n सन्धि कहलाती है।

सन्धि डायोड अभिनति (Biasing of a Junction Diode)

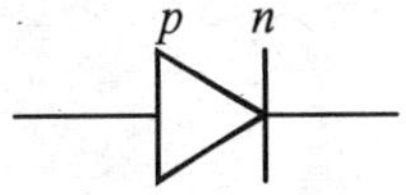

- अग्र अभिनति, p side → बैटरी के धन टर्मिनल से
  n side → बैटरी के ऋण टर्मिनल से
- उत्क्रम अभिनति, p side → बैटरी के ऋण टर्मिनल से
  n side → बैटरी के धन टर्मिनल से

सन्धि डायोड के अभिलक्षणिक वक्र (Characteristics of a Junction Diode)

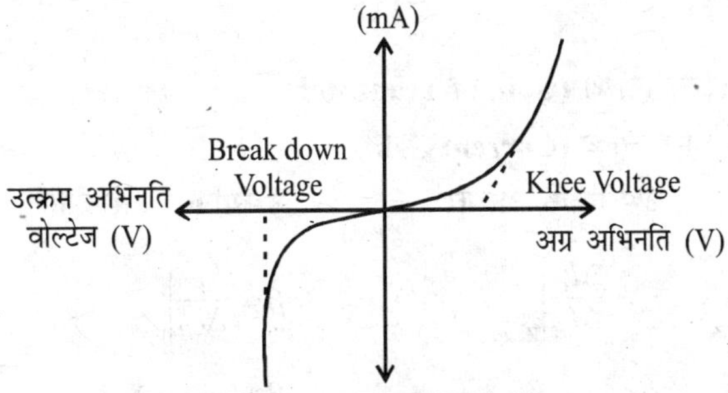

डायोड से प्रवाहित होने वाली धारा $I = I_0 (e^{eV/KT} - 1)$ होती है।

दिष्टकारी (Rectifier)

- वह युक्ति जो प्रत्यावर्ती धारा सिग्नल को दिष्टधारा सिग्नल में परिवर्तित करती है दिष्टकारी कहलाती है।

- **अर्द्धतरंग दिष्टकारी (Half Wave Rectifier)**

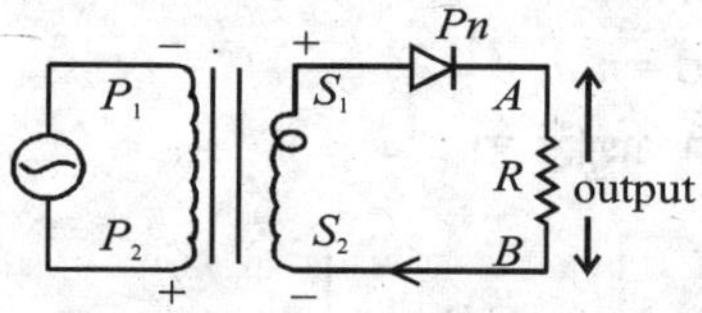

$$I_{dc}=\frac{I_0}{\pi},\quad I_{rms}=\frac{I_0}{2}$$

उर्मिका गुणांक: $r=1.21$

- **पूर्णतरंग दिष्टकारी (Full Wave Rectifier)**

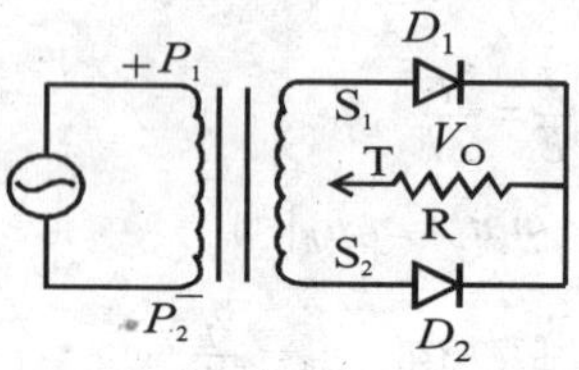

$$I_{dc}=\frac{2I_0}{\pi},\quad I_{rms}=\frac{I_0}{\sqrt{2}}$$

उर्मिका गुणांक, $r=0.48$

सन्धि ट्रांजिस्टर (Junction Transistor)

n-p-n ट्रांजिस्टर

npn

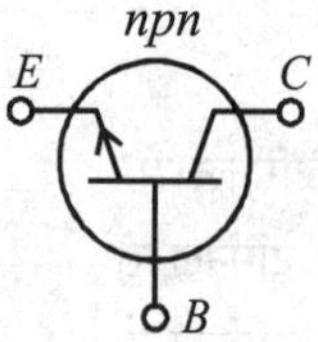

p-n-p ट्रांजिस्टर

pnp

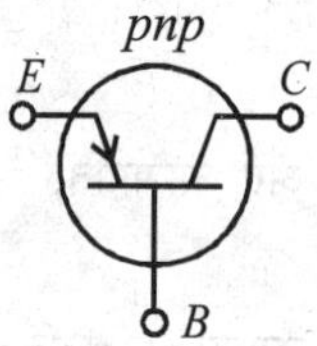

$$I_E=I_B+I_C$$

ट्रांजिस्टर प्रवर्धक (Transistor Amplifier)

- वह युक्ति जो निवेशित सिग्नल का बड़ा रूप (प्रवर्धित) वाह्य परिपथ में दर्शाती है (समान कला में या विपरीत कला में) प्रवर्धक कहलाती है।

ट्रांजिस्टर लब्धि (Gain of Transistor)

- **धारा लब्धि (Current Gain):**

उभयनिष्ठ आधार

$$\alpha=\left.\frac{\Delta I_C}{\Delta I_E}\right|_{V_C}$$

$\alpha<1$

उभयनिष्ठ उत्सर्जक

$$\beta=\left.\frac{\Delta I_C}{\Delta I_B}\right|_{V_C}$$

$\beta>>1\approx 50$

$$\beta=\frac{\alpha}{1-\alpha}$$

- **विभव लब्धि (Voltage Gain):** उभयनिष्ट आधार अभिविन्यास में

$$A_V=\frac{\Delta I_C}{\Delta I_E}\cdot\frac{R_0}{R_i}$$

- **शक्ति लब्धि (Power Gain):**

$$A_P=\left(\frac{I_C}{I_E}\right)^2\frac{R_0}{R_i}=(\text{धारा लब्धि})^2(\alpha^2)\times\text{प्रतिरोध लब्धि}$$

द्विआधारी इलेक्ट्रॉनिक्स (Digital Electronics)

- दो अंकों 0 तथा 1 पर आधारित है

1 - उच्च स्तर → युक्ति (ट्रांजिस्टर आदि) संतृप्तता क्षेत्र में है।

0 - निम्न स्तर → युक्ति (ट्रांजिस्टर आदि) अंतक (cutoff) क्षेत्र में है।

(1, 0) बाइनरी (binary) संख्या है।

संख्या	बाइनरी तुल्य
0	0 0 0 0
1	0 0 0 1
2	0 0 1 0
3	0 0 1 1
4	0 1 0 0
5	0 1 0 1
6	0 1 1 0
7	0 1 1 1
8	1 0 0 0
9	1 0 0 1
10	1 0 1 0

लॉजिक गेट्स (Logic Gates)

- युक्ति की आउटपुट तार्किक संक्रियाओं पर आधारित होता है।

OR गेट **AND गेट** **NOT गेट**

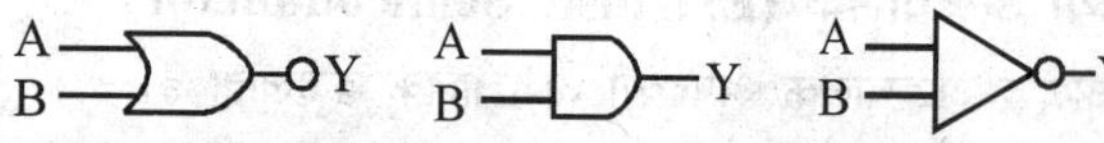

$Y=A+B$ $Y=A\cdot B$ $Y=\overline{A}$

$\overline{0}=1$

$\overline{1}=0$

A	B	Y_{OR}	Y_{AND}
0	0	0	0
0	1	1	0
1	0	1	0
1	1	1	1

संयोजन लॉजिक गेट (Combinational Logic Gates)

NAND गेट **NOR गेट** **X-OR गेट**

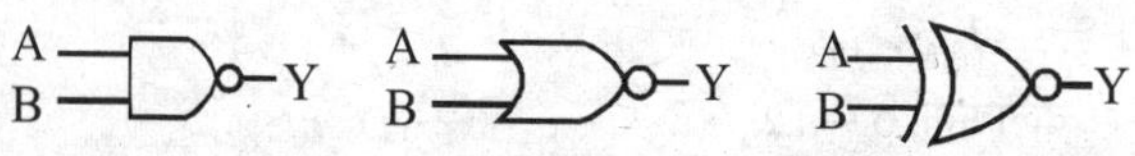

$Y=\overline{A\cdot B}$ $Y=\overline{A+B}$ $Y=A\oplus B$

$=A\overline{B}+B\overline{A}$

महत्त्वपूर्ण तथ्य (Important Facts)

- डायोड एक दिष्टकारी के रूप में प्रत्यावर्ति धारा को दिष्टधारा के रूप में परिवर्तित करता है।
- डायोड को एक रेखीय उपकरण नहीं माना जाता क्योंकि प्लेट धारा का मान प्लेट वोल्टता का समानुपाती नहीं होता।
- एक डायोड पर लगाई गई वोल्टता को क्रमशः बढ़ाया जाता है और हर समय प्रवाहित धारा को मापा जाता है धारा प्रथम बढ़ेगी और बाद में अचर हो जायेगी।
- अर्द्ध तरंग दिष्टकारी के लिए शिखर प्रतिपन विभव का मान E_0 के बराबर होता है।
- पूर्ण तरंग दिष्टकारी में निर्गत विभव उच्चवाचन युक्त दिष्ट होता है।
- डायोड में संतृप्त धारा के समय प्लेट का मान अनन्त होता है।
- ट्रायोड वाल्व में प्लेट परिपथ में बहने वाली वैद्युत धारा पर नियंत्रण ग्रिड रखता है।
- प्रवर्धक के रूप में ट्रांजिस्टर ट्रायोड वाल्व से श्रेष्ठ समझा जाता है क्योंकि इसे ऊष्मा की आवश्यकता नहीं होती है।
- **ठोस (Solids) :** पदार्थ की वह अवस्था, जिसमें पदार्थ का निश्चित आकार व आकृति होती है। ठोस कहलाता है। ठोस के गुण उसके कणों के बीच कार्य करने वाले बल पर निर्भर करते हैं। ठोसों को भी दो भागों में बाँटा गया है
  - (i) **क्रिस्टलीय ठोस (Crystalline Solids) :** क्वार्टज, कैल्साइट, चीनी, $CuSO_4$ आदि।
  - (ii) **अक्रिस्टलीय ठोस (Amorphous Solids) :** काँच, प्लास्टिक, सीमेन्ट आदि।
- **ऊर्जा बैण्ड (Energy bands) :** ये पॉली के अपवर्जन नियम के आधार पर बनते हैं।
- **संजोजी बैण्ड (Valence band) :** यह ऊर्जा बैण्ड संयोजी इलेक्ट्रॉनों द्वारा बनता है और संयोजी बैण्ड कहलाता है। यह बैण्ड सदैव इलेक्ट्रॉन से भरा होता है और ऊर्जा अधिकतम होती है। इस बैण्ड के इलेक्ट्रॉन धारा प्रवाह में अपना योगदान नहीं देते हैं।
- **LED और LASER :**

  LED : जब उपयुक्त पदार्थ जैसे Ga-As की सन्धि को अग्र अभिनति दी जाती है तो यह प्रकाश उत्सर्जित करती है। यह युक्ति प्रकाश उत्सर्जक डायोड (LED) कहलाती है। उत्सर्जित प्रकाश की तरंगदैर्ध्य

  $$\lambda = \frac{hc}{E_g}$$

  LASER : यह बहुत शक्तिशाली अग्र अभिनत p-n सन्धि होती है, जिसके सिरे समानान्तर होते हैं। इससे निश्चित तरंगदैर्ध्य का प्रकाश उत्सर्जित होता है।
- 1 सेमी^{3} आयतन के क्रिस्टल में लगभग 10^{30} परमाणु होते हैं।
- अर्द्धचालक में तीन बैण्ड होते हैं - संयोजी बैण्ड, चालन बैण्ड और रिक्त बैण्ड।
- ताप बढ़ाने पर चालन बैण्ड में इलेक्ट्रॉनों की संख्या बढ़ जाती है।
- शुद्ध अर्द्धचालक में, संयोजी बैण्ड में कोटरों की संख्या, चालन बैण्ड में इलेक्ट्रॉनों की संख्या के बराबर होती है।
- यदि रिक्त ऊर्जा बैण्ड से अधिक ऊर्जा की प्रकाश किरण शुद्ध अर्द्धचालक पर डाली जाये तो इलेक्ट्रॉन संयोजी बैण्ड के चालन बैण्ड में गति करता है।
- अर्द्ध चालकों में ऊर्जा अन्तराल 3 eV से कम होता है। जबकि अचालकों में 3 eV से अधिक होता है।
- p-n सन्धि डायोड से धारा, $I = I_0 \exp\left[\left(\frac{V}{V_T}\right)-1\right]$
- अग्र अभिनति की स्थिति में धारा, $I \approx I_0 \exp\left(\frac{V}{V_T}\right) \approx I_0 \exp\left(\frac{V}{kT}\right)$
- उत्क्रम अभिनति की स्थिति में डायोड से धारा, $I \approx -I_0$.
- अर्द्धचालक की कुल चालकता

  $$\sigma = \sigma_e + \sigma_h = e(n_e \mu_e + n_h \mu_h)$$

  और शुद्ध अर्द्धचालक के लिए

  $$\sigma_i = en_i(\mu_e + \mu_h)$$
- ट्रांजिस्टर एक बहुत अच्छे स्विच की तरह कार्य करता है (तीव्र गति के)।
- डेसीबल में प्रर्वधक की लब्धता

  $$A_v\,(\text{डेसिबल}) = 20\log_{10}\frac{V_2}{V_1}$$

  $$A_P\,(\text{डेसिबल}) = 10\log_{10}\frac{P_2}{P_1}$$
- दोलित्र के दोलनों की आवृत्ति, $f = \frac{1}{2\pi\sqrt{LC}}$
- द्विआधारी अंक पद्धति जार्ज बूल द्वारा विकसित दो मानों पर आधारित पद्धति है जो 0 तथा 1 है। इन्हें बिट कहते हैं।
- उभयनिष्ठ आधार प्रवर्धक में निवेशी व निर्गत वोल्टेज समान कला में होते हैं तथा यही स्थिति उभयनिष्ठ संग्राहक प्रवर्धक की भी होती है। परन्तु उभयनिष्ठ उत्सर्जक प्रवर्धक में निवेशी तथा निर्गत वोल्टेज विपरीत कला में होते हैं।
- उभयनिष्ठ आधार प्रवर्धक धारा प्रवर्धन में उभयनिष्ठ उत्सर्जक शक्ति प्रवर्धन में तथा उभयनिष्ठ संग्राहक प्रवर्धक वोल्टेज प्रवर्धन में उपयोगी होता है।
- धारा लाभ, उभयनिष्ठ संग्राहक विन्यास में सबसे अधिक तथा उभयनिष्ठ आधार में सबसे कम होता है।
- दिष्टकारी से प्राप्त धारा में उपस्थित उर्मिकाओं को कम करने के लिए छनित्र परिपथों का प्रयोग किया जाता है जो प्रेरकत्व और संधारित्रों के बने होते हैं।

अभ्यास के लिए प्रश्न

1. निर्वात वाल्व डायोड अरेखिक उपकरण है क्योंकि
(a) कैथोड और प्लेट सरल रेखा में नहीं हैं
(b) प्लेट विभव शून्य करने पर प्लेट धारा शून्य हो जाती है
(c) प्लेट धारा का मान प्लेट विभव के समानुपाती नहीं होता है
(d) उपरोक्त सभी

2. अन्तराकाशी आवेश सीमित क्षेत्र में 150 V के प्लेट विभव पर प्लेट धारा 10mA है। यदि प्लेट विभव 600 V कर दिया जाए तो प्लेट धारा होगी
(a) 40 mA (b) 160 mA
(c) 80 mA (d) 10 mA

3. एक ट्रायोड का प्लेट प्रतिरोध 10 kΩ तथा प्रवर्धन गुणांक 24 है। यदि निवेशी संकेत विभव 0.4 वोल्ट (r.m.s.) होत तो निर्गत विभव का मान होगा यदि $R_1 = 5\,k\Omega$ हो
(a) 0.6 वोल्ट (r.m.s.) (b) 6.4 वोल्ट (r.m.s.)
(c) 3.2 वोल्ट (r.m.s.) (d) 1.6 वोल्ट (r.m.s.)

4. किसी ट्रायोड के लिए $\mu = 20$ है ग्रिड वोल्टता में 0.2 वोल्ट का परिवर्तन करने पर धारा को अचर रखते हुए प्लेट वोल्टता में परिवर्तन होगा
(a) – 8 वोल्ट (b) – 0.2 वोल्ट
(c) – 20 वोल्ट (d) – 4 वोल्ट

5. डायोड वाल्व के अभिलाक्षणिक वक्र में आकाश आवेश सीमित क्षेत्र को व्यक्त करने वाला भाग है

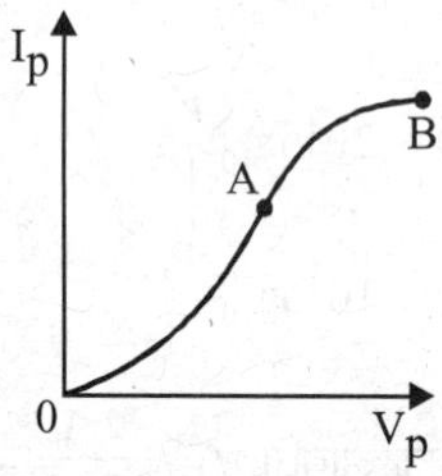

(a) AB भाग (b) OA भाग
(c) OB भाग (d) उपरोक्त में से कोई नहीं

6. एक ट्रायोड प्रवर्धक में ग्रिड विभव में 1 वोल्ट का परिवर्तन करने पर प्लेट धारा में 0.5 mA का परिवर्तन होता है। यदि लोड प्रतिरोध 5×10^4 Ω हो तथा $r_p = R_1$ तो अधिकतम वोल्टता लाभ का मान होगा
(a) 25 (b) 2.5
(c) 250 (d) 2.5×10^4

7. ट्रायोड का प्रवर्धन गुणांक 20 तथा प्लेट प्रतिरोध 10 किलो ओम है। इसकी अन्योन्य-चालकता होगी
(a) 2×10^{-3} म्हो (b) 500 म्हो
(c) 2×10^4 म्हो (d) 2×10^6 म्हो

8. – 1V ग्रिड विभव पर प्लेट धारा के मान 10 mA में 11.5 mA तथा प्लेट विभव 170 वोल्ट से 200 वोल्ट हो जाते हैं। ट्रायोड का गतिक प्लेट प्रतिरोध होगा
(a) 20 Ω (b) 10 Ω
(c) 10 kΩ (d) 20 kΩ

9. दिये गए परिपथ में, डायोड में अग्र विभवताप 0.5 वोल्ट है, तो धारा होगी

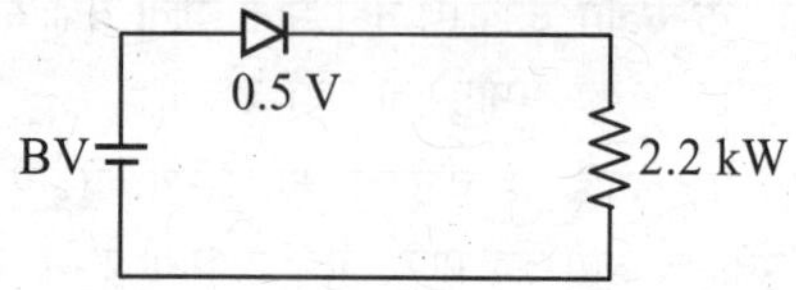

(a) 3.4 mA (b) 2 mA
(c) 2.5 mA (d) 3 mA

10. डायोड में संतृप्त धारा क्षेत्र में V_p वोल्टता पर प्लेट धारा का मान 20mA हो तो प्लेट वोल्टता का मान दुगना करने पर धारा का मान होगा
(a) 20 mA (b) 4.4 mA
(c) 40 mA (d) 10 mA

11. एक ट्रायोड वाल्व में प्लेट धारा दी जाती है

$$I_p = K[V_p + \mu V_g]^{3/2}$$

जहाँ I_p मिली ऐम्पियर में तथा V_p तथा V_g वोल्ट में हैं। यदि $r_p = 10^4\,\Omega$ तथा $g_m = 5 \times 10^{-3}$ म्हों हो, तो $I_p = 8$ mA तथा $V_p = 300$ वोल्ट पर K का मान होगा
(a) $(30)^{2/3}$ (b) $\left(\frac{1}{30}\right)^{2/3}$
(c) $(30)^{3/2}$ (d) $\left(\frac{1}{30}\right)^{3/2}$

12. किसी अर्द्धचालक में बहुसंख्यक आवेशवाहक मुक्त इलेक्ट्रॉन प्राप्त करने के लिए अशुद्धि होती है
(a) चतुः संयोजी (b) द्विसंयोजी
(c) त्रि-संयोजी (d) पंच-संयोजी

13. एक अर्द्धचालक डायोड में जेनर अवभंजन (breakdown) होता है जब
(a) अग्र अभिनति का मान एक निश्चित मान के बराबर होता है
(b) उत्क्रम अभिनति का मान एक निश्चित मान से अधिक हो जाता है
(c) अग्र धारा का मान एक निश्चित मान से अधिक हो जाता है
(d) विभव प्राचीर घटकर शून्य हो जाता है

14. n-प्रकार के अर्धचालकों में
(a) अगतिशील ऋण ऑयन होते हैं।
(b) अगतिशील धन ऑयन होते हैं।
(c) बहुसंख्यक धारावाहक नहीं होते।
(d) होल बहुसंख्यक धारावाहक होते हैं।

15. p-प्रकार का अर्धचालक बनाने के लिए शुद्ध जर्मेनियम से मिलाए जाने वाला अपद्रव्य परमाणु है
(a) Bi (b) Sb
(c) B (d) P

16. अधिकतम ऊर्जा का वह बैण्ड जिसमें इलेक्ट्रॉन उपस्थित होते हैं

कहलाता है

(a) संयोजी बैण्ड (b) वर्जित बैण्ड

(c) चालन बैण्ड (d) फर्मी बैण्ड

17. शुद्ध जर्मेनियम अर्धचालक में कितने घनत्व वाले दाता परमाणु मिलाए जायें ताकि n-प्रकार का अर्धचालक प्राप्त हो जाए जिसकी चालकता $5\Omega^{-1}$ सेमी$^{-1}$ हो? n-प्रकार के जर्मेनियम में इलेक्ट्रॉन की गतिशीलता 3900 सेमी^{2}/(वोल्ट सेकण्ड) तथा होलों का संख्या घनत्व नगण्य है

(a) 12×10^{14} प्रति सेमी^{3} (b) 10^{14} प्रति सेमी^{3}

(c) 8×10^{15} प्रति सेमी^{3} (d) 4×10^{15} प्रति सेमी^{3}

18. उभयनिष्ठ उत्सर्जक ट्रांजिस्टर प्रवर्धक की धारा लब्धि 50 है। यदि लोड प्रतिरोध 4 kΩ हो तथा निवेशी प्रतिरोध 500 Ω हो, तो प्रवर्धक की वोल्टता लब्धि होगी

(a) 200 (b) 100

(c) 400 (d) 300

19. यदि NPN ट्रांजिस्टर परिपथ में संग्राहक धारा 10 mA है। यदि उत्सर्जित हुए इलेक्ट्रॉनों में से 90% ही संग्राहक तक पहुँचते हैं तो

(a) $I_E = 11$mA होगी (b) $I_E = 9$ mA होगी

(c) $I_B = -1$mA होगी (d) $I_C = 1$mA होगी

20. अर्ध तरंगदिष्टकारी के लिए शिखर प्रतीपन विभव (PIV) का मान है

(a) $\frac{E_0}{2}$ (b) $\frac{E_0}{4}$

(c) $2E_0$ (d) E_0

21. जब दो P तथा N प्रकार के अर्ध चालक परस्पर संपर्क में लाए जाएं तब P-N सन्धि किस तरह व्यवहार करती है

(a) प्रवर्धक (b) चालक

(c) दोलक (d) संधारित्र

22. ट्राँजिस्टर में आधार है

(a) एक कुचालक (b) कम प्रतिरोध का चालक

(c) उच्च प्रतिरोध का चालक (d) एक अपद्रव्यी अर्धचालक

23. ट्राँजिस्टर में उत्सर्जक धारा

(a) संग्राहक धारा के बराबर होती है

(b) आधार धारा के बराबर होती है

(c) संग्राहक धारा से थोड़ी अधिक होती है

(d) संग्राहक धारा से थोड़ी कम होती है

24. NOR गेट संयोजन होता है

(a) OR तथा NOT गेट का (b) OR तथा AND गेट का

(c) OR तथा OR गेट का (d) इनमें से कोई नहीं

25. एक ट्रांजिस्टर में, उत्सर्जक परिपथ प्रतिरोध 100Ω है तथा संग्राहक प्रतिरोध 100 kΩ है। यदि उत्सर्जक तथा संग्राहक धाराएं समान मान ली जायें तो शक्ति लब्धि होगी

(a) 10^3 (b) 10^4

(c) 10^1 (d) 10^2

26. जब सन्धि डायोड में उत्क्रम बायस को बढ़ाया जाता है, तो अवक्षय परत की चौड़ाई

(a) बढ़ती है (b) घटती है

(c) परिवर्तित नहीं होती (d) बढ़ती घटती रहती है

27. अग्रअभिनति में निम्नलिखित में से किसमें वृद्धि होती है?

(a) विभव (b) धारा

(c) समय (d) प्रतिरोध

28. ट्राँजिस्टर को प्रवर्धक के रूप में प्रयोग किया जा सकता है, जब

(a) उत्सर्जक अग्र अभिनति में हो व संग्राहक उत्क्रम अभिनति में हो

(b) दोनों उत्क्रम अभिनति में हो

(c) दोनों अग्र अभिनति में हो

(d) उपरोक्त में से कोई नहीं

29. दिया गया प्रतीक प्रदर्शित करता है

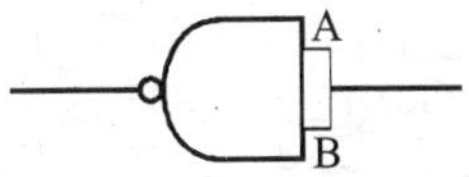

(a) NOR गेट (b) AND गेट

(c) OR गेट (d) NOT गेट

30. 2 वोल्ट की एक बैटरी बिन्दुओं A व B के बीच लगायी जाती है। यदि अग्र अभिनति में प्रत्येक डायोड का प्रतिरोध शून्य व उत्क्रम अभिनति में प्रतिरोध अनन्त है, यदि जब बैटरी के घन सिरे को A से जोड़ा जाता है तो सेल द्वारा दी गयी विद्युत धारा द्वारा होगी

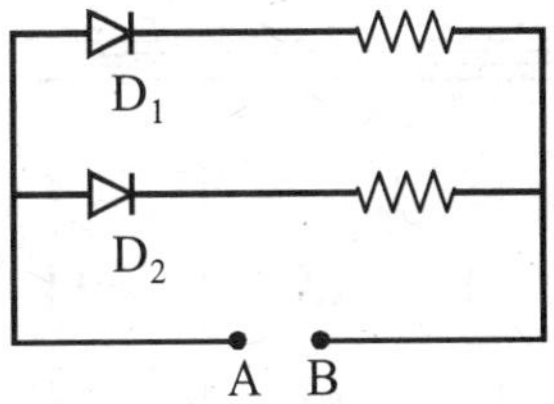

(a) 0.2 A (b) 0.4 A

(c) शून्य (d) अनन्त

31. दिया गय चित्र दो निवेशों A व B व निर्गत तरंग रूपों का दर्शाता है। गेट है

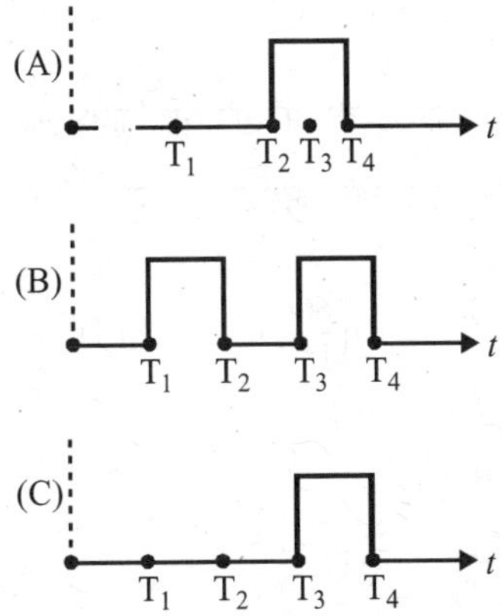

(a) AND (b) OR

(c) NAND (d) NOT

32. जब p-n सन्धि पर एक अग्र विभव लगाया जाता है, तो विभव प्राचीर V_B व अवक्षय क्षेत्र की चौड़ाई x पर क्या प्रभाव होता है?

(a) V_B बढ़ता है, x बढ़ता है (b) V_B घटता है, x बढ़ता है

(c) V_B बढ़ता है, x घटता है (d) V_B घटता है, x घटता है

33. दिये गए परिपथ में निर्गत सिगनल 1 प्राप्त करने के लिए निवेशी सिग्नल होना चाहिए

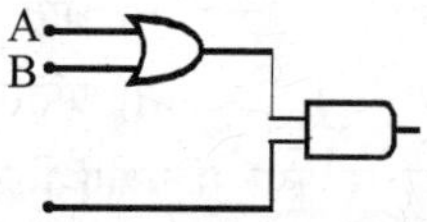

(a) $A=1, B=1, C=0$ (b) $A=1, B=0, C=0$
(c) $A=1, B=0, C=1$ (d) $A=0, B=1, C=0$

34. किसी ट्रांजिस्टर के लिए धारा लाभ β, का मान 49 है व उत्सर्जित धारा 1 mA है। μA में आधार धारा होगी

(a) 20 (b) 60
(c) 15 (d) 6

35. NAND गेट का आउटपुट शून्य होगा

(a) यदि दोनों इनपुट शून्य है
(b) यदि एक इनपुट 0 व दूसरा 1 है
(c) यदि दोनों इनपुट 1 है
(d) या तो दोनों इनपुट 1 है या यदि एक इनपुट 1 है व दूसरा 0

36. बूलियन बीजगणित (Boolean Algebra) में निम्न में से कौन 12 के बराबर नहीं है ?

(a) $\overline{A\cdot\overline{\overline{A}}}$ (b) $A\cdot\overline{A}$
(c) $A+\overline{A}$ (d) $A+1$

37. कार्बन, सिलिकॉन तथा जर्मेनियम प्रत्येक में चार संयोजी इलेक्ट्रॉन हैं। उनके संयोजी तथा चालन बैण्ड क्रमशः ऊर्जा बैण्ड अन्तराल $(E_g)_C$, $(E_g)_{Si}$ तथा $(E_g)_{Ge}$ से विलगित है। इनकी स्थितियों में निम्नलिखित में से कौन-सा सम्बन्ध सत्य है?

(a) $(E_g)_C > (E_g)_{Si}$ (b) $(E_g)_C < (E_g)_{Si}$
(c) $(E_g)_C < (E_g)_{Ge}$ (d) $(E_g)_C = (E_g)_{Si}$

38. दिया गया परिपथ निम्नलिखित में से कौन-सा लॉजिक गेट दर्शाता है?

निवेशी 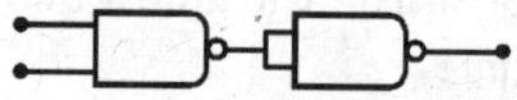 निर्गत

(a) AND (b) NOT
(c) OR (d) NOR

39. जब किसी NAND गेट के इनपुट को शार्ट सर्किट कर दिया जाये, तो परिणामी गेट होगा

(a) OR (b) NOT
(c) AND (d) NOR

उत्तरमाला

1. (c)	**2.** (c)	**3.** (c)	**4.** (d)	**5.** (b)	**6.** (a)	**7.** (a)	**8.** (d)	**9.** (a)	**10.** (a)
11. (d)	**12.** (d)	**13.** (b)	**14.** (b)	**15.** (c)	**16.** (a)	**17.** (c)	**18.** (c)	**19.** (a)	**20.** (d)
21. (d)	**22.** (d)	**23.** (c)	**24.** (c)	**25.** (a)	**26.** (a)	**27.** (d)	**28.** (a)	**29.** (d)	**30.** (a)
31. (a)	**32.** (d)	**33.** (c)	**34.** (a)	**35.** (d)	**36.** (b)	**37.** (a)	**38.** (a)	**39.** (b)	

हल

1. (c) चूँकि निर्वात वाल्व डायोड के अन्तराकाशी आवेश सीमित क्षेत्र = $I_P \propto V_\rho^{3/2}$. इसलिए डायोड अरेखित उपकरण है।

2. (c) $I_{p_2} = I_{p_1}\left(\dfrac{V_{p_2}}{V_{p_1}}\right)^{3/2} = 10\left(\dfrac{600}{150}\right)^{3/2} = 10[(4)^{1/2}]^3 = 80\,\text{mA}$

3. (c) $A_v = \dfrac{\mu}{1+\dfrac{r_p}{R_L}}$

$$\frac{e_0}{e_g} = \frac{\mu}{1+\dfrac{r_p}{R_L}} \Rightarrow \frac{e_0}{0.4} = \frac{24}{\left[1+\dfrac{10}{5}\right]}$$

$$e_0 = \frac{0.4\times 24}{3} = 3.2 \text{ वोल्ट (r.m.s.)}$$

4. (d) $\mu = \dfrac{\delta V_p}{\delta V_g}$ $\quad\therefore\ \delta V_p = \mu\delta V_g$

$= 20\times 0.2 = 4$ वोल्ट

6. (a) $A_{max} = \mu = r_p . g_m$

$$= r_p . \frac{\partial I_p}{\partial V_g} = \frac{5\times10^4\times5\times10^{-4}}{1} = 25$$

7. (a) सूत्रानुसार अन्योन्य चालकता,

$$g_m = \frac{\mu}{r_p} = \frac{20}{10\times10^3}$$

$= 2\times10^{-3}$ म्हो

8. (d) $r_p = \dfrac{V_{p_2}-V_{p_1}}{I_{p_2}-I_{p_1}} = \dfrac{200-170}{(11.5-10)\times10^{-3}} = 20\,\text{k}\Omega$

9. (a) प्रश्नानुसार, परिपथ में अग्र विभवपात 0.5 V है, तो धारा

$$i = \frac{8-0.5}{2.2\times10^3} = \frac{7.5-10^{-3}}{2.2}$$
$$= 3.4\times10^{-3}\text{A} \approx 3.4\,\text{mA}$$

11. (d) $I_p = K\left[V_p + \mu V_g\right]^{3/2} \times 10^{-3}$

V_g के सापेक्ष अवकलित करने पर

$$\frac{\partial I_p}{\partial V_g} = 10^{-3} K.\frac{3}{2}\left[V_p + \mu V_g\right]^{1/2}.(\mu) = gm$$

या $\frac{3\times10^{-3}}{2}K.\left(\frac{I_p}{K}\times10^3\right)^{1/3}\times g_m r_p = g_m$

या $\frac{3\times10^{-3}}{2}K^{2/3}\times(8)^{1/3}\times10^4 = 1$

या $\frac{30}{2}\times2K^{2/3} = 1$

या $K = \left(\frac{1}{30}\right)^{3/2}$

12. (d) शुद्ध अर्धचालक में पंच-संयोजी परमाणु अशुद्धि के रूप में मिलाने पर n-प्रकार का अशुद्ध अर्ध चालक प्राप्त होता है। जिसमें इलेक्ट्रॉन बहुसंख्यक होते हैं।

17. (c) $\sigma = ne\,\mu_e$

$\therefore$ $n = \frac{\sigma}{e\mu_e} = \frac{5}{1.6\times10^{-19}\times3900} = 8\times10^{15}\ cm^{-3}$

18. (c) वोल्टता लब्धि $A_V = \beta_{ac}\frac{R_L}{R_i} = \frac{50\times4\times10^3}{500} = 400$

25. (a) $A_p = A_c^2 \times A_R = \left(\frac{I_c}{I_e}\right)^2 \times \left(\frac{R_{out}}{R_{in}}\right) \approx \frac{R_{out}}{R_{in}} = \frac{10^5}{10^2} = 10^3$

28. (a) जब उत्सर्जक अग्र अभिनति में हो तथा संग्राहक उत्क्रम अभिनति में हो, तो इलेक्ट्रॉन उत्सर्जक से संग्राहक की ओर को प्रवाहित होते हैं, जिसके कारण प्रवर्धन होता है।

29. (d) $Y = \overline{(\text{A}\cdot\text{A})}$

$= \overline{\text{A}}$

$\therefore$ ज्ञात प्रतीक NOT गेट प्रतीत करता है

30. (a) चूँकि बिन्दु A धनात्मक विभव पर व बिन्दु B ऋणात्मक विभव पर है, अत: D_2 उत्क्रम अभिनति में तथा D_1 अग्रअभिनति में होगा।

अत: केवल D_1 से होकर धारा बहेगी

$\therefore$ $R_1 = 0$

$\therefore$ $i = \frac{V}{R_1} = \frac{2}{0} = \infty$

अत: सेल द्वारा दी गई विद्युत धारा अनन्त होगी।

31. (a) दिये गये चित्रानुसार AND स्थिति 1 में होगा यदि सभी इनपुट 1 है।

32. (d) अग्र अभिनति लगाने पर, विभव प्राचीर घट जाती है तथा n क्षेत्र से इलेक्ट्रॉन p क्षेत्र में व p क्षेत्र से कोटर n क्षेत्र में जाने लगते हैं। इसलिए अवक्षय क्षेत्र की चौड़ाई भी घट जाती है।

33. (c) यह AND गेट का प्रतीक है।

जब $c = 1$, तो इसका निर्गत 1 होगा।

34. (a) ट्रांजिस्टर के लिए धारा लाभ

$$\beta = \frac{I_C}{I_B}$$
$$49 = \frac{I_E - I_B}{I_B}$$

या $49 = \frac{I - I_B}{I_B}$

$\therefore$ $49 I_B = I - I_B$

$50 I_B = 1$

$\therefore$ $I_B = \frac{1}{50} = 0.02\,\text{mA} = 20\,\mu\text{A}$

35. (d) NAND गेट का आउटपुट $\text{Y} = \overline{\text{A}\cdot\text{B}}$

अत: यदि दोनों इनपुट 1 हैं, तो आउटपुट शून्य होगा।

36. (b) (a) $\overline{\text{AA}} = \overline{\text{A}} + \overline{\text{A}} = \overline{\overline{\text{A}}} + \text{A} = \overline{\text{A}} + \text{A} = 1$

(b) $\text{A}\cdot\overline{\text{A}} = 0$

(c) $\text{A} + \overline{\text{A}} = 1$

(d) $\text{A} + 1 = 1$

37. (a) $(E_g)_\text{C} = 5.2\,\text{eV}$

$(E_g)_\text{Si} = 1.21\,\text{eV}$

$(E_g)_\text{Ge} = 0.75\,\text{eV}$

$\therefore$ $(E_g)_\text{C} > (\text{E}_\text{g})_\text{Si}$ तथा $(E_g)_\text{C} > (E_g)_\text{Ge}$

38. (a) मान लीजिए कि दो निवेशी A व B है। परिपथ चित्रानुसार प्रदर्शित है।

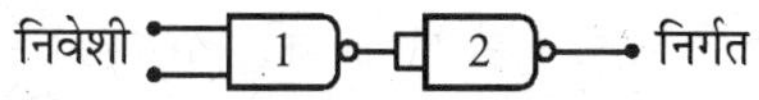

चित्रानुसार दोनों गेट, NAND गेट हैं।

गेट-1 का निर्गत, $Y_1 = \overline{\text{A}\cdot\text{B}}$

गेट-2 का निर्गत, $Y_2 = \overline{\text{y}_1\cdot\text{y}_1}$

या $y = \overline{\overline{\text{A}\cdot\text{B}}\cdot\overline{\text{A}\cdot\text{B}}}$

$= \overline{\overline{\text{A}\cdot\text{B}}} = \text{A}\cdot\text{B}$

यह AND गेट का निर्गत है।

39. (b) जब किसी NAND गेट के इनपुट को शार्ट सर्किट कर दिया जाता है, तो परिपथ निम्नानुसार हो जाता है।

यदि इनपुट 'शून्य' है, तो आऊटपुट 'एक' होगा और जब इनपुट 'एक' है, तो आऊटपुट 'शून्य' होगा।

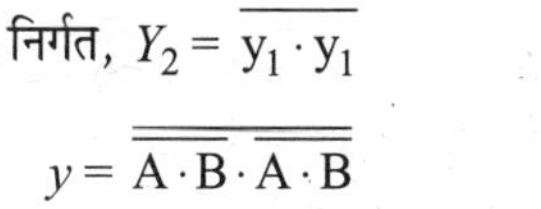

$\therefore$ यह एक NOT गेट होगा।

Previous Years' Problems

1. शून्य परम ताप पर शुद्ध जरमेनियम का एक क्रिस्टल:
(a) पूर्ण अचालक की भाँति व्यवहार करता है
(b) पूर्ण चालक की भाँति व्यवहार करता है
(c) कोई इलेक्ट्रॉन नहीं रखता है
(d) इनमें से कोई नहीं

[AIEEE 2002]

2. एक ताँबे का तथा दूसरा जरमेनियम का टुकड़ा कमरे के ताप से 80 K ताप तक ठंडा किया जाताा है:
(a) ताँबे का प्रतिरोध बढ़ता है जरमेनियम का घटता है
(b) ताँबे का प्रतिरोध घटता है जरमेनियम का बढ़ता है
(c) प्रत्येक का प्रतिरोध बढ़ता है
(d) प्रत्येक का प्रतिरोध घटता है

[AIEEE 2003]

3. एक धातु और एक अर्द्धचालक ताप के साथ प्रतिरोध में परिवर्तन के अन्तर का कारण है :
(a) ताप पर प्रकीर्णन की निर्भरता में अन्तर
(b) ताप पर आवेश वाहकों की संख्या की निर्भरता में अन्तर
(c) दोनों के बन्ध (bonding) में अन्तर
(d) दोनों के क्रिस्टलों की संरचना में अन्तर

[AIEEE 2003]

4. *p-n* सन्धि पर उत्क्रम अभिनति (reverse bias) लगाने से उसकी अवक्षय परत (depletion layer) के ठीक मध्य में :
(a) विभव अधिकतम है (b) वैद्युत क्षेत्र अधिकतम है
(c) विभव शून्य है (d) वैद्युत क्षेत्र शून्य है

[AIEEE 2003]

5. जब *n-p-n* ट्रॉंजिस्टर को प्रवर्धक के रूप में प्रयोग करते हैं तो :
(a) इलेक्ट्रॉन संग्राहक से आधार की ओर चलते हैं
(b) कोटर आधार से उत्सर्जक की ओर चलते हैं
(c) इलेक्ट्रॉन आधार (base) से संग्राहक (collector) की ओर चलते हैं
(d) इलेक्ट्रॉन उत्सर्जक (emitter) से आधार की ओर चलते हैं

[AIEEE 2004]

6. उभयनिष्ठ उत्सर्जक विन्यास (common emitter configuration) में ट्रांजिस्टर प्रवर्धक की लोड प्रतिबाधा 1kΩ ($h_{fe} = 50$ तथा $h_{oe} = 25 \times 10^{-6}$)। धारा लाभ (current gain) है :
(a) −24.8 (b) −48.78
(c) −5.2 (d) −15.7

[AIEEE 2004]

7. जब *p-n* सन्धि डायोड को अग्र अभिनत (forward bias) में रखते हैं तो :
(a) दोनों अवक्षय क्षेत्र और प्राचीर की ऊँचाई कम हो जाती है
(b) दोनों अवक्षय क्षेत्र और प्राचीर की ऊँचाई बढ़ जाती है
(c) अवक्षय क्षेत्र संकुचित है और प्रचार की ऊँचाई (barrier height) बढ़ती है
(d) अवक्षय क्षेत्र चौड़ा हो जाता है और प्राचीर की ऊँचाई कम हो जाती है।

[AIEEE 2004]

8. उभयनिष्ठ आधार प्रवर्धक (common base amplifier) में निवेशी सिग्नल वोल्टता तथा निर्गत वोल्टता के मध्य कलान्तर है :
(a) $\frac{\pi}{4}$ (b) π
(c) 0 (d) $\frac{\pi}{2}$

[AIEEE 2005]

9. 50 Hz मेन्स आवृत्ति से आरोपित एक पूर्ण तरंग दिष्टकारी के लिये उर्मिका (ripple) में उत्पन्न मूल आवृत्ति होगी:
(a) 50 Hz (b) 25 Hz
(c) 100 Hz (d) 70.7 Hz

[AIEEE 2005]

10. 1Ω प्रतिरोध में धारा का मान ज्ञात कीजिए–

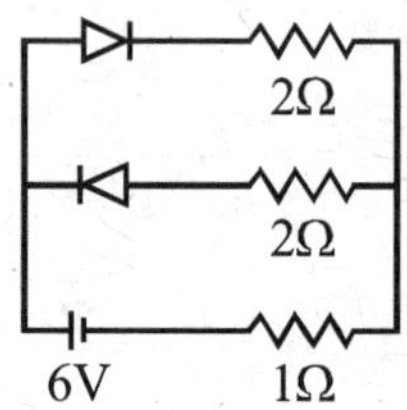

(a) 3 ऐम्पियर (b) 2 ऐम्पियर
(c) 1 ऐम्पियर (d) उपरोक्त में से कोई नहीं

[AIEEE 2006]

11. एक ठोस, जोकि दृश्यमान प्रकाश के लिये पारदर्शक है और जिसकी चालकता ताप के साथ बढ़ती है, में होता है:
(a) सह-संयोजक बन्ध (b) वान्डर वाल्स बन्ध
(c) धात्विक बन्ध (d) आयनिक बन्ध

[AIEEE 2006]

12. यदि एक अर्द्धचालक में इलेक्ट्रॉनों तथा कोटरों की सांद्रता की निष्पत्ति 7/5 है तथा धाराओं की निष्पत्ति 7/4 है, तो उनके अनुगमन वेगों की निष्पत्ति क्या है?
(a) 4/5 (b) 5/4
(c) 4/7 (d) 5/8

[AIEEE 2006]

13. ट्रांजिस्टर के उभयनिष्ठ आधार विन्यास में उत्सर्जक धारा 5.488 mA के लिये संग्राहक धारा 5.488 mA है। आधार धारा प्रवर्धक गुणांक (β) का मान होगा:
(a) 50 (b) 51

(c) 48 (d) 49

[AIEEE 2006]

14. यदि अर्द्धचालक के जालक नियतांक (lattice constant) में कमी की जाती है तो निम्न में से कौन-सा कथन सत्य है?

(a) E_c तथा E_v बढ़ते हैं परन्तु E_g घटता है

(b) E_c तथा E_v घटते हैं परन्तु E_g बढ़ता है

(c) सभी E_c, E_g, E_v घटते हैं

(d) सभी E_c, E_g, E_v बढते हैं

[AIEEE 2006]

15. निम्न में से कौन-सा डायोड उत्क्रम अभिनत है?

(a)
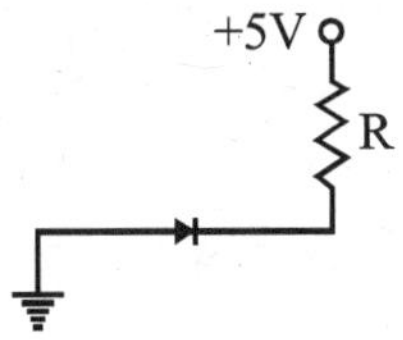

(b)
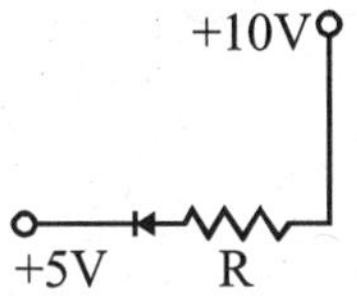

(c)
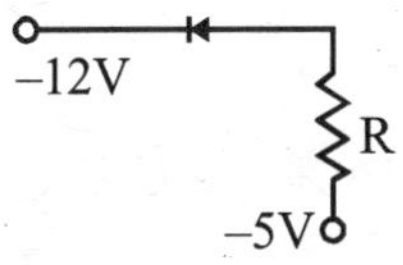

(d)
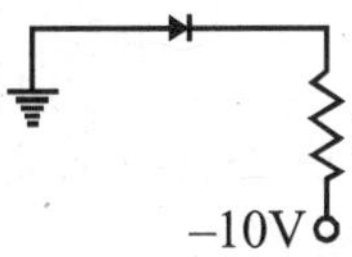

[AIEEE 2006]

16. यदि एक *p-n* सन्धि डायोड में एक 10V का वर्गाकार निवेशी सिग्नल चित्रानुसार लगाया जाता हैं:

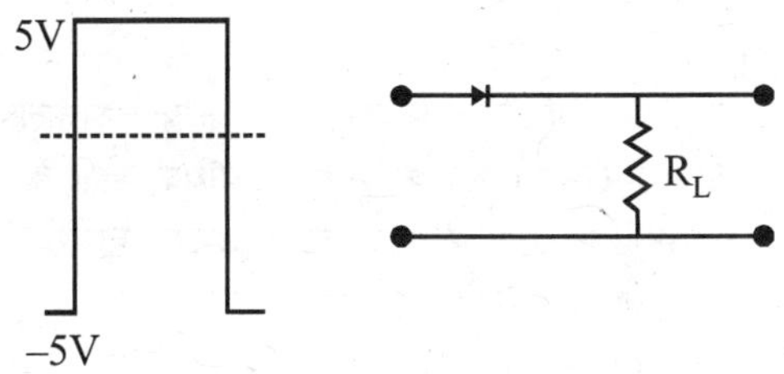

तब R_L के सिरों के बीच निर्गत सिग्नल होगा:

(a)
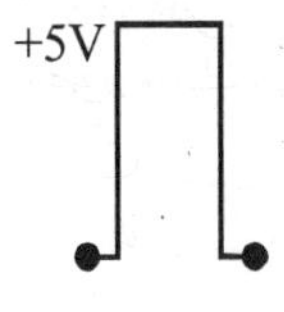

(b)
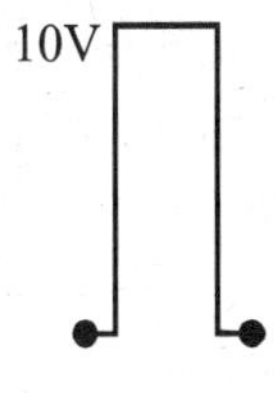

(c)
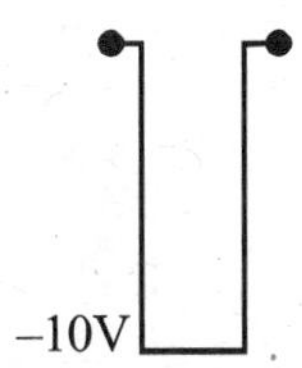

(d)
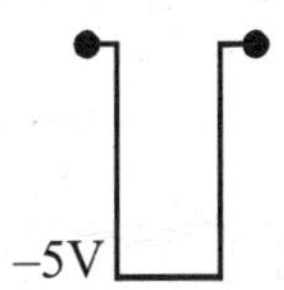

[AIEEE 2007]

17. कार्बन, सिलिकॉन तथा जरमेनियम प्रत्येक में चार संयोजकता के इलेक्ट्रॉन हैं। कमरे के ताप पर निम्न में से कौन-सा कथन सबसे अधिक ठीक बैठता है?

(a) तीनों मे मक्त इलेक्ट्रॉनों की संख्या अर्थपूर्ण है

(b) तीनों में मुक्त इलेक्ट्रॉनों की संख्या अर्थपूर्ण है

(c) चालन के लिये मुक्त इलेक्ट्रॉनों की संख्या केवल Si तथा Ge में अर्थपूर्ण है परन्तु Si तथा Ge में कम है।

(d) मुक्त इलेक्ट्रॉनों की संख्या C में अर्थपूर्ण है परन्तु Si तथा Ge में कम है।

[AIEEE 2007]

18. निम्न परिपथ में बिन्दु *A* तथा *B* निवेशी तथा बिन्दु *C* निर्गत है-

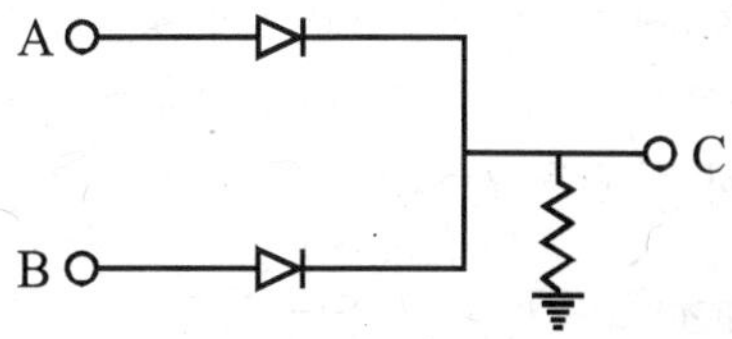

यह परिपथ व्यक्त करता है-

(a) NAND गेट (b) OR गेट

(c) NOR गेट (d) AND गेट

[AIEEE 2008]

19. एक कार्यरत ट्रांजिस्टर की तीन भुजाओं जिन्हें *P*, *Q*, तथा *R* से प्रदर्शित किया गया है, मल्टीमीटर के द्वारा परीक्षित किये जाते हैं। *P* तथा *Q* के मध्य चालकता अनुपस्थित है। मल्टीमीटर के ऋणात्मक ध्रुव को *R* एवं धनात्मक ध्रुव को *P* तथा *Q* से स्पर्श करने पर मल्टीमीटर में कुछ प्रतिरोध दिखायी देता है। ट्रांजिस्टर के लिये निम्न में से कौन-सा कथन सत्य है?

(a) यह एक *p-n-p* ट्रांजिस्टर है जिसका उत्सर्जक *R* है

(b) यह एक *n-p-n* ट्रांजिस्टर है जिसका संग्राहक *R* है

(c) यह एक *n-p-n* ट्रांजिस्टर है जिसका आधार *R* है

(d) यह एक *p-n-p* ट्रांजिस्टर है जिसका संग्राहक *R* है

[AIEEE 2008]

20. चित्र में एक मीटर सेतु धारामापी में उदासीन विक्षेप के साथ प्रदर्शित है-

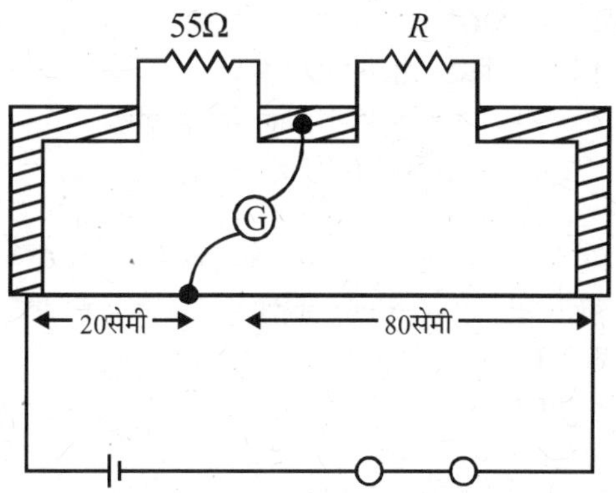

अज्ञात प्रतिरोध *R* का मान होगा:

(a) 110 Ω (b) 55 Ω

(c) 13.75 Ω (d) 220 Ω

[AIEEE 2008]

उत्तरमाला

1. (a)	**2.** (b)	**3.** (b)	**4.** (c)	**5.** (b)	**6.** (b)	**7.** (a)	**8.** (c)	**9.** (c)	**10.** (b)
11. (a)	**12.** (b)	**13.** (d)	**14.** (b)	**15.** (c)	**16.** (c)	**17.** (c)	**18.** (b)	**19.** (b)	**20.** (d)

हल

1. (a) पूर्ण अचालक की भाँति व्यवहार करता है।

2. (b) जरमेनियम अर्द्धचालक है जबकि ताँबा चालक है

चालकों के लिये, $R \propto \Delta t$

अर्द्धचालकों के लिये, $R \propto \frac{1}{\Delta t}$

अत: जब दोनों को ठंडा किया जाता हैं तो ताँबे का प्रतिरोध घटता है जब जबकि जरमेनियम का बढ़ता है।

3. (b) धातु और अर्द्धचालक में ताप के सापेक्ष प्रतिरोध के परिवर्तन में अन्तर का मुख्य कारण उनमें ताप के सापेक्ष आवेश वाहकों की संख्या में परिवर्तन होने का अन्तर है।

4. (c) विभव शून्य है।

5. (b) जब *n-p-n* ट्रांजिस्टर पर अग्र अभिनति आरोपित की जाती है तो यह प्रवर्धक की भाँति कार्य करता है। अग्र अभिनत *n-p-n* ट्रांजिस्टर में इलेक्ट्रॉन उत्सर्जक से आधार की ओर गतिमान होते है और कोटर आधार से उत्सर्जक की ओर चलते हैं।

6. (b) *CE* विन्यास में

$$A = \frac{-he}{1 + h_{oe}R_L}$$

$$= \frac{-50}{1 + 25\times10^{-6}\times1\times10^3} = -48.78$$

7. (a) अग्र अभिनति में *p-n* संधि डायोड के सिरों पर लगाया गया विभवान्तर डायोड में उपस्थित विभव प्राचीर का विरोध करता है।

8. (c) उभयनिष्ठ आधार प्रवर्धक में निवेशी सिग्नल आरोपित किया जाता है परन्तु यह निर्गत सिग्नल की कला से सम्बद्ध होता है।

9. (c) पूर्ण तरंग दिष्टकारी की आवृत्ति

$= 2 \times$ निवेशी सिग्नल की आवृत्ति

$= 2 \times 50 = 100\,\text{Hz}$

10. (b)

11. (a) वह ठोस, जो दृश्यमान प्रकाश के लिये पारदर्शक है और जिसकी चालकता ताप के सापेक्ष बढ़ती है, सहसंयोजक बन्धों से रचित होता है।

12. (b) अनुगमन वेग,

$$v_d = \frac{1}{nA_e}$$

$$\therefore \quad v_d \propto \frac{1}{n}$$

दिया है, $\frac{n_e}{n_h} = \frac{7}{5}$ और $\frac{l_e}{l_h} = \frac{7}{4}$

$$\therefore \quad \frac{(v_d)_e}{(v_d)_h} = \left(\frac{l_e}{l_h}\right) \times \frac{n_h}{n_e} = \frac{7}{4} \times \frac{5}{7} = \frac{5}{4}$$

13. (d)

$$\beta = \frac{I_e}{I_b}$$

चूँकि $I_e = I_b + I_c$

$\therefore \quad I_b = I_e - I_c = 5.60 - 5.488$

$= 0.112\,\text{mA}$

$$\beta = \frac{5.488}{0.1120} = 49$$

14. (b) यदि अर्द्धचालक का जालक स्थिरांक कम किया जाता है तो E_c तथा E_v घटते हैं जबकि E_g बढ़ता है।

15. (c) एक डायोड उत्क्रम अभिनति (reverse biased) में कहलाता है यदि *p-n* सन्धि का *n-* अर्द्धचालक *p-* अर्द्धचालक की तुलना में उच्च विभव पर है।

16. (c) जब डायोड अग्र अभिनति में होता है तब R_L में धारा प्रवाह रहता है।

17. (c) Si तथा Ge अर्द्धचालक हैं जबकि C एक पूर्ण अचालक है। साथ ही Si तथा Ge की चालकताएँ C से अधिक होती हैं क्योकि Si, Ge तथा C में संयोजकता इलेक्ट्रॉन क्रमश: तीसरी, चौथी और दूसरी कक्षा में पड़ते हैं।

18. (b) यह एक OR गेट का परिपथ है।

19. (b) सिरे *P* तथा *Q* अग्र अभिनत है तथा लगभग शून्य प्रतिरोध रखते हैं। जब *Q* तथा *R* उत्क्रम अभिनत है, तब इनका प्रतिरोध उच्च है। मल्टीमीटर से इन भुजाओं को जाँचने पर *P* तथा *Q* के मध्य शून्य प्रतिरोध होगा। यद्यपि यदि उभयनिष्ठ (ऋणात्मक) ध्रुव को *R* एवं

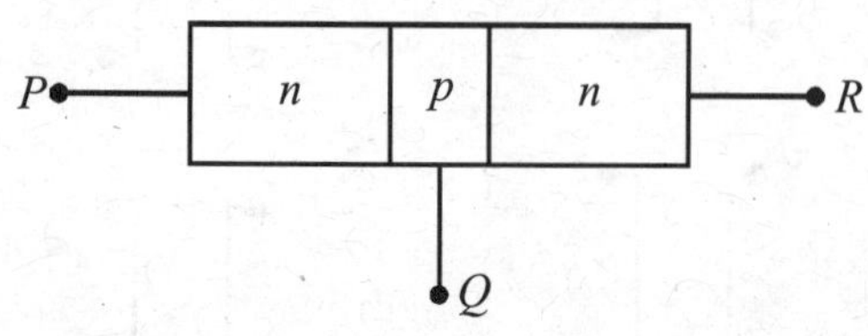

20. (d) व्हीटस्टोन सेतु की संतुलित अवस्था में,

$$\frac{P}{Q} = \frac{R}{S}$$

$$\frac{55}{R} = \frac{20}{100-20}$$

या $\quad R = \frac{55\times80}{20} = 220\,\Omega$